suhrkamp taschenbuch
wissenschaft 665

Arthur Schopenhauer
Sämtliche Werke

Textkritisch bearbeitet
und herausgegeben von
Wolfgang Frhr. von Löhneysen

Band V

Arthur Schopenhauer
Parerga
und Paralipomena

Kleine philosophische Schriften

II

Suhrkamp

Die vorliegende Ausgabe ist text- und seitenidentisch
mit der von der Arbeitsgemeinschaft Cotta-Insel,
Stuttgart/Frankfurt am Main,
herausgegebenen Schopenhauer-Ausgabe

Bibliografische Information Der Deutschen Bibliothek
Die Deutsche Bibliothek verzeichnet diese Publikation
in der Deutschen Nationalbibliografie
http://dnb.ddb.de

suhrkamp taschenbuch wissenschaft 665
Erste Auflage 1986
© Arbeitsgemeinschaft Cotta-Insel,
Stuttgart/Frankfurt am Main 1965
Lizenzausgabe mit freundlicher Genehmigung
der Arbeitsgemeinschaft Cotta-Insel
Suhrkamp Taschenbuch Verlag

6 7 8 9 10 11 – 08 07 06 05 04 03

PARALIPOMENA

Vitam impendere vero.
[Sein Leben der Wahrheit weihen.

JUVENAL
›Saturae‹ 4, 91]

VEREINZELTE, JEDOCH
SYSTEMATISCH GEORDNETE GEDANKEN
ÜBER VIELERLEI GEGENSTÄNDE

Eleusis servat, quod ostendat revisentibus.
[Eleusis bewahrt etwas, was es erst den
Wiederkehrenden zeigen kann.]

SENECA
›Quaestiones naturales‹ 7,31

KAPITEL I

ÜBER PHILOSOPHIE UND IHRE METHODE

§ 1

Der Grund und Boden, auf dem alle unsere Erkenntnisse und Wissenschaften ruhen, ist das Unerklärliche. Auf dieses führt daher jede Erklärung mittelst mehr oder weniger Mittelglieder zurück; wie auf dem Meere das Senkblei den Grund bald in größerer, bald in geringerer Tiefe findet, ihn jedoch überall zuletzt erreichen muß. Dieses Unerklärliche fällt der Metaphysik anheim.

§ 2

Fast alle Menschen bedenken unablässig, daß sie der und der Mensch (τίς ἄνθρωπος) sind, nebst den Korollarien, die sich daraus ergeben; hingegen, daß sie überhaupt ein Mensch (ὁ ἄνθρωπος) sind und welche Korollarien hieraus folgen, das fällt ihnen kaum ein und ist doch die Hauptsache. Die wenigen, welche mehr dem letztern als dem erstern Satze nachhängen, sind Philosophen. Die Richtung der andern aber ist darauf zurückzuführen, daß sie überhaupt in den Dingen stets nur das Einzelne und Individuelle sehn, nicht das Allgemeine derselben. Bloß die Höherbegabten sehn mehr und mehr, je nach dem Grad ihrer Eminenz, in den einzelnen Dingen das Allgemeine derselben. Dieser wichtige Unterschied durchdringt das ganze Erkenntnisvermögen dermaßen, daß er sich auf die Anschauung der alltäglichsten Gegenstände herab erstreckt; daher schon diese im eminenten Kopfe eine andere ist als im gewöhnlichen. Dieses Auffassen des Allgemeinen in dem sich jedesmal dar-

stellenden Einzelnen fällt auch zusammen mit dem, was ich
das reine, willenslose Subjekt des Erkennens genannt und
als das subjektive Korrelat der Platonischen Idee aufgestellt
habe, weil nur, wenn auf das Allgemeine gerichtet, die Erkenntnis willenslos bleiben kann, in den einzelnen Dingen
hingegen die Objekte des *Wollens* liegen; daher denn auch die
Erkenntnis der Tiere streng auf dies Einzelne beschränkt
ist und demgemäß ihr Intellekt ausschließlich im Dienste
ihres Willens bleibt. Hingegen ist jene Richtung des Geistes
auf das Allgemeine die unumgängliche Bedingung zu echten Leistungen in der Philosophie, Poesie, überhaupt in den
Künsten und Wissenschaften.

Für den *Intellekt im Dienste des Willens*, also im praktischen
Gebrauch, gibt es nur *einzelne Dinge*; für den Intellekt, der
Kunst oder Wissenschaft treibt, also für sich selbst tätig ist,
gibt es nur *Allgemeinheiten*, ganze Arten, Spezies, Klassen,
Ideen von Dingen; da selbst der bildende Künstler im Individuo die Idee, also die Gattung darstellen will. Dieses beruht darauf, daß der *Wille* direkt bloß auf einzelne Dinge
gerichtet ist: diese sind seine eigentlichen Objekte, denn
nur sie haben empirische Realität. Begriffe, Klassen, Arten
hingegen können nur sehr mittelbar seine Objekte werden.
Daher hat der rohe Mensch für allgemeine Wahrheiten keinen Sinn; das Genie hingegen übersieht und versäumt das
Individuelle: die erzwungene Beschäftigung mit dem Einzelnen als solchem, wie sie den Stoff des praktischen Lebens
ausmacht, ist ihm ein lästiger Frondienst.

§ 3

Zum Philosophieren sind die zwei ersten Erfordernisse diese:
erstlich, daß man den Mut habe, keine Frage auf dem Herzen zu behalten, und zweitens, daß man alles das, was *sich
von selbst versteht*, sich zum deutlichen Bewußtsein bringe, um
es als Problem aufzufassen. Endlich auch muß, um eigentlich
zu philosophieren, der Geist wahrhaft müßig sein: er muß
keine Zwecke verfolgen und also nicht vom Willen gelenkt
werden, sondern sich ungeteilt der Belehrung hingeben,

welche die anschauliche Welt und das eigene Bewußtsein ihm erteilt. – Philosophie-Professoren hingegen sind auf ihren persönlichen Nutzen und Vorteil, und was dahin führt, bedacht: da liegt ihr Ernst. Darum sehn sie so viele deutliche Dinge gar nicht, ja kommen nicht ein einziges Mal auch nur über die Probleme der Philosophie zur Besinnung.

§ 4

Der *Dichter* bringt Bilder des Lebens, menschliche Charaktere und Situationen vor die Phantasie, setzt das alles in Bewegung und überläßt nun jedem, bei diesen Bildern so weit zu denken, wie seine Geisteskraft reicht. Dieserhalb kann er Menschen von den verschiedensten Fähigkeiten, ja Toren und Weisen zugleich genügen. Der *Philosoph* hingegen bringt nicht in jener Weise das Leben selbst, sondern die fertigen von ihm daraus abstrahierten Gedanken und fordert nun, daß sein Leser ebenso und ebenso weit denke wie er selbst. Dadurch wird sein Publikum sehr klein. Der Dichter ist danach dem zu vergleichen, der die Blumen, der Philosoph dem, der die Quintessenz derselben bringt.

Ein anderer großer Vorteil, den poetische Leistungen vor philosophischen haben, ist dieser, daß alle Dichterwerke, ohne sich zu hindern, neben einander bestehn, ja sogar die heterogensten unter ihnen von einem und demselben Geiste genossen und geschätzt werden können; während jedes philosophische System, kaum zur Welt gekommen, schon auf den Untergang aller seiner Brüder bedacht ist, gleich einem asiatischen Sultan bei seinem Regierungsantritt. Denn wie im Bienenstocke nur *eine* Königin sein kann, so nur *eine* Philosophie an der Tagesordnung. Die Systeme sind nämlich so ungeselliger Natur wie die Spinnen, deren jede allein in ihrem Netze sitzt und nun zusieht, wie viele Fliegen sich darin werden fangen lassen, aber einer andern Spinne nur, um mit ihr zu kämpfen, sich nähert. Also während die Dichterwerke friedlich nebeneinander weiden wie Lämmer, sind die philosophischen geborene reißende Tiere und sogar in ihrer Zerstörungssucht gleich den Skorpionen,

Spinnen und einigen Insektenlarven vorzüglich gegen die
eigene Spezies gerichtet. Sie treten in der Welt auf gleich
den geharnischten Männern aus der Saat der Drachenzähne
des Iason und haben bis jetzt gleich diesen sich alle wechselseitig aufgerieben. Schon dauert dieser Kampf über zweitausend Jahre: wird je aus ihm ein letzter Sieg und bleibender Frieden hervorgehn?

Infolge dieser wesentlich polemischen Natur, dieses ›bellum omnium contra omnes‹[1] [Krieges aller gegen alle] der
philosophischen Systeme ist es unendlich schwerer, als
Philosoph Geltung zu erlangen denn als Dichter. Verlangt
doch des Dichters Werk vom Leser nichts weiter, als einzutreten in die Reihe der ihn unterhaltenden oder erhebenden
Schriften und eine Hingebung auf wenige Stunden. Das
Werk des Philosophen hingegen will seine ganze Denkungsart umwälzen, verlangt von ihm, daß er alles, was er bisher
in dieser Gattung gelernt und geglaubt hat, für Irrtum, die
Zeit und die Mühe für verloren erkläre und von vorn anfange: höchstens läßt es einige rudera[2] eines Vorgängers
stehn, um seine Grundlage daraus zu machen. Dazu kommt,
daß es in jedem Lehrer eines schon bestehenden Systems
einen Gegner von Amts wegen hat, ja daß bisweilen sogar
der Staat ein ihm beliebiges philosophisches System in
Schutz nimmt und mittelst seiner mächtigen materiellen
Mittel das Aufkommen jedes andern verhütet. Jetzt nehme
man noch hinzu, daß die Größe des philosophischen Publikums zu der des dichterischen sich verhält wie die Zahl der
Leute, die belehrt, zu der, die unterhalten sein wollen, und
man wird ermessen können, quibus auspiciis [unter welchen
Vorzeichen] ein Philosoph auftritt. – Dagegen nun freilich
ist es der Beifall der Denker, der Auserwählten aus langen
Zeiträumen und allen Ländern ohne Nationalunterschied,
der dem Philosophen lohnt: die Menge lernt allmälig seinen
Namen auf Auktorität verehren. Demgemäß und wegen der
langsamen, aber tiefen Einwirkung des Ganges der Philosophie auf den des ganzen Menschengeschlechtes geht seit

1. [Nach Hobbes: ›Leviathan‹ 1, 13]
2. [Trümmer, Überbleibsel]

Jahrtausenden die Geschichte der Philosophen neben der der
Könige her und zählt hundertmal weniger Namen als diese;
daher es ein Großes ist, dem seinigen eine bleibende Stelle
darin zu verschaffen.

§ 5

Der philosophische Schriftsteller ist der Führer und sein
Leser der Wanderer. Sollen sie zusammen ankommen, so
müssen sie vor allen Dingen zusammen ausgehn; d. h. der
Autor muß seinen Leser aufnehmen auf einem Standpunkt,
den sie sicherlich gemein haben: dies aber kann kein anderer
sein als der des uns allen gemeinsamen empirischen Bewußtseins. Hier also fasse er ihn fest an der Hand und sehe nun,
wie hoch über die Wolken hinaus er auf dem Bergespfade
Schritt vor Schritt mit ihm gelangen könne. So hat es auch
noch *Kant* gemacht: er geht vom ganz gemeinen Bewußtsein
sowohl des eigenen Selbst als auch der andern Dinge aus. –
Wie verkehrt ist es hingegen, den Ausgang nehmen zu
wollen vom Standpunkte einer angeblichen intellektualen
Anschauung hyperphysischer Verhältnisse oder gar Vorgänge oder auch einer das Übersinnliche vernehmenden
Vernunft oder einer absoluten, sich selbst denkenden Vernunft; denn das alles heißt vom Standpunkte nicht unmittelbar mitteilbarer Erkenntnisse ausgehn, wo daher schon
beim Ausgange selbst der Leser nie weiß, ob er bei seinem
Autor stehe oder meilenweit von ihm.

§ 6

Zu unserer eigenen ernstlichen Meditation und innigen
Betrachtung der Dinge verhält sich *das Gespräch* mit einem
andern über dieselben wie eine Maschine zu einem lebendigen Organismus. Denn nur bei ersterer ist alles wie aus
einem Stück geschnitten oder wie aus *einer* Tonart gespielt;
daher es volle Klarheit, Deutlichkeit und wahren Zusammenhang, ja Einheit erlangen kann: beim andern hingegen
werden heterogene Stücke sehr verschiedenen Ursprungs
aneinandergefügt und wird eine gewisse Einheit der Bewe-

gung erzwungen, die oft unerwartet stockt. Nur sich selbst
nämlich versteht man ganz, andere nur halb: denn man kann
es höchstens zur Gemeinschaft der Begriffe bringen, nicht
aber zu der der diesen zum Grunde liegenden anschaulichen
Auffassung. Daher werden tiefe philosophische Wahrheiten
wohl nie auf dem Wege des gemeinschaftlichen Denkens,
im Dialog, zutage gefördert werden. Wohl aber ist ein solches sehr dienlich zur Vorübung, zum Aufjagen der Probleme, zur Ventilation derselben und nachher zur Prüfung,
Kontrolle und Kritik der aufgestellten Lösung. In diesem
Sinne sind auch Platons Gespräche abgefaßt, und demgemäß
ging aus seiner Schule die zweite und dritte Akademie in
zunehmend skeptischer Richtung hervor. Als Form der
Mitteilung philosophischer Gedanken ist der geschriebene
Dialog nur da zweckmäßig, wo der Gegenstand zwei oder
mehrere ganz verschiedene, wohl gar entgegengesetzte Ansichten zuläßt, über welche entweder das Urteil dem Leser
anheimgestellt bleiben soll oder welche zusammengenommen sich zum vollständigen und richtigen Verständnis der
Sache ergänzen: zum erstern Fall gehört auch die Widerlegung erhobener Einwürfe. Die in solcher Absicht gewählte
dialogische Form muß aber alsdann dadurch, daß die Verschiedenheit der Ansichten von Grund aus hervorgehoben
und herausgearbeitet ist, echt dramatisch werden: es müssen wirklich *zwei* sprechen. Ohne dergleichen Absicht ist
sie eine müßige Spielerei – wie meistens.

§ 7

Weder unsere Kenntnisse noch unsere Einsichten werden
jemals durch Vergleichen und Diskutieren des von andern
Gesagten sonderlich vermehrt werden: denn das ist immer
nur, wie wenn man Wasser aus einem Gefäß in ein anderes
gießt. Nur durch eigene Betrachtung der Dinge selbst kann
Einsicht und Kenntnis wirklich bereichert werden; denn sie
allein ist die stets bereite und stets nahe liegende lebendige
Quelle. Demnach ist es seltsam anzusehn, wie seinwollende
Philosophen stets auf dem ersteren Wege beschäftigt sind

und den andern gar nicht zu kennen scheinen, wie sie immer es vorhaben mit dem, was dieser gesagt hat und was wohl jener gemeint haben mag; so daß sie gleichsam stets von neuem alte Gefäße umstülpen, um zu sehn, ob nicht irgendein Tröpfchen darin zurückgeblieben sei, während die lebendige Quelle vernachlässigt zu ihren Füßen fließt. Nichts verrät so sehr wie dieses ihre Unfähigkeit und zeiht ihre angenommene Miene von Wichtigkeit, Tiefsinn und Originalität der Lüge.

§ 8

Die, welche durch das Studium der Geschichte der Philosophie Philosophen zu werden hoffen, sollten aus derselben vielmehr entnehmen, daß Philosophen ebensosehr wie Dichter nur *geboren* werden, und zwar viel seltener.

§ 9

Eine seltsame und unwürdige Definition der Philosophie, die aber sogar noch *Kant* gibt, ist diese, daß sie eine Wissenschaft *aus bloßen Begriffen* wäre. Ist doch das ganze Eigentum der Begriffe nichts anderes, als was darin niedergelegt worden, nachdem man es der anschaulichen Erkenntnis abgeborgt und abgebettelt hatte, dieser wirklichen und unerschöpflichen Quelle aller Einsicht. Daher läßt eine wahre Philosophie sich nicht herausspinnen aus bloßen abstrakten Begriffen, sondern muß gegründet sein auf Beobachtung und Erfahrung, sowohl innere als äußere. Auch nicht durch Kombinationsversuche mit Begriffen, wie sie so oft, zumal aber von den Sophisten unserer Zeit, also von Fichte und Schelling, jedoch in größter Widerwärtigkeit von Hegel, daneben auch in der Moral von Schleiermacher ausgeführt worden sind, wird je etwas Rechtes in der Philosophie geleistet werden. Sie muß sogut wie Kunst und Poesie ihre Quelle in der anschaulichen Auffassung der Welt haben: auch darf es dabei, sosehr auch der Kopf oben zu bleiben hat, doch nicht so kaltblütig hergehn, daß nicht am Ende der ganze Mensch mit Herz und Kopf zur Aktion käme und durch und durch erschüttert würde. Philosophie ist kein Algebra-Exempel. Vielmehr hat *Vauvenargues* gesagt: ›Les grandes pensées viennent du cœur.‹ [Die großen Gedanken kommen aus dem Herzen; ›Réflexions et maximes‹ Nr. 127.]

§ 10

Man kann, im großen und ganzen betrachtet, die Philosophie aller Zeiten auch so auffassen, daß sie wie ein Pendel hin- und herschwingt zwischen *Rationalismus* und *Illuminismus*, d. h. zwischen dem Gebrauch der objektiven und dem der subjektiven Erkenntnisquelle.

Der *Rationalismus*, welcher den ursprünglich zum Dienste des *Willens* allein bestimmten und deshalb *nach außen* gerichteten Intellekt zum Organ hat, tritt zuerst als *Dogmatismus* auf, als welcher er sich durchaus *objektiv* verhält. Dann wechselt er ab mit dem *Skeptizismus* und wird infolge hievon zuletzt *Kritizismus*, welcher den Streit durch Berücksichtigung des *Subjekts* zu schlichten unternimmt, d. h. er wird zur *Transzendentalphilosophie*. Hierunter verstehe ich jede Philosophie, welche davon ausgeht, daß ihr nächster und unmittelbarer Gegenstand nicht die Dinge seien, sondern allein das menschliche *Bewußtsein* von den Dingen, welches daher nirgends außer Acht und Rechnung gelassen werden dürfe. Die Franzosen nennen dieselbe ziemlich ungenau ›méthode psychologique‹ [psychologische Methode] im Gegensatz der ›méthode purement logique‹ [rein logischen Methode], worunter sie die unbefangen von Objekten oder objektiv gedachten Begriffen ausgehende Philosophie, also den Dogmatismus, verstehn. Auf diesem Punkte nun angelangt, kommt der Rationalismus zu der Erkenntnis, daß sein Organon nur die *Erscheinung* erfaßt, nicht aber das letzte, innere und selbst-eigene Wesen der Dinge erreicht.

Auf allen seinen Stadien, jedoch hier am meisten, macht sich, antithetisch gegen ihn, der *Illuminismus* geltend, der, wesentlich *nach innen* gerichtet, innere Erleuchtung, intellektuelle Anschauung, höheres Bewußtsein, unmittelbar erkennende Vernunft, Gottesbewußtsein, Unifikation u. dgl.

zum Organon hat und den Rationalismus als das ›Licht der Natur‹ geringschätzt. Legt er nun dabei eine Religion zum Grunde, so wird er *Mystizismus*. Sein Grundgebrechen ist, daß seine Erkenntnis eine *nicht mitteilbare* ist; teils weil es für die *innere* Wahrnehmung kein Kriterium der Identität des Objekts verschiedener Subjekte gibt; teils weil solche Erkenntnis doch mittelst der Sprache mitgeteilt werden müßte, diese aber, zum Behuf der *nach außen* gerichteten Erkenntnis des Intellekts mittelst Abstraktionen aus derselben entstanden, ganz ungeeignet ist, die davon grundverschiedenen innern Zustände auszudrücken, welche der Stoff des Illuminismus sind, der daher sich eine eigene Sprache zu bilden hätte, welches wiederum wegen des ersteren Grundes nicht angeht. Als *nicht mitteilbar* ist nun eine dergleichen Erkenntnis auch unerweislich; worauf denn an der Hand des Skeptizismus der Rationalismus wieder ins Feld tritt. *Illuminismus* ist stellenweise schon im *Platon* zu spüren; entschiedener aber tritt er auf in der Philosophie der Neuplatoniker, der Gnostiker, des Dionysios Areopagites, wie auch des Scotus Erigena; ferner unter den Mohammedanern als Lehre der *Sufi*; in Indien herrscht er in Vedanta und Mimamsa[1]; am entschiedensten gehören Jacob Böhme und alle christlichen Mystiker ihm an. Er tritt allemal auf, wann der Rationalismus ein Stadium, ohne das Ziel zu erreichen, durchlaufen hat: so kam er gegen das Ende der scholastischen Philosophie und im Gegensatz derselben als Mystik, zumal der Deutschen, im Tauler und dem Verfasser der ›Deutschen Theologie‹, nebst andern; und ebenfalls in neuester Zeit als Gegensatz zur Kantischen Philosophie in Jacobi und Schelling, gleichfalls in Fichtes letzter Periode. – Allein die Philosophie soll *mitteilbare* Erkenntnis, muß daher Rationalismus sein. Demgemäß habe ich in der meinigen zwar am Schluß auf das Gebiet des Illuminismus als ein Vorhandenes hingedeutet, aber mich gehütet, es auch nur mit *einem* Schritte zu betreten; dagegen denn auch nicht unternommen, die letzten Aufschlüsse über das Dasein der Welt zu

1. [Die Vedanta des Vyasa und die Mimamsa des Jaimini sind zwei der sechs philosophischen Systeme der Hindus.]

geben, sondern bin nur so weit gegangen, als es auf dem objektiven, rationalistischen Wege möglich ist. Dem Illuminismus habe ich seinen Raum freigelassen, wo ihm auf seine Weise die Lösung aller Rätsel werden mag, ohne daß er dabei mir den Weg verträte oder gegen mich zu polemisieren hätte.

Inzwischen mag oft genug dem Rationalismus ein versteckter Illuminismus zum Grunde liegen, auf welchen dann der Philosoph wie auf einen versteckten Kompaß hinsieht, während er eingeständlich seinen Weg nur nach den Sternen, d. h. den äußerlich und klar vorliegenden Objekten richtet und nur diese in Rechnung bringt. Dies ist zulässig, weil er nicht unternimmt, die unmitteilbare Erkenntnis mitzuteilen, sondern seine Mitteilungen rein objektiv und rationell bleiben. Dies mag der Fall gewesen sein mit Platon, Spinoza, Malebranche und manchem andern: es geht niemanden etwas an, denn es sind die Geheimnisse ihrer Brust. Hingegen das laute Berufen auf intellektuelle Anschauung und die dreiste Erzählung ihres Inhalts mit dem Anspruch auf objektive Gültigkeit desselben, wie bei Fichte und Schelling, ist unverschämt und verwerflich.

An sich selbst ist übrigens der *Illuminismus* ein natürlicher und insofern zu rechtfertigender Versuch zur Ergründung der Wahrheit. Denn der nach *außen* gerichtete Intellekt als bloßes Organon für die Zwecke des *Willens* und folglich bloß Sekundäres ist doch nur ein *Teil* unsers gesamten menschlichen Wesens: er gehört der *Erscheinung* an, und seine Erkenntnis entspricht bloß ihr, da er ja allein zu ihrem Behufe daist. Was kann also natürlicher sein, als daß man, wenn es mit dem objektiv erkennenden Intellekt mißlungen ist, nunmehr unser ganzes übriges Wesen, welches doch auch Ding an sich sein, d. h. dem wahren Wesen der Welt angehören und folglich irgendwie die Lösung aller Rätsel in sich tragen muß, mit ins Spiel bringt, um durch selbiges Hülfe zu suchen – wie die alten Deutschen, wenn sie alles verspielt hatten, zuletzt ihre eigene Person einsetzten. Aber die allein richtige und objektiv gültige Art, solches auszuführen, ist, daß man die empirische Tatsache eines in unserm Innern sich kundgebenden, ja dessen alleiniges Wesen ausmachenden Willens auffasse und sie zur Erklärung der objektiven äußern Erkenntnis anwende; wie ich dies demnach getan habe. Hingegen führt der Weg des Illuminismus aus den oben dargelegten Gründen nicht zum Zweck.

§ 11

Bloße Schlauheit befähigt wohl zum Skeptikus, aber nicht zum Philosophen. Inzwischen ist die Skepsis in der Philosophie, was die Opposition im Parlament, ist auch ebenso wohltätig, ja notwendig. Sie beruht überall darauf, daß die Philosophie einer Evidenz solcher Art, wie die Mathematik sie hat, nicht fähig ist; sowenig wie der Mensch tierischer Kunsttriebe, die eben auch a priori sichergehn. Daher wird gegen jedes System die Skepsis sich immer noch in die andere Waagschale legen können: aber ihr Gewicht wird zuletzt so gering werden gegen das andere, daß es ihm nicht mehr schadet als der arithmetischen Quadratur des Zirkels, daß sie doch nur approximativ ist.

Das, *was man weiß*, hat doppelten Wert, wenn man zugleich das, was man *nicht weiß*, nicht zu wissen eingesteht. Denn dadurch wird ersteres von dem Verdacht frei, dem man es aussetzt, wenn man wie z. B. die Schellingianer auch das, was man nicht weiß, zu wissen vorgibt.

§ 12

Aussprüche der Vernunft nennt jeder gewisse Sätze, die er ohne Untersuchung für wahr hält und davon er sich so fest überzeugt glaubt, daß sogar, wenn er es wollte, er es nicht dahin bringen könnte, sie ernstlich zu prüfen, als wozu er sie einstweilen in Zweifel ziehn müßte. In diesen festen Kredit sind sie bei ihm dadurch gekommen, daß, als er anfing, zu reden und zu denken, sie ihm anhaltend vorgesagt und dadurch eingeimpft wurden; daher denn seine Gewohnheit, sie zu denken, ebenso alt ist wie die Gewohnheit, überhaupt zu denken; wodurch es kommt, daß er beides nicht mehr trennen kann, ja sie sind mit seinem Gehirn verwachsen.

Das hier Gesagte ist so wahr, daß es mit Beispielen zu belegen einerseits überflüssig und andererseits bedenklich wäre.

§ 13

Keine aus einer objektiven anschauenden Auffassung der Dinge entsprungene und folgerecht durchgeführte Ansicht der Welt kann durchaus falsch sein; sondern sie ist im schlimmsten Fall nur einseitig: so z.B. der vollkommene Materialismus, der absolute Idealismus u.a. mehr. Sie alle sind wahr; aber sie sind es zugleich: folglich ist ihre Wahrheit eine nur relative. Jede solche Auffassung ist nämlich nur von einem bestimmten Standpunkt aus wahr; wie ein Bild die Gegend nur von *einem* Gesichtspunkte aus darstellt. Erhebt man sich aber über den Standpunkt eines solchen Systems hinaus, so erkennt man die Relativität seiner Wahrheit, d.h. seine Einseitigkeit. Nur der höchste, alles übersehende und in Rechnung bringende Standpunkt kann absolute Wahrheit liefern. – Demzufolge nun ist es z.B. wahr, wenn ich mich selbst betrachte als ein bloß zeitliches, entstandenes und dem gänzlichen Untergange bestimmtes Naturprodukt – etwan in der Weise des Koheleth: aber es ist zugleich wahr, daß alles, was je war und je sein wird, Ich bin und außer mir nichts ist. Ebenso ist es wahr, wenn ich nach Weise des Anakreon das höchste Glück in den Genuß der Gegenwart setze: aber zugleich ist es wahr, wenn ich die Heilsamkeit des Leidens und das Nichtige, ja Verderbliche alles Genusses erkenne und den Tod als den Zweck meines Daseins auffasse.

Alles dieses hat seinen Grund darin, daß jede folgerecht durchführbare Ansicht nur eine in Begriffe übertragene und dadurch fixierte anschauliche und objektive Auffassung der Natur ist, die Natur aber, d.i. das Anschauliche, nie lügt noch sich widerspricht, da ihr Wesen dergleichen ausschließt. Wo daher Widerspruch und Lüge ist, da sind Gedanken, die nicht aus objektiver Auffassung entsprungen sind – z.B. im Optimismus. Hingegen unvollständig und einseitig kann eine objektive Auffassung sein: dann gebührt ihr eine Ergänzung, nicht eine Widerlegung.

§ 14

Man wird es nicht müde, der Metaphysik ihre so geringen Fortschritte im Angesicht der so großen der physikalischen Wissenschaften vorzuwerfen. Schon *Voltaire* ruft aus: ›O métaphysique! nous sommes aussi avancés que du temps des premiers Druides.‹ [O Metaphysik! wir sind gerade so weit wie zur Zeit der ersten Druiden.] (›Mélanges de philosophie‹ [1, p. 61: ›Éléments de philosophie de Neuton‹ 1] chap. 9). Aber welche andere Wissenschaft hat denn wie sie allezeit einen Antagonisten ex officio, einen bestellten fiskalischen Ankläger, einen king's champion[1] in vollem Harnisch, der auf die wehr- und waffenlose eindringt, zum beständigen Hemmnis gehabt? Nimmer wird sie ihre wahren Kräfte zeigen, ihre Riesenschritte tun können, solange ihr unter Drohungen zugemutet wird, sich den auf die so kleine Kapazität des so großen Haufens berechneten Dogmen anzupassen. Erst bindet man uns die Arme, und dann verhöhnt man uns, daß wir nichts leisten können.

Die Religionen haben sich der metaphysischen Anlage des Menschen bemächtigt, indem sie teils solche durch frühzeitiges Einprägen ihrer Dogmen lähmen, teils alle freien und unbefangenen Äußerungen derselben verbieten und verpönen, so daß dem Menschen über die wichtigsten und interessantesten Angelegenheiten, über sein Dasein selbst, das freie Forschen teils direkt verboten, teils indirekt gehindert, teils subjektiv durch jene Lähmung unmöglich gemacht wird und dergestalt die erhabenste seiner Anlagen in Fesseln liegt.

§ 15

Um uns gegen fremde der unserigen entgegengesetzte Ansichten tolerant und beim Widerspruch geduldig zu machen, ist vielleicht nichts wirksamer als die Erinnerung, wie häufig wir selbst über denselben Gegenstand sukzessiv ganz

1. [Ein Ritter, der bei der Krönung des englischen Königs diejenigen zum Duell herausfordert, die den Fürsten nicht als rechtmäßigen Herrscher der drei Reiche anerkennen.]

entgegengesetzte Meinungen gehegt und solche bisweilen
sogar in sehr kurzer Zeit wiederholt gewechselt, bald die
eine Meinung, bald wieder ihr Gegenteil verworfen und
wieder aufgenommen haben, je nachdem der Gegenstand
bald in diesem, bald in jenem Lichte sich uns darstellte.

Desgleichen ist, um unserm Widerspruche gegen die Meinung eines andern bei diesem Eingang zu verschaffen,
nichts geeigneter als die Rede: ›Dasselbe habe ich früher
auch gemeint; aber . . .‹ usw.

§ 16

Eine Irrlehre, sei sie aus falscher Ansicht gefaßt oder aus
schlechter Absicht entsprungen, ist stets nur auf spezielle
Umstände, folglich auf eine gewisse Zeit berechnet, die
Wahrheit allein auf alle Zeit, wenn sie auch eine Weile verkannt oder erstickt werden kann. Denn sobald nur ein wenig
Licht von innen oder ein wenig Luft von außen kommt,
findet sich jemand ein, sie zu verkündigen oder zu verteidigen. Weil sie nämlich nicht aus der Absicht irgendeiner
Partei entsprungen ist, so wird zu jeder Zeit jeder vorzüg-
liche Kopf ihr Verfechter. Denn sie gleicht dem Magneten,
der stets und überall nach einem absolut bestimmten Welt-
punkte weist; die Irrlehre hingegen einer Statue, die mit
der Hand auf eine andere Statue hinweist, von welcher einmal getrennt sie alle Bedeutung verloren hat.

§ 17

Was der Auffindung der Wahrheit am meisten entgegensteht, ist nicht der aus den Dingen hervorgehende und zum
Irrtum verleitende falsche Schein noch auch unmittelbar
die Schwäche des Verstandes; sondern es ist die vorgefaßte
Meinung, das Vorurteil, welches als ein After-a-priori der
Wahrheit sich entgegenstellt und dann einem widrigen
Winde gleicht, der das Schiff von der Richtung, in der allein
das Land liegt, zurücktreibt, so daß jetzt Steuer und Segel
vergeblich tätig sind.

§ 18

Den Goetheschen Vers im ›Faust‹ [1, Vers 682]:

> Was du ererbt von deinen Vätern hast,
> Erwirb es, um es zu besitzen,

kommentiere ich mir folgendermaßen: Was Denker vor uns schon gefunden haben, unabhängig von ihnen und ehe man es weiß, aus eigenen Mitteln selbst zu finden ist von großem Wert und Nutzen. Denn das Selbstgedachte versteht man viel gründlicher als das Erlernte und erhält, wenn man es nachmals bei jenen Frühern findet, unverhofft eine stark für die Wahrheit desselben zeugende Bestätigung durch fremde, anerkannte Auktorität, wodurch man sodann Zuversicht und Standhaftigkeit gewinnt, es gegen jeden Widerspruch zu verfechten.

Hingegen wenn man etwas zuerst in Büchern gefunden hat, dann aber auch durch eigenes Nachdenken dasselbe Resultat erlangt; so weiß man doch nie gewiß, daß man dieses selbst gedacht und geurteilt und nicht bloß jenen Früheren nachgesprochen oder nachempfunden habe. Dies nun aber begründet in Hinsicht auf die Gewißheit der Sache einen großen Unterschied. Denn im letztern Falle könnte man am Ende bloß mit jenen Früheren aus Präokkupation geirrt haben; wie das Wasser den Weg des ihm vorhergegangenen leicht einschlägt. Wenn zwei, jeder für sich, rechnen und dasselbe Resultat erhalten, so ist dies ein sicheres; nicht aber, wenn die Rechnung des einen von einem andern bloß durchgesehn worden.

§ 19

Es ist eine Folge der Beschaffenheit unsers dem Willen entsprossenen Intellekts, daß wir nicht umhinkönnen, die Welt entweder als *Zweck* oder als *Mittel* aufzufassen. Ersteres nun würde besagen, daß ihr Dasein durch ihr Wesen gerechtfertigt, mithin ihrem Nichtsein entschieden vorzuziehn wäre. Allein die Erkenntnis, daß sie nur ein Tummelplatz leidender und sterbender Wesen ist, läßt diesen Gedanken nicht bestehn. Nun aber wiederum sie als *Mittel* aufzufassen läßt die Unendlichkeit der bereits verflossenen Zeit nicht zu, vermöge welcher jeder zu erreichende Zweck schon längst hätte erreicht sein müssen. – Hieraus folgt, daß jene Anwendung der unserm Intellekt natürlichen Voraussetzung auf das Ganze der Dinge oder die Welt eine *transzendente* ist, d. h. eine solche, die wohl *in* der Welt, aber nicht *von* der Welt gilt; was daraus erklärlich ist, daß sie aus der Natur eines Intellekts entspringt, welcher, wie ich dargetan habe, zum Dienste eines individuellen *Willens*, d. h. zur Erlangung seiner Gegenstände entstanden und daher ausschließlich auf Zwecke und Mittel berechnet ist, mithin gar nichts anderes kennt und begreift.

§ 20

Wenn man nach *außen* blickt, woselbst die Unermeßlichkeit der Welt und die Zahllosigkeit der Wesen sich uns darstellt; so schrumpft das eigene Selbst als bloßes Individuum zu nichts zusammen und scheint zu verschwinden. Durch eben dieses Übergewicht der Masse und Zahl hingerissen, denkt man ferner, daß nur die nach *außen* gerichtete, also die *objektive Philosophie* auf dem richtigen Wege sein könne; auch war hieran zu zweifeln den ältesten griechischen Philosophen gar nicht eingefallen.

Blickt man hingegen nach *innen*, so findet man zunächst, daß jedes Individuum einen unmittelbaren Anteil nur an sich selber nimmt, ja sich selber mehr am Herzen liegt, als alles andere zusammengenommen – was daher kommt, daß es allein sich selbst unmittelbar, alles andere aber nur mittelbar erkennt. Wenn man nun noch hinzunimmt, daß bewußte und erkennende Wesen schlechterdings nur als Individuen denkbar sind, die bewußtlosen aber nur ein halbes, ein bloß mittelbares Dasein haben; so fällt alle eigentliche und wahre Existenz in die Individuen. Wenn man endlich gar noch sich darauf besinnt, daß das Objekt durch das Subjekt bedingt ist, folglich jene unermeßliche Außenwelt ihr Dasein nur im *Bewußtsein* erkennender Wesen hat, folglich an das Dasein der Individuen, die dessen Träger sind, gebunden ist, so entschieden, daß sie in diesem Sinne sogar als eine bloße Ausstattung, ein Akzidenz des doch stets individuellen Bewußtseins angesehn werden kann – wenn man, sage ich, dies alles ins Auge faßt; so geht man zu der Ansicht über, daß nur die nach *innen* gerichtete, vom Subjekt als dem unmittelbar Gegebenen ausgehende Philosophie, also die der Neueren seit Cartesius [Descartes] auf dem richtigen Wege sei, mithin die Alten die Hauptsache übersehn haben. Aber die vollkommene Überzeugung hievon wird man erst erhalten, wenn man, tief in sich gehend, das Gefühl der Ursprünglichkeit, welches in jedem erkennenden Wesen liegt, sich zum Bewußtsein bringt. Ja mehr als dies. Findet doch jeder, sogar der unbedeutendste Mensch in seinem einfachen Selbstbewußtsein sich als das allerrealste Wesen und erkennt notwendig in sich den wahren Mittelpunkt der Welt, ja die Urquelle aller Realität. Und dies Urbewußtsein sollte lügen? Der stärkste Ausdruck desselben sind die Worte des Upanischads: ›Hae omnes creaturae in totum ego sum et praeter me ens aliud non est et omnia ego creata feci.‹ [Alle diese Geschöpfe insgesamt bin ich, und außer mir ist kein anderes Wesen vorhanden, und alles Geschaffene habe ich gemacht.] (›Oupnekhat‹ 1, p. 122) – welches denn freilich der Übergang zum Illuminismus, wohl gar zum Mystizismus ist. Dies also ist das Resultat der nach innen gerichteten Betrachtung, während die nach außen gerichtete uns als das Ziel unsers Daseins ein Häuflein Asche erblicken läßtF.

F. *Endlich* und *unendlich* sind Begriffe, die bloß in Beziehung auf Raum und Zeit Bedeutung haben, indem diese beiden *unendlich*, d. h. endlos, wie auch ins unendliche teilbar sind. Wendet man jene beiden Begriffe noch auf andre Dinge an, so müssen es solche sein, die, Raum und Zeit füllend, durch sie jener ihrer Eigenschaften teilhaft werden. Hieraus ist zu ermessen, wie groß der Mißbrauch sei, welchen Philosophaster und Windbeutel in diesem Jahrhundert mit jenen Begriffen getrieben haben.

§ 21

Über die *Einteilung der Philosophie*, welche besonders hinsichtlich des Vortrages derselben von Wichtigkeit ist, würde von
meinem Gesichtspunkte aus folgendes gelten:

Die Philosophie hat zwar zu ihrem Gegenstande die Erfahrung, aber nicht gleich den übrigen Wissenschaften diese
oder jene bestimmte Erfahrung; sondern eben die Erfahrung
selbst, überhaupt und als solche, ihrer Möglichkeit, ihrem
Gebiete, ihrem wesentlichen Inhalte, ihren innern und
äußern Elementen, ihrer Form und Materie nach. Daß demzufolge die Philosophie allerdings empirische Grundlagen
haben müsse und nicht aus reinen abstrakten Begriffen her-
ausgesponnen werden könne, habe ich ausführlich dargetan
im zweiten Bande meines Hauptwerkes Kap. 17, S. 180–185
[Bd. 2, S. 232–238] und auch oben § 9 es kurz resümiert.
Aus ihrem angegebenen Vorwurfe folgt ferner, daß das
erste, was sie zu betrachten hat, sein muß das Medium,
in welchem die *Erfahrung überhaupt* sich darstellt, nebst der
Form und Beschaffenheit desselben. Dieses Medium ist die
Vorstellung, die Erkenntnis, also der Intellekt. Dieserhalb
hat jede Philosophie anzuheben mit Untersuchung des Er-
kenntnisvermögens, seiner Formen und Gesetze, wie auch
der Gültigkeit und der Schranken derselben. Eine solche
Untersuchung wird demnach ›philosophia prima‹[1] [die erste
Philosophie] sein. Sie zerfällt in die Betrachtung der primären, d. i. anschaulichen Vorstellungen, welchen Teil man
Dianoiologie oder Verstandeslehre nennen kann, und in die
Betrachtung der sekundären, d. i. abstrakten Vorstellungen,
nebst der Gesetzmäßigkeit ihrer Handhabung, also *Logik*
oder Vernunftlehre. Dieser allgemeine Teil nun begreift
oder vielmehr vertritt zugleich das, was man früher *Ontologie* nannte und als die Lehre von den allgemeinsten und
wesentlichen Eigenschaften der Dinge überhaupt und als
solcher aufstellte; indem man für Eigenschaften der Dinge
an sich selbst hielt, was nur infolge der Form und Natur
unsers Vorstellungsvermögens ihnen zukommt, indem die-

1. [Bezeichnung der Metaphysik bei Aristoteles, Descartes u.a.]

ser gemäß alle durch dasselbe aufzufassende[n] Wesen sich darstellen müssen, demzufolge sie alsdann gewisse, ihnen allen gemeinsame Eigenschaften an sich tragen. Dies ist dem zu vergleichen, daß man die Farbe eines Glases den dadurch gesehenen Gegenständen beilegt.

Die auf solche Untersuchungen folgende Philosophie im engern Sinne ist sodann *Metaphysik*, weil sie nicht etwan nur das Vorhandene, die Natur, kennen lehrt, ordnet und in seinem Zusammenhange betrachtet; sondern es auffaßt als eine gegebene, aber irgendwie bedingte Erscheinung, in welcher ein von ihr selbst verschiedenes Wesen, welches demnach das Ding an sich wäre, sich darstellt. Dieses nun sucht sie näher kennenzulernen: die Mittel hiezu sind teils das Zusammenbringen der äußern mit der innern Erfahrung; teils die Erlangung eines Verständnisses der gesamten Erscheinung mittelst Auffindung ihres Sinnes und Zusammenhanges – zu vergleichen der Ablesung bis dahin rätselhafter Charaktere einer unbekannten Schrift. Auf diesem Wege gelangt sie von der Erscheinung zum *Erscheinenden*, zu dem, was hinter jener steckt; daher: τὰ μετὰ τὰ φυσικά[1] [was auf die Physik folgt]. Infolge hievon zerfällt sie in drei Teile:

> Metaphysik der Natur,
> Metaphysik des Schönen,
> Metaphysik der Sitten.

Die Ableitung dieser Einteilung setzt jedoch schon die Metaphysik selbst voraus. Diese nämlich weist das Ding an sich, das innere und letzte Wesen der Erscheinung, in unserm *Willen* nach: daher wird nach Betrachtung desselben, wie er in der äußern Natur sich darstellt, seine ganz anderartige und unmittelbare Manifestation in unserm Innern untersucht, woraus die Metaphysik der Sitten hervorgeht; vorher aber wird noch die vollkommenste und reinste Auffassung seiner äußern oder objektiven Erscheinung in Betracht genommen, welches die Metaphysik des Schönen gibt.

---

1. [Dies ist die durch Andronikos von Rhodos eingeführte Bezeichnung der Aristotelischen Metaphysik, der den Schriften der ›Ersten Philosophie‹ ihre Stelle hinter den Schriften zur ›Physik‹ anwies.]

Rationale Psychologie oder Seelenlehre gibt es nicht, weil, wie Kant bewiesen hat, die Seele eine transzendente, als solche aber eine unerwiesene und unberechtigte Hypostase ist, demnach auch der Gegensatz von ›Geist und Natur‹ den Philistern und Hegelianern überlassen bleibt. Das Wesen an sich des Menschen kann nur im Verein mit dem Wesen an sich aller Dinge, also der Welt verstanden werden. Daher läßt schon *Platon* im ›Phaedrus‹ ([cap. 54] p. 270 [C]) den Sokrates im verneinenden Sinn die Frage tun: Ψυχῆς οὖν φύσιν ἀξίως λόγου κατανοῆσαι οἴει δυνατὸν εἶναι ἄνευ τῆς τοῦ ὅλου φύσεως; (Animae vero naturam absque totius natura sufficienter cognosci posse existimas?) [Glaubst du, daß es möglich ist, das Wesen der Seele in angemessener Weise ohne Erkenntnis des Wesens des Weltganzen zu erkennen?] Mikrokosmos und Makrokosmos erläutern sich nämlich gegenseitig, wobei sie als im wesentlichen dasselbe sich ergeben. Diese an das Innere des Menschen geknüpfte Betrachtung durchzieht und erfüllt die ganze Metaphysik in allen ihren Teilen, kann also nicht wieder gesondert auftreten als Psychologie. Hingegen *Anthropologie* als Erfahrungswissenschaft läßt sich aufstellen, ist aber teils Anatomie und Physiologie, teils bloße empirische Psychologie, d. i. aus der Beobachtung geschöpfte Kenntnis der moralischen und intellektuellen Äußerungen und Eigentümlichkeiten des Menschengeschlechts, wie auch der Verschiedenheit der Individualitäten in dieser Hinsicht. Das Wichtigste daraus wird jedoch notwendig als empirischer Stoff von den drei Teilen der Metaphysik vorweggenommen und bei ihnen verarbeitet. Das dann noch übrige verlangt feine Beobachtung und geistreiche Auffassung, ja sogar Betrachtung von einem etwas erhöhten Standpunkte aus, ich meine von dem einiger Überlegenheit, ist daher nur genießbar in den Schriften bevorzugter Geister, wie da waren Theophrastos, Montaigne, Larochefoucauld, Labruyère, Helvétius, Chamfort, Addison, Shaftesbury, Shenstone, Lichtenberg u. a. mehr, nicht aber ist es zu suchen noch zu ertragen in den Kompendien geistloser und daher geistesfeindlicher Philosophie-Professoren.

KAPITEL 2

ZUR LOGIK UND DIALEKTIK

§ 22

Jede *allgemeine* Wahrheit verhält sich zu den speziellen wie
Gold zu Silber, sofern man sie in eine beträchtliche Menge
spezieller Wahrheiten, die aus ihr folgen, umsetzen kann
wie eine Goldmünze in kleines Geld. Z.B. daß das ganze
Leben der Pflanze ein Desoxydationsprozeß, das des Tieres
hingegen ein Oxydationsprozeß sei – oder auch daß, wo
immer ein elektrischer Strom kreist, alsbald ein magneti-
scher entsteht, der ihn rechtwinklicht durchschneidet –
oder: nulla animalia vocalia, nisi quae pulmonibus respirant
[keine Tiere sind stimmbegabt, die nicht durch Lungen
atmen] – oder: tout animal fossil est un animal perdu [jedes
fossile Tier ist ein untergegangenes Tier] – oder: kein eier-
legendes Tier hat ein Zwerchfell – dies sind allgemeine
Wahrheiten, aus denen man gar viele einzelne ableiten kann,
um sie zur Erklärung vorkommender Phänomene zu verwenden oder auch solche vor dem Augenschein zu antizipieren. Ebenso wertvoll sind die allgemeinen Wahrheiten
im Moralischen, im Psychologischen: wie golden ist doch
auch hier jede allgemeine Regel, jede Sentenz der Art, ja
jedes Sprichwort! Denn sie sind die Quintessenz tausender
von Vorgängen, die sich jeden Tag wiederholen und durch
sie exemplifiziert, illustriert werden.

§ 23

Ein *analytisches* Urteil ist bloß ein auseinandergezogener Begriff; ein *synthetisches* hingegen ist die Bildung eines neuen

Begriffs aus zweien im Intellekt schon anderweitig vorhandenen. Die Verbindung dieser muß aber alsdann durch irgendeine *Anschauung* vermittelt und begründet werden: je nachdem nun diese eine empirische oder aber eine reine a priori ist, wird auch das dadurch entstehende Urteil ein synthetisches a posteriori oder a priori sein.

Jedes *analytische* Urteil enthält eine Tautologie, und jedes Urteil ohne alle Tautologie ist *synthetisch*. Hieraus folgt, daß im Vortrage analytische Urteile nur unter der Voraussetzung anzuwenden sind, daß der, zu dem geredet wird, den Subjektbegriff nicht so vollständig kennt oder gegenwärtig hat wie der, welcher redet. – Ferner läßt das Synthetische der geometrischen Lehrsätze sich daraus nachweisen, daß sie keine Tautologie enthalten: bei den arithmetischen ist dies nicht so augenfällig, aber doch der Fall. Denn z.B. daß von 1 bis 4 *und* von 1 bis 5 gezählt geradeso oft die Einheit wiederholt, wie von 1 bis 9 gezählt, ist keine Tautologie, sondern durch die reine Anschauung der Zeit vermittelt und ohne diese nicht einzusehn.

§ 24

Aus *einem* Satze kann nicht mehr folgen, als schon darin liegt, d.h. als er selbst für das erschöpfende Verständnis seines Sinnes besagt; aber aus *zwei* Sätzen kann, wenn sie syllogistisch zu Prämissen verbunden werden, mehr folgen, als in jedem derselben einzeln genommen liegt – wie ein chemisch zusammengesetzter Körper Eigenschaften zeigt, die keinem seiner Bestandteile für sich zukommen. Hierauf beruht der Wert der Schlüsse.

§ 25

Jede *Beweisführung* ist eine logische Ableitung des behaupteten Satzes aus einem bereits ausgemachten und gewissen – mit Hülfe eines andern als zweiter Prämisse. Jener Satz nun muß entweder selbst unmittelbare, richtiger: ursprüngliche Gewißheit haben oder aus einem, der solche hat, logisch folgen. Dergleichen Sätze von ursprünglicher, also durch keinen Beweis vermittelter Gewißheit, wie sie die Grundwahrheiten aller Wissenschaften ausmachen, sind stets entstanden durch Übertragung des irgendwie anschaulich Aufgefaßten in das Gedachte, das Abstrakte. Dieserwegen heißen sie *evident*, welches Prädikat eigentlich nur ihnen zukommt, nicht aber den bloß bewiesenen Sätzen, welche als conclusiones ex praemissis [Schlüsse aus den Prämissen] nur folgerichtig zu nennen sind. Dieser ihre Wahrheit ist demnach immer nur eine mittelbare, abgeleitete und entlehnte: nichtsdestoweniger können sie ebenso gewiß sein wie irgendein Satz von unmittelbarer Wahrheit, wenn sie nämlich aus einem solchen, wäre es auch durch Zwischensätze, richtig gefolgert sind. Sogar ist unter dieser Voraussetzung ihre Wahrheit oft leichter darzutun und jedem faßlich zu machen als die eines Ursatzes von nur unmittelbar und intuitiv zu erkennender Wahrheit; weil zur Rekognition eines solchen bald die objektiven, bald die subjektiven Bedingungen fehlen. Dies Verhältnis ist dem analog, daß der durch Mitteilung erzeugte Stahlmagnet nicht nur ebenso starke, sondern oft noch stärkere Ziehkraft hat als der ursprüngliche Magneteisenstein.

Die subjektiven Bedingungen nämlich zur Erkenntnis der unmittelbar wahren Sätze machen das aus, was man Urteilskraft nennt: diese aber gehört zu den Vorzügen der überlegenen Köpfe; während die Fähigkeit, aus gegebenen Prämissen die richtige Konklusion zu ziehn, keinem gesunden Kopfe abgeht. Denn das Feststellen der ursprünglichen, unmittelbar wahren Sätze erfordert die Übertragung des anschaulich Erkannten in die abstrakte Erkenntnis: die Fähigkeit hiezu aber ist bei gewöhnlichen Köpfen äußerst beschränkt und erstreckt sich nur auf leicht übersehbare Verhältnisse, wie z. B. die Axiome Euklids oder auch ganz einfache, unzweideutige, ihnen offen vorliegende Tatsachen. Was darüber hinausgeht, kann in ihre Überzeugung nur auf dem Wege des Beweises gelangen, der keine andere unmittelbare Erkenntnis heischt als die, welche in der Logik durch die Sätze vom Widerspruch und der Identität ausgedrückt wird und in den Beweisen sich bei jedem Schritte wiederholt. Auf solchem Wege also muß ihnen alles auf die höchst einfachen Wahrheiten, welche allein sie unmittelbar zu fassen fähig sind, zurückgeführt werden. Geht man hiebei vom Allgemeinen zum Speziellen, so ist es Deduktion; in umgekehrter Richtung aber Induktion.

Urteilsfähige Köpfe hingegen, noch mehr aber Erfinder und Entdecker, besitzen die Fähigkeit des Übergangs vom Angeschauten zum Abstrakten oder Gedachten in viel höherem Grade; so daß solche sich auf die Durchschauung sehr komplizierter Verhältnisse erstreckt, wodurch das Feld der Sätze von unmittelbarer Wahrheit für sie ein ungleich ausgedehnteres ist und vieles von dem befaßt, wovon jene andern nie mehr als die schwächere, bloß mittelbare Überzeugung erhalten können. Für diese letzteren eigentlich wird zu einer neuentdeckten Wahrheit hinterher der Beweis, d. i. die Zurückführung auf bereits anerkannte oder sonst unzweifelhafte Wahrheiten gesucht. – Es gibt jedoch Fälle, in denen dies nicht ausführbar ist. So z.B. kann ich für die sechs Zahlenbrüche, durch welche ich die sechs Hauptfarben ausgedrückt habe[1] und welche allein die Einsicht in das eigentliche spezifische Wesen einer jeden derselben aufschließen und dadurch zum ersten Male die Farbe dem Verstande wirklich erklären, keinen Beweis finden; dennoch ist die unmittelbare Gewißheit derselben so groß, daß schwerlich irgendein urteilsfähiger Kopf im Ernst daran zweifeln wird; weshalb denn auch Herr Prof. *Rosas* in Wien es auf sich genommen hat, sie als Ergebnis seiner eigenen Einsicht vorzutragen – worüber ich auf den ›Willen in der Natur‹ S. 19 *[Bd. 3, S. 334]* verweise.

§ 26

Die *Kontroverse*, das *Disputieren* über einen theoretischen Gegenstand, kann ohne Zweifel für beide darin implizierte Parteien sehr fruchtbringend werden, indem es die Gedanken, die sie haben, berichtigt oder bestätigt und auch neue

1. *[Vgl. S. 215 und Bd. 3, S. 229–234]*

erweckt. Es ist eine Reibung oder Kollision zweier Köpfe, die oft Funken schlägt, jedoch auch darin der Kollision der Körper analog ist, daß der schwächere oft darunter zu leiden hat, während der stärkere sich dabei wohl befindet und nur einen siegreichen Klang vernehmen läßt. Aus dieser Rücksicht ist ein Erfordernis dazu, daß beide Disputanten wenigstens einigermaßen einander gewachsen seien, sowohl an Kenntnissen als an Geist und Gewandtheit. Fehlt es dem einen an den ersteren, so ist er nicht au niveau [auf der Höhe] und dadurch den Argumenten des andern nicht zugänglich: er steht gleichsam beim Kampf außerhalb der Mensur. Fehlt es ihm aber gar am zweiten, so wird die dadurch in ihm bald rege werdende Erbitterung ihn allmälig zu allerlei Unredlichkeiten, Winkelzügen und Schikanen im Disputieren und, wenn ihm diese nachgewiesen werden, zur Grobheit verleiten. Demnach soll, wie zu Turnieren nur Ebenbürtige zugelassen wurden, zuvörderst ein Gelehrter nicht mit Ungelehrten disputieren; denn er kann gegen sie seine besten Argumente nicht gebrauchen, weil es ihnen an Kenntnissen fehlt, sie zu verstehn und zu erwägen. Versucht er in dieser Verlegenheit sie ihnen dennoch begreiflich zu machen, so wird dies meistens mißlingen; ja sie werden bisweilen durch ein schlechtes und plumpes Gegenargument in den Augen ebenso unwissender Zuhörer recht zu behalten scheinen. Darum sagt Goethe:

> Laß dich nur in keiner Zeit
> Zum Widerspruch verleiten:
> Weise fallen in Unwissenheit,
> Wenn sie mit Unwissenden streiten.
>
> [›West-östlicher Divan‹ 6, 27]

Aber noch schlimmer ist man daran, wenn es dem Gegner an Geist und Verstande gebricht; es wäre denn, daß er diesen Mangel durch ein aufrichtiges Streben nach Wahrheit und Belehrung ersetzte. Denn außer dem fühlt er sich bald am empfindlichsten Teile verletzt; wonach, wer mit ihm streitet, sofort merken wird, daß er es nicht mehr mit seinem Intellekt, sondern mit dem Radikalen des Menschen, mit

seinem Willen zu tun hat, dem nur daran liegt, daß er den
Sieg behalte, sei es per fas oder per nefas [mit Recht oder
mit Unrecht]; daher sein Verstand jetzt auf nichts anderes
mehr gerichtet ist als auf Schliche, Kniffe und Unredlichkeiten jeder Art, aus welchen nachher herausgetrieben er
endlich zur Grobheit greifen wird, um nur auf [die] eine
oder die andere Weise seine gefühlte Inferiorität zu kompensieren und, je nach Stand und Verhältnissen der Disputanten, den Kampf der Geister in einen Kampf der Leiber
zu verwandeln, als wo er bessere Chancen für sich zu hoffen
hat. Demnach ist die zweite Regel, daß man nicht mit Menschen von beschränktem Verstande disputieren soll. Man
sieht bereits ab, daß nicht viele übrigbleiben werden, mit
denen man sich allenfalls in eine Kontroverse einlassen darf.
Und wahrlich sollte dies auch nur mit solchen geschehn,
die schon zu den Ausnahmen gehören. Die Leute hingegen,
wie sie in der Regel sind, nehmen es schon übel, wenn man
nicht ihrer Meinung ist: dann sollten sie aber auch ihre Meinungen danach einrichten, daß man denselben beitreten
könnte. Nun aber gar an einer Kontroverse mit ihnen wird
man, selbst wenn sie nicht zur oben erwähnten ultima ratio
stultorum [letzten Zuflucht der Dummen] greifen, meistens
nur Verdruß erleben; indem man dabei es nicht allein mit
ihrer intellektuellen Unfähigkeit, sondern gar bald auch mit
ihrer moralischen Schlechtigkeit zu tun haben wird. Diese
nämlich wird sich kundgeben in der häufigen Unredlichkeit
ihres Verfahrens beim Disputieren. Die Schliche, Kniffe und
Schikanen, zu denen sie, um nur recht zu behalten, greifen,
sind so zahlreich und mannigfaltig und dabei doch so regelmäßig wiederkehrend, daß sie mir in früheren Jahren ein
eigener Stoff zum Nachdenken wurden, welches sich auf
das rein Formale derselben richtete, nachdem ich erkannt
hatte, daß, so verschieden auch sowohl die Gegenstände der
Diskussion als die Personen sein mochten, doch dieselben
und identischen Schliche und Kniffe stets wiederkamen und
sehr wohl zu erkennen waren. Dies brachte mich damals auf
den Gedanken, das bloß Formale besagter Schliche und
Kniffe vom Stoff rein abzusondern und es gleichsam als ein

sauberes anatomisches Präparat zur Schau zu stellen. Ich
sammelte also alle die so oft vorkommenden unredlichen
Kunstgriffe beim Disputieren und stellte jeden derselben in
seinem eigentümlichen Wesen, durch Beispiele erläutert
und durch einen eigenen Namen bezeichnet, deutlich dar,
fügte endlich auch die dagegen anzuwendenden Mittel,
gleichsam die Paraden zu diesen Finten, hinzu; woraus denn
eine förmliche *eristische Dialektik* erwuchs. In dieser nahmen
nun die soeben belobten Kunstgriffe oder Strategemata als
eristisch-dialektische Figuren die Stelle ein, welche in der
Logik die syllogistischen und in der Rhetorik die rhetorischen Figuren ausfüllen, mit welchen beiden sie das Gemeinsame haben, daß sie gewissermaßen angeboren sind,
indem ihre Praxis der Theorie vorhergeht, man also, um
sie zu üben, nicht erst sie gelernt zu haben braucht. Die
rein formale Aufstellung derselben wäre sonach ein Komplement jener *Technik der Vernunft*, welche, als aus Logik,
Dialektik und Rhetorik bestehend, im zweiten Bande meines Hauptwerks Kap. 9 *[Bd. 2, S. 135–141]* dargestellt ist.
Da, soviel mir bekannt, kein früherer Versuch in dieser Art
vorhanden ist, so hatte ich dabei keine Vorarbeit zu benutzen: bloß von der ›Topica‹ des Aristoteles habe ich hin
und wieder Gebrauch machen und einige ihrer Regeln zum
Aufstellen (κατασκευάζειν) und Umstoßen (ἀνασκευ-
άζειν) der Behauptungen zu meinem Zwecke verwenden
können. Diesem aber ganz eigentlich entsprechend muß
die von Diogenes Laertios [›De vitis, dogmatibus et apo-
phthegmatibus philosophorum‹ 5,2,42] erwähnte Schrift des
Theophrastos Ἀγωνιστικὸν τῆς περὶ τοὺς ἐριστικοὺς
λόγους θεωρίας [›Kampfbüchlein der Theorie über die Trug-
schlüsse‹] gewesen sein, welche mit allen seinen rhetorischen
Schriften verlorengegangen ist. Auch Platon (›Res publica‹ 5
[cap. 4, p. 454 A] p. 12 editio Bipontini) berührt eine
ἀντιλογικὴ τέχνη [Kunst des Widersprechens], welche
das ἐρίζειν [Streiten] lehrte, wie die διαλεκτική [Kunst der
Unterredung] das διαλέγεσθαι [das Sich-Unterreden]. Von
neueren Büchern kommt meinem Zweck am nächsten des
weiland Halleschen Professors *Friedemann Schneider* ›Tracta-

tus logicus singularis, in quo processus disputandi seu of-
ficia aeque ac *vitia disputantium* exhibentur‹[1] (Halle 1718);
sofern er nämlich in den Kapiteln über die ›vitia‹ [Fehler]
mancherlei eristische Unredlichkeiten bloßlegt. Jedoch hat
er immer nur die formellen akademischen Disputationen im
Auge: auch ist im ganzen seine Behandlung der Sache matt
und mager, wie solche Fakultätenware zu sein pflegt, dabei
auch noch in ausgezeichnet schlechtem Latein. Die ein Jahr
später erschienene ›Methodus disputandi‹ von *Joachim
Lange* ist entschieden besser, enthält aber nichts für meinen
Zweck. – Bei jetzt vorgenommener Revision jener meiner
früheren Arbeit jedoch finde ich eine solche ausführliche
und minutiose Betrachtung der Schleichwege und Kniffe,
deren die gemeine Menschennatur sich bedient, um ihre
Mängel zu verstecken, meiner Gemütsverfassung nicht
mehr angemessen, lege sie daher zurück. Um indessen für
die, welche künftig so etwas zu unternehmen aufgelegt sein
möchten, meine Behandlungsweise der Sache näher zu bezeichnen, will ich hier ein paar solcher Stratagemata als
Proben davon hersetzen, zuvor aber noch aus eben jener Ausarbeitung den *Umriß des Wesentlichen jeder Disputation* mitteilen;
da er das abstrakte Grundgerüst, gleichsam das Skelett
der Kontroverse überhaupt liefert, also für eine Osteologie
derselben gelten kann und wegen seiner Übersehbarkeit
und Klarheit wohl verdient, hier zu stehn. Er lautet:

In jeder Disputation (sie werde nun öffentlich wie in akademischen Hörsälen und vor Gerichtshöfen oder in der bloßen Unterhaltung geführt) ist der wesentliche Hergang folgender:

Eine *These* ist aufgestellt und soll widerlegt werden: hiezu
nun gibt es zwei *Modi* und zwei *Wege*.

1. Die Modi sind: ad rem [in Beziehung auf die Sache] und
ad hominem [in Beziehung auf den Menschen] oder ex con-
cessis[2] [auf Grund der Einräumungen]. Nur durch den er-

1. [›Spezielle logische Abhandlung, in der das Verfahren und die
Pflichten beim Disputieren ebenso wie die Fehler der Disputierenden
dargelegt werden‹]
2. [Ausdrücke der Logik]

steren stoßen wir die absolute oder objektive Wahrheit der These um, indem wir dartun, daß sie mit der Beschaffenheit der in Rede stehenden Sache nicht übereinstimmt. Durch den andern hingegen stoßen wir bloß ihre relative Wahrheit um, indem wir nachweisen, daß sie andern Behauptungen oder Zugeständnissen des Verteidigers der These widerspricht, oder indem wir die Argumente desselben als unhaltbar nachweisen; wobei denn die objektive Wahrheit der Sache selbst eigentlich unentschieden bleibt. Z.B. wenn in einer Kontroverse über philosophische oder naturwissenschaftliche Gegenstände der Gegner (der dazu ein Engländer sein müßte) sich erlaubt, biblische Argumente vorzubringen, so mögen wir ihn mit eben dergleichen widerlegen; wiewohl es bloße argumenta ad hominem [Beweisgründe in Beziehung auf den Menschen] sind, die in der Sache nichts entscheiden. Es ist, wie wenn man jemanden in eben dem Papiergelde bezahlt, welches man von ihm erhalten hatte. In manchen Fällen kann man diesen modus procedendi [diese Art des Vorgehens] sogar damit vergleichen, daß vor Gericht der Kläger eine falsche Schuldverschreibung produzierte, die der Beklagte seinerseits durch eine falsche Quittung abfertigte: das Darlehn könnte darum doch geschehn sein. Aber, eben wie dieses letztere Verfahren, so hat auch oft die bloße argumentatio ad hominem den Vorzug der Kürze, indem gar häufig im einen wie im andern Fall die wahre und gründliche Aufklärung der Sache äußerst weitläuftig und schwierig sein würde.

2. Die zwei *Wege* nun ferner sind *der direkte* und *der indirekte*. Der erstere greift die These bei ihren *Gründen*, der andere bei ihren *Folgen* an. Jener beweist, daß sie nicht wahr sei, dieser, daß sie nicht wahr sein könne. Wir wollen sie näher betrachten.

a) Auf dem *direkten* Wege widerlegend, also die *Gründe* der These angreifend, zeigen wir entweder, daß diese selbst nicht wahr seien, indem wir sagen: ›nego maiorem‹ [ich bestreite den Obersatz]: oder: ›nego minorem‹[1] [ich bestreite den Untersatz], durch beides greifen wir die *Ma-*

1. [Vgl. Christian Wolff: ›Logica‹ § 1108, p. 784]

terie des die These begründenden Schlusses an. Oder aber
wir geben diese Gründe zu, zeigen jedoch, daß die These
nicht aus ihnen folgt, sagen also: ›nego consequentiam‹[1]
[ich bestreite den Schlußsatz], wodurch wir die *Form* des
Schlusses angreifen.

b) Auf dem *indirekten* Wege widerlegend, also die These
bei ihren *Folgen* angreifend, um aus der Unwahrheit dieser
vermöge des Gesetzes ›a falsitate rationati ad falsitatem ra-
tionis valet consequentia‹ [aus der Falschheit der Folge ergibt sich die Falschheit des Grundes] auf ihre eigene Unwahrheit zu schließen, können wir uns nun entweder der
bloßen *Instanz* oder aber der *Apagoge* bedienen.

α) Die *Instanz* (ἔνστασις) ist ein bloßes exemplum in
contrarium [Gegenbeispiel]: sie widerlegt die These durch
Nachweisung von Dingen oder Verhältnissen, die unter
ihrer Aussage begriffen sind, also aus ihr folgen, bei denen
sie aber offenbar nicht zutrifft; daher sie nicht wahr sein
kann.

β) Die *Apagoge* bringen wir dadurch zuwege, daß wir die
These vorläufig als wahr annehmen, nun aber irgendeinen
andern als wahr anerkannten und unbestrittenen Satz so
mit ihr verbinden, daß beide die Prämissen eines Schlusses
werden, dessen Konklusion offenbar falsch ist, indem sie entweder der Natur der Dinge überhaupt oder der sicher anerkannten Beschaffenheit der in Rede stehenden Sache oder
aber einer andern Behauptung des Verfechters der These
widerspricht: die Apagoge kann also dem Modus nach sowohl bloß ad hominem als ad rem sein. Sind es nun aber
ganz unzweifelhafte, wohl gar a priori gewisse Wahrheiten,
denen jene Konklusion widerspricht, dann haben wir den
Gegner sogar ad absurdum geführt. Jedenfalls muß, da die
hinzugenommene andere Prämisse von unbestrittener Wahrheit ist, die Falschheit der Konklusion von seiner These
herrühren: diese *kann* also nicht wahr sein.

Jedes Angriffsverfahren beim Disputieren wird auf die hier
formell dargestellten Prozeduren zurückzuführen sein: diese
sind also in der Dialektik das, was in der Fechtkunst die

1. [Vgl. ibidem § 1112, p. 785]

regelmäßigen Stöße wie Terz, Quart usw. – hingegen würden die von mir zusammengestellten Kunstgriffe oder Strategemata allenfalls den Finten zu vergleichen sein und endlich die persönlichen Ausfälle beim Disputieren den von den Universitätsfechtmeistern so genannten Sauhieben. Als Probe und Beispiele jener von mir zusammengebrachten Strategemata mögen nun folgende hier eine Stelle finden.

Siebentes Strategem: die *Erweiterung*. Die Behauptung des Gegners wird über ihre natürliche Grenze hinausgeführt, also in einem weiteren Sinne genommen, als er beabsichtigt oder sogar auch ausgedrückt hat, um sie sodann in solchem Sinne bequem zu widerlegen.

Beispiel: A behauptet, die Engländer überträfen in der dramatischen Kunst alle andern Nationen. B macht die scheinbare instantia in contrarium, daß in der Musik, folglich auch in der Oper ihre Leistungen gering wären. – Hieraus folgt als Parade zu dieser Finte, daß man bei einem erhobenen Widerspruch seine ausgesprochene Behauptung sogleich strenge auf die gebrauchten Ausdrücke oder ihren billigerweise anzunehmenden Sinn einschränke, überhaupt sie in möglichst enge Grenzen zusammenziehe. Denn je allgemeiner eine Behauptung wird, desto mehreren Angriffen ist sie ausgesetzt.

Achtes Strategem: die *Konsequenzmacherei*. Man fügt zum Satze des Gegners, oft sogar nur stillschweigend, einen zweiten hinzu, welcher durch Subjekt oder Prädikat jenem verwandt ist: aus diesen zwei Prämissen nun zieht man eine unwahre, meistens gehässige Konklusion, die man dem Gegner zur Last legt.

Beispiel: A lobt es, daß die Franzosen Karl X. verjagt haben. B erwidert sogleich: ›Also wollen Sie, daß wir unsern König verjagen.‹ – Der von ihm stillschweigend als maior hinzugefügte Satz ist: ›Alle, die ihren König verjagen, sind zu loben.‹ – Dies kann auch auf die fallacia a dicto secundum quid addictum simpliciter [den Kunstgriff, in uneingeschränktem Sinne zu nehmen, was in eingeschränktem Sinne behauptet wurde] zurückgeführt werden.

Neuntes Strategem: die *Diversion*. Wenn man im Fort-

gange der Disputation merkt, daß es schiefgeht und der
Gegner siegen wird; so sucht man beizeiten diesem Unfall
vorzubeugen durch eine mutatio controversiae, also durch
Ablenken der Diskussion auf einen andern Gegenstand,
nämlich auf irgendeine Nebensache, nötigenfalls sogar durch
Abspringen auf eine solche. Diese sucht man jetzt dem
Gegner unterzuschieben, um sie anzufechten und statt des
ursprünglichen Gegenstandes zum Thema der Kontroverse
zu machen; so daß der Gegner seinen bevorstehenden Sieg
verlassen muß, um sich dahin zu wenden. Sollte man aber
unglücklicherweise auch hier bald ein starkes Gegenargument aufmarschieren sehn, nun so macht man es geschwind
wieder ebenso, springt also abermals auf etwas anderes ab:
und das kann man zehnmal in einer Viertelstunde wiederholen, wenn nicht etwan der Gegner die Geduld verliert.
Diese strategischen Diversionen wird man am geschickte-
sten dadurch ausführen, daß man die Kontroverse unvermerkt und allmälig auf einen dem in Rede stehenden Gegenstande verwandten, wo möglich auf etwas noch wirklich ihn selbst nur in anderer Hinsicht Betreffendes hin-
überspielt. Schon weniger fein ist es, wenn man bloß das
Subjekt der These beibehält, aber andere Beziehungen desselben aufs Tapet bringt, die wohl gar mit den in Rede stehenden nichts zu tun haben, z. B. vom Buddhaismus der
Chinesen redend, auf ihren Teehandel übergeht. Ist nun
aber auch nicht einmal dies ausführbar, so greift man irgendeinen vom Gegner zufällig gebrauchten Ausdruck auf,
um an diesen eine ganz neue Kontroverse zu knüpfen und
so von der alten loszukommen; z. B. der Gegner habe sich so
ausgedrückt: ›Hier eben liegt das Mysterium der Sache‹, so
fällt man geschwinde ein: ›Ja, wenn Sie von Mysterien und
Mystik reden, da bin ich nicht Ihr Mann: denn was das betrifft‹ usw., und nun wird das weite Feld gewonnen. Bietet
sich aber selbst hiezu keine Gelegenheit, so muß man noch
dreister zu Werke gehn und plötzlich auf eine ganz fremde
Sache abspringen, etwan mit: ›Ja, und so behaupteten Sie
auch neulich‹ usw. – Die Diversion überhaupt ist unter
allen Kniffen, deren unredliche Disputanten sich meistens

instinktmäßig bedienen, der beliebteste und gebräuchlichste und fast unausbleiblich, sobald sie in Verlegenheit geraten.

Dergleichen Strategemata also hatte ich ungefähr vierzig zusammengestellt und ausgeführt. Aber die Beleuchtung aller dieser Schlupfwinkel der mit Eigensinn, Eitelkeit und Unredlichkeit verschwisterten Beschränktheit und Unfähigkeit widert mich jetzt an; daher ich es bei dieser Probe bewenden lasse und desto ernstlicher auf die oben angegebenen Gründe zum Vermeiden des Disputierens mit Leuten, wie die meisten sind, verweise. Man mag allenfalls der Fassungskraft eines andern durch Argumente zu Hülfe zu kommen versuchen; aber sobald man in seinen Gegenreden Eigensinn bemerkt, soll man auf der Stelle abbrechen. Denn alsbald wird er auch unredlich werden, und im Theoretischen ist ein Sophisma, was im Praktischen eine Schikane: die hier zur Sprache gebrachten Strategemata aber sind noch viel nichtswürdiger als die Sophismen. Denn in ihnen nimmt der Wille die Maske des Verstandes vor, um dessen Rolle zu spielen, was stets abscheulich ausfällt; wie denn auch wenige Dinge solche Indignation hervorrufen, wie wenn man merkt, daß ein Mensch absichtlich mißversteht. Wer gute Gründe seines Gegners nicht gelten läßt, beweist einen entweder direkt schwachen oder durch die Herrschaft des eigenen Willens unterdrückten, also indirekt schwachen Verstand: daher soll man nur, wo etwan Amt und Pflicht es heischen, mit einem solchen sich herumhetzen. – Bei allen diesem jedoch muß ich, um auch den erwähnten Winkelzügen ihr Recht widerfahren zu lassen, eingestehn, daß man mit dem Aufgeben seiner Meinung bei einem treffenden Argument des Gegners sich ebenfalls übereilen kann. Wir fühlen nämlich bei einem solchen die Gewalt desselben; aber die Gegengründe oder was etwan anderweitig unsere Behauptung selbst dabei noch bestehn lassen und retten könnte, fällt uns nicht ebenso schnell ein. Geben wir nun in solchem Fall unsere These sogleich verloren, so kann es kommen, daß wir ebendadurch der Wahrheit ungetreu werden; indem sich nachher fände, daß wir dennoch recht gehabt hätten, jedoch aus Schwäche und Mangel an

Vertrauen zu unserer Sache dem augenblicklichen Eindruck
gewichen wären. – Sogar kann der Beweis, den wir für unsere These aufgestellt hatten, wirklich falsch gewesen sein,
es aber einen andern und richtigen für dieselbe geben. Im
Gefühl hievon geschieht es, daß selbst aufrichtige und
wahrheitsliebende Leute nicht leicht einem guten Argument auf der Stelle weichen, vielmehr noch eine kurze Ge-
genwehr versuchen, ja sogar bei ihrem Satze meistens auch
dann noch eine Weile beharren, wenn die Gegenargumen-
tation ihnen seine Wahrheit zweifelhaft gemacht hat. Sie
gleichen dabei dem Heerführer, der eine Position, die er
nicht behaupten kann und es weiß, doch noch in Hoffnung
auf Entsatz eine Weile zu halten sucht. Sie hoffen nämlich,
daß, während sie einstweilen mit schlechten Gründen sich
wehren, die guten ihnen inzwischen einfallen oder auch die
bloße Scheinbarkeit der Argumente des Gegners ihnen klar-
werden wird. Diesergestalt also wird man zu einer kleinen
Unredlichkeit im Disputieren beinahe genötigt, indem man
momentan nicht sowohl für die Wahrheit als für seinen Satz
zu kämpfen hat. Soweit ist dies eine Folge der Ungewißheit
der Wahrheit und der Unvollkommenheit des menschlichen
Intellekts. Nun aber entsteht sogleich die Gefahr, daß man
darin zu weit gehe, zu lange bei schlechter Überzeugung
kämpfe, sich endlich verstocke und, der Schlechtigkeit der
menschlichen Natur Raum gebend, per fas et nefas[1], also
wohl gar auch mit Hülfe unredlicher Strategemata seinen
Satz verteidige, ihn mordicus [mit allen Kräften] festhal-
tend. Hier möge jeden sein guter Genius beschirmen, damit er nicht nachher sich zu schämen brauche. Inzwischen
leitet deutliche Erkenntnis der hier dargelegten Beschaffenheit der Sache allerdings zur Selbstbildung auch in dieser
Hinsicht an.

1. [Vgl. S. 34]

KAPITEL 3

DEN INTELLEKT ÜBERHAUPT UND IN JEDER BEZIEHUNG
BETREFFENDE GEDANKEN

§ 27

Jedes angeblich *voraussetzungslose Verfahren* in der Philosophie ist Windbeutelei: denn immer muß man irgend etwas als gegeben ansehn, um davon auszugehn. Dies nämlich besagt das Δός μοι, ποῦ στῶ [Gib mir einen Standort[1]], welches die unumgängliche Bedingung jedes menschlichen Tuns, selbst des Philosophierens ist, weil wir geistig sowenig wie körperlich im freien Äther schweben können. Ein solcher Ausgangspunkt des Philosophierens, ein solches einstweilen als gegeben Genommenes muß aber nachmals wieder kompensiert und gerechtfertigt werden. Dasselbe wird nämlich entweder ein *Subjektives* sein, also etwan das Selbstbewußtsein, die Vorstellung, das Subjekt, der Wille, oder aber ein *Objektives*, also das im Bewußtsein von andern Dingen sich Darstellende, etwan die reale Welt, die Außendinge, die Natur, die Materie, Atome, auch ein Gott, auch ein bloßer beliebig erdachter Begriff wie die Substanz, das absolutum oder was immer es nun sein soll. Um nun also die hierin begangene Willkürlichkeit wieder auszugleichen und die Voraussetzung zu rektifizieren, muß man nachher den *Standpunkt* wechseln und auf den entgegengesetzten treten, von welchem aus man nun das anfangs als gegeben Genommene in einem ergänzenden Philosophem wieder ableitet: ›Ita res accendent lumina rebus.‹ [So bringt eine Sache Licht in die andere; Lucretius, ›De rerum natura‹ 1, 1109.]

Geht man z.B. vom *Subjektiven* aus, wie Berkeley, Locke

1. [... und ich bewege die Erde; Ausspruch des Archimedes]

und *Kant*, in welchem diese Betrachtungsweise ihren Gipfel
erreichte, getan haben; so wird man, obwohl wegen der
wirklichen *Unmittelbarkeit* des Subjektiven dieser Weg die
größten Vorzüge hat, dennoch eine teils sehr einseitige, teils
nicht ganz gerechtfertigte Philosophie erhalten, wenn man
sie nicht dadurch ergänzt, daß man das in ihr Abgeleitete
ein andermal wieder als das Gegebene zum Ausgangspunkte
nimmt und also vom entgegengesetzten Standpunkt aus
das Subjektive aus dem Objektiven ableitet wie vorhin das
Objektive aus dem Subjektiven. Diese Ergänzung der Kantischen Philosophie glaube ich der Hauptsache nach geliefert zu haben im 22. Kapitel des zweiten Bandes meines
Hauptwerkes *[Bd. 2, S. 352–378]* und im ›Willen in der Natur‹ unter der Rubrik ›Pflanzen-Physiologie‹ *[Bd. 3, S. 381
bis 402]*, als wo ich, von der äußern Natur ausgehend, den
Intellekt ableite.

Geht man nun aber umgekehrt vom Objektiven aus und
nimmt gleich recht viel als gegeben, etwan die Materie,
nebst den in ihr sich manifestierenden Kräften; so hat man
bald die ganze Natur, indem eine solche Betrachtungsart
den reinen *Naturalismus* liefert, den ich genauer die *absolute
Physik* benannt habe. Da besteht denn also das Gegebene,
mithin absolut Reale, allgemein gefaßt, in Naturgesetzen
und Naturkräften, nebst deren Träger, der Materie, speziell betrachtet aber in einer Unzahl frei im unendlichen
Raume schwebender Sonnen und sie umkreisender Planeten.
Es gibt demnach im Resultat überall nichts als Kugeln, teils
leuchtende, teils beleuchtete. Auf letzteren hat infolge eines
Fäulungsprozesses sich auf der Oberfläche das Leben entwickelt, welches in stufenweiser Steigerung organische
Wesen liefert, die sich darstellen als Individuen, welche zeitlich anfangen und enden durch Zeugung und Tod gemäß
den die Lebenskraft lenkenden Naturgesetzen, welche wie
alle andern die herrschende und von Ewigkeit zu Ewigkeit
bestehende Ordnung der Dinge ausmachen, ohne Anfang
und Ende und ohne von sich Rechenschaft zu geben. Den
Gipfel jener Steigerung nimmt der Mensch ein, dessen Dasein ebenfalls einen Anfang, in seinem Verlauf viele und

große Leiden, wenige und karg gemessene Freuden und sodann wie jedes andere ein Ende hat; nach welchem es ist, als wäre es nie gewesen. Unsre hier die Betrachtung leitende und die Rolle der Philosophie spielende *absolute Physik* erklärt uns nun, wie jenen absolut bestehenden und geltenden Naturgesetzen zufolge *eine* Erscheinung allezeit die andere herbeiführt oder auch verdrängt: alles geht dabei ganz natürlich zu und ist daher völlig klar und verständlich; so daß man auf das Ganze der so explizierten Welt eine Phrase anwenden könnte, welche *Fichte*, wann er seine dramatischen Talente auf dem Katheder produzierte, mit tiefem Ernst, imponierendem Nachdruck und überaus studentenverblüffender Miene so auszusprechen pflegte: ›Es ist, weil es ist; und ist, wie es ist, weil es so ist.‹ Demgemäß erscheint es auf diesem Standpunkt als eine bloße Grille, wenn man zu einer so klargemachten Welt noch andere Erklärungen suchen wollte in einer ganz imaginären Metaphysik, auf die man wieder eine Moral setzte, welche, weil durch die Physik nicht zu begründen, ihren einzigen Anhalt an jenen Fiktionen der Metaphysik hätte. Hierauf beruht die merkliche Verachtung, mit welcher die Physiker auf die Metaphysik herabsehn. – Allein trotz aller Selbstgenügsamkeit jenes rein *objektiven* Philosophierens wird sich die Einseitigkeit des Standpunkts und die Notwendigkeit, ihn zu wechseln, also einmal das erkennende Subjekt, nebst dessen Erkenntnisvermögen, in welchem allein alle jene Welten denn doch zunächst vorhanden sind, zum Gegenstand der Untersuchung zu machen, früher oder später kundgeben, unter mancherlei Formen und bei mancherlei Anlässen. So liegt z. B. schon dem Ausdrucke der christlichen Mystiker, die den menschlichen Intellekt das *Licht der Natur* benennen, welches sie in höherer Instanz für inkompetent erklären, die Einsicht zum Grunde, daß die Gültigkeit aller solcher Erkenntnisse nur eine relative und bedingte sei, nicht aber eine unbedingte, wofür sie hingegen unsere heutigen Rationalisten halten, welche ebendeshalb die tiefen Mysterien des Christentums wie die Physiker die Metaphysik verachten, z. B. das Dogma von der Erbsünde für einen Aberglau-

ben halten, weil ihr pelagianischer[1] Hausmannsverstand
glücklich herausgebracht hat, daß einer nicht für das kann,
was ein anderer sechstausend Jahre vor ihm gesündigt hat.
Denn der Rationalist geht getrost seinem *Lichte der Natur*
nach und vermeint daher wirklich und in vollem Ernst, daß
er vor vierzig oder fünfzig Jahren, ehe nämlich sein Papa in
der Schlafmütze ihn gezeugt und seine Mama Gans ihn
glücklich in diese Welt abgesetzt hatte, rein und absolut
nichts gewesen und dann geradezu aus nichts entstanden sei.
Denn nur so *kann* er für nichts – der Sünder und Erbsünder!

Also, wie gesagt, auf mancherlei Wegen, zumeist aber auf
dem nicht zu vermeidenden philosophischen wird die der
objektiven Erkenntnis folgende Spekulation früher oder später anfangen, Unrat zu merken, nämlich einzusehn, daß alle
ihre nach der objektiven Seite hin erlangte Weisheit auf
Kredit des menschlichen Intellekts, der doch seine eigenen
Formen, Funktionen und Darstellungsweise haben muß,
angenommen, folglich durchweg durch diesen bedingt sei;
woraus die Notwendigkeit folgt, auch hier einmal den
Standpunkt zu wechseln und das objektive Verfahren mit
dem subjektiven zu vertauschen, also den Intellekt, der bis
hierher im vollsten Selbstvertrauen seinen Dogmatismus
getrost aufgebaut und ganz dreist über die Welt und alle
Dinge in ihr, sogar über ihre Möglichkeit a priori abgeur-
teilt hat, jetzt selbst zum Gegenstand der Untersuchung zu
machen und seine Vollmachten der Prüfung zu unterziehn.
Dies führt zunächst zum *Locke*; dann führt es zur ›Kritik der
reinen Vernunft‹ und endlich zu der Erkenntnis, daß das
Licht der Natur ein allein nach außen gerichtetes ist, welches, wenn es sich zurückbeugen und sein eigenes Inneres
beleuchten möchte, dies nicht vermag, also die Finsternis,
die daselbst herrscht, unmittelbar nicht zerstreuen kann;
sondern bloß auf dem Umwege der Reflexion, den jene
Philosophen gegangen, und mit großer Schwierigkeit eine
mittelbare Kunde von seinem eigenen Mechanismus und
seiner eigenen Natur erhält. Danach aber wird dem Intellekt
klar, daß er zur Auffassung bloßer Relationen, als welche

1. [Nach dem englischen Mönche Pelagius, der die Erbsünde leugnete.]

dem Dienst eines individuellen Willens genügt, von Haus aus bestimmt, eben darum wesentlich *nach außen* gerichtet und selbst da eine bloße Flächenkraft ist gleich der Elektrizität, d. h. bloß die Oberfläche der Dinge erfaßt, nicht aber in ihr Inneres eindringt und eben deshalb wieder von allen jenen ihm objektiv klaren und realen Wesen doch kein einziges, auch nicht das geringste und einfachste gänzlich und von Grund aus zu verstehn oder zu durchschauen vermag, vielmehr ihm in allem und jedem die Hauptsache ein Geheimnis bleibt. Hiedurch aber wird er dann zu der tieferen Einsicht geführt, welche der Name *Idealismus* bezeichnet, daß nämlich jene objektive Welt und ihre Ordnung, wie er sie mit seinen Operationen auffaßt, nicht unbedingt und an sich selbst also vorhanden sei, sondern mittelst der Funktionen des Gehirns entstehe und daher zunächst bloß in diesem existiere und folglich in dieser Form nur ein bedingtes und relatives Dasein habe, also ein bloßes Phänomen, bloße Erscheinung sei. Wenn bis dahin der Mensch nach den Gründen seines eigenen Daseins geforscht hatte, wobei er voraussetzte, die Gesetze des Erkennens, [des] Denkens und der Erfahrung seien rein objektiv, an und für sich und absolut vorhanden und bloß vermöge ihrer sei er und alles übrige; so erkennt er jetzt, daß umgekehrt sein Intellekt, folglich auch sein Dasein, die Bedingung aller jener Gesetze, und was aus ihnen folgt, ist. Dann endlich sieht er auch ein, daß die ihm jetzt klargewordene Idealität des Raumes, der Zeit und der Kausalität Platz läßt für eine ganz andere Ordnung der Dinge, als die der Natur ist, welche letztere er jedoch als das Resultat oder die Hieroglyphe jener andern anzusehn genötigt ist.

§ 28

Wie wenig geeignet zum philosophischen Nachdenken der menschliche Verstand in der Regel sei, zeigt unter anderm sich darin, daß auch jetzt nach allem, was seit Cartesius [Descartes] darüber gesagt worden, immer noch dem *Idealismus* der *Realismus* getrost entgegentritt mit der naiven Behauptung, die Körper wären als solche nicht bloß in uns-

rer Vorstellung, sondern auch wirklich und wahrhaft vorhanden. Aber gerade diese Wirklichkeit selbst, diese Art
und Weise der Existenz samt allem, was sie enthält, ist es ja,
von der wir behaupten, daß sie nur in der *Vorstellung* vorhanden und außerdem nirgends anzutreffen sei; weil sie nur
eine gewisse notwendige Ordnung der Verknüpfung unserer Vorstellungen ist. Bei allem, was frühere Idealisten, zumal *Berkeley* gelehrt haben, erhält man die recht gründliche
Überzeugung davon doch erst durch *Kant,* weil er die Sache
nicht mit einem Schlage abtut, sondern ins einzelne geht,
das Apriorische ausscheidet und dem empirischen Element
überall Rechnung trägt. Wer nun aber die Idealität der
Welt einmal begriffen hat, dem erscheint die Behauptung,
daß solche, auch wenn niemand sie vorstellte, doch vorhanden sein würde, wirklich unsinnig, weil sie einen Widerspruch aussagt; denn ihr Vorhandensein bedeutet eben nur
ihr Vorgestelltwerden. Ihr Dasein selbst liegt in der Vorstellung des Subjekts. Dies eben besagt der Ausdruck: sie ist
Objekt[F]. Demgemäß legen auch die edleren, älteren und besseren Religionen, also Brahmanismus und Buddhaismus,
ihren Lehren durchaus den *Idealismus* zum Grunde, dessen
Anerkennung sie mithin sogar dem Volke zumuten. Das Judentum hingegen ist eine rechte Konzentration und Kon-
solidation des Realismus.

  Eine von *Fichte* eingeführte und seitdem habilitierte Erschleichung liegt im Ausdruck ›*das Ich*‹. Hier wird nämlich
durch die substantive Redeform und den vorgesetzten Artikel das wesentlich und schlechthin Subjektive zum Objekt
umgewandelt. Denn in Wahrheit bezeichnet ›Ich‹ das Subjektive als solches, welches daher gar nie Objekt werden
kann, nämlich das Erkennende im Gegensatz und als Bedingung alles Erkannten. Dies hat die Weisheit aller Sprachen dadurch ausgedrückt, daß sie ›Ich‹ nicht als Substantiv

F. Schaue ich irgendeinen Gegenstand, etwan eine Aussicht an und
denke mir, daß in diesem Augenblick mir der Kopf abgeschlagen
würde – so weiß ich, daß der Gegenstand unverrückt und unerschüttert stehn bleiben würde – dies impliziert aber im tiefsten Grunde, daß
auch ich ebenso noch dasein würde. Dies wird wenigen einleuchten,
aber für diese wenigen sei es gesagt.

behandelt: daher eben Fichte der Sprache Gewalt antun mußte, um seine Absicht durchzusetzen. Eine noch dreistere Erschleichung eben dieses *Fichte* ist der unverschämte Mißbrauch, den er mit dem Worte *setzen* getrieben hat, der aber, statt gerügt und explodiert worden zu sein, noch bis auf den heutigen Tag bei fast allen Philosophastern nach seinem Vorgang und auf seine Auktorität als ein stehendes Hülfsmittel zu Sophismen und Truglehren in häufigem Gebrauch ist. *Setzen* (ponere, wovon propositio) ist von alters her ein rein logischer Ausdruck, welcher besagt, daß man im logischen Zusammenhang einer Disputation oder sonstigen Erörterung etwas vorderhand annehme, voraussetze, bejahe, ihm also logische Gültigkeit und formale Wahrheit einstweilen erteile – wobei seine Realität, materielle Wahrheit und Wirklichkeit durchaus unberührt und unausgemacht bleibt und dahinsteht. *Fichte* aber erschlich sich allmälig für dies ›Setzen‹ eine reale, aber natürlich dunkele und neblichte Bedeutung, welche die Pinsel gelten ließen und die Sophisten fortwährend benutzen: seitdem nämlich das ›Ich‹ erst sich selbst und nachher das ›Nicht-Ich‹ gesetzt hat, heißt ›setzen‹ soviel wie ›schaffen‹, ›hervorbringen‹, kurz: in die Welt setzen, man weiß nicht wie, und alles, was man ohne Gründe als daseiend annehmen und andern aufbinden möchte, wird eben *gesetzt*, und nun steht's und ist da, ganz real. Das ist die noch geltende Methode der sogenannten nachkantischen Philosophie und ist Fichtes Werk.

§ 29

Die von *Kant* entdeckte *Idealität der Zeit* ist eigentlich schon in dem der Mechanik angehörenden *Gesetze der Trägheit* enthalten. Denn was dieses besagt, ist im Grunde, daß die bloße *Zeit* keine physische Wirkung hervorzubringen vermag; daher sie für sich und allein an der Ruhe oder Bewegung eines Körpers nichts ändert. Schon hieraus ergibt sich, daß sie kein physisch Reales, sondern ein transzendental Ideales sei, d.h. nicht in den Dingen, sondern im erkennenden Subjekt ihren Ursprung habe. Inhärierte sie als Eigenschaft oder Akzidenz den Dingen selbst und an sich, so müßte ihr Quantum, also ihre Länge oder Kürze, an diesen etwas verändern können. Allein das vermag solches durchaus nicht; vielmehr fließt sie über die Dinge hin, ohne ihnen die leiseste Spur aufzudrücken. Denn *wirksam* sind allein die *Ursachen* im Verlaufe der Zeit; keineswegs er selbst. Daher eben, wenn ein Körper allen chemischen Einflüssen entzogen ist – wie z. B. der Mammut in der Eisscholle an der Lena, die Mücke im Bernstein, ein edles Metall in vollkommen trockner Luft, ägyptische Altertümer (sogar Perücken) im trockenen Felsengrabe – Jahrtausende nichts an ihm verändern. Dieselbe absolute Unwirksamkeit der Zeit also ist es, die im Mechanischen als Gesetz der Trägheit auftritt. Hat ein Körper einmal eine Bewegung angenommen, so vermag keine Zeit sie ihm zu rauben oder nur sie zu vermindern; sie ist absolut endlos, wenn nicht physische Ursachen ihr entgegenwirken: gerade wie ein ruhender Körper ewig ruht, wenn nicht physische Ursachen hinzukommen, ihn in Bewegung zu setzen. Schon hieraus also folgt, daß die Zeit etwas die Körper nicht Berührendes ist, ja daß beide heterogener Natur sind, indem diejenige Realität, welche den Körpern zukommt, der Zeit nicht beizulegen ist, wonach denn diese absolut *ideal* ist, d. h. der bloßen Vorstellung und ihrem Apparat angehört; während hingegen die Körper durch die mannigfaltige Verschiedenheit ihrer Qualitäten und deren Wirkungen an den Tag legen, daß sie nicht bloß ideal sind, sondern zugleich ein objektiv Reales, ein Ding an sich selbst in ihnen sich offenbart; so verschieden solches auch von dieser seiner Erscheinung sein möge.

Die *Bewegung* ist zunächst ein bloß *phoronomischer*[1] Vorgang, d. h. ein solcher, dessen Elemente ganz allein aus Zeit und Raum genommen sind. Die Materie ist das *Bewegliche*: sie ist schon Objektivation des Dinges an sich. Nun aber ihre absolute *Gleichgültigkeit gegen Ruhe und Bewegung*, vermöge welcher sie in der einen wie in der andern, sobald sie sie angenommen hat, immerdar verharrt und ebenso bereit ist, eine Ewigkeit hindurch zu fliegen wie eine Ewigkeit hin-

1. [die Gesetze der Bewegung und die Bewegungsmeßkunst betreffend].

durch zu ruhen, beweist, daß dem Dinge an sich, welches als Materie sich darstellt und ihr alle ihre Kräfte verleiht, Raum und Zeit und daher eben die rein aus diesen entstehenden Gegensätze von Bewegung und Ruhe gar nicht anhängen, vielmehr ihm *völlig fremd* sind, daß sie mithin nicht aus dem *Erscheinenden* in die Erscheinung gekommen sind, sondern aus dem diese auffassenden *Intellekt*, dem sie als seine Formen angehören.

Wer, beiläufig gesagt, das hier angezogene Gesetz der Trägheit sich zu recht lebendiger Anschauung bringen will, denke sich, er stehe an der Grenze der Welt vor dem leeren Raume und schieße in diesen eine Pistole ab. Seine Kugel wird, in unveränderter Richtung, alle Ewigkeit hindurch fliegen: keine Billionen Jahre des Fluges werden sie je ermüden, nie wird es ihr an Raum gebrechen weiterzufliegen, noch wird jemals ihr die Zeit dazu ausgehn. Hiezu kommt, daß wir dies alles a priori und gerade darum völlig gewiß wissen. Ich denke, die transzendentale Idealität, d. i. zerebrale Phantasmagorie der ganzen Sache wird hier ungemein fühlbar.

Eine der vorhergehenden Betrachtung über die Zeit analoge und parallele über den *Raum* würde sich allenfalls daran knüpfen lassen, daß die Materie durch alle sie ausdehnende Zerteilung oder auch wiederum Zusammenpressung im Raume weder vermehrt noch vermindert werden kann; wie auch daran, daß im absoluten Raume Ruhe und geradlinige Bewegung phoronomisch zusammenfallen und dasselbe sind.

Eine Vorahndung der Kantischen Lehre von der Idealität der Zeit zeigt sich in gar manchen Aussprüchen älterer Philosophen; worüber ich bereits an andern Orten das Nötige beigebracht habe. *Spinoza* sagt geradezu: ›Tempus non est affectio rerum, sed tantum merus modus cogitandi.‹ [Die Zeit ist nicht eine Bestimmung der Dinge, sondern nur eine bloße Art des Denkens.] (›Cogitata metaphysica‹ [pars 1], cap. 4). Eigentlich liegt das Bewußtsein der Idealität der Zeit sogar dem von jeher dagewesenen Begriff der *Ewigkeit* zum Grunde. Diese nämlich ist wesentlich der Gegensatz der

Zeit, und so haben die irgend Einsichtigen ihren Begriff auch stets gefaßt; was sie nur konnten infolge des Gefühls, daß die Zeit bloß in unserm Intellekt, nicht im Wesen der Dinge an sich liegt. Bloß der Unverstand der ganz Unfähigen hat den Begriff der Ewigkeit nicht anders sich auszulegen gewußt denn als eine endlose Zeit. Dies eben nötigte die Scholastiker zu ausdrücklichen Aussprüchen wie: ›Aeternitas non est temporis sine fine successio, sed Nunc stans‹[1] [Die Ewigkeit ist nicht eine Aufeinanderfolge ohne Ende, sondern ein beharrendes Jetzt] – hatte doch schon Platon im ›Timaeus‹ [37 D] gesagt, und Plotinos wiederholt es: Αἰῶνος εἰκὼν κινητὴ ὁ χρόνος [Die Zeit ist das bewegte Bild der Ewigkeit]. Man könnte in dieser Absicht die Zeit eine auseinandergezogene Ewigkeit nennen und darauf die Behauptung stützen, daß, wenn es keine Ewigkeit gäbe, auch die Zeit nicht sein könnte, ja daß unser Intellekt diese nur deshalb hervorbringen kann, weil wir selbst in der Ewigkeit stehn. – Seit Kant ist im selben Sinne der Begriff des *außerzeitlichen Seins* in die Philosophie eingeführt worden; doch sollte man sehr behutsam im Gebrauch desselben sein, da er zu denen gehört, die sich wohl noch denken, jedoch durch gar keine Anschauung belegen und realisieren lassen.

Daß die Zeit überall und in allen Köpfen vollkommen gleichmäßig fortläuft, ließe sich sehr wohl begreifen, wenn dieselbe etwas rein Äußerliches, Objektives, durch die Sinne Wahrnehmbares wäre wie die Körper. Aber das ist sie nicht: wir können sie nicht sehn noch tasten. Auch ist sie keineswegs die bloße Bewegung oder sonstige Veränderung der Körper; diese vielmehr ist *in* der Zeit, welche also von ihr schon als Bedingung vorausgesetzt wird: denn die Uhr geht zu schnell oder zu langsam, aber nicht mit ihr die Zeit, sondern das Gleichmäßige und Normale, worauf jenes Schnell und Langsam sich bezieht, ist der wirkliche Lauf der Zeit. Die Uhr *mißt* die Zeit, aber sie *macht* sie nicht. Wenn alle Uhren stehnblieben, wenn die Sonne selbst stillstände, wenn alle und jede Bewegung oder Veränderung stockte;

1. [*Vgl. Bd. 1, S. 387, Anmerkung 1*]

so würde dies doch den Lauf der Zeit keinen Augenblick hemmen, sondern sie würde ihren gleichmäßigen Gang fortsetzen und nun, ohne von Veränderungen begleitet zu sein, verfließen. Dabei ist sie dennoch, wie gesagt, nichts Wahrnehmbares, nichts äußerlich Gegebenes und auf uns Einwirkendes, also kein eigentlich Objektives. Da bleibt eben nichts übrig, als daß sie in uns liege, unser eigener, ungestört fortschreitender, mentaler Prozeß oder, wie Kant es sagt, die Form des innern Sinnes und alles unseres Vorstellens sei; mithin das unterste Grundgerüst der Schaubühne dieser objektiven Welt ausmache. Jene Gleichmäßigkeit ihres Laufes in allen Köpfen beweist mehr als irgend etwas, daß wir alle in denselben Traum versenkt sind, ja daß es *ein* Wesen ist, welches ihn träumt[F]. Die Zeit scheint uns sich so ganz und gar *von selbst zu verstehn*, daß wir von Natur uns ihrer nicht deutlich bewußt werden, sondern allein auf den Verlauf der Veränderungen in ihr merken, die allerdings rein empirisch erkannt werden. Daher ist es schon ein bedeutender Schritt zur philosophischen Bildung, die Zeit selbst einmal rein ins Auge zu fassen und sich mit vollem Bewußtsein zu fragen: ›Was ist dieses Wesen, das sich weder sehn noch hören läßt, darin aber alles, um wirklich zu sein, eintreten muß und das mit unerbittlicher Gleichmäßigkeit vorwärtsschreitet, ohne daß irgend etwas es auch nur im allergeringsten aufhalten oder beschleunigen könnte, wie man hingegen solches mit den in ihr vorgehenden Veränderungen der Dinge vermag, um in gegebener Zeit mit ihnen fertig zu werden?‹ – Die Zeit scheint uns aber so sehr *sich von selbst zu verstehn*, daß wir, statt so zu fragen, gar kein Dasein ohne sie denken können: sie ist uns die bleibende Voraussetzung aller Existenz. Eben dieses beweist, daß sie eine bloße Form unsers Intellekts, d.i. Erkenntnisapparats

F. Wollte man bei diesem subjektiven Ursprung der Zeit sich etwan gar verwundern über die völlige Gleichmäßigkeit ihres Laufes in so vielen verschiedenen Köpfen; so würde dabei ein Mißverständnis zum Grunde liegen: denn die Gleichmäßigkeit müßte hier bedeuten, daß in gleich viel Zeit gleich viel Zeit verstreiche, also dabei die absurde Voraussetzung einer zweiten Zeit, in der die erste schnell oder langsam verliefe, gemacht sein.

ist, in der, eben wie im Raum, alles sich darstellen muß, daher eben mit dem Gehirn die Zeit samt aller auf sie gegründeten Ontologie der Wesen wegfällt. – Das gleiche läßt sich auch am Raume nachweisen, sofern ich alle Welten, so viele ihrer sein mögen, hinter mir lassen, jedoch nimmermehr aus dem Raume hinausgelangen kann, sondern ich diesen überall mitbringe; weil er meinem Intellekt anhängt und zur Vorstellungsmaschine in meinem Hirnkasten gehört.

Ohne Betrachtungen dieser Art, deren Grundlage die ›Kritik der reinen Vernunft‹ ist, ist kein ernstlicher Fortschritt in der Metaphysik möglich. Daher sind die Sophisten, welche solche verdrängt haben, um ihnen Identitätssysteme und Possen aller Art zu substituieren und wieder in den Tag hinein zu naturalisieren, keiner Schonung wert.

Die *Zeit* ist nicht bloß eine Form a priori unsers Erkennens, sondern sie ist die Basis oder der Grundbaß desselben; sie ist der erste Einschlag zum Gewebe der ganzen uns sich darstellenden Welt und der Träger aller unserer anschaulichen Auffassungen. Die übrigen Formen des Satzes vom Grunde sind gleichsam ihr nachgebildet: sie ist der Urtypus von dem allen. Daher alle unsere das Dasein und die Realität betreffenden Vorstellungen von ihr unzertrennlich sind und wir nie davon loskommen, alles und jedes uns als vor- und nacheinander vorzustellen, und das Wann noch unausweichlicher ist als das Wo. Und doch ist alles, was in ihr sich darstellt, bloße Erscheinung.

Die *Zeit* ist diejenige Einrichtung unsers Intellekts, vermöge welcher das, was wir als das Zukünftige auffassen, jetzt gar nicht zu existieren scheint, welche Täuschung jedoch verschwindet, wann die Zukunft zur Gegenwart geworden ist. In einigen Träumen, im hellsehenden Somnambulismus und im Zweiten Gesicht wird jene täuschende Form einstweilen beiseite geschoben, daher dann das Zukünftige sich als gegenwärtig darstellt. Hieraus erklärt sich, daß die Versuche, welche man bisweilen gemacht hat, das vom Seher des Zweiten Gesichts Verkündigte absichtlich, wäre es auch nur in Nebenumständen, zu vereiteln, fehl-

schlagen mußten: denn er hat es in der auch damals schon
vorhandenen Wirklichkeit desselben gesehn, so wie wir nur
das Gegenwärtige wahrnehmen; es hat daher dieselbe Unveränderlichkeit wie das Vergangene (Beispiele von Versuchen der besagten Art findet man in Kiesers ›Archiv für
tierischen Magnetismus‹ Bd. 8, Stück 3, S. 71, 87, 90).

Dementsprechend ist die sich uns vermittelst der Kette
der Ursachen und Wirkungen darstellende *Notwendigkeit*
alles Geschehenden, d. h. in der Zeit sukzessiv Eintretenden
bloß die Art, wie wir unter der Form der Zeit das einheitlich
und unverändert Existierende wahrnehmen; oder auch, sie
ist die Unmöglichkeit, daß das Existierende, obgleich es von
uns heute als zukünftig, morgen als gegenwärtig, übermor-
gen als vergangen erkannt wird, nicht dennoch mit sich
selbst identisch, eins und unveränderlich sei. Wie in der
Zweckmäßigkeit des Organismus sich die Einheit des in
ihm sich objektivierenden Willens darstellt, welche jedoch
in unserer an den Raum gebundenen Apprehension als eine
Vielheit von Teilen und deren Übereinstimmung zum
Zweck aufgefaßt wird (siehe ›Über den Willen der Natur‹
S. 61 [*Bd. 3, S. 378*]); ebenso stellt die durch die Kausalkette
herbeigeführte Notwendigkeit alles Geschehenden die Einheit des darin sich objektivierenden Wesens an sich her,
welche jedoch in unserer an die Zeit gebundenen Apprehension als eine Sukzession von Zuständen, also als Vergange-
nes, Gegenwärtiges und Zukünftiges aufgefaßt wird; während das Wesen an sich selbst das alles nicht kennt, sondern
im Nunc stans [beharrenden Jetzt] existiert.

Die Trennungen mittelst des *Raumes* werden im somnambulen Hellsehn sehr viel öfter, mithin leichter aufgehoben als
die mittelst der *Zeit*; indem das bloß Abwesende und Entfernte viel öfter zur Anschauung gebracht wird als das wirklich noch Zukünftige. In *Kants* Sprache wäre dies daraus erklärlich, daß der Raum bloß die Form des äußeren, die Zeit
die des innern Sinnes ist. – Daß Zeit und Raum ihrer *Form*
nach a priori angeschaut werden, hat Kant gelehrt; daß es
aber auch ihrem *Inhalt* nach geschehn kann, lehrt der hell-
sehende Somnambulismus.

§ 30

Der einleuchtendeste und zugleich einfachste Beweis der *Idealität des Raumes* ist, daß wir den Raum nicht wie alles andere in Gedanken aufheben können. Bloß ausleeren können wir ihn: alles, alles, alles können wir aus dem Raume wegdenken, es verschwinden lassen, können uns auch sehr wohl vorstellen, der Raum zwischen den Fixsternen sei absolut leer, und dgl. mehr. *Nur den Raum selbst* können wir auf keine Weise loswerden: was wir auch tun, wohin wir uns auch stellen mögen, er ist da und hat nirgends ein Ende: denn er liegt allem unserm Vorstellen zum Grunde und ist die erste Bedingung desselben. Dies beweist ganz sicher, *daß er unserm Intellekt selbst angehört*, ein integrierender Teil desselben ist, und zwar der, welcher den ersten Grundfaden zum Gewebe desselben, auf welches danach die bunte Objektenwelt aufgetragen wird, liefert. Denn er stellt sich dar, sobald ein Objekt vorgestellt werden soll, und begleitet nachher alle Bewegungen, Wendungen und Versuche des anschauenden Intellekts so beharrlich wie die Brille, welche ich auf der Nase habe, alle Wendungen und Bewegungen meiner Person oder wie der Schatten seinen Körper begleitet. Bemerke ich, daß etwas überall und unter allen Umständen bei mir ist, so schließe ich, daß es mir anhängt: so z. B., wenn ein besonderer Geruch, dem ich entgehn möchte, sich vorfindet, wohin ich auch komme. Nicht anders ist es mit dem Raume: was ich auch denken, welche Welt ich mir auch vorstellen möge, der Raum ist stets zuerst da und will nicht weichen. Ist nun derselbe, wie hieraus offenbar hervorgeht, eine Funktion, ja eine Grundfunktion meines Intellekts selbst; so erstreckt sich die hieraus folgende Idealität auch auf alles Räumliche, d. h. alles darin sich Darstellende: dieses mag immerhin auch an sich selbst ein objektives Dasein haben; aber sofern es *räumlich* ist, also sofern es Gestalt, Größe und Bewegung hat, ist es subjektiv bedingt. Auch die so genauen und richtig zutreffenden astronomischen Berechnungen sind nur dadurch möglich, daß der Raum eigentlich in unserm Kopf ist. Folglich erkennen wir die

Dinge nicht, wie sie an sich sind, sondern nur, wie sie erscheinen. Dies ist des großen *Kants* große Lehre.

Daß der unendliche Raum unabhängig von uns, also absolut objektiv und an sich selbst vorhanden wäre und ein bloßes Abbild desselben als eines Unendlichen durch die Augen in unsern Kopf gelangte, ist der absurdeste aller Gedanken, aber in einem gewissen Sinne der fruchtbarste; weil, wer der Absurdität desselben deutlich innewird, eben damit das bloße Erscheinungsdasein dieser Welt unmittelbar erkennt, indem er sie als ein bloßes Gehirnphänomen auffaßt, welches als solches mit dem Tode des Gehirns verschwindet, um eine ganz andere, die Welt der Dinge an sich, übrigzulassen. Daß der Kopf im Raume sei, hält ihn nicht ab einzusehen, daß der Raum doch nur im Kopfe ist[F].

§ 31

Was für die äußere Körperwelt das Licht, das ist für die innere Welt des Bewußtseins der Intellekt. Denn dieser verhält sich zum Willen, also auch zum Organismus, der ja bloß der objektiv angeschaute Wille ist, ungefähr so, wie das Licht zum brennbaren Körper und dem Oxygen, bei deren Vereinigung es ausbricht. Und wie dieses um so reiner ist, je weniger es sich mit dem Rauche des brennenden Körpers vermischt; so auch ist der Intellekt um so reiner, je vollkommener er vom Willen, dem er entsprossen, gesondert ist. In kühnerer Metapher ließe sich sogar sagen: das Leben ist bekanntlich ein Verbrennungsprozeß, die bei demselben stattfindende Lichtentwicklung ist der Intellekt.

§ 32

Daß unsere Erkenntnis wie unser Auge nur nach außen sieht und nicht nach innen, so daß, wenn das Erkennende

F. Wenn ich sage: ›In einer andern Welt‹, so ist es großer Unverstand, zu fragen: ›*Wo* ist denn die andre Welt?‹ Denn der *Raum*, der allem Wo erst einen Sinn erteilt, gehört eben mit zu *dieser* Welt: außerhalb derselben gibt es kein Wo. – Friede, Ruhe und Glückseligkeit wohnt allein da, wo es *kein Wo und kein Wann gibt*.

versucht, sich nach innen zu richten, um sich selbst zu erkennen, es in ein völlig Dunkeles blickt, in eine gänzliche
Leere gerät – dies beruht auf folgenden zwei Gründen:

1. Das *Subjekt des Erkennens* ist nichts Selbständiges, kein
Ding an sich, hat kein unabhängiges, ursprüngliches, sub-
stanzielles Dasein; sondern es ist eine bloße Erscheinung,
ein Sekundäres, ein Akzidenz, zunächst durch den Organismus bedingt, der die Erscheinung des *Willens* ist: es ist, mit
einem Wort, nichts anderes als der Fokus, in welchen sämtliche Gehirnkräfte zusammenlaufen; wie ich dieses im zweiten Bande meines Hauptwerks (Kap. 22, S. 277 *[Bd. 2, S.
358 f.]*) ausgeführt habe. Wie sollte nun dieses Subjekt des
Erkennens sich selbst erkennen, da es an sich selbst nichts
ist? Richtet es sich nach innen, so erkennt es zwar den Willen, welcher die Basis seines Wesens ist: dies ist aber für das
erkennende Subjekt doch keine eigentliche Selbsterkenntnis,
sondern Erkenntnis eines andern von ihm selbst noch Verschiedenen, welches nun aber schon als Erkanntes sogleich
nur Erscheinung ist, jedoch eine solche, die bloß die Zeit
zur Form hat, nicht wie die Dinge der Außenwelt dazu noch
den Raum. Davon aber abgesehn, erkennt das Subjekt den
Willen eben auch nur wie die Außendinge an seinen Äußerungen, also an den einzelnen Willensakten und sonstigen
Affektionen, die man unter dem Namen der Wünsche,
Affekte, Leidenschaften und Gefühle begreift, folglich erkennt es ihn immer noch als Erscheinung, wenngleich nicht
unter der Beschränkung des Raumes wie die Außendinge.
Sich selbst aber kann das erkennende Subjekt aus obigem
Grunde nicht erkennen, weil nämlich an ihm nichts zu erkennen ist als eben nur, daß es das Erkennende sei, eben
darum aber nie das Erkannte. Es ist eine Erscheinung, die
keine andere Äußerung hat als das Erkennen: folglich kann
keine andere an ihm erkannt werden.

2. Der *Wille* in uns ist allerdings Ding an sich, für sich bestehend, ein Primäres, Selbständiges, dasjenige, dessen Erscheinung sich in der räumlich anschauenden Gehirnappre-
hension als Organismus darstellt. Dennoch ist auch er keiner
Selbsterkenntnis fähig, weil er an und für sich ein bloß

Wollendes, kein *Erkennendes* ist; denn er als solcher erkennt gar nichts, folglich auch nicht sich selbst. Das Erkennen ist eine sekundäre und vermittelte Funktion, die ihm, dem Primären, in seiner eigenen Wesenheit nicht unmittelbar zukommt.

§ 33

Die einfachste unbefangene Selbstbeobachtung, zusammengehalten mit dem anatomischen Ergebnis, führt zu dem Resultat, daß der Intellekt wie seine Objektivation, das Gehirn nebst diesem anhängendem Sinnenapparat nichts anderes sei als eine sehr gesteigerte Empfänglichkeit für Einwirkungen von außen, nicht aber unser ursprüngliches und eigentliches inneres Wesen ausmache; also daß in uns der Intellekt nicht dasjenige sei, was in der Pflanze die treibende Kraft oder im Steine die Schwere nebst chemischen Kräften ist (als dieses ergibt sich allein der *Wille*); sondern der Intellekt ist in uns das, was in der Pflanze die bloße Empfänglichkeit für äußere Einflüsse, für physikalische und chemische Einwirkungen und was noch sonst ihr Wachstum und Gedeihen fördern oder hindern mag; nur daß in uns diese Empfänglichkeit so überaus hoch gesteigert ist, daß vermöge ihrer die ganze objektive Welt, die Welt als Vorstellung, sich darstellt, folglich solchermaßen ihren Ursprung als Objekt nimmt. Um sich dies zu veranschaulichen, stelle man sich die Welt vor ohne alle animalische[n] Wesen. Da ist sie ohne Wahrnehmung, also eigentlich gar nicht objektiv vorhanden; indessen sei es so angenommen. Jetzt denke man sich eine Anzahl Pflanzen dicht nebeneinander aus dem Boden emporgeschossen. Auf diese wirkt nun mancherlei ein, wie Luft, Wind, Stoß einer Pflanze gegen die andere, Nässe, Kälte, Licht, Wärme, elektrische Spannung usw. Jetzt steigere man in Gedanken mehr und mehr die Empfänglichkeit dieser Pflanzen für dergleichen Einwirkungen: da wird sie endlich zur Empfindung, begleitet von der Fähigkeit, diese auf ihre Ursache zu beziehn, und so am Ende zur Wahrnehmung; alsbald aber steht die Welt da, in Raum, Zeit und Kausalität sich darstellend; bleibt aber dennoch ein bloßes Resultat der äußern Einflüsse auf die Empfänglichkeit der Pflanzen. Diese bildliche Betrachtung ist sehr geeignet, die bloß phänomenale Existenz der Außenwelt faßlich zu machen. Denn wem wird es danach wohl einfallen zu behaupten, daß die Verhältnisse, welche in einer solchen aus bloßen Relationen zwischen äußerer Einwirkung und lebendiger Empfänglichkeit entstehenden Anschauung ihr Dasein haben, die wahrhaft objektive, innere und ursprüngliche Beschaffenheit aller jener angenommenermaßen auf die Pflanze einwirkenden Naturpotenzen, also die Welt der Dinge an sich darstellen? Wir können also an diesem Bilde uns faßlich machen, warum der Bereich des menschlichen Intellekts so enge Schranken hat, wie ihm Kant in der ›Kritik der reinen Vernunft‹ nachweist.

Das Ding an sich hingegen ist allein der *Wille*. Demnach ist er der Schöpfer und Träger aller Eigenschaften der Erscheinung. Das Moralische wird ihm unbedenklich zur Last gelegt; aber auch die *Erkenntnis* und ihre Kraft, also der Intellekt gehört seiner Erscheinung, also mittelbar ihm an. – Daß beschränkte und dumme Menschen stets einige Verachtung erfahren, mag wenigstens zum Teil darauf beruhen, daß in ihnen der Wille sich die Last so leicht gemacht und zum Behuf seiner Zwecke nur zwei Quentchen Erkenntniskraft geladen hat.

§ 34

Nicht nur ist, wie ich oben § 25 *[S. 31]* und auch schon in meinem Hauptwerke (Bd. 1, § 14 *[Bd. 1, S. 108–118]*) gesagt habe, alle *Evidenz* anschaulich, sondern auch alles wahre und echte *Verständnis* der Dinge ist es. Dies bezeugen schon die unzähligen tropischen Ausdrücke in allen Sprachen, als welche sämtlich Bestrebungen sind, alles Abstrakte auf ein Anschauliches zurückzuführen. Denn bloße abstrakte Begriffe von einer Sache geben kein wirkliches Verständnis derselben; wiewohl sie in den Stand setzen, davon zu reden, wie viele von vielem reden: ja einige bedürfen hiezu nicht einmal der Begriffe, sondern reichen mit bloßen Worten, z. B. Kunstausdrücken, die sie erlernt haben, aus. – Um hingegen irgend etwas wirklich und wahrhaft zu verstehn, ist erfordert, daß man es *anschaulich* erfasse, ein deutliches Bild davon empfange, womöglich aus der Realität selbst, außerdem aber mittelst der Phantasie. Selbst was zu groß oder zu kompliziert ist, um mit einem Blicke übersehn zu werden, muß man, um es wahrhaft zu verstehen, entweder teilweise oder durch einen übersehbaren Repräsentanten sich anschaulich vergegenwärtigen; das aber, welches selbst dieses nicht zuläßt, muß man wenigstens durch ein anschauliches Bild und Gleichnis sich faßlich zu machen suchen. So sehr ist die Anschauung die Basis unsers Erkennens. Dies zeigt sich auch darin, daß wir sehr große Zahlen, imgleichen sehr weite, nur durch solche ausdrückbare Entfernungen wie die astronomischen zwar in abstracto denken, dennoch aber nicht eigentlich und unmittelbar verstehn, sondern bloß einen Verhältnisbegriff davon haben.

Aber mehr noch als jeder andere soll der *Philosoph* aus jener Urquelle, der anschauenden Erkenntnis, schöpfen und daher stets die Dinge selbst, die Natur, die Welt, das Leben ins Auge fassen, sie und nicht die Bücher zum Texte seiner Gedanken machen, auch stets an ihnen alle fertig überkommenen Begriffe prüfen und kontrollieren, die Bücher also nicht als Quellen der Erkenntnis, sondern nur als Beihülfe benutzen. Denn was sie geben, empfängt er ja nur aus zweiter Hand, auch meistens schon etwas verfälscht: es ist ja nur ein Widerschein, ein Konterfei des Originals, nämlich der Welt, und selten war der Spiegel vollkommen rein. Hingegen die Natur, die Wirklichkeit, lügt nie: sie macht ja alle Wahrheit erst zur Wahrheit. Daher hat der Philosoph an ihr sein Studium zu machen, und zwar sind es ihre großen, deutlichen Züge, ihr Haupt-und-Grund-Charakter, woraus sein Problem erwächst. Demnach wird er die wesentlichen und allgemeinen Erscheinungen, das, was allezeit und überall ist, zum Gegenstande seiner Betrachtung machen, hingegen die speziellen, besonderen, seltenen, mikroskopischen oder vorüberfliegenden Erscheinungen dem Physiker, dem Zoologen, dem Historiker usw. überlassen. Ihn beschäftigen wichtigere Dinge: das Ganze und Große der Welt, das Wesentliche der-

selben, die Grundwahrheiten sind sein hohes Ziel. Daher
kann er nicht zugleich sich mit Einzelnheiten und Mikrologien befassen; gleichwie der, welcher vom hohen Berg-
gipfel aus das Land überschaut, nicht zugleich die da unten
im Tale wachsenden Pflanzen untersuchen und bestimmen
kann, sondern dies dem dort Botanisierenden überläßt. – Um
sich und alle seine Kräfte einer speziellen Wissenschaft zu
widmen, muß man allerdings große Liebe zu ihr, jedoch auch
große Gleichgültigkeit gegen alle übrigen haben, weil man
jenes nur kann unter der Bedingung, in diesen allen unwissend zu bleiben; wie, wer *eine* heiratet, allen andern entsagt.
Geister ersten Ranges werden daher nie sich einer Spezial-
wissenschaft widmen: denn ihnen liegt die Einsicht in das
Ganze zu sehr am Herzen. Sie sind Feldherren, nicht Haupt-
leute; Kapellmeister, nicht Orchesterspieler. Wie sollte doch
ein großer Geist seine Befriedigung daran finden, aus der
Gesamtheit der Dinge eine bestimmte Abzweigung derselben, ein einziges Feld genau und in seinen Verhältnissen zu
den übrigen kennenzulernen, alles andre aber außer acht zu
lassen? Vielmehr ist er offenbar auf das Ganze gerichtet: sein
Streben geht auf die Gesamtheit der Dinge, die Welt überhaupt, und da darf ihm nichts fremd bleiben: folglich kann
er dann nicht sein Leben damit zubringen, die Mikrologien
eines Faches zu erschöpfen.

§ 35

Das Auge wird durch langes Anstarren eines Gegenstandes
stumpf und sieht nichts mehr; ebenso wird der Intellekt
durch fortgesetztes Denken über dieselbe Sache unfähig,
mehr davon zu ergrübeln und zu fassen, stumpf und verwirrt. Man muß sie verlassen, um wieder darauf zurückzukommen, wo man sie frisch mit deutlichen Umrissen wie-
derfindet. Daher wenn Platon im ›Gastmahl‹ (p. 268) erzählt, daß Sokrates im Nachdenken über etwas, das ihm
eingefallen, 24 Stunden starr und steif wie eine Bildsäule da-
gestanden habe; so muß man hiezu nicht nur: ›non è vero‹
[das ist nicht wahr] sagen, sondern hinzufügen: ›è mal tro-

vato‹ [es ist schlecht erfunden]. – Aus dieser Ruhebedürftigkeit des Intellekts ist auch dies erklärlich, daß, wenn wir nach irgendeiner längern Pause wie neu und fremd in den alltäglichen Lauf der Dinge dieser Welt schauen und so einen frischen, ganz eigentlich unbefangenen Blick in sie tun, ihr Zusammenhang und ihre Bedeutung uns am reinsten und tiefsten klar wird; so daß wir alsdann Dinge handgreiflich sehn, von denen wir nur nicht begreifen, wie sie von allen, die sich stündlich darin bewegen, nicht bemerkt werden. Ein solcher heller Augenblick kann demnach einem lucido intervallo [hellen Zwischenraum] verglichen werden.

§ 36

In höherm Sinne sind sogar die Stunden der Begeisterung mit ihren Augenblicken der Erleuchtung und eigentlichen Konzeption nur die lucida intervalla des Genies. Demnach könnte man sagen, das Genie wohne nur ein Stockwerk höher als der Wahnsinn. Aber wirkt doch sogar die Vernunft des Vernünftigen eigentlich nur in lucidis intervallis; denn er ist es auch nicht immer. Auch der Kluge ist es nicht jederzeit; selbst der bloß Gelehrte ist es nicht jeden Augenblick: denn bisweilen wird er die ihm geläufigsten Dinge nicht sich zurückrufen und ordentlich zusammenbringen können. Kurzum: ›Nemo omnibus horis sapit.‹ [Keiner ist zu jeder Zeit weise.] Alles dieses scheint auf eine gewisse Flut und Ebbe der Säfte des Gehirns oder Spannung und Abspannung der Fibern desselben hinzudeuten[F].

Wenn nun bei einer Springflut dieser Art irgendeine neue und tiefe Einsicht uns plötzlich aufgeht, wobei natürlich unsere Gedanken einen hohen Grad von Lebhaftigkeit erreichen; so wird der Anlaß dazu allemal ein anschaulicher sein, und eine intuitive Einsicht wird jedem großen Gedan-

F. Je nachdem die *Energie des Geistes* gesteigert oder erschlafft ist (infolge des physiologischen Zustandes des Organismus), nimmt er einen *Flug in sehr verschiedener Höhe*, bisweilen oben im Äther schwebend und die Welt überschauend, bisweilen über die Moräste der Erde streifend, meistens zwischen beiden Extremen, aber diesem oder jenem näher! Der Wille vermag dabei nichts.

ken zum Grunde liegen. Denn Worte erwecken Gedanken in andern, Bilder in uns.

§ 37

Daß man wertvolle eigene Meditationen möglichst bald niederschreiben soll, versteht sich von selbst: vergessen wir doch bisweilen, was wir erlebt, wieviel mehr, was wir gedacht haben! Gedanken aber kommen nicht, wann *wir*, sondern wann *sie* wollen. Hingegen was wir von außen fertig empfangen, das bloß Erlernte, was sich auch jedenfalls in Büchern wiederauffinden läßt, ist es besser nicht aufzuschreiben, also keine Kollektanea zu machen: denn etwas aufschreiben heißt es der Vergessenheit übergeben. Mit seinem Gedächtnis aber soll man streng und despotisch verfahren, damit es den Gehorsam nicht verlerne, z.B. wenn man irgendeine Sache oder [einen] Vers oder [ein] Wort sich nicht zurückrufen kann, solches ja nicht in Büchern aufschlagen, sondern das Gedächtnis wochenlang periodisch damit quälen, bis es seine Schuldigkeit getan hat. Denn je länger man sich hat darauf besinnen müssen, desto fester haftet es nachher; was man so mit vieler Anstrengung aus der Tiefe seines Gedächtnisses heraufgearbeitet hat, wird dann ein andermal viel leichter zu Gebote stehn, als wenn man es mit Hülfe der Bücher wieder aufgefrischt hätteF. – Die *Mnemonik* hingegen beruht im Grunde darauf, daß man seinem Witze mehr als seinem Gedächtnisse zutraut und daher die Dienste dieses jenem überträgt. Er nämlich muß einem schwer zu Behaltenden ein leicht zu Behaltendes substituieren, um es

F. Das Gedächtnis ist ein kapriziöses und launisches Wesen, einem jungen Mädchen zu vergleichen: bisweilen verweigert es ganz unerwartet, was es hundertmal geliefert hat, und bringt es dann später, wenn man nicht mehr daran denkt, ganz von selbst entgegen. –

Ein Wort haftet fester im Gedächtnis, wenn man es an ein Phantasma geknüpft hat als wenn an einen bloßen Begriff. –

Es wäre eine schöne Sache, wenn man das, *was man gelernt hat*, nun ein für allemal und auf immer wüßte; allein dem ist anders: jedes Erlernte muß von Zeit zu Zeit durch Wiederholung aufgefrischt werden; sonst wird es allmälig vergessen. Da nun aber die bloße Wiederholung langweilt, muß man immer noch etwas hinzulernen; daher: ›Aut progredi aut regredi‹ [Entweder Fortschritt oder Rückschritt].

einst wieder in jenes zurückzuübersetzen. Diese Mnemonik verhält sich aber zum natürlichen Gedächtnis wie ein künstliches Bein zum wirklichen und unterliegt wie alles dem Napoleonischen Ausspruch: ›Tout ce qui n'est pas naturel est imparfait.‹[1] [Alles, was nicht natürlich ist, ist unvollkommen.] Es ist dienlich, sich ihrer bei neuerlernten Dingen oder Worten anfangs zu bedienen wie einer einstweiligen Krücke, bis sie dem natürlichen unmittelbaren Gedächtnis einverleibt sind. Wie unser Gedächtnis es anfange, aus dem oft unabsehbaren Bereich seiner Vorräte das jedesmal Erforderte sogleich herauszufinden, wie das bisweilen längere blinde Suchen danach eigentlich vor sich gehe, wie das zuerst vergeblich Gesuchte meistens, wann wir ein ihm anhängendes Fädchen entdecken, sonst aber wohl auch nach ein paar Stunden, bisweilen aber Tagen ganz von selbst und ohne Anlaß wie eingeflüstert uns kommt – dies alles ist uns selber, die wir dabei tätig sind, ein Rätsel: aber unbezweifelbar scheint mir, daß diese so subtilen und geheimnisvollen Operationen bei so ungeheurer Menge und Mannigfaltigkeit des Erinnerungsstoffes nimmermehr durch ein künstliches und bewußtes Spiel mit Analogien ersetzt werden können, bei denen das natürliche Gedächtnis doch immer wieder das primum mobile [erste Bewegende] bleiben muß, nun aber statt eines gar zwei zu behalten hat, das Zeichen und das Bezeichnete. Jedenfalls kann ein solches künstliches Gedächtnis nur einen verhältnismäßig sehr geringen Vorrat fassen. – Überhaupt aber gibt es zwei Weisen, auf welche Dinge unserm Gedächtnis eingeprägt werden: nämlich entweder durch Vorsatz, indem wir absichtlich sie memorieren; wobei wir, wenn es bloße Worte oder Zahlen sind, uns einstweilen auch mnemonischer Künste bedienen können; oder aber sie prägen sich ohne unser Zutun von selbst ein, vermöge des Eindrucks, den sie auf uns machen, wo wir sie dann auch wohl unvergeßlich nennen. Wie man jedoch eine Wunde meistens nicht, indem man sie empfängt, sondern erst später fühlt, so macht mancher Vorgang oder mancher

1. [Nach dem ›Manuscrit venu de St. Helène d'une manière inconnue‹ von Chateauvieux, 1817, p. 52]

gehörte oder gelesene Gedanke auf uns einen tiefern Eindruck, als wir sogleich uns bewußt werden; aber später fällt es uns immer wieder ein, wovon die Folge ist, daß wir es nicht vergessen, sondern es dem System unsrer Gedanken einverleibt wird, um zur rechten Stunde hervorzutreten. Dazu gehört offenbar, daß sie uns in irgendeiner Beziehung interessant seien. Darum aber ist erfordert, daß man einen lebhaften, das Objektive begierig aufnehmenden, nach Kenntnis und Einsicht strebenden Geist habe. Die überraschende Unwissenheit vieler Gelehrten in Dingen ihres Faches hat zum letzten Grunde ihren Mangel an objektivem Interesse für die Gegenstände desselben, daher die solche betreffenden Wahrnehmungen, Bemerkungen, Einsichten usw. keinen lebhaften Eindruck auf sie machen, folglich nicht haften; wie sie denn überhaupt nicht con amore [mit Liebe], sondern unter Selbstzwang studieren. – An je mehr Dingen nun ein Mensch lebhaftes objektives Interesse nimmt, desto mehreres wird sich ihm auf diese spontane Weise im Gedächtnis fixieren, daher auch am meisten in der Jugend, als wo die Neuheit der Dinge das Interesse an ihnen erhöht. Diese zweite Weise ist viel sicherer als die erste und wählt zudem ganz von selbst das uns Wichtige aus; wiewohl sie bei Stumpfköpfen sich auf persönliche Angelegenheiten beschränken wird.

§ 38

Die *Qualität* unserer Gedanken (ihr formeller Wert) kommt von innen: aber ihre *Richtung* und dadurch ihr Stoff von außen, so daß, was wir in jedem gegebenen Augenblicke denken, das Produkt zweier grundverschiedener Faktoren ist. Demnach sind für den Geist die Objekte nur das, was das Plektron für die Lyra: daher die große Verschiedenheit der Gedanken, welche derselbe Anblick in verschiedenen Köpfen erregt. Wann, als ich noch in den Blütejahren meines Geistes und im Kulminationspunkte seiner Kräfte stand, durch günstige Umstände die Stunde herbeigeführt wurde, wo das Gehirn die höchste Spannung hatte; so mochte mein

Auge treffen, auf welchen Gegenstand es wollte – er redete Offenbarungen zu mir, und es entspann sich eine Reihe von Gedanken, welche wert waren, aufgeschrieben zu werden, und es wurden. Aber im Fortgang des Lebens, zumal in den Jahren der abnehmenden Kräfte, sind jene Stunden immer seltener geworden: denn das Plektron sind zwar die Objekte, aber die Lyra ist der Geist. Ob diese wohlgestimmt und hochgestimmt sei, das begründet den großen Unterschied der in jedem Kopfe sich darstellenden Welt. Wie nun dieses von physiologischen und anatomischen Bedingungen abhängt, so hält andererseits das Plektron der Zufall in der Hand, indem er die Gegenstände, die uns beschäftigen sollen, herbeiführt. Allein hier ist doch noch ein großer Teil der Sache in unsere Willkür gestellt, indem wir denselben wenigstens zum Teil beliebig bestimmen können mittelst der Gegenstände, mit denen wir uns beschäftigen oder umgeben. Hierauf sollten wir daher einige Sorgfalt verwenden und mit methodischer Absichtlichkeit verfahren. Die Anweisung zu einer solchen gibt uns *Lockes* vortreffliches Büchelchen ›On the conduct of the understanding‹ (›Über die Leitung des Verstandes‹). Gute, ernste Gedanken über würdige Gegenstände lassen sich jedoch nicht zu jeder Zeit willkürlich heraufbeschwören; alles, was wir tun können, ist, ihnen den Weg freizuhalten durch Verscheuchung aller futilen, läppischen oder gemeinen Ruminationen[1] und Abwendung von allen Flausen und Possen. Man kann daher sagen, daß, um etwas Gescheutes zu denken, das nächste Mittel sei, nichts Abgeschmacktes zu denken. Man lasse den guten Gedanken nur den Plan frei: sie werden kommen. Eben deshalb soll man auch nicht in jedem unbeschäftigten Augenblick sogleich nach einem Buche greifen, sondern lasse es doch einmal stille werden im Kopf: dann kann sich leicht etwas Gutes darin erheben. Sehr richtig ist die von *Riemern* in seinem Buche über Goethe gemachte Bemerkung, daß die eigenen Gedanken fast nur im Gehn oder Stehn, höchst selten im Sitzen kommen. Weil nun also überhaupt der Eintritt lebhafter, eindringender, wertvoller Gedanken

1. [wiederholten Überlegung]

mehr die Folge günstiger *innerer* als äußerer Bedingungen ist; so ist hieraus erklärlich, daß von dergleichen Gedanken meistens mehrere ganz verschiedene Gegenstände betreffende sich schnell hintereinander, oft sogar beinahe zu gleich einstellen, in welchem Falle sie sich kreuzen und beeinträchtigen, wie die Kristalle einer Druse, ja es uns gehn kann wie dem, der zwei Hasen zugleich verfolgt.

§ 39

Wie sehr beschränkt und dürftig der normale menschliche Intellekt sei und wie gering die Klarheit des Bewußtseins, läßt sich daran ermessen, daß ungeachtet der ephemeren Kürze des in endlose Zeit hineingeworfenen Menschenlebens, der Mißlichkeit unsers Daseins, der zahllosen, sich überall aufdringenden Rätsel, des bedeutsamen Charakters so vieler Erscheinungen und dabei des durchweg Ungenügenden des Lebens – dennoch nicht alle beständig und unablässig philosophieren, ja nicht einmal viele oder auch nur einige, nur wenige; nein, nur hin und wieder einer, nur die gänzlichen Ausnahmen. – Die übrigen leben in diesem Traum dahin nicht so gar viel anders als die Tiere, von denen sie sich am Ende nur durch die Vorsorge auf einige Jahre im voraus unterscheiden. Für das sich bei ihnen etwan meldende metaphysische Bedürfnis ist von oben und zum voraus gesorgt durch die Religionen; und diese, wie sie auch seien, genügen. – Indessen könnte es doch sein, daß im stillen viel mehr philosophiert wird, als es den Anschein hat; wenn es gleich auch danach ausfallen mag. Denn wahrhaftig: eine mißliche Lage ist die unserige – eine Spanne Zeit zu leben, voll Mühe, Not, Angst und Schmerz, ohne im mindesten zu wissen, *woher*, *wohin* und *wozu*, und dabei nun noch die Pfaffen aller Farben mit ihren respektiven *Offenbarungen* über die Sache, nebst Drohungen gegen Ungläubige! Dazu kommt noch dieses: Wir sehn einander an und verkehren mit einander – wie *Masken* mit Masken, wir wissen nicht, **wer wir sind** – aber wie Masken, die nicht einmal sich selbst kennen. Und ebenso sehn die Tiere uns an, wir sie.

§ 40

Fast möchte man glauben, daß die Hälfte alles unsers Denkens ohne Bewußtsein vor sich gehe. Meistens kommt die Konklusion, ohne daß die Prämissen deutlich gedacht worden. Dies ist schon daraus abzunehmen, daß bisweilen eine Begebenheit, deren Folgen wir keineswegs absehn, noch weniger ihren etwanigen Einfluß auf unsere eignen Angelegenheiten deutlich ermessen können, dennoch auf unsere ganze Stimmung einen unverkennbaren Einfluß ausübt, indem sie solche ins Heitere oder auch ins Traurige verändert: das kann nur die Folge einer unbewußten Rumination[1] sein. Noch ersichtlicher ist diese in folgendem. Ich habe mich mit den faktischen Datis einer theoretischen oder praktischen Angelegenheit bekannt gemacht: oft nun wird, ohne daß ich wieder daran gedacht hätte, nach einigen Tagen das Resultat, wie nämlich die Sache sich verhalte oder was dabei zu tun sei, mir ganz von selbst in den Sinn kommen und deutlich vor mir stehn; wobei die Operation, durch die es zustande gekommen, mir so verdeckt bleibt wie die einer Rechenmaschine: es ist eben eine unbewußte Rumination gewesen. Ebenso, wann ich kürzlich über ein Thema etwas geschrieben, dann aber mich der Sache entschlagen habe, fällt mir bisweilen, während ich durchaus nicht daran dachte, ein Zusatz dazu ein. Desgleichen kann ich nach einem Namen, der mir entfallen ist, tagelang in meinem Gedächtnis suchen: dann aber, während ich gar nicht daran denke, fällt er mir plötzlich ein wie zugeflüstert. Ja unsere besten, sinnreichsten und tiefsten Gedanken treten plötzlich ins Bewußtsein wie eine Inspiration und oft sogleich in Form einer gewichtigen Sentenz. Offenbar aber sind sie Resultate langer, unbewußter Meditation und zahlloser, oft weit zurückliegender, im einzelnen vergessener Aperçus. Ich verweise hier auf das, was ich in meinem Hauptwerk Bd. 2, Kap. 14, S. 134 *[Bd. 2, S. 172 f.]* schon hierüber beigebracht habe. – Beinahe möchte man es wagen, die physiologische

Hypothese aufzustellen, daß das bewußte Denken auf der Oberfläche des Gehirns, das unbewußte im Innern seiner Marksubstanz vor sich gehe.

§ 41

Bei der Monotonie und daraus entspringenden Schalheit des Lebens würde man nach einer beträchtlichen Dauer desselben es unerträglich langweilig finden, wenn nicht das beständige Fortschreiten der Erkenntnis und Einsicht im ganzen und großen und das immer bessere und deutlichere Verständnis aller Dinge und Verhältnisse noch immer seinen Fortgang hätte, teils als Frucht der Reife und Erfahrung, teils auch infolge der Veränderungen, welche wir selbst durch die verschiedenen Lebensalter erleiden und dadurch gewissermaßen auf einen immer neuen Gesichtspunkt gestellt werden, von welchem aus die Dinge uns noch nicht erkannte Seiten zeigen und anders erscheinen; wodurch denn trotz der Abnahme der Intensität der Geisteskräfte das ›Dies diem docet‹[1] [Ein Tag lehrt den andern] noch immer unermüdlich anhält und einen stets neuen Reiz über das Leben verbreitet, indem das Identische stets als ein anderes und neues sich darstellt. Daher hat jeder irgend denkende Alte das Solonische Γηράσκω δ' ἀεὶ πολλὰ διδασκόμενος[2] [Ich werde alt und lerne doch immer noch vieles hinzu] zu seinem Wahlspruch.

Nebenbei leistet uns zu allen Zeiten denselben Dienst der vielfache Wechsel unserer Stimmung und Laune, vermöge dessen wir die Dinge täglich in einem andern Lichte erblicken: auch er verringert die Monotonie unsers Bewußtseins und Denkens, indem er auf dasselbe wirkt wie auf eine schöne Gegend die stets sich ändernde Beleuchtung mit ihren unerschöpflich mannigfaltigen Lichteffekten, infolge welcher die hundertmal gesehene Landschaft uns aufs neue entzückt. So erscheint einer veränderten Stimmung das Bekannte neu und erweckt neue Gedanken und Ansichten.

1. [Nach Publilius Syrus sprichwörtlich]
2. [›Fragmenta‹ 22,7 [D]; vgl. Plutarch: ›Solo‹ 31,7]

§ 42

Wer a posteriori, also durch Versuche etwas ausmachen will, das er a priori einsehn und entscheiden könnte, z. B. die Notwendigkeit einer Ursache zu jeder Veränderung oder mathematische Wahrheiten oder auf Mathematik zurückführbare Sätze aus der Mechanik, Astronomie oder selbst solche, die aus sehr bekannten und unbezweifelbaren Naturgesetzen folgen – der macht sich verächtlich. Ein schönes Beispiel dieser Art geben unsre neuesten von der Chemie ausgehenden Materialisten, deren höchst einseitige Gelehrsamkeit mich schon anderwärts zu der Bemerkung veranlaßt hat, daß bloße Chemie wohl zum Apotheker, aber nicht zum Philosophen befähige. Diese nämlich glauben auf empirischem Wege eine neue Entdeckung gemacht zu haben an der vor ihnen tausendmal ausgesprochenen Wahrheit a priori, daß die *Materie beharrt*, verkünden diese kühn der Welt, die davon noch nichts wisse, zum Trotz und beweisen sie redlich *auf empirischem Wege.* (›Den Beweis dafür konnten uns erst unsre Waagen und Retorten liefern‹, sagt Herr Dr. Louis Büchner in seinem Buch ›Kraft und Stoff‹, fünfte Auflage S. 14, welches das naive Echo dieser Schule ist.) Dabei aber sind sie so verzagt oder auch so unwissend, daß sie nicht das hier allein richtige und gültige Wort ›Materie‹, sondern das ihnen vertrautere ›Stoff‹ gebrauchen und daher den Satz a priori: ›Die Materie beharrt, daher ihr Quantum nie vermehrt noch vermindert werden kann‹ so ausdrücken: ›Der Stoff ist unsterblich‹, und dabei sich neu und groß fühlen, scilicet [nämlich] in ihrer neuen Entdeckung: denn daß seit Jahrhunderten, ja seit Jahrtausenden disputiert wird über den Vorrang und das Verhältnis der beharrenden Materie zur stets vorhandenen Form, ist solchen Leutchen natürlich unbekannt: sie kommen quasi modo geniti[1] [wie die Neugeborenen] und leiden stark an der ὀψιμαθία [am zu späten Lernen], welche *Gellius* (›Noctes Atticae‹ 11] 7 [3]) beschreibt als ›vitium serae eruditionis, ut, quod nunquam didiceris, diu ignoraveris, cum id scire

1. [Nach 1. Petr. 2, 2]

aliquando coeperis, magni facias quo in loco cunque et quacunque in re dicere‹ [Fehler des zu späten Lernens, der darin besteht, daß man das, was man nie vorher gelernt und lange nicht gewußt hatte, nachdem man es endlich zu wissen angefangen hat, überall und bei jeder Gelegenheit als etwas Wichtiges anbringt]. Wenn doch jemand, dem die Natur Geduld verliehen hat, sich die Mühe geben wollte, diesen Apothekerburschen und Barbiergesellen, die, aus ihren chemischen Garküchen kommend, von nichts wissen, den Unterschied beizubringen zwischen *Materie* und *Stoff*, welcher letztere schon die *qualifizierte* Materie, d. h. die Verbindung der Materie mit der Form ist, welche sich auch wieder trennen können, daß mithin das Beharrende allein die Materie ist, nicht der Stoff, als welcher möglicherweise immer noch ein andrer werden kann – eure sechzig chemischen Grundstoffe nicht ausgenommen. Die Unzerstörbarkeit der Materie ist nie durch Experimente auszumachen; daher wir darüber ewig ungewiß bleiben müßten, wenn sie nicht a priori feststände. Wie gänzlich und entschieden die Erkenntnis der Unzerstörbarkeit der Materie und ihres Wanderns durch alle Formen a priori und also von aller Erfahrung unabhängig sei, bezeugt eine Stelle im *Shakespeare*, der doch gewiß blutwenig Physik und überhaupt nicht viel wußte, jedoch den *Hamlet* sagen läßt:

> The imperial Caesar, dead and turn'd to clay,
> Might stop a hole to keep the wind away.
> O that that earth which kept the world in awe,
> Should patch a wall t'expel the winter's flaw!
> [Der große Cäsar, tot und Lehm geworden,
> Verstopft ein Loch wohl vor dem rauhen Norden.
> O daß die Erd', vor der die Welt gebebt,
> Vor Wind und Wetter eine Wand verklebt!]
>
> (act 5, scene 1)

Er macht also schon dieselbe Applikation jener Wahrheit, welche unsre heutigen Materialisten aus der Apotheke und dem Kliniko oft aufgetischt haben, indem sie sichtlich sogar sich etwas darauf zugute tun; und dabei halten sie solche, wie oben gezeigt, für ein Resultat der Empirie. – Wer hingegen umgekehrt a priori dartun will, was sich allein a posteriori aus der Erfahrung wissen läßt, der scharlatani, siert und macht sich lächerlich. Warnende Beispiele dieses Fehlers haben Schelling und die Schellingianer geliefert, wenn sie, wie damals jemand es sehr artig ausgedrückt hat, a priori nach einem a posteriori gesteckten Ziele schossen. Schellings Leistungen in dieser Art und Kunst wird man am deutlichsten aus seinem ›Ersten Entwurf einer Naturphilosophie‹ kennenlernen. Daselbst springt es in die Augen, daß er im stillen und ganz empirisch aus der uns vorliegenden Natur allgemeine Wahrheiten sich abstrahiert und danach einige Ausdrücke ihrer Beschaffenheit im Ganzen geformelt hat. Mit diesen tritt er nun auf als mit a priori gefundenen Prinzipien der Denkbarkeit einer Natur überhaupt, aus denen er sodann den vorgefundenen und ihnen eigentlich zum Grunde liegenden Tatbestand glücklich wieder ableitet und demnach seinen Schülern beweist, daß die Natur nicht anders sein könne, als sie ist:

> Der Philosoph, der tritt herein
> Und beweist euch, es müßt' so sein.
> [Goethe, ›Faust‹, 1, Vers 1928 f.]

Als belustigendes Beispiel dieser Art lese man auf S. 96, 97 des besagten Buches die Deduktion a priori der unorganischen Natur und der Schwere. Mir ist dabei, wie wenn ein Kind mir Taschenspielerstückchen macht und ich deutlich sehe, wie es die Kügelchen unter den Becher praktiziert, woselbst sie zu finden ich nachher erstaunen soll. – Nach solchem Vorgange des Meisters wird es uns nicht wundern, seine Schüler noch lange auf demselben Wege anzutreffen und zu sehn, wie sie aus vagen, empirisch aufgegriffenen Begriffen, z.B. Eiform, Kugelform, und nach willkürlich gefaßten, schielenden Analogien, wie Eitiere, Rumpftiere, Bauchtiere, Brusttiere und ähnlichen Flausen mehr, das Verfahren der Natur a priori ableiten wollen; während man ihren ernsthaften Deduktionen deutlich ansieht, daß sie stets nach dem allein gewissen Aposteriori hinüberschielen und dennoch der Natur oft schreiende Gewalt antun, um sie nach jenen Grillen zu modeln. — Wie würdig stehn ihnen gegenüber die Franzosen da mit ihrer redlichen Empirie, eingeständlich bestrebt, nur von der Natur zu lernen und ihren Gang zu erforschen, nicht aber ihr Gesetze vorzuschreiben. Bloß auf dem Wege der Induktion haben sie ihre so tief gefaßte wie treffende Einteilung des Tierreichs gefunden, welche die Deutschen nicht einmal zu schätzen verstehn, sie daher in den Hintergrund schieben, um ihre eigene Originalität durch sonderbare und schiefe Einfälle wie die oben erwähnten an den Tag zu legen, worüber sie sich dann unter einander bewundern – diese scharfsinnigen und gerechten Beurteiler geistiger Verdienste. Welch ein Glück, unter einer solchen Nation geboren zu sein!

§ 43

Es ist ganz natürlich, daß wir gegen jede neue Ansicht, über deren Gegenstand wir irgendein Urteil uns schon festgestellt haben, uns abwehrend und verneinend verhalten. Denn sie dringt feindlich in das vorläufig abgeschlossene System unsrer Überzeugungen, erschüttert die dadurch erlangte Beruhigung, mutet uns neue Bemühungen zu und erklärt alte für verloren. Demgemäß ist eine uns von Irrtümern zurückbringende Wahrheit einer Arznei zu vergleichen sowohl durch ihren bittern und widerlichen Geschmack als auch dadurch, daß sie nicht im Augenblick des Einnehmens, sondern erst nach einiger Zeit ihre Wirkung äußert.

Sehn wir also schon das Individuum hartnäckig im Festhalten seiner Irrtümer, so ist es die Masse und Menge der Menschen noch viel mehr: an ihren einmal gefaßten Meinungen können Erfahrung und Belehrung sich jahrhundertelang vergeblich abarbeiten. Daher gibt es denn auch gewisse allgemein beliebte und fest akkreditierte, täglich von Unzählbaren mit Selbstgenügen nachgesprochene Irrtümer, von denen ich ein Verzeichnis angefangen habe, welches fortzuführen ich andere bitte:

1. Selbstmord ist eine feige Handlung.

2. Wer andern mißtraut, ist selbst unredlich.

3. Verdienst und Genie sind aufrichtig bescheiden.

4. Die Wahnsinnigen sind überaus unglücklich.

5. Die Philosophie läßt sich nicht lernen, sondern nur das Philosophieren. (Ist das Gegenteil der Wahrheit.)

6. Es ist leichter, eine gute Tragödie als eine gute Komödie zu schreiben.

7. Das dem Baco von Verulam Nachgesprochene: Ein wenig Philosophie führt von Gott ab; ein vieles zu ihm zurück. So? Allez voir! [Laßt uns sehen!] (Baco a Verulam, ›De augmentis scientiae‹ lib. 1, p. 12.)

8. Knowledge is power[1]. [Wissen ist Macht.] Den Teufel auch! Einer kann sehr viel Kenntnisse haben, ohne darum die mindeste Macht zu besitzen, während ein andrer die höchste Gewalt hat bei blutwenigen Kenntnissen. Daher spricht *Herodot* sehr richtig das Gegenteil jenes Satzes aus: Ἐχθίστη δὲ ὀδύνη ἐστὶ τῶν ἐν ἀνθρώποισι αὕτη πολλὰ φρονέοντα μηδενὸς κρατέειν. [Die verhaßteste Qual, die es bei den Menschen gibt, ist die, daß man vieles versteht und doch nichts vermag.] ([›Historiae‹] 9, 16). – Daß hin und wieder einem seine Kenntnisse Gewalt über andere geben, z. B. wenn er ihr Geheimnis weiß oder sie nicht hinter das seinige kommen können usw., berechtigt noch nicht zu jenem Ausspruch.

Die meisten derselben sagen sie einander nur so nach, ohne sonderlich viel dabei zu denken, und bloß, weil sie, als sie solche zuerst vernahmen, gefunden haben, daß sie gar weise klängen.

§ 44

Wie hart und erstarrt die Denkungsart des großen Haufens sei und wie schwer ihr beizukommen, kann man besonders auf Reisen beobachten. Denn wer das Glück hat, mehr mit Büchern als mit Menschen leben zu dürfen, hat immer nur die leichte Mitteilung der Gedanken und Erkenntnisse, nebst der schnellen Aktion und Reaktion der Geister auf einander vor Augen; wobei er leicht vergißt, wie ganz an-

1. [Nach Francis Bacon: ›Essays‹ 2, 11]

ders es in der sozusagen allein wirklichen Menschenwelt
hergeht, und am Ende gar vermeint, jede gewonnene Einsicht gehöre sogleich der Menschheit an. Man braucht aber
nur einen Tag auf der Eisenbahn weiter gefahren zu sein,
um zu bemerken, daß da, wo man jetzt sich befindet, gewisse Vorurteile, Wahnbegriffe, Sitten, Gebräuche und Klei-
dungen herrschen, ja seit Jahrhunderten sich erhalten,
welche dort, wo man gestern gewesen, unbekannt sind – ist
es doch mit den Provinzialdialekten nicht anders. Hieraus
kann man abnehmen, wie weit die Kluft ist zwischen dem
Volk und den Büchern und wie langsam, wenn auch sicher
die erkannten Wahrheiten zum Volke gelangen, weshalb in
Hinsicht auf die Schnelligkeit der Fortpflanzung dem physischen Lichte nichts unähnlicher ist als das geistige.

Dies alles kommt daher, daß der große Haufe gar wenig
denkt, weil ihm Zeit und Übung hiezu mangelt. So aber
bewahrt er zwar seine Irrtümer sehr lange, ist dagegen aber
auch nicht wie die gelehrte Welt eine Wetterfahne der gesamten Windrose täglich wechselnder Meinungen. Und dies
ist sehr glücklich: denn die große schwere Masse sich in so
rascher Bewegung vorzustellen ist ein schrecklicher Gedanke, zumal wenn man dabei erwägt, was alles sie bei
ihren Wendungen fortreißen und umstoßen würde.

§ 45

Das Begehren nach Kenntnissen, wenn auf das Allgemeine
gerichtet, heißt *Wißbegier*; wenn auf das Einzelne, *Neugier*.
– Knaben zeigen meistens Wißbegier; kleine Mädchen
bloße Neugier, diese aber in stupendem Grade und oft mit
widerwärtiger Naivetät. Die dem weiblichen Geschlechte
eigentümliche Richtung auf das Einzelne bei Unempfäng-
lichkeit für das Allgemeine kündigt sich hierin schon an.

§ 46

Ein glücklich organisierter, folglich mit feiner Urteilskraft
ausgestatter Kopf hat zwei Vorzüge. Erstlich diesen, daß

von allem, was er sieht, erfährt und liest, das Wichtige und Bedeutsame sich bei ihm ansetzt und von selbst sich seinem Gedächtnisse einprägt, um einst hervorzukommen, wann es gebraucht wird; während die übrige Masse wieder abfließt. Sein Gedächtnis gleicht demnach einem feinen Siebe, welches nur die größern Stücke aufbewahrt; andere gleichen groben Sieben, welche alles durchlassen bis auf das zufällig darin Bleibende. Der zweite, dem erstern verwandte Vorzug eines solchen Geistes ist, daß ihm jedesmal das zu einer Sache Gehörige, ihr Analoge oder sonst Verwandte, läge es auch noch so fern, zur rechten Zeit einfällt. Dies beruht darauf, daß er an den Dingen das eigentlich Wesentliche auffaßt, wodurch er auch in den sonst verschiedensten das Identische und daher Zusammengehörige sogleich erkennt.

§ 47

Der Verstand ist keine extensive, sondern eine intensive Größe: daher kann hierin einer es getrost gegen zehntausend aufnehmen und gibt eine Versammlung von tausend Dummköpfen noch keinen gescheuten Mann.

§ 48

Was den leidigen Alltagsköpfen, von denen die Welt vollgepfropft ist, eigentlich abgeht, sind zwei naheverwandte Fähigkeiten, nämlich die, zu urteilen, und die, eigene Gedanken zu haben. Aber beide fehlen ihnen in einem Grade, von welchem, wer nicht zu ihnen gehört, sich nicht leicht einen Begriff macht und ebendeshalb auch nicht von der Trübseligkeit ihrer Existenz, dem ›fastidio sui, quo laborat omnis stultitia‹[1] [Ekel vor sich selbst, an dem alle Dummheit leidet]. Aus jenem Mangel aber erklärt sich einerseits die Armseligkeit aller der Schreiberei bei allen Nationen, die sich bei den Mitlebenden für ihre Literatur ausgibt, und andererseits das Schicksal des Echten und Wahren bei seinem Auftreten unter solchen Leuten. Alles wirkliche Dich-

1. [Nicht wörtlich nach Seneca: ›Epistulae‹ 9, § 22; vgl. Bd. 4, S. 395]

ten und Denken nämlich ist gewissermaßen ein Versuch,
den kleinen Leuten einen großen Kopf aufzusetzen: kein
Wunder, daß er nicht gleich gelingt. Der Genuß, den ein
Schriftsteller gewährt, verlangt immer einen gewissen *Einklang* zwischen seiner Denkweise und der des Lesers und
wird um so größer sein, je vollkommner derselbe ist; daher
ein großer Geist ganz und vollkommen nur von einem andern
großen Geiste genossen wird. Eben hierauf beruht denn
auch der Ekel und Widerwille, den schlechte oder mediokre
Schriftsteller denkenden Köpfen erregen; sogar wirkt die
Konversation mit den meisten Menschen ebenso: bei jedem
Schritte fühlt man das Unzulängliche und die *Disharmonie*. –
  Doch sei bei dieser Gelegenheit die Warnung eingeschaltet, daß man nicht einen neuen, vielleicht wahren Ausspruch oder Gedanken geringschätze, weil man ihn in
einem schlechten Buche findet oder aus dem Munde eines
Dummkopfs vernimmt. Jenes hat ihn gestohlen, dieser ihn
aufgeschnappt; was sie freilich verhehlen. Sodann kommt
noch hinzu, was das spanische Sprichwort sagt: ›Mas sabe
el necio en su casa, que el cuerdo en la agena‹ (In seinem
Hause weiß der Narr besser Bescheid als der Kluge in
einem fremden) – also in seinem Fache weiß jeder mehr als
wir. Endlich ist bekannt, daß auch die blinde Henne bisweilen ein Körnchen findet; sogar aber ist wahr, daß ›il y a
un mystère dans l'esprit des gens qui n'en ont pas‹ [es eine
eigene Sache um den Geist der Leute ist, die keinen haben].
Daher also:

Πολλάκι καὶ κηπωρὸς ἀνὴρ μάλα καίριον εἶπε.
(Et hortulanus saepe opportunissima dixit.)[F]
[Auch ein Gartenarbeiter sprach oft ein treffendes Wort aus.]

  Auch geschieht es wohl, daß man eine Bemerkung oder

[F]. Obiges führt *Gaisford* in der Vorrede zu Stobaios' ›Florilegium‹ p.
XXX nach Gellius [›Noctes Atticae‹] 2, cap. 6 an. Im ›Florilegium‹
selbst (vol. 1, p. 107) steht
  Πολλάκι τοι καὶ μωρὸς ἀνὴρ κατακαίριον εἶπε
  (Saepe etiam stupidi non intempesta loquuntur)
  [Auch ein törichter Mann sprach oft ein treffendes Wort aus]
als ein Vers des *Aischylos*, welches der Herausgeber bezweifelt.

Erfahrung vor langer Zeit einmal von einem unbedeutenden und ungelehrten Menschen vernommen, sie seitdem aber doch nicht wieder vergessen hat, nun aber jener Quelle halber geneigt ist, sie geringzuschätzen oder sie als eine wohl längst und allgemein bekannte Sache anzusehn; dann frage man sich, ob man sie in jener langen Zeit jemals wieder gehört oder auch gelesen habe: wenn dies nicht der Fall ist, so halte man sie in Ehren. – Würde man einen Diamanten geringschätzen, weil man ihn etwan aus einem Misthaufen herausgescharrt hätte?

§ 49

Es kann kein musikalisches Instrument geben, das nicht dem reinen Tone, als welcher aus den Schwingungen der Luft allein besteht, noch einen fremdartigen Zusatz beimischte infolge der Schwingungen seines eigenen Stoffes, welche ja durch ihren Impuls die der Luft allererst hervorbringen und ein unwesentliches Nebengeräusch verursachen, wodurch eben jeder Ton das ihm spezifisch Eigene erhält, also das, was z. B. den der Geige von dem der Flöte unterscheidet. Allein je geringer diese unwesentliche Beimischung ist, desto reiner ist der Ton: daher eben hat die menschliche Stimme den reinsten; weil dem natürlichen Werkzeuge es kein künstliches gleichtut. Ebenso nun kann kein *Intellekt* sein, der nicht dem Wesentlichen und rein Objektiven der Erkenntnis ein diesem fremdes Subjektives, aus der den Intellekt tragenden und bedingenden Persönlichkeit Entspringendes, also etwas Individuelles, beimischte, wodurch denn jenes allemal verunreinigt wird. Der Intellekt, bei welchem dieser Einfluß am geringsten ist, wird am reinsten *objektiv*, mithin der vollkommenste sein. Daß infolge hievon seine Produktionen fast nur das enthalten und wiedergeben, was an den Dingen jeder Intellekt gleichmäßig auffaßt, also das *rein Objektive*, ist eben der Grund, warum sie jeden, sobald er sie nur versteht, ansprechen. Daher habe ich gesagt, daß die Genialität in der Objektivität des Geistes bestehe. Jedoch ein absolut objektiver, mithin vollkommen reiner Intellekt ist so unmöglich wie

ein absolut reiner Ton: dieser nicht, weil doch die Luft
nicht von selbst in Schwingungen geraten kann, sondern
irgendwie impelliert[1] werden muß; jener nicht, weil nicht
ein Intellekt für sich bestehn, sondern nur als Werkzeug
eines Willens auftreten kann oder (real zu reden) ein Gehirn nur als Teil eines Organismus möglich ist. Ein unver-
nünftiger, ja blinder Wille, der sich als Organismus darstellt, ist die Basis und Wurzel eines jeden Intellekts; daher
die Mangelhaftigkeit eines jeden und die Züge von Torheit und Verkehrtheit, ohne welche kein Mensch ist. Also
auch hier: ›Kein Lotos ohne Stengel‹[2], und sagt Goethe:

> Noch spukt der babylonsche Turm,
> Sie sind nicht zu vereinen!
> Ein jeder Mann hat seinen Wurm,
> Kopernikus den seinen.   [›Sprichwörtlich‹]

Zu den Verunreinigungen der Erkenntnis durch die ein
für allemal gegebene Beschaffenheit des Subjekts, die Individualität, kommen nun noch die direkt aus dem Willen
und seiner einstweiligen Stimmung, also aus dem Interesse,
den Leidenschaften, den Affekten des Erkennenden hervor-
gehenden. Um ganz zu ermessen, wie sehr viel Subjektives
unserer Erkenntnis beigegeben ist, müßte man öfter einen
und denselben Vorgang mit den Augen zweier verschieden
gesinnter und verschieden beteiligter Leute sehn. Da dies
nicht angeht, muß uns die Beobachtung genügen, wie sehr
verschieden uns selber, zu verschiedenen Zeiten, in verschiedenen Stimmungen und bei verschiedenen Anlässen,
dieselben Personen und Gegenstände sich darstellen.

Allerdings wäre es ein herrliches Ding um unsern Intellekt, wenn er *für sich* bestände, also ursprüngliche und reine
Intelligenz wäre und nicht ein bloß sekundäres Vermögen,
welches notwendig auf einem *Willen* wurzelt, vermöge dieser Basis aber eine Verunreinigung fast aller seiner Erkenntnisse und Urteile zu erleiden hat. Denn wäre dies nicht, so
könnte er ein reines Organ der Erkenntnis und Wahrheit

1. [angeschlagen]
2. [Indisches Sprichwort]

sein. Allein wie es jetzt steht, wie selten werden wir da ganz
klarsehn in einer Sache, bei der wir irgendwie interessiert
sind! Es ist kaum möglich: denn bei jedem Argument und
jedem hinzukommenden Datum spricht sogleich der *Wille*
mit, und zwar ohne daß man seine Stimme von der des Intellekts selbst unterscheiden könnte, indem ja beide zu
einem Ich verschmolzen sind. Am deutlichsten wird dies,
wenn wir den Ausgang einer uns angelegenen Sache pro-
gnostizieren wollen: da verfälscht das Interesse fast jeden
Schritt des Intellekts, bald als Furcht, bald als Hoffnung.
Es ist kaum möglich, dabei klarzusehn; denn der Intellekt
gleicht dann einer Fackel, bei der man lesen soll, während
der Nachtwind sie heftig bewegt. Dieserhalb eben ist unter
sehr erregenden Umständen ein treuer und aufrichtiger
Freund von unschätzbarem Wert, weil er, selbst unbeteiligt, die Dinge sieht, wie sie sind; während sie unserm Blicke
durch die Gaukelei der Leidenschaften verfälscht sich darstellen. – Ein richtiges Urteil über geschehene, ein richtiges
Prognostikon über kommende Dinge können wir nur dann
haben, wann sie uns gar nicht angehn, also unser Interesse
durchaus unberührt lassen: denn außer dem sind wir nicht
unbestochen, vielmehr ist unser Intellekt vom Willen infiziert und inquiniert[1], ohne daß wir es merken. Daraus und
nächstdem aus der Unvollständigkeit oder gar Verfälschung
der Data erklärt es sich, daß Leute von Kopf und Kenntnissen im Vorhersagen des Ausgangs politischer Angelegenheiten bisweilen toto caelo [vollständig] irren.

Bei Künstlern, Dichtern und Schriftstellern überhaupt gehört zu den subjektiven Verunreinigungen des Intellekts
auch das, was man die Zeitideen, heutzutage das ›Zeitbewußtsein‹ zu nennen pflegt, also gewisse im Schwange stehende Ansichten und Begriffe. Der mit ihrer Farbe ge-
tünchte Schriftsteller hat sich von ihnen imponieren lassen,
statt sie zu übersehn und abzuweisen. Wann nun nach einer
kürzern oder längern Reihe von Jahren jene Ansichten
gänzlich verschwunden und verschollen sind, da entbehren
seine noch aus jener Zeit vorhandenen Werke der Stütze,

1. [verunreinigt]

die sie an ihnen hatten, und oft erscheinen sie dann unbegreiflich abgeschmackt, jedenfalls aber wie ein alter Kalender. Nur der ganz echte Dichter oder Denker ist über alle solche Einflüsse erhaben. *Schiller* sogar hatte in die ›Kritik der praktischen Vernunft‹ hineingesehn, und sie hatte ihm imponiert: aber *Shakespeare* hatte nur in die Welt hineingesehn. Darum finden wir in allen seinen Schauspielen, am deutlichsten aber in den englisch-historischen, die Personen durchgängig durch die Motive des Eigennutzes oder der Bosheit in Bewegung gesetzt, mit wenigen und nicht zu grell abstechenden Ausnahmen. Denn *Menschen* wollte er im Spiegel der Dichtkunst zeigen, nicht moralische Karikaturen: darum erkennt sie jeder im Spiegel, und seine Werke leben heute und immerdar. Die Schillerschen Personen im ›Don Carlos‹ kann man ziemlich scharf in weiße und schwarze, in Engel und Teufel einteilen. Schon jetzt erscheinen sie sonderbar: was wird es erst über fünfzig Jahre sein!

§ 50

Das Leben der *Pflanzen* geht auf im bloßen *Dasein*: demnach ist sein Genuß ein rein und absolut subjektives dumpfes Behagen. Bei den *Tieren* tritt *Erkenntnis* hinzu: doch bleibt sie gänzlich auf Motive, und zwar die nächsten beschränkt. Daher finden auch sie im bloßen Dasein ihre volle Befriedigung, und es reicht zu, ihr Leben auszufüllen. Sie können demnach viele Stunden ganz untätig zubringen, ohne Unbehagen oder Ungeduld zu empfinden, obschon sie nicht denken, sondern bloß anschauen. Nur in den allerklügsten Tieren, wie Hunden und Affen, macht sich schon das Bedürfnis der Beschäftigung und somit die Langeweile fühlbar; daher sie gern spielen, auch wohl sich mit Gaffen nach den Vorübergehenden unterhalten, wodurch sie schon in *eine* Klasse mit den menschlichen Fenstergaffern treten, die uns allerorten entgegenstarren, aber nur, wann man merkt, daß diese Menschen Studenten sind, eigentliche Indignation erregen.

Erst im Menschen hat die *Erkenntnis* – d. i. das Bewußtsein

von andern Dingen im Gegensatz des bloßen Selbstbewußtseins – einen hohen Grad erreicht und ist durch Eintritt der
Vernunft bis zur Besonnenheit gestiegen. Infolge hievon
kann sein Leben neben dem bloßen *Dasein* auch durch das
Erkennen als solches ausgefüllt werden, welches gewissermaßen ein zweites Dasein außerhalb der eigenen Person in
andern vorhandenen Wesen und Dingen ist. Allein auch bei
ihm beschränkt das Erkennen sich meistenteils auf *Motive*,
jedoch mit Inbegriff der entfernten, welche, wenn in größern Massen umfaßt, ›nützliche Kenntnisse‹ heißen. Hingegen gelangt in ihm das *freie*, d.h. das zwecklose Erkennen
meistens nicht weiter, als Neugier und Bedürfnis der Kurzweil es treiben, ist jedoch in jedem Menschen, wenigstens
so weit, vorhanden. Inzwischen, wenn ihm die Motive Rast
gestatten, wird auch bei ihm ein großer Teil seines Lebens durch das bloße *Dasein* ausgefüllt, wovon das häufige
Maulaffen und auch diejenige Geselligkeit, welche hauptsächlich im bloßen Beisammensein bei gar keinem oder
[bei] höchst kargem und ärmlichem Gespräche besteht,
Zeugnis ablegen[F]. Ja die meisten Menschen haben, wenn
auch nicht mit deutlichem Bewußtsein, doch im Grunde
ihres Herzens als oberste Maxime und Richtschnur ihres
Wandels den Vorsatz, *mit dem kleinstmöglichen Aufwand von
Gedanken auszukommen*; weil ihnen das Denken eine Last und
Beschwerde ist. Demgemäß denken sie nur knapp so viel,
wie ihr Berufsgeschäft schlechterdings nötig macht, und
dann wieder so viel, wie ihre verschiedenen Zeitvertreibe,
sowohl Gespräche als Spiele, erfordern, die dann aber beide
darauf eingerichtet sein müssen, mit einem Minimo von
Gedanken bestritten werden zu können. Fehlt es jedoch in
arbeitsfreien Stunden an dergleichen; so werden sie stundenlang am Fenster liegen, die unbedeutendsten Vorgänge
angaffend, und so recht eigentlich das ›ozio lungo d'uomini
ignoranti‹ [die Langeweile der Unwissenden] des Ariosto
[›Orlando furioso‹ 34, 75] uns veranschaulichen, eher als

F. Der Alltagsmensch scheut die körperliche, aber noch mehr die geistige Anstrengung: darum ist er so unwissend, so gedankenlos und so
urteilslos.

daß sie ein Buch zur Hand nehmen sollten; weil dies die
Denkkraft in Anspruch nimmt.

Nur wo der Intellekt schon das notwendige Maß über-
schreitet, wird das Erkennen mehr oder weniger Selbstzweck. Demnach ist es eine ganz abnorme Begebenheit,
wann in irgendeinem Menschen der Intellekt seine natürliche Bestimmung, also den Dienst des Willens und demgemäß die Auffassung der bloßen Relationen der Dinge verläßt,
um sich rein objektiv zu beschäftigen. Aber eben dies ist
der Ursprung der Kunst, der Poesie und der Philosophie,
welche also durch ein Organ hervorgebracht werden, das ursprünglich nicht für sie bestimmt ist. Der Intellekt nämlich
ist von Hause aus ein saurer Arbeit obliegender Manufaktur-
löhnling, den sein vielfordernder Herr, der Wille, vom Morgen bis in die Nacht beschäftigt hält. Kommt aber dennoch
dieser getriebene Fronknecht einmal dazu, in einer Feier-
stunde ein Stück von seiner Arbeit freiwillig aus eigenem Antrieb und ohne Nebenabsicht bloß zu eigener Befriedigung
und Ergötzung zu verfertigen – dann ist dies ein echtes
Kunstwerk, ja, wenn hoch getrieben, ein Werk des Genies[F].

F. Kein Unterschied des Standes, des Ranges, der Geburt ist so groß
wie die Kluft zwischen den zahllosen Millionen, die ihren *Kopf nur als
einen Diener des Bauches*, d.h. als ein Werkzeug zu den Zwecken des
Willens betrachten und gebrauchen – und den so äußerst wenigen
und seltenen, welche den Mut haben zu sagen: Nein, er ist zu gut
dazu, er soll bloß zu seinen eigenen Zwecken tätig sein, also zur
Auffassung des wundersamen und bunten Schauspiels dieser Welt,
um solches nachher wiederzugeben in dieser oder jener Art, als Bild
oder als Erklärung, nach Beschaffenheit des jedesmaligen Individui,
das ihn trägt. Dies sind die wahrhaft *Edeln*, die eigentliche Noblesse der
Welt. Die andern sind Leibeigene, glebae adscripti *[vgl. S. 85f.]*. Freilich sind hier auch nur die gemeint, welche nicht bloß den Mut, sondern auch den Beruf und daher das Recht haben, den Kopf vom
Dienste des Willens loszusprechen, folglich so, daß es sich des Opfers
lohnt. Bei den übrigen, wo das alles nur teilweise vorhanden ist, ist auch
jene Kluft nicht so weit; aber eine scharfe Demarkationslinie bleibt
doch immer, selbst bei einem kleinen, aber entschiedenen Talent. –

Was eine Nation an Werken der *schönen Künste*, *Poesie* und *Philosophie*
aufzuweisen hat, ist der Ertrag des in ihr vorhanden gewesenen Überschusses an *Intellekt*. –

Die *große Mehrzahl der Menschen* ist so beschaffen, daß ihrer ganzen
Natur nach es ihnen mit nichts ernst sein kann als mit Essen, Trinken

Ein solcher auf das rein Objektive gerichteter Gebrauch des Intellekts liegt, wie in seinen höhern Graden allen künstlerischen, poetischen, philosophischen, so auch überhaupt den rein wissenschaftlichen Leistungen zum Grunde, findet selbst schon statt beim Auffassen und Studieren derselben und ebenfalls im freien, d. h. nicht das persönliche Interesse irgend betreffenden Nachdenken über irgendeinen Gegenstand. Ja derselbe belebt sogar das bloße Gespräch, wenn dessen Thema rein objektiv ist, d. h. in keinerlei Beziehung zum Interesse, folglich dem Willen der Redenden steht. Jeder solcher rein objektiver Gebrauch des Intellekts verhält sich zum subjektiven, d. h. das persönliche Interesse wenn auch noch so mittelbar betreffenden wie Tanzen zum Gehn: denn er ist wie das Tanzen die zwecklose Verwendung überschüssiger Kräfte. Hingegen ist der subjektive Gebrauch des Intellekts allerdings der natürliche; da der Intellekt bloß zum Dienste des Willens entstanden ist. Aber eben deshalb haben wir jenen mit den Tieren gemein: er ist der Sklave der Notdurft, trägt den Stempel unserer Armseligkeit, und wir erscheinen in ihm so recht als glebae

und Sichbegatten. Diese werden alles, was die seltenen erhabeneren Naturen, sei es als Religion oder als Wissenschaft oder Kunst, in die Welt gebracht haben, sogleich als Werkzeuge zu ihren niedrigen Zwecken benutzen, indem sie meistens es zu ihrer Maske machen. –

Der *Intellekt der gewöhnlichen Leute* ist ganz *kurz angebunden,* nämlich an seinen Anhaltspunkt, den Willen, so daß er einem kurzen und daher schnellgehenden Pendel oder einem Elongationswinkel mit kurzem radius vector [Veränderliche Distanz von einem festen Punkt, z.B. einer elliptischen Bahn zu einem ihrer Brennpunkte] gleicht. Daher kommt es, daß sie an den Dingen eigentlich nichts sehn als gerade nur ihren Vorteil oder Nachteil von denselben, diesen aber um so klärer; wodurch eine große Leichtigkeit im Behandeln derselben entsteht. Der *geniale Intellekt* hingegen sieht *die Dinge selbst,* und darin besteht seine Befähigung. Dadurch aber wird die Erkenntnis seines Vorteils oder Nachteils von ihnen verdunkelt oder gar verdrängt; wodurch es geschieht, daß jene andern ihren Weg im Leben meistens viel geschickter gehn als er. Man kann beide vergleichen mit zwei Schachspielern, denen man in einem fremden Hause echt chinesische, überaus schön und künstlich gearbeitete Schachfiguren vorgesetzt hätte. Der eine verliert, weil die Betrachtung der Figuren ihn stets abzieht und zerstreut; der andere, ohne Interesse für so etwas, sieht in ihnen bloße Schachfiguren und gewinnt. –

adscripti [an der Scholle Klebende]. Er findet nicht etwan bloß bei der Arbeit und dem persönlichen Treiben statt, sondern auch in allen Gesprächen über persönliche und überhaupt materielle Angelegenheiten, als da sind Essen, Trinken und sonstige Bequemlichkeiten, sodann der Erwerb und was dazu gehört, benebst Nützlichkeiten jeder Art, selbst wenn sie das gemeine Wesen betreffen: denn das gemeine Wesen bleibt ein gemeines Wesen. Die meisten Menschen sind freilich keines andern Gebrauchs ihres Intellekts fähig, weil dieser bei ihnen bloß ein Werkzeug zum Dienste des Willens ist und in diesem Dienste gänzlich aufgeht, ohne daß etwas übrigbliebe. Dies eben macht sie so trocken, so tierisch-ernst und zu jedem objektiv unterhaltenden Gespräch unfähig; wie denn auch auf ihrem Gesichte die Kürze des Bandes zwischen Intellekt und Willen sichtbar ist. Der Ausdruck von Beschränktheit, der uns oft auf so niederschlagende Weise daraus entgegentritt, bezeichnet eben nur die Beschränkung ihres gesamten Erkennens auf die Angelegenheiten ihres Willens. Man sieht, daß gerade nur soviel Intellekt da ist, wie der hier gegebene Wille zu seinen Zwecken braucht, und nichts darüber: hierauf beruht die Vulgarität ihres Ansehns (vgl. ›Welt als Wille und Vorstellung‹ Bd. 2, S. 380 *[Bd. 2, S. 490]*). Demgemäß versinkt denn auch ihr Intellekt in Untätigkeit, sobald der Wille ihn nicht antreibt. Sie nehmen an gar nichts ein *objektives* Interesse. Ihre Aufmerksamkeit, geschweige [ihr] Nachdenken, schenken sie keiner Sache, die nicht eine, wenigstens mögliche, Beziehung zu ihrer Person hat: außerdem gewinnt keine ihnen ein Interesse ab. Nicht einmal durch Scherz und Witz werden sie merklich angeregt, hassen vielmehr alles, was auch nur das leichteste Nachdenken erfordert; allenfalls bringen plumpe Possen sie zum Lachen, außerdem sind sie ernsthafte Bestien: alles nur, weil sie bloß eines *subjektiven* Interesses fähig sind. Darum eben ist die für sie passende Unterhaltung das Kartenspiel – und zwar um Geld; weil dies nicht wie Schauspiel, Musik, Konversation usw. sich in der Sphäre des bloßen Erkennens hält, sondern den *Willen* selbst, das Primäre, welches überall zu finden sein muß, in Bewegung setzt. Übrigens sind sie vom ersten bis zum letzten Atemzuge Geschäftsleute, die geborenen Lastträger des Lebens. Ihre Genüsse sind alle sinnlich: für andere haben sie keine Empfänglichkeit. Man soll mit ihnen in Geschäften reden; sonst nicht. Geselligkeit mit ihnen ist Degradation, recht eigentliches Sichgemeinmachen. *Ihre* Gespräche sind es, welche *Giordano Bruno* (am Schluß der ›Cena delle ceneri‹ [p. 196]) bezeichnet als ›vili, ignobili, barbare ed indegne conversazioni‹ [gemeine, unedle, barbarische und unwürdige Unterhaltungen], welche schlechthin zu meiden er sich selber angelobt. Hingegen ist das Gespräch zwischen Leuten, die nur irgendwie eines rein *objektiven* Gebrauchs ihres Intellekts fähig sind, und wäre der Stoff auch noch so leicht und liefe er auf bloßen Scherz hinaus, doch immer schon ein freies Spiel geistiger Kräfte, verhält sich also zu jenem der andern wie Tanzen zum Gehn. Ein solches Gespräch ist in der Tat, wie wenn zwei oder mehrere miteinander tanzen; während jenes andere einem bloßen Marschieren neben oder hinter einander, um anzukommen, gleicht.

Dieser stets mit der Fähigkeit dazu verbundene Hang zu einem solchen freien und daher abnormen Gebrauch des Intellekts erreicht nun im *Genie* den Grad, wo das Erkennen zur Hauptsache, zum *Zweck* des ganzen Lebens wird, das eigene Dasein hingegen zur Nebensache, zum bloßen *Mittel* herabsinkt; also das normale Verhältnis sich gänzlich umkehrt. Demnach lebt das Genie im ganzen genommen mehr in der übrigen Welt mittelst der erkennenden Auffassung derselben als in seiner eigenen Person. Ihm benimmt die ganz abnorme Erhöhung der Erkenntniskräfte die Möglichkeit, seine Zeit durch das bloße *Dasein* und dessen Zwecke auszufüllen: sein Geist bedarf beständiger und starker Beschäftigung. Daher mangelt ihm jene Gelassenheit im Durchführen der breiten Szenen des Alltagslebens und jenes behagliche Aufgehn in diesem, wie es den gewöhnlichen Menschen gegeben ist, die sogar den bloß zeremoniellen Teil desselben mit wahrem Wohlgefallen durchmachen. Demgemäß ist denn auch für das gewöhnliche praktische

Leben, als welches den bloß normalen Geisteskräften angemessen ist, das Genie eine schlechte Ausstattung und wie jede Abnormität ein Hindernis. Denn bei dieser Steigerung der intellektuellen Kräfte hat die intuitive Auffassung der Außenwelt eine so große objektive Deutlichkeit erlangt und liefert soviel mehr, als zum Dienste des Willens erforderlich ist, daß dieser Reichtum jenem Dienste geradezu hinderlich wird, indem die Betrachtung der gegebenen Erscheinungen als solcher und an sich stets abzieht von der Betrachtung der Beziehungen derselben zum individuellen Willen und unter einander, sonach die ruhige Auffassung dieser stört und verhindert. Zum Dienste des Willens ist vielmehr eine ganz oberflächliche Betrachtung der Dinge hinreichend, die nichts weiter liefert, als die Verhältnisse derselben zu unsern jedesmaligen Zwecken und was mit diesen zusammenhängt, folglich aus lauter Relationen besteht, mit möglichster Blindheit gegen alles übrige: diese Art der Erkenntnis wird durch eine objektive und vollständige Auffassung des Wesens der Dinge geschwächt und verwirrt. Hier bewährt sich daher der Ausspruch des Lactantius: ›Vulgus interdum plus sapit, quia tantum quantum, opus est, sapit.‹ [Das Volk hat manchmal mehr Verstand, weil es nur soviel Verstand hat, wie nötig ist; ›Institutiones divinae‹ lib. 3, cap. 5.]

Daher also steht das Genie der Fähigkeit zum praktischen Wirken geradezu entgegen, zumal auf dem höchsten Tummelplatze derselben, wo sie sich im politischen Welttreiben hervortut; weil eben die hohe Vollkommenheit und feine Empfänglichkeit des Intellekts die Energie des *Willens* hemmt, diese aber, als Kühnheit und Festigkeit auftretend, wenn nur mit einem tüchtigen, geraden Verstande, richtigem Urteil und einiger Schlauheit ausgestattet, es gerade ist, die den Staatsmann, den Feldherrn und, wenn sie bis zur Verwegenheit und zum Starrsinn geht, unter günstigen Umständen auch den welthistorischen Charakter macht. Lächerlich aber ist es, bei dergleichen Leuten von *Genie* reden zu wollen. Ebenso sind es die niedrigeren Grade geistiger Überlegenheit, also Klugheit, Schlauheit und bestimmte, aber einseitige Talente, die zum Fortkommen in

der Welt befähigen und leicht das Glück der Person begründen, besonders wenn ihnen hier Unverschämtheit (wie
oben Verwegenheit) beigegeben ist. Denn auf allen diesen
niedrigern Graden der Überlegenheit bleibt der Intellekt
noch immer seiner natürlichen Bestimmung, dem Dienste
des eigenen Willens, getreu, nur daß er ihn mit größerer
Genauigkeit und Leichtigkeit verrichtet. Beim Genie hingegen entzieht er sich demselben. Daher ist das Genie dem
Glücke der Person entschieden ungünstig; weshalb auch
Goethe den Tasso [3, 4] sagen läßt:

> Der Lorbeerkranz ist, wo er dir erscheint,
> Ein Zeichen mehr des Leidens als des Glücks.

Genie ist demnach für den damit Begabten zwar ein unmittelbarer Gewinn, jedoch kein mittelbarer[F].

F. Den Tieren sieht man deutlich an, daß ihr *Intellekt* bloß im Dienste
ihres *Willens* tätig ist; bei den meisten Menschen ist es in der Regel
nicht viel anders. Auch ihnen sieht man es durchgängig an, ja manchem sogar auch noch, daß er nie anders tätig war, sondern stets bloß
auf die kleinlichen Zwecke des Lebens und die oft so niedrigen und
unwürdigen Mittel dazu gerichtet gewesen ist. Wer einen entschiedenen Überschuß von Intellekt über das zum Dienste des Willens nötige Maß hinaus hat, welcher Überschuß dann von selbst in eine ganz
freie, nicht vom Willen erregte noch die Zwecke des Willens betreffende Tätigkeit gerät, deren Ergebnis eine rein objektive Auffassung
der Welt und der Dinge sein wird – ein solcher Mensch ist *ein Genie*,
und das prägt sich in seinem Antlitz aus, minder stark jedoch auch
schon jeder Überschuß über das besagte dürftige Maß. –
    Die richtigste *Skala* zur Abmessung der *Hierarchie der Intelligenzen*
liefert der Grad, in welchem sie die Dinge bloß *individuell* oder aber
mehr und mehr *allgemein* auffassen. Das Tier erkennt nur das einzelne
als solches, bleibt also ganz in der Auffassung des Individuellen befangen. Jeder Mensch aber faßt das Individuelle in Begriffe zusammen,
darin eben der Gebrauch seiner Vernunft besteht, und diese Begriffe
werden immer allgemeiner, je höher seine Intelligenz steht. Wenn
diese Auffassung des Allgemeinen nun auch in die *intuitive* Erkenntnis
dringt und nicht bloß die Begriffe, sondern auch das Angeschaute unmittelbar als ein Allgemeines erfaßt wird; so entsteht die Erkenntnis
der (Platonischen) *Ideen*: sie ist ästhetisch, wird, wenn selbsttätig,
genial und erreicht den höchsten Grad, wenn sie philosophisch wird,
indem alsdann das Ganze des Lebens, der Wesen und ihrer Vergänglichkeit, die Welt und ihres Bestandes in seiner wahren Beschaffenheit intuitiv aufgefaßt hervortritt und in dieser Form sich als Gegenstand der Meditation dem Bewußtsein aufdrängt. Es ist der höchste

§ 51

Für den, der fähig ist, etwas cum grano salis[1] zu verstehn,
ließe das Verhältnis des Genies zum Normalmenschen sich
vielleicht am deutlichsten folgendermaßen ausdrücken. Ein
Genie ist ein Mensch, der einen *doppelten* Intellekt hat: den
einen *für sich* zum Dienste seines Willens und den andern
für die Welt, deren Spiegel er wird, indem er sie *rein objektiv*
auffaßt. Die Summe oder Quintessenz dieser Auffassung
wird, nachdem die technische Ausbildung hinzugekommen
ist, in Werken der Kunst, der Poesie oder der Philosophie
wiedergegeben. Der Normalmensch hingegen hat den ersten
Intellekt allein, welchen man den *subjektiven* nennen kann,
wie den genialen den *objektiven*. Obwohl jener subjektive Intellekt in höchst verschiedenen Graden der Schärfe und
Vollkommenheit vorhanden sein kann, so trennt ihn doch
noch immer eine bestimmte Abstufung von jenem doppelten Intellekt des Genies – etwan so, wie die Töne der Bruststimme, wären sie auch noch so hoch, immer noch wesentlich verschieden sind von der Fistel, als welche, geradeso
wie die zwei obern Oktaven der Flöte und die Flageolett-
töne der Geige, das Unisono beider Hälften der durch einen
Schwingungsknoten geteilten Vibrationssäule der Luft ist,
während in der Bruststimme und untern Flötenoktave nur
die ganze und ungeteilte Luftsäule vibriert. Hieraus also
läßt sich jene spezifische Eigentümlichkeit des Genies begreifen, welche den Werken und sogar der Physiognomie
des damit Begabten so augenfällig aufgeprägt ist; imgleichen
ist klar, daß ein solcher doppelter Intellekt dem Dienste des
Willens meistens hinderlich sein muß, woraus die bereits
oben erwähnte geringe Befähigung des Genies zum praktischen Leben sich erklärt. Besonders geht ihm die Nüchternheit ab, welche den gewöhnlichen, einfachen Intellekt, er
sei scharf oder stumpf, charakterisiert.

Grad der Besonnenheit. – Also zwischen diesem und der bloß tierischen Erkenntnis liegen unzählige Grade, die sich durch das immer
Allgemeiner-Werden der Auffassung unterscheiden.

1. [›mit einem Körnchen Salz‹, d. h. mit Einschränkung, nach Plinius:
›Historia naturalis‹ 23, 8, 149]

§ 52

Wie das Gehirn als ein Parasit, der vom Organismus genährt wird, ohne direkt zu dessen innerer Ökonomie beizutragen, da oben in seiner festen, wohlverwahrten Behausung ein selbständiges, unabhängiges Leben führt; so führt der geistig hochbegabte Mensch außer dem allen gemeinsamen, individuellen Leben noch ein zweites, rein intellektuelles, welches in der steten Zunahme, Berichtigung und Vermehrung nicht des bloßen Wissens, sondern der zusammenhängenden eigentlichen Erkenntnis und Einsicht besteht und unberührt bleibt vom Schicksale der Person, sofern es nicht etwan von diesem in seinem Treiben gestört wird; daher auch es den Menschen über dasselbe und seinen Wechsel erhebt und hinaussetzt. Es besteht in einem steten Denken, Lernen, Versuchen und Üben und wird allmälig zur Hauptexistenz, der die persönliche sich als bloßes Mittel zum Zweck unterordnet. Ein Beispiel der Unabhängigkeit und Absonderung dieses intellektuellen Lebens gibt uns Goethe, wann er mitten im Feldgetümmel des Champagnekrieges Phänomene zur Farbenlehre beobachtet und, sobald ihm unter dem grenzenlosen Elend jenes Feldzuges eine kurze Rast in der Festung Luxemburg gegönnt ist, sogleich die Hefte seiner ›Farbenlehre‹ vornimmt. So hat er uns denn ein Vorbild hinterlassen, dem wir sollen nachfolgen, die wir das Salz der Erde sind, indem wir allezeit unserm intellektuellen Leben ungestört obliegen, wie immer auch das persönliche vom Sturm der Welt ergriffen und erschüttert werden möge, stets eingedenk, daß wir nicht der Magd Söhne sind, sondern der Freien[1]. Als unser Emblem und Familienwappen schlage ich vor einen vom Sturm heftig bewegten Baum, der dabei dennoch seine roten Früchte auf allen Zweigen zeigt, mit der Umschrift: ›Dum convellor, mitescunt‹ [Während ich gezaust werde, reifen sie], oder auch: ›Conquassatus, sed ferax.‹ [Geschüttelt, aber fruchtbar.]

Jenem rein intellektuellen Leben des einzelnen entspricht

1. [Nach Gal. 4, 31]

ein ebensolches des Ganzen der Menschheit, deren *reales* Leben ja ebenfalls im *Willen* liegt, sowohl seiner empirischen als seiner transzendenten Bedeutung nach. Dieses rein intellektuelle Leben der Menschheit besteht in ihrer fortschreitenden Erkenntnis mittelst der Wissenschaften und in der Vervollkommnung der Künste, welche beide Menschenalter und Jahrhunderte hindurch sich langsam fortsetzen und, zu denen ihren Beitrag liefernd, die einzelnen Geschlechter vorübereilen. Dieses intellektuelle Leben schwebt wie eine ätherische Zugabe, ein sich aus der Gärung entwickelnder wohlriechender Duft über dem weltlichen Treiben, dem eigentlich realen, vom *Willen* geführten Leben der Völker, und neben der Weltgeschichte geht schuldlos und nicht blutbefleckt die Geschichte der Philosophie, der Wissenschaften und der Künste.

§ 53

Der Unterschied zwischen dem Genie und den Normalköpfen ist allerdings nur ein *quantitativer*, sofern er ein Unterschied des Grades ist; dennoch wird man versucht, ihn als *qualitativ* anzusehn, wenn man betrachtet, wie die gewöhnlichen Köpfe trotz ihrer individuellen Verschiedenheit doch eine gewisse gemeinsame Richtung ihres Denkens haben, vermöge welcher bei gleichem Anlaß ihrer aller Gedanken sofort denselben Weg einschlagen und in dasselbe Gleis geraten – daher die häufige, nicht auf Wahrheit sich stützende Übereinstimmung ihrer Urteile, welche so weit geht, daß gewisse Grundansichten von ihnen zu allen Zeiten festgehalten, immer wiederholt und von neuem vorgebracht werden, während denselben die großen Geister jeder Zeit, offen oder verdeckt, sich widersetzen.

§ 54

Ein Genie ist ein Mensch, in dessen Kopfe die *Welt als Vorstellung* einen Grad mehr Helligkeit erlangt hat und deutlicher ausgeprägt dasteht: und da nicht die sorgfältige Beobachtung des Einzelnen, sondern nur die Intensität der

Auffassung des Ganzen die wichtigste und tiefste Einsicht liefert; so hat die Menschheit von ihm die größte Belehrung zu erwarten. Er wird sie, wenn er zur Ausbildung gelangt, bald in dieser, bald in jener Form geben. Man kann demnach das Genie auch definieren als ein ausgezeichnet klares Bewußtsein von den Dingen und dadurch auch von ihrem Gegensatz, dem eigenen Selbst. Zu dem also Begabten sieht die Menschheit auf nach Aufschlüssen über die Dinge und ihr eigenes Wesen[F].

Inzwischen ist ein solcher wie jeder, was er ist, zunächst für sich selbst: dies ist wesentlich, unausbleiblich und unabänderlich. Was er hingegen für andere ist, bleibt als ein Sekundäres dem Zufall unterworfen. Keinesfalls können sie von seinem Geiste mehr empfangen als einen Reflex mittelst eines von beiden Seiten beförderten Versuchs, seine Gedanken mit ihren Köpfen zu denken, in denen solche jedoch immer noch exotische Pflanzen, folglich verkümmert und geschwächt bleiben werden.

§ 55

Um originelle, außerordentliche, vielleicht gar unsterbliche Gedanken zu haben, ist es hinreichend, sich der Welt und den Dingen auf einige Augenblicke so gänzlich zu entfremden, daß einem die allergewöhnlichsten Gegenstände und Vorgänge als völlig neu und unbekannt erscheinen, als wodurch eben ihr wahres Wesen sich aufschließt. Das hier Geforderte ist aber nicht etwan schwer, sondern es steht

---

F. Durch das allerseltenste Zusammentreffen mehrerer höchst günstiger Umstände wird dann und wann, etwan einmal im Jahrhundert, ein Mensch geboren mit einem *das normale Maß merklich* übersteigenden *Intellekt* – dieser sekundären, also in bezug auf den Willen akzidentellen Eigenschaft. Nun kann es lange dauern, ehe er erkannt und anerkannt wird – da ersterem der Stumpfsinn, letzterem der Neid entgegensteht: *ist* er es aber einmal, dann drängen sich die Menschen um ihn und seine Werke, in der Hoffnung, daß von ihm aus irgendein Licht in das Dunkel ihres Daseins dringen, ja ein Aufschluß über dasselbe ihnen werden könne – gewissermaßen eine von einem (und sei es noch so wenig) *höhern Wesen* ausgehende *Offenbarung*.

gar nicht in unserer Gewalt und ist eben das Walten des Genius[F].

§ 56

Das *Genie* ist unter den andern Köpfen, was unter den Edelsteinen der Karfunkel: es strahlt eigenes Licht aus, während die andern nur das empfangene reflektieren. – Auch kann man sagen, es verhalte sich zu ihnen wie die idioelektrischen Körper zu den bloßen Leitern der Elektrizität; daher auch eben es nicht zum eigentlichen bloßen Gelehrten, der weiterlehrt, was er gelernt hat, geeignet ist; geradeso, wie die idioelektrischen Körper keine Leiter sind. Vielmehr verhält es sich zur bloßen Gelehrsamkeit wie der Text zu den Noten. Ein Gelehrter ist, wer viel gelernt hat; ein Genie der, von dem die Menschheit lernt, was er von keinem gelernt hat. – Daher sind die großen Geister, von denen auf hundert Millionen Menschen kaum einer kommt, die Leuchttürme der Menschheit, ohne welche diese sich in das grenzenlose Meer der entsetzlichsten Irrtümer und der Verwilderung verlieren würde.

Indessen sieht der eigentliche simple Gelehrte, etwan der göttingische Ordinarius, das Genie an ungefähr wie wir den Hasen, als welcher erst nach seinem Tode genießbar und der Zurichtung fähig wird, auf den man daher, solange er lebt, bloß schießen muß.

§ 57

Wer von seinem Zeitalter Dank erleben will, muß mit demselben gleichen Schritt halten. Dabei aber kommt nie etwas Großes zustande. Wer dieses beabsichtigt, muß daher seine Blicke auf die Nachwelt richten und mit fester Zuversicht für diese sein Werk ausarbeiten; wobei es freilich kommen kann, daß er seinen Zeitgenossen unbekannt bleibt und dann dem zu vergleichen ist, der, genötigt, sein Leben auf einer wüsten Insel zuzubringen, daselbst mühsam ein Denkmal

F. Das Genie für sich allein kann sowenig originelle Gedanken haben, wie das Weib für sich allein Kinder gebären kann; sondern der äußere Anlaß muß als Vater hinzukommen, das Genie zu befruchten, damit es gebäre.

errichtet, künftigen Seefahrern die Kunde von seinem Dasein zu überliefern. Scheint ihm dies hart, so tröste er sich damit, daß sogar den gewöhnlichen, bloß praktischen Menschen, der keine Kompensation dafür zu hoffen hat, oft das gleiche Schicksal trifft. Ein solcher nämlich wird, wenn durch seine Lage begünstigt, auf materiellem Wege produktiv tätig sein, wird erwerben, ankaufen, bauen, urbar machen, anlegen, gründen, einrichten und verschönern, mit täglichem Fleiße und unermüdlichem Eifer. Er wähnt dabei, für sich zu arbeiten: jedoch kommt am Ende alles nur *den Nachkommen* zugute und sehr oft nicht einmal seinen eigenen. Demnach kann auch er sagen: ›Nos, non nobis[1] [Durch uns, nicht für uns] und hat zum Lohn seine Arbeit gehabt. Es geht ihm also nicht besser als dem Manne von Genie, der wohl auch für sich Lohn, wenigstens Ehre hoffte, am Ende aber alles bloß für die Nachwelt getan hat. Freilich haben dafür beide auch viel von den Vorfahren ererbt.

Die erwähnte Kompensation nun aber, welche das Genie voraushat, liegt in dem, was es nicht andern, sondern sich selber ist. Wer hat wohl mehr eigentlich gelebt als der, welcher Augenblicke hatte, deren bloßer Nachklang durch die Jahrhunderte und ihren Lärm vernehmbar bleibt? – Ja vielleicht wäre es für einen solchen das Klügste, wenn er, um ungestört und ungehudelt er selbst zu sein, sich, solange er lebte, am Genusse seiner eigenen Gedanken und Werke genügen ließe und die Welt nur zum Erben seines reichen Daseins einsetzte, dessen bloßer Abdruck, gleichsam Ichnolith, ihr erst nach seinem Tode zuteil würde (vgl. Byron, ›The prophecy of Dante‹, Eingang des canto 4).

Zudem aber ist, was ein Mann von Genie vor den anderen voraushat, nicht auf die Tätigkeit seiner höchsten Kräfte beschränkt; sondern, wie ein außerordentlich wohlgebauter, gelenker und behender Mensch alle seine Bewegungen mit ausnehmender Leichtigkeit, ja mit Wohlbehagen vollzieht, indem er an der Tätigkeit, zu der er so besonders glücklich

---

1. [Nach Aelius Donatus: ›Vita Vergilii‹ 17, soll Vergil viermal an die Tür des kaiserlichen Palasts die Worte: ›Sic vos, non vobis‹ geschrieben haben.]

ausgestattet ist, unmittelbare Freude hat, dieselbe daher auch
oft zwecklos ausübt; wie er ferner nicht bloß als Seil- oder
Solotänzer die Sprünge macht, die keinem andern ausführbar
sind, sondern auch in den leichtern Tanzschritten, welche
andere ebenfalls machen, ja selbst im bloßen Gange durchweg seine seltene Federkraft und Behendigkeit verrät – so
wird ein wahrhaft überlegener Geist nicht bloß Gedanken
und Werke hervorbringen, die von keinem andern je ausgehn könnten und wird nicht in diesen allein seine Größe
zeigen; sondern, indem das Erkennen und Denken selbst
ihm eine natürliche und leichte Tätigkeit ist, wird er sich
in derselben allezeit gefallen, wird daher selbst das Geringere,
auch andern Erreichbare doch leichter, schneller, richtiger
als sie auffassen, wird daher an jeder erlangten Kenntnis,
jedem gelösten Problem, jedem sinnreichen Gedanken, sei
er nun eigen oder fremd, unmittelbare lebhafte Freude haben; weshalb denn auch sein Geist ohne weitern Zweck
fortwährend tätig ist und ihm dadurch zu einer stets fließen-
den Quelle des Genusses wird; so daß die Langeweile, dieser beständige Hausteufel der Gewöhnlichen, sich ihm nicht
nähern kann. Dazu kommt, daß die Meisterwerke der
ihm vorhergegangenen oder gleichzeitigen großen Geister
eigentlich nur für ihn ganz dasind. Der gewöhnliche, d. h.
schlechte Kopf freut sich auf ein ihm anempfohlenes großes
Geistesprodukt etwan so wie der Podagrist auf einen Ball;
wenngleich dieser aus Konvenienz hingeht und jener, um
nicht zurückzubleiben, es liest: denn *Labruyère* hat ganz
recht, wenn er sagt: ›Tout l'esprit qui est au monde est
inutile à celui qui n'en a point.‹ [Aller Geist auf der Welt
hilft dem nichts, der selbst keinen hat; ›Caractères‹, chap.
›De l'homme‹ p. 255.] – Zudem verhalten alle Gedanken
der Geistreichen oder gar Genialen zu denen der Gewöhnlichen, selbst da, wo sie im wesentlichen dieselben sind, sich
wie mit lebhaften, brennenden Farben ausgemalte Bilder zu
bloßen Umrissen oder mit schwachen Wasserfarben illu-
minierten. – Dies alles also gehört zum Lohn des Genies, zu
seiner Entschädigung für ein einsames Dasein in einer ihm
heterogenen und nicht angemessenen Welt. Weil nämlich

alle Größe relativ ist, so ist es einerlei, ob ich sage, Gaius sei ein großer Mann gewesen oder Gaius habe unter lauter erbärmlich kleinen Leuten leben müssen: denn Brobdingnag und Lilliput[1] sind nur durch den Ausgangspunkt verschieden. So groß daher, so bewundrungswürdig, so unterhaltend der Verfasser unsterblicher Werke seiner langen Nachwelt erscheint; so klein, so erbärmlich, so ungenießbar müssen ihm, während er lebte, die andern Menschen erschienen sein. Dies habe ich gemeint, wo ich gesagt habe, daß, wenn vom Fuße des Turmes bis zur Spitze 300′ [Fuß] sind, zuverlässig von der Spitze bis zum Fuß gerade auch 300′ sein werden[F].

Demzufolge hätte man sich nicht wundern sollen, wenn man die Leute von Genie meistens ungesellig, mitunter abstoßend gefunden hat: denn nicht Mangel an Geselligkeit ist daran schuld, sondern ihr Wandel durch diese Welt gleicht dem eines Spaziergängers an einem schönen frühen Morgen, wo er mit Entzücken die Natur betrachtet, in ihrer ganzen Frische und Pracht, jedoch an diese sich zu halten hat: denn Gesellschaft ist nicht zu finden, sondern höchstens nur Bauern, die, zur Erde gebückt, das Land bestellen. So kommt es denn oft, daß ein großer Geist seinem Monolog vor den in der Welt zu haltenden Dialogen den Vorzug gibt: läßt er sich dennoch einmal zu einem solchen herbei, so kann es kommen, daß die Leere desselben ihn doch wieder in den Monolog zurückfallen läßt, indem er den Interlokutor vergißt oder wenigstens, unbekümmert, ob dieser ihn verstehe oder nicht, zu ihm redet wie das Kind zur Puppe.

Bescheidenheit in einem großen Geiste würde den Leuten wohl gefallen: nur ist sie leider eine contradictio in adiecto [ein Widerspruch im Beiwort]. Ein solcher nämlich müßte den Gedanken, Meinungen und Ansichten, wie auch der Art und Manier der andern, und zwar jener andern, deren Zahl Legion ist, Vorzug und Wert vor seinen eigenen einräumen und diese stets sehr davon abweichenden jenen unterordnen

1. [Das Land der Riesen und das Land der Zwerge in Jonathan Swifts ›Gulliver's travels‹, 1726]
F. Die *großen Geister* sind den kleinen Geistern deshalb einige Schonung schuldig, weil sie eben nur vermöge der Kleinheit dieser große Geister sind; indem alles relativ ist.

und anbequemen oder auch sie ganz unterdrücken, um jene walten zu lassen. Dann aber würde er eben nichts oder dasselbe hervorbringen und leisten, was auch die andern. Das Große, Echte und Außerordentliche kann er vielmehr nur hervorbringen, sofern er die Art und Weise, die Gedanken und Ansichten seiner Zeitgenossen für nichts achtet, ungestört schafft, was sie tadeln, und verachtet, was sie loben. Ohne diese Arroganz wird kein großer Mann. Sollte nun aber sein Leben und Wirken etwan in eine Zeit gefallen sein, die ihn nicht erkennen und schätzen kann; so bleibt er doch immer er selbst und gleicht dann einem vornehmen Reisenden, der die Nacht in einer elenden Herberge zubringen muß: er reist am andern Tage vergnügt weiter.

Allenfalls kann jedoch ein denkender oder dichtender Kopf mit seinem Zeitalter schon zufrieden sein, wenn es ihm nur vergönnt, in seinem Winkel ungestört zu denken und zu dichten, und mit seinem Glück, wenn es ihm einen Winkel schenkt, in welchem er denken und dichten kann, ohne sich um die andern kümmern zu müssen.

Denn daß das Gehirn ein bloßer Arbeiter im Dienste des Bauches sei, ist freilich das gemeinsame Los fast aller derer, die nicht von der Arbeit ihrer *Hände* leben, und sie wissen sich recht gut darin zu finden. Aber für die großen Köpfe, d. h. für die, deren zerebrale Kräfte über das zum Dienste des Willens erforderliche Maß hinausgehn, ist es eine Sache zum Verzweifeln. Daher wird ein solcher es vorziehn, nötigenfalls in der beschränktesten Lage zu leben, wenn sie ihm den freien Gebrauch seiner Zeit zur Entwickelung und Anwendung seiner Kräfte, also die für ihn unschätzbare Muße gewährt. Anders freilich steht es mit den gewöhnlichen Leuten, deren Muße ohne objektiven Wert, sogar für sie nicht ohne Gefahr ist: sie scheinen dies zu fühlen. Denn die zu beispielloser Höhe gestiegene Technik unserer Zeit gibt, indem sie die Gegenstände des Luxus vervielfältigt und vermehrt, den vom Glücke Begünstigteren die Wahl zwischen mehr Muße und Geistesbildung einerseits und mehr Luxus und Wohlleben bei angestrengter Tätigkeit andererseits: sie wählen, charakteristisch, in der Regel das letztere und ziehn den Champagner der Muße vor. Dies ist auch konsequent: denn ihnen ist jede Geistesanstrengung, die nicht den Zwecken des Willens dient, eine Torheit, und die Neigung dazu nennen sie Exzentrizität. Danach wäre das Beharren bei den Zwecken des Willens und Bauches die Konzentrizität; auch ist allerdings der Wille das Zentrum, ja, und der Kern der Welt.

Im ganzen jedoch sind dergleichen Alternativen kein gar häufiger Fall. Denn wie die meisten Menschen einerseits keinen Überfluß am Gelde haben, sondern knapp das Notdürftige; so auch andrerseits nicht am Verstand. Sie haben dessen knapp so viel, wie zum Dienste ihres Willens, d. h. zur Betreibung ihres Erwerbs ausreicht. Dies getan, sind sie froh, maulaffen zu dürfen oder sich an sinnlichen Genüssen, auch wohl an kindischen Spielen zu ergötzen, an Karten, an Würfeln, oder auch sie führen mit einander die plattesten Diskurse, oder sie putzen sich heraus und machen dann einander Bücklinge. Schon derer, die einen ganz kleinen Überschuß intellektueller Kräfte haben, sind wenige. Wie nun die, welche einen kleinen Überschuß am Gelde haben, sich ein Pläsier machen; so machen auch diese sich ein intellektuelles Pläsier. Sie betreiben irgendein liberales Studium, das nichts abwirft, oder eine Kunst und sind überhaupt schon eines *objektiven* Interesses in irgendeiner Art fähig; daher man auch einmal mit ihnen konversieren kann. Mit den andern hingegen ist es besser, sich nicht einzulassen: denn mit Ausnahme der Fälle, wo sie gemachte Erfahrungen erzählen, aus ihrem Fache etwas berichten oder allenfalls etwas von einem andern Gelerntes beibringen, wird, was sie sagen, nicht des Anhörens wert sein; was man aber ihnen sagt, werden sie selten recht verstehn und fassen, auch wird es meistens ihren Ansichten zuwiderlaufen. Balthasar Gracian bezeichnet sie daher sehr treffend als ›hombres que no lo son‹ (Menschen, die keine sind), und dasselbe sagt Giordano Bruno mit diesen Worten: ›...quanta differenza sia di contrattare e ritrovarsi tra gli uomini, e tra color, che son fatti ad imagine e similitudine di quelli.‹ [...welch ein Unterschied es sei, ob man zu tun hat mit oder sich befindet unter Menschen

oder unter solchen, die nur nach ihrem Aussehn und ihrer
Ähnlichkeit geschaffen sind.] (›Della causa‹ dialogo 1, p. 224
[editio Wagner]), welches letzteren Wort wundervoll übereinstimmt mit dem Ausspruch des ›Kural‹[1]: ›Das gemeine
Volk sieht wie Menschen aus; etwas diesem gleiches hab'
ich nie gesehn.‹[F] – Für das Bedürfnis aufheiternder Unterhaltung und um der Einsamkeit die Öde zu benehmen, empfehle ich hingegen die Hunde, an deren moralischen und
intellektuellen Eigenschaften man fast allemal Freude und
Befriedigung erleben wird.

Indessen wollen wir überall uns hüten, ungerecht zu werden. Wie mich oft die Klugheit und bisweilen wieder die
Dummheit meines Hundes in Erstaunen gesetzt hat, nicht
anders ist es mir mit dem Menschengeschlechte gegangen.
Unzählige Male hat mich die Unfähigkeit, gänzliche Urteilslosigkeit und Bestialität desselben in Entrüstung versetzt
und habe ich in den alten Stoßseufzer:

Humani generis mater nutrixque profecto
Stultitia est
[Mutter und Amme fürwahr des Menschengeschlechts
                                    ist die Torheit]

einstimmen müssen. Allein zu andern Zeiten wieder bin ich
darüber erstaunt, wie bei einem solchen Geschlechte vielerlei
nützliche und schöne Künste und Wissenschaften, wenn
auch stets von den einzelnen, den Ausnahmen, ausgegangen,
doch haben entstehn, Wurzel fassen, sich erhalten und ver-
vollkommnen können und wie dies Geschlecht mit Treue

1. [des Tiruvalluver, übersetzt von Graul, Bd. 3, S. 140]
F. Wenn man die große Übereinstimmung des Gedankens, ja des Ausdrucks bei so weit auseinander liegenden Ländern und Zeiten bedenkt, kann man nicht zweifeln, daß sie aus dem Objekt entsprungen
ist. Ich stand daher gewiß nicht unter dem Einfluß dieser Stellen (von
denen die eine noch nicht gedruckt, die andre seit zwölf Jahren nicht
in meinen Händen gewesen war), als ich vor etwan zwanzig Jahren
damit umging, mir eine Tabaksdose machen zu lassen, auf deren
Deckel, wo möglich in Musaik, zwei schöne große Kastanien abgebildet wären, nebst einem Blatt, welches verriet, daß sie Roßkastanien
seien. Dieses Symbol sollte eben jenen Gedanken jederzeit mir vergegenwärtigen.

und Ausdauer die Werke großer Geister, den Homer, den Platon, den Horaz usw., zwei bis drei Jahrtausende hindurch mittelst Abschreiben und Aufbewahren sich erhalten und vor dem Untergang geschützt hat unter allen Plagen und Greueln seiner Geschichte, wodurch es bewiesen hat, daß es den Wert derselben erkannte; imgleichen über spezielle, einzelne Leistungen, mitunter auch über Züge von Geist oder Urteil, wie durch Inspiration, bei solchen, die übrigens zum großen Haufen gehören, ja bisweilen sogar bei diesem selbst, wann er, wie meistens, sobald nur sein Chorus groß und vollständig geworden, sehr richtig urteilt: wie der Zusammenklang auch ungeschulter Stimmen, wenn nur ihrer sehr viele sind, stets harmonisch ausfällt. Die hierüber Hinausgehenden, welche man als Genies bezeichnet, sind bloß die lucida intervalla[1] des ganzen Menschengeschlechts. Sie leisten demnach, was den übrigen schlechthin versagt ist. Demgemäß ist denn auch ihre Originalität so groß, daß nicht nur ihre Verschiedenheit von den übrigen Menschen augenfällig wird, sondern selbst die Individualität eines jeden von ihnen so stark ausgeprägt ist, daß zwischen allen je dagewesenen Genies ein gänzlicher Unterschied des Charakters und Geistes stattfindet, vermöge dessen jedes derselben an seinen Werken der Welt ein Geschenk dargebracht hat, welches sie außerdem von gar keinem andern in der gesamten Gattung jemals hätte erhalten können. Darum eben ist Ariostos ›Natura lo fece e poi ruppe lo stampa‹ [Natur hat es geprägt und dann die Form zerbrochen; ›Orlando furioso‹ 10, 84] ein so überaus treffendes und mit Recht berühmtes Gleichnis.

§ 58

Vermöge des endlichen Maßes der menschlichen Kräfte überhaupt ist jeder große Geist dies nur unter der Bedingung, daß er auch intellektuell irgendeine entschieden schwache Seite habe, also eine Fähigkeit, in welcher er bisweilen sogar den mittelmäßigen Köpfen nachsteht. Es wird

1. [Vgl. S. 63]

die sein, welche seiner hervorstechenden Fähigkeit hätte im
Wege stehn können: doch wird es immer schwerhalten, sie
selbst beim gegebenen einzelnen mit *einem* Worte zu bezeichnen. Eher läßt es sich indirekt ausdrücken, z.B. Platons
schwache Seite ist gerade die, worin des Aristoteles Stärke
besteht; und vice versa. Kants schwache Seite ist das, worin
Goethe groß ist; und vice versa.

§ 59

Die Menschen *verehren* auch gern irgend etwas: nur hält ihre
Verehrung meistens vor der unrechten Türe, woselbst sie
stehnbleibt, bis die Nachwelt kommt, sie zurechtzuweisen.
Nachdem dies geschehn ist, artet die Verehrung, welche der
gebildete große Haufe dem Genie zollt, geradeso wie die,
welche die Gläubigen ihren Heiligen widmen, gar leicht in
läppischen Reliquiendienst aus. Wie Tausende von Christen
die Reliquien eines Heiligen anbeten, dessen Leben und
Lehre ihnen unbekannt ist; wie die Religion Tausender von
Buddhaisten viel mehr in der Verehrung des Dalada (heiligen Zahns) oder sonstigen Dhatu (Reliquie)[F], ja der sie ein-
schließenden Dagoba (Stupa)[1] oder der heiligen Patra (Eß-
napf) oder der versteinerten Fußstapfe oder des heiligen
Baumes, den Buddha gesäet hat, besteht als in der gründlichen Kenntnis und treuen Ausübung seiner hohen Lehre;
so wird Petrarcas Haus in Arquà, Tassos angebliches Gefängnis in Ferrara, Shakespeares Haus in Stratford, nebst
seinem Stuhl darin, Goethes Haus in Weimar, nebst Mobi-
lien, Kants alter Hut, imgleichen die respektiven Autogra-
phen von vielen aufmerksam und ehrfurchtsvoll angegafft,
welche die Werke der Männer nie gelesen haben. Sie können nun eben weiter nichts als gaffen. Bei den Intelligenteren jedoch liegt der Wunsch zum Grunde, die Gegenstände, welche ein großer Geist oft vor Augen hatte, zu sehn,
wobei durch eine seltsame Illusion die Verwechselung obwal-
tet, daß sie mit dem Objekt auch das Subjekt zurückbräch-

F. Spence Hardy: ›Eastern monachism‹, London 1850, p. 224
1. [des Kultbaues]

ten oder daß von diesem dem Objekt etwas ankleben müßte. Ihnen verwandt sind die, welche eifrig bemüht sind, das *Stoffliche der Dichterwerke*, z.B. die Faustsage und ihre Literatur, sodann die realen persönlichen Verhältnisse und Begebenheiten im Leben des Dichters, die zu seinem Werke *Anlaß* gegeben, zu erforschen und gründlich kennenzulernen: sie gleichen dem, der im Theater eine schöne Dekoration sieht und nun auf die Bühne eilt, die hölzernen Gerüste, von denen sie getragen wird, zu besichtigen. Beispiele genug geben uns jetzt die kritischen Forscher nach dem Faust und der Faustsage, nach der Friederike in Sesenheim, dem Gretchen in der Weißadlergasse [in Frankfurt am Main] und der Familie der Lotte Werthers usw. Sie belegen die Wahrheit, daß die Menschen nicht für die Form, d.h. die Behandlung und Darstellung sich interessieren, sondern für den Stoff: sie sind stoffartig. Die aber, welche, statt die *Gedanken* eines Philosophen zu studieren, sich mit seiner Lebensgeschichte bekanntmachen, gleichen denen, welche statt mit dem Gemälde sich mit dem Rahmen beschäftigen, den Geschmack seiner Schnitzerei und den Wert seiner Vergoldung überlegend.

Soweit gut. Aber nun gibt es noch eine Klasse, deren Anteil ebenfalls auf das Materiale und Persönliche gerichtet ist, welche aber auf diesem Wege weitergeht, und zwar bis zur gänzlichen Nichtswürdigkeit. Dafür nämlich, daß ein großer Geist ihnen die Schätze seines Innersten eröffnet und durch die äußerste Anstrengung seiner Kräfte Werke hervorgebracht hat, welche nicht nur ihnen, sondern auch ihren Nachkommen bis in die zehnte, ja zwanzigste Generation zur Erhebung und Erleuchtung gereichen, dafür also, daß er der Menschheit ein Geschenk gemacht hat, dem kein anderes gleichkommt, dafür halten diese Buben sich berechtigt, seine moralische Person vor ihren Richterstuhl zu ziehn, um zu sehn, ob sie nicht dort irgendeinen Makel an ihm entdecken könnten zur Linderung der Pein, die sie ›in ihres Nichts durchbohrendem Gefühle‹[1] beim Anblick eines großen Geistes empfinden. Daher rühren z.B. die weitläuf-

1. [Nach Schiller: ›Don Carlos‹ 2, 1]

tigen, in unzähligen Büchern und Journalen geführten Untersuchungen des Lebens Goethes von der moralischen Seite,
wie etwan, ob er nicht dieses oder jenes Mädel, mit dem er
als Jüngling eine Liebelei gehabt, hätte heiraten sollen und
müssen; ob er nicht hätte sollen, statt bloß redlich dem
Dienste seines Herrn obzuliegen, ein Mann des Volks, ein
deutscher Patriot, würdig eines Sitzes in der Paulskirche,
sein u. dgl. mehr. – Durch solchen schreienden Undank und
hämische Verkleinerungssucht beweisen jene unberufenen
Richter, daß sie moralisch ebensolche Lumpe sind wie intellektuell – womit viel gesagt ist.

§ 60

Das *Talent* arbeitet um Geld und Ruhm: hingegen ist die
Triebfeder, welche das *Genie* zur Ausarbeitung seiner Werke
bewegt, nicht so leicht anzugeben. Geld wird ihm selten
dafür. Der Ruhm ist es nicht: so etwas können nur Franzosen meinen. Der Ruhm ist zu unsicher und, in der Nähe betrachtet, von zu geringem Wert:

> Responsura tuo nunquam est par fama labori.
> [Der dir gebührende Ruhm wird nie deiner Arbeit
> entsprechen.
> Horaz, ›Saturae‹ 2, 8, 66]

Ebenfalls ist es nicht geradezu das eigene Ergötzen: denn
dieses wird von der großen Anstrengung fast überwogen.
Vielmehr ist es ein Instinkt ganz eigner Art, vermöge dessen
das geniale Individuum getrieben wird, sein Schauen und
Fühlen in dauernden Werken auszudrücken, ohne sich dabei
eines ferneren Motivs bewußt zu sein. Im ganzen genommen, geschieht es aus derselben Notwendigkeit, mit welcher der Baum seine Früchte trägt, und erfordert von außen
nichts weiter als einen Boden, auf dem das Individuum gedeihn kann. Näher betrachtet ist es, als ob in einem solchen
Individuum der Wille zum Leben als Geist der Menschengattung sich bewußt würde, hier eine größere Klarheit des
Intellekts durch einen seltenen Zufall auf eine kurze Spanne

Zeit erlangt zu haben, und nun wenigstens die Resultate oder Produkte jenes klaren Schauens und Denkens für die ganze Gattung, die ja auch dieses Individuums eigenstes Wesen ist, zu erwerben trachtete, damit das Licht, welches davon ausgeht, nachmals wohltätig einbrechen möge in die Dunkelheit und Dumpfheit des gewöhnlichen Menschenbewußtseins. Hieraus also entsteht jener Instinkt, welcher das Genie treibt, ohne Rücksicht auf Belohnung, Beifall oder Teilnahme, vielmehr mit Vernachlässigung der Sorge für sein persönliches Wohl emsig und einsam mit größter Anstrengung seine Werke zu vollenden, dabei mehr an die Nachwelt als an die Mitwelt, durch welche es nur irregeleitet werden würde, zu denken; weil jene ein größerer Teil der Gattung ist und weil im Laufe der Zeit die wenigen Urteilsfähigen einzeln herankommen. Es steht unterdessen meistens mit ihm, wie Goethe seinen Künstler klagen läßt:

> Ein Freund, der sich mit mir ergetzte,
> Ein Fürst, der die Talente schätzte,
> Sie haben leider mir gefehlt;
> Im Kloster fand ich dumpfe Gönner:
> So hab' ich emsig, ohne Kenner
> Und ohne Schüler mich gequält.
>
> [›Künstlers Apotheose‹]

Sein Werk als ein heiliges Depositum und die wahre Frucht seines Daseins zum Eigentum der Menschheit zu machen, es niederlegend für eine besser urteilende Nachwelt, dies wird ihm dann zum Zweck, der allen andern Zwecken vorgeht und für den er die Dornenkrone trägt, welche einst zum Lorbeerkranze ausschlagen soll. Auf die Vollendung und Sicherstellung seines Werkes konzentriert sein Streben sich ebenso entschieden wie das des Insekts in seiner letzten Gestalt auf die Sicherstellung seiner Eier und Vorsorge für die Brut, deren Dasein es nie erlebt: es deponiert die Eier da, wo sie, wie es sicher weiß, einst Leben und Nahrung finden werden, und stirbt getrost.

[Anhang]

A. Das bisherige *Mißlingen der Philosophie* ist notwendig und
daraus erklärlich, daß dieselbe, statt sich auf das tiefere Verständnis der gegebenen Welt zu beschränken, sogleich darüber hinauswill und die letzten Gründe alles Daseins, die
ewigen Verhältnisse aufzufinden sucht, welche zu denken
unser Intellekt ganz unfähig ist, dessen Fassungskraft
durchaus nur für das taugt, was die Philosophen bald endliche
Dinge, bald Erscheinungen genannt haben, kurzum: die
flüchtigen Gestalten dieser Welt und das, was für unsre
Person, unsre Zwecke und unsre Erhaltung taugt: er ist
immanent. Daher soll seine Philosophie auch immanent sein
und nicht sich versteigen zu überweltlichen Dingen, sondern sich darauf beschränken, die gegebene Welt von Grund
aus zu verstehn: die gibt Stoff genug.

B. Wenn es so ist, so haben wir an unserm Intellekt ein
armseliges Geschenk der Natur: wenn er bloß taugt, die
Verhältnisse zu fassen, die unsere erbärmliche individuelle
Existenz betreffen und bloß während der kurzen Spanne unsers zeitlichen Daseins bestehn, hingegen das, was allein
wert ist, ein denkendes Wesen zu interessieren – die Erklärung unsers Daseins überhaupt und die Auslegung der Verhältnisse der Welt im Ganzen, kurz: die Lösung des Rätsels
dieses Lebenstraumes – wenn dies alles gar nicht in ihn
hineingeht und er es nimmermehr, auch wenn es ihm dargelegt würde, zu fassen vermöchte – dann finde ich den Intellekt nicht wert, ihn auszubilden und mit ihm mich zu
beschäftigen: er ist ein Ding, nicht wert, sich danach zu
bücken.

A. Mein Freund, wenn wir mit der Natur hadern, behalten wir gewöhnlich unrecht. Bedenke: ›Natura nihil facit
frustra nec supervacaneum (et nihil largitur).‹[1] [Die Natur
schafft nichts vergebens und nichts Überflüssiges, und sie
schenkt nichts.] Wir sind eben bloß zeitliche, endliche, vergängliche, traumartige, wie Schatten vorüberfliegende Wesen; was sollte solchen ein Intellekt, der unendliche, ewige,

1. [Nach Aristoteles: ›De incessu animalium‹ cap. 2, p. 704 b 15]

absolute Verhältnisse faßte? Und wie sollte ein solcher Intellekt diese Verhältnisse wieder verlassen, um sich zu den für uns allein realen, allein uns wirklich betreffenden kleinen Verhältnissen unsers ephemeren Daseins zu wenden und noch für diese zu taugen? Die Natur würde durch Verleihung eines solchen Intellekts nicht nur ein unermeßlich großes ›frustra‹ [Vergebliches] gemacht, sondern ihren Zwecken mit uns geradezu entgegengearbeitet haben. Denn was würde es taugen, wie *Shakespeare* sagt:

> ... we fools of nature,
> So horridly to shake our disposition,
> With thoughts beyond the reaches of our souls? –
> [... daß wir Narren der Natur
> So fürchterlich uns schütteln mit Gedanken,
> Die unsre Seele nicht erreichen kann?]
>
> (›Hamlet‹ act 1, scene 4)

Würde eine solche vollkommene und erschöpfende metaphysische Einsicht uns nicht zu aller physischen, zu allem unsern Tun und Treiben unfähig machen, vielleicht uns für immer in ein erstarrendes Entsetzen versenken wie den, der ein Gespenst gesehn? –

B. Es ist aber eine verruchte petitio principii [Erschleichung des Beweisgrundes], die du machst, daß wir bloß zeitliche, vergängliche, endliche Wesen sind: wir sind zugleich unendlich, ewig, das ursprüngliche Prinzip der Natur selbst; daher ist es wohl der Mühe wert, unablässig zu suchen, ›ob nicht Natur zuletzt sich doch ergründe‹ [Goethe, ›Herrn Staatsminister von Voigt zur Feier des 27. September 1816‹; *vgl. Bd. 1, S. 5*].

A. Nach deiner eigenen Metaphysik sind wir das nur in gewissem Sinne, als Ding an sich, nicht als Erscheinung, als inneres Prinzip der Welt, nicht als Individuen, als Wille zum Leben, nicht als Subjekte des individuellen Erkennens. Hier ist nur von unserer intelligenten Natur die Rede, nicht vom Willen, und als Intelligenzen sind wir individuell und endlich; demgemäß ist auch unser Intellekt ein solcher. Der Zweck unsers Lebens (daß ich mir einen metaphorischen

Ausdruck erlaube) ist ein praktischer, kein theoretischer: unser Tun, nicht unser Erkennen gehört der Ewigkeit an; dieses Tun zu leiten und zugleich unserm Willen einen Spiegel vorzuhalten ist unser Intellekt da, und dies leistet er. Ein mehreres würde ihn höchst wahrscheinlich hiezu untauglich machen: sehn wir doch schon das Genie, diesen kleinen Überschuß von Intellekt, der Laufbahn des damit begabten Individuums hinderlich sein und es äußerlich unglücklich machen, wenn es auch innerlich beglücken mag.

B. Wohl, daß du mich an das Genie erinnerst! Es wirft zum Teil die Tatsachen um, die du rechtfertigen willst: bei ihm ist die theoretische Seite abnorm überwiegend über die praktische. Wenn es auch nicht die ewigen Verhältnisse fassen kann, so sieht es doch schon etwas tiefer in die Dinge dieser Welt, ›attamen est quadam prodire tenus.‹ [aber dennoch ist's recht, bis zur Grenze zu gehen; Horaz, ›Epistulae‹ I, I, 32.] Und allerdings macht schon dies den damit begünstigten Intellekt zum Auffassen der endlichen, irdischen Verhältnisse weniger tauglich und einem Teleskop im Theater vergleichbar. Hier scheint der Punkt zu sein, wo wir uns einigen und bei dem unsere gemeinsame Betrachtung stillesteht.

KAPITEL 4

EINIGE BETRACHTUNGEN ÜBER DEN GEGENSATZ
DES DINGES AN SICH UND DER ERSCHEINUNG

§ 61

Ding an sich bedeutet das unabhängig von unserer Wahrnehmung Vorhandene, also das eigentlich Seiende. Dies war dem Demokritos die geformte Materie; dasselbe war es im Grunde noch dem *Locke, Kanten* war es = X, mir *Wille.*

Wie gänzlich *Demokritos* die Sache schon in diesem Sinne nahm und daher an die Spitze dieser Zusammenstellung gehört, belegt folgende Stelle aus dem Sextus Empiricus (›Adversus mathematicos‹ lib. 7, § 135), welcher dessen Werke selbst vor sich hatte und meistens wörtlich aus ihnen zitiert:

Δημόκριτος δέ ὅτι μὲν ἀναιρεῖ τὰ φαινόμενα ταῖς αἰσθήσεσιν, καὶ τούτων λέγει μηδὲν φαίνεσθαι κατ' ἀλήθειαν, ἀλλὰ μόνον κατὰ δόξαν· ἀληθὲς δὲ ἐν τοῖς οὖσιν ὑπάρχειν τὸ ἀτόμους εἶναι καὶ κενόν κ. τ. λ. (Democritus autem ea quidem tollit, quae apparent sensibus, et ex iis dicit nihil, ut vere est, apparere, sed solum ex opinione; verum autem esse in iis, quae sunt, atomos et inane.) [Demokritos aber, weil er das der Sinneswahrnehmung Erscheinende leugnet, behauptet, daß auch von ihm nichts so erscheine, wie es in Wahrheit sei, sondern nur, wie es uns vorkomme; in Wahrheit aber sei als real vorhanden die Existenz der Atome und des Leeren.] Ich empfehle, die ganze Stelle nachzulesen, wo dann ferner noch vorkommt: Ἐτεῇ μὲν νῦν, οἷον ἕκαστον ἔστιν ἢ οὐκ ἔστιν, οὐ συνίεμεν· (Vere quidem nos, quale sit vel non sit unumquodque, neutiquam intelligimus) [In Wahrheit also erkennen wir nicht, wie ein jedes beschaffen oder nicht beschaf-

fen ist] – auch: Ἐτεῇ, οἷον ἕκαστόν (ἐστι), γιγνώσκειν
ἐν ἀπόρῳ ἐστί. (Vere scire, quale sit unumquodque, in
dubio est.) [Wie alles beschaffen sei, das zu erkennen ist
in Wahrheit schwierig.] Dies alles besagt denn doch eben:
›Wir erkennen nicht die Dinge nach dem, was sie an sich
sein mögen, sondern bloß, wie sie erscheinen‹ und eröffnet
jene vom entschiedensten Materialismus ausgehende, aber
zum Idealismus führende, mit mir sich abschließende Reihe.
Eine auffallend deutliche und bestimmte Unterscheidung
des Dinges an sich von der Erscheinung, eigentlich sogar
schon im Kantischen Sinne, finden wir in einer Stelle des
Porphyrios, welche Stobaios uns aufbewahrt hat im dreiundvierzigsten Kapitel seines ersten Buchs (Fragment 3). Sie
lautet: Τὰ κατηγορούμενα τοῦ αἰσθητοῦ καὶ ἐνύλου
ἀληθῶς ἐστι ταῦτα τὸ πάντῃ εἶναι διαπεφορημένον,
τὸ μεταβλητὸν εἶναι ... Τοῦ δὲ ὄντως ὄντος καὶ καθ'
αὑτὸ ὑφεστηκότος αὐτοῦ τὸ εἶναι ἀεὶ ἐν ἑαυτῷ ἱδρυ-
μένον· ὡσαύτως τὸ κατὰ ταὐτὰ ἔχειν κ. τ. λ. [Wenn von
dem Sinnlichen und Materiellen ausgesagt wird, daß es nach
allen Seiten auseinandergezogen und wandelbar sei, so verhält sich dies wirklich so ... Aber von dem wahrhaft
Seienden und an sich selbst Bestehenden gilt, daß es ewig
in sich selbst gegründet ist, und ebenso, daß es sich stets
gleichbleibe.] (Stobaios, [›Eclogae physicae et ethicae‹ lib. 1,
cap. 35] vol. 2, p. 716).

§ 62

Wie wir von der Erdkugel bloß die Oberfläche, nicht aber
die große, solide Masse des Innern kennen; so erkennen wir
empirisch von den Dingen und der Welt überhaupt nichts
als nur ihre *Erscheinung*, d.i. die Oberfläche. Die genaue
Kenntnis dieser ist die *Physik* im weitesten Sinne genommen. Daß aber diese Oberfläche ein Inneres, welches nicht
bloß Fläche sei, sondern kubischen Gehalt habe, voraussetzt,
ist, nebst Schlüssen auf die Beschaffenheit desselben, das
Thema der *Metaphysik*. Nach den Gesetzen der bloßen Erscheinung das Wesen an sich selbst der Dinge konstruieren
zu wollen ist ein Unternehmen, dem zu vergleichen, daß

einer aus bloßen Flächen und deren Gesetzen den stereo-
metrischen Körper konstruieren wollte. Jede *transzendente
dogmatische* Philosophie ist ein Versuch, das *Ding an sich* nach
den Gesetzen der *Erscheinung* zu konstruieren, welcher ausfällt wie der, zwei absolut unähnliche Figuren durch einander zu decken, welches stets mißlingt, indem, wie man sie
auch wenden mag, bald diese, bald jene Ecke hervorragt.

§ 63

Weil jegliches Wesen in der Natur zugleich *Erscheinung* und
Ding an sich oder auch natura naturata und natura naturans[1]
[die geschaffene Natur und die schaffende Natur] ist; so ist
es demgemäß einer zwiefachen Erklärung fähig, einer *physischen* und einer *metaphysischen*. Die physische ist allemal aus
der *Ursache*, die metaphysische allemal aus dem *Willen*: denn
dieser ist es, der in der erkenntnislosen Natur sich darstellt
als *Naturkraft*, höher hinauf als *Lebenskraft*, in Tier und
Mensch aber den Namen *Willen* erhält. Strenggenommen
wäre demnach an einem gegebenen Menschen der Grad und
die Richtung seiner Intelligenz und die moralische Beschaffenheit seines Charakters möglicherweise auch rein *physisch*
abzuleiten, nämlich erstere aus der Beschaffenheit seines Gehirns und Nervensystems, nebst darauf einwirkendem Blutumlauf; letztere aus der Beschaffenheit und Zusammenwir-
kung seines Herzens, Gefäßsystems, Blutes, [seiner] Lungen, Leber, Milz, Nieren, Intestina, Genitalia usw., wozu aber
freilich eine noch viel genauere Kenntnis der Gesetze, welche
den ›rapport du physique au moral‹[2] [die Beziehung des Physischen zum Moralischen] regeln, als selbst *Bichat* und *Cabanis*
besaßen, erfordert wäre (vgl. § 102 *[S. 210]*). Sodann ließe
beides sich noch auf die entferntere physische Ursache, nämlich die Beschaffenheit seiner Eltern zurückführen; indem
diese nur zu einem ihnen gleichen Wesen, nicht aber zu
einem höhern und bessern den Keim liefern konnten. *Metaphysisch* hingegen müßte derselbe Mensch erklärt werden als

1. [Termini Spinozas]
2. [Titel des Hauptwerkes von Cabanis]

die Erscheinung seines eigenen völlig freien und ursprünglichen Willens, der den ihm angemessenen Intellekt sich
schuf; daher denn alle seine Taten, so notwendig sie auch
aus seinem Charakter im Konflikt mit den gegebenen Motiven hervorgehn und dieser wieder als das Resultat seiner
Korporisation auftritt, dennoch ihm gänzlich beizumessen
sind. Metaphysisch ist nun aber auch der Unterschied zwischen ihm und seinen Eltern kein absoluter.

§ 64

Alles *Verstehn* ist ein Akt des *Vorstellens*, bleibt daher wesentlich auf dem Gebiete der *Vorstellung*: da nun diese nur *Erscheinungen* liefert, ist es auf die Erscheinung beschränkt. Wo
das *Ding an sich* anfängt, hört die *Erscheinung* auf, folglich
auch die Vorstellung und mit dieser das Verstehn. An dessen
Stelle tritt aber hier das *Seiende* selbst, welches sich seiner bewußt wird als *Wille*. Wäre dieses Sichbewußtwerden ein
unmittelbares, so hätten wir eine völlig adäquate Erkenntnis des Dinges an sich. Weil es aber dadurch vermittelt ist,
daß der Wille den organischen Leib und, mittelst eines Teiles desselben, sich einen Intellekt schafft, dann aber erst
durch diesen sich im Selbstbewußtsein als Willen findet und
erkennt; so ist diese Erkenntnis des Dinges an sich erstlich
durch das darin schon enthaltene Auseinandertreten eines
Erkennenden und eines Erkannten und sodann durch die vom
zerebralen Selbstbewußtsein unzertrennliche Form der *Zeit*
bedingt, daher also nicht völlig erschöpfend und adäquat
(man vergleiche hiemit Kap. 18 im zweiten Bande meines
Hauptwerks *[Bd. 2, S. 247–258]*).

Hieran schließt sich die in meiner Schrift ›Über den Willen
in der Natur‹ unter der Rubrik ›Physische Astronomie‹ S.
86 *[Bd. 3, S. 410]* dargelegte Wahrheit, daß, je deutlicher
die Verständlichkeit eines Vorganges oder Verhältnisses
ist, dieses desto mehr in der bloßen Erscheinung liegt und
nicht das Wesen an sich betrifft.

Der Unterschied zwischen Ding an sich und Erscheinung
läßt sich auch ausdrücken als der zwischen dem *subjektiven*

und *objektiven* Wesen eines Dinges. Sein rein *subjektives* Wesen ist eben das Ding an sich: dasselbe ist aber kein Gegenstand der Erkenntnis. Denn einem solchen ist es wesentlich, immer in einem erkennenden Bewußtsein als dessen Vorstellung vorhanden zu sein: und was daselbst sich darstellt, ist eben das *objektive* Wesen des Dinges. Dieses ist demnach Gegenstand der Erkenntnis; allein als solcher ist es bloße Vorstellung, und da es dies nur vermittelst eines Vorstellungsapparats werden kann, der seine eigene Beschaffenheit und daraus entspringende Gesetze haben muß; so ist es eine bloße Erscheinung, die sich auf ein Ding an sich beziehn mag. Dies gilt auch noch da, wo ein Selbstbewußtsein, also ein sich selbst erkennendes Ich vorhanden ist. Denn auch dieses erkennt sich nur in seinem Intellekt, d.i. Vorstellungsapparat, und zwar durch den äußern Sinn als organische Gestalt, durch den innern als Willen, dessen Akte es durch jene Gestalt so simultan wiederholt werden sieht wie die dieser durch ihren Schatten, woraus es auf die Identität beider schließt und solche ›Ich‹ nennt. Wegen dieser zwiefachen Erkenntnis aber, wie auch wegen der großen Nähe, in der hier der Intellekt seinem Ursprung oder [seiner] Wurzel, dem Willen, bleibt, ist die Erkenntnis des objektiven Wesens, also der Erscheinung, hier viel weniger vom subjektiven, also dem Ding an sich verschieden als bei der Erkenntnis mittelst des äußern Sinnes oder dem Bewußtsein von andern Dingen im Gegensatz des Selbstbewußtseins. Diesem nämlich, sofern es durch den innern Sinn allein erkennt, klebt nur noch die Form der Zeit, nicht mehr die des Raumes an und ist neben dem Zerfallen in Subjekt und Objekt das einzige, was es vom Ding an sich trennt.

§ 65

Wenn wir irgendein Naturwesen, z.B. ein Tier, in seinem Dasein, Leben und Wirken anschauen und betrachten; so steht es trotz allem, was Zoologie und Zootomie darüber lehren, als ein unergründliches Geheimnis vor uns. Aber sollte denn die Natur aus bloßer Verstocktheit ewig vor unserer Frage verstummen? Ist sie nicht wie alles Große offen, mitteilend und sogar naiv? Kann daher ihre Antwort je aus einem andern Grunde fehlen, als weil die Frage verfehlt war, schief war, von falschen Voraussetzungen ausging oder gar einen Widerspruch herbergte? Denn läßt es sich wohl denken, daß es einen Zusammenhang von Gründen und Folgen da geben könne, wo er ewig und wesentlich unentdeckt bleiben muß? – Gewiß, das alles nicht, sondern das Unergründliche ist es darum, weil wir nach Gründen und Folgen forschen auf einem Gebiete, dem diese Form fremd ist, und wir also der Kette der Gründe und Folgen auf einer ganz falschen Fährte nachgehn. Wir suchen nämlich das innere Wesen der Natur, welches aus jeder Erscheinung uns entgegentritt, am Leitfaden des Satzes vom Grunde zu erreichen – während doch dieser die bloße Form ist, mit der unser Intellekt die Erscheinung, d.i. die Oberfläche der Dinge auffaßt: wir aber wollen damit über die Erscheinung hinaus. Denn innerhalb dieser ist er brauchbar und ausreichend. Da läßt z.B. das Dasein eines gegebenen Tieres sich erklären – aus seiner Zeugung. Diese nämlich ist im Grunde nicht geheimnisvoller als der Erfolg jeder andern, sogar der einfachsten Wirkung aus ihrer Ursache; indem auch bei einem solchen die Erklärung zuletzt auf das Unbegreifliche stößt. Daß bei der Zeugung ein paar Mittelglieder des Zusammenhangs mehr uns fehlen, ändert nichts Wesentliches: denn auch wenn wir sie hätten, ständen wir doch am Unbegreiflichen – alles, weil die Erscheinung bleibt und nicht zum Dinge an sich wird.

Das innere Wesen der Dinge ist dem Satz vom Grunde fremd. Es ist das Ding an sich, und das ist lauterer *Wille*. Der ist, weil er will, und will, weil er ist. Er ist in jedem Wesen das schlechthin Reale.

§ 66

Der Grundcharakter aller Dinge ist Vergänglichkeit: wir sehn in der Natur alles, vom Metall bis zum Organismus, teils durch sein Dasein selbst, teils durch den Konflikt mit anderm sich aufreiben und verzehren. Wie könnte dabei die

Natur das Erhalten der Formen und Erneuern der Individuen, die zahllose Wiederholung des Lebensprozesses eine
unendliche Zeit hindurch aushalten, ohne zu ermüden;
wenn nicht ihr eigener Kern ein Zeitloses und dadurch völlig Unverwüstliches wäre, ein Ding an sich ganz anderer
Art als seine Erscheinungen, ein allem Physischen hetero-
genes Metaphysisches? – Dieses ist der *Wille* in uns und in
allem.

In jedem lebenden Wesen ist das ganze *Zentrum der Welt*.
Darum ist seine Existenz ihm alles in allem. Darauf beruht
auch der *Egoismus*. Zu glauben, der Tod vernichte es, ist
höchst lächerlich, da alles Dasein von ihm allein ausgeht
(vgl. ›Welt als Wille und Vorstellung‹ 2, S. 496f. *[Bd. 2,
S. 626f.]*).

§ 67

Wir klagen über die Dunkelheit, in der wir dahinleben,
ohne den Zusammenhang des Daseins im Ganzen, zumal
aber den unsers eigenen Selbst mit dem Ganzen zu verstehn; so daß nicht nur unser Leben kurz, sondern auch
unsere Erkenntnis ganz auf dasselbe beschränkt ist; da wir
weder über die Geburt zurück – noch über den Tod hinaus-
sehn können, mithin unser Bewußtsein gleichsam nur ein
Blitz ist, der augenblicklich die Nacht erhellt; demnach es
wahrlich aussieht, als ob ein Dämon heimtückisch alles weitere Wissen uns verbaut hätte, um sich an unserer Verlegenheit zu weiden.

Diese Klage ist aber eigentlich nicht berechtigt; denn sie
entsteht aus einer Illusion, welche herbeigeführt wird durch
die falsche Grundansicht, daß das Ganze der Dinge von
einem *Intellekt* ausgegangen, folglich als bloße *Vorstellung* dagewesen sei, ehe es wirklich geworden; wonach es als aus
der Erkenntnis entsprungen auch der Erkenntnis ganz zugänglich, ergründlich und durch sie erschöpfbar sein
müßte. – Aber der Wahrheit nach möchte es vielmehr sich
so verhalten, daß alles das, was wir nicht zu wissen uns beklagen, von niemandem gewußt werde, ja wohl gar an sich
selbst gar nicht wißbar, d. h. nicht vorstellbar sei. Denn die

Vorstellung, in deren Gebiet alles Erkennen liegt und auf die daher alles Wissen sich bezieht, ist nur die äußere Seite des Daseins, ein Sekundäres, Hinzugekommenes, nämlich etwas, das nicht zur Erhaltung der Dinge überhaupt, also des Weltganzen nötig war, sondern bloß zur Erhaltung der einzelnen tierischen Wesen. Daher tritt das Dasein der Dinge überhaupt und im Ganzen nur per accidens [durch Zufall], mithin sehr beschränkterweise in die Erkenntnis: es bildet nur den Hintergrund des Gemäldes im animalischen Bewußtsein, als wo die Objekte des Willens das Wesentliche sind und den ersten Rang einnehmen. Nun entsteht zwar mittelst dieses Akzidenz die ganze Welt in Raum und Zeit, d.h. die Welt als Vorstellung, als welche außerhalb der Erkenntnis ein derartiges Dasein gar nicht hat, deren inneres Wesen hingegen, das an sich Existierende von einem solchen Dasein aber auch ganz unabhängig ist. Da nun also, wie gesagt, die Erkenntnis nur zum Behuf der Erhaltung jedes tierischen Individui daist; so ist auch ihre ganze Beschaffenheit, alle ihre Formen, wie Zeit, Raum usw., bloß auf die Zwecke eines solchen eingerichtet: diese nun erfordern bloß die Erkenntnis von Verhältnissen zwischen einzelnen Erscheinungen, keineswegs aber die vom Wesen der Dinge und dem Weltganzen.

Kant hat nachgewiesen, daß die Probleme der Metaphysik, welche jeden mehr oder weniger beunruhigen, keiner direkten, überhaupt keiner genügenden Lösung fähig seien. Dies nun aber beruht im letzten Grunde darauf, daß sie ihren Ursprung in den Formen unsers Intellekts (Zeit, Raum und Kausalität) haben, während dieser Intellekt bloß die Bestimmung hat, dem individuellen Willen seine Motive vorzuschieben, d.h. die Gegenstände seines Wollens, nebst den Mitteln und Wegen, sich ihrer zu bemächtigen, ihm zu zeigen. Wird jedoch dieser Intellekt abusive [mißbräuchlich] auf das Wesen an sich der Dinge, auf das Ganze und den Zusammenhang der Welt gerichtet; so gebären die besagten ihm anhängenden Formen des Neben-, Nach- und Durcheinander aller irgend möglichen Dinge ihm die metaphysischen Probleme, wie etwan vom Ursprung und Zweck,

Anfang und Ende der Welt und des eigenen Selbst, von der Vernichtung dieses durch den Tod oder dessen Fortdauer trotz demselben, von der Freiheit des Willens u. dgl. mehr. – Denken wir uns nun aber jene Formen einmal aufgehoben und dennoch ein Bewußtsein von den Dingen vorhanden, so würden diese Probleme nicht etwan gelöst, sondern ganz verschwunden sein und ihr Ausdruck keinen Sinn mehr haben. Denn sie entspringen ganz und gar aus jenen Formen, mit denen es gar nicht auf ein Verstehn der Welt und des Daseins, sondern bloß auf ein Verstehn unserer persönlichen Zwecke abgesehn ist.

Diese gesamte Betrachtung nun liefert uns eine Erläuterung und *objektive* Begründung der Kantischen, von ihrem Urheber nur von der *subjektiven* Seite aus begründeten Lehre, daß die Formen des Verstandes bloß von immanentem, nicht von transzendentem Gebrauche seien. Man könnte nämlich stattdessen auch sagen: der Intellekt ist physisch, nicht metaphysisch; d. h. wie er aus dem Willen als zu dessen Objektivation gehörig entsprossen ist, so ist er auch nur zu dessen Dienste da: dieser aber betrifft bloß die Dinge *in* der Natur, nicht aber irgend etwas über diese Hinausliegendes. Jedes Tier hat (wie ich dies im ›Willen in der Natur‹ *[Bd. 3, S. 370]* ausgeführt und belegt habe) seinen Intellekt offenbar nur zu dem Zwecke, daß es sein Futter auffinden und erlangen könne; wonach dann auch das Maß desselben bestimmt ist. Nicht anders verhält es sich mit dem Menschen, nur daß die größere Schwierigkeit seiner Erhaltung und die unendliche Vermehrbarkeit seiner Bedürfnisse hier ein viel größeres Maß von Intellekt nötig gemacht hat. Bloß wann dieses durch eine Abnormität noch exzediert wird, stellt sich ein völlig *dienstfreier Überschuß* dar, welcher, wann beträchtlich, *Genie* genannt wird. Hiedurch wird nun ein solcher Intellekt zunächst nur recht *objektiv*: aber es kann dahin führen, daß er in gewissem Grade selbst metaphysisch werde oder wenigstens strebe, es zu sein. Denn eben infolge seiner Objektivität wird jetzt die Natur selbst, das Ganze der Dinge, sein Gegenstand und sein Problem. In ihm nämlich fängt die Natur allererst an, sich selbst so recht wahrzunehmen als etwas, welches ist und doch auch *nicht* sein könnte oder wohl auch *anders* sein könnte; während im gewöhnlichen, bloß normalen Intellekt die Natur sich nicht deutlich wahrnimmt – wie der Müller nicht seine Mühle hört oder der Parfümeur nicht seinen Laden riecht. Sie scheint sich ihm von selbst zu verstehn: er ist in ihr befangen. Bloß in gewissen hellern Augenblicken wird er sie gewahr und erschrickt beinahe darüber; aber es gibt sich bald. Was demnach solche Normalköpfe in der Philosophie leisten können, auch wenn sie haufenweise zusammenlaufen, ist bald abzusehn. Wäre hingegen der Intellekt ursprünglich und seiner Bestimmung nach metaphysisch, so könnten sie, besonders mit vereinten Kräften, die Philosophie wie jede andere Wissenschaft fördern.

KAPITEL 5

EINIGE WORTE ÜBER DEN PANTHEISMUS

§ 68

Die in jetziger Zeit unter den Philosophie-Professoren ge-
führte Kontroverse zwischen Theismus und Pantheismus
könnte man allegorisch und dramatisch darstellen durch
einen Dialog, der im Parterre eines Schauspielhauses in Mailand während der Vorstellung geführt würde. Der eine
Kollokutor, überzeugt, sich in dem großen, berühmten
Puppenspieltheater des *Girolamo* zu befinden, bewundert die
Kunst, mit welcher der Directeur die Puppen verfertigt hat
und das Spiel lenkt. Der andere sagt dagegen: Ganz und
gar nicht! sondern man befände sich im Teatro della scala,
der Directeur und seine Gesellen spielten selbst mit und
stäken in den Personen, die man da vor sich sähe, wirklich
drinne; auch der Dichter spiele mit.

Ergötzlich aber ist es zu sehn, wie die Philosophie-Professoren mit dem Pantheismus als mit einer verbotenen
Frucht liebäugeln und nicht das Herz haben, zuzugreifen.
Ihr Verhalten dabei habe ich bereits in der Abhandlung
›Über die Universitäts-Philosophie‹ *[Bd. 4, S. 229]* geschildert, wobei wir an den Weber Bottom im Johannisnachts-
traum[1] erinnert wurden. – Ach, es ist doch ein saueres
Stück Brot, das Philosophie-Professurenbrot! Erst muß man
nach der Pfeife der Minister tanzen, und wenn man nun
das recht zierlich geleistet hat, da kann man draußen noch
angefallen werden von den wilden Menschenfressern, den
wirklichen Philosophen: die sind imstande, einen einzu-
stecken und mitzunehmen, um ihn als Taschenpulcinello

1. [Shakespeare: ›Ein Sommernachtstraum‹]

zur Aufheiterung bei ihren Darstellungen gelegentlich
hervorzuziehn.

§ 69

Gegen den Pantheismus habe ich hauptsächlich nur dieses,
daß er nichts besagt. Die Welt ›Gott‹ nennen heißt nicht, sie
erklären, sondern nur die Sprache mit einem überflüssigen
Synonym des Wortes ›Welt‹ bereichern. Ob ihr sagt: ›Die
Welt ist Gott‹ oder: ›Die Welt ist die Welt‹ läuft auf eins
hinaus. Zwar wenn man dabei vom Gott, als wäre Er das
Gegebene und zu Erklärende, ausgeht, also sagt: ›Gott ist
die Welt‹; da gibt es gewissermaßen eine Erklärung, sofern
es doch ignotum [Unbekanntes] auf notius [Bekannteres]
zurückführt: doch ist es nur eine Worterklärung. Allein
wenn man von dem wirklich Gegebenen, also der Welt
ausgeht, und nun sagt: ›Die Welt ist Gott‹, da liegt am Tage,
daß damit nichts gesagt oder wenigstens ignotum per igno-
tius [Unbekanntes durch Unbekannteres] erklärt ist.

Daher eben setzt der Pantheismus den Theismus, als ihm
vorhergegangen, voraus; denn nur sofern man von einem
Gotte ausgeht, also ihn schon vorweg hat und mit ihm vertraut ist, kann man zuletzt dahinkommen, ihn mit der Welt
zu identifizieren, eigentlich um ihn auf eine anständige Art
zu beseitigen. Man ist nämlich nicht unbefangen von der
Welt als dem zu Erklärenden ausgegangen, sondern von
Gott als dem Gegebenen: nachdem man aber bald mit
diesem nicht mehr wußte, wohin, da hat die Welt seine
Rolle übernehmen sollen. Dies ist der Ursprung des Pantheismus. Denn von vorneherein und unbefangenerweise
diese Welt für einen Gott anzusehn wird keinem einfallen.
Es müßte ja offenbar ein übelberatener Gott sein, der sich
keinen bessern Spaß zu machen verstände, als sich in eine
Welt wie die vorliegende zu verwandeln, in so eine hung-
rige Welt, um daselbst in Gestalt zahlloser Millionen lebender, aber geängstigter und gequälter Wesen (die sämtlich nur dadurch eine Weile bestehn, daß eines das andere
auffrißt) Jammer, Not und Tod ohne Maß und Ziel zu er-
dulden, z.B. in Gestalt von sechs Millionen Negersklaven

täglich im Durchschnitt sechzig Millionen Peitschenhiebe auf bloßem Leibe zu empfangen und in Gestalt von drei Millionen europäischer Weber unter Hunger und Kummer in dumpfigen Kammern oder trostlosen Fabriksälen schwach zu vegetieren u. dgl. mehr. Das wäre mir eine Kurzweil für einen Gott, der als solcher es doch ganz anders gewohnt sein müßte![H]

Demnach ist der vermeinte große Fortschritt vom Theismus zum Pantheismus, wenn man ihn ernstlich und nicht bloß als maskierte Negation, wie oben angedeutet, nimmt, ein Übergang vom Unerwiesenen und schwer Denkbaren zum geradezu Absurden. Denn so undeutlich, schwankend und verworren der Begriff auch sein mag, den man mit dem Worte ›Gott‹ verbindet; so sind doch zwei Prädikate davon unzertrennlich: die höchste Macht und die höchste Weisheit. Daß nun ein mit diesen ausgerüstetes Wesen sich selbst in die oben beschriebene Lage versetzt haben sollte, ist geradezu ein absurder Gedanke: denn unsere Lage in der Welt ist offenbar eine solche, in die sich kein intelligentes, geschweige ein allweises Wesen versetzen wird. – Pantheismus ist notwendig Optimismus und daher falsch. Der Theismus hingegen ist bloß unerwiesen, und wenn es auch schwer zu denken fällt, daß die unendliche Welt das Werk eines persönlichen, mithin individuellen Wesens, dergleichen wir nur aus der animalischen Natur kennen, sei; so ist es doch nicht geradezu absurd. Denn daß ein allmächtiges und dabei allweises Wesen eine gequälte Welt schaffe, läßt sich immer noch denken, wenngleich wir das Warum dazu nicht kennen: daher, selbst wenn man demselben auch noch die Eigenschaft der höchsten Güte beilegt, die Unerforschlichkeit seines Ratschlusses die Ausflucht wird, durch welche eine solche Lehre immer noch dem Vorwurf der Absurdität entgeht. Aber bei der Annahme des Pantheismus ist der schaffende Gott selbst der endlos Gequälte und auf dieser kleinen Erde allein in jeder Sekunde einmal Sterbende, und solches ist er aus freien Stücken: das ist absurd. Viel

H. Weder Pantheismus noch Judenmythologie reicht aus, unternehmt ihr, die Welt zu erklären; so faßt sie erst einmal ins Auge!

richtiger wäre es, die Welt mit dem Teufel zu identifizieren:
ja dies hat der ehrwürdige Verfasser der ›Deutschen Theologie‹ eigentlich getan, indem er S. 93 seines unsterblichen
Werkes (nach dem wiederhergestellten Text, Stuttgart
1851) sagt: ›Darum ist der böse Geist und die Natur eins,
und wo die Natur nicht überwunden ist, da ist auch der
böse Feind nicht überwunden.‹

Offenbar geben diese Pantheisten dem *Samsara* den Namen
Gott. Denselben Namen geben hingegen die Mystiker dem
Nirwana. Von diesem erzählen sie jedoch mehr, als sie wissen können; welches die *Buddhaisten* nicht tun; daher ihr
Nirwana eben ein relatives Nichts ist. – In seinem eigentlichen und richtigen Sinn gebraucht das Wort ›Gott‹ die
Synagoge, die Kirche und der Islam. Wenn unter den *Theisten*
welche sind, die unter dem Namen *Gott* das *Nirwana* verstehn, so wollen wir um den Namen mit ihnen nicht streiten. Die *Mystiker* sind es, welche es so zu verstehn scheinen.
›Re intellecta in verbis simus faciles.‹[1] [Ist die Sache selbst
richtig verstanden, so wollen wir wegen der Worte keine
Schwierigkeiten machen.]

Der heutzutage oft gehörte Ausdruck: ›Die Welt ist Selbstzweck‹ läßt unentschieden, ob man sie durch Pantheismus
oder durch bloßen Fatalismus erkläre, gestattet aber jedenfalls nur eine physische, keine moralische Bedeutung derselben, indem bei Annahme dieser letzteren die Welt allemal sich als *Mittel* darstellt zu einem höhern Zweck. Aber
eben jener Gedanke, daß die Welt bloß eine physische,
keine moralische Bedeutung habe, ist der heilloseste Irrtum,
entsprungen aus der größten Perversität des Geistes.

---

1. [Nicht wörtlich nach Cicero: ›De finibus bonorum et malorum‹ 3,
16, 52]

KAPITEL 6

ZUR PHILOSOPHIE UND WISSENSCHAFT DER NATUR

§ 70

Die *Natur* ist der *Wille*, sofern er sich selbst außer sich erblickt, wozu sein Standpunkt ein individueller Intellekt sein muß. Dieser ist ebenfalls sein Produkt.

§ 71

Statt wie die Engländer an den Werken der Natur und der Kunsttriebe die Weisheit Gottes zu demonstrieren, sollte man daraus verstehn lernen, daß alles, was durch das Medium der *Vorstellung*, also des Intellekts (und wäre dieser ein bis zur Vernunft gesteigerter) zustande kommt, bloße Stümperei ist gegen das vom Willen als dem Ding an sich unmittelbar Ausgehende und durch keine Vorstellung Vermittelte, dergleichen die Werke der Natur sind. Dies ist das Thema meiner Abhandlung ›Über den Willen in der Natur‹ *[Bd. 3, S. 301–479]*, die ich daher meinen Lesern nicht genug empfehlen kann: in ihr findet man deutlicher als irgendwo den eigentlichen Brennpunkt meiner Lehre dargelegt.

§ 72

Wenn man betrachtet, wie die Natur, während sie um die Individuen wenig besorgt ist, mit so übertriebener Sorgfalt über die Erhaltung der Gattungen wacht mittelst der Allgewalt des Geschlechtstriebes und vermöge des unberechenbaren Überschusses der Keime, welcher bei Pflanzen, Fischen, Insekten das Individuum oft mit mehreren Hundert-

tausenden zu ersetzen bereit ist; so kommt man auf die Vermutung, daß, wie der Natur die Hervorbringung des Individui ein leichtes ist, so die ursprüngliche Hervorbringung
einer Gattung ihr äußerst schwer werde. Demgemäß sehn
wir diese nie neu entstehn: selbst die generatio aequivoca[1]
[Urzeugung], wenn sie statthat (welches zumal bei Epizoen
und überhaupt Parasiten nicht wohl zu bezweifeln ist),
bringt doch nur bekannte Gattungen hervor; und die höchst
wenigen untergegangenen Spezies der jetzt die Erde be-
völkernden Fauna, z.B. die des Vogels Dudu (Didus inep-
tus), vermag die Natur, obwohl sie in ihrem Plane gelegen
haben, nicht wieder zu ersetzen – daher wir stehn und uns
wundern, daß es unserer Gier gelungen ist, ihr einen solchen Streich zu spielen.

§ 73

In dem leuchtenden Urnebel, aus welchem nach Laplace-
scher Kosmogonie die bis zum Neptun reichende Sonne bestand, konnten die chemischen Urstoffe noch nicht actu
[wirklich], sondern bloß potentia [der Möglichkeit nach]
vorhanden sein: aber das erste und ursprüngliche Auseinandertreten der Materie in Hydrogen und Oxygen, Schwefel und Kohle, Azot, Chlor usw., wie auch in die verschiedenen einander so ähnlichen und doch scharf gesonderten
Metalle – war das erste Anschlagen des Grundakkords der
Welt.

Übrigens mutmaße ich, daß alle Metalle die Verbindung
zweier uns noch unbekannter absoluter Urstoffe sind und
bloß durch das verhältnismäßige Quantum beider sich unterscheiden, worauf auch ihr elektrischer Gegensatz beruht, nach einem Gesetze, demjenigen analog, infolge dessen das Oxygen der Basis eines Salzes zu seinem Radikal in
umgekehrtem Verhältnisse desjenigen steht, welches beide
in der Säure desselben Salzes zu einander haben. Wenn
man die Metalle in jene Bestandteile zu zersetzen vermöchte,
so würde man wahrscheinlich sie auch machen können. Da
aber ist der Riegel vorgeschoben.

1. [Das Entstehen lebendiger Wesen aus unbelebter Materie]

§ 74

Unter philosophisch rohen Leuten, denen alle die beizuzählen sind, welche die Kantische Philosophie nicht studiert haben, folglich unter den meisten Ausländern, nicht
weniger unter vielen heutigen Medizinern u. dgl. in Deutschland, welche getrost auf der Grundlage ihres Katechismus
philosophieren, besteht noch der alte grundfalsche Gegensatz zwischen *Geist und Materie*. Besonders aber haben die
Hegelianer infolge ihrer ausgezeichneten Unwissenheit und
philosophischen Roheit ihn unter dem aus der vorkanti-
schen Zeit wieder hervorgeholten Namen ›Geist und Natur‹ von neuem in Gang gebracht, unter welchem sie ihn
ganz naiv auftischen, als hätte es nie einen Kant gegeben
und gingen wir noch, mit Allongenperücken geziert, zwischen geschorenen Hecken umher, indem wir, wie Leibniz
im Garten zu Herrenhausen (Leibnizii [Opera], editio Erdmann p. 755), mit Prinzessinnen und Hofdamen philoso-
phierten über ›Geist und Natur‹, unter letzterer die geschorenen Hecken, unter ersterem den Inhalt der Perücken
verstehend. – Unter Voraussetzung dieses falschen Gegen-
satzes gibt es dann Spiritualisten und Materialisten. Letztere behaupten, die Materie bringe durch ihre Form und
Mischung alles, folglich auch das Denken und Wollen im
Menschen hervor, worüber denn die erstern Zeter schreien,
usw.

In Wahrheit aber gibt es weder Geist noch Materie, wohl
aber viel Unsinn und Hirngespinste in der Welt. Das Streben der Schwere im Steine ist geradeso unerklärlich wie
das Denken im menschlichen Gehirne, würde also aus diesem Grunde auch auf einen Geist im Steine schließen lassen.
Ich würde daher zu jenen Disputanten sagen: Ihr glaubt
eine tote, d. h. vollkommen passive und eigenschaftslose Materie zu erkennen, weil ihr alles das wirklich zu verstehn
wähnt, was ihr auf *mechanische* Wirkung zurückzuführen ver-
mögt. Aber wie die physikalischen und chemischen Wirkungen euch eingeständlich unbegreiflich sind, solange ihr
sie nicht auf *mechanische* zurückzuführen wißt; geradeso sind

diese *mechanischen* Wirkungen selbst, also die Äußerungen, welche aus der Schwere, der Undurchdringlichkeit, der Kohäsion, der Härte, der Starrheit, der Elastizität, der Fluidität usw. hervorgehn, ebenso geheimnisvoll wie jene, ja wie das Denken im Menschenkopf. Kann die Materie (ihr wißt nicht, warum) zur Erde fallen: so kann sie auch (ihr wißt nicht, warum) denken. Das wirklich rein und durch und durch bis auf das letzte Verständliche in der Mechanik geht nicht weiter als das rein Mathematische in jeder Erklärung, ist also beschränkt auf Bestimmungen des Raumes und der Zeit. Nun sind aber diese beiden samt ihrer ganzen Gesetzlichkeit uns a priori bewußt, sind daher bloße Formen unsers Erkennens und gehören ganz allein unsern Vorstellungen an. Ihre Bestimmungen sind also im Grunde subjektiv und betreffen nicht das rein Objektive, das von unserer Erkenntnis Unabhängige, das Ding an sich selbst. Sobald wir aber, selbst in der Mechanik, weitergehn als das rein Mathematische, sobald wir zur Undurchdringlichkeit, zur Schwere, zur Starrheit oder Fluidität oder Gaseität kommen, stehn wir schon bei Äußerungen, die uns ebenso geheimnisvoll sind wie das Denken und Wollen des Menschen, also beim direkt Unergründlichen: denn ein solches ist jede Naturkraft. Wo bleibt nun also jene *Materie*, die ihr so intim kennt und versteht, daß ihr alles aus ihr erklären, alles auf sie zurückführen wollt? – Rein begreiflich und ganz ergründlich ist immer nur das Mathematische; weil es das im Subjekt, in unserm eigenen Vorstellungsapparat Wurzelnde ist: sobald aber etwas eigentlich Objektives auftritt, etwas nicht a priori Bestimmbares, da ist es auch sofort in letzter Instanz unergründlich. Was überhaupt Sinne und Verstand wahrnehmen, ist eine ganz oberflächliche Erscheinung, die das wahre und innere Wesen der Dinge unberührt läßt. Das wollte *Kant*. Nehmt ihr nun im Menschenkopfe als deum ex machina einen *Geist* an, so müßt ihr, wie gesagt, auch jedem Stein einen *Geist* zugestehn. Kann hingegen eure tote und rein passive *Materie* als Schwere streben oder als Elektrizität anziehn, abstoßen und Funken schlagen, so kann sie auch als Gehirnbrei denken.

Kurz: jedem angeblichen Geist kann man Materie, aber auch jeder Materie Geist unterlegen; woraus sich ergibt, daß der Gegensatz falsch ist.

Also nicht jene Cartesianische Einteilung aller Dinge in Geist und Materie ist die philosophisch richtige; sondern die in Wille und Vorstellung ist es: diese aber geht mit jener keinen Schritt parallel. Denn sie vergeistigt *alles*, indem sie einerseits auch das dort ganz Reale und Objektive, den Körper, die Materie, in die *Vorstellung* verlegt, und andererseits das Wesen an sich einer jeden Erscheinung auf *Willen* zurückführt.

Den Ursprung der Vorstellung der Materie überhaupt als des objektiven, aber ganz eigenschaftslosen Trägers aller Eigenschaften habe ich zuerst in meinem Hauptwerke Bd. 1, S. 9 *[Bd. 1, S. 38]* und dann deutlicher und genauer in der zweiten Auflage meiner Abhandlung ›Über den Satz vom Grunde‹ § 21, S. 77 *[Bd. 3, S. 98]* dargelegt und erinnere hier daran, damit man diese neue und meiner Philosophie wesentliche Lehre nie aus den Augen verliere. Jene Materie ist demnach nur die objektivierte, d. h. nach außen projizierte Verstandesfunktion der Kausalität selbst, also das objektiv hypostasierte *Wirken überhaupt*, ohne nähere Bestimmung seiner Art und Weise. Demzufolge gibt bei der objektiven Auffassung der Körperwelt der Intellekt die sämtlichen *Formen* derselben aus eigenen Mitteln, nämlich Zeit, Raum und Kausalität, und mit dieser auch den Begriff der abstrakt gedachten, eigenschafts- und formlosen Materie, die als solche in der Erfahrung gar nicht vorkommen kann. Sobald nun aber der Intellekt mittelst dieser Formen und in ihnen einen (stets nur von der Sinnesempfindung ausgehenden) realen Gehalt, d. h. etwas von seinen eigenen Erkenntnisformen Unabhängiges spürt, welches nicht im *Wirken überhaupt*, sondern in einer bestimmten Wirkungsart sich kundgibt; so ist es dies, was er als Körper, d. h. als geformte und spezifisch bestimmte Materie setzt, welche also als ein von seinen Formen Unabhängiges auftritt, d. h. als ein durchaus Objektives. Hiebei hat man sich aber zu erinnern, daß die empirisch gegebene Materie sich überall nur durch die in ihr sich äußernden Kräfte manifestiert, wie auch umgekehrt jede Kraft immer nur als einer Materie inhärierend erkannt wird; beide zusammen machen den empirisch realen Körper aus. Alles empirisch Reale behält jedoch transzendentale Idealität. Das in einem solchen empirisch gegebenen Körper, also in jeder Erscheinung sich darstellende Ding an sich selbst habe ich als *Willen* nachgewiesen. Nehmen wir nun wieder dieses zum Ausgangspunkt, so ist, wie ich es öfter ausgesprochen habe, die Materie uns die bloße *Sichtbarkeit des Willens*, nicht aber dieser selbst: demnach gehört sie dem bloß Formellen unserer Vorstellung, nicht aber dem Dinge an sich an. Diesem gemäß eben müssen wir sie als form- und eigenschaftslos, absolut träge und passiv denken, können sie jedoch nur in abstracto also denken; denn empirisch gegeben ist die bloße Materie ohne Form und Qualität nie. Wie es aber nur *eine* Materie gibt, die, unter den mannigfaltigsten Formen und Akzidenzien auftretend, doch dieselbe ist; so ist auch der Wille in allen Erscheinungen zuletzt einer und derselbe. Was objektiv Materie ist, ist subjektiv Wille. – Sämtliche *Naturwissenschaften* unterliegen dem unvermeidlichen Nachteil, daß sie die Natur ausschließlich von der *objektiven* Seite auffassen, unbekümmert um die *subjektive*. In dieser steckt aber notwendigerweise die Hauptsache: sie fällt der Philosophie zu.

Dem Obigen zufolge muß unserm an seine Formen gebundenen und von Haus aus nur zum Dienst eines individuellen Willens, nicht zur objektiven Erkenntnis des Wesens der Dinge bestimmten Intellekt das, woraus alle Dinge werden und hervorgehn, eben als die *Materie* erscheinen, d. h. als das Reale überhaupt, das Raum und Zeit Erfüllende, unter allem Wechsel der Qualitäten und Formen Beharrende, welches das gemeinsame Substrat aller Anschauungen, jedoch für sich allein nicht anschaubar ist; wobei denn, was diese *Materie* an sich selbst sein möge, zunächst und unmittelbar unausgemacht bleibt. Versteht man nun unter dem soviel gebrauchten Ausdruck *absolutum* das, was nie entstanden sein noch jemals vergehn kann, woraus hingegen alles, was existiert, besteht und geworden ist; so hat man dasselbe nicht in imaginären Räumen zu suchen, sondern es ist ganz klar, daß jenen Anforderungen die *Materie* gänzlich entspricht. – Nachdem nun *Kant* gezeigt hatte, daß die Körper bloße *Erscheinungen* seien, ihr Wesen an sich aber unerkennbar bliebe, bin ich dennoch dahin durchgedrungen, dieses Wesen als identisch mit dem, was wir in unserm Selbstbewußtsein unmittelbar als Willen erkennen, nachzuweisen. Ich habe demnach (›Welt als Wille und Vorstellung‹ Bd. 2, Kap. 24 *[Bd. 2, S. 394–411]*) die Materie dargelegt als die bloße *Sichtbarkeit des Willens*. Da nun ferner bei mir jede Naturkraft Erscheinung des Willens ist, so folgt, daß keine Kraft ohne materielles Substrat auftreten, mithin auch keine Kraftäußerung ohne irgendeine materielle Veränderung vor sich gehn kann. Dies stimmt zu der Behauptung des Zoochemikers *Liebig*, daß jede Muskelaktion, ja der Gedanke im Gehirn von einer chemischen Stoffumsetzung begleitet sein müsse. Wir haben hiebei jedoch immer festzuhalten, daß wir andererseits die Materie stets nur durch die in ihr sich manifestierenden Kräfte empirisch erkennen. Sie ist eben nur die Manifestation dieser Kräfte *überhaupt*, d. h. in abstracto, im allgemeinen. An sich ist sie die Sichtbarkeit des Willens.

§ 75

Wenn wir ganz einfache Wirkungen, die wir im Kleinen täglich vor Augen haben, einmal in kolossaler Größe zu sehn Gelegenheit finden; so ist uns der Anblick neu, interessant und belehrend, weil wir erst jetzt von den in ihnen sich äußernden Naturkräften eine angemessene Vorstellung erhalten. Beispiele dieser Art sind Mondfinsternisse, Feuersbrünste, große Wasserfälle, das Öffnen der Kanäle im Innern des Berges bei San Fériol, welche den Languedocer Kanal mit Wasser versehn, das Getümmel und Gedränge der Eisschollen beim Aufgehn eines Stroms, ein Schiff, das vom Stapel gelassen wird, sogar noch ein etwan zweihundert Ellen langer, gespannter Strick, welcher fast in einem Augen-

blick seiner ganzen Länge nach aus dem Wasser gezogen
wird, wie dies beim Schiffeziehn vorkommt, u. dgl. mehr.
Was würde es erst sein, wenn wir das Wirken der Gravitation, welches wir nur aus einem so höchst einseitigen Verhältnisse, wie die irdische Schwere ist, anschaulich kennen,
einmal in seiner Tätigkeit im Großen zwischen den Welt-
körpern unmittelbar anschaulich übersehn könnten und
vor Augen hätten,

wie sie spielen
nach den lockenden Zielen!

[Schiller, ›Die Größe der Welt‹]

§ 76

Empirisch im engern Sinne ist die Erkenntnis, welche bei den
Wirkungen stehnbleibt, ohne die Ursachen erreichen zu
können. Zum praktischen Behuf reicht sie oft aus, z. B. in
der Therapie.

   Die Possen der Naturphilosophen aus der Schellingischen
Schule einerseits und die Erfolge der Empirie andererseits
haben bei vielen eine solche Systems- und Theorie-Scheu
bewirkt, daß sie die Fortschritte der Physik ganz von den
Händen ohne Zutun des Kopfs erwarten, also am liebsten
bloß experimentieren möchten, ohne irgend etwas dabei zu
denken. Sie meinen, ihr physikalischer oder chemischer
Apparat solle statt ihrer denken und solle selbst in der
Sprache bloßer Experimente die Wahrheit aussagen. Zu
diesem Zwecke werden nun die Experimente ins unendliche gehäuft und in denselben wieder die Bedingungen; so
daß mit lauter höchst komplizierten, ja endlich mit ganz
vertrackten Experimenten operiert wird, also mit solchen,
die nimmermehr ein reines und entschiedenes Resultat liefern können, jedoch als der Natur angelegte Daumenschrau-
ben wirken sollen, um sie zu zwingen, selbst zu reden; während der echte und selbstdenkende Forscher seine Experimente möglichst einfach einrichtet, um die deutliche Aussage der Natur rein zu vernehmen und danach zu urteilen:
denn die Natur tritt stets nur als Zeuge auf. Beispiele zu

dem Gesagten liefert vorzüglich der ganze chromatologische Teil der Optik mit Einschluß der Theorie der physiologischen Farben, wie solcher von Franzosen und Deutschen in den letzten zwanzig Jahren behandelt worden.

Überhaupt aber wird zur Entdeckung der *wichtigsten* Wahrheiten nicht die Beobachtung der seltenen und verborgenen, nur durch Experimente darstellbaren Erscheinungen führen; sondern die der offen daliegenden, jedem zugänglichen Phänomene. Daher ist die Aufgabe, nicht sowohl zu sehn, was noch keiner gesehn hat, als bei dem, was jeder sieht, zu denken, was noch keiner gedacht hat. Darum auch gehört so sehr viel mehr dazu, ein Philosoph als ein Physiker zu sein.

§ 77

Für das Gehör ist der Unterschied der Töne in Hinsicht auf Höhe und Tiefe ein *qualitativer*: die Physik führt ihn jedoch auf einen bloß *quantitativen* zurück, nämlich auf den der schnellern oder langsamern Vibration; wobei sich demnach alles aus bloß *mechanischer* Wirksamkeit erklärt. Daher eben läuft in der Musik nicht nur das rhythmische Element, der Takt, sondern auch das harmonische, die Höhe und Tiefe der Töne, auf Bewegung, folglich auf bloßes Zeitmaß und demnach auf Zahlen zurück.

Hier ergibt nun die Analogie eine starke Präsumtion für die *Locke*sche Naturansicht, daß nämlich alles, was wir mittelst der Sinne an den Körpern als *Qualität* wahrnehmen (Lockes *sekundäre* Qualitäten), an sich nichts weiter sei als Verschiedenheit des *Quantitativen*, nämlich bloßes Resultat der Undurchdringlichkeit, der Größe, der Form, der Ruhe oder Bewegung und Zahl der kleinsten Teile, welche Eigenschaften *Locke* als die allein objektiv wirklichen bestehn läßt und demnach *primäre*, d. i. ursprüngliche Qualitäten nennt. An den Tönen ließe sich nun dieses bloß darum geradezu nachweisen, weil hier das Experiment jede Vergrößerung erlaubt, indem man nämlich lange und dicke Saiten schwingen läßt, deren langsame Vibrationen sich zählen lassen: es verhielte sich jedoch mit *allen* Qualitäten ebenso.

Daher wurde es zunächst auf das Licht übertragen, dessen
Wirkung und Färbung aus den Vibrationen eines völlig
imaginären Äthers abgeleitet und sehr genau berechnet
wird; welche mit unerhörter Dreistigkeit vorgetragene
kolossale Aufschneiderei und Narrensposse besonders von
den Unwissendesten der Gelehrten-Republik mit einer so
kindlichen Zuversicht und Sicherheit nachgesprochen wird,
daß man denken sollte, sie hätten den Äther, seine Schwingungen, Atome und was sonst für Possen sein mögen, wirklich gesehn und in Händen gehabt. – Aus dieser Ansicht
würden sich dann Folgerungen zugunsten der Atomistik
ergeben, wie sie besonders in Frankreich herrscht, aber auch
in Deutschland um sich greift, nachdem schon die chemische
Stöchiometrie[1] des Berzelius ihr Vorschub geleistet hat
(Pouillet, [›Éléments de physique expérimentale et de météorologie‹] 1, p. 23). Auf die Widerlegung der Atomistik
hier ausführlich einzugehn wäre überflüssig, da sie höchstens für eine unerwiesene Hypothese gelten kann.

Ein Atom, so klein es auch sein mag, ist doch immer con-
tinuum ununterbrochener Materie: könnt ihr ein solches
euch klein denken, warum denn nicht groß? Wozu dann
aber die Atome?

Die chemischen *Atome* sind bloß der Ausdruck der beständigen festen Verhältnisse, in denen die Stoffe sich mit einander verbinden, welchem Ausdruck, da er in Zahlen gegeben werden mußte, man eine beliebig angenommene Einheit, das Gewicht des Quantums Oxygen, mit dem sich jeder Stoff verbindet, zum Grunde gelegt hat: für diese Ge-
wichtsverhältnisse hat man aber höchst unglücklicherweise
den alten Ausdruck *Atom* gewählt; und hieraus ist unter den
Händen der französischen Chemiker, die ihre Chemie,
sonst aber nichts gelernt haben, eine krasse Atomistik erwachsen, welche die Sache als Ernst nimmt, jene bloßen Rechenpfennige als wirkliche Atome hypostasiert und nun von der
Zusammenstellung (arrangement) derselben in einem Körper so, im andern anders, ganz in Demokrits Weise redet,
um daraus deren Qualitäten und Verschiedenheiten zu er-

1. [Lehre von den Gewichtsverhältnissen bei chemischen Prozessen]

klären; ohne irgendeine Ahndung von der Absurdität der Sache zu haben. Daß es in Deutschland nicht an unwissenden Apothekern fehlt, die auch ›das Katheder zieren‹ und jenen nachtreten, versteht sich von selbst, und darf es uns nicht wundern, wenn sie in Kompendien geradezu dogmatisch und ganz ernsthaft, als wüßten sie wirklich etwas davon, den Studenten vortragen, ›*die Kristallform der Körper habe ihren Grund in einer geradlinigen Anordnung der Atome.*‹! (Wöhler, [Grundriß der] ›Chemie‹ [Teil 1: ›Unorganische Chemie‹] p. 3). Diese Leute aber sind Sprachgenossen Kants und haben von Jugend auf seinen Namen mit Ehrfurcht nennen hören, jedoch nie die Nase in seine Werke gesteckt. Dafür müssen sie solche skandalöse[n] Possen zu Markt bringen. – Aber an den Franzosen könnte man so recht ein gutes Werk (une charité) ausüben, wenn man ihnen Kants ›Metaphysische Anfangsgründe der Naturwissenschaft‹ richtig und genau übersetzen wollte, um sie vom Rückfall in jenen Demokritismus, wenn es noch möglich ist, zu kurieren. Sogar aus Schellings ›Ideen zur Philosophie der Natur‹ könnte man einige Stellen, z. B. das dritte und fünfte Kapitel des zweiten Buchs, zur Erläuterung beigeben; denn hier wie überall, wo Schelling auf Kants Schultern steht, sagt er viel Gutes und Beherzigenswertes.

Wohin Denken ohne Experimentieren führt, hat uns das Mittelalter gezeigt: aber dies Jahrhundert ist bestimmt, uns sehn zu lassen, wohin Experimentieren ohne Denken führt und was bei der Jugendbildung herauskommt, die sich auf Physik und Chemie beschränkt. Nur aus der gänzlichen Unkunde der Kantischen Philosophie bei den Franzosen und Engländern von jeher und aus der Vernachlässigung und Vergessenheit derselben bei den Deutschen seit dem Hegelschen Verdummungs-Prozeß ist die unglaubliche *Roheit der jetzigen mechanischen Physik* zu erklären, deren Adepten jede Naturkraft höherer Art, Licht, Wärme, Elektrizität, chemischen Prozeß usw. zurückführen wollen auf die Gesetze der Bewegung, des Stoßes und Druckes und auf geometrische Gestaltung, nämlich ihrer imaginären Atome, die sie meistens verschämterweise bloß ›Moleküle‹

betiteln, wie sie auch aus derselben Verschämtheit sich mit
ihren Erklärungen nicht ebenso an die Schwere machen und
auch diese à la Descartes aus einem Stoße ableiten, damit es
auf der Welt nichts gebe als Stoßen und Gestoßenwerden,
das ihnen allein Faßliche. Am ergötzlichsten sind sie, wenn
sie von den Molekülen der Luft oder des Oxygens derselben
reden. Danach wären die drei Aggregationszustände wohl
bloß ein feineres und noch feineres und wieder feineres Pul-
ver. Dies ist ihnen *faßlich*. Diese Leute, die viel experimen-
tiert und wenig gedacht haben, mithin Realisten der rohesten Art sind, halten eben die Materie und die Stoßgesetze
für etwas absolut Gegebenes und von Grund aus Verständ-
liches, daher eine Zurückführung auf diese ihnen eine völlig
befriedigende Erklärung scheint, da doch in Wahrheit jene
mechanischen Eigenschaften der Materie ebenso geheimnisvoll sind wie die aus ihnen zu erklärenden; daher wir
z. B. die *Kohäsion* nicht besser verstehn als das Licht oder die
Elektrizität. Die viele Handarbeit des Experimentierens entfremdet unsere Physiker wirklich dem Denken wie dem
Lesen: sie vergessen, daß Experimente nie die Wahrheit
selbst, sondern bloß die Data zur Auffindung derselben liefern können. Ihnen verwandt sind die Physiologen, welche
die Lebenskraft leugnen und derselben chemische Kräfte
substituieren wollen. –

Ein Atom wäre nicht etwan bloß ein Stück Materie ohne
alle Poren, sondern, da es unteilbar sein muß, entweder
ohne Ausdehnung (dann wäre es aber nicht Materie) oder
mit absoluter, d. h. jeder möglichen Gewalt überlegener
Kohäsion seiner Teile begabt. Ich verweise hier auf das,
was ich im zweiten Band meines Hauptwerks (Kapitel 23,
S. 305 *[Bd. 2, S. 392]*) darüber gesagt habe. – Ferner: wenn
die chemischen Atome im eigentlichen Sinn, also objektiv
und als real verstanden werden, so gibt es im Grunde gar
keine eigentliche chemische Verbindung mehr; sondern
eine jede läuft zurück auf ein sehr feines Gemenge verschiedener und ewig geschieden bleibender Atome, während der
eigentümliche Charakter einer chemischen Verbindung gerade darin besteht, daß ihr Produkt ein durchaus homogener

Körper sei, d. h. ein solcher, in welchem kein selbst unendlich kleiner Teil angetroffen werden kann, der nicht beide
verbundene[n] Substanzen enthielte (Nachweis dieses Kantischen Satzes in Schelling, ›Weltseele‹ p. 168 und 137): daher
eben ist Wasser so himmelweit verschieden von Knallgas, weil
es die chemische Vereinigung der beiden Stoffe ist, die in
diesem sich bloß als das feinste Gemenge zusammenbefinden[F].

F. Ein bloßes Gemenge ist das Knallgas. Entzündet man es, so kündigt
eine fürchterliche Detonation unter sehr starker Licht- und Wärmeentwickelung eine große, eine totale, eine das Innerste jener beiden
Gemengteile treffende und ergreifende Veränderung an; und in der
Tat finden wir sogleich als Produkt derselben eine von jenen beiden
Bestandteilen von Grund aus und in jeder Hinsicht verschiedene,
dabei aber durch und durch homogene Substanz, das Wasser, sehn also,
daß die hier vorgegangene Veränderung dem sie ankündigenden Auf-
ruhr der Naturgeister entsprechend war, daß nämlich jene beiden
Bestandteile des Knallgases unter völliger Aufgebung ihres selbst-
eigenen, so entgegengesetzten Wesens einander völlig durchdrungen
haben, so daß sie jetzt nur einen durchaus homogenen Körper darstellen, in dessen selbst kleinstmöglichem Teil jene beiden componentia
noch immer ungeschieden und vereint bleiben, so daß keines mehr
allein und als ein solches darin anzutreffen ist. Darum war es ein
chemischer und kein mechanischer Prozeß. Wie ist es nur möglich, mit
unsern modernen Demokriten diesen Vorgang dahin auszulegen, daß
die vorher unordentlich untereinander geworfenen ›Atome‹ (!) nunmehr sich jetzt in Reih und Glied gestellt haben, paarweise, oder vielmehr wegen großer Ungleichheit ihrer Anzahl so, daß um *ein* Atom
Hydrogen neun wohlrangierte Atome Oxygen sich gruppiert hätten, infolge angeborener und unerklärlicher Taktik; wonach dann die
Detonation bloß der Trommelschlag zu diesem ›Stellt euch!‹ gewesen
wäre, also eigentlich viel Lärm um nichts. Ich sage daher: das sind
Possen wie der vibrierende Äther und die ganze Leukippo-Demokrito-
Cartesianische mechanische und atomistische Physik mit allen ihren
hölzernen Erklärungen. Es ist nicht genug, daß man verstehe, der
Natur Daumschrauben anzulegen: man muß auch sie verstehn können, wenn sie aussagt. Daran aber fehlt es.
Überhaupt aber, wenn es Atome gäbe, müßten sie unterschiedslos
und eigenschaftslos sein, also nicht Atome Schwefel und Atome Eisen
usw., sondern bloß Atome Materie; weil die Unterschiede die Einfachheit aufheben, z. B. das Atom Eisen irgend etwas enthalten müßte, was
dem Atom Schwefel fehlt, demnach nicht einfach, sondern zusammengesetzt wäre und überhaupt die Änderung der Qualität nicht ohne
Änderung der Quantität statthaben kann. Ergo: Wenn überhaupt *Atome*
möglich sind, so sind sie nur als die letzten Bestandteile der absoluten
oder abstrakten *Materie*, nicht aber der bestimmten *Stoffe* denkbar.

Bei der erwähnten Zurückführung der chemischen Verbindungen auf sehr feine Atomengemenge findet freilich die
Manie und fixe Idee der Franzosen, alles auf *mechanische* Hergänge zurückzuführen, ihre Rechnung; aber nicht die Wahrheit, in deren Interesse ich vielmehr an den Ausspruch
Okens (›Über Licht und Wärme‹ p. 9) erinnere, ›daß nichts,
durchaus nichts im Universum, was ein Weltphänomen ist,
durch mechanische Prinzipien vermittelt sei‹. Es gibt im
Grunde nur eine *mechanische Wirkungsart*, sie besteht im
Eindringenwollen eines Körpers in den Raum, den ein andrer innehat: darauf läuft *Druck* wie *Stoß* zurück, als welche
sich bloß durch das Allmälige oder Plötzliche unterscheiden,
wiewohl durch letzteres die Kraft ›lebendig‹ wird. Auf diesen also beruht alles, was die Mechanik leistet. Der *Zug* ist
bloß scheinbar: z.B. der Strick, mit welchem man einen
Körper zieht, schiebt ihn, d.i. drückt ihn von hinten. Daraus wollen sie aber jetzt die ganze Natur erklären: da soll
die Wirkung des Lichts auf die Retina bestehn aus bald
langsameren, bald schnelleren mechanischen Stößen. Zu
diesem Zweck haben sie einen Äther imaginiert, der *stoßen*
soll, während sie doch sehn, daß im stärksten Sturm, der
alles beugt, der Lichtstrahl so unbeweglich steht wie ein
Gespenst. Die Deutschen täten wohl, sich von der belobten
Empirie und ihrer Handarbeit so weit abzumüßigen, als
nötig ist, Kants ›Metaphysische Anfangsgründe der Naturwissenschaft‹ zu studieren, um einmal nicht bloß im Laboratorio, sondern auch im Kopfe aufzuräumen. Die Physik
stößt infolge ihres Stoffs sehr oft und unvermeidlich an die
metaphysischen Probleme an, und da offenbaren denn unsre
Physiker, die nichts als ihre Elektrisierspielzeuge, Voltasche[n] Säulen und Froschkeulen kennen, eine so krasse, ja
schusterhafte Unwissenheit und Roheit in Sachen der Philosophie (deren doctores sie heißen), nebst der die Unwissenheit
meistens begleitenden Dummdreistigkeit, vermöge welcher sie über Probleme, welche die Philosophen seit Jahrtausenden beschäftigen (wie Materie, Bewegung, Veränderung) in den Tag hinein philosophieren wie rohe Bauern;
daher sie keine andre Antwort verdienen als die Xenie:

Armer empirischer Teufel! du kennst nicht einmal das Dumme
In dir selber: es ist, ach, a priori so dumm[H].

[›Empirischer Querkopf‹]

§ 78

Chemische Auflösung ist Überwindung der Kohäsion durch
die Verwandtschaft. Beides sind qualitates occultae [ver-
borgene Eigenschaften].

H. Hinsichtlich der Kàntischen *Repulsions-* und *Attraktionskraft* bemerke
ich, daß letztere nicht wie erstere in ihrem Produkt, der Materie, aufgeht und erlischt. Denn die Repulsionskraft, deren Funktion die Undurchdringlichkeit ist, kann erst *da* wirken, wo ein fremder Körper in
den Umfang des gegebenen einzudringen versucht; also nicht über
diesen hinaus. Hingegen liegt es in der Natur der *Attraktionskraft,*
nicht durch die Grenze *eines* Körpers aufgehoben zu werden, mithin
auch über den Umfang des gegebenen Körpers hinaus zu wirken:
sonst nämlich würde jeder Teil des Körpers, sobald er *abgetrennt* worden, sofort auch ihrer Wirkung entzogen: sie attrahiert aber *alle* Materie, auch aus der Ferne, indem sie alle als zu einem Körper gehörig
betrachtet, zunächst als zum Erdkörper, und dann weiter. Von diesem
Gesichtspunkt aus kann man allerdings auch die Schwere als zu den
a priori erkennbaren Eigenschaften der Materie gehörig betrachten.
Jedoch bloß in der allerengsten Berührung ihrer Teile, welche wir
Kohäsion nennen, ist die Gewalt dieser Attraktion genugsam konzentriert, um der Anziehung des millionenmal größeren Körpers der Erde
so weit zu widerstehn, daß nicht die Teile des gegebenen Separatkör-
pers in gerader Linie jenem zufallen. Ist aber die Kohäsion zu schwach,
so geschieht dies: er zerbröckelt und zerfällt, durch bloße Schwere seiner Teile. Jene Kohäsion selbst aber ist ein geheimnisvoller Zustand,
den wir nur durch Fusion und Erstarrung oder Auflösung und Ab-
dampfung, also nur durch den Übergang vom flüssigen zum festen
Zustande zuwege bringen können.

Wenn im absoluten Raum (d. h. abgesehn von aller Umgebung) zwei
Körper sich in gerader Linie einander nähern, so ist es *phoronomisch* dasselbe und kein Unterschied, ob ich sage, A geht auf B zu oder umgekehrt: aber *dynamisch* besteht der Unterschied, ob die bewegende *Ursache* auf A oder B einwirkt oder eingewirkt hat; welchem gemäß
denn auch, je nachdem ich A oder B *hemme,* die Bewegung aufhört.
Ebenso ist es bei der Kreisbewegung: *phoronomisch* ist es einerlei, ob
(im absoluten Raume) die Sonne um die Erde läuft oder diese um sich
selbst rotiert: aber *dynamisch* besteht der obige Unterschied und dazu
noch dieser, daß auf dem *rotierenden* Körper die *Tangentialkraft* mit seiner Kohäsion in Konflikt tritt und vermöge eben dieser Kraft der
zirkulierende davonfliegen würde, wenn nicht eine andere Kraft ihn an
das Zentrum seiner Bewegung bände.

§ 79

Das *Licht* halte ich weder für eine Emanation noch für eine
Vibration: beide Hypothesen sind mechanisch und derjenigen verwandt, welche die Durchsichtigkeit durch Pori
erklärt. Vielmehr ist das Licht als solches ganz sui generis
[eigener Gattung] und ohne eigentliches Analogon[F]. Sein
nächster Verwandter, im Grunde aber seine bloße Metamorphose, ist die *Wärme*, deren Natur daher am ersten dienen könnte, die seinige zu erläutern.

Die *Wärme* ist zwar wie das Licht selbst unwägbar, zeigt
jedoch eine gewisse Materialität darin, daß sie sich als be-
harrliche Substanz verhält, sofern sie von *einem* Körper und
Ort in den andern übergeht und jenen räumen muß, um
diesen in Besitz zu nehmen; so daß, wenn sie aus einem
Körper gewichen ist, sich stets muß angeben lassen, wohin
sie gekommen sei, und sie irgendwo muß anzutreffen sein;
wäre es auch nur im latenten Zustande. Hierin also verhält
sie sich als eine beharrende Substanz, d. h. wie die Materie[H]. Zwar gibt es keinen ihr absolut undurchdringlichen

F. Das *Licht* ist ebensowenig mechanisch zu erklären wie die Schwerkraft. Auch diese hat man anfangs ebenso durch den Stoß eines Äthers
zu erklären versucht; ja *Newton* selbst hat dies als Hypothese aufgestellt, die er jedoch bald fallenließ. *Leibniz* aber, der die Gravitation
nicht zugab, war ihr völlig zugetan. Dies bestätigt auch noch ein
Brief des Leibniz in seinen ›Lettres et opuscules inédits‹ (welche Careil
1854 herausgegeben), p. 63. – Der Erfinder des *Äthers* ist *Cartesius*:
›Aether ille Cartesianus, quem *Eulerus* ad luminis propagandi doctri-
nam adornavit‹ [Jener Cartesianische Äther, den Euler zur Theorie
der Lichtfortpflanzung verwendet hat], sagt Platner in seiner Dissertation ›De principio vitali‹ p. 17. – Mit der Gravitation steht das
Licht ohne Zweifel in einem gewissen Zusammenhang, jedoch indirekt und im Sinn eines Widerspiels als ihr absolutes Gegenteil. Es
ist eine wesentlich ausbreitende Kraft, wie jene eine zusammenzie-
hende. Beide wirken stets geradlinig. Vielleicht kann man in einem
tropischen Sinne das Licht den Reflex der Gravitation nennen. – Kein
Körper kann durch *Stoß* wirken, der nicht zugleich *schwer* ist, das
Licht ist ein imponderabile [Unwägbares] – also kann es nicht mechanisch, d. h. durch Stoß wirken.
H. Der Wind weht sehr leicht die Wärme weg, z. B. die von unserm
eignen Leibe ausgehende; aber das Licht kann er nicht wegwehen
oder nur irgend erschüttern.

Körper, mittelst dessen sie ganz eingesperrt werden könnte: jedoch sehn wir sie langsamer oder schneller entweichen, je nachdem sie durch bessere oder schlechtere Nichtleiter gehemmt war, und dürfen daher nicht zweifeln, daß ein absoluter Nichtleiter sie auf immer sperren und aufbewahren könnte. Besonders deutlich aber zeigt sie diese ihre Beharrlichkeit und substanzielle Natur, wann sie *latent* wird, indem sie dann in einen Zustand tritt, in welchem sie jede beliebige Zeit hindurch sich aufbewahren und nachmals wieder als freie Wärme sich unvermindert zutage bringen läßt. Das Latent- und Wiederfreiwerden der *Wärme* beweist unwidersprechlich ihre materielle Natur und, da sie eine Metamorphose des *Lichts* ist, auch die des *Lichts*. Also hat das Emanationssystem recht oder vielmehr: kommt der Wahrheit am nächsten. Sie ist materia imponderabilis [unwägbare Materie], wie man sie richtig benannt hat. Kurz: wir sehn sie zwar migrieren, auch sich verbergen, aber nie verschwinden und können allezeit angeben, was aus ihr geworden sei. Bloß beim Glühen verwandelt sie sich in Licht und nimmt dann dessen Natur und ihre Gesetze an. Diese Metamorphose wird besonders augenfällig im Drummondschen Kalklicht, welches bekanntlich zum Hydro-Oxygen-Mikroskop benutzt worden ist. Da alle Sonnen eine stete Quelle neuer Wärme sind, die vorhandene aber, wie gezeigt, nie vergeht, sondern nur wandert, höchstens latent wird; so könnte man schließen, daß die Welt im Ganzen immer wärmer werde. Ich lasse dies dahingestellt. – Die Wärme als solche zeigt sich also stets als ein zwar nicht wägbares, aber doch beharrendes Quantum[H]. – Gegen die Ansicht jedoch, daß sie ein Stoff sei, der mit dem erwärmten Körper eine chemische Verbindung einginge, ist geltend zu machen, daß, je mehr Verwandtschaft zwei Stoffe zu einander haben, desto schwerer sie zu trennen sind: nun aber

H. Daß die *Wärme* nicht schnelle Vibration der Teile sei, erhellt auch daraus, daß bekanntlich, je kälter ein Körper ist, er desto schneller die ihm dargebotene Wärme annimmt; da hingegen ein Körper desto schwerer in Bewegung gerät, je vollkommener der Zustand seiner Ruhe ist.

lassen die Körper, welche die Wärme am leichtesten annehmen, sie auch am leichtesten wieder fahren, z.B. die Metalle. Als eine wirklich chemische Verbindung der Wärme mit den Körpern hingegen ist das Latentwerden derselben anzusehn: so gibt Eis und Wärme einen neuen Körper, Wasser. Weil sie mit einem solchen wirklich und durch überwiegende Verwandtschaft verbunden ist, geht sie nicht von ihm wie von den Körpern, denen sie bloß adhäriert, in jeden andern, der ihr nahe kommt, sogleich über. – Wer dies zu Gleichnissen der Art wie Goethes Wahlverwandtschaften benutzen will, kann sagen: Ein treues Weib ist mit dem Manne verbunden wie die latente Wärme mit dem Wasser; die treulose Buhlerin hingegen ist ihm nur wie dem Metall die Wärme von außen angeflogen, auf so lange, als kein anderer nahe kommt, der ihrer mehr begehrte. –

Zu meiner Verwunderung finde ich, daß die Physiker durchgängig (vielleicht ohne Ausnahme) *Wärmekapazität* und *spezifische Wärme* als *dasselbe* und Synonyma von einander nehmen. Ich finde vielmehr, daß sie einander entgegengesetzt sind. Je mehr *spezifische Wärme* ein Körper hat, desto weniger ihm zugeführte Wärme kann er aufnehmen, sondern er gibt sie gleich wieder ab; desto geringer ist also seine *Wärmekapazität* – und umgekehrt. Wenn, um einen Körper auf einen bestimmten Grad thermometrischer Wärme zu bringen, er mehr von außen ihm zuströmender Wärme bedarf als ein anderer; so hat er größere *Wärmekapazität*: z.B. Leinöl hat die halbe Kapazität des Wassers. Um 1 ℔ *Wasser* auf 60° Reaumur zu bringen, ist soviel Wärme erfordert, wie um 1 ℔ Eis zu schmelzen, wobei sie latent wird. *Leinöl* hingegen wird durch halb soviel ihm zugeführte Wärme auf 60° gebracht; kann aber auch, indem es solche wieder abgibt und auf 0° sinkt, nur $^1/_2$ ℔ Eis schmelzen. Darum also hat Leinöl noch einmal soviel *spezifische Wärme* als Wasser, folglich halb soviel Kapazität: denn es kann nur die ihm zugeführte Wärme wieder von sich geben, nicht die spezifische. Also je mehr *spezifische*, d.h. *ihm eigentümliche Wärme* ein Körper hat, desto geringer ist seine *Kapazität*, d.h. desto leichter stößt er zugeführte Wärme von sich, welche auf das Thermometer wirkt. Je mehr ihm zugeführte Wärme hiezu nötig ist, desto größer ist seine Kapazität und desto geringer seine *spezifische* ihm eigene und unveräußerliche Wärme: er gibt demnach die zugeführte Wärme wieder ab; daher schmilzt 1 ℔ *Wasser* von 60° thermometrischer Wärme 1 ℔ Eis, wobei es auf 0° sinkt: 1 ℔ *Leinöl* von 60° thermometrischer Wärme kann nur $^1/_2$ ℔ Eis schmelzen. Es ist lächerlich, zu sagen, daß Wasser mehr spezifische Wärme habe als Öl. Je mehr *spezifische Wärme* ein Körper hat, desto weniger äußerer Wärme bedarf es, ihn zu erhitzen, aber auch desto weniger Wärme kann er abgeben: er erkaltet schnell, wie er sich schnell erhitzt hat. Die ganze Sache steht vollkommen richtig in Tobias Mayers ›Physik‹ (§ 350f.); aber auch er verwechselt (§ 356) die Kapazität mit der spezifischen Wärme und nimmt sie als identisch. Seine spezifische Wärme verliert der flüssige Körper erst, wenn er seinen Aggregatzustand ändert, also wenn er gefriert: demnach wäre sie bei flüssigen Körpern die latente Wärme; aber auch feste haben ihre spezifische Wärme. Baumgärtner[1] führt Eisenfeile an.

Das Latentwerden der Wärme ist die schlagende unabweisbare Widerlegung der heutigen platten mechanischen Physik, daß sie eine bloße *Bewegung*, eine *Erschütterung* der kleinsten Teile der Körper wäre: denn wie sollte doch eine bloße Bewegung völlig sistiert werden, um nachher aus jahrelanger Ruhe wieder hervorzugehn, und zwar genau mit der vordem gehabten Schnelligkeit?!

Nicht so schnell wie die Wärme verhält sich *das Licht*, als welches vielmehr nur eine Gespensternatur hat, indem es erscheint und verschwindet, ohne Spur, wo es geblieben sei. Sogar ist es eigentlich nur da, solange es entsteht: hört es auf, sich zu entwickeln, so hört es auch auf zu leuchten, ist verschwunden, und wir können nicht sagen, wo es hingekommen sei. Gefäße, deren Stoff ihm undurchdringlich ist, gibt es genug: dennoch können wir es nicht einsperren und wieder herauslassen. Höchstens bewahrt der Bononische

---

1. [›Anfänge zu einer physiologischen Schöpfungsgeschichte der Pflanzen- und Tierwelt‹, 1855]

Stein[1], wie auch einige Diamanten, es ein paar Minuten. Jedoch wird in neuester Zeit von einem violetten Flußspat,
den man deshalb Chlorophan oder Pyrosmaragd benannt
hat, berichtet, daß er, wenn dem Sonnenlichte nur einige
Minuten ausgesetzt, drei bis vier Wochen leuchtend bleibe
(siehe Neumanns ›Chemie‹, 1842). Das erinnert stark an die
alte Mythe vom Karfunkel (carbunculus, λυχνίτης) – über
welchen man, beiläufig gesagt, alle Notizen zusammengestellt findet in Philostratorum opera (editio Olearius, 1709,
S. 65, nota 14), zu welchen ich noch diese füge, daß er erwähnt wird in der ›Sakontala‹ (Akt 2, S. 31 der Übersetzung
von William Jones) und daß ein neuerer ausführlicher Bericht
über ihn sich befindet in des Benvenuto Cellini ›Racconti‹
(seconda edizione, Venezia 1829, racc. 4; welcher abgekürzt
vorkommt in dessen ›Trattato del Oreficeria‹, Milano 1811,
p. 30). Da aber aller Flußspat durch Erwärmung leuchtend
wird, so müssen wir schließen, daß dieser Stein überhaupt
leicht die Wärme in Licht verwandelt, und eben darum der
Pyrosmaragd nicht das Licht in Wärme wie andere Körper,
sondern es gleichsam unverdauet wieder von sich gibt: dies
gilt denn auch vom Bononischen Stein und [von] einigen Diamanten. – Also bloß wann das Licht, auf einen opaken[2] Körper
treffend, sich nach Maßgabe seiner Dunkelheit in Wärme
verwandelt und nun die substanziellere Natur dieser angenommen hat, können wir insofern Rechenschaft von ihm
geben. – Dagegen nun aber zeigt es eine gewisse Materialität in der *Reflexion*, als wo es die Gesetze des Abprallens
elastischer Körper befolgt, und ebenfalls in der *Refraktion*.
Bei dieser legt es dann auch seinen *Willen* an den Tag, indem es nämlich unter den ihm offenstehenden, also den
durchsichtigen Körpern die dichteren vorzieht und erwählt[F]. Denn es verläßt seinen geradlinigen eingeschlage-
nen Weg, um dahin sich zu neigen, wo das größere Quantum der dichteren durchsichtigen Materie sich befindet;

1. [Bologneser Stein]
2. [undurchsichtigen]
F. Siehe dagegen Pouillet: [›Éléments de physique expérimentale et
de météorologie‹] vol. 2, p. 180.

daher es beim Hinein- und Herausfahren aus *einem* Medio in
das andere immer dahin ablenkt, wo ihm die Masse am
nächsten liegt oder wo sie am stärksten angehäuft ist, also
allemal dieser sich anzunähern strebt. Beim Konvexglase
liegt die meiste Masse in der Mitte, also fährt das Licht
kegelförmig aus; beim Konkavglas ist die Masse an der
Peripherie angehäuft, also fährt das Licht beim Herauskommen trichterförmig auseinander: fällt es schief auf eine
ebene Fläche, so lenkt es beim Ein- und Ausgange stets der
Masse zu von seinem Wege ab, streckt gleichsam dieser
beim Willkommen oder Abschied die Hand entgegen. Auch
bei der Beugung zeigt es dieses Hinstreben nach der Materie. Bei der Reflexion prallt es zwar ab, aber ein Teil geht
durch: darauf beruht die sogenannte Polarität des Lichts. –
Analoge Willensäußerungen der *Wärme* wären besonders in
ihrem Verhalten zu guten und schlechten Leitern nachzuweisen. – Im Verfolgen der hier berührten Eigenschaften
des *Lichtes* liegt die alleinige Hoffnung, seine Natur zu er-
gründen, nicht aber in mechanischen Hypothesen von Vibration oder Emanation, die seiner Natur unangemessen
sind; geschweige in absurden Märchen von Lichtmoleku-
len, dieser krassen Ausgeburt der fixen Idee der Franzosen,
daß jeder Hergang zuletzt ein mechanischer sein und alles
auf Stoß und Gegenstoß beruhen müsse. Ihnen steckt noch
immer der Cartesius [Descartes] in den Gliedern. Mich
wundert, daß sie noch nicht gesagt haben, die Säuren be-
ständen aus Häkchen und Alkalien aus Ösen und deshalb
gingen sie so feste Verbindungen ein. – ›Es weht ein platter
Geist durch diese Zeit‹[1], er manifestiert sich in der mechanischen Physik in der wieder heraufbeschworenen Demokri-
tischen Atomistik, im Ableugnen der Lebenskraft, wie auch
der wirklichen Moral u. dgl. mehr.

Die Unmöglichkeit jeder mechanischen Erklärung erhellt
aber schon aus der alltäglichen Tatsache der senkrechten
Spiegelung. Stehe ich nämlich gerade vor dem Spiegel, so
fallen Strahlen von meinem Gesicht senkrecht auf die Spie-

1. [Vgl. Schiller: ›Es geht ein finstrer Geist durch unser Haus‹; ›Die
Piccolomini‹ 3, 9]

gelfläche, und von dieser gehn sie denselben Weg zurück
zu meinem Gesicht. Beides geschieht immerfort und un-
unterbrochen, folglich auch gleichzeitig. Bei jedem mechanischen Hergang der Sache, möge er Vibration oder Emanation sein, müßten die in grader Linie und in entgegengesetzter Richtung auf einander treffenden Lichtschwingun-
gen oder Lichtströme (wie zwei unelastische sich in entgegengesetzter Richtung mit gleicher Geschwindigkeit be-
gegnende Kugeln) einander hemmen und aufheben, so daß
kein Bild erschiene, oder einander zur Seite drücken und
alles verwirren: aber mein Bild steht fest und unerschüttert
da; also geht es nicht mechanisch zu (vgl. ›Welt als Wille
und Vorstellung‹ Bd. 2, S. 303, 304 *[Bd. 2, S. 390 f.]*). Nun
sollen aber, dies ist die allgemeine Annahme (Pouillet, vol. 2,
p. 282), die Vibrationen nicht longitudinal, sondern transver-
sal sein, d. h. senkrecht auf die Richtung des Strahls geschehn; nun, so kommt die Vibration und mit ihr der Licht-
eindruck nicht von der Stelle, sondern tanzt, wo er ist, und
die Vibration reitet auf ihrem Strahl wie Sancho Pansa auf
dem ihm untergeschobenen hölzernen Esel, den er durch
keine Sporen von der Stelle bringt. Daher eben sagen sie
statt *Vibration* gern *Wellen*, weil sie mit diesen besser vor-
wärtskommen: aber Wellen schlägt nur ein unelastischer
und absolut verschiebbarer Körper wie das Wasser, nicht
ein absolut elastischer wie Luft, Äther. Wenn es wirklich so
etwas gäbe wie Interferenz, mechanische Aufhebung des
Lichts durch Licht, so müßte diese sich besonders zeigen
bei der Durchkreuzung aller von einem Bilde ausgegangenen Strahlen im Fokus einer Linse, als wo sie in *allen Winkeln* aufeinanderstoßen in einem einzigen Punkt; allein wir
sehn sie nach dieser Kreuzung ganz unverändert hervor-
kommen und das ursprüngliche Bild ohne Abzug, nur umgekehrt, darstellen. Ja schon die Imponderabilität der Imponderabilien schließt alle mechanische[n] Erklärungen ihres
Wirkens aus: was nicht *wiegt*, kann auch nicht *stoßen*; was
nicht stößt, kann nicht durch Vibration wirken. Die Dummdreistigkeit aber, mit welcher die ganz unerwiesene, grundfalsche und aus der Luft (recht eigentlich, nämlich aus den

musikalischen Luftvibrationen) gegriffene Hypothese, daß
die Farben auf der verschiedenen Schnelligkeit der Schwingungen des (ganz hypothetischen) Äthers beruhten, verbreitet wird – ist eben ein Beweis der gänzlichen Urteilslosigkeit der allermeisten Menschen. Affen tun nach, was
sie sehn; Menschen sagen nach, was sie hören. –

Ihre ›chaleur rayonnante‹ [strahlende Wärme] ist eben eine
Mittelstation auf dem Wege der Metamorphose des Lichts
in Wärme oder, wenn man will, die Chrysalis[1] derselben.
Die strahlende Wärme ist Licht, welches die Eigenschaft,
auf die Retina zu wirken, abgelegt, die übrigen aber beibehalten hat – damit zu vergleichen, daß eine sehr tiefe Baß-
saite oder auch Orgelpfeife noch sichtlich vibriert, aber
nicht mehr tönt, d. h. aufs Ohr wirkt – also in geraden Strahlen fortschießt, einige Körper traversiert, jedoch auch erst,
wann es auf opake trifft, solche erwärmt. – Die Methode
der Franzosen, durch Anhäufung der Bedingungen die Experimente zu komplizieren, kann die Genauigkeit derselben
vermehren und der Meßbarkeit günstig sein, erschwert
aber, ja verwirrt das Urteil und ist mit daran schuld, daß,
wie *Goethe* gesagt hat, mit der empirischen Erkenntnis und
Bereicherung an Tatsachen das Verständnis der Natur und
das Urteil keineswegs gleichen Schritt gehalten hat[2].

Über das Wesen der *Pelluzidität*[3] können uns vielleicht den
besten Aufschluß diejenigen Körper geben, welche bloß im
flüssigen Zustande durchsichtig, im festen hingegen opak
sind: dergleichen sind Wachs, Walrat[4], Talg, Butter, Öl
u. a. mehr. Man kann vorläufig sich die Sache so auslegen,
daß das diesen wie allen festen Körpern eigene Streben nach
dem flüssigen Zustande sich zeigt in einer starken Verwandtschaft, d. i. Liebe, zur Wärme als dem alleinigen Mittel dazu. Deshalb verwandeln sie im festen Zustande alles ihnen
zufallende Licht sofort in Wärme, bleiben also opak, bis sie

1. [Svw. Insektenpuppe]
2. *[Vgl. Bd. 3, S. 293]*
3. [Lichtdurchlässigkeit, Durchsichtigkeit]
4. [Fettartige Substanz, die sich oberhalb der Hirnschale und in anderen Körperteilen des Pottwals findet; aus ihr werden besonders
wertvolle Kerzen hergestellt.]

flüssig geworden sind: dann aber sind sie mit Wärme gesättigt, lassen also das Licht als solches durch[F].

Jenes allgemeine Streben der festen Körper nach dem flüssigen Zustande hat seinen letzten Grund wohl darin, daß derselbe die Bedingung alles Lebens ist, der Wille aber immer aufwärts strebt in seiner Objektivationsskala. –

Die Metamorphose des Lichts in Wärme und umgekehrt erhält einen frappanten Beleg durch das Verhalten des Glases bei der Erwärmung. Es glüht nämlich bei einem gewissen Grad von Erhitzung, d. h. verwandelt die empfangene Wärme in Licht: bei vermehrter Erhitzung aber schmilzt es und hört jetzt auf zu leuchten; weil nunmehr die Wärme hinreicht, es in Fluß zu versetzen, wobei der größte Teil derselben latent wird, zum Behuf des flüssigen Aggregationszustandes, also keine übrigbleibt, sich müßigerweise in Licht zu verwandeln: dies letztere geschieht jedoch bei abermals vermehrter Erhitzung, bei welcher nämlich der Glasfluß selbst leuchtend wird, da er die ihm jetzt noch zugeführte Wärme nicht mehr anderweitig zu verwenden braucht. (Die Tatsache ohne das mindeste Verständnis derselben führt Babinet beiläufig an in der ›Revue des deux mondes‹ 1. November 1855.) –

Man gibt an, daß auf hohen Bergen die Temperatur der Luft zwar sehr niedrig, aber der unmittelbare Sonnenbrand auf dem Leibe sehr stark sei: dies ist daraus zu erklären, daß das Sonnenlicht noch ungeschwächt durch die dickere Atmosphäre der untern Schicht auf den Leib trifft und sofort die Metamorphose in Wärme erleidet. –

Die bekannte Tatsache, daß nachts alle Töne und Geräusche lauter schallen als bei Tage, wird gewöhnlich aus der allgemeinen Stille der Nacht erklärt. Ich weiß nicht

F. Ja ich wage die Vermutung, daß aus einem ähnlichen Vorgang das alltägliche Phänomen zu erklären sein möchte, daß die hellweißen Pflastersteine, sobald sie vom Regen benetzt sind, schwarzbraun erscheinen, d. h. kein Licht mehr zurückwerfen, weil nämlich jetzt das Wasser, in seiner Gier zu verdunsten, alles die Steine treffende Licht sogleich in Wärme verwandelt; während die Steine, wenn trocken, es zurückwerfen. Aber warum erscheint weißer polierter Marmor, benetzt, nicht schwarz – auch weißes Porzellan nicht?

mehr, wer vor etwan dreißig Jahren die Hypothese aufgestellt hat, daß vielmehr die Sache auf einem wirklichen Antagonismus zwischen Schall und Licht beruhe. Bei öfterer
Beobachtung jenes Phänomens fühlt man sich allerdings geneigt, diese Erklärung gelten zu lassen. Methodische Versuche allein können die Sache entscheiden. Jener Antagonismus nun aber könnte daraus erklärt werden, daß das in
absolut geraden Linien strebende Wesen des Lichtes, indem es die Luft durchdringt, die Elastizität derselben ver-
minderte. Wäre nun dies konstatiert, so würde es ein Datum
mehr zur Kenntnis der Natur des Lichtes sein. Wäre der
Äther und das Vibrationssystem erwiesen, so würde die
Erklärung, daß seine Wellen die des Schalles durchkreuzen
und hemmen, alles für sich haben. – Die Endursache hingegen ergäbe sich hier sehr leicht: daß nämlich die Abwesenheit des Lichtes, während sie den tierischen Wesen den
Gebrauch des Gesichts benimmt, den des Gehörs erhöhte. –
Alexander von Humboldt (vgl. Birnbaum, ›Reich der Wolken‹ S. 61) erörtert die Sache in einem später nachgebesser-
ten Aufsatz von 1820 (befindlich in seinen ›Kleineren Schriften‹ Bd. 1, 1853). Auch er ist der Meinung, daß die Erklärung aus der Stille der Nacht nicht ausreicht, und gibt dagegen diese, daß *bei Tage* der Boden, die Felsen, das Wasser
und die Gegenstände auf der Erde *ungleich erwärmt* würden,
wodurch Luftsäulen von ungleicher Dichtigkeit aufstiegen,
welche die Schallwellen sukzessiv zu durchdringen hätten
und dadurch gebrochen und ungleich würden. Aber *bei
Nacht*, sage ich, müßte die ungleiche *Abkühlung* dasselbe bewirken: zudem gilt diese Erklärung bloß, wenn das Geräusch weit herkommt und so stark ist, daß es hörbar bleibt:
denn bloß dann durchgeht es mehrere Luftsäulen. Aber die
Quelle, der Springbrunnen und der Bach vor unsern Füßen
rieselt nachts zwei- bis dreimal stärker. Überhaupt trifft
Humboldts Erklärung bloß die *Fortpflanzung* des Schalls,
nicht die unmittelbare *Verstärkung* desselben, die auch in
größter Nähe stattfindet. Sodann müßte ein allgemeiner
Regen, da er die Temperatur des Bodens überall ausgleicht,
dieselbe Verstärkung des Schalls wie die Nacht herbeifüh-

ren. Auf dem Meere aber müßte die Verstärkung gar nicht
statthaben: er sagt, sie wäre geringer – ist jedoch schwer zu
prüfen. – Seine Erklärung ist also gar nicht zur Sache: daher muß die nächtliche Verstärkung des Schalls entweder
dem Wegfallen des Tageslärms oder einem direkten Antagonismus zwischen Schall und Licht zugeschrieben werden.

§ 79 a

Jede *Wolke* hat eine Kontraktilität[1]: sie muß durch irgendeine innere Kraft zusammengehalten werden, damit sie sich
nicht ganz auflöse und zerstreue in die Atmosphäre; mag
nun diese Kraft eine elektrische oder bloße Kohäsion oder
Gravitation oder sonst etwas sein. Je tätiger und wirksamer
aber diese Kraft ist, desto fester schnürt sie von innen die
Wolke zusammen, und erhält diese dadurch eine schärfere
Kontur und überhaupt ein massiveres Ansehn, so im Ku-
mulus[2]: ein solcher wird nicht leicht regnen; während die
Regenwolken verwischte Konture[n] haben. – Ich bin hinsichtlich des *Donners* auf eine Hypothese geraten, welche
sehr gewagt ist und vielleicht extravagant genannt werden
kann und von der ich selbst nicht überzeugt bin, kann jedoch mich nicht entschließen, sie zu unterdrücken, sondern
will sie denen, welche aus der Physik ihre Hauptbeschäftigung machen, vorlegen, damit sie zunächst die *Möglichkeit*
der Sache prüfen; wäre diese einmal festgestellt, dann
möchte die *Wirklichkeit* kaum zu bezweifeln sein. Da man
über die nächste Ursache des Donners noch immer nicht
ganz im reinen ist, indem die gangbaren Erklärungen nicht
zureichen, zumal wenn man beim Knacken des Funkens
aus dem Konduktor den Schall des Donners sich vergegenwärtigt; könnte man vielleicht die kühne, ja verwegene
Hypothese wagen, daß die elektrische Spannung in der
Wolke Wasser zersetze, das so entstandene *Knallgas* aus dem
übrigen Teil der Wolke Bläschen bilde und nachher der
elektrische Funke diese entzünde? Gerade einer solchen

1. [Fähigkeit, sich zusammenzuziehen]
2. [Haufenwolke]

Detonation entspricht der Schall des Donners, und der auf einen heftigen Donnerschlag meistens sogleich folgende Regenguß wäre dadurch auch erklärt. Elektrische Schläge in der Wolke ohne vorhergegangene Wasserzersetzung wären Wetterleuchten und überhaupt Blitz ohne Donner[F].

Herr *Scoutetten* hat der Académie des Sciences ein ›Mémoire sur l'électricité atmosphérique‹ vorgelesen, davon der Auszug in den ›Comptes rendus‹ vom 18. August 1856 steht; sich auf gemachte Experimente stützend, gibt er an, daß der im Sonnenschein vom Wasser und [von] den Pflanzen aufsteigende, die Wolken bildende Dunst aus mikroskopischen Bläschen besteht, deren Inhalt elektrisiertes Oxygen, die Hülle Wasser ist. Über das diesem Oxygen entsprechende Hydrogen sagt er nichts. Aber wenigstens hätten wir hier schon das eine Element des Knallgases, sogar ohne eine elektrische Wasserzersetzung in der Wolke annehmen zu müssen[FF].

F. Dieses will man jedoch jetzt wieder für sehr fernes Gewitter halten! *Poey* hat in der Académie des Sciences 1856/57 einen langen Streit über Blitz ohne Donner und Donner ohne Blitz geführt: er gibt (im April 1857) an, daß sogar die energischen *Zickzackblitze* bisweilen ohne Donner abgehn (›Analyse des hypothèses sur les éclairs sans tonnère‹ par Poey im ›Journal des mathématiques‹). In [den] ›Comptes rendus‹ (27. Oktober 1856): ein Aufsatz zur Berichtigung eines andern über Blitz ohne Donner vice versa [und umgekehrt] nimmt ganz unbesehn als certo certius [absolut gewiß] und ausgemachte Sache an, daß der Donner eben nur im Großen das Geräusch ist, welches der überspringende Funke des Konduktors macht. Wetterleuchten ist ihm entfernter Blitz. – Johann Müller, in seiner ›Kosmischen Physik‹, (1856), gibt bloß nach alter Art an, der Donner sei ›die Vibration der beim Überschlagen der Elektrizität erschütterten Luft‹ – also was das *Knacken* beim Funken aus dem Konduktor ist. Mit dem Geräusch des überspringenden elektrischen Funkens hat der Donner doch gar keine Ähnlichkeit, nicht so viel wie die Mücke mit dem Elefanten: der Unterschied zwischen beiden Tönen ist nicht bloß ein quantitativer, sondern ein qualitativer (siehe Birnbaum, ›Reich der Wolken‹ S. 167, 169); hingegen mit einer Reihe von Detonationen hat er die größte Ähnlichkeit, diese mögen simultan sein und bloß vermöge der langen Strecke sukzessiv zu unserm Ohr gelangen. Leidensche Flaschen-Batterie?

FF. Wenn, wie man annimmt, die Wolken aus hohlen Bläschen bestehn (da eigentlicher Wasserdunst unsichtbar ist), so müssen diese, um zu *schweben*, mit einer *leichtern* Luftart als die atmosphärische angefüllt sein: also entweder mit bloßem *Wasserdunst* oder mit *Hydrogen*.

Bei der Zersetzung des atmosphärischen Wassers in zwei
Gase wird notwendig sehr viel Wärme latent: aus der dadurch entstehenden Kälte ließe sich der noch so problematische *Hagel* erklären, der am häufigsten als Begleiter des
Gewitters vorkommt, wie zu ersehn im ›Reich der Wolken‹
(S. 138). Freilich entsteht er auch dann nur vermöge einer besonderen Komplikation von Umständen und daher selten.
Wir sehn hier nur die Quelle der Kälte, welche erfordert ist,
um im heißen Sommer Regentropfen zum Gefrieren zu
bringen.

§ 80

Keine Wissenschaft imponiert der Menge so sehr wie die
Astronomie. Demgemäß tun denn auch die Astronomen, die
großenteils bloße Rechenköpfe und, wie es bei solchen die
Regel ist, übrigens von untergeordneten Fähigkeiten sind,
oft sehr vornehm mit ihrer ›allererhabensten Wissenschaft‹
u. dgl. mehr. Schon Platon hat über diese Ansprüche der
Astronomie gespottet und daran erinnert, daß das Erhabene
nicht gerade das heiße, was nach obenzu liegt (›Res publica‹ lib. 7, p. 156, 157 editio Bipontini). – Die fast abgöttische
Verehrung, welche zumal in England *Newton* genießt, übersteigt allen Glauben. Noch kürzlich wurde er in den ›Times‹
›the greatest of human beings‹ (das größte aller menschlichen Wesen) genannt, und in einem andern Aufsatze desselben Blattes sucht man uns dadurch wieder aufzurichten,
daß man uns versichert, er wäre doch auch nur ein Mensch
gewesen! Im Jahr 1815 ist (nach Bericht der Wochenschrift
›Examiner‹, abgedruckt im Galignani [›Galignani's Mes-
senger‹] vom 11. Januar 1853) ein Zahn Newtons für 730
Pfund Sterling verkauft worden an einen Lord, der ihn in
einen Ring fassen ließ – welches an den heiligen Zahn des
Buddha erinnert. Diese lächerliche Veneration des großen
Rechenmeisters beruht nun darauf, daß die Leute zum
Maßstabe seines Verdienstes die Größe der Massen nehmen,
deren Bewegung er auf ihre Gesetze und diese auf die darin
wirkende Naturkraft zurückgeführt hat (welches letztere
übrigens nicht einmal seine, sondern *Robert Hookes* Ent-

deckung war, der er bloß durch Berechnung Gewißheit erteilt hat). Denn sonst ist nicht abzusehn, warum ihm mehr Verehrung gebühre als jedem andern, der gegebene Wirkungen auf die Äußerung einer bestimmten Naturkraft zurückführt, und warum nicht z. B. *Lavoisier* ebenso hochzuschätzen sein sollte. Im Gegenteil ist die Aufgabe, aus vielerlei zusammenwirkenden Naturkräften gegebene Erscheinungen zu erklären und sogar jene erst aus diesen herauszufinden, viel schwieriger als die, welche nur zwei, und zwar so simple und einförmig wirkende Kräfte wie Gravitation und Trägheit im widerstandslosen Raume zu berücksichtigen hat: und gerade auf dieser unvergleichlichen Einfachheit oder Ärmlichkeit ihres Stoffes beruht die mathematische Gewißheit, Sicherheit und Genauigkeit der Astronomie, vermöge welcher sie die Welt dadurch in Erstaunen versetzt, daß sie sogar noch nicht gesehene Planeten ankündigen kann – welches letztere, sosehr es auch bewundert worden, beim Lichte betrachtet doch nur dieselbe Verstandesoperation ist, die bei jedem Bestimmen einer noch ungesehenen Ursache aus ihrer sich kundgebenden Wirkung vollzogen wird und in noch bewunderungswürdigerem Grade ausgeführt wurde durch jenen Weinkenner, der aus einem Glase Wein mit Sicherheit erkannte, es müßte Leder im Fasse sein, welches ihm abgeleugnet wurde, bis nach endlicher Ausleerung desselben sich, auf dessen Boden liegend, ein Schlüssel mit einem Riemchen daran fand. Die hiebei und bei der Entdeckung des Neptuns stattfindende Verstandesoperation ist dieselbe, und der Unterschied liegt bloß in der Anwendung, also im Gegenstand; sie ist bloß durch den Stoff, keineswegs durch die Form verschieden. – *Daguerres* Erfindung hingegen, wenn nicht etwan, wie einige behaupten, der Zufall viel dazu beigetragen hat, daher Arago die Theorie dazu erst hinterher ersinnen mußte[F], ist hundertmal scharfsinniger als die so bewunderte Entdeckung des

F. Die *Erfindungen* geschehn meistens durch bloßes Tappen und Probieren: die Theorie einer jeden wird hinterher erdacht; eben wie zu einer erkannten *Wahrheit* der Beweis.

Leverrier[1]. – Aber, wie gesagt, auf der Größe der in Rede stehenden Massen und den gewaltigen Entfernungen beruht die Ehrfurcht der Menge. – Bei dieser Gelegenheit sei auch gesagt, daß manche physikalische und chemische Entdeckungen von unberechenbarem Wert und Nutzen für das ganze Menschengeschlecht sein können; während gar wenig Witz dazu gehörte, sie zu machen, so wenig, daß bisweilen der Zufall die Funktion desselben allein versieht. Also ist ein weiter Unterschied zwischen dem geistigen und dem materiellen Wert solcher Entdeckungen.

Vom Standpunkte der Philosophie aus könnte man die Astronomen Leuten vergleichen, welche der Aufführung einer großen Oper beiwohnten, jedoch, ohne sich durch die Musik oder den Inhalt des Stücks zerstreuen zu lassen, bloß achtgäben auf die Maschinerie der Dekorationen und auch so glücklich wären, das Getriebe und den Zusammenhang derselben vollkommen herauszubringen.

§ 81

Die Zeichen des Tierkreises sind das Familienwappen der Menschheit: denn sie finden sich als dieselben Bilder und in derselben Ordnung bei Hindu, Chinesen, Persern, Ägyptern, Griechen, Römern usw., und über ihren Ursprung wird gestritten. *Ideler*, ›Über den Ursprung des Tierkreises‹ (1838), wagt nicht zu entscheiden, wo er sich zuerst gefunden. *Lepsius*, in ›Ägypten‹[2], hat behauptet, er finde sich erst auf Monumenten zwischen der Ptolemaier- und Römer-Zeit. Aber *Uhlemann*, ›Grundzüge der Astronomie und Astrologie der Alten, besonders der Ägypter‹ (1857) führt an, daß in Königsgräbern aus dem 16. Jahrhundert v. Chr. sich schon die Zeichen des Tierkreises finden.

1. [Leverrier bestimmte aus den Abweichungen der Umlaufbahn des Uranus den Planeten Neptun, den auf seine Aufforderung hin Galle 1846 entdeckte.]
2. [›Denkmäler aus Ägypten und Äthiopien‹, 12 Bde, 1849–59, Chronologische Einleitung S. 65]

§ 82

In Rücksicht auf die Pythagorische Harmonie der Sphären sollte man doch einmal berechnen, welcher Akkord herauskäme, wenn man eine Folge von Tönen im Verhältnis der verschiedenen Velozitäten[1] der Planeten zusammenstellte, so daß Neptun den Baß, Merkur den Sopran abgäbe. – Man sehe hierüber ›Scholia in Aristotelem‹ (collegit Brandis p. 496).

§ 83

Wenn, wie es dem jetzigen Stande unserer Kenntnisse gemäß erscheint und auch schon Leibniz und Buffon behauptet haben, die Erde einst im Zustande der Glühehitze und Schmelzung war, ja es noch ist, indem bloß ihre Oberfläche sich abgekühlt und verhärtet hat, so war sie vor diesem wie alles Glühende auch leuchtend; und da auch die großen Planeten dies, und zwar noch länger waren, so wird von den Astronomen ferner und älterer Welten damals die Sonne als ein Doppelstern oder ein dreifacher, ja vierfacher aufgeführt worden sein. Da nun die Erkaltung ihrer Oberfläche so langsam vor sich geht, daß in historischen Zeiten nicht die geringste Zunahme derselben nachweisbar ist, ja solche nach *Fouriers* Berechnungen gar nicht mehr in irgend merklichem Grade stattfindet, weil geradesoviel Wärme, als die Erde jährlich ausstrahlt, sie von der Sonne wiedererhält; so muß, an dem 1 384 472 mal größern Volumen der Sonne, deren integrierender Teil die Erde einst gewesen, die Erkaltung in dem dieser Differenz entsprechenden Verhältnisse langsamer, wenngleich ohne Kompensation von außen vor sich gehn; wonach denn das Leuchten und Wärmen der Sonne sich daraus erklärt, daß sie noch in dem Zustande ist, in welchem einst auch die Erde gewesen, dessen Abnahme aber bei ihr viel zu langsam geht, als daß der Einfluß derselben, selbst auch nur in Jahrtausenden, zu spüren wäre. Daß dabei eigentlich ihre Atmosphäre das Leuchtende sein soll, ließe sich wohl aus der Sublimation der glühendesten

1. [Umlaufgeschwindigkeiten]

Teile erklären. – Dasselbe gälte dann von den Fixsternen, unter denen die Doppelsterne solche wären, deren Planeten noch im Zustande des Selbstleuchtens sind. Dieser Annahme zufolge würde aber allmälig doch alle Glut verlöschen und nach Billionen Jahren die ganze Welt in Kälte, Starrheit und Nacht versinken müssen – wenn nicht inzwischen etwan neue Fixsterne aus leuchtendem Nebel zusammengerinnen und so ein Kalpa[1] sich an das andere knüpft.

§ 84

Man könnte aus der physischen Astronomie folgende *teleologische* Betrachtung ableiten.

Die zum Erkalten oder Erwärmen eines Körpers in einem Medio von heterogener Temperatur nötige Zeit steht in einem schnell anwachsenden Verhältnis zu seiner Größe, welches danach in Hinsicht auf die als heiß angenommenen verschiedenen Massen der Planeten zu berechnen schon *Buffon* bemüht gewesen ist; jedoch mit mehr Gründlichkeit und Erfolg in unsern Tagen *Fourier.* Im Kleinen zeigen es uns die Gletscher, welche kein Sommer zu schmelzen vermag, und sogar das Eis im Keller, als wo eine hinlänglich große Masse desselben sich erhält. Hienach hätte, beiläufig gesagt, das ›Divide et impera‹[2] [Teile und herrsche] seine beste Veranschaulichung an der Wirkung der Sommerwärme auf das Eis.

Die vier großen Planeten empfangen äußerst wenig Wärme von der Sonne, da z. B. auf dem Uranus die Beleuchtung nur (nach Humboldt) $1/_{368}$ derjenigen beträgt, welche die Erde erhält. Folglich sind sie zur Erhaltung des Lebens auf ihrer Oberfläche ganz auf ihre innere Wärme verwiesen; während die Erde es fast ganz auf die äußere, von der Sonne kommende ist; wenn nämlich wir den Berechnungen *Fouriers* trauen, nach welchen die Wirkung der so intensen

1. [Indische Bezeichnung für Weltalter; *vgl. Bd. 1, S. 663*]
2. [›Diviser pour régner‹ war nach Prosper Mérimée: ›Chronique du règne de Charles IX‹, 1829, p. 7 ein Ausspruch König Ludwig XI. von Frankreich.]

Hitze des Innern der Erde auf die Oberfläche nur noch ein Minimum beträgt. Bei der Größe der vier großen Planeten, welche die der Erde respektive 80 bis 1300 mal übertrifft, ist nun die zu ihrer Abkühlung erforderliche Zeit unberechenbar lang. Haben wir doch von der Abkühlung der gegen sie so kleinen Erde nicht die geringste Spur in der *historischen* Zeit; wie dies ein Franzose höchst scharfsinnig daraus bewiesen hat, daß der Mond im Verhältnis zur Rotation der Erde nicht langsamer geht als in der frühesten Zeit, von der wir Kunde haben. Wäre nämlich die Erde irgend kälter geworden, so müßte sie in eben dem Maße sich zusammengezogen haben, wodurch eine Beschleunigung ihrer Rotation entstanden sein würde, während der Gang des Mondes unverändert blieb. Diesemnach erscheint es als höchst zweckmäßig, daß die *großen* Planeten die von der Sonne weit entfernten, die kleinen hingegen die ihr nahestehenden sind und der allerkleinste der allernächste. Denn diese werden allmälig ihre innere Wärme verlieren oder wenigstens sich so dick inkrustieren, daß sie nicht mehr zur Oberfläche durchdringt[H]. Sie bedürfen daher der äußeren Wärmequelle. Die Planetoiden sind als bloße Fragmente eines auseinandergesprengten Planeten eine ganz zufällige Abnormität, kommen also hier nicht in Betracht. Wohl aber ist dieses Akzidenz an und für sich ein bedenklich antiteleologisches. Wir wollen hoffen, daß die Katastrophe stattgefunden hat, ehe der Planet bewohnt gewesen. Jedoch kennen wir die Rücksichtslosigkeit der Natur: – ich stehe für nichts. Daß aber diese von Olbers aufgestellte und durchaus wahrscheinliche Hypothese jetzt wieder bestritten wird, hat vielleicht ebensoviel theologische als astronomische Gründe.

Damit jedoch die aufgestellte Teleologie vollkommen wäre, müßten die vier *großen* Planeten so stehn, daß der größte unter ihnen der entfernteste, der kleinste aber der nächste wäre: allein hiemit verhält es sich vielmehr umgekehrt. Auch könnte man einwenden, daß ihre Masse viel leichter, also auch lockerer ist als die der kleinen Planeten: doch ist

H. Die Vulkane sind die Sicherheitsklappen (safety valves) des großen Dampfkessels.

sie dies lange nicht in dem Verhältnis, um den enormen Unterschied der Größe zu kompensieren. Vielleicht ist sie es nur infolge ihrer innern Wärme.

Ein Gegenstand ganz besonderer teleologischer Bewunderung ist die Schiefe der Ekliptik, weil nämlich ohne sie kein Wechsel der Jahreszeiten eintreten, sondern immerwährender Frühling auf der Erde herrschen würde, wobei die Früchte nicht reifen und gedeihen könnten und folglich die Erde nicht überall bis nahe an die Pole heran bewohnt sein könnte. Daher sehn in der Schiefe der Ekliptik die Physiko-Theologen die weiseste aller Vorkehrungen und die Materialisten den glücklichsten aller Zufälle. Diese Bewunderung, bei der besonders *Herder* (›Ideen zur Philosophie der Geschichte‹ 1, 4) sich begeistert, ist jedoch beim Lichte betrachtet ein wenig einfältig. Denn wenn besagtermaßen ewiger Frühling herrschte, so würde die Pflanzenwelt gewiß nicht verfehlt haben, ihre Natur auch danach einzurichten, nämlich so, daß eine weniger intense, dagegen aber stets anhaltende und gleichmäßige Wärme ihr angemessen wäre; eben wie die jetzt fossile Flora der Vorwelt sich auf eine durchaus andere Beschaffenheit des Planeten eingerichtet hatte, gleichviel, wodurch diese verursacht wurde, und bei derselben wundervoll gedieh.

Daß auf dem Monde keine Atmosphäre sich durch Refraktion kundgibt, ist notwendige Folge seiner geringen Masse, die nur $1/88$ der unsers Planeten beträgt und demnach so geringe Anziehungskraft ausübt, daß unsere Luft, dahin versetzt, nur $1/88$ ihrer Dichtigkeit behalten würde, folglich keine merkliche Refraktion bewirken könnte und ebenso machtlos im übrigen sein muß. –

Hier mag nun noch eine Hypothese über die Mondoberfläche eine Stelle finden, da ich sie zu verwerfen mich nicht entschließen kann; obwohl ich die Schwierigkeiten, denen sie unterworfen ist, recht wohl einsehe, sie auch nur als eine gewagte Konjektur betrachte und mitteile. Es ist diese, daß das Wasser des Mondes nicht abwesend, sondern gefroren sei, indem der Mangel einer Atmosphäre eine fast absolute Kälte herbeiführt, welche sogar die außerdem durch denselben begünstigte Verdünstung des Eises nicht zuläßt. Nämlich bei der Kleinheit des Mondes – an Volumen $^1/_{49}$, an Masse $^1/_{88}$ der Erde – müssen wir seine *innere* Wärmequelle als erschöpft oder wenigstens als nicht mehr auf die Oberfläche wirkend betrachten. Von der Sonne erhält er nicht mehr Wärme als die Erde. Denn, obgleich er einmal im Monat ihr um so viel, als sein Abstand von uns beträgt, näher kommt, wobei er zudem stets nur die allezeit von uns abgewandte Seite ihr zukehrt; so erhält diese Seite dadurch nach *Mädler* doch nur eine im Verhältnis von 101 zu 100 hellere Beleuchtung (folglich auch Erwärmung) als die uns zugekehrte, welche nie in diesen Fall und sogar in den entgegengesetzten kommt, wann er nämlich nach vierzehn Tagen wieder um ebensoviel weiter, als wir von ihm abstehn, von der Sonne sich entfernt hat. Wir haben also keinen stärkern erwärmenden Einfluß der Sonne auf den Mond anzunehmen, als der ist, den sie auf die Erde hat; ja sogar einen schwächern, da derselbe für jede Seite zwar vierzehn Tage dauert, dann aber durch eine ebenso lange Nacht unterbrochen wird, welche die Anhäufung seiner Wirkung verhindert. – Nun aber ist jede Erwärmung durch das Sonnenlicht von der Gegenwart einer Atmosphäre abhängig. Denn sie geschieht nur vermöge der Metamorphose des Lichtes in Wärme, welche eintritt, wann dasselbe auf einen opaken, d.h. ihm als Licht undurchdringlichen Körper trifft: einen solchen kann es nämlich nicht wie den durchsichtigen, durch welchen es zu ihm gelangte, in seinem blitzschnellen geradlinigen Gange durchschießen: alsdann verwandelte es sich in die sich nach allen Seiten verbreitende und aufsteigende Wärme. Diese nun aber als absolut leicht (imponderabel) muß kohibiert und zusammengehalten werden durch den Druck einer Atmosphäre, sonst verfliegt sie schon im Entstehn. Denn so blitzschnell auch das Licht in seiner ursprünglichen strahlenden Natur die Luft durchschneidet, so langsam ist hingegen sein Gang, wann es, in Wärme verwandelt, das Gewicht und den Widerstand eben dieser Luft zu überwältigen hat, welche bekanntlich der schlechteste aller Wärmeleiter ist.

Ist hingegen dieselbe verdünnt, so entweicht auch die
Wärme leichter, und wenn jene ganz fehlt, augenblicklich.
Dieserhalb sind die hohen Berge, wo der Druck der Atmosphäre doch erst auf die Hälfte reduziert ist, mit ewigem
Schnee bedeckt, hingegen tiefe Täler, wenn weit, die
wärmsten: was muß es nun erst sein, wo die Atmosphäre
ganz fehlt! Hinsichtlich der Temperatur also hätten wir
unbedenklich alles Wasser auf dem Monde als gefroren anzunehmen. Allein jetzt entsteht die Schwierigkeit, daß, wie
die Verdünnung der Atmosphäre das Kochen befördert und
den Siedepunkt erniedrigt, die gänzliche Abwesenheit derselben den Verdünstungsprozeß überhaupt sehr beschleunigen muß, wonach das gefrorene Wasser des Mondes längst
hätte verdünstet sein müssen. Dieser Schwierigkeit nun begegnet die Erwägung, daß jede Verdünstung, selbst die im
luftleeren Raume, nur vermöge einer sehr bedeutenden,
eben durch sie latent werdenden Quantität Wärme vor sich
geht. Diese Wärme nun aber fehlt auf dem Monde, als wo
die Kälte beinahe eine absolute sein muß; weil die durch
die unmittelbare Einwirkung der Sonnenstrahlen entwik-
kelte Wärme augenblicklich verfliegt und die geringe Verdünstung, die sie etwan dabei dennoch bewirkt, alsbald
durch die Kälte wieder niedergeschlagen wird gleich dem
Reif[H]. Denn daß die *Verdünnung* der Luft, sosehr sie an sich
selbst die Verdünstung befördert, diese noch mehr dadurch
verhindert, daß sie die dazu nötige Wärme entweichen
läßt, sehn wir eben auch am Alpenschnee, der sowenig
durch Verdünstung wie durch Schmelzung verschwindet.
Bei gänzlicher *Abwesenheit* der Luft nun wird in gleichem
Verhältnis das augenblickliche Entweichen der sich ent-
wickelnden Wärme der Verdünstung ungünstiger sein, als
der Mangel des Luftdrucks an sich selbst ihr günstig ist. –
Dieser Hypothese zufolge hätten wir alles Wasser auf dem
Monde als in Eis verwandelt und namentlich den ganzen,

H. Dieser Hypothese ist das Lesliesche Experiment, vorgetragen von
Pouillet (vol. 1, p. 368), durchaus günstig. Wir sehn nämlich das Wasser
im Luftleeren gefrieren, weil die Verdünstung ihm selbst die Wärme
geraubt hat, die nötig war, es flüssig zu erhalten.

so rätselhaften graueren Teil seiner Oberfläche, den man allezeit als maria [Meere] bezeichnet hat, als gefrorenes Wasser
anzusehn[F], wo alsdann seine vielen Unebenheiten keine
Schwierigkeit mehr machen und die so auffallenden tiefen
und meist geraden Rillen, die ihn durchschneiden, als weit-
klaffende Spalten im geborstenen Eise zu erklären wären,
welcher Auslegung ihre Gestalt sehr günstig ist[FF].

Im allgemeinen ist übrigens der Schluß vom Mangel der
Atmosphäre und des Wassers auf Abwesenheit alles Lebens
nicht ganz sicher; sogar könnte man ihn kleinstädtisch
nennen, sofern er auf der Voraussetzung ›partout comme
chez nous‹[1] [überall wie bei uns] beruht. Das Phänomen des
tierischen Lebens könnte wohl noch auf andere Weise vermittelt werden als durch Respiration und Blutumlauf: denn
das Wesentliche alles Lebens ist allein der beständige Wechsel der Materie beim Beharren der Form. Wir freilich können uns dies nur unter Vermittelung des Flüssigen und
Dunstförmigen denken. – Allein die Materie ist überhaupt
die bloße Sichtbarkeit des Willens. Dieser nun aber strebt
überall die Steigerung seiner Erscheinung von Stufe zu
Stufe an. Die Formen, Mittel und Wege dazu können gar
mannigfaltig sein. – Andererseits wieder ist zu erwägen,
daß höchstwahrscheinlich die chemischen Elemente nicht
nur auf dem Monde, sondern auch auf allen Planeten dieselben wie auf der Erde sind; weil das ganze System aus

F. Humboldt (›Kosmos‹ 3, 460) sagt, daß John Herschel vermutet,
daß die Temperatur der Mondoberfläche vielleicht die des siedenden
Wassers ansehnlich übertäfe; welches er auseinandersetzt in seinen
›Outlines of astronomy‹ (1849), § 432.

FF. Der Pater *Secchi* in Rom schreibt bei Übersendung einer Photo-
graphie des *Mondes* am 6. April 1858: ›Très remarquable dans la
pleine lune est le fond noir des parties lisses, et le grand éclat des parties
raboteuses: doit-on croire celles-ci couvertes de *glaces* ou de *neige?*‹
[Sehr bemerkenswert im Vollmonde ist der schwarze Grund der
ebenen Teile und der helle Glanz der höckerigen: sollte anzunehmen
sein, daß diese mit Eis oder Schnee bedeckt sind?] (siehe ›Comptes
rendus‹, 28. April 1858). – In einem ganz neuen Drama heißt es:
›That I could clamber to the *frozen moon*, and draw the ladder after
me!‹ [Könnt' ich erklimmen den gefrornen Mond und nach mir
ziehn die Leiter!] – ist Dichter-Instinkt.

1. [Vgl. Nolant de Fatouvilles: ›Arlequin, empereur de la lune‹, 1684]

demselben Urlichtnebel, in den die jetzige Sonne ausgebreitet war, sich abgesetzt hat. Dies läßt allerdings eine
Ähnlichkeit auch der höhern Willenserscheinungen vermuten.

§ 85

Die höchst scharfsinnige *Kosmogonie*, d. i. Theorie vom Ursprunge des Planetensystems, welche zuerst *Kant* in seiner
›Naturgeschichte des Himmels‹ (1755) und darauf vollen-
deter im siebenten Kapitel seines ›Einzig möglichen Be-
weisgrundes‹ [vom Dasein Gottes] (1763) geliefert hat, ist
beinahe fünfzig Jahre später von *Laplace* (›Exposition du
système du monde‹ 5, 2) mit größerer astronomischer Kenntnis entwickelt und fester begründet worden. Ihre Wahrheit
beruht jedoch nicht allein auf der von *Laplace* urgierten
Grundlage des *räumlichen* Verhältnisses, daß nämlich 45
Weltkörper sämtlich nach *einer* Richtung zirkulieren und
zugleich nach eben derselben rotieren; sondern sie hat eine
noch festere Stütze an dem *zeitlichen* Verhältnis, welches
durch das zweite und dritte Keplersche Gesetz ausgedrückt
wird, sofern diese Gesetze die feste Regel und genaue Formel angeben, nach welcher alle Planeten in streng gesetz-
mäßigem Verhältnis schneller zirkulieren, je näher sie der
Sonne stehn, bei dieser selbst aber an die Stelle der Zirkulation die bloße Rotation getreten ist und nun als das Maximum der Schnelligkeit jenes progressiven Verhältnisses
dasteht. Als die Sonne noch bis zum Uranus ausgedehnt
war, rotierte sie in 84 Jahren, jetzt aber, nachdem sie durch
jede ihrer Zusammenziehungen eine Beschleunigung erlitten und infolge der letzten, in $25^{1}/_{2}$ Tag.

Wären nämlich die Planeten nicht stehngebliebene Teile
des ehemals so großen Zentralkörpers, sondern auf irgend
anderm Wege und jeder für sich entstanden; so wäre nicht
zu begreifen, wie jeder Planet genau auf die Stelle zu stehn
gekommen sei, wo er, den beiden letzten Keplerschen Gesetzen gemäß, gerade stehn muß, wenn er nicht den Newtonischen Gravitations- und Zentrifugalgesetzen zufolge
entweder in die Sonne fallen oder davonfliegen soll. Hierauf

ganz vorzüglich beruht die Wahrheit der Kant-Laplaceschen Kosmogonie. Sehn wir nämlich mit Newton die Zirkulation der Planeten an als das Produkt der Gravitation und einer ihr kontragierenden[1] Zentrifugalkraft; so gibt es für jeden Planeten, seine vorhandene Zentrifugalkraft als gegeben und feststehend genommen, nur eine einzige Stelle, wo seine Gravitation dieser gerade das Gleichgewicht hält und er demnach in seiner Bahn bleibt. Daher nun muß es eine und dieselbe Ursache gewesen sein, welche jedem Planeten seine Stelle und zugleich seine Velozität erteilte. Rückt man einen Planeten näher zur Sonne, so muß er um so schneller laufen, folglich auch mehr Zentrifugalkraft erhalten, wenn er nicht hineinfallen soll: rückt man ihn weiter von der Sonne weg, so muß, in dem Maße, wie dadurch seine Gravitation vermindert wird, auch seine Zentrifugalkraft vermindert werden: sonst fliegt er davon. Seine Stelle könnte also ein Planet überall haben, wenn nur eine Ursache dawäre, welche ihm die jeder Stelle genau angepaßte, nämlich der daselbst wirkenden Gravitation gerade das Gleichgewicht haltende Zentrifugalkraft erteilte. Da wir nun finden, daß jeder Planet wirklich die an dem Orte, wo er steht, gerade erforderliche Velozität hat; so ist dies nur daraus zu erklären, daß dieselbe Ursache, welche ihm seine Stelle erteilte, auch zugleich den Grad seiner Geschwindigkeit bestimmt hat. Dies nun ist allein aus der in Rede stehenden Kosmogonie begreiflich, da sie den Zentralkörper sich ruckweise zusammenziehn und dadurch einen Ring, der sich nachher zum Planeten ballt, absetzen läßt, wobei dem zweiten und dritten Keplerschen Gesetze zufolge nach jeder Zusammenziehung die Rotation des Zentralkörpers sich stark beschleunigen muß und er die hiedurch bestimmte Velozität bei der folgenden abermaligen Zusammenziehung dem daselbst abgesetzten Planeten zurückläßt. Nun kann er ihn an jedem beliebigen Ort seiner Sphäre absetzen; denn allemal erhält der Planet genau die für diesen, aber für keinen andern Ort passende Schwungkraft, als welche um so stärker ausfällt, je näher dem Zentralkörper dieser

1. [entgegenwirkenden]

Ort ist und je stärker daher die ihn zu jenem ziehende Gravitation wirkt, welcher seine Schwungkraft entgegenzuwirken hat. Denn gerade in dem dazu erforderlichen Maße hatte dazu sich auch die Schnelligkeit der Rotation des die Planeten sukzessiv absetzenden Körpers vermehrt. – Wer übrigens diese notwendige Beschleunigung der Rotation infolge der Zusammenziehung versinnlicht sehn möchte, dem wird dies auf eine ergötzliche Art ein großes spiralgewundenes, brennendes Feuerrad leisten, als welches anfangs langsam und dann, in dem Maße, als es kleiner wird, schneller und immer schneller rotiert.

Kepler hat in seinem zweiten und dritten Gesetze bloß das tatsächliche Verhältnis zwischen dem Abstand eines Planeten von der Sonne und der Schnelligkeit seines Laufes ausgesprochen; es mag nun einen und denselben Planeten zu verschiedenen Zeiten oder zwei verschiedene Planeten betreffen. Dieses Verhältnis hat *Newton*, indem er *Robert Hookes* Grundgedanken, den er anfangs verworfen hatte, endlich annahm, aus der Gravitation und ihrem Gegengewichte, der Zentrifugalkraft, abgeleitet und hieraus dargetan, daß und warum es so sein *müsse*; weil nämlich bei *solcher* Entfernung vom Zentralkörper der Planet gerade *solche* Geschwindigkeit haben müsse, um nicht entweder hineinzufallen oder davonzufliegen. Dies ist zwar in absteigender Kausalreihe die causa efficiens [bewirkende Ursache], aber in aufsteigender ist es erst die causa finalis [Endursache]. Wie nun aber der Planet dazu gekommen sei, gerade an dieser Stelle eben die hier erforderte Geschwindigkeit wirklich zu erhalten oder auch bei dieser gegebenen Geschwindigkeit gerade an die Stelle versetzt zu werden, woselbst allein ihr die Gravitation genau das Gleichgewicht hält – diese Ursache, diese noch höher hinaufliegende causa efficiens lehrt ganz allein die *Kant-Laplacesche Kosmogonie*.

Eben diese wird einst auch noch die ungefähr regelmäßige *Stellung* der Planeten uns begreiflich machen, so daß wir sie nicht mehr bloß als regelmäßig, sondern als gesetzmäßig, d.h. aus einem Naturgesetze hervorgegangen verstehn werden. Auf ein solches deutet folgendes Schema, welches schon hundert Jahre vor der Entdeckung des Uranus bekannt war und darauf beruht, daß man in der obern Reihe allemal die Zahl verdoppelt und dann in der untern vier hinzuzählt; wonach diese die ungefähren mittleren Abstände der Planeten in erträglicher Übereinstimmung mit den heutzutage geltenden Angaben darstellt:

0	3	6	12	24	48	96	192	384
4	7	10	16	28	52	100	196	388
☿	♀	♁	♂	Planetoiden	♃	♄	♅	♆

[Merkur Venus Erde Mars,   Jupiter Saturn Uranus Neptun[1]]

Die Regelmäßigkeit dieser Stellung ist unverkennbar, wenngleich nur approximativ zutreffend. Vielleicht gibt es jedoch für jeden Planeten eine Stelle seiner Bahn, zwischen ihrem Perihelio und Aphelio[2], wo die Regel genau zutrifft: diese würde dann als seine eigentliche und ursprüngliche Stelle anzusehn sein. Jedenfalls muß diese mehr oder minder genaue Regelmäßigkeit eine Folge der bei der sukzessiven Zusammenziehung des Zentralkörpers tätig gewesenen Kräfte und der Beschaffenheit des ihnen zum Grunde liegenden Urstoffes gewesen sein. Jede neue Zusammenziehung der Urnebelmasse war eine Folge der durch die ihr vorhergegangenen herbeigeführten Beschleunigung der Rotation, als welcher jetzt die äußere Zone nicht mehr folgen konnte, sich daher losriß und stehnblieb, wodurch eine abermalige Zusammenziehung entstand, welche abermalige Beschleunigung herbeiführte, usf. Da hiebei der Zentralkörper ruckweise an Größe abnahm, so betrug auch die Weite der Zusammenziehung jedesmal in eben dem Verhältnis weniger, nämlich etwas unter der Hälfte der ihr vorhergegangenen; indem er sich jedesmal um die Hälfte seiner noch vorhandenen Ausdehnung (− 2) zusammenzog. − Auffallend ist übrigens, daß gerade den mittelsten der Planeten die Katastrophe betroffen hat, infolge welcher nur noch seine Fragmente existieren. Er war der Grenzpfahl zwischen den vier großen und den vier kleinen Planeten.

1. [Der äußerste Planet, Pluto, wurde erst 1930 entdeckt]
2. [Sonnennähe und Sonnenferne]

Auch darin liegt eine Bestätigung der Theorie, daß im ganzen genommen die Planeten, je weiter von der Sonne, desto größer sind; weil nämlich die Zone, aus der sie sich zusammengeballt haben, desto größer war, wiewohl hiebei einige Unregelmäßigkeiten infolge der zufälligen Verschiedenheiten in der Breite solcher Zonen sich eingefunden haben.

Eine anderweitige Bestätigung der Kant-Laplaceschen Kosmogonie ist die Tatsache, daß die Dichtigkeit der Planeten ungefähr in dem Verhältnis, wie sie ferner von der Sonne stehn, abnimmt. Denn dies erklärt sich daraus, daß der entfernteste Planet ein Überrest der Sonne ist, aus der Zeit, da sie am ausgedehntesten, folglich am dünnsten war: darauf zog sie sich zusammen – wurde also dichter – und so fort. Dasselbe hat eine Bestätigung daran, daß der Mond, welcher später auf gleiche Weise durch Zusammenziehung der noch dunstförmigen, aber dafür bis zum jetzigen Monde reichenden Erde entstanden ist, auch nur $^5/_9$ der Dichtigkeit der Erde hat. Daß aber die Sonne selbst nicht der dichteste von allen Körpern des Systems ist, wird dadurch erklärlich, daß jeder Planet aus der nachherigen Zusammenballung eines ganzen Ringes zu einer Kugel entstanden, die Sonne aber bloß das nicht weiter zusammengedrückte Residuum jenes Zentralkörpers nach seiner letzten Zusammenziehung ist. Noch eine spezielle Bestätigung der in Rede stehenden Kosmogonie gibt der Umstand, daß, während die Neigung aller Planetenbahnen gegen die Ekliptik (Erdbahn) zwischen $^3/_4°$ und $3\,^1/_2°$ variiert, die des Merkurs 7° 0′ 66″ beträgt: dies ist aber beinahe gleich der Neigung des Äquators der Sonne gegen die Ekliptik, als welche 7° 30′ beträgt, und ist daraus erklärlich, daß der letzte Ring, den die Sonne absetzte, mit dem Äquator derselben, von dem er sich lostrennte, beinahe parallel geblieben ist; während die früher abgesetzten dabei mehr aus dem Gleichgewicht kamen oder auch die Sonne seit deren Lostrennung ihre Rotationsachse verrückt hat. Schon die Venus, als der vorletzte, hat eine Neigung von $3\,^1/_2°$, die andern alle sogar unter 2°, mit Ausnahme des Saturns, der $2\,^1/_2°$ hat (die Angaben nach Humboldts ›Kosmos‹ Bd. 3, S. 449). – Sogar der so seltsame Gang unsers Mondes, in welchem Rotation und Umlauf eines sind, wodurch er uns immer dieselbe Seite zukehrt, ist allein daraus zu begreifen, daß dies gerade die Bewegung eines um die Erde zirkulierenden Ringes ist: aus einem solchen ist durch Zusammenziehung desselben nachher der Mond entstanden, darauf aber nicht gleich den Planeten durch irgendeinen zufälligen Anstoß in schnellere Rotation versetzt worden.

Diese kosmogonischen Betrachtungen geben uns zunächst zu zwei metaphysischen Anlaß: erstlich, daß im Wesen aller Dinge eine Zusammenstimmung begründet ist, vermöge welcher die uranfänglichsten, blinden, rohen, niedrigsten Naturkräfte, von der starresten Gesetzlichkeit geleitet, durch ihren Konflikt an der ihnen gemeinschaftlich preisgegebenen Materie und durch die solchen begleitenden akzidentellen Folgen nichts Geringeres zustande bringen als das Grundgerüst einer Welt, mit bewundrungswürdiger Zweckmäßigkeit zum Entstehungsort und Aufenthalt lebender Wesen eingerichtet, in der Vollkommenheit, wie es die besonnenste Überlegung unter Leitung des durchdringendsten Verstandes und der schärfsten Berechnung nur irgend vermochte hätte. Wir sehn hier also in überraschendester Weise, wie die causa efficiens und die causa finalis, die αἰτία ἐξ ἀνάγκης [notwendige Ursache] und die χάριν τοῦ βελτίονος [um des Besseren willen: die Zweckursache] des Aristoteles, jede unabhängig von der andern daherschreitend, im Resultat zusammentreffen. Die Ausführung dieser Betrachtung und die Erklärung des ihr zum Grunde liegenden Phänomens aus den Prinzipien meiner Metaphysik findet man im zweiten Bande meines Hauptwerks (Kap. 25, S. 324 ff. *[Bd. 2, S. 418 ff.]*). Hier erwähne ich sie nur, um darauf hinzuweisen, daß sie uns ein Schema an die Hand gibt, woran wir analogisch uns faßlich machen oder wenigstens im allgemeinen absehn können, wie alle die zufälligen Begebenheiten, welche in den Lebenslauf des einzelnen Menschen eingreifen und sich durchkreuzen, dennoch in geheimer und prästabilierter Harmonie zusammenstimmen, um ein in Beziehung auf seinen Charakter und sein wahres letztes Wohl ebenso zweckmäßig übereinstimmendes Ganzes herauszubringen, wie wenn alles nur seinetwegen dawäre, als eine bloße Phantasmagorie für ihn allein. Dieses näher zu beleuchten ist die Aufgabe der im ersten Bande befindlichen Abhandlung ›Über die anscheinende Zweckmäßigkeit im Leben des einzelnen‹[1].

Die zweite durch jene Kosmogonie veranlaßte metaphysische Betrachtung ist eben, daß selbst eine so beträchtlich weit reichende *physische* Erklärung der Entstehung der Welt dennoch nie das Verlangen nach einer *metaphysischen* aufheben oder die Stelle derselben einnehmen kann. Im Gegenteil, je weiter man der *Erscheinung* auf die Spur gekommen ist, desto deutlicher merkt man, daß man es nur mit einer solchen und nicht mit dem Wesen der Dinge an sich selbst zu tun hat. Damit meldet sich denn das Bedürfnis einer *Metaphysik* als Gegengewicht jener so weit getriebenen Physik. Denn alle Materialien, daraus jene Welt vor unserm Verstande aufgebaut worden, sind im Grunde ebenso viele unbekannte Größen und treten gerade als die Rätsel und Probleme der Metaphysik auf: nämlich das innere Wesen jener Naturkräfte, deren blindes Wirken hier das Gerüst der Welt so zweckmäßig aufbaut; sodann das innere Wesen der chemisch verschiedenen und demgemäß auf einander wirkenden Stoffe, aus deren Kampf, den am vollkommensten *Ampère* geschildert hat, die individuelle Beschaffenheit der einzelnen Planeten hervorgegangen ist, wie solches an den Spuren desselben nachzuweisen die Geologie beschäftigt ist; endlich denn auch das innere Wesen der Kraft, die sich zuletzt als organisierend erweist und auf der äußersten Oberfläche des Planeten wie einen Anhauch, wie einen Schimmel Vegetation und Animalisation hervorbringt, mit welcher letztern allererst das Bewußtsein, mithin die Erkenntnis eintritt, welche wiederum die Bedingung des ganzen so weit gediehenen Herganges ist; da alles, woraus er besteht, nur für sie, nur in ihr daist und nur in bezug auf

1. [›Über die anscheinende *Absichtlichkeit im Schicksale* des einzelnen‹ Bd. 4, S. 243–272]

sie Realität hat, ja die Vorgänge und Veränderungen selbst nur vermöge ihrer selbst-eigenen Formen (Zeit, Raum, Kausalität) sich darstellen konnten, also auch nur relativ für den Intellekt existieren.

Wenn man nämlich einerseits zugeben muß, daß alle jene physischen, kosmogonischen, chemischen und geologischen Vorgänge, da sie notwendig als Bedingungen dem Eintritt eines Bewußtseins lange vorhergehn mußten, auch *vor* diesem Eintritt, also außerhalb eines Bewußtseins existierten; so ist andererseits nicht zu leugnen, daß eben die besagten Vorgänge außerhalb eines Bewußtseins, da sie in und durch dessen Formen allererst sich darstellen können, gar nichts sind, sich nicht einmal denken lassen. Allenfalls ließe sich sagen: das Bewußtsein bedingt die in Rede stehenden physischen Vorgänge vermöge seiner Formen; ist aber wiederum durch sie bedingt vermöge ihrer Materie. Im Grunde jedoch sind alle jene Vorgänge, welche Kosmogonie und Geologie (als lange vor dem Dasein irgendeines erkennenden Wesens geschehn) vorauszusetzen uns nötigen, selbst nur eine Übersetzung in die Sprache unsers anschauenden Intellekts aus dem ihm nicht faßlichen Wesen an sich der Dinge. Denn ein Dasein an sich selbst haben jene Vorgänge nie gehabt, sowenig als die jetzt gegenwärtigen; sondern der Regressus an der Hand der Prinzipien a priori aller möglichen Erfahrung leitet, einigen empirischen Datis folgend, zu ihnen hin: er selbst aber ist nur die Verkettung einer Reihe bloßer Phänomene, die keine unbedingte Existenz haben[F]. Daher eben behalten jene Vorgänge selbst in ihrem

F. Die allem Leben auf der Erde vorhergegangenen *geologischen Vorgänge* sind in gar keinem Bewußtsein dagewesen: nicht im eigenen, weil sie keines haben; nicht in einem fremden, weil keines dawar. Also hatten sie aus Mangel an jedem Subjekt gar kein objektives Dasein, d. h. sie waren überhaupt nicht, oder was bedeutet dann noch ihr Dagewesensein? – Es ist im Grunde ein bloß *hypothetisches*: nämlich *wenn* zu jenen Urzeiten ein Bewußtsein dagewesen wäre, so würden in demselben solche Vorgänge sich dargestellt haben; dahin leitet uns der Regressus der Erscheinungen: also lag es im Wesen des Dinges an sich, sich in solchen Vorgängen darzustellen.

Wenn wir sagen, anfangs sei ein *leuchtender Urnebel* gewesen, der sich zur Kugelform geballt und zu kreisen angefangen habe, dadurch

empirischen Dasein bei aller mechanischen Richtigkeit und
mathematischen Genauigkeit der Bestimmungen ihres Ein-
tretens doch immer einen dunkeln Kern wie ein schweres,
im Hintergrunde lauerndes Geheimnis; nämlich an den in
ihnen sich äußernden Naturkräften, an der diese tragenden
Urmaterie und an der notwendig anfangslosen, also unbegreiflichen Existenz dieser – welchen dunkeln Kern auf empirischem Wege aufzuhellen unmöglich ist; daher hier die
Metaphysik einzutreten hat, welche an unserm eigenen
Wesen uns den Kern aller Dinge im *Willen* kennen lehrt. In
diesem Sinne hat auch *Kant* gesagt: ›Es ist augenscheinlich,
daß die allerersten Quellen von den Wirkungen der Natur
durchaus ein Vorwurf der Metaphysik sein müssen‹ (›Von
der wahren Schätzung der lebendigen Kräfte‹ § 51).

Also von dem hier betretenen Standpunkt, welcher der der
Metaphysik ist, aus gesehn erscheint jene mit so vielem
Aufwande von Mühe und Scharfsinn erlangte physische Er-
klärung der Welt als ungenügend, ja als oberflächlich und

sei er linsenförmig geworden, und sein äußerster Umkreis habe sich
ringförmig abgesetzt, dann zu einem Planeten geballt und dasselbe
habe sich abermals wiederholt, und so fort, die ganze Laplacesche
Kosmogonie; und wenn wir nun ebenfalls die frühesten geologischen
Phänomene bis zum Auftreten der organischen Natur hinzufügen –
so ist alles, was wir da sagen, nicht im eigentlichen Sinne wahr, sondern eine Art Bildersprache. Denn es ist die Beschreibung von Erscheinungen, die *als solche* nie dagewesen sind: denn es sind räumliche,
zeitliche und kausale Phänomene, welche *als solche* schlechterdings nur
in der Vorstellung eines Gehirns existieren können, welches Raum,
Zeit und Kausalität zu Formen seines Erkennens hat, folglich ohne
ein solches unmöglich sind und nie dagewesen sind; daher jene Beschreibung bloß besagt, daß, *wenn* damals ein Gehirn existiert hätte, alsdann
besagte Vorgänge sich darin dargestellt haben würden. An sich selbst
hingegen sind jene Vorgänge nichts anderes als der dumpfe erkennt-
nislose Drang des Willens zum Leben nach seiner ersten Objektivation, welcher jetzt, nachdem Gehirne dasind, in dem Gedankengange
derselben und mittelst des Regresses, den die Formen ihres Vorstellens notwendig herbeiführen, sich darstellen muß als jene primären
kosmologischen und geologischen Phänomene, die also dadurch zum
ersten Male ihre *objektive* Existenz erhalten, welche aber deswegen der
subjektiven nicht weniger entspricht, als wenn sie mit dieser gleichzeitig und nicht erst ungezählte Jahrtausende hinterher eingetreten
wäre.

wird gewissermaßen zur bloßen Scheinerklärung, weil sie in einer Zurückführung auf unbekannte Größen, auf qualitates occultas besteht. Sie ist einer bloßen Flächenkraft, die nicht ins Innere dringt, dergleichen die Elektrizität ist, zu vergleichen; ja sogar dem Papiergelde, welches nur relativ, unter Voraussetzung eines andern Wert hat. Ich verweise hier auf die ausführlichere Darlegung dieses Verhältnisses in meinem Hauptwerke (Bd. 2, Kap. 17, S. 173 ff. *[Bd. 2, S. 223 ff.]*). Platte Empiriker gibt es in Deutschland, die ihr Publikum glauben machen wollen, es gäbe überhaupt nichts als die Natur und ihre Gesetze. Das geht nicht: die Natur ist kein Ding an sich, und ihre Gesetze sind keine absolute[n].

Reihet man in Gedanken die Kant-Laplacesche Kosmogonie, die Geologie, von *Deluc* an bis auf *Elie de Beaumont* herab, endlich auch noch die vegetabilische und animalische Urerzeugung mit dem Kommentar ihrer Folgen, nämlich Botanik, Zoologie und Physiologie, aneinander; so hat man eine vollständige Geschichte der Natur vor sich, indem man das Ganze des Phänomens der empirisch gegebenen Welt im Zusammenhange überblickt: diese aber macht erst das *Problem* der Metaphysik aus. Vermöchte die bloße Physik es zu lösen, so wäre es schon nahe daran, gelöst zu werden. Aber das ist ewig unmöglich; die oben erwähnten zwei Punkte, das Wesen an sich der Naturkräfte und das Bedingtsein der objektiven Welt durch den Intellekt, woran sich auch noch die a priori gewisse Anfangslosigkeit sowohl der Kausalreihe wie der Materie knüpft, benehmen der Physik alle Selbständigkeit oder sind die Stengel, womit ihr Lotos auf dem Boden der Metaphysik wurzelt.

Übrigens würde das Verhältnis der letzten Resultate der Geologie zu meiner Metaphysik sich in der Kürze folgendermaßen ausdrücken lassen: In der allerersten Periode des Erdballs, welche die dem Granit vorhergängige gewesen ist, hat die Objektivation des Willens zum Leben sich auf ihre untersten Stufen beschränkt, also auf die Kräfte der unorganischen Natur, woselbst sie nun aber sich im allergrößten Stil und mit blindem Ungestüme manifestierte, in-

dem die schon chemisch differenzierten Urstoffe in einen
Konflikt gerieten, dessen Schauplatz nicht die bloße Oberfläche, sondern die ganze Masse des Planeten war und dessen Erscheinungen so kolossal gewesen sein müssen, daß
keine Einbildungskraft sie zu erreichen vermag. Die jene
riesenhaften chemischen Urprozesse begleitenden Lichtent-
wickelungen werden von jedem Planeten unsers Systems
aus sichtbar gewesen sein, während die dabei statthabenden
Detonationen, die jedes Ohr gesprengt haben würden, freilich nicht über die Atmosphäre hinausgelangen konnten.
Nachdem endlich dieser Titanenkampf ausgetobt und der
Granit, als Grabstein, die Kämpfer bedeckt hatte, manifestierte nach angemessener Pause und dem Zwischenspiel
neptunischer Niederschläge der Wille zum Leben sich im
stärksten Kontraste dazu auf der nächsthöheren Stufe, im
stummen und stillen Leben einer bloßen Pflanzenwelt, welches sich nun aber ebenfalls im kolossalen Maßstabe darstellte in den himmelhohen und endlosen Wäldern, deren
Überreste uns nach Myriaden von Jahren mit einem unerschöpflichen Vorrat von Steinkohlen versorgen. Diese Pflanzenwelt dekarbonisierte nun auch allmälig die Luft, wodurch diese allererst für das tierische Leben tauglich wurde.
Bis dahin dauerte der lange und tiefe Friede dieser tierlosen
Periode und endigte zuletzt durch eine Naturrevolution,
welche jenes Pflanzenparadies zerstörte, indem sie die Wäl-
der begrub. Da jetzt die Luft rein geworden war, trat die
dritte große Objektivationsstufe des Willens zum Leben ein,
in der Tierwelt: Fische und Cetaceen [Wale] im Meer; aber
auf dem Lande noch bloße Reptilien, diese jedoch kolossal.
Wieder fiel der Weltvorhang, und sodann folgte die höhere
Objektivation des Willens im Leben warmblütiger Land-
tiere; wiewohl solcher, deren Genera [Gattungen] sogar
nicht mehr existieren und die meistens Pachydermata
[Dickhäuter] waren. Nach abermaliger Zerstörung der Erdoberfläche mit allem Lebenden darauf entzündete endlich
das Leben sich abermals von neuem, indem jetzt der Wille
zu demselben sich in einer Tierwelt objektivierte, die viel
zahlreichere und mannigfaltigere Gestalten darbot und de-

ren Spezies [Arten] zwar nicht mehr, wohl aber noch die Genera vorhanden sind. Diese durch solche Vielheit und Verschiedenheit der Gestalten vollkommener gewordene Objektivation des Willens zum Leben steigerte sich bereits bis zum Affen. Allein auch diese unsere letzte Vorwelt mußte untergehn, um auf erneuertem Boden der gegenwärtigen Bevölkerung Platz zu machen, in der die Objektivation die Stufe der Menschheit erreicht hat. Die Erde ist demnach einem vierfach beschriebenen Palimpsest zu vergleichen. – Eine interessante Nebenbetrachtung hiebei ist es, sich zu vergegenwärtigen, wie jeder der die zahllosen Sonnen im Raum umkreisenden Planeten, wenn auch noch in seinem chemischen Stadio, wo er der Schauplatz des schrecklichen Kampfes der rohesten Potenzen ist oder in den stillen Zwischenpausen sich befindet, doch schon in seinem Innern die geheimnisvollen Kräfte birgt, aus denen einst die Pflanzen- und Tierwelt in der unerschöpflichen Mannigfaltigkeit ihrer Gestalten hervorgehn werden und zu denen jener Kampf nur das Vorspiel ist, indem er ihnen den Schauplatz vorbereitet und die Bedingungen ihres Auftretens ihnen zurechtlegt. Ja man kann kaum umhin anzunehmen, daß es dasselbe ist, was in jenen Feuer- und Wasserfluten tobt und später jene Flora und Fauna beleben wird. Die Erreichung der letzten Stufe nun aber, die der Menschheit, muß meines Erachtens die letzte sein, weil auf ihr bereits die Möglichkeit der Verneinung des Willens, also der Umkehr von dem ganzen Treiben eingetreten ist; wodurch alsdann diese divina commedia[1] ihr Ende erreicht. Wenn demnach auch keine physikalische[n] Gründe den Nichteintritt einer abermaligen Weltkatastrophe verbürgen, so steht einer solchen doch ein moralischer Grund entgegen, nämlich dieser, daß sie jetzt zwecklos sein würde, indem das innere Wesen der Welt jetzt keiner höheren Objektivation zur Möglichkeit seiner Erlösung daraus bedarf. Das Moralische ist aber der Kern oder der Grundbaß der Sache, sowenig bloße Physiker dies begreifen mögen.

1. [Nach Dantes Dichtung: ›Divina commedia‹ – Göttliche Komödie]

§ 86

Um den Wert des von *Newton* jedenfalls zur Vollendung und
Gewißheit erhobenen *Gravitationssystems* in seiner Größe zu
schätzen, muß man sich zurückrufen, in welcher Verlegenheit hinsichtlich des Ursprunges der Bewegung der Weltkörper die Denker sich seit Jahrtausenden befanden. Aristoteles ließ die Welt aus eingeschachtelten, durchsichtigen
Sphären zusammengesetzt sein, deren äußerste die Fixsterne
trug und die folgenden jede einen Planeten, die letzte den
Mond; der Kern der Maschine war die Erde. Welche Kraft
nun diese Leier unablässig drehe, war die Frage, auf die er
nichts zu sagen wußte, als daß irgendwo ein πρῶτον κινοῦν
[erstes Bewegendes] sein müsse – welche Antwort man nachher so gütig gewesen ist ihm zum Theismus auszulegen,
während er keinen Gott-Schöpfer, vielmehr Ewigkeit der
Welt und bloß eine erste Bewegungskraft lehrt zu seiner
Weltenleier. Aber sogar, nachdem *Kopernikus* an die Stelle
jener fabelhaften die richtige Konstruktion der Weltma-
schine gesetzt, und auch, nachdem Kepler die Gesetze ihrer
Bewegung entdeckt hatte, bestand noch immer die alte Verlegenheit hinsichtlich der bewegenden Kraft. Schon Aristoteles hatte den einzelnen Sphären ebenso viele Götter vorgesetzt zur Lenkung. Die Scholastiker hatten diese Lenkung
gewissen sogenannten *Intelligenzen*[H], welches bloß ein vor-
nehmeres Wort für die lieben Engel ist, übertragen, deren
jede nun ihren Planeten kutschierte. Später wußten freier
Denkende, wie Jordanus Brunus [Giordano Bruno] und
Vanini, doch auch nichts Besseres als die Planeten selbst zu
einer Art lebender göttlicher Wesen zu machen[HH]. Darauf
kam Cartesius, der stets alles mechanisch erklären wollte,
jedoch keine andere bewegende Kraft kannte als den Stoß.
Demnach nahm er einen unsichtbaren und unfühlbaren
Stoff an, der schichtweise die Sonne umkreiste oder die Pla-

H. Hierüber Vanini: ›Amphitheatrum‹ [aeternae providentiae] p. 211;
in dem ›Dialogo‹ [›De admirandis naturae‹] deutet er an, daß Aristoteles (›Physica‹ 8) von den Intelligenzen redet.
HH. Vanini: ›Dialogi‹ p. 20

neten vorwärtsschöbe: die Cartesischen Wirbel. – Wie kindisch und plump ist doch dies alles und wie hoch daher das Gravitationssystem zu schätzen, welches die bewegenden Ursachen und die in ihnen tätigen Kräfte unleugbar nachgewiesen hat und dies mit solcher Sicherheit und Genauigkeit, daß auch die kleinste Abweichung und Unregelmäßigkeit, Beschleunigung oder Verlangsamung im Lauf eines Planeten oder Trabanten sich aus ihrer nächsten Ursache vollkommen erklären und genau berechnen läßt.

Demnach ist der Grundgedanke, die uns unmittelbar nur als Schwere bekannte Gravitation zum Zusammenhaltenden des Planetensystems zu machen, ein durch die Wichtigkeit der sich daran knüpfenden Folgen so höchst bedeutender, daß die Nachforschung nach seinem Ursprunge nicht als irrelevant beseitigt zu werden verdient; zumal wir uns bestreben sollten, wenigstens als Nachwelt gerecht zu sein, da wir als Mitwelt es so selten vermögen.

Daß, als *Newton* 1686 seine ›Principia‹ [›Philosophiae naturalis principia mathematica‹] veröffentlichte, *Robert Hooke* ein lautes Geschrei über seine Priorität des Grundgedankens erhob, ist bekannt; wie auch, daß seine und anderer bittere Klagen dem Newton das Versprechen abnötigten, in der ersten vollständigen Ausgabe der ›Principia‹ (1687) ihrer zu erwähnen, was er denn auch in einem Scholion (zu pars 1, prop. 4, coroll. 6) mit möglichster Wortkargheit getan hat, nämlich in parenthesi [in Klammern]: ›ut seorsum collegerunt etiam nostrates Wrennus, Hookius et Hallaeus‹ [wie auch unsere Landsleute Wren, Hooke und Halley selbständig geschlossen haben].

Daß *Hooke* schon im Jahr 1666 das Wesentliche des Gravitationssystems, wiewohl nur als Hypothese, in einer ›Communication to the Royal Society‹ ausgesprochen hatte, ersehn wir aus der Hauptstelle derselben, welche in *Hookes* eigenen Worten abgedruckt ist in Dugald Stewarts ›Philosophy of the human mind‹ (vol. 2, p. 434). – In der ›Quarterly Review‹ vom August 1828 steht eine recht artige, konzise Geschichte der Astronomie, welche *Hookes* Priorität als ausgemachte Sache behandelt.

In der von Michaud herausgegebenen, beinahe hundert
Bände befassenden ›Biographie universelle‹ scheint der Artikel *Newton* eine Übersetzung aus der ›Biographia Britan-
nica‹ zu sein, auf welche er sich beruft. Er enthält die Darstellung des Weltsystems aus dem Gravitationsgesetz wörtlich und ausführlich nach Robert Hookes ›An attempt to
prove the motion of the earth from observations‹ (London
1674, 4°). – Ferner sagt der Artikel, der Grundgedanke, daß
die Schwere sich auf alle Weltkörper erstrecke, finde sich
schon ausgesprochen in Borelli, ›Theoria motus planetarum
e causis physicis deducta‹ (Florenz 1666). Endlich gibt er
noch die lange Antwort Newtons auf Hookes oben erwähnte Reklamation der Priorität der Entdeckung. – Die
zum Ekel wiederholte Apfelgeschichte hingegen ist ohne
Auktorität. Sie findet sich zuerst als eine bekannte Tatsache
erwähnt in Turnors ›History of Grantham‹ (p. 160). *Pember-
ton*, der noch den Newton, wiewohl in hohem und stump-
fem Alter, gekannt hat, erzählt zwar in der Vorrede zu seiner
›View of Newton's philosophy‹, der Gedanke sei demselben
zuerst in einem Garten gekommen, sagt aber nichts vom
Apfel: dieser wurde nachher ein plausibler Zusatz. *Voltaire*
will ihn von Newtons Nichte mündlich erfahren haben, was
denn wahrscheinlich die Quelle der Geschichte ist (siehe Voltaire ›Éléments de philosophie de Neuton‹ part 2, chap. 3)[F].
   Zu allen diesen der Annahme, daß der große Gedanke der
allgemeinen Gravitation ein Bruder der grundfalschen ho-

F. Vgl. Byrons ›Works‹ [1850] p. 804 die Note (zu ›Don Juan‹ 10, 1):
›The celebrated apple tree, the fall of one of the apples of which is
said to have turned the attention of Newton to the subject of gravity,
was destroyed by wind about four years ago. The anecdote of the
falling apple is mentioned neither by Dr. Stukeley nor by Mr. Conduit, so, as I have not been able to find any authority for it whatever,
I did not feel myself at liberty to use it.‹ [Der berühmte Apfelbaum,
von dem ein herabfallender Apfel, wie man sagt, Newtons Aufmerksamkeit auf das Gravitationsgesetz lenkte, wurde vor etwa vier Jahren
durch den Wind zerstört. Die Anekdote von dem fallenden Apfel
wird weder von Dr. Stukeley noch von Herrn Conduit erzählt, so
daß ich, außerstande, irgendeine Beglaubigung für sie ausfindig zu
machen, mich nicht für befugt hielt, sie zu verwenden.] (Brewsters
›Life of Newton‹ p. 344).

mogenen-Lichter-Theorie sei, widersprechenden Auktoritäten habe ich nun noch ein Argument zu fügen, welches
zwar nur psychologisch ist, aber für den, der die menschliche Natur auch von der intellektuellen Seite kennt, viel
Gewicht haben wird.

Es ist eine bekannte und unbestrittene Tatsache, daß
Newton sehr frühe (angeblich schon 1666, möge es nun aus
eigenen oder aus fremden Mitteln gewesen sein) das Gravitationssystem aufgefaßt hatte und nun durch Anwendung
desselben auf den Mondlauf es zu verifizieren versuchte, daß
er jedoch, weil das Ergebnis nicht genau zur Hypothese
stimmte, diese wieder fallengelassen und sich der Sache auf
viele Jahre entschlagen hat. Ebenso bekannt ist der Ursprung jener ihn davon zurückschreckenden Diskrepanz:
sie war nämlich bloß daraus entstanden, daß Newton den
Abstand des Mondes von uns um beinah $1/_7$ zu klein annahm, und dieses wieder, weil derselbe zunächst nur in Erd-
halbmessern ausgerechnet werden kann, der Erdhalbmesser
nun wieder aus der Größe der Grade des Erdumkreises berechnet wird, diese letzteren allein aber unmittelbar gemessen werden. Newton nahm nun, bloß nach der gemeinen
geographischen Bestimmung in runder Zahl, den Grad zu
60 englischen Meilen an, während er in Wahrheit $69^1/_2$ hat.
Hievon war die Folge, daß der Mondlauf zur Hypothese der
Gravitation als einer Kraft, die nach dem Quadrat der Entfernung abnimmt, nicht stimmte. Darum also gab Newton
die Hypothese auf und entschlug sich derselben. Erst etwan
sechzehn Jahre später, nämlich 1682, erfuhr er zufällig das
Resultat der bereits seit einigen Jahren vollendeten Grad-
messung des Franzosen *Picard*, wonach der Grad beinahe
$1/_7$ größer war, als er ihn ehemals angenommen hatte. Ohne
dies für besonders wichtig zu halten, notierte er es sich in
der Akademie, woselbst es ihm aus einem Briefe mitgeteilt
worden, und hörte sodann, ohne dadurch zerstreut zu sein,
dem Vortrage daselbst aufmerksam zu. Erst hinterher fiel ihm
die alte Hypothese ein: er nahm seine Rechnungen darüber
wieder vor und fand jetzt den Tatbestand genau derselben
entsprechend, worüber er bekanntlich in große Ekstase geriet.

Jetzt frage ich jeden, der selbst Vater ist, der selbst Hypothesen erzeugt, genährt und gepflegt hat: geht man so mit
seinen Kindern um? stößt man sie, wenn nicht alles gleich
klappen will, sofort unbarmherzig aus dem Hause, schlägt
die Türe zu und frägt in sechzehn Jahren nicht mehr nach
ihnen? wird man nicht vielmehr in einem Fall obiger Art,
ehe man das so bittere ›Es ist nichts damit‹ ausspricht, vorher noch überall, und müßte es bei Gott-Vater in der Schöpfung sein, einen Fehler vermuten, eher als in seinem teuern,
selbsterzeugten und gepflegten Kinde? – und nun gar hier,
wo der Verdacht seine richtige Stelle so leicht hätte finden
können, nämlich in dem (neben *einem* visierten Winkel)
alleinigen empirischen Dato, welches der Rechnung zum
Grunde lag und dessen Unsicherheit so bekannt war, daß
die Franzosen ihre Gradmessungen schon seit 1669 betrieben, welches schwierige Datum Newton aber so ganz oben-
hin nach der gemeinen Angabe in englischen Meilen angenommen hatte? Und so verführe man mit einer wahren und
welt-erklärenden Hypothese? Nimmermehr, *wenn sie eine
eigene* ist! – Hingegen *mit wem* man so umgeht, weiß ich
auch zu sagen: mit fremden, ungern ins Haus gelassenen
Kindern, auf welche man (am Arm seiner eigenen unfruchtbaren Gemahlin, die nur *einmal*, und zwar ein Monstrum geboren) scheel und mißgünstig hinsieht und sie eben nur von
Amts wegen zur Prüfung zuläßt, schon hoffend, daß sie
nicht bestehn werden, sobald aber sich dieses bestätigt,
sie mit Hohngelächter aus dem Hause jagt.

Dieses Argument ist wenigstens bei mir von so vielem
Gewicht, daß ich darin eine vollkommene Beglaubigung der
Angaben erkenne, welche den Grundgedanken der Gravitation dem *Hooke* zuschreiben und nur die Verifikation desselben durch Berechnungen dem *Newton* lassen; wonach es
dem armen *Hooke* ergangen ist wie dem Columbus: es heißt
›Amerika‹, und es heißt ›das Newtonische Gravitationssystem‹.

Was übrigens das oben berührte siebenfarbige Monstrum
betrifft, so könnte, daß es vierzig Jahre nach Erscheinung
der Goetheschen ›Farbenlehre‹ noch in vollem Ansehn steht

und die alte Litanei vom foramen exiguum [engen Spalt] und den sieben Farben aller Augenfälligkeit zum Trotz noch immer abgesungen wird, mich allerdings irremachen – hätte ich nicht schon längst mich gewöhnt, das Urteil der Zeitgenossen den Imponderabilien beizuzählen. Daher also sehe ich darin nur einen Beweis der trübseligen und beklagenswerten Beschaffenheit einerseits der Physiker von Profession und andererseits des sogenannten gebildeten Publikums, welches, statt zu prüfen, was ein großer Mann gesagt hat, jenen Sündern gläubig nachredet, Goethes ›Farbenlehre‹ sei ein mißlungener, unberufener Versuch, eine zu vergessende Schwachheit.

§ 87

Die handgreifliche Tatsache der fossilen Muscheln, welche schon dem Eleaten *Xenophanes* bekannt war und von ihm im allgemeinen auch richtig ausgelegt wurde, wird von *Voltaire* bestritten, geleugnet, ja für eine Chimäre erklärt (man sehe Brandis, ›Commentationes Eleaticae‹ p. 50 und Voltaire, ›Dictionaire philosophique‹ art. ›coquille‹). So groß nämlich war sein Widerwille, irgend etwas gelten zu lassen, was zu einer Bestätigung der Mosaischen Berichte, in diesem Falle der Sündflut, auch nur verdreht werden könnte – ein warnendes Beispiel, wie sehr uns der Eifer irreführen kann, wenn wir Partei ergriffen haben.

§ 88

Eine vollkommene *Versteinerung* ist eine totale chemische Veränderung, ohne alle mechanische.

Wenn ich, um einen Blick in die Inkunabeln des Erdballs zu genießen, den frischen Bruch eines Stückes Granit betrachte, will es mir gar nicht in den Sinn, daß dieses Urgestein irgendwie durch Fusion und Kristallisation auf dem trockenen Wege entstanden sein sollte, auch nicht durch Sublimation, aber auch ebensowenig durch Niederschlag; sondern mir dünkt, es müsse durch einen chemischen Prozeß ganz anderer Art, der jetzt nicht mehr vorkommt, entstanden sein. Am besten entspricht meinem Begriff der

Sache der einer schnellen und simultanen Verbrennung einer
Mischung von Metallen und Metalloiden, vereint mit der
sogleich wirkenden Wahlverwandtschaft der Produkte jener
Verbrennung. Ob man wohl je versucht hat, Silizium, Aluminium usf. in dem Verhältnisse, wie sie die Radikale der
Erden der drei Bestandteile des Granits ausmachen, zusam-
menzumischen und dann unter Wasser oder an der Luft
schnell verbrennen zu lassen?

Unter den dem bloßen Auge sichtbaren Beispielen der generatio aequivoca [Urzeugung] ist das alltäglichste das Her-
vorschießen von *Pilzen* überall, wo ein vegetabilischer abge-
storbener Körper, sei es Stamm, Ast oder Wurzel fault, und
zwar an keinem andern Fleck als da, dann aber in der Regel
nicht vereinzelt, sondern gleich haufenweise – so daß augenscheinlich nicht ein vom blinden Zufall hier oder dort hinge-
worfenes Samenkorn (Spore) die Stelle bestimmt hat, sondern der daselbst faulende Körper, welcher dem allgegenwärtigen Willen zum Leben einen geeigneten Stoff darbot,
den dieser sogleich ergreift. – Daß eben diese Pilze sich nachmals durch Sporen fortpflanzen, spricht nicht dagegen: denn
es gilt von allen belebten Wesen, als welche Samen haben
und doch einst ohne Samen entstanden sein müssen.

§ 89

Die Vergleichung der *Flußfische* in sehr weit voneinander
entfernten Ländern legt vielleicht das deutlichste Zeugnis
ab von der ursprünglichen Schöpferkraft der Natur, welche
sie überall, wo Ort und Umstände ähnlich sind, auch auf
ähnliche Weise ausgeübt hat. Bei ungefährer Gleichheit der
geographischen Breite, der topographischen Höhe, endlich
auch der Größe und Tiefe der Ströme wird man, selbst an
den voneinander entlegensten Orten, entweder ganz dieselben oder doch sehr ähnliche Fischspezies finden. Man
denke nur an die Forellen in den Bächen fast aller Gebirge.
Die Mutmaßung absichtlicher Einführung fällt bei diesen
Tieren meistens ganz weg. Die Verbreitung durch Vögel,
die den Laich fräßen, aber nicht verdaueten, reicht bei gro-

ßen Entfernungen nicht aus; denn in kürzerer Zeit als ihre Reise wird ihr Verdauungsprozeß vollbracht. Auch möchte ich wissen, ob es mit dem Nichtverdauen, also einem zweckwidrigen Fressen auch seine Richtigkeit habe, da wir doch den Kaviar sehr gut verdauen, Kropf und Magen der Vögel aber sogar auf Verdauung harter Körner eingerichtet sind. – Will man den Ursprung der Flußfische zurückverlegen auf die letzte große allgemeine Überschwemmung, so vergißt man, daß diese aus See- und nicht aus Flußwasser bestand.

§ 90

Wir verstehn das Anschießen kubischer Kristalle aus dem Salzwasser nicht besser als das des Hühnchens aus der Flüssigkeit im Ei, und zwischen diesem wiederum und der generatio aequivoca wollte *de Lamarck* keinen wesentlichen Unterschied finden. Jedoch ist ein solcher vorhanden: da nämlich aus jedem Ei nur *eine* bestimmte Spezies hervorgeht, so ist dies generatio univoca [die Geburt des Gleichen vom Gleichen] (ἐξ ὁμωνύμου [aus Gleichnamigem]; Aristoteles, ›Metaphysica‹ Z, 9 [1034a 22]). Hiegegen ließe sich wieder einwenden, daß jede genau bestimmte Infusion auch nur eine bestimmte Art mikroskopischer Tiere zu erzeugen pflege.

§ 91

Bei den allerschwierigsten Problemen, an deren Lösung beinahe verzweifelt wird, müssen wir die wenigen und geringen Data, welche wir haben, zum möglichsten Vorteil benutzen, um durch Kombination derselben doch etwas herauszubringen.

In der ›Chronik der Seuchen‹ von *Schnurrer* (1825) finden wir, daß, nachdem im 14. Jahrhundert der Schwarze Tod ganz Europa, einen großen Teil Asiens und auch Afrikas entvölkert hatte, gleich darauf eine ganz außerordentliche Fruchtbarkeit des Menschengeschlechts eingetreten und namentlich die Zwillingsgeburten sehr häufig geworden seien. In Übereinstimmung hiemit lehrt *Casper* (›Die wahr-

scheinliche Lebensdauer des Menschen‹, 1835), auf vielfach
wiederholte Erfahrungen im Großen gestützt, daß in der
gegebenen Bevölkerung eines Distrikts die Sterblichkeit
und Lebensdauer stets gleichen Schritt hält mit der Zahl
der Zeugungen in derselben; so daß die Sterbefälle und die
Geburten allemal und allerorten sich in gleichem Verhältnis
vermehren und vermindern, welches er durch aufgehäufte
Belege aus vielen Ländern und ihren verschiedenen Provin-
zen außer Zweifel setzt. Nur irrt er darin, daß er durchgängig Ursache und Wirkung verwechselt, indem er die Vermehrung der Geburten für die Ursache der Vermehrung der
Todesfälle hält; nach meiner Überzeugung hingegen und in
Übereinstimmung mit dem von *Schnurrer* beigebrachten
Phänomen, welches ihm nicht bekannt zu sein scheint, umgekehrt die Vermehrung der Sterbefälle es ist, welche die
Vermehrung der Geburten nicht durch physischen Einfluß,
sondern durch einen metaphysischen Zusammenhang nach
sich zieht; wie ich dieses schon erörtert habe im zweiten
Bande meines Hauptwerks (Kap. 41, S. 507 *[Bd. 2, S. 643 f.]*).
Also hängt im ganzen genommen die Zahl der Geburten
ab von der Zahl der Sterbefälle.

Hienach wäre es ein Naturgesetz, daß die prolifike[1] Kraft
des Menschengeschlechts, welche nur eine besondre Gestalt
der Zeugungskraft der Natur überhaupt ist, durch eine ihr
antagonistische Ursache erhöht wird, also mit dem Wider-
stande wächst – daher man mutatis mutandis [mit den notwendigen Änderungen] dieses Gesetz dem Mariotteschen subsumieren könnte, daß mit der Kompression der Widerstand
ins unendliche zunimmt. Nehmen wir nun an, jene der proli-
fiken Kraft antagonistische Ursache träte einmal durch Ver-
heerungen, mittelst Seuchen, Naturrevolutionen usw., in
einer noch nie dagewesenen Größe und Wirksamkeit auf;
so müßte nachher auch wieder die prolifike Kraft auf eine
bis jetzt ganz unerhörte Höhe steigen. Gehn wir endlich in
jener Verstärkung der antagonistischen Ursache bis zum
äußersten Punkt, also der gänzlichen Ausrottung des Menschengeschlechts; so wird auch die so eingezwängte prolifike

1. [auf die Vermehrung zielende]

Kraft eine dem Druck angemessene Gewalt erlangen, mithin zu einer Anstrengung gebracht werden, die das jetzt unmöglich Scheinende leistet, nämlich, da ihr die generatio univoca, d. h. die Geburt des Gleichen vom Gleichen, versperrt wäre, sich dann auf die generatio aequivoca werfen. Diese jedoch läßt sich auf den obern Stufen des Tierreichs nicht mehr so denken, wie sie auf den alleruntersten sich uns darstellt: nimmermehr kann die Gestalt des Löwen, des Wolfes, des Elefanten, des Affen oder gar des Menschen nach Art der Infusionstierchen, der Entozoen [Eingeweidewürmer] und Epizoen [Schmarotzer] entstanden sein und etwan geradezu sich erhoben haben aus zusammengerinnendem, sonnebebrüteten Meeresschlamm oder Schleim oder aus faulender organischer Masse; sondern ihre Entstehung kann nur gedacht werden als generatio in utero heterogeneo [Zeugung in einem fremden Schoß], folglich so, daß aus dem Uterus oder vielmehr dem Ei eines besonders begünstigten tierischen Paares, nachdem die durch irgend etwas gehemmte Lebenskraft seiner Spezies gerade in ihm sich angehäuft und abnorm erhöht hatte, nunmehr einmal zur glücklichen Stunde beim rechten Stande der Planeten und dem Zusammentreffen aller günstigen atmosphärischen, tellurischen und astralischen Einflüsse ausnahmsweise nicht mehr seinesgleichen, sondern die ihm zunächst verwandte, jedoch eine Stufe höher stehende Gestalt hervorgegangen wäre; so daß dieses Paar dieses Mal nicht ein bloßes Individuum, sondern eine Spezies erzeugt hätte. Vorgänge dieser Art konnten natürlich erst eintreten, nachdem die alleruntersten Tiere sich durch die gewöhnliche generatio aequivoca aus organischer Fäulnis oder aus dem Zellengewebe lebender Pflanzen ans Licht emporgearbeitet hatten, als erste Vorboten und Quartiermacher der kommenden Tiergeschlechter. Ein solcher Hergang muß eingetreten sein nach jeder jener großen Erdrevolutionen, welche schon wenigstens dreimal alles Leben auf dem Planeten völlig ausgelöscht haben, so daß es sich von neuem zu entzünden hatte, wonach es jedesmal in vollkommeneren, d. h. der jetzigen Fauna näherstehenden Gestalten aufgetreten ist. Aber erst

in der nach der letzten großen Katastrophe der Erdoberfläche auftretenden Tierreihe hat jener Hergang sich bis zur
Entstehung des Menschengeschlechtes gesteigert, nachdem
er schon nach der vorletzten es bis zum Affen gebracht hatte.
Die Batrachier [Froschlurche] führen vor unsern Augen ein
Fischleben, ehe sie ihre eigene, vollkommenere Gestalt annehmen, und nach einer jetzt ziemlich allgemein anerkannten Bemerkung durchgeht ebenso jeder Fötus sukzessive
die Formen der unter seiner Spezies stehenden Klassen, bis
er zur eigenen gelangt. Warum sollte nun nicht jede neue
und höhere Art dadurch entstanden sein, daß diese Steigerung der Fötusform einmal noch über die Form der ihn tragenden Mutter um eine Stufe hinausgegangen ist? – Es ist
die einzige rationelle, d. h. vernünftigerweise denkbare Ent-
stehungsart der Spezies, die sich ersinnen läßt.

Wir haben aber diese Steigerung uns zu denken nicht als
in einer einzigen Linie, sondern in mehreren nebeneinander
aufsteigenden. So z. B. ist einmal aus dem Ei eines Fisches
ein Ophidier [eine Schlange], ein andermal aus dieses seinem
ein Saurier, zugleich aber aus dem eines andern Fisches ein
Batrachier, dann aber aus dieses seinem ein Chelonier [eine
Schildkröte] hervorgegangen, aus dem eines dritten eine
Cetacee [ein Waltier], etwan ein Delphin, später wieder hat
eine Cetacee eine Phoka [Robbe] geboren und endlich einmal eine Phoka das Walroß; und vielleicht ist aus dem Ei der
Ente das Schnabeltier und aus dem eines Straußen irgendein
größeres Säugetier entstanden. Überhaupt muß der Vorgang in vielen Ländern der Erde zugleich und in gegenseitiger Unabhängigkeit stattgefunden haben, überall jedoch
in sogleich bestimmten deutlichen Stufen, deren jede eine
feste, bleibende *Spezies* gab, nicht aber in allmäligen ver-
wischten Übergängen; also nicht nach Analogie eines von
der untern Oktave bis zur obersten allmälig steigenden,
folglich heulenden Tones, sondern nach der einer in bestimmten Absätzen aufsteigenden Tonleiter. Wir wollen es
uns nicht verhehlen, daß wir danach die ersten Menschen
uns zu denken hätten als in Asien vom Pongo (dessen Junges Orang-Utan heißt) und in Afrika vom Schimpanse[n]

geboren, wiewohl nicht als Affen, sondern sogleich als Menschen. Merkwürdig ist es, daß diesen Ursprung sogar ein Buddhaistischer Mythos lehrt, der zu finden ist in Isaak Jakob Schmidts ›Forschungen über die Mongolen und Tibeter‹ (S. 210–214), wie auch in Klaproths ›Fragments Bouddhiques‹ im ›Nouveau Journal Asiatique‹ (1831, mars), desgleichen in Köppens ›Die Lamaische Hierarchie‹ (S. 45).

Den hier ausgeführten Gedanken einer generatio aequivoca in utero heterogeneo [Urzeugung in einem fremden Schoß] hat zuerst der anonyme Verfasser[1] der ›Vestiges of the natural history of creation‹ (6th edition, 1847) aufgestellt, wiewohl keineswegs mit gehöriger Deutlichkeit und Bestimmtheit, weil er ihn eng verwebt hat mit unhaltbaren Annahmen und großen Irrtümern; welches im letzten Grunde daraus entspringt, daß bei ihm als Engländer jede die bloße Physik überschreitende, also *metaphysische* Annahme sogleich zusammenfällt mit dem hebräischen Theismus, welchen eben vermeiden wollend er dann das Gebiet der *Physik* ungebührlich ausdehnt. So ein Engländer in seiner Verwahrlosung und völligen Roheit hinsichtlich aller spekulativen Philosophie oder Metaphysik ist eben gar keiner *geistigen* Auffassung der Natur fähig: er kennt daher kein Mittleres zwischen einer Auffassung ihres Wirkens, als nach strenger, womöglich mechanischer Gesetzmäßigkeit vor sich gehend, oder aber als das vorher wohlüberlegte Kunstfabrikat des Hebräergottes, den er seinen ›maker‹ [Schöpfer] nennt. – Die Pfaffen, die Pfaffen in England haben es zu verantworten: diese verschmitztesten aller Obskuranten. Sie haben die Köpfe daselbst so zugerichtet, daß sogar in den kenntnisreichsten und aufgeklärtesten derselben das Grundgedankensystem ein Gemisch von krassestem Materialismus mit plumpester Judensuperstition ist, die darin wie Essig und Öl durcheinandergerüttelt werden und sehn mögen, wie sie sich vertragen, und daß infolge der Oxforder Erziehung ›Mylords and Gentlemen‹ in der Hauptsache zum Pöbel gehören. Aber es wird nicht besser werden, solange noch die orthodoxen Ochsen in Oxford die Erziehung der gebildeten

1. [Lindley Kemp]

Stände vollenden. Auf demselben Standpunkt finden wir
noch im Jahre 1859 den amerikanisierten Franzosen *Agassiz*
in seinem ›Essay on classification‹. Auch er steht noch vor
derselben Alternative, daß die *organische Welt* entweder das
Werk des reinsten Zufalls sei, der sie als ein Naturspiel
physikalischer und chemischer Kräfte zusammengewürfelt
hätte, oder aber ein am Lichte der Erkenntnis (dieser functio
animalis [tierischen Funktion]) nach vorhergegangener
Überlegung und Berechnung klug verfertigtes Kunstwerk.
Eines ist so falsch wie das andere, und beides beruht auf
jenem naiven Realismus, der aber achtzig Jahre nach Kants
Auftreten geradezu *schimpflich* ist. Agassiz also philosophiert
über die Entstehung der organischen Wesen wie ein amerikanischer Schuster. Wenn die Herren nichts weiter gelernt
haben und lernen wollen als ihre Naturwissenschaft, so müssen sie in ihren Schriften keinen Schritt über diese hinausgehn, sondern strictissime [aufs peinlichste] bei ihrer Empirie bleiben; damit sie sich nicht wie der Herr Agassiz
prostituieren und zum Spott machen dadurch, daß sie vom
Ursprung der Natur reden wie die alten Weiber.

Eine Folgerung nach der andern Seite aus jenem von
Schnurrer und *Casper* aufgestellten Gesetze wäre nun diese:
Es ist offenbar, daß in dem Maße, als es uns gelänge, durch
richtigste und sorgfältigste Benutzung aller Naturkräfte
und jedes Landstriches das Elend der untersten Volksklas-
sen zu verringern, die Zahl dieser überaus treffend so genannten Proletarier zunehmen und dadurch das Elend sich
immer von neuem einstellen würde. Denn der Geschlechtstrieb arbeitet stets dem Hunger in die Hände, wie dieser,
wann er befriedigt ist, dem Geschlechtstrieb. Das obige Gesetz nun aber würde uns dafür bürgen, daß die Sache nicht
bis zu einer eigentlichen Übervölkerung der Erde getrieben
werden könne, einem Übel, dessen Entsetzlichkeit die leb-
hafteste Phantasie sich kaum auszumalen vermag. Nämlich
dem in Rede stehenden Gesetze zufolge würde, nachdem die
Erde so viele Menschen erhalten hätte, als sie zu ernähren
höchstens fähig ist, die Fruchtbarkeit des Geschlechts unterdessen bis zu dem Grade abgenommen haben, daß sie

knapp ausreiche, die Sterbefälle zu ersetzen, wonach alsdann jede zufällige Vermehrung dieser die Bevölkerung wieder unter das Maximum zurückbringen würde.

§ 92

Auf verschiedenen Teilen der Erde ist unter gleichen oder analogen klimatischen, topographischen und atmosphärischen Bedingungen das gleiche oder analoge Pflanzen- und Tiergeschlecht entstanden. Daher sind einige Spezies einander sehr ähnlich, ohne jedoch identisch zu sein (und dies ist der eigentliche Begriff des Genus), und zerfallen manche in Rassen und Varietäten, die nicht aus einander entstanden sein können, wiewohl die Spezies dieselbe bleibt. Denn Einheit der Spezies impliziert keineswegs Einheit des Ursprungs und Abstammung von einem einzigen Paar (diese ist überhaupt eine absurde Annahme – wer wird glauben, daß alle Eichen von einer einzigen ersten Eiche, alle Mäuse von einem ersten Mäusepaar, alle Wölfe vom ersten Wolfe abstammen?), sondern die Natur wiederholt unter gleichen Umständen, aber an verschiedenen Orten denselben Prozeß und ist viel zu vorsichtig, als daß sie die Existenz einer Spezies, zumal der obern Geschlechter, ganz prekär sein ließe, indem sie dieselbe auf eine einzige Karte stellte und dadurch ihr schwer gelungenes Werk tausend Zufällen preisgäbe. Vielmehr weiß sie, was sie will, will es entschieden, und demgemäß geht sie zu Werke. Die Gelegenheit aber ist nie eine ganz einzige und alleinige.

Sowenig nun der nie abgerichtete afrikanische Elefant, dessen Ohren, sehr breit und lang, den Nacken bedecken und dessen Weibchen ebenfalls Stoßzähne hat, abstammen kann von dem so gelehrigen und intelligenten asiatischen Elefanten, dessen Weibchen keine Stoßzähne hat und dessen Ohren bei weitem nicht so groß sind – und sowenig der amerikanische Alligator vom Krokodil des Nils abstammt, da beide sich durch die Zähne und die Zahl der Schilder auf dem Nacken unterscheiden – ebensowenig kann der Neger von der kaukasischen Rasse abstammen.

Jedoch ist das Menschengeschlecht höchst wahrscheinlich nur an drei Stellen entstanden; weil wir nur drei bestimmt gesonderte Typen, die auf ursprüngliche Rassen
deuten, haben: den kaukasischen, den mongolischen und
den äthiopischen Typus, und zwar hat diese Entstehung
nur in der alten Welt stattfinden können. Denn in Australien hat die Natur es zu gar keinen Affen, in Amerika aber
nur zu langgeschwänzten Meerkatzen, nicht aber zu den
kurzgeschwänzten, geschweige zu den obersten, den unge-
schwänzten Affengeschlechtern bringen können, welche die
letzte Stufe vor dem Menschen einnehmen. ›Natura non
facit saltus‹[1] [Die Natur macht keine Sprünge.] Ferner hat
die Entstehung des Menschen nur zwischen den Wendekreisen eintreten können; weil in den andern Zonen der neu-
entstandene Mensch im ersten Winter umgekommen wäre.
Denn er war, wenn auch wohl nicht ohne mütterliche Pflege,
doch ohne Belehrung herangewachsen und hatte von keinen
Vorfahren Kenntnisse ererbt. Also mußte der Säugling der
Natur zuerst an ihrem warmen Busen ruhen, ehe sie ihn in
die rauhe Welt hinausschicken durfte. In den heißen Zonen
nun aber ist der Mensch schwarz oder wenigstens dunkelbraun. Dies also ist ohne Unterschied der Rasse die wahre,
natürliche und eigentümliche Farbe des Menschengeschlechts, und nie hat es eine von Natur weiße Rasse gegeben; ja von einer solchen zu reden und die Menschen kin-
discherweise in die weiße, gelbe und schwarze Rasse einzuteilen, wie noch in allen Büchern geschieht, zeugt von großer Befangenheit und Mangel an Nachdenken. Schon in
meinem Hauptwerk (Bd. 2, Kap. 44, S. 550 [Bd. 2, S. 700])
habe ich den Gegenstand kurz erörtert und es ausgesprochen,
daß nie ein weißer Mensch ursprünglich aus dem Schoße
der Natur hervorgegangen ist. Nur zwischen den Wendekreisen ist der Mensch zu Hause, und da ist er überall
schwarz oder dunkelbraun, bloß in Amerika nicht durchgängig, weil dieser Weltteil größtenteils von bereits abge-
blichenen Nationen, hauptsächlich Chinesen bevölkert

1. [Das Gesetz der Kontinuität, zuerst aufgestellt von Aristoteles:
›De incessu animalium‹ cap. 2, p. 704 b 15]

worden ist. Inzwischen sind die Wilden in den brasiliani-
schen Wäldern doch schwarzbraun[F]. Erst nachdem der
Mensch außerhalb der ihm allein natürlichen, zwischen den
Wendekreisen gelegenen Heimat lange Zeit hindurch sich
fortgepflanzt und infolge dieser Vermehrung sein Geschlecht sich bis in die kälteren Zonen verbreitet hat, wird
er hell und endlich weiß. Also erst infolge des klimatischen
Einflusses der gemäßigten und kalten Zone ist der europäische Menschenstamm allmälig weiß geworden. Wie langsam dies geht, sehn wir an den Zigeunern, einem Hindu-
stamm, der seit dem Anfange des 15. Jahrhunderts in
Europa nomadisiert und dessen Farbe noch ziemlich die
Mitte hält zwischen der der Hindu und der unserigen; desgleichen an den Negersklavenfamilien, welche seit dreihundert Jahren in Nordamerika sich fortpflanzen und bloß
etwas heller geworden sind: indessen werden diese dadurch
aufgehalten, daß sie doch zwischendurch mit frischen, eben-
holzschwarzen Ankömmlingen sich vermischen; eine Er-
neuerung, welche den Zigeunern nicht zuteil wird. Die
nächste physische Ursache dieses Verbleichens des aus seiner natürlichen Heimat verbannten Menschen vermute ich
darin, daß im heißen Klima Licht und Wärme auf dem rete
Malpighii[1] [Malpighischen Netz] eine langsame, aber beständige Desoxydation der bei uns unzersetzt durch die Poren entweichenden Kohlensäure hervorbringen, welche alsdann so viel Karbon zurückläßt, als zur Färbung der Haut
ausreicht: der spezifische Geruch der Neger hängt wahrscheinlich damit zusammen. Daß bei weißen Völkern die
untern, angestrengt arbeitenden Klassen durchgängig dunkler sind als die höhern Stände, erklärt sich daraus, daß sie
mehr schwitzen, welches in viel schwächerm Grade dem
heißen Klima analog wirkt. Demnach nun muß jedenfalls
der Adam unserer Rasse schwarz gedacht werden, und lächer-

F. Die *Wilden* sind nicht Urmenschen, sowenig als die wilden Hunde
in Südamerika Urhunde, sondern diese sind verwilderte Hunde und
jene verwilderte Menschen, Abkömmlinge dahin verirrter oder ver-
schlagener Menschen aus einem kultivierten Stamm, dessen Kultur
unter sich zu erhalten sie unfähig waren.
1. [Schleimschicht der Oberhaut]

lich ist es, wenn Maler diesen ersten Menschen weiß in der
durch Verbleichung entstandenen Farbe darstellen: da ferner
Jehova ihn nach seinem eigenen Bilde geschaffen hat, so
ist auf Kunstwerken auch dieser schwarz darzustellen; wobei
man ihm jedoch den herkömmlichen weißen Bart lassen
kann, da die Dünnbärtigkeit nicht der schwarzen Farbe,
sondern bloß der äthiopischen Rasse anhängt – sind ja doch
auch die ältesten Madonnenbilder, wie man sie im Orient
und auch noch in einigen alten italienischen Kirchen antrifft,
mitsamt dem Christkinde von schwarzer Gesichtsfarbe! In
der Tat ist das ganze auserwählte Volk Gottes schwarz oder
doch dunkelbraun gewesen und ist noch jetzt dunkler als
wir, die wir von früher eingewanderten heidnischen Völker-
schaften abstammen. Das jetzige Syrien aber ist von Misch-
lingen, die zum Teil aus Nordasien stammen (wie z.B. die
Turkomanen), bevölkert worden. Imgleichen wird auch
Buddha bisweilen schwarz dargestellt, und sogar auch *Kon-
fuzius* [Kung-fu-tse] (Davis, ›The Chinese‹ vol. 2, p. 66).
Daß die weiße Gesichtsfarbe eine Ausartung und unnatürlich sei, bezeugt der Ekel und Widerwille, den bei einigen
Völkern des innern Afrikas der erste Anblick derselben erregt hat: sie erscheint diesen Völkern als eine krankhafte
Verkümmerung. Einen Reisenden in Afrika bewirteten Ne-
germädchen sehr freundlich mit Milch und sangen dazu:
›Armer Fremdling, wie dauerst du uns, daß du so weiß
bist!‹ Eine Note zu Byrons ›Don Juan‹ (canto 12, stanza 70)
berichtet folgendes: ›Major Denham says, that when he
first saw European women after his travels in Africa, they
appeared to him to have unnatural sickly countenances.‹
(Major Denham sagt, daß, als er nach seinen Reisen in Afrika
zuerst wieder europäische Weiber sah, sie ihm unnatürlich
krankhafte Gesichter zu haben schienen.) – Inzwischen reden nach *Buffons* Vorgang (Flourens, ›Histoire de Buffon‹[1],
p. 160 sqq.) die Ethnographen noch immer ganz getrost
von der weißen, der gelben, der roten und der schwarzen
Rasse, indem sie ihren Einteilungen hauptsächlich die Farbe
zum Grunde legen, während in Wahrheit diese gar nichts

1. [›Buffon, histoire de ses travaux et des ses idées‹, Paris 1844]

Wesentliches ist und ihr Unterschied keinen andern Ursprung hat als die größere oder geringere und frühere oder spätere Entfernung eines Stammes von der heißen Zone, als in welcher allein das Menschengeschlecht indigen[1] ist und daher außerhalb ihrer nur unter künstlicher Pflege, indem es wie die exotischen Pflanzen im Treibhause überwintert, bestehn kann, dabei aber allmälig, und zwar zunächst in der Farbe ausartet. Daß nach der Abbleichung die Farbe der mongolischen Rasse etwas gelblicher ausfällt als die der kaukasischen, kann allerdings in einem Rassenunterschiede begründet sein. – Daß die höchste Zivilisation und Kultur sich – abgesehn von den alten Hindu und Ägyptern – ausschließlich bei den weißen Nationen findet und sogar bei manchen dunkeln Völkern die herrschende Kaste oder [der herrschende] Stamm von hellerer Farbe als die übrigen, daher augenscheinlich eingewandert ist – z.B. die Brahmanen, die Inkas, die Herrscher auf den Südseeinseln – dies beruht darauf, daß die Not die Mutter der Künste ist; weil nämlich die früh nach Norden ausgewanderten und dort allmälig weißgebleichten Stämme daselbst im Kampfe mit der durch das Klima herbeigeführten, vielgestalteten Not alle ihre intellektuellen Kräfte haben entwickeln und alle Künste erfinden und ausbilden müssen, um die Kargheit der Natur zu kompensieren. Daraus ist ihre hohe Zivilisation hervorgegangen.

Wie die dunkle Farbe, so auch ist dem Menschen die vegetabilische Nahrung die natürliche. Aber wie jener, so bleibt er auch dieser nur im tropischen Klima getreu. Als er sich in die kältern Zonen verbreitete, mußte er dem ihm unnatürlichen Klima durch eine ihm unnatürliche Nahrung entgegenwirken. Im eigentlichen Norden kann man ohne Fleischspeise gar nicht bestehn: man hat mir gesagt, daß schon in Kopenhagen eine sechswöchige Gefängnisstrafe bei Wasser und Brot, wenn im strengsten Sinn und ohne Ausnahme vollzogen, als lebensgefährlich betrachtet werde. Der Mensch ist also zugleich weiß und karnivor[2] geworden. Eben dadurch aber, wie auch durch die stärkere Bekleidung

1. [eingeboren]
2. [fleischfressend]

hat er eine gewisse unreine und ekelhafte Beschaffenheit angenommen, welche die andern Tiere, wenigstens in ihrem
Naturzustande, nicht haben und der er durch beständige
besondere Reinlichkeit entgegenarbeiten muß, um nicht
widerwärtig zu sein; daher solches auch nur der wohlhaben-
deren, bequemer lebenden Klasse der deshalb im Italienischen treffend benannten ›gente pulita‹ [reinlichen Leute]
zusteht. Eine andere Folge der stärkeren Bekleidung ist,
daß, während alle Tiere in ihrer natürlichen Gestalt, Bedeckung und Farbe einhergehend einen naturgemäßen, erfreulichen und ästhetischen Anblick gewähren, der Mensch
in seiner mannigfaltigen, oft sehr wunderlichen und aben-
teuerlichen, zudem auch oft ärmlichen und lumpigen Bekleidung unter ihnen als eine Karikatur umhergeht, eine
Gestalt, die nicht zum Ganzen paßt, nicht hineingehört, indem sie nicht wie alle übrigen das Werk der Natur, sondern
eines Schneiders ist und somit eine impertinente Unterbrechung des harmonischen Ganzen der Welt abgibt. Der edle
Sinn und Geschmack der Alten suchte diesen Übelstand dadurch zu mildern, daß die Bekleidung möglichst leicht war
und so gestaltet, daß sie nicht eng anschließend mit dem
Leibe zu eins verschmolz, sondern, als ein Fremdes auflie-
gend, gesondert blieb und die menschliche Gestalt in allen
Teilen möglichst deutlich erkennen ließ. Durch den entgegengesetzten Sinn ist die Kleidung des Mittelalters und
der neuen Zeit geschmacklos, barbarisch und widerwärtig.
Aber das Widerwärtigste ist die heutige Kleidung der ›Damen‹ genannten Weiber, welche, der Geschmacklosigkeit
ihrer Urgroßmütter nachgeahmt, die möglichst große Ent-
stellung der Menschengestalt liefert, dazu noch unter dem
Gepäck des Reifrocks, der ihre Breite der Höhe gleichmacht
und eine Anhäufung unsauberer Evaporationen[1] vermuten
läßt, wodurch sie nicht nur häßlich und widerwärtig, sondern auch ekelhaft sind[F].

1. [Ausdünstungen]
F. Eine wohl noch nicht bemerkte physische Verschiedenheit des
Menschen von den Tieren ist, daß das Weiße der sclerotica [Leder-
haut] beständig sichtbar bleibt. Captain Mathew sagt, es wäre bei

§ 93

Das *Leben* läßt sich definieren als der Zustand eines Körpers, darin er unter beständigem Wechsel der Materie seine ihm wesentliche (substantielle) Form allezeit behält. – Wollte man mir einwenden, daß auch ein Wasserstrudel oder Wasserfall seine Form unter stetem Wechsel der Materie behält; so wäre zu antworten, daß bei diesen die Form durchaus nicht wesentlich, sondern, allgemeine Naturgesetze befolgend, durch und durch zufällig ist, indem sie von äußern Umständen abhängt, durch deren Veränderung man auch die Form beliebig ändern kann, ohne dadurch das Wesentliche anzutasten.

§ 94

Das heutzutage Mode werdende Polemisieren gegen die Annahme einer *Lebenskraft* verdient trotz seiner vornehmen Mienen nicht sowohl falsch als geradezu dumm genannt zu werden. Denn wer die Lebenskraft leugnet, leugnet im Grunde sein eigenes Dasein, kann sich also rühmen, den höchsten Gipfel der Absurdität erreicht zu haben. Sofern aber dieser freche Unsinn von Ärzten und Apothekern ausgegangen ist, enthält er überdies den schnödesten Undank; da die Lebenskraft es ist, welche die Krankheiten überwältigt und die Heilungen herbeiführt, für welche jene Herren nachmals das Geld einstreichen und quittieren. – Wenn nicht eine eigentümliche Naturkraft (der es so wesentlich ist, *zweckmäßig* zu verfahren, wie der Schwere wesentlich, die Körper einander zu nähern) das ganze komplizierte Getriebe des Organismus bewegt, lenkt, ordnet und in ihm sich so darstellt wie die Schwerkraft in den Erscheinungen des Fallens und Gravitierens, die elektrische Kraft in allen durch die Reibmaschine oder die Voltasche Säule hervorgebrachten Erscheinungen usf.; nun dann ist das Leben ein falscher Schein, eine Täuschung und ist in Wahrheit jedes

den Buschmännern, die jetzt in London gezeigt werden, nicht der Fall, ihre Augen seien rund und ließen nicht das Weiße sehn. Bei *Goethe* war umgekehrt das Weiße auch über der Iris meistens sichtbar.

Wesen ein bloßer Automat, d. h. ein Spiel mechanischer, physikalischer und chemischer Kräfte, zu diesem Phänomen zusammengebracht entweder durch Zufall oder durch die Absicht eines Künstlers, dem es so beliebt hat. – Allerdings wirken im tierischen Organismus physikalische und chemische Kräfte; aber was diese zusammenhält und lenkt, so daß ein zweckmäßiger Organismus daraus wird und besteht – das ist die Lebenskraft: sie beherrscht demnach jene Kräfte und modifiziert ihre Wirkung, die also hier nur eine untergeordnete ist. Hingegen zu glauben, daß sie für sich allein einen Organismus zustande brächten, ist nicht bloß falsch, sondern, wie gesagt, dumm. – An sich ist jene Lebenskraft der Wille.

Man hat einen fundamentalen Unterschied der *Lebenskraft* von allen andern Naturkräften darin finden wollen, daß sie den Körper, von dem sie einmal gewichen ist, nicht wieder in Besitz nimmt. Die Kräfte der unorganischen Natur weichen eigentlich nur ausnahmsweise von dem Körper, den sie einmal beherrschen: so z. B. kann der Magnetismus dem Stahl durch Glühen genommen und durch neues Magnetisieren wiedergegeben werden. Noch entschiedener läßt von der Elektrizität das Empfangen und Verlieren sich behaupten; obgleich man annehmen muß, daß der Körper nicht sie selbst von außen empfängt, sondern nur die Anregung, infolge welcher die in ihm schon vorhandene elektrische Kraft jetzt in + E und — E auseinandertritt. Hingegen weicht die Schwere nie von einem Körper und ebensowenig seine chemische Qualität. Diese nämlich wird durch Verbindung mit andern Körpern bloß latent und ist nach Zersetzung derselben unversehrt wieder da. Z. B. Schwefel wird zur Schwefelsäure, diese zum Gips: aber durch sukzessive Zersetzung beider wird der Schwefel wiederhergestellt. Die Lebenskraft aber kann, nachdem sie einen Körper verlassen hat, ihn nicht wieder in Besitz nehmen. Der Grund hievon ist jedoch, daß sie nicht wie die Kräfte der unorganischen Natur an dem bloßen Stoff sondern zunächst an der Form haftet. Ihre Tätigkeit besteht ja eben in der Hervorbringung und Erhaltung (d. i. fortgesetzten Hervorbringung) dieser Form: daher nun ist, sobald sie von einem Körper weicht, auch schon seine Form, wenigstens in ihren feineren Teilen zerstört. Nun aber hat die Hervorbringung der Form ihren regelmäßigen und sogar planmäßigen Hergang in bestimmter Sukzession des Hervorzubringenden, also Anfang, Mittel und Fortschritt. Daher muß die Lebenskraft, wo immer sie von neuem eintritt, auch ihr Gewebe von vorne anfangen, also ganz eigentlich ab ovo[1] [vom Ei an] beginnen: folglich kann sie nicht das einmal stehengelassene, ja schon im Verfall begriffene Werk wieder aufnehmen, also nicht gehn und kommen wie der Magnetismus. Hierauf also beruht der in Rede stehende Unterschied zwischen der Lebenskraft und andern Naturkräften.

Die Lebenskraft ist geradezu identisch mit dem Willen; so daß, was im Selbstbewußtsein als Wille auftritt, im bewußtlosen organischen Leben jenes primum mobile [erste Bewegende] desselben ist, welches sehr passend als Lebenskraft bezeichnet worden. Bloß aus der Analogie mit dieser schließen wir, daß auch die übrigen Naturkräfte im Grunde mit dem Willen identisch sind; nur daß er in diesen auf einer niedrigeren Stufe seiner Objektivation steht. Daher aus der *unorganischen Natur* die organische und also das Leben, das Erkennen und endlich das *Wollen* zu erklären suchen heißt aus der *Erscheinung*, diesem bloßen Gehirnphänomen, das Ding an sich ableiten wollen: es ist wie wenn man aus dem Schatten den Körper erklären wollte.

Die Lebenskraft ist nur *eine*, welche – als Urkraft, als metaphysisch, als Ding an sich, als Wille – unermüdlich, also keiner Ruhe bedürftig ist. Jedoch ihre Erscheinungsformen, Irritabilität, Sensibilität und Reproduktivität, ermüden allerdings und bedürfen der Ruhe; eigentlich wohl nur, weil sie allererst mittelst Überwindung der Willenserscheinungen niedrigerer Stufen, die ein früheres Recht an dieselbe Materie haben, den Organismus hervorbringen, erhalten und beherrschen. Am unmittelbarsten wird dies sichtbar an der *Irritabilität*, als welche fortwährend mit der Schwere

1. [*Vgl. Bd. 3, S. 483*]

zu kämpfen hat; daher sie am schnellsten ermüdet: aber zur Rast dient ihr auch schon jedes Stützen, Anlehnen, Sitzen, Liegen. Eben deshalb sind diese ruhenden Lagen der stärksten Anstrengung der *Sensibilität*, dem Denken, günstig, weil die Lebenskraft sich dann ungeteilt *dieser* Funktion zuwenden kann; zumal wann sie nicht gerade von der dritten, der Reproduktion, besonders in Anspruch genommen wird, wie dies während der Verdauung der Fall ist. Jedoch wird wohl jeder irgend selbstdenkende Kopf bemerkt haben, daß das Gehn in freier Luft dem Aufsteigen eigener Gedanken ungemein günstig ist. Dies aber schreibe ich dem durch jene Bewegung beschleunigten Atmungsprozeß zu, als welcher teils den Blutumlauf kräftigt und beschleunigt, teils das Blut besser oxydiert; wodurch erstlich die zwiefache Bewegung des Gehirns (nämlich die, welche jedem Atemzuge, und die, welche jedem Pulsschlage folgt) rascher und energischer, wie auch der turgor vitalis[1] desselben gespannter wird und zweitens ein vollkommener oxydiertes und dekarbonisiertes, also vitaleres arterielles Blut aus den von den Karotiden[2] ausgehenden Verzweigungen in die ganze Substanz des Gehirns dringt und die innere Vitalität desselben erhöht. Die durch alles dieses herbeigeführte Belebung der Denkkraft dauert jedoch nur, solange man vom Gehn durchaus nicht ermüdet. Denn beim Eintritt der leisesten Ermüdung nimmt die jetzt erzwungene Anstrengung der Irritabilität die Lebenskraft in Anspruch; dadurch sinkt die Tätigkeit der Sensibilität, und zwar bei großer Ermüdung bis zur Stumpfheit.

Die *Sensibilität* nun wieder ruht bloß im Schlafe, hält also eine längere Aktivität aus. Während zugleich mit ihr nachts auch die Irritabilität ruht, nimmt die Lebenskraft, als welche nur unter *einer* ihrer drei Formen ganz und ungeteilt, daher mit voller Macht wirken kann, durchweg die Gestalt der *Reproduktionskraft* an. Darum geht die Bildung und Ernährung der Teile, namentlich die Nutrition des Gehirns, aber auch jedes Wachstum, jeder Ersatz, jede Hei-

1. [die Schwellkraft der Zellenflüssigkeit]
2. [Kopfschlagadern]

lung, also die Wirkung der vis naturae medicatrix [Heilkraft der Natur] in allen ihren Gestalten, besonders aber in wohltätigen Krankheitskrisen hauptsächlich im *Schlafe* vor sich. Dieserwegen ist zur anhaltenden Gesundheit, folglich auch zur langen Lebensdauer, eine Hauptbedingung, daß man ununterbrochenen festen Schlafes konstant genieße. Jedoch ist es nicht wohlgetan, ihn soviel wie möglich zu verlängern: denn was er an Extension gewinnt, verliert er an Intension, d.i. an Tiefe: gerade aber der tiefe Schlaf ist es, in welchem die soeben angeführten organischen Lebensprozesse am vollkommensten vollbracht werden. Dies kann man daraus abnehmen, daß, wenn in einer Nacht der Schlaf gestört und verkürzt worden und nun, wie es nicht ausbleibt, der Schlaf der folgenden Nacht desto tiefer ausfällt, man alsdann beim Erwachen sich ganz auffallend gestärkt und erquickt fühlt. Diese so überaus wohltätige *Tiefe* des Schlafs kann durch keine Länge desselben ersetzt werden, sondern gerade durch Beschränkung seiner Dauer wird sie erlangt. Hierauf beruht die Bemerkung, daß alle die Leute, welche ein hohes Alter erreicht haben, Frühaufsteher gewesen sind; wie auch Homers Ausspruch: Ἀνίη καὶ πολὺς ὕπνος. [Auch reichlicher Schlaf ist Beschwerde; ›Odyssee‹ 15, 394.] Dieserhalb soll man, wenn man am frühen Morgen von selbst erwacht, nicht sich bestreben, wieder einzuschlafen, sondern, mit Goethe [›Faust‹ 2, Vers 4661] sagend: ›Schlaf ist Schale, wirf sie fort!‹, aufstehn. Die eben angegebene wohltätige Wirkung des tiefen Schlafs erreicht ihren höchsten Grad im magnetischen, als welcher bloß der allertiefste ist; daher er als das Panakeion[1] vieler Krankheiten auftritt. Wie alle Funktionen des organischen Lebens, so geht auch die Verdauung im Schlafe wegen des Pausierens der Gehirntätigkeit leichter und schneller vor sich; daher ein kurzer Schlaf von zehn bis fünfzehn Minuten eine halbe Stunde nach der Mahlzeit wohltätig wirkt, auch durch den Kaffee, eben weil dieser die Verdauung beschleunigt, befördert wird. Hingegen ist ein längerer Schlaf nachteilig und kann sogar gefährlich werden; welches ich mir daraus erkläre, daß im

1. [Allheilmittel]

Schlaf einerseits die *Respiration* bedeutend langsamer und
schwächer vor sich geht; andererseits aber, sobald die durch
denselben beschleunigte Verdauung bis zur Chylifikation
vorgeschritten ist, der chylus[1] in das Blut strömt und solches hyperkarbonisiert, so daß es der Dekarbonisation mittelst des Atmungsprozesses mehr als sonst bedarf: dieser
ist nun aber durch den Schlaf vermindert und mit ihm sowohl die Oxydation als die Zirkulation. Die Folge hievon
kann man an blonden Subjekten mit weißer, zarter Haut,
wann sie nach dem Essen lange geschlafen haben, sogar
augenfällig wahrnehmen, indem ihr Gesicht wie auch die
sklerotika[2] eine etwas braungelbe Farbe als Symptom der
Hyperkarbonisation annimmt (daß diese Theorie des Nachteils des Nachmittagsschlafs wenigstens in England unbekannt ist, sieht man aus Mayos ›Philosophy of living‹ p.
168). Aus demselben Grunde setzen vollblütige, gedrungene
Naturen durch langen Mittagsschlaf sich der Apoplexie[3]
aus: sogar will man infolge desselben, wie auch kopioser[4]
Abendmahlzeiten Schwindsucht bemerkt haben, die aus
demselben Prinzip sich leicht erklären ließe. Eben daraus
erhellt auch, warum es leicht schädlich werden kann, nur
einmal täglich und stark zu essen; weil nämlich dadurch
nicht nur dem Magen, sondern auch nach so vermehrter
Chylifikation der Lunge zu viel Arbeit auf einmal aufgelegt
wird. – Übrigens ist, daß die Respiration im Schlafe abnimmt, daraus zu erklären, daß solche eine kombinierte
Funktion ist, d.h. zum Teil von Spinalnerven ausgeht und
soweit Reflexbewegung ist, die als solche auch im Schlafe
fortdauert; zum Teil aber geht sie von Gehirnnerven aus
und wird daher von der Willkür unterstützt, deren Pausie-
ren im Schlafe die Respiration verlangsamt und auch das
Schnarchen veranlaßt (wie des näheren zu ersehn bei
Marshall Hall, ›Diseases of the nervous system‹ §§ 290–311,
womit zu vergleichen Flourens, ›Du système nerveux‹,

1. [Milchige Flüssigkeit in den Dünndarmlymphgefäßen zur Fettver-
dauung]
2. *[Vgl. S. 190 die Anmerkung F.]*
3. [dem Schlaganfall]
4. [reichlicher]

deuxième édition chap. 11). Aus diesem Anteil der Gehirnnerven an der Respiration ist es auch zu erklären, daß bei
Sammlung der Gehirntätigkeit zum angestrengten Nachdenken oder Lesen die Respiration leiser und langsamer
wird, wie *Nasse* bemerkt hat. Anstrengungen der Irritabilität hingegen, imgleichen die rüstigen Affekte wie Freude,
Zorn u. dgl. beschleunigen mit dem Blutumlauf auch die
Respiration; daher der Zorn keineswegs unbedingt schädlich ist und sogar, wenn er nur sich gehörig auslassen kann,
auf manche Naturen, die eben deshalb instinktmäßig nach
ihm streben, wohltätig wirkt, zumal er zugleich den Erguß
der Galle befördert.

Einen anderweitigen Beleg zu dem hier in Betracht ge-
nommenen Balancement der drei physiologischen Grundkräfte gegen einander gibt die wohl nicht zu bezweifelnde
Tatsache, daß die Neger mehr Körperkraft haben als die
Menschen der andern Rassen, folglich, was ihnen an Sensibilität abgeht, an Irritabilität mehr haben; wodurch sie
freilich den Tieren näherstehn, als welche alle im Verhältnis ihrer Größe mehr Muskelkraft haben als der Mensch.

Über das verschiedene Verhältnis der drei Grundkräfte in
den *Individuen* verweise ich auf den ›Willen in der Natur‹ am
Schluß der Rubrik ›Physiologie‹ *[Bd. 3, S. 353f.].*

§ 95

Man würde den lebenden tierischen Organismus ansehn
können als eine Maschine ohne primum mobile, eine Reihe
von Bewegungen ohne Anfang, eine Kette von Wirkungen
und Ursachen, deren keine die erste wäre, wenn das Leben
seinen Gang ginge, ohne an die Außenwelt anzuknüpfen.
Aber dieser Anknüpfungspunkt ist der Atmungsprozeß: er
ist das nächste und wesentlichste Verbindungsglied mit der
Außenwelt und gibt den ersten Anstoß. Daher muß die Bewegung des Lebens als von ihm ausgehend und er als das
erste Glied der Kausalkette gedacht werden. Demnach tritt
als erster Impuls, also als erste *äußere* Ursache des Lebens,
ein wenig Luft aus, welche, eindringend und oxydierend,

fernere Prozesse einleitet und so das Leben zur Folge hat.
Was nun aber dieser äußeren Ursache von innen entgegen-
kommt, gibt sich kund als heftiges Verlangen, ja unaufhalt-
samer Drang, zu atmen, also unmittelbar als Wille. – Die
zweite *äußere* Ursache des Lebens ist die Nahrung. Auch sie
wirkt anfangs von außen als Motiv, doch nicht so dringend
und ohne Aufschub zu gestatten wie die Luft: erst im Magen fängt ihre physiologische kausale Wirksamkeit an. –
Liebig hat das Budget der organischen Natur nachgerechnet
und die Bilanz ihrer Ausgaben und Einnahmen gezogen[1].

§ 96

Es ist doch ein hübsches Stück Wegs, welches binnen zweihundert Jahren Philosophie und Physiologie zurückgelegt
haben, von des Cartesius [Descartes] ›*glandula pinealis*‹ [Zir-
beldrüse] und den sie bewegenden oder auch von ihr bewegten ›*spiritibus animalibus*‹ [Lebensgeistern] zu den *moto-
rischen* und *sensibeln* Rückenmarksnerven des Charles Bell
und den *Reflexbewegungen* des Marshall Hall. – *Marshall
Halls* schöne Entdeckung der Reflexbewegungen, dargelegt in seinem vortrefflichen Buche ›On the diseases of the
nervous system‹, ist eine Theorie der unwillkürlichen Ak-
tionen, d.h. solcher, die nicht durch den Intellekt vermittelt werden; wiewohl sie dennoch vom Willen ausgehn
müssen. Daß dieselbe auf meine Metaphysik Licht zurückwirft, indem sie den Unterschied zwischen Willen und Willkür zu verdeutlichen hilft, habe ich im zweiten Bande meines Hauptwerks Kap. 20 auseinandergesetzt *[Bd. 2, S. 332 f.]*.
– Hier noch einige durch *Halls* Theorie veranlaßte Bemerkungen.

Daß der Eintritt in ein *kaltes Bad* die Respiration augenblicklich sehr beschleunigt, welche Wirkung, wenn das
Bad sehr kalt war, auch nach dem Herauskommen eine
Weile anhält, erklärt *Marshall Hall* in seinem oben erwähnten Buche § 302 für eine Reflexbewegung, welche durch die

1. [Vgl. ›Die organische Chemie in ihrer Anwendung auf Agrikultur‹,
Braunschweig 1840]

plötzlich auf das Rückenmark wirkende Kälte hervorgerufen wird. Zu dieser causa efficiens [bewirkenden Ursache] der Sache möchte ich noch die Endursache hinzufügen, daß nämlich die Natur einen so bedeutenden und plötzlichen Wärmeverlust möglichst schnell ersetzen will, welches dann eben durch Vermehrung der Respiration, als der innern Wärmequelle, geschieht. Das sekundäre Resultat derselben, Vermehrung des arteriellen und Verminderung des venösen Bluts, mag neben der direkten Wirkung auf die Nerven viel Anteil haben an der unvergleichlich klaren, heitern und rein beschaulichen Stimmung, welche die unmittelbare Folge eines kalten Bades zu sein pflegt, und um so mehr, je kälter es war.

Das *Gähnen* gehört zu den Reflexbewegungen. Ich vermute, daß seine entferntere Ursache eine durch Langeweile, Geistesträgheit oder Schläfrigkeit herbeigeführte momentane Depotenzierung des Gehirns ist, über welches jetzt das Rückenmark das Übergewicht erhält und nun aus eigenen Mitteln jenen sonderbaren Krampf hervorruft. Hingegen kann das dem Gähnen oft gleichzeitige Recken der Glieder, da es, obwohl unvorsätzlich eintretend, doch der Willkür unterworfen bleibt, nicht mehr den Reflexbewegungen beigezählt werden. Ich glaube, daß, wie das Gähnen in letzter Instanz aus einem Defizit an Sensibilität entsteht, so das Recken aus einem angehäuften momentanen Überschuß an Irritabilität, dessen man sich dadurch zu entledigen sucht. Demgemäß tritt es nur in Perioden der Stärke, nicht in denen der Schwäche ein. – Ein berücksichtigungswertes Datum zur Erforschung der *Natur der Nerventätigkeit* ist das Einschlafen gedrückter Glieder mit dem beachtenswerten Umstand, daß es im Schlafe (des Gehirns) nie stattfindet.

Daß der Drang zum *Urinieren*, wenn ihm widerstanden wird, ganz verschwindet, später wiederkommt und dasselbe sich wiederholt, erkläre ich mir folgendermaßen. Das Verschlossenhalten des sphincter vesicae [Schließmuskels der Harnblase] ist eine Reflexbewegung, die als solche von Spinalnerven, folglich ohne Bewußtsein und Willkür unterhalten wird. Wenn nun diese Nerven durch den vermehr-

ten Druck der gefüllten Blase ermüden, lassen sie los, alsbald aber übernehmen andere, dem Zerebralsystem angehö-
rige Nerven die Funktion derselben; welches daher mit bewußter Willkür und peinlicher Empfindung geschieht und
so lange dauert, bis jene ersteren Nerven ausgeruht sind
und ihre Funktion wieder antreten. Dies kann sich mehrmals
wiederholen. – Daß wir, während jenes Vikariats zerebraler
Nerven für spinale und demgemäß bewußter Funktionen
für unbewußte durch rasche Bewegung der Beine und Arme
uns einige Erleichterung zu schaffen suchen, erkläre ich daraus, daß, indem hiedurch die Nervenkraft auf die aktiven,
die Irritabilität exzitierenden[1] Nerven gelenkt wird, die sen-
sibelen Nerven, welche als Boten zum Gehirn jene peinliche
Empfindung verursachen, etwas an Sensibilität verlieren. –

Mich wundert, daß *Marshall Hall* zu den Reflexbewegungen nicht auch *Lachen* und *Weinen* zählt. Denn ohne Zweifel
gehören sie dahin als entschieden unwillkürliche Bewegungen. Wir können sie nämlich sowenig wie das Gähnen oder
das Niesen durch bloßen Vorsatz zuwege bringen; sondern
eben wie von diesen nur eine schlechte, sogleich erkannte
Nachahmung: ebenfalls sind diese alle vier gleich schwer zu
unterdrücken. Daß Lachen und Weinen auf bloßen stimulus
mentalis [bloß geistige Erregung] eintreten, haben sie mit
der Erektion, welche den Reflexbewegungen beigezählt
wird, gemein: überdies kann das Lachen auch ganz physisch durch Kitzeln erregt werden. Seine gewöhnliche, also
mentale Erregung muß man sich daraus erklären, daß die
Gehirnfunktion, mittelst welcher wir plötzlich die Inkon-
gruenz einer anschaulichen und einer ihr sonst angemessenen abstrakten Vorstellung erkennen, eine eigentümliche
Einwirkung auf die medulla oblongata [das verlängerte Mark]
oder sonst einen dem exzitor-motorischen System angehörigen Teil hat, von dem sodann diese seltsame, viele Teile zugleich erschütternde Reflexbewegung ausgeht. Das par quin-
tum [fünfte Hirnnervenpaar] und der nervus vagus [zehnte
Hirnnerv] scheinen den meisten Anteil daran zu haben. –

In meinem Hauptwerke wird (Bd. 1, § 60 *[Bd. 1, S. 452]*)

1. [antreibenden]

gesagt: ›Die Genitalien sind viel mehr als irgendein anderes äußeres Glied des Leibes bloß dem Willen und gar nicht der Erkenntnis unterworfen: ja der Wille zeigt sich hier fast so unabhängig von der Erkenntnis wie in den auf Anlaß bloßer Reize dem vegetativen Leben dienenden Teilen.‹ In der Tat wirken *Vorstellungen* auf die Genitalien nicht wie sonst auf den Willen überall als *Motive*, sondern, eben weil die Erektion eine Reflexbewegung ist, bloß als *Reize*, mithin unmittelbar und nur, solange sie *gegenwärtig* sind: auch ist eben deshalb zu ihrer Wirksamkeit eine gewisse Dauer ihrer Anwesenheit erfordert; während hingegen eine Vorstellung, die als Motiv wirkt, dies oft nach der kürzesten Anwesenheit tut und überhaupt in ihrer Wirksamkeit an kein Verhältnis zur Dauer ihrer Gegenwart gebunden ist. (Diesen und jeden Unterschied zwischen Reiz und Motiv findet man auseinandergesetzt in meiner ›Ethik‹ (S. 34 *[Bd. 3, S. 549 f.]*), auch in der Abhandlung ›Über den Satz vom Grunde‹ (zweite Auflage S. 46 *[Bd. 3, S. 62 f.]*). Ferner kann die Wirkung, welche eine Vorstellung auf die Genitalien hat, nicht wie die eines Motivs durch eine andere Vorstellung *aufgehoben* werden, als nur, sofern die erstere durch diese aus dem Bewußtsein *verdrängt* wird, also nicht mehr *gegenwärtig* ist: dann aber geschieht es unfehlbar und auch, wenn jene gar nichts der ersten Entgegengesetztes enthält, wie hingegen dies von einem Gegenmotiv erfordert ist. – Dementsprechend ist zur Vollziehung des Koitus nicht hinreichend, daß die Gegenwart eines Weibes auf den Mann als *Motiv* (etwan zum Kinderzeugen oder zur Pflichterfüllung u. dgl.) wirke, wann dieses auch als solches ein noch so mächtiges wäre, sondern jene Gegenwart muß unmittelbar als *Reiz* wirken.

§ 97

Daß ein Ton, um hörbar zu sein, wenigstens sechzehn Schwingungen in der Sekunde machen muß, scheint mir daran zu liegen, daß seine Schwingungen dem Gehörnerven mechanisch mitgeteilt werden müssen, indem die Empfindung des Hörens nicht wie die des Sehns eine durch bloßen

Eindruck auf den Nerven hervorgerufene Erregung ist, sondern erfordert, daß der Nerv selbst hin- und hergerissen werde. Dieses muß daher mit einer bestimmten Schnelle und Kürze geschehn, welche ihn nötigt, kurz umzukehren, in scharfem Zickzack, nicht in geründeter Biegung. Zudem muß dies im Innern des Labyrinths und der Schnecke vor sich gehn; weil überall die Knochen der Resonanzboden der Nerven sind: die Lymphe jedoch, welche daselbst den Gehörnerven umgibt, mildert, als unelastisch, die Gegenwirkung des Knochens.

$ 98

Wenn man erwägt, daß den neuesten Untersuchungen zufolge die Schädel der Idioten, wie auch der Neger, allein in der Breitendimension, also von Schläfe zu Schläfe, durchgängig gegen andere Schädel zurückstehn und daß im Gegenteil große Denker ungewöhnlich breite Köpfe haben, wovon sogar Platons Namen abgeleitet wird – wenn man ferner dazunimmt, daß das Weißwerden der Haare, welches mehr die Folge der Geistesanstrengung, wie auch des Grams als des Alters ist, von den Schläfen auszugehn pflegt, und sogar ein spanisches Sprichwort sagt: ›Canas son, que no lunares, *cuando* comienzan por los aladares‹ (Weiße Haare sind kein Makel, *wann* sie an den Schläfen anfangen) – so wird man zu der Vermutung geführt, daß der unter der Schläfengegend liegende Teil des Gehirns der beim Denken vorzugsweise tätige sei. – Vielleicht wird man einst eine wahre Kraniologie[1] aufstellen können, die aber dann ganz anders lauten wird als die Gallsche mit ihrer so plumpen wie absurden psychologischen Grundlage und ihrer Annahme von Gehirnorganen für *moralische* Eigenschaften. – Übrigens ist das graue und weiße Haar für den Menschen, was für die Bäume das rote und gelbe Laub im Oktober, und beides nimmt sich oft recht gut aus; nur darf kein Ausfall hinzugekommen sein.

Da das Gehirn aus gar vielen weichen und durch unzählige Zwischenräume getrennten Falten und Bündeln besteht, auch in seinen Höhlen wäßrichte Feuchtigkeit ent-

1. [Schädellehre]

hält; so müssen doch infolge der Schwere alle jene so weichen Teile teils sich beugen, teils auf einander drücken, und
zwar bei verschiedenen Lagen des Kopfes auf sehr verschiedene Weise; welches der turgor vitalis doch wohl nicht
ganz aufheben kann. Dem Drucke der größern Massen auf
einander beugt zwar die dura mater [harte Hirnhaut] vor
(nach *Magendie*, ›Physiologie‹ vol. 1, p. 179, und *Hempel*,
[›Anfangsgründe der Anatomie‹ S.] 768, 775), indem sie zwischen dieselben sich einsenkt, die falx cerebri [große Hirn-
sichel] und das tentorium cerebelli [Hirnzelt] bildend; aber
über die kleineren Teile geht sie hinweg. Stellt man sich
nun die Denkoperationen als mit wirklichen, wenn auch
noch so kleinen Bewegungen in der Gehirnmasse verknüpft
vor; so müßte durch den Druck der kleineren Teile auf einander der Einfluß der Lage ein sehr großer und augenblick-
licher sein. Daß er nun aber dies nicht ist, beweist, daß die
Sache nicht gerade mechanisch vor sich gehe. Dennoch
kann die Lage des Kopfes, da von ihr nicht nur jener Druck
der Gehirnteile auf einander, sondern auch der jedenfalls
wirksame größere oder geringere Blutzufluß abhängt, nicht
gleichgültig sein. Ich habe wirklich gefunden, daß, wenn
ich vergeblich bestrebt war, mir etwas ins Gedächtnis zu-
rückzurufen, es mir sodann durch eine starke Veränderung
der Lage gelungen ist. Für das Denken überhaupt scheint
die vorteilhafteste Lage die, bei welcher die basis encephali
[Gehirnbasis] ganz horitonzal zu liegen kommt. Daher man
beim tiefen Nachdenken den Kopf nach vorne senkt – und
großen Denkern, z. B. *Kanten*, diese Stellung habituell geworden ist; wie denn auch *Cardanus* es von sich berichtet
(Vanini ›Amphitheatrum‹ p. 269) – welches jedoch vielleicht und zum Teil auch dem abnorm größeren Gewicht
ihres Gehirns überhaupt und insbesondere dem zu starken
Übergewicht der vordern (vor dem foramen occipitale [der
Hinterhauptslücke] liegenden) Hälfte über die hintere bei
ungewöhnlicher Dünnheit des Rückenmarks und demnach
auch der Wirbelbeine zuzuschreiben ist. Diese letztere findet nicht statt bei denjenigen Dickköpfen, die zugleich
Dummköpfe sind; daher diese die Nase ganz hoch tragen:

zudem verraten die Köpfe dieser Art sich auch durch die
sichtbarlich dicken und massiven Schädelknochen, infolge
welcher trotz der Dicke des Kopfes der Gehirnraum sehr
klein ausfällt. Es gibt wirklich ein gewisses Hochtragen des
Kopfes bei sehr gerader Wirbelsäule, welches wir auch ohne
Reflexion und Vorkenntnisse als ein physiognomisches
Merkmal von Dummheit geradezu empfinden; wahrscheinlich weil es darauf beruht, daß die hintere Gehirnhälfte der
vordern wirklich das Gleichgewicht hält, wenn nicht gar
überwiegt. Wie die nach vorne gesenkte Lage des Kopfes
dem Nachdenken, so scheint die entgegengesetzte, also das
Erheben und sogar Zurückbeugen desselben, das Nachobensehn, der augenblicklichen Anstrengung des Gedächtnisses
günstig zu sein, da die, welche sich auf etwas zu besinnen
bemüht sind, oft eine solche Stellung, und mit Erfolg, annehmen. – Auch gehört hierher, daß sehr kluge Hunde,
welche bekanntlich einen Teil der menschlichen Rede verstehn, wenn ihr Herr zu ihnen spricht und sie sich anstren-
gen, den Sinn seiner Worte herauszubringen, den Kopf abwechselnd auf die eine und auf die andere Seite legen, welches ihnen ein höchst intelligentes und ergötzliches Ansehn gibt.

§ 99

Mir hat die Ansicht gar sehr eingeleuchtet, daß die akuten
Krankheiten, von einigen Ausnahmen abgesehn, nichts anderes sind als Heilungsprozesse, welche die Natur selbst
einleitet zur Abstellung irgendeiner im Organismus einge-
rissenen Unordnung; zu welchem Zwecke nun die vis naturae medicatrix [die Heilkraft der Natur], mit diktatori-
scher Gewalt bekleidet, außerordentliche Maßregeln ergreift, und diese machen die fühlbare Krankheit aus. Den
einfachsten *Typus* dieses so allgemeinen Hergangs liefert uns
der Schnupfen. Durch Erkältung ist die Tätigkeit der äußern
Haut paralysiert und hiedurch die so mächtige Exkretion[1]
mittelst der Exhalation[2] aufgehoben, welches den Tod des

---

1. [Ausscheidung, insbesondere wertloser Stoffwechselprodukte]
2. [Ausdünstung]

Individuums herbeiführen könnte. Da tritt alsbald die innere Haut, die Schleimhaut, für jene äußere vikarierend ein, hierin besteht der Schnupfen, eine Krankheit: offenbar ist aber diese bloß das Heilmittel des eigentlichen, aber nicht fühlbaren Übels, des Stillstandes der Hautfunktion. Diese Krankheit, der Schnupfen, durchläuft nun dieselben Stadien wie jede andre, den Eintritt, die Steigerung, die Akme und die Abnahme: anfangs akut, wird sie allmälig chronisch und hält nun als solche an, bis das fundamentale, aber selbst nicht fühlbare Übel, die Lähmung der Hautfunktion, vorüber ist. Daher ist es lebensgefährlich, den Schnupfen zurückzutreiben. Derselbe Hergang macht das Wesen der allermeisten Krankheiten aus, und diese sind eigentlich nur das Medikament der vis naturae medicatrix[F]. Einem solchen Prozeß arbeitet die Allopathie oder Enantiopathie aus allen Kräften entgegen; die Homoiopathie[1] ihrerseits trachtet ihn zu beschleunigen oder zu verstärken, wenn nicht etwan gar durch Karikieren desselben ihn der Natur zu verleiden, jedenfalls um die überall auf jedes Übermaß und jede Einseitigkeit folgende Reaktion zu beschleunigen. Beide demnach wollen es besser verstehn als die Natur selbst, die doch gewiß sowohl das Maß als die Richtung ihrer Heilmethode kennt. – Daher ist vielmehr die *Physiatrik*[2] in allen den Fällen zu empfehlen, die nicht zu den besagten Ausnahmen gehören. Nur *die* Heilungen, welche die Natur selbst und aus eigenen Mitteln zustande bringt, sind gründlich. Auch hier gilt das ›Tout ce qui n'est pas naturel est imparfait‹[3] [Alles, was nicht natürlich ist, ist unvollkommen]. Die Heilmittel

F. ›*Morbus* ipse est *medela* naturae, qua opitulatur perturbationibus organismi: ergo remedium medici medetur medelae.‹ [Die Krankheit ist selbst ein Heilversuch der Natur, durch den sie den Störungen des Organismus zu Hilfe kommt: das Mittel des Arztes heilt also den Heilversuch.] Es gibt nur *eine Heilkraft*, und das ist die Natur; in Salben und Pillen steckt keine, höchstens können sie der Heilkraft der Natur einen Wink geben, wo etwas für sie zu tun ist.

1. [Die von Samuel Hahnemann eingeführten Bezeichnungen: Allopathie = Schulmedizin; Homoiopathie = Heilkunst nach dem Grundsatz: Ähnliches durch Ähnliches heilen]

2. [Naturheilkunde; *vgl. Bd. 2, S. 336*]

3. [*Vgl. S. 65*]

der Ärzte sind meistens bloß gegen die Symptome gerichtet, als welche sie für das Übel selbst halten; daher wir nach einer solchen Heilung uns unbehaglich fühlen. Läßt man hingegen der Natur nur Zeit, so vollbringt sie allmälig selbst die Heilung; nach welcher wir alsdann uns besser befinden als vor der Krankheit oder, wenn ein einzelner Teil litt, dieser sich stärkt. Man kann dies an leichten Übeln, wie sie uns oft heimsuchen, bequem und ohne Gefahr beobachten. Daß es Ausnahmen, also Fälle gibt, wo nur der Arzt helfen kann, gebe ich zu: namentlich ist die Syphilis der Triumph der Medizin. Aber bei weitem die meisten Genesungen sind bloß das Werk der Natur, für welches der Arzt die Bezahlung einstreicht – sogar wenn sie nur seinen Bemühungen zum Trotz gelungen sind; und es würde schlecht um den Ruhm und die Rechnungen der Ärzte stehn, wenn nicht der Schluß: ›Cum hoc, ergo propter hoc‹ [Mit ihm, also seinetwegen] so allgemein üblich wäre. Die guten Kunden der Ärzte sehn ihren Leib an wie eine Uhr oder sonstige Maschine, die, wenn etwas an ihr in Unordnung geraten ist, nur dadurch wiederhergestellt werden kann, daß der Mechanikus sie repariert. So ist es aber nicht: der Leib ist eine sich selbst reparierende Maschine; die meisten sich einstellenden größern und kleinern Unordnungen werden nach längerer oder kürzerer Zeit durch die vis naturae medicatrix ganz von selbst gehoben. Also lasse man diese gewähren, und: ›Peu de médecins, peu de médecine. – Sed est medicus consolatio animi.‹ [Wenig Ärzte, wenig Arznei. – Allerdings ist der Arzt ein Trost des Gemüts.]

§ 100

Die Notwendigkeit der *Metamorphose der Insekten* erkläre ich mir folgendermaßen. Die metaphysische Kraft, welche der Erscheinung eines solchen Tierchens zum Grunde liegt, ist so gering, daß sie die verschiedenen Funktionen des tierischen Lebens nicht gleichzeitig vollziehn kann: daher muß sie dieselben verteilen, um sukzessiv zu leisten, was bei den höherstehenden Tieren gleichzeitig vor sich geht. Demnach teilt sie das Insektenleben in zwei Hälften: in der ersten, dem Larvenzustande, stellt sie sich ausschließlich dar als Reproduktionskraft, Ernährung, Plastizität. Dieses Leben der Larve hat zu seinem unmittelbaren Zwecke bloß die Hervorbringung der Chrysalis[1]: diese nun aber, da sie im Innern ganz flüssig ist, kann angesehn werden als ein zweites Ei, daraus künftig die Imago[2] hervorgehn wird. Also Bereitung der Säfte, daraus die Imago werden kann, ist der alleinige Zweck des Larvenlebens. In der zweiten Hälfte des Insektenlebens, welche von der ersten durch jenen eierartigen Zustand geschieden ist, stellt die an sich metaphysische Lebenskraft sich dar als hundertfach vermehrte Irritabilität – im unermüdlichen Fluge – als hochgesteigerte Sensibilität – in vollkommneren, oft ganz neuen Sinnen und in wundervollen Instinkten und Kunsttrieben – hauptsächlich aber als Genitalfunktion, die jetzt als letzter Zweck des Lebens auftritt: dagegen ist die Nutrition sehr verringert, bisweilen selbst ganz aufgehoben, wodurch denn das Leben einen völlig ätherischen Charakter angenommen hat. Diese gänzliche Veränderung und Sonderung der Lebensfunktionen stellt also gewissermaßen zwei sukzessiv lebende Tiere dar, deren höchst verschiedene Gestalt dem Unterschied ihrer Funktionen entspricht. Was sie verbindet, ist der eierartige Zustand der Chrysalis, deren Inhalt und Stoff zu bereiten das Lebensziel des ersten Tieres war, dessen vorwaltend plastische Kräfte nunmehr in diesem Puppenzustande durch Hervorbringung der zweiten Gestalt ihr Letztes tun. – Also die Natur oder vielmehr das ihr zum Grunde liegende Metaphysische vollbringt bei diesen Tieren in zwei Absätzen was ihr auf *einmal* zu viel wäre: sie teilt ihre Arbeit. Demgemäß sehn wir, daß die Metamorphose am vollkommensten dort ist, wo die Sonderung der Funktionen sich am entschiedensten zeigt, z.B. bei den Lepidopteren [Schmetterlingen]. Viele Raupen nämlich fressen täglich das Doppelte ihres Gewichts; dagegen fressen viele Schmetterlinge, wie auch manche andere Insekten,

1. [goldfarbige Puppe der Schmetterlinge]
2. [das fertige Insekt]

im vollkommenen Zustande gar nicht, z. B. der Schmetterling der Seidenraupe u. a. mehr. Hingegen ist die Metamorphose unvollkommen bei denjenigen Insekten, bei welchen
auch im vollkommenen Zustande die Nutrition stark von-
statten geht, z. B. bei den Grillen, Lokusten [Laubheu-
schrecken], Wanzen usw.

§ 101

Das fast allen gallertartigen Radiarien (Radiaires mollasses)
eigene phosphoreszierende Leuchten im Meer entspringt
vielleicht, eben wie das Leuchten des Phosphors selbst, aus
einem langsamen Verbrennungsprozeß, wie ja auch das
Atmen der Wirbeltiere ein solcher ist, dessen Stelle es vertritt als eine Respiration mit der ganzen Oberfläche und
demnach ein äußerliches langsames Verbrennen, wie jenes
ein innerliches ist: oder vielmehr fände auch hier ein innerliches Verbrennen statt, dessen Lichtentwicklung bloß vermöge der völligen Durchsichtigkeit aller dieser gallertartigen Tiere äußerlich sichtbar würde. Daran könnte man
die kühne Vermutung knüpfen, daß jedes Atmen mit Lungen oder Kiemen von einer Phosphoreszenz begleitet und
folglich das Innere eines lebenden Thorax erleuchtet wäre.

§ 102

Wenn es nicht objektiv einen ganz bestimmten Unterschied
zwischen Pflanze und Tier gäbe, so würde die Frage, worin
er eigentlich bestehe, keinen Sinn haben; denn sie verlangt
nur, diesen mit Sicherheit, aber undeutlich von jedem ver-
standenen Unterschied auf deutliche Begriffe zurückgeführt
zu sehn. (Ich habe ihn angegeben in meiner ›Ethik‹ S. 33 ff.
[Bd. 3, S. 549f.] und in der Abhandlung ›Über den Satz
vom Grunde‹ S. 46 *[Bd. 3, S. 62f.].*)
Die verschiedenen Tiergestalten, in denen der Wille zum
Leben sich darstellt, verhalten sich zu einander wie derselbe
Gedanke in verschiedenen Sprachen und dem Geiste einer
jeden derselben gemäß ausgedrückt, und die verschiedenen
Spezies eines Genus lassen sich ansehn wie eine Anzahl Va-

riationen auf dasselbe Thema. Näher betrachtet jedoch ist jene Verschiedenheit der Tiergestalten abzuleiten aus der verschiedenen Lebensweise jeder Spezies und der aus dieser entspringenden Verschiedenheit der Zwecke – wie dies von mir speziell ausgeführt ist in der Abhandlung vom ›Willen in der Natur‹ unter der Rubrik ›Vergleichende Anatomie‹ *[Bd. 3, S. 355–380]*. Von der Verschiedenheit der Pflanzenformen hingegen können wir im einzelnen die Gründe lange nicht so bestimmt angeben. Wie weit wir es ungefähr vermögen, habe ich im allgemeinen angedeutet in meinem Hauptwerke (Bd. 1, § 28, S. 177, 178 *[Bd. 1, S. 230 f.]*). Dazu kommt nun noch, daß wir einiges an den Pflanzen teleologisch erklären können, wie z. B. die abwärts gekehrten niederhängenden Blüten der Fuchsia daraus, daß ihr Pistill[1] sehr viel länger ist als die Stamina[2]; daher diese Lage das Herabfallen und Auffangen des Pollens[3] begünstigt, u. dgl. mehr. Im ganzen jedoch läßt sich sagen, daß in der objektiven Welt, also der anschaulichen Vorstellung, sich überhaupt nichts darstellen kann, was nicht im Wesen der Dinge an sich, also in dem der Erscheinung zum Grunde liegenden Willen ein genau dem entsprechend modifiziertes Streben hätte. Denn die Welt als Vorstellung kann nichts aus eigenen Mitteln liefern, eben darum aber auch kann sie kein eitles, müßig ersonnenes Märchen auftischen. Die endlose Mannigfaltigkeit der Formen und sogar der Färbungen der Pflanzen und ihrer Blüten muß doch überall der Ausdruck eines ebenso modifizierten subjektiven Wesens sein, d. h. der Wille als Ding an sich, der sich darin darstellt, muß durch sie genau abgebildet sein.

Aus demselben metaphysischen Grunde und weil auch der Leib des menschlichen Individuums nur die Sichtbarkeit seines individuellen Willens ist, also diesen objektiv darstellt, zu demselben aber sogar auch sein Intellekt oder Gehirn eben als Erscheinung seines Erkennenwollens gehört, muß eigentlich nicht nur die Beschaffenheit seines

1. [Stempel, weibliches Organ der Blüte]
2. [Staubblätter]
3. [Blütenstaubes]

Intellekts aus der seines Gehirns und dem dasselbe exzitierenden Blutlauf, sondern auch sein gesamter moralischer
Charakter mit allen seinen Zügen und Eigenheiten muß
aus der nähern Beschaffenheit seiner ganzen übrigen Korporisation, also aus der Textur, Größe, Qualität und dem
gegenseitigen Verhältnis des Herzens, der Leber, der
Lunge, der Milz, der Nieren usw. zu verstehn und abzuleiten sein; wenn wir auch wohl nie dahingelangen werden, dies wirklich zu leisten. Aber objektiv muß die Möglichkeit dazu vorhanden sein[H]. Als Übergang dazu diene folgende Betrachtung. Nicht bloß wirken die Leidenschaften
auf verschiedene Teile des Leibes (siehe ›Welt als Wille und
Vorstellung‹, dritte Auflage Bd. 2, S. 297 [Bd. 2, S. 339 f.]),
sondern auch umgekehrt: der individuelle Zustand einzelner Organe erregt die Leidenschaften und sogar die mit
diesen zusammenhängenden Vorstellungen. Wenn die vesi-
culae seminales [Samenbläschen] periodisch mit Sperma
überfüllt sind, steigen alle Augenblicke ohne besondern
Anlaß wollüstige und obszöne Gedanken auf; wir denken
wohl, der Grund dazu sei rein psychisch, eine perverse
Richtung unsrer Gedanken: allein er ist rein physisch und
hört auf, sobald die besagte Überfüllung vorüber ist – durch
Resorption des Spermas ins Blut. Bisweilen sind wir zum
Ärger, Zank, Zorn aufgelegt und suchen ordentlich nach
Anlässen dazu: finden wir keine äußern, so rufen wir längst
vergessenen Verdruß in Gedanken hervor, um uns daran
zu ärgern und zu toben. Höchst wahrscheinlich ist dieser
Zustand Folge eines Überflusses an Galle. Bisweilen ist uns
innerlich angst und bange ohne allen Anlaß und der Zustand ist anhaltend; wir suchen in unsern Gedanken nach
Gegenständen der Besorgnis und bilden uns leicht ein, sie
gefunden zu haben – dies nennt die englische Sprache: ›to
catch blue devils‹[I] – wahrscheinlich entspringt es aus den
Gedärmen, usw.

H. Vergleiche § 63 [S. 111]
I. [blue-devil, svw. Trübsinn, Katzenjammer]

KAPITEL 7

ZUR FARBENLEHRE

§ 103

Da an der Überzeugung von der Wahrheit und Wichtigkeit meiner Theorie der Farbe die Gleichgültigkeit der Zeitgenossen mich keineswegs irremachen konnte, habe ich dieselbe zweimal bearbeitet und herausgegeben: deutsch im Jahre 1816 und [in] Latein im Jahre 1830 im dritten Bande der ›Scriptores ophthalmologici minores‹ von Justus Radius. Weil jedoch jener gänzliche Mangel an Teilnahme mir bei meinem vorgerückten Alter wenig Hoffnung läßt, eine zweite Auflage dieser Abhandlungen zu erleben[1], so will ich das wenige, was ich über den Gegenstand noch beizubringen habe, hier niederlegen.

Wer zu einer gegebenen Wirkung die Ursache zu entdecken unternimmt, wird, wenn er überlegt zu Werke geht, damit anfangen, die Wirkung selbst vollständig zu untersuchen, da die Data zur Auffindung der Ursache nur aus ihr geschöpft werden können und sie allein die Richtung und den Leitfaden zur Auffindung der Ursache gibt. Dennoch hat keiner von denen, die vor mir Theorien der Farben aufgestellt haben, dies getan. Nicht allein *Newton* ist, ohne die zu erklärende Wirkung irgend genau gekannt zu haben, zur Aufsuchung der Ursache geschritten, sondern auch seine Vorgänger hatten es so gemacht, und selbst *Goethe*, der allerdings viel mehr als die andern die Wirkung, das gegebene Phänomen, also die Empfindung im Auge

1. [Die 1854 erschienene zweite Auflage übernahm aus der ersten Auflage der ›Parerga und Paralipomena‹ die im Nachwort S. 778f. aufgeführten Abschnitte; vgl. auch Bd. 3, S. 842.]

untersucht und dargelegt hat, ist darin noch nicht weit genug gegangen; da er sonst hätte auf meine Wahrheiten geraten müssen, welche die Wurzel aller Theorie der Farbe sind und zu der seinigen die Gründe enthalten. So aber kann ich ihn nicht ausnehmen, wenn ich sage, daß alle vor mir, von den ältesten bis zu den letzten Zeiten, nur darauf bedacht gewesen sind, zu erforschen, welche Modifikation entweder die Oberfläche eines Körpers oder aber das Licht, sei es nun durch Zerlegung in seine Bestandteile oder durch Trübung oder sonstige Verdunkelung erleiden müsse, um Farbe zu zeigen, d. h. um in unserm Auge jene ganz eigentümliche und spezifische Empfindung zu erregen, die sich durchaus nicht definieren, sondern nur sinnlich nachweisen läßt. Statt dessen nun aber ist offenbar der methodische und rechte Weg, sich zunächst an diese Empfindung zu wenden, um zu sehn, ob nicht aus ihrer näheren Beschaffenheit und der Gesetzmäßigkeit ihrer Phänomene sich herausbringen lasse, was physiologisch dabei vorgehe. Denn so allererst hat man eine gründliche und genaue Kenntnis der *Wirkung*, als des Gegebenen, welche jedenfalls auch Data liefern muß zur Erforschung der Ursache, als des Gesuchten, d. h. hier des äußeren Reizes, der, auf unser Auge wirkend, jenen physiologischen Vorgang hervorruft. Nämlich für jede mögliche Modifikation einer gegebenen Wirkung muß sich eine ihr genau entsprechende Modifikabilität ihrer Ursache nachweisen lassen; ferner, wo die Modifikationen der Wirkung keine scharfen Grenzen gegen einander zeigen, da dürfen auch in der Ursache dergleichen nicht abgesteckt sein, sondern muß auch hier dieselbe Allmäligkeit der Übergänge stattfinden; endlich, wo die Wirkung Gegensätze zeigt, d. h. eine gänzliche Umkehrung ihrer Art und Weise gestattet, da müssen auch hiezu die Bedingungen in der Natur der angenommenen Ursache liegen, u. dgl. mehr. Die Anwendung dieser allgemeinen Grundsätze auf die Theorie der Farbe ist leicht zu machen. Jeder mit dem Tatbestande Bekannte wird sofort einsehn, daß meine Theorie, welche die Farbe nur an sich selbst, d. h. als gegebene spezifische Empfindung im Auge betrachtet, schon Data a priori an die Hand gibt zur Beurteilung der Newtonischen und Goetheschen Lehre vom Objektiven der Farbe, d.h. von den äußeren Ursachen, die im Auge solche Empfindung erregen: bei näherer Untersuchung aber wird er finden, daß vom Standpunkt meiner Theorie aus alles für die Goethesche und gegen die Newtonische Lehre spricht.

Um hier für Sachkundige nur *einen* Beleg zu dem Gesagten zu geben, will ich mit wenigen Worten darlegen, wie die Richtigkeit des Goetheschen physikalischen Urphänomens aus meiner physiologischen Theorie schon a priori hervorgeht. – Ist die Farbe an sich, d.h. im Auge die qualitativ halbierte, also nur teilweise erregte Nerventätigkeit der Retina; so muß ihre äußere Ursache ein *vermindertes* Licht sein, jedoch ein auf ganz besondere Weise vermindertes, die das Eigentümliche haben muß, daß sie jeder Farbe geradeso viel Licht zuteilt als dem physiologischen Gegensatz und Komplement derselben Finsternis (σκιερόν). Dies aber kann auf einem sicheren und allen Fällen genügenden Wege nur dadurch geschehn, daß die Ursache der *Helle* in einer gegebenen Farbe gerade die Ursache des Schattigen oder *Dunkeln* im Komplement derselben sei. Dieser Forderung nun genügt vollkommen die Scheidewand des zwischen Licht und Finsternis eingeschobenen Trüben, indem sie unter entgegengesetzter Beleuchtung allezeit zwei sich physiologisch ergänzende Farben hervorbringt, welche je nach dem Grade der Dicke und Dichtigkeit dieses Trüben verschieden ausfallen, zusammen aber immer zum Weißen, d.h. zur vollen Tätigkeit der Retina einander ergänzen werden. Demgemäß werden diese Farben bei größter Dünnheit des Trüben die gelbe und die violette sein; bei zunehmender Dichtigkeit desselben werden diese in Orange und Blau übergehn und endlich bei noch größerer rot und grün werden; welches letztere jedoch auf diesem einfachen Wege nicht wohl darzustellen ist, obgleich der Himmel bei Sonnenuntergang es bisweilen zu schwacher Erscheinung bringt. Wird endlich die Trübe vollendet, d.h. bis zur Undurchdringlichkeit verdichtet; so erscheint bei auffallendem Lichte Weiß, bei dahinter gestelltem die Finsternis oder Schwarz. – Die Ausführung dieser Betrachtungsart der Sache findet man in der lateinischen Bearbeitung meiner Farbentheorie[1] (§ 1).

Hieraus erhellt, daß, wenn *Goethe* meine physiologische Farbentheorie, welche die fundamentale und wesentliche ist, selbst aufgefunden hätte, er daran eine starke Stütze seiner physikalischen Grundansicht gehabt haben und zudem nicht in den Irrtum geraten sein würde, die Möglichkeit der Herstellung des Weißen aus Farben schlechthin zu leugnen; während die Erfahrung sie bezeugt, wiewohl stets nur im Sinne *meiner* Theorie, niemals aber in dem der Newtonischen. Allein obwohl Goethe die Materialien zur physiologischen Theorie der Farbe auf das vollständigste zusammengebracht hatte, blieb es ihm versagt, jene selbst, welche doch als das Fundamentale die eigentliche Hauptsache ist, zu finden. – Dies läßt sich jedoch aus der Natur seines Geistes erklären: er war nämlich zu objektiv dazu. ›Chacun a les défauts de ses vertus‹ [Jeder hat die Fehler, die seinen Tugenden entsprechen], soll irgendwo Madame *George Sand* gesagt haben. Gerade die erstaunliche *Objektivität* seines Geistes, welche seinen Dichtungen überall den Stempel des Genies aufdrückt, stand ihm im Wege, wo es galt, auf das *Subjekt* (hier: das sehende Auge selbst) zurückzugehn, um daselbst die letzten Fäden, an denen die ganze Erscheinung der Farbenwelt hängt, zu erfassen; während hingegen ich, aus Kants Schule kommend, dieser Anforderung zu genügen aufs beste vorbereitet war: daher konnte ich ein Jahr, nachdem ich Goethes persönlichem Einfluß entzogen war, die wahre, fundamentale und unumstößliche Theorie der Farbe herausfinden. Goethes Trieb war, alles rein *objektiv* aufzufassen und wiederzugeben: damit aber war er dann sich bewußt, das Seinige getan zu haben, und vermochte gar nicht, darüber hinauszusehn. Daher kommt es, daß wir in seiner ›Farbenlehre‹ bisweilen eine bloße Beschreibung finden, wo wir eine Erklärung erwarten. So schien ihm denn auch hier eine richtige und vollständige Darlegung des objektiven Hergangs der Sache das letzte Erreichbare. Demgemäß ist die allgemeinste und oberste Wahrheit seiner ganzen Farben-

1. [In dieser Ausgabe nicht abgedruckt]

lehre eine ausgesprochene objektive Tatsache, die er selbst
ganz richtig *Urphänomen* benennt. Damit hielt er alles für getan: ein richtiges ›So ist's‹ war ihm überall das letzte Ziel;
ohne daß ihn nach einem ›So muß es sein‹ verlangt hätte.
Konnte er doch sogar spotten:

> Der Philosoph, der tritt herein
> Und beweist euch, es müßt' so sein.

> [›Faust‹ 1, Vers 1928]

Dafür nun freilich war er eben ein Poet und kein Philosoph,
d. h. von dem Streben nach den letzten Gründen und dem
innersten Zusammenhange der Dinge nicht beseelt – oder
besessen; wie man will. Gerade deshalb aber hat er die beste
Ernte mir als Nachlese lassen müssen, indem die wichtigsten
Aufschlüsse über das Wesen der Farbe, die letzte Befriedigung und der Schlüssel zu allem, was Goethe lehrt, allein
bei mir zu finden sind. Demgemäß verdient sein Urphänomen, nachdem ich es, wie oben kurz angegeben, aus meiner
Theorie abgeleitet habe, diesen Namen nicht mehr. Denn es
ist nicht, wie er es nahm, ein schlechthin Gegebenes und
aller Erklärung auf immer Entzogenes: vielmehr ist es nur
die Ursache, wie sie meiner Theorie zufolge zur Hervorbringung der Wirkung, also der Halbierung der Tätigkeit
der Netzhaut erfordert ist. Eigentliches Urphänomen ist
allein diese organische Fähigkeit der Netzhaut, ihre Nerventätigkeit in zwei qualitativ entgegengesetzte, bald gleiche,
bald ungleiche Hälften auseinandergehn und sukzessiv hervortreten zu lassen. Dabei freilich müssen wir stehnbleiben,
indem von hier an sich höchstens nur noch Endursachen
absehn lassen, wie uns dies in der Physiologie durchgängig
begegnet: also etwan, daß wir durch die Farbe ein Mittel
mehr haben, die Dinge zu unterscheiden und zu erkennen.

Zudem hat meine Farbentheorie vor allen andern den großen Vorzug, daß sie über die Eigentümlichkeit des *Eindrucks*
jeder Farbe Rechenschaft erteilt, indem sie diese kennen
lehrt als einen bestimmten Zahlenbruch der vollen Tätigkeit der Retina, der dann ferner entweder der plus- oder der
minus-Seite angehört, wodurch man die spezifische Ver-

schiedenheit der Farben und das eigentümliche Wesen einer
jeden verstehn lernt; während hingegen die Newtonische
Theorie jene spezifische Verschiedenheit und eigentümliche
Wirkung jeder Farbe ganz unerklärt läßt, da ihr die Farbe
eben eine qualitas occulta (colorifica) [verborgene (farben-
erregende) Eigenschaft] der sieben homogenen Lichter ist,
demgemäß sie jeder dieser sieben Farben einen Namen gibt
und sie dann laufen läßt, und Goethe seinerseits sich damit
begnügt, die Farben in warme und kalte zu teilen, das
übrige seinen ästhetischen Betrachtungen anheimgebend.
Nur bei mir also erhält man den bisher stets vermißten Zusammenhang des Wesens jeder Farbe mit der Empfindung
derselben.

Ich darf endlich meiner Farbentheorie noch einen eigentümlichen, wiewohl äußerlichen Vorzug vindizieren. Nämlich bei allen neu entdeckten Wahrheiten (vielleicht ohne
Ausnahme) wird bald gefunden, daß schon früher etwas
ihnen sehr Ähnliches gesagt worden sei und nur ein Schritt
bis zu ihnen gefehlt habe, ja bisweilen gar, daß sie geradezu
ausgesprochen, jedoch unbeachtet geblieben waren, weil
solches ohne Nachdruck geschehn war, indem der Auf-
steller selbst ihren Wert nicht erkannt und ihren Folgen-
reichtum nicht begriffen hatte; welches ihn verhinderte, sie
eigentlich auszuführen. In dergleichen Fällen also hatte man,
wenngleich nicht die Pflanze, doch den Samen gehabt. Hievon nun macht meine Farbentheorie eine glückliche Ausnahme. Nie und nirgends ist es jemandem eingefallen, die
Farbe, diese so objektive Erscheinung, als halbierte Tätigkeit der Netzhaut zu betrachten und demgemäß jeder einzelnen Farbe ihren *bestimmten Zahlenbruch* anzuweisen, der
mit dem einer andern die Einheit ergänzt, welche das Weiße
darstellt. Und doch sind diese Brüche so entschieden einleuchtend, daß Herr Prof. Rosas, indem er sie sich aneignen
möchte, sie geradezu als selbst-evident einführt in seinem
›Handbuch der Augenheilkunde‹ (Band 1, § 535 und auch
S. 308).

Allerdings aber kommt diese augenfällige Richtigkeit der
von mir aufgestellten Brüche der Sache sehr zustatten:

denn dieselben eigentlich zu beweisen würde bei aller ihrer
Gewißheit doch schwer sein. Allenfalls ließe es sich auf fol-
gende Art bewerkstelligen. Man verschaffe sich vollkom-
men schwarzen und vollkommen weißen Sand und mische
diese in sechs Verhältnissen, deren jedes einer der sechs
Hauptfarben an Dunkelheit genau gleichkommt: dann muß
sich ergeben, daß das Verhältnis des schwarzen zum weißen
Sande bei jeder Farbe dem von mir derselben beigelegten
Zahlenbruch entspricht, also z. B. zu einem dem Gelben an
Dunkelheit entsprechenden Grau drei Teile weißen und ein
Teil schwarzen Sandes genommen wäre, ein dem Violetten
entsprechendes Grau hingegen die Mischung des Sandes
gerade in umgekehrtem Verhältnis erfordert hätte; Grün
und Rot hingegen von beiden gleich viel. Jedoch entsteht
hiebei die Schwierigkeit, zu bestimmen, welches Grau jeder
Farbe an Dunkelheit gleichkommt. Dies ließe sich dadurch
entscheiden, daß man die Farbe hart neben dem Grau durch
das Prisma betrachtete, um zu sehn, welches von beiden
sich bei der Refraktion als Helles zum Dunkeln verhält:
sind sie hierin gleich, so muß die Refraktion keine Farbenerscheinung geben.

Unsere Prüfung der *Reinheit* einer gegebenen Farbe, z. B.
ob dieses Gelb genau ein solches sei oder aber ins Grüne
oder auch ins Orange falle, bezieht sich eben auf die genaue
Richtigkeit des durch sie ausgedrückten Bruchs. Daß wir
aber dies rein arithmetische Verhältnis nach dem bloßen
Gefühl beurteilen können, erhält einen Beleg von der Musik, deren Harmonie auf den viel größeren und komplizier-
teren Zahlenverhältnissen der gleichzeitigen Schwingungen
beruht, deren Töne wir jedoch nach dem bloßen Gehör
höchst genau und doch arithmetisch beurteilen. – Wie die
sieben Töne der Tonleiter sich von den unzähligen andern
der Möglichkeit nach zwischen ihnen liegenden nur durch
die Rationalität ihrer Vibrationszahlen auszeichnen; so
auch die sechs mit eigenen Namen belegten Farben von den
unzähligen zwischen ihnen liegenden nur durch die Rationalität und Simplizität des in ihnen sich darstellenden Bru-
ches der Tätigkeit der Retina. – Wie ich, ein Instrument

stimmend, die Richtigkeit eines Tons dadurch prüfe, daß
ich seine Quint oder Oktave anschlage; so prüfe ich die
Reinheit einer vorliegenden Farbe dadurch, daß ich ihr
physiologisches Spektrum hervorrufe, dessen Farbe oft
leichter zu beurteilen ist als sie selbst: so z. B. habe ich, daß
das Grün des Grases stark ins Gelbe fällt, bloß daraus ersehn, daß das Rot seines Spektrums stark ins Violette zieht.

§ 104

Das Phänomen der physiologischen Farben, auf welchem
meine ganze Theorie beruht, wurde, nachdem *Buffon* es entdeckt hatte, vom Pater *Scherffer* in Gemäßheit der Newtonischen Theorie ausgelegt in seiner ›Abhandlung von den
zufälligen Farben‹ (Wien 1765). Da man diese Erklärung der
Tatsache in vielen Büchern und sogar noch in *Cuviers* ›Anatomie comparée‹ (leç. 12, art. 1) wiederholt findet, will ich
sie hier ausdrücklich widerlegen, ja ad adsurdum führen. Sie
geht dahin, daß das Auge, durch das längere Anschauen einer
Farbe ermüdet, für diese Sorte homogener Lichtstrahlen die
Empfänglichkeit verlöre; daher es dann ein gleich darauf
angeschautes Weiß nur mit Ausschluß eben jener homogenen Farbestrahlen empfände, weshalb es dasselbe nicht
mehr weiß sähe, sondern statt dessen ein Produkt der übrigen sechs homogenen Strahlen, die mit jener ersten Farbe
zusammen das Weiße ausmachen, empfände: dieses Produkt
nun also soll die als physiologisches Spektrum erscheinende
Farbe sein. Diese Auslegung der Sache läßt sich nun aber ex
suppositis [aus den Voraussetzungen] als absurd erkennen.
Denn nach angeschautem Violett erblickt das Auge auf einer
weißen (noch besser aber auf einer grauen) Fläche ein gelbes
Spektrum. Dieses Gelb müßte nun das Produkt der nach
Aussonderung des Violetten übrigbleibenden sechs homogenen Lichter, also aus Rot, Orange, Gelb, Grün, Blau und
Indigoblau zusammengesetzt sein – eine schöne Mischung,
um *gelb* zu erhalten! Straßenkotfarbe wird sie geben, sonst
nichts. Zudem ist ja das Gelb selbst ein homogenes Licht:
wie sollte es denn erst das Resultat jener Mischung sein?

Allein schon das einfache Faktum, daß *ein* homogenes Licht
für sich allein vollkommen die geforderte und physiologisch
als Spektrum ihm nachfolgende Farbe des andern ist (wie
Gelb des Violetten, Blau des Orangen, Rot des Grünen, und
vice versa [umgekehrt]), stößt die Scherffersche Erklärung
über den Haufen, indem es zeigt, daß, was nach anhalten-
dem Anschauen einer Farbe das Auge auf der weißen Fläche
erblickt, nichts weniger als eine Vereinigung der sechs
übrigen homogenen Lichter, sondern stets nur *eines* derselben ist: z. B. nach angeschautem Violett Gelb.

Außerdem gibt es noch eine Menge Tatsachen, die mit
der Scherfferschen Auslegung in Widerspruch stehn. So
z. B. ist es schon von vorneherein nicht wahr, daß das Auge
durch etwas anhaltendes Ansehn der ersten Farbe gegen
dieselbe unempfindlich werde, und gar in dem Maße, daß es
solche nachher sogar im Weißen nicht mehr mitempfinden
könne: denn es sieht ja diese erste Farbe ganz deutlich bis zu
dem Augenblick, da es sich von ihr zum Weißen wendet. –
Ferner ist es eine bekannte Erfahrung, daß wir die physiologischen Farben am deutlichsten und leichtesten früh-
morgens gleich nach dem Erwachen ansichtig werden: gerade dann aber ist infolge der langen Ruhe das Auge in voll-
ster Kraft, also am wenigsten geeignet, durch das einige
Sekunden lang fortgesetzte Anschauen einer Farbe ermüdet
und bis zur Unempfindlichkeit gegen dieselbe abgestumpft
zu werden. – Vollends aber ein schlimmer Umstand ist, daß
wir, um die physiologischen Farben zu sehn, gar nicht auf
eine weiße Fläche zu blicken brauchen: jede farblose Fläche
ist dazu tauglich, eine graue am besten, selbst eine schwarze
leistet es, ja sogar mit geschlossenen Augen erblicken wir
die physiologische Farbe! Dies hatte bereits *Buffon* angegeben, und *Scherffer* selbst gesteht es § 17 seiner oben genannten Schrift ein. Hier haben wir nun einen Fall, wo einer falschen Theorie, sobald sie an einem bestimmten Punkt angelangt ist, die Natur geradezu in den Weg tritt und ihr die
Lüge ins Gesicht wirft. Auch wird hiebei *Scherffer* sehr betreten und gesteht, hier liege die größte Schwierigkeit der
Sache. Jedoch statt an seiner Theorie, die nimmermehr

damit bestehn kann, irrezuwerden, greift er nach allerlei elenden und absurden Hypothesen, windet sich erbärmlich und läßt zuletzt die Sache auf sich beruhen.

Noch will ich hier eine nur selten bemerkte Tatsache erwähnen, teils weil auch sie ein Argument gegen die Scherffersche Theorie liefert, indem sie dieser gemäß durchaus unbegreiflich ist; teils aber auch, weil sie verdient, durch eine kleine Spezialerörterung als mit meiner Theorie vereinbar nachgewiesen zu werden. Wenn nämlich auf einer großen gefärbten Fläche einige kleinere farblose Stellen sind, so werden diese, wenn nachher das von der gefärbten Fläche geforderte physiologische Spektrum eintritt, nicht mehr farblos bleiben, sondern sich in der zuerst dagewesenen Farbe der ganzen Fläche selbst darstellen, obgleich sie keineswegs vom Komplement derselben affiziert gewesen sind. Z. B. auf den Anblick einer grünen Hausmauer mit kleinen grauen Fenstern folgt als Spektrum eine rote Mauer nicht mit grauen, sondern mit grünen Fenstern. Gemäß meiner Theorie haben wir dies daraus zu erklären, daß, nachdem auf der ganzen Retina eine bestimmte qualitative Hälfte ihrer Tätigkeit durch die gefärbte Fläche hervorgerufen war, jedoch einige kleine Stellen von dieser Erregung ausgeschlossen blieben und nun nachher beim Aufhören des äußern Reizes die Ergänzung der durch ihn erregten Tätigkeitshälfte sich als Spektrum einstellt – alsdann die davon ausgeschlossen gewesenen Stellen auf konsensuelle Weise in jene zuerst dagewesene qualitative Hälfte der Tätigkeit geraten, indem sie jetzt gleichsam nachahmen, was vorher der ganze übrige Teil der Retina getan hat, während sie allein, durch Ausbleiben des Reizes, davon ausgeschlossen waren, mithin daß sie sozusagen nachexerzieren.

Wollte man endlich eine Schwierigkeit etwan darin finden, daß meiner Theorie zufolge beim Anblick einer sehr bunten Fläche die Tätigkeit der Retina an hundert Stellen zugleich in sehr verschiedenen Proportionen geteilt würde; so erwäge man, daß beim Anhören der Harmonie eines zahlreichen Orchesters oder der schnellen Läufe eines Virtuosen das Trommelfell und der Gehörnerv bald simultan, bald in der raschesten Sukzession in Schwingungen nach verschiedenen Zahlenverhältnissen versetzt wird, welche die Intelligenz alle auffaßt, arithmetisch abschätzt, die ästhetische Wirkung davon empfängt und jede Abweichung von der mathematischen Richtigkeit eines Tons sogleich bemerkt: dann wird man finden, daß ich dem viel vollkommneren Gesichtssinne nicht zuviel zugetraut habe.

§ 105

Der wesentlich *subjektiven* Natur der Farbe ist erst durch meine Theorie ihr volles Recht geworden; obgleich das Gefühl derselben schon in dem alten Sprichwort: ›Des goûts et des couleurs il ne faut disputer‹ [Über Geschmacksrichtungen und über Farben darf man nicht streiten] ausgedrückt ist. Dabei aber gilt von der Farbe, was *Kant* vom ästhetischen oder Geschmacksurteil aussagt, nämlich daß es zwar nur ein subjektives sei, jedoch den Anspruch mache, gleich einem objektiven die Beistimmung aller normal beschaffenen Menschen zu erhalten. Wenn wir nicht eine *subjektive* Antizipation der sechs Hauptfarben hätten, die uns ein Maß a priori für sie gibt; so würden wir, da dann die Bezeichnung derselben durch eigene Namen bloß konventionell wäre, wie die mancher Modefarben es wirklich ist, über die Reinheit einer gegebenen Farbe kein Urteil haben und demnach manches gar nicht verstehn können, z.B. was Goethe vom *wahren* Rot sagt – daß es das des Karmins, nicht aber das gewöhnliche Scharlachrot sei, als welches gelbrot ist – während jetzt dies uns sehr wohl verständlich und dann auch einleuchtend ist.

Auf dieser wesentlich subjektiven Natur der Farbe beruht zuletzt auch die überaus leichte Veränderlichkeit der *chemischen* Farben, als welche bisweilen so weit geht, daß einer totalen Veränderung der Farbe nur eine äußerst geringfügige oder selbst gar nicht einmal nachweisbare in den Eigenschaften des Objekts, dem sie inhäriert, entspricht. So z.B. ist der durch Zusammenschmelzen des Merkurs[1] mit dem

1. [Quecksilbers]

Schwefel erlangte Zinnober schwarz (ganz wie eine ähnliche
Verbindung des Bleies mit dem Schwefel), erst nachdem er
sublimiert worden, nimmt er die bekannte feuerrote Farbe
an; und doch ist eine chemische Veränderung durch diese
Sublimation nicht nachweisbar. Durch bloße Erwärmung
wird rotes Quecksilberoxyd schwarzbraun und gelber sal-
petersaurer Merkur rot. Eine bekannte chinesische Schminke
kommt uns auf Stückchen Pappe aufgetragen zu und ist
dann dunkelgrün: mit benetztem Finger berührt färbt sie
diesen augenblicklich hochrot. Selbst das Rotwerden der
Krebse durch Kochen gehört hierher; auch das Umschlagen
des Grüns mancher Blätter in Rot beim ersten Frost und das
Rotwerden der Äpfel auf der Seite, die von der Sonne be-
schienen wird, welches man einer stärkeren Desoxydation
dieser Seite zuschreiben will; imgleichen, daß einige Pflanzen
den Stengel und das ganze Gerippe des Blattes hochrot haben, das Parenchyma[1] aber grün; überhaupt die Vielfarbig-
keit mancher Blumenblätter. In andern Fällen können wir
die chemische Differenz, welche von der Farbe indiziert
wird, als eine sehr geringe nachweisen, z. B. wann Lackmus-
tinktur oder Veilchensaft durch die leichteste Spur von
Oxydation oder Alkalisation ihre Farbe ändern. An diesem
allen nun ersehn wir, daß *das Auge das empfindlichste Reagens*
im chemischen Sinne ist; indem es nicht nur die geringsten
nachweisbaren, sondern sogar solche Veränderungen der
Mischung, die kein anderes Reagens anzeigt, uns augenblicklich zu erkennen gibt. Auf dieser unvergleichlichen
Empfindlichkeit des Auges beruht überhaupt die Möglichkeit der *chemischen* Farben, welche an sich selbst noch ganz
unerklärt ist, während wir in die *physischen* die richtige Einsicht durch Goethe endlich erlangt haben; ungeachtet die
vorgeschobene Newtonische falsche Theorie solche er-
schwerte. Die physischen Farben verhalten sich zu den
chemischen genauso wie der durch den galvanischen Apparat hervorgebrachte und insofern aus seiner nächsten Ursache verständliche Magnetismus zu dem im Stahl und in
Eisenerzen fixierten. Jener gibt einen temporären Magneten,

1. [Gewebe aus dünnwandigen Zellen]

der nur durch eine Komplikation von Umständen besteht und, sobald sie wegfallen, es zu sein aufhört; dieser hingegen ist einem Körper inhärierend, unveränderlich und bis jetzt unerklärt. Er ist eben hineingebannt wie ein verzauberter Prinz: dasselbe nun gilt von der chemischen Farbe eines Körpers.

§ 106

Ich habe in meiner Theorie dargetan, daß auch die *Herstellung des Weißen* aus Farben ausschließlich auf dem *physiologischen* Grunde ruht, indem sie allein dadurch zustande kommt, daß ein Farbenpaar, also daß zwei Ergänzungsfarben, d. h. zwei Farben, in welche die Tätigkeit der Retina sich halbierend auseinandergetreten ist, wieder zusammengebracht werden. Dies aber kann nur dadurch geschehn, daß die zwei äußern jede von ihnen im Auge anregenden Ursachen zugleich auf eine und dieselbe Stelle der Retina wirken. Ich habe mehrere Arten, dies zuwege zu bringen, angegeben: am leichtesten und einfachsten erhält man es, wenn man das Violett des prismatischen Spektrums auf gelbes Papier fallen läßt. Sofern man aber sich nicht mit bloß prismatischen Farben begnügen will, wird es am besten dadurch gelingen, daß man eine transparente und eine reflektierte Farbe vereinigt, z. B. auf einen Spiegel aus blauem Glase das Licht durch ein rotgelbes Glas fallen läßt. Der Ausdruck ›komplementäre Farben‹ hat nur, sofern er im physiologischen Sinne verstanden wird, Wahrheit und Bedeutung; außerdem schlechterdings nicht.

Goethe hat mit Unrecht die Möglichkeit der Herstellung des Weißen aus Farben überhaupt geleugnet: dies kam aber daher, daß *Newton* sie aus einem falschen Grunde und in einem falschen Sinne behauptet hatte. Wäre sie im Newtonischen Sinne wahr oder überhaupt Newtons Theorie richtig, so müßte zunächst jede Vereinigung zweier der von ihm angenommenen Grundfarben sofort eine hellere Farbe, als jede von ihnen allein ist, geben; weil die Vereinigung zweier homogener Teile des in solche zerfallenen weißen Lichtes schon ein Rückschritt zur Herstellung dieses weißen Lichtes wäre. Allein jenes ist nicht ein einziges Mal der Fall. Bringen wir nämlich die drei im *chemischen* Sinne fundamentalen Farben, aus denen alle übrigen zusammengesetzt sind, paarweise zusammen; so gibt Blau mit Rot Violett, welches dunkler ist als jede von beiden; Blau mit Gelb gibt Grün, welches, obwohl etwas heller als jenes, doch viel dunkler als dieses ist; Gelb mit Rot gibt Orange, welches heller als dieses, aber dunkler als jenes ist. Schon hierin liegt eigentlich eine hinreichende Widerlegung der Newtonischen Theorie.

Aber die rechte faktische, bündige und unabweisbare Widerlegung derselben ist der achromatische Refraktor; daher eben auch *Newton* sehr konsequent einen solchen für unmöglich hielt. Besteht nämlich das weiße Licht aus sieben Lichtarten, deren jede eine andere Farbe und zugleich eine andere Brechbarkeit hat; so sind notwendig der Grad der Brechung und die Farbe des Lichts unzertrennliche Gefährten: alsdann muß, wo Licht *gebrochen* ist, es sich auch *gefärbt* zeigen, wie sehr auch dabei die Brechung vermannigfaltigt und kompliziert, hin- und her-, hinauf- und herabgezogen werden mag; solange nur nicht alle sieben Strahlen vollzählig wieder auf einen Klumpen zusammengebracht sind und dadurch nach Newtonischer Theorie das Weiße rekomponiert, zugleich aber auch aller Wirkung der Brechung ein Ende gemacht, nämlich alles wieder an Ort und Stelle gebracht ist. Als nun aber die Erfindung der Achromasie[1] das Gegenteil dieses Resultats an den Tag legte, da griffen die Newtonianer in ihrer Verlegenheit zu einer Erklärung, welche man mit Goethen für sinnlosen Wortkram zu halten sich sehr versucht fühlt: denn beim besten Willen ist es sehr schwer, ihr auch nur einen verständlichen Sinn, d. h. ein anschaulich einigermaßen Vorstellbares unterzulegen. Da soll nämlich neben der Farbenbrechung noch eine von ihr verschiedene *Farbenzerstreuung* stattfinden und hierunter zu verstehn sein das Sichentfernen der einzelnen farbigen Lichter von einander, das Auseinandertreten derselben, welches die nächste *Ursache* der Verlängerung des

1. [Brechung der Lichtstrahlen, ohne daß sie in ein Spektrum zerlegt werden]

Spektri ist. Dasselbe ist aber ex hypothesi [der Voraussetzung zufolge] die *Wirkung* der verschiedenen Brechbarkeit jener farbigen Strahlen. Beruht nun also diese sogenannte Zerstreuung, d.h. die Verlängerung des Spektrums, also des Sonnenbildes nach der Brechung darauf, daß das Licht aus verschiedenen farbigen Lichtern besteht, deren jedes seiner Natur nach eine verschiedene Brechbarkeit hat, d.h. in einem andern Winkel bricht; so muß doch diese bestimmte Brechbarkeit jedes Lichts als wesentliche Eigenschaft stets und überall ihm anhängen, also das einzelne homogene Licht stets auf dieselbe Weise gebrochen werden, eben wie es stets auf dieselbe Weise gefärbt ist. Denn der Newtonische homogene Lichtstrahl und seine Farbe sind durchaus eines und dasselbe: er ist eben ein farbiger Strahl und sonst nichts; also wo der Lichtstrahl ist, da ist seine Farbe, und wo diese ist, da ist der Strahl. Liegt es ex hypothesi in der Natur eines jeden solchen andersgefärbten Strahls auch in einem andern Winkel zu brechen; so wird ihn in diesen und jeden Winkel auch seine Farbe begleiten: folglich müssen dann bei jeder Brechung die verschiedenen Farben zum Vorschein kommen. Um also der von den Newtonianern beliebten Erklärung: ›Zwei verschiedenartige brechende Mittel können das Licht gleich stark brechen, aber die Farben in verschiedenem Grade zerstreuen‹ einen Sinn unterzulegen, müssen wir annehmen, daß, während Kron- und Flintglas das Licht im Ganzen, also das weiße Licht gleich stark brechen, dennoch die Teile, aus welchen eben dieses Ganze durch und durch besteht, vom Flint- anders als vom Kronglas gebrochen werden, also ihre Brechbarkeit ändern. Eine harte Nuß! – Ferner müssen sie ihre Brechbarkeit in der Weise ändern, daß bei Anwendung von Flintglas die brechbarsten Strahlen noch stärkere Brechbarkeit erhalten, die am wenigsten brechbaren hingegen eine noch geringere Brechbarkeit annehmen; daß also dieses Flintglas die Brechbarkeit gewisser Strahlen vermehrt und zugleich die gewisser anderer vermindert und dabei dennoch das Ganze, welches allein aus diesen Strahlen besteht, seine vorherige Brechbarkeit behält. Nichtsdestoweniger steht die-

ses so schwer faßliche Dogma noch immer in allgemeinem
Kredit und Respekt, und kann man bis auf den heutigen
Tag aus den optischen Schriften aller Nationen ersehn, wie
ernsthaft von der Differenz zwischen Refraktion und Dispersion geredet wird. Doch jetzt zur Wahrheit!

Die nächste und wesentliche Ursache der mittelst der
Kombination des Konvexglases aus Kron- und des Konkav-
glases aus Flintglas zustande gebrachten Achromasie ist ohne
Zweifel eine durchaus *physiologische,* nämlich die Herstellung
der *vollen* Tätigkeit der Retina auf den von den physischen
Farben getroffenen Stellen, indem daselbst zwar nicht sieben, aber doch zwei Farben, nämlich zwei sich zu jener Tätigkeit ergänzende Farben aufeinandergebracht werden,
also ein Farbenpaar wieder vereinigt wird. Objektiv oder
physikalisch wird dies folgendermaßen herbeigeführt. Durch
die zweimalige Refraktion in entgegengesetztem Sinne (mittelst Konkav- und Konvexglas) entsteht auch die entgegengesetzte Farbenerscheinung, nämlich einerseits ein gelb-
roter Rand mit gelbem Saum und andererseits ein blauer
Rand mit violettem Saum. Diese zweimalige Refraktion in
entgegengesetztem Sinne führt aber auch zugleich jene beiden farbigen Randerscheinungen dergestalt übereinander,
daß der blaue Rand den gelbroten Rand und der violette
Saum den gelben Saum deckt, wodurch diese zwei physiologischen Farbenpaare, nämlich das von $^1/_3$ und $^2/_3$ und das
von $^1/_4$ und $^3/_4$ der vollen Tätigkeit der Netzhaut, wieder
vereinigt werden, mithin auch die Farblosigkeit wiederhergestellt wird. Dies also ist *die nächste* Ursache der Achromasie.

Was nun aber ist die *entferntere?* Da nämlich das verlangte
dioptrische Resultat – ein Überschuß *farblos* bleibender Refraktion – dadurch herbeigeführt wird, daß das in entgegengesetztem Sinne wirkende Flintglas schon bei bedeutend
geringerer Refraktion die Farbenerscheinung des Kronglases durch eine gleichbreite ihr entgegengesetzte zu neutralisieren vermag, weil seine eigenen Farbenränder und
Säume schon ursprünglich bedeutend breiter als die des
Kronglases sind; so entsteht die Frage: wie geht es zu, daß

zwei verschiedenartige brechende Mittel bei gleicher Brechung eine so sehr verschiedene Breite der Farbenerscheinung geben? – Hievon läßt sich sehr genügende Rechenschaft gemäß der Goetheschen Theorie geben, wenn man nämlich diese etwas weiter und dadurch deutlicher ausführt, als er selbst es getan hat. Seine Ableitung der prismatischen Farbenerscheinung aus seinem obersten Grundsatz, den er Urphänomen nennt, ist vollkommen richtig: nur hat er sie nicht genug ins einzelne herabgeführt, während doch ohne eine gewisse Akribologie[1] solchen Dingen kein Genüge geschieht. Er erklärt ganz richtig jene farbige, die Refraktion begleitende Randerscheinung aus einem das durch Brechung verrückte Hauptbild begleitenden Nebenbilde. Aber er hat nicht die Lage und Wirkungsweise dieses Nebenbildes ganz speziell bestimmt und durch eine Zeichnung veranschaulicht; ja er spricht durchweg nur von *einem* Nebenbilde, wodurch denn die Sache so zu stehn kommt, daß wir annehmen müssen, nicht bloß das Licht oder leuchtende Bild, sondern auch die es umgebende Finsternis erleide eine Brechung. Ich muß daher hier seine Sache ergänzen, um zu zeigen, wie eigentlich jene, bei gleicher Brechung, aber verschiedenen brechenden Substanzen, verschiedene Breite der farbigen Randerscheinung entsteht, welche die Newtonianer durch den sinnlosen Ausdruck einer Verschiedenheit der Refraktion und Dispersion bezeichnen.

Zuvor ein Wort über den Ursprung dieser bei der Refraktion das Hauptbild begleitenden Nebenbilder. ›Natura non facit saltus‹[2] [Die Natur macht keine Sprünge] – so lautet das Gesetz der *Kontinuität* aller Veränderungen, vermöge dessen in der Natur kein Übergang, sei er im Raum oder in der Zeit oder im Grade irgendeiner Eigenschaft, ganz abrupt eintritt. Nun wird das Licht bei seinem Eintritt in das Prisma und abermals bei seinem Austritt, also zweimal von seinem geraden Wege plötzlich abgelenkt. Sollen wir nun voraussetzen, dies geschehe so abrupt und mit solcher Schärfe, daß dabei das Licht auch nicht die geringste Vermischung mit

1. [Genauigkeit im wörtlichen Ausdruck]
2. *[Vgl. S. 186]*

der es umgebenden Finsternis erlitte, sondern, mitten durch diese in so bedeutenden Winkeln sich schwenkend, doch seine Grenzen auf das schärftste bewahrte – so daß es in ganz unvermischter Lauterkeit durchkäme und ganz vollständig zusammenbliebe? Ist nicht vielmehr die Annahme naturgemäßer, daß sowohl bei der ersten als bei der zweiten Brechung ein sehr kleiner Teil dieser Lichtmasse nicht schnell genug in die neue Richtung komme, sich dadurch etwas absondere und nun, gleichsam eine Erinnerung des eben verlassenen Weges nachtragend, als Nebenbild das Hauptbild begleite, nach der einen Brechung etwas über, nach der andern etwas unter ihm schwebend? Ja man könnte hiebei an die Polarisation des Lichts mittelst eines Spiegels denken, der einen Teil desselben zurückwirft, einen andern durchläßt.

Beifolgende Figur zeigt nun spezieller, wie aus der Wirkung jener beiden bei der prismatischen Refraktion abfallenden Nebenbilder gemäß dem Goetheschen Grundgesetze die vier prismatischen Farben entstehn, als welche allein, nicht aber sieben wirklich vorhanden sind.

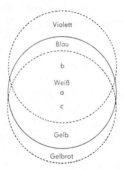

Diese Figur stellt eine auf schwarzes glanzloses Papier geklebte weiße Papierscheibe von etwan vier Zoll Durchmesser vor, wie sie, durch das Prisma in einer Entfernung von etwan drei Schritten angeschaut, in der Natur und nicht nach Newtonischen Fiktionen sich darstellt. Hievon nun aber hat hier jeder, der wissen will, wovon die Rede sei, sich

durch Autopsie zu überzeugen. Er wird alsdann, das Prisma
vor die Augen haltend und bald näher, bald ferner tretend,
die beiden Nebenbilder beinahe geradezu und unmittelbar
wahrnehmen und wird sehn, wie sie, seiner Bewegung folgend, sich vom Hauptbilde bald mehr, bald weniger entfernen und übereinanderschieben. – Prismatische Versuche
überhaupt lassen sich auf zweierlei Weise machen: entweder
so, daß die Refraktion der Reflexion, oder so, daß diese jener
vorhergeht; ersteres geschieht, wenn das Sonnenbild durch
das Prisma auf die Wand fällt, letzteres, wenn man durch das
Prisma ein weißes Bild betrachtet. Diese letztere Art ist
nicht nur weniger umständlich auszuführen, sondern zeigt
auch das eigentliche Phänomen viel deutlicher, welches daher kommt, daß hier die Wirkung der Refraktion unmittelbar zum Auge gelangt, wodurch man den Vorteil hat, die
Wirkung aus erster Hand zu erhalten, während man sie bei
jener andern Art erst aus zweiter Hand, nämlich nach ge-
schehener Reflexion von der Wand erhält; ein zweiter Vorteil hiebei ist, daß das Licht von einem nahen, scharf begrenzten und nicht blendenden Gegenstande ausgeht. Daher zeigt denn die hier abgebildete weiße Scheibe ganz deutlich die sie begleitenden, auf Anlaß einer zweimaligen sie
nach oben verrückenden Refraktion entstandenen zwei
Nebenbilder. Das von der ersten Refraktion, die beim Eintritt des Lichts in das Prisma stattfindet, herrührende Nebenbild schleppt hinten nach und bleibt daher mit seinem
äußersten Rande noch in der Finsternis stecken und von ihr
überzogen; das andere hingegen, welches bei der zweiten
Refraktion, also beim Austritt des Lichts aus dem Prisma
entsteht, eilt vor und zieht sich deshalb über die Finsternis
her. Die Wirkungsart beider erstreckt sich aber auch, wiewohl schwächer, auf *den* Teil des Hauptbildes, der durch
ihren Verlust geschwächt ist; daher nur *der* Teil desselben,
welcher von *beiden* Nebenbildern bedeckt bleibt und also
sein volles Licht behält, weiß erscheint: *da* hingegen, wo *ein*
Nebenbild *allein* mit der Finsternis kämpft oder das durch
den Abgang dieses Nebenbildes etwas geschwächte Hauptbild schon von der Finsternis beeinträchtigt wird, entstehn

Farben, und zwar dem Goetheschen Gesetze gemäß. Demnach sehn wir am obern Teile, wo *ein* Nebenbild allein vor-
eilend sich über die schwarze Fläche zieht, Violett entstehn;
darunter aber, wo schon das Hauptbild, jedoch durch Verlust geschwächt, wirkt, Blau; am untern Teile des Bildes
hingegen zeigt sich da, wo das einzelne Nebenbild in der
Finsternis steckenbleibt, Gelbrot, darüber aber, wo schon
das geschwächte Hauptbild durchscheint, Gelb; eben wie
die aufgehende Sonne, zuerst vom dickern niedern Dunst-
kreise bedeckt, gelbrot, in den dünnern angelangt, nur
noch gelb erscheint.

Wenn wir nun dieses wohl gefaßt und eingesehn haben,
wird es uns nicht schwer werden, wenigstens im allgemeinen zu begreifen, warum bei gleicher Brechung des Lichts
einige brechende Mittel, wie eben das Flintglas, eine brei-
tere, andere, wie das Kronglas, eine schmälere farbige Randerscheinung geben; oder, in der Sprache der Newtonianer,
worauf die Ungleichmäßigkeit der Lichtbrechung und Farbenzerstreuung ihrer Möglichkeit nach beruhe. Die *Brechung* nämlich ist die Entfernung des Hauptbildes von seiner Einfallslinie; die *Zerstreuung* hingegen ist die dabei eintretende Entfernung der beiden Nebenbilder vom Hauptbilde: dieses Akzidenz nun aber finden wir bei verschiedenartigen lichtbrechenden Substanzen in verschiedenem Grade
vorhanden. Demnach können zwei durchsichtige Körper
gleiche Brechungskraft haben, d. h. das durch sie gehende
Lichtbild gleichweit von seiner Einfallslinie ablenken; dabei
jedoch können die *Nebenbilder*, welche die Farbenerscheinung
verursachen, bei der Brechung durch den einen Körper
mehr als bei der durch den andern sich vom *Hauptbilde* entfernen.

Um nun diese Rechenschaft von der Sache mit der so oft
wiederholten, oben analysierten Newtonianischen Erklärung des Phänomens zu vergleichen, wähle ich den Ausdruck dieser letzteren, welcher am 27. Oktober 1836 in den
›Münchner Gelehrten Anzeigen‹ nach den ›Philosophical
Transactions‹ mit folgenden Worten gegeben wird: ›Verschiedene durchsichtige Substanzen brechen die verschie-

denen homogenen Lichter in sehr ungleichem Verhältnis[1];
so daß das Spektrum, durch verschiedene brechende Mittel
erzeugt, bei übrigens gleichen Umständen eine sehr verschiedene Ausdehnung erlangt.‹ – Wenn die Verlängerung
des Spektrums überhaupt von der ungleichen Brechbarkeit
der homogenen Lichter selbst herrührte, so müßte sie überall dem Grade der Brechung gemäß ausfallen, und demnach
könnte nur infolge größerer Brechungskraft eines Mittels
größere Verlängerung des Bildes entstehn. Ist nun aber dies
nicht der Fall, sondern gibt von zwei gleich stark brechenden Mitteln das eine ein längeres, das andere ein kürzeres
Spektrum; so beweist dies, daß die Verlängerung des
Spektri nicht direkte Wirkung der *Brechung*, sondern bloß
Wirkung eines die Brechung begleitenden *Akzidenz* sei.
Ein solches nun sind die dabei entstehenden Nebenbilder:
diese können sehr wohl bei gleicher Brechung nach Beschaffenheit der brechenden Substanz sich mehr oder weniger
vom Hauptbilde entfernen.

Sollte man nicht meinen, daß Betrachtungen dieser Art
den Newtonianern die Augen öffnen müßten? Freilich wohl,
wenn man noch nicht weiß, wie groß und wie entsetzlich
der Einfluß ist, den auf die Wissenschaften, ja auf alle geistigen Leistungen der *Wille* ausübt, d. h. die Neigungen, und
noch eigentlicher zu reden: die schlechten Neigungen. Der
englische Maler und Galerieinspektor *Eastlake* hat 1840 eine
so überaus vortreffliche englische Übersetzung der ›Farbenlehre‹ Goethes geliefert, daß sie das Original vollkommen
wiedergibt und dabei sich leichter liest, ja leichter zu verstehn ist als dieses. Da muß man nun sehn, wie *Brewster*, der
sie in der ›Edinburgh Review‹ rezensiert, sich dazu gebärdet,
nämlich ungefähr so wie eine Tigerin, in deren Höhle man
dringt, ihr die Jungen zu entreißen. Ist etwan das der Ton
der ruhigen und sichern Überzeugung dem Irrtum eines
großen Mannes gegenüber? Es ist vielmehr der Ton des
intellektuellen schlechten Gewissens, welches mit Schrecken
das Recht auf der andern Seite spürt und nun entschlossen

---

1. Jedoch die Summe derselben, das weiße Licht, in gleichem! setze
ich ergänzend hinzu.

ist, die ohne Prüfung gedankenlos angenommene Scheinwissenschaft, durch deren Festhalten man sich bereits kom-
promittiert hat, jetzt als Nationaleigentum πὺξ καὶ λάξ
[mit Händen und Füßen] zu verteidigen. Wird nun also bei
den Engländern die Newtonische Farbenlehre als National-
sache genommen, so wäre eine gute französische Übersetzung des Goetheschen Werkes höchst wünschenswert: denn
von der französischen Gelehrtenwelt, als einer insofern neu-
tralen, wäre allerdings Gerechtigkeit zu hoffen, wenngleich
auch von *ihrer* Befangenheit in der Newtonischen Farbenlehre
einstweilen belustigende Proben vorkommen. So z. B. erzählt im ›Journal des savants‹ (April 1836) *Biot* mit Herzens-
beifall, wie *Arago* gar pfiffige Experimente angestellt habe,
um zu ermitteln, ob nicht etwan die sieben homogenen Lichter eine ungleiche Schnelligkeit der Fortpflanzung hätten;
so daß von den veränderlichen Fixsternen, die bald näher,
bald ferner stehn, etwan das rote oder das violette Licht zuerst anlangte und daher der Stern sukzessiv verschieden gefärbt erschiene: er hätte aber am Ende glücklich herausgebracht, daß dem doch nicht so wäre: ›Sancta simplicitas!‹
[Heilige Einfalt!] – Recht artig macht es auch Herr *Becquerel*,
der in einem ›Mémoire présenté à l'académie des sciences,
le 13 juin 1842‹ vor der Akademie das alte Lied von frischem
anstimmt, als wäre es ein neues: ›Si on réfracte un faisceau (!)
de rayons solaires à travers un prisme, on distingue *assez
nettement* (hier klopft das Gewissen an) sept sortes de couleurs, qui sont: le rouge, l'orangé, le jaune, le vert, le bleu,
l'indigo (diese Mischung von $^3/_4$ Schwarz mit $^1/_4$ Blau soll
im *Lichte* stecken!) et le violet.‹ [Wenn man ein Bündel Sonnenstrahlen durch ein Prisma sich brechen läßt, so unterscheidet man ziemlich deutlich sieben Arten von Farben,
diese sind: Rot, Orange, Gelb, Grün, Blau, Indigo und
Violett[1].] Da Herr *Becquerel* dieses Stück aus dem Newtonischen Credo 32 Jahre nach dem Erscheinen der Goetheschen
›Farbenlehre‹ noch so unbefangen und furchtlos abzusingen
sich nicht entblödet; so könnte man sich versucht fühlen,

1. [Das von Schopenhauer abgekürzt gegebene Zitat findet sich in
vollständiger Übersetzung Bd. 3, S. 289.]

ihm ›assez nettement‹ zu deklamieren: ›Entweder ihr seid
blind oder ihr lügt.‹ Allein man würde ihm doch unrecht
tun: denn es liegt bloß daran, daß Herr Becquerel dem Newton mehr glaubt als seinen eigenen zwei offenen Augen. Das
wirkt die Newton-Superstition.

Was aber die Deutschen betrifft, so entspricht ihr Urteil
über Goethes ›Farbenlehre‹ den Erwartungen, die man sich
zu machen hat von einer Nation, welche einen geist- und
verdienstlosen, Unsinn schmierenden und durchaus hohlen
Philosophaster wie Hegel dreißig Jahre lang als den größten
aller Denker und Weisen präkonisieren[1] konnte, und zwar
in einem solchen Tutti, daß ganz Europa davon wider-
hallte. Wohl weiß ich, daß ›desipere est iuris gentium‹ [un-
verständig sein ein Menschenrecht ist], d. h. daß jeder das
Recht hat, zu urteilen, wie er's versteht und wie's ihm beliebt: dafür aber wird er sich dann auch gefallen lassen, von
Nach*kommen* und zuvor noch von Nach*barn* nach seinen Urteilen beurteilt zu werden. Denn auch hier gibt es noch eine
Nemesis.

§ 107

Am Schlusse dieser chromatologischen Nachträge will ich
noch ein paar artige Tatsachen beibringen, welche zur Bestätigung des von Goethen aufgestellten Grundgesetzes
der physischen Farben dienen, von ihm selbst aber nicht bemerkt worden sind.

Wenn man in einem finstern Zimmer die Elektrizität des
Konduktors in eine luftleere Glasröhre ausströmen läßt, so
erscheint dies elektrische Licht sehr schön *violett*. Hier ist
eben wie bei den blauen Flammen das Licht selbst zugleich
das trübe Mittel: denn es ist kein wesentlicher Unterschied,
ob das erleuchtete Trübe, durch welches man ins Dunkle
sieht, eigenes oder reflektiertes Licht ins Auge wirft. Weil
aber hier dies elektrische Licht ein überaus dünnes und
schwaches ist, verursacht es ganz nach Goethes Lehre
Violett; statt daß auch die schwächste Flamme wie die des
Spiritus, Schwefels usw. schon Blau verursacht.

1. [verkünden]

Ein alltäglicher und vulgarer, aber von Goethen übersehe-
ner Beleg zu seiner Theorie ist, daß manche mit rotem
Wein oder dunkelm Bier gefüllte Bouteillen, nachdem sie
längere Zeit im Keller gestanden haben, oft eine beträchtliche Trübung des Glases durch einen Ansatz im Innern erleiden, infolge welcher sie alsdann bei auffallendem Lichte
hellblau erscheinen, und ebenso, wenn man, nachdem sie aus-
geleert sind, etwas Schwarzes dahinter hält: bei durch-
scheinendem Lichte hingegen zeigen sie die Farbe der Flüssigkeit oder, wenn leer, des Glases.

Die gefärbten Ringe, welche sich zeigen, wenn man zwei
geschliffene Spiegelgläser oder auch konvex geschliffene
Gläser mit den Fingern fest zusammenpreßt, erkläre ich
mir auf folgende Weise. Das Glas ist nicht ohne Elastizität.
Daher gibt bei jener starken Kompression die Oberfläche
etwas nach und wird eingedrückt: dadurch verliert sie für
den Augenblick die vollkommene Glätte und Ebenheit, wodurch denn eine gradweise zunehmende Trübung entsteht.
Wir haben also auch hier ein trübes Mittel, und die verschiedenen Abstufungen seiner Trübung bei teils auffallendem, teils durchgehendem Licht verursachen die farbigen
Ringe. Läßt man das Glas los, so stellt alsbald die Elastizität
seinen vorigen Zustand wieder her, und die Ringe verschwinden. Newton legte eine Linse auf die Glasplatte;
daher nennt man die *Ringe* die Newtonischen. Auf die Kurve
dieser Linse und den Raum zwischen ihr und ihrer Tangente
gründet die heutige Undulationstheorie ihre Berechnung
der Schwingungszahlen der Farben; wobei sie die Luft in
jenem Zwischenraum als vom Glas verschiedenes Medium
und demnach Brechung und *homogene Lichter* annimmt – alles
ganz fabelhaft (siehe die Darstellung der Sache in *Ules* ›Die
Natur‹, 1859, 30. Juni, Nr. 26). Es ist gar keine Linse dazu
nötig: zwei Spiegelgläser, mit dem Finger gedrückt, leisten
es am besten, und um so besser, je länger man sie bald hier,
bald da drückt; wobei gar kein Zwischenraum nebst Luft-
schicht bleibt, da sie *pneumatisch aneinanderhängen*. (Man muß
sie vorher anhauchen.) Ebenso sind die Farben der Seifen-
blasen die Wirkung wechselnder lokaler Trübungen dieses

halb durchsichtigen Stoffes; ebenso die einer Terpentin-
schicht, die alten getrübten Fensterscheiben usw.

Goethe hatte den treuen, sich hingebenden objektiven
Blick in die Natur der Sachen; *Newton* war bloß Mathematiker, stets eilig, nur zu messen und zu rechnen, und zu dem
Zweck eine aus der oberflächlich aufgefaßten Erscheinung
zusammengeflickte Theorie zum Grunde legend. Dies ist
die Wahrheit: schneidet Gesichter, wie ihr wollt!

Hier mag nun noch ein Aufsatz dem größeren Publiko
mitgeteilt werden, mit welchem ich mein Blatt des bei Gelegenheit des hundertjährigen Geburtstages Goethes im
Jahr 1849 von der Stadt Frankfurt eröffneten und in ihrer
Bibliothek deponierten Albums auf beiden Seiten vollge-
schrieben habe. – Der Eingang desselben bezieht sich auf die
höchst imposanten Feierlichkeiten, mit denen jener Tag
öffentlich daselbst begangen worden war.

In das Frankfurter Goethe-Album

Nicht bekränzte Monumente noch Kanonensalven noch
Glockengeläute, geschweige Festmahle mit Reden reichen
hin, das schwere und empörende Unrecht zu sühnen, welches Goethe erleidet in betreff seiner ›Farbenlehre‹. Denn statt
daß die vollkommene Wahrheit und hohe Vortrefflichkeit
derselben gerechte Anerkennung gefunden hätte, gilt sie
allgemein für einen verfehlten Versuch, über welchen, wie
jüngst eine Zeitschrift sich ausdrückte, die Leute vom Fach
nur lächeln, ja für eine mit Nachsicht und Vergessenheit zu
bedeckende Schwäche des großen Mannes. – Diese beispiel-
lose Ungerechtigkeit, diese unerhörte Verkehrung aller
Wahrheit ist nur dadurch möglich geworden, daß ein stump-
fes, träges, gleichgültiges, urteilsloses, folglich leicht betro-
genes Publikum in dieser Sache sich aller eigenen Untersuchung und Prüfung – so leicht auch sogar ohne Vorkenntnisse solche wäre – begeben hat, um sie den ›Leuten vom
Fach‹, d.h. den Leuten, welche eine Wissenschaft nicht

ihrer selbst, sondern des Lohnes wegen betreiben, anheim-
zustellen, und nun von diesen sich durch Machtsprüche und
Grimassen imponieren läßt. Wollte nun einmal dieses Publikum nicht aus eigenen Mitteln urteilen, sondern wie die
Unmündigen sich durch Auktorität leiten lassen; so hätte
doch wahrlich die Auktorität des größten Mannes, welchen
neben Kant die Nation aufzuweisen hat, und noch dazu in
einer Sache, die er sein ganzes Leben hindurch als seine
Hauptangelegenheit betrieben hat, mehr Gewicht haben
sollen, als die vieler Tausende solcher Gewerbsleute[1] zusammengenommen. Was nun die Entscheidung dieser Fach-
männer betrifft, so ist die ungeschminkte Wahrheit, daß sie
sich erbärmlich geschämt haben, als zutage kam, daß sie das
handgreiflich Falsche nicht nur sich hatten aufbinden lassen,
sondern es hundert Jahre hindurch ohne alle eigene Untersuchung und Prüfung mit blindem Glauben und andäch-
tiger Bewunderung verehrt, gelehrt und verbreitet hatten,
bis denn zuletzt ein alter Poet gekommen war, sie eines
bessern zu belehren. Nach dieser nicht zu verwindenden
Demütigung haben sie alsdann, wie Sünder pflegen, sich
verstockt, die späte Belehrung trotzig von sich gewiesen
und durch ein jetzt schon vierzigjähriges hartnäckiges Festhalten am aufgedeckten und nachgewiesenen offenbar Falschen, ja Absurden zwar Frist gewonnen, aber auch ihre
Schuld verhundertfacht. Denn ›veritatem laborare nimis
saepe, extingui nunquam‹ [daß die Wahrheit nur zu oft Not
leidet, aber niemals vernichtet werden kann], hat schon
Livius [›Historiarum ab urbe condita‹ lib. 22, 39, 19] gesagt:
der Tag der Enttäuschung wird, er muß kommen: und
dann? – Nun dann – ›wollen wir uns gebärden wie wir
können‹ ([Goethe], ›Egmont‹ 3, 2).

   In den deutschen Staaten, welche Akademien der Wissenschaften besitzen, könnten die denselben vorgesetzten Minister des öffentlichen Unterrichts ihre ohne Zweifel vorhandene Verehrung Goethes nicht edler und aufrichtiger an
den Tag legen, als wenn sie jenen Akademien die Aufgabe
stellten, binnen gesetzter Frist eine gründliche und aus-

1. [In der Handschrift: ›Kathederhelden‹; *vgl. Bd. 3, S. 478*]

führliche Untersuchung und Kritik der Goetheschen ›Farbenlehre‹, nebst Entscheidung ihres Widerstreites mit der Newtonischen, zu liefern. Möchten doch jene hochgestellten Herren meine Stimme vernehmen und, da sie Gerechtigkeit für unsern größten Toten anspricht, ihr willfahren, ohne erst die zu Rate zu ziehn, welche durch ihr unverantwortliches Schweigen selbst Mitschuldige sind. Dies ist der sicherste Weg, jene unverdiente Schmach von Goethen abzunehmen. Alsdann nämlich würde die Sache nicht mehr mit Machtsprüchen und Grimassen abzutun sein und auch das unverschämte Vorgeben, daß es hier nicht auf Urteil, sondern auf Rechnerei ankäme, sich nicht mehr hören lassen dürfen: vielmehr würden die Gildenmeister sich in die Alternative versetzt sehn, entweder der Wahrheit die Ehre zu geben oder sich auf das allerbedenklichste zu kompromittieren. Daher läßt unter dem Einfluß solcher Daumschrauben sich etwas von ihnen hoffen; fürchten hingegen nicht das Geringste. Denn wie sollten doch bei ernstlicher und ehrlicher Prüfung die Newtonischen Chimären, die augenfällig gar nicht vorhandenen, sondern bloß zugunsten der Tonleiter erfundenen sieben prismatischen Farben, das Rot, welches keines ist, und das einfache Urgrün, welches auf das deutlichste vor unsern Augen sich ganz naiv und unbefangen aus Blau und Gelb zusammenmischt, zumal aber die Monstrosität der im lautern, klaren Sonnenlichte steckenden und verhüllten, dunkeln, sogar indigofarbenen homogenen Lichter, dazu noch ihre verschiedene Refrangibilität, die jeder achromatische Operngucker Lügen straft – wie sollten, sage ich, diese Märchen recht behalten gegen Goethes klare und einfache Wahrheit, gegen seine auf *ein* großes Naturgesetz zurückgeführte Erklärung aller physischen Farbenerscheinungen, für welches die Natur überall und unter jedweden Umständen ihr unbestochenes Zeugnis ablegt! Ebensogut könnten wir befürchten, das Einmaleins widerlegt zu sehn.

Qui non libere veritatem pronuntiat, proditor veritatis est. [Wer die Wahrheit nicht freimütig bekennt, ist ein Verräter an der Wahrheit.]

KAPITEL 8

ZUR ETHIK

§ 108

Physikalische Wahrheiten können viel äußere Bedeutsamkeit haben; aber die innere fehlt ihnen. Diese ist das Vorrecht der intellektuellen und moralischen Wahrheiten, als welche die höchsten Stufen der Objektivation des Willens zum Thema haben; während jene die niedrigsten. Z.B., wenn wir Gewißheit darüber erlangten, daß, wie man jetzt nur mutmaßt, die Sonne am Äquator Thermoelektrizität, diese den Magnetismus der Erde und dieser das Polarlicht verursacht; so wären diese Wahrheiten von vieler äußeren Bedeutsamkeit, an innerer aber arm. Beispiele von dieser letzteren hingegen liefern nicht nur alle hohen und wahren geistigen Philosopheme, sondern auch die Katastrophe jedes guten Trauerspiels, ja auch die Beobachtung des menschlichen Handelns in den extremen Äußerungen der Moralität und Immoralität desselben, also der Bosheit und Güte: denn in allem diesen tritt das Wesen hervor, dessen Erscheinung die Welt ist, und legt auf der höchsten Stufe seiner Objektivation sein Inneres zutage.

§ 109

Daß die Welt bloß eine physische, keine moralische Bedeutung habe, ist der größte, der verderblichste, der fundamentale Irrtum, die eigentliche *Perversität* der Gesinnung und ist wohl im Grunde auch das, was der Glaube als den Antichrist personifiziert hat. Dennoch und allen Religionen zum Trotz, als welche sämtlich das Gegenteil davon behaupten und solches in ihrer mythischen Weise zu begründen suchen, stirbt jener Grundirrtum nie ganz auf Erden aus, sondern erhebt immer von Zeit zu Zeit sein Haupt von neuem, bis ihn die allgemeine Indignation abermals zwingt, sich zu verstecken.

So sicher aber auch das Gefühl einer moralischen Bedeutung der Welt und des Lebens ist, so ist dennoch die Verdeutlichung derselben und die Enträtselung des Widerspruchs zwischen ihr und dem Laufe der Welt so schwierig, daß es mir aufbehalten bleiben konnte, das wahre, allein echte und reine, daher überall und allezeit wirksame Fundament der Moralität, nebst dem Ziele, welchem es zuführt, darzulegen; wobei ich zu sehr die Wirklichkeit des moralischen Hergangs auf meiner Seite habe, als daß ich zu besorgen hätte, diese Lehre könne jemals noch wieder durch eine andere ersetzt und verdrängt werden.

Solange jedoch selbst meine ›Ethik‹ noch von den Professoren unbeachtet bleibt, gilt auf den Universitäten das Kantische Moralprinzip, und unter seinen verschiedenen Formen ist die der ›Würde des Menschen‹ jetzt am beliebtesten. Die Leerheit derselben habe ich bereits in meiner Abhandlung ›Über das Fundament der Moral‹ (§ 8, S. 169 *[Bd. 3, S. 695]*) dargetan. Daher hier nur soviel. Wenn man überhaupt früge, worauf denn diese angebliche Würde des Menschen beruhe; so würde die Antwort bald dahin gehn, daß es auf seiner Moralität sei – also die Moralität auf der Würde, und die Würde auf der Moralität. – Aber hievon auch abgesehn, scheint mir der Begriff der *Würde* auf ein am Willen so sündliches, am Geiste so beschränktes, am Körper so verletzbares und hinfälliges Wesen, wie der Mensch ist, nur ironisch anwendbar zu sein:

> Quid superbit homo, cuius conceptio culpa,
> Nasci poena, labor vita, necesse mori?[1]

[Sollte der Mensch sich brüsten, da für ihn Empfängnis schon Schuld ist,
Strafe Geburt, Arbeit Leben, Verhängnis der Tod?]

---

1. [Distichon Schopenhauers]

Daher möchte ich im Gegensatz zu besagter Form des Kantischen Moralprinzips folgende Regel aufstellen: bei jedem
Menschen, mit dem man in Berührung kommt, unternehme
man nicht eine objektive Abschätzung desselben nach Wert
und Würde, ziehe also nicht die Schlechtigkeit seines Willens noch die Beschränktheit seines Verstandes und die Verkehrtheit seiner Begriffe in Betrachtung, da ersteres leicht
Haß, letzteres Verachtung gegen ihn erwecken könnte;
sondern man fasse allein seine Leiden, seine Not, seine
Angst, seine Schmerzen ins Auge – da wird man sich stets
mit ihm verwandt fühlen, mit ihm sympathisieren und statt
Haß oder Verachtung jenes Mitleid mit ihm empfinden,
welches allein die ἀγάπη [Liebe] ist, zu der das Evangelium
aufruft. Um keinen Haß, keine Verachtung gegen ihn aufkommen zu lassen, ist wahrlich nicht die Aufsuchung seiner
angeblichen ›Würde‹, sondern umgekehrt der Standpunkt
des Mitleids der allein geeignete.

§ 110

Die *Buddhaisten* gehn infolge ihrer tieferen ethischen und
methaphysischen Einsichten nicht von Kardinaltugenden,
sondern von Kardinallastern aus, als deren Gegensätze oder
Verneinungen allererst die Kardinaltugenden auftreten.
Nach Isaak Jakob Schmidts ›Geschichte der Ostmongolen‹
(S. 7) sind die buddhaistischen Kardinallaster: Wollust, Trägheit, Zorn und Geiz. Wahrscheinlich aber muß statt Trägheit Hochmut stehn; so nämlich werden sie angegeben in
den ›Lettres édifiantes et curieuses‹ (édition de 1819, vol. 6,
p. 372), woselbst jedoch noch der Neid oder Haß als fünftes
hinzukommt. Für meine Berichtigung der Angabe des hoch-
verdienten Isaak Jakob Schmidt spricht noch die Übereinstimmung derselben mit den Lehren der jedenfalls unter
dem Einfluß des Brahmanismus und Buddhaismus stehenden *Sufis*. Auch diese nämlich stellen dieselben Kardinallaster, und zwar sehr treffend paarweise auf, so daß die Wollust mit dem Geiz und der Zorn mit dem Hochmut ver-
schwistert auftritt (siehe Tholucks ›Blütensammlung aus

der morgenländischen Mystik‹ S. 206). Wollust, Zorn und Geiz finden wir schon im Bhagavad-Gita (16, 21) als Kardinallaster aufgestellt, welches das hohe Alter der Lehre bezeugt. Ebenfalls im ›Prabodha-candra-udaya‹, diesem für die Vedantaphilosophie so höchst wichtigen philosophisch-allegorischen Drama, treten diese drei Kardinallaster auf als die drei Heerführer des Königs Leidenschaft in seinem Krieg gegen den König Vernunft. Als die jenen Kardinallastern entgegengesetzten Kardinaltugenden würden sich ergeben Keuschheit und Freigebigkeit, nebst Milde und Demut.

Vergleicht man nun mit diesen tiefgefaßten orientalischen Grundbegriffen der Ethik die so berühmten und viele tausend Mal wiederholten Platonischen Kardinaltugenden Gerechtigkeit, Tapferkeit, Mäßigkeit und Weisheit; so findet man sie ohne einen deutlichen leitenden Grundbegriff und daher oberflächlich gewählt, zum Teil sogar offenbar falsch. Tugenden müssen Eigenschaften des Willens sein: Weisheit aber gehört zunächst dem Intellekt an. Die σωφροσύνη, welche von Cicero ›temperantia‹ und im Deutschen ›Mäßigkeit‹ übersetzt wird, ist ein gar unbestimmter und vieldeutiger Ausdruck, unter welchen sich daher freilich mancherlei bringen läßt – wie Besonnenheit, Nüchternheit, den Kopf oben behalten: er kommt wahrscheinlich von σῶον ἔχειν τὸ φρονεῖν [gesundes Denken haben] oder, wie ein Schriftsteller Hierax bei Stobaios, ›Florilegium‹ cap. 5, § 60 (vol. 1, p. 134 [editio Gaisford]) sagt: Ταύτην τὴν ἀρετὴν σωφροσύνην ἐκάλεσαν σωτηρίαν οὖσαν φρονήσεως. [Man nannte diese Tugend σωφροσύνη, weil sie ein Festhalten an der Besonnenheit ist.] Tapferkeit ist gar keine Tugend, wiewohl bisweilen ein Diener oder Werkzeug derselben, aber sie ist auch ebenso bereit, der größten Nichtswürdigkeit zu dienen: eigentlich ist sie eine Temperamentseigenschaft. Schon Geulincx (›Ethica‹, in praefatione) verwarf die Platonischen Kardinaltugenden und stellte diese auf: diligentia, oboedientia, iustitia, humilitas [Gewissenhaftigkeit, Gehorsam, Gerechtigkeit, Demut] – offenbar schlecht. Die Chinesen nennen fünf Kardinaltugenden: Mitleid, Ge-

rechtigkeit, Höflichkeit, Wissenschaft und Aufrichtigkeit
(›Journal Asiatique‹ vol. 9. p. 62). [Samuel] Kidd, ›China‹
(p. 197) benennt sie ›benevolence, righteousness, propriety‹
(Anständigkeit), ›wisdom and sincerity‹ und gibt einen
ausführlichen Kommentar zu jeder. – Das Christentum hat
nicht Kardinal-, sondern Theologaltugenden: Glaube, Liebe
und Hoffnung.

Der Punkt, an welchem die moralischen Tugenden und
Laster des Menschen zuerst auseinandergehn, ist jener Gegensatz der Grundgesinnung gegen andere, welche nämlich entweder den Charakter des Neides oder aber den des
Mitleides annimmt. Denn diese zwei einander diametral
entgegengesetzten Eigenschaften trägt jeder Mensch in
sich, indem sie entspringen aus der ihm unvermeidlichen
Vergleichung seines eigenen Zustandes mit dem der andern: je nachdem nun das Resultat dieser auf seinen individuellen Charakter wirkt, wird die eine oder die andere
Eigenschaft seine Grundgesinnung und die Quelle seines
Handelns. Der Neid nämlich baut die Mauer zwischen Du
und Ich fester auf: dem Mitleid wird sie dünn und durchsichtig, ja bisweilen reißt es sie ganz ein, wo dann der Unterschied zwischen Ich und Nicht-Ich verschwindet.

§ 111

Die oben zur Sprache gekommene *Tapferkeit* oder genauer:
der ihr zum Grunde liegende *Mut* (denn Tapferkeit ist nur
der Mut im Kriege) verdient noch eine nähere Untersuchung. Die Alten zählten den Mut den Tugenden, die Feigheit den Lastern bei: dem christlichen Sinne, der auf Wohl-
wollen und Dulden gerichtet ist und dessen Lehre alle
Feindseligkeit, eigentlich sogar den Widerstand verbietet,
entspricht dies nicht; daher es bei den Neuern weggefallen
ist. Dennoch müssen wir zugeben, daß Feigheit uns mit
einem edlen Charakter nicht wohl verträglich scheint –
schon wegen der übergroßen Besorglichkeit um die eigene
Person, welche sich darin verrät. Der Mut nun aber läßt
sich auch darauf zurückführen, daß man den im gegenwär-

tigen Augenblicke drohenden Übeln willig entgegengeht, um dadurch größeren in der Zukunft liegenden vorzubeugen; während die Feigheit es umgekehrt hält. Nun ist jenes erstere der Charakter der *Geduld*, als welche eben in dem deutlichen Bewußtsein besteht, daß es noch größere Übel als die eben gegenwärtigen gibt und man durch heftiges Fliehen oder Abwehren dieser jene herbeiziehn könnte. Demnach wäre denn der Mut eine Art *Geduld*, und weil eben diese es ist, die uns zu Entbehrungen und Selbstüberwindungen jeder Art befähigt, so ist mittelst ihrer auch der Mut wenigstens der Tugend verwandt.

Doch läßt er vielleicht noch eine höhere Betrachtungsweise zu. Man könnte nämlich alle Todesfurcht zurückführen auf einen Mangel an derjenigen natürlichen, daher auch bloß gefühlten Metaphysik, vermöge welcher der Mensch die Gewißheit in sich trägt, daß er in allen, ja in allem ebensowohl existiert wie in seiner eigenen Person, deren Tod ihm daher wenig anhaben kann. Eben aus dieser Gewißheit hingegen entspränge demnach der heroische Mut, folglich (wie der Leser sich aus meiner ›Ethik‹ erinnert) aus derselben Quelle mit den Tugenden der Gerechtigkeit und der Menschenliebe. Dies heißt nun freilich die Sache gar weit oben anfassen; jedoch ist außerdem nicht wohl zu erklären, weshalb Feigheit verächtlich, persönlicher Mut hingegen edel und erhaben erscheint; da von keinem niedrigeren Standpunkt aus sich absehn läßt, weshalb ein endliches Individuum, welches sich selber alles, ja sich selber die Grundbedingung zum Dasein der übrigen Welt ist, nicht der Erhaltung dieses Selbst alles andere nachsetzen sollte. Daher wird eine ganz immanente, also rein empirische Erklärung, indem sie nur auf der Nützlichkeit des Mutes fußen könnte, wohl nicht ausreichen. Hieraus mag es entsprungen sein, daß *Calderon* einmal eine skeptische, aber beachtenswerte Ansicht über den Mut ausspricht, ja eigentlich die Realität desselben leugnet, und zwar tut er dies aus dem Munde eines alten, weisen Ministers seinem jungen Könige gegenüber:

Que aunque el natural temor
En todos obra igualmente,
No mostrarle es ser valiente,
Y esto es lo que hace el valor.

›La hija del aire‹ parte 2, jornada 2

›Denn obwohl die natürliche Furcht in allen auf gleiche
Weise wirksam ist, so ist man dadurch, daß man sie nicht
sehn läßt, tapfer, und dieses eben macht die Tapferkeit
aus.‹

Hinsichtlich der oben berührten Verschiedenheiten zwischen der Geltung des Mutes als Tugend bei den Alten und
bei den Neuern ist jedoch noch in Erwägung zu ziehn, daß
die Alten unter Tugend (virtus; ἀρετή) jede Trefflichkeit,
jede an sich selbst lobenswerte Eigenschaft verstanden – sie
mochte moralisch oder intellektuell, ja allenfalls bloß körperlich sein. Nachdem aber das Christentum die Grund-
tendenz des Lebens als eine moralische nachgewiesen hatte,
wurden unter dem Begriff der Tugend nur noch die moralischen Vorzüge gedacht. Inzwischen findet man den früheren Sprachgebrauch noch bei den älteren Latinisten, wie
auch im Italienischen, wo ihn zudem der bekannte Sinn des
Wortes ›virtuoso‹ bezeugt. – Man sollte auf diesen weitern
Umfang des Begriffs Tugend bei den Alten die Schüler ausdrücklich aufmerksam machen, da er sonst leicht eine heimliche Perplexität bei ihnen erzeugt. Zu diesem Zweck
empfehle ich besonders zwei uns vom *Stobaios* aufbehaltene
Stellen: die eine (angeblich von einem Pythagoreer *Metopos*
herrührende) im ersten Titel seines ›Florilegiums‹ § 64, wo
die Tauglichkeit jedes Gliedes unsers Leibes für ἀρετή erklärt wird, und die andere in seinen ›Eclogis ethicae‹ lib. 2,
cap. 7 (p. 272 editio Heeren). Daselbst heißt es geradezu:
Σκυτοτόμου ἀρετὴν λέγεσθαι, καθ᾽ ἣν ἀποτελεῖν ἄριστον
ὑπόδημα δύναται. (Sutoris virtus dicitur, secundum quam
probum calceum novit parare). [Als Tugend (Tüchtigkeit)
eines Schuhmachers wird das bezeichnet, vermöge dessen er
einen vortrefflichen Schuh anzufertigen versteht.] Hieraus
erklärt es sich auch, warum in der Ethik der Alten von Tu-

genden und Lastern geredet wird, welche in der unserigen keine Stelle finden.

§ 112

Wie die Stelle der Tapferkeit unter den Tugenden, so läßt auch die des *Geizes* unter den Lastern sich in Zweifel ziehn. Nur muß man solchen nicht mit der Habsucht verwechseln, welche zunächst es ist, die das lateinische Wort ›avaritia‹ ausdrückt. Wir wollen daher einmal das ›pro et contra‹ über den Geiz auftreten lassen und abhören, wonach das Endurteil jedem anheimgestellt bleibe.

A. Nicht der *Geiz* ist ein Laster, sondern sein Gegenteil, die *Verschwendung*. Sie entspringt aus einer tierischen Beschränktheit auf die Gegenwart, gegen welche alsdann die noch in bloßen Gedanken bestehende Zukunft keine Macht erlangen kann, und beruht auf dem Wahn eines positiven und realen Wertes der sinnlichen Genüsse. Demgemäß sind künftiger Mangel und Elend der Preis, um welchen der Verschwender diese leeren, flüchtigen, ja oft bloß eingebildeten Genüsse erkauft oder auch seinen leeren hirnlosen Dünkel an den Bücklingen seiner ihn im stillen verlachenden Parasiten und an dem Staunen des Pöbels und der Neider über seine Pracht weidet. Dieserhalb soll man ihn fliehen wie einen Verpesteten und, nachdem man sein Laster entdeckt hat, beizeiten mit ihm brechen, damit man nicht, wann späterhin die Folgen eintreten, entweder sie tragen zu helfen oder aber die Rolle der Freunde des Timon von Athen[1] zu spielen habe. – Imgleichen steht nicht zu erwarten, daß der, welcher sein eigenes Vermögen leichtsinnig durchbringt, das eines andern, wenn es etwan in seine Hände gegeben ist, unangetastet lassen werde; sondern: ›Sui profusus, alieni appetens‹ [Das Seinige verschwendend, Fremdes begehrend] hat Sallustius sehr richtig zusammengestellt (›Catilina‹ cap. 5 [4]). Daher führt Verschwendung nicht bloß zur Verarmung, sondern durch diese zum Verbrechen: die Verbrecher aus den bemittelten Ständen sind es fast alle infolge der Verschwendung geworden. Mit Recht sagt dem-

1. [In dem gleichnamigen Drama Shakespeares]

nach der *Koran* (Sure 17, Vers 29): ›Die Verschwender sind
Brüder der Satane‹[1] (Saadi [übersetzt von Graf], S. 254).
– Der Geiz hingegen hat den Überfluß in seinem Gefolge: und wann wäre dieser unerwünscht gekommen? Das
aber muß ein gutes Laster sein, welches gute Folgen hat.
Der Geiz geht nämlich von dem richtigen Grundsatz aus,
daß alle Genüsse bloß negativ wirken und daher eine aus
ihnen zusammengesetzte Glückseligkeit eine Chimäre ist,
daß hingegen die Schmerzen positiv und sehr real sind. Daher versagt er sich jene, um sich vor diesen desto besser zu
sichern: sonach wird das ›Sustine et abstine!‹[2] [Ertrage und
entsage!] seine Maxime. Und weil er ferner weiß, wie unerschöpflich die Möglichkeiten des Unglücks und [wie] zahllos
die Wege der Gefahr sind; so häuft er die Mittel dagegen an,
um sich wo möglich mit einer dreifachen Schutzmauer zu
umgeben. Wer kann denn sagen, wo die Vorsorge gegen
Unfälle anfängt übertrieben zu werden? Nur der, welcher
wüßte, wo die Tücke des Schicksals ihr Ende erreicht. Und
sogar wenn die Vorsorge übertrieben wäre, würde dieser
Irrtum höchstens ihm selbst, nicht andern zum Schaden gereichen. Wird er die Schätze, welche er auflegt, nie nötig
haben, nun, so werden sie einst andern zugute kommen,
denen die Natur weniger Vorsorge verliehen hat. Daß er
bis dahin das Geld der Zirkulation entzieht, bringt gar
keinen Nachteil; denn Geld ist kein Konsumtionsartikel:
vielmehr ist es ein bloßer Repräsentant der wirklichen,
brauchbaren Güter; nicht selbst ein solches. Die Dukaten
sind im Grunde selbst nur Rechenpfennige: nicht sie haben
Wert, sondern das, was sie vertreten; dieses aber kann er
gar nicht der Zirkulation entziehn. Zudem wird durch sein
Zurückhalten des Geldes der Wert des übrigen, zirkulierenden, genau um so viel erhöht. – Wenn nun auch, wie man
behauptet, mancher Geizige zuletzt das Geld unmittelbar
und seiner selbst wegen liebt; so liebt dagegen ebenso gewiß mancher Verschwender die Ausgabe und das Ver-

---

1. [Bei Saadi heißt es: ›Der Vorrat der Schatzkammer ist der Bissen
der Armen, nicht die Speise der Satansbrüder.‹]
2. [Nach Epiktet bei Gellius: ›Noctes Atticae‹ 17, 19, 6]

schleudern geradezu ihrer selbst wegen. – Die Freundschaft aber oder gar Verwandtschaft mit dem Geizigen ist nicht nur gefahrlos, sondern ersprießlich, da sie großen Nutzen bringen kann. Denn jedenfalls werden die ihm Nächsten nach seinem Tode die Früchte seiner Selbstbeherrschung ernten, aber auch noch bei seinem Leben ist in Fällen großer Not etwas von ihm zu hoffen, wenigstens immer noch mehr als vom ausgebeutelten, selbst hülflosen und verschuldeten Verschwender. ›Mas dà el duro, que el desnudo‹ (Mehr gibt der Hartherzige als der Nackte), sagt ein spanisches Sprichwort. Diesem allen nun zufolge ist der Geiz kein Laster.

B. Er ist die Quintessenz der Laster! – Wenn physische Genüsse den Menschen von der rechten Bahn ableiten, so trägt seine sinnliche Natur, das Tierische in ihm die Schuld. Er wird eben vom Reize hingerissen und handelt, vom Eindruck der Gegenwart überwältigt, ohne Überlegung. – Hingegen wenn er durch Körperschwäche oder Alter dahin gekommen ist, daß die Laster, die er nie verlassen konnte, endlich ihn verlassen, indem seine Fähigkeit zu sinnlichen Genüssen erstorben ist; da überlebt, wenn er sich zum Geize wendet, die geistige Gier die fleischliche. Das Geld, als welches der Repräsentant aller Güter der Welt, das abstractum derselben ist, wird jetzt der dürre Stamm, an welchen seine abgestorbenen Begierden als Egoismus in abstracto sich klammern. Sie regenerieren sich nunmehr in der Liebe zum Mammon. Aus der flüchtigen sinnlichen Begierde ist eine überlegte und berechnende Gier nach Gelde geworden, welche wie ihr Gegenstand symbolischer Natur und wie er unzerstörbar ist. Es ist die hartnäckige, gleichsam sich selbst überlebende Liebe zu den Genüssen der Welt, die vollendete Unbekehrbarkeit, die sublimierte und vergeistigte Fleischeslust, der abstrakte Brennpunkt, in den alle Gelüste zusammengeschlossen sind, zu welchen er daher sich verhält wie der allgemeine Begriff zum einzelnen Dinge: dementsprechend ist Geiz das Laster des Alters, wie Verschwendung das der Jugend.

§ 113

Die soeben abgehörte disputatio in utramque partem
[Streitgespräch über das Für und Wider] ist allerdings geeignet, uns zur Juste-milieu-Moral des Aristoteles hinzu-
treiben. Eben dieser ist auch noch die folgende Betrachtung
günstig.

Jede menschliche Vollkommenheit ist einem Fehler verwandt, in welchen überzugehn sie droht; jedoch auch umgekehrt jeder Fehler einer Vollkommenheit. Daher beruht
der Irrtum, in welchen wir hinsichtlich eines Menschen geraten, oft darauf, daß wir im Anfang der Bekanntschaft seine
Fehler mit den ihnen verwandten Vollkommenheiten verwechseln oder auch umgekehrt: da scheint uns dann der
Vorsichtige feige, der Sparsame geizig oder auch der Verschwender liberal, der Grobian gerade und aufrichtig, der
Dummdreiste als mit edelem Selbstvertrauen auftretend,
u. dgl. mehr.

§ 114

Immer von neuem fühlt sich, wer unter Menschen lebt, zu
der Annahme versucht, daß moralische Schlechtigkeit und
intellektuelle Unfähigkeit eng zusammenhängen, indem sie
direkt *einer* Wurzel entsprössen. Daß dem jedoch nicht so
sei, habe ich im zweiten Bande meines Hauptwerkes (Kap.
19, Nr. 8 *[Bd. 2, S. 293–306]*) ausführlich dargetan. Jener
Anschein, der bloß daraus entspringt, daß man beide sogar
oft beisammen findet, ist gänzlich aus dem sehr häufigen
Vorkommen beider zu erklären, infolge dessen ihnen leicht
begegnet, unter *einem* Dache wohnen zu müssen. Dabei ist
aber nicht zu leugnen, daß sie einander zu gegenseitigem
Vorteil in die Hände spielen, wodurch denn die so unerfreuliche Erscheinung zustande kommt, welche nur zu viele
Menschen darbieten, und die Welt geht, wie sie geht. Namentlich ist der Unverstand dem deutlichen Sichtbarwer-
den der Falschheit, Niederträchtigkeit und Bosheit günstig,
während die Klugheit diese besser zu verhüllen versteht.
Und wie oft verhindert andererseits die Perversität des

Herzens den Menschen, Wahrheiten einzusehen, denen sein
Verstand ganz wohl gewachsen wäre.

Jedoch, es überhebe sich keiner. Wie jeder, auch das größte
Genie, in irgendeiner Sphäre der Erkenntnis entschieden
borniert ist und dadurch seine Stammverwandtschaft mit
dem wesentlich verkehrten und absurden Menschengeschlechte beurkundet; so trägt auch jeder moralisch etwas
durchaus Schlechtes in sich, und selbst der beste, ja edelste
Charakter wird uns bisweilen durch einzelne Züge von
Schlechtigkeit überraschen, gleichsam um seine Verwandtschaft mit dem Menschengeschlechte, unter welchem jeder
Grad von Nichtswürdigkeit, ja Grausamkeit vorkommt,
anzuerkennen. Denn gerade kraft dieses Schlechten in ihm,
dieses bösen Prinzips, hat er ein Mensch werden müssen.
Und aus demselben Grunde ist überhaupt die Welt das, als
was mein treuer Spiegel derselben sie gezeigt hat.

Bei dem allen jedoch bleibt auch zwischen Menschen der
Unterschied unabsehbar groß, und mancher würde erschrecken, wenn er den andern sähe, wie er ist. – O um
einen *Asmodäus*[1] der Moralität, welcher seinem Günstlinge
nicht bloß Dächer und Mauern, sondern den über alles
ausgebreiteten Schleier der Verstellung, Falschheit, Heuchelei, Grimasse, Lüge und Trug durchsichtig machte und
ihn sehn ließe, wie wenig wahre Redlichkeit in der Welt zu
finden ist und wie so oft auch, wo man es am wenigsten
vermutet, hinter allen den tugendsamen Außenwerken
heimlich und im innersten Rezeß die Unrechtlichkeit am
Ruder sitzt. – Daher eben kommen die vierbeinigen Freund-
schaften so vieler Menschen besserer Art: denn freilich,
woran sollte man sich von der endlosen Verstellung, Falschheit und Heimtücke der Menschen erholen, wenn die Hunde
nicht wären, in deren ehrliches Gesicht man ohne Mißtrauen schauen kann? – Ist doch unsre zivilisierte Welt nur
eine große Maskerade! Man trifft daselbst Ritter, Pfaffen,
Soldaten, Doktoren, Advokaten, Priester, Philosophen und
was nicht alles an! Aber sie sind nicht, was sie vorstellen:

1. [Eig. Aschmedai, Asmodi, der Dämon in spätjüdischen Schriften,
ursprünglich ein persisch-indischer böser Geist.]

sie sind bloße Masken, unter welchen in der Regel Geld-
spekulanten (money-makers) stecken. Doch nimmt auch
wohl einer die Maske des Rechts, die er sich dazu beim
Advokaten geborgt hat, vor, bloß um auf einen andern
tüchtig losschlagen zu können; wieder einer hat zum selben
Zwecke die des öffentlichen Wohls und des Patriotismus
gewählt; ein dritter die der Religion, der Glaubensreinig-
keit. Zu allerlei Zwecken hat schon mancher die Maske der
Philosophie, wohl auch der Philanthropie u.dgl. mehr vor-
gesteckt. Die Weiber haben weniger Auswahl: meistens bedienen sie sich der Maske der Sittsamkeit, Schamhaftigkeit,
Häuslichkeit und Bescheidenheit. Sodann gibt es auch allgemeine Masken ohne besondern Charakter, gleichsam die
Dominos, die man daher überall antrifft: dahin gehören die
strenge Rechtlichkeit, die Höflichkeit, die aufrichtige Teilnahme und grinsende Freundlichkeit. Meistens stecken, wie
gesagt, lauter Industrielle, Handelsleute und Spekulanten
unter diesen sämtlichen Masken. In dieser Hinsicht machen
den einzigen ehrlichen Stand die Kaufleute aus, da sie allein
sich für das geben, was sie sind: sie gehn also unmaskiert
herum, stehn daher auch niedrig im Rang. – Es ist sehr
wichtig, schon früh, in der Jugend, darüber belehrt zu werden, daß man sich auf der Maskerade befinde. Denn sonst
wird man manche Dinge gar nicht begreifen und aufkriegen
können, sondern davor stehn, ganz verdutzt, und zwar am
längsten der, ›cui ex meliore luto finxit praecordia Titan‹
[dem aus besserem Ton das Herz der Titan gebildet; Juvenal, ›Saturae‹ 14, 35]; der Art sind die Gunst, welche die
Niederträchtigkeit findet, die Vernachlässigung, welche
das Verdienst, selbst das seltenste und größte, von den
Leuten seines Faches erleidet, das Verhaßtsein der Wahrheit
und der großen Fähigkeiten, die Unwissenheit der Gelehrten in ihrem Fach und daß fast immer die echte Ware verschmäht, die bloß scheinbare gesucht wird. Also werde
schon der Jüngling belehrt, daß auf dieser Maskerade die
Äpfel von Wachs, die Blumen von Seide, die Fische von
Pappe sind und alles, alles Tand und Spaß – und daß von
jenen zweien, die er dort so ernstlich miteinander handeln

sieht, der eine lauter falsche Ware gibt und der andere sie mit Rechenpfennigen bezahlt.

Aber ernstere Betrachtungen sind anzustellen und schlimmere Dinge zu berichten. Der Mensch ist im Grunde ein wildes entsetzliches Tier. Wir kennen es bloß im Zustande der Bändigung und Zähmung, welcher Zivilisation heißt; daher erschrecken uns die gelegentlichen Ausbrüche seiner Natur. Aber wo und wann einmal Schloß und Kette der gesetzlichen Ordnung abfallen und Anarchie eintritt, da zeigt sich, was er ist. – Wer inzwischen auch ohne solche Gelegenheit sich darüber aufklären möchte, der kann die Überzeugung, daß der Mensch an Grausamkeit und Unerbittlichkeit keinem Tiger und keiner Hyäne nachsteht, aus hundert alten und neuen Berichten schöpfen. Ein vollwichtiges Beispiel aus der Gegenwart liefert ihm die Antwort, welche die Britische Antisklavereigesellschaft auf ihre Frage nach der Behandlung der Sklaven in den sklavenhaltenden Staaten der Nordamerikanischen Union von der Nordamerikanischen Antisklavereigesellschaft im Jahre 1840 erhalten hat: ›Slavery and the internal slavetrade in the United States of North America, being replies to questions transmitted by the British Antislavery Society to the American Antislavery Society‹ (London 1841, 280 S. gr. 8°, price 4 sh. in cloth). Dieses Buch macht eine der schwersten Anklageakten gegen die Menschheit aus. Keiner wird es ohne Entsetzen, wenige ohne Tränen aus der Hand legen. Denn was der Leser desselben jemals vom unglücklichen Zustande der Sklaven, ja von menschlicher Härte und Grausamkeit überhaupt gehört oder sich gedacht oder geträumt haben mag, wird ihm geringfügig erscheinen, wenn er liest, wie jene Teufel in Menschengestalt, jene bigotten, kirchengehenden, streng den Sabbat beobachtenden Schurken, namentlich auch die anglikanischen Pfaffen unter ihnen ihre unschuldigen schwarzen Brüder behandeln, welche durch Unrecht und Gewalt in ihre Teufelsklauen geraten sind. Dies Buch, welches aus trockenen, aber authentischen und dokumentierten Berichten besteht, empört alles Menschengefühl in dem Grade, daß man mit demselben in der Hand einen

Kreuzzug predigen könnte zur Unterjochung und Züchtigung der sklavenhaltenden Staaten Nordamerikas. Denn
sie sind ein Schandfleck der ganzen Menschheit. Ein anderes
Beispiel aus der Gegenwart, da die Vergangenheit manchem
nicht mehr gültig scheint, enthalten Tschudis ›Reisen in
Peru‹ (1846) an der Beschreibung der Behandlung der peru-
vianischen Soldaten durch ihre Offiziere[F]. – Aber wir brauchen die Beispiele nicht in der neuen Welt, dieser Kehrseite
des Planeten, zu suchen – ist es doch im Jahre 1848 zutage
gekommen, daß in England, nicht *ein-*, sondern in kurzem
Zeitraume wohl hundertmal ein Ehegatte den andern oder
beide in Gemeinschaft ihre Kinder, eines nach dem andern,
vergiftet oder auch sie durch Hunger und schlechte Pflege
langsam zu Tode gemartert haben, bloß um von den Be-
gräbnisvereinen (burial-clubs) die auf den Todesfall ihnen
zugesicherten Begräbniskosten zu empfangen, zu welchem
Zwecke sie ein Kind in mehrere, sogar bis in zwanzig solcher Vereine zugleich eingekauft haben. Man sehe hierüber
die ›Times‹ vom 20., 22. und 23. September 1848, welche
Zeitung bloß deswegen auf Aufhebung der Begräbnisvereine
dringt. Dieselbe Anklage wiederholt sie auf das heftigste
am 12. Dezember 1853.

Freilich gehören Berichte dieser Art zu den schwärzesten
Blättern in den Kriminalakten des Menschengeschlechts.
Aber die Quelle von dem und allem Ähnlichen ist doch das
innere und angeborene Wesen des Menschen, dieses Got-
tes κατ᾽ ἐξοχήν der Pantheisten. Da nistet in jedem zu-
nächst ein kolossaler Egoismus, der die Schranke des Rechts
mit größter Leichtigkeit überspringt, wie dies das tägliche
Leben im Kleinen und die Geschichte auf jeder Seite im
Großen lehrt. Liegt denn nicht schon in der anerkannten
Notwendigkeit des so ängstlich bewachten europäischen
Gleichgewichts das Bekenntnis, daß der Mensch ein Raub-
tier ist, welches, sobald es einen Schwächeren neben sich er-

F. Ein Beispiel aus neuester Zeit findet man in Mac Leod, ›Travels in
Eastern Africa‹ (1860), wo [über] die unerhörte, kalt berechnende und
wahrhaft teuflische Grausamkeit, mit der die Portugiesen in Mozam-
bique ihre Sklaven behandeln, berichtet wird.

späht hat, unfehlbar über ihn herfällt – und erhalten wir nicht täglich die Bestätigung desselben im Kleinen? – Zum grenzenlosen Egoismus unserer Natur gesellt sich aber noch ein mehr oder weniger in jeder Menschenbrust vorhandener Vorrat von Haß, Zorn, Neid, Geifer und Bosheit, angesammelt wie das Gift in der Blase des Schlangenzahns und nur auf Gelegenheit wartend, sich Luft zu machen, um dann wie ein entfesselter Dämon zu toben und zu wüten. Will kein großer Anlaß dazu sich einfinden, so wird er am Ende den kleinsten benutzen, indem er ihn durch seine Phantasie vergrößert:

Quantulacunque adeo est occasio, sufficit irae,
[Sich zu erzürnen genügt ein Anlaß, so klein er auch sein mag],
Juvenal [›Saturae‹] 13, v. 183

und wird dann es so weit treiben, wie er irgend kann und darf. Dies sehn wir im täglichen Leben, woselbst solche Eruptionen unter dem Namen: ›seine Galle über etwas ausschütten‹ bekannt sind. Auch will man wirklich bemerkt haben, daß, wenn sie nur auf keinen Widerstand gestoßen sind, das Subjekt sich entschieden wohler danach befindet. Daß der Zorn nicht ohne Genuß sei, sagt schon Aristoteles: Τὸ ὀργίζεσθαι ἡδύ [Das Zürnen ist angenehm] (›Rhetorica‹ I, 11 [p. 1370 b 10], wozu er noch eine Stelle aus dem Homer anführt, der den Zorn für süßer als Honig erklärt. Aber nicht nur dem Zorn, sondern auch dem Haß, der sich zu ihm wie die chronische zur akuten Krankheit verhält, gibt man sich so recht con amore [mit Genuß] hin:

Now hatred is by far the longest pleasure:
Men love in haste, but they detest at leisure.
(Der Haß gewährt gewiß den süßern Trank:
Wir lieben flüchtig, aber hassen lang.)
Byron, ›Don Juan‹, canto 13, 6

Gobineau (›Des races humaines‹) hat den Menschen ›l'animal méchant par excellence‹ [das eminent boshafte Tier] genannt, welches die Leute übelnehmen, weil sie sich ge-

troffen fühlen: er hat aber recht; denn der Mensch ist das
einzige Tier, welches andern Schmerz verursacht, ohne
weitern Zweck als eben diesen. Die andern Tiere tun es nie
anders, als um ihren Hunger zu befriedigen oder im Zorn
des Kampfes. Wenn dem Tiger nachgesagt wird, er töte
mehr, als er auffresse, so würgt er alles doch nur in der Absicht, es zu fressen, und es liegt bloß daran, daß, wie die
französische Redensart es ausdrückt, ›ses yeux sont plus
grands que son estomac‹ [seine Augen größer sind als sein
Magen]. Kein Tier jemals quält, bloß um zu quälen; aber
dies tut der Mensch, und dies macht den *teuflischen* Charakter aus, der weit ärger ist als der bloß tierische. Von der
Sache im Großen ist schon geredet; aber auch im Kleinen
wird sie deutlich, wo denn jeder sie zu beobachten täglich
Gelegenheit hat. Z. B., wenn zwei junge Hunde mit einander
spielen, so friedlich und lieblich anzusehn – und ein Kind
von drei bis vier Jahren kommt dazu; so wird es sogleich
mit seiner Peitsche oder Stock heftig dareinschlagen, fast
unausbleiblich, und dadurch zeigen, daß es schon jetzt
›l'animal méchant par excellence‹ ist. Sogar auch die so
häufige zwecklose Neckerei und der Schabernack entspringt
aus dieser Quelle. Z.B. hat man etwan über irgendeine
Störung oder sonstige kleine Unannehmlichkeit sein Miß-
behagen geäußert, so wird es nicht an Leuten fehlen, die sie
gerade deshalb zuwege bringen: ›l'animal méchant par
excellence!‹ Dies ist so gewiß, daß man sich hüten soll, sein
Mißfallen an kleinen Übelständen zu äußern, sogar auch
umgekehrt sein Wohlgefallen an irgendeiner Kleinigkeit.
Denn im letztern Fall werden sie es machen wie jener Ge-
fängniswärter, der, als er entdeckte, daß sein Gefangener
das mühsame Kunststück vollbracht hatte, eine Spinne zahm
zu machen und an ihr seine Freude hatte, sie sogleich zertrat:
›l'animal méchant par excellence!‹ Darum fürchten alle Tiere
instinktmäßig den Anblick, ja die Spur des Menschen – des
›animal méchant par excellence‹. Der Instinkt trügt auch hier
nicht: denn allein der Mensch macht Jagd auf das Wild, welches ihm weder nützt noch schadet. Von der menschlichen
Bosheit im Großen ist oben S. 178f. *[S. 251]* geredet.

Wirklich also liegt im Herzen eines jeden ein wildes Tier, das nur auf Gelegenheit wartet, um zu toben und zu rasen, indem es andern wehe tun und, wenn sie gar ihm den Weg versperren, sie vernichten möchte: es ist eben das, woraus alle Kampf- und Kriegslust entspringt, und eben das, welches zu bändigen und einigermaßen in Schranken zu halten die Erkenntnis, sein beigegebener Wächter, stets vollauf zu tun hat. Immerhin mag man es das radikale Böse nennen, als womit wenigstens denen, welchen ein Wort die Stelle einer Erklärung vertritt, gedient sein wird. Ich aber sage: es ist der Wille zum Leben, der, durch das stete Leiden des Daseins mehr und mehr erbittert, seine eigene Qual durch das Verursachen der fremden zu erleichtern sucht. Aber auf diesem Wege entwickelt er sich allmälig zur eigentlichen Bosheit und Grausamkeit. Auch kann man hiezu die Bemerkung machen, daß, wie nach Kant die Materie nur durch den Antagonismus der Expansions- und Kontraktionskraft besteht, so die menschliche Gesellschaft nur durch den des Hasses oder Zorns und der Furcht. Denn die Gehässigkeit unserer Natur würde vielleicht jeden einmal zum Mörder machen, wenn ihr nicht eine gehörige Dosis Furcht beigegeben wäre, um sie in Schranken zu halten; und wiederum diese allein würde ihn zum Spott und Spiel jedes Buben machen, wenn nicht in ihm der Zorn bereitläge und Wache hielte.

Der schlechteste Zug in der menschlichen Natur bleibt aber die Schadenfreude, da sie der Grausamkeit enge verwandt ist, ja eigentlich von dieser sich nur wie Theorie von Praxis unterscheidet, überhaupt aber da eintritt, wo das Mitleid seine Stelle finden sollte, welches als ihr Gegenteil die wahre Quelle aller echten Gerechtigkeit und Menschenliebe ist. In einem andern Sinne dem Mitleid entgegengesetzt ist der *Neid*, sofern er nämlich durch den entgegengesetzten Anlaß hervorgerufen wird; sein Gegensatz zum Mitleid beruht also zunächst auf dem Anlaß, und erst infolge hievon zeigt er sich auch in der Empfindung selbst. Daher eben ist der Neid, wenngleich verwerflich, doch noch einer Entschuldigung fähig und überhaupt menschlich, während die Schadenfreude teuflisch und ihr Hohn das Gelächter der Hölle ist. Sie tritt, wie gesagt, gerade da ein, wo Mitleid eintreten sollte, der Neid hingegen doch nur da, wo kein Anlaß zu diesem, vielmehr zum Gegenteil desselben vorhanden ist; und eben als dieses Gegenteil entsteht er in der menschlichen Brust, mithin soweit noch als eine menschliche Gesinnung: ja ich befürchte, daß keiner ganz frei davon befunden werden wird. Denn daß der Mensch beim Anblick fremden Genusses und Besitzes den eigenen Mangel bitterer fühle, ist natürlich, ja unvermeidlich, nur sollte dies nicht seinen Haß gegen den Beglückteren erregen: gerade hierin aber besteht der eigentliche Neid. Am wenigsten aber sollte dieser eintreten, wo nicht die Gaben des Glückes oder Zufalls oder fremder Gunst, sondern die der Natur der Anlaß sind; weil alles Angeborene auf einem metaphysischen Grunde beruht, also eine Berechtigung höherer Art hat und sozusagen von Gottes Gnaden ist. Aber leider hält der Neid es gerade umgekehrt: er ist bei persönlichen Vorzügen am unversöhnlichsten[H], daher eben Verstand und gar Genie sich auf der Welt erst Verzeihung erbetteln müssen, wo immer sie nicht in der Lage sind, die Welt stolz und kühn verachten zu dürfen. Wenn nämlich der Neid bloß durch Reichtum, Rang oder Macht erregt worden ist, wird er noch oft durch den Egoismus gedämpft; indem dieser absieht, daß von dem Beneideten vorkommendenfalls Hülfe, Genuß, Beistand, Schutz,

---

H. Den unumwundensten und stärksten Ausdruck der Sache, der mir je vorgekommen, hat kürzlich ein Artikel der ›Times‹ geliefert. Er verdient hier aufbehalten zu werden: ›There is no vice, of which a man can be guilty, no meanness, no shabbiness, no unkindness, which excites so much indignation among his contemporaries, friends and neighbours, as his success. This is the one unpardonable crime, which reason cannot defend, nor humility mitigate.

  When heaven with such parts has blest him,
  Have I not reason to detest him?

is a genuine and natural expression of the vulgar human mind. The man who writes as we cannot write, who speaks as we cannot speak, labours as we cannot labour, thrives as we cannot thrive, has accumulated on his own person all the offences of which man can be guilty. Down with him! Why cumbereth he the ground?‹ [Es gibt kein Laster,

Beförderung usw. zu hoffen steht oder daß man wenigstens im Umgange mit ihm, von dem Abglanze seiner Vornehmigkeit beleuchtet, selbst Ehre genießen kann: auch bleibt hier die Hoffnung übrig, alle jene Güter einst noch selbst zu erlangen. Hingegen für den auf Naturgaben und persönliche Vorzüge (dergleichen bei Weibern die Schönheit, bei Männern der Geist ist) gerichteten Neid gibt es keinen Trost der einen und keine Hoffnung der andern Art; so daß ihm nichts übrigbleibt, als die so Bevorzugten bitter und unversöhnlich zu hassen. Daher ist sein einziger Wunsch, Rache an seinem Gegenstand zu nehmen. Hiebei nun aber befindet er sich in der unglücklichen Lage, daß alle seine Schläge machtlos fallen, sobald an den Tag kommt, daß sie von ihm ausgegangen sind. Daher also versteckt er sich so sorgsam wie die geheimen Wollustsünden und wird nun ein unerschöpflicher Erfinder von Listen, Schlichen und Kniffen, sich zu verhüllen und zu maskieren, um ungesehn seinen Gegenstand zu verwunden. Da wird er z.B. die Vorzüge, welche sein Herz verzehren, mit unbefangenster Miene ignorieren, sie gar nicht sehn, nicht kennen, nie bemerkt noch davon gehört haben und wird so im Dissimulieren einen Meister abgeben. Er wird mit großer Feinheit den, dessen glänzende Eigenschaften an seinem Herzen nagen, scheinbar als unbedeutend gänzlich übersehn, gar nicht gewahr werden und gelegentlich ganz vergessen haben. Dabei aber wird er vor allen Dingen bemüht sein,

dessen ein Mensch schuldig sein kann, keine Gemeinheit, Schäbigkeit oder Herzlosigkeit, die unter den Mitmenschen, Freunden und Nachbarn so große Entrüstung hervorruft wie sein Erfolg. Dies ist ein so unverzeihliches Verbrechen, daß kein Grund es entschuldigen, keine Unterwürfigkeit es mildern kann.]

    Beschenkt der Himmel ihn mit solchen Gaben,
    Sollt' ich nicht Ursach' ihn zu hassen haben?

[Dies ist ein echter und natürlicher Ausdruck der unter den Menschen gewöhnlichen Gesinnung. Ein Mann, der schreibt, wie wir nicht schreiben können, spricht, wie wir nicht sprechen können, arbeitet, wie wir nicht arbeiten können, Erfolg hat, wie wir nicht Erfolg haben können, hat in seiner Person alle Beleidigungen vereinigt, deren sich ein Mensch schuldig machen kann. Nieder mit ihm! Warum soll er die Erde belasten?] (›Times‹ october 9, 1858).

durch heimliche Machinationen jenen Vorzügen alle Gelegenheit, sich zu zeigen und bekannt zu werden, sorgfältig zu entziehn. Sodann wird er über sie aus dem Finstern Tadel, Hohn, Spott und Verleumdung aussenden, der Kröte gleich, die aus einem Loch ihr Gift hervorspritzt. Nicht weniger wird er unbedeutende Menschen oder auch das Mittelmäßige, ja Schlechte in derselben Gattung von Leistungen enthusiastisch loben. Kurz: er wird ein Proteus an Strategemen, um zu verletzen, ohne sich zu zeigen. Aber was hilft es? Das geübte Auge erkennt ihn doch. Ihn verrät schon die Scheu und Flucht vor seinem Gegenstande, der daher, je glänzender er ist, desto mehr allein steht; weshalb schöne Mädchen keine Freundinnen haben: ihn verrät sein Haß ohne allen Anlaß, der bei der geringsten, ja oft nur eingebildeten Gelegenheit zur heftigsten Explosion kommt. Wie ausgebreitet übrigens seine Familie sei, erkennt man an dem allgemeinen Lobe der Bescheidenheit, dieser zugunsten der platten Gewöhnlichkeit erfundenen schlauen Tugend, welche dennoch eben durch die in ihr an den Tag gelegte Notwendigkeit der Schonung der Armseligkeit diese gerade ans Licht zieht. – Für unser Selbstgefühl freilich und unsern Stolz kann es nichts Schmeichelhafteres geben als den Anblick des in seinem Verstecke lauernden und seine Machinationen betreibenden Neides; jedoch vergesse man nie, daß, wo Neid ist, Haß ihn begleitet, und hüte sich, aus dem Neider einen falschen Freund werden zu lassen. Deshalb eben ist die Entdeckung desselben für unsere Sicherheit von Wichtigkeit. Daher soll man ihn studieren, um ihm auf die Schliche zu kommen; da er, überall zu finden, allezeit inkognito einhergeht oder auch, der giftigen Kröte gleich, in finstern Löchern lauert. Hingegen verdient er weder Schonung noch Mitleid, sondern die Verhaltungsregel sei:

> Den Neid wirst nimmer du versöhnen:
> So magst du ihn getrost verhöhnen.
> Dein Glück, dein Ruhm ist ihm ein Leiden:
> Magst drum an seiner Qual dich weiden.

Wenn man nun, wie hier geschehn, die menschliche *Schlechtigkeit* ins Auge gefaßt hat und sich darüber entsetzen möchte, so muß man alsbald den Blick auf den *Jammer* des menschlichen Daseins werfen; und wieder ebenso, wenn man vor diesem erschrocken ist, auf jene: da wird man finden, daß sie einander das Gleichgewicht halten, und wird der ewigen Gerechtigkeit innewerden, indem man merkt, daß die Welt selbst das Weltgericht ist, und zu begreifen anfängt, warum alles, was lebt, sein Dasein abbüßen muß, erst im Leben und dann im Sterben. So nämlich tritt das ›malum poenae‹ [Übel der Strafe] mit dem ›malum culpae‹ [Übel der Schuld] in Übereinstimmung. Vom selben Standpunkt aus verliert sich auch die Indignation über die intellektuelle *Unfähigkeit* der allermeisten, die uns im Leben so häufig anwidert. Also miseria humana, nequitia humana und stultitia humana [das menschliche Elend, die menschliche Schlechtigkeit und die menschliche Dummheit] entsprechen einander vollkommen in diesem *Samsara* der Buddhaisten und sind von gleicher Größe. Fassen wir aber einmal auf besondern Anlaß eines von ihnen ins Auge und mustern es speziell, so scheint es alsbald die zwei andern an Größe zu übertreffen: dies ist jedoch Täuschung und bloß Folge ihres kolossalen Umfangs.

Dies ist *Samsara*, und jegliches darin kündigt es an, mehr als alles jedoch die Menschenwelt, als in welcher moralisch Schlechtigkeit und Niederträchtigkeit, intellektuell Unfähigkeit und Dummheit in erschreckendem Maße vorherrschen. Dennoch treten in ihr, wiewohl sehr sporadisch, aber doch stets von neuem uns überraschend, Erscheinungen der Redlichkeit, der Güte, ja des Edelmuts und ebenso auch des großen Verstandes, des denkenden Geistes, ja des Genies auf. Nie gehn diese ganz aus: sie schimmern uns wie einzelne glänzende Punkte aus der großen dunklen Masse entgegen. Wir müssen sie als ein Unterpfand nehmen, daß ein gutes und erlösendes Prinzip in diesem *Samsara* steckt, welches zum Durchbruch kommen und das Ganze erfüllen und befreien kann.

§ 115

Die Leser meiner ›Ethik‹ wissen, daß bei mir das Fundament der Moral zuletzt auf jener Wahrheit beruht, welche im Veda und Vedanta ihren Ausdruck hat an der stehend gewordenen mystischen Formel: ›Tat twam asi‹ (Dies bist du), welche mit Hindeutung auf jedes Lebende, sei es Mensch oder Tier, ausgesprochen wird und dann die *Mahavakya*, das große Wort heißt.

In der Tat kann man die ihr gemäß geschehenden Handlungen, z.B. die der Wohltätigkeit, als den Anfang der Mystik betrachten. Jede in reiner Absicht erzeigte Wohltat gibt kund, daß der, welcher sie ausübt, im geraden Widerspruch mit der Erscheinungswelt, in welcher das fremde Individuum von ihm selbst gänzlich gesondert dasteht, sich als identisch mit demselben erkennt. Demnach ist jede ganz uninteressierte Wohltat eine mysteriöse Handlung, ein Mysterium: daher eben hat man, um Rechenschaft davon zu geben, zu allerlei Fiktionen seine Zuflucht nehmen müssen. Nachdem *Kant* dem Theismus alle andern Stützen weggezogen hatte, ließ er ihm bloß die, daß er die beste Deutung und Auslegung jener und aller ihr ähnlichen mysteriösen Handlungen abgäbe. Er ließ ihn demnach als eine zwar theoretisch unerweisliche, aber zum praktischen Behufe gültige Annahme bestehn. Daß es ihm aber auch nur hiemit so ganz ernst gewesen sei, möchte ich bezweifeln. Denn die Moral mittelst des Theismus stützen heißt sie auf Egoismus zurückführen; obgleich die Engländer, wie auch bei uns die untersten Klassen der Gesellschaft, gar nicht die Möglichkeit einer andern Begründung absehn.

Das oben in Anregung gebrachte Wiedererkennen seines eigenen wahren Wesens in einem fremden, sich objektiv darstellenden Individuo tritt besonders schön und deutlich hervor in den Fällen, wo ein bereits rettungslos dem Tode anheimfallender Mensch noch mit ängstlicher Besorgnis und tätigem Eifer auf das Wohl und die Rettung anderer bedacht ist. Dieser Art ist die bekannte Geschichte von einer Magd, welche, nachts auf dem Hofe von einem tollen

Hunde gebissen, sich als rettungslos verloren gebend, nun
den Hund packt und in den Stall schleppt, den sie ver-
schließt, damit kein anderer mehr sein Opfer werde – ebenfalls jener Vorfall in Neapel, den *Tischbein* in einem seiner
Aquarellbilder verewigt hat: vor der dem Meere schnell
zuströmenden Lava fliehend, trägt der Sohn den alten Vater
auf dem Rücken: aber als nur noch ein schmaler Landstrich
beide zerstörende[n] Elemente trennt, heißt der Vater den
Sohn ihn niederlegen, um sich selbst durch Laufen zu retten; weil sonst beide verloren sind. Der Sohn gehorcht und
wirft im Scheiden noch einen Abschiedsblick auf den Vater.
Dies stellt das Bild dar. Auch ist ganz dieser Art die historische Tatsache, welche Walter Scott mit seiner Meister-
hand darstellt im ›Heart of Mid-Lothian‹ (chap. 2), wo nämlich von zwei zum Tode verurteilten Delinquenten der,
welcher durch sein Ungeschick die Gefangennehmung des
andern veranlaßt hatte, diesen in der Kirche nach der
Sterbepredigt durch kräftige Überwältigung der Wache
glücklich befreit, ohne dabei irgendeinen Versuch für sich
selbst zu unternehmen. Ja hierher zu zählen, wenngleich es
dem okzidentalischen Leser anstößig sein mag, ist auch die
auf einem oft wiederholten Kupferstiche dargestellte Szene,
wo der, um füsiliert zu werden, bereits kniende Soldat
seinen Hund, der zu ihm will, eifrig mit dem Tuche zu-
rückscheucht. – In allen Fällen dieser Art nämlich sehn wir
ein seinem unmittelbaren persönlichen Untergange mit
voller Gewißheit entgegengehendes Individuum an seine
eigene Erhaltung nicht mehr denken, um seine ganze Sorgfalt und Anstrengung auf die eines andern zu richten. Wie
könnte doch deutlicher das Bewußtsein sich aussprechen,
daß dieser Untergang nur der einer Erscheinung und also
selbst Erscheinung ist, hingegen das wahre Wesen des
Untergehenden davon unberührt in dem andern fortbe-
steht, in welchem er es eben jetzt, wie seine Handlung
verrät, so deutlich erkennt. Denn wie könnte, wenn dem
nicht so wäre, sondern wir ein in der wirklichen Vernichtung begriffenes Wesen vor uns hätten, dieses noch
durch äußerste Anstrengung seiner letzten Kräfte einen so

innigen Anteil am Wohl und Fortbestand eines andern beweisen?

Es gibt in der Tat zwei entgegengesetzte Weisen, sich seines eigenen Daseins bewußt zu werden: einmal in empirischer Anschauung, wie es von außen sich darstellt, als eines verschwindend Kleinen in einer der Zeit und dem Raume nach grenzenlosen Welt, als *eines* unter den tausend Millionen menschlicher Wesen, die auf diesem Erdball herumlaufen gar kurze Zeit, alle dreißig Jahre sich erneuernd – dann aber, indem man in sein eigenes Inneres sich versenkt und sich bewußt wird, alles in allem und eigentlich das allein wirkliche Wesen zu sein, welches zur Zugabe sich in den andern ihm von außen gegebenen nochmals wie im Spiegel erblickt. Daß nun die erstere Erkenntnisweise bloß die durch das principium individuationis [Prinzip der Individuation] vermittelte Erscheinung erfasse, die andere aber ein unmittelbares Innewerden seiner selbst als des Dinges an sich sei – ist eine Lehre, in der ich der erstern Hälfte nach *Kanten*, in beiden aber den Veda für mich habe. Allerdings ist der einfache Einwand gegen die letztere Erkenntnisweise, sie setze voraus, daß *eines* und *dasselbe* Wesen an verschiedenen Orten zugleich und doch in jedem ganz sein könne. Wenn nun gleich dieses auf dem empirischen Standpunkt die palpabelste Unmöglichkeit, ja eine Absurdität ist, so bleibt es dennoch vom Dinge an sich vollkommen wahr, weil jene Unmöglichkeit und Absurdität bloß auf den Formen der Erscheinung, die das principium individuationis ausmachen, beruht. Denn das Ding an sich, der Wille zum Leben ist in jedem Wesen, auch dem geringsten, ganz und ungeteilt vorhanden, so vollständig, wie in allen, die je waren, sind und sein werden, zusammengenommen. Hierauf eben beruht es, daß jedes Wesen, selbst das geringste, zu sich sagt: ›Dum ego salvus sim, pereat mundus.‹ [Mag die Welt zugrunde gehen, wenn nur ich erhalten bleibe.] Und in Wahrheit würde, wenn auch alle andern Wesen untergingen, in diesem *einen* übriggebliebenen doch noch das ganze Wesen an sich der Welt ungekränkt und unvermindert dastehn und jenes Untergangs als eines Gaukelspieles lachen. Dies ist freilich ein Schluß per impossibile [der zwar unmöglich ist], welchem man, als ebenso berechtigt, diesen gegenüberstellen kann, daß, wenn irgendein Wesen, auch nur das geringste, gänzlich vernichtet wäre, in und mit ihm die ganze Welt untergegangen sein würde. In diesem Sinne eben sagt der Mystiker Angelus Silesius:

Ich weiß, daß ohne mich Gott nicht ein Nu kann leben:
Werd' ich zunicht', – er muß von Not den Geist aufgeben.
[›Cherubinischer Wandersmann‹]

Um aber diese Wahrheit oder wenigstens die Möglichkeit, daß unser eigenes Selbst in andern Wesen existieren könne, deren Bewußtsein ein von dem unserigen getrenntes und verschiedenes ist, auch vom empirischen Standpunkt aus einigermaßen absehn zu können, dürfen wir nur uns der magnetisierten Somnambulen erinnern, deren identisches Ich, nachdem sie erwacht sind, nichts von allen dem weiß, was sie den Augenblick vorher selbst gesagt, getan und erlitten haben. Ein so ganz phänomeneller Punkt ist also das individuelle Bewußtsein, daß sogar in demselben Ich deren zwei entstehn können, davon das eine nicht vom andern weiß.

Immer jedoch behalten Betrachtungen wie die vorhergehenden hier in unserm judaisierten Okzident etwas sehr Fremdartiges: aber nicht so im Vaterlande des Menschengeschlechts, in jenem Lande, wo ein ganz anderer Glaube herrscht – ein Glaube, welchem gemäß auch noch heute z. B. nach der Totenbestattung die Priester vor allem Volke und mit Begleitung der Instrumente den Vedahymnus anstimmen, der also beginnt:

›Der verkörperte Geist, welcher tausend Häupter, tausend Augen, tausend Füße hat, wurzelt in der Menschenbrust und durchdringt zugleich die ganze Erde. Dieses Wesen ist die Welt und alles, was je war und sein wird. Es ist das, was durch die Nahrung wächst, und das, was Unsterblichkeit verleihet. Dieses ist seine Größe: und darum ist es der allerherrlichste verkörperte Geist. Die Bestandteile dieser Welt machen *einen* Teil seines Wesens aus, und drei Teile sind Unsterblichkeit im Himmel. Diese drei Teile haben sich aus der Welt emporgehoben; aber der eine Teil ist zurückgeblieben und ist das, was (durch die Seelenwanderung) die Früchte guter und böser Taten genießt und nicht genießt«[1] usw. (nach Colebrooke, ›On the religious ceremonies of the Hindus‹, im fünften Bande der ›Asiatic researches‹, S. 345 der Kalkutter Ausgabe, auch in dessen ›Miscellaneous essays‹ vol. 1, p. 167).

Wenn man nun dergleichen Gesänge mit unsern Gesangbüchern vergleicht, wird man sich nicht mehr wundern, daß die anglikanischen Missionare am Ganges so erbärmlich schlechte Geschäfte machen und mit ihren Vorträgen über ihren ›maker‹[2] bei den Brahmanen keinen Eingang finden. Wer aber das Vergnügen genießen will, zu sehn, wie den

1. [Nach Rigveda 10, 90]
2. ›Maker‹ ist das deutsche ›Macher‹ und auch wie dieses in compositis häufig, z. B. watchmaker, shoemaker – Uhrmacher, Schuhmacher, u. a. mehr. ›Our maker‹ ›unser Macher‹ (französisch wäre es ›notre faiseur‹ wiederzugeben) ist nun in englischen Schriften, Predigten und dem gemeinen Leben ein sehr gewöhnlicher und beliebter Ausdruck für ›Gott‹, welches ich als für die englische Religionsauffassung höchst charakteristisch zu bemerken bitte. Wie jedoch dem in der Lehre des heiligen Veda erzogenen Brahmanen und dem ihm nacheifernden Vaisia [Vaiceschika], ja wie dem gesamten vom Glauben an die Metempsychose und die Vergeltung durch sie durchdrungenen und bei jedem Vorgange im Leben ihrer eingedenken indischen Volke zumute werden muß, wenn man ihm solche Begriffe aufdringen will, wird der unterrichtete Leser leicht ermessen. Von dem ewigen *Brahm*, welches in allem und in jedem daist, leidet, lebt und Erlösung hofft, überzugehn zu jenem ›maker‹ aus nichts ist für die Leute eine schwere Zumutung. Ihnen wird nie beizubringen sein, daß die Welt und der Mensch ein Machwerk aus nichts sei. Mit großem Rechte sagt daher der edele Verfasser des im Texte sogleich zu lobenden Buches (S. 15 desselben): ›Die Bemühungen der Missionare werden fruchtlos bleiben: kein irgend achtungswürdiger Hindu wird jemals ihren Vermahnungen nachgeben.‹ Desgleichen (S. 50 nach Darlegung der brahmanischen Grundlehren): ›Zu hoffen, daß sie, durchdrungen von diesen Ansichten, in denen sie leben, weben und sind, jemals sie aufgeben werden, um die christliche Lehre anzunehmen, ist meiner festen Überzeugung nach eine eitele Erwartung.‹ Auch S. 68: ›Und wenn zu solchem Zweck die ganze Synode der englischen Kirche Hand anlegte, würde es ihr, es wäre denn durch absoluten Zwang, wahrlich nicht gelingen, auch nur *einen* Menschen aus tausend in der großen indischen

absurden und unverschämten Prätentionen jener Herren
schon vor 41 Jahren ein englischer Offizier kühn und nach-
drücklich entgegengetreten ist, der lese die ›Vindication of
the Hindoos from the aspersions of the reverend Claudius
Buchanan, with a refutation of his arguments in favour of
an ecclesiastical establishment in British India: the whole
tending to evince the excellence of the moral system of the
Hindoos by a Bengal officer‹ (London 1808). Der Verfasser
setzt darin mit seltener Freimütigkeit die Vorzüge der
hindostanischen Glaubenslehren vor den europäischen auseinander. Die kleine Schrift, welche deutsch etwan fünf
Bogen füllen würde, verdiente, noch jetzt übersetzt zu werden; da sie besser und aufrichtiger als irgendeine mir bekannte den so wohltätigen praktischen Einfluß des Brah-

Bevölkerung zu bekehren.‹ Wie richtig seine Vorhersagung gewesen,
bezeugt noch jetzt 41 Jahre später ein langer Brief in den ›Times‹ vom
6. November 1849, unterzeichnet *Civis*, der, wie aus demselben erhellt,
von einem Manne herrührt, welcher lange in Indien gelebt hat. Darin
heißt es unter anderm: ›Nie ist mir auch nur ein einziges Beispiel be-
kanntgeworden, daß in Indien ein Mensch, dessen wir uns rühmen
dürften, zum Christentum bekehrt worden wäre; nicht einen Fall
wüßte ich, wo es nicht einer gewesen wäre, der dem Glauben, den er
annahm, zum Vorwurf und dem, den er abschwur, zur Warnung ge-
reichte. Die Proselyten, welche man bis jetzt gemacht hat, so wenige
ihrer sind, haben daher bloß gedient, andere von der Nachfolge ihres
Beispiels abzuschrecken.‹ Nachdem auf diesen Brief Widerspruch erfolgt war, erscheint zur Bekräftigung desselben in den ›Times‹ vom
20. November ein zweiter, *Sepahee* unterschrieben, darin es heißt: ›Ich
habe über zwölf Jahre in der Präsidentur Madras gedient und während
dieser langen Zeit nie ein einziges Individuum gesehn, welches sich
auch nur nominell vom Hinduismus oder vom Islam zur protestantischen Religion bekehrt hätte. Soweit also stimme ich ganz mit *Civis*
überein und glaube, daß fast alle Offiziere der Armee ein ähnliches
Zeugnis ablegen werden.‹ – Auch auf diesen Brief ist starker Widerspruch erfolgt; allein ich glaube, daß solcher, wenn auch nicht von
Missionaren, doch von Cousins der Missionare herrührt – wenigstens
sind es sehr gottselige Gegner. Mag also auch nicht alles, was sie anführen, ohne Grund sein, so messe ich denn doch den oben extrahier-
ten unbefangenen Gewährsmännern mehr Glauben bei. Denn bei mir
findet in England der rote Rock mehr Glauben als der schwarze, und
alles, was daselbst zugunsten der Kirche, dieser so reichen und bequemen Versorgungsanstalt der mittellosen jüngern Söhne der gesamten
Aristokratie, gesagt wird, ist mir eo ipso verdächtig.

manismus, sein Wirken im Leben und im Volke darlegt –
ganz anders als die aus geistlichen Federn geflossenen Berichte, die eben als solche wenig Glauben verdienen, hingegen übereinstimmend mit dem, was ich mündlich von
englischen Offizieren, die ihr halbes Leben in Indien zugebracht hatten, vernommen habe. Denn um zu wissen, wie
neidisch und ergrimmt die stets um ihre Pfründen zitternde
anglikanische Kirche auf den Brahmanismus ist, muß man
z. B. das laute Gebelle kennen, welches vor einigen Jahren
die Bischöfe im Parlament erhoben, monatelang fortsetzten
und, da die ostindischen Behörden, wie immer bei solchen
Gelegenheiten, sich überaus zähe bezeigten, stets wieder
aufs neue anstimmten bloß über einige äußere Ehrenbezeu-
gungen, welche, wie billig, in Indien von englischen Behörden der uralten, ehrwürdigen Landesreligion erzeigt wurden, z. B. daß, wann die Prozession mit den Götterbildern
vorüberzieht, die Wache mit dem Offizier hübsch heraustritt und trommelt; ferner über die Lieferung roten Tuches,
den Wagen von Jaggernaut[1] [Jagan-natha] zu bedecken, u.
dgl. mehr. Letztere ist wirklich jenen Herren zu Gefallen,
nebst dem dabei erhobenen Pilgerzoll eingestellt worden.
Inzwischen läßt das unablässige Geifern jener sich selbst
sehr-ehrwürdig nennenden Pfründen- und Allongenperük-
kenträger über solche Dinge, nebst der noch ganz mittelalterlichen, heutzutage aber roh und pöbelhaft zu nennenden Weise, in der sie sich über die Urreligion unsers Geschlechtes ausdrücken, imgleichen auch das schwere Ärger-
nis, welches sie daran nahmen, daß Lord Ellenborough 1845
die Pforte der im Jahre 1022 von jenem fluchwürdigen
Mahmud, dem Ghasnewiden, zerstörten Pagode von Sume-
naut [Soman-natha] im Triumphzuge nach Bengalen zurück-
brachte und den Brahmanen übergab[2] – dies alles, sage ich,
läßt vermuten, daß ihnen nicht unbekannt ist, wie sehr die
meisten der Europäer, welche lange in Indien leben, in ihrem

1. *[Vgl. Bd. I, S. 528]*
2. [Lord Ellenborough hatte in einer Proklamation den Hindus zur
Wiedereroberung der Tore ihres Tempels Glück gewünscht, worauf-
hin er im Jahre 1844 vom Parlament von dem Posten des General-
gouverneurs von Ostindien abberufen wurde.]

Herzen dem Brahmanismus zugetan werden und über die
religiösen wie die sozialen Vorurteile Europas nur noch die
Achsel zucken. ›Das fällt alles ab wie Schuppen, sobald man
nur zwei Jahre in Indien gelebt hat‹ – sagte zu mir einmal
ein solcher. Sogar ein Franzose, jener sehr gefällige und gebildete Herr, der vor etwan zehn Jahren die Dewadassi
(vulgo: Bajaderen) in Europa begleitete, rief, als ich mit
ihm auf die Religion jenes Landes zu sprechen kam, sogleich
mit feuriger Begeisterung aus: ›Monsieur, c'est la vraie
religion!‹ [Mein Herr, das ist die wahre Religion!]

Sogar die so phantastische, ja mitunter barocke indische
Götterlehre, wie sie noch heute sogut wie vor Jahrtausenden
die Religion des Volkes ausmacht, ist, wenn man den Sachen auf den Grund geht, doch nur die verbildlichte, d. h.
mit Rücksicht auf die Fassungskraft des Volkes in Bilder
eingekleidete und so personifizierte und mythisierte Lehre
der Upanischaden, welche nun aus ihr jeder Hindu nach
Maßgabe seiner Kräfte und Bildung herausspürt oder fühlt
oder ahndet oder sie durchschauend klar dahinter erblickt –
während der rohe und borniert englische Reverend in seiner Monomanie sie verhöhnt und lästert – als *Idolatrie*[1]; er
allein, meint er, wäre vor die rechte Schmiede gekommen.
Hingegen war die Absicht des Buddha Sakyamuni, den
Kern aus der Schale abzulösen, die hohe Lehre selbst von
allem Bilder- und Götterwesen zu befreien und ihren reinen
Gehalt sogar dem Volke zugänglich und faßlich zu machen.
Dies ist ihm wundervoll gelungen, und daher ist seine Religion die vortrefflichste und durch die größte Anzahl von
Gläubigen vertretene auf Erden. Er kann mit *Sophokles* sagen:

... θεοῖς μὲν κἂν ὁ μηδὲν ὢν ὁμοῦ
Κράτος κατακτήσαιτ'· ἐγὼ δὲ καὶ δίχα
Κείνων πέποιθα τοῦτ' ἐπισπάσειν κλέος.
[... mit den Göttern mag der Nichtige
Sogar den Sieg erlangen; *ich* getraue mir
An mich zu reißen solchen Ruhm auch ohne sie!]
›Aiax‹ 767–769

1. [Götzendienst]

Höchst drollig hingegen ist, nebenbei gesagt, die gelassen lächelnde Süffisance, mit welcher einige servile deutsche Philosophaster, wie auch manche Buchstaben-Orientalisten von der Höhe ihres rationalistischen Judentums auf Brahmanismus und Buddhaismus herabsehn. Solchen Herrlein möchte ich wahrlich ein Engagement bei der Affenkomödie auf der Frankfurter Messe vorschlagen, wenn anders die Nachkommen des Hanuman sie unter sich dulden wollen.

Ich denke, daß, wenn der Kaiser von China oder der König von Siam und andre asiatische Monarchen europäischen Mächten die Erlaubnis, Missionare in ihre Länder zu senden, erteilen, sie ganz und gar befugt wären, es nur unter der Bedingung zu tun, daß sie ebenso viele buddhaistische Priester mit gleichen Rechten in das betreffende europäische Land schicken dürfen; wozu sie natürlich solche wählen würden, die in der jedesmaligen europäischen Sprache vorher wohlunterrichtet sind. Da würden wir einen interessanten Wettstreit vor Augen haben und sehn, wer am meisten ausrichtet.

Der christliche Fanatismus, welcher die ganze Welt zu seinem Glauben bekehren will, ist unverantwortlich. – Sir James Brooke (Rajah of Borneo), welcher einen Teil Borneos kolonisiert hat und einstweilen beherrscht, hat im September 1858 zu Liverpool vor einer Versammlung des Vereins für die Verbreitung des Evangeliums, also des Zentrums der Missionen, eine Rede gehalten, darin er sagt: ›Bei den Mohammedanern habt ihr keine Fortschritte gemacht, bei den *Hindu* habt ihr ganz und gar keine Fortschritte gemacht, sondern seid gerade noch auf dem Punkt, wo ihr waret am ersten Tage, da ihr Indien betreten habt‹ (›Times‹, 29. September 1858). – Hingegen haben die christlichen Glaubensboten sich in andrer Hinsicht sehr nützlich und preiswürdig erwiesen, indem einige von ihnen uns vortreffliche und gründliche Berichte über den Brahmanismus und Buddhaismus und treue, sorgfältige Übersetzungen heiliger Bücher geliefert haben, wie solche ohne das con amore nicht möglich gewesen wären. Diesen Edeln widme ich folgende Reime:

Als Lehrer geht ihr hin:
Als Schüler kommt ihr wieder.
Von dem umschlei'rten Sinn
Fiel dort die Decke nieder.

Wir dürfen daher hoffen, daß einst auch Europa von aller jüdischen Mythologie gereinigt sein wird. Das Jahrhundert ist vielleicht herangerückt, in welchem die aus Asien stammenden Völker japhetitischen Sprachstammes auch die *heiligen Religionen der Heimat* wiedererhalten werden: denn sie sind nach langer Verirrung für dieselben wieder reif geworden.

§ 116

Nach meiner ›Preisschrift über die *moralische Freiheit*‹ [›Über die Freiheit des Willens‹, *Bd. 3, S. 519–627*] kann keinem denkenden Menschen zweifelhaft bleiben, daß diese nirgends in der Natur, sondern nur außerhalb der Natur zu suchen ist. Sie ist ein Metaphysisches, aber in der physischen Welt ein Unmögliches. Demnach sind unsere einzelnen Taten keineswegs frei; hingegen ist der individuelle Charakter eines jeden anzusehn als seine freie Tat. Er selbst ist ein solcher, weil er ein für allemal ein solcher sein will. Denn der Wille selbst und an sich ist, auch sofern er in einem Individuo erscheint, also das Ur- und Grundwollen desselben ausmacht, von aller Erkenntnis unabhängig, weil ihr vorhergängig. Von ihr erhält er bloß die Motive, an denen er sukzessive sein Wesen entwickelt und sich kenntlich macht oder in die Sichtbarkeit tritt: aber er selbst ist als außer der Zeit liegend unveränderlich, solange er überhaupt ist. Daher kann jeder als ein solcher, der er nun einmal ist, und unter den jedesmaligen Umständen, die aber ihrerseits nach strenger Notwendigkeit eintreten, schlechterdings nie etwas anderes tun, als was er jedesmal gerade jetzt tut. Demnach ist der ganze empirische Verlauf des Lebens eines Menschen in allen seinen Vorgängen, großen und kleinen, so notwendig vorherbestimmt wie der eines Uhrwerks. Dies entsteht im Grunde daraus, daß die Art, wie die besagte metaphysische freie Tat ins erkennende Bewußtsein fällt, eine Anschauung ist, welche Zeit und Raum zur Form hat, mittelst welcher nunmehr die Einheit und Unteilbarkeit jener Tat sich darstellt als auseinandergezogen in eine Reihe von Zuständen und Begebenheiten, die am Leitfaden des Satzes vom Grunde in seinen vier Gestalten – und dies eben heißt *notwendig* – eintreten. Das Resultat aber ist ein moralisches, nämlich dieses, daß wir an dem, was wir tun, erkennen, was wir sind, wie wir an dem, was wir leiden, erkennen, was wir verdienen.

Hieraus folgt nun ferner, daß die *Individualität* nicht allein auf dem principio individuationis beruht und daher nicht durch und durch bloße *Erscheinung* ist, sondern daß sie im Dinge an sich, im Willen des einzelnen wurzelt: denn sein Charakter selbst ist individuell. Wie tief nun aber hier ihre Wurzeln gehn, gehört zu den Fragen, deren Beantwortung ich nicht unternehme.

Hiebei verdient in Erinnerung gebracht zu werden, daß schon *Platon* auf seine Weise die Individualität eines jeden als dessen freie Tat darstellt, indem er ihn infolge seines Herzens und Charakters als einen solchen, wie er ist, mittelst der Metempsychose geboren werden läßt (›Phaedrus‹ cap. 28; ›De legibus‹ 10, p. 106 editio Bipontini). – Auch die Brahmanen ihrerseits drücken die unveränderliche Bestimmtheit des angeborenen Charakters mythisch dadurch aus, daß sie sagen, Brahma habe bei der Hervorbringung jedes Menschen sein Tun und sein Leiden in Schriftzeichen auf seinen Schädel gegraben, denen gemäß sein Lebenslauf ausfallen müsse. Als diese Schrift weisen sie die Zacken der Suturen[1] der Schädelknochen nach. Der Inhalt derselben sei eine Folge seines vorhergegangenen Lebens und dessen Tuns (siehe ›Lettres édifiantes‹, édition de 1819, vol. 6, p. 149 et vol. 7, p. 135). Dieselbe Einsicht scheint dem christlichen (sogar schon Paulinischen) Dogma von der Gnadenwahl zum Grunde zu liegen.

Eine andere Folge des Obigen, der sich empirisch durchgängig bestätigt, ist, daß alle *echten* Verdienste, die morali-

1. [Nähte]

schen wie die intellektuellen, nicht bloß einen physischen
oder sonst empirischen, sondern einen metaphysischen Ursprung haben, demnach a priori und nicht a posteriori gegeben, d.h. angeboren und nicht erworben sind, folglich nicht
in der bloßen Erscheinung, sondern im Ding an sich wurzeln.
Daher leistet jeder im Grunde nur das, was schon in seiner
Natur, d.h. eben in seinem Angeborenen unwiderruflich
feststeht. Die intellektuellen Fähigkeiten bedürfen zwar der
Ausbildung, wie manche Naturprodukte der Zurichtung,
um genießbar oder sonst nutzbar zu sein: wie aber hier keine
Zurichtung das ursprüngliche Material ersetzen kann, so
auch dort nicht. Daher eben sind alle bloß erworbenen, an-
gelernten, erzwungenen Eigenschaften, also die Eigenschaften a posteriori, moralische wie intellektuelle, eigentlich
unecht, eiteler Schein ohne Gehalt. Wie nun dies aus einer
richtigen Metaphysik folgt, so lehrt es auch ein tieferer
Blick in die Erfahrung. Sogar bezeugt es das große Gewicht,
welches alle auf die Physiognomie und das Äußere, also das
Angeborene, jedes irgendwie ausgezeichneten Menschen
legen und daher so begierig sind, ihn zu sehn. Die Ober-
flächlichen freilich und, aus guten Gründen, die gemeinen
Naturen werden der entgegengesetzten Ansicht sein, um
bei allem, was ihnen abgeht, sich getrösten zu können, es
werde noch kommen. – So ist denn diese Welt nicht bloß ein
Kampfplatz, für dessen Siege und Niederlagen die Preise in
einer künftigen ausgeteilt werden; sondern sie selbst ist
schon das Jüngste Gericht, indem jeder Lohn und Schmach,
je nach seinen Verdiensten, mitbringt – wie denn auch
Brahmanismus und Buddhaismus, indem sie Metempsychose
lehren, dies nicht anders wissen.

§ 117

Man hat die Frage aufgeworfen, was zwei Menschen, die
in der Wildnis, jeder ganz einsam, aufgewachsen wären und
sich zum ersten Male begegneten, tun würden: *Hobbes*,
Pufendorf, *Rousseau* haben sie entgegengesetzt beantwortet.
Pufendorf glaubte, sie würden sich liebevoll entgegenkom-

men; Hobbes hingegen, feindlich; Rousseau, sich schweigend vorbeigehn. Alle drei haben recht und unrecht: gerade da würde sich die *unermeßliche Verschiedenheit angeborener*
moralischer Disposition der Individuen in so hellem Lichte zeigen,
daß hier gleichsam der Maßstab und Gradmesser derselben
wäre. Denn Menschen gibt es, in denen der Anblick des
Menschen sogleich ein feindliches Gefühl aufregt, indem ihr
Innerstes den Ausspruch tut: ›Nicht-Ich!‹ – Und andere gibt
es, bei welchen jener Anblick sogleich freundliche Teilnahme erregt; ihr Inneres sagt: ›Ich noch einmal!‹ – Dazwischen liegen unzählige Grade. – Aber daß wir in diesem
Hauptpunkt so grundverschieden sind, ist ein großes Problem, ja ein Mysterium. Über diese Apriorität des moralischen Charakters gibt zu mannigfaltigen Betrachtungen
Stoff des Dänen *Bastholm* Buch: ›Historische Nachrichten
zur Kenntnis des Menschen im rohen Zustande‹. Ihm selbst
fällt auf, daß Geisteskultur und moralische Güte der Nationen sich als ganz unabhängig von einander erweisen, indem
die eine oft ohne die andere sich vorfindet. Wir werden dies
daraus erklären, daß die moralische Güte keineswegs aus
der Reflexion entspringt, deren Ausbildung von der Geisteskultur abhängt, sondern geradezu aus dem Willen selbst,
dessen Beschaffenheit angeboren ist und der an sich selbst
keiner Verbesserung durch Bildung fähig ist. Bastholm
schildert nun die meisten Nationen als sehr lasterhaft und
schlecht: hingegen hat er von einzelnen wilden Völkern die
vortrefflichsten allgemeinen Charakterzüge mitzuteilen: so
von den Orotchysen, den Bewohnern der Insel Sawu[1], den
Tungusen[2] und den Pelew-Insulanern[3]. Da versucht er, das
Problem zu lösen, woher es komme, daß einzelne Völker-
schaften so ausgezeichnet gut sind unter lauter bösen Nachbarn. Mir scheint, es könne daraus erklärt werden, daß, da
die moralischen Eigenschaften vom Vater erblich sind, in

1. [Im Indischen Ozean; die Bewohner sind Malaien.]
2. [Volksstamm östlich des Jenissei in Sibirien, unter ihnen die hoch-
entwickelten Mandschu]
3. [Die malaiischen Bewohner der Palas- oder Pelju-Inselgruppe im
Stillen Ozean]

obigen Fällen eine solche isolierte Völkerschaft aus einer Familie entstanden, mithin demselben Ahnherrn, der gerade ein guter Mann war, entsprossen ist und sich unvermischt erhalten hat. Haben doch auch bei mancherlei unangenehmen Anlässen, wie Staatsschulden-Repudiationen[1], Raubzügen usw., die Engländer den Nordamerikanern ins Gedächtnis gerufen, daß sie von einer englischen Verbrecherkolonie abstammen – wiewohl dies nur von einem geringen Teil derselben gelten kann.

§ 118

Zu bewundern ist es, wie die *Individualität jedes Menschen* (d.h. dieser bestimmte Charakter mit diesem bestimmten Intellekt) gleich einem eindringenden Färbestoff alle Handlungen und Gedanken desselben bis auf die unbedeutendesten herab genau bestimmt; infolge wovon der ganze Lebenslauf, d.h. die äußere und innere Geschichte des einen so grundverschieden von der des andern ausfällt. Wie ein Botaniker an *einem* Blatte die ganze Pflanze erkennt, wie *Cuvier* aus *einem* Knochen das ganze Tier konstruierte; so kann man aus *einer* charakteristischen Handlung eines Menschen eine richtige Kenntnis seines Charakters erlangen, also ihn gewissermaßen daraus konstruieren, sogar auch wenn diese Handlung eine Kleinigkeit betrifft, ja dann oft am besten: denn bei wichtigern Dingen nehmen die Leute sich in acht; bei Kleinigkeiten folgen sie ohne vieles Bedenken ihrer Natur. Zeigt einer in solchen durch sein absolut rücksichtsloses egoistisches Benehmen, daß die Gerechtigkeit der Gesinnung seinem Herzen fremd ist; so soll man ihm ohne gehörige Sicherheit keinen Groschen anvertrauen. Denn wer wird glauben, daß der, welcher in allen andern nicht das Eigentum betreffenden Angelegenheiten sich täglich ungerecht bezeugt und dessen grenzenloser Egoismus aus den kleinen keiner Rechenschaft unterworfenen Handlungen des gemeinen Lebens überall hervorguckt wie ein schmutziges Hemd aus den Löchern einer zerlumpten Jacke – daß

1. [Weigerung eines Staates, seine Schulden voll zu bezahlen]

ein solcher in den Angelegenheiten des Mein und Dein
ohne andern Antrieb als den der Gerechtigkeit ehrlich sein
werde? Wer im Kleinen rücksichtslos ist, wird im Großen
ruchlos sein. – Wer die kleinen Charakterzüge unbeachtet
läßt, hat es sich selber zuzuschreiben, wenn er nachmals aus
den großen den betreffenden Charakter zu seinem Schaden
kennenlernt. Nach demselben Prinzip soll man auch mit sogenannten guten Freunden selbst über Kleinigkeiten, wenn
sie einen boshaften oder schlechten oder gemeinen Charakter verraten, sogleich brechen, um dadurch ihren großen
schlechten Streichen vorzubeugen, die nur auf Gelegenheit
warten, sich einzustellen. Dasselbe gilt von Dienern. Stets
denke man: besser allein als unter Verrätern!

Wirklich ist die Grundlage und Propädeutik zu aller Men-
schenkenntnis die Überzeugung, daß das Handeln des
Menschen im Ganzen und Wesentlichen nicht von seiner
Vernunft und deren Vorsätzen geleitet wird; daher keiner
dieses oder jenes dadurch wird, daß er es, wenn auch noch
so gern, sein möchte, sondern aus seinem angeborenen und
unveränderlichen Charakter geht sein Tun hervor, wird
näher und im besondern bestimmt durch die Motive, ist
folglich das notwendige Produkt dieser beiden Faktoren.
Demgemäß kann man das Handeln des Menschen sich veranschaulichen an dem Lauf eines Planeten, als welcher das
Resultat der diesem beigegebenen Tangential- und der von
seiner Sonne aus wirkenden Zentripetalkraft ist, wobei denn
die erstere Kraft den Charakter, die letztere den Einfluß der
Motive darstellt. Dies ist fast mehr als ein bloßes Gleichnis;
sofern nämlich die Tangentialkraft, von welcher eigentlich
die Bewegung ausgeht, während sie von der Gravitation beschränkt wird, metaphysisch genommen, der in einem solchen Körper sich darstellende Wille ist.

Wer nun dieses begriffen hat, wird auch einsehn, daß wir
über das, was wir in einer zukünftigen Lage tun werden,
eigentlich nie mehr als eine Mutmaßung haben; obwohl wir
diese oft für einen Entschluß halten. Wenn z.B. ein Mensch
infolge eines Vorschlags die Verbindlichkeit beim Eintritt
noch in der Zukunft liegender Umstände, dieses oder jenes

zu tun, höchst aufrichtig und sogar sehr gern eingegangen
ist; so ist hiedurch noch gar nicht ausgemacht, daß er sie erfüllen werde, es sei denn, er wäre so beschaffen, daß sein gegebenes Versprechen selbst und als solches stets und überall ein hinreichendes Motiv für ihn würde, indem es mittelst
der Rücksicht auf seine Ehre wie ein fremder Zwang auf
ihn wirkte. Außerdem aber läßt sich, was er beim Eintritt
jener Umstände tun wird, ganz allein, jedoch mit völliger
Gewißheit vorherbestimmen aus einer richtigen und genauen Kenntnis seines Charakters und der äußern Umstände, unter deren Einwirkung er alsdann gerät. Dies ist
sogar sehr leicht, wenn man ihn schon einmal in der gleichen
Lage gesehn hat: denn unfehlbar wird er das zweite Mal dasselbe tun, vorausgesetzt, daß er schon beim ersten die Umstände richtig und vollständig erkannt hatte; da, wie ich
öfter bemerkt habe, ›causa finalis non movet secúndum suum
esse reale, sed secundum esse cognitum‹ [die Endursache
nicht nach ihrem wirklichen, sondern nach ihrem erkannten
Wesen wirkt] (Suarez, ›Disputationes metaphysicae‹ disp.
23, sect. 7 et 8). Was er nämlich das erste Mal nicht erkannt
oder verstanden hatte, konnte dann auch nicht auf seinen
Willen einwirken; eben wie ein elektrischer Prozeß stockt,
wenn irgendein isolierender Körper die Einwirkung eines
Leiters hemmt. – Ungemein deutlich dringt die Unveränderlichkeit des Charakters und daraus hervorgehende Notwendigkeit der Handlungen sich dem auf, der bei irgendeiner Gelegenheit sich nicht benommen hat, wie er gesollt,
indem er etwan an Entschlossenheit oder Festigkeit oder
Mut oder sonstigen vom Augenblick geforderten Eigenschaften es hat fehlen lassen. Jetzt hinterher erkennt und
bereut er sein unrichtiges Verfahren aufrichtig und denkt
auch wohl: ›Ja, wenn mir das wieder geboten würde, da
wollt' ich es anders machen!‹ Es wird ihm wieder geboten,
der gleiche Fall tritt ein: und er macht es wieder ganz ebenso – zu seiner großen Verwunderung[F].

Zu der hier in Rede stehenden Wahrheit liefern uns durchgängig die beste Erläuterung Shakespeares Dramen. Denn

[F]. Vgl. ›Welt als Wille und Vorstellung‹ 2, S. 226 f. *[Bd. 2, S. 260]*

er war von ihr durchdrungen, und seine intuitive Weisheit
spricht sie in concreto auf jeder Seite aus. Ich will dies jedoch
jetzt an einem Fall exemplifizieren, in welchem er es mit besonderer Deutlichkeit hervorhebt, wiewohl ohne Absichtlichkeit und Affektation, da er als ein echter Künstler nie
von Begriffen ausgeht; sondern offenbar nur, um der psychologischen Wahrheit, wie er sie anschaulich und unmittelbar
auffaßt, zu genügen, unbekümmert darum, daß es von wenigen recht beachtet und verstanden werden würde, und ohne
Ahndung davon, daß einst in Deutschland fade und flache
Gesellen breit auseinandersetzen würden, daß er seine
Stücke geschrieben habe, um moralische Gemeinplätze zu
illustrieren. Was nun ich hier meine, ist der Charakter des
Grafen Northumberland, den wir durch drei Trauerspiele
hindurchgeführt sehn, ohne daß derselbe eigentlich als
Hauptperson aufträte, vielmehr nur in wenigen Szenen, die
in fünfzehn Akte verteilt sind, vorkommt; daher, wer nicht
mit voller Aufmerksamkeit liest, den in so weiten Zwischen-
räumen dargestellten Charakter und die moralische Identität
desselben leicht aus den Augen verlieren kann, so fest ihn
auch der Dichter vor den seinigen behalten hat. Er läßt diesen Grafen überall mit edlem, ritterlichem Anstande auftreten, eine diesem angemessene Sprache reden, ja hat ihm
mitunter sehr schöne und selbst erhabene Stellen in den
Mund gelegt, indem er weit davon entfernt ist, es zu machen wie Schiller, der gern den Teufel schwarz malt und
dessen moralische Billigung oder Mißbilligung der von ihm
dargestellten Charaktere durch ihre eigenen Worte durch-
klingt. Sondern bei Shakespeare und so auch bei Goethe hat
jeder, während er dasteht und redet, vollkommen recht,
und wäre er der Teufel selbst. Man vergleiche in dieser Hinsicht den Herzog Alba bei Goethe [im ›Egmont‹] und bei
Schiller [im ›Don Carlos‹]. – Die Bekanntschaft des Grafen
Northumberland also machen wir schon im ›Richard II.‹, wo
er der erste ist, eine Verschwörung gegen den König anzu-
zetteln, zugunsten des Bolingbroke, nachherigen Heinrichs
IV., welchem er auch schon (Akt 2, Szene 3) persönlich
schmeichelt. Im folgenden Akt erleidet er eine Zurechtwei-

sung, weil er, vom Könige redend, schlechtweg ›Richard‹ gesagt hat, versichert jedoch, es bloß beliebter Kürze halber getan zu haben. Bald darauf bewegt seine hinterlistige Rede den König zur Kapitulation. Im folgenden Akt behandelt er diesen beim Kronentsagungsaktus mit solcher Härte und Schnöde, daß der unglückliche, gebrochene Monarch doch noch einmal die Geduld verliert und ausruft: ›Teufel! du quälst mich, noch ehe ich in der Hölle bin.‹ Am Schlusse berichtet er dem neuen Könige, daß er die abgeschlagenen Köpfe der Anhänger des vorigen nach London gesandt habe. – Im folgenden Trauerspiele, ›Heinrich IV.‹, zettelt er ganz ebenso eine Verschwörung gegen den neuen König an. Im vierten Akte sehn wir diese Rebellen vereinigt sich zur morgenden Hauptschlacht vorbereiten, nur auf ihn und seine Heeresabteilung mit Ungeduld wartend. Da kommt endlich ein Brief von ihm: er selbst wäre krank, seine Heeresmacht aber könne er einem andern nicht anvertrauen, jedoch sollten sie nur mutig fortfahren und tapfer drauflosgehn. Sie tun es: aber durch sein Ausbleiben bedeutend geschwächt, werden sie gänzlich geschlagen, die meisten ihrer Häupter gefangen und sein eigener Sohn, der heldenmütige Hotspur, fällt von der Hand des Kronprinzen. – Wieder im folgenden Stücke, dem zweiten Teile ›Heinrichs IV.‹, sehn wir ihn durch den Tod dieses Sohnes in den wildesten Zorn versetzt und wütend Rache schnauben. Er facht daher die Rebellion wieder an: die Häupter derselben sammeln sich aufs neue. Wie nun diese im vierten Akte eben die Hauptschlacht zu liefern haben und nur noch darauf warten, daß er zu ihnen stoße, kommt ein Brief: er habe die genügende Heeresmacht nicht zusammenziehn können, werde daher für jetzt seine Sicherheit in Schottland suchen, wünsche jedoch von Herzen ihrem heldenmütigen Unternehmen den besten Erfolg – worauf sie sich dem König unter einer Konvention ergeben, die nicht gehalten wird, und so zugrunde gehn.

Weit entfernt also, daß der Charakter das Werk vernünftiger Wahl und Überlegung wäre, hat der Intellekt beim Handeln nichts weiter zu tun, als dem Willen die Motive

vorzuhalten: dann aber muß er als bloßer Zuschauer und
Zeuge zusehn, wie aus ihrer Wirkung auf den gegebenen
Charakter der Lebenslauf sich gestaltet, dessen sämtliche
Vorgänge genaugenommen mit derselben Notwendigkeit
eintreten wie die Bewegungen eines Uhrwerks; worüber ich
auf meine ›Preisschrift von der Willensfreiheit‹ *[Bd. 3, S.
575 f.]* verweise. Die hiebei nichtsdestoweniger stattfindende
Illusion einer gänzlichen Freiheit des Willens bei jeder einzelnen Handlung habe ich ebendaselbst auf ihre wahre Bedeutung und ihren Ursprung zurückgeführt und dadurch
die bewirkende Ursache derselben angegeben, welcher ich
hier nur noch die Endursache beigeben will in folgender
teleologischer Erklärung jenes natürlichen Scheins. Indem
die Freiheit und Ursprünglichkeit, welche in Wahrheit
allein dem intelligibeln Charakter eines Menschen, dessen
bloße Auffassung durch den Intellekt sein Lebenslauf ist, zukommt, jeder einzelnen Handlung anzuhängen scheint und
so das ursprüngliche Werk für das empirische Bewußtsein
scheinbar in jeder einzelnen Handlung aufs neue vollbracht
wird; so erhält hiedurch unser Lebenslauf die größtmögliche moralische νουθέτησις [Zurechtweisung], indem sämtliche schlechte[n] Seiten unsers Charakters uns dadurch
erst recht fühlbar werden. Jede Tat nämlich begleitet das
Gewissen mit dem Kommentar: ›Du könntest auch anders
handeln‹ – obwohl dessen wahrer Sinn ist: ›Du könntest
auch ein anderer sein.‹ Da nun einerseits durch die Unveränderlichkeit des Charakters und andrerseits durch die
strenge Notwendigkeit, mit der alle Umstände, in die er
sukzessive versetzt wird, eintreten, der Lebenslauf eines
jeden durchgängig und von A bis Z genau bestimmt ist,
dennoch aber der eine Lebenslauf in allen sowohl subjektiven wie objektiven Bestimmungen ungleich glücklicher,
edeler und würdiger ausfällt als der andere; so führt dies,
wenn man nicht alle Gerechtigkeit eliminieren will, zu der
im Brahmanismus und Buddhaismus feststehenden Annahme, daß sowohl die subjektiven Bedingungen, *mit* welchen,
als die objektiven, *unter* welchen jeder geboren wird, die
moralische Folge eines frühern Daseins sind.

Machiavelli, der sich durchaus nicht mit philosophischen Spekulationen beschäftigt zu haben scheint, wird vermöge der durchdringenden Schärfe seines so einzigen Verstandes zu folgendem wahrhaft tiefsinnigen Ausspruche geführt, der eine intuitive Erkenntnis der gänzlichen Notwendigkeit, mit der bei gegebenen Charakteren und Motiven alle Handlungen eintreten, voraussetzt. Er hebt mit demselben den Prolog zu seiner Komödie ›*Clitia*‹ an: ›Se nel mondo tornassino i medesimi uomini, come tornano i medesimi casi, non passarebbono mai cento anni, che noi non ci trovassimo un altra volta insieme, a fare le medesime cose, che hora.‹ (Wenn auf der Welt dieselben Menschen wiederkehrten, wie dieselben Fälle wiederkehren, so würden niemals hundert Jahre verlaufen, ohne daß wir abermals uns beisammen befänden, ganz dasselbe wie jetzt wieder tuend.) Hierauf scheint ihn jedoch eine Reminiszenz dessen, was Augustinus ›De civitate Dei‹ (lib. 12, cap. 13) sagt, geführt zu haben.

Das Fatum, die εἱμαρμένη der Alten, ist eben nichts anderes als die zum Bewußtsein gebrachte Gewißheit, daß alles Geschehende durch die Kausalkette fest verbunden ist und daher streng notwendig eintritt, demnach das Zukünftige schon vollkommen feststeht, sicher und genau bestimmt ist und daran sowenig etwas geändert werden kann wie am Vergangenen. Bloß das Vorherwissen desselben kann an den fatalistischen Mythen der Alten als fabelhaft angesehn werden – wenn wir hiebei von der Möglichkeit des magnetischen Hellsehns und des Zweiten Gesichts abstrahieren. Statt die Grundwahrheit des Fatalismus durch seichtes Geschwätz und alberne Ausflüchte beseitigen zu wollen, sollte man suchen, sie recht deutlich zu verstehn und zu erkennen; da sie eine demonstrable Wahrheit ist, welche ein wichtiges Datum zum Verständnis unsers so rätselhaften Daseins liefert.

Prädestination und Fatalismus sind nicht in der Hauptsache verschieden, sondern nur darin, daß der gegebene Charakter und die von außen kommende Bestimmung des menschlichen Tuns bei jener von einem erkennenden, bei diesem von einem erkenntnislosen Wesen ausgeht. Im Resultat treffen sie zusammen: es geschieht, was geschehn muß. – Der Begriff einer *moralischen Freiheit* hingegen ist unzertrennlich von dem der *Ursprünglichkeit.* Denn daß ein Wesen das Werk eines andern, dabei aber seinem Wollen und Tun nach *frei* sei, läßt sich mit Worten sagen, aber nicht mit Gedanken erreichen. Der nämlich, welcher ihn aus nichts ins Dasein rief, hat eben damit auch sein Wesen, d. h. seine sämtlichen Eigenschaften mitgeschaffen und festgestellt. Denn nimmermehr kann man schaffen, ohne daß man ein *etwas* schaffe, d. h. ein durchweg und allen seinen Eigenschaften nach genau bestimmtes Wesen. Aus diesen dadurch festgestellten Eigenschaften aber fließen nachher mit Notwendigkeit die sämtlichen Äußerungen und Wirkungen desselben, indem diese eben nur die ins Spiel gesetzten Eigenschaften selbst sind, welche bloß der Veranlassung von außen bedurften, um hervorzutreten. Wie der Mensch *ist*, so muß er handeln: also nicht seinen einzelnen Taten, sondern seinem Wesen und Sein klebt Schuld und Verdienst an. Daher sind Theismus und moralische Verantwortlichkeit des Menschen unvereinbar; weil eben die Verantwortlichkeit immer auf den Urheber des Wesens zurückfällt, als woselbst sie ihren Schwerpunkt hat. Vergebens hat man gesucht, zwischen jenen beiden Unvereinbaren eine Brücke zu schlagen mittelst des Begriffs der moralischen Freiheit des Menschen: sie stürzt immer wieder zusammen. Das *freie* Wesen muß auch das *ursprüngliche* sein. Ist unser Wille *frei*, so ist er auch das *Urwesen*; und umgekehrt. Der vorkantische Dogmatismus, welcher diese beiden Prädikamente[1] getrennt halten wollte, war eben dadurch auch genötigt, *zwei* Freiheiten anzunehmen, nämlich die der ersten Welturasche für die Kosmologie und die des menschlichen Willens für die Moral und Theologie: dementsprechend handelt auch bei *Kant* sowohl die dritte wie die vierte Antinomie von der *Freiheit.*

In *meiner* Philosophie hingegen entspricht die unbefangene Anerkennung der strengen Nezessitation der Handlungen der Lehre, daß auch in den erkenntnislosen Wesen das sich

1. [Kategorien]

Manifestierende *Wille* sei. Sonst würde die beim Wirken dieser augenfällige Nezessitation dasselbe zum Wollen in Gegensatz stellen, wenn nämlich es wirklich so eine Freiheit des einzelnen Tuns gäbe und dieses nicht vielmehr ebenso streng nezessitiert wäre wie jedes andere Wirken. – Andererseits macht, wie ich eben gezeigt habe, dieselbe Lehre von der Nezessitation der Willensakte nötig, daß das Dasein und Wesen des Menschen selbst Werk seiner Freiheit, mithin seines Willens sei, dieser also Aseität habe. Unter der entgegengesetzten Voraussetzung nämlich fiele, wie gezeigt, alle Verantwortlichkeit weg, und die moralische wie die physische Welt wäre eine bloße Maschine, die ihr außerhalb befindlicher Verfertiger zu eigener Unterhaltung ablaufen ließe. – So hängen die Wahrheiten alle zusammen, fordern sich, ergänzen sich, während der Irrtum an allen Ecken anstößt.

§ 119

Welcher Art der Einfluß sei, den *moralische Belehrung* auf das Handeln haben kann, und welches die Grenzen desselben, habe ich § 20 meiner Abhandlung ›Über das Fundament der Moral‹ *[Bd. 3, S. 786–797]* hinlänglich untersucht. Im wesentlichen analog verhält sich der Einfluß des *Beispiels*, welcher jedoch mächtiger ist als der der Lehre; daher er eine kurze Analyse wohl verdient.

Das Beispiel wirkt zunächst entweder hemmend oder befördernd. Ersteres, wenn es den Menschen bestimmt, zu unterlassen, was er gern täte. Er sieht nämlich, daß andere es nicht tun; woraus er im allgemeinen abnimmt, daß es nicht rätlich sei, also wohl der eigenen Person oder dem Eigentum oder der Ehre Gefahr bringen müsse: daran hält er sich und sieht sich gern eigener Untersuchung überhoben. Oder er sieht gar, daß ein anderer, der es getan hat, schlimme Folgen davonträgt: dies ist das abschreckende Beispiel. Befördernd hingegen wirkt das Beispiel auf zweierlei Weise: nämlich entweder so, daß es den Menschen bewegt, zu tun, was er gern unterließe, jedoch ebenfalls besorgt, daß die Unterlassung ihm irgendwelche Gefahr bringen oder ihm in der

Meinung anderer schaden könne – oder aber es wirkt so, daß
es ihn ermutigt, zu tun, was er gern tut, jedoch bisher aus
Furcht vor Gefahr oder Schande unterließ: dies ist das ver-
führerische Beispiel. Endlich kann auch noch das Beispiel
ihn auf etwas bringen, das ihm sonst gar nicht eingefallen
wäre. Offenbar wirkt es in diesem Fall zunächst nur auf den
Intellekt: die Wirkung auf den Willen ist dabei sekundär
und wird, wenn sie eintritt, durch einen Akt eigener Urteilskraft oder durch Zutrauen auf den, der das Beispiel
gibt, vermittelt werden. – Die gesamte sehr starke Wirkung
des Beispiels beruht darauf, daß der Mensch in der Regel
zu wenig Urteilskraft, oft auch zu wenig Kenntnis hat, um
seinen Weg selbst zu explorieren; daher er gern in die Fußstapfen anderer tritt. Demnach wird jeder dem Einflusse des
Beispiels um so mehr offenstehn, je mehr es ihm an jenen beiden Befähigungen gebricht. Diesem gemäß ist der Leitstern
der allermeisten Menschen das Beispiel andrer, und ihr ganzes Tun und Treiben im Großen wie im Kleinen läuft auf
bloße Nachahmung zurück: nicht das Geringste tun sie
nach eigenem Ermessen. Die Ursache hievon ist ihre Scheu
vor allem und jedem Nachdenken und ihr gerechtes Mißtrauen gegen das eigene Urteil. Zugleich zeugt dieser so
auffallend starke Nachahmungstrieb im Menschen auch von
seiner Verwandtschaft mit dem Affen. Nachahmung und
Gewohnheit sind die Triebfedern des allermeisten Tuns der
Menschen. Die Art der Wirkung des Beispiels aber wird
durch den Charakter eines jeden bestimmt: daher dasselbe
Beispiel auf den einen verführerisch, auf den andern ab-
schreckend wirken kann. Dies zu beobachten geben gewisse
gesellschaftliche Unarten, welche, früher nicht vorhanden,
allmälig einreißen, uns leicht Gelegenheit. Beim ersten
Wahrnehmen einer solchen wird einer denken: ›Pfui, wie
läßt das! wie egoistisch, wie rücksichtslos! wahrlich, ich
will mich hüten, nie dergleichen zu tun.‹ Zwanzig andere
aber werden denken: ›Aha! tut der das, darf ich's auch.‹

In moralischer Hinsicht kann das Beispiel eben wie die
Lehre zwar eine zivile oder legale Besserung befördern, jedoch nicht die innerliche, welches die eigentlich moralische

ist. Denn es wirkt stets nur als ein persönliches Motiv, folglich unter Voraussetzung der Empfänglichkeit für solche Art der Motive. Aber gerade dies, ob ein Charakter für diese oder für jene Art der Motive überwiegend empfänglich sei, ist für die eigentliche und wahre, jedoch stets nur angeborene Moralität desselben entscheidend. Überhaupt wirkt das Beispiel als ein Beförderungsmittel des Hervortretens der guten und schlechten Charaktereigenschaften: aber es schafft sie nicht; daher Senecas Ausspruch: ›Velle non discitur‹ [Wollen läßt sich nicht lernen; ›Epistulae‹ 81, 14] auch hier Stich hält. Daß das Angeborensein aller echten moralischen Eigenschaften, der guten wie der schlechten, besser zur Metempsychosenlehre der Brahmanisten und Buddhaisten, derzufolge ›dem Menschen seine guten und schlechten Taten aus einer Existenz in die andere wie sein Schatten nachfolgen‹, als zum Judentum paßt, welches vielmehr erfordert, daß der Mensch als moralische Null auf die Welt komme, um nun vermöge eines undenkbaren ›liberi arbitrii indifferentiae‹ [der freien, von keiner Seite beeinflußten Willensentscheidung], sonach infolge vernünftiger Überlegung sich zu entscheiden, ob er ein Engel oder ein Teufel, oder was sonst etwan zwischen beiden liegt, sein wolle – das weiß ich sehr wohl, kehre mich aber durchaus nicht daran: denn meine Standarte ist die Wahrheit, bin ich doch eben kein Philosophie-Professor und erkenne daher nicht meinen Beruf darin, nur vor allen Dingen die Grundgedanken des Judentums sicherzustellen, selbst wenn solche aller und jeder philosophischen Erkenntnis auf immer den Weg verrennen sollten. Liberum arbitrium indifferentiae, unter dem Namen ›die sittliche Freiheit‹, ist eine allerliebste Spielpuppe für Philosophie-Professoren, die man ihnen lassen muß – den geistreichen, redlichen und aufrichtigen.

KAPITEL 9

ZUR RECHTSLEHRE UND POLITIK

§ 120

Ein eigentümlicher Fehler der Deutschen ist, daß sie, was
vor ihren Füßen liegt, in den Wolken suchen. Ein ausge-
zeichnetes Beispiel hievon liefert die Behandlung des *Naturrechts* von den Philosophie-Professoren. Um die einfachen
menschlichen Lebensverhältnisse, die den Stoff desselben
ausmachen, also Recht und Unrecht, Besitz, Staat, Straf-
recht usw. zu erklären, werden die überschwenglichsten, ab-
straktesten, folglich weitesten und inhaltsleersten Begriffe
herbeigeholt und nun aus ihnen bald dieser, bald jener Ba-
belturm in die Wolken gebaut, je nach der speziellen Grille
des jedesmaligen Professors. Dadurch werden die klärsten,
einfachsten und uns unmittelbar angehenden Lebensverhältnisse unverständlich gemacht, zum großen Nachteil der
jungen Leute, die in solcher Schule gebildet werden; während die Sachen selbst höchst einfach und begreiflich sind;
wovon man sich überzeugen kann durch meine Darstellung
derselben (›Über das Fundament der Moral‹ § 17 *[Bd. 3,
S. 744–759]* und ›Welt als Wille und Vorstellung‹ Bd. 1,
§ 62 *[Bd. 1, S. 457–478]*). Aber bei gewissen Worten, wie da
sind ›Recht‹, ›Freiheit‹, das ›Gute‹, das ›Sein‹ (dieser nichtssagende Infinitiv der Kopula) u. a. mehr, wird dem Deutschen ganz schwindlich, er gerät alsbald in eine Art Delirium und fängt an, sich in nichtssagenden, hochtrabenden
Phrasen zu ergehn, indem er die weitesten, folglich hohl-
sten Begriffe künstlich aneinanderreiht; statt daß er die
Realität ins Auge fassen und die Dinge und Verhältnisse
leibhaftig anschauen sollte, aus denen jene Begriffe abstra-

hiert sind und die folglich ihren alleinigen wahren Inhalt
ausmachen.

§ 121

Wer von der vorgefaßten Meinung, daß der Begriff des
Rechts ein *positiver* sein müsse, ausgeht und nun ihn zu definieren unternimmt, wird nicht damit zustande kommen:
denn er will einen Schatten greifen, verfolgt ein Gespenst,
sucht ein ›non-ens‹ [Nichtseiendes]. Der Begriff des *Rechts*
ist nämlich, eben wie auch der der *Freiheit*, ein *negativer*: sein
Inhalt ist eine bloße Negation. Der Begriff des *Unrechts* ist
der positive und ist gleichbedeutend mit *Verletzung* im weitesten Sinne, also ›laesio‹. Eine solche kann nun entweder
die Person oder das Eigentum oder die Ehre betreffen. –
Hienach sind denn die *Menschenrechte* leicht zu bestimmen:
jeder hat das Recht, alles das zu tun, wodurch er keinen
verletzt.

Ein Recht *zu* etwas oder *auf* etwas haben heißt nichts weiter, als es tun oder aber es nehmen oder benutzen können,
ohne dadurch irgendeinen andern zu verletzen: ›Simplex
sigillum veri.‹[1] [Das Einfache ist ein Kennzeichen des Wahren.] – Hieraus erhellt auch die Sinnlosigkeit mancher Fragen, z.B. ob wir das Recht haben, uns das Leben zu nehmen.
Was aber dabei die Ansprüche, die etwan andere auf uns
persönlich haben können, betrifft, so stehn sie unter der Bedingung, daß wir leben, fallen also mit dieser weg. Daß der,
welcher für sich selbst nicht mehr leben mag, nun noch als
bloße Maschine zum Nutzen anderer fortleben sollte, ist
eine überspannte Forderung.

§ 122

Obgleich die Kräfte der Menschen ungleich sind, so sind
doch ihre Rechte gleich, weil diese nicht auf den Kräften
beruhen, sondern wegen der moralischen Natur des Rechts
darauf, daß in jedem derselbe Wille zum Leben auf der gleichen Stufe seiner Objektivation sich darstellt. Dies gilt je-

1. [*Vgl. Bd. 3, S. 689*]

doch nur vom ursprünglichen und abstrakten Rechte, welches der Mensch als Mensch hat. Das Eigentum, wie auch die Ehre, welche jeder mittelst seiner Kräfte sich erwirbt, richtet sich nach dem Maße und der Art dieser Kräfte und gibt dann seinem Rechte eine weitere Sphäre: hier hört also die Gleichheit auf. Der hierin besser Ausgestattete oder Tüchtigere erweitert durch größern Erwerb nicht sein Recht, sondern nur die Zahl der Dinge, auf die es sich erstreckt.

§ 123

In meinem Hauptwerke (Bd. 2, Kap. 47 *[Bd. 2, S. 754–772]*) habe ich dargetan, daß der *Staat* wesentlich eine bloße Schutzanstalt ist gegen äußere Angriffe des Ganzen und innere der einzelnen unter einander. Hieraus folgt, daß die Notwendigkeit des Staats im letzten Grunde auf der anerkannten *Ungerechtigkeit* des Menschengeschlechts beruht: ohne diese würde an keinen Staat gedacht werden, da niemand Beeinträchtigung seiner Rechte zu fürchten hätte und ein bloßer Verein gegen die Angriffe wilder Tiere oder der Elemente nur eine schwache Ähnlichkeit mit einem Staate haben würde. Von diesem Gesichtspunkt aus sieht man deutlich die Borniertheit und Plattheit der Philosophaster, welche in pompösen Redensarten den Staat als den höchsten Zweck und die Blüte des menschlichen Daseins darstellen und damit eine Apotheose der Philisterei liefern.

§ 124

Wenn auf der Welt *Gerechtigkeit* herrschte, wäre es hinreichend, sein Haus *gebaut* zu haben, und es bedürfte keines andern Schutzes als dieses offenbaren Eigentumsrechts. Aber weil das *Unrecht* an der Tagesordnung ist, so ist erfordert, daß, wer das Haus gebaut hat, auch imstande sei, es zu schützen. Sonst ist sein Recht de facto unvollkommen: der Angreifer hat nämlich *Faustrecht*, welches geradezu der Rechtsbegriff des *Spinoza* ist, der kein anderes Recht anerkennt, sondern sagt: ›Unusquisque tantum iuris habet, quantum potentia valet‹ [Ein jeder hat soviel Recht, als er Macht hat] (›Tractatus politicus‹ cap. 2, § 8) und: ›Uniuscuiusque ius potentia eius definitur‹ [Das Recht eines jeden wird bestimmt durch die Macht, die er hat] (›Ethica‹ 4, prop. 37, scholium 1). – Die Anleitung zu diesem Rechtsbegriff scheint ihm gegeben zu haben *Hobbes*, namentlich ›De cive‹ (cap. 1, § 14), welcher Stelle dieser die seltsame Erläuterung hinzufügt, daß das Recht des lieben Gottes auf alle Dinge doch auch nur auf seiner Allmacht beruhe. – In der bürgerlichen Welt ist nun zwar dieser Rechtsbegriff, wie in der Theorie, so auch in der Praxis, abgeschafft; in der politischen aber in ersterer allein, in praxi gilt er hier fortwährend[F]; wie er denn noch kürzlich an dem Raubzug der Nordamerikaner gegen Mexiko eine glänzende Bestätigung erhalten hat; wenngleich diese noch weit übertroffen wird durch die ältere der Raubzüge der Franzosen unter ihrem

[F]. Die Folgen der Vernachlässigung dieser Regel sehn wir eben jetzt in China: Rebellen von innen und die Europäer von außen, und steht das größte Reich der Welt wehrlos da und muß es büßen, die Künste des Friedens allein und nicht auch die des Krieges kultiviert zu haben. – Zwischen dem Wirken der schaffenden Natur und dem der Menschen ist eine eigentümliche, aber nicht zufällige, sondern auf der Identität des Willens in beiden beruhende Analogie. Nachdem in der gesamten tierischen Natur die von der Pflanzenwelt zehrenden Tiere aufgetreten waren, erschienen in jeder Tierklasse notwendig zuletzt die Raubtiere, um von jenen ersteren als ihrer Beute zu leben. Ebenso nun, nachdem die Menschen ehrlich und im Schweiß ihres Angesichts dem Boden abgewonnen haben, was zum Unterhalt eines Volkes nötig ist, treten allemal bei einigen derselben eine Anzahl Menschen zusammen, die lieber, als den Boden urbar zu machen und von seinem Ertrag zu leben, es vorziehn, ihre Haut zu Markte zu tragen und Leben, Gesundheit und Freiheit aufs Spiel zu setzen, um über die, welche den redlich erworbenen Besitz innehaben, herzufallen und die Früchte ihrer Arbeit sich anzueignen. Diese Raubtiere des menschlichen Geschlechts sind die erobernden Völker, welche wir von den ältesten Zeiten an bis auf die neuesten überall auftreten sehn, mit wechselndem Glück, indem ihr jeweiliges Gelingen und Mißlingen durchweg den Stoff der Weltgeschichte liefert; daher eben Voltaire recht hat zu sagen: ›Dans toutes les guerres il ne s'agit que de voler.‹ [In allen Kriegen geht es nur darum, zu stehlen;›La pucelle‹ chap. 19.] Daß sie sich der Sache schämen, geht daraus hervor, daß jede Regierung laut beteuert, nie anders als zur Selbstverteidigung die Waffen ergreifen zu wollen.

Hauptmann Buonaparte über ganz Europa. Nur aber sollten solche Eroberer, statt die Sache mit öffentlichen, offiziellen Lügen zu beschönigen, die fast noch mehr als jene selbst empören, sich frech und frei auf die Lehre des Machiavelli berufen. Aus dieser nämlich läßt sich entnehmen, daß zwar zwischen Individuen und in der Moral und Rechtslehre für diese der Grundsatz: ›Quod tibi fieri non vis, alteri ne feceris!‹[1] [Was du nicht willst, daß man dir tu', das füg auch keinem andern zu!] allerdings gilt; hingegen zwischen Völkern und in der Politik der umgekehrte: ›Quod tibi fieri non vis, id alteri tu feceris!‹ [Was du nicht willst, daß man dir tu', das füge andern zu!] Willst du nicht unterjocht werden, so unterjoche beizeiten den Nachbarn: sobald nämlich seine Schwäche dir die Gelegenheit darbietet. Denn läßt du diese vorübergehn, so wird sie einmal sich als Überläuferin im fremden Lager zeigen: dann wird jener dich unterjochen, wenn auch die jetzige Unterlassungssünde nicht von der Generation, die sie beging, sondern von den folgenden abgebüßt werden sollte. Dieser Machiavellistische Grundsatz ist für die Raublust immer noch eine viel anständigere Hülle als der ganz durchsichtige Lappen palpabelster Lügen in Präsidentenreden, und gar solcher, welche auf die bekannte Geschichte vom Kaninchen, welches den Hund angegriffen haben soll, hinauslaufen. Im Grunde sieht jeder Staat den andern als eine Räuberhorde an, die über ihn herfallen wird, sobald die Gelegenheit kommt.

§ 125

Zwischen Leibeigenschaft wie in Rußland und Grundbesitz wie in England und überhaupt zwischen dem Leibeigenen und dem Pächter, Einsassen, Hypothekenschuldner u. dgl. mehr liegt der Unterschied mehr in der Form als in der Sache. Ob mir der Bauer gehört oder das Land, von welchem er sich nähren muß, der Vogel oder sein Futter, die Frucht oder der Baum, ist im wesentlichen wenig verschieden; wie denn auch Shakespeare den Shylock sagen läßt:

1. *[Vgl. Bd. 1, S. 704; Bd. 3, S. 687]*

> You take my life,
> When you do take the means, whereby I live.
> (Mein Leben nimmst du,
> wenn du mir die Mittel nimmst, wodurch ich lebe.)
> [›Merchant of Venice‹ 4, 1]

Der freie Bauer hat zwar dies voraus, daß er davongehn
kann in die weite Welt; wogegen der Leibeigene und glebae
adscriptus [an der Scholle Klebende] den vielleicht größeren
Vorteil hat, daß, wenn Mißwachs, Krankheit, Alter und Unfähigkeit ihn hülflos machen, sein Herr für ihn sorgen muß:
daher schläft er ruhig, während bei Mißwachs der Herr sich
auf dem schlaflosen Lager wälzt, auf Mittel sinnend, seinen
Leibeigenen Brot zu schaffen. Daher hat schon *Menander* (Stobaios, ›Florilegium‹ vol. 2, p. 389 [editio Gaisford]) gesagt:

> Ὡς κρεῖττόν ἐστι δεσπότου χρηστοῦ τυχεῖν
> Ἢ ζῆν ταπεινῶς καὶ κακῶς ἐλεύθερον.
> (Quanto benignum satius est dominum pati
> Quam vivere inopem liberi sub nomine.)
> [Viel besser ist's, zu dienen einem guten Herrn
> Als frei zu leben elend und in Niedrigkeit.]

Ein anderer Vorzug des Freien ist die Möglichkeit, sich
durch etwanige Talente in einen bessern Zustand zu versetzen: aber ganz benommen ist diese dem Sklaven auch
nicht. Wird er durch Leistungen höherer Art seinem Herrn
wert, so wird er auch danach behandelt; wie denn in Rom
die Handwerker, Fabrikvorsteher, Architekten, ja die Ärzte
meistens Sklaven waren und auch noch jetzt in Rußland es
große Bankiers geben soll, die Leibeigene sind. Auch kann
der Sklave infolge seines Erwerbs sich freikaufen, wie in
Amerika oft geschieht.

Armut und Sklaverei sind also nur zwei Formen, fast
möchte man sagen: zwei Namen derselben Sache, deren
Wesen darin besteht, daß die Kräfte eines Menschen großenteils nicht für ihn selbst, sondern für andere verwendet
werden; woraus für ihn teils Überladung mit Arbeit, teils
kärgliche Befriedigung seiner Bedürfnisse hervorgeht. Denn

die Natur hat dem Menschen nur so viel Kräfte gegeben, daß er unter mäßiger Anstrengung derselben seinen Unterhalt der Erde abgewinnen kann: großen Überschuß von Kräften hat er nicht erhalten. Nimmt man nun die gemeinsame Last der physischen Erhaltung des Daseins des Menschengeschlechts einem nicht ganz unbeträchtlichen Teile desselben ab, so wird dadurch der übrige übermäßig belastet und ist elend. So zunächst entspringt also jenes Übel, welches entweder unter dem Namen der Sklaverei oder unter dem des Proletariats jederzeit auf der großen Mehrzahl des Menschengeschlechts gelastet hat. Die entferntere Ursache desselben aber ist der Luxus. Damit nämlich einige wenige das Entbehrliche, Überflüssige und Raffinierte haben, ja erkünstelte Bedürfnisse befriedigen können, muß auf dergleichen ein großes Maß der vorhandenen Menschenkräfte verwendet und daher dem Notwendigen, der Hervorbringung des Unentbehrlichen, entzogen werden. Statt Hütten für sich bauen Tausende Prachtwohnungen für wenige: statt grober Stoffe für sich und die Ihrigen weben sie feine oder seidene Stoffe oder gar Spitzen für die Reichen und verfertigen überhaupt tausend Gegenstände des Luxus, die Reichen zu vergnügen. Aus solchen Luxusarbeitern besteht ein großer Teil der Bevölkerung der Städte: für diese also und ihre Besteller muß nun der Bauer mit pflügen, säen und weiden, hat also mehr Arbeit, als die Natur ihm ursprünglich aufgelegt hatte. Überdies muß auch er selbst noch viele Kräfte und Land statt auf Getreide, Kartoffeln und Viehzucht auf Wein, Seide, Tabak, Hopfen, Spargel usw. verwenden. Ferner werden eine Menge Menschen dem Ackerbau entzogen, um dem Schiffbau und der Seefahrt zu dienen, damit Zucker, Kaffee, Tee usw. herbeigeschafft werde. Die Produktion dieser Überflüssigkeiten wird dann wieder die Ursache des Elends jener Millionen Negersklaven, die ihrem Vaterlande gewaltsam entrissen werden, um mit ihrem Schweiß und ihrer Marter jene Gegenstände des Genusses hervorzubringen. Kurz: ein großer Teil der Kräfte des Menschengeschlechts wird der Hervorbringung des allen Notwendigen entzogen, um das ganz

Überflüssige und Entbehrliche für wenige herbeizuschaffen. Solange daher auf der einen Seite der Luxus besteht, muß notwendig auf der andern übermäßige Arbeit und schlechtes Leben bestehn; sei es unter dem Namen der Armut oder dem der Sklaverei, der proletarii oder der servi. Zwischen beiden ist der Fundamentalunterschied, daß Sklaven ihren Ursprung der Gewalt, Arme der List zuzuschreiben haben. Der ganze unnatürliche Zustand der Gesellschaft, der allgemeine Kampf, um dem Elend zu entgehn, die so viel Leben kostende Seefahrt, das verwickelte Handelsinteresse und endlich die Kriege, zu welchen das alles Anlaß gibt – alles dieses hat zur alleinigen Wurzel den Luxus, der nicht einmal die, welche ihn genießen, glücklich, vielmehr kränklich und übelgelaunt macht. Demnach würde zur Milderung des menschlichen Elends das Wirksamste die Verminderung, ja Aufhebung des Luxus sein.

Dieser ganze Gedankengang nun hat unstreitig viel Wahres. Dennoch wird er im Resultat widerlegt durch einen andern, den überdies das Zeugnis der Erfahrung bekräftigt. Was nämlich durch jene dem Luxus frönenden Arbeiten das Menschengeschlecht an *Muskelkräften* (Irritabilität) für seine notwendigsten Zwecke verliert, wird ihm allmälig tausendfach ersetzt durch die gerade bei dieser Gelegenheit frei (im chemischen Sinn) werdenden *Nervenkräfte* (Sensibilität, Intelligenz). Denn da diese höherer Art sind, so übertreffen auch ihre Leistungen tausendfach jene der ersteren:

Ὡς ἓν σοφὸν βούλευμα τὰς πολλῶν χεῖρας νικᾷ.
(Ut vel unum sapiens consilium multorum manuum opus superat.)
[Ein guter Ratschlag stiftet größren Nutzen oft als viele Hände.]
(Euripides, ›Antiope‹ [fragmenta, 200])

Ein Volk von lauter Bauern würde wenig entdecken und erfinden: aber müßige Hände geben tätige Köpfe. Künste und Wissenschaften sind selbst Kinder des Luxus, und sie tragen ihm ihre Schuld ab. Ihr Werk ist jene Vervollkommnung der Technologie in allen ihren Zweigen, in den mechani-

schen, den chemischen und den physikalischen, welche in
unsern Tagen das Maschinenwesen zu einer früher nie
geahndeten Höhe gebracht hat und namentlich durch
Dampfmaschinen und Elektrizität Dinge leistet, welche
frühere Zeiten der Hülfe des Teufels zugeschrieben haben
würden. Da verrichten jetzt in Fabriken und Manufakturen
jeder Art, mitunter auch beim Feldbau, Maschinen tausendmal mehr Arbeit, als die Hände aller jetzt müßigen Wohl-
habenden, Gebildeten und Kopfarbeitenden jemals vermocht hätten und als mithin durch Abstellung alles Luxus
und Einführung eines allgemeinen Bauernlebens je erreicht
werden könnte. Die Erzeugnisse aller jener Betriebe aber
kommen keineswegs den Reichen allein, sondern allen zugute. Dinge, die ehemals kaum zu erschwingen waren, sind
jetzt wohlfeil und in Menge zu haben, und auch das Leben
der niedrigsten Klasse hat an Bequemlichkeit viel gewonnen. Im Mittelalter erborgte einst ein König von England
von einem seiner Großen ein Paar seidene Strümpfe, um damit angetan dem französischen Gesandten Audienz zu erteilen; sogar die Königin Elisabeth war hoch erfreut und
überrascht, als sie 1560 das erste Paar seidener Strümpfe als
Neujahrsgeschenk erhielt (d'Israeli, [›Curiosities of literature‹] 1, 332) – heutzutage hat jeder Handlungsdiener dergleichen. Vor fünfzig Jahren trugen die Damen eben solche
kattunene[n] Kleider wie heutzutage die Mägde. Wenn das
Maschinenwesen seine Fortschritte in demselben Maße
noch eine Zeit hindurch weiterführt, so kann es dahin
kommen, daß die Anstrengung der Menschenkräfte beinahe ganz erspart wird; wie die eines großen Teils der
Pferdekräfte schon jetzt. Dann freilich ließe sich an eine gewisse Allgemeinheit der Geisteskultur des Menschengeschlechts denken, welche hingegen so lange unmöglich ist,
als ein großer Teil desselben schwerer körperlicher Arbeit
obliegen muß; da Irritabilität und Sensibilität stets und
überall, im Allgemeinen wie im Einzelnen, im Antagonismus stehn; eben weil die eine und selbe Lebenskraft beiden
zum Grunde liegt. Weil ferner ›artes molliunt mores‹ [die
Künste die Sitten mildern; Ovid, ›Epistulae ex Ponto‹ 2, 9,

48], so werden alsdann die Kriege im Großen und die Rau-
fereien oder Duelle im Kleinen vielleicht ganz aus der Welt
kommen; wie beide schon jetzt viel seltener geworden sind.
Doch ist hier nicht mein Zweck, eine Utopia zn schreiben. –
Aber auch abgesehn von allen diesen Gründen ist gegen
jene oben dargelegte auf Abschaffung des Luxus und gleichmäßige Verteilung aller körperlichen Arbeit hinweisende
Argumentation in Erwägung zu geben, daß die große Herde
des Menschengeschlechts stets und überall notwendig der
Führer, Leiter und Berater in mannigfaltigen Gestalten, je
nach den Angelegenheiten, bedarf: solche sind die Richter,
Regierer, Heerführer, Beamte, Priester, Ärzte, Gelehrte,
Philosophen usw. als welche sämtlich die Aufgabe haben,
dies in der Mehrzahl höchst unfähige und verkehrte Geschlecht durch das Labyrinth des Lebens zu führen, über
welches daher jeder von ihnen, je nach seiner Stellung und
Befähigung, einen Überblick in engerem oder weiterem Ge-
sichtskreise sich erworben hat. Daß nun diese Führer sowohl von körperlicher Arbeit als von gemeinem Mangel oder
[von] Unbequemlichkeit befreit bleiben, ja auch nach Maßgabe ihrer viel größern Leistungen mehr besitzen und genießen müssen als der gemeine Mann, ist natürlich und der
Billigkeit gemäß. Sogar die Großhändler sind jener eximierten Führerklasse beizuzählen, sofern sie die Bedürfnisse des
Volks lange vorhersehn und denselben entgegenkommen.

§ 126

Die Frage nach der Souveränität des Volkes läuft im Grunde
darauf hinaus, ob irgend jemand ursprünglich das Recht
haben könne, ein Volk wider seinen Willen zu beherrschen.
Wie sich das vernünftigerweise behaupten lasse, sehe ich
nicht ab. Allerdings also ist das Volk souverän: jedoch ist es
ein ewig unmündiger Souverän, welcher daher unter bleibender Vormundschaft stehn muß und nie seine Rechte selbst verwalten kann, ohne grenzenlose Gefahren herbeizuführen; zumal er wie alle Unmündigen gar leicht das Spiel hinterlisti-
ger Gauner wird, welche deshalb Demagogen heißen. –

Voltaire sagt:

Le premier qui fut roi, fut un soldat heureux.
[Der erste König war ein glücklicher Soldat.
›Mérope‹ 1, 3, v. 35]

Allerdings sind ursprünglich wohl alle Fürsten siegreiche
Heerführer gewesen, und lange Zeit haben sie eigentlich in
dieser Eigenschaft geherrscht. Nachdem sie stehende Heere
hatten, betrachteten sie das Volk als das Mittel, sich und
ihre Soldaten zu ernähren, folglich als eine Herde, für die
man sorgt, damit sie Wolle, Milch und Fleisch gebe. Dies
beruht darauf, daß (wie im folgenden Paragraphen näher erörtert wird) von Natur, also ursprünglich, nicht das *Recht*,
sondern die *Gewalt* auf Erden herrscht und daher vor jenem
den Vorzug des primi occupantis [ersten Besitzers] hat,
weshalb sie sich nie annullieren und wirklich aus der Welt
schaffen läßt; sondern sie muß stets vertreten sein: bloß dies
kann man wünschen und verlangen, daß sie auf der Seite
des Rechts stehe und mit diesem verbunden sei. Demnach
sagt der Fürst: Ich herrsche über euch durch Gewalt, dafür aber schließt meine Gewalt jede andere aus; denn ich
werde keine andere neben der meinigen dulden, weder die
von außen kommende noch im Innern die des einen gegen
den andern: so seid ihr mit der Gewalt abgefunden. Eben
weil dies durchgeführt worden, hat mit der Zeit und ihren
Fortschritten sich aus dem Königtum etwas ganz anderes
entwickelt und ist jener Begriff in den Hintergrund getreten, an welchem man ihn nur noch bisweilen als Gespenst
vorüberschweben sieht. An seine Stelle ist nämlich der des
Landesvaters gekommen, und der König ist der feste, uner-
schütterliche Pfeiler geworden, auf welchem allein die ganze
gesetzliche Ordnung und dadurch die Rechte aller sich
stützen und so bestehn[F]. Dies aber kann er nur leisten ver-

[F] Stobaios: ›Florilegium‹ ([vol.] 2, p. 201 [editio Gaisford]): Πέρσαις
νόμος ἦν, ὁπότε βασιλεὺς ἀποθάνοι, ἀνομίαν εἶναι πέντε ἡμε-
ρῶν, ἵν' αἴσθοιντο, ὅσου ἄξιός ἐστιν ὁ βασιλεὺς καὶ ὁ νόμος.
[Bei den Persern war es Brauch, wenn ein König starb, daß fünf
Tage lang Anarchie herrschte, damit man inne würde, wieviel wert
der König und das Gesetz sei.]

möge seines *angeborenen* Vorrechts, welches ihm und nur ihm eine Auktorität gibt, der keine gleichkommt, die nicht bezweifelt und angefochten werden kann, ja der ein jeder wie instinktiv gehorcht. Daher heißt er mit Recht: ›von Gottes Gnaden‹ und ist allemal die nützlichste Person im Staat, deren Verdienste durch keine Zivilliste[1] zu teuer vergolten werden können, und wäre sie noch so stark.

Aber noch *Machiavelli* ging von jenem ersteren, mittelalterlichen Begriffe des Fürsten so ganz entschieden aus, daß er ihn als eine Sache, die sich von selbst versteht, nicht erörtert, sondern stillschweigend voraussetzt und darauf seine Ratschläge gründet. Überhaupt ist sein Buch bloß die auf die Theorie zurückgeführte und in dieser mit systematischer Konsequenz dargestellte damals noch herrschende Praxis, die dann eben in der ihr neuen theoretischen Form und Vollendung ein höchst pikantes Ansehn erhält. – Dies letztere gilt, beiläufig gesagt, ebenfalls von dem unsterblichen Büchlein des *Larochefoucauld,* dessen Thema aber das Privatleben, nicht das öffentliche ist und der nicht Ratschläge, sondern Bemerkungen gibt. An dem herrlichen Büchlein könnte man allenfalls den Titel tadeln: meistenteils nämlich sind es nicht ›maximes‹ noch ›réflexions‹, sondern ›aperçus‹: so sollte es daher heißen. – Übrigens findet selbst im Machiavelli vieles auch auf das Privatleben Anwendung.

§ 127

Das Recht an sich selbst ist machtlos: von Natur herrscht die Gewalt. Diese nun zum Rechte hinüberzuziehn, so daß mittelst der Gewalt das Recht herrsche, dies ist das Problem der Staatskunst – und wohl ist es ein schweres. Man wird dies erkennen, wenn man bedenkt, welch ein grenzenloser Egoismus fast in jeder Menschenbrust nistet, zu welchem meistens noch ein angehäufter Vorrat von Haß und Bosheit sich gesellt, so daß ursprünglich das νεῖκος die φιλία [der Steit die Liebe] bei weitem überwiegt; und nun dazunimmt, daß viele Millionen so beschaffener Individuen

1. [Betrag des Staatshaushalts, der für den Landesherrn bestimmt ist.]

es sind, die in den Schranken der Ordnung, des Friedens, der Ruhe und Gesetzlichkeit gehalten werden sollen, während doch ursprünglich jeder das Recht hat, zu jedem zu sagen: ›Was du bist, bin ich auch!‹ Dies wohl erwogen, muß man sich wundern, daß es im ganzen noch so ruhig und friedlich, rechtlich und ordentlich in der Welt hergeht, wie wir es sehn; welches doch die Staatsmaschine allein zuwege bringt. – Denn unmittelbar kann immer nur die physische Gewalt wirken, da vor ihr allein die Menschen, wie sie in der Regel sind, Empfänglichkeit und Respekt haben. Wenn man, um sich hievon durch die Erfahrung zu überzeugen, einmal allen Zwang beseitigen und ihnen bloß Vernunft, Recht und Billigkeit, aber ihrem Interesse entgegen, auf das deutlichste und eindringlichste vorhalten wollte; so würde die Machtlosigkeit bloß moralischer Gewalten daran augenfällig werden, daß man meistens nur ein Hohngelächter zur Antwort erhielte. Also allein die physische Gewalt vermag sich Respekt zu verschaffen. Nun ist aber diese Gewalt ursprünglich bei der Masse, bei welcher Unwissenheit, Dummheit und Unrechtlichkeit ihr Gesellschaft leisten. Die Aufgabe der Staatskunst ist demnach zunächst diese, unter so schwierigen Umständen dennoch die physische Gewalt der Intelligenz, der geistigen Überlegenheit zu unterwerfen und dienstbar zu machen. Ist jedoch diese selbst nicht mit der Gerechtigkeit und der guten Absicht gepaart, so ist, wenn es gelingt, das Resultat, daß der so errichtete Staat aus Betrügern und Betrogenen besteht. Dies aber kommt dann allmälig durch die Fortschritte der Intelligenz der Masse, so sehr man diese auch zu hemmen sucht, an den Tag und führt zu einer Revolution. Ist hingegen bei der Intelligenz die Gerechtigkeit und die gute Absicht, so gibt es einen nach dem Maßstabe menschlicher Dinge überhaupt vollkommenen Staat. Sehr zweckdienlich ist es hiezu, daß die Gerechtigkeit und gute Absicht nicht nur vorhanden, sondern auch nachweisbar sei und offen dargelegt werde, daher der öffentlichen Rechenschaft und Kontrolle sich unterwerfe; wobei jedoch zu verhüten ist, daß durch die hiedurch entstehende Beteiligung mehrerer der Einheitspunkt der Macht des ganzen Staates, mit welchem er nach innen und außen zu wirken hat, an seiner Konzentration und Kraft verliere; wie dies letztere in Republiken fast immer der Fall ist. Allen diesen Anforderungen durch die Form des Staates zu genügen wäre sonach die höchste Aufgabe der Staatskunst: diese hat jedoch in der Wirklichkeit auch noch das gegebene Volk mit seinen nationalen Eigenheiten als das rohe Material zu berücksichtigen, dessen Beschaffenheit daher auf die Vollkommenheit des Werkes stets großen Einfluß haben wird.

Es wird immer schon viel sein, wenn die Staatskunst ihre Aufgabe so weit löst, daß möglichst wenig Unrecht im Gemeinwesen übrigbleibe: denn daß es ganz ohne irgendeinen Rest geschehn sollte, ist bloß das ideale Ziel, welches nur approximativ erreicht werden kann. Wird nämlich das Unrecht von *einer* Seite herausgeworfen, so schleicht es sich von der andern wieder herein; weil eben die Unrechtlichkeit tief im menschlichen Wesen liegt. Man sucht jenes Ziel durch die künstliche Form der Verfassung und die Vollkommenheit der Gesetzgebung zu erreichen: doch bleibt es die Asymptote; schon weil festgestellte Begriffe nie alle einzelnen Fälle erschöpfen und nicht bis aufs Individuelle herabzuführen sind, indem sie den Steinen des Musivbildes, nicht den Pinselnuancen des Gemäldes gleichen. Zudem sind hier alle Experimente gefährlich, weil man es mit dem am schwersten zu behandelnden Stoff, dem Menschengeschlechte, zu tun hat, dessen Handhabung fast so gefährlich ist wie die des Knallgoldes. In dieser Hinsicht ist allerdings für die Staatsmaschine die Preßfreiheit das, was für die Dampfmaschine die Sicherheitsvalve: denn mittelst derselben macht jede Unzufriedenheit sich alsbald durch Worte Luft, ja wird sich, wenn sie nicht sehr viel Stoff hat, an ihnen erschöpfen. Hat sie jedoch diesen, so ist es gut, daß man ihn beizeiten erkenne, um abzuhelfen. So geht es sehr viel besser, als wenn die Unzufriedenheit eingezwängt bleibt, brütet, gärt, kocht und anwächst, bis sie endlich zur Explosion gelangt. – Andererseits jedoch ist die Preßfreiheit anzusehn als die Erlaubnis, Gift zu verkaufen: Gift für Geist und Ge-

müt. Denn was läßt sich nicht dem kenntnis- und urteils-
losen großen Haufen in den Kopf setzen, zumal wenn man
ihm Vorteil und Gewinn vorspiegelt? Und zu welcher Un-
tat ist der Mensch nicht fähig, dem man etwas in den Kopf
gesetzt hat? Ich fürchte daher sehr, daß die Gefahren der
Preßfreiheit ihren Nutzen überwiegen, zumal wo gesetzliche Wege jeder Beschwerde offenstehn. Jedenfalls aber
sollte Preßfreiheit durch das strengste Verbot aller und jeder Anonymität bedingt sein.

Im allgemeinen ließe sich sogar die Hypothese aufstellen,
daß das Recht von einer analogen Beschaffenheit sei wie gewisse chemische Substanzen, die sich nicht rein und isoliert,
sondern höchstens nur mit einer geringen Beimischung, die
ihnen zum Träger dient oder die nötige Konsistenz erteilt,
darstellen lassen, wie z.B. Fluor, selbst Alkohol, Blausäure
u.a. mehr; daß demnach auch das Recht, wenn es in der
wirklichen Welt Fuß fassen und sogar herrschen soll, eines
geringen Zusatzes von Willkür und Gewalt notwendig be-
dürfe, um seiner eigentlichen, nur idealen und daher ätherischen Natur ungeachtet in dieser realen und materialen
Welt wirken und bestehn zu können, ohne sich zu evapo-
rieren und davonzufliegen in den Himmel; wie dies beim
Hesiodos geschieht. Als eine solche notwendige chemische
Basis oder Legierung mag wohl anzusehn sein alles Geburtsrecht, alle erblichen Privilegien, jede Staatsreligion und
manches andere; indem erst auf einer willkürlich festgestellten Grundlage dieser Art das Recht sich geltend machen und konsequent durchführen ließe: sie wäre also
gleichsam das Δός μοι, ποῦ στῶ [Gib mir einen Standort![1]]
des Rechts.

Des *Linnäus* künstliches und arbiträr[2] gewähltes Pflanzen-
system kann durch kein natürliches ersetzt werden, so sehr
auch ein solches der Vernunft angemessen wäre und so vielfach es auch versucht worden; weil nämlich ein solches nie
die Sicherheit und Festigkeit der Bestimmungen gewährt,
die das künstliche und arbiträre hat. Ebenso nun kann die

1. [*Vgl. S. 43*]
2. [willkürlich]

künstliche und arbiträre Grundlage der Staatsverfassung,
wie sie im obigen angedeutet ist, nicht ersetzt werden durch
eine rein natürliche Grundlage, welche, die besagten Bedingungen verwerfend, an die Stelle der Vorrechte der Geburt die des persönlichen Wertes, an die Stelle der Landesreligion die Resultate der Vernunftforschung usf. setzen
wollte; weil eben, so sehr auch alles dieses der Vernunft angemessen wäre, es demselben doch an derjenigen Sicherheit
und Festigkeit der Bestimmungen fehlt, welche allein die
Stabilität des gemeinen Wesens sichern. Eine Staatsverfassung, in welcher bloß das abstrakte Recht sich verkörperte,
wäre eine vortreffliche Sache für andre Wesen, als die Menschen sind; weil nämlich die große Mehrzahl derselben
höchst egoistisch, ungerecht, rücksichtslos, lügenhaft, mitunter sogar boshaft und dabei mit sehr dürftiger Intelligenz
ausgestattet ist, so erwächst hieraus die Notwendigkeit
einer in *einem* Menschen konzentrierten, selbst über dem
Gesetz und dem Recht stehenden, völlig unverantwortli-
chen Gewalt, vor der sich alles beugt und die betrachtet
wird als ein Wesen höherer Art, ein Herrscher von Gottes
Gnaden. Nur so läßt sich auf die Länge die Menschheit
zügeln und regieren.

Dagegen sehn wir in den Vereinigten Staaten von Nordamerika den Versuch, ganz ohne alle solche arbiträre Grundlage fertig zu werden, also das ganz unversetzte, reine abstrakte Recht herrschen zu lassen. Allein der Erfolg ist
nicht anlockend: denn bei aller materiellen Prosperität des
Landes finden wir daselbst als herrschende Gesinnung den
niedrigen Utilitarianismus, nebst seiner unausbleiblichen
Gefährtin, der Unwissenheit, welche der stupiden anglikanischen Bigotterie, dem dummen Dünkel, der brutalen Roheit im Verein mit einfältiger Weiberveneration den Weg
gebahnt hat. Und sogar noch schlimmere Dinge sind dort
an der Tagesordnung, nämlich himmelschreiende Neger-
sklaverei, verbunden mit äußerster Grausamkeit gegen die
Sklaven, ungerechteste Unterdrückung der freien Schwarzen, lynch-law[1], häufiger und oft ungestrafter Meuchelmord,

1. [Volksjustiz]

unerhört brutale Duelle, mitunter offene Verhöhnung des
Rechts und der Gesetze, Repudiation öffentlicher Schulden, empörende politische Escroquerie[1] einer Nachbarspro-
vinz, infolge derselben gierige Raubzüge in das reiche
Nachbarland, welche sodann von höchster Stelle aus durch
Unwahrheiten, die jeder im Lande als solche kennt und verlacht, beschönigt werden mußten, immer wachsende Ochlokratie[2] und endlich der ganze verderbliche Einfluß, welchen
die erwähnte Verleugnung der Rechtlichkeit in der obern
Region auf die Privatmoralität ausüben muß. Also dies
Probestück einer reinen Rechtsverfassung auf jener Kehrseite des Planeten spricht gar wenig für die Republiken,
noch weniger aber die Nachahmungen desselben in Mexiko,
Guatemala, Kolumbien und Peru. Ein ganz besonderer und
dabei paradoxer Nachteil der Republiken ist noch dieser,
daß es in ihnen den überlegenen Köpfen schwerer werden
muß, zu hohen Stellen und dadurch zu unmittelbarem po-
litischem Einfluß zu gelangen als in Monarchien. Denn gegen solche Köpfe sind nun einmal überall, immerdar und in
allen Verhältnissen sämtliche borniertе[n], schwache[n] und
gewöhnliche[n] Köpfe als gegen ihren natürlichen Feind
verschworen oder instinktmäßig verbündet und werden fest
zusammengehalten durch ihre gemeinsame Furcht vor jenen. Ihrer stets zahlreichen Schar nun wird es bei einer re-
publikanischen Verfassung leicht gelingen, die überlegenen
zu unterdrücken und auszuschließen, um ja nicht von ihnen
überflügelt zu werden; sind sie doch, und zwar hier bei gleichem ursprünglichem Rechte stets fünfzig gegen einen. In
der Monarchie hingegen ist diese überall natürliche Ligue
der bornierten gegen die bevorzugten Köpfe doch nur einseitig vorhanden, nämlich bloß von unten: von oben hingegen haben hier Verstand und Talent natürliche Fürsprache
und Beschützer. Denn zuvörderst der Monarch selbst steht
viel zu hoch und zu fest, als daß er irgend jemandes Kompetenz zu fürchten hätte: zudem dient er selbst dem Staate
mehr durch seinen Willen als durch seinen Kopf, als welcher

1. [Prellerei]
2. [Herrschaft des Pöbels]

so vielen Anforderungen nie gewachsen sein kann. Er muß
also stets sich fremder Köpfe bedienen und wird natürlich
(angesehn, daß sein Interesse mit dem des Landes fest verwachsen, unzertrennlich und eines ist) die allerbesten, weil
sie die tauglichsten Werkzeuge für ihn sind, vorziehn und
begünstigen, sobald er nur die Fähigkeit hat, sie herauszufinden; was so gar schwer nicht ist, wenn man sie aufrichtig
sucht. Ebenso haben selbst die Minister vor angehenden
Staatsmännern einen zu großen Vorsprung, als daß sie
solche mit Eifersucht betrachten sollten, und werden daher
aus analogen Gründen die ausgezeichneten Köpfe gern her-
vorziehn und in Tätigkeit setzen, um ihre Kräfte zu benutzen. Auf diese Art also hat in Monarchien der Verstand immer noch viel bessere Chancen gegen seinen unversöhnli-
chen und allgegenwärtigen Feind, die Dummheit, als in
Republiken. Dieser Vorzug aber ist ein großer.

Überhaupt aber ist die monarchische Regierungsform die
dem Menschen natürliche, fast so, wie sie es den Bienen und
Ameisen, den reisenden Kranichen, den wandernden Elefanten, den zu Raubzügen vereinigten Wölfen und andern
Tieren mehr ist, welche alle *einen* an die Spitze ihrer Unternehmung stellen. Auch muß jede menschliche mit Gefahr
verknüpfte Unternehmung, jeder Heereszug, jedes Schiff,
einem Oberbefehlshaber gehorchen: überall muß ein Wille
der leitende sein. Sogar der tierische Organismus ist monarchisch konstruiert: das Gehirn allein ist der Lenker und
Regierer, das ἡγεμονικόν[1]. Wenngleich Herz, Lunge und
Magen zum Bestande des Ganzen viel mehr beitragen, so
können diese Spießbürger darum doch nicht lenken und
leiten: dies ist Sache des Gehirns allein und muß von *einem*
Punkte ausgehn. Selbst das Planetensystem ist monarchisch.
Hingegen ist das republikanische System dem Menschen
so widernatürlich, wie es dem höhern Geistesleben, also
Künsten und Wissenschaften, ungünstig ist. Diesem allen
entsprechend finden wir auf der ganzen Erde und zu allen
Zeiten die Völker, sie mögen zivilisiert oder wild sein oder
auf den Zwischenstufen stehn, allemal monarchisch regiert.

1. [Terminus der Stoiker; *vgl. Bd. 3, S. 370*]

Οὐκ ἀγαθὸν πολυκοιρανίη· εἷς κοίρανος ἔστω,
Εἷς βασιλεύς.
[Nicht gut ist Vielherrschaft, nur einer allein sei Herrscher,
Einer nur König.]   ›Ilias‹ 2, 204

Wie wäre es überhaupt möglich, daß wir durchgängig und
zu allen Zeiten viele Millionen, ja bis zu Hunderten von
Millionen Menschen *einem* Manne, sogar bisweilen einem
Weibe, vorläufig selbst einem Kinde unterworfen und ihm
willig gehorchen sehn, wenn nicht ein monarchischer Instinkt im Menschen läge, der ihn dazu als dem ihm Angemessenen treibt. Denn dies ist nicht aus der Reflexion hervorgegangen. Überall ist *einer* der König, und seine Würde
ist in der Regel erblich. Er ist gleichsam die Personifikation
oder das Monogramm des ganzen Volkes, welches in ihm
zur Individualität gelangt; in diesem Sinne kann er sogar
mit Recht sagen: ›L'état c'est moi.‹[1] [Der Staat bin ich.] Gerade daher sehn wir in Shakespeares historischen Dramen
die Könige von England und Frankreich sich gegenseitig
France und England, auch den Herzog von Österreich
Austria (›King John‹ 3, 1) anreden, gleichsam sich als Inkarnation ihrer Nationalitäten betrachtend. So ist es eben der
menschlichen Natur gemäß; und eben deshalb kann der
erbliche Monarch sein und seiner Familie Wohl von dem
des Landes gar nicht trennen; wie dies hingegen beim gewählten meistens der Fall ist – man sehe den Kirchenstaat.
Die Chinesen können allein von einer monarchischen Regierung sich einen Begriff machen: was eine Republik sei,
verstehn sie gar nicht. Als im Jahre 1658 eine Holländische
Gesandtschaft in China war, sah diese sich genötigt, den
Prinzen von Oranien als ihren König darzustellen; weil
sonst die Chinesen geneigt gewesen wären, Holland für
ein Nest von Seeräubern zu halten, die ohne Oberherrn
lebten (Jean Nieuhoff, ›L'Ambassade de la Compagnie Orien-
tale des Provinces Unies vers l'Empereur de la Chine‹,
Leiden [1665, chap. 45]). – Stobaios hat in einem eigenen

1. [Dieser Ausspruch wird König Ludwig XIV. von Frankreich zugeschrieben.]

Kapitel, überschrieben: ῞Οτι κάλλιστον ἡ μοναρχία [Daß die Monarchie das beste ist] (›Florilegium‹ [vol. 2, p. 256 sqq.]), die besten Stellen der Alten, worin sie die Vorzüge der Monarchie darlegen, zusammengestellt. Republiken sind eben widernatürlich, künstlich gemacht und aus der Reflexion entsprungen, kommen daher auch nur als seltene Ausnahmen in der ganzen Weltgeschichte vor, nämlich die kleinen griechischen Republiken, die römische und die karthagische, welche noch dazu sämtlich dadurch bedingt waren, daß fünf Sechstel, vielleicht gar sieben Achtel der Bevölkerung aus *Sklaven* bestanden – hatten doch auch im Jahre 1840 die Vereinigten Staaten in Amerika auf sechzehn Millionen Einwohner drei Millionen Sklaven. Zudem ist die Dauer der Republiken des Altertums gegen die der Monarchien sehr kurz gewesen. – Republiken sind überhaupt leicht zu errichten, hingegen schwer zu erhalten; von Monarchien gilt gerade das Umgekehrte.

Will man utopische Pläne, so sage ich: die einzige Lösung des Problems wäre die Despotie der Weisen und Edelen einer echten Aristokratie, eines echten Adels, erzielt auf dem *Wege der Generation* durch Vermählung der edelmütigsten Männer mit den klügsten und geistreichsten Weibern. Dieser Vorschlag ist *mein Utopien* und meine Republik des Platon.

Die konstitutionellen Könige haben eine unleugbare Ähnlichkeit mit den Göttern des Epikuros, als welche, ohne sich in die menschlichen Angelegenheiten zu mischen, in ungestörter Seligkeit und Gemütsruhe da oben in ihrem Himmel sitzen. Sie sind nun aber einmal jetzt Mode geworden, und in jedem deutschen Duodezfürstentum wird eine Parodie der englischen Verfassung aufgeführt, ganz komplett, mit Oberhaus und Unterhaus, bis auf die Habeas-Corpus-Akte und die Jury[1] herab. Aus dem englischen Charakter und [den] englischen Verhältnissen hervorgegangen und beide voraussetzend sind diese Formen dem englischen Volke gemäß und natürlich: ebenso aber ist dem deutschen Volke sein Geteiltsein in viele Stämme, die unter ebenso

1. [Die Geschworenen, das Schwurgericht]

vielen, wirklich regierenden Fürsten stehn, mit einem Kaiser über alle, der den Frieden im Innern wahrt und des Reiches Einheit nach außen vertritt, natürlich, weil aus seinem Charakter und seinen Verhältnissen hervorgegangen. Ich bin der Meinung, daß, wenn Deutschland nicht dem Schicksal Italiens entgegengehn soll, die von seinem Erzfeinde, dem ersten Bonaparte, aufgehobene Kaiserwürde, und zwar möglichst effektiv hergestellt werden muß. Denn an ihr hängt die deutsche Einheit und wird ohne sie stets bloß nominell oder prekär sein. Weil wir aber nicht mehr zur Zeit Günthers von Schwarzburg[1] leben, da mit der Kaiserwahl Ernst gemacht wurde; so sollte die Kaiserkrone abwechselnd an Österreich und Preußen übergehn, auf Lebenszeit. Die absolute Souveränität der kleinen Staaten ist in jedem Fall illusorisch. Napoleon I. hat für Deutschland eben das getan, was Otto der Große für Italien (siehe ›Annotazione alla secchia rapita‹), nämlich es in viele kleine und *unabhängige* Staaten geteilet, nach dem Grundsatz: ›Divide et impera!‹[2] [Teile und herrsche!] – Die Engländer zeigen ihren großen Verstand auch darin, daß sie ihre alten Institutionen, Sitten und Gebräuche fest und heilig halten, auf die Gefahr hin, diese Tenazität[3] zu weit und bis ins Lächerliche zu treiben; weil eben jene Dinge nicht in einem müßigen Kopfe ausgeheckt, sondern allmälig aus der Macht der Umstände und der Weisheit des Lebens selbst erwachsen und daher ihnen als Nation angemessen sind. Hingegen hat der deutsche Michel sich von seinem Schulmeister einreden lassen, er müsse in einem englischen Frack einhergehn, das schicke sich nicht anders; er hat ihn demnach vom Papa ertrotzt und sieht nun mit seinen linkischen Manieren und ungelenkem Wesen lächerlich genug darin aus. Aber der Frack wird ihn noch sehr drücken und inkommodieren, und zwar zu allernächst durch die Jury, als welche, aus dem rohesten englischen Mittelalter, den Zeiten Alfreds des Großen, da noch Lesen- und Schreiben-Können den Menschen

---

1. [Im Jahre 1349 Gegenkönig Kaiser Karls IV.]
2. *[Vgl. S. 154]*
3. [Zähigkeit]

von der Todesstrafe eximierte, stammend[H], das schlechteste
aller Kriminalgerichte ist, wo nämlich statt gelehrter und
geübter Kriminalrichter, welche unter täglicher Entwirrung
der von Dieben, Mördern und Gaunern versuchten Schliche
und Finten grau geworden sind und so den Sachen auf die
Spur zu kommen gelernt haben, nunmehr Gevatter Schneider und Handschuhmacher[1] zu Gerichte sitzen, um mit
ihrem plumpen, rohen, ungeübten, tölpelhaften, ja nicht
einmal einer anhaltenden Aufmerksamkeit gewohnten Verstande die Wahrheit aus dem täuschenden Gewebe des
Truges und Scheines herauszufinden, während sie noch
obendrein dazwischen an ihr Tuch und ihr Leder denken
und sich nach Hause sehnen, vollends aber vom Unterschiede zwischen Wahrscheinlichkeit und Gewißheit durchaus keinen deutlichen Begriff haben, vielmehr so eine Art von
calculus probabilitatis [Wahrscheinlichkeitsrechnung] in ihrem dumpfen Kopfe anstellen, nach welchem sie sodann getrost über das Leben anderer den Stab brechen. Auf sie ist
anwendbar, was *Samuel Johnson* von einem soeben über eine
wichtige Sache zusammengerufenen Kriegsgericht, dem er
wenig zutraute, sagte, nämlich, daß vielleicht kein einziger
der Beisitzer desselben jemals in seinem Leben auch nur
eine Stunde für sich allein mit dem Abwägen von Wahr-
scheinlichkeiten zugebracht hätte (Boswell [›Life of Johnson‹, anno 1780], aetatis 71). Aber die, meint man, würden
so recht unparteiisch sein – das malignum vulgus [die
mißgünstige Menge] da? Als ob nicht Parteilichkeit zehnmal mehr von den Standesgleichen des Beklagten zu befürchten wäre als von den ihm völlig fremden, in ganz andern Regionen lebenden, unabsetzbaren und ihrer Amts-
ehre sich bewußten Kriminalrichtern! Nun aber gar die
Verbrechen gegen den Staat und sein Oberhaupt, nebst
Preßvergehn von der Jury richten lassen heißt recht eigentlich den Bock zum Gärtner machen.

H. *Deutsche Juristen* geben an, daß unter den angelsächsischen Königen
noch keine *eigentliche* Jury gewesen sei: auch nicht unter den ersten
Normannen: aber nach und nach sei sie immer vollkommener geworden, erst zwischen Eduard III. und Henry IV. ganz eigentlich.
1. [Nach Schiller: ›Wallensteins Lager‹, 10. Auftritt]

§ 128

Überall und zu allen Zeiten hat es viel Unzufriedenheit mit den Regierungen, Gesetzen und öffentlichen Einrichtungen gegeben; großenteils aber nur, weil man stets bereit ist, diesen das Elend zur Last zu legen, welches dem menschlichen Dasein selbst unzertrennlich anhängt, indem es, mythisch zu reden, der Fluch ist, den Adam empfing und mit ihm sein ganzes Geschlecht. Jedoch nie ist jene falsche Vorspiegelung auf lügenhaftere und frechere Weise gemacht worden als von den Demagogen der ›Jetztzeit‹. Diese nämlich sind als Feinde des Christentums Optimisten: die Welt ist ihnen ›Selbstzweck‹ und daher an sich selbst, d. h. ihrer natürlichen Beschaffenheit nach ganz vortrefflich eingerichtet, ein rechter Wohnplatz der Glückseligkeit. Die nun hiegegen schreienden kolossalen Übel der Welt schreiben sie gänzlich den Regierungen zu: täten nämlich nur diese ihre Schuldigkeit, so würde der Himmel auf Erden existieren, d. h. alle würden ohne Mühe und Not vollauf fressen, saufen, sich propagieren[1] und krepieren können: denn dies ist die Paraphrase ihres ›Selbstzweck‹ und das Ziel des ›unendlichen Fortschritts der Menschheit‹, den sie in pomphaften Phrasen unermüdlich verkündigen.

§ 129

Weiland war die Hauptstütze des Thrones der *Glaube*, heutzutage ist es der *Kredit*[2]. Kaum mag dem Papste selbst das Zutrauen seiner Gläubigen mehr am Herzen liegen als das seiner Gläubiger. Beklagte man ehemals die Schuld der Welt, so sieht man jetzt mit Grausen auf die Schulden der Welt und, wie ehemals den Jüngsten Tag, so prophezeit man jetzt die dereinstige große σεισάχθεια [den Schuldenerlaß], den universellen Staatsbankrott, jedoch ebenfalls mit der zuversichtlichen Hoffnung, ihn nicht selbst zu erleben.

1. [fortpflanzen]
2. [Vgl. Heinrich Heine: ›Das Buch Le Grand‹]

§ 130

Das *Recht des Besitzes* ist zwar ethisch und rationell ungleich besser begründet als das *Recht der Geburt*; jedoch ist es mit diesem verwandt und verwachsen, welches man daher schwerlich würde wegschneiden können, ohne jenes in Gefahr zu setzen. Der Grund hievon ist, daß der meiste Besitz ererbt, folglich auch eine Art Geburtsrecht ist; wie denn eben der alte Adel auch nur den Namen des Stammgutes führt, also durch denselben bloß seinen Besitz ausdrückt. – Demgemäß sollten alle Besitzenden, wenn sie, statt neidisch zu sein, klug wären, auch der Erhaltung der Rechte der Geburt anhängen.

Der Adel als solcher gewährt sonach den doppelten Nutzen, daß er einerseits das Recht des Besitzes und andererseits das Geburtsrecht des Königs zu stützen hilft: denn der König ist der erste Edelmann im Lande, behandelt auch in der Regel den Adligen als einen geringen Anverwandten und ganz anders als den noch so hoch betrauten Bürgerlichen. Es ist auch ganz natürlich, daß er mehr Zutrauen zu denen hat, deren Vorfahren meistens die ersten Diener und stets die nächste Umgebung seiner Vorfahren gewesen sind. Mit Recht beruft deshalb ein Edelmann sich auf seinen Namen, wann er bei etwan entstehendem Verdacht seinem Könige die Versicherung seiner Treue und Ergebenheit wiederholt. Allerdings ist der Charakter vom Vater erblich, wie meinen Lesern bekannt ist. Borniert und lächerlich ist es, nicht darauf sehn zu wollen, wessen Sohn einer ist.

§ 131

Alle Weiber, mit seltenen Ausnahmen, sind zur Verschwendung geneigt. Daher muß jedes vorhandene Vermögen mit Ausnahme der seltenen Fälle, wo sie es selbst erworben haben, vor ihrer Torheit sichergestellt werden. Eben darum bin ich der Meinung, daß die Weiber nie ganz mündig werden, sondern stets unter wirklicher männlicher Aufsicht stehn sollten, sei es die des Vaters, des Gatten, des Sohnes oder des Staats – wie es in Indien ist; daß sie demnach niemals über ein Vermögen, welches sie nicht selbst erworben haben, müßten eigenmächtig verfügen können. Daß hingegen eine Mutter sogar bestellter Vormund und Verwalter des väterlichen Erbteils ihrer Kinder werden könne, halte ich für unverzeihliche und verderbliche Torheit. In den allermeisten Fällen wird ein solches Weib das vom Vater der Kinder und mit stärkendem Hinblick auf sie durch die Arbeit seines ganzen Lebens Erworbene mit ihrem Buhlen verprassen; gleichviel, ob sie ihn heiratet oder nicht. Diese Warnung gibt uns schon Vater Homer:

> Οἶσθα γάρ, οἷος θυμὸς ἐνὶ στήθεσσι γυναικός·
> Κείνου βούλεται οἶκον ὀφέλλειν, ὅς κεν ὀπυίοι,
> Παίδων δὲ προτέρων καὶ κουριδίοιο φίλοιο
> Οὐκέτι μέμνηται τεθνηότος οὐδὲ μεταλλᾷ.

[Weißt du doch, welche Gesinnung wohnt im Herzen des
Weibes:
Mehren will sie nur dessen Haus, mit dem sie zusammen
Lebt, doch der früheren Kinder und auch des lieben Gemahles
Denkt sie nicht mehr und fragt nach ihm nicht, wenn er
gestorben.]
›Odyssee‹ 15, 20[–23]

Die wirkliche Mutter wird nach dem Tode des Mannes oft zur Stiefmutter – stehn doch überhaupt nur die Stief*mütter* in so schlechtem Kredit, der das Wort ›stiefmütterlich‹ erzeugt hat; während von stiefväterlich nie die Rede gewesen: jenen Kredit aber hatten sie schon zu Herodots ([›Historiae‹] 4, 154) Zeit und haben ihn sich zu erhalten gewußt. Jedenfalls bedarf ein Weib stets des Vormundes, darf also nie Vormund sein. Überhaupt aber wird eine Frau, die ihren Mann nicht geliebt hat, auch ihre Kinder von ihm nicht lieben, nämlich nachdem die Zeit der bloß instinktiven, daher nicht moralisch ihr anzurechnenden Mutterliebe vorüber ist. – Ferner bin ich der Meinung, daß vor Gericht das Zeugnis eines Weibes ceteris paribus [unter sonst gleichen Umständen] weniger Gewicht haben sollte als das eines Mannes, so daß z. B. zwei männliche Zeugen etwan drei oder gar vier

weibliche aufwögen. Denn ich glaube, daß das weibliche
Geschlecht, in Masse genommen, täglich dreimal soviel
Lügen in die Luft schickt als das männliche und noch dazu
mit einem Anschein von Wahrhaftigkeit und Aufrichtigkeit, den das männliche nie erlangt. Die Mohammedaner
freilich exzedieren auf der andern Seite. Ein junger Türke
von Bildung sagte einmal zu mir: ›Wir betrachten das Weib
bloß als das Erdreich, darin man das Samenkorn legt. Daher
ist auch ihre Religion gleichgültig: wir können eine Chri-
stin heiraten, ohne ihre Bekehrung zu verlangen.‹ Auf
meine Frage, ob die Derwische verheiratet seien, sagte er:
›Das versteht sich von selbst: war doch der Prophet verheiratet, und sie dürfen nicht heiliger sein wollen als dieser.‹

Sollte es nicht besser sein, wenn es gar keine Feiertage
gäbe, dafür aber soviel mehr Feierstunden? Wie wohltätig
würden die sechzehn Stunden des langweiligen und eben
dadurch gefährlichen Sonntags wirken, wenn zwölf davon
auf alle Tage der Woche verteilt wären! Zur Religionsübung
hätte der Sonntag an zweien immer noch genug, und mehr
werden derselben doch fast nie gewidmet, noch weniger der
andächtigen Meditation. Die Alten hatten auch keinen
wöchentlichen Ruhetag. Freilich aber würde es sehr schwer
halten, die so erkauften zwei täglichen Mußestunden den
Leuten wirklich zu erhalten und vor Eingriffen zu sichern.

§ 132

Der ewige Jude Ahasverus ist nichts anderes als die Personifikation des ganzen jüdischen Volks. Weil er an dem Heiland und Welterlöser schwer gefrevelt hat, soll er von dem
Erdenleben und seiner Last nie erlöst werden und dabei
heimatlos in der Fremde umherirren. Dies ist ja eben das
Vergehn und das Schicksal des kleinen jüdischen Volkes,
welches wirklich wundersamerweise, seit bald zweitausend
Jahren aus seinem Wohnsitze vertrieben, noch immer fort-
besteht und heimatlos umherirrt; während so viele große
und glorreiche Völker, neben welchen eine solche Winkel-
nation gar nicht zu nennen ist: Assyrer, Meder, Perser,

Phönizier, Ägypter, Hetrurier[1] usw. zur ewigen Ruhe eingegangen und gänzlich verschwunden sind. So ist denn noch
heute diese gens extorris [dieses landflüchtige Volk], dieser
Johann ohne Land unter den Völkern auf dem ganzen Erd-
boden zu finden, nirgends zu Hause und nirgends fremd,
behauptet dabei mit beispielloser Hartnäckigkeit seine Nationalität, ja möchte, eingedenk des Abraham, der in Ka-
naan wohnte als ein Fremdling, aber allmälig, wie sein Gott
es ihm verheißen, Herr des ganzen Landes ward (1. Mos.
17, 8) – auch gern irgendwo recht fußen und Wurzel schlagen, um wieder zu einem Lande zu gelangen, ohne welches
ja ein Volk ein Ball in der Luft ist[F]. – Bis dahin lebt es para-
sitisch auf den andern Völkern und ihrem Boden, ist aber
dabei nichtsdestoweniger vom lebhaftesten Patriotismus
für die eigene Nation beseelt, den es an den Tag legt durch
das festeste Zusammenhalten, wonach alle für einen und
einer für alle stehn; so daß dieser Patriotismus sine patria
[ohne Vaterland] begeisternder wirkt als irgendein anderer.
Das Vaterland des Juden sind die übrigen Juden: daher
kämpft er für sie wie ›pro ara et focis‹[2] [für Haus und Herd],
und keine Gemeinschaft auf Erden hält so fest zusammen wie
diese. Daraus geht hervor, wie absurd es ist, ihnen einen
Anteil an der Regierung oder Verwaltung irgendeines Staates einräumen zu wollen. Ihre Religion, von Hause aus mit
ihrem Staate verschmolzen und eins, ist dabei keineswegs
die Hauptsache, vielmehr nur das Band, welches sie zu-

---

1. [Etrusker]
F. *Moses* (lib. 4, cap. 13 sqq., nebst lib. 5, cap 2) gibt uns ein lehrreiches
Beispiel des Hergangs bei der *allmäligen Bevölkerung der Erde*, wie nämlich ausgewanderte, mobile Horden bereits angesessene Völker zu
verdrängen suchten, die gutes Land innehatten. Der späteste Schritt
dieser Art war die *Völkerwanderung* oder vielmehr die Eroberung Amerikas, ja das noch fortfahrende Zurückdrängen der amerikanischen
Wilden, auch der in Australien. Die Rolle der *Juden* bei ihrer Niederlassung im Gelobten Lande und die der *Römer* bei der ihrigen in Italien
ist im wesentlichen dieselbe, nämlich die eines eingewanderten Volkes, welches seine früher dagewesenen Nachbarn fortwährend be-
kriegt und sie endlich unterjocht, nur daß die *Römer* es ungleich weiter gebracht haben als die *Juden*.
2. [Nach Cicero: ›De natura deorum‹ 3, 40, 94]

sammenhält, der point deralliement [Sammelplatz] und das
Feldzeichen, daran sie sich erkennen. Dies zeigt sich auch
daran, daß sogar der getaufte Jude keineswegs, wie doch
sonst alle Apostaten, den Haß und Abscheu der übrigen auf
sich ladet, vielmehr in der Regel nicht aufhört, Freund und
Genosse derselben mit Ausnahme einiger Orthodoxen zu
sein und sie als seine wahren Landsleute zu betrachten. Sogar kann bei dem regelmäßigen und feierlichen Gebete der
Juden, zu welchem zehn vereint sein müssen, wenn einer
mangelt, ein getaufter Jude dafür eintreten, jedoch kein anderer Christ. Dasselbe gilt von allen übrigen religiösen
Handlungen. Noch deutlicher würde die Sache hervortreten,
wenn einmal das Christentum ganz in Verfall geriete und
aufhörte, indem alsdann die Juden deshalb nicht aufhören
würden, als Juden gesondert und für sich zu sein und zu-
sammenzuhalten. Demnach ist es eine höchst oberflächliche
und falsche Ansicht, wenn man die Juden bloß als Religions-
sekte betrachtet; wenn aber gar, um diesen Irrtum zu begünstigen, das Judentum mit einem der christlichen Kirche
entlehnten Ausdruck bezeichnet wird als ›jüdische Konfession‹; so ist dies ein grundfalscher, auf das Irreleiten absichtlich berechneter Ausdruck, der gar nicht gestattet sein
sollte. Vielmehr ist ›jüdische Nation‹ das Richtige. Die Juden haben gar keine Konfession: der Monotheismus gehört
zu ihrer Nationalität und Staatsverfassung und versteht
sich bei ihnen von selbst. Ja, wohlverstanden, sind Monotheismus und Judentum Wechselbegriffe. – Daß die dem
Nationalcharakter der Juden anhängenden bekannten Fehler, worunter eine wundersame Abwesenheit alles dessen,
was das Wort ›verecundia‹ [Verschämtheit] ausdrückt, der
hervorstechendeste, wenngleich ein Mangel ist, der in der
Welt besser weiterhilft als vielleicht irgendeine positive
Eigenschaft; daß, sage ich, diese Fehler hauptsächlich dem
langen und ungerechten Drucke, den sie erlitten haben, zuzuschreiben sind, entschuldigt solche zwar, aber hebt sie
nicht auf. Den vernünftigen Juden, welcher, alte Fabeln,
Flausen und Vorurteile aufgebend, durch die Taufe aus
einer Genossenschaft heraustritt, die ihm weder Ehre noch

Vorteil bringt (wenn auch in Ausnahmefällen letzteres vorkommt), muß ich durchaus loben, selbst wenn es ihm mit dem christlichen Glauben kein großer Ernst sein sollte: ist es denn ein solcher jedem jungen Christen, der bei der Konfirmation sein ›Kredo‹ hersagt? Um ihm jedoch auch diesen Schritt zu ersparen und auf die sanfteste Art von der Welt dem ganzen tragikomischen Unwesen ein Ende zu machen, ist gewiß das beste Mittel, daß man die Ehe zwischen Juden und Christen gestatte, ja begünstige; wogegen die Kirche nichts einwenden kann, da es die Auktorität des Apostels selbst für sich hat (1. Kor. 7, 12–16). Dann wird es über hundert Jahre nur noch sehr wenige Juden geben und bald darauf das Gespenst ganz gebannt, der Ahasverus begraben sein, und das auserwählte Volk wird selbst nicht wissen, wo es geblieben ist. Jedoch wird dieses wünschenswerte Resultat vereitelt werden, wenn man die Emanzipation der Juden so weit treibt, daß sie Staatsrechte, also Teilnahme an der Verwaltung und Regierung christlicher Länder erhalten. Denn alsdann werden sie erst recht con amore Juden sein und bleiben. Daß sie mit andern gleiche bürgerliche Rechte genießen, heischt die Gerechtigkeit, aber ihnen Anteil am Staat einzuräumen, ist absurd: sie sind und bleiben ein fremdes orientalisches Volk, müssen daher stets nur als ansässige Fremde gelten. Als vor ungefähr 25 Jahren im englischen Parlament die Judenemanzipation debattiert wurde, stellte ein Redner folgenden hypothetischen Fall auf: ein englischer Jude kommt nach Lissabon, woselbst er zwei Männer in äußerster Not und Bedrängnis antrifft, jedoch so, daß es in seine Macht gegeben ist, *einen* von ihnen zu retten. Persönlich sind ihm beide fremd. Jedoch ist der eine Engländer, aber ein Christ; der andere ein Portugiese, aber ein Jude. Wen wird er retten? – Ich glaube, daß kein einsichtiger Christ und kein aufrichtiger Jude über die Antwort im Zweifel sein wird. Sie aber gibt den Maßstab für die den Juden einzuräumenden Rechte.

§ 133

Bei keiner Angelegenheit greift die Religion so unmittelbar und augenfällig in das praktische und materielle Leben ein wie beim *Eide*. Es ist schlimm genug, daß dadurch Leben und Eigentum des einen von den metaphysischen Überzeugungen des andern abhängig gemacht werden. Wenn nun aber gar dereinst, wie doch zu besorgen steht, die Religionen sämtlich in Verfall geraten und aller Glaube aufhören sollte, wie wird es dann mit dem Eide stehn? – Daher ist es wohl der Mühe wert, zu untersuchen, ob es nicht eine rein moralische, von allem positiven Glauben unabhängige und doch auf deutliche Begriffe zu bringende Bedeutung des Eides gebe, welche als ein Allerheiligstes aus reinem Golde jenen universellen Kirchenbrand überstehn könnte; wenngleich dieselbe neben dem Pomp und der Kraftsprache des religiösen Eides sich etwas kahl und nüchtern ausnehmen sollte.

Der unbestrittene Zweck des Eides ist, der nur zu häufigen Falschheit und Lügenhaftigkeit des Menschen auf bloß moralischem Wege zu begegnen dadurch, daß man die von ihm anerkannte moralische Verpflichtung, die Wahrheit zu sagen, durch irgendeine außerordentliche hier eintretende Rücksicht erhöht, ihm lebhaft zum Bewußtsein bringt. Den rein moralischen, von allem Transzendenten und Mythischen freien Sinn einer solchen Hervorhebung jener Pflicht will ich versuchen, gemäß *meiner* Ethik *deutlich* zu machen.

Ich habe in meinem Hauptwerk (Bd. 1, § 384 *[Bd. 1, S. 461]*) und ausführlicher in der ›Preisschrift über das Fundament der Moral‹ (§ 17, S. 221–230 *[Bd. 3, S. 756]*) den paradoxen, jedoch wahren Satz, daß in gewissen Fällen dem Menschen ein Recht, zu lügen, zustehe, aufgestellt und denselben mittelst einer durchgeführten Erläuterung und Begründung gestützt. Jene Fälle waren erstlich die, wo er das Recht hätte, Gewalt gegen andere zu gebrauchen, und zweitens die, wo völlig unbefugte Fragen an ihn gerichtet werden, die dabei so beschaffen sind, daß er ebensowohl durch Ablehnen der Beantwortung als durch das aufrichtige Erteilen der-

selben sein Interesse gefährden würde. Eben weil in dergleichen Fällen eine Berechtigung zur Unwahrheit unstreitig
stattfindet, bedarf es in wichtigen Angelegenheiten, deren
Entscheidung von der Aussage eines Menschen abhängig
wird, wie auch bei Versprechungen, deren Erfüllung von
großer Wichtigkeit ist, zunächst der ausdrücklichen und
feierlichen Erklärung desselben, daß er die besagten Fälle
als hier nicht vorhanden anerkenne, also wisse und einsehe,
daß ihm hier keine Gewalt geschieht oder gedroht wird,
sondern bloß das Recht waltet, und gleichfalls, daß er die
ihm vorgelegte Frage als eine wohlbefugte anerkenne, endlich auch, daß ihm bewußt sei, was alles von seiner gegenwärtigen Aussage über dieselbe abhänge. Diese Erklärung
schließt in sich, daß, wenn er unter solchen Umständen
lügt, er mit deutlichem Bewußtsein ein schweres Unrecht
begeht, indem er jetzt dasteht als einer, dem man im Vertrauen auf seine Redlichkeit volle Gewalt für diesen Fall in
die Hände gegeben hat, die er zum Unrechte wie zum
Rechte gebrauchen kann. Wenn er jetzt lügt, so trägt er das
klare Bewußtsein davon, daß er einer sei, der, wenn er freie
Gewalt hat, sie bei ruhigster Überlegung zum Unrechte gebraucht. Dies Zeugnis über ihn selbst gibt ihm der Meineid.
Hieran nun aber knüpft sich der Umstand, daß, weil kein
Mensch ohne das Bedürfnis irgendeiner Metaphysik ist,
auch jeder die, wenngleich undeutliche Überzeugung in
sich trägt, daß die Welt nicht bloß eine physische Bedeutung habe, sondern zugleich irgendwie eine metaphysische,
und sogar auch, daß in bezug auf solche unser individuelles
Handeln seiner bloßen Moralität nach noch ganz anderartige
und viel wichtigere Folgen habe, als ihm vermöge seiner
empirischen Wirksamkeit zukommen, und sonach wirklich
von transzendenter Bedeutsamkeit sei. Hierüber verweise
ich auf meine ›Preisschrift über das Fundament der Moral‹
§ 21 [Bd. 3, S. 797–801] und füge nur hinzu, daß der Mensch,
welcher seinem eigenen Handeln jede andere als die empirische Bedeutsamkeit abspricht, diese Behauptung nie, ohne
innern Widerspruch dagegen zu spüren und Selbstzwang
zu üben, aufstellen wird. Die Aufforderung zum Eide stellt

nun den Menschen ausdrücklich auf den Standpunkt, wo er sich in diesem Sinne als bloß moralisches Wesen und mit Bewußtsein der hohen Wirklichkeit für ihn selbst seiner in dieser Eigenschaft gegebenen Entscheidungen anzusehn hat, wodurch jetzt bei ihm alle andern Rücksichten zusammenschrumpfen sollen bis zum gänzlichen Verschwinden. – Hiebei nun ist es unwesentlich, ob die also in Anregung gebrachte Überzeugung von einer metaphysischen und zugleich moralischen Bedeutung unsers Daseins bloß dumpf gefühlt oder in allerlei Mythen und Fabeln gekleidet und dadurch belebt oder aber zur Klarheit des philosophischen Denkens gebracht sei; woraus wieder folgt, daß es im wesentlichen nicht darauf ankommt, ob die Eidesformel diese oder jene mythologische Beziehung ausdrücke oder aber ganz abstrakt sei wie das in Frankreich gebräuchliche ›Je le jure‹ [Ich schwöre es]. Die Formel müßte nach dem Grade der intellektuellen Bildung des Schwörenden gewählt werden; wie man sie ja auch je nach seinem positiven Glauben verschieden auswählt. Die Sache so betrachtet, könnte sogar einer, der sich zu keiner Religion bekennte, sehr wohl zum Eide [zu]gelassen werden.

KAPITEL 10

ZUR LEHRE VON DER UNZERSTÖRBARKEIT UNSERES WAHREN
WESENS DURCH DEN TOD

§ 134

Obgleich ich in meinem Hauptwerke diesen Gegenstand im
Zusammenhange und ausführlich behandelt habe *[Bd. 2,
S. 590–651]*, glaube ich doch, daß eine kleine Nachlese ver-
einzelter Betrachtungen darüber, welche auf jene Darstellung immer noch einiges Licht zurückwerfen, für manchen
nicht ohne Wert sein werde.

Man muß *Jean Pauls ›Selina‹* lesen, um zu sehn, wie ein
höchst eminenter Geist sich herumschlägt mit den sich ihm
aufdringenden Absurditäten eines falschen Begriffs, den er
nicht aufgeben will, weil er sein Herz daran gehängt hat,
dabei aber stets von den Ungereimtheiten, die er nicht verdauen kann, beunruhigt wird. Es ist der Begriff der individuellen Fortdauer unsers gesamten persönlichen Bewußtseins nach dem Tode. Eben jenes Kämpfen und Ringen Jean
Pauls beweist, daß dergleichen aus Falschem und Wahrem
zusammengesetzte Begriffe nicht, wie man behauptet, heil-
same Irrtümer, vielmehr entschieden schädlich sind. Denn
nicht nur wird durch den falschen Gegensatz von Seele und
Leib, wie auch durch Erhebung der gesamten Persönlichkeit zu einem Dinge an sich selbst, welches ewig bestehn
soll, die wahre, auf dem Gegensatz zwischen Erscheinung
und Ding an sich beruhende Erkenntnis von der Unzerstörbarkeit unsers eigentlichen Wesens als eines von Zeit,
Kausalität und Veränderung Unberührten unmöglich gemacht, sondern jener falsche Begriff kann nicht einmal als
Stellvertreter der Wahrheit festgehalten werden; weil die

Vernunft sich stets von neuem gegen das darin liegende
Absurde empört, mit diesem dann aber auch das demselben
amalgamisch verbundene Wahre aufgeben muß. Denn das
Wahre kann auf die Länge doch nur in seiner Lauterkeit bestehn: mit Irrtümern versetzt, wird es ihrer Hinfälligkeit
teilhaft; wie der Granit zerfällt, wenn sein Feldspat ver-
wittert, obgleich Quarz und Glimmer solcher Verwitterung
nicht unterworfen sind. Es steht also schlimm um die Surrogate der Wahrheit.

§ 135

Wenn man so im täglichen Umgange von einem der vielen
Leute, die alles wissen möchten, aber nichts lernen wollen,
über die Fortdauer nach dem Tode befragt wird, ist wohl
die passendste, auch zunächst richtigste Antwort: ›Nach
deinem Tode wirst du sein, was du vor deiner Geburt
warst.‹ Denn sie impliziert die Verkehrtheit der Forderung,
daß die Art von Existenz, welche einen Anfang hat, ohne
Ende sein solle; zudem aber enthält sie die Andeutung, daß
es wohl zweierlei Existenz und dementsprechend zweierlei
Nichts geben möge. – Imgleichen jedoch könnte man antworten: ›Was immer du nach deinem Tode sein wirst – und
wäre es nichts – wird dir alsdann ebenso natürlich und angemessen sein, wie es dir jetzt dein individuelles organi-
sches Dasein ist: also hättest du höchstens den Augenblick
des Übergangs zu fürchten. Ja, da eine reifliche Erwägung
der Sache das Resultat ergibt, daß einem Dasein wie dem unserigen das gänzliche Nichtsein vorzuziehn sein würde; so
kann der Gedanke des Aufhörens unserer Existenz oder
einer Zeit, da wir nicht mehr wären, uns vernünftigerweise
sowenig betrüben wie der Gedanke, daß wir nie geworden
wären. Da nun dieses Dasein wesentlich ein persönliches ist,
so ist demnach auch das Ende der Persönlichkeit nicht als
ein Verlust anzusehn.‹
Dem hingegen, der auf dem objektiven und empirischen
Wege dem plausibeln Faden des Materialismus nachgegan-
gen wäre und nun voll Schrecken über die gänzliche Vernichtung durch den Tod, die ihm da entgegenstarrte, sich

an uns wendete, würden wir vielleicht auf die kürzeste und
seiner empirischen Auffassung entsprechende Weise Beruhigung verschaffen, wenn wir ihm den Unterschied zwischen der Materie und der temporär sie in Besitz nehmenden stets metaphysischen Kraft augenfällig nachwiesen, z. B.
am Vogelei, dessen so homogene gestaltlose Flüssigkeit,
sobald nur die gehörige Temperatur hinzutritt, die so komplizierte und genau bestimmte Gestalt der Gattung und
Art seines Vogels annimmt. Gewissermaßen ist dies doch
eine Art generatio aequivoca [Urzeugung]: und höchstwahrscheinlich ist dadurch, daß sie einst in der Urzeit und
zur glücklichen Stunde vom Typus des Tieres, welchem
das Ei angehörte, zu einem höhern übersprang, die aufsteigende Reihe der Tierformen entstanden. Jedenfalls tritt
hier am augenscheinlichsten ein von der Materie Verschiedenes hervor, zumal da es beim geringsten ungünstigen
Umstande ausbleibt. Dadurch wird fühlbar, daß es nach voll-
brachtem oder später behindertem Wirken auch ebenso
unversehrt von ihr weichen kann; welches denn auf eine
ganz anderartige Permanenz hindeutet, als das Beharren
der Materie in der Zeit ist.

§ 136

Zu ewiger Fortdauer ist kein Individuum geeignet: es geht
im Tode unter. Wir jedoch verlieren dabei nichts. Denn
dem individuellen Dasein liegt ein ganz anderes, dessen
Äußerung es ist, unter. Dieses kennt keine Zeit, also auch
weder Fortdauer noch Untergang.

Wenn wir uns ein Wesen denken, welches alles erkennte,
verstände und übersähe; so würde die Frage, ob wir nach
dem Tode fortdauern, für dasselbe wahrscheinlich gar keinen
Sinn haben, weil über unser jetziges zeitliches, individuelles
Dasein hinaus Fortdauern und Aufhören keine Bedeutung
mehr hätten und ununterscheidbare Begriffe wären; wonach auf unser eigentliches und wahres Wesen oder das in
unserer Erscheinung sich darstellende Ding an sich weder
der Begriff des Untergangs noch der der Fortdauer Anwen-

dung fände, da diese aus der Zeit entlehnt sind, welche bloß die Form der Erscheinung ist. – Wir inzwischen können die *Unzerstörbarkeit* jenes Kerns unserer Erscheinung uns nur als eine *Fortdauer* desselben denken, und zwar eigentlich nach dem Schema der *Materie*, als welche unter allen Veränderungen der Formen in der Zeit beharrt. – Wird nun demselben diese Fortdauer abgesprochen, so sehn wir unser zeitliches Ende an als eine Vernichtung nach dem Schema der *Form*, welche verschwindet, wann ihr die sie tragende Materie entzogen wird. Beides ist jedoch eine μετάβασις εἰς ἄλλο γένος [ein Übergang auf ein anderes Genus; Aristoteles, ›De caelo‹ 1, 1, p. 268 b 1], nämlich ein Übertragen der Formen der Erscheinung auf das Ding an sich. Von einer Unzerstörbarkeit aber, die keine Fortdauer wäre, können wir kaum uns auch nur einen abstrakten Begriff bilden, weil uns alle Anschauung, ihn zu belegen, mangelt.

In Wahrheit aber ist das beständige Entstehn neuer Wesen und Zunichtewerden der vorhandenen anzusehn als eine Illusion, hervorgebracht durch den Apparat zweier geschliffener Gläser (Gehirnfunktionen), durch die allein wir etwas sehn können: sie heißen Raum und Zeit und in ihrer Wechseldurchdringung Kausalität. Denn alles, was wir unter diesen Bedingungen wahrnehmen, ist bloße Erscheinung; nicht aber erkennen wir die Dinge, wie sie an sich selbst, d. h. unabhängig von unserer Wahrnehmung sein mögen. Dies ist eigentlich der Kern der Kantischen Philosophie, an welche und ihren Inhalt man nicht zu oft erinnern kann, nach einer Periode, wo feile Scharlatanerie durch ihren Verdummungsprozeß die Philosophie aus Deutschland vertrieben hatte unter williger Beihülfe der Leute, denen Wahrheit und Geist die gleichgültigsten Dinge auf der Welt sind, hingegen Gehalt und Honorar die wichtigsten.

Dasjenige Dasein, welches beim Tode des Individuums unbeteiligt bleibt, hat nicht Zeit und Raum zur Form: alles für uns Reale erscheint aber in diesen; daher also stellt der Tod sich uns als Vernichtung dar.

§ 137

Jeder fühlt, daß er etwas anderes ist als ein von einem andern einst aus nichts geschaffenes Wesen. Daraus entsteht ihm die Zuversicht, daß der Tod wohl seinem Leben, jedoch nicht seinem Dasein ein Ende machen kann.

Vermöge der Erkenntnisform der *Zeit* stellt der Mensch (d. i. die Bejahung des Willens zum Leben auf ihrer höchsten Objektivationsstufe) sich dar als ein Geschlecht stets von neuem geborener und dann sterbender Menschen.

Der Mensch ist etwas anderes als ein belebtes Nichts – und das Tier auch.

Wie kann man nur beim Anblick des *Todes* eines Menschen vermeinen, hier werde ein Ding an sich selbst *zu nichts*? Daß vielmehr nur eine Erscheinung in der Zeit, dieser Form aller Erscheinungen, ihr Ende finde, ohne daß das Ding an sich selbst dadurch angefochten werde, ist eine unmittelbare intuitive Erkenntnis jedes Menschen; daher man es zu allen Zeiten in den verschiedensten Formen und Ausdrücken, die aber alle, der Erscheinung entnommen, in ihrem eigentlichen Sinn sich nur auf diese beziehn, auszusprechen bemüht gewesen ist.

Wer da meint, sein Dasein sei auf sein jetziges Leben beschränkt, hält sich für ein belebtes Nichts: denn vor dreißig Jahren war er nichts; und über dreißig Jahre ist er wieder nichts.

Wenn wir unser eigenes Wesen durch und durch bis ins Innerste ganz erkannt hätten, würden wir es lächerlich finden, die Unvergänglichkeit des Individuums zu verlangen; weil dies hieße jenes Wesen selbst gegen eine einzelne seiner zahllosen Äußerungen – Fulgurationen[1] – aufgeben.

§ 138

Je deutlicher einer sich der Hinfälligkeit, Nichtigkeit und traumartigen Beschaffenheit aller Dinge bewußt wird, desto deutlicher wird er sich auch der Ewigkeit seines eigenen in-

1. [Eigtl. Blitze, Wetterleuchten]

nern Wesens bewußt, weil doch eigentlich nur im Gegensatz zu diesem jene Beschaffenheit der Dinge erkannt wird; wie man den raschen Lauf seines Schiffs nur nach dem festen Ufer sehend wahrnimmt, nicht wenn man in das Schiff selbst sieht.

§ 139

Die *Gegenwart* hat zwei Hälften: eine *objektive* und eine *subjektive*. Die objektive allein hat die Anschauung der *Zeit* zur Form und rollt daher unaufhaltsam fort; die subjektive steht fest und ist daher immer dieselbe. Hieraus entspringt unsere lebhafte Erinnerung des längst Vergangenen und das Bewußtsein unserer Unvergänglichkeit trotz der Erkenntnis der Flüchtigkeit unsers Daseins.

Aus meinem Anfangssatz: ›Die Welt ist meine Vorstellung‹ folgt zunächst: ›Erst bin ich und dann die Welt.‹ Dies sollte man wohl festhalten als Antidoton[1] gegen Verwechselung des Todes mit der Vernichtung.

Jeder denke, daß sein innerster Kern etwas ist, das die *Gegenwart* enthält und mit sich herumträgt.

Wann immer wir auch leben mögen, stets stehn wir mit unserm Bewußtsein im Zentro der Zeit, nie an ihren Endpunkten und könnten daraus abnehmen, daß jeder den unbeweglichen Mittelpunkt der ganzen unendlichen Zeit in sich selbst trägt. Dies ist es auch im Grunde, was ihm die Zuversicht gibt, mit der er ohne beständige Todesschauer dahinlebt. Wer nun aber vermöge der Stärke seiner Erinnerung und Phantasie sich das längst Vergangene seines eigenen Lebenslaufs am lebhaftesten vergegenwärtigen kann, der wird sich der *Identität des Jetzt in aller Zeit* deutlicher als die andern bewußt. Vielleicht sogar gilt dieser Satz richtiger umgekehrt. Jedenfalls aber ist ein solches deutlicheres Bewußtsein der Identität alles Jetzt ein wesentliches Erfordernis zur philosophischen Anlage. Mittelst seiner faßt man das Allerflüchtigste, das Jetzt, als das allein Beharrende auf. Wer nun auf solche intuitive Weise innewird, daß die *Gegenwart*, welche doch die alleinige Form aller Realität im

1. [Gegengift]

engsten Sinne ist, ihre Quelle *in uns* hat, also von innen,
nicht von außen quillt, der kann an der Unzerstörbarkeit
seines eigenen Wesens nicht zweifeln. Vielmehr wird er begreifen, daß bei seinem Tode zwar die objektive Welt mit
dem Medio ihrer Darstellung, dem Intellekt, für ihn untergeht, dies aber sein Dasein nicht anficht: denn es war ebensoviel Realität innerhalb wie außerhalb. Er wird mit vollem
Verständnis sagen: 'Εγώ εἰμι πᾶν τὸ γεγονὸς καὶ ὂν
καὶ ἐσόμενον.[1] [Ich bin alles, was war und ist und sein wird.]
(siehe Stobaios, ›Florilegium‹ vol 2, p. 201).

Wer alles dieses nicht gelten läßt, muß das Gegenteil behaupten und sagen: ›Die Zeit ist etwas rein Objektives und
Reales, das ganz unabhängig von mir existiert. Ich bin nur
zufällig hineingeworfen, eines kleinen Teiles derselben habhaft geworden und dadurch zu einer vorübergehenden
Realität gelangt wie tausend andere vor mir, die jetzt eben
nichts mehr sind, und auch ich werde sehr bald nichts sein.
Die Zeit hingegen, die ist das Reale: sie zieht dann weiter
ohne mich.‹ Ich denke, daß das Grundverkehrte, ja Absurde
dieser Ansicht durch die Entschiedenheit des Ausdrucks
fühlbar wird.

Das Leben kann diesem allen zufolge allerdings angesehn
werden als ein Traum und der Tod als das Erwachen. Dann
aber gehört die Persönlichkeit, das Individuum dem träu-
menden und nicht dem wachen Bewußtsein an; weshalb
denn jenem der Tod sich als Vernichtung darstellt. Jedenfalls jedoch ist er von diesem Gesichtspunkt aus nicht zu betrachten als der Übergang zu einem uns ganz neuen und
fremden Zustande, vielmehr nur als der Rücktritt zu dem
uns ursprünglich eigenen, als von welchem das Leben nur
eine kurze Episode war.

Wenn inzwischen ein Philosoph etwan vermeinen sollte,
er würde im Sterben einen ihm allein eigenen Trost, jedenfalls eine Diversion darin finden, daß dann ihm ein Problem
sich löste, welches ihn so häufig beschäftigt hat; so wird es
ihm vermutlich gehn wie einem, dem, als er eben das Gesuchte zu finden im Begriff ist, die Laterne ausgeblasen wird.

1. [Inschrift am Isistempel zu Sais]

Denn im Tode geht allerdings das Bewußtsein unter, hingegen keineswegs das, was bis dahin dasselbe hervorgebracht hatte. Das Bewußtsein nämlich beruht zunächst auf dem Intellekt, dieser aber auf einem physiologischen Prozeß. Denn er ist augenscheinlich die Funktion des Gehirns und daher bedingt durch das Zusammenwirken des Nerven- und Gefäßsystems, näher durch das vom Herzen aus ernährte, belebte und fortwährend erschütterte Gehirn, durch dessen künstlichen und geheimnisvollen Bau, welchen die Anatomie beschreibt, aber die Physiologie nicht versteht, das Phänomen der objektiven Welt und das Getriebe unserer Gedanken zustande kommt. Ein *individuelles Bewußtsein*, also überhaupt ein Bewußtsein läßt sich an einem *unkörperlichen Wesen* nicht denken; weil die Bedingung jedes Bewußtseins, die Erkenntnis, notwendig Gehirnfunktion ist – eigentlich weil der Intellekt sich objektiv als Gehirn darstellt. Wie nun also der Intellekt physiologisch, mithin in der empirischen Realität, d. i. in der Erscheinung als ein Sekundäres, ein Resultat des Lebensprozesses auftritt; so ist er auch psychologisch sekundär im Gegensatz des Willens, der allein das Primäre und überall das Ursprüngliche ist. Ist doch sogar der Organismus selbst eigentlich nur der im Gehirne anschaulich und objektiv, mithin in dessen Formen Raum und Zeit sich darstellende Wille; wie ich dies öfter auseinandergesetzt habe, besonders im ›Willen in der Natur‹ *[Bd. 3, S. 377]* und in meinem Hauptwerk (Bd. 2, Kap. 20 *[Bd. 2, S. 317]*). Da also das Bewußtsein nicht unmittelbar dem Willen anhängt, sondern durch den Intellekt und dieser durch den Organismus bedingt ist; so bleibt kein Zweifel, daß durch den Tod das Bewußtsein erlischt – wie ja schon durch den Schlaf und jede Ohnmacht[F]. Aber getrost! Was für ein Bewußtsein ist denn dieses? – Ein zerebrales, ein animales, ein etwas höher potenziertes tierisches, sofern wir es im wesentlichen mit der ganzen Tierreihe gemein haben, wenngleich es in uns seinen Gipfel erreicht.

F. Das wäre freilich allerliebst, wenn mit dem Tode nicht der Intellekt unterginge: da brächte man das Griechisch, was man in dieser Welt gelernt hat, ganz fertig in die andere mit.

Dasselbe ist, wie ich genugsam nachgewiesen habe, seinem Zweck und Ursprung nach eine bloße μηχανή [künstliche Vorrichtung] der Natur, ein Auskunftsmittel, den tierischen Wesen zu ihrem Bedarf zu verhelfen. Der Zustand hingegen, in welchen uns der Tod zurückversetzt, ist unser ursprünglicher, d. h. ist der selbst-eigene Zustand des Wesens, dessen Urkraft in der Hervorbringung und Unterhaltung des jetzt aufhörenden Lebens sich darstellt. Es ist nämlich der Zustand des Dinges an sich im Gegensatz der Erscheinung. In diesem Urzustande nun ist ohne Zweifel ein solcher Notbehelf wie das zerebrale, höchst mittelbare und ebendeshalb bloße Erscheinungen liefernde Erkennen durchaus überflüssig; daher wir es eben verlieren. Sein Wegfallen ist eins mit dem Aufhören der Erscheinungswelt für uns, deren bloßes Medium es war und zu nichts anderm dienen kann. Würde in diesem unserm Urzustande die Beibehaltung jenes animalen Bewußtseins uns sogar angeboten, so würden wir es von uns weisen wie der geheilte Lahme die Krücken. Wer also den bevorstehenden Verlust dieses zerebralen, bloß erscheinungsmäßigen und erscheinungsfähigen Bewußtseins beklagt, ist den grönländischen Konvertiten zu vergleichen, welche nicht in den Himmel wollten, als sie vernahmen, es gäbe daselbst keine Seehunde.

Zudem beruht alles hier Gesagte auf der Voraussetzung, daß *wir* nun einmal einen *nicht bewußtlosen* Zustand uns nicht anders vorstellen können, als daß er ein *erkennender* sei, mithin die Grundform alles *Erkennens*, das Zerfallen in Subjekt und Objekt, in ein Erkennendes und ein Erkanntes, an sich trage. Allein wir haben zu erwägen, daß diese ganze Form des Erkennens und Erkanntwerdens bloß durch unsere animale, mithin sehr sekundäre und abgeleitete Natur bedingt, also keineswegs der Urzustand aller Wesenheit und alles Daseins ist, welcher daher ganz anderartig und doch *nicht bewußtlos* sein mag – ist doch sogar unser eigenes gegenwärtiges Wesen, soweit wir es in sein Inneres zu verfolgen vermögen, bloßer *Wille*, dieser aber an sich selbst schon ein Erkenntnisloses. Wenn wir nun durch den Tod den Intellekt einbüßen, so werden wir dadurch nur in den *erkenntnis-*

losen Urzustand versetzt, der aber deshalb nicht ein schlechthin *bewußtloser*, vielmehr ein über jene Form erhabener sein
wird, ein Zustand, wo der Gegensatz von Subjekt und Objekt wegfällt; weil hier das zu Erkennende mit dem Erkennenden selbst wirklich und unmittelbar eins sein würde, also
die Grundbedingung alles Erkennens (eben jener Gegensatz)
fehlt. (Hiemit ist als Erläuterung zu vergleichen: ›Welt als
Wille und Vorstellung‹ Bd. 2, S. 273 *[Bd. 2, S. 354 f.].*) Als ein
andrer Ausdruck des daselbst und hier Gesagten ist anzusehn der Ausspruch des Jordanus Brunus [Giordano Bruno]
(vol. 1, p. 287 [editio Wagner]): ›La divina mente, e la
unità assoluta, senza specie alcuna è ella medesima lo che
intende, e lo ch' è inteso.‹ [Der göttliche Geist und die absolute Einheit ohne irgendwelche Unterschiede ist selbst
und an sich das, was erkennt, und das, was erkannt wird.]

Auch wird im tiefsten Innern vielleicht eines jeden dann
und wann einmal ein Bewußtsein sich spüren lassen, daß
ihm doch eigentlich eine ganz andere Art von Existenz angemessen wäre und zukäme als diese so unaussprechlich
lumpige, zeitliche, individuelle, mit lauter Miseren beschäftigte; wobei er dann denkt, daß zu jener der Tod ihn zurückführen könnte.

§ 140

Wenn wir jetzt im Gegensatz zu dieser nach *innen* gerichteten Betrachtungsweise wieder nach *außen* blicken und die
sich uns darstellende Welt ganz objektiv auffassen, so erscheint uns allerdings der Tod als ein Übergang ins Nichts;
dagegen aber auch die Geburt als ein Hervorgehn aus dem
Nichts. Das eine wie das andere kann jedoch nicht unbedingt wahr sein, da es nur die Realität der Erscheinung hat.
Auch ist, daß wir in irgendeinem Sinne den Tod überleben
sollten, immer noch kein größeres Wunder als das der Zeugung, welches wir täglich vor Augen haben. Was stirbt,
geht dahin, wo alles Leben herkommt und auch das seine.
In diesem Sinne haben die Ägypter den Orkus *Amenthes* genannt, welches nach Plutarch (›De Iside et Osiride‹ cap. 29)
bedeutet: ὁ λαμβάνων καὶ διδούς, ›der Nehmende und

Gebende‹, um auszudrücken, daß es derselbe Quell ist, in
den alles zurück- und aus dem alles hervorgeht. Von diesem
Gesichtspunkt aus wäre unser Leben anzusehn als ein vom
Tode erhaltenes Darlehn: der Schlaf wäre dann der tägliche
Zins dieses Darlehns. Der Tod gibt sich unverhohlen kund
als das Ende des Individuums, aber in diesem Individuum
liegt der Keim zu einem neuen Wesen. Demnach nun also
stirbt nichts von allem, was da stirbt, für immer; aber auch
keines, das geboren wird, empfängt ein von Grund aus
neues Dasein. Das Sterbende geht unter: aber ein Keim
bleibt übrig, aus welchem ein neues Wesen hervorgeht,
welches jetzt ins Dasein tritt, ohne zu wissen, woher es
kommt und weshalb es gerade ein solches ist, wie es ist.
Dies ist das Mysterium der *Palingenesie*[1], als dessen Erläuterung man das 41. Kapitel im zweiten Bande meines Hauptwerks betrachten kann *[Bd. 2, S. 590–651]*. Danach leuchtet
uns ein, daß alle in diesem Augenblicke lebenden Wesen den
eigentlichen Kern aller künftig leben werdenden enthalten,
diese also gewissermaßen schon jetzt dasind. Imgleichen
scheint jedes in voller Blüte dastehende Tier uns zuzurufen:
›Was klagst du über die Vergänglichkeit der Lebendigen?
Wie könnte ich dasein, wenn nicht alle die meiner Gattung,
welche vor mir waren, gestorben wären?‹ – Sosehr auch
demzufolge auf der Bühne der Welt die Stücke und die Masken wechseln, so bleiben doch in allen die Schauspieler dieselben. Wir sitzen zusammen und reden und regen einander
auf, und die Augen leuchten und die Stimmen werden schal-
lender; ganz ebenso haben *andere* gesessen vor tausend Jahren: es war dasselbe, und es waren *dieselben*, ebenso wird es
sein über tausend Jahre. Die Vorrichtung, wodurch wir dessen nicht innewerden, ist *die Zeit*.

  Sehr wohl könnte man unterscheiden *Metempsychose* als
Übergang der gesamten sogenannten Seele in einen andern
Leib – und *Palingenesie als Zersetzung* und Neubildung des Individui, indem allein sein *Wille* beharrt und, die Gestalt eines
neuen Wesens annehmend, einen neuen Intellekt erhält; also
das Individuum sich zersetzt wie ein Neutralsalz, dessen

1. [Wiedergeburt]

Basis sodann mit einer andern Säure sich zu einem neuen Salz verbindet. Der Unterschied zwischen Metempsychose und Palingenesie, den Servius, der Kommentator Vergils, annimmt und der kurz angegeben ist in Wernsdorffii ›Dissertatio de metempsychosi‹ (p. 48) ist offenbar falsch und nichtig.

Aus *Spence Hardys* ›Manual of Buddhism‹ (p. 394–96, womit zu vergleichen p. 429, 440 und 445 desselben Buches), auch aus Sangermanos ›Burmese empire‹ (p. 6), sowie aus den ›Asiatic researches‹ (vol. 6, p. 179 und vol. 9, p. 256) geht hervor, daß es im *Buddhaismus* in Hinsicht auf die Fortdauer nach dem Tode eine exoterische und eine esoterische Lehre gibt: erstere ist eben die *Metempsychose* wie im Brahmanismus, letztere aber ist eine viel schwerer faßliche *Palingenesie*, die in großer Übereinstimmung steht mit meiner Lehre vom metaphysischen Bestande des Willens bei der bloß physischen Beschaffenheit und dieser entsprechenden Vergänglichkeit des Intellekts. – Παλιγγενεσία [Wiedergeburt] kommt schon im Neuen Testament[1] vor.

Wenn wir nun aber, um in das Geheimnis der Palingenesie tiefer einzudringen, hier noch das 43. Kapitel des zweiten Bandes meines Hauptwerks *[Bd. 2, S. 660–678]* zu Hülfe nehmen; so wird uns die Sache, näher betrachtet, so zu stehn scheinen, daß alle Zeit hindurch das männliche Geschlecht der Aufbewahrer des Willens, das weibliche aber der des Intellekts der Menschengattung sei, wodurch dann diese immerwährenden Bestand erhält. Danach nun hat jeder einen väterlichen und einen mütterlichen Bestandteil: und wie diese durch die Zeugung vereint wurden, so werden sie durch den Tod zersetzt, welcher also das Ende des Individuums ist. Dieses Individuum ist es, dessen Tod wir so sehr betrauern, im Gefühl, daß es wirklich verlorengeht, da es eine bloße Verbindung war, die unwiederbringlich aufhört. – Jedoch dürfen wir bei allem diesem nicht vergessen, daß die Erblichkeit des Intellekts von der Mutter nicht eine so entschiedene und unbedingte ist, wie die des Willens

---

1. [Matth. 19,28: ›Auferstehung der Toten‹; Titus 3,5: ›Umwandlung des alten Menschen in den neuen‹]

vom Vater, wegen der sekundären und bloß physischen
Wesenheit des Intellekts und seiner gänzlichen Abhängigkeit vom Organismus, nicht allein hinsichtlich des Gehirns,
sondern auch anderweitig; wie dies in meinem besagten
Kapitel ausgeführt worden. – Beiläufig sei hier noch erwähnt, daß ich mit *Platon* zwar insofern zusammentreffe, als
auch er in seiner sogenannten Seele einen sterblichen und
einen unsterblichen Teil unterscheidet: allein er tritt in
diametralen Gegensatz mit mir und mit der Wahrheit, indem er nach Weise aller mir vorhergängigen Philosophen den
Intellekt für den unsterblichen, den Willen hingegen, d.h. den
Sitz der Begierden und Leidenschaften für den sterblichen
Teil hält – wie zu ersehn aus dem ›Timaeus‹ (pp. 386, 387
et 395, editio Bipontini). Dasselbe statuiert Aristoteles[F].

Wie aber auch immer durch Zeugung und Tod, nebst
sichtlicher Zusammensetzung der Individuen aus Willen
und Intellekt und nachmaliger Auflösung derselben das
Physische wunderlich und bedenklich walten mag; so ist
doch das ihm zum Grunde liegende Metaphysische so ganz
heterogener Wesenheit, daß es davon nicht angefochten
wird und wir getrost sein dürfen.

Man kann demnach jeden Menschen aus zwei entgegengesetzten Gesichtspunkten betrachten: aus dem einen ist er
das zeitlich anfangende und endende, flüchtig vorübereilende
Individuum, σκιᾶς ὄναρ [Traum eines Schattens], dazu
mit Fehlern und Schmerzen schwer behaftet – aus dem andern ist er das unzerstörbare Urwesen, welches in allem
Daseienden sich objektiviert, und darf als solches wie das
Isisbild zu Sais sagen: Ἐγώ εἰμι πᾶν τὸ γεγονὸς καὶ ὂν
καὶ ἐσόμενον *[vgl. S. 322]*. – Freilich könnte ein solches
Wesen etwas Besseres tun, als in einer Welt, wie diese ist,
sich darzustellen. Denn es ist die Welt der Endlichkeit, des
Leidens und des Todes. Was in ihr und aus ihr ist, muß

F. ›De anima‹ (1, 4, p. 408) entfährt ihm gleich anfangs beiläufig seine
Herzensmeinung, daß der νοῦς *die eigentliche Seele und unsterblich* wäre
– welches er mit falschen Behauptungen belegt. Das *Hassen und Lieben*
gehöre nicht der Seele, sondern ihrem Organ, dem vergänglichen
Teil an!

enden und sterben. Allein, was nicht aus ihr ist und nicht aus ihr sein will, durchzuckt sie mit Allgewalt wie ein Blitz, der nach oben schlägt, und kennt dann weder Zeit noch Tod. – Alle diese Gegensätze zu vereinen ist eigentlich das Thema der Philosophie[F].

§ 141
Kleine dialogische Schlußbelustigung

Thrasymachos: Kurzum, was bin ich nach meinem Tode? – Klar und präzis!

Philalethes: Alles und nichts.

[F]. Zu glauben, das Leben wäre ein Roman, zu welchem wie zu Schillers ›Geisterseher‹ die Fortsetzung mangelt, zumal er oft wie Sternes ›Sentimental journey‹ mitten im Kontext abbricht – ist ästhetisch wie moralisch ein ganz unverdaulicher Gedanke. –

Für uns ist und bleibt der *Tod* ein *Negatives* – das Aufhören des Lebens; allein er muß auch eine positive Seite haben, die jedoch uns verdeckt bleibt, weil unser Intellekt durchaus unfähig ist, sie zu fassen. Daher erkennen wir wohl, was wir durch den Tod verlieren, aber nicht, was wir durch ihn gewinnen. –

Der Verlust des *Intellekts*, den durch den *Tod* der *Wille* erleidet, welcher der Kern der hier untergehenden Erscheinung und als Ding an sich unzerstörbar ist – ist die *Lethe* eben dieses individuellen Willens, ohne welchen nämlich er sich der vielen Erscheinungen erinnern würde, deren Kern er schon gewesen ist. –

Wenn man stirbt, sollte man seine Individualität abwerfen wie ein altes Kleid und sich freuen über die neue und bessere, die man jetzt nach erhaltener Belehrung dagegen annehmen wird. –

Würfe man dem *Weltgeist* vor, daß er die Individuen nach kurzem Bestehn *vernichtet*, so würde er sagen: ›Siehe sie nur an, diese Individuen, siehe ihre Fehler, Lächerlichkeiten, Schlechtigkeiten und Abscheulichkeiten! Die sollte ich auf immer bestehn lassen?!‹ –

Zum *Demiurgos* würde ich sagen: ›Warum, statt durch ein halbes Wunder unaufhörlich neue Menschen zu machen und die schon lebenden zu vernichten, läßt du es nicht ein für allemal bei den vorhandenen bewenden und diese fortbestehn, in alle Ewigkeit?‹

Wahrscheinlich würde er antworten: ›Sie wollen ja selbst immer neue machen, da muß ich für Platz sorgen. – ja, wenn das nicht wäre! – Obwohl, unter uns gesagt, ein immer so fortlebendes und es immer so forttreibendes Geschlecht, ohne weiteren Zweck als den, so dazusein, objektiv lächerlich und subjektiv langweilig wäre – viel mehr, als du dir denken kannst. Mal es dir nur aus!‹ –

Ich: ›Nun, sie könnten etwas vor sich bringen, in jeder Art.‹

Thrasymachos: Da haben wir's: als Lösung eines Problems ein Widerspruch! Der Pfiff ist abgenutzt.

Philalethes: Transzendente Fragen in der für immanente Erkenntnis geschaffenen Sprache zu beantworten kann allerdings auf Widersprüche führen.

Thrasymachos: Was nennst du transzendente und was immanente Erkenntnis? – Mir sind diese Ausdrücke zwar auch bekannt, von meinem Professor her, aber nur als Prädikate des lieben Gottes, mit welchem seine Philosophie, wie sich das eben auch geziemt, es ausschließlich zu tun hatte. Steckt nämlich der in der Welt drinne, so ist er immanent: sitzt er aber irgendwo draußen, so ist er transzendent. – Ja sieh, das ist klar, das ist faßlich! Da weiß man, woran man sich zu halten hat. Aber deine altmodische Kantische Kunstsprache versteht kein Mensch mehr. Das Zeitbewußtsein der Jetztzeit ist von der Metropole der deutschen Wissenschaft –

Philalethes (leise für sich): – deutschen philosophischen Windbeutelei –

Thrasymachos: – aus durch eine ganze Sukzession großer Männer, besonders durch den großen Schleiermacher und den Riesengeist Hegel von allen dem zurück- oder vielmehr so weit vorwärtsgebracht, daß es das alles hinter sich hat und nichts mehr davon weiß. – Also was soll's damit?

Philalethes: Transzendente Erkenntnis ist die, welche, über alle Möglichkeit der Erfahrung hinausgehend, das Wesen der Dinge, wie sie an sich selbst sind, zu bestimmen anstrebt; immanente Erkenntnis hingegen die, welche sich innerhalb der Schranken der Möglichkeit der Erfahrung hält, daher aber auch nur von Erscheinungen reden kann. – Du als Individuum endest mit deinem Tode. Allein das Individuum ist nicht dein wahres und letztes Wesen, vielmehr eine bloße Äußerung desselben: es ist nicht das Ding an sich selbst, sondern nur dessen Erscheinung, welche in der Form der Zeit sich darstellt und demgemäß Anfang und Ende hat. Dein Wesen an sich selbst hingegen kennt weder Zeit noch Anfang noch Ende noch die Schranke einer gegebenen Individualität: daher kann es von keiner Individualität ausgeschlossen werden, sondern ist in jedem und allem da. Im ersteren Sinne also wirst du durch deinen Tod zu nichts; im zweiten bist und bleibst du alles. Daher sagte ich, daß du nach deinem Tode alles und nichts sein würdest. Schwerlich läßt deine Frage eine richtigere Antwort so in der Kürze zu als eben diese, welche aber allerdings einen Widerspruch enthält, weil eben dein Leben in der Zeit ist, deine Unsterblichkeit aber in der Ewigkeit. – Daher kann diese auch eine Unzerstörbarkeit ohne Fortdauer genannt werden – welches denn abermals auf einen Widerspruch hinausläuft. Aber so geht es, wenn das Transzendente in die immanente Erkenntnis gebracht werden soll: dieser geschieht dabei eine Art Gewalt, indem sie mißbraucht wird zu dem, wozu sie nicht geboren ist.

Thrasymachos: Höre, ohne Fortdauer meiner Individualität gebe ich für deine ganze Unsterblichkeit keinen Heller.

Philalethes: Vielleicht läßt du doch noch mit dir handeln. Setze, ich garantierte dir die Fortdauer deiner Individualität, machte jedoch zur Bedingung, daß vor dem Wiedererwachen derselben ein völlig bewußtloser Todesschlaf von drei Monaten vorherginge.

Thrasymachos: Ließe sich eingehn.

Philalethes: Da wir nun aber in einem völlig bewußtlosen Zustande durchaus kein Zeitmaß haben, so ist es für uns ganz einerlei, ob, während wir in jenem Todesschlafe lagen, derweilen in der sich bewußten Welt drei Monate oder zehntausend Jahre verstrichen sind. Denn eines wie das andere müssen wir beim Erwachen auf Treu und Glauben annehmen. Demnach kann es dir gleichgültig sein, ob dir deine Individualität nach drei Monaten oder nach zehntausend Jahren zurückgegeben wird.

Thrasymachos: Läßt sich im Grunde wohl nicht leugnen.

Philalethes: Wenn nun aber nach Verfluß der zehntausend Jahre etwan ganz vergessen würde, dich zu wecken; so glaube ich, daß, nachdem dir jenes auf ein gar kurzes Dasein gefolgte lange Nichtsein schon so sehr zur Gewohnheit geworden, das Unglück nicht groß sein würde. Gewiß aber ist, daß du nichts davon spüren könntest. Und gänzlich würdest du dich über die Sache trösten, wenn du wüßtest, daß das geheime Triebwerk, welches deine jetzige Erscheinung in Bewegung erhält, auch in jenen zehntausend Jahren nicht einen Augenblick aufgehört hätte, andere Erscheinungen derselben Art darzustellen und zu bewegen.

Thrasymachos: So?! – Und auf diese Art gedenkst du mich ganz sachte und unvermerkt um meine Individualität zu prellen? Solche Nasen dreht man *mir* nicht. Die Fortdauer meiner Individualität habe ich mir ausbedungen, und über die können mich keine Triebfedern und Erscheinungen trösten. Sie liegt mir am Herzen, und von ihr lasse ich nicht.

Philalethes: Du hältst also wohl deine Individualität für so angenehm, vortrefflich, vollkommen und unvergleichlich, daß es keine vorzüglichere geben könne, daher du sie nicht vertauschen möchtest gegen irgendeine andere, von welcher etwan behauptet würde, daß in ihr es sich besser und leichter leben ließe?

Thrasymachos: Siehe, meine Individualität, sie sei nun, wie sie sei, das bin Ich.

> Mir geht in der Welt nichts über mich:
> Denn Gott ist Gott, und ich bin ich.
>
> [Goethe, ›Satyros‹ 2, 17 f.]

Ich, ich, ich will dasein! *Daran* ist mir gelegen und nicht an einem Dasein, von welchem mir erst anräsonniert werden muß, daß es das meinige sei.

Philalethes: Sieh dich doch um! Was da ruft: ›Ich, ich, ich will dasein‹, das bist du nicht allein, sondern alles, durchaus alles, was nur eine Spur von Bewußtsein hat. Folglich ist dieser Wunsch in dir gerade das, was *nicht* individuell ist, sondern allen ohne Unterschied gemein: er entspringt nicht aus der Individualität, sondern aus dem Dasein überhaupt, ist jedem, das *daist,* wesentlich, ja ist das, *wodurch* es daist, und wird demgemäß befriedigt durch das Dasein *überhaupt,* als auf welches allein er sich bezieht; nicht aber ausschließlich durch irgendein bestimmtes, individuelles Dasein, da er auf ein solches gar nicht gerichtet ist; obgleich es jedesmal den Schein hievon hat, weil er nicht anders als in einem in-

dividuellen Wesen zum Bewußtsein gelangen kann und deshalb jedesmal auf dieses allein sich zu beziehn scheint. Dies ist
jedoch ein bloßer Schein, an welchem zwar die Befangenheit
des Individuums klebt, den aber die Reflexion zerstören und
uns davon befreien kann. Was nämlich so ungestüm das
Dasein verlangt, ist bloß *mittelbar* das Individuum; unmittelbar und eigentlich ist es der Wille zum Leben überhaupt,
welcher in allen einer und derselbe ist. Da nun das Dasein
selbst sein freies Werk, ja sein bloßer Abglanz ist, so kann
dasselbe ihm nicht entgehn: er aber wird durch das Dasein
überhaupt vorläufig befriedigt, so weit nämlich, als er, der
ewig Unzufriedene, befriedigt werden kann. Die Individualitäten sind ihm gleich: er redet eigentlich nicht von ihnen,
obgleich er dem Individuo, welches unmittelbar ihn nur in
sich vernimmt, davon zu reden scheint. Dadurch wird herbeigeführt, daß er dieses sein eigenes Dasein mit einer Sorgfalt bewacht, wie es außerdem nicht geschehn würde, und
eben dadurch die Erhaltung der Gattung sichert. Hieraus
ergibt sich, daß die Individualität keine Vollkommenheit,
sondern eine Beschränkung ist: daher ist, sie loszuwerden,
kein Verlust, vielmehr Gewinn. Laß daher eine Sorge fahren, welche dir wahrlich, wenn du dein eigenes Wesen ganz
und bis auf den Grund erkenntest, nämlich als den universellen Willen zum Leben, der du bist – kindisch und überaus
lächerlich erscheinen würde.

Thrasymachos: Kindisch und überaus lächerlich bist du
selbst und alle Philosophen; und es geschieht bloß zum
Spaß und Zeitvertreib, wenn ein gesetzter Mann wie ich
mit dieser Art von Narren sich auf ein Viertelstündchen
einläßt. Habe jetzt wichtigere Dinge vor: Gott befohlen!

KAPITEL 11

NACHTRÄGE ZUR LEHRE VON DER NICHTIGKEIT DES DASEINS

§ 142

Diese Nichtigkeit findet ihren Ausdruck an der ganzen Form des Daseins, an der Unendlichkeit der Zeit und des Raumes, gegenüber der Endlichkeit des Individuums in beiden; an der dauerlosen Gegenwart als der alleinigen Daseinsweise der Wirklichkeit; an der Abhängigkeit und Relativität aller Dinge; am steten Werden ohne Sein; am steten Wünschen ohne Befriedigung; an der steten Hemmung des Sterbens, durch die das Leben besteht, bis dieselbe einmal überwunden wird. Die *Zeit* und die *Vergänglichkeit* aller Dinge in ihr und mittelst ihrer ist bloß die Form, unter welcher dem Willen zum Leben, der als Ding an sich unvergänglich ist, die *Nichtigkeit* seines Strebens sich offenbart. – Die *Zeit* ist das, vermöge dessen alles jeden Augenblick unter unsern Händen zu nichts wird – wodurch es allen wahren Wert verliert.

§ 143

Was *gewesen* ist, das *ist* nicht mehr, ist ebensowenig wie das, was *nie* gewesen ist. Aber alles, was ist, ist im nächsten Augenblick schon gewesen. Daher hat vor der bedeutendsten Vergangenheit die unbedeutendste Gegenwart die *Wirklichkeit* voraus; wodurch sie zu jener sich verhält wie etwas zu nichts.

Man ist mit *einem* Male, zu seiner Verwunderung, da, nachdem man zahllose Jahrtausende hindurch nicht gewesen und nach einer kurzen Zeit ebensolange wieder nicht zu sein hat. – Das ist nimmermehr richtig, sagt das Herz: und

selbst dem rohen Verstande muß aus Betrachtungen dieser
Art eine Ahndung der Idealität der Zeit aufgehn. Diese aber,
nebst der des Raumes, ist der Schlüssel zu aller wahren
Metaphysik; weil durch dieselbe für eine ganz andere Ord-
nung der Dinge, als die der Natur ist, Platz gewonnen wird.
Daher ist Kant so groß.

   Jedem Vorgang unsers Lebens gehört nur auf einen Augenblick das Ist; sodann für immer das War. Jeden Abend sind
wir um einen Tag ärmer. Wir würden vielleicht beim Anblick dieses Ablaufens unserer kurzen Zeitspanne rasend
werden, wenn nicht im tiefsten Grunde unsers Wesens ein
heimliches Bewußtsein läge, daß uns der nie zu erschöpfende
Born der Ewigkeit gehört, um immerdar die Zeit des Lebens daraus erneuern zu können.

   Auf Betrachtungen wie die obigen kann man allerdings
die Lehre gründen, daß die Gegenwart zu genießen und
dies zum Zwecke seines Lebens zu machen die größte
Weisheit sei; weil ja jene allein real, alles andere nur Gedan-
kenspiel wäre. Aber ebensogut könnte man es die größte
Torheit nennen: denn was im nächsten Augenblicke nicht
mehr ist, was so gänzlich verschwindet wie ein Traum, ist
nimmermehr eines ernstlichen Strebens wert.

§ 144

Unser Dasein hat keinen Grund und Boden, darauf es fußte,
als die dahinschwindende Gegenwart. Daher hat es wesentlich die beständige *Bewegung* zur Form, ohne Möglichkeit
der von uns stets angestrebten Ruhe. Es gleicht dem Laufe
eines bergab Rennenden, der, wenn er stillstehn wollte, fallen müßte und nur durch Weiterrennen sich auf den Beinen
erhält – ebenfalls der auf der Fingerspitze balancierten
Stange – wie auch dem Planeten, der in seine Sonne fallen
würde, sobald er aufhörte, unaufhaltsam vorwärts zu eilen. –
Also Unruhe ist der Typus des Daseins.

   In einer solchen Welt, wo keine Stabilität irgendeiner Art,
kein dauernder Zustand möglich, sondern alles in rastlosem
Wirbel und Wechsel begriffen ist, alles eilt, fliegt, sich auf

dem Seile durch stetes Schreiten und Bewegen aufrecht erhält – läßt Glückseligkeit sich nicht einmal denken. Sie
kann nicht wohnen, wo Platons ›beständiges Werden und
nie Sein‹ allein stattfindet. Zuvörderst: keiner ist glücklich,
sondern strebt sein Leben lang nach einem vermeintlichen
Glücke, welches er selten erreicht und auch dann nur, um
enttäuscht zu werden: in der Regel aber läuft zuletzt jeder
schiffbrüchig und entmastet in den Hafen ein[1]. Dann aber
ist es auch einerlei, ob er glücklich oder unglücklich gewesen, in einem Leben, welches bloß aus dauerloser Gegenwart
bestanden hat und jetzt zu Ende ist.

Inzwischen muß man sich wundern, wie in der Menschen-
und Tierwelt jene so große mannigfaltige und rastlose Bewegung hervorgebracht und im Gange erhalten wird durch
die zwei einfachen Triebfedern, Hunger und Geschlechtstrieb, denen allenfalls nur noch die Langeweile ein wenig
nachhilft, und daß diese es vermögen, das primum mobile
[erste Bewegende] einer so komplizierten, das bunte Puppen-
spiel bewegenden Maschine abzugeben.

Betrachten wir nun aber die Sache näher, so sehn wir zuvörderst die Existenz des Unorganischen jeden Augenblick
angegriffen und endlich aufgerieben von den chemischen
Kräften, die des Organischen hingegen nur möglich gemacht durch den beständigen Wechsel der Materie, welcher
fortwährenden Zufluß, folglich Hülfe von außen erfordert.
Schon an sich selbst also gleicht das organische Leben der
auf der Hand balancierten Stange, die stets bewegt sein
muß, und ist daher ein beständiges Bedürfen, stets wieder-
kehrender Mangel und endlose Not. Jedoch ist erst vermittelst dieses organischen Lebens Bewußtsein möglich. – Dies
alles demnach ist das *endlose Dasein*, als dessen Gegensatz ein
unendliches zu denken wäre als weder dem Angriff von außen
ausgesetzt noch der Hülfe von außen bedürftig und daher
ἀεὶ ὡσαύτως ὄν [immer sich gleichbleibend], in ewiger
Ruhe, οὔτε γιγνόμενον οὔτε ἀπολλύμενον [weder entste-
hend noch vergehend], ohne Wechsel, ohne Zeit, ohne Vielheit und Verschiedenheit [Platon, ›Timaeus‹ p. 27 D] – des-

1. [Vgl. Schiller: ›Erwartung und Erfüllung‹]

sen negative Erkenntnis der Grundton der Philosophie des Platon ist. Ein solches muß dasjenige sein, wohin die Verneinung des Willens zum Leben den Weg eröffnet.

§ 145

Die Szenen unsers Lebens gleichen den Bildern in grober Musaik, welche in der Nähe keine Wirkung tun, sondern von denen man fern stehn muß, um sie schön zu finden. Daher heißt ›etwas Ersehntes erlangen‹ dahinterkommen, daß es eitel ist, und leben wir allezeit in der Erwartung des Besseren, auch oft zugleich in reuiger Sehnsucht nach dem Vergangenen. Das Gegenwärtige hingegen wird nur einstweilen so hingenommen und für nichts geachtet als für den Weg zum Ziel. Daher werden die meisten, wenn sie am Ende zurückblicken, finden, daß sie ihr ganzes Leben hindurch ad interim gelebt haben, und verwundert sein, zu sehn, daß das, was sie so ungeachtet und ungenossen vorübergehn ließen, eben ihr Leben war, eben das war, in dessen Erwartung sie lebten. Und so ist denn der Lebenslauf des Menschen in der Regel dieser, daß er, von der Hoffnung genarrt, dem Tode in die Arme tanzt.

Nun aber dazu die Unersättlichkeit des individuellen Willens, vermöge welcher jede Befriedigung einen neuen Wunsch erzeugt und sein Begehren, ewig ungenügsam, ins Unendliche geht! Sie beruht jedoch im Grunde darauf, daß der Wille, an sich selbst genommen, der Herr der Welten ist, dem alles angehört, dem daher kein Teil, sondern nur das Ganze, welches aber unendlich ist, Genüge geben könnte. – Wie muß es inzwischen unser Mitleid erregen, wenn wir betrachten, wie blutwenig dagegen diesem Herrn der Welt in seiner individuellen Erscheinung wird: meistens eben nur so viel, als hinreicht, den individuellen Leib zu erhalten – daher sein tiefes Weh.

§ 146

In der gegenwärtigen geistig impotenten und sich durch die Verehrung des Schlechten in jeder Gattung auszeich-

nenden Periode – welche sich recht passend mit dem selbst-
fabrizierten, so prätentiösen wie kakophonischen Worte
›Jetztzeit‹ bezeichnet, als wäre ihr Jetzt das Jetzt κατ’ ἐξοχήν
[schlechthin], das Jetzt, welches heranzubringen alle andern
Jetzt allein dagewesen – entblöden denn auch die Pantheisten
sich nicht, zu sagen, das Leben sei, wie sie es nennen, ›Selbstzweck‹. – Wenn dieses unser Dasein der letzte Zweck der Welt
wäre, so wäre es der albernste Zweck, der je gesetzt worden;
möchten nun wir selbst oder ein anderer ihn gesetzt haben. –

Das Leben stellt sich zunächst dar als eine Aufgabe, nämlich die, es zu erhalten, ›de gagner sa vie‹. Ist diese gelöst, so
ist das Gewonnene eine Last, und es tritt die zweite Aufgabe ein, darüber zu disponieren, um nämlich die Langeweile abzuwehren, die über jedes gesicherte Leben wie ein
lauernder Raubvogel herfällt. Also ist die erste Aufgabe, etwas zu gewinnen, und die zweite, dasselbe, nachdem es gewonnen ist, unfühlbar zu machen, indem es sonst eine Last ist.

Versucht man, die Gesamtheit der Menschenwelt in *einem*
Blick zusammenzufassen; so erblickt man überall einen rast-
losen Kampf, ein gewaltiges Ringen mit Anstrengung aller
Körper- und Geisteskräfte um Leben und Dasein, drohenden und jeden Augenblick treffenden Gefahren und Übeln
aller Art gegenüber. – Und betrachtet man dann den Preis,
dem alles dieses gilt, das Dasein und Leben selbst, so findet
man einige Zwischenräume schmerzloser Existenz, auf
welche sogleich die Langeweile Angriff macht und welche
neue Not schnell beendigt.

Daß hinter der *Not* sogleich die *Langeweile* liegt, welche
sogar die klügeren Tiere befällt, ist eine Folge davon, daß
das Leben keinen *wahren echten Gehalt* hat, sondern bloß
durch Bedürfnis und Illusion in *Bewegung* erhalten wird: sobald aber diese stockt, tritt die gänzliche Kahlheit und
Leere des Daseins zutage.

Daß das menschliche Dasein eine Art Verirrung sein
müsse, geht zur Genüge aus der einfachen Bemerkung hervor, daß der Mensch ein Konkrement[1] von Bedürfnissen ist,
deren schwer zu erlangende Befriedigung ihm doch nichts

1. [eine Zusammenstellung]

gewährt als einen schmerzlosen Zustand, in welchem er nur
noch der Langenweile preisgegeben ist, welche dann geradezu beweist, daß das Dasein an sich keinen Wert hat:
denn sie ist eben nur die Empfindung der Leerheit desselben. Wenn nämlich das Leben, in dem Verlangen nach welchem unser Wesen und Dasein besteht, einen positiven
Wert und realen Gehalt in sich selbst hätte; so könnte es
gar keine Langeweile geben: sondern das bloße Dasein an
sich selbst müßte uns erfüllen und befriedigen. Nun aber
werden wir unsers Daseins nicht anders froh als entweder
im Streben, wo die Ferne und die Hindernisse das Ziel als
befriedigend uns vorspiegeln – welche Illusion nach der
Erreichung verschwindet – oder aber in einer rein intellektuellen Beschäftigung, in welcher wir jedoch eigentlich aus
dem Leben heraustreten, um es von außen zu betrachten
gleich Zuschauern in den Logen. Sogar der Sinnengenuß
selbst besteht in einem fortwährenden Streben und hört
auf, sobald sein Ziel erreicht ist. Sooft wir nun nicht in
einem jener beiden Fälle begriffen, sondern auf das Dasein
selbst zurückgewiesen sind, werden wir von der Gehalt-
losigkeit und Nichtigkeit desselben überführt – und das
ist die Langeweile. – Sogar das uns inwohnende und un-
vertilgbare begierige Haschen nach dem Wunderbaren
zeigt an, wie gern wir die so langweilige natürliche Ordnung des Verlaufs der Dinge unterbrochen sähen. – Auch
die Pracht und Herrlichkeit der Großen in ihrem Prunk und
ihren Festen ist doch im Grunde nichts als ein vergebliches
Bemühen, über die wesentliche Armseligkeit unsers Daseins hinauszukommen. Denn was sind, beim Lichte betrachtet, Edelsteine, Perlen, Federn, roter Samt bei vielen
Kerzen, Tänzer und Springer, Maskenan- und -aufzüge u. dgl.
mehr? – Ganz glücklich, in der Gegenwart, hat sich noch
kein Mensch gefühlt, er wäre denn betrunken gewesen.

§ 147

Daß die vollkommenste Erscheinung des Willens zum Leben,
die sich in dem so überaus künstlich komplizierten Getriebe

des menschlichen Organismus darstellt, zu Staub zerfallen
muß und so ihr ganzes Wesen und Streben am Ende augenfällig der Vernichtung anheimgegeben wird – dies ist die
naive Aussage der allezeit wahren und aufrichtigen Natur, daß
das ganze Streben dieses Willens ein wesentlich nichtiges sei.
Wäre es etwas an sich Wertvolles, etwas, das unbedingt
sein sollte, so würde es nicht das Nichtsein zum Ziele haben.
– Das Gefühl hievon liegt auch Goethes schönem Liede:

> Hoch auf dem alten Turme steht
> Des Helden edler Geist . . .
>
> [›Geistes-Gruß‹]

zum Grunde. – Die *Notwendigkeit des Todes* ist zunächst daraus abzuleiten, daß der Mensch eine bloße Erscheinung,
kein Ding an sich, also kein ὄντως ὄν[1] [wahrhaft Seiendes]
ist. Denn wäre er dieses, so könnte er nicht vergehn. Daß
aber nur in Erscheinungen dieser Art das ihnen zum Grunde
liegende Ding an sich sich darstellen kann, ist eine Folge
der Beschaffenheit desselben.

Welch ein Abstand ist doch zwischen unserm Anfang und
unserm Ende: jener in dem Wahn der Begier und dem Entzücken der Wollust, dieses in der Zerstörung aller Organe
und dem Moderdufte der Leichen! Auch geht der Weg
zwischen beiden in Hinsicht auf Wohlsein und Lebensge-
nuß stetig bergab: die selig träumende Kindheit, die fröh-
liche Jugend, das mühselige Mannesalter, das gebrechliche,
oft jämmerliche Greisentum, die Marter der letzten Krankheit und endlich der Todeskampf – sieht es nicht geradezu
aus, als wäre das Dasein ein Fehltritt, dessen Folgen allmälig und immer mehr offenbar würden?

Am richtigsten werden wir das Leben fassen als einen
desengaño, eine Enttäuschung: darauf ist, sichtbarlich genug, alles abgesehn.

§ 147a

Unser Leben ist *mikroskopischer* Art: es ist ein unteilbarer
Punkt, den wir durch die beiden starken Linsen Raum und

1. [Terminus Platons]

Zeit auseinandergezogen und daher in höchst ansehnlicher Größe erblicken.

Die Zeit ist eine Vorrichtung in unserm Gehirn, um *dem durchaus nichtigen Dasein* der Dinge und unserer selbst einen Schein von Realität mittelst der Dauer zu geben.

Wie töricht, zu bedauern und zu beklagen, daß man in vergangener Zeit die Gelegenheit zu diesem oder jenem Glück oder Genuß hat unbenutzt gelassen! Was hätte man denn jetzt mehr daran? – die dürre Mumie einer Erinnerung. So ist es aber auch mit allem, was uns wirklich zuteil geworden. Demnach aber ist die *Form der Zeit* selbst geradezu das Mittel und wie darauf berechnet, uns die *Nichtigkeit* aller irdischen Genüsse beizubringen.

Unser und aller Tiere Dasein ist nicht ein fest dastehendes und wenigstens zeitlich beharrendes, sondern es ist *eine bloße existentia fluxa*, die nur durch den steten Wechsel besteht, einem Wasserstrudel vergleichbar. Denn zwar hat die *Form* des Leibes eine Zeitlang ungefähren Bestand, aber nur unter der Bedingung, daß die Materie unaufhörlich wechsele, alte abgeführt und neue zugeführt werde. Dementsprechend ist die Hauptbeschäftigung aller jener Wesen, die zu diesem Zufluß geeignete Materie allezeit herbeizuschaffen. Zugleich sind sie sich bewußt, daß ihr so geartetes Dasein sich nur eine Zeitlang besagtermaßen erhalten läßt; daher sie trachten bei ihrem Abgang, es auf ein anderes zu übertragen, das ihre Stelle einnimmt: dieses Trachten tritt in der Form des Geschlechtstriebes im Selbstbewußtsein auf und stellt sich im Bewußtsein anderer Dinge, also in der objektiven Anschauung in Gestalt der Genitalien dar. Vergleichen kann man diesen Trieb dem Faden einer Perlenschnur, wo denn jene sich rasch sukzedierenden Individuen den Perlen entsprächen. Wenn man in der Phantasie diese Sukzession beschleunigt und in der ganzen Reihe, eben wie in den einzelnen, immer nur die Form bleibend, den Stoff stets wechselnd erblickt; so wird man inne, daß wir nur ein quasi-Dasein haben. Diese Auffassung liegt auch der Platonischen Lehre von den allein existierenden *Ideen* und der schattenähnlichen Beschaffenheit der ihnen entsprechenden Dinge zum Grunde.

Daß wir *bloße Erscheinungen* im Gegensatz der Dinge an sich sind, wird dadurch belegt, exemplifiziert und veranschaulicht, daß die conditio sine qua non [unerläßliche Bedingung] unsers Daseins der beständige Ab- und Zufluß von Materie ist, als Ernährung, deren Bedürfnis immer wiederkehrt; denn darin gleichen wir den durch einen Rauch, eine Flamme, einen Wasserstrahl zuwege gebrachten Erscheinungen, welche verblassen oder stocken, sobald es am Zufluß fehlt.

Man kann auch sagen: der *Wille* zum Leben stellt sich dar in lauter Erscheinungen, welche total *zu nichts* werden. Dieses Nichts mitsamt den Erscheinungen bleibt aber innerhalb des Willens zum Leben, ruht auf seinem Grunde. Das ist freilich dunkel.

Wenn man von der Betrachtung des Weltlaufs im Großen und zumal der reißend schnellen Sukzession der Menschengeschlechter und ihres ephemeren Scheindaseins sich hinwendet auf das *Detail des Menschenlebens*, wie etwan die Komödie es darstellt; so ist der Eindruck, den jetzt dieses macht, dem Anblick zu vergleichen, den mittelst des Sonnenmikroskops ein von Infusionstierchen wimmelnder Tropfen oder ein sonst unsichtbares Häuflein Käsemilben gewährt, deren eifrige Tätigkeit und Streit uns zum Lachen bringt. Denn wie hier im engsten Raum, so dort in der kürzesten Spanne Zeit wirkt die große und ernstliche Aktivität komisch. –

KAPITEL 12

NACHTRÄGE ZUR LEHRE VOM LEIDEN DER WELT

§ 148

Wenn nicht der nächste und unmittelbare Zweck unsers
Lebens das Leiden ist, so ist unser Dasein das Zweckwi-
drigste auf der Welt. Denn es ist absurd, anzunehmen, daß
der endlose aus der dem Leben wesentlichen Not entspringende Schmerz, davon die Welt überall voll ist, zwecklos
und rein zufällig sein sollte. Unsere Empfindlichkeit für den
Schmerz ist fast unendlich, die für den Genuß hat enge
Grenzen. Jedes einzelne Unglück erscheint zwar als eine
Ausnahme, aber das Unglück überhaupt ist die Regel.

§ 149

Wie der Bach keine Strudel macht, solange er auf keine
Hindernisse trifft, so bringt die menschliche wie die tierische Natur es mit sich, daß wir alles, was unserm Willen
gemäß geht, nicht recht merken und innewerden. Sollen
wir es merken, so muß es nicht sogleich unserm Willen gemäß gegangen sein, sondern irgendeinen Anstoß gefunden
haben. – Hingegen alles, was unserm Willen sich entgegenstellt, ihn durchkreuzt, ihm widerstrebt, also alles Unangenehme und Schmerzliche empfinden wir unmittelbar, sogleich und sehr deutlich. Wie wir die Gesundheit unsers
ganzen Leibes *nicht fühlen*, sondern nur die kleine Stelle, wo
uns der Schuh drückt; so denken wir auch nicht an unsre gesamten vollkommen wohlgehenden Angelegenheiten,
sondern an irgendeine unbedeutende Kleinigkeit, die uns
verdrießt. – Hierauf beruht die von mir öfter hervorgeho-

bene Negativität des Wohlseins und Glücks im Gegensatz der Positivität des Schmerzes.

Ich kenne demnach keine größere Absurdität als die der meisten metaphysischen Systeme, welche das Übel für etwas Negatives erklären[F]; während es gerade das Positive, das sich selbst fühlbar machende ist; hingegen das Gute, d. h. alles Glück und alle Befriedigung ist das Negative, nämlich das bloße Aufheben des Wunsches und Endigen einer Pein.

Hiezu stimmt auch dies, daß wir in der Regel die Freuden weit unter, die Schmerzen weit über unsere Erwartung finden. –

Wer die Behauptung, daß in der Welt der Genuß den Schmerz überwiegt oder wenigstens sie einander die Waage halten, in der Kürze prüfen will, vergleiche die Empfindung des Tieres, welches ein anderes frißt, mit der dieses andern.

§ 150

Der wirksamste Trost bei jedem Unglück, in jedem Leiden ist, hinzusehn auf die andern, die noch unglücklicher sind als wir: und dies kann jeder. Was aber ergibt sich daraus für das Ganze?

Wir gleichen den Lämmern, die auf der Wiese spielen, während der Metzger schon eines und das andere von ihnen mit den Augen auswählt: denn wir wissen nicht in unsern guten Tagen, welches Unheil eben jetzt das Schicksal uns bereitet – Krankheit, Verfolgung, Verarmung, Verstümmelung, Erblindung, Wahnsinn, Tod usw.

Die Geschichte zeigt uns das Leben der Völker und findet nichts als Kriege und Empörungen zu erzählen: die friedlichen Jahre erscheinen nur als kurze Pausen, Zwischenakte, dann und wann einmal. Und ebenso ist das Leben des einzelnen ein fortwährender Kampf, nicht etwan bloß metaphorisch mit der Not oder mit der Langenweile, sondern

F. Besonders stark ist hierin Leibniz, welcher (›Théodicée‹ § 153) die Sache durch ein handgreifliches und erbärmliches Sophisma zu erhärten bestrebt ist.

auch wirklich mit andern. Er findet überall den Widersacher, lebt in beständigem Kampfe und stirbt, die Waffen in der Hand[1]. –

§ 151

Zur Plage unsers Daseins trägt nicht wenig auch dieses bei, daß stets *die Zeit* uns drängt, uns nicht zu Atem kommen läßt und hinter jedem her ist wie ein Zuchtmeister mit der Peitsche. – Bloß dem setzt sie nicht zu, den sie der Langenweile überliefert hat.

§ 152

Jedoch, wie unser Leib auseinanderplatzen müßte, wenn der Druck der Atmosphäre von ihm genommen wäre – so würde, wenn der Druck der Not, Mühseligkeit, Widerwärtigkeit und Vereitelung der Bestrebungen vom Leben der Menschen weggenommen wäre, ihr Übermut sich steigern, wenn auch nicht bis zum Platzen, doch bis zu den Erscheinungen der zügellosesten Narrheit, ja Raserei. – Sogar bedarf jeder allezeit eines gewissen Quantums Sorge oder Schmerz oder Not wie das Schiff des Ballasts, um fest und gerade zu gehn.

Arbeit, *Plage*, *Mühe* und *Not* ist allerdings ihr ganzes Leben hindurch das Los fast aller Menschen. Aber wenn alle Wünsche, kaum entstanden, auch schon erfüllt wären; womit sollte dann das menschliche Leben ausgefüllt, womit die Zeit zugebracht werden? Man versetze dies Geschlecht in ein *Schlaraffenland*, wo alles von selbst wüchse und die Tauben gebraten herumflögen, auch jeder seine Heißgeliebte alsbald fände und ohne Schwierigkeit erhielte. – Da werden die Menschen zum Teil vor Langerweile sterben oder sich aufhängen, zum Teil aber einander bekriegen, würgen und morden und so sich mehr Leiden verursachen, als jetzt die Natur ihnen auflegt. – Also für ein solches Geschlecht paßt kein anderer Schauplatz, kein anderes Dasein.

1. [*Vgl*. Bd. 4, S. *567*]

§ 153

Wegen der oben in Erinnerung gebrachten Negativität des
Wohlseins und Genusses im Gegensatz der Positivität des
Schmerzes ist das Glück eines gegebenen Lebenslaufes nicht
nach dessen Freuden und Genüssen abzuschätzen, sondern
nach der Abwesenheit der Leiden als des Positiven. Dann
aber erscheint das Los der Tiere erträglicher als das des
Menschen. Wir wollen beide etwas näher betrachten.

So mannigfaltig auch die Formen sind, unter denen das
Glück und Unglück des Menschen sich darstellt und ihn
zum Verfolgen oder Fliehen anregt; so ist doch die materielle
Basis von dem allen der körperliche Genuß oder Schmerz.
Diese Basis ist sehr schmal: es ist Gesundheit, Nahrung,
Schutz vor Nässe und Kälte und Geschlechtsbefriedigung;
oder aber der Mangel an diesen Dingen. Folglich hat der
Mensch an realem physischem Genusse nicht mehr denn
das Tier; als etwan nur, insofern sein höher potenziertes
Nervensystem die Empfindung jedes Genusses, jedoch auch
die jedes Schmerzes steigert. Allein, wie sehr viel stärker
sind die Affekte, welche in ihm erregt werden, als die des
Tieres! Wie ungleich tiefer und heftiger wird sein Gemüt
bewegt! – um zuletzt doch nur dasselbe Resultat zu erlangen: Gesundheit, Nahrung, Bedeckung usw.

Dies entsteht zuvörderst daraus, daß bei ihm alles eine
mächtige Steigerung erhält durch das Denken an das Abwesende und Zukünftige, wodurch nämlich Sorge, Furcht
und Hoffnung erst eigentlich ins Dasein treten, dann aber
ihm viel stärker zusetzen, als die gegenwärtige Realität der
Genüsse oder Leiden, auf welche das Tier beschränkt ist, es
vermag. Diesem nämlich fehlt mit der Reflexion der Kon-
densator der Freuden und Leiden, welche daher sich nicht
anhäufen können, wie dies beim Menschen mittelst Erinnerung und Vorhersehung geschieht: sondern beim Tiere
bleibt das Leiden der Gegenwart, auch wenn es unzählige-
mal hintereinander wiederkehrt, doch immer nur wie das
erste Mal das Leiden der Gegenwart und kann sich nicht
aufsummieren – daher die beneidenswerte Sorglosigkeit und

Gemütsruhe der Tiere. Hingegen mittelst der Reflexion und dem, was an ihr hängt, entwickelt sich im Menschen aus jenen nämlichen Elementen des Genusses und Leidens, die das Tier mit ihm gemein hat, eine Steigerung der Empfindung seines Glückes und Unglücks, die bis zum augenblicklichen, bisweilen sogar tödlichen Entzücken oder auch zum verzweifelten Selbstmord führen kann. Näher betrachtet, ist der Gang der Sache folgender. Seine Bedürfnisse, die ursprünglich nur wenig schwerer zu befriedigen sind als die des Tieres, steigert er absichtlich, um den Genuß zu steigern: daher Luxus, Leckerbissen, Tabak, Opium, geistige Getränke, Pracht und alles, was dahin gehört. Dann kommt, ebenfalls infolge der Reflexion, noch hinzu eine ihm allein fließende Quelle des Genusses und folglich der Leiden, die ihm über alle Maßen viel, ja fast mehr als alle übrigen zu schaffen macht, nämlich Ambition und Gefühl für Ehre und Schande – in Prosa: seine Meinung von der Meinung anderer von ihm. Diese nun wird in tausendfachen und oft seltsamen Gestalten das Ziel fast aller seiner über den physischen Genuß oder Schmerz hinausgehenden Bestrebungen. Zwar hat er allerdings vor dem Tiere noch die eigentlich intellektuellen Genüsse voraus, die gar viele Abstufungen zulassen, von der einfältigsten Spielerei oder auch Konversation bis zu den höchsten geistigen Leistungen: aber als Gegengewicht dazu auf der Seite der Leiden tritt bei ihm die Langeweile auf, welche das Tier, wenigstens im Naturzustande, nicht kennt, sondern von der nur im gezähmten Zustande die allerklügsten Tiere leichte Anfälle spüren; während sie beim Menschen zu einer wirklichen Geißel wird, wie besonders zu ersehn an jenem Heer der Erbärmlichen, die stets nur darauf bedacht gewesen sind, ihren Beutel, aber nie ihren Kopf zu füllen, und denen nun gerade ihr Wohlstand zur Strafe wird, indem er sie der marternden Langenweile in die Hände liefert, welcher zu entgehn sie jetzt bald herumjagen, bald herumschleichen, bald herumreisen und überall, kaum angelangt, sich ängstlich erkundigen nach den *Ressourcen*[1] des Ortes wie der Bedürftige

1. [Hilfsmitteln]

nach den *Hülfsquellen* desselben – denn freilich sind Not und Langeweile die beiden Pole des Menschenlebens. Endlich ist noch zu erwähnen, daß beim Menschen sich an die Geschlechtsbefriedigung eine nur ihm eigene, sehr eigensinnige Auswahl knüpft, die bisweilen sich zu der mehr oder minder leidenschaftlichen Liebe steigert, welcher ich im zweiten Bande meines Hauptwerks ein ausführliches Kapitel gewidmet habe *[Bd. 2, 678-718]*. Jene wird dadurch bei ihm eine Quelle langer Leiden und kurzer Freuden.

Zu bewundern ist es inzwischen, wie mittelst der Zutat des Denkens, welches dem Tiere abgeht, auf derselben schmalen Basis der Leiden und Freuden, die auch das Tier hat, das so hohe und weitläuftige Gebäude des Menschenglückes und Unglücks sich erhebt, in Beziehung auf welches sein Gemüt so starken Affekten, Leidenschaften und Erschütterungen preisgegeben ist, daß das Gepräge derselben in bleibenden Zügen auf seinem Gesichte lesbar wird; während doch am Ende und im Realen es sich nur um dieselben Dinge handelt, die auch das Tier erlangt, und zwar mit unvergleichlich geringerem Aufwande von Affekten und Qualen. Durch dieses alles aber wächst im Menschen das Maß des Schmerzes viel mehr als das des Genusses und wird nun noch speziell dadurch gar sehr vergrößert, daß er vom Tode wirklich *weiß*; während das Tier diesen nur instinktiv flieht, ohne ihn eigentlich zu kennen und daher ohne jemals ihn wirklich ins Auge zu fassen wie der Mensch, der diesen Prospekt stets vor sich hat. Wenn nun also auch nur wenige Tiere natürlichen Todes sterben, die meisten aber nur so viel Zeit gewinnen, ihr Geschlecht fortzupflanzen und dann, wenn nicht schon früher, die Beute eines andern werden, der Mensch allein hingegen es dahin gebracht hat, daß in seinem Geschlechte der sogenannte natürliche Tod zur Regel geworden ist, die inzwischen beträchtliche Ausnahmen leidet; so bleiben aus obigem Grunde die Tiere doch im Vorteil. Überdies aber erreicht er sein wirklich natürliches Lebensziel ebenso selten wie jene; weil die Widernatürlichkeit seiner Lebensweise, nebst seinen Anstrengungen und Leidenschaften, und die durch alles

dieses entstandene Degeneration der Rasse ihn selten dahin
gelangen läßt.

Die Tiere sind viel mehr als wir durch das bloße Dasein
befriedigt; die Pflanze ist es ganz und gar, der Mensch je
nach dem Grade seiner Stumpfheit. Dementsprechend enthält das Leben des Tieres weniger Leiden, aber auch weniger Freuden als das menschliche. Dies beruht zunächst darauf, daß es einerseits von der *Sorge und Besorgnis*, nebst ihrer
Qual, frei bleibt, andrerseits aber auch die eigentliche *Hoffnung* entbehrt und daher jener Antizipation einer freudigen
Zukunft durch die Gedanken, nebst der diese begleitenden
von der Einbildungskraft hinzugegebenen beseligenden
Phantasmagorie, dieser Quelle unserer meisten und größten
Freuden und Genüsse, nicht teilhaft wird, folglich in diesem
Sinne hoffnungslos ist: beides, weil sein Bewußtsein auf das
Anschauliche und dadurch auf die Gegenwart beschränkt
ist; daher es nur in Beziehung auf Gegenstände, die in dieser
bereits anschaulich vorliegen, ein mithin äußerst kurz ange-
bundenes Fürchten und Hoffen kennt, während das menschliche einen Gesichtskreis hat, der das ganze Leben umfaßt,
ja darüber hinausgeht. – Aber eben infolge hievon erscheinen die Tiere, mit uns verglichen, in *einem* Betracht wirklich weise, nämlich im ruhigen, ungetrübten Genusse der
Gegenwart. Das Tier ist die verkörperte Gegenwart: die
augenscheinliche Gemütsruhe, deren es dadurch teilhaft ist,
beschämt oft unsern durch Gedanken und Sorgen häufig
unruhigen und unzufriedenen Zustand. Und sogar die in
Rede stehenden Freuden der Hoffnung und Antizipation
haben wir nicht unentgeltlich. Was nämlich einer durch das
Hoffen und Erwarten einer Befriedigung zum voraus genießt, geht nachher, als vom wirklichen Genuß derselben
vorweggenommen, von diesem ab, indem die Sache selbst
dann um so weniger befriedigt. Das Tier hingegen bleibt,
wie vom Vorgenuß, so auch von dieser Deduktion vom Genusse frei und genießt sonach das Gegenwärtige und Reale
selbst ganz und unvermindert. Und ebenfalls drücken auch
die Übel auf dasselbe bloß mit ihrer wirklichen und eigenen
Schwere, während uns das Fürchten und Vorhersehn,

ἡ προσδοκία τῶν κακῶν [die Angst vor dem Übel], diese oft verzehnfacht.

Eben dieses den Tieren eigene *gänzliche Aufgehn in der Gegenwart* trägt viel bei zu der Freude, die wir an unsern Haustieren haben: sie sind die personifizierte Gegenwart und machen uns gewissermaßen den Wert jeder unbeschwerten und ungetrübten Stunde fühlbar, während wir mit unsern Gedanken meistens über diese hinausgehn und sie unbeachtet lassen. Aber die angeführte Eigenschaft der Tiere, mehr als wir durch das bloße Dasein befriedigt zu sein, wird vom egoistischen und herzlosen Menschen mißbraucht und oft dermaßen ausgebeutet, daß er ihnen außer dem bloßen kahlen Dasein nichts, gar nichts gönnt: den Vogel, der organisiert ist, die halbe Welt zu durchstreifen, sperrt er in einem Kubikfuß Raum ein, wo er sich langsam zu Tode sehnt und schreiet: denn

> ...l'uccello nella gabbia
> Canta non di piacere, ma di rabbia[1],
> [...dem Vogel im Käfig ist übel zumut',
> Er singt nicht aus Freude, sondern aus Wut,]

und seinen treuesten Freund, den so intelligenten Hund, legt er an die Kette! Nie sehe ich einen solchen ohne inniges Mitleid mit ihm und tiefe Indignation gegen seinen Herrn, und mit Befriedigung denke ich an den vor einigen Jahren von den ›Times‹ berichteten Fall, daß ein Lord, der einen großen Kettenhund hielt, einst seinen Hof durchschreitend sich beigehn ließ, den Hund liebkosen zu wollen, worauf dieser sogleich ihm den Arm von oben bis unten aufriß – mit Recht! Er wollte damit sagen: ›Du bist nicht mein Herr, sondern mein Teufel, der mir mein kurzes Dasein zur Hölle macht.‹ Möge es jedem so gehn, der Hunde ankettet!

§ 154

Hat sich uns nun im obigen ergeben, daß die erhöhte Erkenntniskraft es ist, welche das Leben des Menschen

1. [Sprichwörtlich]

schmerzensreicher macht als das des Tieres; so können wir
dieses auf ein allgemeineres Gesetz zurückführen und dadurch einen viel weiteren Überblick erlangen.

Erkenntnis ist an sich selbst stets schmerzlos. Der Schmerz
trifft allein den *Willen* und besteht in der Hemmung, Hinderung, Durchkreuzung desselben: dennoch ist dazu erfordert,
daß diese Hemmung von der Erkenntnis begleitet sei. Wie
nämlich das Licht den Raum nur dann erhellt, wann Gegenstände dasind, es zurückzuwerfen; wie der Ton der Reso-
nanz bedarf und der Schall überhaupt nur dadurch, daß die
Wellen der vibrierenden Luft sich an harten Körpern brechen, weit hörbar wird; daher er auf isolierten Bergspitzen
auffallend schwach ausfällt, ja schon ein Gesang im Freien
wenig Wirkung tut – ebenso nun muß die Hemmung des
Willens, um als Schmerz empfunden zu werden, von der
Erkenntnis, welcher doch an sich selbst aller Schmerz fremd
ist, begleitet sein.

Daher ist schon der *physische* Schmerz durch Nerven und
deren Verbindung mit dem Gehirn bedingt, weshalb die
Verletzung eines Gliedes nicht gefühlt wird, wenn dessen
zum Gehirn gehende Nerven durchschnitten sind oder das
Gehirn selbst durch Chloroform depotenziert ist. Eben deswegen auch halten wir, sobald im Sterben das Bewußtsein
erloschen ist, alle noch folgenden Zuckungen für schmerzlos. Daß der *geistige* Schmerz durch Erkenntnis bedingt sei,
versteht sich von selbst, und daß er mit dem Grade derselben wachse, ist leicht abzusehn, zudem im obigen, wie
auch in meinem Hauptwerke (Bd. 1, § 56 [*Bd. 1, S. 422–426*])
nachgewiesen worden. – Wir können also das ganze Verhältnis bildlich so ausdrücken: der Wille ist die Saite, seine
Durchkreuzung oder Hinderung deren Vibration, die Erkenntnis der Resonanzboden, der Schmerz ist der Ton.

Demzufolge nun ist nicht nur das Unorganische, sondern
auch die Pflanze keines Schmerzes fähig, so viele Hemmun-
gen auch der Wille in beiden erleiden mag. Hingegen jedes
Tier, selbst ein Infusorium, leidet Schmerz; weil Erkenntnis,
sei sie auch noch so unvollkommen, der wahre Charakter
der Tierheit ist. Mit ihrer Steigerung auf der Skala der Ani-

malität wächst demgemäß auch der Schmerz. Er ist sonach bei den untersten Tieren noch äußerst gering: daher kommt es z. B., daß Insekten, die ihren abgerissenen und bloß an einem Darm hängenden Hinterleib nach sich schleppen, dabei noch fressen. Aber sogar bei den obersten Tieren kommt wegen Abwesenheit der Begriffe und des Denkens der Schmerz dem des Menschen noch nicht nahe. Auch durfte die Fähigkeit zu diesem ihren Höhepunkt erst da erreichen, wo vermöge der Vernunft und ihrer Besonnenheit auch die Möglichkeit zur Verneinung des Willens vorhanden ist. Denn ohne diese wäre sie eine zwecklose Grausamkeit gewesen.

§ 155

In früher Jugend sitzen wir vor unserm bevorstehenden Lebenslauf wie die Kinder vor dem Theatervorhang in froher und gespannter Erwartung der Dinge, die da kommen sollen – ein Glück, daß wir nicht wissen, was wirklich kommen wird! Denn wer es weiß, dem können zuzeiten die Kinder vorkommen wie unschuldige Delinquenten, die zwar nicht zum Tode, hingegen zum Leben verurteilt sind, jedoch den Inhalt ihres Urteils noch nicht vernommen haben. – Nichtsdestoweniger wünscht jeder sich ein hohes Alter, also einen Zustand, darin es heißt: ›Es ist heute schlecht und wird nun täglich schlechter werden – bis das Schlimmste kommt.‹

§ 156

Wenn man, soweit es annäherungsweise möglich ist, die Summe von Not, Schmerz und Leiden jeder Art sich vorstellt, welche die Sonne in ihrem Laufe bescheint; so wird man einräumen, daß es viel besser wäre, wenn sie auf der Erde sowenig wie auf dem Monde hätte das Phänomen des Lebens hervorrufen können, sondern, wie auf diesem, so auch auf jener die Oberfläche sich noch im kristallinischen Zustande befände.

Man kann auch unser Leben auffassen als eine unnützerweise störende Episode in der seligen Ruhe des Nichts. Jedenfalls wird selbst der, dem es darin erträglich ergangen, je länger er lebt, desto deutlicher inne, daß es im ganzen ›a disappointment, nay, a cheat‹ [eine Enttäuschung, sogar eine Täuschung] ist oder, deutsch zu reden, den Charakter einer großen Mystifikation, nicht zu sagen: einer Prellerei trägt. Wenn zwei Jugendfreunde nach der Trennung eines ganzen Menschenalters sich als Greise wiedersehn, so ist das vorherrschende Gefühl, welches ihr eigener Anblick, weil an ihn sich die Erinnerung früherer Zeit knüpft, gegenseitig erregt, das des gänzlichen *disappointment über das ganze Leben*, als welches ehemals im rosigen Morgenlichte der Jugend so schön vor ihnen lag, so viel versprach und so wenig gehalten hat. Dies Gefühl herrscht bei ihrem Wiedersehn so entschieden vor, daß sie gar nicht einmal nötig erachten, es mit Worten auszudrücken, sondern, es gegenseitig stillschweigend voraussetzend, auf dieser Grundlage weitersprechen.

Wer *zwei oder gar drei Generationen* des Menschengeschlechts erlebt, dem wird zumute wie dem Zuschauer der Vorstellungen der Gaukler aller Art in Buden während der Messe, wenn er sitzen bleibt und eine solche Vorstellung zwei- oder dreimal hintereinander wiederholen sieht: die Sachen waren nämlich nur auf *eine* Vorstellung berechnet, machen daher keine Wirkung mehr, nachdem die Täuschung und die Neuheit verschwunden ist.

Man möchte toll werden, wenn man die überschwenglichen Anstalten betrachtet, die zahllosen flammenden Fixsterne im unendlichen Raum, die nichts weiter zu tun haben, als Welten zu beleuchten, die der Schauplatz der Not und des Jammers sind und im glücklichsten Fall nichts abwerfen als Langeweile – wenigstens nach dem uns bekannten Probestück zu urteilen.

Sehr zu *beneiden* ist niemand, sehr zu *beklagen* unzählige. –

Das Leben ist ein Pensum zum Abarbeiten: in diesem Sinne ist defunctus[1] [tot] ein schöner Ausdruck. –

Man denke sich einmal, daß der Zeugungsakt weder ein Bedürfnis noch von Wollust begleitet, sondern eine Sache

1. [Defunctus sum = ich habe es überstanden.]

der reinen, vernünftigen Überlegung wäre: könnte wohl dann das Menschengeschlecht noch bestehn? Würde nicht vielmehr jeder soviel Mitleid mit der kommenden Generation gehabt haben, daß er ihr die Last des Daseins lieber erspart oder wenigstens es nicht hätte auf sich nehmen mögen, sie kaltblütig ihr aufzulegen? –

Die Welt ist eben *die Hölle*, und die Menschen sind einerseits die gequälten Seelen und andererseits die Teufel darin.

Da werde ich wohl wieder vernehmen müssen, meine Philosophie sei trostlos – eben nur weil ich nach der Wahrheit rede, die Leute aber hören wollen, Gott der Herr habe alles wohlgemacht. Geht in die Kirche und laßt die Philosophen in Ruhe! Wenigstens verlangt nicht, daß sie ihre Lehren eurer Abrichtung gemäß einrichten sollen: das tun die Lumpe, die Philosophaster; bei denen könnt ihr euch Lehren nach Belieben bestellenF.

Brahma bringt durch eine Art Sündenfall oder Verirrung die Welt hervor, bleibt aber dafür selbst darin, es abzubüßen, bis er sich daraus erlöst hat. – Sehr gut! – Im *Buddhaismus* entsteht sie infolge einer nach langer Ruhe eintretenden, unerklärlichen Trübung in der Himmelsklarheit des durch Buße erlangten seligen Zustandes *Nirwana*, also durch eine Art Fatalität, die aber doch im Grunde moralisch zu verstehn ist; wiewohl die Sache sogar im Physischen durch das unerklärliche Entstehn so eines Urweltnebelstreifs, aus dem eine Sonne wird, ein genau entsprechendes Bild und Analogon hat. Danach aber wird sie infolge moralischer Fehltritte auch physisch gradweise schlechter und immer schlechter, bis sie [die] gegenwärtige traurige Gestalt angenommen hat. – Vortrefflich! – Den *Griechen* waren Welt und Götter das Werk einer unergründlichen Notwendigkeit – das ist erträglich, sofern es uns einstweilen zufriedenstellt. – *Ormuzd* lebt im Kampf mit *Ahriman* – das läßt sich hören. – Aber so ein Gott *Jehova*, der ›animi causa‹ [aus Lust] und ›de gaieté de cœur‹ [zum Vergnügen] diese Welt der Not und des Jammers hervorbringt und dann noch gar sich sel-

F. Dem obligaten Optimismus der Philosophie-Professoren das Konzept zu verrücken ist so leicht wie angenehm.

ber Beifall klatscht mit: Πάντα καλὰ λίαν [Alles war sehr gut[1]] – das ist nicht zu ertragen. Sehn wir also in dieser Hinsicht die Judenreligion den niedrigsten Rang unter den Glaubenslehren zivilisierter Völker einnehmen, so stimmt dies ganz zu dem, daß sie auch die einzige ist, die durchaus keine Unsterblichkeitslehre noch irgendeine Spur davon hat (siehe den ersten Band dieses Werkes S. 119 ff. [Bd. 4, S. 140]).

Wenn auch die Leibnizische Demonstration, daß unter den *möglichen* Welten diese immer noch die beste sei, richtig wäre; so gäbe sie doch noch keine *Theodizee*. Denn der Schöpfer hat ja nicht bloß die Welt, sondern auch die Möglichkeit selbst geschaffen: er hätte demnach diese darauf einrichten sollen, daß sie eine bessere Welt zuließe.

Überhaupt aber schreit gegen eine solche Ansicht der Welt als des gelungenen Werkes eines allweisen, allgütigen und dabei allmächtigen Wesens zu laut einerseits das Elend, dessen sie voll ist, und andererseits die augenfällige Unvollkommenheit und selbst burleske Verzerrung der vollendetesten ihrer Erscheinungen, der menschlichen. Hier liegt eine nicht aufzulösende Dissonanz. Hingegen werden eben jene Instanzen zu unserer Rede stimmen und als Belege derselben dienen, wenn wir die Welt auffassen als das Werk unserer eigenen Schuld, mithin als etwas, das besser nicht wäre. Während dieselben unter jener ersten Annahme zu einer bittern Anklage gegen den Schöpfer werden und zu Sarkasmen Stoff geben, treten sie unter der andern als eine Anklage unsers eigenen Wesens und Willens auf, geeignet, uns zu demütigen. Denn sie leiten uns zu der Einsicht hin, daß wir wie die Kinder liederlicher Väter schon verschuldet auf die Welt gekommen sind und daß nur, weil wir fortwährend diese Schuld abzuverdienen haben, unser Dasein so elend ausfällt und den Tod zum Finale hat. Nichts ist gewisser, als daß, allgemein ausgesprochen, die schwere *Sünde der Welt* es ist, welche das viele und große *Leiden der Welt* herbeiführt; wobei hier nicht der physisch empirische, sondern der metaphysische Zusammenhang gemeint ist. Dieser Ansicht gemäß ist es allein die Geschichte vom Sün-

1. [Vgl. 1. Mos. 1,31]

denfall, die mich mit dem Alten Testament aussöhnt: sogar ist sie in meinen Augen die einzige metaphysische, wenn auch im Gewande der Allegorie auftretende Wahrheit in demselben. Denn nichts anderm sieht unser Dasein so völlig ähnlich wie der Folge eines Fehltritts und eines strafbaren Gelüstens. Ich kann mich nicht entbrechen, dem denkenden Leser eine populare, aber überaus innige Betrachtung über diesen Gegenstand von *Claudius* zu empfehlen, welche den wesentlich pessimistischen Geist des Christentums an den Tag legt: sie steht unter dem Titel ›Verflucht sei der Acker um deinetwillen‹ im vierten Teile des ›Wandsbecker Boten‹.

Um allezeit einen sichern Kompaß zur Orientierung im Leben bei der Hand zu haben und um dasselbe, ohne je irrezuwerden, stets im richtigen Lichte zu erblicken, ist nichts tauglicher, als daß man sich angewöhne, diese Welt zu betrachten als einen Ort der Buße, also gleichsam als eine Strafanstalt, a penal colony – ein ἐργαστήριον [eine Arbeitsstätte], wie schon die ältesten Philosophen sie nannten (nach Clemens Alexandrinus, [›Stromata‹ 3, cap. 12, p. 399]) und unter den christlichen Vätern *Origenes* es mit lobenswerter Kühnheit aussprach (darüber Augustinus, ›De civitate Dei‹ lib. 11, cap. 23) – welche Ansicht derselben auch ihre theoretische und objektive Rechtfertigung findet nicht bloß in meiner Philosophie, sondern in der Weisheit aller Zeiten, nämlich im Brahmanismus, im Buddhaismus[F], beim Empedokles und Pythagoras; wie denn auch Cicero (›Fragmenta de philosophia‹ vol. 12, p. 316 [editio Bipontini]) anführt, daß von alten Weisen und bei der Einweihung in die Mysterien gelehrt wurde, ›nos ob aliqua scelera suscepta in vita superiore poenarum luendarum causa natos esse‹ [daß wir wegen bestimmter in einem früheren Leben begange-

---

F. Zur Geduld im Leben und dem gelassenen Ertragen der Übel und der Menschen kann nichts tauglicher sein als eine *buddhaistische* Erinnerung dieser Art: ›*Dies ist Samsara*, die Welt des Gelüstes und Verlangens und daher die Welt der Geburt, der Krankheit, des Alterns und Sterbens: es ist die Welt, welche nicht sein sollte. Und dies ist hier die Bevölkerung der *Samsara*. Was also könnt ihr Besseres erwarten?‹ Ich möchte vorschreiben, daß jeder sich dies täglich viermal mit Bewußtsein der Sache wiederholte.

ner Fehler zur Abbüßung der Strafe geboren seien]. Am stärksten drückt es Vanini aus, den es leichter war zu verbrennen als zu widerlegen, indem er sagt: ›Tot tantisque homo repletus miseriis, ut, si Christianae religioni non repugnaret, dicere auderem: si daemones dantur, ipsi in hominum corpora transmigrantes sceleris poenas luunt.‹ [Der Mensch ist so vieler und großer Leiden voll, daß ich, wenn es nicht der christlichen Religion zuwiderliefe, wagen würde zu behaupten: wenn es Dämonen gibt, so büßen sie, in menschliche Körper gebannt, die Strafen für ihre Sünden.] (›De [admirandis] naturae arcanis‹ dial. 50, p. 353). Und selbst im echten und wohlverstandenen Christentum wird unser Dasein aufgefaßt als die Folge einer Schuld, eines Fehltritts. Hat man jene Gewohnheit angenommen, so wird man seine Erwartungen vom Leben so stellen, wie sie der Sache angemessen sind, und demnach die Widerwärtigkeiten, Leiden, Plagen und Not desselben im Großen und im Kleinen nicht mehr als etwas Regelwidriges und Unerwartetes ansehn, sondern ganz in der Ordnung finden, wohl wissend, daß hier jeder für sein Dasein gestraft wird, und zwar jeder auf seine Weise[F]. Zu den Übeln einer Strafanstalt gehört denn auch die Gesellschaft, welche man daselbst antrifft. Wie es um diese hieselbst stehe, wird, wer irgendwie einer bessern würdig wäre, auch ohne mein Sagen wissen. Der schönen Seele nun gar, wie auch dem Genie, mag bisweilen darin zumute sein wie einem edlen Staatsgefangenen auf der Galeere unter gemeinen Verbrechern; daher sie wie dieser suchen werden, sich zu isolieren. Überhaupt jedoch wird die besagte Auffassung uns befähigen, die sogenannten Unvollkommenheiten, d. h. die moralisch und intellektuell und dementsprechend auch physiognomisch nichtswürdige Beschaffenheit der meisten Men-

F. Der rechte Maßstab zur *Beurteilung eines jeden Menschen* ist, daß er eigentlich ein Wesen sei, welches gar nicht existieren sollte, sondern sein Dasein abbüßt durch vielgestaltetes Leiden und Tod – was kann man von einem solchen erwarten? Sind wir denn nicht alle zum Tode verurteilte Sünder? Wir büßen unsere Geburt erstlich durch das Leben und zweitens durch das Sterben ab. – Dies allegorisiert auch die *Erbsünde*.

schen ohne Befremden, geschweige mit Entrüstung zu betrachten: denn wir werden stets im Sinne behalten, wo wir sind, folglich jeden ansehn zunächst als ein Wesen, welches nur infolge seiner Sündhaftigkeit existiert, dessen Leben die Abbüßung der Schuld seiner Geburt ist. Diese macht eben das aus, was das Christentum die sündige Natur des Menschen nennt: sie also ist die Grundlage der Wesen, welchen man in dieser Welt als seinesgleichen begegnet; wozu noch kommt, daß sie infolge der Beschaffenheit dieser Welt sich meistenteils und mehr oder weniger in einem Zustande des Leidens und der Unzufriedenheit befinden, der nicht geeignet ist, sie teilnehmender und liebreicher zu machen, und endlich noch, daß ihr Intellekt in den allermeisten Fällen ein solcher ist, wie er zum Dienste seines Willens knapp ausreicht. Danach also haben wir unsere Ansprüche auf die Gesellschaft in dieser Welt zu regeln. Wer diesen Gesichtspunkt festhält, könnte den Trieb zur Geselligkeit eine verderbliche Neigung nennen.

In der Tat ist die Überzeugung, daß die Welt, also auch der Mensch etwas ist, das eigentlich nicht sein sollte, geeignet, uns mit Nachsicht gegen einander zu erfüllen: denn was kann man von Wesen unter solchem Prädikament erwarten? – Ja, von diesem Gesichtspunkt aus könnte man auf den Gedanken kommen, daß die eigentlich passende Anrede zwischen Mensch und Mensch statt ›Monsieur‹, ›Sir‹ usw. sein möchte ›Leidensgefährte‹, ›soci malorum‹, ›compagnon de misères‹, ›my fellow-sufferer‹. So seltsam dies klingen mag, so entspricht es doch der Sache, wirft auf den andern das richtigste Licht und erinnert an das Nötigste: an die Toleranz, Geduld, Schonung und Nächstenliebe, deren jeder bedarf und die daher auch jeder schuldig ist.

§ 156a

Der Charakter der Dinge dieser Welt, namentlich der Menschenwelt, ist nicht sowohl, wie oft gesagt worden, *Unvollkommenheit* als vielmehr *Verzerrung*, im Moralischen, im Intellektuellen, Physischen, in allem. –

Die bisweilen für manche Laster gehörte Entschuldigung: ›Und doch ist es *dem Menschen natürlich*‹ reicht keineswegs aus; sondern man soll darauf erwidern: ›Eben weil es schlecht ist, ist es *natürlich*, und eben weil es *natürlich* ist, ist es schlecht.‹ – Dies recht zu verstehn muß man den Sinn der Lehre von der Erbsünde erkannt haben.

Bei Beurteilung eines menschlichen Individuums sollte man stets den Gesichtspunkt festhalten, daß die Grundlage desselben etwas ist, das gar nicht sein sollte, etwas Sündliches, Verkehrtes, das, was unter der Erbsünde verstanden worden, das, weshalb es dem Tode verfallen ist; welche schlechte Grundbeschaffenheit sogar sich darin charakterisiert, daß keiner verträgt, daß man ihn aufmerksam betrachte. Was darf man von einem solchen Wesen erwarten? Geht man also hievon aus, so wird man ihn nachsichtiger beurteilen, wird sich nicht wundern, wenn die Teufel, die in ihm stecken, einmal wach werden und herausschauen, und wird das Gute, welches dennoch, sei es nun infolge des Intellekts oder woher sonst, in ihm sich eingefunden hat, besser zu schätzen wissen. – Zweitens aber soll man auch seine Lage bedenken und wohl erwägen, daß das Leben wesentlich ein Zustand der Not und oft des Jammers ist, wo jedes um sein Dasein zu ringen und zu kämpfen hat und daher nicht immer liebliche Mienen aufsetzen kann. – Wäre im Gegenteil der Mensch das, wozu ihn alle optimistischen Religionen und Philosophien machen wollen: das Werk oder gar die Inkarnation eines Gottes, überhaupt ein Wesen, das in jedem Sinne sein und so sein sollte, wie es ist – wie ganz anders müßte dann der erste Anblick, die nähere Bekanntschaft und der fortgesetzte Umgang eines jeden Menschen mit uns wirken, als jetzt der Fall ist!

›Pardon 's the word to all‹ [Verzeihung ist das Wort an alle] (›Cymbeline‹, last scene). Mit jeder menschlichen Torheit, [jedem] Fehler, Laster sollen wir Nachsicht haben, bedenkend, daß, was wir da vor uns haben, eben nur unsere eigenen Torheiten, Fehler und Laster sind: denn es sind eben die Fehler der Menschheit, welcher auch wir angehören und sonach ihre sämtlichen Fehler an uns haben, also auch

die, über welche wir eben jetzt uns entrüsten, bloß weil sie
nicht gerade jetzt bei uns hervortreten: sie sind nämlich
nicht auf der Oberfläche, aber sie liegen unten auf dem
Grund und werden beim ersten Anlaß heraufkommen und
sich zeigen, ebenso wie wir sie jetzt am andern sehn; wenngleich bei einem dieser, bei jenem ein anderer hervorsticht,
oder wenn auch nicht zu leugnen ist, daß das gesamte Maß
aller schlechten Eigenschaften beim einen sehr viel größer
als beim andern ist. Denn der Unterschied der Individualitäten ist unberechenbar groß.

KAPITEL 13

ÜBER DEN SELBSTMORD

§ 157

Soviel ich sehe, sind es allein die monotheistischen, also jüdischen Religionen, deren Bekenner die Selbsttötung als ein
Verbrechen betrachten. Dies ist um so auffallender, als weder im Alten noch im Neuen Testament irgendein Verbot
oder auch nur eine entschiedene Mißbilligung derselben zu
finden ist; daher denn die Religionslehrer ihre Verpönung
des Selbstmordes auf ihre eigenen philosophischen Gründe
zu stützen haben, um welche es aber so schlecht steht, daß
sie, was den Argumenten an Stärke abgeht, durch die Stärke
der Ausdrücke ihres Abscheues, also durch Schimpfen zu
ersetzen suchen. Da müssen wir denn hören, Selbstmord sei
die größte Feigheit, sei nur im Wahnsinn möglich und dergleichen Abgeschmacktheiten mehr oder auch die ganz sinn-
lose Phrase, der Selbstmord sei ›unrecht‹; während doch
offenbar jeder auf nichts in der Welt ein so unbestreitbares
Recht hat wie auf seine eigene Person und [sein] Leben (vgl.
§ 121 [S. 285]). Sogar den Verbrechen wird, wie gesagt, der
Selbstmord beigezählt, und daran knüpft sich, zumal im
pöbelhaft bigotten England, ein schimpfliches Begräbnis
und die Einziehung des Nachlasses – weshalb die Jury fast
immer auf Wahnsinn erkennt. Man lasse hierüber zunächst
einmal das moralische Gefühl entscheiden und vergleiche
den Eindruck, welchen die Nachricht, daß ein Bekannter
ein Verbrechen, also einen Mord, eine Grausamkeit, einen
Betrug, einen Diebstahl begangen habe, auf uns macht, mit
dem der Nachricht von seinem freiwilligen Tode. Während
die erstere lebhafte Indignation, höchsten Unwillen, Auf-

ruf zur Bestrafung oder zur Rache hervorruft, wird die letztere Wehmut und Mitleid erregen, denen sich wohl öfter eine gewisse Bewunderung seines Mutes als die moralische Mißbilligung, welche eine schlechte Handlung begleitet, beimischt. Wer hat nicht Bekannte, Freunde, Verwandte gehabt, die freiwillig aus der Welt geschieden sind? – Und an diese sollte jeder mit Abscheu denken als an Verbrecher? Nego ac pernego! [Ich sage nein und abermals nein!] Vielmehr bin ich der Meinung, daß die Geistlichkeit einmal aufgefordert werden sollte, Rede zu stehn, mit welcher Befugnis sie, ohne irgendeine biblische Auktorität aufweisen zu können, ja auch nur irgendwelche stichhaltige[n] philosophische[n] Argumente zu haben, von der Kanzel und in Schriften eine Handlung, die viele von uns geehrte und geliebte Menschen begangen haben, zum *Verbrechen* stempelt und denen, die freiwillig aus der Welt gehn, das ehrliche Begräbnis verweigert; wobei aber festzustellen, daß man *Gründe* verlangt, nicht aber leere Redensarten oder Schimpfworte dafür annehmen wird. – Wenn die Kriminaljustiz den Selbstmord verpönt, so ist dies kein kirchlich gültiger Grund und überdies entschieden lächerlich: denn welche Strafe kann den abschrecken, der den Tod sucht? – Bestraft man den *Versuch* zum Selbstmord, so ist es die Ungeschicklichkeit, durch welche er mißlang, die man bestraft.

Auch waren die Alten weit davon entfernt, die Sache in jenem Lichte zu betrachten. *Plinius* sagt (›Historia naturalis‹ [lib. 28, cap. 1, § 9]; vol. 4, p. 351 [editio Bipontini]): ›Vitam quidem non adeo expetendam censemus, ut quoque modo trahenda sit. Quisquis es talis, aeque moriere, etiam cum obscenus vixeris aut nefandus. Quapropter hoc primum quisque in remediis animi sui habeat ex omnibus bonis, quae homini tribuit natura, nullum melius esse tempestiva morte: idque in ea optimum, quod illam sibi quisque praestare poterit.‹ [Wir sind der Meinung, daß man das Leben nicht so sehr lieben darf, daß man es auf alle Weise verlängert. Wer du auch seist, der du dies wünschst, du wirst gleicherweise sterben, magst du nun (gut oder) lasterhaft oder verbrecherisch gelebt haben. Darum möge je-

der dies vor allem als Heilmittel seiner Seele festhalten,
daß unter allen Gütern, welche die Natur dem Menschen
verliehen hat, keines besser sei als ein früher Tod, und dies
ist dabei das beste, daß ihn sich jeder selbst verschaffen
kann.] Auch sagt derselbe (lib. 2, cap. 7; vol. 1, p. 125), ›ne
deum quidem posse omnia; namque nec sibi potest mortem
consciscere, si velit, quod homini dedit optimum in tantis
vitae poenis‹ etc. [daß auch Gott nicht alles vermag; denn er
kann, auch wenn er wollte, nicht den Tod über sich beschließen, was er doch dem Menschen als beste Gabe bei so
vielen Leiden des Lebens verliehen hat usw.] – wurde doch in
Massilia und auf der Insel Keos der Schierlingstrank sogar
öffentlich vom Magistrat demjenigen überreicht, der triftige
Gründe, das Leben zu verlassen, anführen konnte (Valerius
Maximus, [›Factorum et dictorum memorabilium‹] lib. 2,
cap. 6, § 7 et 8)[F]. Und wie viele Helden und Weise des Altertums haben nicht ihr Leben durch freiwilligen Tod ge-
endet! Zwar sagt Aristoteles (›Ethica ad Nicomachum‹ 5,
15), der Selbstmord sei ein Unrecht gegen den Staat, wiewohl nicht gegen die eigene Person: jedoch führt Stobaios
in seiner Darstellung der Ethik der *Peripatetiker* (›Eclogae
ethicae‹ 2, cap. 7; vol. 3, p. 286) den Satz an: Φευκτὸν δὲ
τὸν βίον γίγνεσθαι τοῖς μὲν ἀγαθοῖς ἐν ταῖς ἄγαν
ἀτυχίαις· τοῖς δὲ κακοῖς καὶ ἐν ταῖς ἄγαν εὐτυχίαις.
(Vitam autem relinquendam esse bonis in nimiis quidem
miseriis, pravis vero in nimium quoque secundis.) [Gute
Menschen müssen in allzu großem Unglück, schlechte aber
auch in allzu großem Glück das Leben hinter sich lassen.]
Und auf ähnliche Weise p. 312: [Διὸ καὶ γαμήσειν καὶ
παιδοποιήσεσθαι καὶ πολιτεύσεσθαι ... καὶ καθόλου
τὴν ἀρετὴν ἀσκοῦντα καὶ μένειν ἐν τῷ βίῳ καὶ πάλιν,
εἰ δέοι, ποτὲ δι᾽ ἀνάγκας ἀπαλλαγήσεσθαι ταφῆς
προνοήσαντα ... (Ideoque et uxorem ducturum et liberos
procreaturum et ad civitatem accessurum etc. atque omnino

F. Auf der Insel *Keos* war es Sitte, daß die *Greise* sich *freiwillig den Tod*
gaben (darüber Valerius Maximus lib. 2, cap. 6 – Herakleides Ponticos,
›Fragmenta de rebus publicis‹ 9 – Aelianus: ›Variae historiae‹ 3, 37
– Strabon: [›Geographica‹] lib. 10, cap. 5, § 6 (editio Kramer).

virtutem colendo tum vitam servaturum, tum iterum co-
gente necessitate relicturum etc.) Deshalb muß man heiraten, Kinder zeugen, sich dem Staatsdienst widmen . . . und
überhaupt in der Pflege der Tüchtigkeit bald das Leben bewahren, bald wiederum unter dem Zwang der Notwendigkeit es hinter sich lassen usw.] Nun gar von den Stoikern
finden wir den Selbstmord als eine edele und heldenmütige
Handlung gepriesen; was sich durch Hunderte von Stellen,
die stärksten aus dem Seneca, belegen ließe. Bei den Hindu
ferner kommt bekanntlich die Selbsttötung oft als religiöse
Handlung vor, namentlich als Witwenverbrennung, auch
als Hinwerfen unter die Räder des Götterwagens zu Jaggernaut[1] [Jagan-natha], als Sichpreisgeben den Krokodilen des
Ganges oder heiliger Tempelteiche und sonst. Ebenso auf
dem Theater, diesem Spiegel des Lebens: da sehn wir z.B.
in dem berühmten chinesischen Stück ›L'orphelin de la
Chine‹ (traduit par St. Julien 1834) fast alle edeln Charaktere durch Selbstmord enden, ohne daß irgend angedeutet
wäre oder es dem Zuschauer einfiele, sie begingen ein Verbrechen. Ja auf unsrer eigenen Bühne ist es im Grunde nicht
anders: z.B. Palmira im ›Mahomet‹, Mortimer in ›Maria
Stuart‹, Othello, Gräfin Terzky [im ›Wallenstein‹]. Und
Sophokles[2]:

. . . λύσει μ' ὁ θεός, ὅταν αὐτὸς θέλω.
[. . . freigeben wird der Gott mich, wenn ich selbst es will.
                                                    ›Bacchae‹ 498]

Ist Hamlets Monolog [3, 1] die Meditation eines Verbre-
chens? Er besagt bloß, daß, wenn wir gewiß wären, durch
den Tod absolut vernichtet zu werden, er, angesehn die Beschaffenheit der Welt, unbedingt zu wählen sein würde.
›But there lies the rub.‹ [Aber da liegt die Schwierigkeit.] –
Die Gründe aber gegen den Selbstmord, welche von den
Geistlichen der monotheistischen, d.i. jüdischen Religionen
und den ihnen sich anbequemenden Philosophen aufgestellt
werden, sind schwache, leicht zu widerlegende Sophismen

1. [Vgl. Bd. 1, S. 528]
2. [Nicht Sophokles, sondern Euripides]

(siehe meine Abhandlung ›Über das Fundament der Moral‹ § 5 *[Bd. 3, S. 653]*). Die gründlichste Widerlegung derselben hat *Hume* geliefert in seinem ›Essay on suicide‹, der erst nach seinem Tode erschienen ist und von der schimpflichen Bigotterie und schmählichen Pfaffenherrschaft in England sogleich unterdrückt wurde; daher nur sehr wenige Exemplare heimlich und zu teurem Preise verkauft wurden und wir die Erhaltung dieser und einer andern Abhandlung des großen Mannes dem Baseler Nachdruck verdanken: ›Essays on suicide and the immortality of the soul by the late David Hume‹ (Basilia 1799, sold by James Decker, 124 S., 8°). Daß aber eine rein philosophische, mit kalter Vernunft die gangbaren Gründe gegen den Selbstmord widerlegende und von einem der ersten Denker und Schriftsteller Englands herrührende Abhandlung sich hat daselbst heimlich wie ein Bubenstück durchschleichen müssen, bis sie im Auslande Schutz fand, gereicht der englischen Nation zu großer Schande. Zugleich zeigt es, was für ein gutes Gewissen in diesem Punkte die Kirche hat. – Den allein triftigen moralischen Grund gegen den Selbstmord habe ich dargelegt in meinem Hauptwerk (Bd. 1, § 69 *[Bd. 1, S. 541–546]*). Er liegt darin, daß der Selbstmord der Erreichung des höchsten moralischen Zieles entgegensteht, indem er der wirklichen Erlösung aus dieser Welt des Jammers eine bloß scheinbare unterschiebt. Allein von dieser Verirrung bis zu einem Verbrechen, wozu ihn die christliche Geistlichkeit stempeln will, ist noch ein sehr weiter Weg.

Das Christentum trägt in seinem Innersten die Wahrheit, daß das Leiden (Kreuz) der eigentliche Zweck des Lebens ist: daher verwirft es, als diesem entgegenstehend, den Selbstmord, welchen hingegen das Altertum von einem niedrigern Standpunkt aus billigte, ja ehrte. Jener Grund gegen den Selbstmord ist jedoch ein asketischer, gilt also nur von einem viel höheren ethischen Standpunkt aus als der, den europäische Moralphilosophen jemals eingenommen haben. Steigen wir aber von jenem sehr hohen Standpunkt herab, so gibt es keinen haltbaren moralischen Grund mehr, den Selbstmord zu verdammen. Der außerordentlich lebhafte

und doch weder durch die Bibel noch durch triftige Gründe
unterstützte Eifer der Geistlichkeit monotheistischer Religionen gegen denselben[H] scheint daher auf einem verhehlten
Grunde beruhen zu müssen; sollte es nicht dieser sein, daß
das freiwillige Aufgeben des Lebens ein schlechtes Kompli-
ment ist für den, welcher gesagt hat: Πάντα καλὰ λίαν
[vgl. S. 355]. – So wäre es denn abermals der obligate Optimismus dieser Religionen, welcher die Selbsttötung an-
klagt, um nicht von ihr angeklagt zu werden.

§ 158

Im ganzen wird man finden, sobald es dahin gekommen ist,
daß die Schrecknisse des Lebens die Schrecknisse des Todes
überwiegen, der Mensch seinem Leben ein Ende macht. Der
Widerstand der letzteren ist jedoch bedeutend: sie stehn
gleichsam als Wächter vor der Ausgangspforte. Vielleicht
lebt keiner, der nicht schon seinem Leben ein Ende gemacht
hätte, wenn dies Ende etwas rein Negatives wäre, ein plötz-
liches Aufhören des Daseins. – Allein es ist etwas Positives
dabei: die Zerstörung des Leibes. Diese scheucht zurück;
eben weil der Leib die Erscheinung des Willens zum Leben
ist.

Inzwischen ist der Kampf mit jenen Wächtern in der Regel
nicht *so* schwer, wie es uns von weitem scheinen mag; und
zwar infolge des Antagonismus zwischen geistigen und
körperlichen Leiden. Nämlich wenn wir körperlich sehr
schwer oder anhaltend leiden, werden wir gegen allen andern Kummer gleichgültig: unsere Herstellung allein liegt
uns am Herzen. Ebenso nun machen starke geistige Leiden
uns gegen körperliche unempfindlich: wir verachten sie. Ja
wenn sie etwan das Übergewicht erlangen, so ist uns dies
eine wohltuende Zerstreuung, eine Pause der geistigen Lei-

H. Hierüber sind alle einstimmig. Nach Rousseau (›Œuvres‹ vol. 4,
·p. 275) haben Augustin und Laktanz zuerst den Selbstmord für Sünde
erklärt, aber ihr Argument aus dem ›Phaedo‹ Platons genommen (p.
139 ›Phaedonis‹), nämlich das seitdem so abgedroschene wie ganz
aus der Luft gegriffene Argument, wir befänden uns auf einer Wache
oder wären Sklaven der Götter.

den. Dies eben ist es, was den Selbstmord erleichtert, indem der mit demselben verknüpfte körperliche Schmerz in den Augen des von übergroßen geistigen Leiden Gepeinigten alle Wichtigkeit verliert. Besonders sichtbar wird dies an denen, welche durch rein krankhafte tiefe Mißstimmung zum Selbstmord getrieben werden. Diesen kostet er gar keine Selbstüberwindung: sie brauchen gar keinen Anlauf zu nehmen, sondern, sobald der ihnen beigegebene Hüter sie auf zwei Minuten allein läßt, machen sie rasch ihrem Leben ein Ende.

§ 159

Wenn in schweren, grausenhaften Träumen die Beängstigung den höchsten Grad erreicht, so bringt eben sie selbst uns zum Erwachen, durch welches alle jene Ungeheuer der Nacht verschwinden. Dasselbe geschieht im Traume des Lebens, wann der höchste Grad der Beängstigung uns nötigt, ihn abzubrechen.

§ 160

Der Selbstmord kann auch angesehn werden als ein Experiment, eine Frage, die man der Natur stellt und die Antwort darauf erzwingen will: nämlich, welche Änderung das Dasein und die Erkenntnis des Menschen durch den Tod erfahre. Aber es ist ein ungeschicktes: denn es hebt die Identität des Bewußtseins, welches die Antwort zu vernehmen hätte, auf.

KAPITEL 14

NACHTRÄGE ZUR LEHRE VON DER BEJAHUNG UND
VERNEINUNG DES WILLENS ZUM LEBEN

§ 161

Gewissermaßen ist es a priori einzusehn, vulgo versteht es
sich von selbst, daß das, was jetzt das Phänomen der Welt
hervorbringt, auch fähig sein müsse, dieses nicht zu tun,
mithin in Ruhe zu verbleiben – oder mit andern Worten,
daß es zur gegenwärtigen διαστολή [Ausdehnung] auch eine
συστολή [Zusammenziehung] geben müsse[1]. Ist nun die
erstere die Erscheinung des Wollens des Lebens, so wird
die andere die Erscheinung des Nichtwollens desselben
sein. Auch wird diese im wesentlichen dasselbe sein mit dem
›magnum sakhepat‹ [dem großen Tiefschlaf] der Vedalehre
(im ›Oupnekhat‹ vol. 1, p. 163), dem Nirwana der Buddhaisten, auch mit dem ἐπέκεινα [jenseits] der Neuplatoniker.

   Gegen gewisse alberne Einwürfe bemerke ich, daß die
Verneinung des Willens zum Leben keineswegs die Vernichtung
einer Substanz besage, sondern den bloßen actus des Nichtwollens: dasselbe, was bisher *gewollt* hat, *will* nicht mehr.
Da wir dies Wesen, den *Willen*, als Ding an sich bloß in und
durch den actus des *Wollens* kennen, so sind wir unvermö-
gend zu sagen oder zu fassen, was es, nachdem es diesen
actus aufgegeben hat, noch ferner sei oder treibe: daher ist
die Verneinung *für uns*, die wir die Erscheinung des Wollens
sind, ein Übergang ins Nichts.

   Die *Bejahung* und *Verneinung des Willens* zum Leben ist ein
bloßes ›velle et nolle‹ [Wollen und Nichtwollen]. – Das Subjekt dieser beiden actus ist eines und dasselbe, wird folglich

1. [Vgl. Goethe: ›Farbenlehre‹, Didaktischer Teil, 739]

als solches weder durch den einen noch den andern Akt vernichtet. Sein ›velle‹ stellt sich dar in dieser anschaulichen Welt, die ebendeshalb die Erscheinung ihres Dinges an sich ist. – Vom ›nolle‹ hingegen erkennen wir keine andere Erscheinung als bloß die seines Eintritts, und zwar im Individuo, welches ursprünglich schon der Erscheinung des ›velle‹ angehört; daher sehn wir, solange das Individuum existiert, das ›nolle‹ stets noch im Kampf mit dem ›velle‹: hat das Individuum geendigt und in ihm das ›nolle‹ die Oberhand behalten, so ist dasselbe eine reine Kundgebung des ›nolle‹ gewesen (dies ist der Sinn der päpstlichen Heiligsprechung); von diesem können wir bloß sagen, daß seine Erscheinung nicht die des ›velle‹ sein kann, wissen aber nicht, ob es überhaupt erscheine, d. h. ein sekundäres Dasein für einen Intellekt erhalte, den es erst hervorzubringen hätte; und da wir den Intellekt nur als ein Organ des Willens in seiner Bejahung kennen, sehn wir nicht ab, warum es nach Aufhebung dieser ihn hervorbringen sollte, und können vom Subjekt desselben auch nichts aussagen, da wir dieses nur im entgegengesetzten actus, dem ›velle‹, positiv erkannt haben als dem Ding an sich seiner Erscheinungswelt.

§ 162

Zwischen der Ethik der Griechen und der Hindu ist ein greller Gegensatz. Jene (wiewohl mit Ausnahme des Platon) hat zum Zweck die Befähigung, ein glückliches Leben (vitam beatam) zu führen; diese hingegen die Befreiung und Erlösung vom Leben überhaupt – wie solches direkt ausgesprochen ist gleich im ersten Satz der ›Sankhya Karika‹[1].

Einen hiemit verwandten und durch die Anschaulichkeit stärkern Kontrast wird man erhalten, wenn man den schönen antiken Sarkophag auf der Galerie zu Florenz betrachtet, dessen Rilievi die ganze Reihe der Zeremonien einer Hochzeit vom ersten Antrag an, bis wo Hymens Fackel zum

1. [›Dreifacher Schmerzen Andrang weckt das Forschen nach Mitteln ihrer Abwehr. Es bleibt notwendig, auch wo ein Weg zur Abwehr wahrgenommen wird, weil er nicht ewig noch ausschließlich ist.‹]

Torus[1] leuchtet, darstellen, und nun daneben sich den *christlichen* Sarg denkt, schwarz behängt zum Zeichen der Trauer und mit dem Kruzifix darauf. Der Gegensatz ist ein höchst bedeutsamer. Beide wollen über den Tod trösten, beide auf entgegengesetzte Weise, und beide haben recht. Der eine bezeichnet die *Bejahung* des Willens zum Leben, als welcher das Leben allezeit hindurch gewiß bleibt, so schnell auch die Gestalten wechseln mögen. Der andere bezeichnet durch die Symbole des Leidens und des Todes die *Verneinung* des Willens zum Leben und die Erlösung aus einer Welt, wo Tod und Teufel regieren, donec voluntas fiat noluntas [bis das Wollen zum Nichtwollen wird].

Zwischen dem Geiste des griechisch-römischen Heidentums und dem des Christentums ist der eigentliche Gegensatz der der Bejahung und Verneinung des Willens zum Leben – wonach an letzter Stelle das Christentum im Grunde recht behält.

§ 163

Zu allen Ethiken europäischer Philosophie steht die meinige im Verhältnis des Neuen Testaments zum Alten, nach dem kirchlichen Begriff dieses Verhältnisses. Das Alte Testament nämlich stellt den Menschen unter die Herrschaft des Gesetzes, welches jedoch nicht zur Erlösung führt. Das Neue Testament hingegen erklärt das Gesetz für unzulänglich, ja spricht davon los (z. B. Röm. 7; Gal. 2 und 3). Dagegen predigt es das Reich der Gnade, zu welchem man gelange durch Glauben, Nächstenliebe und gänzliche Verleugnung seiner selbst: dies sei der Weg zur Erlösung vom Übel und von der Welt. Denn allerdings ist allen protestantisch-rationalistischen Verdrehungen zum Trotz der asketische Geist ganz eigentlich die Seele des Neuen Testaments. Dieser aber ist eben die Verneinung des Willens zum Leben, und jener Übergang vom Alten Testament zum Neuen Testament, von der Herrschaft des Gesetzes zur Herrschaft des Glaubens, von der Rechtfertigung durch Werke zur Erlösung durch den Mittler, von der Herrschaft der Sünde und

1. [gepolsterten Lager]

des Todes zum ewigen Leben in Christo bedeutet, sensu
proprio [dem eigentlichen Sinne nach], den Übergang von
den bloß moralischen Tugenden zur Verneinung des Willens zum Leben. – Im Geiste des Alten Testaments nun sind
alle mir vorhergängigen philosophischen Ethiken gehalten,
mit ihrem absoluten (d. h. des Grundes wie des Zieles ent-
behrenden) Sittengesetz und allen ihren moralischen Geboten und Verboten, zu denen im stillen der befehlende Jehova
hinzugedacht wird; so verschieden auch die Formen und
Darstellungen der Sache bei ihnen ausfallen. Meine Ethik
hingegen hat Grund, Zweck und Ziel: sie weist zuvörderst
theoretisch den metaphysischen Grund der Gerechtigkeit
und Menschenliebe nach und zeigt dann auch das Ziel, zu
welchem diese, wenn vollkommen geleistet, am Ende hin-
führen müssen. Zugleich gesteht sie die Verwerflichkeit der
Welt aufrichtig ein und weist auf die Verneinung des Willens als den Weg zur Erlösung aus ihr hin. Sie ist sonach
wirklich im Geiste des Neuen Testaments, während die andern sämtlich in dem des Alten sind und demgemäß auch
theoretisch auf bloßes Judentum (nackten, despotischen
Theismus) hinauslaufen. In diesem Sinne könnte man meine
Lehre die eigentliche christliche Philosophie nennen – so
paradox dies denen scheinen mag, die nicht auf den Kern der
Sache gehn, sondern bei der Schale stehnbleiben.

§ 164

Wer etwas tiefer zu denken fähig ist, wird bald absehn, daß
die menschlichen Begierden nicht erst auf *dem* Punkte anfangen können, sündlich zu sein, wo sie in ihren individuellen
Richtungen einander zufällig durchkreuzend Übel von der
einen und Böses von der andern Seite veranlassen; sondern
daß, wenn dieses ist, sie auch schon ursprünglich und ihrem
Wesen nach sündlich und verwerflich sein müssen, folglich
der ganze Wille zum Leben selbst ein verwerflicher ist. Ist
ja doch aller Greuel und Jammer, davon die Welt voll ist,
bloß das notwendige Resultat der gesamten Charaktere, in
welchen der Wille zum Leben sich objektiviert, unter den

an der ununterbrochenen Kette der Notwendigkeit eintretenden Umständen, welche ihnen die Motive liefern; also
der bloße Kommentar zur Bejahung des Willens zum Leben
(vgl. ›Theologia deutsch‹ p. 93[1]). – Daß unser Dasein selbst
eine Schuld impliziert, beweist der Tod.

§ 165

Ein edler Charakter wird nicht leicht über sein eigenes
Schicksal klagen; vielmehr wird von ihm gelten, was Hamlet [3, 2] dem Horatio nachrühmt:

> . . . for thou hast been
> As one, in suffering all, that suffers nothing.
> (Denn du bist, während du alles zu leiden hattest,
> Gewesen wie einer, dem nichts widerfuhr.)

Und dies ist daraus zu verstehn, daß ein solcher, sein eigenes
Wesen auch in andern erkennend und daher an ihrem Schicksal teilnehmend, rings um sich fast immer noch härtere
Lose als sein eigenes erblickt; weshalb er zu einer Klage
über dieses nicht kommen kann. Hingegen wird ein un-
edler Egoist, der alle Realität auf sich selbst beschränkt
und die andern als bloße Larven und Phantasmen ansieht, am Schicksal dieser keinen Teil nehmen, sondern
seinem eigenen seine ganze Teilnahme zuwenden; wovon
denn große Empfindlichkeit und häufige Klagen die Folge
sind.

Eben jenes Sich-wieder-Erkennen in der fremden Erscheinung, aus welchem, wie ich oft nachgewiesen habe, zunächst
Gerechtigkeit und Menschenliebe hervorgehn, führt endlich zum Aufgeben des Willens; weil die Erscheinungen, in
denen dieser sich darstellt, so entschieden im Zustande des
Leidens sich befinden, daß, wer sein Selbst auf sie alle ausdehnt, es nicht ferner wollen kann – eben wie einer, der alle
Lose der Lotterie nimmt, notwendig großen Verlust erleiden muß. Die Bejahung des Willens setzt Beschränkung des
Selbstbewußtseins auf das eigene Individuum voraus und

1. [Vgl. S. 122]

baut auf die Möglichkeit eines günstigen Lebenslaufes aus der Hand des Zufalls.

§ 166

Geht man bei der Auffassung der Welt vom Dinge an sich, dem Willen zum Leben, aus; so findet man als dessen Kern, als dessen größte Konzentration den Generationsakt; dieser stellt sich dann dar als das Erste, als der Ausgangspunkt: er ist das punctum saliens des Welteies und die Hauptsache. Welch ein Kontrast hingegen, wenn man von der als Erscheinung gegebenen empirischen Welt, der Welt als Vorstellung, ausgeht! Hier nämlich stellt jener Akt sich dar als ein ganz Einzelnes und Besonderes von untergeordneter Wichtigkeit, ja als eine verdeckte und versteckte Nebensache, die sich nur einschleicht, eine paradoxe Anomalie, die häufigen Stoff zum Lachen gibt. Es könnte uns jedoch auch bedünken, der Teufel habe nur sein Spiel dabei verstecken wollen: denn der Beischlaf ist sein Handgeld und die Welt sein Reich. Hat man denn nicht bemerkt, wie illico post coitum cachinnus auditur diaboli? [man gleich nach dem Beischlaf das Lachen des Teufels hört?] – welches, ernstlich gesprochen, darauf beruht, daß die Geschlechtsbegierde, zumal wenn durch Fixieren auf ein bestimmtes Weib zur Verliebtheit konzentriert, die Quintessenz der ganzen Prellerei dieser nobeln Welt ist; da sie so unaussprechlich, unendlich und überschwenglich viel verspricht und dann so erbärmlich wenig hält.

Der Anteil des Weibes an der Zeugung ist in gewissem Sinne schuldloser als der des Mannes; sofern nämlich dieser dem zu Erzeugenden den *Willen* gibt, welcher die erste Sünde und daher die Quelle alles Bösen und Übels ist; das Weib hingegen die *Erkenntnis*, welche den Weg zur Erlösung eröffnet. Der Generationsakt ist der Weltknoten, indem er besagt: ›Der Wille zum Leben hat sich aufs neue bejaht.‹ In diesem Sinne wehklagt eine stehende brahmanische Floskel: ›Wehe, wehe! der Lingam ist in der Yoni‹[1] – die Konzeption

1. [Nach dem Urtext des Sanskrit müßte es heißen: ›Das Juwel ist in der Lotosblüte.‹]

und Schwangerschaft hingegen besagt: ›Dem Willen ist auch wieder das Licht der Erkenntnis beigegeben‹ – bei welchem nämlich er seinen Weg wieder hinausfinden kann und also die Möglichkeit der Erlösung aufs neue eingetreten ist.

Hieraus erklärt sich die beachtenswerte Erscheinung, daß, während jedes Weib, wenn beim Generationsakte überrascht, vor Scham vergehn möchte, sie hingegen ihre Schwangerschaft ohne eine Spur von Scham, ja mit einer Art Stolz zur Schau trägt; da doch sonst überall ein unfehlbar sicheres Zeichen als gleichbedeutend mit der bezeichneten Sache selbst genommen wird, daher denn auch jedes andere Zeichen des vollzogenen Koitus das Weib im höchsten Grade beschämt; nur allein die Schwangerschaft nicht. Dies ist daraus zu erklären, daß laut obigem die Schwangerschaft in gewissem Sinne eine Tilgung der Schuld, welche der Koitus kontrahiert, mit sich bringt oder wenigstens in Aussicht stellt. Daher trägt der Koitus alle Scham und Schande der Sache; hingegen die ihm so nahe verschwisterte Schwangerschaft bleibt rein und unschuldig, ja wird gewissermaßen ehrwürdig.

Der Koitus ist hauptsächlich die Sache des Mannes; die Schwangerschaft ganz allein des Weibes. Vom Vater erhält das Kind den Willen, den Charakter; von der Mutter den Intellekt. Dieser ist das erlösende Prinzip; der Wille das bindende. Das Anzeichen des steten Daseins des Willens zum Leben in der Zeit trotz aller Steigerung der Beleuchtung durch den Intellekt ist der Koitus: das Anzeichen des diesem Willen aufs neue zugesellten, die Möglichkeiten der Erlösung offenhaltenden Lichtes der Erkenntnis, und zwar im höchsten Grade der Klarheit ist die erneuerte Menschwerdung des Willens zum Leben. Das Zeichen dieser ist die Schwangerschaft, welche daher frank und frei, ja stolz einhergeht, während der Koitus sich verkriecht wie ein Verbrecher.

§ 167

Einige Kirchenväter haben gelehrt, daß sogar die eheliche Beiwohnung nur dann erlaubt sei, wann sie bloß der Kindererzeugung wegen geschehe (ἐπὶ μόνῃ παιδοποιίᾳ), wie Clemens [Alexandrinus, ›Stromata‹ 3, cap. 11] sagt (vol. 2, p. 456; die betreffenden Stellen findet man zusammengestellt in Paul Ernst Lind, ›De caelibatu Christianorum‹ cap. 1). Clemens Alexandrinus ›Stromata‹ (3, cap. 12, p. 406) legt diese Ansicht auch den Pythagoreern bei. Dieselbe ist jedoch, genau genommen, irrig. Denn wird der Koitus nicht mehr seiner selbst wegen gewollt, so ist schon die Verneinung des Willens zum Leben eingetreten, und dann ist die Fortpflanzung des Menschengeschlechts überflüssig und sinnleer; sofern der Zweck bereits erreicht ist. Zudem ohne alle subjektive Leidenschaft, ohne Gelüste und physischen Drang, bloß aus reiner Überlegung und kaltblütiger Absicht einen Menschen in die Welt zu setzen, damit er darin sei – dies wäre eine moralisch sehr bedenkliche Handlung, welche wohl nur wenige auf sich nehmen würden, ja der vielleicht gar einer nachsagen könnte, daß sie zur Zeugung aus bloßem Geschlechtstrieb sich verhielte wie der kaltblütig überlegte Mord zum Totschlag im Zorn.

Auf dem umgekehrten Grunde beruht eigentlich die Verdammlichkeit aller widernatürlichen Geschlechtsbefriedigungen, weil durch diese dem Triebe willfahren, also der Wille zum Leben bejaht wird, die Propagation aber wegfällt, welche doch allein die Möglichkeit der Verneinung des Willens offenerhält. Hieraus ist zu erklären, daß erst mit dem Eintritt des Christentums, weil dessen Tendenz asketisch ist, die Päderastie als eine schwere Sünde erkannt wurde.

§ 168

Ein *Kloster* ist ein Zusammentreten von Menschen, die Armut, Keuschheit, Gehorsam (d. i. Entsagung dem Eigenwillen) gelobt haben und sich durch das Zusammenleben teils die Existenz selbst, noch mehr aber jenen Zustand schwerer Entsagung zu erleichtern suchen, indem der Anblick ähnlich Gesinnter und auf gleiche Weise Entsagender ihren Entschluß stärkt und sie tröstet, sodann die Geselligkeit des Zusammenlebens in gewissen Schranken der menschlichen

Natur angemessen und eine unschuldige Erholung bei vielen und schweren Entbehrungen ist. Dies ist der Normalbegriff der *Klöster*. Und wer kann eine solche Gesellschaft einen Verein von Toren und Narren nennen, wie man doch nach jeder Philosophie außer meiner muß? –

Der innere Geist und Sinn des echten Klosterlebens wie der Askese überhaupt ist dieser, daß man sich eines bessern Daseins, als unseres ist, würdig und fähig erkannt hat und diese Überzeugung dadurch bekräftigen und erhalten will, daß man, was diese Welt bietet, verachtet, alle ihre Genüsse als wertlos von sich wirft und nun das Ende dieses seines eitlen Köders beraubten Lebens mit Ruhe und Zuversicht abwartet, um einst die Stunde des Todes als die der Erlösung willkommen zu heißen. Das Saniassitum hat ganz dieselbe Tendenz und Bedeutung und ebenso das Mönchstum der Buddhaisten. Allerdings entspricht bei keiner Sache die Praxis so selten der Theorie wie beim Mönchstum, eben weil der Grundgedanke desselben so erhaben ist; und: ›Abusus optimi pessimus.‹ [Der Mißbrauch des Besten ist der schlimmste.] Ein echter Mönch ist ein höchst ehrwürdiges Wesen: aber in den allermeisten Fällen ist die Kutte ein bloßer Maskenanzug, in welchem sowenig wie in dem auf der Maskerade ein wirklicher Mönch steckt.

§ 169

Zur Verneinung des eigenen Willens ist die Vorstellung, daß man sich einem fremden individuellen Willen gänzlich und ohne Rückhalt unterwerfe und ergebe, ein psychisches Erleichterungsmittel und daher ein passendes allegorisches Vehikel der Wahrheit.

§ 170

Die Zahl der regulären Trappisten ist freilich klein; dagegen aber besteht wohl die Hälfte der Menschheit aus *unfreiwilligen Trappisten*: Armut, Gehorsam, Ermangelung aller Genüsse, ja der notwendigsten Erleichterungsmittel – und oft auch gezwungene oder durch Mangel herbeigeführte

Keuschheit sind ihr Los. Der Unterschied ist bloß, daß die
Trappisten die Sache aus freier Wahl, methodisch und ohne
Hoffnung auf Besserwerden betreiben; während hingegen
die erstere Weise dem beizuzählen ist, was ich in meinen
asketischen Kapiteln mit dem Ausdrucke δεύτερος πλοῦς
[zweitbeste Fahrt] bezeichnet habe[1]; welches herbeizuführen die Natur also schon vermöge der Grundlage ihrer Ordnung genugsam gesorgt hat, zumal wenn man den direkt
aus ihr entspringenden Übeln noch jene andern hinzurech-
net, welche die Zwietracht und Bosheit der Menschen herbeiführt im Kriege und im Frieden. Aber eben diese Notwendigkeit unfreiwilliger Leiden zum ewigen Heile drückt
auch jener Ausspruch des Heilandes [Matth. 19, 24] aus:
Εὐκοπώτερόν ἐστιν κάμιλον διὰ τρυπήματος ῥαφίδος
διελθεῖν ἢ πλούσιον εἰς τὴν βασιλείαν τοῦ θεοῦ
εἰσελθεῖν. (Facilius est funem ancorarium per foramen
acus transire quam divitem regnum divinum ingredi.) [Es
ist leichter, daß ein Ankertau durch ein Nadelöhr gehe, als
daß ein Reicher ins Reich Gottes komme[2].] Darum haben
auch die, denen es um ihr ewiges Heil großer Ernst war, freiwillige Armut gewählt, wenn das Geschick sie ihnen versagt hatte und sie im Reichtum geboren waren: so *Buddha*
Sakyamuni, der, ein geborener Prinz, freiwillig zum Bettel-
stabe griff, und der Gründer der Bettelorden, *Franz von
Assisi*, der als junger Fant auf dem Ball, wo die Töchter der
Notabeln beisammensaßen, gefragt: ›Nun, Herr Franz,
werdet ihr nicht bald eine Wahl unter diesen Schönen treffen?‹, erwiderte: ›Eine viel Schönere habe ich mir ausersehn!‹ – ›O, welche?‹ – ›La povertà [Die Armut] – worauf
er bald nachher alles verließ und bettelnd das Land durchzog[3].

Wer durch solche Betrachtungen sich vergegenwärtigt,
wie notwendig zu unserm Heil Not und Leiden meistens
sind, der wird erkennen, daß wir andere nicht sowohl um
ihr Glück als um ihr Unglück zu beneiden hätten.

1. *[Vgl. Bd. 1, S. 532 ff.; Bd. 2, S. 808 ff.]*
2. *[Vgl. Bd. 1, S. 516 die Anmerkung]*
3. [Vgl. dagegen ›Acta sanctorum‹, octobris 1; 2, p. 686]

Auch ist aus demselben Grunde der Stoizismus der Gesinnung, welcher dem Schicksale Trotz bietet, zwar ein guter Panzer gegen die Leiden des Lebens und dienlich, die Gegenwart besser zu ertragen: aber dem wahren Heile steht er entgegen. Denn er verstockt das Herz. Wie sollte doch dieses durch Leiden gebessert werden, wenn es, von einer steinernen Rinde umgeben, sie nicht empfindet? – Übrigens ist ein gewisser Grad dieses Stoizismus nicht sehr selten. Oft mag er affektiert sein und auf ›bonne mine au mauvais jeu‹ [auf gute Miene zum bösen Spiel] zurücklaufen: wo er jedoch unverstellt ist, entspringt er meistens aus bloßer Gefühllosigkeit, aus Mangel an der Energie, Lebhaftigkeit, Empfindung und Phantasie, die sogar zu einem großen Herzeleid erfordert sind. Dieser Art des Stoizismus ist das Phlegma und die Schwerfälligkeit der Deutschen besonders günstig.

§ 171

Ungerechte oder boshafte Handlungen sind in Hinsicht auf den, der sie ausübt, Anzeichen der Stärke seiner Bejahung des Willens zum Leben und demnach der Ferne, in der von ihm noch das wahre Heil, die Verneinung desselben, mithin die Erlösung von der Welt liegt, sonach auch der langen Schule der Erkenntnis und des Leidens, die er noch durchzumachen hat, bis er dahin gelangt. – In Hinsicht aber auf den, der durch jene Handlungen zu leiden hat, sind sie zwar physisch ein Übel, hingegen metaphysisch ein Gut und im Grunde eine Wohltat, da sie beitragen, ihn seinem wahren Heile entgegenzuführen.

§ 172

Weltgeist: Hier also ist das Pensum deiner Arbeiten und deiner Leiden: dafür sollst du *dasein*, wie alle andern Dinge dasind.

Mensch: Was aber habe ich vom Dasein? Ist es beschäftigt, habe ich Not; ist es unbeschäftigt, Langeweile. Wie kannst du mir für so viel Arbeit und so viel Leiden einen so kümmerlichen Lohn bieten?

Weltgeist: Und doch ist er ein Äquivalent aller deiner Mühen und aller deiner Leiden: und dies ist er gerade vermöge seiner Dürftigkeit.

Mensch: So?! Das freilich übersteigt meine Fassungskraft.

Weltgeist: Ich weiß es. – (beiseite:) Sollte ich dem sagen, daß der Wert des Lebens gerade darin besteht, daß es ihn lehrt, es nicht zu wollen?! Zu dieser höchsten Weihe muß erst das Leben selbst ihn vorbereiten.

§ 172a

Wenn, wie ich gesagt habe, jedes *Menschenleben*, im Ganzen überblickt, die Eigenschaften eines Trauerspiels zeigt und wir sehn, daß das Leben in der Regel nichts anderes ist als eine Reihe fehlgeschlagener Hoffnungen, vereitelter Entwürfe und zu spät erkannter Irrtümer und an ihm der traurige Vers seine Wahrheit behauptet:

> Then old age and experience, hand in hand,
> Lead him to death, and make him understand,
> After a search so painful and so long,
> That all his life he has been in the wrong –
> [Bis Alter und Erfahrung Hand in Hand
> Zum Tod ihn führen und er hat erkannt,
> Daß nach so langem, mühevollem Streben
> Er unrecht hatte durch sein ganzes Leben –
> Rochester (?), ›A satyr against mankind‹]

so stimmt dies ganz und gar mit meiner Weltansicht überein, welche das Dasein selbst betrachtet als etwas, das besser nicht wäre, als eine Art Verirrung, von der die Erkenntnis desselben uns zurückbringen soll. Der Mensch (ὁ ἄνθρωπος) ›is in the wrong‹ [ist im Unrecht] schon im allgemeinen, sofern er da ist und Mensch ist: folglich ist es ganz dem entsprechend, daß auch jeder individuelle Mensch (τὶς ἄνθρωπος), sein Leben überblickend, sich durchgängig ›in the wrong‹ findet: daß er es im *allgemeinen* einsehe, ist seine Erlösung, und dazu muß er damit anfangen, es im *einzelnen Fall*, d.i. in seinem individuellen Lebenslauf zu erkennen. Denn ›quidquid valet

de genere, valet et de specie‹¹ [was vom Genus gilt, gilt auch
von der Spezies].

Das Leben ist durchaus anzusehn als eine *strenge Lektion,*
die uns erteilt wird, wenngleich wir mit unsern auf ganz
andere Zwecke angelegten Denkformen nicht verstehn
können, wie wir haben dazu kommen können, ihrer zu bedürfen. Demgemäß aber sollen wir auf unsere hingeschiede-
nen Freunde zurücksehn mit Befriedigung, erwägend, daß
sie ihre Lektion überstanden haben, und mit dem herzlichen
Wunsch, daß sie angeschlagen habe; und vom selben Gesichtspunkt aus sollen wir unserm eigenen Tode entgegen-
sehn als einer erwünschten und erfreulichen Begebenheit –
statt, wie meistens geschieht, mit Zagen und Grausen.

Ein *glückliches Leben* ist unmöglich: das höchste, was der
Mensch erlangen kann, ist ein *heroischer Lebenslauf.* Einen solchen führt der, welcher in irgendeiner Art und Angelegenheit für das allen irgendwie zugute Kommende mit übergroßen Schwierigkeiten kämpft und am Ende siegt, dabei
aber schlecht oder gar nicht belohnt wird. Dann bleibt er
am Schluß, wie der Prinz im ›Re corvo‹ des Gozzi, versteinert, aber in edler Stellung und mit großmütiger Gebärde
stehn. Sein Andenken bleibt und wird als das eines *Heros* ge-
feiert; sein *Wille,* durch Mühe und Arbeit, schlechten Erfolg und Undank der Welt ein ganzes Leben hindurch morti-
fiziert, *erlischt* in dem *Nirwana.* (Carlyle hat in diesem Sinn
geschrieben: ›On heroes and heroworship‹.)

§ 173

Können wir nun durch Betrachtungen wie die obigen, also
von einem sehr hohen Standpunkt aus eine Rechtfertigung
der Leiden der Menschheit absehn; so erstreckt jedoch diese
sich nicht auf die Tiere, deren Leiden, zwar großenteils
durch den Menschen herbeigeführt, oft aber auch ohne
dessen Zutun bedeutend sind (siehe ›Welt als Wille und
Vorstellung‹ [dritte Auflage] Bd. 2, S. 404ff. *[Bd. 2, S.
456f.]*). Da drängt sich also die Frage auf: wozu dieser ge-

1. [Regel der Logik]

quälte, geängstigte Wille in so tausendfachen Gestalten, ohne die durch Besonnenheit bedingte Freiheit zur Erlösung? – Das Leiden der Tierwelt ist bloß daraus zu rechtfertigen, daß der Wille zum Leben, weil außer ihm in der Erscheinungswelt gar nichts vorhanden und er ein hungriger Wille ist, *an seinem eigenen Fleische* zehren muß – daher die Stufenfolge seiner Erscheinungen, deren jede auf Kosten einer andern lebt. Ferner verweise ich auf § 153 und § 154 *[S. 346–352]* zurück, als welche dartun, daß die Fähigkeit zum Leiden im Tiere sehr viel geringer ist als im Menschen. Was nun aber darüber hinaus sich noch beibringen ließe, würde hypothetisch, ja sogar mythisch ausfallen, mag also der eigenen Spekulation des Lesers überlassen bleiben.

KAPITEL 15
ÜBER RELIGION

§ *174*
Ein Dialog

Demopheles: Unter uns gesagt, lieber alter Freund, es gefällt
mir nicht, daß du gelegentlich deine philosophische Befähigung durch Sarkasmen, ja offenbaren Spott über die Religion an den Tag legst. Der Glaube eines jeden ist ihm heilig,
sollte es daher auch dir sein.

Philalethes: Nego consequentiam! [Ich bestreite den
Schlußsatz![1]] Sehe nicht ein, warum ich der Einfalt des andern wegen Respekt vor Lug und Trug haben sollte. Die
Wahrheit achte ich überall; eben darum aber nicht, was ihr
entgegensteht. Nie wird auf Erden die Wahrheit leuchten,
solange ihr auf solche Weise die Geister fesselt. Mein Wahlspruch ist: ›Vigeat veritas, et pereat mundus‹ [Es soll die
Wahrheit bestehen, mag auch die Welt darüber zu Grunde
gehen], dem der Juristen angepaßt: ›Fiat iustitia, et pereat
mundus.‹[2] [Es soll Gerechtigkeit werden, mag auch die Welt
darüber zu Grunde gehen.] Jede Fakultät sollte einen analogen zur Devise haben.

Demopheles: Da würde der der medizinischen wohl lauten:
›Fiant pilulae, et pereat mundus.‹ [Es sollen Pillen gedreht
werden, mag auch die Welt darüber zu Grunde gehen.] –
welcher am leichtesten in Erfüllung zu bringen wäre.

Philalethes: Bewahre der Himmel! Alles cum grano salis[3].

Demopheles: Nun gut: eben darum aber wollte ich, daß du

1. *[Vgl. S. 38]*
2. [Wahlspruch Kaiser Ferdinands I.]
3. *[Vgl. S. 90]*

auch die Religion cum grano salis verständest und einsähest,
daß dem Bedürfnis des Volks nach Maßgabe seiner Fassungskraft begegnet werden muß. Die Religion ist das einzige Mittel, dem rohen Sinn und ungelenken Verstande der
in niedriges Treiben und materielle Arbeit tiefeingesenkten
Menge die hohe Bedeutung des Lebens anzukündigen und
fühlbar zu machen. Denn der Mensch, wie er in der Regel
ist, hat ursprünglich für nichts anderes Sinn als für die Befriedigung seiner physischen Bedürfnisse und Gelüste und danach für etwas Unterhaltung und Kurzweil. Religionsstifter
und Philosophen kommen auf die Welt, ihn aus seiner Be-
täubung aufzurütteln und auf den hohen Sinn des Daseins
hinzudeuten: Philosophen für die wenigen, die Eximierten;
Religionsstifter für die vielen, die Menschheit im Großen.
Denn φιλόσοφον πλῆθος ἀδύνατον εἶναι [es ist unmöglich, daß die Menge philosophisch gebildet sei], wie
schon dein Platon [›Res publica‹ 6, 8; p. 494 A] gesagt hat
und du nicht vergessen solltest. Die Religion ist die Metaphysik des Volks, die man ihm schlechterdings lassen und
daher sie äußerlich achten muß: denn sie diskreditieren
heißt sie ihm nehmen. Wie es eine Volkspoesie gibt und in
den Sprichwörtern eine Volksweisheit, so muß es auch eine
Volksmetaphysik geben. Denn die Menschen bedürfen
schlechterdings einer *Auslegung des Lebens*, und sie muß ihrer
Fassungskraft angemessen sein. Daher ist sie allemal eine
allegorische Einkleidung der Wahrheit und leistet in praktischer und gemütlicher Hinsicht, d.h. als Richtschnur für
das Handeln und als Beruhigung und Trost im Leiden und
im Tode vielleicht ebensoviel, wie die Wahrheit, wenn wir
sie besäßen, selbst leisten könnte. Nimm keinen Anstoß an
ihrer krausen, barocken, scheinbar widersinnigen Form;
denn du in deiner Bildung und Gelehrsamkeit kannst dir
nicht denken, welcher Umwege es bedarf, um dem Volke
in seiner Roheit beizukommen mit tiefen Wahrheiten. Die
verschiedenen Religionen sind eben nur verschiedene Schemata, in welchen das Volk die ihm an sich selbst unfaßbare
Wahrheit ergreift und sich vergegenwärtigt, mit welchen
sie ihm jedoch unzertrennlich verwächst. Daher, mein Lie-

ber, ist, nimm mir's nicht übel, sie zu verspotten beschränkt und ungerecht zugleich.

Philalethes: Aber ist es nicht ebenso beschränkt und ungerecht zu verlangen, daß es keine andere Metaphysik als diese nach dem Bedürfnis und der Fassungskraft des Volkes zugeschnittene geben solle – daß ihre Lehren der Markstein des menschlichen Forschens und die Richtschnur alles Denkens sein sollen, so daß auch die Metaphysik der wenigen und Eximierten, wie du sie nennst, hinauslaufen müsse auf Bestätigung, Befestigung und Erläuterung jener Metaphysik des Volks – daß also die höchsten Kräfte des menschlichen Geistes unbenutzt und unentwickelt bleiben, ja im Keim erstickt werden sollen, damit nicht etwan ihre Tätigkeit sich mit jener Volksmetaphysik durchkreuze? Und steht es denn bei den Prätentionen der Religion im Grunde anders? Ziemt es dem, Toleranz, ja zarte Schonung zu predigen, der die Intoleranz und Schonungslosigkeit selbst ist? Ich rufe Ketzergerichte und Inquisitionen, Religionskriege und Kreuzzüge, Sokrates' Becher und Brunos und Vaninis Scheiterhaufen zum Zeugen an! Und ist es nun damit zwar heutzutage vorbei, was kann dem echten philosophischen Streben, dem aufrichtigen Forschen nach Wahrheit, diesem edelsten Beruf edelster Menschheit, mehr im Wege stehn als jene konventionelle, vom Staate mit dem Monopol belehnte Metaphysik, deren Satzungen jedem Kopfe in frühester Jugend eingeprägt werden, so ernstlich, so tief, so fest, daß sie, wenn er nicht von mirakuloser Elastizität ist, unauslöschlich haften, wodurch seiner gesunden Vernunft ein für allemal das Konzept verrückt wird, d. h. seine ohnehin schwache Fähigkeit zum eigenen Denken und unbefangenen Urteilen hinsichtlich auf alles damit Zusammenhangende auf immer gelähmt und verdorben ist?

Demopheles: Eigentlich heißt dies wohl, die Leute haben alsdann eine Überzeugung gewonnen, die sie nicht aufgeben wollen, um die deinige dagegen anzunehmen.

Philalethes: O wenn es auf Einsicht gegründete Überzeugung wäre! Der wäre mit Gründen beizukommen und uns stände das Feld zum Kampfe mit gleichen Waffen offen.

Allein die Religionen wenden sich ja eingeständlich nicht an
die Überzeugung mit Gründen, sondern an den Glauben mit
Offenbarungen. Zu diesem letzteren ist nun aber die Fähigkeit am stärksten in der Kindheit; daher ist man vor allem
darauf bedacht, sich dieses zarten Alters zu bemächtigen.
Hiedurch, viel mehr noch als durch Drohungen und Berichte von Wundern, schlagen die Glaubenslehren Wurzel.
Wenn nämlich dem Menschen in früher Kindheit gewisse
Grundansichten und Lehren mit ungewohnter Feierlichkeit
und mit der Miene des höchsten, bis dahin von ihm noch
nie gesehenen Ernstes wiederholt vorgetragen werden, dabei die Möglichkeit eines Zweifels daran ganz übergangen
oder aber nur berührt wird, um darauf als den ersten Schritt
zum ewigen Verderben hinzudeuten; da wird der Eindruck
so tief ausfallen, daß in der Regel, d. h. in fast allen Fällen der
Mensch beinahe so unfähig sein wird, an jenen Lehren wie
an seiner eigenen Existenz zu zweifeln; weshalb dann unter
vielen Tausenden kaum einer die Festigkeit des Geistes besitzen wird, sich ernstlich und aufrichtig zu fragen: ist das
wahr? Passender, als man glaubte, hat man daher die, welche
es dennoch vermögen, starke Geister (esprits forts) benannt.
Für die übrigen nun aber gibt es nichts so Absurdes oder
Empörendes, daß nicht, wenn auf jenem Wege eingeimpft,
der festeste Glaube daran in ihnen Wurzel schlüge. Wäre es
z. B., daß die Tötung eines Ketzers oder Ungläubigen ein
wesentliches Stück zum dereinstigen Seelenheil sei; so
würde fast jeder dies zur Hauptangelegenheit seines Lebens
machen und im Sterben aus der Erinnerung des Gelingens
Trost und Stärkung schöpfen; wie ja wirklich ehemals fast
jeder Spanier ein Autodafé für das frömmste und gottgefäl-
ligste Werk hielt; wozu wir ein Gegenstück in Indien haben
an der erst vor kurzem durch zahlreiche Hinrichtungen von
den Engländern unterdrückten religiösen Genossenschaft
der *Thugs*, deren Mitglieder ihre Religiosität und Verehrung der Göttin *Kali* dadurch betätigten, daß sie bei jeder
Gelegenheit ihre eigenen Freunde und Reisegefährten
meuchlerisch ermordeten, um sich ihres Eigentums zu bemächtigen und ganz ernstlich in dem Wahne standen, etwas

sehr Löbliches und ihrem ewigen Heile Förderliches damit
zu leisten[1]. So stark demnach ist die Gewalt früh eingepräg-
ter religiöser Dogmen, daß sie das Gewissen und zuletzt
alles Mitleid und alle Menschlichkeit zu ersticken vermag.
Willst du aber, was frühe Glaubenseinimpfung leistet, mit
eigenen Augen und in der Nähe sehn, so betrachte die Engländer. Sieh diese von der Natur vor allen andern begünstigte
und mit Verstand, Geist, Urteilskraft und Charakterfestig-
keit mehr als alle übrigen ausgestattete Nation, sieh sie, tief
unter alle andern herabgesetzt, ja geradezu verächtlich gemacht durch ihren stupiden Kirchenaberglauben, welcher
zwischen ihren übrigen Fähigkeiten ordentlich wie ein fixer
Wahn, eine Monomanie erscheint. Das haben sie bloß dem
zu danken, daß die Erziehung in den Händen der Geistlichkeit ist, welche Sorge trägt, ihnen sämtliche Glaubensartikel in frühester Jugend so einzuprägen, daß es bis zu einer
Art partieller Gehirnlähmung geht, die sich dann zeitlebens
in jener blödsinnigen Bigotterie äußert, durch welche sogar
übrigens höchst verständige und geistreiche Leute unter
ihnen sich degradieren und uns an ihnen ganz irrewerden
lassen. Wenn wir nun aber erwägen, wie wesentlich es zu
dergleichen Meisterstücken ist, daß die Glaubensimpfung
im zarten Kindesalter geschehe; so wird uns das Missions-
wesen nicht mehr bloß als der Gipfel menschlicher Zudring-
lichkeit, Arroganz und Impertinenz, sondern auch als absurd erscheinen, soweit nämlich, als es sich nicht auf Völker
beschränkt, die noch im Zustande der *Kindheit* sind, wie
etwan Hottentotten, Kaffern, Südseeinsulaner und dergleichen, wo es demgemäß auch wirklich Erfolg gehabt hat;
während hingegen in Indien die Brahmanen die Vorträge
der Missionare mit herablassendem beifälligem Lächeln oder
mit Achselzucken erwidern und überhaupt unter diesem
Volke, der bequemsten Gelegenheit ungeachtet, die Bekeh-
rungsversuche der Missionare durchgängig gescheitert sind.
Ein authentischer Bericht im 21. Bande des ›Asiatic Journal‹
von 1826 gibt an, daß nach so vieljähriger Tätigkeit der

1. ›Illustrations of the history and practice of the Thugs‹ (London
1837), auch ›Edingburgh Review‹ (October/January 1836/37)

Missionare in ganz Indien (davon die englischen Besitzungen allein, nach den ›Times‹, April 1852, 150 Millionen Einwohner haben) nicht mehr als dreihundert lebende Konvertiten zu finden sind, und zugleich wird eingestanden, daß die christlichen Konvertiten sich durch die äußerste Immoralität auszeichnen. Es werden eben dreihundert feile erkaufte Seelen gewesen sein aus so vielen Millionen. Daß es seitdem in Indien mit dem Christentum besser ginge, ersehe ich nirgends[1]; wiewohl die Missionare jetzt suchen, in den ausschließlich dem weltlichen englischen Unterricht gewidmeten Schulen dennoch, gegen die Abrede, in ihrem Sinn auf die Kinder zu wirken, um das Christentum einzuschwärzen, wogegen jedoch die Hindu mit größter Eifersucht auf ihrer Hut sind. Denn, wie gesagt, nur die Kindheit, nicht das Mannesalter ist die Zeit, die Saat des Glaubens zu säen, zumal nicht, wo schon ein früherer wurzelt: die gewonnene *Überzeugung* aber, welche erwachsene Konvertiten vorgeben, ist in der Regel nur die Maske irgendeines persönlichen Interesses. Eben weil man fühlt, daß dies fast nicht anders sein könne, wird überall ein Mensch, der im reifen Alter seine Religion wechselt, von den meisten verachtet: gleichwohl legen eben diese dadurch an den Tag, daß sie die Religion nicht für Sache vernünftiger Überzeugung, sondern bloß des früh und vor aller Prüfung eingeimpften Glaubens halten. Daß sie aber hierin recht haben, geht auch daraus hervor, daß nicht bloß die blindglaubende Menge, sondern auch die Priesterschaft jeder Religion, welche als solche die Quellen und Gründe und Dogmen und Streitigkeiten derselben studiert hat, in allen ihren Mitgliedern getreu und eifrig der Religion ihres jedesmaligen Vaterlandes anhängt; daher der Übergang eines Geistlichen der einen Religion oder Konfession zu einer andern die seltenste Sache der Welt ist. So z. B. sehn wir die katholische Geistlichkeit von der Wahrheit aller Sätze ihrer Kirche vollkommen überzeugt und ebenso die protestantische von der der ihrigen, und beide verteidigen die Satzungen ihrer Konfession mit gleichem Eifer. Dennoch richtet diese Überzeugung sich bloß nach dem Lande,

1. Vgl. oben § 115 *[S. 264 und Anmerkung 2]*

wo jeder geboren ist: dem süddeutschen Geistlichen nämlich leuchtet die Wahrheit des katholischen Dogmas vollkommen ein, dem norddeutschen aber die des protestantischen. Wenn nun also dergleichen Überzeugungen auf objektiven Gründen beruhen, so müssen diese Gründe klima-
tisch sein und wie die Pflanzen die einen nur hier, die andern
nur dort gedeihen. Das Volk nun aber nimmt überall auf
Treu und Glauben die Überzeugungen dieser Lokalüber-
zeugten an.

Demopheles: Schadet nicht und macht im wesentlichen keinen Unterschied: auch ist z.B. wirklich der Protestantismus
dem Norden, der Katholizismus dem Süden angemessener.

Philalethes: Es scheint so. Ich aber habe einen höheren Gesichtspunkt gefaßt und behalte einen wichtigeren Gegenstand im Auge, nämlich die Fortschritte der Erkenntnis der
Wahrheit im Menschengeschlecht. Für diese ist es eine er-
schreckliche Sache, daß jedem, wo immer auch er geboren
sei, schon in frühester Jugend gewisse Behauptungen eingeprägt werden, unter der Versicherung, daß er bei Gefahr,
sein ewiges Heil zu verwirken, sie nie in Zweifel ziehn dürfe;
sofern nämlich, als es Behauptungen sind, welche die
Grundlage aller unserer übrigen Erkenntnisse betreffen,
demzufolge für diese den Gesichtspunkt auf immer feststellen und, falls sie selbst falsch sind, ihn auf immer verrücken:
da ferner ihre Folgesätze in das ganze System unserer Erkenntnisse überall eingreifen, wird dann durch sie das gesamte menschliche Wissen durch und durch verfälscht. Dies
belegt jede Literatur, am auffallendesten die des Mittelalters, aber nur zu sehr auch die des 16. und 17. Jahrhunderts – sehn wir doch in allen jenen Zeiten selbst die Geister
ersten Ranges wie gelähmt durch solche falsche[n] Grund-
vorstellungen, besonders aber alle Einsicht in das wahre
Wesen und Wirken der Natur ihnen wie mit einem Brette
vernagelt! Denn während des ganzen christlichen Zeitraums
liegt der Theismus wie ein drückender Alp auf allen geistigen, zumal philosophischen Bestrebungen und hemmt
oder verkümmert jeden Fortschritt. Gott, Teufel, Engel
und Dämonen verdecken den Gelehrten jener Zeiten die

ganze Natur: keine Untersuchung wird zu Ende geführt, keiner Sache auf den Grund gegangen; sondern alles, was über den augenfälligsten Kausalnexus hinausgeht, durch jene Persönlichkeiten alsbald zur Ruhe gebracht, indem es sogleich heißt, wie bei einer solchen Gelegenheit *Pomponatius* sich ausdrückt: ›Certe philosophi nihil verisimile habent ad haec, quare necesse est ad Deum, ad angelos et daemones recurrere.‹ [Sicherlich haben die Philosophen hierzu nichts Wahrscheinliches vorzubringen, weshalb es notwendig ist, auf Gott, auf die Engel und die Dämonen zurückzugehen.] (›De incantationibus‹ cap. 7). Diesen Mann freilich kann man dabei in den Verdacht der Ironie nehmen, da seine Tücke anderweitig bekannt ist: jedoch hat er damit nur die allgemeine Denkungsart seines Zeitalters ausgesprochen. Hatte hingegen wirklich einer die seltene Elastizität des Geistes, welche allein die Fesseln zu sprengen vermag; so wurden seine Schriften, und wohl gar er mit, verbrannt, wie es dem Bruno und Vanini ergangen ist. – Wie völlig gelähmt aber die *gewöhnlichen* Köpfe durch jene frühzeitige metaphysische Zurichtung werden, kann man am grellsten und von der lächerlichen Seite dann sehn, wann ein solcher eine fremde Glaubenslehre zu kritisieren unternimmt. Da findet man ihn in der Regel bloß bemüht, sorgfältig darzutun, daß die Dogmen derselben zu denen seiner eigenen nicht stimmen, indem er mühsam auseinandersetzt, daß in jenen nicht nur nicht dasselbe gesagt, sondern auch ganz gewiß nicht dasselbe gemeint sei wie in denen der seinigen. Damit glaubt er in aller Einfalt, die Falschheit der fremden Glaubenslehre bewiesen zu haben. Es fällt ihm wirklich gar nicht ein, die Frage aufzuwerfen, welche von beiden wohl recht haben möge; sondern seine eigenen Glaubensartikel sind ihm sichere Prinzipien a priori. Ein belustigendes Beispiel dieser Art hat der Reverend Mr. Morrison im 20. Bande des ›Asiatic Journal‹ geliefert, woselbst er die Religion und Philosophie der Chinesen kritisiert – daß es eine Freude ist.

Demopheles: Das ist nun also dein höherer Gesichtspunkt. Aber ich versichere dich, daß es einen noch höheren gibt.

Das ›Primum vivere, deinde philosophari‹ [Erst leben, dann philosophieren] hat einen umfassenderen Sinn als den, der sogleich ins Auge fällt. – Vor allem kommt es darauf an, die rohen und schlechten Gemüter der Menge zu bändigen, um sie vom äußersten Unrecht, von Grausamkeiten, von Gewalt- und Schandtaten abzuhalten. Wenn man nun damit warten wollte, bis sie die Wahrheit erkannt und gefaßt hätten; so käme man unfehlbar zu spät. Denn, gesetzt auch, sie wäre bereits gefunden; so wird sie ihre Fassungskraft übersteigen. Für sie taugt jedenfalls bloß eine allegorische Einkleidung derselben, eine Parabel, ein Mythos. Es muß, wie Kant gesagt hat, eine öffentliche Standarte des Rechts und der Tugend geben, ja diese muß allezeit hoch flattern. Es ist am Ende einerlei, welche heraldische[n] Figuren daraufstehn; wenn sie nur bezeichnen, was gemeint ist. Eine solche Allegorie der Wahrheit ist jederzeit und überall für die Menschheit im Großen ein taugliches Surrogat der ihr doch ewig unzugänglichen Wahrheit selbst und überhaupt der ihr nimmermehr faßlichen Philosophie; zu geschweigen, daß diese täglich ihre Gestalt wechselt und noch in keiner zur allgemeinen Anerkennung gelangt ist. Die praktischen Zwecke also, mein guter Philalethes, gehn in jeder Beziehung den theoretischen vor.

Philalethes: Dies trifft nahe genug mit dem uralten Rat des Pythagoreers Timaios Lokros zusammen: Τὰς ψυχὰς ἀπείργομες ψευδέσι λόγοις, εἴ κα μὴ ἄγηται ἀλαθέσι [Die Seelen zügeln wir durch trügerische Reden, wenn wahre nicht fruchten] (›De anima mundi‹ p.104 D, Stephanus), und fast argwöhne ich, du wolltest nach heutiger Mode mir zu Gemüte führen:

> Doch, guter Freund, die Zeit kommt auch heran,
> Wo wir was Gut's in Ruhe schmausen mögen,
> [Goethe, ›Faust‹ 1, Vers 1090]

und deine Empfehlung laufe darauf hinaus, daß wir beizeiten Sorge tragen sollen, damit alsdann die Wogen der unzufriedenen, tobenden Menge uns nicht bei Tafel stören mögen. Dieser ganze Gesichtspunkt aber ist so falsch, wie

er heutzutage allgemein beliebt und belobt ist; daher ich
mich beeile, Verwahrung dagegen einzulegen. Es ist *falsch*,
daß Staat, Recht und Gesetz nicht ohne Beihülfe der Religion und ihrer Glaubensartikel aufrechterhalten werden
können und daß Justiz und Polizei, um die gesetzliche Ordnung durchzusetzen, der Religion als ihres notwendigen
Komplementes bedürfen. *Falsch* ist es, und wenn es hundertmal wiederholt wird. Denn eine faktische und schlagende
instantia in contrarium [ein Gegenbeispiel] liefern uns die
Alten, zumal die Griechen. Das nämlich, was wir unter *Re-*
ligion verstehn, hatten sie durchaus nicht. Sie hatten keine
heilige[n] Urkunden und kein Dogma, das gelehrt, dessen
Annahme von jedem gefordert und das der Jugend frühzei-
tig eingeprägt worden wäre. – Ebensowenig wurde von den
Dienern der Religion Moral gepredigt oder kümmerten
sich die Priester irgend um die Moralität oder überhaupt
um das Tun und Lassen der Leute. Ganz und gar nicht,
sondern die Pflicht der Priester erstreckte sich bloß auf
Tempelzeremonien, Gebete, Gesänge, Opfer, Prozessionen,
Lustrationen[1] u. dgl. mehr, welches alles nichts weniger als
die moralische Besserung der einzelnen zum Zweck hatte.
Vielmehr bestand die ganze sogenannte Religion bloß darin,
daß vorzüglich in den Städten einige der deorum maiorum
gentium[2] [Götter vornehmeren Geschlechts], hier dieser,
dort jener, *Tempel* hatten, in denen ihnen der besagte Kultus von Staats wegen geleistet wurde, der also im Grunde
Polizeisache war. Kein Mensch, außer den dabei tätigen
Funktionarien, war irgend genötigt, dabei gegenwärtig zu
sein oder auch nur daran zu glauben. Im ganzen Altertum
ist keine Spur von einer Verpflichtung, irgendein Dogma
zu glauben. Bloß, wer die Existenz der Götter öffentlich
leugnete oder sonst sie verunglimpfte, war strafbar: denn
er beleidigte den Staat, der ihnen diente; außerdem aber
blieb jedem überlassen, was er davon halten wollte. Beliebte es einem, sich privatim durch Gebete oder Opfer die

1. [feierliche Reinigungen]
2. [Die zwölf oberen Götter, vgl. Cicero: ›De republica‹ 2, 20, 35;
Livius: ›Ab urbe condita‹ 1, 35, 6 und 47, 7]

Gunst eben jener Götter zu erwerben; so stand ihm dies, auf eigene Kosten und Gefahr, frei: tat er es nicht, so hatte auch kein Mensch etwas dagegen, am wenigsten der Staat. Zu Hause hatte bei den Römern jeder seine eigenen Laren und Penaten, die aber im Grunde bloß die verehrten Bilder seiner Ahnen waren (Apuleius, [›De deo Socratis‹ cap. 15] vol. 2, p. 237 [editio Bipontini]). Von der Unsterblichkeit der Seele und einem Leben nach dem Tode hatten die Alten gar keine feste[n], deutliche[n], am wenigsten dogmatisch fixierte Begriffe, sondern ganz lockere, schwankende, unbestimmte und problematische Vorstellungen, jeder in seiner Weise: und ebenso verschieden, individuell und vage waren auch die Vorstellungen von den Göttern. Also *Religion* in unserm Sinne des Wortes hatten die Alten wirklich nicht. Hat nun aber deswegen bei ihnen Anarchie und Gesetzlosigkeit geherrscht? Ist nicht vielmehr Gesetz und bürgerliche Ordnung so sehr ihr Werk, daß es noch die Grundlage der unserigen ausmacht? War nicht das Eigentum, obwohl es sogar großenteils aus Sklaven bestand, vollkommen gesichert? Und hat dieser Zustand nicht weit über ein Jahrtausend gedauert?

Also kann ich die praktischen Zwecke und die Notwendigkeit der Religion in dem von dir angedeuteten und heutzutage allgemein beliebten Sinne, nämlich als einer unentbehrlichen Grundlage aller gesetzlichen Ordnung nicht anerkennen und muß mich dagegen verwahren. Denn von einem solchen Standpunkt aus würde das reine und heilige Streben nach Licht und Wahrheit wenigstens donquichottisch und, falls es wagen sollte, im Gefühl seines Rechts den Auktoritätsglauben als den Usurpator, der den Thron der Wahrheit in Besitz genommen hat und ihn durch fortgesetzten Trug behauptet, zu denunzieren, als verbrecherisch erscheinen.

Demopheles: Zur Wahrheit steht die Religion aber nicht im Gegensatz; denn sie lehrt selbst die Wahrheit. Nur darf sie, weil ihr Wirkungskreis nicht ein enger Hörsaal, sondern die Welt und die Menschheit im Großen ist, dem Bedürfnisse und der Fassungskraft eines so großen und gemischten

Publikums gemäß, die Wahrheit nicht nackt auftreten lassen oder, ein medizinisches Gleichnis zu gebrauchen, sie nicht unversetzt eingeben, sondern muß sich als eines menstruums[1] eines mythischen Vehikels bedienen. Auch kannst du sie in dieser Hinsicht gewissen chemischen, an sich selbst gasförmigen Stoffen vergleichen, welche man zum offizinellen Gebrauch, wie auch zur Aufbewahrung oder zur Versendung, an eine feste palpable Basis binden muß, weil sie sonst sich verflüchtigen: z. B. das Chlor, welches, zu allen solchen Zwecken, nur in Gestalt der Chlorüren angewandt wird. Im Fall aber, daß die reine und abstrakte, von allem Mythischen freie Wahrheit uns allen, auch den Philosophen, auf immer unerreichbar bleiben sollte; dann wäre sie dem Fluor zu vergleichen, welches für sich allein gar nicht einmal darstellbar ist, sondern nur an andere Stoffe gebunden auftreten kann. Oder – weniger gelehrt: die überhaupt nicht anders als mythisch und allegorisch aussprechbare Wahrheit gliche dem Wasser, welches ohne Gefäß nicht transportabel ist; die Philosophen aber, welche darauf bestehn, sie unversetzt zu besitzen, glichen dem, der das Gefäß zerschlüge, um das Wasser für sich allein zu haben. Vielleicht verhält es sich wirklich so. Jedenfalls aber ist Religion die allegorisch und mythisch ausgesprochene und dadurch der Menschheit im Großen zugänglich und verdaulich gemachte Wahrheit: denn rein und unversetzt könnte sie solche nimmermehr vertragen; wie wir nicht im reinen Oxygen leben können, sondern eines Zusatzes von $^4/_5$ Azot bedürfen. Und ohne Bild geredet: dem Volke kann der tiefe Sinn und das hohe Ziel des Lebens nur *symbolisch* eröffnet und vorgehalten werden, weil es nicht fähig ist, solche im eigentlichen Verstande zu fassen. Philosophie hingegen soll sein wie die Eleusinischen Mysterien für die wenigen, die Auserwählten.

Philalethes: Verstehe schon: die Sache läuft hinaus auf die Wahrheit im Gewande der Lüge. Aber damit tritt sie in eine verderbliche Allianz. Denn was für eine gefährliche

1. [Eig. Flüssigkeit zur Auflösung oder Extraktion chemischer Substanzen; *vgl. Bd. 3, 273, Anmerkung*]

Waffe wird nicht denen in die Hände gegeben, welche die
Befugnis erhalten, sich der Unwahrheit als Vehikels der
Wahrheit zu bedienen! Wenn es so steht, fürchte ich, daß
das Unwahre an der Sache mehr Schaden stiften wird, als
das Wahre je Nutzen. Ja wenn die Allegorie sich eingeständlich als eine solche geben dürfte, da ginge es schon an:
allein das würde ihr allen Respekt und damit alle Wirksamkeit benehmen. Sie muß daher als sensu proprio [im eigentlichen Sinne] wahr sich geltend machen und behaupten;
während sie höchstens sensu allegorico [im allegorischen
Sinne] wahr ist. Hier liegt der unheilbare Schaden, der bleibende Übelstand, welcher Ursache ist, daß die Religion mit
dem unbefangenen edlen Streben nach reiner Wahrheit
stets in Konflikt geraten ist und es immer von neuem wird.

Demopheles: Doch nicht; denn auch dafür ist gesorgt. Darf
gleich die Religion ihre allegorische Natur nicht geradezu
bekennen, so deutet sie solche doch genugsam an.

Philalethes: Und wo denn das?

Demopheles: In ihren Mysterien. Sogar ist ›Mysterium‹ im
Grunde nur der theologische terminus technicus für religiöse Allegorie. Auch haben alle Religionen ihre Mysterien.
Eigentlich ist ein Mysterium ein offenbar absurdes Dogma,
welches jedoch eine hohe, an sich selbst dem gemeinen Verstande der rohen Menge völlig unfaßliche Wahrheit in sich
verbirgt, die nun derselbe in dieser Verhüllung aufnimmt,
auf Treu und Glauben, ohne sich von der auch ihm augenfälligen Absurdität irremachen zu lassen: dadurch nun wird
er des Kerns der Sache, soweit es ihm möglich ist, teilhaft.
Zur Erläuterung kann ich hinzusetzen, daß sogar in der
Philosophie der Gebrauch des Mysteriums versucht worden ist, z.B. wenn *Pascal*, welcher Pietist, Mathematiker
und Philosoph zugleich war, in dieser dreifachen Eigenschaft sagt: ›Gott ist Zentrum überall und nirgends Peripherie.‹ Auch *Malebranche* hat ganz richtig bemerkt: ›La
liberté est un mystère.‹[1] [Die Freiheit ist ein Mysterium.] –
Man könnte weitergehn und behaupten, an den Religionen
sei eigentlich alles Mysterium. Denn die Wahrheit sensu

1. [*Vgl. Bd. 1, S. 548 Anmerkung*]

proprio dem Volke in seiner Roheit beizubringen ist schlechterdings unmöglich: nur ein mythisch-allegorischer Abglanz derselben kann ihm zufallen und es erleuchten. Die nackte Wahrheit gehört nicht vor die Augen des profanen vulgus: nur dicht verschleiert darf sie vor ihm erscheinen. Dieserwegen nun ist es eine ganz unbillige Zumutung an eine Religion, daß sie sensu proprio wahr sein solle, und daher, beiläufig gesagt, sind in unsern Tagen sowohl Rationalisten als Supranaturalisten absurd, indem beide von der Voraussetzung, daß sie es sein müsse, ausgehn, unter welcher dann jene beweisen, daß sie es nicht sei, und diese hartnäckig behaupten, sie sei es; oder vielmehr jene das Allegorische so zuschneiden und zurechtlegen, daß es sensu proprio wahr sein könnte, dann aber eine Platitüde wäre; diese aber es ohne weitere Zurichtung als sensu proprio wahr behaupten wollen – welches doch ohne Ketzergerichte und Scheiterhaufen gar nicht durchzusetzen ist – wie sie wissen sollten. Wirklich hingegen ist Mythos und Allegorie das eigentliche Element der Religion: aber unter dieser wegen der geistigen Beschränktheit des großen Haufens unumgänglichen Bedingung leistet sie dem so unvertilgbaren metaphysischen Bedürfnis des Menschen sehr wohl Genüge und vertritt die Stelle der unendlich schwer und vielleicht nie zu erreichenden reinen philosophischen Wahrheit.

Philalethes: O ja, ungefähr so, wie ein hölzernes Bein die Stelle eines natürlichen vertritt: es füllt sie aus, tut auch notdürftig dessen Dienste, prätendiert dabei, für ein natürliches angesehn zu werden, ist bald mehr, bald weniger künstlich zusammengesetzt usf. Ein Unterschied dagegen ist, daß in der Regel ein natürliches Bein früher dawar als das hölzerne, die Religion hingegen überall der Philosophie den Vorsprung abgewonnen hat.

Demopheles: Mag alles sein; aber für den, der kein natürliches Bein hat, ist ein hölzernes von großem Wert. Du mußt im Auge behalten, daß das metaphysische Bedürfnis des Menschen schlechterdings Befriedigung verlangt, weil der Horizont seiner Gedanken abgeschlossen werden muß, nicht unbegrenzt bleiben darf. Urteilskraft nun aber,

Gründe abzuwiegen und dann zwischen Wahrem und Falschem zu entscheiden, hat der Mensch in der Regel nicht:
zudem läßt die von der Natur und ihrer Not ihm aufgelegte
Arbeit ihm keine Zeit zu derartigen Untersuchungen noch
zu der Bildung, die sie voraussetzen. Also kann bei ihm
nicht die Rede sein von Überzeugung aus Gründen; sondern auf Glauben und Auktorität ist er verwiesen. Selbst
wenn eine wirklich wahre Philosophie die Stelle der Religion eingenommen hätte; so würde sie von allerwenigstens
neun Zehnteln der Menschen doch nur auf Auktorität angenommen werden, also wieder Glaubenssache sein: denn bei
Platons φιλόσοφον πλῆθος ἀδύνατον εἶναι *[vgl. S. 383]*
wird es immerdar bleiben. Auktorität nun aber wird allein
durch Zeit und Umstände begründet; daher wir sie nicht
dem verleihen können, was nichts als Gründe für sich hat:
sonach müssen wir sie dem lassen, was durch den Weltlauf
sie einmal erlangt hat, wenn es auch nur die allegorisch dargestellte Wahrheit ist. Diese nun, auf Auktorität gestützt,
wendet sich zunächst an die eigentlich metaphysische Anlage des Menschen, also an das theoretische Bedürfnis, welches aus dem sich aufdringenden Rätsel unsers Daseins und
aus dem Bewußtsein hervorgeht, daß hinter dem Physischen
der Welt irgendwie ein Metaphysisches stecken müsse, ein
Unwandelbares, welches dem beständigen Wandel zur
Grundlage dient; sodann aber an den Willen, an Furcht und
Hoffnung der in steter Not lebenden Sterblichen: sie schafft
ihnen demnach Götter und Dämonen, die sie anrufen, die
sie besänftigen, die sie gewinnen können; endlich aber auch
wendet sie sich an ihr unleugbar vorhandenes moralisches
Bewußtsein, dem sie Bestätigung und Anhalt von außen
verleiht, eine Stütze, ohne welche dasselbe im Kampfe mit
so vielen Versuchungen sich nicht leicht würde aufrechterhalten können. Eben von dieser Seite gewährt die Religion in den zahllosen und großen Leiden des Lebens eine
unerschöpfliche Quelle des Trostes und der Beruhigung,
welche den Menschen auch im Tode nicht verläßt, vielmehr gerade dann ihre ganze Wirksamkeit entfaltet. Sonach gleicht die Religion dem, der einen Blinden bei der

Hand faßt und leitet, da er nicht selbst sehn kann und es ja nur darauf ankommt, daß er sein Ziel erreiche, nicht, daß er alles sehe.

Philalethes: Diese letztere Seite ist allerdings der Glanzpunkt der Religion. Ist sie eine fraus [ein Betrug], so ist sie wahrlich eine pia fraus[1] [ein frommer Betrug]; das ist nicht zu leugnen. Sonach aber werden uns die Priester zu einem sonderbaren Mittelding von Betrügern und Sittenlehrern. Denn die eigentliche Wahrheit dürfen sie, wie du selbst ganz richtig auseinandergesetzt hast, nicht lehren, auch wenn sie ihnen bekannt wäre – wie sie es nicht ist. Eine wahre Philosophie kann es danach allenfalls geben; aber gar keine wahre Religion: ich meine wahr im wahren und eigentlichen Wortverstande und nicht bloß so durch die Blume oder Allegorie, wie du es geschildert hast, in welchem Sinne vielmehr jede wahr sein wird, nur in verschiedenen Graden. Allerdings aber ist es dem unentwirrbaren Gemische von Wohl und Übel, Redlichkeit und Falschheit, Güte und Bosheit, Edelmut und Niederträchtigkeit, welches die Welt uns durchgängig darbietet, ganz entsprechend, daß die wichtigste, höchste und heiligste Wahrheit nicht anders als mit der Lüge versetzt auftreten kann, ja von dieser, als welche stärker auf die Menschen wirkt, Kraft borgen und von ihr eingeführt werden muß als Offenbarung. Man könnte sogar dies Faktum als Monogramm der moralischen Welt betrachten. Indessen wollen wir die Hoffnung nicht aufgeben, daß die Menschheit dereinst auf den Punkt der Reife und Bildung gelangen wird, wo sie die wahre Philosophie einerseits hervorzubringen und andererseits aufzunehmen vermag. Ist doch simplex sigillum veri *[vgl. S. 285]*; die nackte Wahrheit muß so einfach und faßlich sein, daß man sie in ihrer wahren Gestalt allen muß beibringen können, ohne sie mit Mythen und Fabeln (einem Schwall von Lügen) zu versetzen – d. h. als *Religion* zu vermummen.

Demopheles: Du hast von der elenden Kapazität der Menge keinen ausreichenden Begriff.

Philalethes: Ich spreche es auch nur als Hoffnung aus; aber

1. [Vgl. Ovid: ›Metamorphoses‹ 9, 711]

aufgeben kann ich sie nicht. Dann würde die Wahrheit in
einfacher und faßlicher Gestalt freilich die Religion von dem
Platze herunterstoßen, den sie so lange vikarierend eingenommen, aber eben dadurch jener offengehalten hatte.
Dann nämlich wird die Religion ihren Beruf erfüllt und ihre
Bahn durchlaufen haben: sie kann dann das bis zur Mündigkeit geleitete Geschlecht entlassen, selbst aber in Frieden
dahinscheiden. Dies wird die Euthanasie der Religion sein.
Aber solange sie lebt, hat sie zwei Gesichter: eines der Wahrheit und eines des Truges. Je nachdem man das eine oder
das andere ins Auge faßt, wird man sie lieben oder anfein-
den. Daher muß man sie als ein notwendiges Übel betrachten, dessen Notwendigkeit auf der erbärmlichen Geistes-
schwäche der großen Mehrzahl der Menschen beruht,
welche die Wahrheit zu fassen unfähig ist und daher in
einem dringenden Fall eines Surrogats derselben bedarf.

Demopheles: Wahrhaftig, man sollte denken, daß ihr Philosophen die Wahrheit schon ganz fertig liegen hättet und
es nur noch darauf ankäme, sie zu fassen.

Philalethes: Wenn wir sie nicht haben, so ist dies hauptsächlich dem Drucke zuzuschreiben, unter welchem zu allen
Zeiten und in allen Ländern die Philosophie von der Religion gehalten worden ist. Nicht nur das Aussprechen und
die Mitteilung der Wahrheit, nein, selbst das Denken und
Auffinden derselben hat man unmöglich zu machen gesucht dadurch, daß man in frühester Kindheit die Köpfe
den Priestern zum Bearbeiten in die Hände gab, die nun das
Gleis, in welchem die Grundgedanken sich fortan zu bewegen hatten, so fest hineindrückten, daß solche in der Hauptsache auf die ganze Lebenszeit festgestellt und bestimmt
waren. Erschrecken muß ich bisweilen, wenn ich, zumal
von meinen orientalischen Studien kommend, die Schriften
selbst der vortrefflichsten Köpfe des 16. und 17. Jahrhunderts in die Hand nehme und nun sehe, wie sie überall durch
den jüdischen Grundgedanken paralysiert und von allen
Seiten eingehemmt sind. So zugerichtet ersinne mir einer
die wahre Philosophie!

Demopheles: Und wäre sie übrigens gefunden, diese wahre

Philosophie, so würde darum doch nicht, wie du meinst, die Religion aus der Welt kommen. Denn es kann nicht *eine* Metaphysik für alle geben: der natürliche Unterschied der Geisteskräfte und der hinzukommende ihrer Ausbildung läßt es nimmermehr zu. Die große Mehrzahl der Menschen muß notwendig der schweren körperlichen Arbeit obliegen, die zur Herbeischaffung des endlosen Bedarfs des ganzen Geschlechts unerläßlich erfordert ist: nicht nur läßt ihr dies keine Zeit zur Bildung, zum Lernen, zum Nachdenken; sondern vermöge des entschiedenen Antagonismus zwischen Irritabilität und Sensibilität stumpft die viele und angestrengte körperliche Arbeit den Geist ab, macht ihn schwer, plump, ungelenk und daher unfähig, andere als ganz einfache und palpable Verhältnisse zu fassen. Unter diese Kategorie nun aber fallen wenigstens neun Zehntel des Menschengeschlechts. Einer Metaphysik aber, d. i. einer Rechenschaft über die Welt und unser Dasein bedürfen die Leute darum doch, weil solche zu den natürlichsten Bedürfnissen des Menschen gehört; und zwar einer Volksmetaphysik, welche, um dies sein zu können, gar viele und seltene Eigenschaften vereinigen muß: nämlich eine große Faßlichkeit mit einer gewissen Dunkelheit, ja Undurchdringlichkeit an den rechten Stellen; sodann muß mit ihren Dogmen eine richtige und ausreichende Moral verknüpft sein, vor allem aber muß sie unerschöpflichen Trost im Leiden und im Tode mit sich bringen. Hieraus folgt nun schon, daß sie nur sensu allegorico, nicht sensu proprio wird wahr sein können. Ferner muß sie nun noch die Stütze einer durch hohes Alter, allgemeine Anerkennung, Urkunden, nebst Ton und Vortrag derselben imponierenden Auktorität haben, lauter Eigenschaften, die so unendlich schwer zu vereinigen sind, daß gar mancher, wenn er es erwöge, nicht so bereitwillig mithelfen würde, eine Religion zu unterminieren, sondern bedenken, daß sie der heiligste Schatz des Volkes ist. Wer über die Religion urteilen will, soll stets die Beschaffenheit des großen Haufens, für den sie bestimmt ist, im Auge behalten, also dessen ganze moralische und intellektuelle Niedrigkeit sich vergegenwärtigen. Es ist un-

glaublich, wie weit es hiemit geht und wie beharrlich, selbst
unter der rohesten Hülle monstroser Fabeln und grotesker
Zeremonien, ein Fünklein Wahrheit fortglimmt – so unver-
tilgbar haftend wie der Geruch des Moschus an allem, was
einmal mit ihm in Berührung gewesen ist. Als Erläuterung
hiezu betrachte einerseits die tiefe indische Weisheit, welche
in den Upanischaden niedergelegt ist, und blicke dann auf
den tollen Götzendienst im heutigen Indien, wie er bei
Wallfahrten, Prozessionen und Festen zutage tritt, und auf
das rasende und fratzenhafte Treiben der Saniassis dieser
Zeit. Dennoch aber ist nicht zu leugnen, daß in allen diesen
Rasereien und Fratzen doch noch etwas tief verhüllt liegt,
was mit der erwähnten tiefen Weisheit im Einklang ist oder
einen Reflex derselben abgibt. Es hat aber dieser Zurichtung
bedurft für den brutalen großen Haufen. – Wir haben an
diesem Gegensatz die beiden Pole der Menschheit vor uns:
die Weisheit der einzelnen und die Bestialität der Menge –
welche beide jedoch im Moralischen ihre Übereinstimmung
finden. O wem fällt hier nicht der Spruch des ›Kural‹ ein:
›Das gemeine Volk sieht wie Menschen aus; etwas diesem
Gleiches habe ich nie gesehn‹[1] (Vers 1071). – Der Höherge-
bildete mag immerhin sich die Religion cum grano salis
auslegen; der Gelehrte, der denkende Kopf mag sie in der
Stille gegen eine Philosophie vertauschen. Und paßt doch
sogar hier nicht *eine* Philosophie für alle, sondern eine jede
zieht nach Gesetzen der Wahlverwandtschaft dasjenige
Publikum an sich, dessen Bildung und Geisteskräften sie
angemessen ist. Daher gibt es allezeit eine niedrige Schul-
metaphysik für den gelehrten Plebs und eine höhere für die
Elite – mußte z. B. doch auch Kants hohe Lehre erst für die
Schulen herabgezogen und verdorben werden durch Fries,
Krug, Salat und ähnliche Leute. Kurz: hier gilt so sehr als
irgendwo Goethes ›Eines schickt sich nicht für alle‹ [›Be-
herzigung‹]. Reiner Offenbarungsglaube und reine Metaphysik sind für die beiden Extreme: für die Zwischenstufen
sind eben auch Modifikationen jener beiden wechselseitig
durcheinander in zahllosen Kombinationen und Grada-

1 [*Vgl. S. 100*]

tionen. So erfordert es der unermeßliche Unterschied, den Natur und Bildung zwischen Menschen setzen. Die Religionen erfüllen und beherrschen die Welt, und der große Haufe der Menschheit gehorcht ihnen. Daneben geht langsam die stille Sukzession der Philosophen, welche für die wenigen durch Anlage und Bildung dazu Befähigten an der Enträtselung des großen Geheimnisses arbeiten. Im Durchschnitt bringt jedes Jahrhundert *einen* heran: dieser wird, sobald er als echt befunden worden, stets mit Jubel empfangen und mit Aufmerksamkeit angehört. –

Philalethes: Dieser Gesichtspunkt erinnert mich ernstlich an die von dir schon erwähnten Mysterien der Alten, als welchen die Absicht zum Grunde zu liegen scheint, jenem aus der Verschiedenheit der geistigen Anlagen und der Bildung entspringenden Übelstande abzuhelfen. Ihr Plan dabei war, aus dem großen Haufen der Menschen, welchem die unverschleierte Wahrheit durchaus unzugänglich ist, einige auszusondern, denen man solche bis auf einen gewissen Grad enthüllen durfte, aus diesen aber wieder einige, denen man noch mehr offenbarte, da sie mehr zu fassen vermochten; und so aufwärts bis zu den Epopten[1]. So gab es denn μικρὰ καὶ μείζονα καὶ μέγιστα μυστήρια[2] [kleine und größere und größte Mysterien]. Eine richtige Erkenntnis der intellektuellen Ungleichheit der Menschen lag der Sache zum Grunde.

Demopheles: Gewissermaßen vertritt bei uns die Bildung auf niedern, mittleren und hohen Schulen die verschiedenen Weihen der Mysterien.

Philalethes: Doch nur sehr annäherungsweise, und auch dies nur, solange über Gegenstände des höheren Wissens ausschließlich Latein geschrieben wurde. Aber seitdem das aufgehört hat, werden alle Mysterien profaniert.

Demopheles: Wie dem auch sein möge, so wollte ich hinsichtlich der Religion noch erinnern, daß du sie weniger von der theoretischen und mehr von der praktischen Seite auffassen solltest. Mag immerhin die personifizierte Meta-

1. *[Vgl. S. 267]*
2. *[Vgl. Bd. 1, S. 526]*

physik ihre Feindin, so wird doch die personifizierte Moral ihre Freundin sein. Vielleicht ist in allen Religionen das Metaphysische falsch, aber das Moralische ist in allen wahr: dies ist schon daraus zu vermuten, daß in jenem sie einander sämtlich widerstreiten, in diesem aber alle übereinstimmen –

Philalethes: Welches einen Beleg abgibt zu der logischen Regel, daß aus falschen Prämissen eine wahre Konklusion folgen kann.

Demopheles: Nun so halte dich an die Konklusion und sei stets eingedenk, daß die Religion zwei Seiten hat. Sollte sie auch, bloß von der theoretischen, also intellektualen Seite gesehn, nicht zu Rechte bestehn können; so zeigt sie dagegen von der moralischen Seite sich als das alleinige Lenkungs-, Bändigungs- und Besänftigungsmittel dieser Rasse vernunftbegabter Tiere, deren Verwandtschaft mit dem Affen die mit dem Tiger nicht ausschließt. Zugleich ist sie die in der Regel ausreichende Befriedigung des dumpfen metaphysischen Bedürfnisses derselben. Du scheinst mir keinen ausreichenden Begriff zu haben von dem himmelweiten Unterschied, der tiefen Kluft zwischen deinem gelehrten, denkgeübten und aufgehellten Kopfe und dem dumpfen, ungelenken, trüben und trägen Bewußtsein jener Lasttiere der Menschheit, deren Gedanken die Richtung auf die Sorge für ihren Unterhalt ein für allemal angenommen haben und in einer andern nicht in Bewegung zu setzen sind und deren Muskelkraft so ausschließlich angestrengt wird, daß die Nervenkraft, welche die Intelligenz ausmacht, dabei tief herabsinkt. Dergleichen Leute müssen durchaus etwas Handfestes haben, daran sie sich halten können auf dem schlüpfrigen und dornigen Pfade ihres Lebens, irgendeine schöne Fabel, mittelst welcher Dinge, die ihr roher Verstand schlechterdings nicht anders als im Bild und Gleichnis aufnehmen kann, ihnen beigebracht werden.

Philalethes: Glaubst du, daß Redlichkeit und Tugend Lug und Trug seien, daher man sie durch ein Gewebe von Fabeln beschönigen müsse?

Demopheles: Das sei von mir fern! Aber die Leute müssen etwas haben, woran sie ihr moralisches Gefühl und Handeln

knüpfen. Mit tiefen Erklärungen und feinen Distinktionen
ist ihnen nicht beizukommen. Statt die Wahrheit der Religionen als sensu allegorico zu bezeichnen, könnte man sie,
wie eben auch die Kantische Moraltheologie, Hypothesen
zu praktischem Zwecke oder hodegetische[1] Schemata nennen, Regulative nach Art der physikalischen Hypothesen
von Strömungen der Elektrizität zur Erklärung des Magnetismus oder von Atomen zur Erklärung der chemischen
Verbindungsproportionen[F] usw., welche man sich hütet
als objektiv wahr festzustellen, jedoch davon Gebrauch
macht, um die Erscheinungen in Verbindung zu setzen, da
sie in Hinsicht auf das Resultat und das Experimentieren
ungefähr dasselbe leisten als die Wahrheit selbst. Sie sind
Leitsterne für das Handeln und die subjektive Beruhigung
beim Denken. Wenn du die Religion so auffassest und be-
denkst, daß ihre Zwecke überwiegend praktisch und nur
untergeordnet theoretisch sind, so wird sie dir höchst
achtungswert erscheinen.

Philalethes: Welcher Respekt denn doch am Ende auf dem
Grundsatz beruhen würde, daß der Zweck die Mittel hei-
ligt. Ich fühle jedoch zu einem darauf errichteten Kompromiß keine Neigung. Mag immerhin die Religion ein exzel-
lentes Zähmungs- und Abrichtungsmittel des verkehrten,
stumpfen und boshaften bipedischen[2] Geschlechtes sein, in
den Augen des Freundes der Wahrheit bleibt jede fraus, sei
sie auch noch so pia, verwerflich. Lug und Trug wären doch
ein seltsames Tugendmittel! Die Fahne, zu der ich geschworen habe, ist die Wahrheit: ihr werde ich überall treubleiben
und unbekümmert um den Erfolg kämpfen für Licht und
Wahrheit. Erblicke ich die Religionen in der feindlichen
Reihe, so werde ich – – – –

Demopheles: Da findest du sie aber nicht! Die Religion ist
kein Betrug: sie ist wahr und ist die wichtigste aller Wahrheiten. Weil aber, wie schon gesagt, ihre Lehren so hoher

1. [zum Studium anleitende]
F. Sogar die Pole, [der] Äquator und [die] Parallelen auf dem Firmament
sind dieser Art; am Himmel ist nichts dergleichen: er dreht sich nicht.
2. [zweifüßigen]

Art sind, daß der große Haufe sie nicht unmittelbar fassen könnte; weil, sage ich, das Licht derselben das gemeine Auge blenden würde, so tritt sie in den Schleier der Allegorie gehüllt auf und lehrt das, was nicht geradezu an sich selbst, wohl aber dem hohen darin enthaltenen Sinne nach wahr ist: und so verstanden, ist sie die Wahrheit.

Philalethes: Das ließe sich schon hören – wenn sie nur sich als bloß allegorisch wahr geben dürfte. Allein sie tritt auf mit dem Anspruch, geradezu und im ganz eigentlichen Sinne des Wortes wahr zu sein: darin liegt der Trug, und hier ist es, wo der Freund der Wahrheit sich ihr feindlich entgegenstellen muß.

Demopheles: Aber das ist ja conditio sine qua non [die unerläßliche Bedingung]. Wollte sie eingestehn, daß bloß der allegorische Sinn ihrer Lehren das Wahre daran sei, so würde ihr dies alle Wirksamkeit benehmen, und ihr unschätzbar wohltätiger Einfluß auf das Moralische und Gemütliche im Menschen würde durch solchen Rigorismus verlorengehn. Statt also mit pedantischem Starrsinn darauf zu bestehn, richte den Blick auf ihre großen Leistungen im praktischen Gebiet, im Moralischen, im Gemütlichen, als Lenkerin des Handelns, als Stütze und Trost der leidenden Menschheit im Leben und im Tode. Wie sehr wirst du danach dich hüten, durch theoretische Kritteleien dem Volke etwas zu verdächtigen und dadurch endlich zu entreißen, was ihm eine unerschöpfliche Quelle des Trostes und der Beruhigung ist, deren es so sehr, ja bei seinem härteren Lose mehr als wir bedarf: denn schon darum sollte es schlechthin unantastbar sein.

Philalethes: Mit *dem* Argument hätte man den *Luther* aus dem Felde schlagen können, als er die Ablaßkrämerei angriff: denn wie manchem haben nicht die Ablaßzettel zum unersetzlichen Trost und vollkommener Beruhigung gereicht, so daß er, im vollen Vertrauen auf ein Päckchen derselben, welches er sterbend in der Hand festhielt, überzeugt, ebenso viele Eintrittskarten in alle neun Himmel daran zu haben, mit froher Zuversicht dahinschied. – Was helfen Trost- und Beruhigungsgründe, über welchen beständig das Damoklesschwert der Enttäuschung schwebt! Die Wahrheit, mein Freund, die Wahrheit allein hält Stich, beharrt und bleibt treu; ihr Trost allein ist der solide: sie ist der unzerstörbare Diamant.

Demopheles: Ja wenn ihr die Wahrheit in der Tasche hättet, um uns auf Verlangen damit zu beglücken! Aber was ihr habt, sind eben nur metaphysische Systeme, an denen nichts gewiß ist als das Kopfzerbrechen, welches sie kosten. Ehe man einem etwas nimmt, muß man etwas Besseres an dessen Stelle zu geben haben.

Philalethes: Wenn ich nur das nicht immer hören müßte! Einen von einem Irrtum befreien heißt nicht ihm etwas nehmen, sondern geben: denn die Erkenntnis, daß etwas falsch sei, ist eben eine Wahrheit. Kein Irrtum aber ist unschädlich, sondern jeder wird früher oder später dem, der ihn hegt, Unheil bereiten. Darum betrüge man niemanden, gestehe lieber ein, nicht zu wissen, was man nicht weiß, und überlasse jedem, sich seine Glaubenssätze selbst zu machen. Vielleicht werden sie so übel nicht ausfallen, zumal da sie sich an einander abreiben und gegenseitig rektifizieren werden: jedenfalls wird die Mannigfaltigkeit der Ansichten Toleranz begründen. Die aber, denen Kenntnisse und Fähigkeit beiwohnen, mögen sich an das Studium der Philosophen machen oder wohl gar selbst die Geschichte der Philosophie weiterführen.

Demopheles: Das würde etwas Schönes werden: ein ganzes Volk naturalisierender, sich streitender und eventualiter prügelnder Metaphysiker!

Philalethes: Je nun, etwas Prügel hin und wieder sind die Würze des Lebens oder wenigstens ein gar kleines Übel, wenn verglichen mit Pfaffenherrschaft, Laienplünderung, Ketzerverfolgungen, Inquisitionsgerichten, Kreuzzügen, Religionskriegen, Bartholomäusnächten usw. Das sind denn doch die Erfolge der oktroyierten Volksmetaphysik gewesen: daher bleibe ich dabei, daß vom Dornbusch keine Trauben und von Lug und Trug kein Heil zu erwarten steht.

Demopheles: Wie oft soll ich dir wiederholen, daß die Religion nichts weniger als Lug und Trug, sondern die Wahrheit selbst, nur in mythisch-allegorischem Gewande ist? – Aber hinsichtlich deines Plans, daß jeder sein eigener Religionsstifter sein solle, hatte ich dir noch zu sagen, daß ein solcher Partikularismus ganz und gar der Natur des Menschen widerstreitet und eben daher alle gesellschaftliche Ordnung aufheben würde. Der Mensch ist ein animal metaphysicum [metaphysisches Wesen]; d.h. [er] hat ein überwiegend starkes metaphysisches Bedürfnis: demnach faßt er das Leben vor allem in seiner metaphysischen Bedeutung und will aus dieser alles abgeleitet wissen. Daher ist, so seltsam es bei der Ungewißheit aller Dogmen klingt, die Übereinstimmung in den metaphysischen Grundansichten für ihn die Hauptsache, dermaßen, daß nur unter den hierin Gleichgesinnten echte und dauernde Gemeinschaft möglich ist. Infolge hievon identifizieren und scheiden die Völker sich viel mehr nach den Religionen als nach den Regierungen oder selbst nach den Sprachen. Demgemäß steht das Gebäude der Gesellschaft, der Staat, erst dann vollkommen fest, wann ein allgemein anerkanntes System der Metaphysik ihm zur Unterlage dient. Natürlich kann ein solches nur Volksmetaphysik, d.i. Religion sein. Dasselbe schmilzt aber dann mit der Staatsverfassung und allen gemeinschaftlichen Lebensäußerungen des Volkes, wie auch mit allen feierlichen Akten des Privatlebens zusammen. So war es im alten Indien, so bei den Persern, den Ägyptern, den Juden, auch bei den Griechen und Römern, so ist es noch bei den brahmanischen, buddhaistischen und mohammedanischen Völkern. In China sind zwar drei Glaubenslehren, von welchen gerade die am meisten verbreitete, der Buddhaismus, am wenigsten vom Staate gepflegt wird: jedoch lautet ein in China allgemein geltender und täglich gebrauchter Spruch so: ›Die drei Lehren sind nur *eine*‹, d.h. sie stimmen in der Hauptsache überein. Auch bekennt der Kaiser sich zu allen dreien zugleich und im Verein[1]. Europa endlich ist der *christliche* Staatenbund: das Christentum ist die Basis jedes seiner Glieder und das gemeinschaftliche Band aller, daher auch die Türkei, obgleich in Europa gelegen, eigentlich

1. [*Vgl. Bd. 3, S. 459–463*]

nicht dazugerechnet wird. Dementsprechend sind die europäischen Fürsten es ›von Gottes Gnaden‹ und ist der Papst der Statthalter Gottes, welcher demgemäß, als sein Ansehn am höchsten stand, alle Throne nur als von ihm verliehene Lehen betrachtet haben wollte: dem entsprach auch, daß Erzbischöfe und Bischöfe als solche weltliche Herrschaft hatten, wie noch jetzt in England Sitz und Stimme im Oberhause. Protestantische Herrscher sind als solche Häupter ihrer Kirche: in England war dies noch vor wenig Jahren ein achtzehnjähriges Mädchen[1]. Schon durch den Abfall vom Papste hat die Reformation das europäische Staatengebäude erschüttert, besonders aber hat sie durch Aufhebung der Glaubensgemeinschaft die wahre Einheit Deutschlands aufgelöst, welche daher später, nachdem sie faktisch auseinandergefallen war, durch künstliche, bloß politische Bande wiederhergestellt werden mußte. Du siehst also, wie wesentlich der Glaube und seine Einheit mit der gesellschaftlichen Ordnung und jedem Staate zusammenhängt. Er ist überall die Stütze der Gesetze und der Verfassung, also die Grundlage des geselligen Gebäudes, das sogar schwerlich bestehn könnte, wenn nicht er der Auktorität der Regierung und dem Ansehn des Herrschers Nachdruck verliehe.

Philalethes: O ja, den Fürsten ist der Herrgott der Knecht Ruprecht, mit dem sie die großen Kinder zu Bette jagen, wenn nichts anderes mehr helfen will; daher sie auch viel auf ihn halten. Schon recht – inzwischen möchte ich jedem regierenden Herrn anraten, halbjährlich an einem festbestimmten Tage das 15. Kapitel des ersten Buches Samuelis mit Ernst und Aufmerksamkeit durchzulesen; damit er stets vor Augen behalte, was es auf sich habe: den Thron auf den Altar stützen. Überdies hat, seitdem die ›ultima ratio theologorum‹ [der letzte Beweisgrund der Theologen], der Scheiterhaufen, außer Gebrauch gekommen, jenes Regierungsmittel sehr an Wirksamkeit verloren. Denn, du weißt es, die Religionen sind wie die Leuchtwürmer: sie bedürfen der Dunkelheit, um zu leuchten. Ein gewisser Grad allgemeiner Unwissenheit ist die Bedingung aller Re-

1. [Königin Viktoria]

ligionen, ist das Element, in welchem allein sie leben können. Sobald hingegen Astronomie, Naturwissenschaft, Geologie, Geschichte, Länder- und Völkerkunde ihr Licht allgemein verbreiten und endlich gar die Philosophie zum Worte kommen darf; da muß jeder auf Wunder und Offenbarung gestützte Glaube untergehn, worauf dann die Philosophie seinen Platz einnimmt. In Europa brach gegen das Ende des 15. Jahrhunderts mit der Ankunft gelehrter Neugriechen jener Tag der Erkenntnis und Wissenschaft an, seine Sonne stieg immer höher in dem so ergiebigen 16. und 17. Jahrhundert und zerstreute die Nebel des Mittelalters. In gleichem Maße mußte allmälig die Kirche und der Glaube sinken; daher im 18. Jahrhundert englische und französische Philosophen sich schon direkt gegen dieselben erheben konnten, bis endlich unter Friedrich dem Großen *Kant* kam, der dem religiösen Glauben die bisherige Stütze der Philosophie entzog und die ›ancilla theologiae‹[1] [Magd der Theologie] emanzipierte, indem er die Sache mit deutscher Gründlichkeit und Gelassenheit angriff, wodurch sie eine weniger frivole, aber desto ernsthaftere Miene annahm. Infolge davon sehn wir im 19. Jahrhundert das Christentum sehr geschwächt dastehn, vom ernstlichen Glauben fast ganz verlassen, ja schon um seine eigene Existenz kämpfend; während besorgliche Fürsten ihm durch künstliche Reizmittel aufzuhelfen suchen, wie der Arzt dem Sterbenden durch Moschus. Allein höre hier aus dem Condorcet, ›Des progrès de l'esprit humain‹ eine Stelle, die zur Warnung unserer Zeit geschrieben zu sein scheint: ›Le zèle religieux des philosophes et des grands n'était qu'une dévotion politique: et toute religion, qu'on se permet de défendre comme une croyance qu'il est utile de laisser au peuple, ne peut plus espérer qu'une agonie plus ou moins prolongée.‹ [Der religiöse Eifer der Philosophen und der Großen war nur eine politische Frömmigkeit, und jede Religion, die man als einen Glauben verteidigt, den dem Volke zu lassen nützlich ist, kann nur noch auf ein mehr oder weniger ver-

1. [Nach der Schrift des Robert Baronius: ›Philosophia theologiae ancillans‹; *vgl. Bd. 3, S. 317*]

längertes Hinsterben hoffen.] (épitre 5). – Im ganzen Verlaufe des beschriebenen Hergangs kannst du immer beobachten, daß Glauben und Wissen sich verhalten wie die zwei Schalen einer Waage: in dem Maße, als die eine steigt, sinkt die andere. Ja so empfindlich ist diese Waage, daß sie sogar momentane Einflüsse indiziert: als z. B., im Anfange dieses Jahrhunderts, die Raubzüge französischer Horden unter ihrem Anführer Buonaparte und die große Anstrengung, welche nachher die Austreibung und Züchtigung dieses Raubgesindels erforderte, eine temporäre Vernachlässigung der Wissenschaften und dadurch eine gewisse Abnahme in der allgemeinen Verbreitung der Kenntnisse herbeigeführt hatte, fing sogleich die Kirche wieder an, ihr Haupt zu erheben und der Glaube zeigte sofort eine neue Belebung, die freilich dem Zeitalter gemäß zum Teil nur poetischer Natur war. Hingegen in dem darauffolgenden mehr als dreißigjährigen Frieden hat Muße und Wohlstand den Anbau der Wissenschaften und die Verbreitung der Kenntnisse in seltenem Maße befördert; wovon die Folge der besagte Auflösung drohende Verfall der Religion ist – vielleicht daß sogar der so oft prophezeite Zeitpunkt bald dasein wird, wo diese von der europäischen Menschheit scheidet wie eine Amme, deren Pflege das Kind entwachsen ist, welches nunmehr der Belehrung des Hofmeisters zufällt. Denn ohne Zweifel sind bloße auf Auktorität, Wunder und Offenbarung gestützte Glaubenslehren eine nur dem Kindesalter der Menschheit angemessene Aushülfe: daß aber ein Geschlecht, dessen ganze Dauer nach übereinstimmender Anzeige aller physischen und historischen Data bis jetzt nicht mehr beträgt als ungefähr hundertmal das Leben eines sechzigjährigen Mannes, noch in der ersten Kindheit sich befinde, wird jeder zugeben.

Demopheles: O wenn du doch, statt mit unverhohlenem Wohlgefallen den Untergang des Christentums zu prophezeien, betrachten wolltest, wie unendlich viel die europäische Menschheit dieser ihr aus ihrer wahren alten Heimat, dem Orient, spät nachgefolgten Religion zu verdanken hat! Sie erhielt durch dieselbe eine ihr bis dahin fremde Tendenz

vermöge der Erkenntnis der Grundwahrheit, daß das Leben nicht Selbstzweck sein könne, sondern der wahre
Zweck unsers Daseins jenseit desselben liege. Griechen
und Römer nämlich hatten ihn durchaus *in* das Leben selbst
gesetzt, daher sie in diesem Sinne allerdings blinde Heiden
heißen können. Demgemäß laufen auch alle ihre Tugenden
auf das dem Gemeinwohl Dienliche – das Nützliche – zurück, und Aristoteles sagt ganz naiv: ›Notwendigerweise
müssen *die* Tugenden die größten sein, welche andern die
nützlichsten sind.‹ (Ἀνάγκη δὲ μεγίστας εἶναι ἀρετὰς
τὰς τοῖς ἄλλοις χρησιμωτάτας; ›Rhetorica‹ 1, cap. 9
[p. 1366 b 3].) Daher ist denn auch die Vaterlandsliebe die
höchste Tugend bei den Alten – wiewohl sie eigentlich eine
gar zweideutige ist, indem Beschränktheit, Vorurteil, Eitelkeit und wohlverstandener Eigennutz großen Anteil an ihr
haben. Dicht vor der soeben angeführten Stelle zählt Aristoteles sämtliche Tugenden auf, um sie sodann einzeln zu erläutern. Sie sind: Gerechtigkeit, Mut, Mäßigkeit, Splendidi-
tät (μεγαλοπρέπεια), Großmut, Liberalität, Sanftmut, Vernünftigkeit und Weisheit – wie verschieden von den christlichen! Selbst Platon, der ohne Vergleich transzendenteste
Philosoph des vorchristlichen Altertums, kennt keine höhere Tugend als die Gerechtigkeit, welche sogar nur er allein unbedingt und ihrer selbst wegen empfiehlt; während
bei allen ihren übrigen Philosophen das Ziel aller Tugend
ein glückliches Leben (vita beata) ist und die Moral die
Anleitung zu einem solchen. Von diesem platten und rohen
Aufgehn in einem ephemeren, ungewissen und schalen Dasein befreite das Christentum die europäische Menschheit,

> ... caelumque tueri
> Iussit et erectos ad sidera tollere vultus.
> [... und ließ ihn zum Himmel
> Schauen und zu den Gestirnen das aufrechte Angesicht heben.
> Ovid, ›Metamorphoses‹ 1, 86]

Demgemäß predigte das Christentum nicht bloße Gerechtigkeit, sondern Menschenliebe, Mitleid, Wohltätigkeit,
Versöhnlichkeit, Feindesliebe, Geduld, Demut, Entsagung,

Glaube und Hoffnung. Ja es ging weiter: es lehrte, daß die Welt vom Übel sei und daß wir der Erlösung bedürften; demnach predigte es Weltverachtung, Selbstverleugnung, Keuschheit, Aufgeben des eigenen Willens, d. h. Abwendung vom Leben und dessen trügerischen Genüssen: ja es lehrte die heiligende Kraft des Leidens erkennen, und ein Marterinstrument ist das Symbol des Christentums. – Ich gestehe dir gern zu, daß diese ernste und allein richtige Ansicht des Lebens unter andern Formen in ganz Asien schon Jahrtausende früher verbreitet war, wie sie es unabhängig vom Christentum auch noch jetzt ist: aber für die europäische Menschheit war dieselbe eine neue und große Offenbarung. Denn bekanntlich besteht die Bevölkerung Europas aus verdrängten und verirrten, nach und nach eingetroffenen asiatischen Stämmen, welchen auf der weiten Wanderung ihre heimatliche Urreligion und damit die richtige Lebensansicht verlorengegangen war; daher sie alsdann im neuen Klima sich eigene und ziemlich rohe Religionen bildeten, hauptsächlich die druidische [der Kelten], die odinische [der Germanen] und die griechische, deren metaphysischer Gehalt gering und gar seicht war. – Inzwischen entwickelte sich bei den Griechen ein ganz spezieller, man möchte sagen: instinktartiger, ihnen allein unter allen Völkern der Erde, die je gewesen sind, eigener feiner und richtiger Schönheitssinn: daher nahm im Munde ihrer Dichter und unter den Händen ihrer Bildner ihre Mythologie eine überaus schöne und ergötzliche Gestalt an. Hingegen die ernste, wahre und tiefe Bedeutung des Lebens war Griechen und Römern verlorengegangen: sie lebten dahin wie große Kinder, bis das Christentum kam und sie zum Ernst des Lebens zurückrief.

Philalethes: Und um den Erfolg zu beurteilen, brauchen wir nur das Altertum mit dem darauffolgenden Mittelalter zu vergleichen, etwan das Zeitalter des Perikles mit dem 14. Jahrhundert. Kaum glaubt man in beiden dieselbe Art von Wesen vor sich zu haben: dort die schönste Entfaltung der Humanität, vortreffliche Staatseinrichtungen, weise Gesetze, klug verteilte Magistraturen, vernünftig geregelte

Freiheit, sämtliche Künste, nebst Poesie und Philosophie, auf ihrem Gipfel, Werke schaffend, die noch nach Jahrtausenden als unerreichte Muster, beinahe als Werke höherer Wesen, denen wir es nie gleichtun können, dastehn, und dabei das Leben durch die edelste Geselligkeit verschönert, wie das ›Gastmahl‹ des Xenophon sie uns abschattet. Und nun sieh hieher, wenn du es vermagst – siehe die Zeit, da die Kirche die Geister und die Gewalt die Leiber gefesselt hatte, damit Ritter und Pfaffen ihrem gemeinsamen Lasttiere, dem dritten Stande, die ganze Bürde des Lebens auflegen konnten. Da findest du Faustrecht, Feudalismus und Fanatismus in engem Bunde und in ihrem Gefolge greueliche Unwissenheit und Geistesfinsternis, ihr entsprechende Intoleranz, Glaubenszwiste, Religionskriege, Kreuzzüge, Ketzerverfolgungen und Inquisitionen; als Form der Geselligkeit aber das aus Roheit und Geckerei zusammengeflickte Ritterwesen mit seinen pedantisch ausgebildeten und in ein System gebrachten Fratzen und Flausen, mit degradierendem Aberglauben und affenwürdiger Weiberveneration, von der ein noch vorhandener Rest, die Galanterie, mit wohlverdienter Weiberarroganz bezahlt wird und allen Asiaten dauernden Stoff zu einem Lachen gibt, in welches die Griechen miteingestimmt haben würden. Im goldenen Mittelalter freilich ging das Ding bis zum förmlichen und methodischen Frauendienst mit auferlegten Heldentaten, ›cours d'amour‹[1], schwülstigem Troubadoursgesang usw.; wiewohl zu bemerken ist, daß diese letzteren Possen, die denn doch eine intellektuelle Seite haben, hauptsächlich in Frankreich zu Hause waren; während bei den materiellen und stumpfen Deutschen die Ritter mehr im Saufen und Rauben sich hervortaten: Humpen und Raubschlösser waren ihre Sache; an den Höfen freilich fehlte es auch nicht an einiger faden Minnesängerei. Wodurch nun hatte die Szene so gewechselt? – durch Völkerwanderung und Christentum.

Demopheles: Gut, daß du daran erinnerst. Die Völkerwanderung war die Quelle des Übels und das Christentum der

1. [Sog. Minnegerichte, die unter weiblichem Richterspruch erotische und poetische Fragen abhandelten.]

Damm, an dem es sich brach. Eben für die durch die Flut
der Völkerwanderung herangeschwemmten rohen wilden
Horden wurde das Christentum zunächst das Bändigungs-
und Zähmungsmittel. Der rohe Mensch muß zuerst nieder-
knien, Verehrung und Gehorsam erlernen: danach erst
kann man ihn zivilisieren. Dies leistete, wie in Irland St.
Patricius, so in Deutschland Winfried der Sachs' und ward
ein wahrer Bonifatius. Die Völkerwanderung, dieses letzte
Nachrücken asiatischer Stämme nach Europa, dem nur
noch fruchtlose Versuche der Art unter Attila, Dschin-
giz-Chan und Timur und, als komisches Nachspiel, die Zi-
geuner gefolgt sind – die Völkerwanderung war es, welche
die Humanität des Altertums weggeschwemmt hatte: das
Christentum aber war gerade das der Roheit entgegenwir-
kende Prinzip; wie selbst noch späterhin das ganze Mittelalter hindurch die Kirche mit ihrer Hierarchie höchst nötig
war, der Roheit und Barbarei der physischen Gewalthaber,
der Fürsten und Ritter, Schranken zu setzen: sie wurde der
Eisbrecher dieser mächtigen Schollen. Jedoch ist ja überhaupt
der Zweck des Christentums nicht sowohl, dieses Leben angenehm, als vielmehr, uns eines bessern würdig zu machen:
über diese Spanne Zeit, über diesen flüchtigen Traum sieht
es weg, um uns dem ewigen Heile zuzuführen. Seine Tendenz ist ethisch im allerhöchsten bis dahin in Europa nicht
gekannten Sinne des Worts; wie ich dir ja schon durch Zusammenstellung der Moral und Religion der Alten mit der
christlichen bemerklich gemacht habe.

Philalethes: Mit Recht, soweit es die Theorie betrifft: aber
sieh die Praxis an. Unstreitig waren im Vergleich mit den
folgenden christlichen Jahrhunderten die Alten weniger
grausam als das Mittelalter mit seinen gesuchten Todes-
martern und Scheiterhaufen ohne Zahl; ferner waren die
Alten sehr duldsam, hielten besonders viel auf Gerechtigkeit, opferten sich häufig fürs Vaterland, zeigten edelmütige
Züge jeder Art und eine so echte Humanität, daß bis auf
den heutigen Tag die Bekanntschaft mit ihrem Tun und
Denken Humanitätsstudium heißt. Religionskriege, Reli-
gionsmetzeleien, Kreuzzüge, Inquisition, nebst andern Ket-

zergerichten, Ausrottung der Urbevölkerung Amerikas und
Einführung afrikanischer Sklaven an ihre Stelle – waren
Früchte des Christentums, und nichts ihnen Analoges oder
die Waage Haltendes ist bei den Alten zu finden: denn die
Sklaven der Alten, die ›familia‹, die ›vernae‹, ein zufriedenes,
dem Herrn treuergebenes Geschlecht, sind von den unglück-
seligen die Menschheit anklagenden Negern der Zuckerplan-
tagen so weit verschieden wie ihre beiderseitigen Farben. Die
allerdings tadelnswerte Toleranz der Päderastie, welche man
hauptsächlich der Moral der Alten vorwirft, ist, gegen die
angeführten christlichen Greuel gehalten, eine Kleinigkeit,
und ist solche auch bei den Neueren lange nicht in dem
Maße seltener geworden, als sie weniger zum Vorschein
kommt. Kannst du, alles wohlerwogen, behaupten, daß
durch das Christentum die Menschheit wirklich moralisch
besser geworden sei?

Demopheles: Wenn der Erfolg nicht überall der Reinheit und
Richtigkeit der Lehre entsprochen hat, so mag es daher
kommen, daß diese Lehre zu edel, zu erhaben für die
Menschheit gewesen ist, mithin dieser das Ziel zu hoch ge-
steckt war: der heidnischen Moral nachzukommen war
freilich leichter, wie eben auch der mohammedanischen.
Sodann steht überall gerade das Erhabenste am meisten dem
Mißbrauch und Betruge offen: abusus optimi pessimus [der
Mißbrauch des Besten ist der schlimmste]; daher haben
denn auch jene hohen Lehren mitunter dem abscheulichsten
Treiben und wahren Untaten zum Vorwande gedient. – Der
Untergang der alten Staatseinrichtungen aber, wie auch der
Künste und Wissenschaften der alten Welt ist, wie gesagt,
dem Eindringen fremder Barbaren zuzuschreiben. Daß danach Unwissenheit und Roheit die Oberhand gewannen und
als Folge hievon Gewalt und Betrug sich der Herrschaft be-
mächtigten, so daß Ritter und Pfaffen auf der Menschheit
lasteten, war unausbleiblich. Zum Teil ist es jedoch auch
daraus erklärlich, daß die neue Religion statt des zeitlichen
das ewige Heil suchen lehrte, die Einfalt des Herzens dem
Wissen des Kopfes vorzog und allen weltlichen Genüssen,
welchen ja auch die Wissenschaften und Künste dienen, ab-

hold war. Soweit jedoch letztere sich der Religion dienstbar machten, wurden sie befördert und erlangten einen gewissen Flor.

Philalethes: In gar engem Bereich! Die Wissenschaften aber waren verdächtige Gesellen und wurden als solche in Schranken gehalten; hingegen die liebe Unwissenheit, dieses den Glaubenslehren so notwendige Element, wurde sorgfältig gepflegt.

Demopheles: Und doch wurde, was die Menschheit bis dahin an Wissen sich erworben und in den Schriften der Alten niedergelegt hatte, allein durch die Geistlichkeit, zumal in den Klöstern, vom Untergange gerettet. O wie wäre es nach der Völkerwanderung gekommen, wenn das Christentum nicht kurz zuvor eingetreten wäre!

Philalethes: Es würde wirklich eine höchst nützliche Untersuchung sein, wenn man einmal mit größter Unbefangenheit und Kälte die durch die Religionen erlangten Vorteile und die durch dieselben herbeigeführten Nachteile unparteiisch, genau und richtig gegen einander abzuwägen versuchte. Dazu bedarf es freilich einer viel größeren Menge historischer und psychologischer Data, als uns beiden zu Gebote stehn. Akademien könnten es zum Gegenstand einer Preisfrage machen.

Demopheles: Werden sich hüten.

Philalethes: Mich wundert, daß du das sagst: denn es ist ein schlimmes Zeichen für die Religionen. Übrigens aber gibt es ja auch Akademien, bei deren Fragen die stillschweigende Bedingung ist, daß den Preis erhält, wer am besten ihnen nach dem Maule zu reden versteht. – Wenn nur zunächst ein Statistiker uns angeben könnte, wie viele Verbrechen alljährlich aus religiösen Motiven unterbleiben und wie viele aus andern! Der ersteren werden gar wenige sein. Denn wenn einer sich versucht fühlt, ein Verbrechen zu begehn, da ist zuverlässig das erste, was sich dem Gedanken daran entgegenstellt, die darauf gesetzte Strafe und die Wahrscheinlichkeit, von ihr erreicht zu werden; danach aber kommt als das zweite die Gefahr für seine Ehre in Betracht. An diesen beiden Anstößen wird er, wenn ich nicht irre,

stundenlang ruminieren, ehe ihm die religiösen Rücksichten auch nur einfallen. Ist er aber über jene beiden ersten
Schutzwehren gegen das Verbrechen hinweggekommen, so
glaube ich, daß höchst selten die Religion *allein* ihn noch abhalten wird.

Demopheles: Ich aber glaube, daß sie es recht oft wird; zumal wenn ihr Einfluß schon durch das Medium der Gewohnheit wirkt, so daß der Mensch vor großen Übeltaten sogleich
zurückbebt. Der frühe Eindruck haftet. Bedenke zur Erläuterung, wie viele, namentlich vom Adel, ihr gegebenes Versprechen oft mit schweren Opfern erfüllen, ganz allein dadurch bestimmt, daß in der Kindheit ihnen der Vater mit
ernster Miene oft vorgesagt hat: ›Ein Mann von Ehre – oder
ein gentleman – oder ein Kavalier – hält stets und unverbrüchlich sein Wort.‹

Philalethes: Ohne eine gewisse angeborene probitas [Rechtschaffenheit] wirkt auch das nicht. Du darfst überhaupt
nicht der Religion zuschreiben, was Folge der angeborenen
Güte des Charakters ist, vermöge welcher sein Mitleid mit
dem, den das Verbrechen treffen würde, ihn davon abhält.
Dies ist das echte moralische Motiv und als solches von allen
Religionen unabhängig.

Demopheles: Selbst dieses aber wirkt bei dem großen Haufen selten ohne Einkleidung in religiöse Motive, durch die
es jedenfalls verstärkt wird. Jedoch auch ohne solche natürliche Unterlage verhüten oft die religiösen Motive für sich
allein die Verbrechen: auch darf dies uns beim Volke nicht
wundern, wenn wir ja sehn, daß sogar Leute von hoher Bildung bisweilen unter dem Einfluß, nicht etwan religiöser
Motive, denen doch immer die Wahrheit wenigstens allegorisch zum Grunde liegt, sondern selbst des absurdesten
Aberglaubens stehn und ihr Leben lang sich von ihm lenken
lassen, z. B. freitags nichts unternehmen, nicht zu dreizehn
am Tische sitzen, zufälligen ominibus [Vorzeichen] gehorchen, u. dgl. mehr, wie viel mehr das Volk! Du vermagst
nur nicht genugsam dich in die große Beschränktheit roher
Geister hineinzudenken: es sieht darin gar finster aus, zumal
wenn wie nur zu oft ein schlechtes, ungerechtes, boshaftes

Herz die Grundlage bildet. Dergleichen Menschen, welche die Masse des Geschlechts ausmachen, muß man einstweilen lenken und bändigen, wie man kann, und geschehe es durch wirklich superstitiose[1] Motive, bis sie für richtigere und bessere empfänglich werden. Von der direkten Wirkung der Religion zeugt aber z. B., daß gar oft, namentlich in Italien, ein Dieb das Gestohlene durch seinen Beichtvater zurückstellen läßt; weil nämlich dieser solches zur Bedingung der Absolution macht. Sodann denke an den Eid, bei welchem ja die Religion den entschiedensten Einfluß zeigt; sei es nun, weil dabei der Mensch sich ausdrücklich auf den Standpunkt eines bloß *moralischen Wesens* gestellt und als solches feierlich angerufen sieht – so scheint man es in Frankreich zu nehmen, wo die Eidesformel bloß ist: ›Je le jure‹ [Ich schwöre es], und ebenso nimmt man es mit den Quäkern, indem man ihr feierliches Ja oder Nein statt des Eides gelten läßt – oder sei es, daß er wirklich an die Verwirkung seiner ewigen Seligkeit glaubt, die er dabei ausspricht – welcher Glaube auch dann wohl nur die Einkleidung des ersteren Gefühls ist. Jedenfalls aber sind die religiösen Vorstellungen das Mittel, seine moralische Natur zu wecken und hervorzurufen. Wie oft sind nicht zugeschobene falsche Eide zuerst angenommen, aber, wenn es zur Sache kam, plötzlich verweigert worden; wodurch dann Wahrheit und Recht den Sieg erlangten.

Philalethes: Und noch öfter sind falsche Eide wirklich geschworen worden, wodurch Wahrheit und Recht bei deutlicher Mitwissenheit aller Zeugen des Akts mit Füßen getreten wurden. Der Eid ist die metaphysische Eselsbrücke der Juristen: sie sollten sie so selten als irgend möglich betreten. Wenn es aber unvermeidlich ist, da sollte es mit größter Feierlichkeit, nie ohne Gegenwart des Geistlichen, ja sogar in der Kirche oder in einer dem Gerichtshofe beigegebenen Kapelle geschehn. In höchst verdächtigen Fällen ist es zweckmäßig, sogar die Schuljugend dabei gegenwärtig sein zu lassen. Die französische abstrakte Eidesformel taugt eben darum gar nichts: das Abstrahieren vom gegebenen Positiven sollte dem eigenen Gedankengange eines

1. [abergläubische]

jeden, dem Grade seiner Bildung gemäß, überlassen bleiben. – Inzwischen hast du recht, den Eid als unleugbares
Beispiel praktischer Wirksamkeit der Religion anzuführen.
Daß jedoch diese auch außerdem weit reicht, muß ich, trotz
allem, was du gesagt hast, bezweifeln. Denke dir einmal, es
würden jetzt plötzlich durch öffentliche Proklamation alle
Kriminalgesetze aufgehoben erklärt; so glaube ich, daß weder du noch ich den Mut hätten, unter dem Schutz der religiösen Motive auch nur von hier allein nach Hause zu gehn.
Würde hingegen auf gleiche Weise alle Religion für unwahr
erklärt, so würden wir unter dem Schutze der Gesetze
allein ohne sonderliche Vermehrung unserer Besorgnisse und
Vorsichtsmaßregeln nach wie vor leben. – Aber ich will dir
mehr sagen: die Religionen haben sehr häufig einen entschieden demoralisierenden Einfluß. Im allgemeinen ließe
sich behaupten, daß, was den Pflichten gegen Gott beigelegt wird, den Pflichten gegen die Menschen entzogen wird,
indem es sehr bequem ist, den Mangel des Wohlverhaltens
gegen diese durch Adulation[1] gegen jenen zu ersetzen. Demgemäß sehn wir in allen Zeiten und Ländern die große
Mehrzahl der Menschen es viel leichter finden, den Himmel
durch Gebete zu erbetteln als durch Handlungen zu verdienen. In jeder Religion kommt es bald dahin, daß für die
nächsten Gegenstände des göttlichen Willens nicht sowohl
moralische Handlungen als Glaube, Tempelzeremonien und
Latreia[2] mancherlei Art ausgegeben werden; ja allmälig
werden die letzteren, zumal wann sie mit Emolumenten der
Priester verknüpft sind, auch als Surrogate der ersteren betrachtet; Tieropfer im Tempel oder Messelesenlassen oder
Errichtung von Kapellen oder Kreuzen am Wege sind bald
die verdienstlichsten Werke, so daß selbst grobe Verbrechen durch sie gesühnt werden, wie auch durch Buße, Un-
terwerfung der Priesterauktorität, Beichte, Pilgerfahrten,
Donationen an die Tempel und ihre Priester, Klosterbauten
u. dgl. mehr, wodurch zuletzt die Priester fast nur noch als
die Vermittler des Handels mit bestechlichen Göttern er-

1. [kriecherische Schmeichelei]
2. [gottesdienstliche Handlung]

scheinen. Und wenn es auch so weit nicht kommt: wo ist die Religion, deren Bekenner nicht wenigstens Gebete, Lobgesänge und mancherlei Andachtsübungen für einen wenigstens teilweisen Ersatz des moralischen Wandels halten? Sieh z. B. nach England, wo dreister Pfaffentrug den von Konstantin dem Großen in Opposition zum Judensabbat eingesetzten christlichen Sonntag dennoch lügenhafterweise mit jenem sogar dem Namen nach identifiziert, um Jehovas Satzungen für den Sabbat (d. h. den Tag, da die von sechstägiger Arbeit ermüdete Allmacht sich ausruhen mußte, weshalb er *wesentlich der letzte* Tag der Woche ist) zu übertragen auf den Sonntag der Christen, den diem solis, diesen ersten die Woche glorreich eröffnenden Tag, diesen Tag der Andacht und Freude. Infolge dieses Unterschleifs ist denn in England das ›sabbath-breaking‹ [Sabbatbrechen] oder ›the desecration of the sabbath‹ [die Entheiligung des Sabbats], d. h. jede, auch die leichteste nützliche oder angenehme Beschäftigung, jedes Spiel, jede Musik, jeder Strickstrumpf, jedes weltliche Buch am Sonntage den schweren Sünden beigezählt. Muß da nicht der gemeine Mann glauben, daß, wenn er nur allezeit, wie ihm seine geistlichen Lenker vorsagen, ›a strict observance of the holy sabbath, and a regular attendance on divine service‹ [eine strenge Einhaltung des heiligen Sabbats und einen regelmäßigen Besuch des Gottesdienstes] beobachtet, d. h. wenn er nur am Sonntage unverbrüchlich, recht gründlich faulenzt und nicht verfehlt, zwei Stunden in der Kirche zu sitzen, um dieselbe Litanei zum tausendsten Male anzuhören und a tempo mitzuplappern – er dafür wohl anderweitig auf Nachsicht mit diesem und jenem, was er sich gelegentlich erlaubt, rechnen darf? Jene Teufel in Menschengestalt, die Sklavenhalter und Sklavenhändler in den nordamerikanischen Freistaaten (sollte heißen: Sklavereistaaten) sind in der Regel orthodoxe und fromme Anglikaner, die es für schwere Sünde halten würden, am Sonntag zu arbeiten, und im Vertrauen hierauf und auf ihren pünktlichen Kirchenbesuch usw. ihre ewige Seligkeit hoffen. – Der demoralisierende Einfluß der Religionen ist also weniger problematisch als der

moralisierende. Wie groß und gewiß müßte hingegen nicht
dieser sein, um einen Ersatz zu bieten für die Greuel, welche
die Religionen, namentlich die christliche und mohammedanische, hervorgerufen, und den Jammer, welchen sie über
die Welt gebracht haben! Denke an den Fanatismus, an die
endlosen Verfolgungen, zunächst an die Religionskriege,
diesen blutigen Wahnsinn, von dem die Alten keinen Begriff hatten; dann an die Kreuzzüge, die ein zweihundert-
jähriges, ganz unverantwortliches Gemetzel mit dem Feld-
geschrei: ›Gott will es!‹ waren, um das Grab dessen, der
Liebe und Duldung gepredigt hat, zu erobern; denke an die
grausame Vertreibung und Ausrottung der Mauren und
Juden aus Spanien; denke an die Bluthochzeiten, an die Inquisitionen und andern Ketzergerichte, nicht weniger an
die blutigen und großen Eroberungen der Mohammedaner
in drei Weltteilen; dann aber auch an die der Christen in
Amerika, dessen Bewohner sie größtenteils, auf Kuba sogar
gänzlich ausgerottet und (nach Las Casas) binnen vierzig
Jahren zwölf Millionen Menschen gemordet haben, versteht sich: alles ›in maiorem Dei gloriam‹[1] [zum größeren
Ruhme Gottes] und zum Behuf der Verbreitung des Evangeliums und weil überdies, was nicht Christ war, auch
nicht als Mensch angesehn wurde. Zwar habe ich diese
Dinge schon vorhin berührt: aber wenn noch in unsern Tagen ›Neueste Nachrichten aus dem Reiche Gottes‹[2] gedruckt werden, wollen auch wir nicht müde werden, diese
älteren Nachrichten in Erinnerung zu bringen. Besonders
laß uns Indien nicht vergessen, diesen heiligen Boden, diese
Wiege des Menschengeschlechts, wenigstens der Rasse,
welcher wir angehören, woselbst zuerst Mohammedaner
und nachher Christen auf das greuelichste gegen die Anhänger des heiligen Urglaubens der Menschheit gewütet
haben und die ewig beklagenswerte, mutwillige und grausame Zerstörung und Verunstaltung urältester Tempel und

1. [Dies ist nach den ›Canones concilii Tridentini‹ der Wahlspruch
der Jesuiten]
2. Zeitschrift, welche über die Leistungen der Missionen berichtet.
[Der 40. Jahrgang derselben ist 1856 erschienen.]

Götterbilder noch jetzt die Spuren des monotheistischen
Wütens der Mohammedaner uns vorhält, wie es von Mahmud, dem Ghasnewiden, verfluchten Andenkens, an bis zum
Aureng-Zeb [Awreng-Siib], dem Brudermörder, herab betrieben wurde, welchen nachher es gleich zu tun die portu-
giesischen Christen sich treulich bemüht haben, sowohl
durch Tempelzerstörungen als durch Autodafés der Inquisition zu Goa. Auch das auserwählte Volk Gottes laß uns
nicht vergessen, welches, nachdem es in Ägypten auf Jehovas ausdrücklichen Spezialbefehl seinen alten zutrauens-
vollen Freunden die dargeliehenen goldenen und silbernen
Gefäße gestohlen hatte, nunmehr, den Mörder Moses an der
Spitze, seinen Mord- und Raubzug ins Gelobte Land antrat[F],

[F]. *Tacitus* (›Historiae‹ lib. 5, cap. 2) und *Justinus* ([nach Pompeius
Trogus, ›Historiae Philippicae‹] lib. 36, cap. 2) haben uns die historische
Grundlage des Exodus hinterlassen, welche so belehrend wie ergötzlich zu lesen ist und aus der wir entnehmen können, wie es um die
historische Grundlage der übrigen Bücher des Alten Testaments
steht. Dort (am angeführten Orte) ersehn wir, daß der Pharao das
eingeschlichene, unflätige, mit schmutzigen Krankheiten (scabies
[Aussatz], welche Ansteckung drohten) behaftete Judenvolk nicht
länger im reinen Ägypten dulden wollte, also sie auf Schiffe bringen
und auf die arabische Küste abwerfen ließ. Daß ihnen ein Detachement
Ägypter nachgesandt worden, ist richtig, jedoch nicht, um die pretiösen Kerle, die man ja exportierte, zurückzubringen, sondern um
ihnen abzunehmen, was sie *gestohlen* hatten – *gestohlen* nämlich hatten
sie goldene Gefäße aus den Tempeln: wer würde aus solchem Gesindel etwas borgen! – Auch ist wahr, daß besagtes Detachement
durch ein Naturereignis vernichtet worden ist. – Auf der arabischen
Küste war großer Mangel – zunächst an Wasser. Da trat ein verwe-
gener Kerl auf und erbot sich, alles zu schaffen, wenn man ihm folgen
und gehorchen wolle. Er hatte wilde Esel gesehn usw. – Ich betrachte
dies als die historische Grundlage, weil es offenbar die Prosa ist, auf
welche die Poesie des Exodus gebaut worden. Wenn auch dabei Iu-
stinus (d. i. Pompeius Trogus) einmal einen gewaltigen Anachronismus (d. h. nach *unsern* Annahmen, die sich auf den Exodus gründen)
begeht, so macht mich dies nicht irre; denn hundert Anachronismen
sind mir noch nicht so bedenklich wie ein einziges Mirakel. – Auch ersehn wir aus den beiden angeführten römischen Klassikern, wie sehr
zu allen Zeiten und bei allen Völkern die Juden verabscheut und verachtet gewesen sind: zum Teil mag dies daher stammen, daß sie das
einzige Volk auf Erden waren, welches dem Menschen kein Dasein
über dieses Leben hinaus zuschrieb, daher als Vieh betrachtet wurde,
Auswurf der Menschheit – aber große Meister im Lügen.

um es als ›Land der Verheißung‹ auf desselben Jehovas ausdrücklichen, stets wiederholten Befehl, nur ja kein Mitleid
zu kennen, unter völlig schonungslosem Morden und Aus-
rotten aller Bewohner, selbst der Weiber und Kinder (Josua,
Kap. 10 und 11), den rechtmäßigen Besitzern zu entreißen –
weil sie eben nicht beschnitten waren und den Jehova nicht
kannten, welches Grund genug war, alle Greuel gegen sie zu
rechtfertigen; wie ja aus demselben Grunde auch früher die
infame Schurkerei des Patriarchen Jakob und seiner Auserwählten gegen Hemor, den König von Salem, und sein Volk
uns (1. Mos. 34) ganz glorreich erzählt wird, weil ja eben
die Leute Ungläubige waren[H]. Wahrlich, dies ist die
schlimmste Seite der Religionen, daß die Gläubigen einer
jeden gegen die aller andern sich alles erlaubt halten und
daher mit der äußersten Ruchlosigkeit und Grausamkeit gegen sie verfahren: so die Mohammedaner gegen Christen
und Hindu; die Christen gegen Hindu, Mohammedaner,
amerikanische Völker, Neger, Juden, Ketzer usf. Doch gehe
ich vielleicht zu weit, wenn ich sage: *alle* Religionen; denn
zur Steuer der Wahrheit muß ich hinzufügen, daß die aus

[H]. Wer, ohne hebräisch zu verstehen, wissen will, was das Alte Testament sei, muß es in der Septuaginta lesen als der richtigsten, ech-
testen und zugleich schönsten aller Übersetzungen: da hat es einen
ganz andern Ton und Farbe. Der Stil der Septuaginta ist meistens zugleich edel und naiv, hat auch nichts Kirchliches und keine Ahndung
vom Christlichen: dagegen gehalten, erscheint die Lutherische Übersetzung zugleich gemein und fromm, ist auch oft unrichtig, bisweilen
wohl mit Absicht, und durchaus im kirchlichen, erbaulichen Ton gehalten. In den oben angeführten Stellen hat Luther sich Milderungen
erlaubt, die man Fälschungen nennen könnte: wo er ›verbannen‹
setzt, steht ἐφόνευσαν [sie töteten; vgl. Josua 10,37] u. dgl. mehr.
    Übrigens ist der Eindruck, den das Studium der Septuaginta bei
mir nachgelassen hat, eine herzliche Liebe und innige Verehrung des
μέγας βασιλεὺς Ναβουχοδονόσορ [großen Königs Nebukadnezar],
wenn er auch etwas zu gelinde verfahren ist mit einem Volke, welches sich einen Gott hielt, der ihm die Länder seiner Nachbarn schenkte
oder verhieß, in deren Besitz es sich dann durch Rauben und Morden
setzte, und dann dem Gotte einen Tempel darin baute. Möge jedes
Volk, das sich einen Gott hält, der die Nachbarländer zu ›Ländern der
Verheißung‹ macht, rechtzeitig seinen Nebukadnezar finden und seinen Antiochos Epiphanes dazu und weiter keine Umstände mit ihm
gemacht werden!

diesem Grundsatz entsprungenen fanatischen Greuel uns eigentlich doch nur von den Anhängern der monotheistischen Religionen, also allein des Judentums und seiner zwei Verzweigungen, Christentum und Islam, bekannt sind. Von Hindu und Buddhaisten wird dergleichen uns nicht berichtet. Obwohl wir nämlich wissen, daß der Buddhaismus etwan im 5. Jahrhundert unserer Zeitrechnung aus seiner ursprünglichen Heimat, der vordersten Halbinsel Indiens, von den Brahmanen vertrieben worden ist, wonach er sich über ganz Asien ausgebreitet hat; so haben wir doch meines Wissens keine bestimmte Kunde von Gewalttätigkeiten, Kriegen und Grausamkeiten, durch die es geschehn wäre. Allerdings mag dies der Dunkelheit zuzuschreiben sein, in welche die Geschichte jener Länder gehüllt ist: doch läßt der überaus milde Charakter jener ›Schonung alles *Lebenden*‹ unaufhörlich einprägenden Religionen, wie auch der Umstand, daß der Brahmanismus wegen des Kastenwesens eigentlich keine Proselyten zuläßt, uns hoffen, daß ihre Anhänger von Blutvergießen im Großen und Grausamkeiten jeder Art sich frei gehalten haben. *Spence Hardy* in seinem vortrefflichen Buch ›Eastern monachism‹ lobt (S. 412) die außerordentliche Toleranz der Buddhaisten und fügt die Versicherung hinzu, daß die Annalen des Buddhaismus wenigere Beispiele von Religionsverfolgung liefern als die irgendeiner andern Religion. In der Tat ist Intoleranz nur dem Monotheismus wesentlich: ein alleiniger Gott ist seiner Natur nach ein eifersüchtiger Gott, der keinem andern das Leben gönnt. Hingegen sind polytheistische Götter ihrer Natur nach tolerant: sie leben und lassen leben; zunächst dulden sie gern ihre Kollegen, die Götter derselben Religion, und nachher erstreckt diese Toleranz sich auch auf fremde Götter, die demnach gastfrei aufgenommen werden und später bisweilen sogar das Bürgerrrecht erlangen; wie uns zunächst das Beispiel der Römer zeigt, welche phrygische, ägyptische und andere fremde Götter willig aufnahmen und ehrten. Daher sind es die monotheistischen Religionen allein, welche uns das Schauspiel der Religionskriege, Religionsverfolgungen und Ketzergerichte liefern, wie auch das der Bilderstürmerei und Vertilgung fremder Götterbilder, Umstürzung indischer Tempel und ägyptischer Kolosse, die drei Jahrtausende hindurch in die Sonne gesehn hatten; weil nämlich ihr eifriger Gott gesagt hatte: ›Du sollst dir kein Bildnis machen‹ usw. – Doch auf die Hauptsache zurückzukommen; so hast du gewiß recht, das starke metaphysische Bedürfnis des Menschen zu urgieren: aber die Religionen scheinen mir nicht sowohl die Befriedigung als der Mißbrauch desselben zu sein. Wenigstens haben wir gesehn, daß in Hinsicht auf Beförderung der Moralität ihr Nutzen großenteils problematisch ist, ihre Nachteile hingegen und zumal die Greueltaten, welche in ihrem Gefolge sich eingestellt haben, am Tage liegen. Anders freilich stellt sich die Sache, wenn wir den Nutzen der Religionen als Stützen der Throne in Erwägung ziehen: denn sofern diese von Gottes Gnaden verliehen sind, stehn Altar und Thron in genauer Verwandtschaft. Auch wird demnach jeder weise Fürst, der seinen Thron und seine Familie liebt, stets als ein Muster wahrer Religiosität seinem Volke vorangehn; wie denn auch sogar Machiavelli den Fürsten die Religiosität dringend anempfiehlt ([›Il principe‹] im 18. Kapitel). Überdies könnte man anführen, daß die geoffenbarten Religionen zur Philosophie sich geradeso verhielten wie die Souveräne von Gottes Gnaden zur Souveränität des Volkes; weshalb denn die beiden vordern Glieder dieser Gleichung in natürlicher Allianz ständen.

Demopheles: O nur diesen Ton stimme nicht an, sondern bedenke, daß du damit in das Horn der Ochlokratie[1] und Anarchie stoßen würdest, des Erzfeindes aller gesetzlichen Ordnung, aller Zivilisation und aller Humanität!

Philalethes: Du hast recht. Es waren eben Sophismen oder, was die Fechtmeister ›Sauhiebe‹ nennen. Ich nehme es also zurück. Aber sieh, wie doch das Disputieren mitunter auch den Redlichen ungerecht und boshaft machen kann. Laß uns also abbrechen.

Demopheles: Zwar muß ich nach aller angewandten Mühe bedauern, deine Stimmung in Hinsicht auf die Religionen

1. [Herrschaft des Pöbels]

nicht geändert zu haben: dagegen aber kann auch ich dich versichern, daß alles, was du vorgebracht hast, meine Überzeugung vom hohen Wert und der Notwendigkeit derselben durchaus nicht erschüttert hat.

Philolethes: Das glaube ich dir: denn, wie es im ›Hudibras‹ [von Samuel Butler] heißt:

> A man convinc'd against his will
> Is of the same opinion still[1].

> [part 3, canto 3, 54]

Aber ich tröste mich damit, daß bei Kontroversen und Mineralbädern die Nachwirkung erst die eigentliche ist.

Demopheles: So wünsche ich dir eine gesegnete Nachwirkung.

Philalethes: Könnte sich vielleicht einstellen, wenn mir nur nicht wieder ein spanisches Sprichwort auf dem Magen läge.

Demopheles: Und das lautet?

Philalethes: ›Detrás de la cruz está el diablo.‹

Demopheles: Zu deutsch, Spaniard!

Philalethes: Aufzuwarten! – ›Hinterm Kreuze steht der Teufel.‹

Demopheles: Komm, wir wollen nicht mit Spitzreden von einander scheiden, sondern vielmehr einsehn, daß die Religion wie der *Janus* – oder besser: wie der brahmanische Todesgott *Yama* zwei Gesichter hat und eben auch wie dieser ein sehr freundliches und ein sehr finsteres: wir aber haben jeder ein anderes ins Auge gefaßt.

Philalethes: Hast recht, Alter!

§ 175
Glauben und Wissen

Die Philosophie hat als eine Wissenschaft es durchaus nicht damit zu tun, was *geglaubt* werden soll oder darf; sondern bloß damit, was man *wissen* kann. Sollte nun dieses auch etwas ganz anderes sein, als was man zu glauben hat; so

---

1.　　Wer überzeugt wird wider Willen,
　　　　Bleibt seiner Meinung doch im stillen.

wäre selbst für den Glauben dies kein Nachteil: denn dafür ist er Glaube, daß er lehrt, was man nicht wissen kann. Könnte man es wissen, so würde der Glaube als unnütz und lächerlich dastehn, etwan wie wenn hinsichtlich der Mathematik eine Glaubenslehre aufgestellt würde.

Hiegegen ließe sich nun aber einwenden, daß zwar der Glaube immerhin mehr und viel mehr als die Philosophie lehren könne, jedoch nichts mit den Ergebnissen dieser Unvereinbares: weil nämlich das Wissen aus einem härteren Stoff ist als der Glaube, so daß, wenn sie gegeneinanderstoßen, dieser bricht.

Jedenfalls sind beide von Grund aus verschiedene Dinge, die zu ihrem beiderseitigen Wohl streng geschieden bleiben müssen, so daß jedes seinen Weg gehe, ohne vom andern auch nur Notiz zu nehmen.

§ 176
Offenbarung

Die ephemeren Geschlechter der Menschen entstehn und vergehn in rascher Sukzession, während die Individuen unter Angst, Not und Schmerz dem Tode in die Arme tanzen. Dabei fragen sie unermüdlich, was es mit ihnen sei und was die ganze tragikomische Posse zu bedeuten habe, und rufen den Himmel an um Antwort. Aber der Himmel bleibt stumm. Hingegen kommen Pfaffen mit Offenbarungen.

Unter dem vielen Harten und Beklagenswerten des Menschenloses ist keines der geringsten dieses, daß wir dasind, ohne zu wissen, woher, wohin und wozu: wer eben vom Gefühl dieses Übels ergriffen und durchdrungen ist, wird kaum umhinkönnen, einige Erbitterung zu verspüren gegen diejenigen, welche vorgeben, Spezialnachrichten darüber zu haben, die sie unter dem Namen von Offenbarungen uns mitteilen wollen. – Den Herren von der Offenbarung möchte ich raten, heutzutage nicht so viel von der Offenbarung zu reden; sonst ihnen leicht einmal offenbart werden könnte, was eigentlich die Offenbarung ist.

Der aber ist nur noch ein großes Kind, welcher im Ernst

denken kann, daß jemals Wesen, die keine Menschen waren, unserm Geschlecht Aufschlüsse über sein und der Welt Dasein und Zweck gegeben hätten. Es gibt keine andere Offenbarung als die Gedanken der Weisen, wenn auch diese, dem Lose alles Menschlichen gemäß, dem Irrtum unterworfen, auch oft in wunderliche Allegorien und Mythen eingekleidet sind, wo sie dann Religionen heißen. Insofern ist es also einerlei, ob einer im Verlaß auf eigene oder auf fremde Gedanken lebt und stirbt: denn immer sind es nur menschliche Gedanken, denen er vertraut, und menschliches Bedünken. Jedoch haben die Menschen in der Regel die Schwäche, lieber andern, welche übernatürliche Quellen vorgeben, als ihrem eigenen Kopfe zu trauen. Fassen wir nun aber die so überaus große intellektuelle Ungleichheit zwischen Mensch und Mensch ins Auge, so könnten allenfalls wohl die Gedanken des einen dem andern gewissermaßen als Offenbarungen gelten. –

Hingegen das Grundgeheimnis und die Urlist aller Pfaffen auf der ganzen Erde und zu allen Zeiten, mögen sie brahmanische oder mohammedanische, buddhaistische oder christliche sein, ist folgendes. Sie haben die große Stärke und Unvertilgbarkeit des metaphysischen Bedürfnisses des Menschen richtig erkannt und wohl gefaßt: nun geben sie vor, die Befriedigung desselben zu besitzen, indem das Wort des großen Rätsels ihnen auf außerordentlichem Wege direkt zugekommen wäre. Dies nun den Menschen *einmal* eingeredet, können sie solche leiten und beherrschen nach Herzenslust. Von den Regenten gehn daher die klügeren eine Allianz mit ihnen ein: die andern werden selbst von ihnen beherrscht. Kommt aber einmal als die seltenste aller Ausnahmen ein Philosoph auf den Thron, so entsteht die ungelegenste Störung der ganzen Komödie.

§ 177
Über das Christentum

Um über dasselbe gerecht zu urteilen, muß man auch betrachten, was vor ihm dawar und von ihm verdrängt wurde:

zuvörderst das griechisch-römische Heidentum: als Volks-
Metaphysik genommen, eine höchst unbedeutende Erscheinung ohne eigentliche, bestimmte Dogmatik, ohne entschieden ausgesprochene Ethik, ja ohne wahre moralische
Tendenz und ohne heilige Urkunden; so daß es kaum den
Namen einer Religion verdient, vielmehr nur ein Spiel der
Phantasie und ein Machwerk der Dichter aus Volksmärchen ist, zum besten Teil eine augenfällige Personifikation
der Naturmächte. Man kann sich kaum denken, daß es mit
dieser kindischen Religion jemals Männern ernst gewesen
sei: dennoch zeugen hievon manche Stellen der Alten, vorzüglich das erste Buch [›Factorum et dictorum memorabilium‹] des Valerius Maximus, sogar aber auch gar manche
Stellen im Herodot [›Historiae‹], davon ich nur die im letzten
Buch (cap. 65) erwähnen will, wo er seine eigene Meinung
ausspricht und wie ein altes Weib redet. In spätern Zeiten
und bei fortgeschrittener Philosophie war dieser Ernst freilich verschwunden, wodurch es dem Christentum möglich
wurde, jene Staatsreligion trotz ihrer äußern Stützen zu
verdrängen. Daß jedoch dieselbe sogar in der besten griechischen Zeit keineswegs mit dem Ernst genommen worden sei wie in der neuern die christliche oder in Asien die
buddhaistische, brahmanische oder auch die mohammedanische, daß mithin der Polytheismus der Alten etwas ganz
anderes gewesen sei als der bloße Plural des Monotheismus,
bezeugen genugsam die ›Frösche‹ des Aristophanes, in denen Dionysos als der erbärmlichste Geck und Hasenfuß, der
sich nur denken läßt, auftritt und dem Spotte preisgegeben
wird: und das wurde an seinem eigenen Feste, den Diony-
sien, öffentlich dargestellt. – Das zweite, was das Christentum zu verdrängen hatte, war das Judentum, dessen plumpes Dogma durch das christliche sublimiert und stillschweigend allegorisiert wurde. Überhaupt ist das Christentum
durchaus allegorischer Natur: denn was man in profanen
Dingen Allegorie nennt, heißt bei den Religionen Mysterium. Man muß zugeben, daß das Christentum nicht nur in
der *Moral*, wo die Lehren von der caritas, Versöhnlichkeit,
Feindesliebe, Resignation und Verleugnung des eignen

Willens ihm – versteht sich im Okzident – ausschließlich
eigen sind, sondern selbst in der *Dogmatik* jenen beiden frühern Religionen weit überlegen ist. Was aber läßt dem großen Haufen, welcher die Wahrheit unmittelbar zu fassen
denn doch unfähig ist, sich Besseres geben als eine schöne
Allegorie, die als Leitfaden für das praktische Leben und als
Anker des Trostes und der Hoffnung vollkommen ausreicht.
Einer solchen aber ist eine kleine Beimischung von Absurdität ein notwendiges Ingredienz, indem es zur Andeutung
ihrer allegorischen Natur dient. Versteht man die christliche Dogmatik sensu proprio [im eigentlichen Sinne], so
behält Voltaire recht. Hingegen allegorisch genommen, ist
sie ein heiliger Mythos, ein Vehikel, mittelst dessen dem
Volke Wahrheiten beigebracht werden, die ihm sonst durchaus unerreichbar wären. Man könnte dieselbe den Arabes-
ken von Raffael, wie auch denen von Runge vergleichen,
welche das handgreiflich Widernatürliche und Unmögliche
darstellen, aus denen aber dennoch ein tiefer Sinn spricht.
Sogar die Behauptung der Kirche, daß in den Dogmen der
Religion die Vernunft völlig inkompetent, blind und verwerflich sei, besagt im innersten Grunde dies, daß diese
Dogmen allegorischer Natur und daher nicht nach dem
Maßstabe, welchen die Vernunft, die alles sensu proprio
nimmt, allein anlegen kann, zu beurteilen seien. Die Absurditäten im Dogma sind eben der Stempel und [das] Abzeichen
des Allegorischen und Mythischen; obwohl sie im vorliegenden Falle daraus entspringen, daß zwei so heterogene
Lehren wie die des Alten Testaments und Neuen Testaments zu verknüpfen waren. Jene große Allegorie ist erst
allmälig zustande gekommen auf Anlaß äußerer und zufälli-
ger Umstände mittelst Auslegung derselben unter dem
stillen Zuge tiefliegender, nicht zum deutlichen Bewußtsein
gebrachter Wahrheit, bis sie vollendet wurde durch *Augustinus,* der in ihren Sinn am tiefsten eindrang und sodann sie
als ein systematisches Ganzes aufzufassen und das Fehlende
zu ergänzen vermochte. Demnach ist erst die Augustinische,
auch von Luther bekräftigte Lehre das vollkommene Christentum, nicht aber, wie die heutigen Protestanten, die

›Offenbarung‹ sensu proprio nehmend und daher auf *ein* Individuum beschränkend, meinen: das Urchristentum – wie nicht der Keim, sondern die Frucht das Genießbare ist. – Jedoch der schlimme Punkt für alle Religionen bleibt immer, daß sie nicht eingeständlich, sondern nur versteckterweise allegorisch sein dürfen und demnach ihre Lehren alles Ernstes als sensu proprio wahr vorzutragen haben; was bei den wesentlich erforderten Absurditäten in denselben einen fortgesetzten Trug herbeiführt und ein großer Übelstand ist. Ja was noch schlimmer ist, mit der Zeit kommt es an den Tag, daß sie sensu proprio nicht wahr sind: dann gehn sie zu Grunde. Insofern wäre es besser, die allegorische Natur gleich einzugestehn. Allein wie soll man dem Volke beibringen, daß etwas zugleich wahr und nicht wahr sein könne? Da wir nun aber alle Religionen mehr oder weniger von solcher Beschaffenheit finden, so müssen wir anerkennen, daß dem Menschengeschlechte das Absurde in gewissem Grade angemessen, ja ein Lebenselement und die Täuschung ihm unentbehrlich ist – wie dies auch andere Erscheinungen bestätigen.

Ein Beispiel und Beleg zu der oben erwähnten aus der Verbindung des Alten und Neuen Testaments entspringenden Quelle des Absurden liefert uns unter anderm die christliche von Augustinus, diesem Leitsterne Luthers, ausgebildete Lehre von der Prädestination und Gnade, der zufolge einer vor dem andern die Gnade eben voraushat, welche sonach auf ein bei der Geburt erhaltenes und fertig auf die Welt gebrachtes Privilegium, und zwar in der allerwichtigsten Angelegenheit hinausläuft. Die Anstößigkeit und Absurdität hievon entspringt aber bloß aus der alttestamentlichen Voraussetzung, daß der Mensch das Werk eines fremden Willens und von diesem aus dem Nichts hervorgerufen sei. Hingegen erhält – im Hinblick darauf, daß die echten moralischen Vorzüge wirklich angeboren sind – die Sache schon eine ganz andere und vernünftigere Bedeutung unter der brahmanischen und buddhaistischen Voraussetzung der Metempsychosis, nach welcher, was einer bei der Geburt, also aus einer andern Welt und einem früheren Leben mit-

bringt und vor den andern voraushat, nicht ein fremdes
Gnadengeschenk, sondern die Früchte seiner eigenen in jener andern Welt vollbrachten Taten sind. – An jenes Dogma
des Augustinus schließt sich nun aber gar noch dieses, daß
aus der verderbten und daher der ewigen Verdammnis an-
heimgefallenen Masse des Menschengeschlechts nur höchst
wenige, und zwar infolge der Gnadenwahl und Prädestination gerecht befunden und demnach selig werden, die übrigen aber das verdiente Verderben, also ewige Höllenqual
trifft[1]. – Sensu proprio genommen, wird hier das Dogma
empörend. Denn nicht nur läßt es vermöge seiner ewigen
Höllenstrafen die Fehltritte oder sogar den Unglauben eines
oft kaum zwanzigjährigen Lebens durch endlose Qualen
büßen; sondern es kommt hinzu, daß diese fast allgemeine
Verdammnis eigentlich Wirkung der Erbsünde und also
notwendige Folge des ersten Sündenfalles ist. Diesen nun
aber hätte jedenfalls *der* vorhersehn müssen, welcher die
Menschen erstlich nicht besser, als sie sind, geschaffen, dann
aber ihnen eine Falle gestellt hatte, in die er wissen mußte,
daß sie gehn würden, da alles miteinander sein Werk war
und ihm nichts verborgen bleibt. Demnach hätte er ein
schwaches, der Sünde unterworfenes Geschlecht aus dem
Nichts ins Dasein gerufen, um es sodann endloser Qual zu
übergeben. Endlich kommt noch hinzu, daß der Gott, welcher Nachsicht und Vergebung jeder Schuld bis zur Feindesliebe vorschreibt, keine übt, sondern vielmehr in das Gegenteil verfällt; da eine Strafe, welche am Ende der Dinge eintritt, wann alles vorüber und auf immer zu Ende ist, weder
Besserung noch Abschreckung bezwecken kann, also bloße
Rache ist. Sogar aber erscheint, so betrachtet, in der Tat das
ganze Geschlecht als zur ewigen Qual und Verdammnis geradezu bestimmt und ausdrücklich geschaffen – bis auf jene
wenigen Ausnahmen, welche durch die Gnadenwahl (man
weiß nicht, warum) gerettet werden. Diese aber beiseite gesetzt, kommt es heraus, als hätte der liebe Gott die Welt geschaffen, damit der Teufel sie holen solle; wonach er denn
viel besser getan haben würde, es zu unterlassen. – So geht

1. Siehe *Wiggers*: ›Augustinismus und Pelagianismus‹ S. 335

es mit den Dogmen, wenn man sie sensu proprio nimmt:
hingegen sensu allegorico [im allegorischen Sinne] verstanden, ist alles dieses noch einer genügenden Auslegung fähig.
Zunächst aber ist, wie gesagt, das Absurde, ja Empörende
dieser Lehre bloß eine Folge des jüdischen Theismus mit
seiner Schöpfung aus nichts und der damit zusammenhängenden wirklich paradoxen und anstößigen Verleugnung
der natürlichen, gewissermaßen von selbst einleuchtenden
und daher mit Ausnahme der Juden fast vom gesamten
Menschengeschlechte zu allen Zeiten angenommenen Lehre
von der Metempsychose. Eben um den hieraus entspringenden kolossalen Übelstand zu beseitigen und das Empörende des Dogmas zu mildern, hat im 6. Jahrhundert Papst
Gregor I. sehr weislich die Lehre vom Purgatorio, welche im
wesentlichen sich schon beim Origenes (Bayle, [›Dictionnaire
historique et critique‹ im Artikel ›Origène‹, note B] vol. 1, p.
323 bestätigt es) findet, ausgebildet und dem Kirchenglau-
ben förmlich einverleibt, wodurch die Sache sehr gemildert
und die Metempsychose einigermaßen ersetzt wird; da das
eine wie das andere einen Läuterungsprozeß gibt. In derselben Absicht ist auch die Lehre von der Wiederbringung
aller Dinge (ἀποκατάστασις πάντων) aufgestellt worden,
durch welche im letzten Akte der Weltkomödie sogar die
Sünder samt und sonders in integrum restituiert[1] werden. –
Bloß die Protestanten in ihrem starren Bibelglauben haben
sich die ewigen Höllenstrafen nicht nehmen lassen. Wohl
bekomm's – könnte sagen, wer boshaft wäre: allein das
Tröstliche dabei ist, daß sie eben auch nicht daran glauben,
sondern die Sache einstweilen auf sich beruhen lassen, in
ihrem Herzen denkend: nun, es wird ja wohl so schlimm
nicht werden!

Augustinus, infolge seines steifen systematischen Kopfes,
hat durch sein strenges Dogmatifizieren des Christentums,
durch sein festes Bestimmen der in der Bibel nur angedeuteten und immer noch auf dunkelm Grunde schwebenden
Lehren diesen so harte Konture[n] und jenem eine so herbe

1. [Restitutio in integrum = Wiedereinsetzung in den vorigen Stand;
Terminus des römischen Rechts]

Ausführung gegeben, daß sie uns heutzutage anstößig wird
und eben daher wie zu seiner eignen Zeit der Pelagianismus
in der unserigen der Rationalismus sich dagegen gesetzt
hat. Z. B. ›De civitate Dei‹ (lib. 12, cap. 21) kommt die Sache,
in abstracto genommen, eigentlich so zu stehn: ein Gott
schafft ein Wesen aus nichts, erteilt demselben Verbote und
Befehle, und, weil diese nicht befolgt werden, martert er es
nun alle endlose Ewigkeit hindurch mit allen erdenklichen
Qualen, zu welchem Behuf er alsdann Leib und Seele unzertrennlich verbindet (›De civitate Dei‹ lib. 13, cap. 2; cap.
11 in fine und [cap.] 24 in fine), damit nimmermehr die Qual
dieses Wesen durch Zersetzung vernichten könne und es
so davonkomme, sondern es zu ewiger Pein ewig lebe –
dieser arme Kerl aus nichts, der doch wenigstens ein An-
recht auf sein ursprüngliches *Nichts* hat – welche letzte re-
traite [Zuflucht], die keinenfalls sehr übel sein kann, ihm
doch von Rechts wegen als sein angeerbtes Eigentum gesichert bleiben sollte. Ich wenigstens kann nicht umhin, mit
ihm zu sympathisieren. – Nimmt man nun aber noch die
übrigen Lehren des Augustinus hinzu, daß nämlich dies
alles nicht eigentlich von seinem Tun und Lassen abhängt,
sondern durch Gnadenwahl vorher ausgemacht war – da
weiß man gar nicht mehr, was man sagen soll. Freilich sagen
dann unsre hochgebildeten Rationalisten: ›Das ist ja aber
auch alles nicht wahr und bloßer Popanz; sondern wir werden in stetigem Fortschritt von Stufe zu Stufe uns zu immer
größerer Vollkommenheit erheben.‹ – Da ist's nur schade,
daß wir nicht früher angefangen haben: denn dann wären
wir schon da. Unsere Verwirrung bei solchen Äußerungen
wird aber noch vermehrt, wenn wir dazwischen einmal auf
die Stimme eines argen und sogar verbrannten Ketzers hören, des Julius Caesar Vaninus: ›Si nollet Deus pessimas ac
nefarias in orbe vigere actiones, procul dubio uno nutu extra
mundi limites omnia flagitia exterminaret profligaretque;
quis enim nostrum divinae potest resistere voluntati? Quo-
modo invito Deo patrantur scelera, si in actu quoque pec-
candi scelestis vires subministrat? Ad haec, si contra Dei
voluntatem homo labitur, Deus erit inferior homine, qui ei

adversatur et praevalet. Hinc deducunt, Deus ita desiderat hunc mundum, qualis est; si meliorem vellet, meliorem haberet.‹ [Wenn Gott nicht wollte, daß die schlimmsten und nichtswürdigsten Handlungen in der Welt ihr Wesen hätten, so würde er ohne Zweifel mit einem Winke alle Schandtaten aus den Grenzen der Welt verjagen und verbannen; denn wer von uns kann dem göttlichen Willen Widerstand leisten? Wie kann man annehmen, daß die Verbrechen gegen Gottes Willen vollbracht würden, wenn er doch bei der Vollbringung der Sünde den Verbrechern die Kräfte dazu verleiht? Wenn aber der Mensch sich vergeht, ohne daß Gott es will, so wird Gott schwächer als der Mensch, der sich ihm widersetzt und dazu die Macht hat. Hieraus schließt man, daß Gott die Welt so haben will, wie sie ist, denn wenn er eine bessere wollte, so hätte er eine bessere.] (›Amphitheatrum‹ [aeternae, providentiae, exercitatio 16], p. 104). Er hatte nämlich vorher (p. 103) gesagt: ›Si Deus vult peccata, igitur facit; si non vult, tamen committuntur; erit ergo dicendus improvidus vel impotens vel crudelis, cum voti sui compos fieri aut nesciat aut nequeat aut neglegat.‹ [Wenn Gott die Sünden will, so ist er es, der sie begeht; wenn er sie nicht will, so werden sie dennoch begangen. Folglich wird man von ihm sagen müssen, daß er entweder nicht voraussehend oder ohnmächtig oder grausam ist, da er die Erfüllung seines Ratschlusses entweder nicht kennt, nicht durchsetzt oder nicht achtet.] Hier wird zugleich klar, warum bis auf den heutigen Tag das Dogma vom freien Willen mordicus [mit allen Kräften] festgehalten wird; obgleich seit Hobbes bis zu mir alle ernsten und aufrichtigen Denker es als absurd verworfen haben; wie zu ersehn aus meiner gekrönten ›Preisschrift über die Freiheit des Willens‹ *[Bd. 3, S. 583–613]*. – Allerdings war es leichter, den Vanini zu verbrennen als ihn zu widerlegen; daher man, nachdem man ihm zuvor die Zunge ausgeschnitten hatte, ersteres vorzog. Letzteres steht noch jetzt jedem offen: möge man sich daran versuchen, jedoch nicht mit hohlem Wortkram, sondern ernstlich, mit Gedanken!

Die an sich richtige Augustinische Auffassung von der

übergroßen Zahl der Sünder und der äußerst kleinen der die
ewige Seligkeit Verdienenden, findet sich auch im Brahmanismus und Buddhaismus wieder, gibt aber daselbst, infolge
der Metempsychose keinen Anstoß; indem zwar der erstere
die endliche Erlösung (final emancipation) und der letztere
das *Nirwana* (beides das Äquivalent unserer ewigen Seligkeit) auch nur höchst wenigen zuerkennt, welche jedoch
nicht etwan dazu privilegiert, sondern mit in früheren Leben
aufgehäuften Verdiensten schon auf die Welt gekommen sind
und nun auf demselben Wege weitergehn. Dabei werden
aber alle übrigen nicht in den ewig brennenden Höllenpfuhl
gestürzt, sondern nur in die ihrem Tun angemessenen Welten versetzt. Wer demnach die Lehrer dieser Religionen
früge, wo und was denn jetzt alle jene übrigen nicht zur Erlösung Gelangten seien, dem würde die Antwort werden:
›Siehe um dich, hier und dies sind sie: dies ist ihr Tummelplatz, dies ist *Samsara*, d. h. die Welt des Verlangens, der Geburt, des Schmerzes, des Alterns, der Krankheit und des
Todes!‹ – Verstehn wir hingegen das in Rede stehende
Augustinische Dogma von der so kleinen Zahl der Auserwählten und der so großen der ewig Verdammten bloß
sensu allegorico, um es im Sinne unserer Philosophie auszulegen; so stimmt es zu der Wahrheit, daß allerdings nur
wenige zur Verneinung des Willens und dadurch zur Erlösung von dieser Welt gelangen (wie bei den Buddhaisten
zum Nirwana). Was hingegen das Dogma als ewige Verdammnis hypostasiert, ist eben nur diese unsere Welt: *der*
fallen jene übrigen anheim. Sie ist schlimm genug: sie ist
Purgatorium, sie ist Hölle, und an Teufeln fehlt es auch
nicht darin. Man betrachte nur, was gelegentlich Menschen
über Menschen verhängen, mit welchen ausgegrübelten Martern einer den andern langsam zu Tode quält, und frage sich,
ob Teufel mehr leisten könnten. Imgleichen ist der Aufenthalt in ihr auch endlos für alle die, welche, sich nicht be-
kehrend, in der Bejahung des Willens zum Leben verharren.

Aber wahrlich, wenn mich ein Hochasiate früge, was
Europa sei, so müßte ich ihm antworten: es ist der Weltteil,
der gänzlich von dem unerhörten und unglaublichen Wahn

besessen ist, daß die Geburt des Menschen sein absoluter Anfang und er aus dem Nichts hervorgegangen sei.

Im tiefsten Grunde und abgesehn von beiderseitigen Mythologien ist Buddhas *Samsara und Nirwana* identisch mit des Augustinus beiden ›*civitates*‹, in welche die Welt zerfällt, der ›civitas terrena‹ und ›caelestis‹, wie er sie darstellt in den Büchern ›De civitate Dei‹ (besonders lib. 14, cap. 4 et ultimo; lib. 15, cap. 1 und 21; lib. 18 in fine; lib. 21, cap. 1).

Der *Teufel* ist im *Christentum* eine höchst nötige Person als Gegengewicht zur Allgüte, Allweisheit und Allmacht Gottes, als bei welcher gar nicht abzusehn ist, woher denn die überwiegenden zahllosen und grenzenlosen Übel der Welt kommen sollten, wenn nicht der Teufel da ist, sie auf seine Rechnung zu nehmen. Daher ist, seitdem die Rationalisten ihn abgeschafft haben, der hieraus auf der andern Seite erwachsende Nachteil mehr und mehr und immer fühlbarer geworden; wie dies vorherzusehn war und von den Orthodoxen vorhergesehn wurde. Denn man kann von einem Gebäude nicht einen Pfeiler wegziehn, ohne das übrige zu gefährden. – Hierin bestätigt sich auch, was anderweitig festgestellt ist, daß nämlich Jehova eine Umwandlung des Ormuzd und Satan der von ihm unzertrennliche Ahriman ist: Ormuzd selbst aber ist eine Umwandlung des Indra.

Das Christentum hat den eigentümlichen Nachteil, daß es nicht wie die andern Religionen eine reine *Lehre* ist; sondern es ist wesentlich und hauptsächlich eine *Historie*, eine Reihe von Begebenheiten, ein Komplex von Tatsachen, von Handlungen und Leiden individueller Wesen: und eben diese Historie macht das Dogma aus, der Glaube an welches selig macht. Andere Religionen, namentlich der Buddhaismus, haben wohl eine historische Zugabe am Leben ihres Stifters: aber dieses ist nicht Teil des Dogmas selbst, sondern geht neben demselben her. Man kann z.B. die ›*Lalita vistara*‹ wohl insofern dem Evangelio vergleichen, als sie das Leben *Sakyamunis*, des Buddhas der gegenwärtigen Weltperiode, enthält: aber dieses bleibt eine vom Dogma, also vom Buddhaismus selbst völlig gesonderte und verschiedene Sache; schon deswegen, weil die Lebensläufe der frü-

her gewesenen Buddhas auch ganz andere waren und die
der künftigen ganz andere sein werden. Das Dogma ist hier
keineswegs mit dem Lebenslauf des Stifters verwachsen und
beruht nicht auf individuellen Personen und Tatsachen;
sondern ist ein allgemeines, zu allen Zeiten gleichmäßig
gültiges. Daher also ist die ›Lalita vistara‹ kein Evangelium
im christlichen Sinne des Worts, keine frohe Botschaft von
einer erlösenden Tatsache, sondern der Lebenslauf dessen,
welcher die Anweisung gegeben hat, wie jeder sich selbst
erlösen könne. – Von jener historischen Beschaffenheit des
Christentums aber kommt es, daß die Chinesen die Missionare als Märchenerzähler verspotten.

Ein anderer bei dieser Gelegenheit zu erwähnender, aber
nicht wegzuerklärender und seine heillosen Folgen täglich
manifestierender Grundfehler des Christentums ist, daß es
widernatürlicherweise den Menschen losgerissen hat von
der *Tierwelt*, welcher er doch wesentlich angehört, und ihn
nun ganz allein gelten lassen will, die Tiere geradezu als
Sachen betrachtend – während Brahmanismus und Buddhaismus der Wahrheit getreu die augenfällige Verwandtschaft
des Menschen, wie im allgemeinen mit der ganzen Natur,
so zunächst und zumeist mit der tierischen entschieden anerkennen und ihn stets durch Metempsychose und sonst in
enger Verbindung mit der Tierwelt darstellen. Die bedeutende Rolle, welche im Brahmanismus und Buddhaismus
durchweg *die Tiere* spielen, verglichen mit der totalen Nul-
lität derselben im *Juden-Christentum*, bricht in Hinsicht auf
Vollkommenheit diesem letztern den Stab, sosehr man auch
an solche Absurdität in Europa gewöhnt sein mag. Jenen
Grundfehler zu beschönigen, wirklich aber ihn vergrößernd,
finden wir den so erbärmlichen wie unverschämten, bereits
in meiner ›Ethik‹ S. 244 *[Bd. 3, S. 733 f.]* gerügten Kunstgriff, alle die natürlichen Verrichtungen, welche die Tiere
mit uns gemein haben und welche die Identität unserer
Natur mit der ihrigen zunächst bezeugen, wie Essen, Trinken, Schwangerschaft, Geburt, Tod, Leichnam u. a. mehr,
an ihnen durch ganz andere Worte zu bezeichnen als beim
Menschen. Dies ist wirklich ein niederträchtiger Kniff. Der

besagte Grundfehler nun aber ist eine Folge der Schöpfung
aus nichts, nach welcher der Schöpfer (Kap. 1 und 9 der
Genesis [1. Buch Mosis]) sämtliche Tiere ganz wie Sachen
und ohne alle Empfehlung zu guter Behandlung, wie sie
doch meistens selbst ein Hundeverkäufer, wenn er sich von
seinem Zöglinge trennt, hinzufügt, dem Menschen übergibt, damit er über sie *herrsche*, also mit ihnen tue, was ihm
beliebt; worauf er ihn (im zweiten Kapitel) noch dazu zum
ersten Professor der Zoologie bestellt durch den Auftrag,
ihnen Namen zu geben, die sie fortan führen sollen, welches
eben wieder nur ein Symbol ihrer gänzlichen Abhängigkeit
von ihm, d.h. ihrer Rechtlosigkeit ist. – Heilige Ganga!
Mutter unsers Geschlechts! Dergleichen Historien wirken
auf mich wie Judenpech und ›foetor Iudaicus‹ [Knoblauch-
geruch]. An der Judenansicht liegt es, welche das Tier als
ein Fabrikat zum Gebrauch des Menschen betrachtet. Aber
leider machen die Folgen davon sich bis auf den heutigen
Tag fühlbar; weil sie auf das Christentum übergegangen
sind, welchem nachzurühmen, daß seine Moral die aller-
vollkommenste sei, man eben deshalb einmal aufhören
sollte. Sie hat wahrlich eine große und wesentliche Unvollkommenheit darin, daß sie ihre Vorschriften auf den Menschen beschränkt und die gesamte Tierwelt rechtlos läßt.
Daher nun in Beschützung derselben gegen den rohen und
gefühllosen, oft mehr als bestialischen Haufen die Polizei die
Stelle der Religion vertreten muß und, weil dies nicht ausreicht, heutzutage Gesellschaften zum Schutze der Tiere
überall in Europa und Amerika sich bilden, welche hingegen
im ganzen *unbeschnittenen* Asien die überflüssigste Sache von
der Welt sein würden, als wo die Religion die Tiere genugsam schützt und sogar sie zum Gegenstand positiver Wohltätigkeit macht, deren Früchte wir z.B. im großen Tier-
spital zu Surate vor uns haben, in welches zwar auch Christen, Mohammedaner und Juden ihre kranken Tiere schik-
ken können, solche aber nach gelungener Kur, sehr richtig,
nicht wiedererhalten; und ebenfalls, wann bei jedem persönlichen Glücksfall, jedem günstigen Ausgang der Brah-
manist oder Buddhaist nicht etwan ein ›Te Deum‹ plärrt,

sondern auf den Markt geht und Vögel kauft, um vor dem
Stadttore ihre Käfige zu öffnen, wie man dies schon in
Astrachan, wo Bekenner aller Religionen zusammentreffen,
zu beobachten häufig Gelegenheit hat; und noch in hundert
ähnlichen Dingen. Dagegen sehe man die himmelschreiende
Ruchlosigkeit, mit welcher unser christlicher Pöbel gegen
die Tiere verfährt, sie völlig zwecklos und lachend tötet
oder verstümmelt oder martert und selbst die von ihnen,
welche unmittelbar seine Ernährer sind, seine Pferde, im
Alter auf das äußerste anstrengt, um das letzte Mark aus
ihren armen Knochen zu arbeiten, bis sie unter seinen Streichen erliegen. Man möchte wahrlich sagen: die Menschen
sind die Teufel der Erde und die Tiere die geplagten Seelen.
Das sind die Folgen jener Installationsszene im Garten des
Paradieses. Denn dem Pöbel ist nur durch Gewalt oder
durch Religion beizukommen: hier aber läßt das Christentum uns schmählich im Stich. Ich habe von sicherer Hand
vernommen, daß ein protestantischer Prediger, von einer
Tierschutzgesellschaft aufgefordert, eine Predigt gegen die
Tierquälerei zu halten, erwidert habe, daß er bei dem besten Willen es nicht könne, weil die Religion ihm keinen
Anhalt gebe. Der Mann war ehrlich und hatte recht. Eine
Bekanntmachung des so höchst preiswürdigen Münchener
Vereins zum Schutz der Tiere, datiert vom 27. November
1852, bemüht sich in bester Absicht, ›die Schonung der
Tierwelt predigende Verordnungen‹ aus der Bibel beizu-
bringen, und führt an: Sprüche Salomonis 12, 10; Sirach
7, 24; Psalm 147, 9; 104, 14; Hiob 39, 41; Matth. 10, 29. Allein
dies ist nur eine pia fraus, darauf berechnet, daß man die
Stellen nicht aufschlagen werde: bloß die erste, sehr bekannte Stelle sagt etwas dahin Gehöriges, wiewohl Schwaches: die übrigen reden zwar von Tieren, aber nicht von
Schonung derselben. Und was sagt jene Stelle? ›Der Gerechte erbarmt sich seines Viehes‹. – ›Erbarmt!‹ – Welch ein
Ausdruck! Man erbarmt sich eines Sünders, eines Misse-
täters, nicht aber eines unschuldigen treuen Tieres, welches oft der Ernährer seines Herrn ist und nichts davon hat
als spärliches Futter. ›Erbarmt!‹ Nicht Erbarmen, sondern

Gerechtigkeit ist man dem Tiere schuldig – und bleibt sie
meistens schuldig in Europa, diesem Weltteil, der vom
›foetor Iudaicus‹ so durchzogen ist, daß die augenfällige
simple Wahrheit: ›Das Tier ist im wesentlichen dasselbe
wie der Mensch‹ ein anstößiges Paradoxon ist[F]. – Der
Schutz der Tiere fällt also den ihn bezweckenden Gesellschaften und der Polizei anheim, die aber beide gar wenig
vermögen gegen jene allgemeine Ruchlosigkeit des Pöbels,
hier, wo es sich um Wesen handelt, die nicht klagen können, und wo von hundert Grausamkeiten kaum *eine* gesehn
wird, zumal da auch die Strafen zu gelinde sind. In England
ist kürzlich Prügelstrafe vorgeschlagen worden, die mir
auch ganz angemessen scheint. Jedoch, was soll man vom
Pöbel erwarten, wenn es Gelehrte und sogar Zoologen gibt,
welche, statt die ihnen so intim bekannte Identität des Wesentlichen in Mensch und Tier anzuerkennen, vielmehr bi-
gott und borniert genug sind, gegen redliche und vernünftige Kollegen, welche den Menschen in die betreffende Tierklasse einreihen oder die große Ähnlichkeit des Schimpan-
sen und Orang-Utans mit ihm nachweisen, zu polemisieren
und zelotisieren[1]. Aber wirklich empörend ist es, wenn der
so überaus christlich gesinnte und fromme *Jung-Stilling* in
seinen ›Szenen aus dem Geisterreich‹ (Bd. 2, Szene 1, S. 15)
folgendes Gleichnis anbringt: ›Plötzlich schrumpfte das Gerippe in eine unbeschreiblich scheußliche, kleine Zwerg-
gestalt zusammen, so wie eine große Kreuzspinne, wenn
man sie in den Brennpunkt eines Zündglases bringt und
nun das eiterähnliche Blut in der Glut zischt und kocht.‹
Also eine solche Schandtat hat dieser Mann Gottes verübt
oder als ruhiger Beobachter mit angesehn – welches in diesem Falle auf eins hinausläuft – ja er hat so wenig ein Arges
daraus, daß er sie uns beiläufig, ganz unbefangen, erzählt!

F. Die Tierschutzgesellschaften, in ihren Ermahnungen, brauchen
noch immer das schlechte Argument, daß Grausamkeit gegen Tiere
zu Grausamkeit gegen Menschen führe – als ob bloß der Mensch ein
unmittelbarer Gegenstand der moralischen Pflicht wäre, das Tier bloß
ein mittelbarer, an sich eine bloße Sache! Pfui! Siehe ›Ethik‹ S. 164
[Bd. 3, S. 690f.] Kants Lehre dieser Art.
1. [aus Glaubensgründen eifern]

Das sind die Wirkungen des ersten Kapitels der Genesis und überhaupt der ganzen jüdischen Naturauffassung. Bei den Hindu und Buddhaisten hingegen gilt die ›Mahavakya‹ (das große Wort: ›Tat tvam asi‹ – dies bist du), welches allezeit über jedes Tier auszusprechen ist, um uns die Identität des innern Wesens in ihm und uns gegenwärtig zu erhalten, zur Richtschnur unsers Tuns. – Geht mir mit euerer allervollkommensten Moral!

Als ich in Göttingen studierte, sprach *Blumenbach* im Kollegio der Physiologie sehr ernstlich zu uns über das Schreckliche der Vivisektionen und stellte uns vor, was für eine grausame und entsetzliche Sache sie wären; deshalb man zu ihnen höchst selten und nur bei sehr wichtigen und unmittelbaren Nutzen bringenden Untersuchungen schreiten solle; dann aber müsse es mit größter Öffentlichkeit im großen Hörsaal nach an alle Mediziner erlassener Einladung geschehn, damit das grausame Opfer auf dem Altar der Wissenschaft den größtmöglichen Nutzen bringe. – Heutzutage hingegen hält jeder Medikaster sich befugt, in seiner Marterkammer die grausamste Tierquälerei zu treiben, um Probleme zu entscheiden, deren Lösung längst in Büchern steht, in welche seine Nase zu stecken er zu faul und unwissend ist. Unsre Ärzte haben nicht mehr die klassische Bildung wie ehemals, wo sie ihnen eine gewisse Humanität und einen edlen Anstrich verlieh. Das geht jetzt möglichst früh auf die Universität, wo es eben nur sein Pflasterschmieren lernen will, um dann damit auf Erden zu prosperieren.

Die französischen Biologen scheinen hier mit dem Beispiel vorangegangen zu sein, und die Deutschen eifern ihnen nach im Verhängen der grausamsten Martern über unschuldige Tiere, oft in großer Anzahl, um rein theoretische, oft sehr futile[1] Fragen zu entscheiden. Ich will dies nun mit ein paar Beispielen belegen, die mich besonders empört haben, obwohl sie keineswegs vereinzelt dastehn, sondern hundert ähnliche aufgezählt werden könnten. Professor Ludwig Fick in Marburg, in seinem Buche ›Über die Ursachen der Knochenformen‹ (1857), berichtet, daß er jungen

1. [belanglose]

Tieren die Augäpfel exstirpiert habe, um eine Bestätigung
seiner Hypothese dadurch zu erhalten, daß jetzt die Knochen in die Lücke hineinwachsen!(Nach dem ›Zentral-Blatt‹
vom 24. Oktober 1857).

Besondere Erwähnung verdient die Abscheulichkeit,
welche Baron Ernst von Bibra zu Nürnberg begangen hat
und tanquam re bene gesta [als hätte er seine Sache gut ge-
macht] mit unbegreiflicher Naivetät dem Publiko erzählt
in seinen ›Vergleichenden Untersuchungen über das Gehirn des Menschen und der Wirbeltiere‹ (1854, S. 131 ff.):
er hat zwei Kaninchen planmäßig *tothungern* lassen, um die
ganz müßige und unnütze Untersuchung anzustellen, ob
durch den Hungertod die chemischen Bestandteile des Gehirns eine Proportionsveränderung erlitten! Zum Nutzen
der Wissenschaft – n'est-ce-pas? [nicht wahr?] Lassen denn
diese Herren vom Skalpell und Tiegel sich gar nicht träumen, daß sie zunächst Menschen und sodann Chemiker
sind? – Wie kann man ruhig schlafen, während man unter
Schloß und Riegeln harmlose, von der Mutter gesäugte
Tiere hat, den martervollen, langsamen Hungertod zu erleiden? Schreckt man da nicht auf im Schlaf? Und dies geschieht in Bayern? – wo unter den Auspizien des Prinzen
Adalbert der würdige und hochverdiente Hofrat *Perner* dem
ganzen Deutschland als Beispiel vorleuchtet im Beschützen
der Tiere gegen Roheit und Grausamkeit. Ist in Nürnberg
keine Filialgesellschaft der so segensreich tätigen in München? Ist die grausame Handlung des Bibra, wenn sie nicht
verhindert werden konnte, ungestraft geblieben? – Am
wenigsten aber sollte, wer noch so viel aus Büchern zu lernen hat wie dieser Herr von Bibra, daran denken, die letzten Antworten auf dem Wege der Grausamkeit auszupressen[F] [und] die Natur auf die Folter zu spannen, um sein

F. Denn er stellt z.B. ausführliche Untersuchungen an über das
Verhältnis des Gewichts des Gehirns zu dem des übrigen Leibes,
während, seitdem es *Sömmering* mit lichtvoller Einsicht herausgefunden hat, allbekannt und unbestritten ist, daß man das Gewicht des
Gehirns nicht im Verhältnis zu dem des ganzen Leibes, sondern zu
dem des gesamten übrigen Nervensystems abzuschätzen hat (Blumenbach: ›Institutiones physiologicae‹, [editio quarta 1821] p. 173.

Wissen zu bereichern: ihre Geheimnisse auszupressen, die
vielleicht längst bekannt sind. Denn für dieses [Wissen]
gibt es noch viele andere und unschuldige Fundgruben,
ohne daß man nötig hätte, arme hülflose Tiere zu Tode zu
martern. Was in aller Welt hat das arme harmlose Kaninchen verbrochen, daß man es einfängt, um es der Pein des
langsamen Hungertodes hinzugeben? Zu Vivisektionen ist
keiner berechtigt, der nicht schon alles, was über das zu
untersuchende Verhältnis in Büchern steht, kennt und weiß.

Offenbar ist es an der Zeit, daß der jüdischen Naturauffassung in Europa wenigstens hinsichtlich der Tiere ein Ende
werde und *das ewige Wesen, welches wie in uns auch in allen Tieren lebt*, als solches erkannt, geschont und geachtet werde.
Wißt es, merkt es! Es ist Ernst damit und geht nichts davon
ab, und wenn ihr ganz Europa mit Synagogen bedeckt. Man
muß an allen Sinnen blind oder durch den ›foetor Iudaicus‹
völlig chloroformiert sein, um nicht einzusehn, daß *das Tier*
im wesentlichen und in der Hauptsache durchaus dasselbe
ist, was wir sind, und daß der Unterschied bloß im Akzidenz, dem Intellekt, liegt, nicht in der Substanz, welche der
Wille ist. Die Welt ist kein Machwerk und die Tiere kein
Fabrikat zu unserm Gebrauch. Dergleichen Ansichten sollten den Synagogen und den philosophischen Auditorien
überlassen bleiben, welche im wesentlichen nicht so sehr
verschieden sind. Obige Erkenntnis hingegen gibt uns die
Regel zur richtigen Behandlung der Tiere an die Hand.
Den Zeloten und Pfaffen rate ich, hier nicht viel zu wider-
sprechen: denn diesmal ist nicht allein die *Wahrheit*, sondern auch die *Moral* auf unsrer Seite[F].

Erst lernt was, dann redet mit. Dies sei beiläufig allen Gesellen gesagt, die Bücher schreiben, welche nichts beweisen als ihre Ignoranz), und offenbar gehört dies zu den Präliminarkenntnissen, die
man haben soll, ehe man unternimmt, experimentierend Untersuchungen über das Gehirn der Menschen und der Tiere anzustellen.
Aber freilich: arme Tiere langsam zu Tode zu martern ist leichter,
als etwas zu lernen.

F. *Missionare* schicken sie den Brahmanen und Buddhaisten, um ihnen
den ›wahren Glauben‹ beizubringen: aber diese, wenn sie erfahren,
wie in Europa mit den Tieren umgegangen wird, fassen den tiefsten
Abscheu gegen Europäer und ihre Glaubenslehren.

Die *größte Wohltat der Eisenbahnen* ist, daß sie Millionen Zugpferden ihr jammervolles Dasein ersparen.

Es ist leider wahr, daß der nach dem Norden gedrängte und dadurch weiß gewordene Mensch des Fleisches der Tiere bedarf – wiewohl es in England vegetarians [Vegetarier] gibt: dann aber soll man den Tod solcher Tiere ihnen ganz unfühlbar machen durch Chloroform und rasches Treffen der letalen Stelle, und zwar nicht aus ›Erbarmen‹, wie das Alte Testament sich ausdrückt, sondern aus verfluchter Schuldigkeit gegen das ewige Wesen, welches, wie in uns, in allen Tieren lebt. Man sollte alle zu schlachtenden Tiere zuvor chloroformieren: dies würde ein edeles, die Menschen ehrendes Verfahren sein, bei welchem die höhere Wissenschaft des Okzidents und die höhere Moral des Orients Hand in Hand gingen, indem Brahmanismus und Buddhaismus ihre Vorschriften nicht auf ›den Nächsten‹ beschränken, sondern ›alle lebenden Wesen‹ unter ihren Schutz nehmen.

Aller Juden-Mythologie und Pfaffen-Einschüchterung zum Trotz muß auch in Europa endlich die jedem Menschen von unverdrehtem und durch keinen ›foetor Iudaicus‹ benebelten Kopf ganz von selbst einleuchtende und unmittelbar gewisse Wahrheit zur Geltung gelangen und [darf] nicht länger vertuscht werden: daß die Tiere *in der Hauptsache und im wesentlichen ganz dasselbe sind, was wir*, und daß der Unterschied bloß im Grade der Intelligenz, d.i. Gehirntätigkeit liegt, welcher jedoch ebenfalls zwischen den verschiedenen Tiergeschlechtern große Unterschiede zuläßt, damit den Tieren eine menschlichere Behandlung werde. Denn erst, wann jene einfache und über allen Zweifel erhabene Wahrheit ins Volk gedrungen sein wird, werden die Tiere nicht mehr als rechtlose Wesen dastehn und demnach der bösen Laune und Grausamkeit jedes rohen Buben preisgegeben sein – und wird es nicht jedem Medikaster freistehn, jede abenteuerliche Grille seiner Unwissenheit durch die gräßlichste Qual einer Unzahl Tiere auf die Probe zu stellen, wie heutzutage geschieht. Allerdings ist zu berücksichtigen, daß die Tiere jetzt wohl meistens *chloroformiert* werden, wo-

durch diesen während der Operation die Qual erspart wird
und nach derselben ein schneller Tod sie erlösen kann. Jedoch bleibt bei den jetzt so häufigen auf die Tätigkeit des
Nervensystems und seine Sensibilität gerichteten Operationen dieses Mittel notwendig ausgeschlossen, da es gerade das hier zu Beobachtende aufhebt. Und leider wird zu
den Vivisektionen am häufigsten das moralisch edelste aller
Tiere genommen: der Hund, welchen überdies sein sehr
entwickeltes Nervensystem für den Schmerz empfänglicher
macht[F]. Der gewissenlosen Behandlung der Tiere muß auch
in Europa ein Ende gemacht werden. – Die jüdische Ansicht
der Tierwelt muß ihrer Immoralität wegen aus Europa vertrieben werden; und was ist augenfälliger, als daß im wesentlichen und in der Hauptsache das Tier ganz dasselbe ist
als wir? Um dies zu verkennen, muß man an allen Sinnen
blind sein oder vielmehr nicht sehn *wollen*, weil einem ein
Trinkgeld lieber ist als die Wahrheit.

§ 178
Über Theismus

Wie der Polytheismus die Personifikation einzelner Teile
und Kräfte der Natur ist, so ist der Monotheismus die der
ganzen Natur – mit einem Schlage.

F. [Über die Grausamkeit gegen *Kettenhunde*:] Den alleinigen wahren
Gefährten und treuesten Freund des Menschen, diese kostbarste Eroberung, die je der Mensch gemacht, wie *Frédéric Cuvier* [vgl. P. Flourens: ›Résumé analytique des observations de Frédéric Cuvier sur
l'instinct et l'intelligence des animaux‹ p. 94] sagt, und dabei ein so
höchst intelligentes und feinfühlendes Wesen wie einen Verbrecher
an die Kette legen, wo er vom Morgen bis zum Abend nichts als die
stets erneuete und nie befriedigte Sehnsucht nach Freiheit und Bewegung empfindet und sein Leben eine langsame Marter ist und er
durch solche Grausamkeit endlich enthundet wird, sich in ein lieb-
loses, wildes, untreues Tier und auch vor dem Teufel Mensch stets
zitterndes, kriechendes Wesen verwandelt! Lieber wollte ich einmal
bestohlen werden, als solchen Jammer, dessen Ursache ich wäre,
stets vor Augen haben! (Vom Lord und seinem Kettenhund [siehe]
§ 153 *[S. 350]*). Auch alle Käfigvögel sind schändliche und dumme
Grausamkeit. Es sollte verboten sein und die Polizei auch hier die
Stelle der Menschlichkeit vertreten.

Wenn ich aber suche mir vorstellig zu machen, daß ich vor einem individuellen Wesen stände, zu dem ich sagte: ›Mein Schöpfer! Ich bin einst nichts gewesen: du aber hast mich hervorgebracht, so daß ich jetzt etwas, und zwar ich bin‹ – und dazu noch: ›Ich danke dir für diese Wohltat‹ – und am Ende gar: ›Wenn ich nichts getaugt habe, so ist das *meine* Schuld‹ – so muß ich gestehn, daß infolge philosophischer und indischer Studien mein Kopf unfähig geworden ist, einen solchen Gedanken auszuhalten. Derselbe ist übrigens das Seitenstück zu dem, welchen *Kant* uns vorführt in der ›Kritik der reinen Vernunft‹ (im Abschnitt ›Von der Unmöglichkeit eines kosmologischen Beweises‹): ›Man kann sich des Gedankens nicht erwehren, man kann ihn aber auch nicht ertragen: daß ein Wesen, welches wir uns auch als das höchste unter allen möglichen vorstellen, gleichsam zu sich selbst sage: Ich bin von Ewigkeit zu Ewigkeit, außer mir ist nichts ohne das, was bloß durch meinen Willen etwas ist: *aber woher bin ich denn?*‹ – Beiläufig gesagt, hat sowenig diese letzte Frage als der ganze eben angeführte Abschnitt die Philosophie-Professoren seit Kant abgehalten, zum beständigen Hauptthema alles ihres Philosophierens das *absolutum* zu machen, d. h. plan geredet, das, was keine Ursache hat. Das ist so recht ein Gedanke für sie. Überhaupt sind diese Leute unheilbar, und ich kann nicht genugsam anraten, mit ihren Schriften und Vorträgen keine Zeit zu verlieren.

Ob man sich ein *Idol* macht aus Holz, Stein, Metall oder es zusammensetzt aus abstrakten Begriffen, ist einerlei: es bleibt *Idololatrie*[1], sobald man ein persönliches Wesen vor sich hat, dem man opfert, das man anruft, dem man dankt. Es ist auch im Grunde so verschieden nicht, ob man seine Schafe oder seine Neigungen opfert. Jeder Ritus oder [jedes] Gebet zeugt unwidersprechlich von *Idololatrie*. Daher stimmen die mystischen Sekten aus allen Religionen darin überein, daß sie allen Ritus für ihre Adepten aufheben.

---

1. [Bilderdienst, Abgötterei]

§ 179
Altes und Neues Testament

Das Judentum hat zum Grundcharakter *Realismus und Opti-mismus*, als welche naheverwandt und die Bedingungen des eigentlichen *Theismus* sind; da dieser die materielle Welt für absolut real und das Leben für ein uns gemachtes angeneh-mes Geschenk ausgibt. Brahmanismus und Buddhaismus haben im Gegenteil zum Grundcharakter *Idealismus und Pessimismus*, da sie der Welt nur eine traumartige Existenz zugestehn und das Leben als Folge unserer Schuld betrach-ten. In der Zendawestalehre, welcher bekanntlich das Juden-tum entsprossen ist, wird das pessimistische Element doch noch durch den Ahriman vertreten. Im Judentum hat aber dieser nur noch eine untergeordnete Stelle als Satan, wel-cher jedoch, eben wie Ahriman, auch Urheber der Schlan-gen, Skorpione und des Ungeziefers ist. Das Judentum ver-wendet ihn sogleich zur Nachbesserung seines optimisti-schen Grundirrtums, nämlich zum Sündenfall, der nun das zur Steuer der augenscheinlichsten Wahrheit erforderte pes-simistische Element in jene Religion bringt und noch der richtigste Grundgedanke in derselben ist; obwohl er in den Verlauf des Daseins verlegt, was als Grund desselben und ihm vorhergängig dargestellt werden müßte.

Eine schlagende Bestätigung, daß Jehova Ormuzd sei, lie-fert das erste Buch Esra in der Septuaginta, also ὁ ἱερεύς [der Priester] A (Kap. 6, Vers 24), von Luther weggelassen: ›*Kyros*, der König, ließ das Haus des Herrn zu Jerusalem bauen, wo ihm durch das *immerwährende Feuer* geopfert wird.‹ – Auch das zweite Buch der Makkabäer (Kap. 1 und 2, auch Kap. 13, 8) beweist, daß die Religion der Juden die der Perser gewesen ist, da erzählt wird, die in die Babylo-nische Gefangenschaft abgeführten Juden hätten unter Lei-tung des Nehemias zuvor das geheiligte Feuer in einer aus-getrockneten Zisterne verborgen, daselbst sei es unter Was-ser geraten, durch ein Wunder später wieder angefacht, zu großer Erbauung des Perserkönigs. Den Abscheu gegen Bilderdienst und daher das Nichtdarstellen der Götter im

Bilde hatten, wie die Juden, so auch die Perser (auch *Spiegel*, ›Über die Zendreligion‹, lehrt enge Verwandtschaft zwischen Zendreligion und Judentum, will aber, daß erstere von letzterem stamme). – Wie Jehova eine Transformation des Ormuzd, so ist die entsprechende des Ahriman der *Satan*, d. h. der Widersacher, nämlich des Ormuzd (Luther hat ›*Widersacher*‹, wo die Septuaginta ›*Satan*‹ hat, z. B. 1. Kön. 11, 23). Es scheint, daß der Jehovadienst unter Josias mit Beihülfe des Hilkias entstanden, d. h. von den Parsen angenommen und durch Esra bei der Wiederkehr aus der Babylonischen Verbannung vollendet ist. Denn bis Josias und Hilkias hat offenbar Naturreligion, Sabäismus[1], Verehrung des Belus [Baal], der Astarte u. a. mehr in Judäa geherrscht, auch unter Salomo (siehe die Bücher der Könige über Josias und Hilkias)[F].

Beiläufig sei hier als Bestätigung des Ursprungs des Judentums aus der Zendreligion angeführt, daß nach dem Alten Testament und andern jüdischen Auktoritäten die Cherubim stierköpfige Wesen sind, auf welchen der Jehova reitet (Psalm 99, 1; in der Septuaginta, 2. Buch der Könige, Kap. 6, 2

---

1. [Anbetung der Sterne, genannt nach den Sabäern, den Bewohnern von Saba in Arabien]

F. Sollte die sonst unerklärliche Gnade, welche (nach Esra) Kyros und Darius den Juden erzeigen und deren Tempel wiederherstellen lassen, vielleicht darauf beruhen, daß die Juden, welche bis dahin den Baal, die Astarte, den Moloch usw. angebetet hatten, in Babylon nach dem Siege der Perser den Zoroaster-Glauben angenommen haben und nun dem Ormuzd unter dem Namen Jehova dienten? Dazu stimmt sogar, daß (was sonst absurd wäre) Kyros zum Gotte Israels betet (Esra 1, Kap. 2, Vers 3 in [der] Septuaginta). Alle vorhergehenden Bücher des Alten Testaments sind entweder später, also nach der Babylonischen Gefangenschaft abgefaßt, oder wenigstens ist die Jehovalehre später hineingetragen. Übrigens lernt man durch den *Esra* (1, Kap. 8 und 9) das Judentum von seiner schändlichsten Seite kennen; hier handelt das auserwählte Volk nach dem empörenden und ruchlosen Vorbilde seines Stammvaters Abraham: wie dieser die Hagar mit dem Ismael fortjagte, so werden die Weiber, nebst ihren Kindern, welche Juden während der Babylonischen Gefangenschaft geheiratet hatten, weggejagt, weil sie nicht von der Rasse Mauschel sind. Etwas Nichtswürdigeres läßt sich kaum denken. Wenn nicht etwan jene Schurkerei des Abraham erfunden ist, um die großartigere des ganzen Volkes zu beschönigen.

und Kap. 22, 11; Buch 4, Kap. 19, 15: ὁ καθήμενος ἐπὶ τῶν Χερουβείμ). Derartige Tiere, halb Stier, halb Mensch, auch halb Löwe, der Beschreibung Ezechiels (Kap. 1 und 10) sehr ähnlich, finden sich auf den Skulpturen in Persepolis, besonders aber unter den in Mossul[1] und Nimrud[2] gefundenen assyrischen Statuen, und sogar ist in Wien ein geschnittener Stein, welcher den Ormuzd auf einem solchen Ochsen-Cherubim reitend darstellt (worüber das Nähere in den ›Wiener Jahrbüchern der Literatur‹, September 1833, Rezension der ›Reisen in Persien‹). Die ausführliche Darlegung jenes Ursprungs hat übrigens geliefert Johann Gottlieb Rhode in seinem Buche ›Die heilige Sage des Zendvolks‹. Dies alles wirft Licht auf den Stammbaum des Jehova.

Das Neue Testament hingegen muß irgendwie indischer Abstammung sein: davon zeugt seine durchaus indische, die Moral in die Askese überführende Ethik, sein Pessimismus und sein Avatar[3]. Durch eben diese aber steht es mit dem Alten Testament in entschiedenem, innerlichem Widerspruch; so daß nur die Geschichte vom Sündenfall dawar, ein Verbindungsglied, dem es angehängt werden konnte, abzugeben. Denn als jene indische Lehre den Boden des gelobten Landes betrat, entstand die Aufgabe, die Erkenntnis der Verderbnis und des Jammers der Welt, ihrer Erlösungsbedürftigkeit und des Heils durch einen Avatar - nebst der Moral der Selbstverleugnung und Buße - mit dem jüdischen Monotheismus und seinem πάντα καλὰ λίαν [alles war sehr gut[4]] zu vereinigen. Und es ist gelungen, so gut es konnte, so gut nämlich zwei so ganz heterogene, ja entgegengesetzte Lehren sich vereinigen ließen.

Wie eine Efeuranke, da sie der Stütze und des Anhalts bedarf, sich um einen roh behauenen Pfahl schlingt, seiner Ungestalt sich überall anbequemend, sie wiedergebend, aber mit ihrem Leben und Liebreiz bekleidet, wodurch, statt seines, ein erfreulicher Anblick sich uns darstellt; so hat die

1. [Am Tigris, gegenüber Ninive]
2. [Bei Ninive, das assyrische Kalkh, nach 1. Mos. 10: Calach]
3. *[Vgl. Bd. 2, S. 779; Bd. 3, 776]*
4. [Vgl. 1. Mos. 1,31]

aus indischer Weisheit entsprungene Christuslehre den alten ihr ganz heterogenen Stamm des rohen Judentums überzogen, und was von seiner Grundgestalt hat beibehalten werden müssen, ist in etwas ganz anderes, etwas Lebendiges und Wahres durch sie verwandelt: es scheint dasselbe, ist aber ein wirklich anderes.

Der von der Welt gesonderte Schöpfer aus Nichts ist nämlich identifiziert mit dem Heiland und durch ihn mit der Menschheit, als deren Stellvertreter dieser dasteht, da sie in ihm erlöst wird, wie sie im Adam gefallen war und seitdem in den Banden der Sünde, des Verderbens, des Leidens und des Todes verstrickt lag. Denn als alles dieses stellt hier sogut wie im Buddhaismus die Welt sich dar – nicht mehr im Lichte des jüdischen Optimismus, welcher ›alles sehr schön‹ (πάντα καλὰ λίαν) gefunden hatte; vielmehr heißt jetzt der Teufel selbst ›Fürst dieser Welt‹ – ὁ ἄρχων τοῦ κόσμου τούτου (Joh. 12,32), wörtlich: ›Weltregierer‹. Die Welt ist nicht mehr Zweck, sondern Mittel: das Reich der ewigen Freuden liegt jenseits derselben und des Todes. Entsagung in dieser Welt und Richtung aller Hoffnung auf eine bessere ist der Geist des Christentums. Den Weg zu einer solchen aber öffnet die Versöhnung, d. i. die Erlösung von der Welt und ihren Wegen. In der Moral ist an die Stelle des Vergeltungsrechtes das Gebot der Feindesliebe getreten, an die des Versprechens zahlloser Nachkommenschaft die Verheißung des ewigen Lebens und an die des Heimsuchens der Missetat an den Kindern bis ins vierte Glied der Heilige Geist, der alles überschattet.

So sehn wir durch die Lehren des Neuen Testaments die des alten rektifiziert und umgedeutet, wodurch im Innersten und Wesentlichen eine Übereinstimmung mit den alten Religionen Indiens zuwege gebracht wird. Alles, was im Christentum Wahres ist, findet sich auch im Brahmanismus und Buddhaismus. Aber die jüdische Ansicht von einem belebten Nichts, einem zeitlichen Machwerk, welches sich für eine ephemere Existenz voll Jammer, Angst und Not nicht demütig genug bedanken und den Jehova dafür preisen kann – wird man im Hinduismus und Buddhaismus vergeblich suchen. Denn wie ein aus fernen tropischen Gefilden über Berge und Ströme hergewehter Blütenduft ist im Neuen Testament der Geist der indischen Weisheit zu spüren. Vom Alten Testament hingegen paßt zu dieser nichts als nur der Sündenfall, der eben als Korrektiv des optimistischen Theismus sogleich hat hinzugefügt werden müssen und an den denn auch das Neue Testament sich anknüpfte als an den einzigen ihm sich darbietenden Anhaltspunkt.

Wie nun aber zur gründlichen Kenntnis einer Spezies die ihres Genus erfordert ist, dieses selbst jedoch wieder nur in seinen speciebus erkannt wird; so ist zum gründlichen Verständnis des Christentums die Kenntnis der beiden andern weltverneinenden Religionen, also des Brahmanismus und Buddhaismus erforderlich, und zwar eine solide und möglichst genaue. Denn wie allererst das Sanskrit uns das recht gründliche Verständnis der griechischen und lateinischen Sprache eröffnet, so Brahmanismus und Buddhaismus das des Christentums.

Ich hege sogar die Hoffnung, daß einst mit den indischen Religionen vertraute Bibelforscher kommen werden, welche die Verwandtschaft derselben mit dem Christentum auch durch ganz spezielle Züge werden belegen können. Bloß versuchsweise mache ich einstweilen auf folgendes aufmerksam. In der Epistel des Jakobus (Jak. 3,6), ist der Ausdruck ὁ τροχὸς τῆς γενέσεως (wörtlich: ›das Rad der Entstehung‹) von jeher eine crux interpretum [Qual für die Erklärer] gewesen. Im Buddhaismus ist aber das ›Rad der Seelenwanderung‹ ein sehr geläufiger Begriff. In *Abel Rémusats* Übersetzung des *Foe Koue Ki* heißt es S. 28: ›La roue est l'emblème de la transmigration des âmes, qui est comme un cercle sans commencement ni fin.‹ [Das Rad ist das Sinnbild der Seelenwanderung, die wie ein Kreis ohne Anfang und Ende ist.] S. 179: ›La roue est un emblème familier aux Bouddhistes; il exprime le passage successif de l'âme dans le cercle des divers modes d'existence.‹ [Das Rad ist ein den Buddhisten vertrautes Sinnbild; es bedeutet den wechselnden Übergang der Seele in dem Kreise der ver-

schiedenen Daseinsformen.] S. 282 sagt der Buddha selbst:
›Qui ne connaît pas la raison, tombera par le tour de la
roue dans la vie et la mort.‹ [Wer nicht die Wahrheit erkennt, wird infolge der Umdrehung des Rades dem Leben
und dem Tode verfallen.‹] In *Burnoufs* ›Introduction à
l'histoire du Buddhisme‹ finden wir (vol. 1, p. 434) die bedeutsame Stelle: ›Il reconnut ce que c'est que la roue de la
transmigration, qui porte cinq marques, qui est à la fois
mobile et immobile; et ayant triomphé de toutes les voies
par lesquelles on entre dans le monde, en les détruisant‹,
etc. [Er erkannte, was das Rad der Seelenwanderung ist,
das fünf Merkmale hat und das zugleich beweglich und unbeweglich ist; und nachdem er triumphiert hatte über alle
Wege, durch die man in die Welt eingeht, indem er sie zerstörte, usw.] [In] Spence Hardy, ›Eastern monachism‹ [ist]
p. 6 [zu lesen]: ›Like *the revolutions of a wheel*, there is a regular succession of death and birth, the moral cause of which
is the cleaving to existing objects, whilst the instrumental
cause is *karma* (action).‹ [Gleich der Umdrehung eines Rades
gibt es eine regelmäßige Aufeinanderfolge von Tod und
Geburt, und ihre moralische Ursache ist der Hang zu den
bestehenden Dingen, während die bewirkende Ursache
Karma (Werk) ist.] (ibidem p. 193 und 223, 224). Auch im
Prabodha-chandra-udaya (Akt. 4, Szene 3) steht: ›Ignorance
is the source of *Passion*, who turns *the wheel of this mortal
existence*.‹ [Nichtwissen ist die Quelle der Leidenschaft, die
das Rad dieses sterblichen Daseins umdreht[1].] Vom beständigen Entstehn und Vergehn sukzessiver Welten heißt es in
der Darlegung des Buddhaismus nach birmanischen Texten
von *Buchanan* in den ›Asiatic researches‹ (vol. 6, p. 181):
›The successive destructions and reproductions of the
world resemble *a great wheel*, in which we can point out
neither beginning nor end.‹ [Die aufeinanderfolgenden Zer-
störungen und Neuerschaffungen der Welt gleichen einem
großen Rade, an dem wir weder Anfang noch Ende bemer-

1. [Nach dem Sanskrit-Text muß es heißen: ›Das Nichtwissen ist
die Wurzel der das Rad des Samsara umdrehenden großen Verblendung.]

ken können.] (Dieselbe Stelle, nur länger, steht in Sangermano, ›Description of the Burmese empire‹ p. 7.)[H]

Nach Grauls Glossar ist *Hansa* ein Synonym von *Saniassi*. – Sollte der Name *Johannes* (aus dem wir *Hans* machen) damit (und mit seinem Saniassileben in der Wüste) zusammenhängen?

Eine ganz äußerliche und zufällige Ähnlichkeit des Buddhaismus mit dem Christentum ist die, daß er im Lande seiner Entstehung nicht herrschend ist, also beide sagen müssen: Προφήτης ἐν τῇ ἰδίᾳ πατρίδι τιμὴν οὐκ ἔχει. (Vates in propria patria honore caret.) [Ein Prophet gilt nichts in seinem eigenen Vaterlande; Joh. 4, 44]

Wollte man, um jene Übereinstimmung mit den indischen Lehren zu erklären, sich in allerlei Konjekturen ergehn; so könnte man annehmen, daß der evangelischen Notiz von der Flucht nach Ägypten etwas Historisches zum Grunde läge und daß Jesus, von ägyptischen Priestern, deren Religion indischen Ursprungs gewesen ist, erzogen, von ihnen die indische Ethik und den Begriff des Avatars angenommen hätte und nachher bemüht gewesen wäre, solche daheim den jüdischen Dogmen anzupassen und sie auf den alten Stamm zu pfropfen. Gefühl eigener moralischer und intellektueller Überlegenheit hätte ihn endlich bewogen, sich selbst für einen Avatar zu halten und demgemäß sich ›des Menschen Sohn‹ zu nennen, um anzudeuten, daß er mehr als ein bloßer Mensch sei. Sogar ließe sich denken, daß bei der Stärke und Reinheit seines Willens und vermöge der Allmacht, die überhaupt dem Willen als Ding an sich zukommt und die wir aus dem animalischen Magnetismus und den diesem verwandten magischen Wirkungen kennen, er auch vermocht hätte, sogenannte Wunder zu tun, d.h. mittelst des metaphysischen Einflusses des Willens zu wirken; wobei denn ebenfalls der Unterricht der ägyptischen

H. Menu 12, 124; ›Sancara‹ [›Samsara, sive de theologumenis Vedanticorum‹, editio Friedrich Heinrich Hugo Windischmann] p. 103; Obry, ›Nirvana‹, p. 31 und 30, sagt er: ›La transmigration porte en Sanscrit le nom vague de Samsara, cercle ou mouvement circulaire des naissances.‹ [Die Seelenwanderung hat im Sanskrit den unbestimmten Namen Samsara, Kreis oder kreisförmiger Umlauf der Geburten.]

Priester ihm zustatten gekommen wäre. Diese Wunder
hätte dann nachher die Sage vergrößert und vermehrt.
Denn ein eigentliches Wunder wäre überall ein Dementi,
welches die Natur sich selber gäbe[H]. Inzwischen wird es
uns nur unter Voraussetzungen solcher Art einigermaßen
erklärlich, wie Paulus, dessen Hauptbriefe doch wohl echt
sein müssen, einen damals noch so kürzlich (daß noch viele
Zeitgenossen desselben lebten) Verstorbenen ganz ernstlich als inkarnierten Gott und als eins mit dem Weltschöp-
fer darstellen kann; indem doch sonst ernstlich gemeinte
Apotheosen dieser Art und Größe vieler Jahrhunderte bedürfen, um allmälig heranzureifen. Andrerseits aber könnte
man daher ein Argument gegen die Echtheit der Paulinischen Briefe überhaupt nehmen.

   Daß überhaupt unsern Evangelien irgendein Original oder
wenigstens Fragment aus der Zeit und Umgebung Jesu
selbst zum Grunde liege, möchte ich schließen gerade aus
der so anstößigen Prophezeiung des Weltendes und der
glorreichen Wiederkehr des Herrn in den Wolken, welche
statthaben soll noch bei Lebzeiten einiger, die bei der Verheißung gegenwärtig waren. Daß nämlich diese Verheißung unerfüllt geblieben, ist ein überaus verdrießlicher
Umstand, der nicht nur in späteren Zeiten Anstoß gegeben,
sondern schon dem Paulus und Petrus Verlegenheiten bereitet hat, welche in des Reimarus sehr lesenswertem Buche
›Vom Zwecke Jesu und seiner Jünger‹ (§§ 42–44) ausführlich erörtert sind. Wären nun die Evangelien etwan hundert

---

H. Für den großen Haufen sind die einzigen faßlichen Argumente
Wunder; daher alle Religionsstifter deren verrichten. –
   Religionsurkunden enthalten Wunder zur Beglaubigung ihres Inhalts: aber es kommt eine Zeit heran, wo sie das Gegenteil bewirken. –
   Die Evangelien wollten ihre Glaubwürdigkeit durch den Bericht
von Wundern unterstützen, haben sie aber gerade dadurch unterminiert. –
   Die *Wunder* in der Bibel sollen deren Wahrheit beweisen: aber sie
wirken im entgegengesetzten Sinne.
   Die Theologen suchen die *Wunder* der Bibel bald zu allegorisieren,
bald zu naturalisieren, um sie irgendwie loszuwerden: denn sie fühlen,
daß miraculum sigillum mendacii [das Wunder ein Zeichen der
Lüge ist]. –

Jahre später ohne vorliegende gleichzeitige Dokumente verfaßt, so würde man sich wohl gehütet haben, dergleichen Prophezeiungen hineinzubringen, deren so anstößige Nichterfüllung damals schon am Tage lag. Ebensowenig würde man in die Evangelien alle jene Stellen hineingebracht haben, aus welchen Reimarus sehr scharfsinnig das konstruiert, was er das ›Erste System der Jünger‹ nennt und wonach ihnen Jesus nur ein weltlicher Befreier der Juden war; wenn nicht die Abfasser der Evangelien auf Grundlage gleichzeitiger Dokumente gearbeitet hätten, die solche Stellen enthielten. Denn sogar eine bloß mündliche Tradition unter den Gläubigen würde Dinge, die dem Glauben Ungelegenheiten bereiteten, haben fallenlassen. Beiläufig gesagt, hat Reimarus unbegreiflicherweise die seiner Hypothese vor allen andern günstige Stelle Joh. 11,48 (zu vergleichen mit 1, 50 und 6, 15) übersehn, imgleichen auch Matth. 27, Vers 28–30; Luk. 23, Vers 1–4, 37, 38 und Joh. 19, Vers 19–22. Wollte man aber diese Hypothese ernstlich geltend machen und durchführen, so müßte man annehmen, daß der religiöse und moralische Gehalt des Christentums von alexandrinischen, der indischen und buddhaistischen Glaubenslehren kundigen Juden zusammengestellt und dann ein politischer Held mit seinem traurigen Schicksale zum Anknüpfungspunkt derselben gemacht sei, indem man den ursprünglich irdischen Messias in einen himmlischen umschuf. Allerdings hat dies sehr viel gegen sich. Jedoch bleibt das von *Strauß* aufgestellte mythische Prinzip zur Erklärung der evangelischen Geschichte wenigstens für die Einzelnheiten derselben gewiß das richtige: und es wird schwer auszumachen sein, wie weit es sich erstreckt. Was überhaupt es mit dem Mythischen für eine Bewandtnis habe, muß man sich an näherliegenden und weniger bedenklichen Beispielen klar machen. So z. B. ist im ganzen Mittelalter sowohl in Frankreich wie in England der König Arthur eine festbestimmte, sehr tatenreiche, wundersame, stets mit gleichem Charakter und mit derselben Begleitung auftretende Person und macht mit seiner Tafelrunde, seinen Rittern, seinen unerhörten Heldentaten, seinem wunderlichen Seneschall, seiner treulosen Gattin, nebst deren Lancelot vom See usw. das stehende Thema der Dichter und Romanenschreiber vieler Jahrhunderte aus, welche sämtlich uns die nämlichen Personen mit denselben Charakteren vorführen, auch in den Begebenheiten ziemlich übereinstimmen, nur aber im Kostüme und den Sitten, nämlich nach Maßgabe ihres jedesmaligen eigenen Zeitalters, stark voneinander abweichen. Nun hatte vor einigen Jahren das französische Ministerium den Herrn de la Villemarqué nach England gesandt, um den Ursprung der Mythen von jenem König Arthur zu untersuchen. Da ist hinsichtlich des zum Grunde liegenden Faktischen das Ergebnis gewesen, daß im Anfang des sechsten Jahrhunderts in Wales ein kleiner Häuptling namens Arthur gelebt hat, der unverdrossen mit den eingedrungenen Sachsen kämpfte, dessen unbedeutende Taten jedoch vergessen sind. Aus dem also ist, der Himmel weiß warum, eine so glänzende, viele Jahrhunderte hindurch in unzähligen Liedern, Romanzen und Romanen zelebrierte Person geworden. Man sehe ›Contes populaires des anciens Bretons, avec un essay sur l'origine des épopées sur la table ronde‹ par Thomas de la Villemarqué (2 vol., 1842), wie auch ›The life of king Arthur, from ancient historians and authentic documents‹ by Ritson (1825), darin er als eine ferne, undeutliche Nebelgestalt, jedoch nicht ohne realen Kern erscheint. – Fast ebenso verhält es sich mit dem *Roland*, welcher der Held des ganzen Mittelalters ist und in zahllosen Liedern, epischen Geschichten und Romanen, auch sogar durch Rolandssäulen zelebriert wird, bis er zuletzt noch dem Ariosto seinen Stoff liefert und daraus verklärt aufersteht: dieser nun wird von der Geschichte nur ein einziges Mal, gelegentlich und mit drei Worten erwähnt, indem nämlich Eginhard ihn unter den bei Roncesvalles (Roncevaux) gebliebenen Notabeln mit aufzählt als ›Hroudlandus, Britannici limitis praefectus‹ [Hroudlandus, der Befehlshaber des britannischen Grenzbezirks; ›Vita Caroli Magni‹ cap. 9], und das ist alles, was wir von ihm wissen; wie alles, was wir von Jesus Christus eigentlich wissen, die Stelle im *Tacitus* (›Annales‹ lib. 15, cap. 44) ist. Noch ein anderes Beispiel liefert der weltberühmte *Cid*, der Spanier, welchen Sagen und Chroniken, vor allem aber die Volkslieder in dem so berühmten, wunderschönen ›*Romancero*‹, endlich auch noch Corneilles bestes Trauerspiel verherrlichen und dabei auch in den Hauptbegebenheiten, namentlich was die *Jimene* betrifft, ziemlich übereinstimmen; während die spärlichen historischen Data über ihn nichts ergeben als einen zwar tapfern Ritter und ausgezeichneten Heerführer, aber von sehr grausamem und treulosem, ja feilem Charakter, bald dieser, bald jener Partei und öfter den Sarazenen als den Christen dienend, beinahe wie ein Condottiere, jedoch mit einer Jimene verheiratet; wie des näheren zu ersehn ist aus den ›Recherches sur l'histoire de l'Espagne‹ par Dozy (1849, Bd. 1) – der zuerst an die rechte Quelle gekommen zu sein scheint. – Was mag wohl die historische Grundlage der ›Ilias‹ sein? – Ja, um die Sache ganz in der Nähe zu haben, denke man an das Histörchen vom Apfel des Newton, dessen Grundlosigkeit ich bereits oben § 86 *[S. 174]* erörtert habe, welches jedoch in tausend Büchern wiederholt worden ist; wie denn sogar Euler im ersten Bande seiner ›Briefe an die Prinzessin‹ nicht verfehlt hat, es recht con amore auszumalen. – Wenn es überhaupt mit aller Geschichte viel auf sich haben sollte, müßte unser Geschlecht nicht ein so erzlügenhaftes sein, wie es leider ist.

§ 180
Sekten

Der *Augustinismus* mit seinem Dogma von der Erbsünde und, was sich daran knüpft, ist, wie schon gesagt, das eigentliche und wohlverstandene Christentum. Der *Pelagianismus* hingegen ist das Bemühen, das Christentum zum plumpen und platten Judentum und seinem Optimismus zurückzubringen.

Den die Kirche beständig teilenden Gegensatz zwischen Augustinismus und Pelagianismus könnte man, als auf seinen letzten Grund, darauf zurückführen, daß ersterer vom Wesen an sich der Dinge, letzterer hingegen von der Erscheinung redet, die er jedoch für das Wesen nimmt. Z.B. der Pelagianer leugnet die Erbsünde, da das Kind, welches

noch gar nichts getan hat, unschuldig sein müsse – weil er
nicht einsieht, daß zwar als Erscheinung das Kind erst anfängt zu sein, nicht aber als Ding an sich. Ebenso steht es
mit der Freiheit des Willens, dem Versöhnungstode des
Heilands, der Gnade, kurz: mit allem. – Infolge seiner Be-
greiflichkeit und Plattheit herrscht der Pelagianismus immer vor: mehr als je aber jetzt als Rationalismus. Gemildert pelagianisch ist die griechische Kirche und seit dem
Concilio Tridentino ebenfalls die katholische, die sich dadurch in Gegensatz zum augustinisch und daher mystisch
gesinnten Luther, wie auch zu Calvin, hat stellen wollen:
nicht weniger sind die Jesuiten semipelagianisch. Hingegen
sind die Jansenisten augustinisch und ihre Auffassung möchte
wohl die echteste Form des Christentums sein. Denn der
Protestantismus ist dadurch, daß er das Zölibat und überhaupt die eigentliche Askese, wie auch deren Repräsentanten, die Heiligen, verwarf, zu einem abgestumpften oder
vielmehr abgebrochenen Christentum geworden, als welchem die Spitze fehlt: es läuft in nichts aus[H].

§ 181
Rationalismus

Der Mittelpunkt und das Herz des Christentums ist die
Lehre vom Sündenfall, von der Erbsünde, von der Heillosig-
keit unsers natürlichen Zustandes und der Verderbtheit
des natürlichen Menschen, verbunden mit der Vertretung
und Versöhnung durch den Erlöser, deren man teilhaft
wird durch den Glauben an ihn. Dadurch nun aber zeigt
dasselbe sich als Pessimismus, ist also dem Optimismus des
Judentums, wie auch des echten Kindes desselben, des
Islams, gerade entgegengesetzt, hingegen dem Brahmanismus und Buddhaismus verwandt. – Dadurch daß im Adam
alle gesündigt haben und verdammt sind, im Heiland hin-

H. In den *protestantischen* Kirchen ist der augenfälligste Gegenstand
die *Kanzel*, in den *katholischen* der *Altar*. Dies symbolisiert, daß der
Protestantismus sich zunächst an das Verständnis wendet, der Katholizismus an den Glauben.

gegen alle erlöst werden, ist auch ausgedrückt, daß das eigentliche Wesen und die wahre Wurzel des Menschen nicht im Individuo liegt, sondern in der Spezies, welche die (Platonische) *Idee* des Menschen ist, deren auseinandergezogene Erscheinung in der Zeit die Individuen sind.

Der Grundunterschied der Religionen liegt darin, ob sie Optimismus oder Pessimismus sind, keineswegs darin, ob Monotheismus, Polytheismus, Trimurti[1], Dreieinigkeit, Pantheismus oder Atheismus (wie der Buddhaismus). Dieserwegen sind Altes Testament und Neues Testament einander diametral entgegengesetzt, und ihre Vereinigung bildet einen wunderlichen Kentauren. Das Alte Testament nämlich ist Optimismus, das Neue Testament Pessimismus. Jenes stammt erwiesenermaßen von der Ormuzdlehre; dieses ist seinem innern Geiste nach dem Brahmanismus und Buddhaismus verwandt, also wahrscheinlich auch historisch irgendwie aus ihnen abzuleiten. Jenes ist eine Musik in Dur, dieses in Moll. Bloß der Sündenfall macht im Alten Testament eine Ausnahme, bleibt aber unbenutzt, steht da wie ein hors d'œuvre, bis das Christentum ihn als seinen allein passenden Anknüpfungspunkt wieder aufnimmt.

Allein jenen oben angegebenen Grundcharakter des Christentums, welchen Augustinus, Luther und Melanchthon sehr richtig aufgefaßt und möglichst systematisiert hatten, suchen unsere heutigen Rationalisten, in die Fußstapfen des Pelagius tretend, nach Kräften zu verwischen und hinauszuexegesieren, um das Christentum zurückzuführen auf ein nüchternes, egoistisches optimistisches Judentum mit Hinzufügung einer bessern Moral und eines künftigen Lebens, als welches der konsequent durchgeführte Optimismus verlangt, damit nämlich die Herrlichkeit nicht so schnell ein Ende nehme und der Tod, der gar zu laut gegen die optimistische Ansicht schreit und wie der steinerne Gast am Ende zum fröhlichen Don Juan eintritt, abgefertigt werde. – Diese Rationalisten sind ehrliche Leute, jedoch platte Gesellen, die vom tiefen Sinne des neutestamentlichen Mythos keine Ahndung haben und nicht über den jüdischen

1. [*Vgl. Bd. 4, S. 159*]

Optimismus hinauskönnen, als welcher ihnen faßlich ist
und zusagt. Sie wollen die nackte, trockne Wahrheit im
Historischen wie im Dogmatischen. Man kann sie dem
Euhemerismus[1] des Altertums vergleichen. Freilich ist, was
die Supranaturalisten bringen, im Grunde eine Mythologie:
aber dieselbe ist das Vehikel wichtiger tiefer Wahrheiten,
welche dem Verständnis des großen Haufens nahezubringen
auf anderm Wege nicht möglich wäre. Wie weit hingegen
diese Rationalisten von aller Erkenntnis, ja aller Ahndung
des Sinnes und Geistes des Christentums entfernt sind, zeigt
z.B. ihr großer Apostel *Wegscheider* in seiner naiven ›Dogmatik‹, wo er (§ 115 nebst Anmerkungen) den tiefen Aussprüchen Augustins und der Reformatoren über die Erbsünde
und die wesentliche Verderbtheit des natürlichen Menschen das fade Geschwätze des *Cicero* in den Büchern ›De
officiis‹ entgegenzustellen sich nicht entblödet, da solches
ihm viel besser zusagt. Man muß wirklich sich über die
Unbefangenheit wundern, mit der dieser Mann seine Nüchternheit, Flachheit, ja [seinen] gänzlichen Mangel an Sinn für
den Geist des Christentums zur Schau trägt. Aber er ist nur
unus e multis [einer von vielen] – hat doch *Bretschneider* die
Erbsünde aus der Bibel hinausexegisiert; während Erbsünde
und Erlösung die Essenz des Christentums ausmachen. –
Andererseits ist nicht zu leugnen, daß die Supranaturalisten
bisweilen etwas viel Schlimmeres, nämlich Pfaffen im ärgsten
Sinne des Wortes sind. Da mag nun das Christentum sehn,
wie es zwischen Skylla und Charybdis durchkomme. Der
gemeinsame Irrtum beider Parteien ist, daß sie in der Religion die unverschleierte, trockne, buchstäbliche Wahrheit
suchen. Diese aber wird allein in der Philosophie angestrebt:
die Religion hat nur eine Wahrheit, wie sie dem Volke angemessen ist, eine indirekte, eine symbolische, allegorische
Wahrheit. Das Christentum ist eine Allegorie, die einen
wahren Gedanken abbildet; aber nicht ist die Allegorie an
sich selbst das Wahre. Dies dennoch anzunehmen ist der
Irrtum, darin Supranaturalisten und Rationalisten überein-

1. [Rationalistische Erklärung des Mythos als Geschehen menschlicher Helden und Abenteurer, durchgeführt von Euemeros.]

stimmen. Jene wollen die Allegorie als an sich wahr behaupten; diese sie umdeuteln und modeln, bis sie, so nach ihrem Maßstabe, an sich wahr sein könne. Danach streitet denn jede Partei mit treffenden und starken Gründen gegen die andere. Die Rationalisten sagen zu den Supranaturalisten: ›Eure Lehre ist nicht wahr‹, diese hingegen zu jenen: ›Eure Lehre ist kein Christentum‹. Beide haben recht. Die Rationalisten glauben die Vernunft zum Maßstabe zu nehmen: in der Tat aber nehmen sie dazu nur die in den Voraussetzungen des Theismus und Optimismus befangene Vernunft, so etwas wie Rousseaus ›Profession de foi du vicaire Savoyard‹, diesen Prototyp alles Rationalismus. Vom christlichen Dogma wollen sie daher nichts bestehn lassen als eben, was sie für sensu proprio wahr halten: nämlich den Theismus und die unsterbliche Seele. Wenn sie aber dabei mit der Dreistigkeit der Unwissenheit an die *reine Vernunft* appellieren, so muß man sie mit der *Kritik* derselben bedienen, um sie zu der Einsicht zu nötigen, daß diese ihre als vernunftgemäß zur Beibehaltung ausgewählten Dogmen sich bloß auf einer transzendenten Anwendung immanenter Prinzipien basieren und demnach nur einen unkritischen, folglich unhaltbaren philosophischen Dogmatismus ausmachen, wie ihn die ›Kritik der reinen Vernunft‹ auf jeder Seite bekämpft und als ganz eitel nachweist; daher eben schon ihr Name ihren Antagonismus gegen den Rationalismus ankündigt. Während demnach der Supranaturalismus doch allegorische Wahrheit hat, kann man dem Rationalismus gar keine zuerkennen. Die Rationalisten haben geradezu unrecht. Wer ein Rationalist sein will, muß ein Philosoph sein und als solcher sich von aller Auktorität emanzipieren, vorwärtsgehn und vor nichts zurückbeben. Will man aber ein Theolog sein, so sei man konsequent und verlasse nicht das Fundament der Auktorität, auch nicht, wenn sie das Unbegreifliche zu glauben gebietet. Man kann nicht zweien Herren dienen: also entweder der Vernunft oder der Schrift. Juste milieu [Gerechte Mitte] heißt hier sich zwischen zwei Stühlen niederlassen. Entweder glauben oder philosophieren! Was man erwählt, sei man ganz. Aber glauben bis auf

einen gewissen Punkt und nicht weiter, und ebenso philosophieren bis auf einen gewissen Punkt und nicht weiter –
dies ist die Halbheit, welche den Grundcharakter des Rationalismus ausmacht. Hingegen sind die Rationalisten moralisch gerechtfertigt, sofern sie ganz ehrlich zu Werke gehn
und nur sich selbst täuschen; während die Supranaturalisten mit ihrer Vindizierung der Wahrheit sensu proprio für
eine bloße Allegorie denn doch wohl meistens absichtlich
andere zu täuschen suchen. Dennoch wird bei dem Streben
dieser die in der Allegorie enthaltene Wahrheit gerettet;
während hingegen die Rationalisten in ihrer nordischen
Nüchternheit und Plattheit diese und mit ihr die ganze
Essenz des Christentums zum Fenster hinauswerfen, ja
Schritt vor Schritt am Ende dahin kommen, wohin vor
achtzig Jahren Voltaire im Fluge gelangt war. Oft ist es belustigend zu sehn, wie sie bei Feststellung der Eigenschaften Gottes (der quidditas[1] [des Wesens] desselben), wo sie
doch mit dem bloßen Wort und Schibboleth ›Gott‹ nicht
mehr ausreichen, sorgfältig zielen, das juste milieu zu treffen zwischen einem Menschen und einer Naturkraft – was
denn freilich schwerhält. Inzwischen reiben in jenem Kampfe
der Rationalisten und Supranaturalisten beide Parteien einander auf, wie die geharnischten Männer aus des Kadmos
Saat der Drachenzähne[2]. Dazu gibt noch der von einer gewissen Seite her tätige Tartüffianismus der Sache den To-
desstoß. Nämlich wie man im Karneval italienischer Städte
zwischen den Leuten, die nüchtern und ernst ihren Geschäften nachgehn, tolle Masken herumlaufen sieht; so sehn
wir heutzutage in Deutschland zwischen den Philosophen,
Naturforschern, Historikern, Kritikern und Rationalisten
Tartüffes herumschwärmen im Gewande einer schon Jahrhunderte zurückliegenden Zeit, und der Effekt ist burlesk,
besonders wenn sie harangieren[3].

  Die, welche wähnen, daß die Wissenschaften immer weiter
fortschreiten und immer mehr sich verbreiten können, ohne

1. [Terminus der Scholastiker]
2. [Nach Euripides: ›Phoenissae‹ 939 f.]
3. [das große Wort führen]

daß dies die Religion hindere, immerfort zu bestehn und zu florieren – sind in einem großen Irrtum befangen. Physik und Metaphysik sind die natürlichen Feinde der Religion und daher diese die Feindin jener, welche allezeit strebt, sie zu unterdrücken, wie jene, sie zu unterminieren. Von Friede und Übereinstimmung beider reden zu wollen ist höchst lächerlich: es ist ein bellum ad internecionem [Krieg auf Leben und Tod]. Religionen sind Kinder der Unwissenheit, die ihre Mutter nicht lange überleben. Omar, Omar hat es verstanden, als er die alexandrinische Bibliothek verbrannte[1]: sein Grund dazu, daß der Inhalt der Bücher entweder im Koran enthalten oder aber überflüssig wäre, gilt für albern, ist aber sehr gescheut, wenn nur ›cum grano salis‹[2] verstanden, wo er alsdann besagt, daß die Wissenschaften, wenn sie über den Koran hinausgehn, Feinde der Religionen und daher nicht zu dulden seien. Es stände viel besser um das Christentum, wenn die christlichen Herrscher so klug gewesen wären wie Omar. Jetzt aber ist es etwas spät, alle Bücher zu verbrennen, die Akademien aufzuheben, den Universitäten das ›pro ratione voluntas‹[3] [für die Gründe stehe der Wunsch] durch Mark und Bein dringen zu lassen – um die Menschheit dahin zurückzuführen, wo sie im Mittelalter stand. Und mit einer Handvoll Obskuranten ist da nichts auszurichten: man sieht diese heutzutage an wie Leute, die das Licht auslöschen wollen, um zu stehlen. So ist es denn augenscheinlich, daß nachgerade die Völker schon damit umgehn, das Joch des Glaubens abzuschütteln: die Symptome davon zeigen sich überall, wiewohl in jedem Lande anders modifiziert. Die Ursache ist das zu viele Wissen, welches unter sie gekommen ist. Die sich täglich vermehrenden und nach allen Richtungen sich immer weiter verbreitenden Kenntnisse jeder Art erweitern den Horizont eines jeden je nach seiner Sphäre so sehr, daß er endlich eine Größe erlangen muß, gegen welche die Mythen, welche das Skelett des Christentums ausmachen, dermaßen einschrumpfen, daß der

1. [Dies entspricht nicht dem historischen Vorgang]
2. [Vgl. S. 90]
3. [Nach Juvenal: ›Saturae‹ 6, 223]

Glaube nicht mehr daran haften kann. Die Menschheit wächst die Religion aus wie ein Kinderkleid; und da ist kein Halten: es platzt. Denn Glauben und Wissen vertragen sich nicht wohl im selben Kopfe: sie sind darin wie Wolf und Schaf in einem Käfig, und zwar ist das Wissen der Wolf, der den Nachbarn aufzufressen droht. – In ihren Todesnöten sieht man die Religion sich an die Moral anklammern, für deren Mutter sie sich ausgeben möchte – aber mitnichten! Echte Moral und Moralität ist von keiner Religion abhängig; wiewohl jede sie sanktioniert und ihr dadurch eine Stütze gewährt. – Zuerst nun aus den mittlern Ständen vertrieben flüchtet das Christentum sich in die niedrigsten, wo es als Konventikelwesen auftritt, und in die höchsten, wo es Sache der Politik ist, man aber wohl bedenken sollte, daß auch hierauf Goethes Wort Anwendung findet:

So fühlt man Absicht und man ist verstimmt.

[›Tasso‹ 2, 1]

Dem Leser wird hier die § 174 [S. 408] angeführte Stelle des Condorcet wieder beifallen.

Der Glaube ist wie die Liebe: er läßt sich nicht erzwingen. Daher ist es ein mißliches Unternehmen, ihn durch Staatsmaßregeln einführen oder befestigen zu wollen: denn wie der Versuch, Liebe zu erzwingen, Haß erzeugt, so der, Glauben zu erzwingen, erst rechten Unglauben[F]. Nur ganz mittelbar und folglich durch lange zum voraus getroffene Anstalten kann man den Glauben befördern, indem man nämlich ihm ein gutes Erdreich, darauf er gedeiht, vorbereitet: ein solches ist die Unwissenheit. Für diese hat man da-

---

F. Was für ein schlechtes Gewissen *die Religion* haben muß, ist daran zu ermessen, daß es bei so schweren Strafen verboten ist, über sie *zu spotten*. –

Die europäischen Regierungen verbieten jeden Angriff auf die *Landesreligion*. Sie selbst aber schicken *Missionare* in brahmanische und buddhaistische Länder, welche die dortigen Religionen eifrig und von Grund aus angreifen – ihrer importierten Platz zu machen. Und dann schreien sie Zeter, wenn einmal ein chinesischer Kaiser oder [der] Großmandarin von Tunkin [Tung–king, Hinterindien] solchen Leuten die Köpfe abschlägt! –

her in England schon seit alten Zeiten und bis auf die unserige Sorge getragen, so daß zwei Drittel der Nation nicht
lesen können; daher denn auch noch heutzutage daselbst
ein Köhlerglauben herrscht, wie man ihn außerdem vergeblich suchen würde. Nunmehr aber nimmt auch dort die Regierung den Volksunterricht dem Klerus aus den Händen;
wonach es mit dem Glauben bald bergabgehn wird. – Im
ganzen also geht, von den Wissenschaften fortwährend
unterminiert, das Christentum seinem Ende allmälig entgegen. Inzwischen ließe sich für dasselbe Hoffnung schöpfen
aus der Betrachtung, daß nur solche Religionen untergehn,
die keine Urkunden haben. Die Religion der Griechen und
Römer, dieser weltbeherrschenden Völker, ist untergegangen. Hingegen hat die Religion des verachteten Judenvölk-
chens sich erhalten: ebenso die des Zendvolks bei den Gebern[1]. Hingegen ist die der Gallier, Skandinaven und Germanen untergegangen. Die brahmanische und buddhaistische
aber bestehn und florieren: sie sind die ältesten von allen
und haben ausführliche Urkunden.

§ 182

Eine Religion, die zu ihrem Fundament eine *einzelne Begeben-*
heit hat, ja aus dieser, die sich da und da, dann und dann zuge-
tragen, den Wendepunkt der Welt und alles Daseins machen
will, hat ein so schwaches Fundament, daß sie unmöglich
bestehn kann, sobald einiges Nachdenken unter die Leute gekommen. Wie weise ist dagegen im *Buddhaismus* die Annahme
der tausend Buddhas, damit es nicht sich ausnehme wie im
Christentum, wo *Jesus Christus* die Welt erlöst hat und außer
ihm kein Heil möglich ist – aber viertausend Jahre, deren
Denkmale in Ägypten, Asien und Europa groß und herrlich
dastehn, nichts von ihm wissen konnten und jene Zeitalter mit
aller ihrer Herrlichkeit unversehens zum Teufel fuhren! Die
vielen Buddhas sind notwendig, weil am Ende jedes Kalpas[2]

1. [Bezeichnung der Mohammedaner für die Bekenner des Parsismus
in Persien und Ostindien, auch Parsen genannt.]
2. [Indische Bezeichnung für Weltalter; *vgl. Bd. 1, S. 664*]

die Welt untergeht und mit ihr die Lehre, also eine neue
Welt einen neuen Buddha verlangt. Das Heil ist immer da.

Daß die *Zivilisation* unter den *christlichen* Völkern am höchsten steht, liegt nicht daran, daß *das Christentum* ihr günstig,
sondern daran, daß es abgestorben ist und wenig Einfluß
mehr hat – solange es ihn hatte, war die Zivilisation weit
zurück: im Mittelalter. Hingegen haben *Islam, Brahmanismus* und *Buddhaismus* noch durchgreifenden Einfluß aufs Leben: in China noch am wenigsten, daher die Zivilisation der
europäischen ziemlich gleichkommt. Alle *Religion* steht im
Antagonismus mit der Kultur.

In frühern Jahrhunderten war die Religion ein Wald, hinter welchem Heere halten und sich decken konnten. Der
Versuch, dies in unsern Tagen zu wiederholen, ist schlecht
abgelaufen. Denn nach so vielen Fällungen ist sie nur noch
ein Buschwerk, hinter welchem gelegentlich Gauner sich
verstecken. Man hat dieserhalb sich vor denen zu hüten, die
sie in alles hineinziehn möchten, und begegne ihnen mit
dem oben angezogenen Sprichwort: ›Detrás de la cruz está
el diablo.‹ *[vgl. S. 425]*

KAPITEL 16

EINIGES ZUR SANSKRITLITERATUR

§ 183

Sosehr ich auch die religiösen und philosophischen Werke der Sanskritliteratur verehre, so habe ich dennoch an den poetischen nur selten einiges Wohlgefallen finden können; sogar hat es mich zuzeiten bedünken wollen, diese wären so geschmacklos und monstros wie die Skulptur derselben Völker. Selbst ihre dramatischen Werke schätze ich hauptsächlich nur wegen der sehr belehrenden Erläuterungen und Belege des religiösen Glaubens und der Sitten, die sie enthalten. Dies alles mag daran liegen, daß Poesie ihrer Natur nach unübersetzbar ist. Denn in ihr sind Gedanken und Worte so innig und fest miteinander verwachsen wie pars uterina et pars fetalis placentae [der Teil der Gebärmutter und der der Frucht des Mutterkuchens]; so daß man nicht, ohne jene zu affizieren, diesen fremde substituieren kann – ist doch alles Metrische und Gereimte eigentlich von Hause aus ein Kompromiß zwischen dem Gedanken und der Sprache: dieses aber darf seiner Natur nach nur auf dem eigenen mütterlichen Boden des Gedankens vollzogen werden, nicht auf einem fremden, dahin man ihn verpflanzen möchte, und gar auf einem so unfruchtbaren, wie die Übersetzerköpfe in der Regel sind! Was überhaupt kann entgegengesetzter sein als die freie Ergießung der Begeisterung eines Dichters, die schon von selbst und instinktiv in Metrum und Reim gekleidet an den Tag tritt, und die peinliche, rechnende, kalte, silbenzählende und reimesuchende Qual des Übersetzers? Da nun überdies in Europa an poetischen uns direkt ansprechenden Werken kein Mangel ist, gar sehr aber an richtigen metaphysischen Einsichten, so bin ich der Meinung, daß die Übersetzer aus dem Sanskrit ihre Mühe viel weniger der Poesie und viel mehr den Veden, Upanischaden und philosophischen Werken zuwenden sollten.

§ 184

Wenn ich bedenke, wie schwer es ist, mit Hülfe der besten, sorgfältig dazu herangebildeten Lehrer und vortrefflicher im Laufe der Jahrhunderte zustande gebrachter philologischer Hilfsmittel es zu einem eigentlich richtigen, genauen und lebendigen Verständnis der griechischen und römischen Autoren zu bringen, deren Sprachen denn doch die unserer Vorgänger in Europa und die Mütter noch jetzt lebender Sprachen sind; das Sanskrit hingegen eine vor tausend Jahren im fernen Indien gesprochene Sprache ist und die Mittel zur Erlernung desselben verhältnismäßig doch noch sehr unvollkommen sind; und wenn ich den Eindruck dazunehme, den die Übersetzungen europäischer Gelehrten aus dem Sanskrit – höchst wenige Ausnahmen beiseite gesetzt – auf mich machen; so beschleicht mich der Verdacht, daß unsere Sanskritgelehrten ihre Texte nicht besser verstehn mögen als etwan die Sekundaner unserer Schulen die griechischen; daß sie jedoch, weil sie nicht Knaben, sondern Männer von Kenntnissen und Verstand sind, aus dem, was sie eigentlich verstehn, den Sinn im ganzen ungefähr zusammensetzen, wobei denn freilich manches ex ingenio [aus dem Einfall] mitunterlaufen mag. Noch sehr viel schlechter steht es mit dem Chinesischen der europäischen Sinologen, als welche oft ganz im dunkeln tappen; wovon man die Überzeugung erhält, wenn man sieht, wie selbst die gründlichsten unter ihnen sich gegenseitig berichtigen und einander kolossale Irrtümer nachweisen. Beispiele der Art findet man häufig im *Foe Koue Ki* von *Abel Rémusat*.

Erwäge ich nun andererseits, daß *Sultan Mohammed Daraschakoh*, der Bruder des Aureng-Zeb [Awreng-Sïb], in Indien geboren und erzogen, dabei gelehrt, denkend und wißbegierig war, also sein Sanskrit etwan sogut verstehn

mochte wie wir unser Latein, dazu nun aber noch eine Anzahl der gelehrtesten Pandits zu Mitarbeitern hatte; so gibt
mir dies schon zum voraus eine hohe Meinung von seiner
Übersetzung der Upanischaden des Veda ins Persische.
Sehe ich nun ferner, mit welcher tiefen, der Sache angemessenen Ehrfurcht Anquetil-Duperron diese persische Übersetzung gehandhabt hat, indem er sie Wort für Wort lateinisch wiedergab, dabei die persische Syntax der lateinischen
Grammatik zum Trotz genau beibehaltend und die vom
Sultan unübersetzt herübergenommenen Sanskritwörter
ebenso belassend, um sie nur im Glossar zu erklären; so lese
ich diese Übersetzung mit dem vollsten Zutrauen, welches
alsbald seine erfreuliche Bewährung erhält. Denn wie atmet
doch der ›Oupnekhat‹ durchweg den heiligen Geist der
Veden! Wie wird doch der, dem durch fleißiges Lesen das
Persisch-Latein dieses unvergleichlichen Buches geläufig geworden, von jenem Geist im Innersten ergriffen! Wie ist
doch jede Zeile so voll fester, bestimmter und durchgängig
zusammenstimmender Bedeutung! Und aus jeder Seite treten uns tiefe, ursprüngliche, erhabene Gedanken entgegen,
während ein hoher und heiliger Ernst über dem Ganzen
schwebt. Alles atmet hier indische Luft und ursprüngliches,
naturverwandtes Dasein. Und o, wie wird hier der Geist
reingewaschen von allem ihm früh eingeimpften jüdischen
Aberglauben und aller diesem frönenden Philosophie! Es ist
die belohnendeste und erhebendeste Lektüre, die (den Urtext ausgenommen) auf der Welt möglich ist: sie ist der
Trost meines Lebens gewesen und wird der meines Sterbens
sein. – Hinsichtlich gewisser gegen die Echtheit des ›Oupnekhat‹ aufgebrachter Verdächtigungen verweise ich auf die
Note S. 271 *[Bd. 3, S. 806]* meiner ›Ethik‹.

Vergleiche ich nun damit die europäischen Übersetzungen
heiliger indischer Texte oder indischer Philosophen, so machen sie (mit höchst wenigen Ausnahmen, wie z.B. der
›Bhagavad-Gita‹ von Schlegel und einige Stellen in Cole-
brookes Übersetzungen aus den Veden) auf mich den entgegengesetzten Eindruck: sie liefern Perioden, deren Sinn
ein allgemeiner, abstrakter, oft schwankender und unbe-

stimmter und deren Zusammenhang locker ist; ich erhalte
bloße Umrisse der Gedanken des Urtextes, mit Ausfüllseln,
denen ich das Fremdartige anmerke; Widersprüche scheinen
mitunter auch durch; alles ist modern, leer, fade, flach, sinn-
arm und okzidentalisch: es ist europäisiert, anglisiert, fran-
zösiert oder gar (was das Ärgste) deutsch verschwebelt und
vernebelt, d. h. statt eines klaren, bestimmten Sinnes bloße,
aber recht breite Worte liefernd; so z.B. auch die neueste
von Röer in der ›Bibliotheca Indica‹ (No. 41, Kalkutta 1853),
an der man so recht den Deutschen erkennt, der als solcher
schon gewohnt ist, Perioden hinzuschreiben, bei denen etwas Deutliches und Bestimmtes zu denken er andern überläßt: nur zu oft ist auch etwas vom ›foetor Iudaicus‹ daran
zu spüren. Alles dieses schwächt mein Zutrauen zu solchen
Übersetzungen, zumal wenn ich nun noch bedenke, daß die
Übersetzer ihre Studien als Broterwerb treiben; während
der edele Anquetil-Duperron nicht seine Sache dabei gesucht hat, sondern von bloßer Liebe zur Wissenschaft und
Erkenntnis dazu angetrieben wurde, und daß Sultan Daraschakoh zum Lohn und Honorar den Kopf vor die Füße gelegt bekam durch seinen kaiserlichen Bruder Aureng-Zeb –
›in maiorem Dei gloriam‹. Es ist meine feste Überzeugung,
daß eine wirkliche Kenntnis der Upanischaden und folglich
der wahren und esoterischen Dogmatik der Veden bis jetzt
allein durch den ›Oupnekhat‹ zu erlangen ist; die übrigen
Übersetzungen kann man durchgelesen haben und hat keine
Ahndung von der Sache. Auch scheinen dem Sultan Daraschakoh viel bessere und vollständigere Sanskritmanuskripte
vorgelegen zu haben als den englischen Gelehrten.

§ 185

Allerdings kann die *Sanhita* des Veda nicht von denselben
Verfassern noch aus derselben Zeit mit dem Upanischad
sein: davon erlangt man volle Überzeugung, wenn man das
erste Buch der Sanhita des Rig-Veda von *Rosen* und die des
Sama-Veda von *Stevensen* übersetzt liest. Beide nämlich bestehn aus Gebeten und Ritualen, welche einen ziemlich

rohen Sabäismus[1] atmen. Da ist Indra der höchste Gott, der angerufen wird, und mit ihm Sonne, Mond, Winde und Feuer. Diesen werden in allen Hymnen die servilsten Lobhudeleien, nebst Bitten um Kühe, Essen, Trinken und Sieg vorgebetet und dazu geopfert. Opfer und Beschenkung der Pfaffen sind die einzigen Tugenden, die gelobt werden. – Da Ormuzd (aus dem nachher Jehova geworden) eigentlich Indra (nach Isaak Jakob Schmidt) und ferner auch Mithra die Sonne ist, so ist der Feuerdienst der Gebern wohl mit dem Indra zu ihnen gelangt. – Der Upanischad ist, wie gesagt, die Ausgeburt der höchsten menschlichen Weisheit, auch ist er allein für den gelehrten Brahmanen bestimmt; daher Anquetil ›Upanischad‹ ›secretum tegendum‹[2] [ein zu verbergendes Geheimnis] übersetzt. Die Sanhita hingegen ist exoterisch; sie ist, obwohl indirekt, für das Volk, da die Liturgie, also öffentliche Gebete und Opferrituale ihr Inhalt sind: demgemäß liefert die *Sanhita* eine durchaus insipide[3] Lektüre – nämlich nach besagten Proben zu urteilen: denn allerdings hat *Colebrooke* in seiner Abhandlung ›On the religious ceremonies of the Hindus‹ aus andern Büchern der Sanhita Hymnen übersetzt, die einen dem Upanischad verwandten Geist atmen; wie namentlich der schöne Hymnus im zweiten Essay: ›The embodied spirit‹ usw., von dem ich § 115 *[S. 263 f.]* eine Übersetzung gegeben habe.

§ *186*

Zu der Zeit, als in Indien die großen Felsentempel ausgehauen wurden, war vielleicht die Schreibekunst noch nicht erfunden und die jene bewohnenden zahlreichen Priesterscharen waren die lebendigen Behältnisse der *Veden*, von denen jeder Priester oder jede Schule einen Teil auswendig wußte und fortpflanzte; wie es eben auch die Druiden gemacht haben. Später sind wohl in eben diesen Tempeln, also in würdigster Umgebung, die Upanischaden abgefaßt worden.

1. *[Vgl. S. 448]*
2. [Eigentlich ›vertrauliche, geheime Sitzung‹, dann ›Geheimlehre‹]
3. [fade]

§ *187*

Die *Samkhya-Philosophie*, welche man als Vorläufer des Buddhaismus betrachtet, wie wir sie in der ›*Karika*‹ des Isvara Krischna, von *Wilson* übersetzt, in extenso vor uns sehn (obwohl immer noch wie durch einen Nebel wegen der Unvollkommenheit selbst dieser Übersetzung), ist interessant und belehrend, sofern sie die Hauptdogmen aller indischen Philosophie, wie die Notwendigkeit der Erlösung aus einem traurigen Dasein, die Transmigration[1] nach Maßgabe der Handlungen, die Erkenntnis als Grundbedingung zur Erlösung u. dgl. mehr uns in der Ausführlichkeit und mit dem hohen Ernst vorführt, womit sie in Indien seit Jahrtausenden betrachtet werden.

Inzwischen sehn wir diese ganze Philosophie verdorben durch einen falschen Grundgedanken, den absoluten Dualismus zwischen Prakriti und Puruscha. Dies ist aber gerade auch der Punkt, in welchem die Samkhya von den Veden abweicht. – *Prakriti* ist offenbar die natura naturans [schaffende Natur] und zugleich die Materie an sich, d. h. ohne alle Form, wie sie nur gedacht, nicht angeschaut wird; diese, so gefaßt, kann, sofern alles aus ihr sich gebiert, wirklich als identisch mit der natura naturans angesehn werden. *Puruscha* aber ist das Subjekt des Erkennens: denn sie ist wahrnehmend, untätig, bloßer Zuschauer. Nun werden jedoch beide als absolut verschieden und von einander unabhängig genommen; wodurch die Erklärung, warum Prakriti sich für die Erlösung der Puruscha abarbeitet, ungenügend ausfällt (Vers 60). Ferner wird im ganzen Werke gelehrt, daß die Erlösung der Puruscha der letzte Zweck sei; hingegen ist es (Vers 62, 63) mit einem Male die Prakriti, welche erlöst werden soll. – Alle diese Widersprüche würden wegfallen, wenn man für Prakriti und Puruscha eine gemeinsame Wurzel hätte, auf welche doch auch wider Willen des Kapila[2] alles hindeutet; oder Puruscha eine Modifikation der Prakriti wäre, also jedenfalls der Dualismus sich auf-

1. [Seelenwanderung]
2. [Gründer des Samkhya-Systems; *vgl. Bd. 4, S. 85*]

löste. – Ich kann, um Verstand in die Sache zu bringen, nicht anders, als in Prakriti den *Willen* und in Puruscha das Subjekt der Erkenntnis sehn.

Ein eigener Zug von Kleinlichkeit und Pedantismus in der Samkhya ist das Zahlenwesen, das Aufzählen und Numerieren aller Eigenschaften usw.: er scheint jedoch landesüblich, da in buddhaistischen Schriften ebenso verfahren wird.

§ 188

Der moralische Sinn der *Metempsychose* in allen indischen Religionen ist nicht bloß, daß wir jedes Unrecht, welches wir verüben, in einer folgenden Wiedergeburt abzubüßen haben; sondern auch, daß wir jedes Unrecht, welches uns widerfährt, ansehn müssen als wohlverdient durch unsere Missetaten in einem frühern Dasein.

§ 189

Daß die drei obern Kasten die *wiedergeborenen* heißen, mag immerhin, wie gewöhnlich angegeben wird, daraus erklärt werden, daß die Investitur mit der heiligen Schnur, welche den Jünglingen derselben die Mündigkeit verleiht, gleichsam eine zweite Geburt sei: der wahre Grund aber ist, daß man nur infolge bedeutender Verdienste in einem vorhergegangenen Leben zur Geburt in jenen Kasten gelangt, folglich in solchem schon als *Mensch* existiert haben muß; während, wer in der untersten Kaste oder gar noch niedriger geboren wird, vorher auch Tier gewesen sein kann.

Ihr spottet über die Aionen und Kalpas[1] des *Buddhaismus*! – Das *Christentum* freilich hat einen Standpunkt eingenommen, von dem aus es eine Spanne Zeit überblickt; der *Buddhaismus* einen, von dem aus die Unendlichkeit in Zeit und Raum sich ihm darstellt und sein Thema wird.

Wie die *Lalita vistara*, anfangs ziemlich einfach und natürlich, in jeder neuen Redaktion, wie sie eine solche in jedem der folgenden Konzilien erfuhr, komplizierter und wunder-

1. [*Vgl. S. 465*]

barer wurde; ebenso ist es dem *Dogma selbst* ergangen, dessen
wenige einfache und großartige Lehrsätze durch nähere
Ausführungen, räumliche und zeitliche Darstellungen, Per-
sonifikationen, empirische Lokalisationen usw. allmälig bunt,
kraus und kompliziert wurden; weil der Geist des großen
Haufens es so liebt, indem er phantastische Beschäftigung
haben will und sich am Einfachen und Abstrakten nicht genügen läßt.

Die *brahmanistischen Dogmen* und Distinktionen vom Brahm
und Brahma, von Paramatma und Dschivatma, Hiranya-
Garbha, Pradschapati, Puruscha, Prakriti u. dgl. mehr (wie
man sie sehr gut in der Kürze dargelegt findet in Obrys vor-
trefflichem Buche ›Du Nirvana Indien‹, 1856) sind im
Grunde bloß mythologische Fiktionen, gemacht in der Absicht, dasjenige *objektiv* darzustellen, was wesentlich und
schlechterdings nur ein *subjektives* Dasein hat; daher eben
Buddha sie hat fallenlassen und nichts kennt als Samsara und
Nirwana. Denn je krauser, bunter und komplexer die Dogmen wurden, desto mythologischer. Am besten versteht es
der *Yogi* oder *Saniassi*, welcher, methodisch sich zurechtset-
zend, alle seine Sinne in sich zurückzieht, die ganze Welt
vergißt und sich selbst dazu – was alsdann noch in seinem
Bewußtsein übrigbleibt, ist das Urwesen – nur daß die Sache
leichter gesagt als getan ist.

Der versunkene Zustand der einst so hochgebildeten
Hindu ist die Folge der entsetzlichen Unterdrückung, welche
sie siebenhundert Jahre hindurch von den Mohammedanern
erlitten haben, die sie gewaltsam zum Islam bekehren wollten. – Jetzt ist nur ein Achtel der Bevölkerung Indiens *mo-
hammedanisch* (›Edinburgh Review‹, January 1858).

§ 190

Zu den Anzeichen, daß die *Ägypter* (Äthiopen) oder wenigstens ihre Priester aus Indien gekommen sind, gehören auch
im Leben des Apollonios von Tyana [von Flavios Philo-
stratos] die Stellen lib. 3, 20 et lib. 6, 11.

Es ist wahrscheinlich, daß geradeso entfernt verwandt wie

das Griechische und Lateinische dem Sanskrit auch die *Mythologie der Griechen und Römer der indischen ist* und beiden die ägyptische. (Ist das Koptische vom japhetitischen Sprachstamm oder vom semitischen?) Zeus, Poseidon und Hades sind vielleicht Brahma, Wischnu und Schiwa: dieser letztere hat einen Dreizack, dessen Zweck beim Poseidon unerklärt ist. Der Nilschlüssel (crux ansata[1]), Zeichen der Venus ♀ ist genau Lingam und Yoni der Schiwaiten. Osiris oder Isiris ist vielleicht Isvara, Herr und Gott. – Den Lotos verehrten Ägypter und Inder.

Sollte nicht *Ianus* (über den Schelling[H] eine akademische Vorlesung gehalten und ihn als das Ur-Eins erklärt hat) der Todesgott *Yama* sein, der zwei Gesichter hat, und bisweilen vier. Zur Kriegszeit sind die Pforten des Todes geöffnet. Und wäre vielleicht Pradschapati Japetos?

Die Göttin *Anna Purna* der Hindu (Langlès, ›Monuments de l'Inde‹ vol. 2, p. 107) ist gewiß die *Anna Perenna* der Römer. – *Baghis,* ein Beiname des Schiwa, erinnert an den Seher Bakis (daselbst vol. 1, 178). In der ›Sakontala‹ (Akt 6, Schluß p. 131) kommt *Divespetir* als Beiname Indras vor: offenbar *Diespiter*[L] [Juppiter].

Für die *Identität des Buddha* mit dem *Wodan* spricht sehr, daß (nach Langlès, ›Monuments‹ vol. 2) der Mittwoch (Wodansday) dem ☿ [Merkur] und dem Buddha heilig ist. – Korban[2] (im ›Oupnekhat‹ ›sacrificium‹) kommt vor Markus 7,11: κορβᾶν (ὅ ἐστι δῶρον), lat.: ›Corban, i. e. munus Deo dicatum‹ [Korban, d. h. Opfergabe]. – Das Wichtigste aber ist folgendes. Der Planet ☿ ist dem *Buddha* heilig, wird gewissermaßen mit ihm identifiziert und der Mittwoch ist *Buddhas* Tag. Nun ist aber Merkur der Sohn der *Maja,* und Buddha der Sohn der Königin *Maja.* Das kann nicht Zufall

---

1. [Ein gehenkeltes Kreuz, das Attribut ägyptischer Gottheiten.]
H. Schellings Erklärung des Ianus (in der Berliner Akademie) ist, daß er ›das Chaos als Ureinheit‹ bedeutet. – Eine viel gründlichere gibt Walz: ›De religione Romanorum antiquissima‹ (im Programm der Tübinger Universität), 1845.
L. Schon gesagt: ›Asiatic researches‹ vol. 1, p. 241.
2. [Dieses aramäische Wort ist eine Konjektur persischer Übersetzer, das in den Sanskrittext eingeschoben wurde.]

sein! ›Hier‹, sagen die Schwaben, ›liegt ein Spielmann begraben!‹ (Siehe jedoch ›Manual of Buddhism‹ p. 354, note
und ›Asiatic researches‹ vol. 1, p. 162).

Spence Hardy (›On eastern monachism‹ p. 122) berichtet,
daß die bei einer gewissen Feierlichkeit den Priestern zu
schenkenden Talare in *einem* Tage gewoben und verfertigt
sein müssen: das gleiche berichtet Herodot ([›Historiae‹]
2, cap. 122) von einem bei einer feierlichen Gelegenheit
einem Priester gereichten Gewande.

Der Autochthon der Deutschen ist *Mannus*, sein Sohn ist
Thuiskon – im ›*Oupnekhat*‹ (Bd. 2, p. 347 und Bd. 1, p. 96)
heißt der erste Mensch *Man*.

Bekanntlich ist *Satyavrati* identisch mit Menu oder *Manu*
– wie andrerseits mit *Noah*. Nun heißt der Vater des Samson
(Buch der Richter, Kap. 13) *Manoe* – also Manu, Manoe,
Noah; die Septuaginta schreibt Μανωέ und Νῶε. Sollte
nicht Noe geradezu Manoe mit Weglassung der ersten
Silbe sein?

Bei den Hetruriern hieß Juppiter *Tina* (Moreau, ›De Jonès‹
à l'académie des sciences morales et politiques, decembre
1850). Sollte dies mit dem chinesischen *Tien* zusammenhängen? Hatten doch die Hetrurier die Anna Perenna der
Hindu.

Alle diese Analogien sind gründlichst untersucht von
Wilford und von Burr in den ›Asiatic researches‹.

KAPITEL 17

EINIGE ARCHÄOLOGISCHE BETRACHTUNGEN

§ 191

Der Name *Pelasger*, ohne Zweifel mit *pelagus*[1] verwandt, ist die allgemeine Bezeichnung für die vereinzelten, verdrängten, verirrten kleinen asiatischen Stämme, welche zuerst nach Europa gelangten, woselbst sie ihre heimatliche Kultur, Tradition und Religion bald gänzlich vergaßen, dagegen aber, begünstigt durch den Einfluß des schönen, gemäßigten Klimas und guten Bodens, wie auch der vielen Seeküsten Griechenlands und Kleinasiens, aus sich selbst unter dem Namen der *Hellenen* eine ganz naturgemäße Entwickelung und rein menschliche Kultur erlangten, in einer Vollkommenheit, wie solche außerdem nie und nirgends vorgekommen ist. Dieser gemäß hatten sie auch keine andere als eine halb scherzhaft gemeinte Kinderreligion: der Ernst flüchtete sich in die Mysterien und das Trauerspiel. Dieser griechischen Nation ganz allein verdanken wir die richtige Auffassung und naturgemäße Darstellung der menschlichen Gestalt und Gebärde, die Auffindung der allein regelrechten und von ihnen auf immer festgestellten Verhältnisse der Baukunst, die Entwickelung aller echten Formen der Poesie, nebst Erfindung der wirklich schönen Silbenmaße, die Aufstellung philosophischer Systeme nach allen Grundrichtungen des menschlichen Denkens, die Elemente der Mathematik, die Grundlagen einer vernünftigen Gesetzgebung und überhaupt die normale Darstellung einer wahrhaft schönen und edlen menschlichen Existenz. Denn dieses kleine auserwählte Volk der Musen und Grazien war

1. [griech.: πέλαγος, poetische Bezeichnung für das Meer]

sozusagen mit einem Instinkt der Schönheit ausgestattet. Dieser erstreckte sich auf alles: auf Gesichter, Gestalten, Stellungen, Gewänder, Waffen, Gebäude, Gefäße, Geräte und was noch sonst war, und verließ sie nie und nirgends. Daher werden wir stets uns ebensoweit vom guten Geschmack und [von] der Schönheit entfernt haben, als wir uns von den Griechen entfernen, zu allermeist in Skulptur und Baukunst; und nie werden die Alten veralten. Sie sind und bleiben der Polarstern für alle unsre Bestrebungen, sei es in der Literatur oder in der bildenden Kunst, den wir nie aus den Augen verlieren dürfen. Schande wartet des Zeitalters, welches sich vermessen möchte, die Alten beiseite zu setzen. Wenn daher irgendeine verdorbene, erbärmliche und rein materiell gesinnte ›Jetztzeit‹ ihrer Schule entlaufen sollte, um im eigenen Dünkel sich behaglicher zu fühlen, so säet sie Schande und Schmach.

Vielleicht kann man den *Geist der Alten* dadurch charakterisieren, daß sie durchgängig und in allen Dingen bestrebt waren, so nahe als möglich der Natur zu bleiben; und dagegen den Geist der neuen Zeit durch das Bestreben, so weit als möglich von der Natur sich zu entfernen. Man betrachte die Kleidung, die Sitten, die Geräte, die Wohnungen, die Gefäße, die Kunst, die Religion, die Lebensweise der Alten und Neuen.

Dagegen stehn die Griechen in den mechanischen und technischen Künsten, wie auch in allen Zweigen der Naturwissenschaft, weit hinter uns zurück; weil diese Dinge eben mehr Zeit, Geduld, Methode und Erfahrung als hohe Geisteskräfte erfordern. Daher auch ist aus den meisten naturwissenschaftlichen Werken der Alten für uns wenig mehr zu lernen, als was doch alles sie nicht gewußt haben. Wer wissen will, wie unglaublich weit die *Unwissenheit* der Alten in der Physik und Physiologie ging, lese die ›Problemata‹ *Aristotelis*: sie sind ein wahres specimen ignorantiae veterum [ein Musterbeispiel der Unwissenheit der Alten]. Zwar sind die *Probleme* meistens richtig und zum Teil fein aufgefaßt: aber die Lösungen sind größtenteils erbärmlich, weil er keine andern Elemente der Erklärung kennt als nur immer τὸ θερμὸν καὶ ψυχρόν, τὸ ξηρὸν καὶ ὑγρόν [das Warme und Kalte, das Trockene und Feuchte].

Die *Griechen* waren wie die *Germanen* ein aus Asien eingewanderter Stamm – Horde; und beide haben, von ihrer Heimat entfernt, sich ganz *aus eigenen Mitteln* herangebildet. Aber was wurden die *Griechen* und was die *Germanen*! – Man vergleiche z. B. nur die Mythologie beider: denn auf diese setzten die Griechen später ihre Poesie und Philosophie – ihre ersten Erzieher waren die alten Sänger, Orpheus, Musaios, Amphion, Linos, zuletzt Homer. Auf diese folgten die sieben Weisen, und endlich kamen die Philosophen. So gingen die Griechen gleichsam durch die drei Klassen ihrer Schule – wovon bei den Germanen vor der Völkerwanderung keine Rede ist.

Auf *Gymnasien* sollte keine altdeutsche Literatur, *Nibelungen* und sonstige Poeten des Mittelalters, gelehrt werden: diese Dinge sind zwar höchst merkwürdig, auch lesenswert, tragen aber nicht zur Bildung des Geschmacks bei und rauben die Zeit, welche der alten, wirklich klassischen Literatur angehört. Wenn ihr, edle Germanen und deutsche Patrioten, an die Stelle der griechischen und römischen Klassiker altdeutsche Reimereien setzt; so werdet ihr nichts anderes als Bärenhäuter erziehn. Nun aber gar diese Nibelungen mit der Ilias zu vergleichen ist eine rechte *Blasphemie,* mit welcher die Ohren der Jugend vor allem verschont bleiben sollten.

§ 192

Die Ode des Orpheus im ersten Buche der ›Eklogen‹ des Stobaios ist indischer Pantheismus, durch den plastischen Sinn der Griechen spielend verziert. Sie ist freilich nicht vom Orpheus, aber doch alt, da ein Stück davon schon im Pseudo-Aristoteles, ›De mundo‹, angeführt wird, welches Buch man neuerlich dem Chrysippos hat zuschreiben wollen. Irgend etwas echt Orphisches könnte ihr wohl zum Grunde liegen; ja man fühlt sich versucht, sie als ein Dokument des Übergangs der indischen Religion in den hellenischen Polytheismus anzusehn. Jedenfalls kann man sie nehmen als ein Gegengift zu dem im selben Buche mitgeteilten vielgepriesenen Hymnus des Kleanthes auf den Zeus, als welcher einen unverkennbaren Judengeruch hat, daher eben er den Leuten so gefällt. Ich kann nimmermehr glauben, daß Kleanthes, der Stoiker, folglich Pantheist, diese widerliche Lobhudelei gemacht habe; sondern vermute, daß irgendein alexandrinischer Jude der Verfasser sei. Jedenfalls ist es nicht recht, den Namen des Kroniden so zu mißbrauchen.

Klotho, Lachesis und Atropos drücken denselben Grundgedanken aus wie Brahma, Wischnu und Schiwa; derselbe ist aber zu natürlich, als daß wir deswegen auf historische Verwandtschaft zu schließen hätten.

§ 193

Im Homer sind die vielen unendlich oft vorkommenden Phrasen, Tropen, Bilder und Redensarten so steif, starr und mechanisch eingesetzt, als wäre es mit Schablonen geschehn.

§ 194

Daß die Poesie älter ist als die Prosa, indem Pherekydes der erste gewesen, der Philosophie, und Hekataios von Milet[H] der erste, welcher Geschichte *in Prosa* geschrieben, und daß dieses von den Alten als eine Denkwürdigkeit angemerkt worden, ist folgendermaßen zu erklären. Ehe man überhaupt schrieb, suchte man aufbehaltenswerte Tatsachen und Gedanken dadurch unverfälscht zu perpetuieren, daß man sie in Verse brachte. Als man nun anfing zu schreiben, war es natürlich, daß man alles in Versen schrieb; weil man eben nicht anders wußte, als daß Denkwürdigkeiten in Versen konserviert würden. Davon gingen, als von einer überflüssig gewordenen Sache, jene ersten Prosaiker ab.

§ 194a

Von den *Mysterien* der Griechen ist das einzige Überbleibsel oder vielmehr Analogon die Freimaurerei: die Aufnahme

H. Diesen erwähnt in anderer Hinsicht Herodot [›Historiae‹] 6, 137.

in dieselbe ist das μυεῖσθαι [Eingeweihtwerden] und die
τελεταί [Weihen]; was man da lernt, sind die μυστήρια,
und die verschiedenen Grade sind die μικρά, μείζονα καὶ
μέγιστα μυστήρια[1] [die kleinen, größeren und größten
Mysterien]. Solche Analogie ist nicht zufällig noch vererbt,
sondern kommt daher, daß die Sache aus der menschlichen
Natur entspringt: bei den Mohammedanern ist ein Analogon der Mysterien der Sufismus. Weil die Römer keine
eigene[n] Mysterien hatten, wurde man in die der fremden
Götter eingeweiht, besonders der Isis, deren Kultus in Rom
in frühe Zeit hinaufreicht.

§ 195

Fast auf alle unsere Stellungen und Gebärden hat unsere
Kleidung einen gewissen Einfluß: nicht ebenso die der
Alten, welche vielleicht, ihrem ästhetischen Sinne gemäß,
durch das Vorgefühl eines solchen Übelstandes mit bewogen
wurden, ihre weite nicht anschließende Kleidung beizube-
halten. Dieserwegen hat ein Schauspieler, wann er antikes
Kostüm trägt, alle die Bewegungen und Stellungen zu vermeiden, welche irgendwie durch unsere Kleidung veranlaßt
und dann zur Gewohnheit geworden sind: doch braucht er
deshalb sich nicht zu spreizen und zu blähen wie ein französischer seinen Racine tragierender Hanswurst in Toga
und Tunika.

1. [Vgl. S. 401]

KAPITEL 18

EINIGE MYTHOLOGISCHE BETRACHTUNGEN

§ 196

Es mag eine Folge der Urverwandtschaft aller Wesen dieser
Erscheinungswelt mittelst ihrer Einheit im Dinge an sich
sein: jedenfalls ist es Tatsache, daß sie sämtlich einen ähnlichen Typus tragen und gewisse Gesetze sich als dieselben
bei allen geltend machen, wenn nur allgemein genug gefaßt. Hieraus wird es erklärlich, daß man nicht nur die heterogensten Dinge an einander erläutern oder veranschaulichen kann, sondern auch treffende Allegorien selbst in
Darstellungen findet, bei denen sie nicht beabsichtigt waren. Einen auserlesenen Beleg hiezu gibt Goethes unvergleichlich schönes Märchen von der grünen Schlange usw.
Jeder Leser fühlt sich fast notgedrungen, eine allegorische
Deutung dazu zu suchen; daher dieses auch gleich nach dem
Erscheinen desselben von vielen mit großem Ernst und
Eifer und auf die verschiedenste Weise ausgeführt wurde,
zur großen Belustigung des Dichters, der keine Allegorie
dabei im Sinne gehabt hatte. Man findet den Bericht hierüber in den ›Studien zu Goethes Werken‹ (1849) von
Düntzer: mir war es überdies durch persönliche von Goethen
ausgehende Mitteilungen schon längst bekannt. – Dieser
universellen Analogie und typischen Identität der Dinge
verdankt die Äsopische Fabel ihren Ursprung, und auf ihr
beruht es, daß das Historische allegorisch, das Allegorische
historisch werden kann.

Mehr als alles andere jedoch hat von jeher die Mythologie
der Griechen Stoff zu allegorischen Auslegungen gegeben;
weil sie dazu einladet, indem sie Schemata zur Veranschau-

lichung fast jedes Grundgedankens liefert, ja gewissermaßen
die Urtypen aller Dinge und Verhältnisse enthält, welche
eben als solche immer und überall durchscheinen; ist sie ja
doch eigentlich aus dem spielenden Triebe der Griechen,
alles zu personifizieren, entstanden. Daher wurden schon in
den ältesten Zeiten, ja schon vom Hesiodos selbst jene Mythen allegorisch aufgefaßt. So z. B. ist es eben nur moralische
Allegorie, wenn er (›Theogonia‹ v. 211 ff.) die Kinder der
Nacht und bald darauf (v. 226 ff.) die Kinder der Eris aufzählt, welche nämlich sind: Anstrengung, Schaden[1], Hunger, Schmerz, Kampf, Mord, Zank, Lügen, Unrechtlichkeit,
Unheil und der Eid. Physische Allegorie nun wieder ist seine
Darstellung der personifizierten Nacht und Tag, Schlaf und
Tod (v. 746–765).

Auch für jedes kosmologische und selbst jedes metaphysische System wird sich aus dem angegebenen Grunde eine
in der Mythologie vorhandene Allegorie finden lassen. Überhaupt haben wir die meisten Mythen als den Ausdruck mehr
bloß geahndeter als deutlich gedachter Wahrheiten anzusehn. Denn jene Urgriechen waren eben wie Goethe in seiner Jugend: sie vermochten gar nicht ihre Gedanken anders
als in Bildern und Gleichnissen auszudrücken. Hingegen das
von *Creuzer* mit unendlicher Breite und marternder Weit-
schweifigkeit ausgeführte ernste und penible Auslegen der
Mythologie als des Depositoriums absichtlich darin nieder-
gelegter physischer und metaphysischer Wahrheiten muß
ich mit der Abweisung des Aristoteles abfertigen: Ἀλλὰ
περὶ μὲν τῶν μυθικῶς σοφιζομένων οὐκ ἄξιον μετὰ
σπουδῆς σκοπεῖν. (Sed ea, quae mythice blaterantur, non
est operae pretium serio et accurate considerare.) [Was das
mythische Gefasel betrifft, so ist es nicht der Mühe wert, es
ernstlich zu erwägen.] (›Metaphysica‹ 2, 4 [p. 1000 a 18]).
Übrigens aber zeigt Aristoteles sich auch hierin als den An-
tipoden Platons, welcher sich gern mit den Mythen, jedoch
auf dem allegorischen Wege zu tun macht.

In dem oben dargelegten Sinne also mögen die folgenden

1. Ich lese nämlich nach eigener Konjektur statt λήθην [Vergessen-
heit] λώβην [Schaden].

von mir versuchten allegorischen Deutungen einiger griechischer Mythen genommen werden.

§ 197

In den ersten großen Grundzügen des Göttersystems kann
man eine Allegorie der obersten ontologischen und kosmologischen Prinzipien erblicken. – *Uranos* ist der *Raum*, die
erste Bedingung alles Daseienden, also der erste Erzeuger,
mit der Gaia, der Trägerin der Dinge. – *Kronos* ist die *Zeit*. Er
entmannt das zeugende Prinzip: die Zeit vernichtet jede
Zeugungskraft, oder genauer: die Fähigkeit der Erzeugung
neuer Formen, die Urerzeugung der lebenden Geschlechter
hört nach der ersten Weltperiode auf. – *Zeus*, welcher der
Freßgier seines Vaters entzogen wird, ist die *Materie*: sie
allein entgeht der alles andere vernichtenden Gewalt der
Zeit: sie beharrt. Aus ihr aber gehn alle Dinge hervor: Zeus
ist Vater der Götter und Menschen.

Nun etwas näher: *Uranos* läßt die Kinder, welche er mit der
Erde erzeugt hat, nicht ans Licht, sondern verbirgt sie in
die Tiefen der Erde (Hesiodos, ›Theogonia‹ 156 sqq.). Dies
läßt sich deuten auf die ersten tierischen Erzeugnisse der
Natur, die uns nur im fossilen Zustande zu Gesichte kommen. Ebensowohl aber kann man in den Knochen der Mega-
therien [Riesenfaultiere] und Mastodonten [Rüsselhufer]
die vom Zeus in die Unterwelt hinabgeschleuderten Gigan-
ten sehn – hat man ja noch im vorigen Jahrhundert die Knochen der gefallenen Engel darin erkennen wollen! – Wirklich
aber scheint der ›Theogonie‹ des Hesiodos ein dunkler Begriff von den ersten Veränderungen der Erdkugel und dem
Kampfe zwischen der oxydierten, lebensfähigen Oberfläche
und den durch sie ins Innere gebannten unbändigen, die
oxydablen Stoffe beherrschenden Naturkräften zum Grunde
zu liegen.

Kronos nun ferner, der Verschmitzte (ἀγκυλομήτης), entmannt den Uranos durch List. Dies läßt sich deuten: die
alles beschleichende Zeit, welche mit allem fertig wird und
uns eines nach dem andern heimlich entwendet, nahm end-

lich auch dem Himmel, der mit der Erde zeugte, d. i. der Natur die Kraft, *neue Gestalten* ursprünglich hervorzubringen. Die aber bereits erzeugten bestehn fort, in der *Zeit*, als *Spezies*. Kronos jedoch verschlingt seine eigenen Kinder – die Zeit, da sie nicht mehr Gattungen hervorbringt, sondern bloß *Individuen* zutage fördert, gebiert nur *sterbliche* Wesen. *Zeus* allein entgeht diesem Schicksal: die Materie beharrt – zugleich aber auch: Helden und Weise sind unsterblich. Der nähere Hergang des Obigen ist nun noch dieser. Nachdem Himmel und Erde, d. i. die Natur ihre Urzeugungskraft, welche *neue Gestalten* lieferte, verloren haben, verwandelt dieselbe sich in die *Aphrodite*, welche nämlich aus dem Schaum der ins Meer gefallenen abgeschnittenen Genitalien des Uranos entsteht und eben die *geschlechtliche* Zeugung bloßer Individuen zur Erhaltung der vorhandenen Spezies ist; da jetzt keine neue[n] mehr entstehn können. Als Begleiter und Helfer der Aphrodite kommen zu diesem Zweck Eros und Himeros hervor (›Theogonia‹ 173–201).

§ 198

Der Zusammenhang, ja die Einheit der menschlichen mit der tierischen und ganzen übrigen Natur, mithin des Mikrokosmos mit dem Makrokosmos, spricht aus der geheimnisvollen, rätselschwangern Sphinx, aus den Kentauren, aus der ephesischen Artemis mit den unter ihren zahllosen Brüsten angebrachten mannigfaltigen Tiergestalten, eben wie aus den ägyptischen Menschenkörpern mit Tierkörpern und dem indischen Ganesa, endlich auch aus den ninivitischen Stieren und Löwen mit Menschenköpfen, die uns an den Avatar als Mensch-Löwe erinnern.

§ 199

Die *Iapetiden* stellen vier Grundeigenschaften des menschlichen Charakters, nebst den ihnen beigegebenen Leiden dar. *Atlas*, der Geduldige, muß tragen. *Menoitios*, der Tapfere, wird überwältigt und ins Verderben gestürzt. *Prome-*

theus, der Bedächtige und Kluge, wird gefesselt, d. h. in seiner Wirksamkeit gehemmt, und der Geier, d. i. die Sorge, zernagt ihm das Herz. Den *Epimetheus*, den Gedankenlosen, Unüberlegten, straft seine eigene Torheit.

Im *Prometheus* ist ganz eigentlich die *menschliche Vorsorge* personifiziert, das Denken an morgen, welches der Mensch vor dem Tiere voraushat. Darum hat Prometheus Weissagungsgabe: sie bedeutet das Vermögen der bedächtigen Vorhersehung. Darum auch verleiht er dem Menschen den Gebrauch des Feuers, den kein Tier hat, und legt den Grund zu den Künsten des Lebens. Aber dieses Privilegium der *Vorsorge* muß der Mensch büßen durch die unablässige Qual der *Sorge*, die ebenfalls kein Tier kennt: sie ist der Geier, welcher an der Leber des angeschmiedeten Prometheus zehrt. – *Epimetheus*, der wohl nachträglich, als Korollarium, hinzuerfunden sein wird, repräsentiert die *Nachsorge*, den Lohn des Leichtsinns und der Gedankenlosigkeit.

Eine ganz anderartige, nämlich eine metaphysische, jedoch sinnreiche Deutung des Prometheus gibt *Plotinos* (›Enneades‹ 4, lib. 3, cap. 14). Da ist Prometheus die Weltseele, macht Menschen, gerät dadurch selbst in Banden, die nur ein Herkules lösen kann, usw.

Den Kirchenfeinden unserer Zeit nun wieder würde folgende Deutung zusagen: der Προμηθεὺς δεσμώτης [gefesselte Prometheus] ist die von den Göttern (der Religion) gefesselte Vernunft: nur durch den Sturz des Zeus kann sie befreiet werden.

§ 200

Die Fabel von der *Pandora* ist mir von jeher nicht klar gewesen, ja ungereimt und verkehrt vorgekommen. Ich vermute, daß sie schon vom Hesiodos selbst mißverstanden und verdreht worden ist. Nicht alle Übel, sondern alle Güter der Welt hat die Pandora, wie es schon ihr Name anzeigt, in der Büchse. Als Epimetheus diese voreilig öffnet, fliegen die Güter auf und davon: die Hoffnung allein wird noch gerettet und bleibt uns zurück. – Endlich habe ich denn die Befriedigung gehabt, ein paar Stellen der Alten zu finden, welche dieser meiner Ansicht gemäß sind, nämlich ein Epigramm in der Anthologie (›Delectus epigrammatum Graecorum‹, editio Jacobs cap. 7, ep. 84) und eine daselbst zitierte Stelle des Babrios, welche gleich anhebt: Ζεὺς ἐν πίθῳ τὰ χρηστὰ πάντα συλλέξας [Zeus, der in einem Faß alle guten Dinge sammelt.] (Babrios, ›Fabulae‹ 58 [1]).

§ 201

Das besondere Epitheton λιγύφωνοι [hellstimmig], welches Hesiodos an zwei Stellen der ›Theogonie‹ (v. 275 et 518) den *Hesperiden* beilegt, hat, zusammengenommen mit ihrem Namen und ihrem so weit nach Abend hin verlegten Aufenthalt, mich auf den allerdings seltsamen Gedanken gebracht, ob nicht irgendwie unter den Hesperiden Fledermäuse gedacht worden seien. Jenes Epitheton nämlich entspricht sehr gut dem kurzen pfeifenden Ton dieser Tiere[F], welche überdies passender ἑσπερίδες [Töchter des Abends: Hesperiden] als νυκτερίδες [Töchter der Nacht: Fledermäuse] heißen würden, da sie vielmehr abends als nachts fliegen, indem sie auf Insektenfang ausgehn, und ἑσπερίδες geradezu das lateinische ›vespertiliones‹ [Fledermäuse] ist. Ich habe daher den Einfall nicht unterdrücken wollen, da es möglich wäre, daß, hiedurch aufmerksam gemacht, jemand noch etwas zur Bestätigung desselben fände – sind doch die Cherubim geflügelte Ochsen; warum sollten die Hesperiden nicht Fledermäuse sein? Vielleicht sind sie die Alkithoe und ihre Schwestern, welche im vierten Buch Ovids ([›Metamorphoses‹] v. 391 ff.) in Fledermäuse verwandelt werden.

§ 202

Daß die Eule der Vogel der Athene ist, mag die nächtlichen Studien der Gelehrten zum Anlaß haben.

F. Das τρίζειν· τετρίγασι καθάπερ αἱ νυκτερίδες. [Piepsen; sie piepsen wie die Fledermäuse.] (Herodot: [›Historiae‹] 4, 183).

§ 203

Es ist nicht ohne Grund und Sinn, daß der Mythos den Kronos Steine verschlingen und verdauen läßt: denn das sonst ganz Unverdauliche, alle Betrübnis, Ärger, Verlust, Kränkung, verdaut allein die Zeit.

§ 203a

Der Sturz der Titanen, welche Zeus hinabdonnert in die Unterwelt, scheint dieselbe Geschichte zu sein mit dem Sturz der gegen den Jehova rebellischen Engel.

Die Geschichte des Idomeneus, der ex voto [infolge eines Gelübdes] seinen Sohn opfert, und die des Jephtha ist im wesentlichen dieselbe.

(Typhon und Python sind wahrscheinlich derselbe; weil Horos und Apollon derselbe sind, Herodot 2, cap. 144.)

Ob nicht, wie im Sanskrit die Wurzel der gotischen wie der griechischen Sprache liegt, es eine ältere Mythologie gibt, aus der die griechische wie die jüdische Mythologie entsprungen ist? – Man könnte sogar, wenn man dem Witz Spielraum gestatten wollte, anführen, daß die verdoppelt lange Nacht, in welcher *Zeus* mit der *Alkmene* den *Herakles* zeugte, dadurch entstand, daß weiter östlich Josua vor Jericho die Sonne stillstehn hieß. Zeus und Jehova spielten so einander in die Hände: denn die Götter des Himmels sind wie die irdischen allezeit im stillen befreundet. Aber wie unschuldig war die Kurzweil des Vater Zeus im Vergleich mit dem blutdürstigen Treiben des Jehova und seines auserwählten Räubervolkes!

§ 204

So stehe denn hier zum Schlusse noch meine sehr subtile und höchst seltsame allegorische Deutung eines bekannten, besonders durch Apuleius verherrlichten Mythos; obwohl sie ihres Stoffes halber dem Spotte aller derer bloßliegt, die das ›Du sublime au ridicule il n'y a qu'un pas‹ [Vom Erhabenen zum Lächerlichen ist es nur ein Schritt[1]] sich dabei zunutze machen wollen.

Vom Gipfelpunkte meiner Philosophie, welcher bekanntlich der asketische Standpunkt ist, aus gesehn, konzentriert die *Bejahung des Willens zum Leben* sich im Zeugungsakt, und dieser ist ihr entschiedenster Ausdruck. Die Bedeutung dieser Bejahung nun aber ist eigentlich diese, daß der Wille, welcher ursprünglich erkenntnislos, also ein blinder Drang ist, nachdem ihm durch die Welt als Vorstellung die Erkenntnis seines eigenen Wesens aufgegangen und geworden ist, hiedurch in seinem Wollen und seiner Sucht sich nicht stören oder hemmen läßt, sondern nunmehr bewußt und besonnen eben das will, was er bis dahin als erkenntnisloser Trieb und Drang gewollt hat (siehe ›Welt als Wille und Vorstellung‹ Bd. 1, § 54 *[Bd. 1, S. 382]*). Diesem gemäß nun finden wir, daß der durch freiwillige Keuschheit das Leben asketisch *Verneinende* von dem durch Zeugungsakte dasselbe Bejahenden empirisch dadurch sich unterscheidet, daß bei jenem ohne Erkenntnis und als blinde physiologische Funktion, nämlich im Schlafe, das vor sich geht, was von diesem mit Bewußtsein und Besonnenheit vollbracht wird, also beim Lichte der Erkenntnis geschieht. Nun ist es in der Tat sehr merkwürdig, daß dieses abstrakte und dem Geiste der Griechen keineswegs verwandte Philosophem, nebst dem es belegenden empirischen Hergang, seine genaue allegorische Darstellung hat an der schönen Fabel von der *Psyche*, welche den Amor nur, ohne ihn zu sehn, genießen sollte, jedoch, damit nicht zufrieden, ihn aller Warnungen ungeachtet durchaus auch sehn gewollt hat, wodurch sie nach einem unabwendbaren Ausspruch geheimnisvoller Mächte in grenzenloses Elend geriet, welches nur durch eine Wanderung in die Unterwelt, nebst schweren Leistungen daselbst, abgebüßt werden konnte.

1. *[Vgl. Bd. 1, S. 257]*

KAPITEL 19

ZUR METAPHYSIK DES SCHÖNEN UND [ZUR] ÄSTHETIK

§ 205

Da ich über die Auffassung der (Platonischen) Ideen und
über das Korrelat derselben, das reine Subjekt des Erkennens, in meinem Hauptwerke ausführlich genug gewesen
bin [*vgl. Bd. 1, S. 246 f.*], würde ich es für überflüssig halten,
hier nochmals darauf zurückzukommen, wenn ich nicht erwöge, daß dies eine Betrachtung ist, welche in diesem Sinne
vor mir niemals angestellt worden, weshalb es besser ist,
nichts zurückzubehalten, was als Erläuterung derselben
einst willkommen sein könnte. Natürlich setze ich dabei
jene früheren Erörterungen als bekannt voraus.

Das eigentliche Problem der Metaphysik des Schönen
läßt sich sehr einfach so ausdrücken: wie ist Wohlgefallen
und Freude an einem Gegenstande möglich ohne irgendeine
Beziehung desselben auf unser Wollen?

Jeder nämlich fühlt, daß Freude und Wohlgefallen an einer
Sache eigentlich nur aus ihrem Verhältnis zu unserm Willen oder, wie man es gern ausdrückt, zu unsern Zwecken
entspringen kann; so daß eine Freude ohne Anregung des
Willens ein Widerspruch zu sein scheint. Dennoch erregt
ganz offenbar das Schöne als solches unser Wohlgefallen, unsere Freude, ohne daß es irgendeine Beziehung auf unsere
persönlichen Zwecke, also unsern Willen hätte.

Meine Lösung ist gewesen, daß wir im Schönen allemal
die wesentlichen und ursprünglichen Gestalten der belebten und unbelebten Natur, also Platons Ideen derselben auffassen und daß diese Auffassung zu ihrer Bedingung ihr
wesentliches Korrelat, das *willensreine Subjekt des Erkennens*,

d. h. eine reine Intelligenz ohne Absichten und Zwecke habe. Dadurch verschwindet beim Eintritt einer ästhetischen Auffassung der Wille ganz aus dem Bewußtsein. Er allein aber ist die Quelle aller unserer Betrübnisse und Leiden. Dies ist der Ursprung jenes Wohlgefallens und jener Freude, welche die Auffassung des Schönen begleitet. Sie beruht also auf der Wegnahme der ganzen Möglichkeit des Leidens. – Wollte man etwan einwenden, daß dann auch die Möglichkeit der Freude aufgehoben wäre; so ist man zu erinnern, daß, wie ich öfter dargetan habe, das Glück, die Befriedigung *negativer* Natur, nämlich bloß das Ende eines Leidens, der Schmerz hingegen das Positive ist. Daher bleibt beim Verschwinden alles Wollens aus dem Bewußtsein doch der Zustand der Freude, d. h. der Abwesenheit alles Schmerzes und hier sogar der Abwesenheit der Möglichkeit desselben bestehn, indem das Individuum, in ein rein erkennendes und nicht mehr wollendes Subjekt verwandelt, sich seiner und seiner Tätigkeit eben als eines solchen doch bewußt bleibt. Wie wir wissen, ist die Welt als *Wille* die erste (ordine prior) und die als *Vorstellung* die zweite Welt (ordine posterior). Jene ist die Welt des Verlangens und daher des Schmerzes und tausendfältigen Wehes. Die zweite aber ist an sich selbst wesentlich schmerzlos: dazu enthält sie ein sehenswertes Schauspiel, durchweg bedeutsam, aufs wenigste belustigend. Im Genuß desselben besteht die ästhetische Freude[F]. – Reines Subjekt des Erkennens werden heißt sich selbst loswerden[FF]; weil aber dies die Menschen meistens nicht können, sind sie zur rein objektiven Auffassung der Dinge, welche die Begabung des Künstlers ausmacht, in der Regel unfähig.

F. Das vollkommene Genügen, die finale Beruhigung, der wahre wünschenswerte Zustand stellen sich uns immer nur im Bilde dar, im *Kunstwerk*, im Gedicht, in der Musik. Freilich könnte man hieraus die Zuversicht schöpfen, daß sie doch irgendwo vorhanden sein müssen.

FF. Das reine Subjekt des Erkennens tritt ein, indem man sich vergißt, um ganz in den angeschauten Gegenständen aufzugehn, so daß nur sie im Bewußtsein übrigbleiben.

§ 206

Wenn jedoch der individuelle Wille die ihm beigegebene Vorstellungskraft auf eine Weile freiläßt und sie von dem Dienste, zu welchem sie entstanden und vorhanden ist, einmal ganz dispensiert, so daß sie die Sorge für den Willen oder die eigene Person, welche allein ihr natürliches Thema und daher ihre regelmäßige Beschäftigung ist, für jetzt fahrenläßt, dennoch aber nicht aufhört, energisch tätig zu sein und das Anschauliche mit voller Anspannung deutlich aufzufassen; so wird sie alsbald vollkommen *objektiv*, d. h. sie wird zum treuen Spiegel der Objekte oder genauer: zum Medium der Objektivation des in den jedesmaligen Objekten sich darstellenden Willens, dessen Innerstes jetzt um so vollständiger in ihr hervortritt, als die Anschauung länger anhält, bis sie dasselbe ganz erschöpft hat. Nur so entsteht mit dem reinen Subjekt das reine Objekt, d. h. die vollkommene Manifestation des im angeschauten Objekt erscheinenden Willens, welche eben die (Platonische) *Idee* desselben ist. Die Auffassung einer solchen aber erfordert, daß ich bei Betrachtung eines Objekts wirklich von seiner Stelle in Zeit und Raum und dadurch von seiner Individualität abstrahiere. Denn diese allemal durch das Gesetz der Kausalität bestimmte *Stelle* ist es, die jenes Objekt zu mir als Individuo in irgendein Verhältnis setzt: daher wird nur unter Beseitigung jener Stelle das Objekt zur *Idee* und eben damit ich zum reinen Subjekt des Erkennens. Deshalb gibt jedes Gemälde schon dadurch, daß es den flüchtigen Augenblick für immer fixiert und so aus der Zeit herausreißt, nicht das Individuelle, sondern die *Idee*, das Dauernde in allem Wechsel. Zu jener postulierten Veränderung im Subjekt und Objekt ist nun aber die Bedingung nicht nur, daß die Erkenntniskraft ihrer ursprünglichen Dienstbarkeit entzogen und ganz sich selber überlassen sei, sondern auch, daß sie dennoch mit ihrer ganzen Energie tätig bleibe, trotzdem daß der natürliche Sporn ihrer Tätigkeit, der Antrieb des Willens, jetzt fehlt. Hier liegt die Schwierigkeit und an dieser die Seltenheit der Sache, weil all unser Denken und Trachten, unser Hören und Sehn naturgemäß stets mittelbar oder unmittelbar im Dienste unserer zahllosen größern und kleinern persönlichen Zwecke steht und demnach der *Wille* es ist, der die Erkenntniskraft zur Vollziehung ihrer Funktion anspornt; ohne welchen Antrieb sie sogleich ermattet. Auch ist die auf solchen Antrieb tätige Erkenntnis vollkommen ausreichend für das praktische Leben, sogar auch für die Fachwissenschaften, als welche immer nur auf die *Relationen* der Dinge, nicht auf das eigene und innere Wesen derselben gerichtet sind; daher auch alle ihre Erkenntnisse am Leitfaden des Satzes vom Grunde, diesem Elemente der Relationen, fortschreiten. Überall daher, wo es auf Erkenntnis von Ursache und Wirkung oder sonstigen Gründen und Folgen ankommt, also in allen Zweigen der Naturwissenschaft und der Mathematik, wie auch der Geschichte oder bei Erfindungen usw., muß die gesuchte Erkenntnis ein *Zweck des Willens* sein, und je heftiger er sie anstrebt, desto eher wird sie erlangt werden. Ebenso in Staatsangelegenheiten, im Kriege, in Finanz- oder Handelsgeschäften, in Intrigen jeder Art u. dgl. mehr muß zuvörderst der *Wille* durch die Heftigkeit seines Begehrens den Intellekt nötigen, alle seine Kräfte anzustrengen, um bei der vorliegenden Angelegenheit allen Gründen und Folgen genau auf die Spur zu kommen. Ja es ist zum Erstaunen, wie weit hier der Sporn des Willens einen gegebenen Intellekt über das gewöhnliche Maß seiner Kräfte hinaustreiben kann. Daher eben ist zu allen ausgezeichneten Leistungen in solchen Dingen nicht bloß ein kluger oder feiner Kopf, sondern auch ein energischer Wille erfordert, als welcher allererst jenen antreiben muß, damit er sich in die mühsame, angespannte und rastlose Tätigkeit versetze, ohne welche solche nicht auszuführen sind.

Ganz anders nun aber verhält es sich bei der Auffassung des objektiven selbst-eigenen Wesens der Dinge, welches ihre (Platonische) Idee ausmacht und jeder Leistung in den schönen Künsten zum Grunde liegen muß. Der Wille nämlich, welcher dort so förderlich, ja unerläßlich war, muß hier ganz aus dem Spiele bleiben: denn hier taugt nur das,

was der Intellekt ganz allein, ganz aus eigenen Mitteln leistet und als freiwillige Gabe darbringt. Hier muß sich alles
von selbst machen: die Erkenntnis muß absichtslos tätig,
folglich willenslos sein. Denn nur im Zustande des *reinen
Erkennens*, wo dem Menschen sein Wille und dessen Zwecke,
mit ihm aber seine Individualität ganz entrückt sind, kann
diejenige rein objektive Anschauung entstehn, in welcher
die (Platonischen) Ideen der Dinge aufgefaßt werden. Eine
solche Auffassung aber muß es allemal sein, welche der Konzeption, d. i. der ersten, allemal intuitiven Erkenntnis vor-
steht, die nachmals den eigentlichen Stoff und Kern, gleichsam die Seele eines echten Kunstwerks, einer Dichtung, ja
eines wahren Philosophems ausmacht. Das Unvorsätzliche,
Unabsichtliche, ja zum Teil Unbewußte und Instinktive,
welches man von jeher an den Werken des *Genies* bemerkt
hat, ist eben die Folge davon, daß die künstlerische Urerkenntnis eine vom Willen ganz gesonderte und unabhängige, eine willensreine, willenslose ist. Und eben weil der
Wille der eigentliche Mensch ist, schreibt man jene einem
von diesem verschiedenen Wesen, einem Genius zu. Eine
Erkenntnis dieser Art hat, wie oft von mir erörtert worden,
auch nicht den Satz vom Grunde zum Leitfaden und ist eben
dadurch das Widerspiel jener ersteren. – Vermöge seiner
Objektivität nimmt das Genie mit *Besonnenheit* alles das wahr,
was die andern nicht sehn. Dies gibt ihm die Fähigkeit, die
Natur so anschaulich und lebhaft als Dichter zu schildern
oder als Maler darzustellen.

   Hingegen bei der *Ausführung* des Werkes, als wo die Mitteilung und Darstellung des also Erkannten der Zweck ist,
kann, ja muß, eben weil ein *Zweck* vorhanden ist, der *Wille*
wieder tätig sein: demnach herrscht hier auch wieder der
Satz vom Grunde, welchem gemäß Kunstmittel zu Kunst-
zwecken gehörig angeordnet werden – so, wo den Maler die
Richtigkeit der Zeichnung und die Behandlung der Farben, den Dichter die Anordnung des Plans, sodann Ausdruck
und Metrum beschäftigen.

   Weil aber der Intellekt dem Willen entsprossen ist, daher
er objektiv sich als Gehirn, also als ein Teil des Leibes, wel-

cher die Objektivation des Willens ist, darstellt; weil demnach der Intellekt ursprünglich zum Dienste des Willens
bestimmt ist, so ist seine ihm natürliche Tätigkeit die der
oben beschriebenen Art, wo er jener natürlichen Form seiner Erkenntnisse, welche der Satz vom Grunde ausdrückt,
getreu bleibt und vom Willen, dem Ursprünglichen im
Menschen, in Tätigkeit gesetzt und darin erhalten wird.
Hingegen ist die Erkenntnis der zweiten Art eine ihm unnatürliche abusive[1] Tätigkeit: demgemäß ist sie bedingt durch
ein entschieden abnormes, daher eben sehr seltenes Übergewicht des Intellekts und seiner objektiven Erscheinung, des
Gehirns, über den übrigen Organismus und über das Verhältnis, welches die Zwecke des Willens erfordern. Eben weil dies
Überwiegen des Intellekts ein abnormes ist, erinnern die daraus entspringenden Phänomene bisweilen an den Wahnsinn.

Die Erkenntnis wird also ihrem Ursprung, dem Willen,
hier schon untreu. Der Intellekt, der bloß zum Dienst des
Willens entstanden ist und in fast allen Menschen auch
darin bleibt, in welchem Gebrauch desselben und in seinem
Ertrag ihr Leben aufgeht – wird abusive gebraucht in allen
freien Künsten und Wissenschaften: und in diesen Gebrauch
setzt man die Fortschritte und die Ehre des Menschengeschlechts. – Auf einem andern Wege kann er sogar sich wider den Willen wenden, indem er in den Phänomenen der
Heiligkeit ihn aufhebt.

Übrigens ist jene rein objektive Auffassung der Welt und
der Dinge, welche als Urerkenntnis jeder künstlerischen,
dichterischen und rein philosophischen Konzeption zum
Grunde liegt, sowohl aus objektiven als aus subjektiven
Gründen nur eine vorübergehende, indem teils die dazu erforderte Anspannung nicht anhalten kann, teils der Lauf
der Welt nicht erlaubt, daß wir durchweg wie der Philosoph nach der Definition des Pythagoras ruhige und anteils-
lose Zuschauer darin bleiben, sondern jeder im großen Ma-
rionettenspiel des Lebens doch mitagieren muß und fast
immer den Draht fühlt, durch welchen auch er damit zusammenhängt und in Bewegung gesetzt wird.

1. [mißbräuchliche]

§ 207

Was nun aber das *Objektive* solcher ästhetischen Anschauung, also die (Platonische) *Idee* betrifft, so läßt diese sich beschreiben als das, was wir vor uns haben würden, wenn die
Zeit, diese formale und subjektive Bedingung unsers
Erkennens, weggezogen würde wie das Glas aus dem Kaleidoskop. Wir sehn z. B. die Entwickelung von Knospe,
Blume und Frucht und erstaunen über die treibende Kraft,
welche nie ermüdet, diese Reihe von neuem durchzuführen.
Dieses Erstaunen würde wegfallen, wenn wir erkennen
könnten, daß wir bei allem jenem Wechsel doch nur die eine
und unveränderliche Idee der Pflanze vor uns haben, welche
aber als eine Einheit von Knospe, Blume und Frucht anzu-
schauen wir nicht vermögen, sondern sie mittelst der Form
der *Zeit* erkennen müssen, wodurch unserm Intellekt die
Idee auseinandergelegt wird in jene sukzessiven Zustände.

§ 208

Wenn man betrachtet, wie sowohl die Poesie als auch die
bildenden Künste zu ihrem jedesmaligen Thema ein *Individuum* nehmen, um solches mit allen Eigentümlichkeiten seiner Einzelnheit bis auf die geringfügigsten herab mit sorgfältigster Genauigkeit uns darzustellen; und wenn man
dann zurücksieht auf die Wissenschaften, die mittelst der
Begriffe arbeiten, deren jeder zahllose Individuen vertritt,
indem er das Eigentümliche der ganzen Art derselben ein
für allemal bestimmt und bezeichnet – so könnte bei dieser
Betrachtung das Treiben der Kunst uns geringfügig, klein-
lich, ja fast kindisch vorkommen. Allein das Wesen der
Kunst bringt es mit sich, daß ihr *ein* Fall für tausende gilt[1],
indem, was sie durch jene sorgfältige und ins Einzelne gehende Darstellung des Individuums beabsichtigt, die Offenbarung der *Idee* seiner Gattung ist; so daß z. B. ein Vorgang,
eine *Szene* des Menschenlebens, richtig und vollständig,

1. [Vgl. Goethe: ›Materialien zur Geschichte der Farbenlehre‹, ›Ga-
lilei.‹]

also mit genauer Darstellung der darin verwickelten Individuen geschildert, die Idee der Menschheit selbst, von irgendeiner Seite aufgefaßt, zur deutlichen und tiefen Erkenntnis bringt. Denn wie der Botaniker aus dem unendlichen Reichtum der Pflanzenwelt eine einzige Blume pflückt, sie dann zerlegt, um uns die Natur der Pflanze überhaupt daran zu demonstrieren; so nimmt der Dichter aus dem endlosen Gewirre des überall in unaufhörlicher Bewegung dahineilenden Menschenlebens eine einzige Szene, ja oft nur eine Stimme und Empfindung heraus, um uns daran zu zeigen, was das Leben und Wesen des Menschen sei. Dieserhalb sehn wir die größten Geister, Shakespeare und Goethe, Raffael und Rembrandt, es ihrer nicht unwürdig erachten, ein nicht einmal hervorragendes Individuum in seiner ganzen Eigentümlichkeit bis auf das Kleinste herab mit größter Genauigkeit und ernstem Fleiße uns darzustellen und zu veranschaulichen. Denn nur anschaulich wird das Besondere und Einzelne gefaßt – weshalb ich die Poesie definiert habe als die Kunst, durch Worte die Phantasie ins Spiel zu versetzen.

Will man den Vorzug, welchen die anschauende Erkenntnis als die primäre und fundamentale vor der abstrakten hat, unmittelbar empfinden und daraus innewerden, wie die Kunst uns mehr offenbart, als alle Wissenschaft vermag; so betrachte man, sei es in der Natur oder unter Vermittelung der Kunst, ein schönes und bewegtes menschliches Antlitz voll Ausdruck. Welche tiefere Einsicht in das Wesen des Menschen, ja der Natur überhaupt gibt nicht dieses als alle Worte samt den abstractis, die sie bezeichnen. – Beiläufig sei hier bemerkt, daß, was für eine schöne Gegend der aus den Wolken plötzlich hervorbrechende Sonnenblick, für ein schönes Gesicht der Eintritt seines Lachens ist – daher: ›Ridete, puellae, ridete!‹[1] [Lacht, ihr Mädchen, lacht!]

---

1. [Vgl. Martial: ›Epigrammata‹ 2, 41: ›Ride, si sapis, o puella, ride!‹; Lache, wenn du verständig bist, Mädchen, lache!]

§ 209

Was jedoch macht, daß *ein Bild* uns leichter zur Auffassung einer (Platonischen) Idee bringt als ein Wirkliches, also das, wodurch das Bild der Idee nähersteht als die Wirklichkeit, ist im allgemeinen dieses, daß das Kunstwerk das schon durch ein Subjekt hindurchgegangene Objekt ist und daher für den Geist das, was für den Leib die animalische Nahrung, nämlich die schon assimilierte vegetabilische. Näher aber betrachtet, beruht die Sache darauf, daß das Werk der bildenden Kunst nicht wie die Wirklichkeit uns das zeigt, was nur *einmal* daist und nie wieder, nämlich die Verbindung *dieser* Materie mit *dieser* Form, welche Verbindung eben das Konkrete, das eigentlich Einzelne ausmacht; sondern daß es uns *die Form* allein zeigt, welche schon, wenn nur vollkommen und allseitig gegeben, die Idee selbst wäre. Das Bild leitet uns mithin sogleich vom Individuo weg auf die bloße Form. Schon dieses Absondern der Form von der Materie bringt solche der Idee um vieles näher. Eine solche Absonderung aber ist jedes Bild, sei es Gemälde oder Statue. Darum nun gehört diese Absonderung, diese Trennung der Form von der Materie zum Charakter des ästhetischen Kunstwerks; eben weil dessen Zweck ist, uns zur Erkenntnis einer (Platonischen) *Idee* zu bringen. Es ist also dem Kunstwerke *wesentlich*, die Form allein ohne die Materie zu geben, und zwar dies offenbar und augenfällig zu tun. Hier liegt nun eigentlich der Grund, warum Wachsfiguren keinen ästhetischen Eindruck machen und daher keine Kunstwerke (im ästhetischen Sinne) sind; obgleich sie, wenn gut gemacht, hundertmal mehr Täuschung hervorbringen als das beste Bild oder [die beste] Statue es vermag, und daher, wenn täuschende Nachahmung des Wirklichen der Zweck der Kunst wäre, den ersten Rang einnehmen müßten. Sie scheinen nämlich nicht die bloße Form, sondern mit ihr auch die Materie zu geben; daher sie die Täuschung, daß man die Sache selbst vor sich habe, zuwege bringen. Statt daß also das wahre Kunstwerk uns von dem, welches nur *einmal* und nie wieder daist, d.i. dem Individuo, hinleitet zu dem, was stets und unendliche Male in unendlich vielen da ist, der bloßen Form oder Idee; gibt das Wachsbild uns scheinbar das Individuum selbst, also das, was nur *einmal* und nie wieder da ist, jedoch ohne das, was einer solchen vorübergehenden Existenz Wert verleiht: ohne das Leben. Darum erregt das Wachsbild Grausen, indem es wirkt wie ein starrer Leichnam.

Man könnte meinen, daß allein die Statue es sei, welche die Form ohne die Materie gebe, das Gemälde hingegen auch die Materie, sofern es mittelst der Farbe den Stoff und dessen Beschaffenheit nachahmt. Dies hieße jedoch, die Form im rein geometrischen Sinne verstehn, und ist nicht, was hier gemeint war; denn im philosophischen Sinn ist die Form der Gegensatz der Materie, begreift daher auch die Farbe, Glätte, Textur, kurz: alle Qualität. Allerdings gibt bloß die Statue die rein geometrische Form allein, sie darstellend an einer derselben augenscheinlich fremden Materie, dem Marmor: hiedurch also isoliert sie handgreiflich die Form. Das Gemälde hingegen gibt gar keine Materie, sondern den bloßen Schein der Form – nicht im geometrischen, sondern im philosophischen oben angegebenen Sinne. Diese Form gibt, sage ich, das Gemälde nicht einmal selbst, sondern den bloßen Schein derselben, nämlich bloß ihre Wirkung auf *einen* Sinn, das Gesicht, und auch diese nur von *einem* Gesichtspunkte aus. Daher bringt auch das Gemälde nicht eigentlich die Täuschung hervor, daß man die Sache selbst, d. h. Form und Materie vor sich habe; sondern auch die täuschende Wahrheit des Bildes steht immer noch unter gewissen zugestandenen Bedingungen dieser Darstellungsweise: zeigt doch z. B. das Bild, durch das unvermeidliche Wegfallen der Parallaxe unserer zwei Augen, die Dinge stets so, wie nur ein Einäugiger sie sehn würde. Also auch das Gemälde gibt allein *die Form*; indem es nur die Wirkung derselben, und zwar ganz einseitig, nämlich auf das Auge allein darstellt. – Die übrigen Gründe, weshalb das Kunstwerk leichter als die Wirklichkeit uns zur Auffassung einer (Platonischen) Idee erhebt, findet man im zweiten Bande meines Hauptwerkes (Kap. 30, S. 370 *[Bd. 2, S. 473 f.]*) dargelegt.

Der obigen Betrachtung verwandt ist folgende – bei wel-

cher inzwischen die Form wieder im geometrischen Sinne
zu verstehn ist. Schwarze Kupferstiche und Tuschbilder
entsprechen einem edleren und höheren Geschmack als ko-
lorierte Kupfer und Aquarellbilder; während hingegen diese
dem weniger gebildeten Sinne mehr zusagen. Dies beruht
offenbar darauf, daß die schwarzen Darstellungen die *Form*
allein, gleichsam in abstracto geben; deren Apprehension
(wie wir wissen) intellektual, d. h. Sache des anschauenden
Verstandes ist. Die Farbe hingegen ist bloße Sache des
Sinnesorgans, und zwar einer ganz besondern Einrichtung
in demselben (qualitative Teilbarkeit der Tätigkeit der
Retina). In dieser Hinsicht kann man auch die bunten Kupferstiche den gereimten Versen, die schwarzen den bloß
metrischen vergleichen infolge des in meinem Hauptwerke
(Bd. 2, Kap. 37, S. 427 *[Bd. 2, S. 548]*) angegebenen Verhältnisses zwischen diesen.

§ 210

Daß die Eindrücke, welche wir in der Jugend erhalten, so
bedeutsam sind und im Morgenrote des Lebens alles so
idealisch, so verklärt sich uns darstellt, entspringt daraus,
daß alsdann noch das Einzelne uns mit seiner Gattung allererst bekannt macht, als welche uns noch neu ist, jedes Einzelne also seine Gattung für uns vertritt. Demnach erfassen
wir darin die (Platonische) *Idee* dieser Gattung, welcher als
solcher die Schönheit wesentlich ist.

§ 211

›*Schön*‹ ist ohne Zweifel verwandt mit dem englischen ›to
shew‹, und wäre demnach ›shewy‹ (schaulich), ›what shews
well‹, was sich gut *zeigt*, sich gut ausnimmt, also das deutlich hervortretende Anschauliche, mithin der deutliche
Ausdruck bedeutsamer (Platonischer) Ideen.

› *Malerisch*‹ bedeutet im Grunde dasselbe wie *schön*: denn
es wird dem beigelegt, was sich so darstellt, daß es die Idee
seiner Gattung deutlich an den Tag legt; daher es zur Darstellung des Malers taugt, als welcher eben auf Darstellung,

Hervorhebung der Ideen, die ja das Objektive im Schönen ausmachen, gerichtet ist.

§ 212

Schönheit und Grazie der Menschengestalt im Verein sind die deutlichste Sichtbarkeit des Willens auf der obersten Stufe seiner Objektivation und eben deshalb die höchste Leistung der bildenden Kunst. Inzwischen ist allerdings, wie ich (›Welt als Wille und Vorstellung‹ Bd. 1, § 41 [*Bd. 1, S. 296f.*]) gesagt habe, jedes natürliche Ding schön: also auch jedes Tier. Wenn uns dieses bei einigen Tieren nicht einleuchten will, so liegt es daran, daß wir nicht imstande sind, sie rein objektiv zu betrachten und dadurch ihre Idee aufzufassen, sondern hievon abgezogen werden durch irgendeine unvermeidliche Gedankenassoziation, meistens infolge einer sich uns aufdringenden Ähnlichkeit, z. B. der des Affen mit dem Menschen, daher wir nicht die Idee dieses Tieres auffassen, sondern nur die Karikatur eines Menschen sehn. Ebenso scheint die Ähnlichkeit der Kröte mit Kot und Schlamm zu wirken; indessen reicht dies hier doch nicht aus, den grenzenlosen Abscheu, ja das Entsetzen und Grausen zu erklären, welches einige Leute beim Anblick dieser Tiere wie andere bei dem der Spinnen befällt: vielmehr scheint dieses in einer viel tieferen, metaphysischen und geheimnisvollen Beziehung seinen Grund zu haben. Dieser Meinung entspricht der Umstand, daß man zu sympathetischen Kuren (und Malefizien), also zu magischen Zwecken gerade diese Tiere zu nehmen pflegt, z. B. das Fieber vertreibt durch eine in einer Nußschale eingeschlossene Spinne, am Halse des Kranken getragen, bis sie tot ist[1], oder bei großer Todesgefahr eine Kröte, in den Urin des Kranken gelegt, in einem wohlverschlossenen Topfe mittags Schlag zwölf Uhr im Keller des Hauses vergräbt. Die langsame Todesmarter solcher Tiere verlangt jedoch von der ewigen Gerechtigkeit eine Abbüßung: dies nun wieder gibt eine Erläuterung der Annahme, daß, wer Magie treibt, sich dem Teufel verschreibe.

1. [*Vgl. Bd. 3, S. 431, Anmerkung 1*]

§ 213

Die unorganische Natur, sofern sie nicht etwan aus Wasser besteht, macht, wenn sie ohne alles Organische sich darstellt, einen sehr traurigen, ja beklemmenden Eindruck auf uns. Beispiele davon sind die bloß nackte Felsen darbietenden Gegenden, namentlich das lange Felsental ohne alle Vegetation nahe vor Toulon, durch welches der Weg nach Marseille führt: im Großen aber und viel eindringlicher wird es die afrikanische Wüste leisten. Die Traurigkeit dieses Eindrucks des Unorganischen auf uns entspringt zunächst daraus, daß die unorganische Masse ausschließlich dem Gesetze der Schwere gehorcht, nach deren Richtung daher hier alles gelagert ist. – Dagegen nun erfreut uns der Anblick der Vegetation unmittelbar und in hohem Grade, natürlich aber um so mehr, je reicher, mannigfaltiger, ausgebreiteter und dabei sich selber überlassen sie ist. Der nächste Grund hievon liegt darin, daß in der Vegetation das Gesetz der Schwere als überwunden erscheint, indem die Pflanzenwelt sich in der seiner Richtung gerade entgegengesetzten erhebt: hiedurch kündigt sich unmittelbar das Phänomen des Lebens an als eine neue und höhere Ordnung der Dinge. Wir selbst gehören dieser an: sie ist das uns Verwandte, das Element unsers Daseins. Dabei geht uns das Herz auf. Zunächst also ist es jene senkrechte Richtung nach oben, wodurch der Anblick der Pflanzenwelt uns unmittelbar erfreut; daher gewinnt eine schöne Baumgruppe ungemein, wenn aus ihrer Mitte sich ein paar gerade aufgeschossene, spitze Tannengipfel erheben. Hingegen ein umgehauener Baum wirkt nicht mehr auf uns; ja ein sehr schräge gewachsener schon weniger als der gerade stehende: die herabhängenden, also der Schwere nachgebenden Zweige der Trauerweide (saule pleureur, weeping willow) haben ihr diese Namen verschafft. – Das Wasser hebt die traurige Wirkung seiner unorganischen Wesenheit durch seine große Beweglichkeit, die einen Schein des Lebens gibt, und durch sein beständiges Spiel mit dem Lichte großenteils auf: zudem ist es die Urbedingung alles Lebens. – Außerdem ist, was den Anblick der vegetabilischen Natur uns so erfreulich macht, der Ausdruck von Ruhe, Frieden und Genügen, den sie trägt, während die animalische sich uns meistens im Zustande der Unruhe, der Not, ja des Kampfes darstellt: daher gelingt es jener so leicht, uns in den Zustand des reinen Erkennens zu versetzen, der uns von uns selbst befreit.

Auffallend ist es zu sehn, wie die vegetabilische Natur, selbst die alltäglichste und geringste, sogleich sich schön und malerisch gruppiert und darstellt, sobald sie nur dem Einfluß der Menschenwillkür entzogen ist: so in jedem Fleckchen, welches der Kultur entzogen oder von ihr noch nicht erreicht ist, und trüge es nur Disteln, Dornen und die gemeinsten Feldblumen. In Korn- und Gemüsefeldern hingegen sinkt das Ästhetische der Pflanzenwelt auf sein Minimum herab.

§ 214

Man hat längst erkannt, daß jedes zu menschlichen Zwecken bestimmte Werk, also jedes Gerät und jedes Gebäude, um schön zu sein, eine gewisse Ähnlichkeit mit den Werken der Natur haben müsse: aber darin hat man geirrt, daß man meinte, diese müsse eine direkte sein und unmittelbar in den Formen liegen; so daß z. B. Säulen Bäume oder gar menschliche Gliedmaßen darstellen, Gefäße wie Muscheln oder Schnecken oder Blumenkelche gestaltet sein und überall vegetabilische oder tierische Formen erscheinen müßten. Vielmehr soll jene Ähnlichkeit keine direkte, sondern eine nur mittelbare sein, d. h. nicht in den Formen, sondern im Charakter der Formen liegen, welcher auch bei gänzlicher Verschiedenheit dieser derselbe sein kann. Demnach sollen Gebäude und Geräte nicht der Natur nachgeahmt, sondern im Geiste derselben geschaffen sein. Dieser nun zeigt sich darin, daß jedes Ding und jeder Teil seinem Zwecke so unmittelbar entspricht, daß es ihn sogleich ankündigt, welches dadurch geschieht, daß es denselben auf dem kürzesten Wege und auf die einfachste Weise erreicht. Diese augenfällige Zweckmäßigkeit nämlich ist Charakter des Natur-

produkts. Obgleich nun zwar in diesem der Wille von innen
aus wirkt und sich der Materie ganz bemeistert hat; während er im Menschenwerke, von außen wirkend, erst unter
Vermittelung der Anschauung und sogar eines Begriffs vom
Zwecke des Dinges, dann aber durch Überwältigung einer
fremden, d.h. ursprünglich einen andern Willen ausdrükkenden Materie seine Absicht erreicht und sich ausspricht;
so kann dabei der angegebene Charakter des Naturprodukts
doch beibehalten werden. Dies zeigt die antike Baukunst in
der genauen Angemessenheit jedes Teiles oder Gliedes zu
seinem unmittelbaren Zwecke, den es eben dadurch naiv
darlegt, und in der Abwesenheit alles Zwecklosen; im Gegensatz der gotischen Baukunst, welche gerade den vielen
zwecklosen Zierarten und Beiwerken, indem wir ihnen
einen uns unbekannten Zweck unterschieben, ihr geheimnisvolles, mysteriöses Ansehn verdankt; oder gar jedes
völlig entarteten Baustils, welcher, Originalität affektierend,
auf allerlei unnötigen Umwegen und in tändelnden Willkürlichkeiten mit den Mitteln der Kunst spielt, deren
Zwecke er nicht versteht. Dasselbe gilt von den antiken
Gefäßen, deren Schönheit daraus entspringt, daß sie auf so
naive Art ausdrücken, was sie zu sein und zu leisten bestimmt sind, und ebenso von allem übrigen Geräte der Alten: man fühlt dabei, daß, wenn die Natur Vasen, Amphoren, Lampen, Tische, Stühle, Helme, Schilde, Panzer usw.
hervorbrächte, sie so aussehn würden. Man sehe dagegen
die porzellanen reich vergoldeten Schandgefäße, nebst der
Weibertracht usw. der jetzigen Zeit, welche dadurch, daß
sie den bereits eingeführten Stil des Altertums gegen den
niederträchtigen Rokokostil vertauschte, ihren erbärmlichen Geist an den Tag gelegt und sich auf der Stirn gebrandmarkt hat für alle Zukunft. Denn keineswegs ist so
etwas Kleinigkeit: sondern es ist der Stempel des Geistes
dieser Zeit. Den Beleg dazu gibt die Literatur derselben,
gibt die Verhunzung der deutschen Sprache durch unwissende Tintenkleckser, welche in frecher Willkür mit ihr
umgehn wie Vandalen mit Kunstwerken und es ungestraft
dürfen.

§ 215

Sehr treffend hat man das Entstehn des Grundgedankens zu einem Kunstwerke die *Konzeption* desselben genannt: denn sie ist, wie zum Entstehn des Menschen die Zeugung, das Wesentlichste. Und auch wie diese erfordert sie nicht sowohl Zeit als Anlaß und Stimmung. Überhaupt nämlich übt das Objekt, gleichsam als Männliches, einen beständigen Zeugungsakt auf das Subjekt, als Weibliches, aus. Dieser wird jedoch nur in einzelnen glücklichen Augenblicken und bei begünstigten Subjekten fruchtbar: dann aber entspringt aus ihm irgendein neuer, origineller und daher fortlebender Gedanke. Und eben auch wie bei der physischen Zeugung hängt die Fruchtbarkeit viel mehr vom weiblichen, als vom männlichen Teile ab: ist jener (das Subjekt) in der zum Empfangen geeigneten Stimmung, so wird fast jedes jetzt in seine Apperzeption fallende Objekt anfangen, zu ihm zu reden, d.h. einen lebhaften, eindringenden und originellen Gedanken in ihm erzeugen; daher bisweilen der Anblick eines unbedeutenden Gegenstandes oder Vorganges der Keim eines großen und schönen Werkes geworden ist; wie denn auch Jacob Böhme durch den plötzlichen Anblick eines zinnernen Gefäßes in den Zustand der Erleuchtung versetzt und in den innersten Grund der Natur eingeführt wurde – kommt doch überall zuletzt alles auf die eigene Kraft an; und wie keine Speise oder Arznei Lebenskraft erteilen oder ersetzen kann, so kein Buch oder Studium den eigenen Geist.

§ 216

Ein *Improvisatore* aber ist ein Mann, der omnibus horis sapit [zu jeder Stunde gescheit ist], indem er ein vollständiges und wohlassortiertes Magazin von Gemeinplätzen jeder Art bei sich führt, sonach für jedes Begehren nach Beschaffenheit des Falles und der Gelegenheit prompte Bedienung verspricht und ›ducentos versus stans pede in uno‹[1] [stehenden Fußes zweihundert Verse] liefert.

1. [Nach Horaz: ›Saturae‹ 1, 4, 10, diktierte Lucilius oft noch im Fortgehen, und daher auf *einem* Fuße stehend, zweihundert Verse.]

§ 217

Ein Mann, der von der Gunst der Musen, ich meine von
seinen poetischen Gaben, zu leben unternimmt, kommt mir
einigermaßen vor wie ein Mädchen, das von seinen Reizen
lebt. Beide profanieren zum schnöden Erwerb, was die freie
Gabe ihres Innersten sein sollte. Beide leiden an Erschöpfung, und beide werden meistens schmählich enden. Also
würdigt euere Muse nicht zur Hure herab: sondern

> Ich singe, wie der Vogel singt,
> Der in den Zweigen wohnet.
> Das Lied, das aus der Kehle dringt,
> Ist Lohn, der reichlich lohnet –
>
> [Goethe, ›Der Sänger‹]

sei der Wahlspruch des Dichters. Denn die poetischen Gaben gehören dem Feiertage, nicht dem Werktage des Lebens an. Wenn sie dann auch durch ein Gewerbe, welches
der Dichter daneben treibt, sich etwas beengt und behindert
fühlen sollten, so können sie dabei doch gedeihen; weil ja
der Dichter nicht große Kenntnisse und Wissenschaft zu
erwerben braucht, wie dies der Fall des Philosophen ist; ja
sie werden dadurch kondensiert, wie durch zu viele Muße
und das Betreiben ex professo [von Berufs wegen] diluiert[1].
Der Philosoph hingegen kann aus dem angeführten Grunde
nicht wohl ein anderes Gewerbe daneben treiben: da nun
aber das Geldverdienen mit der Philosophie seine anderweitigen und bekannten großen Nachteile hat, wegen welcher die Alten dasselbe zum Merkmale des Sophisten im
Gegensatz des Philosophen machten; so ist Salomo zu loben, wenn er sagt: ›Weisheit ist gut mit einem Erbgute und
hilft, daß einer sich der Sonne freuen kann‹ (Koheleth 7,12).
    Daß wir aus dem Altertume *Klassiker* haben, d.h. Geister,
deren Schriften in unvermindertem Jugendglanz durch die
Jahrtausende gehn, kommt großenteils daher, daß bei den
Alten das Bücherschreiben kein Erwerbszweig gewesen ist:
ganz allein hieraus aber ist es abzuleiten, daß von diesen

1. [verdünnt]

Klassikern neben ihren guten Schriften nicht auch noch schlechte vorhanden sind, indem sie nicht wie selbst die besten unter den Neueren, nachdem der Spiritus verflogen war, noch das Phlegma zu Markte trugen[1], Geld dafür zu lösen.

§ 218

Die *Musik* ist die wahre allgemeine Sprache, die man überall versteht: daher wird sie in allen Ländern und durch alle Jahrhunderte mit großem Ernst und Eifer unaufhörlich geredet und macht eine bedeutsame, vielsagende Melodie gar bald ihren Weg um das ganze Erdenrund; während eine sinnarme und nichtssagende gleich verhallt und erstirbt, welches beweiset, daß der Inhalt der Melodie ein sehr wohl verständlicher ist. Jedoch redet sie nicht von Dingen, sondern von lauter Wohl und Wehe, als welche die alleinigen Realitäten für den *Willen* sind: darum spricht sie so sehr zum Herzen, während sie dem Kopfe *unmittelbar* nichts zu sagen hat und es ein Mißbrauch ist, wenn man ihr dies zumutet, wie in aller *malenden* Musik geschieht, welche daher ein für allemal verwerflich ist; wenngleich Haydn und Beethoven sich zu ihr verirrt haben: Mozart und Rossini haben es meines Wissens nie getan. Denn ein anderes ist Ausdruck der Leidenschaften, ein anderes Malerei der Dinge.

Auch die Grammatik jener allgemeinen Sprache ist aufs genaueste reguliert worden; wiewohl erst, seitdem *Rameau* den Grund dazu gelegt hatte. Hingegen das Lexikon, ich meine die laut obigem nicht zu bezweifelnde, wichtige Bedeutung des Inhalts derselben, zu enträtseln, d.h. der Vernunft, wenn auch nur im allgemeinen faßlich zu machen, was es sei, das die Musik in Melodie und Harmonie besagt und wovon sie rede, dies hat man, bis ich es unternahm, nicht einmal ernstlich versucht – welches wie so vieles andere beweist, wie wenig überhaupt zur Reflexion und zum Nachdenken geneigt die Menschen sind, mit welcher Besinnungslosigkeit vielmehr sie dahinleben! Überall ist ihre Absicht, nur zu genießen, und zwar mit möglichst geringem

1. [Vgl. Schiller: ›Männerwürde‹]

Aufwande von Gedanken. Ihre Natur bringt es so mit sich. Daher kommt es so possenhaft heraus, wenn sie vermeinen, die Philosophen spielen zu müssen; wie an unsern Philosophie-Professoren, ihren vortrefflichen Werken und der Aufrichtigkeit ihres Eifers für Philosophie und Wahrheit zu ersehn ist.

§ 219

Allgemein und zugleich populär redend, kann man den Ausspruch wagen: die Musik überhaupt ist die Melodie, zu der die Welt der Text ist. Den eigentlichen Sinn desselben aber erhält man allein durch meine Auslegung der Musik.

Nun aber das Verhältnis der Tonkunst zu dem ihr jedesmal aufgelegten bestimmten Äußerlichen, wie Text, Aktion, Marsch, Tanz, geistliche oder weltliche Feierlichkeit usw., ist analog dem Verhältnis der Architektur als bloß schöner, d.h. auf rein ästhetische Zwecke gerichteter Kunst zu den wirklichen Bauwerken, die sie zu errichten hat, mit deren nützlichen, ihr selbst fremden Zwecken sie daher die ihr eigenen zu vereinigen suchen muß, indem sie diese unter den Bedingungen, die jene stellen, doch durchsetzt und demnach einen Tempel, Palast, [ein] Zeughaus, Schauspielhaus usw. so hervorbringt, daß es sowohl an sich schön als auch seinem Zwecke angemessen sei und sogar diesen durch seinen ästhetischen Charakter selbst ankündige. In analoger also, wiewohl nicht ebenso unvermeidlicher Dienstbarkeit steht die Musik zum Text oder den sonstigen ihr aufgelegten Realitäten. Sie muß zunächst dem Texte sich fügen, obwohl sie seiner keineswegs bedarf, ja ohne ihn sich viel freier bewegt: sie muß aber nicht nur jede Note seiner Wortlänge und seinem Wortsinn anpassen, sondern auch durchweg eine gewisse Homogeneität mit ihm annehmen und ebenso auch den Charakter der übrigen ihr etwan gesetzten willkürlichen Zwecke tragen und demnach Kirchen-, Opern-, Militär-, Tanzmusik u.dgl. mehr sein. Das alles aber ist ihrem Wesen so fremd wie der rein ästhetischen Baukunst die menschlichen Nützlichkeitszwecke, denen also beide sich zu bequemen und ihre selbst-eigenen den ihnen fremden Zwecken unterzuordnen haben. Der Baukunst ist dies fast immer unvermeidlich; der Musik nicht also: sie bewegt sich frei im Konzerte, in der Sonate und vor allem in der Symphonie, ihrem schönsten Tummelplatz, auf welchem sie ihre Saturnalien feiert.

Ebenso nun ferner ist der Abweg, auf welchem sich unsere Musik befindet, dem analog, auf welchen die römische Architektur unter den spätern Kaisern geraten war, wo nämlich die Überladung mit Verzierungen die wesentlichen einfachen Verhältnisse teils versteckte, teils sogar verrückte: sie bietet nämlich vielen Lärm, viele Instrumente, viel Kunst, aber gar wenig deutliche, eindringende und ergreifende Grundgedanken. Zudem findet man in den schalen, nichtssagenden, melodielosen Kompositionen des heutigen Tages denselben Zeitgeschmack wieder, welcher die undeutliche, schwankende, nebelhafte, rätselhafte, ja sinnleere Schreibart sich gefallen läßt, deren Ursprung hauptsächlich in der miserabeln Hegelei und ihrem Scharlatanismus zu suchen ist.

Gebt mir Rossinische Musik, die da spricht ohne Worte! – In den Kompositionen jetziger Zeit ist es mehr auf die Harmonie als die Melodie abgesehn; ich bin jedoch entgegengesetzter Ansicht und halte die Melodie für den Kern der Musik, zu welchem die Harmonie sich verhält wie zum Braten die Sauce.

§ 220

Die *große Oper* ist eigentlich kein Erzeugnis des reinen Kunstsinnes, vielmehr des etwas barbarischen Begriffs von Erhöhung des ästhetischen Genusses mittelst Anhäufung der Mittel, Gleichzeitigkeit ganz verschiedenartiger Eindrücke und Verstärkung der Wirkung durch Vermehrung der wirkenden Masse und Kräfte; während doch die Musik als die mächtigste aller Künste für sich allein den für sie empfänglichen Geist vollkommen auszufüllen vermag; ja ihre höchsten Produktionen, um gehörig aufgefaßt und genossen zu werden, den ganzen ungeteilten und unzerstreuten Geist verlangen, damit er sich ihnen hingebe und sich in sie versenke, um ihre so unglaublich innige Sprache ganz zu verstehn. Statt dessen dringt man während einer so höchst komplizierten Opernmusik zugleich durch das Auge auf den Geist ein mittelst des buntesten Gepränges, der phantastischesten Bilder und der lebhaftesten Licht- und Farbeneindrücke; wobei noch außerdem die Fabel des Stücks ihn beschäftigt. Durch dies alles wird er abgezogen, zerstreut, betäubt und so am wenigsten für die heilige geheimnisvolle, innige Sprache der Töne empfänglich gemacht. Also wird durch dergleichen dem Erreichen des musikalischen Zweckes gerade entgegengearbeitet. Dazu kommen nun noch die Ballette, ein oft mehr auf die Lüsternheit als auf ästhetischen Genuß berechnetes Schauspiel, welches überdies durch den engen Umfang seiner Mittel und [seine] hieraus entspringende Monotonie bald höchst langweilig wird und dadurch beiträgt, die Geduld zu erschöpfen, vorzüglich, indem durch die langwierige, oft Viertelstunden dauernde Wiederholung derselben untergeordneten Tanzmelodie der musikalische Sinn ermüdet und abgestumpft wird, so daß ihm für die nachfolgenden musikalischen Eindrücke ernsterer und höherer Art keine Empfänglichkeit mehr bleibt.

Es möchte hingehn, obgleich ein rein musikalischer Geist es nicht verlangt, daß man der reinen Sprache der Töne, obwohl sie selbstgenugsam keiner Beihülfe bedarf, Worte, sogar auch eine anschaulich vorgeführte Handlung zugesellt und unterlegt, damit unser anschauender und reflektierender Intellekt, der nicht ganz müßig sein mag, doch auch eine leichte und analoge Beschäftigung dabei erhalte, wodurch sogar die Aufmerksamkeit der Musik fester anhängt und folgt, auch zugleich dem, was die Töne in ihrer allgemeinen, bilderlosen Sprache des Herzens besagen, ein anschauliches Bild, gleichsam ein Schema oder wie ein Exempel zu einem allgemeinen Begriff, untergelegt wird: ja dergleichen wird den Eindruck der Musik erhöhen. Jedoch sollte es in den Schranken der größten Einfachheit gehalten werden, da es sonst dem musikalischen Hauptzwecke gerade entgegenwirkt.

Die große Anhäufung vokaler und instrumentaler Stimmen in der Oper wirkt zwar auf musikalische Weise; jedoch steht die Erhöhung der Wirkung vom bloßen Quartett bis zu jenen hundertstimmigen Orchestern durchaus nicht im Verhältnis mit der Vermehrung der Mittel; weil eben der Akkord doch nicht mehr als drei, nur in *einem* Fall vier Töne haben und der Geist nie mehr zugleich auffassen kann, von wie vielen Stimmen verschiedenster Oktaven auf einmal jene drei oder vier Töne auch angegeben werden mögen. – Aus dem allen ist erklärlich, wie eine schöne, nur vierstimmig aufgeführte Musik bisweilen uns tiefer ergreifen kann als die ganze Opera seria, deren Auszug sie liefert – eben wie die Zeichnung bisweilen mehr wirkt als das Ölgemälde. Was dennoch die Wirkung des Quartetts hauptsächlich niederhält, ist, daß ihm die Weite der Harmonie, d. h. die Entfernung zweier oder mehrerer Oktaven zwischen dem Baß und der tiefsten der drei obern Stimmen abgeht, wie sie von der Tiefe des Kontrabasses aus dem Orchester zu Gebote steht, dessen Wirkung selbst aber eben darum noch unglaublich erhöht wird, wenn eine große bis zur letzten Stufe der Hörbarkeit hinabgehende Orgel fortwährend den Grundbaß dazu spielt, wie dies in der katholischen Kirche zu Dresden geschieht. Denn nur so tut die Harmonie ihre ganze Wirkung. – Überhaupt aber ist aller Kunst, allem Schönen, aller geistigen Darstellung die Einfachheit, welche ja auch der Wahrheit anzuhängen pflegt, ein wesentliches Gesetz; wenigstens ist es immer gefährlich, sich von ihr zu entfernen.

Strenge genommen also könnte man die Oper eine unmusikalische Erfindung zugunsten unmusikalischer Geister nennen, als bei welchen die Musik erst eingeschwärzt werden muß durch ein ihr fremdes Medium, also etwan als Begleitung einer breit ausgesponnenen, faden Liebesgeschichte und ihrer poetischen Wassersuppen: denn eine gedrängte, geist- und gedankenvolle Poesie verträgt der Operntext gar nicht; weil einem solchen die Komposition nicht nachkommen kann. Nun aber die Musik ganz zum Knechte schlechter Poesie machen zu wollen ist ein Irrweg, den vorzüglich *Gluck* gewandelt ist, dessen Opernmusik daher, von den Ouvertüren abgesehn, ohne die Worte gar nicht genießbar ist. Ja man kann sagen, die Oper sei zu einem Verderb der Musik geworden. Denn nicht nur, daß diese sich biegen und schmiegen muß, um sich dem Gange und den ungeregelten Vorgängen einer abgeschmackten Fabel anzupassen, nicht nur, daß durch die kindische und barbarische Pracht der Dekorationen und Kostüme, durch die Gaukeleien der Tänzer und die kurzen Röcke der Tänzerinnen der Geist von der Musik abgezogen und zerstreut wird: nein, sogar der Gesang selbst stört oft die Harmonie, sofern die vox humana, welche, musikalisch genommen, ein Instrument wie jedes andere ist, sich nicht den übrigen Stimmen koordinieren und einfügen, sondern schlechthin dominieren will. Zwar wo sie Soprano oder Alto ist, geht dies sehr wohl an; weil ihr in solcher Eigenschaft die Melodie wesentlich und von Natur zukommt. Aber in den Baß- und Tenorarien fällt die leitende Melodie meistens den hohen Instrumenten zu; wobei denn der Gesang sich ausnimmt wie eine vorlaute, an sich bloß harmonische Stimme, welche die Melodie überschreien will. Oder aber die Begleitung wird kontrapunktisch nach oben versetzt, ganz wider die Natur der Musik, um der Tenor- oder Baßstimme die Melodie zu erteilen, wobei dennoch das Ohr stets den höchsten Tönen, also der Begleitung folgt. Ich bin wirklich der Meinung, daß Soloarien mit Orchesterbegleitung nur dem Alto oder Soprano angemessen sind; und man daher die Männerstimmen nur im Duetto mit jenen oder in mehrstimmigen Stücken anwenden sollte; es sei denn, daß sie ohne alle oder mit einer bloßen Baßbegleitung sängen. Die Melodie ist das natürliche Vorrecht der höchsten Stimme und muß es bleiben – daher, wann in der Oper auf eine so erzwungene und erkünstelte Bariton- oder Baßarie eine Sopranarie folgt, wir sogleich mit Befriedigung das allein Natur- und Kunstgemäße dieser empfinden. Daß große Meister wie *Mozart* und *Rossini* den Übelstand jener erstern zu mildern, ja zu überwinden wissen, hebt ihn nicht auf.

Einen viel reineren musikalischen Genuß als die Oper gewährt die gesungene *Messe*, deren meistens unvernommene Worte oder endlos wiederholte Halleluja, Gloria, Eleison, Amen usw. zu einem bloßen Solfeggio[1] werden, in welchem die Musik, nur den allgemeinen Kirchencharakter bewahrend, sich frei ergeht und nicht wie beim Operngesange in ihrem eigenen Gebiete von Miseren aller Art beeinträchtigt wird; so daß sie hier ungehindert alle ihre Kräfte entwickelt, indem sie auch nicht mit dem gedrückten puritanischen oder methodistischen Charakter der protestantischen Kirchenmusik stets auf dem Boden kreucht wie die protestantische Moral, sondern sich frei und mit großen Flügelschlägen emporschwingt wie ein Seraph. Messe und Symphonie allein geben ungetrübten, vollen musikalischen Genuß; während in der Oper die Musik sich mit dem schalen Stück und seiner Afterpoesie elend herumquält und mit der ihr aufgelegten fremden Last durchzukommen sucht, so gut sie kann. Die höhnende Verachtung, mit welcher der große *Rossini* bisweilen den Text behandelt hat, ist, wenn auch nicht gerade zu loben, doch echt musikalisch. – Überhaupt aber ist die große Oper, indem sie schon durch ihre dreistündige Dauer unsere musikalische Empfänglichkeit immer mehr abstumpft, während dabei der Schneckengang einer meistens sehr faden Handlung unsere Geduld auf die Probe stellt, an sich selbst wesentlich und essentiell langweiliger Natur; welcher Fehler nur durch die überschwengliche Vortrefflichkeit der einzelnen Leistungen überwunden werden kann: daher sind in dieser Gattung die Meisterwerke allein genießbar, und alles Mittelmäßige ist verwerflich. Auch sollte man suchen, die Oper mehr zu konzentrieren und zu kontrahieren, um sie wo möglich auf *einen* Akt und *eine* Stunde zu beschränken. Im tiefen Gefühl der Sache war man in Rom zu meiner Zeit auf den schlechten Ausweg geraten, im Teatro della Valle die Akte einer Oper und einer Komödie mit einander abwechseln zu lassen. Die längste Dauer einer Oper sollte zwei Stunden sein; die eines Dramas hingegen drei Stunden, weil die zu diesem erforderte Aufmerksamkeit und Geistesanspannung länger an-

1. [Virtuosengesangsübung]

hält, indem sie uns viel weniger angreift als die unausgesetzte Musik, welche am Ende zu einer Nervenqual wird; daher jetzt der letzte Akt einer Oper in der Regel eine Marter der Zuhörer ist und eine noch größere der Sänger und Musizi; demnach man glauben könnte, hier eine zahlreiche Versammlung zu sehn, die, zum Zwecke der Selbstpeinigung vereinigt, diesen mit Ausdauer verfolgt bis zum Schluß, welchem schon längst jeder im stillen entgegenseufzte – mit Ausnahme der Deserteurs.

Die Ouvertüre soll zur Oper vorbereiten, indem sie den Charakter der Musik und auch den Verlauf der Vorgänge ankündigt: jedoch darf dies nicht zu explizit und deutlich geschehn, sondern nur so, wie man im Traume das Kommende vorhersieht.

§ 221

Ein *Vaudeville*[1] ist einem Menschen zu vergleichen, der in Kleidern paradiert, die er auf dem Trödel zusammengekauft hat: jedes Stück hat schon ein anderer getragen, für den es gemacht und dem es angemessen worden war: auch merkt man, daß sie nicht zusammengehören. – Dem analog ist eine aus Fetzen, die man honetten Leuten vom Rocke abgeschnitten, zusammengeflickte Harlekinsjacke das Potpourri – eine wahre musikalische Schändlichkeit, die von der Polizei verboten sein sollte.

§ 222

Es verdient bemerkt zu werden, daß in der Musik der Wert der Komposition den der Ausführung überwiegt, hingegen beim Schauspiel es sich gerade umgekehrt verhält. Nämlich eine vortreffliche Komposition, sehr mittelmäßig, nur eben rein und richtig ausgeführt, gibt viel mehr Genuß als die vortrefflichste Ausführung einer schlechten Komposition. Hingegen leistet ein schlechtes Theaterstück, von ausgezeichneten Schauspielern gegeben, viel mehr als das vortrefflichste, von Stümpern gespielt.

1. [Heiteres Bühnenstück mit Liedern]

Die Aufgabe eines Schauspielers ist, die menschliche Natur darzustellen nach ihren verschiedensten Seiten, in tausend höchst verschiedenen Charakteren, diese alle jedoch auf der gemeinsamen Grundlage *seiner* ein für allemal gegebenen und nie ganz auszulöschenden Individualität. Dieserwegen nun muß er selbst ein tüchtiges und ganz komplettes Exemplar der menschlichen Natur sein, am wenigsten aber ein so defektes oder verkümmertes, daß es, nach Hamlets Ausdruck [3,2], nicht von der Natur selbst, sondern von einigen ihrer Handlanger verfertigt zu sein scheint. Dennoch wird ein Schauspieler jeden Charakter um so besser darstellen, je näher derselbe seiner eigenen Individualität steht, und am besten den, der mit dieser zusammentrifft; daher auch der schlechteste Schauspieler eine Rolle hat, die er vortrefflich spielt: denn da ist er wie ein lebendiges Gesicht unter Masken.

Zu einem guten Schauspieler gehört: 1. daß einer ein Mensch sei, der die Gabe hat, sein Inneres nach außen kehren zu können; 2. daß er hinreichende Phantasie habe, um fingierte Umstände und Begebenheiten so lebhaft zu imaginieren, daß sie sein Inneres erregen; 3. daß er Verstand, Erfahrung und Bildung in dem Maße habe, um menschliche Charaktere und Verhältnisse gehörig verstehn zu können.

§ 223

Der ›Kampf des Menschen mit dem Schicksal‹, welchen unsere faden, hohlen, verblasenen und ekelhaft süßlichen modernen Ästhetiker seit etwan fünfzig Jahren wohl einstimmig als das allgemeine Thema des Trauerspiels aufstellen, hat zu seiner Voraussetzung die Freiheit des Willens, diese Marotte aller Ignoranten, und dazu wohl auch noch den kategorischen Imperativ, dessen moralische Zwecke oder Befehle dem Schicksale zum Trotz nun durchgesetzt werden sollen; woran denn die besagten Herren ihre Erbauung finden. Zudem aber ist jenes vorgebliche Thema des Trauerspiels schon darum ein lächerlicher Begriff, weil es der Kampf mit einem unsichtbaren Gegner, einem Kämpen in

der Nebelkappe, wäre, gegen den daher jeder Schlag ins
Leere geführt würde und dem man sich in die Arme würfe,
indem man ihm ausweichen wollte, wie ja dies dem Laios
und dem Oidipus begegnet ist. Dazu kommt, daß das
Schicksal allgewaltig ist, daher mit ihm zu kämpfen die
lächerlichste aller Vermessenheiten wäre, so daß Byron vollkommen recht hat, zu sagen:

> To strive, too, with our fate were such a strife
> As if the corn-sheaf should oppose the sickle.

(Zudem wäre gegen unser Schicksal anzukämpfen ein
Kampf, wie wenn die Garbe sich der Sichel widersetzen
wollte.)   ›Don Juan‹ 5, 17

So versteht die Sache auch Shakespeare:

> Fate, show thy force: ourselves we do not owe;
> What is decreed, must be, and be this so!

›Twelfth night‹ act 1, the close

welcher Vers (beiläufig gesagt) zu den höchst seltenen gehört, die in der Übersetzung gewinnen:

> Jetzt kannst du deine Macht, o Schicksal, zeigen:
> Was sein soll, muß geschehn, und keiner ist sein eigen.

Bei den Alten ist der Begriff des Schicksals der einer im
Ganzen der Dinge verborgenen Notwendigkeit, welche
ohne alle Rücksicht weder auf unsere Wünsche und Bitten
noch auf Schuld oder Verdienst die menschlichen Angelegenheiten leitet und an ihrem geheimen Bande auch die
äußerlich von einander unabhängigsten Dinge zieht, um
sie zu bringen, wohin sie will; so daß deren offenbar zu-
fälliges Zusammentreffen ein im höheren Sinne notwendiges
ist. Wie nun vermöge dieser Notwendigkeit alles vorherbestimmt ist (fatum), so ist auch ein Vorher*wissen* desselben
möglich, durch Orakel, Seher, Träume usw.

Die Vorsehung ist das christianisierte Schicksal, also das
in die auf das Beste der Welt gerichtete Absicht eines Gottes
verwandelte.

§ 224

Als den ästhetischen Zweck des *Chors* im Trauerspiel betrachte ich: erstlich, daß neben der Ansicht, welche die vom Sturme der Leidenschaften erschütterten Hauptpersonen von den Sachen haben, auch die der ruhigen, anteilslosen Besonnenheit zur Sprache komme; und zweitens, daß die wesentliche Moral des Stücks, welche in concreto die Handlung desselben sukzessive darlegt, zugleich auch als Reflexion über diese in abstracto, folglich kurz ausgesprochen werde. So wirkend gleicht der Chor dem Baß in der Musik, welcher als stete Begleitung den Grundton jedes einzelnen Akkordes der Fortschreitung vernehmen läßt.

§ 225

Wie Steinschichten der Erde uns die Gestalten der Lebendigen einer fernen Vorwelt in den Abdrücken zeigen, welche die Spur eines kurzen Daseins ungezählte Jahrtausende hindurch aufbewahren; so haben die Alten in ihren *Komödien* uns einen treuen und bleibenden Abdruck ihres heitern Lebens und Treibens hinterlassen, so deutlich und genau, daß es den Schein erhält, als hätten sie es in der Absicht getan, von der schönen und edlen Existenz, deren Flüchtigkeit sie bedauerten, wenigstens ein bleibendes Abbild auf die späteste Nachwelt zu vererben. Füllen wir nun diese uns überlieferten Hüllen und Formen wieder mit Fleisch und Bein aus durch Darstellung des Plautus und Terenz auf der Bühne; so tritt jenes längst vergangene rege Leben wieder frisch und froh vor uns hin – wie die antiken Musaikfußböden, wenn benetzt, wieder im Glanze ihrer alten Farben dastehn.

§ 226

Die allein echte deutsche Komödie, aus dem Wesen und Geiste der Nation hervorgegangen und ihn darstellend, ist neben der einzig dastehenden ›Minna von Barnhelm‹ das Ifflandische Schauspiel. Die Vorzüge dieser Stücke sind eben wie die der Nation, die sie treu abbilden, mehr moralisch als intellektuell: wovon das Umgekehrte von der französischen und englischen Komödie behauptet werden könnte. Die Deutschen sind so selten originell, daß man nicht, sobald es einmal dazu gekommen ist, gleich mit Knitteln dreinschlagen sollte, wie dies Schiller und die Schlegel getan haben, welche gegen Iffland ungerecht gewesen und selbst gegen Kotzebue zu weit gegangen sind. Ebenso ist man heutzutage wieder ungerecht gegen Raupach, zollt hingegen den Fratzen armseliger Pfuscher seinen Beifall.

§ 227

Das Drama überhaupt als die vollkommenste Abspiegelung des menschlichen Daseins hat einen dreifachen Klimax seiner Auffassungsweise desselben und mithin seiner Absicht und Prätention. Auf der ersten und frequentesten Stufe bleibt es beim bloß Interessanten: die Personen erlangen unsere Teilnahme, indem sie ihre eigenen den unsern ähnlichen Zwecke verfolgen; die Handlung schreitet mittelst der Intrige der Charaktere und des Zufalls vorwärts: Witz und Scherz sind die Würze des Ganzen. – Auf der zweiten Stufe wird das Drama sentimental: Mitleid mit den Helden und mittelbar mit uns selbst wird erregt, die Handlung wird pathetisch; doch kehrt sie zur Ruhe und Befriedigung zurück im Schluß. – Auf der höchsten und schwierigsten Stufe wird das *Tragische* beabsichtigt: das schwere Leiden, die Not des Daseins wird uns vorgeführt, und die Nichtigkeit alles menschlichen Strebens ist hier das letzte Ergebnis. Wir werden tief erschüttert, und die Abwendung des Willens vom Leben wird in uns angeregt, entweder direkt oder als mitklingender harmonischer Ton.

Das Drama von politischer, mit den momentanen Grillen des süßen Pöbels liebäugelnder Tendenz, dieses beliebte Fabrikat unserer heutigen Literaten habe ich natürlich nicht in Betracht gezogen: dergleichen Piecen liegen bald, oft schon im nächsten Jahre da wie alte Kalender. Das kümmert jedoch den Literaten nicht: denn der Anruf an *seine*

Muse enthält nur *eine* Bitte: ›Unser täglich Brot gib uns heute!‹

§ 228

Aller Anfang ist schwer, heißt es. In der Dramaturgie gilt jedoch das Umgekehrte: alles Ende ist schwer. Dies belegen die unzähligen Dramen, deren erste Hälfte sich recht gut anläßt, die aber sodann sich trüben, stocken, schwanken, zumal im verrufenen vierten Akt, und zuletzt in ein bald erzwungenes, bald unbefriedigendes, bald von jedem längst vorhergesehenes Ende auslaufen, mitunter gar wie ›Emilia Galotti‹ in ein empörendes, welches den Zuschauer völlig verstimmt nach Hause schickt. Diese Schwierigkeit des Ausganges beruht teils darauf, daß es überall leichter ist, die Sachen zu verwirren als zu entwirren; teils aber auch darauf, daß wir beim Anfange dem Dichter carte blanche lassen[1], hingegen an das Ende bestimmte Anforderungen stellen: es soll nämlich entweder ganz glücklich oder aber ganz tragisch sein, während die menschlichen Dinge nicht leicht eine so entschiedene Wendung nehmen; sodann soll es natürlich, richtig und ungezwungen herauskommen, dabei aber doch von niemandem vorhergesehn sein. – Vom Epos und Romane gilt dasselbe: beim Drama macht nur dessen kompaktere Natur es sichtbarer, indem sie die Schwierigkeit vermehrt.

Das ›E nihilo nihil fit‹[2] [Aus nichts wird nichts] gilt auch in den schönen Künsten. Gute Maler lassen zu ihren historischen Bildern wirkliche Menschen Modell stehn und nehmen zu ihren Köpfen wirkliche aus dem Leben gegriffene Gesichter, die sie sodann, sei es der Schönheit oder dem Charakter nach, idealisieren. Ebenso, glaube ich, machen es gute Romanenschreiber: sie legen den Personen ihrer Fiktionen wirkliche Menschen aus ihrer Bekanntschaft schematisch unter, welche sie nun ihren Absichten gemäß idealisieren und komplettieren.

Die Aufgabe des Romanenschreibers ist nicht, große Vorfälle zu erzählen, sondern kleine interessant zu machen.

1. [unbeschränkte Vollmacht geben]
2. [Nach Lucretius: ›De rerum natura‹ 1, 545]

Ein *Roman* wird desto höherer und edlerer Art sein, je
mehr *inneres* und je weniger *äußeres* Leben er darstellt; und
dies Verhältnis wird als charakteristisches Zeichen alle Abstufungen des Romans begleiten, vom ›Tristram Shandy‹
an bis zum rohesten und tatenreichsten Ritter- oder Räu-
berroman herab. ›Tristram Shandy‹ freilich hat sogut wie
gar keine Handlung; aber wie sehr wenig hat die ›Neue
Heloise‹ und der ›Wilhelm Meister‹! Sogar ›Don Quijote‹
hat verhältnismäßig wenig, besonders aber sehr unbedeutende, auf Scherz hinauslaufende Handlung: und diese vier
Romane sind die Krone der Gattung. Ferner betrachte man
die wundervollen Romane Jean Pauls und sehe, wie so sehr
viel inneres Leben sie auf der schmalsten Grundlage von
äußerem sich bewegen lassen. Selbst die Romane Walter
Scotts haben noch ein bedeutendes Übergewicht des innern
über das äußere Leben, und zwar tritt letzteres stets nur in
der Absicht auf, das erstere in Bewegung zu setzen; während in schlechten Romanen es seiner selbst wegen da ist.
Die Kunst besteht darin, daß man mit dem möglichst geringsten Aufwand von äußerm Leben das innere in die
stärkste Bewegung bringe: denn das innere ist eigentlich
der Gegenstand unsers Interesses.

§ 229

Ich gestehe aufrichtig, daß der hohe Ruhm der ›Divina
commedia‹ mir übertrieben scheint. Großen Anteil an demselben hat gewiß die überschwengliche Absurdität des
Grundgedankens, infolge dessen sogleich im ›Inferno‹ die
empörendeste Seite der christlichen Mythologie uns grell
vor die Augen gebracht wird: sodann trägt das Ihrige auch
die Dunkelheit des Stils und der Anspielungen bei:

Omnia enim stolidi magis admirantur amantque,
Inversis quae sub verbis latitantia cernunt.
[Alles bewundern die Narren und lieben es über die Maßen,
Was man verblümt ihnen sagt und unter verschrobenen
      Worten.   Lucretius, ›De rerum natura‹ 1, 641 f.]

Indessen ist allerdings die oft bis zum Lakonischen gehende Kürze und Energie des Ausdrucks, noch mehr aber die unvergleichliche Stärke der Einbildungskraft des Dante höchst bewunderungswürdig. Vermöge derselben erteilt er der Schilderung unmöglicher Dinge eine augenfällige Wahrheit, welche sonach der des Traumes verwandt ist: denn da er von diesen Dingen keine Erfahrung haben kann, so scheint es, als müßten sie ihm geträumt haben, um so lebendig genau und anschaulich ausgemalt werden zu können. – Was soll man hingegen sagen, wenn am Schlusse des elften Gesanges des ›Inferno‹ Vergil das Anbrechen des Tages und den Untergang der Sterne beschreibt, also vergißt, daß er in der Hölle, unter der Erde ist und erst am Schlusse dieses Hauptteils ›quindi uscire‹ [von dort herausgehen] wird, ›a riveder le stelle‹ [um die Sterne wiederzusehen]? Denselben Verstoß findet man nochmals am Ende des zwanzigsten Gesanges. Soll man etwan annehmen, Vergil führe eine Taschenuhr und wisse daher, was jetzt am Himmel vorgeht? Mir scheint dies eine ärgere Vergeßlichkeit als die bekannte Sancho Pansas Esel betreffende, welche Cervantes sich hat zuschulden kommen lassen.

Der Titel des Danteschen Werkes ist gar originell und treffend, und kaum läßt sich zweifeln, daß er ironisch sei. Eine Komödie! Fürwahr, das wäre die Welt: eine Komödie für einen Gott, dessen unersättliche Rachgier und studierte Grausamkeit im letzten Akte derselben an der end- und zwecklosen Qual der Wesen, welche er müßigerweise ins Dasein gerufen hat, sich weidete, weil sie nämlich nicht nach seinem Sinne ausgefallen wären und daher in ihrem kurzen Leben anderes getan oder geglaubt hätten, als es ihm recht war. Gegen seine unerhörte Grausamkeit gehalten, wären übrigens alle im ›Inferno‹ so hart bestraften Verbrechen gar nicht der Rede wert; ja er selbst wäre bei weitem ärger als alle die Teufel, denen wir im ›Inferno‹ begegnen; da ja diese doch nur in seinem Auftrage und kraft seiner Vollmacht handeln. Daher wird denn wohl Vater Zeus sich für die Ehre bedanken, mit ihm so ohne Umstände identifiziert zu werden, wie dies an einigen Stellen (z. B. canto 14,

v. 70; canto 31, v. 92) seltsamerweise geschieht, ja bis ins
Lächerliche getrieben wird im ›Purgatorio‹(canto 6, v. 118):
›O sommo Giove, che fosti in terra per noi crocifisso.‹ [O
höchster Jupiter, der Du für uns auf Erden wardst gekreu-
zigt.] Was würde wohl Zeus dazu sagen? – Ω πόποι. [O
wehe!] Äußerst widerlich wirkt auch die russisch-sklavische
Art der Unterwürfigkeit des Vergil, des Dante und eines
jeden unter die Befehle desselben und der zitternde Gehorsam, mit dem seine Ukase[1] überall vernommen werden.
Dieser Sklavensinn wird nun aber gar (canto 33, v. 109–150)
von Danten selbst in eigener Person so weit getrieben, daß
er sich völliger Ehr- und Gewissenlosigkeit schuldig macht
in einem Fall, den er, sich dessen rühmend, selbst erzählet.
Ehre und Gewissen nämlich gelten ihm nichts mehr, sobald
sie mit den grausamen Beschlüssen des Domeneddio [Herr-
gotts] irgend interferieren[2]; daher denn hier das zur Erlangung einer Aussage fest und feierlich von ihm gegebene
Versprechen, ein Tröpflein Linderung in die Pein einer von
jenem ersonnenen und grausam vollführten Marter zu gießen, nachdem der Gemarterte die ihm aufgelegte Bedingung
erfüllt hat, von Danten ehr- und gewissenloserweise frank
und frech gebrochen wird, ›in maiorem Dei gloriam‹: weil
nämlich er eine von diesem aufgelegte Pein auch nur, wie
hier durch das Wegwischen einer gefrorenen Träne, im
mindesten zu lindern, obwohl es ihm nicht etwan ausdrücklich verboten war, für durchaus unerlaubt hält und also es
unterläßt, so feierlich er es auch den Augenblick vorher ver-
sprochen und gelobt hatte. Im Himmel mag dergleichen
der Brauch und lobenswert sein, ich weiß es nicht: aber auf
Erden heißt, wer so handelt, ein Schuft. – Hieran wird, beiläufig gesagt, ersichtlich, wie mißlich es um jede Moral
steht, die keine andere Basis hat als den Willen Gottes; indem alsdann, so schnell, wie die Pole eines Elektromagneten
umgekehrt werden, aus schlecht gut und aus gut schlecht
werden kann. – Das ganze ›Inferno‹ des Dante ist recht
eigentlich eine *Apotheose der Grausamkeit*, und hier im vor-

1. [Vorschriften]
2. [sich vermischen]

letzten Gesang wird besagterweise noch die Ehr- und Gewissenlosigkeit dazu verherrlicht.

> Was eben wahr ist aller Orten,
> Das sag' ich mit ungescheuten Worten.
>
> Goethe [›Sprichwörtlich‹]

Übrigens wäre für die Geschaffenen die Sache eine ›Divina
tragedia‹, und zwar ohne alles Ende. Wenn auch das derselben vorhergehende Vorspiel hin und wieder lustig ausfallen mag, so ist es doch von völlig verschwindender Kürze
gegen die endlose Dauer des tragischen Teils. Man kann
kaum umhin, zu denken, daß bei Danten selbst eine geheime
Satire über solche saubere Weltordnung dahinterstecke;
sonst würde ein ganz eigener Geschmack dazu gehören, sich
an der Ausmalung empörender Absurditäten und fortwährender Henkerszenen zu vergnügen.

Mir geht allen anderen italienischen Dichtern mein viel-
geliebter *Petrarca* vor. An Tiefe und Innigkeit des Gefühls
und dem unmittelbaren Ausdruck desselben, der gerade
zum Herzen geht, hat kein Dichter der Welt ihn je übertroffen. Daher sind seine Sonette, Triumphe und Kanzonen
mir ungleich lieber als die phantastischen Possen des Ariosto
und die gräßlichen Fratzen des Dante. Auch spricht der natürliche, gerade aus dem Herzen kommende Fluß seiner
Rede mich ganz anders an als die studierte, ja affektierte
Wortkargheit des Dante. Er ist stets der Dichter meines
Herzens gewesen und wird es bleiben. Daß die allervortreff-
lichste ›Jetztzeit‹ sich unterfängt, vom Petrarca gering-
schätzend zu reden, bestärkt mich in meinem Urteil. Zum
überflüssigen Belege desselben kann man auch noch den
Dante und den Petrarca gleichsam im Hauskleide, d. h. in der
Prosa vergleichen, indem man die schönen, gedanken- und
wahrheitsreichen Bücher des Petrarca: ›De vita solitaria‹,
›De contemptu mundi‹, ›Consolatio utriusque fortunae‹ etc.,
nebst seinen Briefen, mit der unfruchtbaren und langweiligen Scholastik des Dante zusammenhält. – Der Tasso endlich scheint mir nicht würdig, neben den drei großen Dichtern Italiens als der vierte seinen Platz einzunehmen. Laßt

uns suchen, als Nachwelt gerecht zu sein, sollten wir auch als Mitwelt es nicht vermögen!

§ 230

Daß beim Homer die Dinge immer solche Prädikate erhalten, die ihnen überhaupt und schlechthin zukommen, nicht aber solche, die zu dem, was eben vorgeht, in Beziehung oder Analogie stehn, daß z.B. die Achäer immer die wohlbeschienten, die Erde immer die lebennährende, der Himmel der weite, das Meer das weindunkele heißt, dies ist ein Zug, der im Homer sich so einzig aussprechenden *Objektivität*. Er läßt eben wie die Natur selbst die Gegenstände unangetastet von den menschlichen Vorgängen und Stimmungen. Ob seine Helden jubeln oder trauern, die Natur geht unbekümmert ihren Gang. Subjektiven Menschen hingegen scheint, wann sie traurig sind, die ganze Natur düster, usw. Nicht so aber hält es Homer.

Unter den Dichtern unserer Zeit ist *Goethe* der objektiveste *Byron* der subjektiveste. Dieser redet immer nur von sich selbst, und sogar in den objektivesten Dichtungsarten, dem Drama und Epos, schildert er im Helden *sich*.

Zum *Jean Paul* aber verhält sich *Goethe* wie der positive Pol zum negativen.

§ 231

Goethes Egmont ist ein Mensch, der das Leben leichtnimmt und diesen Irrtum büßen muß. Dafür aber läßt dieselbe Gemütsbeschaffenheit ihn auch den Tod leichtnehmen. Die Volksszenen im ›Egmont‹ sind der Chor.

§ 232

Zu Venedig in der Akademie der Künste ist unter den auf Leinwand übertragenen Fresken ein Bild[1], welches ganz eigentlich darstellt die Götter, wie sie auf Wolken an goldenen Tischen auf goldenen Sitzen thronen, und unten die ge-

1. [Nicht ermittelt]

stürzten Gäste, geschmäht und geschändet in nächtlichen
Tiefen. Ganz gewiß hat Goethe das Bild gesehn, als er auf
seiner ersten italienischen Reise die ›Iphigenie‹ schrieb.

§ 232a

Die Geschichte im *Apuleius*[1] von der Witwe, der ihr auf der
Jagd gemordeter Mann erschien, ist ganz analog der des
Hamlet.

Sei hier einer das Meisterstück des Shakespeare betreffenden Konjektur eine Stelle gegönnt, welche zwar sehr kühn
ist, die ich jedoch dem Urteil der wirklichen Kenner vorlegen möchte. In dem berühmten Monolog [3, 1] ›To be,
or not to be‹ ist der Ausdruck: ›When we have shuffled off
this mortal coil‹ [Wenn wir das Erdenwirrsal abgeschüttelt]
stets dunkel und sogar rätselhaft befunden und nie ganz aufs
reine gebracht worden. Sollte nicht ursprünglich gestanden
haben: ›shuttled off‹? Dies Verbum selbst existiert nicht
mehr; aber ›shuttle‹ heißt ›das Weberschiffchen‹ und
›coil‹ ein ›Knäuel‹, wonach der Sinn wäre: ›Wenn wir diesen
Knäuel der Sterblichkeit abgewickelt, abgearbeitet haben.‹
Der Schreibfehler konnte leicht entstehn.

§ 233

Die *Geschichte*, deren ich gern neben der Poesie als ihrem
Gegensatze (ἱστορούμενον – πεποιημένον [Erforschtes –
Erdichtetes]) gedenke, ist für die Zeit, was die Geographie
für den Raum. Daher ist diese sowenig wie jene eine Wissenschaft im eigentlichen Sinne; weil auch sie nicht allgemeine Wahrheiten, sondern nur einzelne Dinge zum Gegenstande hat – worüber ich verweise auf mein Hauptwerk
(Bd. 2, Kap. 38 *[Bd. 2, S. 563ff]*). Sie ist stets ein Lieblings-
studium derer gewesen, die gern etwas lernen wollten, ohne
die Anstrengung zu übernehmen, welche die eigentlichen,
den Verstand in Anspruch nehmenden Wissenschaften erfordern. Mehr als jemals aber ist sie zu unsrer Zeit beliebt,

1. [›Metamorphoses‹ 8, 1–14]

wie die zahllosen jährlich erscheinenden Geschichtsbücher
beweisen. Wer wie ich nicht umhinkann, in aller Geschichte
stets dasselbe zu erblicken wie im Kaleidoskop bei jeder
Drehung stets dieselben Dinge unter andren Konfiguratio-
nen, der kann jenen leidenschaftlichen Anteil nicht hegen,
wird ihn jedoch nicht tadeln. Bloß daß manche die Geschichte zu einem Teil der Philosophie, ja zu dieser selbst machen
wollen, indem sie wähnen, sie könne die Stelle derselben
einnehmen, ist lächerlich und abgeschmackt. Als Erläuterung der dem größeren Publikum aller Zeiten eigenen Vorliebe für Geschichte kann man die gesellschaftliche Konversation, wie sie so in der Welt gang und gäbe ist, betrachten:
sie besteht nämlich in der Regel daraus, daß einer etwas erzählt und darauf ein andrer etwas anderes, unter welcher
Bedingung jeder der Aufmerksamkeit der übrigen gewiß ist.
Wie hier, sehn wir auch in der Geschichte den Geist mit
dem ganz Einzelnen als solchem beschäftigt. Wie in den
Wissenschaften erhebt er auch in jedem edleren Gespräch
sich zum Allgemeinen. Dies nimmt jedoch der Geschichte
nicht ihren Wert. Das Menschenleben ist so kurz und flüchtig und auf so zahllose Millionen von Individuen verteilt,
welche scharenweise in den stets weitgeöffneten Rachen
des sie erwartenden Ungeheuers, der Vergessenheit, stürzen, daß es ein sehr dankenswertes Bestreben ist, doch etwas
davon, das Andenken des Wichtigsten und Interessantesten,
die Hauptbegebenheiten und Hauptpersonen aus dem allgemeinen Schiffbruch der Welt zu retten.

Andrerseits könnte man die Geschichte auch ansehn als
eine Fortsetzung der Zoologie, insofern bei den sämtlichen
Tieren die Betrachtung der Spezies ausreicht, beim Menschen jedoch, weil er Individualcharakter hat, auch die Individuen, nebst den individuellen Begebenheiten als Bedingung dazu kennenzulernen sind. Hieraus folgt sogleich die
wesentliche Unvollkommenheit der Geschichte, da die Individuen und Begebenheiten zahl- und endlos sind. Beim
Studium derselben ist durch alles, was man davon erlernt
hat, die Summe des noch zu Erlernenden durchaus nicht vermindert. Bei allen eigentlichen Wissenschaften ist eine Voll-

ständigkeit des Wissens doch wenigstens abzusehn. – Wenn die Geschichte Chinas und Indiens uns offenstehn wird, wird die Unendlichkeit des Stoffs das Verfehlte des Weges offenbaren und die Wißbegierigen zwingen, einzusehn, daß man im Einen das Viele, im Fall die Regel, in der Kenntnis der Menschheit das Treiben der Völker erkennen muß, nicht aber Tatsachen aufzählen ins unendliche.

Die Geschichte, von einem Ende zum andern, erzählt von lauter Kriegen, und dasselbe Thema ist der Gegenstand aller ältesten Bildwerke, wie auch der neuesten. Der Ursprung alles *Krieges* aber ist *Diebsgelüst*; daher *Voltaire* mit Recht sagt: ›Dans toutes les guerres il ne s'agit que de voler‹ *[vgl. S. 287, F.]*. Sobald nämlich ein Volk einen *Überschuß von Kräften* spürt, fällt es über die Nachbarn her, um, statt von seiner eigenen Arbeit zu leben, den Ertrag der ihrigen, sei es bloß den jetzt vorhandenen oder auch dazu noch den künftigen, indem es sie unterjocht, sich anzueignen. Das gibt den Stoff zur Weltgeschichte und ihren Heldentaten. Besonders sollte in französischen Diktionären unter ›gloire‹ zuerst der artistische und literarische Ruhm abgehandelt werden und dann bei ›gloire militaire‹ [kriegerischer Ruhm] bloß stehn: ›voyez butin‹ [siehe Beute].

Inzwischen scheint es, daß zwei sehr religiöse Völker, *Hindu* und *Ägypter*, wenn sie Überschuß von Kräften fühlten, solche meistens nicht auf Raubzüge oder Heldentaten, sondern auf *Bauten* verwendet haben, welche den Jahrtausenden trotzen und ihr Andenken ehrwürdig machen. –

Zu den oben angegebenen wesentlichen Unvollkommenheiten der Geschichte kommt noch, daß die Geschichtsmuse Kleio mit der Lüge so durch und durch infiziert ist wie eine Gassenhure mit der Syphilis. Die neue kritische Geschichtsforschung müht sich zwar ab, sie zu kurieren, bewältigt aber mit ihren lokalen Mitteln bloß einzelne hie und da ausbrechende Symptome, wobei noch dazu manche Quacksalberei mit unterläuft, die das Übel verschlimmert. Mehr oder weniger verhält es sich so mit aller Geschichte – die heilige ausgenommen, wie sich dies von selbst versteht. Ich glaube, daß die Begebenheiten und Personen in der Geschichte den

wirklich dagewesenen ungefähr so gleichen wie meistens
die Porträts der Schriftsteller auf dem Titelkupfer diesen
selbst, also eben nur so etwas im Umriß, so daß sie eine
schwache, oft durch *einen* falschen Zug ganz entstellte Ähnlichkeit, bisweilen aber gar keine haben.

Die Zeitungen sind der Sekundenzeiger der Geschichte.
Derselbe aber ist meistens nicht nur von unedlerem Metalle
als die beiden andern, sondern geht auch selten richtig. –
Die sogenannten ›leitenden Artikel‹ darin sind der Chorus
zu dem Drama der jeweiligen Begebenheiten. – Übertrei-
bung in jeder Art ist der Zeitungsschreiberei ebenso wesentlich wie der dramatischen Kunst: denn es gilt, aus
jedem Vorfall möglichst viel zu machen. Daher auch sind
alle Zeitungsschreiber von Handwerks wegen Alarmisten;
dies ist ihre Art, sich interessant zu machen. Sie gleichen
aber dadurch den kleinen Hunden, die bei allem, was sich
irgend regt, sogleich ein lautes Gebell erheben. Hienach hat
man seine Beachtung ihrer Alarmtrompete abzumessen, damit sie keinem die Verdauung verderbe, und soll überhaupt
wissen, daß die Zeitung ein Vergrößerungsglas ist, und dies
noch im besten Fall: denn gar oft ist sie ein bloßes Schatten-
spiel an der Wand.

In Europa wird die Weltgeschichte auch noch von einem
ganz eigentümlichen chronologischen Tageszeiger begleitet, welcher bei anschaulichen Darstellungen der Begebenheiten jedes Dezennium auf den ersten Blick erkennen läßt:
derselbe steht unter der Leitung der Schneider. (Z.B.: ein
in Frankfurt 1856 ausgestelltes angebliches Porträt Mozarts,
in seinem Jünglingsalter, erkannte ich sogleich als unecht;
weil die Kleidung einer zwanzig Jahre früheren Zeit angehört.) Bloß im gegenwärtigen Dezennio ist er in Unordnung
geraten; weil solches nicht einmal Originalität genug besitzt, um wie jedes andere eine ihm eigene Kleidermode zu
erfinden, sondern nur eine Maskerade darstellt, auf der man
in allerlei längst abgelegten Trachten aus vergangenen Zeiten herumläuft als ein lebendiger Anachronismus. Selbst
die ihm vorhergegangene Periode hatte doch noch so viel
eigenen Geist, wie nötig ist, den Frack zu erfinden.

Näher betrachtet, verhält es sich mit der Sache so: Wie jeder Mensch eine Physiognomie hat, nach der man ihn vorläufig beurteilt; so hat auch jedes Zeitalter eine, die nicht minder charakteristisch ist. Denn der jedesmalige Zeitgeist gleicht einem scharfen Ostwinde, der durch alles hindurchbläst. Daher findet man seine Spur in allem Tun, Denken, Schreiben, in Musik und Malerei, im Florieren dieser oder jener Kunst: allem und jedem drückt er seinen Stempel auf; daher z.B. das Zeitalter der Phrasen ohne Sinn auch das der Musiken ohne Melodie und der Formen ohne Zweck und Absicht sein mußte. Höchstens können die dicken Mauern eines Klosters jenem Ostwinde den Zugang versperren, wenn er sie alsdann nicht gar umreißt. Darum also erteilt der Geist einer Zeit ihr auch die äußere Physiognomie. Den Grundbaß zu dieser spielt stets die jedesmalige Bauart: nach ihr richten sich zunächst alle Ornamente, Gefäße, Möbeln, Geräte aller Art und endlich selbst die Kleidung, nebst der Art, Haar und Bart zu stutzen[F]. Die jetzige Zeit trägt, wie gesagt, durch Mangel an Originalität in allen diesen Dingen den Stempel der Charakterlosigkeit: das Beklagenswerteste aber ist, daß sie hauptsächlich das rohe, dumme und unwissende Mittelalter zu ihrem Vorbilde ausersehn hat, von welchem aus sie gelegentlich herüberspielt in die Zeit Franz I. von Frankreich und sogar Ludwigs XIV. Wie wird ihre Außenseite, in Bildern und Bauwerken erhalten, einst der Nachwelt imponieren! Ihre feilen Demokolaken[1] benennen sie mit dem charakteristisch wohlklingenden Namen ›Jetztzeit‹, nämlich als wäre sie die Gegenwart κατ’ ἐξοχήν, die von aller Vergangenheit vorbereitete und endlich er-

---

F. Der *Bart* sollte, als halbe Maske, polizeilich verboten sein. Zudem ist er als Geschlechtsabzeichen mitten im Gesicht *obszön*: daher gefällt er den Weibern. Er ist stets das Barometer der geistigen Kultur gewesen bei Griechen und bei Römern: unter den letzteren war Scipio Africanus der erste, welcher sich rasierte (Eichhorn: ›Historia antiqua‹ [vgl. Plinius: ›Naturalis historia‹ lib. 7, cap. 59]), und unter den Antoninen wagte sich der Bart wieder hervor. Karl der Große litt ihn nicht: aber im Mittelalter kulminierte er bis Heinrich IV. inklusive. – Ludwig XIV. schaffte ihn ab.

1. [Volksschmeichler; *vgl. Bd. 4, S. 122*]

zielte Gegenwart. Mit welcher Ehrfurcht wird die Nachwelt
unsere im elendesten Rokokostil der Zeit Ludwigs XIV. aufgeführten Paläste und Landhäuser betrachten! – Aber
schwerlich wird sie wissen, was sie auf Konterfeien und
Daguerreotypen aus den Schuhputzerphysiognomien mit
sokratischen Bärten und aus den Stutzern im Kostüme der
Schacherjuden meiner Jugend machen soll.

Zur durchgängigen Geschmacklosigkeit dieses Zeitalters
gehört auch, daß auf den Monumenten, welche man großen
Männern errichtet, diese im modernen Kostüme dargestellt
werden. Denn das Monument wird der *idealen* Person errichtet, nicht der realen, dem Heros als solchem, dem Träger
dieser oder jener Eigenschaft, Urheber solcher Werke oder
Taten, nicht dem Menschen, wie er einst sich in der Welt
herumstieß, behaftet mit allen den Schwächen und Fehlern,
die unsrer Natur anhängen: und wie diese nicht mit verherrlicht werden sollen, so auch nicht sein Rock und seine Ho-
sen, wie er sie getragen. Als idealer Mensch nun aber stehe
er da in Menschengestalt, bloß nach Weise der Alten bekleidet, also halb nackt. Und so allein ist es auch der Skulptur gemäß, als welche, auf die bloße Form angewiesen, die
ganze und unverkümmerte Menschenform verlangt.

Und da ich bei den Monumenten bin, will ich noch bemerken, daß es eine augenfällige Geschmacklosigkeit, ja
eigentlich Absurdität ist, die Statue auf ein zehn bis zwanzig
Fuß hohes Postament zu stellen, als wo niemand dieselbe
jemals deutlich sehn kann, zumal sie in der Regel von
Bronze, also schwärzlich ist; denn aus der Ferne gesehn
wird sie nicht deutlich; tritt man aber näher, so steigt sie so
hoch auf, daß sie den hellen Himmel zum Hintergrund hat,
der das Auge blendet. In den italienischen Städten, zumal
in Florenz und Rom, stehn Statuen in Menge auf Plätzen
und Straßen, aber alle auf ganz niedrigem Postament, damit
man sie deutlich sehn könne: sogar die Kolosse auf Monte
Cavallo stehn auf niedrigem Postament. Also auch hier bewährt sich der gute Geschmack der Italiener. Die Deutschen
hingegen lieben einen hohen Konditoraufsatz mit Reliefs zur
Illustration des dargestellten Helden.

§ 234

Am Schlusse dieses ästhetischen Kapitels mag denn auch meine Meinung über die *Boisseréesche* jetzt in München befindliche Sammlung von Gemälden aus der alten niederrheinischen Schule eine Stelle finden.

Ein echtes Kunstwerk darf eigentlich nicht, um genießbar zu sein, die Präambel einer Kunstgeschichte nötig haben. Dies ist jedoch bei keiner Art von Gemälden so sehr der Fall, wie bei den hier in Rede stehenden. Wenigstens wird man ihren Wert erst dann richtig ermessen, wenn man gesehn hat, wie vor dem Johann van Eyck gemalt wurde, nämlich in dem von *Byzanz* ausgegangenen Geschmack, also auf Goldgrund, in Tempera, mit Figuren ohne Leben und Bewegung, steif und starr, dazu massive Heiligenscheine, die auch noch den Namen des Heiligen enthalten. Van Eyck, als ein echtes Genie, kehrte zur Natur zurück, gab den Gemälden Hintergrund, den Figuren lebendige Stellung, Gebärde und Gruppierung, den Physiognomien Ausdruck und Wahrheit und den Falten Richtigkeit: dazu führte er die Perspektive ein und erreichte überhaupt in der technischen Ausführung die allerhöchste Vollkommenheit. Seine Nachfolger blieben teils auf dieser Bahn wie Schoreel und Hemling (oder Memling); teils kehrten sie zu den alten Absurditäten zurück. Sogar er selbst hatte von diesen Absurditäten immer noch soviel beibehalten müssen, als nach kirchlicher Ansicht obligat war: er mußte z.B. noch Heiligenscheine und massive Lichtstrahlen machen. Aber man sieht, er hat abgedungen, soviel er konnte. Er verhält sich demnach stets kämpfend gegen den Geist seiner Zeit, ebenso Schoreel und Hemling. Folglich sind sie mit Berücksichtigung ihrer Zeit zu beurteilen. Dieser ist es zur Last zu legen, daß ihre Vorwürfe die meistens nichtssagenden, oft abgeschmackten, immer abgedroschenen kirchlichen sind, z.B. die drei Könige, Sterbende Maria, St. Christoph, St. Lukas, welcher die Maria malt u. dgl. mehr. Ebenso ist es Schuld ihrer Zeit, daß ihre Figuren fast nie eine freie rein menschliche Stellung und Miene haben, sondern durchgängig die kirchliche Gebärde machen, d. h. eine gezwungene, andressierte, demütige, schleichende Bettlergebärde. – Hiezu kommt, daß jene Maler die Antike nicht kannten; daher haben ihre Figuren selten schöne Gesichter, meistens häßliche und nie schöne Glieder. – Die Luftperspektive fehlt, die Linearperspektive ist meistens richtig. Sie haben alles aus der Natur, wie sie ihnen bekannt war, geschöpft: demnach ist der Ausdruck der Gesichter wahr und redlich, jedoch nirgends vielsagend, und keiner ihrer Heiligen hat eine Spur jenes erhabenen und überirdischen Ausdrucks wahrer Heiligkeit im Antlitz, den allein die Italiener geben, vor allen Raffael, und Correggio in seinen ältern Bildern.

Objektiv könnte man demnach die in Rede stehenden Gemälde so beurteilen: sie haben großenteils in der Darstellung des Wirklichen sowohl der Köpfe als Gewänder und Stoffe die höchste technische Vollkommenheit, fast so, wie lange nachher, im 17. Jahrhundert, die eigentlichen Niederländer sie erreichten. Hingegen der edelste Ausdruck, die höchste Schönheit und die wahre Grazie sind ihnen fremd geblieben. Da nun aber diese der Zweck sind, zu welchem die technische Vollkommenheit sich als Mittel verhält, so sind sie nicht Kunstwerke vom ersten Range, ja sie sind nicht unbedingt genießbar: denn die angeführten Mängel, nebst den nichtssagenden Gegenständen und der durchgängigen kirchlichen Gebärde, müssen immer erst abgezogen und auf Rechnung der Zeit geschrieben werden.

Ihr Hauptverdienst, jedoch nur bei *van Eyck* und seinen besten Schülern, besteht in der täuschendesten Nachahmung der Wirklichkeit, erlangt durch klaren Blick in die Natur und eisernen Fleiß im Ausmalen; sodann in der Lebhaftigkeit der Farben – ein ihnen ausschließlich eigenes Verdienst. Mit *solchen* Farben ist weder vor noch nach ihnen gemalt worden: sie sind brennend und bringen die höchste Energie der Farbe zutage. Daher sehn diese Bilder nach bald vierhundert Jahren aus, als wären sie von gestern. Hätten doch Raffael und Correggio diese Farben gekannt! Aber sie bleiben ein Geheimnis der Schule und sind daher verlorengegangen. Man sollte sie chemisch untersuchen.

KAPITEL 20

ÜBER URTEIL, KRITIK, BEIFALL UND RUHM

§ 235

Kant hat seine Ästhetik in der ›Kritik der Urteilskraft‹ vorgetragen; dementsprechend werde ich in diesem Kapitel meinen obigen ästhetischen Betrachtungen auch eine kleine Kritik der Urteilskraft, aber nur der empirisch gegebenen hinzufügen, hauptsächlich, um zu sagen, daß es meistenteils keine gibt, indem sie eine beinahe so rara avis[1] [ein seltener Vogel] ist wie der Vogel Phönix, auf dessen Erscheinen man fünfhundert Jahre zu warten hat.

§ 236

Mit dem nicht geschmackvoll gewählten Ausdruck *Geschmack* bezeichnet man diejenige Auffindung oder auch bloße Anerkennung des *ästhetisch Richtigen*, welche ohne Anleitung einer Regel geschieht, indem entweder keine Regel sich bis dahin erstreckt oder auch dieselbe dem Ausübenden, respektive bloß Urteilenden nicht bekannt war. – Statt *Geschmack* würde man *ästhetisches Gefühl* sagen können, wenn dies nicht eine Tautologie enthielte.

Der auffassende, urteilende Geschmack ist gleichsam das Weibliche zum Männlichen des produktiven Talents oder Genies. Nicht fähig, zu *erzeugen*, besteht er in der Fähigkeit, zu *empfangen*, d. h. das Rechte, das Schöne, das Passende als solches zu erkennen – wie auch dessen Gegenteil, also das Gute vom Schlechten zu unterscheiden, jenes herauszufinden und zu würdigen, dieses zu verwerfen.

1. [Vgl. Juvenal: ›Saturae‹ 6, 164; Horaz: ›Saturae‹ 2, 2, 26]

§ 237

Die *Schriftsteller* kann man einteilen in Sternschnuppen, Planeten und Fixsterne. – Die ersteren liefern die momentanen Knalleffekte, man schauet auf, ruft: ›Siehe da!‹ und auf immer sind sie verschwunden. – Die zweiten, also die Irr- und Wandelsterne, haben viel mehr Bestand. Sie glänzen, wiewohl bloß vermöge ihrer Nähe, oft heller als die Fixsterne und werden von Nichtkennern mit diesen verwechselt. Inzwischen müssen auch sie ihren Platz bald räumen, haben zudem nur geborgtes Licht und eine auf ihre Bahngenossen (Zeitgenossen) beschränkte Wirkungssphäre. Sie wandeln und wechseln: ein Umlauf von einigen Jahren Dauer ist ihre Sache. – Die dritten allein sind unwandelbar, stehn fest am Firmament, haben eigenes Licht, wirken zu *einer* Zeit wie zur andern, indem sie ihr Ansehn nicht durch die Veränderung unsers Standpunkts ändern, da sie keine Parallaxe haben. Sie gehören nicht wie jene andern *einem* Systeme (Nation) allein an, sondern der Welt. Aber eben wegen der Höhe ihrer Stelle braucht ihr Licht meistens viele Jahre, ehe es dem Erdbewohner sichtbar wird.

§ 238

Zum Maßstab eines *Genies* soll man nicht die Fehler in seinen Produktionen oder die schwächeren seiner Werke nehmen, um es dann danach tief zu stellen, sondern bloß sein Vortrefflichstes. Denn auch im Intellektuellen klebt Schwäche und Verkehrtheit der menschlichen Natur so fest an, daß selbst der glänzendeste Geist nicht durchweg und jederzeit von ihnen frei ist – daher die großen Fehler, welche sogar in den Werken der größten Männer sich nachweisen lassen, und Horazens: ›Quandoque bonus dormitat Homerus‹[1] [Zuweilen schlummert selbst der vortreffliche Homer]. Was hingegen das Genie auszeichnet und daher sein Maßstab sein sollte, ist die Höhe, zu der es sich, als Zeit und Stimmung günstig waren, hat aufschwingen können und welche den

1. [›De arte poetica epistula ad Pisones‹ 359]

gewöhnlichen Talenten ewig unerreichbar bleibt. Imgleichen ist es sehr mißlich, große Männer in derselben Gattung, also etwan große Dichter, große Musiker, Philosophen, Künstler miteinander zu vergleichen, weil man dabei fast unvermeidlich wenigstens für den Augenblick ungerecht wird. Alsdann nämlich faßt man den eigentümlichen Vorzug des einen ins Auge und findet sofort, daß er dem andern abgeht – wodurch dieser herabgesetzt wird. Aber geht man wiederum von dem diesem andern eigentümlichen, ganz anderartigen Vorzuge aus, so wird man vergeblich nach ihm bei jenem ersteren suchen; so daß demnach jetzt dieser ebenfalls unverdiente Herabsetzung erleidet.

§ 238a

Kritiker gibt es, deren jeder vermeint, bei ihm stände es, was gut und was schlecht sein solle, indem er seine Kindertrompete für die Posaune der Fama hält. –

Wie eine Arznei nicht ihren Zweck erwirkt, wann die Dosis zu stark gewesen; ebenso ist es mit *Strafreden* und *Kritiken*, wenn sie das Maß der Gerechtigkeit überschreiten.

§ 239

Der Unstern für geistige Verdienste ist, daß sie zu warten haben, bis die das Gute loben, welche selbst nur das Schlechte hervorbringen; ja überhaupt schon, daß sie ihre Kronen aus den Händen der menschlichen Urteilskraft zu empfangen haben, einer Eigenschaft, von der den meisten soviel einwohnt wie dem Kastraten Zeugungskraft – will sagen: ein schwaches, unfruchtbares Analogon, so daß schon sie selbst den seltenen Naturgaben beizuzählen ist. Daher ist es leider so wahr wie artig gewendet, was *Labruyère* sagt: ›Après l'esprit de discernement, ce qu'il y a au monde de plus rare, ce sont les diamants et les perles.‹ [Nächst der Urteilskraft sind das Seltenste auf der Welt die Diamanten und die Perlen; ›Caractères‹ 2, chap. 12: ›Des jugements‹.] Unterscheidungsvermögen, ›esprit de discernement‹ und demnach

Urteilskraft: daran gebricht es. Sie wissen nicht das Echte vom Unechten, nicht den Hafer von der Spreu, nicht das Gold vom Kupfer zu unterscheiden und nehmen nicht den weiten Abstand wahr zwischen dem gewöhnlichen Kopf und dem seltensten. Keiner gilt für das, was er ist, sondern für das, was andere aus ihm machen. Dies ist die Handhabe zur Unterdrückung ausgezeichneter Geister durch die Mediokren; sie lassen jene (solange wie möglich) nicht *aufkommen*. Das Resultat hievon ist der Übelstand, den ein altmodisches Verschen so ausdrückt:

Es ist nun das Geschick der Großen hier auf Erden,
Erst, wann sie nicht mehr sind, von uns erkannt zu werden.

Dem Echten und Vortrefflichen steht bei seinem Auftreten zunächst das Schlechte im Wege, von welchem es seinen Platz bereits eingenommen findet und das eben für jenes gilt. Wenn es nun auch nach langer Zeit und hartem Kampfe ihm wirklich gelingt, den Platz für sich zu vindizieren und sich in Ansehn zu bringen; so wird es wieder nicht lange dauern, bis sie mit irgendeinem manierierten, geistlosen, plumpen Nachahmer herangeschleppt kommen, um ganz gelassen ihn neben das Genie auf den Altar zu setzen: denn sie sehn den Unterschied nicht, sondern meinen ganz ernstlich, das wäre nun wieder auch so einer. Darum eben hebt *Yriarte* die 28. seiner ›Literatur-Fabeln‹ an mit:

Siempre acostumbra hacer el vulgo necio
De lo bueno y lo malo igual aprecio.
(An Gutem und Schlechtem gleich viel Geschmack
Fand zu allen Zeiten das dumme Pack.)

So mußten auch Shakespeares Dramen gleich nach seinem Tode denen von Ben Johnson, Massinger, Beaumont und Fletcher Platz machen und diesen auf hundert Jahre räumen. So wurde Kants ernste Philosophie durch Fichtes offenbare Windbeutelei, Schellings Eklektismus und Jacobis widrigsüßliches und gottseliges Gefasel verdrängt, bis es zuletzt dahin kam, daß ein ganz erbärmlicher Scharlatan, Hegel, Kanten gleich-, ja hoch über ihn gestellt wurde. Selbst in einer allen zugänglichen Sphäre sehn wir den unvergleichlichen Walter Scott bald durch unwürdige Nachahmer aus der Aufmerksamkeit des großen Publikums verdrängt werden. Denn dieses hat überall für das Vortreffliche im Grunde doch keinen Sinn und daher keine Ahndung davon, wie unendlich selten die Menschen sind, welche in Poesie, Kunst oder Philosophie wirklich etwas zu leisten vermögen, und daß dennoch ihre Werke ganz allein und ausschließlich unserer Aufmerksamkeit wert sind, weshalb man das

> . . . Mediocribus esse poetis
> Non homines, non di, non concessere columnae
> [. . . Mittelmäßig zu sein erlauben weder die Götter
> Noch die Menschen noch auch die Anschlagsäulen dem
> Dichter
> Horaz, ›De arte poetica epistula ad Pisones‹ 372f.]

den Pfuschern in der Poesie und ebenso in allen andern hohen Fächern ohne Nachsicht alle Tage unter die Nase reiben sollte[H]. Sind doch diese das Unkraut, welches den Weizen nicht aufkommen läßt, um alles selbst zu überziehn; weshalb es denn eben geht, wie der so früh dahingeschiedene *Feuchtersleben* es originell und schön schildert:

> ›Ist doch – rufen sie vermessen –
> Nichts im Werke, nichts getan!‹
> Und das Große reift indessen
> Still heran.
>
> Es erscheint nun; niemand sieht es,
> Niemand hört es im Geschrei:
> Mit bescheid'ner Trauer zieht es
> Still vorbei.

Nicht weniger zeigt jener beklagenswerte Mangel an Urteilskraft sich in den Wissenschaften, nämlich am zähen Leben falscher und widerlegter Theorien. Einmal in Kredit gekommen, trotzen diese der Wahrheit halbe, ja ganze Jahr-

H. Im ›Jacques le Fataliste‹ sagt Diderot, daß alle Künste von Pfuschern betrieben werden – ein höchst wahrer Ausspruch!

hunderte lang wie ein steinerner Molo den Meereswogen. Nach hundert Jahren hatte Kopernikus noch nicht den Ptolemaios verdrängt. Baco von Verulam, Cartesius [Descartes], Locke sind äußerst langsam und spät durchgedrungen. (Man lese nur d'Alemberts berühmte Vorrede zur ›Encyclopédie‹.) Nicht weniger *Newton*: man sehe nur die Erbitterung und den Hohn, womit *Leibniz* das Newtonische Gravitationssystem bekämpft (in seiner Kontroverse mit *Clarke*, besonders §§ 35, 113, 118, 120, 122, 128). Obgleich Newton das Erscheinen seiner ›Principia‹ beinahe vierzig Jahre überlebt hat, war, als er starb, seine Lehre doch nur in England teilweise und einigermaßen zur Anerkennung gelangt, während er außerhalb seines Vaterlandes nicht zwanzig Anhänger zählte, laut dem Vorbericht zu Voltaires Darstellung seiner Lehre. Eben diese hat zum Bekanntwerden seines Systems in Frankreich beinahe zwanzig Jahre nach seinem Tode das meiste beigetragen. Bis dahin nämlich hielt man daselbst fest, standhaft und patriotisch an den Cartesianischen Wirbeln; während erst vierzig Jahre vorher dieselbe Cartesianische Philosophie in den französischen Schulen noch verboten gewesen war. Jetzt nun wieder verweigerte der Kanzler d'Aguesseau dem Voltaire das Imprimatur zu seiner Darstellung des Newtonianismus. Dagegen behauptet in unsern Tagen Newtons absurde Farbenlehre noch vollkommen den Kampfplatz, vierzig Jahre nach dem Erscheinen der Goetheschen. *Hume*, obschon er sehr früh aufgetreten war und durchaus populär schrieb, ist bis zu seinem fünfzigsten Jahre unbeachtet geblieben. *Kant*, wiewohl er sein ganzes Leben hindurch geschrieben und gelehrt hatte, wurde erst nach seinem sechzigsten Jahre berühmt. – Künstler und Dichter haben freilich besseres Spiel als die Denker, weil ihr Publikum wenigstens hundertmal größer ist. Dennoch, was galten Mozart und Beethoven bei ihren Lebzeiten? was Dante? was selbst Shakespeare? Hätten die Zeitgenossen dieses letzteren seinen Wert irgend gekannt, so würden wir aus jener Zeit des Flors der Malerkunst doch wenigstens *ein* gutes und sicher beglaubigtes Bildnis desselben haben, während jetzt nur durchaus zweifelhafte Gemälde, ein sehr schlechter Kupferstich und eine noch schlechtere Grabsteinsbüste vorhanden sind[1]. Imgleichen würden alsdann die von ihm übriggebliebenen Handschriften zu Hunderten dasein, statt wie jetzt sich auf ein paar gerichtliche Unterzeichnungen zu beschränken. – Alle Portugiesen sind noch stolz auf den Camões, ihren einzigen Dichter: er lebte aber von Almosen, die ein aus Indien mitgebrachter Negerknabe abends auf der Straße für ihn einsammelte. – Allerdings wird mit der Zeit jedem volle Gerechtigkeit (›tempo è galant-uomo‹[2] [die Zeit ist ein Ehrenmann]), allein so spät und langsam wie weiland vom Reichskammergericht, und die stillschweigende Bedingung ist, daß er nicht mehr lebe. Denn die Vorschrift des Jesus Sirach (Kap. 11, 29): ›Ante mortem ne laudes hominem quemquam‹ [Vor dem Tode soll man niemanden loben] wird treulich befolgt. Da muß denn, wer unsterbliche Werke geschaffen hat, zu seinem Trost den indischen Mythos auf sie anwenden, daß die Minuten des Lebens der Unsterblichen auf Erden als Jahre erscheinen und ebenso die Erdenjahre nur Minuten der Unsterblichen sind.

Der hier beklagte Mangel an Urteilskraft zeigt sich denn auch darin, daß in jedem Jahrhundert zwar das Vortreffliche der früheren Zeit verehrt, das der eigenen aber verkannt und die diesem gebührende Aufmerksamkeit schlechten Machwerken geschenkt wird, mit denen jedes Jahrzehnt sich herumträgt, um vom folgenden dafür ausgelacht zu werden. Daß nun also die Menschen das echte Verdienst, wenn es in ihrer eigenen Zeit auftritt, so schwer erkennen, beweist aber, daß sie auch die längst anerkannten Werke des Genies, welche sie auf Auktorität verehren, weder verstehn noch genießen noch eigentlich schätzen. Und die Rechnungsprobe zu diesem Beweise ist, daß das Schlechte, z. B. Fichtesche Philosophie, wenn es nur einmal in Kredit steht, eben auch seine Geltung noch ein paar Menschenalter hindurch behält. Nur wenn sein Publikum ein sehr großes ist, erfolgt sein Fall schneller.

1. A. Wivell: ›An inquiry into the history, authenticity and characteristics of Shakespeare's portraits‹ with 21 engravings (London 1836)
2. [Italienisches Sprichwort]

§ 240

Wie nun aber doch die Sonne eines Auges bedarf, um zu leuchten, die Musik eines Ohres, um zu tönen; so ist auch der Wert aller Meisterwerke in Kunst und Wissenschaft bedingt durch den verwandten ihnen gewachsenen Geist, zu dem sie reden. Nur er besitzt das Zauberwort, wodurch die in solche Werke gebannten Geister rege werden und sich zeigen. Der gemeine Kopf steht vor ihnen wie vor einem verschlossenen Zauberschrank oder vor einem Instrumente, das er nicht zu spielen versteht, dem er daher nur ungeregelte Töne entlockt – wie gern er auch hierüber sich selber täuscht. Und wie dasselbe Ölgemälde, gesehn in einem finstern Winkel oder aber, wann die Sonne darauf scheint – so verschieden ist der Eindruck desselben Meisterwerks nach Maßgabe des Kopfes, der es auffaßt. Demnach bedarf ein schönes Werk eines empfindenden Geistes, ein gedachtes Werk eines denkenden Geistes, um wirklich dazusein und zu leben. Allein: nur gar zu oft kann dem, der ein solches Werk in die Welt schickt, nachher zumute werden wie einem Feuerwerker, der sein lange und mühsam vorbereitetes Erzeugnis endlich mit Enthusiasmus abgebrannt hat und dann erfährt, daß er damit an den unrechten Ort gekommen und sämtliche Zuschauer die Zöglinge der Blindenanstalt gewesen seien. Und doch ist er so immer noch besser daran, als wenn er ein Publikum von lauter Feuerwerkern gehabt hätte; da in diesem Fall, wenn seine Leistung außerordentlich gewesen, sie ihm den Hals hätte kosten können.

§ 241

Die Quelle alles Wohlgefallens ist die Homogeneität. Schon dem Schönheitssinn ist die eigene Spezies und in dieser wieder die eigene Rasse unbedenklich die schönste. Auch im Umgang zieht jeder den ihm Ähnlichen entschieden vor, so daß einem Dummkopf die Gesellschaft eines andern Dummkopfs ungleich lieber ist als die aller großen Geister zusammengenommen. Jedem müssen sonach zuvörderst seine

eigenen Werke am besten gefallen; weil sie eben nur der
Spiegelreflex seines eigenen Geistes und das Echo seiner Gedanken sind. Demnächst aber werden jedem die Werke der
ihm Homogenen zusagen, also wird der Platte, Seichte, Verschrobene, in bloßen Worten Kramende nur dem Platten,
Seichten, Verschrobenen und dem bloßen Wortkram seinen
aufrichtigen, wirklich gefühlten Beifall zollen; die Werke der
großen Geister hingegen wird er allein auf Auktorität, d. h.
durch Scheu gezwungen gelten lassen, während sie ihm im
Herzen mißfallen. ›Sie sprechen ihn nicht an‹, ja sie widerstehn ihm: dies wird er jedoch nicht einmal sich selber eingestehn. Nur schon bevorzugte Köpfe können die Werke
des Genies wirklich genießen: zum ersten Erkennen derselben aber, wann sie noch ohne Auktorität dastehn, ist bedeutende Überlegenheit des Geistes erfordert. Demnach hat
man – dies alles wohl erwogen – sich nicht zu wundern, daß
sie so spät, vielmehr daß sie jemals Beifall und Ruhm erlangen. Dies geschieht nur auch eben durch einen langsamen
und komplizierten Prozeß, indem nämlich jeder schlechte
Kopf allmälig, gezwungen und gleichsam gebändigt, das
Übergewicht des zunächst über ihm Stehenden anerkennt
und so aufwärts, wodurch es nach und nach dahin kommt,
daß das bloße Resultat des *Gewichtes* der Stimmen das der
Zahl derselben überwältigt, welches eben die Bedingung
alles echten, d. h. verdienten Ruhmes ist. Bis dahin aber
kann das größte Genie, auch nachdem es seine Proben abgelegt hat, so dastehn, wie ein König stände unter einer Schar
seines eigenen Volkes, die ihn aber nicht persönlich kennt
und daher ihm nicht Folge leisten wird, wann seine obersten
Staatsdiener ihn nicht begleiten. Denn kein subalterner
Beamter ist fähig, seinen Befehl direkt zu empfangen. Ein
solcher kennt nämlich nur die Unterschrift seines Vorgesetzten wie dieser die des seinigen, und so aufwärts bis
ganz oben, wo der Kabinettssekretär die Unterschrift des
Ministers und dieser die des Königs attestiert. Durch
analoge Zwischenstufen ist der Ruhm des Genies bei der
Menge bedingt. Daher auch stockt der Fortgang desselben am leichtesten im Anfang, weil die obern Behörden,

deren nur wenige sein können, am häufigsten fehlen: je
weiter hingegen abwärts, an desto mehrere zugleich ist
der Befehl gerichtet; daher er nun nicht mehr ins Stocken
gerät.

Über diesen Hergang müssen wir uns damit trösten, daß
es noch für ein Glück zu erachten ist, wenn die allermeisten
Menschen *nicht* aus eigenen Mitteln, sondern bloß auf fremde Auktorität urteilen. Denn was für Urteile würden über
Platon und Kant, über Homer, Shakespeare und Goethe
ergehn, wenn jeder nach dem urteilte, was er wirklich an
ihnen hat und genießt, und nicht vielmehr die zwingende
Auktorität ihn sagen ließe, was sich ziemt, sowenig es ihm
auch vom Herzen gehn mag? Ohne solche Bewandtnis der
Sache wäre für wahres Verdienst in hoher Gattung gar kein
Ruhm zu erlangen möglich. Dabei ist ein zweites Glück,
daß jeder doch noch so viel eigenes Urteil hat, als nötig ist,
um die Superiorität des zunächst über ihm Stehenden zu erkennen und dessen Auktorität zu befolgen; wodurch denn
zuletzt die Vielen sich der Auktorität der Wenigen unterwerfen und jene Hierarchie der Urteile zustande kommt,
auf der die Möglichkeit des festen und endlich weitreichen-
den Ruhmes beruht. Für die unterste Klasse, der die Verdienste eines großen Geistes ganz unzugänglich sind, ist am
Ende bloß das Monument, als welches in ihr durch einen
sinnlichen Eindruck eine dumpfe Ahndung davon erregt.

§ 242

Nicht weniger jedoch als die Urteilslosigkeit steht dem
Ruhme des Verdienstes in hoher Gattung *der Neid* entgegen,
er, der ja selbst in den niedrigsten demselben schon beim
ersten Schritte sich entgegenstellt und bis zum letzten nicht
von ihm weicht; daher denn eben er zur Schlechtigkeit des
Laufes der Welt ein Großes beiträgt und Ariosto recht erhält, sie zu bezeichnen als

> . . . questa assai più oscura, che serena
> Vita mortal, tutta d'invidia piena.

[... dieses düstre mehr als heitre Leben
Der Menschen, welches ganz von Neid erfüllt ist.

›Orlando furioso‹ 4,1]

Der Neid nämlich ist die Seele des überall florierenden, stillschweigend und ohne Verabredung zusammenkommenden Bundes aller Mittelmäßigen gegen den einzelnen Ausgezeichneten in jeder Gattung. Einen solchen nämlich will keiner in seinem Wirkungskreise wissen, in seinem Bereiche dulden, sondern: ›Si quelqu'un excelle parmi nous, qu'il aille exceller ailleurs‹ [Tut jemand sich bei uns hervor, so mag er gehen und sich bei anderen hervortun; Helvétius[1]] ist die einmütige Losung der Mittelmäßigkeit allüberall. Zur Seltenheit des Vortrefflichen und zur Schwierigkeit, die es findet, verstanden und erkannt zu werden, kommt also noch jenes übereinstimmende Wirken des Neides unzähliger, es zu unterdrücken, ja wo möglich es ganz zu ersticken.

Gegen Verdienste gibt es zwei Verhaltungsweisen: entweder welche zu haben oder keine gelten zu lassen. Die letztere wird wegen größerer Bequemlichkeit meistens vorgezogen.

Sobald daher in irgendeinem Fache ein eminentes Talent sich spüren läßt, sind alle Mediokren des Faches einhellig bemüht, es zuzudecken, ihm die Gelegenheit zu benehmen und auf alle Weise zu verhindern, daß es bekannt werde, sich zeige und an den Tag komme – nicht anders, als wäre es ein Hochverrat, begangen an ihrer Unfähigkeit, Plattheit und Stümperhaftigkeit. Meistens hat ihr Unterdrückungssystem geraume Zeit hindurch guten Erfolg, weil gerade das Genie, welches seine Sache mit kindlichem Zutrauen ihnen darreicht, damit sie Freude daran haben möchten, den Schlichen und Ränken niederträchtiger Seelen, die nur im Gemeinen, dort aber vollkommen zu Hause sind, am wenigsten gewachsen ist, ja sie nicht einmal ahndet noch versteht und daher alsdann, über den Empfang betreten, vielleicht an seiner Sache zu zweifeln anfängt, dadurch aber an sich selber irrewerden und seine Bestrebungen aufgeben kann, wenn

1. [Vgl. Bd. 2, S. 292]

ihm nicht noch zu rechter Zeit die Augen aufgehn über jene
Nichtswürdigen und ihr Treiben. Man sehe – um die Beispiele nicht zu sehr in der Nähe noch auch in schon fabel-
hafter Ferne zu suchen – wie der Neid deutscher Musiker
ein Menschenalter hindurch sich gesträubt hat, das Verdienst des großen *Rossini* anzuerkennen; bin ich doch einmal
Zeuge gewesen, daß man an einer großen konstituierten
Liedertafel nach der Melodie seines unsterblichen ›Di tanti
palpiti[1]‹ zum Hohn die Speisekarte absang – ohnmächtiger
Neid! Die Melodie überwand und verschlang die gemeinen
Worte. Und so haben allem Neide zum Trotz Rossinis wun-
dervolle Melodien sich über den ganzen Erdball verbreitet
und jedes Herz erquickt, wie damals so noch heute und ›in
saecula saeculorum‹ [in kommenden Jahrhunderten]. Ferner
sehe man, wie den deutschen Medizinern, namentlich den
rezensierenden, vor Zorn der Kamm steigt, wenn ein Mann
wie *Marshall Hall* einmal merken läßt, er wisse, daß er etwas
geleistet habe. – Neid ist das sichere Zeichen des Mangels,
also, wenn auf Verdienste gerichtet, des Mangels an Verdiensten. Das Verhalten des Neides gegen die Ausgezeichneten hat mein trefflicher *Balthasar Gracian* in einer ausführlichen Fabel überaus schön dargestellt: sie steht in seinem
›Discreto‹ unter der Überschrift ›Hombre de ostentacion‹.
Da sind sämtliche Vögel aufgebracht und verschworen gegen den Pfau mit seinem Federrade. ›Wenn wir nur erlangen‹,
sagte die Elster, ›daß er die vermaledeite Parade mit seinem
Federschweife nicht mehr machen kann; da wird seine
Schönheit bald ganz verfinstert sein: denn was keiner sieht,
ist, als ob es nicht existierte‹, usf. – Demgemäß ist denn auch
die Tugend der Bescheidenheit bloß zur Schutzwehr gegen
den Neid erfunden worden. Daß es allemal Lumpe sind, die
auf Bescheidenheit dringen und sich so herzinniglich über
die *Bescheidenheit* eines Mannes von Verdienst freuen, habe
ich auseinandergesetzt in meinem Hauptwerke (Bd. 2, Kap.
37, S. 426 *[Bd. 2, S. 546 f.]*). *Goethes* bekannter und vielen
ärgerlicher Ausspruch: ›Nur die Lumpe sind bescheiden‹
[›Rechenschaft‹] hat schon einen alten Vorgänger beim *Cer-*

1. [Arie aus dem ersten Akt der Oper ›Tancred‹]

vantes, als welcher unter den seiner ›Reise auf den Par-
naß‹ angehängten Verhaltungsregeln für Dichter auch
diese gibt: ›Que todo poeta, á quien sus versos hubieren
dado á entender que lo es, se estime y tenga en mucho,
ateniendose á aquel refran: ruin sea el que por ruin se tiene.‹
(Jeder Dichter, dem seine Verse zu verstehn gegeben haben,
daß er einer ist, achte und schätze sich hoch, sich an das
Sprichwort haltend: ein Lump sei, wer sich für einen Lum-
pen hält.) – *Shakespeare* deklariert in vielen seiner Sonette, als
wo allein er von sich sprechen konnte, mit ebensoviel Sicherheit wie Unbefangenheit, was *er* schreibt, für unsterblich.
Sein neuer kritischer Herausgeber *Collier* sagt darüber in seiner Einleitung zu den Sonetten S. 473: ›In vielen derselben
finden sich bemerkenswerte Anzeichen von Selbstgefühl
und Zuversicht auf die Unsterblichkeit seiner Verse, und
bleibt in dieser Hinsicht unsers Autors Meinung fest und
beständig. Nie nimmt er Anstand, sie auszusprechen, und
vielleicht gibt es weder im Altertum noch in der neuen Zeit
einen Schriftsteller, welcher im Verhältnis zu seinen hinter-
lassenen Schriften solcher Art seinen festen Glauben, daß
die Welt das, was er in dieser Dichtungsart geschrieben,
nicht werde willig untergehn lassen, so oft und so entschieden ausgedrückt hat.‹

Ein vom Neide häufig gebrauchtes Mittel zur Herabsetzung des Guten, im Grunde sogar die bloße Kehrseite derselben ist das ehr- und gewissenlose Lobpreisen des Schlechten: denn sobald das Schlechte Geltung erhält, ist das Gute
verloren. So wirksam daher dieses Mittel, besonders wenn
ins Große getrieben, auf eine Weile ist, so kommt am Ende
doch die Zeit der Abrechnung, und der vorübergehende Kredit, in den es die schlechten Produktionen gesetzt hatte,
wird durch den bleibenden Diskredit der niederträchtigen
Lober desselben bezahlt – weshalb sie gern sich anonym
halten.

Da dieselbe Gefahr auch dem direkten Herabsetzen und
Tadeln des Guten, wenngleich schon aus größerer Entfernung droht; so sind viele zu klug, als daß sie zu diesem sich
entschlössen. Daher ist die nächste Folge des Auftretens

eines eminenten Verdienstes oft nur, daß sämtliche dadurch
so tief, wie die Vögel durch den Pfauenschweif, gekränkte
Mitbewerber in ein tiefes Stillschweigen versetzt werden, so
einmütig wie auf Verabredung: ihrer aller Zungen sind gelähmt, es ist das ›silentium livoris‹ [Schweigen des Neides]
des Seneca [›Epistulae‹ 79, 17[1]]. Bei diesem hämischen und
tückischen Schweigen, dessen terminus technicus *Ignorieren*
heißt, kann es lange sein Bewenden haben, wann, wie dies
in höhern Wissenschaften der Fall ist, das *nächste* Publikum
solcher Leistung aus lauter Mitbewerbern (Leuten vom
Fach) besteht und folglich das größere Publikum sein
Stimmrecht nur mittelbar durch diese ausübt, nicht selbst
untersucht. Wird nun aber dennoch jenes ›silentium livoris‹
endlich einmal vom Lobe unterbrochen, so wird auch dieses
nur selten ohne alle Nebenabsichten der hier die Gerechtigkeit Handhabenden geschehn:

> Denn es ist kein Anerkennen,
> Weder vieler, noch des einen,
> Wenn es nicht am Tage fördert,
> Wo man selbst was möchte scheinen.
>
> [Goethe] ›West-östlicher Divan‹ [5]

Jeder nämlich muß den Ruhm, welchen er einem andern
seines oder eines verwandten Faches erteilt, im Grunde sich
selber entziehn: er kann nur auf Kosten seiner eignen Geltung rühmen. Demzufolge sind schon an und für sich die
Menschen zum Loben und Rühmen gar nicht geneigt und
aufgelegt, wohl aber zum Tadeln und Lästern, als durch
welches sie indirekt sich selbst loben. Soll es nun dennoch zu
jenem erstern kommen, so müssen andere Rücksichten und
Motive obwalten. Da nun hier nicht der Schandweg der
Kameraderie gemeint sein kann, so ist die alsdann wirksame
Rücksicht diese, daß, was dem Verdienste eigener Leistungen am nächsten steht, die richtige Würdigung und Aner-
kennung der fremden ist, gemäß der von Hesiodos und
Machiavelli aufgestellten dreifachen Rangordnung der
Köpfe (siehe ›Vierfache Wurzel des Satzes vom Grunde‹,

1. *[Vgl. Bd. 3, S. 7]*

zweite Auflage S. 50 *[Bd. 3, S. 68]*). Wer nun seinen Anspruch
auf die erste Klasse durchzusetzen die Hoffnung aufgibt,
wird gern die Gelegenheit ergreifen, eine Stelle in der zweiten einzunehmen. Fast allein hierauf beruht die Sicherheit,
mit der jedes Verdienst seiner endlichen Anerkennung ent-
gegensehn kann. Hieraus entspringt es auch, daß, nachdem
der hohe Wert eines Werkes einmal anerkannt und nicht
mehr zu verhehlen noch abzuleugnen ist, alsdann alle sich
um die Wette beeifern, es zu loben und zu ehren, weil sie
nämlich im Bewußtsein des Xenophanischen: Σοφὸν εἶναι
δεῖ τὸν ἐπιγνωσόμενον τὸν σοφόν[1] [Weise muß man sein,
um den Weisen anzuerkennen] dadurch sich selbst zu Ehren
bringen; weshalb sie eilen, für sich zu ergreifen, was dem
ihnen nun einmal unerreichbaren Preis des ursprünglichen
Verdienstes zunächst liegt: die richtige Schätzung desselben. Daher geht es alsdann wie bei einem zum Weichen gebrachten Heere, als wo, wie vorhin beim Kämpfen, jetzt
beim Laufen jeder der Vorderste sein will. Nunmehr nämlich
eilt jeder, seinen Beifall dem anerkannt Preiswürdigen darzubringen, ebenfalls vermöge einer meistens ihm selbst verborgenen Anerkennung des oben § 241 *[S. 540]* erörterten
Gesetzes der Homogeneität, damit es nämlich scheine, als
sei seine Art zu denken und zu schauen der des Gerühmten
gleichartig und um wenigstens die Ehre seines Geschmacks
zu retten, da ihm nichts weiter übriggelassen ist.

Von hier aus ist leicht abzusehn, daß der Ruhm zwar sehr
schwer zu erlangen, einmal erlangt, aber leicht zu bewahren
ist; imgleichen, daß ein Ruhm, der schnell erfolgt, auch früh
erlischt und es auch hier heißt: ›Quod cito fit, cito perit‹
[Was schnell entsteht, vergeht schnell]; indem begreiflicher-
weise Leistungen, deren Wert der gewöhnliche Menschen-
schlag so leicht erkennen und die Mitbewerber so willig gelten lassen konnten, auch nicht sehr hoch über dem Hervor-
bringungsvermögen beider stehn werden. Denn: ›Tantum
quisque laudat, quantum se posse sperat imitari‹[2] [Jeder lobt

---

1. [Nach Diogenes Laertios: ›De vitis, dogmatibus et apophthegmati-
bus philosophorum‹ 9, 20]
2. [Vgl. Sallust: ›Catilina‹ 3]

nur so viel, als er selbst zu leisten hofft]. Zudem ist schon
wegen des öfter erwähnten Gesetzes der Homogeneität ein
schnell eintretender Ruhm ein verdächtiges Zeichen: er ist
nämlich der direkte Beifall der Menge. Was aber dieser auf
sich habe, wußte Phokion, als er bei dem über seine Rede
laut gewordenen Volksbeifall seine nahe stehenden Freunde
fragte: ›Habe ich etwan unversehns etwas Schlechtes gesagt?‹ (Plutarch, ›Apophthegmata‹). Aus umgekehrten Gründen wird ein Ruhm, der von langem Bestande sein soll, sehr
spät reifen, und die Jahrhunderte seiner Dauer müssen meistens mit dem Beifall der Zeitgenossen erkauft werden.
Denn was so anhaltend in Geltung bleiben soll, muß eine
schwer zu erlangende Trefflichkeit haben, welche auch nur
zu erkennen schon Köpfe erfordert, die nicht jederzeit dasind, am wenigsten in hinreichender Anzahl, um sich vernehmbar machen zu können, während der stets wache Neid
alles tun wird, ihre Stimme zu ersticken. Mäßige Verdienste
hingegen, die bald anerkannt werden, laufen dafür Gefahr,
daß ihr Besitzer sie und sich überlebt, so daß für den Ruhm
in der Jugend ihm Obskurität im Alter zuteil wird; während
bei großen Verdiensten man umgekehrt lange obskur bleiben, dafür aber im Alter glänzenden Ruhm erlangen wird[H].
Sollte dieser jedoch sich sogar erst nach dem Tode einstellen, nun, so ist man denen beizuzählen, von welchen *Jean
Paul* sagt, daß die Letzte Ölung ihre Taufe sei, und hat sich
mit den Heiligen zu trösten, die ja auch erst nach ihrem
Tode kanonisiert werden. – So bewährt sich demnach, was
Mahlmann im ›Herodes‹ [vierte Auflage S. 92] sehr gut gesagt hat:

> Ich denke, das wahre Große in der Welt
> Ist immer nur das, was nicht gleich gefällt.
> Und wen der Pöbel zum Gotte weiht,
> Der steht auf dem Altar nur kurze Zeit!

Beachtenswert ist es, daß diese Regel eine ganz unmittelbare Bestätigung an Gemälden hat, indem, wie die Kenner
wissen, die größten Meisterwerke nicht sogleich die Augen

H. Der Tod versöhnt den *Neid* ganz, das Alter schon halb.

auf sich ziehn, noch das erste Mal bedeutenden Eindruck machen, sondern erst bei wiederholtem Besuch, dann aber immer mehr.

Übrigens hängt die Möglichkeit einer zeitigen und richtigen Würdigung gegebener Leistungen zunächst von der Art und Gattung derselben ab, je nachdem nämlich diese hoch oder niedrig, mithin schwer oder leicht zu verstehn und zu beurteilen ist und je nachdem sie ein größeres oder kleineres Publikum hat. Diese letztere Bedingung hängt zwar größtenteils von der ersteren, zum Teil jedoch auch davon ab, ob die gegebenen Werke der Vervielfältigung fähig sind wie Bücher und musikalische Kompositionen. Durch die Komplikation dieser beiden Bedingungen also werden die keinem Nutzen frönenden Leistungen, als von welchen allein hier die Rede ist, in Hinsicht auf die Möglichkeit baldiger Anerkennung und Schätzung ihres Wertes etwan folgende Reihe bilden, in welcher, was am schnellsten seine richtige Würdigung zu hoffen hat, voransteht: Seiltänzer, Kunstreiter, Ballettänzer, Taschenspieler, Schauspieler, Sänger, Virtuosen, Komponisten, Dichter (beide wegen der Vervielfältigung ihrer Werke), Architekten, Maler, Bildhauer, Philosophen: diese letzteren nehmen ohne Vergleich die letzte Stelle ein, weil ihre Werke nicht Unterhaltung, sondern bloß Belehrung verheißen, dabei Kenntnisse voraussetzen und viel eigene Anstrengung des Lesers verlangen; wodurch ihr Publikum äußerst klein wird und ihr Ruhm viel mehr Ausdehnung in der Länge als in der Breite erhält. Überhaupt verhält der Ruhm sich in Hinsicht auf die Möglichkeit seiner Dauer ungefähr umgekehrt wie hinsichtlich der seines baldigen Eintritts, so daß danach obige Reihe in umgekehrter Ordnung gälte; nur daß alsdann Dichter und Komponisten wegen der Möglichkeit ewiger Erhaltung aller schriftlichen Werke dem Philosophen zunächst zu stehn kommen, dem jedoch nunmehr der erste Platz gebührt, wegen der viel größern Seltenheit der Leistungen in diesem Fache, der hohen Wichtigkeit derselben und der Möglichkeit ihrer fast vollkommenen Übersetzung in alle Sprachen. Sogar überlebt bisweilen der Ruhm der Philosophen ihre Werke selbst, wie dies dem Thales, Empedokles, Herakleitos, Demokritos, Parmenides, Epikuros u. a. mehr begegnet ist.

Nun aber andererseits bei Werken, welche dem Nutzen oder gar unmittelbar dem sinnlichen Genusse dienen, findet die richtige Würdigung keine Schwierigkeit, und ein ausgezeichneter Pastetenbäcker wird in keiner Stadt lange obskur bleiben, geschweige nötig haben, an die Nachwelt zu appellieren.

Dem schnell eintretenden Ruhm ist auch der falsche beizuzählen, nämlich der künstliche durch ungerechtes Lob, gute Freunde, bestochene Kritiker, Winke von oben und Verabredungen von unten bei richtig vorausgesetzter Urteilslosigkeit der Menge auf die Beine gebrachte Ruhm eines Werkes. Er gleicht den Ochsenblasen, durch die man einen schweren Körper zum Schwimmen bringt. Sie tragen ihn längere oder kürzere Zeit, je nachdem sie wohl aufgebläht und fest zugeschnürt sind: aber die Luft transsudiert[1] allmälig doch, und er sinkt. Dies ist das unvermeidliche Los der Werke, welche die Quelle ihres Ruhmes nicht *in sich* haben: das falsche Lob verhallt, die Verabredungen sterben aus, der Kenner findet den Ruhm nicht bestätigt, dieser erlischt, und eine desto größere Geringschätzung tritt an seine Stelle. Hingegen die echten Werke, welche die Quelle ihres Ruhmes *in sich* haben und daher zu jeder Zeit die Bewunderung von neuem zu entzünden vermögen, gleichen den spezifisch leichteren Körpern, die aus eigenen Mitteln sich stets oben erhalten, und so gehn sie den Strom der Zeit hinab.

Die ganze Literargeschichte alter und neuer Zeit hat kein Beispiel von falschem Ruhme aufzuweisen, welches dem der Hegelschen Philosophie an die Seite zu stellen wäre. Nie und nirgends ist das ganz Schlechte, das handgreiflich Falsche, Absurde, ja offenbar Unsinnige und dazu noch dem Vortrage nach im höchsten Grade Widerwärtige und Ekelhafte mit solcher empörenden Frechheit, solcher eisernen Stirn als die höchste Weisheit und das Herrlichste, was je

1. [entweicht]

die Welt gesehn, gepriesen worden wie jene durchaus wert-
lose Afterphilosophie. Daß die Sonne dazu von oben schien,
brauche ich nicht zu sagen. Aber, wohl zu merken, es ist
mit dem vollständigsten Erfolge beim deutschen Publiko
geschehn: darin besteht die Schande. Über ein Vierteljahr-
hundert lang hat jener frech zusammengelogene Ruhm für
echt gegolten und hat die ›bestia trionfante‹[1] [triumphie-
rende Bestie] in der deutschen Gelehrtenrepublik floriert
und regiert, so sehr, daß selbst die wenigen Gegner dieser
Narrheit es doch nicht wagten, von dem miserabeln Urheber derselben anders als von einem seltenen Genie und
großen Geiste und mit den tiefsten Reverenzen zu reden.
Aber was hieraus folgt, wird man zu schließen nicht unterlassen; daher denn allezeit in der Literargeschichte diese
Periode als ein bleibender Schandfleck der Nation und des
Zeitalters figurieren und der Spott der Jahrhunderte sein
wird: mit Recht! Allerdings steht es Zeitaltern wie Individuen frei, das Schlechte zu preisen und das Gute zu verachten: aber die Nemesis erreicht die einen wie die andern,
und die Schandglocke bleibt nicht aus. Zu jener Zeit, da der
Chor feiler Gesellen planmäßig den Ruhm jenes kopfver-
derbenden Philosophasters und seiner heillosen Unsinnschmiererei verbreitete, da hätte man, wenn man in Deutschland einigermaßen fein wäre, schon der ganzen Art und
Weise jenes Lobes sogleich ansehn müssen, daß dasselbe
allein von der Absicht und durchaus nicht von der Einsicht
ausging. Denn es ergoß sich ungemessen und in überreicher
Fülle nach allen vier Weltgegenden hin, sprudelte überall
aus weitem Munde, ohne Rückhalt, ohne Bedingung, ohne
Abzug, ohne Maß, bis ihnen die Worte ausgingen. Und mit
ihrem eigenen vielstimmigen Paian noch nicht zufrieden,
späheten jene in Reihe und Glied stehenden Claqueurs noch
immer ängstlich nach jedem Körnchen fremden, unbesto-
chenen Lobes, um es aufzulesen und hoch emporzuhalten:
wo nämlich irgendein berühmter Mann ein Beifallswörtchen
sich hatte abnötigen, abkomplimentieren, ablisten lassen
oder es ihm zufällig entfallen war oder wo sogar ein Gegner

1. [Nach Giordano Brunos Schrift ›Spaccio della bestia trionfante‹]

mit einem solchen seinen Tadel furchtsam oder mitleidig
versüßt hatte – da sprangen sie alle zu, es aufzulesen, um es
triumphierend herumzuzeigen. So treibt es nur die *Absicht*,
und so loben auf Lohn hoffende Söldner, bezahlte Claqueurs
und verschworene literarische Rottierer[1]. Hingegen das aufrichtige Lob, welches bloß von der *Einsicht* ausgeht, trägt
einen ganz andern Charakter. Ihm geht vorher, was *Feuchtersleben* schön ausgedrückt hat:

> Wie doch die Menschen sich winden und wehren –
> Um nur das Gute nicht zu verehren!

Es kommt nämlich sehr langsam und spät, vereinzelt und
karg gemessen, wird quentchenweise zugewogen und stets
noch mit Restriktionen versetzt, so daß der Empfänger
wohl sagen kann:

> Χείλεα μέν τ' ἐδίην', ὑπερῴην δ' οὐκ ἐδίηνεν.
> [Nur die Lippen benetzt es, doch nicht benetzt es den
> Gaumen.
> ›Ilias‹ 22, 495

Und dennoch trennt sich von ihm der Erteiler desselben nur
mit Widerstreben. Denn es ist ein der stumpfen, spröden,
zähen und dabei neidischen Mittelmäßigkeit durch die
nicht länger zu verhehlende Größe echter Verdienste endlich abgedrungener und wider Willen abgezwungener Lohn:
es ist der Lorbeer, welcher, wie Klopstock [›Der Zürcher See‹]
singt, des Schweißes der Edlen wert war; es ist, wie Goethe
sagt, die Frucht

> Von jenem Mut, der früher oder später
> Den Widerstand der stumpfen Welt besiegt[H].
> [›Epilog zu Schillers Glocke‹]

Demgemäß verhält es sich zu jenem frechen Lobgehudel der
Absichtsvollen wie die schwer gewonnene edele und auf-

---

1. [Wohl nach der verächtlichen französischen Bezeichnung für den
dritten Stand: ›roturier‹]
H. Der Ruhm ist die den Menschen wider ihren Willen abgezwungene
Bewunderung, die sich Luft machen muß.

richtige Geliebte zur bezahlten Gassenhure, deren dick auf-
getragenes Bleiweiß und Zinnober man am Hegelschen
Ruhme sogleich erkannt haben müßte, wenn man, wie gesagt, in Deutschland nur irgend *fein* wäre. Dann wäre nicht
zur nationalen Schande auf so schreiende Art realisiert worden, was schon Schiller gesungen hatte:

> Ich sah des Ruhmes heil'ge Kränze
> Auf der *gemeinen* Stirn entweiht.

[›Die Ideale‹]

Die hier zum Beispiele falschen Ruhmes gewählte Hegelsche Gloria ist allerdings ein Faktum ohnegleichen –
selbst in Deutschland ohnegleichen, daher ich die öffentlichen Bibliotheken auffordere, alle Dokumente derselben,
sowohl die opera omnia [sämtlichen Werke] des Philosophasters selbst als auch die seiner Anbeter sorgfältig mumisiert
aufzubewahren, zur Belehrung, Warnung und Belustigung
der Nachwelt und als ein Denkmal dieses Zeitalters und
dieses Landes.

Jedoch auch, wenn man seinen Blick weiter ausdehnt und
das Lob der Zeitgenossen aller Zeiten überhaupt ins Auge faßt,
wird man finden, daß dasselbe eigentlich immer eine Hure
ist, prostituiert und besudelt durch tausend Unwürdige,
denen es zuteil geworden. Wer könnte einer solchen Metze
noch begehren? wer möchte auf ihre Gunst stolz sein? wer
wird sie nicht verschmähen? – Hingegen ist der *Ruhm bei
der Nachwelt* eine stolze, spröde Schöne, die sich nur dem
Würdigen, dem Sieger, dem seltenen Helden hingibt. – So
ist's – und ist nebenbei daraus zu schließen, wie es um dieses
bipedische[1] Geschlecht bestellt sein muß, da Menschenalter,
ja Jahrhunderte erfordert sind, ehe aus seinen Hunderten
von Millionen eine Handvoll Köpfe zusammenkommt, die
Gutes von Schlechtem, Echtes von Unechtem, Gold von
Kupfer zu unterscheiden fähig sind und die man demnach
den Richterstuhl der Nachwelt nennt; welchem zudem noch
der Umstand günstig ist, daß alsdann der unversöhnliche
Neid der Unfähigkeit und die absichtsvolle Schmeichelei

1. [zweifüßige]

der Niederträchtigkeit verstummt sind, wodurch die Einsicht zum Worte gelangt.

Und sehn wir denn nicht, der besagten elenden Beschaffenheit des Menschengeschlechts entsprechend, zu allen
Zeiten die großen Genien, sei es in der Poesie oder der Philosophie oder den Künsten, dastehn wie vereinzelte Helden,
welche allein gegen den Andrang eines Heereshaufens den
verzweifelten Kampf aufrechterhalten? Denn die Stumpfheit, Roheit, Verkehrtheit, Albernheit und Brutalität der
großen, großen Mehrheit des Geschlechts steht in jeder
Art und Kunst ihrem Wirken ewig entgegen und bildet dadurch jenen feindlichen Heereshaufen, dem sie zuletzt doch
unterliegen. Jeder *Heros* ist ein *Samson*: der Starke erliegt
den Ränken der Schwachen und vielen; verliert er endlich
die Geduld, so erdrückt er sie und sich. Oder er ist bloß ein
Gulliver unter den Liliputanern, deren übergroße Anzahl
ihn zuletzt doch überwältigt. Was auch solche einzelne[n] leisten mögen: es wird schwer erkannt, spät und nur auf Auktorität geschätzt und leicht, wenigstens auf eine Weile wieder verdrängt. Denn immer von neuem wird gegen dasselbe das Falsche, das Platte, das Abgeschmackte zu Markte
gebracht, und alles dieses sagt jener großen Mehrheit besser zu, behauptet also meistenteils den Kampfplatz. Mag
auch vor derselben der Kritiker stehn und schreien wie
Hamlet, wann er seiner nichtswürdigen Mutter die zwei
Bildnisse vorhält: ›Habt ihr Augen? Habt ihr Augen?‹ [3, 4]
– ach, sie haben keine! Wenn ich die Menschen beim Genusse der Werke großer Meister beobachte und die Art
ihres Beifalls sehe, so fallen mir dabei oft die zur sogenannten Komödie abgerichteten Affen ein, die sich wohl ziemlich menschlich gebärden, dazwischen aber immer verraten,
daß das eigentliche innere Prinzip jener Gebärden ihnen
dennoch abgeht, indem sie die unvernünftige Natur durch-
blicken lassen.

Dem allen zufolge ist die oft gebrauchte Redensart, daß
einer ›über seinem Jahrhundert stehe‹, dahin auszulegen, daß
er über dem Menschengeschlechte überhaupt steht, weshalb
eben er nur von solchen unmittelbar erkannt wird, welche

schon selbst sich bedeutend über das Maß der gewöhnlichen
Fähigkeiten erheben: diese aber sind zu selten, als daß deren
zu jeder Zeit eine Anzahl vorhanden sein könnte. Ist also
jener in diesem Stücke nicht besonders vom Schicksale begünstigt, so wird er ›von seinem Jahrhundert verkannt‹,
d. h. so lange ohne Geltung bleiben, bis die Zeit allmälig die
Stimmen der seltenen ein Werk hoher Gattung zu beurteilen fähigen Köpfe zusammengebracht hat. Danach heißt es
dann bei der Nachwelt: ›Der Mann stand über seinem Jahrhundert‹ statt ›über der Menschheit‹; diese nämlich wird
gern ihre Schuld einem einzigen Jahrhundert aufbürden.
Hieraus folgt, daß, wer über seinem Jahrhunderte gestanden hat, wohl auch über jedem andern gestanden haben
würde; es sei denn, daß in irgendeinem durch einen seltenen Glücksfall einige fähige und gerechte Beurteiler in der
Gattung seiner Leistungen zugleich mit ihm geboren worden wären; wie, einem schönen indischen Mythos zufolge,
wann Wischnu sich als Held inkarniert, dann zu gleicher
Zeit Brahma als Sänger seiner Taten auf die Welt kommt;
daher eben Valmiki, Vyasa und Kalidasa Inkarnationen des
Brahma sind[1]. – In diesem Sinne nun kann man sagen, daß
jedes unsterbliche Werk sein Zeitalter auf die Probe stellt,
ob nämlich es imstande sein werde, dasselbe zu erkennen:
meistens besteht es die Probe nicht besser als die Nachbarn
des Philemon und Baukis, welche den unerkannten Göttern
die Türe wiesen[2]. Demnach geben den richtigen Maßstab
für den intellektuellen Wert eines Zeitalters nicht die großen Geister, die in demselben auftraten; da ihre Fähigkeiten
das Werk der Natur sind und die Möglichkeit der Ausbildung derselben zufälligen Umständen anheim gestellt war,
sondern ihn gibt die Aufnahme, welche ihre Werke bei ihren
Zeitgenossen gefunden haben: ob nämlich ihnen ein baldiger und lebhafter Beifall ward oder ein später und zäher
oder ob er ganz der Nachwelt überlassen blieb. Dies wird
besonders dann der Fall sein, wenn es Werke hoher Gattung sind. Denn der oben erwähnte Glücksfall wird um so

1. Polier: ›Mythologie des Indous‹ vol. 1, pp. 172–190
2. [Nach Ovid: ›Metamorphoses‹ 8, 616 ff.]

gewisser ausbleiben, je wenigeren überhaupt zugänglich die Gattung ist, in der ein großer Geist arbeitet. Hier liegt der unermeßliche Vorteil, in welchem hinsichtlich ihres Ruhmes die Dichter stehn, indem sie beinahe allen zugänglich sind. Hätte Walter Scott nur von etwan hundert Personen gelesen und beurteilt werden können, so wäre vielleicht irgendein gemeiner Skribler ihm vorgezogen worden, und wann nachher die Sache sich aufgeklärt hätte, würde auch ihm die Ehre zuteil geworden sein, ›über seinem Jahrhundert gestanden zu haben‹. – Wenn nun aber gar noch zur Unfähigkeit jener hundert Köpfe, die im Namen eines Zeitalters ein Werk zu beurteilen haben, bei ihnen sich Neid, Unredlichkeit und Zielen nach persönlichen Zwecken gesellt – dann hat ein solches Werk das traurige Schicksal dessen, der vor einem Tribunal plädiert, dessen sämtliche Beisitzer bestochen sind.

Dementsprechend zeigt die Literargeschichte durchgängig, daß die, welche die Einsichten und Erkenntnisse selbst sich zu ihrem Zwecke machten, verkannt und verlassen sitzengeblieben sind; während die, welche mit dem bloßen Scheine derselben paradierten, die Bewunderung ihrer Zeitgenossen, nebst den Emolumenten[1], gehabt haben.

Denn zunächst ist die Wirksamkeit eines Schriftstellers dadurch bedingt, daß er den Ruf erlange, man müsse ihn lesen. Diesen Ruf nun aber werden durch Künste, Zufall und Wahlverwandtschaft hundert Unwürdige schnell erlangen, während ein Würdiger langsam und spät dazu kommt. Jene nämlich haben Freunde, weil das Pack stets in Menge vorhanden ist und eng zusammenhält: er aber hat nur Feinde, weil geistige Überlegenheit überall und in allen Verhältnissen das Verhaßteste auf der Welt ist – und nun gar bei den Stümpern im selben Fache, die selbst für etwas gelten möchten[F]. – Sollten die Philosophie-Professo-

1. [Vorteile und Einkünfte]
F. In der Regel werden Quantität und Qualität des Publikums eines Werkes in umgekehrtem Verhältnis stehn; daher z.B. aus den zahlreichen Auflagen eines Dichterwerkes keineswegs auf dessen Wert zu schließen ist.

ren etwan meinen, daß hier auf sie und auf ihre mehr als
dreißig Jahre lang eingehaltene Taktik gegen meine Werke
angespielt werde, so haben sie es getroffen.

Weil nun dies alles sich so verhält, so ist, um etwas Großes zu leisten, etwas, das seine Generation und sein Jahrhundert überlebt, hervorzubringen, eine Hauptbedingung,
daß man seine Zeitgenossen, nebst ihren Meinungen, Ansichten und daraus entspringendem Tadel und Lobe für
gar nichts achte. Diese Bedingung findet jedoch sich immer
von selbst ein, sobald die übrigen beisammen sind: und das
ist ein Glück. Denn wollte einer beim Hervorbringen solcher Werke die allgemeine Meinung oder das Urteil der
Fachgenossen berücksichtigen, so würden sie bei jedem
Schritte ihn vom rechten Wege abführen. Daher muß, wer
auf die Nachwelt kommen will, sich dem Einflusse seiner
Zeit entziehn, dafür aber freilich auch meistens dem Einfluß auf seine Zeit entsagen und bereit sein, den Ruhm
der Jahrhunderte mit dem Beifall der Zeitgenossen zu er-
kaufen.

Wann nämlich irgendeine neue und daher paradoxe Grundwahrheit in die Welt kommt, so wird man allgemein sich
ihr hartnäckig und möglichst lange widersetzen, ja sie noch
dann leugnen, wann man schon wankt und fast überführt
ist. Inzwischen wirkt sie im stillen fort und frißt wie eine
Säure um sich, bis alles unterminiert ist: dann wird hin
und wieder ein Krachen vernehmbar, der alte Irrtum stürzt
ein, und nun steht plötzlich wie ein aufgedecktes Monument das neue Gedankengebäude da, allgemein anerkannt
und bewundert. Freilich pflegt das alles sehr langsam zu
gehn. Denn auf wen zu hören sei, merken die Leute in der
Regel erst, wann er nicht mehr da ist, so daß das ›Hear,
hear!‹ erschallt, nachdem der Redner abgetreten.

Ein besseres Schicksal hingegen erwartet die Werke gewöhnlichen Schlages. Sie entstehn im Fortgang und Zusammenhang der Gesamtbildung ihres Zeitalters, sind daher mit dem Geiste der Zeit, d. h. den gerade herrschenden
Ansichten genau verbunden und auf das Bedürfnis des
Augenblicks berechnet. Wenn sie daher nur irgend einiges

Verdienst haben, so wird dasselbe sehr bald anerkannt, und
sie werden, als eingreifend in die Bildungsepoche ihrer Zeitgenossen, bald Anteil finden: ihnen wird Gerechtigkeit
widerfahren, ja oft mehr als solche, und dem Neide geben
sie doch nur wenig Stoff; da, wie gesagt, ›tantum quisque
laudat, quantum se posse sperat imitari‹ *[vgl. S. 547].* Aber
jene außerordentlichen Werke, welche bestimmt sind, der
ganzen Menschheit anzugehören und Jahrhunderte zu leben, sind bei ihrem Entstehn zu weit im Vorsprung, ebendeshalb aber der Bildungsepoche und dem Geiste ihrer
eigenen Zeit fremd. Sie gehören diesen nicht an, sie greifen
in ihren Zusammenhang nicht ein, gewinnen also den darin
Begriffenen kein Interesse ab. Sie gehören eben einer andern, einer höhern Bildungsstufe und einer noch fernliegen-
den Zeit an. Ihre Laufbahn verhält sich zu der jener andern
wie die des Uranus zu der des Merkur. Ihnen widerfährt daher vorderhand keine Gerechtigkeit: man weiß nicht, was
man damit soll, läßt sie also liegen, um seinen kleinen
Schneckengang fortzusetzen. Sieht doch auch das Gewürm
nicht den Vogel in der Luft.

Die Zahl der Bücher, welche in einer Sprache geschrieben
werden, mag sich zur Zahl derjenigen, welche ein Teil ihrer
eigentlichen und bleibenden Literatur werden, verhalten
ungefähr wie hunderttausend zu eins. – Und welche Schicksale haben diese letzteren meistens zu überstehn, ehe sie,
jene hunderttausend vorbeisegelnd, auf dem ihnen gebüh-
renden Ehrenplatz anlangen! Sie sind sämtlich die Werke
ungewöhnlicher und entschieden überlegener Köpfe und
ebendeshalb von den andern spezifisch verschieden; was
denn auch früher oder später zutage kommt.

Man denke nicht, daß es mit diesem Gange der Dinge
sich jemals bessern werde. Die elende Beschaffenheit des
Menschengeschlechts nimmt zwar in jeder Generation eine
etwas veränderte Gestalt an, ist aber zu allen Zeiten dieselbe. Die ausgezeichneten Geister dringen selten bei Lebzeiten durch, weil sie im Grunde doch bloß von den ihnen
schon verwandten ganz und recht eigentlich verstanden
werden.

Da nun den Weg zur Unsterblichkeit aus so vielen Millionen selten auch nur einer geht, so muß er notwendig sehr einsam sein und wird die Reise zur Nachwelt durch eine entsetzlich öde Gegend zurückgelegt, die der Libyschen Wüste gleicht, von deren Eindruck bekanntlich keiner einen Begriff hat, als wer sie gesehn. Inzwischen empfehle ich zu dieser Reise vor allem leichte Bagage; weil man sonst zu vieles unterwegs abwerfen muß. Man sei daher stets des Ausspruchs Balthasar Gracians [›Oráculo manual‹ 105] eingedenk: ›Lo bueno, si breve, dos veces bueno‹ (Das Gute, wenn kurz, ist doppelt gut), welcher überhaupt den Deutschen ganz besonders zu empfehlen ist. –

Zu der kurzen Spanne Zeit, in der sie leben, verhalten sich die großen Geister wie große Gebäude zu einem engen Platze, auf dem sie stehn. Man sieht nämlich diese nicht in ihrer Größe, weil man zu nahe davorsteht; und aus der analogen Ursache wird man jene nicht gewahr, aber wann ein Jahrhundert dazwischen liegt, werden sie erkannt und zurückgewünscht.

Ja selbst der eigene Lebenslauf des vergänglichen Sohnes der Zeit, der ein unvergängliches Werk hervorgebracht hat, zeigt zu diesem ein großes Mißverhältnis – analog dem der sterblichen Mutter, wie Semele oder Maia, die einen unsterblichen Gott geboren hat, oder dem entgegengesetzten der Thetis zum Achill. Denn Vergängliches und Unvergängliches stehn in zu großem Widerspruch. Seine kurze Spanne Zeit, sein bedürftiges, bedrängtes, unstetes Leben wird selten erlauben, daß er auch nur den Anfang der glänzenden Bahn seines unsterblichen Kindes sehe oder irgend für das gelte, was er ist, sondern ein Mann von Nachruhm bleibt das Widerspiel eines Edelmannes, als welcher ein Mann von Vorruhm ist.

Inzwischen läuft für den Berühmten der Unterschied zwischen dem Ruhme bei der Mitwelt und dem bei der Nachwelt am Ende bloß darauf hinaus, daß beim ersteren seine Verehrer von ihm durch den Raum, beim andern durch die Zeit getrennt sind. Denn unter den Augen hat er sie auch beim Ruhm der Mitwelt in der Regel nicht. Die Verehrung verträgt nämlich nicht die Nähe, sondern hält sich fast immer in der Ferne auf; weil sie bei persönlicher Gegenwart des Verehrten wie Butter an der Sonne schmilzt. Demnach werden selbst den schon bei der Mitwelt Berühmten neun Zehntel der in seiner Nähe Lebenden bloß nach Maßgabe seines Standes und Vermögens ästimieren, und allenfalls wird beim übrigen Zehntel infolge einer aus der Ferne gekommenen Kunde ein dumpfes Bewußtsein seiner Vorzüge stattfinden. Über diese Inkompatibilität[1] der Verehrung mit der persönlichen Anwesenheit und des Ruhmes mit dem Leben haben wir einen gar schönen lateinischen Brief des *Petrarca*: in der mir vorliegenden venezianischen Ausgabe (von 1492) seiner ›Epistolae familiares‹ ist es der zweite und an den Thomas Messanensis gerichtet. Er sagt unter anderm, daß sämtliche Gelehrte seiner Zeit die Maxime hätten, alle Schriften geringzuschätzen, deren Verfasser ihnen auch nur ein einziges Mal zu Gesichte gekommen wäre. – Sind demnach die Hochberühmten hinsichtlich der Anerkennung und Verehrung immer auf die Ferne gewiesen, so kann es ja sogut die zeitliche wie die räumliche sein. Freilich erhalten sie bisweilen aus dieser, aber nie aus jener Kunde davon: dafür jedoch ist das echte große Verdienst imstande, seinen Ruhm bei der Nachwelt mit Sicherheit zu antizipieren. Ja wer einen wirklich großen Gedanken erzeugt, wird schon im Augenblicke der Konzeption desselben seines Zusammenhanges mit den kommenden Geschlechtern inne; sodaß er dabei die Ausdehnung seines Daseins durch Jahrhunderte fühlt und auf diese Weise, wie *für* die Nachkommen, so auch *mit* ihnen lebt. Wenn nun andererseits wir, von der Bewunderung eines großen Geistes, dessen Werke uns eben beschäftigt haben, ergriffen, ihn zu uns heranwünschen, ihn sehn, sprechen und unter uns besitzen möchten; so bleibt auch diese Sehnsucht nicht unerwidert: denn auch er hat sich gesehnt nach einer anerkennenden Nachwelt, welche ihm die Ehre [sowie] Dank und Liebe zollen würde, die eine neiderfüllte Mitwelt ihm verweigerte.

1. [Unverträglichkeit]

§ 243

Wenn nun also die Geisteswerke der höchsten Art meistens erst vor dem Richterstuhle der Nachwelt Anerkennung finden, so ist ein umgekehrtes Schicksal gewissen glänzenden Irrtümern bereitet, welche, von talentvollen Leuten ausgehend, so scheinbar begründet auftreten und mit soviel Verstand und Kenntnis verteidigt werden, daß sie bei ihren Zeitgenossen Ruhm und Ansehn erlangen und wenigstens, solange ihre Urheber leben, sich auch darin erhalten. Dieser Art sind manche falsche Theorien, falsche Kritizismen, auch Gedichte und Kunstwerke in einem vom Vorurteile der Zeit geleiteten falschen Geschmack oder [in falscher] Manier. Das Ansehn und die Geltung aller solcher Dinge beruht darauf, daß die noch nicht dasind, welche sie zu widerlegen oder sonst das Falsche derselben nachzuweisen verstehn. Meistens jedoch bringt diese schon die nächste Generation heran; und dann hat die Herrlichkeit ein Ende. Nur in einzelnen Fällen dauert es lange damit, wie z. B. mit Newtons Farbenlehre der Fall gewesen, ja noch ist: andere Beispiele dieser Art sind das Ptolemaiische Weltsystem, Stahls Chemie, Friedrich August Wolfs Abstreiten der Persönlichkeit und Identität Homers, vielleicht auch Niebuhrs destruktive Kritik der römischen Königsgeschichte usw. So ist denn der Richterstuhl der Nachwelt, wie im günstigen, so auch im ungünstigen Fall, der gerechte Kassationshof der Urteile der Mitwelt. Darum ist es so schwer und so selten, der Mitwelt und der Nachwelt gleichmäßig Genüge zu leisten.

Diese unausbleibliche Wirkung der Zeit auf die Berichtigung der Erkenntnis und des Urteils sollte man überhaupt im Auge behalten, um sich damit zu beruhigen, sooft, sei es in Kunst und Wissenschaft oder im praktischen Leben, starke Irrtümer auftreten und um sich greifen oder ein falsches, ja grundverkehrtes Beginnen und Treiben sich geltend macht und die Menschen ihren Beifall dazu geben. Da soll man nämlich sich nicht ereifern noch weniger verzagen, sondern denken, daß sie schon davon zurückkommen werden und nur der Zeit und Erfahrung bedürfen, um selbst aus eigenen Mitteln das zu erkennen, was der schärfer Sehende auf den ersten Blick sah. – Wenn die *Wahrheit* aus dem Tatbestande der Dinge spricht, braucht man nicht ihr mit Worten gleich zu Hülfe zu kommen: die Zeit wird ihr zu tausend Zungen verhelfen. – Die Länge dieser Zeit wird freilich der Schwierigkeit des Gegenstandes und der Scheinbarkeit des Falschen angemessen sein: aber auch sie wird ablaufen, und in vielen Fällen würde es fruchtlos sein, ihr vorgreifen zu wollen. Im schlimmsten Falle wird es zuletzt im Theoretischen gehn wie im Praktischen, wo Täuschung und Betrug, durch den günstigen Erfolg dreist gemacht, immer weiter- und weitergetrieben werden, bis die Entdeckung fast unvermeidlich eintritt. So nämlich wächst auch im Theoretischen mittelst der blinden Zuversicht der Dummköpfe das Absurde immer höher, bis es endlich so groß geworden, daß auch das blödeste Auge es erkennt. Daher soll man zu dergleichen sagen: je toller, je besser! Auch kann man sich stärken durch den Rückblick auf alle die Flausen und Marotten, die schon ihre Zeit gehabt haben und dann gänzlich beseitigt wurden. Im Stil, in der Grammatik und Orthographie gibt es solche, denen nur eine Lebenszeit von drei bis vier Jahren beschieden ist. Bei den großartigeren wird man freilich die Kürze des menschlichen Lebens zu beklagen haben, allemal aber wohltun, hinter seiner Zeit zurückzubleiben, wann man sieht, daß sie selbst im Zurückschreiten begriffen ist. Denn es gibt zweierlei Art, nicht au niveau de son temps [auf dem Niveau seiner Zeit] zu stehn: darunter oder darüber.

KAPITEL 21

ÜBER GELEHRSAMKEIT UND GELEHRTE

§ 244

Wenn man die vielen und mannigfaltigen Anstalten zum
Lehren und Lernen und das so große Gedränge von Schülern und Meistern sieht, könnte man glauben, daß es dem
Menschengeschlechte gar sehr um Einsicht und Wahrheit
zu tun sei. Aber auch hier trügt der Schein. Jene lehren, um
Geld zu verdienen, und streben nicht nach Weisheit, sondern nach dem Schein und Kredit derselben; und diese lernen nicht, um Kenntnis und Einsicht zu erlangen, sondern
um schwätzen zu können und sich ein Ansehn zu geben.
Alle dreißig Jahre nämlich tritt so ein neues Geschlecht
auf, ein Guckindiewelt, der von nichts weiß und nun
die Resultate des durch die Jahrtausende angesammelten
menschlichen Wissens, summarisch, in aller Geschwindigkeit in sich fressen und dann klüger als alle Vergangenheit
sein will. Zu diesem Zweck bezieht er Universitäten und
greift nach den Büchern, und zwar nach den neuesten, als
seinen Zeit- und Altersgenossen. Nur alles kurz und neu!
wie er selbst neu ist. Dann urteilt er darauf los. – Die eigentlichen Brotstudien habe ich hier nicht einmal in Rechnung
gebracht.

§ 245

Studierende und Studierte aller Art und jedes Alters gehn
in der Regel nur auf *Kunde* aus; nicht auf *Einsicht*. Sie setzen
ihre Ehre darin, von allem Kunde zu haben, von allen Steinen oder Pflanzen oder Batailen oder Experimenten und
samt und sonders von allen Büchern. Daß die Kunde ein

bloßes *Mittel* zur Einsicht sei, an sich aber wenig oder keinen Wert habe, fällt ihnen nicht ein, ist hingegen die Denkungsart, welche den philosophischen Kopf charakterisiert. Bei der imposanten Gelehrsamkeit jener Vielwisser sage ich mir bisweilen: o wie wenig muß doch einer zu denken gehabt haben, damit er soviel hat lesen können! Sogar wenn vom ältern Plinius berichtet wird, daß er beständig las oder sich vorlesen ließ, bei Tische, auf Reisen, im Bade; so dringt sich mir die Frage auf, ob denn der Mann so großen Mangel an eigenen Gedanken gehabt habe, daß ihm ohne Unterlaß fremde eingeflößt werden mußten wie dem an der Auszehrung Leidenden ein Konsommee[1], ihn am Leben zu erhalten. Und von seinem Selbstdenken mir hohe Begriffe zu geben ist weder seine urteilslose Leichtgläubigkeit noch sein unaussprechlich widerwärtiger, schwerverständlicher, papiersparender Kollektaneenstil geeignet.

§ 246

Wie nun das viele *Lesen und Lernen* dem eigenen *Denken* Abbruch tut, so entwöhnt das viele *Schreiben und Lehren* den Menschen von der Deutlichkeit und eo ipso Gründlichkeit des *Wissens und Verstehns*, weil es ihm nicht Zeit läßt, diese zu erlangen. Da muß er dann in seinem Vortrage die Lücken seines deutlichen Erkennens mit Worten und Phrasen ausfüllen. Dies ist es, was die meisten Bücher so unendlich langweilig macht, und nicht die Trockenheit des Gegenstandes. Denn wie behauptet wird, ein guter Koch könne sogar eine alte Schuhsohle genießbar herrichten, so kann ein guter Schriftsteller den trockensten Gegenstand unterhaltend machen.

§ 247

Den bei weitem allermeisten Gelehrten ist ihre Wissenschaft Mittel, nicht Zweck. Darum werden sie nie etwas Großes darin leisten, weil hiezu erfordert ist, daß sie dem, der sie treibt, Zweck sei und alles andere, ja sein Dasein

1. [Kraftbrühe]

selbst, nur Mittel. Denn alles, was man nicht seiner selbst wegen treibt, treibt man nur halb, und die wahre Vortrefflichkeit kann bei Werken jeder Art nur das erlangen, was seiner selbst wegen hervorgebracht wurde und nicht als Mittel zu ferneren Zwecken. Ebenso wird zu neuen und großen Grundeinsichten nur der es bringen, der zum unmittelbaren Zweck seiner Studien Erlangung eigener Erkenntnis hat, unbekümmert um fremde. Die Gelehrten aber, wie sie in der Regel sind, studieren zu dem Zweck, lehren und schreiben zu können. Daher gleicht ihr Kopf einem Magen und Gedärmen, daraus die Speisen unverdaut wieder abgehn. Ebendeshalb wird aber auch ihr Lehren und Schreiben wenig nützen. Denn andere nähren kann man nicht mit unverdauten Abgängen, sondern nur mit der Milch, die aus dem eigenen Blute sich abgesondert hat.

§ 248

Die *Perücke* ist doch das wohlgewählte Symbol des reinen Gelehrten als solchen. Sie ziert den Kopf mit einem reichlichen Maße fremden Haares bei Ermangelung des eigenen; wie die Gelehrsamkeit in seiner Ausstattung mit einer großen Menge fremder Gedanken besteht, welche denn freilich ihn nicht so wohl und natürlich kleiden noch so brauchbar in allen Fällen und allen Zwecken angepaßt sind noch so fest wurzeln noch, wenn verbraucht, sogleich durch andere aus derselben Quelle ersetzt werden wie die dem selbsteigenen Grund und Boden entsprossenen; weshalb eben *Sterne* im ›Tristram Shandy‹ [Kap. 44] so unverschämt ist, zu behaupten: ›An ounce of a man's own wit is worth a tun of other people's.‹ (Eine Unze eigenen Geistes ist so viel wert wie zweitausend Pfund[1] von anderer Leute ihrem.)

Wirklich verhält auch die vollendeteste Gelehrsamkeit sich zum Genie wie ein Herbarium zur stets sich neu erzeugenden, ewig frischen, ewig jungen, ewig wechselnden Pflanzenwelt, und keinen größeren Kontrast gibt es als den

---

1. [Schopenhauer verwechselt engl. ›tun‹ mit ›ton‹, so daß es heißen müßte: ›... wie ein Faß (des Geistes) anderer Leute.‹]

zwischen der Gelehrsamkeit des Kommentators und der
kindlichen Naivetät des Alten.

§ 249

Dilettanten, Dilettanten! – so werden die, welche eine
Wissenschaft oder Kunst aus Liebe zu ihr und Freude an
ihr per il loro diletto [zu ihrem Vergnügen] treiben, mit
Geringschätzung genannt von denen, die sich des Gewinnes halber darauf gelegt haben; weil *sie* nur das Geld delek-
tiert, das damit zu verdienen ist. Diese Geringschätzung
beruht auf ihrer niederträchtigen Überzeugung, daß keiner
eine Sache ernstlich angreifen werde, wenn ihn nicht Not,
Hunger oder sonst welche Gier dazu anspornt. Das Publikum ist desselben Geistes und daher derselben Meinung:
hieraus entspringt sein durchgängiger Respekt vor den
›Leuten vom Fach‹ und sein Mißtrauen gegen Dilettanten.
In Wahrheit hingegen ist dem Dilettanten die Sache Zweck,
dem Manne vom Fach als solchem bloß Mittel; nur der aber
wird eine Sache mit ganzem Ernste treiben, dem unmittelbar an ihr gelegen ist und der sich aus Liebe zu ihr damit beschäftigt, sie con amore treibt. Von solchen und nicht von
den Lohndienern ist stets das Größte ausgegangen.

§ 250

So war denn auch *Goethe* ein Dilettant in der Farbenlehre
– darüber hier ein Wörtchen!
    Dummsein und Schlechtsein ist erlaubt: ›Ineptire est iuris
gentium.‹ [Töricht sein ist Menschenrecht.] Hingegen von
Dummheit und Schlechtigkeit reden ist ein Verbrechen,
ein empörender Bruch der guten Sitten und alles Anstandes
– eine weise Vorkehrung! Jedoch muß ich sie jetzt einmal
außer acht lassen, um mit den Deutschen deutsch zu reden.
Denn ich habe zu sagen, daß das Schicksal der Goetheschen
Farbenlehre ein schreiender Beweis entweder der Unredlichkeit oder aber der völligen Urteilslosigkeit der deutschen Gelehrtenwelt ist: wahrscheinlich haben beide edele[n] Eigen-

schaften dabei einander in die Hände gearbeitet. Das große gebildete Publikum sucht Wohlleben und Zeitvertreib, legt daher beiseite, was nicht Roman, Komödie oder Gedicht ist. Um ausnahmsweise einmal zur Belehrung zu lesen, wartet es zuvörderst auf Brief und Siegel von denen, die es besser verstehn, darüber, daß hier wirklich Belehrung zu finden sei. Und die es besser verstehn, meint es, das wären die *Leute vom Fach*. Es verwechselt nämlich die, welche *von* einer Sache leben, mit denen, die *für* die Sache leben, wiewohl dies selten dieselben sind. Schon *Diderot* hat es in ›Rameaus Neffen‹ gesagt, daß die, welche eine Wissenschaft lehren, nicht die sind, welche sie verstehn und ernstlich treiben, als welchen keine Zeit zum Lehren derselben bleibt[1]. Jene andern leben bloß *von* der Wissenschaft: sie ist ihnen ›eine tüchtige Kuh, die sie mit Butter versorgt‹ [Schiller, ›Wissenschaft‹]. – Wenn der größte Geist einer Nation eine Sache zum Hauptstudium seines Lebens gemacht hat wie *Goethe* die Farbenlehre und sie findet keinen Eingang, so ist es Pflicht der Regierungen, welche Akademien bezahlen, diesen aufzutragen, die Sache durch eine Kommission untersuchen zu lassen, wie dies in Frankreich mit viel unbedeutenderen Dingen geschieht. Wozu sonst sind diese Akademien, die sich so breitmachen und in denen doch so mancher Dummkopf sitzt und sich bläht, da? Neue Wahrheiten von Belang gehn selten von ihnen aus: daher sollten sie wenigstens wichtige Leistungen zu beurteilen fähig sein und genötigt werden, ex officio [von Amts wegen] zu reden. Vorläufig jedoch hat uns Herr *Link*, Mitglied der Berliner Akademie, eine Probe seiner akademischen Urteilskraft geliefert in seinen ›Propyläen der Naturkunde‹ (Bd. 1, 1836). A priori überzeugt, daß sein Universitätskollege *Hegel* ein großer Philosoph und *Goethes* ›Farbenlehre‹ eine Stümperei sei, bringt er (daselbst S. 47) beide so zusammen: ›Hegel erschöpft sich in den ungemessensten Ausfällen, wenn es *Newton* gilt, vielleicht aus *Kondeszendenz*[2] – eine schlechte Sache verdient ein schlechtes Wort – für Goethe.‹ Also von

1. [*Vgl. Bd. 3, S. 667*]
2. [Herablassung]

PARALIPOMENA

der *Kondeszendenz* eines elenden Scharlatans gegen den größten Geist der Nation erdreistet sich dieser Herr Link zu reden! Ich füge als Proben seiner Urteilskraft und lächerlichen
Vermessenheit noch folgende die obige erläuternden Stellen aus demselben Buche bei. ›An Tiefsinn übertrifft Hegel
alle seine Vorgänger: man kann sagen, ihre Philosophie verschwindet vor der seinigen‹ (S. 32). Und seine Darstellung
jener jämmerlichen Hegelschen Katederhanswurstiade be-
schließt er (S. 44) mit: ›Dieses ist das tiefgegründete, erhabene Gebäude des höchsten metaphysischen Scharfsinnes,
welches die Wissenschaft kennt. Worte wie diese: ‚Das
Denken der Notwendigkeit ist die Freiheit; der Geist schafft
sich eine Welt der Sittlichkeit, wo die Freiheit wiederum
Notwendigkeit wird‘ erfüllen mit Ehrfurcht den nahenden
Geist, und, einmal gehörig erkannt, sichern sie dem, welcher sie sprach, die Unsterblichkeit.‹ – Da dieser Herr *Link*
nicht bloß Mitglied der Berliner Akademie ist, sondern
auch zu den Notabilitäten, vielleicht gar Zelebritäten der
deutschen Gelehrten-Republik gehört; so können diese
Aussprüche, zumal da sie nirgends gerügt worden, auch als
eine *Probe deutscher Urteilskraft und deutscher Gerechtigkeit* gelten. Man wird danach besser verstehn, wie es geschehn
konnte, daß meine Schriften mehr als dreißig Jahre hindurch
nicht des Hinsehns wert geachtet worden sind.

§ 251

Der deutsche Gelehrte ist aber auch zu arm, um redlich und
ehrenhaft sein zu können. Daher ist drehn, winden, sich
akkommodieren und seine Überzeugung verleugnen, lehren
und schreiben, was er nicht glaubt, kriechen, schmeicheln,
Partei machen und Kameradschaft schließen, Minister,
Große, Kollegen, Studenten, Buchhändler, Rezensenten,
kurz: alles eher als die Wahrheit und fremdes Verdienst berücksichtigen – sein Gang und seine Methode. Er wird dadurch meistens ein rücksichtsvoller Lump. Infolge davon
hat denn auch in der deutschen Literatur überhaupt und
der Philosophie insbesondere die Unredlichkeit so sehr die

Oberhand gewonnen, daß zu hoffen steht, es werde damit den Punkt erreichen, wo sie, als unfähig, noch irgend jemanden zu täuschen, unwirksam wird.

§ 252

Übrigens ist es in der Gelehrten-Republik wie in andern Republiken: man liebt einen schlichten Mann, der still vor sich hin geht und nicht klüger sein will als die andern. Gegen die exzentrischen Köpfe, als welche Gefahr drohen, vereinigt man sich und hat, o welche! Majorität auf seiner Seite.

In der Gelehrten-Republik geht es, im ganzen genommen, so her wie in der Republik Mexiko, als in welcher jeder bloß auf *seinen* Vorteil bedacht ist, Ansehn und Macht *für sich* suchend, ganz unbekümmert um das Ganze, welches darüber zugrunde geht. Ebenso sucht in der Gelehrten-Republik jeder nur *sich* geltend zu machen, um Ansehn zu gewinnen: das einzige, worin sie alle übereinstimmen, ist, einen wirklich eminenten Kopf, wenn er sich zeigen sollte, nicht aufkommen zu lassen, da er allen zugleich gefährlich wird. Wie das Ganze der Wissenschaften dabei fährt, ist leicht abzusehn.

§ 253

Zwischen Professoren und unabhängigen Gelehrten besteht von alters her ein gewisser Antagonismus, der vielleicht in etwas durch den zwischen Hunden und Wölfen erläutert werden könnte.

Professoren haben durch ihre Lage große Vorteile, um zur Kunde ihrer Zeitgenossen zu gelangen. Dagegen haben unabhängige Gelehrte durch ihre Lage große Vorteile, um zur Kunde der Nachwelt zu gelangen; weil es dazu unter andern und viel selteneren Dingen auch einer gewissen Muße und Unabhängigkeit bedarf.

Da es lange dauert, ehe die Menschheit herausfindet, wem sie ihre Aufmerksamkeit zu schenken hat, so können beide nebeneinander wirken.

Im ganzen genommen, ist die Stallfütterung der Professuren am geeignetsten für die Wiederkäuer. Hingegen die, welche aus den Händen der Natur die eigene Beute empfangen, befinden sich besser im Freien.

§ 254

Von dem menschlichen Wissen überhaupt in jeder Art existiert der allergrößte Teil stets nur auf dem Papier, in den Büchern, diesem papiernen Gedächtnis der Menschheit. Nur ein kleiner Teil desselben ist in jedem gegebenen Zeitpunkt in irgendwelchen Köpfen wirklich lebendig. Dies entspringt besonders aus der Kürze und Ungewißheit des Lebens, zudem aus der Trägheit und Genußsucht der Menschen. Das jedesmalige schnell vorübereilende Geschlecht erreicht vom menschlichen Wissen, was es gerade braucht. Es stirbt bald aus. Die meisten Gelehrten sind sehr oberflächlich. Nun folgt ein neues hoffnungsvolles Geschlecht, welches von nichts weiß, sondern alles von Anfang an zu lernen hat; davon nimmt es wieder, soviel es auffassen oder auf seiner kurzen Reise gebrauchen kann, und geht ebenfalls ab. Wie schlecht würde es also um das menschliche Wissen stehn, wenn Schrift und Druck nicht wären! Daher sind die Bibliotheken allein das sichere und bleibende Gedächtnis des menschlichen Geschlechts, dessen einzelne Mitglieder alle nur ein sehr beschränktes und unvollkommenes haben. Daher lassen die meisten Gelehrten so ungern ihre Kenntnisse examinieren wie die Kaufleute ihre Handlungsbücher.

Das menschliche Wissen ist nach allen Seiten unabsehbar, und von dem, was überhaupt wissenswert wäre, kann kein einzelner auch nur den tausendsten Teil wissen.

Demgemäß haben die Wissenschaften eine solche Breite der Ausdehnung erlangt, daß, wer etwas ›darin leisten‹ will, nur ein ganz spezielles Fach betreiben darf, unbekümmert um alles andere. Alsdann wird er zwar in seinem Fache über dem Vulgus stehn, in allem übrigen jedoch zu demselben gehören. Kommt nun noch, wie heutzutage immer häufiger

wird, die Vernachlässigung der alten Sprachen, welche halb
zu lernen nichts hilft, hinzu, wodurch die allgemeine Hu-
manitätsbildung wegfällt; so werden wir Gelehrte sehn, die
außerhalb ihres speziellen Faches wahre Ochsen sind. –
Überhaupt ist so ein exklusiver Fachgelehrter dem Fabrik-
arbeiter analog, der sein Leben lang nichts anderes macht
als eine bestimmte Schraube oder Haken oder Handhabe zu
einem bestimmten Werkzeuge oder [einer] Maschine, worin
er dann freilich eine unglaubliche Virtuosität erlangt. Auch
kann man den Fachgelehrten mit einem Manne vergleichen,
der in seinem eigenen Hause wohnt, jedoch nie herauskommt. In dem Hause kennt er alles genau, jedes Trepp-
chen, jeden Winkel und jeden Balken, etwan wie Victor
Hugos Quasimodo die Notre-Dame-Kirche kennt, aber
außerhalb desselben ist ihm alles fremd und unbekannt. –
Wahre Bildung zur Humanität hingegen erfordert durchaus
Vielseitigkeit und Überblick, also für einen Gelehrten im
höhern Sinne allerdings etwas Polyhistoria. Wer aber vollends ein Philosoph sein will, muß in seinem Kopfe die ent-
ferntesten Enden des menschlichen Wissens zusammenbringen: denn wo anders könnten sie jemals zusammen-
kommen? – Geister ersten Ranges nun gar werden niemals
Fachgelehrte sein. Ihnen als solchen ist das Ganze des Daseins zum Problem gegeben, und über dasselbe wird jeder
von ihnen in irgendeiner Form und Weise der Menschheit
neue Aufschlüsse erteilen. Denn den Namen eines Genies
kann nur der verdienen, welcher das Ganze und Große, das
Wesentliche und Allgemeine der Dinge zum Thema seiner
Leistungen nimmt, nicht aber, wer irgendein spezielles Verhältnis von Dingen zu einander zurechtzulegen sein Leben
lang bemüht ist.

§ 255

Die Abschaffung des Lateinischen als allgemeiner Gelehrtensprache und die dagegen eingeführte Kleinbürgerei der
Nationalliteraturen ist für die Wissenschaften in Europa ein
wahres Unglück gewesen. Zunächst, weil es nur mittelst
der lateinischen Sprache ein allgemeines europäisches Ge-

lehrtenpublikum gab, an dessen Gesamtheit jedes erscheinende Buch sich direkt wandte. Nun ist aber die Zahl der eigentlich denkenden und urteilsfähigen Köpfe in ganz Europa ohnehin schon so klein, daß, wenn man ihr Forum noch durch Sprachgrenzen zerstückelt und auseinanderreißt, man ihre wohltätige Wirksamkeit unendlich schwächt. Und die nach beliebiger Auswahl der Verleger von literarischen Handwerksburschen fabrizierten Verdolmetschungen sind ein schlechtes Surrogat für eine allgemeine Gelehrtensprache. *Darum* ist *Kants* Philosophie nach kurzem Aufleuchten im Sumpfe deutscher Urteilskraft steckengeblieben, während über demselben die Irrlichter Fichtescher, Schellingischer und endlich gar Hegelscher Scheinwissenschaft ihr Flackerleben genossen. *Darum* hat *Goethes* ›Farbenlehre‹ keine Gerechtigkeit gefunden. *Darum* bin ich unbeachtet geblieben. *Darum* ist die so intellektuelle und urteilskräftige englische Nation noch jetzt durch die schimpflichste Bigotterie und Pfaffenbevormundung degradiert. *Darum* ermangelt Frankreichs ruhmvolle Physik und Zoologie der Stütze und Kontrolle einer ausreichenden und würdigen Metaphysik. Und noch mehr ließe sich anführen. Zudem aber wird an diesen großen Nachteil gar bald ein zweiter noch größerer sich knüpfen: das Aufhören der Erlernung der alten Sprachen. Nimmt doch schon jetzt in Frankreich und selbst in Deutschland die Vernachlässigung derselben überhand! Schon, daß in den 1830er Jahren das ›Corpus iuris‹ ins Deutsche übersetzt wurde[1], war ein unverkennbares Zeichen des Eintritts der Ignoranz in der Grundlage aller Gelehrsamkeit, der lateinischen Sprache, also der Barbarei. Jetzt ist es so weit gekommen, daß griechische, ja lateinische Autoren mit *deutschen* Noten herausgegeben werden, welches eine Schweinerei und eine Infamie ist. Der wahre Grund davon (wie auch die Herren sich gebärden mögen) ist, daß die Herausgeber nicht mehr Latein zu schreiben verstehn, und die liebe Jugend wandert gern an ihrer Hand den Weg der Faulheit, Ignoranz und Barbarei. Ich hatte erwar-

1. [Das Corpus iuris civilis, die Rechtsbücher Justinians, wurde von Otto, Schilling und Sintenis übersetzt]

tet, dies Verfahren in den Literaturzeitungen nach Verdienst gegeißelt zu sehn; aber wie mußte ich erstaunen, als ich sah, daß es ohne allen Tadel davonkam, als ganz in der Ordnung. Das macht, die Rezensenten sind eben solche unwissende[n] Patrone oder auch Gevatter der Herausgeber oder des Verlegers. Und die rücksichtsvollste Niederträchtigkeit ist in der deutschen Literatur jeder Art völlig zu Hause.

Als spezielle Gemeinheit, die jetzt alle Tage dreister hervorkriecht, muß ich noch rügen, daß in wissenschaftlichen Büchern und in ganz eigentlich gelehrten, sogar von Akademien herausgegebenen Zeitschriften Stellen aus griechischen, ja (pro pudor! [welche Schande!]) aus lateinischen Autoren in deutscher Übersetzung angeführt werden. Pfui Teufel! Schreibt ihr für Schuster und Schneider? – Ich glaub's: um nur recht viel ›abzusetzen‹. Dann erlaubt mir gehorsamst zu bemerken, daß ihr in jedem Sinne gemeine Kerle seid[1]. – Habt mehr Ehr' im Leib und weniger Geld in der Tasche und laßt den Ungelehrten seine Inferiorität fühlen, statt Bücklinge vor seiner Geldkatze zu machen. – Für griechische und lateinische Autoren sind deutsche Übersetzungen geradeso ein Surrogat wie Zichorien für Kaffee; und zudem darf man auf ihre Richtigkeit sich durchaus nicht verlassen.

Kommt es also dahin, dann lebe wohl, Humanität, edler Geschmack und hoher Sinn! Die Barbarei kommt wieder trotz Eisenbahnen, elektrischen Drähten und Luftballons. Endlich gehn wir dadurch noch eines Vorteils verlustig, den alle unsere Vorfahren genossen haben. Nämlich nicht bloß das römische Altertum schließt das Lateinische uns auf, sondern ebenso unmittelbar das ganze Mittelalter aller europäischen Länder und die neuere Zeit bis auf die Mitte des vorigen Jahrhunderts herab. Daher reden z.B. Scotus Erigena aus dem 9. Jahrhundert, Johannes von Salisbury aus dem 12., Raimund Lullus aus dem 13., nebst hundert andern zu mir unmittelbar in der Sprache, die ihnen, sobald

---

1. [Es hat den Herausgeber dieser Ausgabe nicht daran gehindert, den altsprachlichen Zitaten die Übersetzung hinzuzufügen.]

sie an wissenschaftliche Gegenstände dachten, natürlich
und eigen war. Daher treten sie noch jetzt ganz nahe
an mich heran: ich bin in unmittelbarer Berührung mit
ihnen und lerne sie wahrhaft kennen. Was würde es sein,
wenn jeder von ihnen in seiner Landessprache, wie sie
zu seiner Zeit war, geschrieben hätte?! Nicht die Hälfte
würde ich auch nur verstehn und eine eigentliche geistige
Berührung mit ihnen wäre unmöglich: ich sähe sie wie
Schattenbilder am fernen Horizont oder gar durch das Teleskop einer Übersetzung. Dies zu verhüten hat Baco von
Verulam, wie er ausdrücklich sagt, seine ›Essays‹ nachmals
selbst ins Lateinische übersetzt unter dem Titel ›Sermones
fideles‹ – wobei ihm jedoch *Hobbes* geholfen hat (›Hobbesii
vita‹ p. 22).

Hier sei beiläufig erwähnt, daß der Patriotismus, wenn er
im Reiche der Wissenschaften sich geltend machen will, ein
schmutziger Geselle ist, den man hinauswerfen soll. Denn
was kann impertinenter sein, als da, wo das rein und allgemein Menschliche betrieben wird und wo Wahrheit, Klarheit und Schönheit allein gelten sollen, seine Vorliebe für
die Nation, welcher die eigene werte Person gerade angehört, in die Waagschale legen zu wollen und nun aus solcher Rücksicht bald der Wahrheit Gewalt anzutun, bald
gegen die großen Geister fremder Nationen ungerecht zu
sein, um die geringeren der eigenen herauszustreichen. Beispielen dieser Gemeinheit begegnet man aber täglich bei
den Schriftstellern aller Nationen Europas; daher sie auch
schon von *Yriarte* in der 33. seiner allerliebsten ›Literarischen
Fabeln‹ verspottet worden ist.

§ 256

Zur Verbesserung der *Qualität* der Studierenden auf Kosten
ihrer schon sehr überzähligen *Quantität* sollte gesetzlich bestimmt sein: 1. daß keiner vor seinem zwanzigsten Jahre die
Universität beziehn dürfte, daselbst aber erst ein examen
rigorosum in beiden alten Sprachen zu überstehn hätte, ehe
ihm die Matrikel erteilt würde. Durch diese jedoch müßte

er vom Militärdienst befreit sein, und hätte somit an ihr seine ersten doctarum praemia frontium [ersten Auszeichnungen gelehrten Ansehens]. Ein Student hat viel zuviel zu lernen, als daß er unverkümmert ein Jahr oder gar noch mehr mit dem seinem Beruf so heterogenen Waffenhandwerk verderben könnte – nicht zu gedenken, daß sein Einexerziertwerden den Respekt untergräbt, den jeder Ungelehrte, wer er auch sei, vom ersten bis zum letzten dem Gelehrten schuldig ist; ja geradezu dieselbe Barbarei ist, welche *Raupach* dargestellt hat in der Komödie ›Vor hundert Jahren‹ an der hinterlistigen Brutalität des ›Alten Dessauers‹ gegen einen Kandidaten. Durch die so natürliche Exemtion des Gelehrtenstandes vom Militärdienst werden die Armeen nicht zusammenschmelzen; wohl aber wird dadurch die Zahl schlechter Ärzte, schlechter Advokaten und Richter, unwissender Schulmänner und Scharlatane jeder Art vermindert werden – um so gewisser, als jedes Stück Soldatenleben demoralisierend auf den künftigen Gelehrten wirkt. – 2. sollte gesetzlich bestimmt sein, daß jeder auf der Universität im ersten Jahre ausschließlich Kollegia der philosophischen Fakultät hören müßte und vor dem zweiten Jahre zu denen der drei obern Fakultäten gar nicht zugelassen würde, diesen aber alsdann die Theologen zwei, die Juristen drei, die Mediziner vier Jahre widmen müßten. Dagegen könnte auf den Gymnasien der Unterricht auf alte Sprachen, Geschichte, Mathematik und deutschen Stil beschränkt bleiben und besonders in ersteren desto gründlicher sein. Weil jedoch die Anlage zur Mathematik eine ganz spezielle und eigene ist, die mit den übrigen Fähigkeiten eines Kopfes gar nicht parallelgeht, ja nichts mit ihnen gemein hat[1]; so sollte für den mathematischen Unterricht eine ganz gesonderte Klassifikation der Schüler gelten, so daß, wer in Selekta säße, hier in Tertia sitzen könnte, seiner Ehre un-

1. Man sehe hierüber William Hamiltons schöne Abhandlung in Form einer Rezension eines Buches von Whewell in der ›Edinburgh Review‹ vom Januar 1836, auch später unter seinem Namen mit einigen andern Abhandlungen herausgegeben, auch deutsch übersetzt unter dem Titel ›Über den Wert und Unwert der Mathematik‹ (1836).

beschadet, und ebenso vice versa. Nur so kann jeder nach Maßgabe seiner Kräfte dieser besondern Art etwas davon lernen.

Die Professoren freilich werden, da ihnen an der Quantität der Studenten mehr als an deren Qualität liegt, obige Vorschläge nicht unterstützen – wie auch nicht den folgenden. Die Promotionen sollten durchaus unentgeltlich geschehn, damit die durch die Gewinnsucht der Professoren diskreditierte Doktorwürde wieder zu Ehren käme. Dafür sollten die nachherigen Staatsexamina bei Doktoren wegfallen.

KAPITEL 22

SELBSTDENKEN

§ 257

Wie die zahlreichste Bibliothek, wenn ungeordnet, nicht so
viel Nutzen schafft als eine sehr mäßige, aber wohlgeord-
nete; ebenso ist die größte Menge von Kenntnissen, wenn
nicht eigenes Denken sie durchgearbeitet hat, viel weniger
wert als eine weit geringere, die aber vielfältig durchdacht
worden. Denn erst durch das allseitige Kombinieren dessen,
was man weiß, durch das Vergleichen jeder Wahrheit mit
jeder andern eignet man sein eigenes Wissen sich vollständig an und bekommt es in seine Gewalt. Durchdenken kann
man nur, was man weiß; daher man etwas lernen soll: aber
man weiß auch nur, was man durchdacht hat.

Nun aber kann man sich zwar willkürlich applizieren auf
Lesen und Lernen, auf das Denken hingegen eigentlich
nicht. Dieses nämlich muß wie das Feuer durch einen Luft-
zug angefacht und unterhalten werden durch irgendein Interesse am Gegenstande desselben, welches entweder ein
rein objektives oder aber bloß ein subjektives sein mag. Das
letztere ist allein bei unsern persönlichen Angelegenheiten
vorhanden; das erstere aber nur für die von Natur denkenden Köpfe, denen das Denken so natürlich ist wie das Atmen, welche aber sehr selten sind. Daher ist es mit den
meisten Gelehrten so wenig.

§ 258

Die Verschiedenheit zwischen der Wirkung, welche das
Selbstdenken, und der, welche das Lesen auf den Geist hat,

ist unglaublich groß; daher sie die ursprüngliche Verschiedenheit der Köpfe, vermöge welcher man zum einen oder
zum andern getrieben wird, noch immerfort vergrößert.
Das Lesen nämlich zwingt dem Geiste Gedanken auf, die
der Richtung und Stimmung, welche er für den Augenblick
hat, so fremd und heterogen sind wie das Petschaft dem
Lack, welchem es sein Siegel aufdrückt. Der Geist erleidet
dabei totalen Zwang von außen, jetzt dies oder jenes zu
denken, wozu er soeben gar keinen Trieb noch Stimmung
hat. – Hingegen beim Selbstdenken folgt er seinem selbst-
eigenen Triebe, wie diesen für den Augenblick entweder die
äußere Umgebung oder irgendeine Erinnerung näher bestimmt hat. Die anschauliche Umgebung nämlich dringt
dem Geiste nicht *einen* bestimmten Gedanken auf wie das
Lesen, sondern gibt ihm bloß Stoff und Anlaß, zu denken,
was seiner Natur und gegenwärtigen Stimmung gemäß ist.
– Daher nun nimmt das *viele* Lesen dem Geiste alle Elastizität, wie ein fortdauernd drückendes Gewicht sie einer
Springfeder nimmt, und ist, um keine eigenen Gedanken zu
haben, das sicherste Mittel, daß man in jeder freien Minute
sogleich ein Buch zur Hand nehme. Diese Praxis ist der
Grund, warum die Gelehrsamkeit die meisten Menschen
noch geistloser und einfältiger macht, als sie schon von Natur sind, und auch ihrer Schriftstellerei allen Erfolg benimmt[H]: sie bleiben, wie schon *Pope* sagt:

> [A lumberhouse of books in ev'ry head,]
> For ever reading, never to be read[1].

Pope, ›The Dunciad‹ 3, 194

Die Gelehrten sind die, welche in den Büchern gelesen
haben; die Denker, die Genies, die Welterleuchter und För-
derer des Menschengeschlechts sind aber die, welche unmittelbar im Buche der Welt gelesen haben.

H. So häufig die Leute sind, welche schreiben, so selten die, welche
denken.

1. [Ein Bücherhaufen steckt in jedem Kopf, stets liest er, nie gelesen
wird der Tropf; *vgl. Bd. 2, S. 106.*]

§ 259

Im Grunde haben nur die eigenen Grundgedanken Wahrheit und Leben; denn nur sie versteht man recht eigentlich und ganz. Fremde gelesene Gedanken sind die Überbleibsel eines fremden Mahles, die abgelegten Kleider eines fremden Gastes.

Zum eigenen in uns aufsteigenden Gedanken verhält der fremde gelesene sich wie der Abdruck einer Pflanze der Vorwelt im Stein zur blühenden Pflanze des Frühlings.

§ 260

Lesen ist ein bloßes Surrogat des eigenen Denkens. Man läßt dabei seine Gedanken von einem andern am Gängelbande führen. Zudem taugen viele Bücher bloß, zu zeigen, wieviel Irrwege es gibt und wie arg man sich verlaufen könnte, wenn man von ihnen sich leiten ließe. Den aber der Genius leitet, d. h. der selbst denkt, freiwillig denkt, richtig denkt – der hat die Bussole[1], den rechten Weg zu finden. – Lesen soll man also nur dann, wann die Quelle der eigenen Gedanken stockt, was auch beim besten Kopfe oft genug der Fall sein wird. Hingegen die eigenen urkräftigen Gedanken verscheuchen, um ein Buch zur Hand zu nehmen, ist Sünde wider den Heiligen Geist. Man gleicht alsdann dem, der aus der freien Natur flieht, um ein Herbarium zu besehn oder um schöne Gegenden im Kupferstiche zu betrachten.

Wenn man auch bisweilen eine Wahrheit, eine Einsicht, die man mit vieler Mühe und langsam durch eigenes Denken und Kombinieren herausgebracht hat, hätte mit Bequemlichkeit in einem Buche ganz fertig vorfinden können; so ist sie doch hundertmal mehr wert, wenn man sie durch eigenes Denken erlangt hat. Denn nur alsdann tritt sie als integrierender Teil, als lebendiges Glied ein in das ganze System unserer Gedanken, steht mit demselben in vollkommenem und festem Zusammenhange, wird mit allen ihren

1. [den Kompaß]

Gründen und Folgen verstanden, trägt die Farbe, den Far-
benton, das Gepräge unserer ganzen Denkweise, ist eben
zur rechten Zeit, als das Bedürfnis derselben rege war, gekommen, sitzt daher fest und kann nicht wieder verschwinden. Demnach findet hier Goethes Vers:

> Was du ererbt von deinen Vätern hast,
> Erwirb es, um es zu besitzen,

[›Faust‹ 1, Vers 682]

seine vollkommenste Anwendung, ja Erklärung. Der Selbstdenker nämlich lernt die Auktoritäten für seine Meinungen
erst hinterher kennen, wo sie ihm dann bloß zur Bekräftigung derselben und zu eigener Stärkung dienen; während
der Bücherphilosoph von ihnen ausgeht, indem er aus
fremden zusammengelesenen Meinungen sich ein Ganzes
konstruiert, welches alsdann einem aus fremdem Stoff zu-
sammengesetzten Automaten gleicht, jenes andre hingegen einem lebenden erzeugten Menschen. Denn gleich diesem ist es entstanden, indem die Außenwelt den denkenden
Geist befruchtete, der danach es austrug und gebar.

Die bloß erlernte Wahrheit klebt uns nur an wie ein ange-
setztes Glied, ein falscher Zahn, eine wächserne Nase oder
höchstens wie eine rhinoplastische aus fremdem Fleische;
die durch eigenes Denken erworbene aber gleicht dem natürlichen Gliede: sie allein gehört uns wirklich an. Darauf
beruht der Unterschied zwischen dem Denker und dem
bloßen Gelehrten. Daher sieht der geistige Erwerb des
Selbstdenkers aus wie ein schönes Gemälde, das lebendig
hervortritt mit richtigem Lichte und Schatten, gehaltenem
Ton, vollkommener Harmonie der Farben. Hingegen gleicht
der geistige Erwerb des bloßen Gelehrten einer großen Pa-
lette voll bunter Farben, allenfalls systematisch geordnet,
aber ohne Harmonie, Zusammenhang und Bedeutung.

§ 261

Lesen heißt mit einem fremden Kopfe statt des eigenen denken. Nun ist aber dem eigenen Denken, aus welchem alle-

mal ein zusammenhängendes Ganzes, ein wenn auch nicht streng abgeschlossenes System sich zu entwickeln trachtet, nichts nachteiliger als ein vermöge beständigen Lesens zu starker Zufluß fremder Gedanken; weil diese, jeder einem andern Geiste entsprossen, einem andern Systeme angehörend, eine andere Farbe tragend, nie von selbst zu einem Ganzen des Denkens, des Wissens, der Einsicht und Überzeugung zusammenfließen, vielmehr eine leise babylonische Sprachverwirrung im Kopfe anrichten und dem Geiste, der sich mit ihnen überfüllt hat, nunmehr alle klare Einsicht benehmen und so ihn beinahe desorganisieren. Dieser Zustand ist an vielen Gelehrten wahrzunehmen und macht, daß sie an gesundem Verstande, richtigem Urteil und praktischem Takte vielen Ungelehrten nachstehn, welche die von außen, durch Erfahrung, Gespräch und wenige Lektüre ihnen zugekommene geringe Kenntnis stets dem eigenen Denken untergeordnet und einverleibt haben. Eben dieses nun tut nach einem größern Maßstabe auch der wissenschaftliche *Denker.* Obgleich er nämlich viele Kenntnisse nötig hat und daher viel lesen muß, so ist doch sein Geist stark genug, dies alles zu bewältigen, es zu assimilieren, dem Systeme seiner Gedanken einzuverleiben und es so dem organisch zusammenhängenden Ganzen seiner immer wachsenden, großartigen Einsicht unterzuordnen; wobei sein eigenes Denken wie der Grundbaß der Orgel stets alles beherrscht und nie von fremden Tönen übertäubt wird, wie dies hingegen der Fall ist in den bloß polyhistorischen Köpfen, in welchen gleichsam Musikfetzen aus allen Tonarten durcheinanderlaufen und der Grundton gar nicht mehr zu finden ist.

§ 262

Die Leute, welche ihr Leben mit Lesen zugebracht und ihre Weisheit aus Büchern geschöpft haben, gleichen denen, welche aus vielen Reisebeschreibungen sich genaue Kunde von einem Lande erworben haben. Diese können über vieles Auskunft erteilen: aber im Grunde haben sie doch keine zusammenhängende, deutliche, gründliche Kenntnis von der

Beschaffenheit des Landes. Hingegen die, welche ihr Leben
mit Denken zugebracht haben, gleichen solchen, die selbst
in jenem Lande gewesen sind: sie allein wissen eigentlich,
wovon die Rede ist, kennen die Dinge dort im Zusammenhang und sind wahrhaft darin zu Hause.

§ 263

Zu einem Selbstdenker verhält sich der gewöhnliche Bücherphilosoph wie zu einem Augenzeugen ein Geschichts-
forscher: jener redet aus eigener unmittelbarer Auffassung
der Sache. Daher stimmen alle Selbstdenker im Grunde
doch überein, und ihre Verschiedenheit entspringt nur aus
der des Standpunktes: wo aber dieser nichts ändert, sagen
sie alle dasselbe. Denn sie sagen bloß aus, was sie objektiv
aufgefaßt haben. Oft habe ich Sätze, die ich ihrer Paradoxie
wegen nur zaudernd vor das Publikum brachte, nachmals
zu meinem freudigen Erstaunen in alten Werken großer
Männer ausgesprochen gefunden. – Der Bücherphilosoph
hingegen berichtet, was dieser gesagt und jener gemeint
und was dann wieder ein anderer eingewandt hat usw. Das
vergleicht er, wägt es ab, kritisiert es und sucht so hinter
die Wahrheit der Sachen zu kommen, wobei er dem kritischen Geschichtsschreiber ganz ähnlich wird. So wird er
z. B. Untersuchungen anstellen, ob Leibniz wohl zu irgendeiner Zeit auf eine Weile ein Spinozist gewesen sei u. dgl.
mehr. Recht deutliche Beispiele zu dem hier Gesagten liefern dem kuriosen Liebhaber *Herbarts* ›Analytische Beleuchtung der Moral und des Naturrechts‹, imgleichen dessen
›Briefe über die Freiheit‹. – Man könnte sich wundern über
die viele Mühe, die so einer sich gibt; da es scheint, daß,
wenn er nur die Sache selbst ins Auge fassen wollte, er durch
ein wenig Selbstdenken bald zum Ziele gelangen würde.
Allein damit hat es einen kleinen Anstand, indem solches
nicht von unserm Willen abhängt: man kann jederzeit sich
hinsetzen und lesen, nicht aber – und denken. Es ist nämlich
mit Gedanken wie mit Menschen: man kann nicht immer
nach Belieben sie rufen lassen, sondern muß abwarten, daß

sie kommen. Das Denken über einen Gegenstand muß sich von selbst einstellen, durch ein glückliches, harmonierendes Zusammentreffen des äußern Anlasses mit der innern Stimmung und Spannung: und gerade das ist es, was jenen Leuten nie kommen will. Dies findet seine Erläuterung sogar an den unser persönliches Interesse betreffenden Gedanken. Wenn wir in einer solchen Angelegenheit einen Entschluß zu fassen haben, können wir nicht wohl zu beliebig gewählter Zeit uns dazu hinsetzen, die Gründe überlegen und nun beschließen: denn oft will gerade dann unser Nachdenken darüber nicht standhalten, sondern schweift ab zu andern Dingen; woran bisweilen sogar der Widerwille an der Angelegenheit schuld ist. Da sollen wir es nicht erzwingen wollen, sondern abwarten, daß auch dazu die Stimmung sich von selbst einstelle: sie wird es oft unvermutet und wiederholt; und jede zu verschiedener Zeit verschiedene Stimmung wirft ein anderes Licht auf die Sache. Dieser langsame Hergang ist es, den man unter dem *Reifen der Entschlüsse* versteht. Denn das Pensum muß verteilt werden, manches früher Übersehene fällt uns dadurch ein, und auch der Widerwille wird sich dabei verlieren, indem die Sachen, deutlich ins Auge gefaßt, meistens viel erträglicher erscheinen. – Ebenso nun im Theoretischen will die gute Stunde abgewartet sein, und ist sogar der größte Kopf nicht jederzeit zum Selbstdenken fähig. Daher tut er wohl, die übrige Zeit zum Lesen zu benutzen, als welches, wie gesagt, ein Surrogat des eigenen Denkens ist und dem Geiste Stoff zuführt, indem dabei ein anderer für uns denkt, wiewohl stets auf eine Weise, die nicht die unserige ist. Dieserhalb eben soll man nicht zu viel lesen; damit nicht der Geist sich an das Surrogat gewöhne und darüber die Sache selbst verlerne, also damit er nicht sich an schon ausgetretene Pfade gewöhne und damit das Gehn eines fremden Gedankenganges ihn nicht dem eigenen entfremde. Am allerwenigsten soll man des Lesens wegen dem Anblick der realen Welt sich ganz entziehn, da der Anlaß und die Stimmung zum eigenen Denken ungleich öfter bei diesem als beim Lesen sich einfindet. Denn das Anschauliche, das Reale, in seiner Ursprünglichkeit und Kraft ist der natürliche Gegenstand des denkenden Geistes und vermag am leichtesten ihn tief zu erregen.

Nach diesen Betrachtungen wird es uns nicht wundern, daß der Selbstdenker und der Bücherphilosoph schon am Vortrage leicht zu erkennen sind: jener am Gepräge des Ernstes, der Unmittelbarkeit und Ursprünglichkeit, am Autoptischen aller seiner Gedanken und Ausdrücke; dieser hingegen daran, daß alles aus zweiter Hand ist, überkommene Begriffe, zusammengetrödelter Kram, matt und stumpf, wie der Abdruck eines Abdrucks; und sein aus konventionellen, ja banalen Phrasen und gangbaren Modeworten bestehender Stil gleicht einem kleinen Staate, dessen Zirkulation aus lauter fremden Münzsorten besteht, weil er nicht selbst prägt.

§ 264

Sowenig wie das Lesen kann die bloße Erfahrung das Denken ersetzen. Die reine Empirie verhält sich zum Denken wie Essen zum Verdauen und Assimilieren. Wenn jene sich brüstet, daß sie allein durch ihre Entdeckungen das menschliche Wissen gefördert habe; so ist es, wie wenn der Mund sich rühmen wollte, daß der Bestand des Leibes sein Werk allein sei.

§ 265

Die Werke aller wirklich befähigten Köpfe unterscheiden sich von den übrigen durch den Charakter der *Entschiedenheit* und *Bestimmtheit*, nebst daraus entspringender Deutlichkeit und Klarheit, weil solche Köpfe allemal bestimmt und deutlich wußten, was sie ausdrücken wollten – es mag nun in Prosa, in Versen oder in Tönen gewesen sein. Diese Entschiedenheit und Klarheit mangelt den übrigen, und daran sind sie sogleich zu erkennen.

Das charakteristische Merkmal der Geister ersten Ranges ist die Unmittelbarkeit aller ihrer Urteile. Alles, was sie vorbringen, ist Resultat ihres selbst-eigenen Denkens und kündigt sich schon durch den Vortrag überall als solches an.

Sie haben sonach gleich den Fürsten eine Reichsunmittel-
barkeit im Reiche der Geister: die übrigen sind alle me-
diatisiert; welches schon an ihrem Stil, der kein eigenes Gepräge hat, zu ersehn ist.

Jeder wahre Selbstdenker also gleicht insofern einem Monarchen: er ist unmittelbar und erkennt niemanden über
sich. Seine Urteile wie die Beschlüsse eines Monarchen entspringen aus seiner eigenen Machtvollkommenheit und
gehn unmittelbar von ihm selbst aus. Denn sowenig wie der
Monarch Befehle, nimmt er Auktoritäten an, sondern läßt
nichts gelten, als was er selbst bestätigt hat. – Das Vulgus
der Köpfe hingegen, befangen in allerlei geltenden Meinungen, Auktoritäten und Vorurteilen, gleicht dem Volke,
welches dem Gesetze und Befehle schweigend gehorcht.

§ 266

Die Leute, welche so eifrig und eilig sind, strittige Fragen
durch Anführung von Auktoritäten zu entscheiden, sind
eigentlich froh, wann sie statt eigenen Verstandes und Einsicht, daran es fehlt, fremde ins Feld stellen können. Ihre
Zahl ist Legion. Denn, wie Seneca sagt: ›Unusquisque
mavult credere quam iudicare.‹ [Ein jeder will lieber glauben als urteilen; nach ›De vita beata‹ 1, 4.] Bei ihren Kontroversen ist danach die gemeinsam erwählte Waffe Auktoritäten: damit schlagen sie aufeinander los, und wer etwan hin-
eingeraten ist, tut nicht wohl, sich dagegen mit Gründen
und Argumenten wehren zu wollen: denn gegen diese
Waffe sind sie gehörnte Siegfriede, eingetaucht in die Flut
der Unfähigkeit, zu denken und zu urteilen: sie werden ihm
daher ihre Auktoritäten als ein ›argumentum ad verecun-
diam‹ [einen Beweisgrund aus Ehrfurcht] entgegenhalten
und dann ›Viktoria‹ schreien.

§ 267

Im Reiche der Wirklichkeit, so schön, glücklich und anmu-
tig sie auch ausgefallen sein mag, bewegen wir uns doch

stets nur unter dem Einfluß der Schwere, welcher unaufhörlich zu überwinden ist: hingegen sind wir im Reiche der Gedanken unkörperliche Geister, ohne Schwere und ohne Not. Daher kommt kein Glück auf Erden dem gleich, welches ein schöner und fruchtbarer Geist zur glücklichen Stunde in sich selbst findet.

§ 268

Die Gegenwart eines Gedankens ist wie die Gegenwart einer Geliebten. Wir meinen, diesen Gedanken werden wir nie vergessen und diese Geliebte könne uns nie gleichgültig werden. Allein: aus den Augen, aus dem Sinn! Der schönste Gedanke läuft Gefahr, unwiederbringlich vergessen zu werden, wenn er nicht aufgeschrieben, und die Geliebte, von uns geflohen zu werden, wenn sie nicht angetraut worden.

§ 269

Es gibt Gedanken die Menge, welche Wert haben für den, der sie denkt; aber nur wenige unter ihnen, welche die Kraft besitzen, noch durch Reperkussion oder Reflexion zu wirken, d.h. nachdem sie niedergeschrieben worden, dem Leser Anteil abzugewinnen.

§ 270

Dabei aber hat doch nur das wahren Wert, was einer zunächst bloß *für sich selbst* gedacht hat. Man kann nämlich die Denker einteilen in solche, die zunächst *für sich*, und solche, die sogleich *für andere* denken. Jene sind die echten, sind die *Selbstdenker*, im zwiefachen Sinne des Worts: sie sind die eigentlichen *Philosophen*. Denn ihnen allein ist es Ernst mit der Sache. Auch besteht der Genuß und das Glück ihres Daseins eben im Denken. Die andern sind die *Sophisten*: sie wollen *scheinen* und suchen ihr Glück in dem, was sie dadurch von andern zu erlangen hoffen; hierin liegt ihr Ernst. Welcher von beiden Klassen einer angehörte, läßt sich bald

merken an seiner ganzen Art und Weise. *Lichtenberg* ist ein
Muster der ersten Art; *Herder* gehört schon der zweiten an.

§ 271

Wenn man wohl erwägt, wie groß und wie naheliegend das
Problem des Daseins ist, dieses zweideutigen, gequälten,
flüchtigen, traumartigen Daseins – so groß und so naheliegend, daß, sobald man es gewahr wird, es alle andern Probleme und Zwecke überschattet und verdeckt – und wenn
man nun dabei vor Augen hat, wie alle Menschen (einige
wenige und seltene ausgenommen) dieses Problems sich
nicht deutlich bewußt-, ja seiner gar nicht innezuwerden
scheinen, sondern um alles andere eher als darum sich be-
kümmern und dahinleben, nur auf den heutigen Tag und
die fast nicht längere Spanne ihrer persönlichen Zukunft
bedacht, indem sie jenes Problem entweder ausdrücklich ablehnen oder hinsichtlich desselben sich bereitwillig abfinden
lassen mit irgendeinem Systeme der Volksmetaphysik und
damit ausreichen – wenn man, sage ich, das wohl erwägt;
so kann man der Meinung werden, daß der Mensch doch
nur sehr im weitern Sinne ein *denkendes Wesen* heiße, und wird
fortan über keinen Zug von Gedankenlosigkeit oder Einfalt
sich sonderlich wundern, vielmehr wissen, daß der intellektuelle Gesichtskreis des Normalmenschen zwar über den
des Tieres (dessen ganzes Dasein, der Zukunft und Vergangenheit sich nicht bewußt, gleichsam eine einzige Gegenwart ist) hinausgeht, aber doch nicht so unberechenbar
weit, wie man wohl anzunehmen pflegt.

Diesem entspricht es sogar, daß man auch im Gespräche
die Gedanken der meisten Menschen so kurz abgeschnitten
findet wie Häckerling, daher kein längerer Faden sich herausspinnen läßt.

Auch könnte unmöglich, wenn diese Welt von eigentlich
denkenden Wesen bevölkert wäre, der Lärm jeder Art so
unbeschränkt erlaubt und freigegeben sein, wie sogar der
entsetzlichste und dabei zwecklose es ist. – Wenn nun aber
gar schon die Natur den Menschen zum Denken bestimmt

hätte, so würde sie ihm keine Ohren gegeben oder diese wenigstens wie bei den Fledermäusen, die ich darum beneide, mit luftdichten Schließklappen versehn haben. In Wahrheit aber ist er gleich den andern ein armes Tier, dessen Kräfte bloß auf die Erhaltung seines Daseins berechnet sind, weshalb es der stets offenen Ohren bedarf, als welche auch unbefragt und bei Nacht wie bei Tage die Annäherung des Verfolgers ankündigen.

KAPITEL 23

ÜBER SCHRIFTSTELLEREI UND STIL

§ 272

Zuvörderst gibt es zweierlei Schriftsteller: solche, die der Sache wegen, und solche, die des Schreibens wegen schreiben. Jene haben Gedanken gehabt oder Erfahrungen gemacht, die ihnen mitteilenswert scheinen; diese brauchen Geld, und deshalb schreiben sie, für Geld. Sie denken zum Behuf des Schreibens. Man erkennt sie daran, daß sie ihre Gedanken möglichst lang ausspinnen und auch halbwahre, schiefe, forcierte und schwankende Gedanken ausführen, auch meistens das Helldunkel lieben, um zu scheinen, was sie nicht sind; weshalb ihrem Schreiben Bestimmtheit und volle Deutlichkeit abgeht. Man kann daher bald merken, daß sie, um Papier zu füllen, schreiben: bei unsern besten Schriftstellern kann man es mitunter, z.B. stellenweise in Lessings ›Dramaturgie‹ und sogar in manchen Romanen Jean Pauls. Sobald man es merkt, soll man das Buch wegwerfen; denn die Zeit ist edel. Im Grunde aber betrügt der Autor den Leser, sobald er schreibt, um Papier zu füllen; denn sein Vorgeben ist, zu schreiben, weil er etwas mitzuteilen hat. – Honorar und Verbot des Nachdrucks sind im Grunde der Verderb der Literatur. Schreibenswertes schreibt nur, wer ganz allein der Sache wegen schreibt. Welch ein unschätzbarer Gewinn würde es sein, wenn in allen Fächern einer Literatur nur wenige, aber vortreffliche Bücher existierten. Dahin aber kann es nie kommen, solange Honorar zu verdienen ist. Denn es ist, als ob ein Fluch auf dem Gelde läge: jeder Schriftsteller wird schlecht, sobald er irgend des Gewinnes wegen schreibt. Die vortrefflichsten

Werke der großen Männer sind alle aus der Zeit, als sie noch umsonst oder für ein sehr geringes Honorar schreiben mußten. Also auch hier bewährt sich das spanische Sprichwort: ›Honra y provecho no caben en un saco.‹ (Ehre und Geld gehn nicht in denselben Sack.) – Der ganze Jammer der heutigen Literatur in und außer Deutschland hat zur Wurzel das Geldverdienen durch Bücherschreiben. Jeder, der Geld braucht, setzt sich hin und schreibt ein Buch, und das Publikum ist so dumm, es zu kaufen. Die sekundäre Folge davon ist der Verderb der Sprache.

Eine große Menge schlechter Schriftsteller lebt allein von der Narrheit des Publikums, nichts lesen zu wollen, als was heute gedruckt ist – die Journalisten. Treffend benannt! Verdeutscht würde es heißen ›Tagelöhner‹[F].

§ 273

Wiederum kann man sagen, es gebe dreierlei Autoren: erstlich solche, welche schreiben, ohne zu denken. Sie schreiben aus dem Gedächtnis, aus Reminiszenzen oder gar unmittelbar aus fremden Büchern. Diese Klasse ist die zahlreichste. – Zweitens solche, die während des Schreibens denken. Sie denken, um zu schreiben. Sind sehr häufig. – Drittens solche, die gedacht haben, ehe sie ans Schreiben gingen. Sie schreiben bloß, weil sie gedacht haben. Sind selten.

Jener Schriftsteller der zweiten Art, der das Denken bis zum Schreiben aufschiebt, ist dem Jäger zu vergleichen, der aufs Geratewohl ausgeht: er wird schwerlich sehr viel nach Hause bringen. Hingegen wird das Schreiben des Schrift-

---

F. Was die *großen* Schriftsteller (in der höhern Gattung), wie auch die Künstler charakterisiert und daher ihnen allen gemeinsam ist, ist, daß es ihnen *Ernst mit ihrer Sache ist*; den übrigen ist es mit nichts Ernst als mit ihrem Nutzen und Gewinn. –

Wenn einer durch irgendein aus innerm Beruf und Trieb geschriebenes Buch sich Ruhm erwirbt, dann aber darüber zum Vielschreiber wird; so hat er seinen *Ruhm um schnödes Geld verkauft*. Sobald man schreibt, weil man etwas machen will – wird es schlecht.

Erst in diesem Jahrhundert gibt es Schriftsteller von *Profession*. Bis dahin gab es Schriftsteller von *Beruf*. –

stellers der dritten, seltenen Art einer Treibjagd gleichen, als zu welcher das Wild zum voraus eingefangen und eingepfercht worden, um nachher haufenweise aus solchem Behältnisse herauszuströmen in einen andern ebenfalls umzäunten Raum, wo es dem Jäger nicht entgehn kann; so daß er jetzt es bloß mit dem Zielen und Schießen (der Darstellung) zu tun hat. Dies ist die Jagd, welche etwas abwirft.

Sogar nun aber unter der kleinen Anzahl von Schriftstellern, die wirklich ernstlich und zum voraus denken, sind wieder nur äußerst wenige, welche über *die Dinge selbst* denken: die übrigen denken bloß über *Bücher*, über das von andern Gesagte. Sie bedürfen nämlich, um zu denken, der nähern und stärkern Anregung durch fremde, gegebene Gedanken. Diese werden nun ihr nächstes Thema; daher sie stets unter dem Einflusse derselben bleiben, folglich nie eigentliche Originalität erlangen. Jene ersteren hingegen werden durch *die Dinge selbst* zum Denken angeregt; daher ihr Denken unmittelbar auf diese gerichtet ist. Unter ihnen allein sind die zu finden, welche bleiben und unsterblich werden. – Es versteht sich, daß hier von hohen Fächern die Rede ist, nicht von Schriftstellern über das Branntweinbrennen.

Nur wer bei dem, was er schreibt, den Stoff unmittelbar aus seinem eigenen Kopfe nimmt, ist wert, daß man ihn lese. Aber Büchermacher, Kompendienschreiber, gewöhnliche Historiker u. a. mehr nehmen den Stoff unmittelbar aus Büchern: aus diesen geht er in die Finger, ohne im Kopf auch nur Transitozoll und Visitation, geschweige Bearbeitung erlitten zu haben. (Wie gelehrt wäre nicht mancher, wenn er alles das wüßte, was in seinen eigenen Büchern steht!) Daher hat ihr Gerede oft so unbestimmten Sinn, daß man vergeblich sich den Kopf zerbricht, herauszubringen, *was* sie denn am Ende denken. Sie denken eben gar nicht. Das Buch, aus dem sie abschreiben, ist bisweilen ebenso verfaßt: also ist es mit dieser Schriftstellerei wie mit Gipsabdrücken von Abdrücken von Abdrücken usf., wobei am Ende der Antinous zum kaum kenntlichen Umriß eines Gesichtes wird. Daher soll man Kompilatoren möglichst selten lesen: denn es ganz zu vermeiden ist schwer; indem sogar die Kompendien, welche das im Laufe vieler Jahrhunderte zusammengebrachte Wissen im engen Raum enthalten, zu den Kompilationen gehören.

Kein größerer Irrtum, als zu glauben, daß das zuletzt gesprochene Wort stets das richtigere, jedes später Geschriebene eine Verbesserung des früher Geschriebenen und jede Veränderung ein Fortschritt sei. Die denkenden Köpfe, die Menschen von richtigem Urteil und die Leute, denen es Ernst mit der Sache ist, sind alle nur Ausnahmen; die Regel ist überall in der Welt das Geschmeiß: und dieses ist stets bei der Hand und emsig bemüht, das von jenen nach reiflicher Überlegung Gesagte auf seine Weise zu verschlimmbessern. Daher, wer über einen Gegenstand sich belehren will, hüte sich, sogleich nur nach den neuesten Büchern darüber zu greifen, in der Voraussetzung, daß die Wissenschaften immer fortschreiten und daß bei Abfassung dieser die ältern benutzt worden seien. Das sind sie wohl; aber wie? Der Schreiber versteht oft die ältern nicht gründlich, will dabei doch nicht geradezu ihre Worte gebrauchen, verballhornt und verhunzt daher das von ihnen sehr viel besser und deutlicher Gesagte; da sie aus eigener und lebendiger Sachkenntnis geschrieben haben. Oft läßt er das Beste, was sie herausgebracht haben, ihre treffendesten Erklärungen der Sache, ihre glücklichsten Bemerkungen wieder fallen; weil er deren Wert nicht erkennt, das Prägnante derselben nicht fühlt. Ihm ist nur das Platte und Seichte homogen. – Schon oft ist ein älteres vortreffliches Buch durch neuere schlechtere, des Geldes wegen abgefaßte, aber prätentiös auftretende und durch die Kameraden angepriesene verdrängt worden. In den Wissenschaften will jeder, um sich geltend zu machen, etwas Neues zu Markte bringen: dies besteht oft bloß darin, daß er das bisher geltende Richtige umstößt, um seine Flausen an die Stelle zu setzen; bisweilen gelingt es auf kurze Zeit, und dann kehrt man zum alten Richtigen zurück. Jenen Neuerern ist es mit nichts in der Welt Ernst als mit ihrer werten Person: diese wollen sie geltend machen. Nun soll es schnell durch ein Paradoxon geschehn; die

Sterilität ihrer Köpfe empfiehlt ihnen den Weg der Negation: nun werden längst erkannte Wahrheiten geleugnet, z.B. die Lebenskraft, das sympathische Nervensystem, die generatio aequivoca[1] [Urzeugung], Bichats Trennung der Wirkung der Leidenschaften von der der Intelligenz; es wird zum krassen Atomismus zurückgekehrt, usw., usw. Daher ist oft der *Gang der Wissenschaften ein retrograder*. – Hieher gehören auch die Übersetzer, welche ihren Autor zugleich berichtigen und bearbeiten, welches mir stets impertinent vorkommt. Schreibe du selbst Bücher, welche des Übersetzens wert sind, und laß anderer Werke, wie sie sind. – Man lese also wo möglich die eigentlichen Urheber, Begründer und Erfinder der Sachen oder wenigstens die anerkannten großen Meister des Fachs und kaufe lieber die *Bücher* aus zweiter Hand als ihren Inhalt. Weil aber freilich ›inventis aliquid addere facile est‹ [zum Gefundenen etwas hinzuzufügen leicht ist], so wird man nach wohlgelegtem Grunde mit den neueren Zutaten sich bekanntzumachen haben. Im ganzen also gilt hier wie überall diese Regel: das Neue ist selten das Gute, weil das Gute nur kurze Zeit das Neue ist[F].

Was einem Briefe die Aufschrift, das soll einem Buche sein *Titel* sein, also zunächst den Zweck haben, dasselbe dem Teil des Publikums zuzuführen, welchem sein Inhalt interessant sein kann. Daher soll der Titel bezeichnend, und da er wesentlich kurz ist, konzis, lakonisch, prägnant und wo möglich ein Monogramm des Inhalts sein. Schlecht sind demnach die weitschweifigen, die nichtssagenden, die schielenden, zweideutigen oder gar falschen und irreführenden Titel, welche letztere ihrem Buche das Schicksal der falsch überschriebenen Briefe bereiten können. Die schlechtesten

---

1. *[Vgl. S. 124]*

F. Um sich die bleibende Aufmerksamkeit und Teilnahme des Publikums zu sichern, muß man entweder etwas schreiben, das bleibenden Wert hat, oder immer wieder etwas Neues schreiben, welches eben darum immer schlechter ausfallen wird.

> Will ich nur halbweg oben bleiben,
> So muß ich jede Messe schreiben.

sic fere [so etwa] *Tieck*. –

aber sind die gestohlenen Titel, d.h. solche, die schon ein andres Buch führt; denn sie sind erstlich ein Plagiat und zweitens der bündigste Beweis des allertotalsten Mangels an Originalität: denn wer deren nicht genug hat, seinem Buch einen neuen Titel zu ersinnen, wird noch viel weniger ihm einen neuen Inhalt zu geben fähig sein. Diesen verwandt sind die nachgeahmten, d.h. halbgestohlenen Titel, z.B. wenn lange, nachdem ich ›Über den Willen in der Natur‹ geschrieben habe, Örsted ›Über den Geist in der Natur‹ schreibt.

Wie wenig Ehrlichkeit unter den Schriftstellern ist, wird sichtbar an der Gewissenlosigkeit, mit der sie ihre Anführungen aus fremden Schriften verfälschen. Stellen aus meinen Schriften finde ich durchgängig verfälscht angeführt – und nur meine deklariertesten Anhänger machen hier eine Ausnahme. Oft geschieht die Verfälschung aus Nachlässigkeit, indem ihre trivialen und banalen Ausdrücke und Wendungen ihnen schon in der Feder liegen und sie solche aus Gewohnheit hinschreiben; bisweilen geschieht es aus Naseweisheit, die mich bessern will, aber nur zu oft geschieht es aus schlechter Absicht – und dann ist es eine schändliche Niederträchtigkeit und ein Bubenstück, der Falschmünzerei gleich, welches seinem Urheber den Charakter des ehrlichen Mannes ein für allemal wegnimmt.

§ 274

Ein Buch kann nie mehr sein als der Abdruck der Gedanken des Verfassers. Der Wert dieser Gedanken liegt entweder im *Stoff*, also in dem, *worüber* er gedacht hat, oder in der *Form*, d.h. der Bearbeitung des Stoffs, also in dem, *was* er darüber gedacht hat.

Das Worüber ist gar mannigfaltig, und ebenso die Vorzüge, welche es den Büchern erteilt. Aller empirische Stoff, also alles historisch oder physisch Tatsächliche, an sich selbst und im weitesten Sinne genommen, gehört hieher. Das Eigentümliche liegt dabei im *Objekt*; daher das Buch wichtig sein kann, wer auch immer der Verfasser sei.

Beim Was hingegen liegt das Eigentümliche im *Subjekt*. Die Gegenstände können solche sein, welche allen Menschen zugänglich und bekannt sind: aber die Form der Auffassung, das Was des Denkens erteilt hier den Wert und liegt im Subjekt. Ist daher ein Buch von dieser Seite vortrefflich und ohnegleichen, so ist es sein Verfasser auch. Hieraus folgt, daß das Verdienst eines lesenswerten Schriftstellers um so größer ist, je weniger es dem Stoffe verdankt, mithin sogar, je bekannter und abgenutzter dieser ist. So z.B. haben die drei großen griechischen Tragiker sämtlich denselben Stoff bearbeitet.

Also soll man, wenn ein Buch berühmt ist, wohl unterscheiden, ob wegen des Stoffs oder wegen der Form.

Ganz gewöhnliche und platte Menschen können vermöge des *Stoffs* sehr wichtige Bücher liefern, indem derselbe gerade nur ihnen zugänglich war, z.B. Beschreibungen ferner Länder, seltener Naturerscheinungen, angestellter Versuche, Geschichte, deren Zeuge sie gewesen oder deren Quellen aufzusuchen und speziell zu studieren sie Mühe und Zeit verwendet haben.

Hingegen wo es auf die *Form* ankommt, indem der Stoff jedem zugänglich oder gar schon bekannt ist, wo also nur das Was des Denkers über denselben der Leistung Wert geben kann, da vermag nur der eminente Kopf etwas Lesenswertes zu liefern. Denn die übrigen werden allemal nur das denken, was jeder andere auch denken kann. Sie geben den Abdruck ihres Geistes: aber von dem besitzt jeder schon selbst das Original.

Das Publikum jedoch wendet seine Teilnahme sehr viel mehr dem Stoff als der Form zu und bleibt ebendadurch in seiner höheren Bildung zurück. Am lächerlichsten legt es diesen Hang bei Dichterwerken an den Tag, indem es sorgfältig den realen Begebenheiten oder den persönlichen Umständen des Dichters, welche ihnen zum Anlaß gedient haben, nachspürt; ja diese werden ihm zuletzt interessanter als die Werke selbst, und es liest mehr *über* als *von* Goethe und studiert fleißiger die Faustsage als den ›Faust‹. Und wenn schon Bürger sagt: ›Sie werden gelehrte Untersuchungen anstellen darüber, wer die Lenore eigentlich gewesen‹; so sehn wir dies an Goethe buchstäblich in Erfüllung gehn, da wir schon viel gelehrte Untersuchungen über den ›Faust‹ und die Faustsage haben. Sie sind und bleiben stoffartig. – Diese Vorliebe für den Stoff im Gegensatz der Form ist, wie wenn einer die Form und Malerei einer schönen hetrurischen Vase unbeachtet ließe, um den Ton und die Farben derselben chemisch zu untersuchen.

Das diesem schlechten Hange frönende Unternehmen, durch den *Stoff* zu wirken, wird absolut verwerflich in Fächern, wo das Verdienst ausdrücklich in der *Form* liegen soll – also in den poetischen. Dennoch sieht man häufig schlechte dramatische Schriftsteller bestrebt, mittelst des Stoffes das Theater zu füllen: so z. B. bringen sie jeden irgend berühmten Mann, so nackt an dramatischen Vorgängen sein Leben auch gewesen sein mag, auf die Bühne, ja bisweilen, ohne auch nur abzuwarten, daß die mit ihm auftretenden Personen gestorben seien.

Der hier in Rede stehende Unterschied zwischen Stoff und Form behauptet sogar hinsichtlich der Konversation sein Recht. Zu dieser nämlich befähigt einen Mann zunächst Verstand, Urteil, Witz und Lebhaftigkeit, als welche der Konversation die *Form* geben. Sodann aber wird bald der *Stoff* derselben in Betrachtung kommen, also das, worüber man mit dem Manne reden kann: seine Kenntnisse. Sind diese sehr gering, so kann nur ein ganz ungemein hoher Grad der obigen formellen Eigenschaften seiner Konversation Wert erteilen, indem diese alsdann hinsichtlich ihres Stoffes auf die allgemein bekannten menschlichen und natürlichen Verhältnisse und Dinge verwiesen ist. Umgekehrt steht es, wenn diese formellen Eigenschaften einem Manne fehlen, hingegen seine Kenntnisse irgendeiner Art seiner Konversation Wert erteilen, der aber alsdann gänzlich auf ihrem Stoff beruht, gemäß dem spanischen Sprichwort: ›Más sabe el necio en su casa, que el sabio en la ajena.‹ [In seinem Hause weiß der Narr besser Bescheid als der Weise in einem fremden.]

§ 275

Das eigentliche Leben eines Gedankens dauert nur, bis er an den Grenzpunkt der Worte angelangt ist: da petrifiziert er, ist fortan tot, aber unverwüstlich gleich den versteinerten Tieren und Pflanzen der Vorwelt. Auch dem des Kristalls im Augenblick des Anschießens kann man sein momentanes eigentliches Leben vergleichen.

Sobald nämlich unser Denken Worte gefunden hat, ist es schon nicht mehr innig noch im tiefsten Grunde ernst. Wo es anfängt, für andere dazusein, hört es auf, in uns zu leben; wie das Kind sich von der Mutter ablöst, wann es ins eigene Dasein tritt – sagt doch auch der Dichter:

> Ihr müßt mich nicht durch Widerspruch verwirren!
> *Sobald man spricht, beginnt man schon zu irren.*
>   [Goethe, ›Spruch, Widerspruch‹]

§ 276

Die Feder ist dem Denken was der Stock dem Gehn; aber der leichteste Gang ist ohne Stock, und das vollkommenste Denken geht ohne Feder vor sich. Erst wenn man anfängt, alt zu werden, bedient man sich gern des Stockes und gern der Feder.

§ 277

Eine *Hypothese* führt in dem Kopfe, in welchem sie einmal Platz genommen hat oder gar geboren ist, ein Leben, welches insofern dem eines Organismus gleicht, als sie von der Außenwelt nur das ihr Gedeihliche und Homogene aufnimmt, hingegen das ihr Heterogene und Verderbliche entweder gar nicht an sich kommen läßt oder, wenn es ihr unvermeidlich zugeführt wird, es ganz unversehrt wieder exzerniert.

§ 278

Die *Satire* soll gleich der Algebra bloß mit abstrakten und unbestimmten, nicht mit konkreten Werten oder benannten Größen operieren; und an lebendigen Menschen darf man sie sowenig wie die Anatomie ausüben – bei Strafe seiner Haut und seines Lebens nicht sicher zu sein.

§ 279

Um *unsterblich* zu sein, muß ein Werk so viele Trefflichkeiten haben, daß nicht leicht sich einer findet, der sie *alle* faßt und schätzt, jedoch allezeit *diese* Trefflichkeit von diesem, *jene* von jenem erkannt und verehrt wird; wodurch der Kredit des Werkes den langen Lauf der Jahrhunderte hindurch und bei stets wechselndem Interesse sich doch erhält, indem es bald in *diesem*, bald in *jenem* Sinne verehrt und nie erschöpft wird. – Der Urheber eines solchen aber, also der, welcher auf ein Bleiben und Leben noch bei der Nachwelt Anspruch hat, kann nur ein Mensch sein, der nicht bloß unter seinen Zeitgenossen, auf der weiten Erde, seinesgleichen vergeblich sucht und von jedem andern durch eine sehr merkliche Verschiedenheit augenfällig absticht; sondern der, wenn er sogar wie der Ewige Jude mehrere Generationen durchwanderte, sich dennoch im selben Falle befinden würde; kurz: einer, von dem das Ariostische ›Lo fece natura e poi ruppe lo stampa‹ [Ihn hat Natur geprägt und dann die Form zerbrochen; ›Orlando furioso‹ 10, 84] wirklich gilt. Denn sonst wäre nicht einzusehn, warum seine Gedanken nicht untergehn sollten wie alle andern.

§ 280

Zu fast jeder Zeit ist, wie in der Kunst, so auch in der Literatur, irgendeine falsche Grundansicht oder Weise oder Manier im Schwange und wird bewundert. Die gemeinen Köpfe sind eifrig bemüht, solche sich anzueignen und sie zu üben. Der Einsichtige erkennt und verschmäht sie: er bleibt außer der Mode. Aber nach einigen Jahren kommt auch das Publikum dahinter und erkennt die Faxe für das, was sie ist, verlacht sie jetzt, und die bewunderte Schminke aller jener manierierten Werke fällt ab wie eine schlechte Gipsverzierung von der damit bekleideten Mauer: und wie diese stehn sie alsdann da. Nicht ärgern also, sondern freuen soll man sich, wenn irgendeine schon lange im stillen wirkende falsche Grundansicht einmal entschieden, laut und deutlich ausgesprochen wird: denn nunmehr wird das Falsche derselben bald gefühlt, erkannt und endlich ebenfalls ausgesprochen werden. Es ist damit, wie wenn ein Abszeß aufgeht.

§ 281

Gegen die gewissenlose Tintenkleckserei unserer Zeit und gegen die dennoch immer höher steigende Sündflut unnützer und schlechter Bücher sollten die *Literaturzeitungen* der Damm sein, indem solche (unbestechbar, gerecht und strenge urteilend) jedes Machwerk eines Unberufenen, jede Schreiberei, mittelst welcher der leere Kopf dem leeren Beutel zu Hülfe kommen will, folglich wohl neun Zehntel aller Bücher, schonungslos geißelten und dadurch pflichtgemäß dem Schreibkitzel und der Prellerei entgegenarbeiteten, statt solche dadurch zu befördern, daß ihre niederträchtige Toleranz im Bunde steht mit Autor und Verleger, um dem Publiko Zeit und Geld zu rauben. In der Regel sind die Schriftsteller Professoren oder Literaten, die bei niedrigen Gehalten und schlechten Honoraren aus Geldbedürfnis schreiben; da nun ihr Zweck ein gemeinsamer ist, so haben sie ein gemeinschaftliches Interesse, halten zusammen, unterstützen einander wechselseitig, und jeder redet dem andern das Wort: hieraus entspringen alle die lobenden Berichte über schlechte Bücher, welche den Inhalt der Literaturzeitungen ausmachen, deren Motto daher sein sollte: ›Leben und leben lassen!‹ (Und das Publikum ist so einfältig, lieber das Neue als das Gute zu lesen.) Ist oder war etwan eine unter ihnen, welche sich rühmen kann, nie die nichtswürdigste Schreiberei gelobt, nie das Vortreffliche getadelt und herabgesetzt oder verschmitzterweise, um die Blicke davon abzulenken, es als unbedeutend behandelt zu haben? Ist eine, welche stets die Auswahl des Anzuzeigenden gewissenhaft nach der Wichtigkeit der Bücher und nicht nach

Gevatterrekommendationen, kollegialischen Rücksichten oder gar Verlegerschmiergeld getroffen hat? Sieht nicht jeder, der kein Neuling ist, sobald er ein Buch stark gelobt oder sehr getadelt findet, fast mechanisch sogleich zurück nach der Verlegerfirma? Durchgängig wird im Interesse der Buchhändler statt in dem des Publikums rezensiert. Bestände hingegen eine Literaturzeitung wie die oben verlangte, so würde jedem schlechten Schriftsteller, jedem geistlosen Kompilator, jedem Abschreiber aus fremden Büchern, jedem hohlen, unfähigen, anstellungshungrigen Philosophaster, jedem verblasenen, eiteln Poetaster die Aussicht auf den Pranger, an welchem sein Machwerk nun bald und unfehlbar zu stehn hätte, die juckenden Schreibefinger lähmen, zum wahren Heil der Literatur, als in welcher das Schlechte nicht etwan bloß unnütz, sondern positiv verderblich ist. Nun aber sind die allermeisten Bücher schlecht und hätten sollen ungeschrieben bleiben; folglich sollte das Lob so selten sein, wie es jetzt unter dem Einfluß persönlicher Rücksichten und der Maxime: ›Accedas socius, laudes, lauderis ut absens‹ [Werde Kumpan und lobe, damit man dich wieder lobt, wenn du fern bist; Horaz, ›Saturae‹ 2, 5, 72] der Tadel ist. Es ist durchaus falsch, die Toleranz, welche man gegen stumpfe, hirnlose Menschen in der Gesellschaft, die überall von ihnen wimmelt, notwendig haben muß, auch auf die Literatur übertragen zu wollen. Denn hier sind sie unverschämte Eindringlinge, und hier das Schlechte herabzusetzen ist Pflicht gegen das Gute: denn wem nichts für schlecht gilt, dem gilt auch nichts für gut. Überhaupt ist in der Literatur die *Höflichkeit*, als welche aus der Gesellschaft stammt, ein fremdartiges, sehr oft schädliches Element; weil sie verlangt, daß man das Schlechte gut heißt und dadurch den Zwecken der Wissenschaft wie der Kunst gerade entgegenarbeitet. Freilich könnte eine Literaturzeitung, wie ich sie will, nur von Leuten geschrieben werden, in welchen unbestechbare Redlichkeit mit seltenen Kenntnissen und noch seltenerer Urteilskraft vereint wäre: demnach könnte ganz Deutschland allerhöchstens und kaum *eine* solche Literaturzeitung zustande bringen, die dann aber

dastehn würde als ein gerechter Areopag und zu der jedes
Mitglied von den sämtlichen andern gewählt sein müßte;
statt daß jetzt die Literaturzeitungen von Universitätsgil-
den oder Literatenkliquen, im stillen vielleicht gar von
Buchhändlern zum Nutzen des Buchhandels betrieben werden und in der Regel einige Koalitionen schlechter Köpfe
zum Nichtaufkommenlassen des Guten enthalten. Nirgends
ist mehr Unredlichkeit als in der Literatur; das sagte schon
Goethe, wie ich im ›Willen in der Natur‹ (S. 22 *[Bd. 3, S. 336]*)
des näheren berichtet habe.

Vor allen Dingen daher müßte jenes Schild aller literarischen Schurkerei, die *Anonymität*, dabei wegfallen. In Literaturzeitungen hat zu ihrer Einführung der Vorwand gedient,
daß sie den redlichen Rezensenten, den Warner des Publikums schützen sollte gegen den Groll des Autors und seiner
Gönner. Allein gegen *einen* Fall dieser Art werden hundert
sein, wo sie bloß dient, den, der, was er sagt, nicht vertreten
kann, aller Verantwortlichkeit zu entziehn, oder wohl gar,
die Schande dessen zu verhüllen, der feil und niederträchtig
genug ist, für ein Trinkgeld vom Verleger ein schlechtes
Buch dem Publiko anzupreisen. Oft auch dient sie bloß, die
Obskurität, Unbedeutsamkeit und Inkompetenz des Urteilenden zu bedecken. Es ist unglaublich, welche Frechheit
sich der Bursche bemächtigt und vor welchen literarischen
Gaunereien sie nicht zurückbeben, wenn sie unter dem
Schatten der Anonymität sich sicher wissen. – Wie es Uni-
versal-Medizinen gibt, so ist folgendes eine *Universal-Anti-
kritik* gegen alle anonymen Rezensionen, gleichviel, ob sie
das Schlechte gelobt oder das Gute getadelt haben: ›Halunke, nenne dich! Denn vermummt und verkappt Leute anfal-
len, die mit offenem Angesicht einhergehn, das tut kein ehrlicher Mann: das tun Buben und Schufte. – Also: Halunke,
nenne dich!‹ Probatum est. [Es ist erprobt.]

Schon *Rousseau* hat in der Vorrede zur ›Neuen Heloise‹ gesagt: ›Tout honnête homme doit avouer les livres qu'il
publie.‹ Das heißt auf deutsch: ›Jeder ehrliche Mann setzt
seinen Namen unter das, was er schreibt‹, und allgemein
bejahende Sätze lassen sich per contrapositionem [durch

den Gegensatz] umkehren. Wie viel mehr noch gilt dies von polemischen Schriften, wie doch Rezensionen meistens sind! weshalb *Riemer* ganz recht hat, wenn er in seinen ›Mitteilungen über Goethe‹ (S. XXIX der Vorrede) sagt: ›Ein offener dem Gesicht sich stellender Gegner ist ein ehrlicher, gemäßigter, einer, mit dem man sich verständigen, vertragen, aussöhnen kann; ein versteckter hingegen ist ein *niederträchtiger feiger Schuft*, der nicht soviel Herz hat, sich zu dem zu bekennen, was er urteilt, dem also nicht einmal etwas an seiner Meinung liegt, sondern nur an der heimlichen Freude, unerkannt und ungestraft sein Mütchen zu kühlen.‹ Dies wird eben auch *Goethes* Meinung gewesen sein: denn die sprach meistens aus *Riemern*. Überhaupt aber gilt Rousseaus Regel von jeder Zeile, die zum Drucke gegeben wird. Würde man es leiden, wenn ein maskierter Mensch das Volk harangieren[1] oder sonst vor einer Versammlung reden wollte – und gar, wenn er dabei andere angriffe und mit Tadel überschüttete? Würden nicht alsbald seine Schritte zur Tür hinaus von fremden Fußtritten beflügelt werden?

Die in Deutschland endlich erlangte und sogleich auf das ehrloseste mißbrauchte Preßfreiheit sollte wenigstens durch ein Verbot aller und jeder Anonymität und Pseudonymität bedingt sein, damit jeder für das, was er durch das weitreichende Sprachrohr der Presse öffentlich verkündet, wenigstens mit seiner Ehre verantwortlich wäre, wenn er noch eine hat, und wenn keine, damit sein Name seine Rede neutralisierte. Leute, die nicht anonym geschrieben haben, anonym anzugreifen, ist offenbar ehrlos. Ein anonymer Rezensent ist ein Kerl, der das, was er über andre und ihre Arbeit der Welt berichtet und respektive verschweigt, *nicht vertreten will* und daher sich nicht nennt. Und so etwas wird geduldet? Keine Lüge ist so frech, daß ein anonymer Rezensent sie sich nicht erlauben sollte: er ist ja nicht verantwortlich. Alles anonyme Rezensieren ist auf Lug und Trug abgesehn. Daher, wie die Polizei nicht zuläßt, daß man maskiert auf den Gassen einhergehe, sollte sie nicht leiden, daß man anonym schreibt. Anonyme Literaturzeitungen

1. [feierlich ansprechen]

sind ganz eigentlich der Ort, wo ungestraft Unwissenheit über Gelehrsamkeit und Dummheit über Verstand zu Gericht sitzt und wo das Publikum ungestraft belogen, auch um Geld und Zeit durch Lob des Schlechten geprellt wird. Ist denn nicht die Anonymität die feste Burg aller literarischen, zumal publizistischen Schurkerei? Sie muß also eingerissen werden, bis auf den Grund, d. h. so, daß selbst jeder Zeitungsartikel überall vom Namen des Abfassers begleitet sein sollte, unter schwerer Verantwortlichkeit des Redakteurs für die Richtigkeit der Unterschrift. Dadurch würden, weil auch der Unbedeutendeste doch in seinem Wohnorte gekannt ist, zwei Dritteile der Zeitungslügen wegfallen und die Frechheit mancher Giftzunge in Schranken gehalten werden. In Frankreich greift man eben jetzt die Sache so an.

In der Literatur aber sollten, solange jenes Verbot nicht existiert, alle redlichen Schriftsteller sich vereinigen, die Anonymität durch das Brandmark der öffentlich, unermüdlich und täglich ausgesprochenen äußersten Verachtung zu proskribieren und auf alle Weise die Erkenntnis zur Geltung zu bringen, daß anonymes Rezensieren eine Nichtswürdigkeit und Ehrlosigkeit ist. Wer anonym schreibt und polemisiert, hat eo ipso die Präsumtion gegen sich, daß er das Publikum betrügen oder ungefährdet anderer Ehre antasten will. Daher sollte jede, selbst die ganz beiläufige und außerdem nicht tadelnde Erwähnung eines anonymen Rezensenten nur mittelst Epitheta wie ›der feige anonyme Lump da und da‹ oder ›der verkappte anonyme Schuft in jener Zeitschrift‹ usf. geschehn. Dies ist wirklich der anständige und passende Ton, von solchen Gesellen zu reden, damit ihnen das Handwerk verleidet werde. Denn offenbar kann auf irgendwelche persönliche Achtung jeder doch nur insofern Anspruch haben, als er sehn läßt, wer er sei, damit man wisse, wen man vor sich habe; nicht aber, wer verkappt und vermummt einherschleicht und sich dabei unnütz macht: vielmehr ist ein solcher ipso facto[1] [jedenfalls] vogelfrei. Er ist Ὀδυσσεὺς Οὖτις, Mr. Nobody (Herr Niemand), und jedem steht es frei zu erklären, daß Mr.

1. [Rechtsformel: ›durch die Tat selbst‹]

Nobody ein Schuft sei. Daher man jeden anonymen Rezensenten, besonders in Antikritiken, sogleich per Schuft und Hundsfott traktieren soll und nicht, wie einige von dem Pack besudelte Autoren aus Feigheit tun, mit ›der verehrte Herr Rezensent‹. ›Ein Hundsfott, der sich nicht nennt!‹ muß die Losung aller ehrlichen Schriftsteller sein. Und wenn nun nachmals einer sich das Verdienst erwirbt, so einem durch die Spießruten gelaufenen Gesellen die Nebelkappe abzuziehn und ihn, beim Ohr gefaßt, heranzuschleppen; so wird die Nachteule bei Tage großen Jubel erregen. – Bei jeder mündlichen Verleumdung, die man vernimmt, äußert der erste Ausbruch der Indignation in der Regel sich durch ein ›Wer sagt das?‹ – Aber da bleibt die Anonymität die Antwort schuldig.

Eine besonders lächerliche Impertinenz solcher anonymer Kritiker ist, daß sie wie die Könige per *Wir* sprechen, während sie nicht nur im Singular, sondern im Diminutiv, ja im Humilitiv reden sollten, z. B. ›meine erbärmliche Wenigkeit, meine feige Verschmitztheit, meine verkappte Inkompetenz, meine geringe Lumpazität‹ usw. So geziemt es sich verkappten Gaunern, diesen aus dem finstern Loch eines ›literarischen Winkelblatts‹ herauszischenden Blindschleichen, zu reden, welchen das Handwerk endlich gelegt werden muß. Die Anonymität ist in der Literatur, was die materielle Gaunerei in der bürgerlichen Gemeinschaft ist. ›Nenne dich, Lump, oder schweige!‹ muß die Losung sein. – Bis dahin mag man bei Kritiken ohne Unterschrift sofort supplieren: Gauner. – Das Gewerbe mag Geld einbringen, aber Ehre bringt's nicht ein. Denn bei Angriffen ist Herr Anonymus ohne weiteres Herr Schuft, und Hundert gegen Eins ist zu wetten, daß, wer sich nicht nennen will, darauf ausgeht, das Publikum zu betrügen[H]. Bloß anonyme Bü-

H. Einen anonymen Rezensenten hat man von vornherein anzusehn als einen Gauner, der darauf ausgeht, uns zu betrügen. Im Gefühl hievon unterschreiben sich in allen *honetten* Literaturzeitungen die Rezensenten mit ihrem Namen. – Er will das Publikum *betrügen* und den Schriftstellern die Ehre abschneiden: ersteres meistens zum Vorteil eines Buchhändlers, letzteres zur Kühlung seines Neides. – Kurzum: die literarische Schurkerei des anonymen Rezensierens ist abzustellen.

cher ist man berechtigt anonym zu rezensieren. Überhaupt würden mit der Anonymität $^{99}/_{100}$ aller literarischen Schurkereien wegfallen. Bis das Gewerbe proskribiert ist, sollte man bei entstehendem Anlaß sich an den Menschen, der die Butike hält (Vorstand und Unternehmer des anonymen Rezensions-Instituts), halten, ihn für das, was seine Löhnlinge gesündigt haben, unmittelbar selbst verantwortlich machen, und zwar in dem Tone, zu welchem sein Gewerbe uns das Recht gibt[F]. – Ich meinesteils würde ebenso gern einer Spielbank oder einem Bordell vorstehn als so einer anonymen Rezensentenhöhle.

§ 282

Der *Stil* ist die Physiognomie des Geistes. Sie ist untrüglicher als die des Leibes. Fremden Stil nachahmen heißt eine Maske tragen. Wäre diese auch noch so schön, so wird sie durch das Leblose bald insipid[1] und unerträglich, so daß selbst das häßlichste lebendige Gesicht besser ist. Darum gleichen denn auch die lateinisch schreibenden Schriftsteller, welche den Stil der Alten nachahmen, doch eigentlich den Masken: man hört nämlich wohl, was sie sagen, aber man sieht nicht auch dazu ihre Physiognomie, den Stil. Wohl aber sieht man auch diese in den lateinischen Schriften der *Selbstdenker,* als welche sich zu jener Nachahmung nicht

---

F. Für die Sünden eines anonymen Rezensenten soll man den Menschen, der das Ding herausgibt und redigiert, unmittelbar selbst so verantwortlich machen, als hätte er es selbst geschrieben; wie man den Handwerksmeister für die schlechte Arbeit seiner Gesellen verantwortlich macht. Und dabei soll man mit jenem Kerl so umspringen, wie sein Gewerbe es verdient, ohne alle Umstände. – Anonymität ist literarische Gaunerei, der man gleich entgegenrufen soll: ›Willst du, Schuft, dich nicht zu dem bekennen, was du gegen andere Leute sagst, so halte dein Lästermaul!‹ – Eine anonyme Rezension hat nicht mehr Auktorität als ein anonymer Brief und sollte daher mit demselben Mißtrauen wie dieser aufgenommen werden. Oder will man etwan den Namen des Menschen, der sich dazu hergibt, einer solchen recht eigentlichen Société Anonyme vorzustehn, als eine Bürgschaft für die Wahrhaftigkeit seiner Gesellen annehmen? –

1. [abgeschmackt]

bequemt haben, wie z. B. Scotus Erigena, Petrarca, Baco, Cartesius [Descartes], Spinoza, Hobbes u. a. mehr.

Affektation im Stil ist dem Gesichterschneiden zu vergleichen. – Die Sprache, in welcher man schreibt, ist die Nationalphysiognomie: sie stellt große Unterschiede fest – von der griechischen bis zur karaibischen.

Stilfehler soll man in fremden Schriften entdecken, um sie in den eigenen zu vermeiden.

§ 283

Um über den Wert der Geistesprodukte eines Schriftstellers eine vorläufige Schätzung anzustellen, ist es nicht gerade notwendig, zu wissen, *worüber* oder *was* er gedacht habe (dazu wäre erfordert, daß man alle seine Werke durchläse), sondern zunächst ist es hinreichend, zu wissen, *wie* er gedacht habe. Von diesem *Wie* des Denkens nun, von dieser wesentlichen Beschaffenheit und durchgängigen *Qualität* desselben ist ein genauer Abdruck sein *Stil.* Dieser zeigt nämlich die *formelle* Beschaffenheit aller Gedanken eines Menschen, welche sich stets gleichbleiben muß, *was* und *worüber* er auch denken möge. Man hat daran gleichsam den Teig, aus dem er alle seine Gestalten knetet, so verschieden sie auch sein mögen. Wie daher Eulenspiegel dem Fragenden, wie lange er bis zum nächsten Orte noch zu gehn habe, die scheinbar ungereimte Antwort gab: ›Gehe!‹, in der Absicht, erst aus seinem Gange zu ermessen, wie weit er in einer gegebenen Zeit kommen würde; so lese ich aus einem Autor ein paar Seiten und weiß dann schon ungefähr, wie weit er mich fördern kann.

Im stillen Bewußtsein dieses Bewandtnisses der Sache sucht jeder Mediokre seinen ihm eigenen und natürlichen Stil zu maskieren. Dies nötigt ihn zunächst, auf alle *Naivetät* zu verzichten, wodurch diese das Vorrecht der überlegenen und sich selbst fühlenden, daher mit Sicherheit auftretenden Geister bleibt. Jene Alltagsköpfe nämlich können schlechterdings sich nicht entschließen, zu schreiben, wie sie denken, weil ihnen ahndet, daß alsdann das Ding ein gar einfältiges Ansehn erhalten könnte. Es wäre aber immer doch etwas. Wenn sie also nur ehrlich zu Werke gehn und das Wenige und Gewöhnliche, was sie wirklich gedacht haben, so, wie sie es gedacht haben, einfach mitteilen wollten; so würden sie lesbar und sogar in der ihnen angemessenen Sphäre belehrend sein. Allein statt dessen streben sie nach dem Schein, viel mehr und tiefer gedacht zu haben, als der Fall ist. Sie bringen demnach, was sie zu sagen haben, in gezwungenen, schwierigen Wendungen, neu geschaffenen Wörtern und weitläuftigen, um den Gedanken herumgehenden und ihn verhüllenden Perioden vor. Sie schwanken zwischen dem Bestreben, denselben mitzuteilen, und dem, ihn zu verstecken. Sie möchten ihn so aufstutzen, daß er ein gelehrtes oder tiefsinniges Ansehn erhielte, damit man denke, es stecke viel mehr dahinter, als man zur Zeit gewahr wird. Demnach werfen sie ihn bald stückweise hin in kurzen, vieldeutigen und paradoxen Aussprüchen, die viel mehr anzudeuten scheinen, als sie besagen (herrliche Beispiele dieser Art liefern Schellings naturphilosophische Schriften); bald wieder bringen sie ihren Gedanken unter einem Schwall von Worten vor mit der unerträglichsten Weitschweifigkeit, als brauchte es wunder welche Anstalten, den tiefen Sinn desselben verständlich zu machen – während es ein ganz simpler Einfall, wo nicht gar eine Trivialität ist (*Fichte* in seinen populären Schriften und hundert elende nicht nennenswerte Strohköpfe in ihren philosophischen Lehrbüchern liefern Beispiele in Fülle); oder aber sie befleißigen sich irgendeiner beliebig angenommenen, vornehm sein sollenden Schreibart, z.B. einer so recht κατ' ἐξοχήν [schlechthin] gründlichen und wissenschaftlichen, wo man dann von der narkotischen Wirkung lang gesponnener gedankenleerer Perioden zu Tode gemartert wird (Beispiele hievon geben besonders jene unverschämtesten aller Sterblichen, die Hegelianer, in der Hegelzeitung, vulgo: ›Jahrbücher der wissenschaftlichen Literatur‹); oder gar, sie haben es auf eine geistreiche Schreibart abgesehn, wo sie dann verrückt werden zu wollen scheinen, u.dgl. mehr. Alle solche Bemühungen, durch welche sie das ›Nascetur ridiculus mus‹ [Geboren wird ein lächerliches Mäuschen; Horaz, ›De arte poetica epistula ad Pisones‹ 139] hinaus-zuschieben suchen, machen es oft schwer, aus ihren Sachen herauszubringen, was sie denn eigentlich wollen. Zudem aber schreiben sie auch Worte, ja ganze Perioden hin, bei denen sie selbst nichts denken, jedoch hoffen, daß ein andrer etwas dabei denken werde. Allen solchen Anstren-gungen liegt nichts anderes zum Grunde als das unermüd-liche, stets auf neuen Wegen sich versuchende Bestreben, Worte für Gedanken zu verkaufen und mittelst neuer oder in neuem Sinne gebrauchter Ausdrücke, Wendungen und Zusammensetzungen jeder Art den Schein des Geistes her-vorzubringen, um den so schmerzlich gefühlten Mangel desselben zu ersetzen. Belustigend ist es, zu sehn, wie zu diesem Zwecke bald diese, bald jene Manier versucht wird, um sie als eine den Geist vorstellende Maske vorzunehmen, welche dann auch wohl auf eine Weile die Unerfahrenen täuscht, bis auch sie eben als tote Maske erkannt, verlacht und dann gegen eine andere vertauscht wird. Da sieht man die Schriftsteller bald dithyrambisch wie besoffen und bald, ja schon auf der nächste Seite, hochtrabend, ernst, gründ-lich-gelehrt bis zur schwerfälligsten, kleinkauendesten Weit-schweifigkeit gleich der des weiland Christian Wolff, wie-wohl im modernen Gewande. Am längsten aber hält die Maske der Unverständlichkeit vor, jedoch nur in Deutschland, als wo sie, von *Fichte* eingeführt, von *Schelling* vervollkommnet, endlich in *Hegel* ihren höchsten Klimax erreicht hat – stets mit glücklichstem Erfolge! Und doch ist nichts leichter, als so zu schreiben, daß kein Mensch es versteht, wie hingegen nichts schwerer, als bedeutende Gedanken so auszudrücken, daß jeder sie verstehn muß. Das *Unverständ-liche* ist dem *Unverständigen* verwandt, und allemal ist es unendlich wahrscheinlicher, daß eine Mystifikation als daß ein großer Tiefsinn darunter verborgen liegt. Alle oben angeführten Künste nun aber macht die wirkliche An-wesenheit des Geistes entbehrlich; denn sie erlaubt, daß man sich zeige, wie man ist, und bestätigt allezeit den Aus-spruch des Horaz:

Scribendi recte sapere est et principium et fons.
[Bedingung und Quelle, richtig zu schreiben, ist, weise
zu sein.

Horaz, ›De arte poetica‹ 309]

Jene aber machen es wie gewisse Metallarbeiter, welche
hundert verschiedene Kompositionen versuchen, die Stelle
des einzigen, ewig unersetzlichen Goldes zu vertreten.
Vielmehr aber sollte ganz im Gegenteil ein Autor sich vor
nichts mehr hüten als vor dem sichtbaren Bestreben, mehr
Geist zeigen zu wollen, als er hat; weil dies im Leser den
Verdacht erweckt, daß er dessen sehr wenig habe, da man
immer und in jeder Art nur das affektiert, was man nicht
wirklich besitzt. Ebendeshalb ist es ein Lob, wenn man
einen Autor *naiv* nennt, indem es besagt, daß er sich zeigen
darf, wie er ist. Überhaupt zieht das Naive an; die Unnatur
hingegen schreckt überall zurück. Auch sehn wir jeden
wirklichen Denker bemüht, seine Gedanken so rein, deutlich, sicher und kurz wie nur möglich auszusprechen. Demgemäß ist Simplizität stets ein Merkmal nicht allein der
Wahrheit, sondern auch des Genies gewesen. Der Stil erhält die Schönheit vom Gedanken, statt daß bei jenen
Scheindenkern die Gedanken durch den Stil schön werden
sollen. Ist doch der Stil der bloße Schattenriß des Gedankens: undeutlich oder schlecht schreiben heißt dumpf oder
konfus denken.
  Daher nun ist die erste, ja schon für sich allein beinahe
ausreichende Regel des guten Stils diese, *daß man etwas zu
sagen habe*: o, damit kommt man weit! Aber die Vernachlässigung derselben ist ein Grundcharakterzug der philosophischen und überhaupt aller reflektierenden Schriftsteller
in Deutschland, besonders seit *Fichte*. Allen solchen Schrei-
bern nämlich ist anzumerken, daß sie etwas zu sagen *scheinen* wollen, während sie nichts zu sagen haben. Diese durch
die Pseudophilosophen der Universitäten eingeführte Weise
kann man durchgängig und selbst bei den ersten literarischen Notabilitäten der Zeitperiode beobachten. Sie ist die
Mutter des geschrobenen, vagen, zweideutigen, ja viel-

deutigen Stils, imgleichen des weitläuftigen und schwerfälligen, des stile empesé [steifleinenen Stils], nicht weniger des unnützen Wortschwalls, endlich auch des Versteckens der bittersten Gedankenarmut unter ein unermüdliches, klappermühlenhaftes, betäubendes Gesalbader, daran man stundenlang lesen kann, ohne irgendeines deutlich ausgeprägten und bestimmten Gedankens habhaft zu werden. Von dieser Art und Kunst liefern jene berüchtigten ›Halleschen‹, nachher ›Deutschen Jahrbücher‹ fast durchweg auserlesene Muster. Wer etwas Sagenswertes zu sagen hat, braucht es nicht in preziöse Ausdrücke, schwierige Phrasen und dunkle Allusionen zu verhüllen, sondern er kann es einfach, deutlich und naiv aussprechen und dabei sicher sein, daß es seine Wirkung nicht verfehlen wird. Daher verrät durch obige Kunstmittel, wer sie braucht, seine Armut an Gedanken, Geist und Kenntnissen. – Inzwischen hat die deutsche Gelassenheit sich gewöhnt, dergleichen Wortkram jeder Art Seite nach Seite zu lesen, ohne sonderlich zu wissen, was der Schreiber eigentlich will: sie meint eben, das gehöre sich so, und kommt nicht dahinter, daß er bloß schreibt, um zu schreiben. Ein guter, gedankenreicher Schriftsteller hingegen erwirbt sich bei seinem Leser bald den Kredit, daß er im Ernst und wirklich *etwas zu sagen habe,* wann er spricht: und dies gibt dem verständigen Leser die Geduld, ihm aufmerksam zu folgen. Ein solcher Schriftsteller wird auch, eben weil er wirklich etwas zu sagen hat, sich stets auf die einfachste und entschiedenste Weise ausdrücken; weil ihm daran liegt, gerade den Gedanken, den er jetzt hat, auch im Leser zu erwecken und keinen andern. Demnach wird er mit *Boileau* sagen dürfen:

Ma pensée au grand jour partout s'offre et s'expose,
Et mon vers, bien ou mal, dit toujours quelque chose;
[Mein Gedanke bietet stets dem hellen Tag sich dar,
Und mein Vers, gut oder schlecht, doch immer etwas sagt;
›Epître 9 à M. le Marquis de Seignelay‹]

während von jenen vorher Geschilderten das ›Et qui parlant beaucoup ne disent jamais rien‹ [Die viel reden sagen niemals was] desselben Dichters gilt. Zur Charakteristik derselben gehört nun auch dies, daß sie wo möglich alle *entschiedenen* Ausdrücke vermeiden, um nötigenfalls immer noch den Kopf aus der Schlinge ziehn zu können: daher wählen sie in allen Fällen den *abstrakteren* Ausdruck, Leute von Geist hingegen den konkreteren, weil dieser die Sache der Anschaulichkeit näher bringt, welche die Quelle aller Evidenz ist. Jene Vorliebe für das Abstrakte läßt sich durch viele Beispiele belegen: ein besonders lächerliches aber ist dieses, daß man in der deutschen Schriftstellerei dieser letzten zehn Jahre fast überall, wo ›bewirken‹ oder ›verursachen‹ stehen sollte, ›*bedingen*‹ findet; weil dies, als abstrakter und unbestimmter, weniger besagt (nämlich ›nicht ohne dieses‹ statt ›durch dieses‹) und daher immer noch Hintertürchen offenläßt, die denen gefallen, welchen das stille Bewußtsein ihrer Unfähigkeit eine beständige Furcht vor allen *entschiedenen* Ausdrücken einflößt. Bei andern jedoch wirkt hier bloß der nationale Hang, in der Literatur jede Dummheit, wie im Leben jede Ungezogenheit, sogleich nachzuahmen, welcher durch das schnelle Umsichgreifen beider belegt wird; während ein Engländer bei dem, was er schreibt, wie bei dem, was er tut, sein eigenes Urteil zu Rate zieht: dies ist im Gegenteil niemandem weniger nachzurühmen als dem Deutschen. Infolge des besagten Hergangs sind die Worte ›bewirken‹ und ›verursachen‹ aus der Büchersprache der letzten zehn Jahre fast ganz verschwunden, und überall ist bloß von ›bedingen‹ die Rede. Die Sache ist des charakteristisch Lächerlichen wegen erwähnenswert.

Man könnte die Geistlosigkeit und Langweiligkeit der Schriften der Alltagsköpfe sogar daraus ableiten, daß sie immer nur mit halbem Bewußtsein reden, nämlich den Sinn ihrer eigenen Worte nicht selbst eigentlich verstehn, da solche bei ihnen ein Erlerntes und fertig Aufgenommenes sind; daher sie mehr die ganzen Phrasen (phrases banales) als die Worte zusammengefügt haben. Hieraus entspringt der sie charakterisierende fühlbare Mangel an deutlich ausgeprägten Gedanken, weil eben der Prägestempel zu solchen, das eigene klare Denken, ihnen abgeht: statt ihrer finden wir ein unbestimmtes dunkles Wortgewebe, gangbare Redensarten, abgenutzte Wendungen und Modeausdrücke[F]. Infolge davon gleicht ihr nebliches Geschreibe einem Druck mit schon oft gebrauchten Typen. Leute von Geist hingegen reden in ihren Schriften *wirklich* zu uns, und daher vermögen sie uns zu beleben und zu unterhalten: nur *sie* stellen die einzelnen Worte mit vollem Bewußtsein, mit Wahl und Absicht zusammen. Daher verhält ihr Vortrag sich zu dem der oben Geschilderten wie ein wirklich *gemaltes* Bild zu einem mit Schablonen verfertigten: dort nämlich liegt in jedem Wort wie in jedem Pinselstrich spezielle Absicht; hier hingegen ist alles mechanisch aufgesetzt[FF]. Denselben Unterschied kann man in der Musik beobachten. Denn überall ist es stets die Allgegenwart des Geistes in allen Teilen, welche die Werke des Genies charakterisiert: sie ist der von *Lichtenberg* bemerkten Allgegenwart der Seele *Garricks* in allen Muskeln seines Körpers[1] analog.

In Hinsicht auf die oben angeregte *Langweiligkeit* der Schriften ist jedoch die allgemeine Bemerkung beizubringen, daß es zwei Arten von Langweiligkeit gibt: eine objektive und eine subjektive. Die *objektive* entspringt allemal aus dem hier in Rede stehenden Mangel, also daraus, daß der Autor gar keine vollkommen deutliche[n] Gedanken oder Erkenntnisse mitzuteilen hat. Denn wer solche hat, arbeitet auf seinen Zweck, die Mitteilung derselben, in gerader Linie hin, liefert daher überall deutlich ausgeprägte Begriffe und ist sonach weder weitschweifig noch nichts-

F. Den treffenden Ausdrücken, originellen Redensarten und glücklichen Wendungen ergeht es wie den Kleidern: wenn sie neu sind, glänzen sie und machen viel Effekt; aber alsbald greift jeder danach, wodurch sie binnen kurzer Zeit abgenutzt und fahl werden, so daß sie endlich ganz ohne Wirkung bleiben.

FF. Die *Schreiberei der Alltagsköpfe* ist wie mit *Schablonen* aufgetragen, besteht nämlich aus lauter fertigen Redensarten und Phrasen, wie sie eben im Schwange und Mode sind und die sie hinsetzen, ohne selbst etwas dabei zu denken. Der überlegene Kopf macht jede Phrase eigens für den speziellen, gegenwärtigen Fall.

1. [*Vgl. Bd. 2, S. 368*]

sagend noch konfus, folglich nicht langweilig. Selbst wenn sein Grundgedanke ein Irrtum wäre, so ist er in solchem Fall doch deutlich gedacht und wohl überlegt, also wenigstens formell richtig, wodurch die Schrift immer noch einigen Wert behält. Hingegen ist aus denselben Gründen eine objektiv *langweilige* Schrift allemal auch sonst wertlos. – Die *subjektive* Langweiligkeit hingegen ist eine bloß relative: sie hat ihren Grund im Mangel an Interesse für den Gegenstand beim Leser; dieser aber in irgendeiner Beschränktheit desselben. Subjektiv langweilig kann daher auch das Vortreffliche sein, nämlich diesem oder jenem; wie umgekehrt auch das Schlechteste diesem oder jenem subjektiv kurzweilig sein kann, weil der Gegenstand oder der Schreiber ihn interessiert.

Den deutschen Schriftstellern würde durchgängig die Einsicht zustatten kommen, daß man zwar wo möglich denken soll wie ein großer Geist, hingegen dieselbe Sprache reden wie jeder andere. Man brauche gewöhnliche Worte und sage ungewöhnliche Dinge: aber sie machen es umgekehrt. Wir finden sie nämlich bemüht, triviale Begriffe in vornehme Worte zu hüllen und ihre sehr gewöhnlichen Gedanken in die ungewöhnlichsten Ausdrücke, die gesuchtesten, preziösesten und seltsamsten Redensarten zu kleiden. Ihre Sätze schreiten beständig auf Stelzen einher. Hinsichtlich dieses Wohlgefallens am Bombast, überhaupt am hochtrabenden, aufgedunsenen, preziösen, hyperbolischen und aerobatischen[1] Stile ist ihr Typus der Fähnrich *Pistol*, dem sein Freund *Falstaff* einmal ungeduldig zuruft: ›Sage, was du zu sagen hast, wie ein Mensch aus dieser Welt!‹ [Shakespeare, ›Heinrich IV.‹ 2, 5, 3]. – Liebhabern von Beispielen widme ich folgende Anzeige: ›Nächstens erscheint in unserm Verlage: Theoretisch-praktisch wissenschaftliche Physiologie, Pathologie und Therapie der unter dem Namen der Blähungen bekannten pneumatischen Phänomene, worin diese in ihrem organischen und kausalen Zusammenhange, ihrem Sein und Wesen nach, wie auch mit allen sie bedingenden, äußern und innern genetischen Momenten in der

1. [in der Art eines Seiltänzers]

ganzen Fülle ihrer Erscheinungen und Betätigungen sowohl für das allgemeinmenschliche als für das wissenschaftliche Bewußtsein systematisch dargelegt werden: eine freie, mit berichtigenden Anmerkungen und erläuternden Exkursen ausgestattete Übertragung des französischen Werkes: L'art de peter‹ [Die Kunst des Furzens].

Für ›stile empesé‹ findet man im Deutschen keinen genau entsprechenden Ausdruck, desto häufiger aber die Sache selbst. Wenn mit Preziosität verbunden, ist er in Büchern, was im Umgange die affektierte Gravität, Vornehmigkeit und Preziosität, und ebenso unerträglich. Die Geistesarmut kleidet sich gern darin, wie im Leben die Dummheit in die Gravität und Formalität.

Wer *preziös* schreibt, gleicht dem, der sich herausputzt, um nicht mit dem Pöbel verwechselt und vermengt zu werden – eine Gefahr, welche der Gentleman auch im schlechtesten Anzuge nicht läuft. Wie man daher an einer gewissen Kleiderpracht und dem ›tiré à quatre épingles‹ [mit vier Stecknadeln befestigt[1]] den Plebejer erkennt, so am preziösen Stil den Alltagskopf.

Nichtsdestoweniger ist es ein falsches Bestreben, geradezu so schreiben zu wollen, wie man redet. Vielmehr soll jeder Schriftstil eine gewisse Spur der Verwandtschaft mit dem Lapidarstil tragen, der ja ihrer aller Ahnherr ist. Jenes ist daher so verwerflich wie das Umgekehrte, nämlich reden zu wollen, wie man schreibt; welches pedantisch und schwer verständlich zugleich herauskommt.

Dunkelheit und Undeutlichkeit des Ausdrucks ist allemal und überall ein sehr schlimmes Zeichen. Denn in 99 Fällen unter 100 rührt sie her von der Undeutlichkeit des Gedankens, welche selbst wiederum fast immer aus einem ursprünglichen Mißverhältnis, Inkonsistenz und also Unrichtigkeit desselben entspringt. Wenn in einem Kopfe ein richtiger Gedanke aufsteigt, strebt er schon nach der Deutlichkeit und wird sie bald erreichen: das deutlich Gedachte aber findet leicht seinen angemessenen Ausdruck. Was ein Mensch zu denken vermag, läßt sich auch allemal in kla-

1. [Svw. säuberlich aufgeputzt]

ren, faßlichen und unzweideutigen Worten ausdrücken. Die, welche schwierige, dunkele, verflochtene, zweideutige Reden zusammensetzen, wissen ganz gewiß nicht recht, was sie sagen wollen, sondern haben nur ein dumpfes, nach einem Gedanken erst ringendes Bewußtsein davon: oft aber auch wollen sie sich selber und andern verbergen, daß sie eigentlich nichts zu sagen haben. Sie wollen, wie Fichte, Schelling und Hegel, zu wissen scheinen, was sie nicht wissen, zu denken, was sie nicht denken, und zu sagen, was sie nicht sagen. Wird denn einer, der etwas Rechtes mitzuteilen hat, sich bemühen, undeutlich zu reden oder deutlich? – Schon *Quintilian* sagt es (›Institutiones oratoriae‹ lib. 2, cap. 3): ›Plerumque accidit, ut faciliora sint ad intellegendum et lucidiora multo, quae a doctissimo quoque dicuntur … Erit ergo etiam obscurior, quo quisque deterior.‹ [Häufig geschieht es, daß das leichter verständlich und viel klarer ist, was gerade von einem Gelehrten gesagt wird … Man wird daher auch um so dunkler, je weniger tüchtig man ist.]

Imgleichen soll man nicht sich *rätselhaft* ausdrücken, sondern wissen, ob man eine Sache sagen will oder nicht. Die Unentschiedenheit des Ausdrucks macht deutsche Schriftsteller so ungenießbar. Eine Ausnahme gestatten allein die Fälle, wo man etwas in irgendeiner Hinsicht Unerlaubtes mitzuteilen hat.

Wie jedes Übermaß einer Einwirkung meistens das Gegenteil des Bezweckten herbeiführt, so dienen zwar Worte, Gedanken faßlich zu machen, jedoch auch nur bis zu einem gewissen Punkt. Über diesen hinaus angehäuft, machen sie die mitzuteilenden Gedanken wieder dunkler und immer dunkler. Jenen Punkt zu treffen ist Aufgabe des Stils und Sache der Urteilskraft: denn jedes überflüssige Wort wirkt seinem Zwecke gerade entgegen. In diesem Sinne sagt *Voltaire*: ›L'adjectif est l'ennemi du substantif.‹ [Das Adjektiv ist der Feind des Substantivs.] Aber freilich suchen viele Schriftsteller gerade unter dem Wortüberfluß ihre Gedankenarmut zu verbergen.

Demgemäß vermeide man alle Weitschweifigkeit und alles Einflechten unbedeutender, der Mühe des Lesens nicht lohnender Bemerkungen. Man muß sparsam mit der Zeit, Anstrengung und Geduld des Lesers umgehn: dadurch wird man bei ihm sich den Kredit erhalten, daß, was da- steht, des aufmerksamen Lesens wert ist und seine darauf zu verwendende Mühe belohnen wird. Immer noch besser, etwas Gutes wegzulassen, als etwas Nichtssagendes hinzu- setzen. Hier findet das Hesiodische Πλέον ἥμισυ παντός [Die Hälfte ist mehr als das Ganze; ›Opera et dies‹] (v. 40) seine rechte Anwendung. Überhaupt: nicht alles sagen! ›Le secret pour être ennuyeux, c'est de tout dire.‹ [Das Ge- heimnis, langweilig zu sein, besteht darin, daß man alles sagt; Voltaire, ›Discours sur l'homme‹ 6, 172.] Also wo mög- lich lauter Quintessenzen, lauter Hauptsachen, nichts, was der Leser auch allein denken würde. – Viele Worte machen, um wenige Gedanken mitzuteilen, ist überall das untrüg- liche Zeichen der Mittelmäßigkeit, das des eminenten Kopfes dagegen, viele Gedanken in wenige Worte zu schließen.

Die Wahrheit ist nackt am schönsten und der Eindruck, den sie macht, um so tiefer, als ihr Ausdruck einfacher war; teils, weil sie dann das ganze durch keinen Nebengedanken zerstreute Gemüt des Hörers ungehindert einnimmt; teils, weil er fühlt, daß er hier nicht durch rhetorische Künste be- stochen oder getäuscht ist, sondern die ganze Wirkung von der Sache selbst ausgeht. Z. B. welche Deklamation über die Nichtigkeit des menschlichen Daseins wird wohl mehr Eindruck machen als Hiobs: ›Homo natus de muliere brevi vivit tempore repletus multis miseriis, qui tanquam flos egreditur et conteritur et fugit velut umbra.‹ [Der Mensch, vom Weibe geboren, lebt kurze Zeit und ist voll Unruhe, gehet auf wie eine Blume und fällt ab und fliehet wie ein Schatten; 14, 1.] – Ebendaher steht die naive Poesie Goethes so unvergleichlich höher als die rhetorische Schil- lers. Daher auch die starke Wirkung mancher Volkslieder. Deshalb nun hat man, wie in der Baukunst vor der Über- ladung mit Zieraten, in den redenden Künsten sich vor allem nicht notwendigen rhetorischen Schmuck, allen un- nützen Amplifikationen und überhaupt vor allem Überfluß im Ausdruck zu hüten, also sich eines *keuschen* Stiles zu befleißigen. Alles Entbehrliche wirkt nachteilig. Das Gesetz der Einfachheit und Naivetät, da diese sich auch mit dem Erhabensten verträgt, gilt für alle schönen Künste.

Alle Formen nimmt die *Geistlosigkeit* an, um sich dahinter zu verstecken: sie verhüllt sich in Schwulst, in Bombast, in den Ton der Überlegenheit und Vornehmigkeit und in hundert andere Formen: nur an die *Naivetät* macht sie sich nicht, weil sie hier sogleich bloß stehn und bloße Einfältigkeit zu Markte bringen würde. Selbst der gute Kopf darf noch nicht *naiv* sein; da er trocken und mager erscheinen würde. Daher bleibt die *Naivetät* das Ehrenkleid des Genies, wie Nacktheit das der Schönheit.

Die echte Kürze des Ausdrucks besteht darin, daß man überall nur sagt, was sagenswert ist, hingegen alle weitschweifigen Auseinandersetzungen dessen, was jeder selbst hinzudenken kann, vermeidet, mit richtiger Unterscheidung des Nötigen und Überflüssigen. Hingegen soll man nie der Kürze die Deutlichkeit, geschweige die Grammatik zum Opfer bringen. Den Ausdruck eines Gedankens schwächen oder gar den Sinn einer Periode verdunkeln oder verkümmern, um einige Worte weniger hinzusetzen, ist beklagenswerter Unverstand. Gerade dies aber ist das Treiben jener falschen Kürze, die heutzutage im Schwange ist und darin besteht, daß man das Zweckdienliche, ja das grammatisch oder logisch Notwendige wegläßt. In Deutschland sind die schlechten Skribenten jetziger Zeit von ihr wie von einer Manie ergriffen und üben sie mit unglaublichem Unverstande. Nicht nur, daß sie, um ein Wort zu ersparen und zwei Fliegen mit einer Klappe zu schlagen, *ein* Verbum oder *ein* Adjektiv mehreren und verschiedenen Perioden zugleich, ja nach verschiedenen Richtungen hin dienen lassen, welche man nun alle, ohne sie zu verstehn und wie im dunkeln tappend, zu durchlesen hat, bis endlich das Schlußwort kommt und uns ein Licht darüber aufsteckt; sondern noch durch mancherlei andere ganz ungehörige Worterspanisse suchen sie das hervorzubringen, was ihre Einfalt sich unter Kürze des Ausdrucks und gedrungener Schreibart denkt. So werden sie durch ökono-

mische Weglassung eines Wortes, welches mit *einem* Male
Licht über eine Periode verbreitet hätte, diese zu einem
Rätsel machen, welches man durch wiederholtes Lesen auf-
zuklären sucht. Insbesondere sind die Partikeln ›wenn‹ und
›so‹ bei ihnen proskribiert und müssen überall durch Vor-
setzung des Verbi ersetzt werden, ohne die nötige, für
Köpfe ihres Schlages freilich auch zu subtile Diskrimination,
wo diese Wendung passend sei und wo nicht; woraus denn
oft nicht nur geschmacklose Härte und Affektation, sondern
auch Unverständlichkeit erwächst. Damit verwandt ist ein
jetzt allgemein beliebter Sprachschnitzer, den ein Beispiel
am besten zeigt: um zu sagen, ›käme er zu mir, so würde ich
ihm sagen‹ usw., schreiben neun Zehntel der heutigen Tintenkleckser: ›würde er zu mir kommen, ich sagte ihm‹ usw.,
welches nicht nur ungeschickt, sondern falsch ist; da eigentlich nur eine fragende Periode mit ›würde‹ anfangen darf,
ein hypothetischer Satz aber höchstens nur im Präsens,
nicht im Futuro. Aber ihr Talent in der Kürze des Ausdrucks geht nun einmal nicht weiter, als die Worte zu zählen und auf Pfiffe zu denken, irgendeines oder auch nur eine
Silbe um jeden Preis auszumerzen. Ganz allein hierin suchen sie die Gedrungenheit des Stils und Kernhaftigkeit des
Vortrags. Demnach wird jede Silbe, deren logischer oder
grammatischer oder euphonischer Wert ihrem Stumpfsinn
entgeht, hurtig weggeschnitten, und sobald *ein* Esel eine
solche Heldentat vollbracht hat, folgen hundert andre
nach, die es ihm mit Jubel nachtun. Und nirgends eine
Opposition – keine Opposition gegen die Dummheit, sondern hat einer eine rechte Eselei gemacht, bewundern sie
die andern und beeilen sich, sie nachzumachen! Demzufolge haben diese unwissenden Tintenkleckser in den 1840er
Jahren aus der deutschen Sprache das Perfekt und Plusquamperfekt ganz verbannt, indem sie beliebter Kürze halber solche überall durch das Imperfekt ersetzen, so daß
dieses das einzige Präteritum der Sprache bleibt, auf Kosten nicht etwan bloß aller feineren Richtigkeit oder auch
nur aller Grammatizität der Phrase; nein, oft auf Kosten
alles Menschenverstandes, indem barer Unsinn daraus wird.

Daher ist unter allen jenen Sprachverhunzungen diese die *niederträchtigste*, da sie die Logik und damit den Sinn der Rede angreift: sie ist eine linguistische *Infamie*[H]. Ich wollte wetten, daß aus diesen letzten zehn Jahren sich ganze Bücher vorfinden, in denen kein einziges Plusquamperfektum, ja vielleicht auch kein Perfektum vorkommt. Meinen die Herrn wirklich, daß Imperfekt und Perfekt dieselbe Bedeutung haben, daher man sie promiscue [vermischt], eines wie das andere, gebrauchen könne? – Wenn sie dies meinen, muß man ihnen eine Stelle in Tertia verschaffen. Was würde aus den alten Autoren geworden sein, wenn sie so liederlich geschrieben hätten? Beinahe ausnahmslos wird dieser Frevel gegen die Sprache ausgeübt in allen Zeitungen und größtenteils auch in den gelehrten Zeitschriften[F]; indem, wie schon erwähnt, in Deutschland jede Dummheit in der Literatur und jede Ungezogenheit im Leben Scharen von Nachahmern findet und keiner wagt, auf eigenen Beinen zu stehn; weil eben, wie ich nicht bergen kann, die Urteilskraft nicht zu Hause ist, sondern bei den Nachbarn, auf Visiten. – Durch die besagte Exstirpation[1] jener zwei wichtigen Temporum sinkt eine Sprache fast zum Range der allerrohesten herab. Das Imperfekt-statt-Perfekt-Setzen ist eine Sünde nicht bloß gegen die deutsche, sondern gegen die allgemeine Grammatik aller Sprachen. Es täte daher

H. Unter allen Infamien, die heutzutage an der deutschen Sprache verübt werden, ist die Ausmerzung des Perfekts aus derselben und Substituierung des Imperfekts die verderblichste; denn sie trifft unmittelbar das Logische der Rede, zerstört den Sinn derselben, hebt Fundamentalunterscheidungen auf und läßt sie etwas anderes sagen, als beabsichtigt wird. Man darf im Deutschen das Imperfekt und Perfekt nur da setzen, wo man sie im Lateinischen setzen würde; denn der leitende Grundsatz ist in beiden Sprachen derselbe: die noch fortdauernde, unvollendete Handlung zu unterscheiden von der vollendeten, schon ganz in der Vergangenheit liegenden. –
F. In den Göttingischen sich *gelehrt* nennenden Anzeigen habe ich (Februar 1856) sogar statt des (sobald Menschenverstand in der Phrase sein sollte) schlechterdings erforderlichen plusquamperfecti coniunctivi beliebter Kürze wegen das simple Imperfekt gefunden, in der Phrase: ›er schien‹ statt: ›er würde geschienen haben‹. Dazu ich gesagt habe: ›Elender Lump!‹
1. [Ausrottung]

not, daß man eine kleine Sprachschule für deutsche Schriftsteller errichtete, in welcher der Unterschied zwischen Imperfektum, Perfektum und Plusquamperfektum gelehrt
würde, nächstdem auch der zwischen Genitiv und Ablativ;
da immer allgemeiner dieser statt jenes gesetzt und ganz
unbefangen z. B. ›das Leben von Leibniz‹ und ›der Tod von
Andreas Hofer‹ statt ›Leibnizens Leben‹, ›Hofers Tod‹ geschrieben wird. Wie würde in andern Sprachen ein solcher
Schnitzer aufgenommen werden? Was würden z. B. die Italiener sagen, wenn ein Schriftsteller ›di‹ und ›da‹ (d. i. Genitiv und Ablativ) vertauschte! Aber weil im Französischen
diese Partikeln alle beide durch das dumpfe, stumpfe ›de‹
vertreten werden und die moderne Sprachkenntnis deutscher Bücherschreiber nicht über ein geringes Maß Französisch hinauszugehn pflegt, glauben sie jene französische
Armseligkeit auch der deutschen Sprache aufheften zu
dürfen und finden wie bei Dummheiten gewöhnlich Beifall
und Nachfolge[H]. Aus demselben würdigen Grunde wird,
weil im Französischen die Präposition ›pour‹ armutshalber
den Dienst von vier oder fünf deutschen Präpositionen versehn muß, von unsern hirnlosen Tintenklecksern überall
›für‹ gesetzt, wo ›gegen‹, ›um‹, ›auf‹ oder sonst eine Präposition oder auch gar keine stehn sollte, um nur das Französische ›pour, pour‹ nachzuäffen; womit es so weit gekommen ist, daß die Präposition ›für‹ unter sechs Malen fünfmal falsch steht[HH]. Auch das ›von‹ statt ›aus‹ ist Gallizismus.

H. Der *Ablativ* mit ›von‹ ist förmlich zum Synonym des *Genitivs* geworden: jeder meint, er habe die Wahl, welches er gebrauchen wolle.
Allmälig wird er ganz an die Stelle des Genitivs treten, und man wird
schreiben wie ein *Deutschfranzos*. Nun, das ist schändlich: die Grammatik hat alle Auktorität verloren, und die Willkür der Sudler ist an
ihre Stelle getreten. – Der Genitiv wird im Deutschen durch ›des‹
und ›der‹ ausgedrückt, und ›von‹ bezeichnet den Ablativ: merkt es
euch, meine Guten, ein für allemal, wenn ihr nämlich deutsch, nicht
aber Deutschfranzosenjargon schreiben wollt.
HH. Das *für* wird bald die einzige Präposition im Deutschen sein: der
Unfug, der damit getrieben wird, ist grenzenlos. – ›Liebe *für* andere‹
statt *zu*. ›Beleg *für* x.‹ statt *zu*. ›wird *für* die Reparatur der Mauern
gebraucht‹ statt *zur*. ›Professor *für* Physik‹ statt *der*. ›ist *für* die Untersuchung erforderlich‹ statt *zur*. ›die Jury hat ihn *für* schuldig er-

Ebenso Wendungen wie: ›Diese Menschen, sie haben keine Urteilskraft‹ statt: ›Diese Menschen haben keine Urteilskraft‹, und überhaupt die Einführung der armseligen Grammatik eines zusammengeleimten patois [einer Volkssprache], wie das Französische in die deutsche, viel edlere Sprache, machen die *verderblichen Gallizismen* aus; nicht aber, wie bornierte Puristen vermeinen, die Einführung einzelner Fremdwörter: diese werden assimiliert und bereichern die Sprache. Fast die Hälfte der deutschen Wörter ist aus dem Lateinischen abzuleiten: wenn auch dabei zweifelhaft bleibt, welche Wörter wirklich von den Römern angenommen und welche bloß von der Großmutter Sanskrit her so sind. – Die vorgeschlagene Sprachschule könnte auch Preisaufgaben stellen, z.B. den Unterschied des Sinnes der beiden Fragen: ›Sind Sie gestern im Theater gewesen?‹ und: ›Waren Sie gestern im Theater?‹ deutlich zu machen.

Noch ein anderes Beispiel falscher Kürze liefert der allkannt‹: abundat [ist überflüssig]. ›*Für* den 12. dieses erwartet man den Herzog‹ statt *am* oder *zum*. ›Beiträge *für* Geologie‹ statt *zur*. Rücksicht *für* jemanden statt *gegen*. ›reif *für* etwas‹ statt *zu*. ›er braucht es *für* seine Arbeit‹ statt *zu*. ›Die Steuerlast *für* unerträglich finden.‹ ›Grund *für* etwas‹ statt *zu*. ›Liebe *für* Musik‹ statt *zur*. ›Dasjenige, was früher *für* nötig erschienen, jetzt . . .‹ (›Postzeitung‹). ›*für* nötig finden, erachten‹ findet man wohl ausnahmslos in allen Büchern und Blättern der letzten zehn Jahre, ist aber ein Schnitzer, den in meiner Jugend kein Primaner sich hätte zuschulden kommen lassen, da es auf deutsch heißt ›nötig erachten‹ – hingegen ›für nötig halten‹. Wenn so ein Schreiber irgendeiner Präposition bedarf, so besinnt er sich keinen Augenblick, sondern schreibt *für*, was immer es auch bezeichnen mag. Diese Präposition muß herhalten und alle übrigen vertreten. – ›Gesuch *für* die Gestattung‹ statt *um*. ›*Für* die Dauer‹ statt *auf*. ›*Für* den Fall‹ statt *auf*. ›Gleichgültig *für*‹ statt *gegen*. ›Mitleid *für* mich‹ statt *mit* mir (in einer Antikritik!) – ›Rechenschaft *für* eine Sache geben‹ statt *von*. ›*Dafür* befähigt‹ statt *dazu*. ›*Für* den Fall des Todes des Herzogs muß sein Bruder auf den Thron kommen‹ statt *im*. ›*Für* Lord R. wird ein neuer englischer Gesandter ernannt werden‹ statt *an Stelle*. – ›Schlüssel *für* das Verständnis‹ statt *zum*. ›Die Gründe *für* diesen Schritt‹ statt *zu*. ›ist eine Beleidigung *für* den Kaiser‹ statt *des* Kaisers. ›Der König von Korea will an Frankreich ein Grundstück *für* eine Niederlassung abtreten‹ (›Postzeitung‹), besagt zu deutsch, daß Frankreich dem König eine Niederlassung für ein Grundstück gibt. – ›Er reist *für* sein Vergnügen‹ statt *zum*. ›Er fand es *für* zweckmäßig‹ (›Postzeitung‹). – ›Beweis *für*‹ statt Beweis *der* Sache. ›Ist nicht ohne

mälig allgemein gewordene falsche Gebrauch des Wortes
nur. Bekanntlich ist die Bedeutung desselben entschieden
beschränkend: es besagt nämlich ›nicht *mehr* als‹. Nun aber
weiß ich nicht, welcher Querkopf zuerst es gebraucht hat
für ›nicht *anders* als‹, welches ein ganz verschiedener Gedanke ist: aber wegen der dabei zu lukrierenden[1] Wort-
ersparnis fand der Schnitzer sogleich die eifrigste Nachahmung; so daß jetzt der falsche Gebrauch des Wortes bei
weitem der häufigste ist, obschon dadurch oft das Gegenteil von dem, was der Schreiber beabsichtigt, eigentlich gesagt wird. Z.B.: ›Ich kann es nur loben‹ (also nicht belohnen,
nachahmen); ›Ich kann es nur mißbilligen‹ (also nicht strafen). Hierher gehört auch der allgemeine adverbiale Gebrauch mancher Adjektive, wie ›ähnlich‹ und ›einfach‹, der
zwar ein paar ältere Beispiele mag aufweisen können, mir
jedoch allemal wie ein Mißton klingt. Denn in keiner Sprache
erlaubt man sich, Adjektive ohne weiteres als Adverbien zu

Einfluß *für* die Dauer des Lebens‹ statt *auf* (Prof. Succow in Jena). –
›*Für* einige Zeit verreist‹! (*Für* heißt pro und darf nur da, wo dieses
im Lateinischen stehn kann, gebraucht werden.) – ›Indignation *für*
die Grausamkeiten‹ statt *gegen* (›Postzeitung‹). ›Abneigung *für*‹ statt
gegen. ›*Für* schuldig erkennen‹ auch ›erklären‹ – ubi abundat [wo es
überflüssig ist]. ›Das Motiv *dafür*‹ statt *dazu*. ›Verwendung *für* diesen
Zweck‹ statt *zu*. ›Unempfindlichkeit *für* Eindrücke‹ statt *gegen*. –
Titel: ›Beiträge *für* die Kunde des Indischen Altertums‹ statt *zur*. –
›Die Verdienste unsers Königs *für* Landwirtschaft, Handel und Gewerbe‹ statt *um* (›Postzeitung‹). ›Ein Heilmittel *für* ein Übel‹ statt
gegen. – ›Neues Werk: das Manuskript *dafür* ist fertig‹ statt *dazu*.
›Schritt *für* Schritt‹ statt *vor*, wird *von allen* geschrieben, ist sinnlos.
– ›Freundschaftliche Gesinnung *für*‹ statt *gegen*. Sogar ›Freundschaft
für jemand‹ ist falsch: es muß heißen *gegen*, dies nämlich bedeutet im
Deutschen sowohl adversus wie contra. – ›Unempfindlichkeit *für*
den Schmerzensruf‹ statt *gegen*. – ›Er wurde *für* tot gesagt!‹ – ›*für*
würdig erachten‹, ubi abundat. ›eine Maske erkannte er *für* den Kai-
ser‹ statt *als*. ›*für* einen Zweck bestimmt‹ statt *zu*. – ›*Dafür* ist es jetzt
noch nicht an der Zeit‹ statt *dazu*. ›Sie erleiden eine *für* die jetzige
Kälte sehr harte Behandlung‹ statt *bei*. – ›Rücksicht *für* Ihre Gesundheit‹ statt *auf*. ›Rücksicht *für* Sie‹ statt *gegen*. – ›Erfordernis *für* den
Aufschwung‹ statt *zu*. ›Neigung und Beruf *für* Komödie‹ statt *zur*.
Beides letztere schreibt ein berühmter Germanist (Jacob Grimm,
›Rede über Schiller‹, nach dem Auszug in den ›Literarischen Blättern‹,
Januar 1860).
1. [gewinnenden]

gebrauchen. Was würde man sagen, wenn ein griechischer Autor schriebe: ὁμοῖος [gleich] statt ὁμοίως [auf gleiche Weise], ἁπλοῦς [einfach] statt ἁπλῶς [auf einfache Weise], oder wenn in andern Sprachen einer schriebe:

similis	statt	similiter,
pareil	"	pareillement,
like	"	likely,
somigliante	"	somigliantemente,
simplex	"	simpliciter,
simple	"	simplement,
simple	"	simply,
semplice	"	semplicemente?

Bloß der Deutsche macht keine Umstände, sondern geht nach seiner Laune, nach seiner Kurzsichtigkeit und seiner Unwissenheit mit der Sprache um – wie es seiner geistreichen Nationalphysiognomie entspricht.

Dies alles sind keine Kleinigkeiten: es ist die Verhunzung der Grammatik und des Geistes der Sprache durch nichtswürdige Tintenkleckser, nemine dissentiente [ohne daß jemand Einspruch erhebt]. Die sogenannten *Gelehrten*, welche sich widersetzen sollten, wissenschaftliche *Männer*, eifern vielmehr den Journal- und Zeitungsliteraten nach: es ist ein Wettstreit der Dummheit und Ohrenlosigkeit. Die deutsche Sprache ist gänzlich in die Grabuge[1] geraten: alles greift zu, jeder tintenklecksende Lump fällt darüber her.

Überall, soweit es angeht, soll man das Adjektiv vom Adverbio unterscheiden, daher z. B. nicht ›sicher‹ schreiben, wo man ›sicherlich‹ meint[H]. Überhaupt soll man nie und nirgends der *Kürze* auch nur das kleinste Opfer auf Kosten der *Bestimmtheit* und Präzision des Ausdrucks bringen: denn die Möglichkeit dieser ist es, welche einer Sprache ihren Wert

1. [Zänkerei]

H. ›*Sicher*‹ statt *gewiß*: es ist ein Adjektiv, dessen Adverbium *sicherlich* lautet. Jenes darf nicht adverbialiter statt ›gewiß‹ gebraucht werden, wie jetzt *allgemein* geschieht, ohne alle Grundlage.

Nur Deutsche und Hottentotten erlauben sich dergleichen, schreiben ›sicher‹ statt ›sicherlich‹ und dann statt ›gewiß‹.

gibt, indem es nur vermöge ihrer gelingt, jede Nuance, jede
Modulation eines Gedankens genau und unzweideutig auszudrücken, ihn also wie im nassen Gewande, nicht wie im
Sack erscheinen zu lassen, worin eben die schöne, kraft-
volle und prägnante Schreibart besteht, welche den Klassiker macht. Und gerade die Möglichkeit dieser *Bestimmtheit*
und Präzision des Ausdrucks geht gänzlich verloren durch
Kleinhacken der Sprache mittelst Abschneiden der Praefixa
und Affixa, imgleichen der das Adverbium vom Adjektiv
unterscheidenden Silben, durch Weglassen des Auxiliars,
Gebrauch des Imperfekts statt des Perfekts usw., usw., wie
es jetzt als grassierende Monomanie alle deutsche[n] Federn
ergriffen hat und mit einer Hirnlosigkeit, wie sie in England,
Frankreich und Italien nie allgemein werden könnte, um
die Wette betrieben wird, von allen, von allen, ohne irgendeine Opposition. Dieses Kleinhacken der Sprache ist, wie
wenn jemand einen kostbaren Stoff, um ihn dichter ein-
packen zu können, in Lappen zerschnitte: die Sprache wird
dadurch in einen elenden halbverständlichen Jargon umge-
schaffen, und das wird die deutsche bald sein.

Am auffallendesten aber zeigt jenes falsche Streben nach
Kürze sich in der Verstümmelung der einzelnen Wörter.
Um Tagelohn dienende Büchermacher, greulich unwis-
sende Literaten und feile Zeitungsschreiber beschneiden die
deutschen Wörter von allen Seiten wie Gauner die Münzen;
alles bloß zum Zweck beliebter Kürze – wie *sie* solche verstehn. In diesem Streben werden sie den unbändigen
Schwätzern gleich, welche, um nur recht vieles in kurzer
Zeit und in *einem* Atem herauszusprudeln, Buchstaben und
Silben verschlucken und, hastig nach Luft schnappend, ihre
Phrasen ächzend abhaspeln, wobei sie dann die Worte nur
zur Hälfte aussprechen. Solchermaßen also werden auch von
jenen, um recht vieles auf wenig Raum zu bringen, Buchstaben aus der Mitte und ganze Silben vom Anfang und
Ende der Wörter weggeschnitten. Zuvörderst nämlich werden die der Prosodie, der Aussprache und dem Wohllaute
dienenden Doppelvokale und verlängernden -h überall her-
ausgerissen, danach aber alles, was noch irgendwo ablösbar

ist, weggenommen. Vorzüglich hat diese vandalische Zerstörungswut unserer Wortbeknapper sich auf die Endsilben ›-ung‹ und ›-keit‹ gerichtet; eben nur weil sie die Bedeutung derselben nicht verstehn noch fühlen und unter ihrer dicken Hirnschale weit davon entfernt sind, den feinen Takt zu spüren, mit welchem überall unsere instinktmäßig sprachbildenden Vorfahren jene Silbenmodulation angewandt haben, indem sie nämlich durch ›-ung‹ in der Regel das Subjektive, die Handlung vom Objektiven, dem Gegenstande derselben unterschieden; durch ›-keit‹ aber meistens das Dauernde, die bleibenden Eigenschaften ausdrückten: wie z. B. jenes in Tötung, Zeugung, Befolgung, Ausmessung usw., dieses in Freigebigkeit, Gutmütigkeit, Freimütigkeit, Unmöglichkeit, Dauerhaftigkeit usw. Man betrachte z. B. nur die Wörter ›Entschließung‹, ›Entschluß‹ und ›Entschlossenheit‹. Jedoch viel zu stumpf, um dergleichen zu erkennen, schreiben unsere ›jetztzeitigen‹ rohen Sprachverbesserer z. B. ›Freimut‹: dann sollten sie auch ›Gutmut‹ und ›Freigabe›, wie auch ›Ausfuhr‹ statt ›Ausführung‹, ›Durchfuhr‹ statt ›Durchführung‹ schreiben. Mit Recht heißt es ›*Beweis*‹, hingegen nicht ›*Nachweis*‹, wie unsre stumpfen Tölpel es verbessert haben, sondern ›*Nachweisung*‹; weil der *Beweis* etwas Objektives ist (mathematischer Beweis, faktischer Beweis, unwiderleglicher Beweis usw.), hingegen die *Nachweisung* ist ein Subjektives, d. h. vom Subjekt Ausgehendes, die Handlung des Nachweisens. – Durchgängig schreiben sie ›Vorlage‹, wo nicht, wie doch das Wort besagt, das vorzulegende Dokument, sondern die Handlung des Vorlegens, also die ›*Vorlegung*‹ gemeint und der Unterschied der analoge ist wie zwischen ›Beilage‹ und ›Beilegung‹, ›Grundlage‹ und ›Grundlegung‹, ›Einlage‹ und ›Einlegung‹, ›Versuch‹ und ›Versuchung‹, ›Eingabe‹ und ›Eingebung‹[H] und hundert ähnlichen Wörtern. Aber wann sogar Gerichtsbehörden die Sprachdilapidation[1] sanktionieren,

H. ›Zurückgabe‹ statt ›Zurückgebung‹ wie ›Hingebung‹, ›Vergebung‹, ›Vollzug‹ statt ›Vollziehung‹. Gabe ist das gegebene Ding, der Akt ist Gebung. Dies sind die lexikalischen Feinheiten der Sprache.
1. [Sprachverschleuderung]

indem sie nicht nur ›Vorlage‹ statt ›Vorlegung‹, sondern
auch ›Vollzug‹ statt ›Vollziehung‹ schreiben[H] und dekretieren, ›in Selbstperson‹ zu erscheinen, d. h. in eigener, nicht in
fremder Person[F]; so darf es uns nicht wundern, alsbald einen
Zeitungsschreiber den ›Einzug einer Pension‹ berichten zu
sehn – womit er ihre Einziehung meint, folglich daß sie
ihren Einzug nicht ferner halten werde. Denn an ihm freilich ist die Weisheit der Sprache, welche von der Ziehung
einer Lotterie, aber vom Zuge eines Heeres redet, verloren.
Allein, was darf man von so einem Gazetier erwarten, wenn
sogar die gelehrten ›Heidelberger Jahrbücher‹ (Nr. 24 des
Jahres 1850) vom ›Einzug seiner Güter‹ reden? Höchstens
könnten diese zu ihrer Entschuldigung anführen, daß es
doch nur ein Philosophie-Professor ist, der so schreibt. Ich
wundre mich, noch nicht ›Absatz‹ statt ›Absetzung‹, ›Ausfuhr‹ statt ›Ausführung‹ und ›Empfang‹ statt ›Empfängnis‹
oder gar statt die ›Abtretung dieses Hauses‹ den ›Abtritt
dieses Hauses‹ gefunden zu haben, welches ebenso konsequent wie dieser Sprachverbesserer würdig wäre und ergötzliche Mißverständnisse herbeiführen könnte[HH]. Wirk-

H. ›Ein Vergleich zwischen den Niederlanden und Deutschland‹
(›Heidelberger Jahrbücher‹), wo nicht ein *Kompromiß*, sondern Vergleichung gemeint ist.
F. Gerichtsbehörden schreiben statt ›*Vorladung*‹ ›*Ladung*‹: aber Ge-
wehre und Schiffe haben eine *Ladung*, Gastmähler eine *Einladung* und
Gerichte eine *Vorladung*. Gerichtsbehörden sollten stets bedenken,
daß Gut und Blut ihrer Urteilskraft anheimgestellt wird, und diese
daher nicht müßigerweise kompromittieren. In England und Frankreich ist man auch in diesem Stück klüger und behält stets den alten
Kanzleistil bei; daher fast jedes Dekret mit ›whereas‹ [sintemalen]
oder ›pursuant to‹ [in Anbetracht daß . . .] beginnt.
HH. ›Ersatz‹ statt ›Ersetzung‹, ›Hingabe‹ statt ›Hingebung‹, dann
müssen sie auch ›Ergabe‹ statt ›Ergebung‹ schreiben. – Statt ›sorgfältig‹ schreibt einer ›sorglich‹: es kommt aber nicht von Sorge, sondern
von Sorgfalt. Jacob *Grimm* schreibt ›*Einstimmungen*‹ statt ›*Übereinstimmungen*‹ in seiner kleinen Schrift ›Über die Namen des Donners‹, 1855
(nach einer daraus zitierten Stelle im ›Zentralblatt‹), *zwei völlig und
weit verschiedene* Begriffe werden dadurch identifiziert! Das schlechte
Deutsch der Grimm im ›Armen Heinrich‹! (Es sind Esel, die keine
Ohren haben – horribile dictu! [schrecklich zu sagen!]). Wie soll ich
vor einem solchen Germanisten Respekt behalten, selbst wenn das
seit dreißig Jahren unermüdlich über ihn ergehende Lob mir solchen

lich gefunden aber habe ich in einer vielgelesenen Zeitung, und zwar mehrmals ›Unterbruch‹ statt ›Unterbrechung‹, wodurch man verleitet werden kann zu denken, hier sei die gewöhnliche Hernia[1] im Gegensatz des Leistenbruchs gemeint[H]. – Und doch haben gerade die Zeitungen am wenigsten Ursache, die Worte zu beschneiden, da solche, je länger sie sind, desto mehr ihre Spalten ausfüllen und, wenn dies durch unschuldige Silben geschieht, sie dafür ein paar Lügen weniger in die Welt schicken können. Ganz ernstlich muß ich nun aber hier zu bedenken geben, daß gewiß mehr als neun Zehntel der überhaupt lesenden Menschen nichts als die Zeitungen lesen, folglich fast unausbleiblich ihre Rechtschreibung, Grammatik und [ihren] Stil nach diesen bilden und sogar in ihrer Einfalt dergleichen Sprachverhunzungen für Kürze des Ausdrucks, elegante Leichtigkeit und scharfsinnige Sprachverbesserung halten, ja überhaupt den jungen Leuten ungelehrter Stände die Zeitung, weil sie doch

eingeflößt hätte? – Leset, seht hin, welche Sprache Winckelmann, Lessing, Klopstock, Wieland, Goethe, Bürger und Schiller geredet haben, und der eifert nach; nicht aber dem stupid ersonnenen Jargon heutiger Bettelliteraten und bei ihnen in die Sprachschule gehender Professoren. – In einer vielgelesenen Wochenschrift (›Kladderadatsch‹) ›schadlos‹ für ›unschädlich‹! Der Skribler hatte die Buchstaben gezählt und in der Freude über die Ersparnis übersehn, daß es das gerade Gegenteil war, was er sagen wollte, nämlich das Passivum statt des Aktivi. – Der Verderb der Sprache ist allezeit und überall der konstante Begleiter und das unfehlbare Symptom des Verfalls der Literatur gewesen und ist es wahrlich auch jetzt.
1. [Eingeweidebruch]
H. ›Verband‹ (welches nur im chirurgischen Sinne gilt) statt ›Verbindung‹ – ›Dichtheit‹ statt ›Dichtigkeit‹. ›Mitleid‹ statt ›Mitleidenschaft‹, ›über‹ statt ›übrig‹. ›ich bin gestanden‹ statt *habe gestanden*, ›mir erübrigt‹ statt bleibt übrig, ›nieder‹ statt niedrig, ›Abschlag‹ statt abschlägige Antwort (Benfey in den ›Göttingischen gelehrten Anzeigen‹). – ›Die Frage ist *von*‹ – statt *nach*. – Und hat in Deutschland einmal einer eine rechte Dummheit dieser Art ausgehn lassen, so stürzen gleich hundert Narren sich darauf wie auf einen Fund, um sie zu adoptieren: statt daß, wenn Urteilskraft dawäre, man sie an den Pranger stellen würde. Die *niederträchtige Silbenknickerei* droht die Sprache zu verderben. In einer Zeitung habe ich gefunden ein Unwort ›behoben‹ statt ›aufgehoben‹! Vor keinem Unsinn schrecken sie zurück, wenn eine Silbe zu lukrieren [gewinnen] ist.

gedruckt ist, für eine Auktorität gilt. Daher sollte in allem
Ernst von Staats wegen dafür gesorgt werden, daß die Zeitungen in sprachlicher Hinsicht durchaus fehlerfrei wären.
Man könnte zu diesem Zweck einen Nachzensor anstellen,
der statt des Gehaltes vom Zeitungsschreiber für jedes ver-
stümmelte oder nicht bei guten Schriftstellern anzutreffende
Wort, wie auch für jeden grammatischen, selbst nur syntaktischen Fehler, auch für jede in falscher Verbindung oder
falschem Sinne gebrauchte Präposition einen Louisdor als
Sportel zu erheben hätte, für freche Verhöhnung aller
Grammatik aber, wie wenn ein solcher Skribler statt ›hinsichtlich‹ ›hinsichts‹ schreibt, drei Louisdor und im Wieder-
betretungsfall das Doppelte. Die Alltagsköpfe sollen im aus-
gefahrenen Gleise bleiben und nicht unternehmen, die
Sprache zu verbessern. Oder ist etwan die deutsche Sprache
vogelfrei als eine Kleinigkeit, die nicht des Schutzes der
Gesetze wert ist, den doch jeder Misthaufen genießt? –
Elende Philister! – Was in aller Welt soll aus der deutschen
Sprache werden, wenn Sudler und Zeitungsschreiber diskre-
tionäre Gewalt behalten, mit ihr zu schalten und zu walten
nach Maßgabe ihrer Laune und ihres Unverstandes? –
Übrigens aber beschränkt der in Rede stehende Unfug sich
keineswegs auf die Zeitungen: vielmehr ist er allgemein und
wird in Büchern und gelehrten Zeitschriften mit gleichem
Eifer und mit wenig mehr Überlegung getrieben. Da finden
wir Praefixa und Affixa rücksichtslos unterschlagen, indem
z.B. ›Hingabe‹ für ›Hingebung‹[F]; ›Mißverstand‹ für ›Mißverständnis‹; ›Wandeln‹ für ›Verwandeln‹; ›Lauf‹ für ›Verlauf‹; ›Meiden‹ für ›Vermeiden‹; ›Ratschlagen‹ für ›Berat-
schlagen‹; ›Schlüsse‹ für ›Beschlüsse‹; ›Führung‹ für ›Aufführung‹; ›Vergleich‹ für ›Vergleichung‹; ›Zehrung‹ für
›Auszehrung‹ gesetzt ist und hundert andere, mitunter
noch schlimmere Streiche dieser Art[H]. Sogar in sehr gelehrten

F. Man kann sagen: ›Die *Ausgebung* der neuen *Ausgabe* wird erst über
acht Tage stattfinden.‹
H. ›Sachverhalt‹ statt ›Sachverhältnis‹: ›Verhalt‹ ist gar kein Wort;
es gibt nur ›Verhaltung‹, nämlich des Urins, woran man bei ›Verhalt‹
natürlich denkt. ›Ansprache‹ überall statt ›Anrede‹: aber ›ansprechen‹
ist precisely ›adire‹ – statt ›alloqui‹. – Statt *Unbild* ›*Unbill*‹, welches

Werken finden wir die Mode mitgemacht: z. B. in der ›Chronologie der Ägypter‹ von Lepsius (1849) heißt es S. 545: ›Manethos fügte seinem Geschichtswerke ... eine Übersicht ... nach Art ägyptischer Annalen zu‹ – also ›zufügen‹ (infligere) für ›hinzufügen‹ (addere) – um eine Silbe zu ersparen. Derselbe Herr Lepsius betitelt 1837 eine Abhandlung also: ›Über den Ursprung und die Verwandtschaft der *Zahlwörter* in der indogermanischen, semitischen und koptischen Sprache‹. – Es muß aber heißen *Zahlenwörter*, weil es von den Zahlen kommt, eben wie Zahlensysteme, Zahlenverhältnis, Zahlenordnung usw., nicht aber vom Verbo zahlen (davon bezahlen), wie Zahltag, zahlbar, Zahlmeister usw. Ehe die Herrn sich an die semitische und koptische Sprache machen, sollten sie erst die deutsche gehörig verstehn lernen. Hingegen mit dieser *täppischen Art*, nur überall Silben abzuschneiden, *verhunzen* heutzutage alle schlechten Skribenten die deutsche Sprache, welche nachher nicht wieder herzustellen sein wird. Daher müssen solche Sprachverbesserer ohne

gar kein Wort ist, da ›Bill‹ keines ist: sie denken dabei an billig! Es erinnerte mich an einen, in meiner Jugend, der statt ›ungeschlacht‹ ›ungeschlachtet‹ gesetzt hatte. Ich sehe nicht, daß irgend jemand dieser systematischen Dilapidation und Verhunzung der Sprache durch den literarischen Pöbel entgegenträte. Germanisten allerdings haben wir, die von Patriotismus und Deutschheit strotzen; aber ich sehe nicht, daß sie selbst korrekt deutsch schrieben und sich rein hielten von den hier kritisierten, von besagtem Pöbel ausgehenden Sprachverschönerungen. Statt ›beständig‹ ›ständig‹! Als ob Stand und Bestand dasselbe wären. Warum nicht lieber die ganze Sprache auf ein Wort zurückführen? – Statt die ›umgeworfenen Bäume‹ die ›geworfenen Bäume‹; ›Längsschnitt‹ statt ›Längsfaser‹; statt ›vorhergängige‹ Bestätigung: ›vorgängige‹. – Statt ›abgeblichen‹ (von der Farbe) ›geblichen‹, aber was ohne unsere Absicht die Farbe verliert, *bleicht ab*: intransitive; was mit Absicht, wird geblichen: verbum activum. Das ist der Reichtum der Sprache, den sie weggeworfen. – ›Billig‹ statt ›wohlfeil‹; von Krämern ausgegangen, ist diese *Pöbelhaftigkeit* allgemein geworden. ›Zeichnen‹ statt ›unterzeichnen‹; ›vorragen‹ statt ›hervorragen‹. Überall schneiden sie Silben ab und wissen nicht, was diese Silben wert sind. – Und wer sind diese Korrektoren der Sprache unserer Klassiker? Ein elendes, zu eignen echten Werken unfähiges Geschlecht, dessen Väter schon bloß aus Gnaden der Kuhpocken lebten, ohne welche sie früh hinweggerafft sein würden von den natürlichen Blattern, als welche alle Schwächlinge früh beseitigten und dadurch das Geschlecht kräf-

Unterschied der Person gezüchtigt werden wie die Schuljungen. Jeder Wohlgesinnte und Einsichtige ergreife also mit mir Partei für die deutsche Sprache gegen die deutsche Dummheit! Wie würde ein solches willkürliches, ja freches Umspringen mit der Sprache, wie heutzutage in Deutschland jeder Tintenkleckser es sich erlaubt, in England, in Frankreich oder in Italien, welches um seine Accademia della Crusca zu beneiden ist, aufgenommen werden? Man sehe z. B. in der ›Biblioteca de'classici Italiani‹ (Milano 1804 sqq. tom. 142) das ›Leben des Benvenuto Cellini‹, wie da der Herausgeber jede, auch die geringste Abweichung vom reinen Toskanisch, und beträfe sie *einen* Buchstaben, sogleich unten in einer Note kritisiert und in Erwägung nimmt – ebenso die Herausgeber der ›Moralistes français‹ (1838). Z. B. Vauvenargues schreibt: ›Ni le dégoût est une marque de santé, ni l'appétit *est* une maladie [Weder ist der Ekel ein Zeichen von Gesundheit noch die Eßlust eine Krankheit]: sogleich bemerkt der Herausgeber, daß es heißen muß *›n'est‹*.

tig erhielten. Jetzt sehn wir schon die Folgen jenes Gnadenakts in den langbärtigen Zwergen, von denen es überall mehr und mehr wimmelt. Und geistig sind sie wie leiblich. – Ich habe gefunden statt ›beinahe‹ – ›nahebei‹ – und statt ›Hintergrund des Theaters‹ ›Untergrund‹. – Also gibt es keine Frechheit in Verhunzung der Sprache, die unser literarisches Gesindel nicht sich erlaubte. – ›Die *Aufgabe* des Kopernikanismus‹ schreibt einer; meint aber nicht das Problem oder das Pensum, sondern ›die *Aufgebung*‹! – Ebenso ›Postzeitung‹ 1858: ›Die *Aufgabe* dieses Unternehmens‹ statt ›*Aufgebung*‹. – Ein anderer redet von der *Abnahme* eines aufgehängten Bildes, womit er die *Abnehmung* desselben meint: ›*Abnahme*‹ besagt imminutio. Schreibt ihr ›*Nachweis*‹ statt ›*Nachweisung*‹, so müßt ihr konsequent statt ›*Verweisung*‹ ›*Verweis*‹ schreiben – was manchem Delinquenten in seiner Verurteilung ganz gelegen kommen könnte. Statt ›Verfälschung‹ ›Fälschung‹, welches im Deutschen ausschließlich ein falsum (forgery) bedeutet! ›Erübrigt‹ statt ›bleibt übrig‹. – Aus zwei Wörtern eins machen heißt die Sprache um einen Begriff bestehlen. – Statt ›Verbesserung‹ schreiben sie ›Besserung‹ und stehlen der Sprache einen Begriff. Eine Sache kann tauglich sein, ist aber doch noch der Verbesserung fähig! Hingegen hofft man Besserung von einem Kranken und einem Sünder. – ›*Von*‹ statt ›*aus*‹, ›Schmied‹ statt ›*Schmidt*‹, dessen alleinige Richtigkeit durch den Namen von hunderttausend Familien bewiesen wird. Aber ein *unwissender Pedant* ist das Unerträglichste unter der Sonne.

Bei uns schreibt jeder, wie er will! Hat Vauvenargues geschrieben: ›La difficulté est à les connaître‹, so bemerkt der Herausgeber: ›Il faut, je crois, *de les connaître.*‹ – In einer englischen Zeitung habe ich stark gerügt gefunden, daß ein Redner gesagt hatte: my *talented* friend, welches nicht englisch sei: und doch hat man ›spirited‹ von ›spirit‹. So streng sind die andern Nationen hinsichtlich ihrer Sprachen[H]. Hingegen jeder deutsche Schmierer setzt ohne Scheu irgendein unerhörtes Wort zusammen, und statt in den Journalen Spießruten laufen zu müssen, findet er Beifall und Nachahmer. Kein Schreiber, nicht einmal der niedrigste Tintenkleckser, trägt Bedenken, ein Verbum in einem noch nie ihm beigelegten Sinne zu gebrauchen, wenn nur so, daß der Leser allenfalls erraten kann, was er meint: da gilt's für einen originellen Einfall und findet Nachahmung[HH]. Ohne irgendeine Rücksicht auf Grammatik, Sprachgebrauch, Sinn und Menschenverstand schreibt jeder Narr hin, was ihm eben

H. Diese Strenge der Engländer, Franzosen, Italiener ist keineswegs Pedanterie, sondern Vorsicht, damit nicht jeder tintenklecksende Bube sich am Nationalheiligtum der Sprache vergreifen dürfe, wie das in Deutschland geschieht.

HH. Das Schlimmste ist, daß es gegen solche Sprachverhunzungen, welche meistens vom niedrigsten Kreise der Literatur ausgehn, in Deutschland gar keine Opposition gibt: meistens in den politischen Zeitungen geboren, gehn die verstümmelten oder frech mißbrauchten Wörter ungehindert und mit Ehren in die von Universität und Akademie ausgehenden gelehrten Zeitungen, ja in alle Bücher über. Keiner widersteht, keiner fühlt sich aufgefordert, die Sprache zu schützen, sondern alle machen um die Wette die Narrheit mit. Der eigentliche *Gelehrte* im engern Sinn sollte seinen Beruf darin erkennen und seine Ehre darein setzen, allem Irrtum und Trug, in jeder Art, Widerstand zu leisten, der Damm zu sein, wo der Strom der Dummheiten jeder Art sich bricht, nie die Verblendung des Vulgus zu teilen, nie seine Torheiten mitzumachen, sondern, stets im Lichte wissenschaftlicher Erkenntnis wandelnd, andern vorzuleuchten mit der Wahrheit und Gründlichkeit. *Darin* besteht *die Würde des Gelehrten.* Unsere Professoren hingegen vermeinen, sie bestände in Hofratstiteln und Bänderchen, durch deren Annahme sie sich den Postbeamten und ähnlichen ungelehrten Dienern des Staates gleichstellen. Dergleichen Titel sollte jeder Gelehrte verschmähen, dagegen einen gewissen Stolz beobachten als theoretischer, d. h. rein geistiger Stand allem Praktischen, der Notdurft Dienendem gegenüber.

durch den Kopf fährt, und je toller, desto besser! – Eben las ich ›Zentroamerika‹ statt ›Zentralamerika‹ – wieder ein Buchstabe erspart, auf Kosten oben genannter Potenzen! – Das macht, dem Deutschen sind in allen Dingen Ordnung, Regel und Gesetz verhaßt: er liebt sich die individuelle Willkür und das eigene Kaprice, mit etwas abgeschmackter Billigkeit nach eigener scharfer Urteilskraft versetzt. Daher zweifle ich, ob jemals die Deutschen lernen werden, sich, wie jeder Brite in den drei vereinigten Königreichen und allen Kolonien unverbrüchlich tut, auf Straßen, Wegen und Stegen allemal *rechts* zu halten – so sehr groß und augenfällig auch der Vorteil davon wäre. Auch in geselligen Vereinen, Klubs und dergleichen kann man sehn, wie gern selbst ohne allen Vorteil ihrer Bequemlichkeit viele die zweckmäßigsten Gesetze der Gesellschaft mutwillig brechen. Nun aber sagt *Goethe:*

> Nach seinem Sinne leben ist gemein:
> Der Edle strebt nach Ordnung und Gesetz.
> [›Natürliche Tochter‹,
> Schema der Fortsetzung, 5. Aufzug]

Die Manie ist universal: alles greift zu, die Sprache zu demolieren, ohne Gnade und Schonung; ja wie bei einem Vogelschießen sucht jeder ein Stück abzulösen, wo und wie er nur kann. Also zu einer Zeit, da in Deutschland nicht ein einziger Schriftsteller lebt, dessen Werke sich Dauer versprechen dürfen, erlauben sich Bücherfabrikanten, Literaten und Zeitungsschreiber die Sprache reformieren zu wollen, und so sehn wir denn dieses gegenwärtige bei aller Langbärtigkeit impotente, d. h. zu jeder Geistesproduktion höherer Art unfähige Geschlecht seine Muße dazu verwenden, die Sprache, in welcher große Schriftsteller geschrieben haben, auf die mutwilligste und unverschämteste Weise zu verstümmeln, um so sich ein herostratisches Andenken zu stiften. Wenn ehemals wohl die Koryphäen der Literatur sich im einzelnen eine wohlüberlegte Sprachverbesserung erlaubten, so hält jetzt jeder Tintenkleckser, jeder Zeitungsschreiber, jeder Herausgeber eines ästhetischen Winkel-

blattes sich befugt, seine Tatzen an die Sprache zu legen,
um nach seinem Kaprice herauszureißen, was ihm nicht gefällt, oder auch neue Worte einzusetzen.

Hauptsächlich ist, wie gesagt, die Wut dieser Wortbe-
schneider auf die Praefixa und Affixa aller Wörter gerichtet.
Was sie nun durch solche Amputation derselben zu erreichen suchen, muß wohl die Kürze und durch diese die größere Prägnanz und Energie des Ausdrucks sein: denn die
Papierersparnis ist am Ende doch gar zu gering. Sie möchten also das zu Sagende möglichst kontrahieren. Hiezu aber
ist eine ganz andere Prozedur als Wortbeknapperei erfordert,
nämlich diese, daß man bündig und konzis *denke*: gerade
diese jedoch steht nicht ebenso einem jeden zu Gebote. Zudem nun aber ist schlagende Kürze, Energie und Prägnanz
des Ausdrucks nur dadurch möglich, daß die Sprache für
jeden Begriff ein Wort und für jede Modifikation, sogar für
jede Nuancierung dieses Begriffs eine derselben genau entsprechende Modifikation des Wortes besitze; weil nur durch
diese in ihrer richtigen Anwendung es möglich wird, daß
jede Periode, sobald sie ausgesprochen worden, im Hörer
gerade und genau den Gedanken, welchen der Redner beabsichtigt, erwecke, ohne ihn auch nur einen Augenblick
im Zweifel zu lassen, ob dieses oder jenes gemeint sei. Hiezu
nun muß jedes Wurzelwort der Sprache ein modificabile
multimodis modificationibus [ein durch vielerlei Abwand-
lungen Abwandlungsfähiges] sein, um sich allen Nuancen
des Begriffs und dadurch den Feinheiten des Gedankens wie
ein nasses Gewand anlegen zu können. Dieses nun wird
hauptsächlich gerade durch die Praefixa und Affixa ermög-
licht: sie sind die Modulationen jedes Grundbegriffs auf der
Klaviatur der Sprache. Daher haben auch Griechen und
Römer die Bedeutung fast aller Verba und vieler Substantiva durch Praefixa moduliert und nuanciert. Man kann sich
dies an jedem lateinischen Hauptverbo exemplifizieren, z.B.
an ›ponere‹ [setzen, stellen, legen], modifiziert zu imponere,
deponere, disponere, exponere, componere, adponere, sub-
ponere, superponere, seponere, praeponere, proponere, in-
terponere, transponere usw. Dasselbe läßt sich an deutschen

Worten zeigen: z. B. das Substantiv ›Sicht‹ wird modifiziert zu Aussicht, Einsicht, Durchsicht, Nachsicht, Vorsicht, Hinsicht, Absicht usf. Oder das Verbum ›Suchen‹, modifiziert zu Aufsuchen, Aussuchen, Untersuchen, Besuchen, Ersuchen, Versuchen, Heimsuchen, Durchsuchen, Nachsuchen[H] usf. Dies also leisten die Praefixa: läßt man sie angestrebter Kürze halber weg und sagt vorkommendenfalls statt aller angegebenen Modifikationen jedesmal nur ›ponere‹ oder ›Sicht‹ oder ›suchen‹; so bleiben alle nähern Bestimmungen eines sehr weiten Grundbegriffs unbezeichnet und das Verständnis Gott und dem Leser überlassen: dadurch wird also die Sprache zugleich arm, ungelenk und roh gemacht. Nichtsdestoweniger ist gerade dies der Kunstgriff der scharfsinnigen Sprachverbesserer der ›Jetztzeit‹. Plump und unwissend, wähnen sie wahrlich, unsere so sinnigen Vorfahren hätten die Praefixa müßigerweise aus reiner Dummheit hingesetzt, und glauben ihrerseits einen Geniestreich zu begehn, indem sie solche überall wegknappen, mit Hast und Eifer, wo sie nur eines gewahr werden; während doch in der Sprache kein Praefixum ohne Bedeutung ist, keines, das nicht diente, den Grundbegriff durch alle seine Modulationen durchzuführen und ebendadurch Bestimmtheit, Deutlichkeit und Feinheit des Ausdrucks möglich zu machen, welche sodann in Energie und Prägnanz desselben übergehn kann. Hingegen wird durch Abschneiden der Praefixa aus mehreren Wörtern *eines* gemacht; wodurch die Sprache verarmt. Aber noch mehr: nicht bloß Wörter sind es, sondern Begriffe, die dadurch verlorengehn, weil es alsdann an Mitteln fehlt, diese zu fixieren, und man nun bei seinem Reden, ja selbst bei seinem Denken, sich mit dem ›à peu près‹ [Beinahe] zu begnügen hat, wodurch die Energie der Rede und die Deutlichkeit des Gedankens eingebüßt wird. Man kann nämlich nicht, wie durch solche Beknappung geschieht, die Zahl der Wörter verringern, ohne zugleich die Bedeutung der übrigbleibenden zu erweitern, und wiederum dieses nicht, ohne derselben ihre genaue Be-

H. ›Führen‹: Mitführen, Ausführen, Verführen, Einführen, Aufführen, Abführen, Durchführen.

stimmtheit zu nehmen, folglich der Zweideutigkeit, mithin der Unklarheit in die Hände zu arbeiten, wodurch alsdann alle Präzision und Deutlichkeit des Ausdrucks, geschweige Energie und Prägnanz desselben unmöglich gemacht wird. Eine Erläuterung hiezu liefert schon die oben gerügte Erweiterung der Bedeutung des Wortes ›nur‹, welche sogleich Zweideutigkeit, ja bisweilen Falschheit des Ausdrucks herbeiführt. – Wie wenig ist doch daran gelegen, daß ein Wort zwei Silben mehr habe, wenn durch diese der Begriff näher bestimmt wird! Sollte man glauben, daß es Schiefköpfe gibt, die *Indifferenz* schreiben, wo sie *Indifferentismus* meinen – um diese zwei Silben zu lukrieren!

Zu aller Deutlichkeit und Bestimmtheit des Ausdrucks und dadurch zur echten Kürze, Energie und Prägnanz der Rede sind also gerade jene Praefixa, welche ein Wurzelwort durch alle Modifikationen und Nuancen seiner Anwendbarkeit durchführen, ein unerläßliches Mittel und ebenso die Affixa, also auch die verschiedenartigen Endsilben der von Verben abstammenden Substantiva, wie dieses bereits oben an ›Versuch‹ und ›Versuchung‹ usw. erläutert worden. Daher sind beide Modulationsweisen der Wörter und Begriffe von unsern Altvordern höchst sinnig, weise und mit richtigem Takt auf die Sprache verteilt und den Wörtern aufgedrückt worden. Auf jene aber ist in unsern Tagen ein Geschlecht roher, unwissender und unfähiger Schmierer gefolgt, welches mit vereinten Kräften sich ein Geschäft daraus macht, durch Dilapidation der Wörter jenes alte Kunstwerk zu zerstören; weil eben diese Pachydermata[1] für Kunstmittel, welche bestimmt sind, fein nuancierten Gedanken zum Ausdruck zu dienen, natürlich keinen Sinn haben: wohl aber verstehn sie, Buchstaben zu zählen. Hat daher so ein Pachyderma die Wahl zwischen zwei Wörtern, davon das eine mittelst seines Praefixums oder Affixums dem auszudrückenden Begriffe genau entspricht, das andere aber ihn nur so ungefähr und im allgemeinen bezeichnet, jedoch drei Buchstaben weniger zählt; so greift unser Pachyderma unbedenklich nach dem letzten und begnügt sich hinsichtlich des

1. [Dickhäuter]

Sinnes mit dem à peu près: denn sein Denken bedarf jener
Feinheiten nicht; da es doch nur so in Bausch und Bogen geschieht – aber nur recht wenige Buchstaben! Daran hängt
die Kürze und Kraft des Ausdrucks, die Schönheit der
Sprache. Hat er z. B. zu sagen: ›So etwas ist nicht *vorhanden*‹,
so wird er sagen: ›So etwas ist nicht *da*‹, wegen der großen
Buchstabenersparnis. – Ihre oberste Maxime ist, allemal die
Angemessenheit und Richtigkeit eines Ausdrucks der
Kürze eines andern, der als Surrogat dienen muß, zu opfern;
woraus allmälig ein höchst matter und endlich ein unver-
ständlicher Jargon erwachsen muß, und dergestalt der einzige wirkliche Vorzug, den die deutsche vor den übrigen
europäischen Nationen hat, die Sprache, mutwillig vernichtet wird. Die deutsche Sprache nämlich ist die einzige, in der
man beinahe sogut schreiben kann wie im Griechischen und
Lateinischen, welches den andern europäischen Hauptspra-
chen, als welche bloße patois sind, nachrühmen zu wollen
lächerlich sein würde. Daher eben hat, mit diesen verglichen, das Deutsche etwas so ungemein Edeles und Erhabenes. – Wie sollte aber auch so ein Pachyderma Gefühl haben
für das zarte Wesen einer Sprache, dieses köstlichen, weichen Materials, denkenden Geistern überliefert, um einen
genauen und feinen Gedanken aufnehmen und bewahren zu
können? Hingegen Buchstaben zählen, das ist etwas für
Pachydermata! Seht daher, wie sie schwelgen in der Sprachverhunzung, diese edeln Söhne der ›Jetztzeit‹. Seht sie nur
an: kahle Köpfe, lange Bärte, Brillen statt der Augen, als
Surrogat der Gedanken ein Cigarro im tierischen Maul, ein
Sack auf dem Rücken statt des Rocks, Herumtreiben statt
des Fleißes, Arroganz statt der Kenntnisse, Frechheit und
Kameraderie statt der Verdienste![F] Edele ›Jetztzeit‹, herrliche Epigonen, bei der Muttermilch Hegelscher Philosophie
herangewachsenes Geschlecht! Zum ewigen Andenken

F. Bis vor vierzig Jahren nahmen die Blattern zwei Fünftel der Kinder
hinweg, nämlich alle schwachen, und ließen nur die stärkeren, welche
diese Feuerprobe bestanden hatten, übrig. Die Kuhpocken haben jene
in ihren Schutz genommen. Seht jetzt die langbärtigen Zwerge, die
überall euch zwischen die Beine laufen, und deren Eltern schon bloß
aus Gnaden der Kuhpocken am Leben geblieben sind.

wollt ihr euere Tatzen in unsere alte Sprache drücken, damit der Abdruck, als Ichnolith, die Spur eueres schalen und dumpfen Daseins auf immer bewahre. Aber: Di meliora! [Da sei Gott vor!] Fort, Pachydermata, fort! *Dies ist die deutsche Sprache*, in der *Menschen* sich ausgedrückt, ja in der große Dichter gesungen und große Denker geschrieben haben! Zurück mit den Tatzen! – oder ihr sollt – *hungern*. (Dies allein schreckt sie.)

Der gerügten ›jetztzeitigen‹ Verschlimmbesserung der Sprache durch der Schule zu früh entlaufene und in Unwissenheit herangewachsene Knaben, ist denn auch die *Interpunktion* zur Beute geworden, als welche heutzutage fast allgemein mit absichtlicher, selbstgefälliger Liederlichkeit gehandhabt wird. Was eigentlich die Skribler sich dabei denken mögen, ist schwer anzugeben; wahrscheinlich aber soll die Narrheit eine französische liebenswürdige légèreté [Leichtigkeit] vorstellen oder auch Leichtigkeit der Auffassung beurkunden und voraussetzen. Mit den Interpunktionszeichen der Druckerei wird nämlich umgegangen, als wären sie von Gold: demnach werden etwan drei Viertel der nötigen Kommata weggelassen (finde sich zurecht, wer kann!); wo aber ein Punkt stehn sollte, steht erst ein Komma oder höchstens ein Semikolon, u. dgl. mehr. Die nächste Folge davon ist, daß man jede Periode zweimal lesen muß. Nun aber steckt in der Interpunktion ein Teil der Logik jeder Periode, sofern diese dadurch markiert wird: daher ist eine solche absichtliche Liederlichkeit geradezu frevelhaft, am meisten aber, wann sie, wie jetzt sehr häufig geschieht, sogar von si-Deo-placet[1]-Philologen, selbst auf die Ausgaben alter Schriftsteller angewandt und das Verständnis dieser dadurch beträchtlich erschwert wird. Nicht einmal das Neue Testament ist in seinen neueren Auflagen damit verschont geblieben. Ist der Zweck der Kürze, die ihr durch Silbenknickerei und Buchstabenzählerei anstrebt, dem Leser *Zeit* zu ersparen; so werdet ihr diesen viel besser dadurch erreichen, daß ihr durch genügende *Interpunktion* ihn sogleich erkennen laßt, welche Worte zu *einer* Periode gehö-

1. [so Gott will]

ren und welche zur andern[H]. Es liegt am Tage, daß eine laxe
Interpunktion, wie etwan die französische Sprache wegen
ihrer streng logischen und daher kurz angebundenen Wort-
folge und die englische wegen der großen Ärmlichkeit ihrer
Grammatik sie zuläßt, nicht anwendbar ist auf relative Ur-
sprachen, die als solche eine komplizierte und gelehrte
Grammatik haben, welche künstlichere Perioden möglich
macht, dergleichen die griechische, lateinische und deutsche
Sprache sind[HH].

Um nun also auf die hier eigentlich in Rede stehende
Kürze, Konzinnität und Prägnanz des Vortrags zurückzukommen; so geht eine solche wirklich allein aus dem Reichtum und der Inhaltsschwere der Gedanken hervor, bedarf

H. Gymnasial-Professoren lassen in ihren lateinischen Programmen
drei Viertel der erforderlichen Kommata weg, wodurch sie ihr holperi-
ges Latein noch schwerer verständlich machen. Man sieht, diese
Gecken gefallen sich darin. Ein rechtes Muster liederlicher Interpunktion ist der ›Plutarch‹ von Sintenis: die Interpunktionszeichen sind
fast ganz weggelassen, als ob er dem Leser das Verständnis zu erschweren beabsichtigte.

HH. Da ich diese drei Sprachen mit Recht und Fug nebeneinander-
gestellt habe, so sei hier aufmerksam gemacht auf den höchsten Gipfel
jener geckenhaften französischen Nationaleitelkeit, welche schon seit
Jahrhunderten ganz Europa mit Stoff zum Lachen versieht: hier ist
ihr Nonplusultra. Im Jahre 1857 ist in seiner fünften Auflage ein zum
Gebrauch der Universität dienendes Buch erschienen: ›Notions élé-
mentaires de grammaire comparée, pour servir à l'étude des trois
langues classiques, rédigé sur l'invitation du ministre de l'instruction
publique‹ par Egger, membre de l'institut etc. etc. Und zwar (credite,
posteri! [Nachwelt, o glaub es; Horaz, ›Carmina‹ 2, 19, 2]) ist hier
die gemeinte *dritte klassische Sprache* – die *französische*. Also dieser elendeste romanische Jargon, diese schlechteste Verstümmelung lateinischer Worte, diese Sprache, welche auf ihre ältere und viel edlere
Schwester, die italienische, mit Ehrfurcht hinaufsehn sollte, diese
Sprache, welche den ekelhaften Nasal en, on, un zum ausschließlichen
Eigentum hat, wie auch den schluckaufartigen, so unaussprechlich
widerwärtigen Akzent auf der letzten Silbe, während alle andern
Sprache die sanft und beruhigend wirkende lange Pänultima haben,
diese Sprache, in der es kein Metrum gibt, sondern der Reim allein,
und zwar meistens auf -é oder -on, die Form der Poesie ausmacht –
diese armselige Sprache wird hier als ›langue classique‹ neben die
griechische und lateinische gestellt! Ich fordere ganz Europa auf zu
einer general-huée [einem Hohngelächter], um diese schamlosesten
aller Gecken zu demütigen.

daher am allerwenigsten jener armseligen, als Mittel zur Abkürzung des Ausdrucks ergriffenen Wort- und Phrasenbeschneiderei, die ich hier einmal gehörig gerügt habe. Denn vollwichtige, reichhaltige, also überhaupt schreibenswerte Gedanken müssen Stoff und Gehalt genug liefern, um die sie aussprechenden Perioden auch in der grammatischen und lexikalischen Vollkommenheit aller ihrer Teile so sattsam auszufüllen, daß solche nirgends hohl, leer oder leicht befunden werden, sondern der Vortrag überall kurz und prägnant bleibt, während an ihm der Gedanke seinen faßlichen und bequemen Ausdruck findet, ja sich mit Grazie darin entfaltet und bewegt. Also nicht die Worte und Sprachformen soll man zusammenziehn, sondern die Gedanken vergrößern; wie ein Konvaleszent durch Herstellung seiner Wohlbeleibtheit, nicht aber durch Engermachen seiner Kleider diese wieder wie vormals auszufüllen imstande sein soll.

§ 284

Ein heutzutage beim gesunkenen Zustande der Literatur und bei der Vernachlässigung der alten Sprachen immer häufiger werdender, jedoch nur in Deutschland einheimischer Fehler des Stils ist die *Subjektivität* desselben. Sie besteht darin, daß es dem Schreiber genügt, selbst zu wissen, was er meint und will – der Leser mag sehn, wie auch er dahinter komme! Unbekümmert um diesen schreibt er eben, als ob er einen Monolog hielte, während es denn doch ein Dialog sein sollte, und zwar einer, in welchem man sich um so deutlicher auszudrücken hat, als man die Fragen des andern nicht vernimmt. Eben dieserhalb nun also soll der Stil *nicht* subjektiv, sondern objektiv sein; wozu es nötig ist, die Worte so zu stellen, daß sie den Leser geradezu zwingen, genau dasselbe zu denken, was der Autor gedacht hat. Dies wird aber nur dann zustande kommen, wann der Autor stets eingedenk war, daß die Gedanken insofern das Gesetz der Schwere befolgen, als sie den Weg vom Kopfe auf das Papier viel leichter als den vom Papier zum Kopfe zurücklegen, daher ihnen hiebei mit allen uns zu Gebote stehenden

Mitteln geholfen werden muß. Ist dies geschehn, so wirken
die Worte rein objektiv, gleichwie ein vollendetes Ölgemälde; während der subjektive Stil nicht viel sicherer wirkt als
die Flecken an der Wand, bei denen der allein, dessen Phantasie zufällig durch sie erregt worden, Figuren sieht, die
andern nur Kleckse. Der in Rede stehende Unterschied erstreckt sich über die ganze Darstellungsweise, ist aber oft
auch im einzelnen nachweisbar: soeben z. B. lese ich in
einem neuen Buche: ›Um die Masse der vorhandenen Bücher
zu vermehren, habe ich nicht geschrieben‹. Dies sagt das
Gegenteil von dem, was der Schreiber beabsichtigte, und
obendrein Unsinn.

§ 285

Wer nachlässig schreibt, legt dadurch zunächst das Bekenntnis ab, daß er selbst seinen Gedanken keinen großen Wert
beilegt. Denn nur aus der Überzeugung von der Wahrheit
und Wichtigkeit unserer Gedanken entspringt die Begeisterung, welche erfordert ist, um mit unermüdlicher Ausdauer überall auf den deutlichsten, schönsten und kräftig-
sten Ausdruck derselben bedacht zu sein – wie man nur an
Heiligtümer oder unschätzbare Kunstwerke silberne oder
goldene Behältnisse wendet. Daher haben die Alten, deren
Gedanken in ihren eigenen Worten schon Jahrtausende fortleben und die deswegen den Ehrentitel Klassiker tragen,
mit durchgängiger Sorgfalt geschrieben; soll doch *Platon* den
Eingang seiner ›Republik‹ siebenmal, verschieden modifiziert, abgefaßt haben. – Die Deutschen hingegen zeichnen
sich durch Nachlässigkeit des Stils wie des Anzuges vor andern Nationen aus, und beiderlei Schlumperei entspringt aus
derselben im Nationalcharakter liegenden Quelle. Wie aber
Vernachlässigung des Anzuges Geringschätzung der Gesellschaft, in die man tritt, verrät, so bezeugt flüchtiger,
nachlässiger, schlechter Stil eine beleidigende Geringschätzung des Lesers, welche dann dieser mit Recht durch Nicht-
lesen straft. Zumal aber sind die Rezensenten belustigend,
welche im nachlässigsten Lohnschreiberstile die Werke anderer kritisieren. Das nimmt sich aus, wie wenn einer im

Schlafrock und Pantoffeln zu Gerichte säße. Wie sorgfältig hingegen werden ›Edinburgh Review‹ und ›Journal des Savants‹ abgefaßt! Wie ich aber mit einem schlecht und schmutzig gekleideten Menschen mich in ein Gespräch einzulassen vorläufig Bedenken trage, so werde ich ein Buch weglegen, wenn mir die Fahrlässigkeit des Stils sogleich in die Augen springt.

Bis vor ungefähr hundert Jahren schrieben, zumal in Deutschland, die Gelehrten *Latein*; in dieser Sprache wäre ein Schnitzer eine Schande gewesen: sogar aber waren die meisten ernstlich bemüht, dieselbe mit Eleganz zu schreiben; und vielen gelang es. Jetzt, nachdem sie, dieser Fessel entledigt, die große Bequemlichkeit erlangt haben, in ihrer eigenen Frau-Mutter-Sprache schreiben zu dürfen, sollte man erwarten, daß sie dieses wenigstens mit höchster Korrektheit und möglichster Eleganz zu leisten sich angelegen sein lassen würden. In Frankreich, England, Italien ist dies noch der Fall. Aber in Deutschland das Gegenteil! Da schmieren sie wie bezahlte Lohnlakaien hastig hin, was sie zu sagen haben, in den Ausdrücken, die ihnen eben ins ungewaschene Maul kommen, ohne Stil, ja ohne Grammatik und Logik: denn sie setzen überall das Imperfektum statt des Perfektums und Plusquamperfektums, den Ablativ statt des Genitivs, brauchen statt aller Partikeln immer die eine ›für‹, die daher unter sechs Mal fünfmal falsch steht, kurz: begehn alle die stilistischen Eseleien, über die ich im obigen einiges beigebracht habe.

§ 285 a

Zum Sprachverderb zähle ich auch den immer allgemeiner werdenden verkehrten Gebrauch des Wortes *Frauen* statt *Weiber*, wodurch abermals die Sprache verarmt: denn *Frau* heißt ›uxor‹ und Weib ›mulier‹ (Mädchen sind keine Frauen, sondern wollen es werden); wenn auch im·13. Jahrhundert eine solche Verwechselung schon einmal dagewesen sein oder sogar erst später die Benennungen gesondert sein sollten. Die Weiber wollen nicht mehr Weiber heißen, aus demselben Grunde, aus welchem die Juden Israeliten und die Schneider Kleidermacher genannt werden wollen und Kaufleute ihr ›Kontor‹ ›Büro‹ titulieren, jeder Spaß oder Witz *Humor* heißen will, weil nämlich dem *Worte* beigemessen wird, was nicht *ihm*, sondern der Sache anhängt. Nicht das Wort hat der Sache Geringschätzung zugezogen, sondern umgekehrt – daher nach zweihundert Jahren die Beteiligten abermals auf Vertauschung der Wörter antragen würden. Aber keinenfalls darf die deutsche Sprache einer Weibergrille halber um ein Wort ärmer werden. Daher lasse man den Weibern und ihren schalen Teetischliteraten die Sache nicht durchgehn, vielmehr bedenke man, daß das Weiberunwesen oder Damentum in Europa uns am Ende dem Mormonismus in die Arme führen kann. – Überdies führt das Wort Frau [den Sinn] von *ältlich* und abgenutzt mit sich und klingt schon wie *grau*; also ›videant mulieres, ne quid detrimenti res publica capiat‹[1] [mögen die Weiber dafür sorgen, daß der Staat keinen Schaden erleidet].

§ 286

Wenige schreiben, wie ein Architekt baut, der zuvor seinen Plan entworfen und bis ins Einzelne durchdacht hat – vielmehr die meisten nur so, wie man Domino spielt. Wie nämlich hier, halb durch Absicht, halb durch Zufall, Stein an Stein sich fügt – so steht es eben auch mit der Folge und dem Zusammenhang ihrer Sätze. Kaum daß sie ungefähr wissen, welche Gestalt im Ganzen herauskommen wird und wo das alles hinaussoll. Viele wissen selbst dies nicht, sondern schreiben, wie die Korallenpolypen bauen: Periode fügt sich an Periode, und es geht, wohin Gott will. Zudem ist das Leben der ›*Jetztzeit*‹ eine große *Galoppade*: in der Literatur gibt sie sich kund als äußerste Flüchtigkeit und Liederlichkeit.

---

1. [Nach der römischen Formel: ›Videant consules . . .‹ u.a. bei Cicero: ›In Catilinam‹ 1, 2, 4]

§ 287

Der leitende Grundsatz der Stilistik sollte sein, daß der Mensch nur *einen* Gedanken zur Zeit deutlich denken kann; daher ihm nicht zugemutet werden darf, daß er deren zwei oder gar mehrere auf einmal denke. – Dies aber mutet ihm der zu, welcher solche als Zwischensätze in die Lücken einer zu diesem Zwecke zerstückelten Hauptperiode schiebt; wodurch er ihn also unnötiger- und mutwilligerweise in Verwirrung setzt. Hauptsächlich tun dies die *deutschen* Schriftsteller. Daß ihre Sprache sich dazu besser als die andern lebenden eignet, begründet zwar die Möglichkeit, aber nicht die Löblichkeit der Sache. Keine Prosa liest sich so leicht und angenehm wie die französische, weil sie von diesem Fehler in der Regel frei ist. Der Franzose reiht seine Gedanken in möglichst logischer und überhaupt natürlicher Ordnung aneinander und legt sie so seinem Leser sukzessive zu bequemer Erwägung vor, damit dieser einem jeden derselben seine ungeteilte Aufmerksamkeit zuwenden könne. Der Deutsche hingegen flicht sie ineinander zu einer verschränkten und abermals verschränkten und nochmals verschränkten Periode, weil er sechs Sachen auf einmal sagen will, statt sie eine nach der andern vorzubringen. Sagt, was ihr zu sagen habt, eins nach dem andern, nicht aber sechs Sachen auf einmal und durcheinander! Also, während er suchen sollte, die Aufmerksamkeit seines Lesers anzulocken und festzuhalten, verlangt er vielmehr von demselben noch obendrein, daß er obigem Gesetze der Einheit der Apprehension entgegen drei oder vier verschiedene Gedanken zugleich oder, weil dies nicht möglich ist, in schnell vibrierender Abwechselung denke. Hierdurch legt er den Grund zu seinem stile empesé, den er sodann durch preziöse, hochtrabende Ausdrücke, um die einfachsten Sachen mitzuteilen, und sonstige Kunstmittel dieser Art vollendet.

Der wahre Nationalcharakter der Deutschen ist *Schwerfälligkeit*: sie leuchtet hervor aus ihrem Gange, ihrem Tun und Treiben, ihrer Sprache, ihrem Reden, Erzählen, Verstehn und Denken, ganz besonders aber aus ihrem *Stil* im

Schreiben, aus dem Vergnügen, welches sie an langen, schwerfälligen, verstrickten Perioden haben, bei welchen das Gedächtnis ganz allein fünf Minuten lang geduldig die ihm aufgelegte Lektion lernt, bis zuletzt am Schluß der Periode der Verstand zum Schuß kommt und die Rätsel gelöst werden. Darin gefallen sie sich, und wenn nun noch Preziosität und Bombast und affektierte σεμνότης [feierliche Würde] anzubringen sind, so schwelgt der Autor darin: aber der Himmel gebe dem Leser Geduld. – Vorzüglich aber befleißigen sie sich dabei durchgängig der möglichsten Unentschiedenheit und Unbestimmtheit des Ausdrucks, wodurch alles wie im Nebel erscheint: der Zweck scheint zu sein teils das Offenlassen einer Hintertür zu jedem Satz, teils Vornehmtuerei, die mehr zu sagen scheinen will, als gedacht worden; teils liegt wirkliche Stumpfheit und Schlafmützigkeit dieser Eigentümlichkeit zum Grunde, welche gerade es ist, was den Ausländern alle deutsche Schreiberei verhaßt macht, weil sie eben nicht im dunkeln tappen mögen; welches hingegen unsern Landsleuten kongenial zu sein scheint[H].

Durch jene langen mit ineinander geschachtelten Zwischensätzen bereicherten und, wie gebratene Gänse mit Äpfeln, ausgestopften Perioden, an die man sich nicht machen darf, ohne vorher nach der Uhr zu sehn, wird eigentlich zunächst das *Gedächtnis* in Anspruch genommen; während vielmehr Verstand und Urteilskraft aufgerufen werden sollten, deren Tätigkeit nun aber gerade dadurch erschwert und geschwächt wird. Denn dergleichen Perioden liefern dem Leser lauter halbvollendete Phrasen, die sein Gedächtnis nun sorgfältig sammeln und aufbewahren soll, wie die

---

H. ›Seitens‹ statt ›von seiten‹ ist nicht deutsch. – Statt ›zeither‹ schreiben sie sinnlos ›seither‹ und gebrauchen dies allmälig statt ›seitdem‹. Die sollte ich nicht *Esel* nennen? – Von Euphonie und Kakophonie haben unsere Sprachverbesserer keinen Begriff: vielmehr suchen sie durch Ausmerzen der Vokale die Konsonanten nur noch immer dichter anzuhäufen und dadurch Worte zu erzeugen, deren Aussprechung ein widerlich anzusehendes Exerzitium ihrer tierischen Mäuler ist: ›Sundzoll‹! – Auch kennen sie als Leute, welche kein Latein verstehn, nicht den Unterschied zwischen liquidis und andern Konsonanten.

Stückchen eines zerrissenen Briefes, bis sie durch die später nachkommenden respektiven andern Hälften ergänzt werden und dann einen Sinn erhalten. Folglich muß er bis dahin eine Weile lesen, ohne irgend etwas zu denken, vielmehr bloß alles memorieren, in der Hoffnung auf den Schluß, der ihm ein Licht aufstecken wird, bei dem er nun auch etwas zu denken empfangen soll. Er kriegt so vieles auswendig zu lernen, ehe er etwas zum Verstehn erhält. Das ist offenbar schlecht und ein Mißbrauch der Geduld des Lesers. Aber die unverkennbare Vorliebe der gewöhnlichen Köpfe für diese Schreibart beruht darauf, daß sie den Leser erst nach einiger Zeit und Mühe das verstehn läßt, was er außer dem sogleich verstanden haben würde; wodurch nun der Schein entsteht, als hätte der Schreiber mehr Tiefe und Verstand als der Leser. Auch dieses also gehört zu den oben erwähnten Kunstgriffen, mittelst welcher die Mediokren unbewußt und instinktartig ihre Geistesarmut zu verstecken und den Schein des Gegenteils hervorzubringen sich bemühen. Ihre Erfindsamkeit hierin ist sogar erstaunenswert.

Offenbar aber ist es gegen alle gesunde Vernunft, einen Gedanken quer durch einen andern zu schlagen wie ein hölzernes Kreuz; dies geschieht jedoch, indem man das, was man zu sagen angefangen hat, unterbricht, um etwas ganz anderes dazwischen zu sagen, und so seinem Leser eine angefangene Periode einstweilen noch ohne Sinn in Verwahrung gibt, bis die Ergänzung nachkommt. Es ist ungefähr, wie wenn man seinen Gästen einen leeren Teller in die Hand gäbe, mit der Hoffnung, es werde noch etwas darauf kommen. Eigentlich sind die Zwischenkommata von derselben Familie mit den Noten unter der Seite und den Parenthesen mitten im Text; ja alle drei sind im Grunde bloß dem Grade nach verschieden. Wenn bisweilen Demosthenes und Cicero dergleichen Einschachtelungsperioden gemacht haben, so hätten sie besser getan, es zu unterlassen.

Den höchsten Grad von Abgeschmacktheit erreicht dieser Phrasenbau, wenn die Zwischensätze nicht einmal organisch eingefügt, sondern durch direktes Zerbrechen einer Periode eingekeilt sind. Wenn es z.B. eine Impertinenz ist,

andere zu unterbrechen, so ist es nicht minder eine solche,
sich selbst zu unterbrechen, wie es in einem Phrasenbau geschieht, den seit einigen Jahren alle schlechten, nachlässigen,
eiligen, das liebe Brot vor Augen habenden Skribler auf jeder
Seite sechsmal anwenden und sich darin gefallen. Er besteht
darin, daß – man soll, wo man kann, Regel und Beispiel zugleich geben – man eine Phrase zerbricht, um eine andere
dazwischenzuleimen. Sie tun es jedoch nicht bloß aus Faulheit, sondern auch aus Dummheit, indem sie es für eine
liebenswürdige légèreté halten, die den Vortrag belebe. –
In einzelnen seltenen Fällen mag es zu entschuldigen sein.

§ 288

Schon in der Logik könnte bei der Lehre von den *analyti-
schen Urteilen* beiläufig bemerkt werden, daß sie eigentlich
im guten Vortrage nicht vorkommen sollen, weil sie sich
einfältig ausnehmen. Am meisten tritt dies hervor, wenn
vom Individuo prädiziert wird, was schon der Gattung zukommt: wie z.B. ein Ochs, welcher Hörner hatte; ein Arzt,
dessen Geschäft es war, Kranke zu kurieren, u. dgl. mehr.
Daher sind sie nur da zu gebrauchen, wo eine Erklärung
oder Definition gegeben werden soll.

§ 289

Gleichnisse sind von großem Werte, sofern sie ein unbekann-
tes Verhältnis auf ein bekanntes zurückführen. Auch die
ausführlicheren Gleichnisse, welche zur Parabel oder Allegorie anwachsen, sind nur die Zurückführung irgendeines
Verhältnisses auf seine einfachste, anschaulichste und hand-
greiflichste Darstellung. – Sogar beruht alle Begriffsbildung
im Grunde auf Gleichnissen, sofern sie aus dem Auffassen
des Ähnlichen und Fallenlassen des Unähnlichen in den
Dingen erwächst. Ferner besteht jedes eigentliche *Verstehn*
zuletzt in einem Auffassen von Verhältnissen (un saisir de
rapports): man wird aber jedes Verhältnis um so deutlicher
und reiner auffassen, als man es in weit von einander ver-

schiedenen Fällen und zwischen ganz heterogenen Dingen als dasselbe wiedererkennt. Solange nämlich ein Verhältnis mir nur als in einem einzelnen Falle vorhanden bekannt ist, habe ich von demselben bloß eine individuelle, also eigentlich nur noch anschauliche Erkenntnis: sobald ich aber auch nur in zwei verschiedenen Fällen dasselbe Verhältnis auffasse, habe ich einen *Begriff* von der ganzen *Art* desselben, also eine tiefere und vollkommenere Erkenntnis.

Eben weil Gleichnisse ein so mächtiger Hebel für die Erkenntnis sind, zeugt das Aufstellen überraschender und dabei treffender Gleichnisse von einem tiefen Verstande. Demgemäß sagt auch *Aristoteles:* Πολὺ δὲ μέγιστον τὸ μεταφορικὸν εἶναι· μόνον γὰρ τοῦτο οὔτε παρ' ἄλλου ἔστι λαβεῖν, εὐφυΐας τε σημεῖόν ἐστιν· τὸ γὰρ εὖ μεταφέρειν τὸ ὅμοιον θεωρεῖν ἐστιν. (At longe maximum est, metaphoricum esse; solum enim hoc neque ab alio licet assumere, et boni ingenii signum est. Bene enim transferre est simile intueri.) [Bei weitem das größte ist es, Gleichnisse zu finden. Denn dieses allein kann man nicht von einem anderen lernen, sondern es ist ein Zeichen einer genialen Natur. Denn um gute Gleichnisse zu bilden, muß man das Gleichartige erkennen.] (›De poetica‹ cap. 22 [p. 1459 a 5 f.]). Desgleichen: Καὶ ἐν φιλοσοφίᾳ τὸ ὅμοιον καὶ ἐν πολὺ διέχουσι θεωρεῖν εὐστόχου. (Etiam in philosophia simile vel in longe distantibus cernere perspicacis est.) [Auch in der Philosophie das Gleichartige, selbst in Weitauseinanderliegendem zu finden ist ein Zeichen von Scharfsinn.] (›Rhetorica‹ 3, 11 [p. 1412 a 11 f.]). –

§ 289 a

Wie groß und bewunderungswürdig waren doch jene Urgeister des Menschengeschlechts, welche, wo immer es gewesen sein mag, das bewunderungswürdigste der Kunstwerke, die *Grammatik* der Sprache, erfanden, die partes orationis[1] schufen, am Substantiv, Adjektiv und Pronomen die Genera und Casus, am Verbo die Tempora und Modi un-

1. [Sprach- oder Redeteile]

terschieden und feststellten, wobei sie Imperfekt, Perfekt
und Plusquamperfekt, zwischen welchen im Griechischen
noch die Aoriste stehn, fein und sorgfältig sonderten; alles
in der edeln Absicht, ein angemessenes und ausreichendes
materielles Organ zum vollen und würdigen Ausdruck des
menschlichen Denkens zu haben, welches jede Nuance und
jede Modulation desselben aufnehmen und richtig wiedergeben könnte! Und jetzt betrachte man dagegen unsere heutigen Verbesserer jenes Kunstwerks, diese plumpen, stumpfen, klotzigen deutschen Handwerksbursche von der Skrib-
lergilde: zur Raumersparnis wollen sie jene sorgfältigen
Sonderungen, als überflüssig, beseitigen, sie gießen demnach sämtliche Praeterita in das Imperfekt zusammen und
reden nun in lauter Imperfekten. In ihren Augen müssen die
eben belobten Erfinder der grammatischen Formen rechte
Tröpfe gewesen sein, die nicht begriffen, daß man ja alles
über einen Leisten schlagen und mit dem Imperfekt als
alleinigem, universellem Praeterito auskommen könne: und
gar die Griechen, welche, an drei Praeteritis nicht genug ha-
bend, noch die beiden Aoriste hinzufügten, wie einfältig müssen diese ihnen vorkommen![H] Ferner schneiden sie eifrig alle
Praefixa weg, als unnütze Auswüchse, werde aus dem, was
stehnbleibt, klug, wer kann! Wesentliche logische Partikeln
wie ›nur, wenn, um, zwar, und‹ usw., welche über eine ganze
Periode Licht verbreitet haben würden, merzen sie zur
Raumersparnis aus, und der Leser bleibt im dunkeln. Dies
ist jedoch manchem Schreiber willkommen, der nämlich absichtlich schwer verständlich und dunkel schreiben will,
weil er dadurch dem Leser Respekt einzuflößen vermeint,
der Lump! Kurz: sie erlauben sich frech jede grammatika-
lische und lexikalische Sprachverhunzung, um Silben zu lukrieren. Endlos sind die elenden Kniffe, deren sie sich bedienen, um hie und da eine Silbe auszumerzen, in dem dummen Wahn, dadurch Kürze und Gedrungenheit des Aus-

H. Wie schade, daß unsere genialen Sprachverbesserer nicht schon
unter den Griechen gelebt haben: die würden auch die griechische
Grammatik zusammengehauen haben, daß eine hottentottische daraus geworden wäre.

drucks zu erlangen. Kürze und Gedrungenheit des Ausdrucks, meine guten Schafsköpfe, hängen von ganz andern
Dingen ab als vom Silbenstreichen und erfordern Eigenschaften, die ihr sowenig begreift wie besitzt. Darüber nun erfahren sie keinen Tadel; vielmehr ahmt ein Heer noch größerer Esel als sie ihnen alsbald nach. – Daß die besagte Sprachverbesserung große, allgemeine, ja fast ausnahmslose Nachfolge findet, ist daraus zu erklären, daß Silben, deren Bedeutung man nicht versteht, wegzuschneiden gerade so viel
Verstand erfordert, wie der Dümmste hat.

Die Sprache ist ein Kunstwerk und soll als ein solches, also
objektiv genommen werden, und demgemäß soll alles in ihr
Ausgedrückte regelrecht und seiner Absicht entsprechend
sein, und in jedem Satz muß das, was er besagen soll, wirklich nachzuweisen sein, als objektiv darin liegend: nicht aber
soll man die Sprache bloß *subjektiv* nehmen und sich notdürftig ausdrücken, in der Hoffnung, der andere werde wohl erraten, was man meine; wie es die machen, welche den Casum
gar nicht bezeichnen, alle Praeterita durch das Imperfekt ausdrücken, die Praefixa weglassen, usw. Welch ein Abstand ist
doch zwischen denen, die einst die Tempora und Modi der
Verba und die Casus der Substantiva und Adjektiva erfunden und gesondert haben – und jenen Elenden, die dies alles
zum Fenster hinauswerfen möchten, um, sich so ungefähr
ausdrückend, einen ihnen angemessenen Hottentottenjargon
übrigzubehalten! Es sind die feilen Tintenkleckser der
jetzigen an allem Geist bankrotten Literaturperiode. –

Die Sprachverhunzung, von Zeitungsschreibern ausgehend, findet bei den Gelehrten in Literaturzeitungen und
Büchern gehorsame und bewundernde Nachfolge, statt daß
sie wenigstens durch ihr entgegengesetztes Beispiel, also
durch Beibehaltung des guten und echten Deutsch der
Sache zu steuern suchen sollten: aber dies tut keiner, keinen
einzigen sehe ich sich dagegen stemmen; kein einziger
kommt der vom niedrigsten literarischen Pöbel gemißhan-
delten Sprache zu Hülfe. Nein, sie folgen wie die Schafe und
folgen den Eseln. Das kommt daher, daß keine Nation so
wenig wie die Deutschen geneigt ist, selbst zu urteilen (to

judge for themselves) und danach zu *verurteilen*, wozu das Leben und die Literatur stündlich Anlaß bietet. (Vielmehr vermeinen sie, durch eilige Nachahmung jeder hirnlosesten Sprachverhunzung zu zeigen, daß sie ›auf der Höhe der Zeit stehn‹, nicht zurückgeblieben, sondern Schriftsteller nach dem neuesten Schnitt sind.) Sie sind ohne Galle wie die Tauben[1]: aber wer ohne Galle ist, ist ohne Verstand; dieser gebiert schon eine gewisse acrimonia [Gereiztheit], die im Leben, in der Kunst und [der] Literatur notwendig tagtäglich den innerlichen Tadel und Hohn über tausend Dinge hervorruft, welcher eben uns abhält, sie nachzumachen. –

---

1. [Vgl. Shakespeare: ›Hamlet‹ 2, 2 nach Matth. 10, 16]

KAPITEL 24

ÜBER LESEN UND BÜCHER

§ 290

Unwissenheit degradiert den Menschen erst dann, wann sie in Gesellschaft des Reichtums angetroffen wird. Den Armen bändigt seine Armut und Not; seine Leistungen ersetzen bei ihm das Wissen und beschäftigen seine Gedanken. Hingegen Reiche, welche unwissend sind, leben bloß ihren Lüsten und gleichen dem Vieh, wie man dies täglich sehn kann. Hiezu kommt nun noch der Vorwurf, daß man Reichtum und Muße nicht benutzt habe zu dem, was ihnen den allergrößten Wert verleiht.

§ 291

Wann wir lesen, denkt ein anderer für uns: wir wiederholen bloß seinen mentalen Prozeß. Es ist damit, wie wenn beim Schreibenlernen der Schüler die vom Lehrer mit Bleistift geschriebenen Züge mit der Feder nachzieht. Demnach ist beim Lesen die Arbeit des Denkens uns zum größten Teile abgenommen. Daher die fühlbare Erleichterung, wenn wir von der Beschäftigung mit unsern eigenen Gedanken zum Lesen übergehn. Aber während des Lesens ist unser Kopf doch eigentlich nur der Tummelplatz fremder Gedanken. Wenn nun diese endlich abziehn, was bleibt? Daher kommt es, daß, wer sehr viel und fast den ganzen Tag liest, dazwischen aber sich in gedankenlosem Zeitvertreibe erholt, die Fähigkeit, selbst zu denken, allmälig verliert – wie einer, der immer reitet, zuletzt das Gehn verlernt. Solches aber ist der Fall sehr vieler Gelehrten: sie haben sich dumm gelesen.

Denn beständiges, in jedem freien Augenblicke sogleich wieder aufgenommenes Lesen ist noch geisteslähmender als beständige Handarbeit, da man bei dieser doch den eigenen Gedanken nachhängen kann. Aber wie eine Springfeder durch den anhaltenden Druck eines fremden Körpers ihre Elastizität endlich einbüßt, so der Geist die seine durch fortwährendes Aufdringen fremder Gedanken. Und wie man durch zu viele Nahrung den Magen verdirbt und dadurch dem ganzen Leibe schadet; so kann man auch durch zu viele Geistesnahrung den Geist überfüllen und ersticken. Denn je mehr man liest, desto weniger Spuren läßt das Gelesene im Geiste zurück: er wird wie eine Tafel, auf der vieles übereinander geschrieben ist. Daher kommt es nicht zur Rumination[H]: aber durch diese allein eignet man sich das Gelesene an, wie die Speisen nicht durch das Essen, sondern durch die Verdauung uns ernähren. Liest man hingegen immerfort, ohne späterhin weiter daran zu denken; so faßt es nicht Wurzel und geht meistens verloren. Überhaupt aber geht es mit der geistigen Nahrung nicht anders als mit der leiblichen: kaum der fünfzigste Teil von dem, was man zu sich nimmt, wird assimiliert: das übrige geht durch Evaporation[I], Respiration oder sonst ab.

Zu diesem allen kommt, daß zu Papier gebrachte Gedanken überhaupt nichts weiter sind als die Spur eines Fußgängers im Sande: man sieht wohl den Weg, welchen er genommen hat; aber um zu wissen, was er auf dem Wege gesehn, muß man seine eigenen Augen gebrauchen.

§ 292

Keine schriftstellerische Eigenschaft, wie z. B. Überredungskraft, Bilderreichtum, Vergleichungsgabe, Kühnheit oder Bitterkeit oder Kürze oder Grazie oder Leichtigkeit des Ausdrucks, noch auch Witz, überraschende Kontraste, Lakonismus, Naivetät, u. dgl. mehr können wir dadurch er-

---

H. Ja der fortgesetzte starke Zufluß von neu Gelesenem dient bloß, das Vergessen des früher Gelesenen zu beschleunigen.
I. [Vgl. S. 190]

werben, daß wir Schriftsteller lesen, die solche haben. Wohl aber können wir hierdurch dergleichen Eigenschaften, falls wir sie schon als Anlage, also potentia, besitzen, in uns hervorrufen, sie uns zum Bewußtsein bringen, können sehn, was alles sich damit machen läßt, können bestärkt werden in der Neigung, ja im Mute, sie zu gebrauchen, können an Beispielen die Wirkung ihrer Anwendung beurteilen und so den richtigen Gebrauch derselben erlernen; wonach wir allerdings erst dann sie auch actu besitzen. Dies also ist die einzige Art, wie Lesen zum Schreiben bildet, indem es nämlich uns den Gebrauch lehrt, den wir von unsern eigenen Naturgaben machen können, also immer nur unter der Voraussetzung dieser. Ohne solche hingegen erlernen wir durch Lesen nichts als kalte tote Manier und werden zu seichten Nachahmern.

§ 292 a

Die Gesundheitspolizei sollte im Interesse der Augen darüber wachen, daß die Kleinheit des Drucks ein festgestelltes Minimum habe, welches nicht überschritten werden dürfte. (Als ich 1818 in Venedig war, zu welcher Zeit die eigentlichen venezianischen Ketten noch fabriziert wurden, sagte mir ein Goldschmied, daß die, welche die catena fina [feine Kette] machten, mit dreißig Jahren blind würden.) –

§ 293

Wie die Schichten der Erde die lebenden Wesen vergangener Epochen reihenweise aufbewahren, so bewahren die Bretter der Bibliotheken reihenweise die vergangenen Irrtümer und deren Darlegungen, welche wie jene ersteren zu ihrer Zeit sehr lebendig waren und viel Lärm machten, jetzt aber starr und versteinert dastehn, wo nur noch der literarische Paläontologe sie betrachtet.

§ 294

Xerxes hat (nach Herodot) beim Anblick seines unübersehbaren Heeres geweint, indem er bedachte, daß von diesen allen nach hundert Jahren keiner am Leben sein würde: wer möchte da nicht weinen beim Anblick des dicken Meßkatalogs, wenn er bedenkt, daß von allen diesen Büchern schon nach zehn Jahren keines mehr am Leben sein wird.

§ 295

Es ist in der Literatur nicht anders als im Leben: wohin auch man sich wende, trifft man sogleich auf den inkorrigibeln Pöbel der Menschheit, welcher überall legionenweise vorhanden ist, alles erfüllt und alles beschmutzt wie die Fliegen im Sommer. Daher die Unzahl schlechter Bücher, dieses wuchernde Unkraut der Literatur, welches dem Weizen die Nahrung entzieht und ihn erstickt. Sie reißen nämlich Zeit, Geld und Aufmerksamkeit des Publikums, welche von Rechts wegen den guten Büchern und ihren edelen Zwekken gehören, an sich, während sie bloß in der Absicht, Geld einzutragen oder Ämter zu verschaffen, geschrieben sind. Sie sind also nicht bloß unnütz, sondern positiv schädlich. Neun Zehntel unsrer ganzen jetzigen Literatur hat keinen andern Zweck, als dem Publiko einige Taler aus der Tasche zu spielen: dazu haben sich Autor, Verleger und Rezensent fest verschworen.

Ein verschmitzter und schlimmer, aber erklecklicher Streich ist es, der den Literaten, Brotschreibern und Vielschreibern gegen den guten Geschmack und die wahre Bildung des Zeitalters gelungen ist, daß sie es dahin gebracht haben, die gesamte *elegante Welt* am Leitseile zu führen, in der Art, daß diese abgerichtet worden, a tempo zu *lesen*, nämlich alle stets dasselbe, nämlich das Neueste, um in ihren Zirkeln einen Stoff zur Konversation daran zu haben: zu diesem Zweck dienen denn schlechte Romane und ähnliche Produktionen aus einmal renommierten Federn wie früher die der *Spindler*, *Bulwer*, *Eugen Sue* u.dgl. Was aber kann elender sein als das Schicksal eines solchen belletristischen Publikums, welches sich verpflichtet hält, allezeit das neueste Geschreibe höchst gewöhnlicher Köpfe, die bloß des Geldes wegen schreiben, daher eben auch stets zahlreich vorhanden sind, zu lesen und dafür die Werke der seltenen und überlegenen Geister aller Zeiten und Länder bloß dem Namen nach zu kennen! – Besonders ist die belletristische *Tages*presse ein schlau ersonnenes Mittel, dem ästhetischen Publiko die Zeit, die es den echten Produktionen der Art zum Heil seiner Bildung zuwenden sollte, zu rauben, damit sie den täglichen Stümpereien der Alltagsköpfe zufalle.

Weil die Leute statt des Besten aller Zeiten immer nur *das Neueste* lesen, bleiben die Schriftsteller im engen Kreise der zirkulierenden Ideen, und das Zeitalter verschlammt immer tiefer in seinem eigenen Dreck.

Daher ist in Hinsicht auf unsre Lektüre die Kunst, *nicht* zu lesen, höchst wichtig. Sie besteht darin, daß man das, was zu jeder Zeit soeben das größere Publikum beschäftigt, nicht deshalb auch in die Hand nehme, wie etwan politische oder literarische Pamphlete, Romane, Poesien u. dgl. mehr, die gerade eben Lärm machen, wohl gar zu mehreren Auflagen in ihrem ersten und letzten Lebensjahre gelangen; vielmehr denke man alsdann, daß, wer für Narren schreibt, allezeit ein großes Publikum findet, und wende die stets knapp gemessene dem Lesen bestimmte Zeit ausschließlich den Werken der großen, die übrige Menschheit überragenden Geister aller Zeiten und Völker zu, welche die Stimme des Ruhmes als solche bezeichnet. Nur diese bilden und belehren wirklich.

Vom Schlechten kann man nie zu wenig und das Gute nie zu oft lesen. Schlechte Bücher sind intellektuelles Gift: sie verderben den Geist.

Um das Gute zu lesen, ist eine Bedingung, daß man das Schlechte nicht lese: denn das Leben ist kurz, Zeit und Kräfte beschränkt. –

§ 295 a

Bücher werden geschrieben, bald über diesen, bald über jenen großen Geist der Vorzeit, und das Publikum liest sie, nicht aber jenen selbst; weil es nur frisch Gedrucktes lesen will und weil ›similis simili gaudet‹[1] [gleich und gleich sich

1. [Vgl. Homer: ›Odyssee‹ 17, 218; sprichwörtlich]

gern gesellt] und ihm das seichte, fade Geträtsche eines
heutigen Flachkopfs homogener und gemütlicher ist als die
Gedanken des großen Geistes. Ich aber danke dem Schicksal, daß es mich schon in der Jugend auf ein schönes Epigramm von August Wilhelm Schlegel hingeführt hat, welches seitdem mein Leitstern wurde:

> Leset fleißig die Alten, die wahren eigentlich Alten!
> Was die Neuen davon sagen, bedeutet nicht viel[1].

[›Studium des Altertums‹]

O wie ist doch *ein* Alltagskopf dem andern so ähnlich! Wie
sind sie doch alle in *einer* Form gegossen! Wie fällt doch jedem von ihnen dasselbe bei der gleichen Gelegenheit ein,
und nichts anderes! Dazu nun noch ihre niedrigen persönlichen Absichten. Und das nichtswürdige Geträtsche solcher Wichte liest ein stupides Publikum, wenn es nur heute
gedruckt ist, und läßt die großen Geister auf den Bücher-
brettern ruhen.

Unglaublich ist doch die Torheit und Verkehrtheit des
Publikums, welches die edelsten, seltensten Geister in jeder
Art aus allen Zeiten und Ländern ungelesen läßt, um die
täglich erscheinenden Schreibereien der Alltagsköpfe, wie
sie jedes Jahr in zahlloser Menge den Fliegen gleich aus-
brütet, zu lesen – bloß weil sie heute gedruckt und noch naß
von der Presse sind. Vielmehr sollten diese Produktionen
schon am Tage ihrer Geburt so verlassen und verachtet dastehn, wie sie es nach wenigen Jahren und dann auf immer
sein werden, ein bloßer Stoff zum Lachen über vergangene
Zeiten und deren Flausen. –

§ 296

Es gibt zu allen Zeiten zwei Literaturen, die ziemlich
fremd neben einander hergehn: eine wirkliche und eine bloß
scheinbare. Jene erwächst zur *bleibenden Literatur*. Betrieben

---

1. [In der späteren Fassung:
> Leset die Alten! versteht die eigentlich ältesten Alten!
> Was die Modernen davon preisen, bedeutet nicht viel.]

von Leuten, die *für* die Wissenschaft oder die Poesie leben, geht sie ihren Gang ernst und still, aber äußerst langsam, produziert in Europa kaum ein Dutzend Werke im Jahrhundert, welche jedoch *bleiben*. Die andere, betrieben von Leuten, die *von* der Wissenschaft oder Poesie leben, geht im Galopp, unter großem Lärm und Geschrei der Beteiligten, und bringt jährlich viele Tausend Werke zu Markte. Aber nach wenig Jahren frägt man: wo sind sie – wo ist ihr so früher und so lauter Ruhm? Man kann daher auch diese als die fließende, jene als die stehende Literatur bezeichnen.

§ 296a

Es wäre gut Bücher kaufen, wenn man die Zeit, sie zu lesen, mitkaufen könnte, aber man verwechselt meistens den Ankauf der Bücher mit dem Aneignen ihres Inhalts. –

Zu verlangen, daß einer alles, was er je gelesen, behalten hätte, ist wie verlangen, daß er alles, was er je gegessen hat, noch in sich trüge. Er hat von diesem leiblich, von jenem geistig gelebt und ist dadurch geworden, was er ist. Wie aber der Leib das ihm Homogene assimiliert, so wird jeder *behalten*, was ihn *interessiert*, d.h. was in sein Gedankensystem oder zu seinen Zwecken paßt. Letztere hat freilich jeder, aber etwas einem Gedankensystem Ähnliches haben gar wenige; daher nehmen sie an nichts ein objektives Interesse, und dieserhalb wieder setzt sich von ihrer Lektüre nichts bei ihnen an: sie behalten nichts davon. –

›Repetitio est mater studiorum.‹[1] [Die Wiederholung ist die Mutter der Studien.] Jedes irgend wichtige Buch soll man sogleich zweimal lesen, teils weil man die Sachen das zweite Mal in ihrem Zusammenhange besser begreift und den Anfang erst recht versteht, wenn man das Ende kennt; teils weil man zu jeder Stelle das zweite Mal eine andere Stimmung und Laune mitbringt, als beim ersten, wodurch der Eindruck verschieden ausfällt und es ist, wie wenn man einen Gegenstand in anderer Beleuchtung sieht. –

Die *Werke* sind die *Quintessenz* eines Geistes: sie werden

1. [Sprichwörtlich]

daher, auch wenn er der größte ist, stets ungleich gehalt-
reicher sein als sein Umgang, auch diesen im wesentlichen
ersetzen – ja ihn weit übertreffen und hinter sich lassen.
Sogar die Schriften eines mittelmäßigen Kopfes können belehrend, lesenswert und unterhaltend sein, eben weil sie
seine *Quintessenz* sind, das Resultat, die Frucht alles seines
Denkens und Studierens – während sein Umgang uns nicht
genügen kann. Daher kann man Bücher von Leuten lesen,
an deren Umgang man kein Genügen finden würde, und
deshalb wieder bringt hohe Geisteskultur uns allmälig dahin, fast nur noch an Büchern, nicht mehr an Menschen
Unterhaltung zu finden. –

Es gibt doch keine größere Erquickung für den Geist als
die Lektüre der alten Klassiker: sobald man irgendeinen
von ihnen, und wäre es auch nur auf eine halbe Stunde, in
die Hand genommen hat, fühlt man alsbald sich erfrischt,
erleichtert, gereinigt, gehoben und gestärkt; nicht anders,
als hätte man an der frischen Felsenquelle sich gelabt. Liegt
dies an den alten Sprachen und ihrer Vollkommenheit oder
an der Größe der Geister, deren Werke von den Jahrtausenden unversehrt und ungeschwächt bleiben? Vielleicht an
beidem zusammen. Dies aber weiß ich, daß, wenn, wie es
jetzt droht (die Barbaren sind schon da; die Vandalen werden nicht ausbleiben), die Erlernung der alten Sprachen einmal aufhören sollte, dann eine neue Literatur kommen wird,
bestehend aus so barbarischem, plattem und nichtswürdigem
Geschreibe, wie es noch gar nicht dagewesen; zumal da die
deutsche Sprache, welche doch einige der Vollkommenheiten der alten besitzt, von den nichtswürdigen Skriblern
heutiger ›Jetztzeit‹ eifrig und methodisch dilapidiert und
verhunzt wird, so daß sie allmälig, verarmt und verkrüp-
pelt, in einen elenden Jargon übergeht. –

Es gibt *zwei Geschichten*: die *politische* und die der *Literatur*
und Kunst. Jene ist die des *Willens*, diese die des *Intellekts*.
Daher ist jene durchweg beängstigend, ja schrecklich:
Angst, Not, Betrug und entsetzliches Morden in Masse.
Die andre hingegen ist überall erfreulich und heiter wie der
isolierte Intellekt, selbst wo sie Irrwege schildert. Ihr

Hauptzweig ist die Geschichte der Philosophie. Eigentlich ist diese ihr Grundbaß, der sogar in die andre Geschichte hinübertönt und auch dort aus dem Fundament die Meinung leitet: diese aber beherrscht die Welt. Daher ist die Philosophie eigentlich und wohlverstanden auch die gewaltigste materielle Macht, jedoch sehr langsam wirkend.

§ 297

In der Weltgeschichte ist ein halbes Jahrhundert immer beträchtlich, weil ihr Stoff stets fortfließt, indem doch immer etwas vorgeht. Hingegen in der Geschichte der Literatur ist dieselbe Zeit oft für gar keine zu rechnen, weil eben nichts geschehn ist: denn stümperhafte Versuche gehn sie nicht an. Man ist also, wo man vor fünfzig Jahren gewesen.

Dies zu erläutern, denke man sich die Fortschritte der Erkenntnis beim Menschengeschlechte unter dem Bilde einer Planetenbahn. Dann lassen sich die Irrwege, auf welche es meistens bald nach jedem bedeutenden Fortschritte gerät, durch Ptolemaiische Epizykeln darstellen, nach der Durchlaufung eines jeden von welchen es wieder da ist, wo es vor dem Antritt derselben war. Die großen Köpfe jedoch, welche wirklich auf jener Planetenbahn das Geschlecht weiterführen, machen den jedesmaligen Epizyklus nicht mit. Hieraus erklärt sich, warum der Ruhm bei der Nachwelt meistens durch Verlust des Beifalls der Mitwelt bezahlt wird, und umgekehrt. – Ein solcher Epizyklus ist z. B. die Philosophie Fichtes und Schellings, zum Schlusse gekrönt durch die Hegelsche Karikatur derselben. Dieser Epizyklus ging von der zuletzt durch Kant bis dahin fortgeführten Kreislinie ab, woselbst ich späterhin sie wieder aufgenommen habe, um sie weiter zu führen: in der Zwischenzeit aber durchliefen nun die besagten Scheinphilosophen und noch einige andere daneben ihren Epizyklus, der jetzt nachgerade vollendet ist, wodurch das mit ihnen gelaufene Publikum innewird, daß es sich eben da befindet, von wo er ausgegangen war.

Mit diesem Hergange der Dinge hängt es zusammen, daß

wir den wissenschaftlichen, literarischen und artistischen
Zeitgeist ungefähr alle dreißig Jahre deklarierten Bankrott
machen sehn. In solcher Zeit nämlich haben alsdann die
jedesmaligen Irrtümer sich so gesteigert, daß sie unter der
Last ihrer Absurdität zusammenstürzen, und zugleich hat
die Opposition sich an ihnen gestärkt. Nun also schlägt es
um: oft aber folgt jetzt ein Irrtum in entgegengesetzter
Richtung. Diesen Gang der Dinge in seiner periodischen
Wiederkehr zu zeigen wäre der rechte pragmatische Stoff
der Literargeschichte: aber diese denkt wenig daran. Zudem
sind wegen der verhältnismäßigen Kürze solcher Perioden
die Data derselben aus entfernteren Zeiten oft schwer zu-
sammenzubringen: daher man am bequemsten die Sache an
seinem eigenen Zeitalter beobachten kann. Wollte man hiezu ein Beispiel aus den Realwissenschaften, so könnte man
die Wernersche Neptunistische Geologie nehmen. Allein
ich bleibe bei dem bereits oben angeführten uns zunächst
liegenden Beispiel. Auf *Kants* Glanzperiode folgte in deutscher Philosophie unmittelbar eine andere, in welcher man
sich bestrebte, statt zu überzeugen zu imponieren; statt
gründlich und klar glänzend und hyperbolisch, zumal aber
unverständlich zu sein; ja sogar statt die Wahrheit zu suchen zu intrigieren. Dabei konnte die Philosophie keine Fortschritte machen. Endlich kam es zum Bankrott dieser ganzen Schule und Methode. Denn im Hegel und [in] seinen
Gesellen hatte die Frechheit des Unsinnschmierens einerseits und die des gewissenlosen Anpreisens andererseits,
nebst der augenfälligen Absichtlichkeit des ganzen saubern
Treibens, eine so kolossale Größe erreicht, daß endlich allen
die Augen über die ganze Scharlatanerie aufgehn mußten
und, als infolge gewisser Enthüllungen der Schutz von oben
der Sache entzogen wurde, auch der Mund. Die Fichteschen
und Schellingischen Antezedenzien dieser elendesten aller je
gewesenen Philosophastereien wurden von ihr nachgezogen
in den Abgrund des Diskredits. Daher kommt nunmehr die
gänzliche philosophische Inkompetenz der ersten Hälfte des
auf Kant in Deutschland folgenden Jahrhunderts an den Tag,
während man sich dem Auslande gegenüber mit den philo-

sophischen Gaben der Deutschen brüstet – besonders seitdem ein englischer Schriftsteller die boshafte Ironie gehabt
hat, sie ein Volk von Denkern[1] zu nennen.

Wer nun aber zu dem hier aufgestellten allgemeinen
Schema der Epizykeln Belege aus der Kunstgeschichte will,
darf nur die noch im vorigen Jahrhunderte besonders in
ihrer französischen Weiterbildung blühende Bildhauerschule
des *Bernini* betrachten, welche statt der antiken Schönheit
die gemeine Natur und statt der antiken Einfalt und Grazie
den französischen Menuettanstand darstellte. Sie machte
Bankrott, als nach *Winckelmanns* Zurechtweisung die Rückkehr zur Schule der Alten erfolgte. – Einen Beleg wiederum
aus der Malerei liefert das erste Viertel dieses Jahrhunderts,
als welches die Kunst für ein bloßes Mittel und Werkzeug
einer mittelalterlichen Religiosität hielt und daher kirchliche
Vorwürfe zu ihrem alleinigen Thema erwählte, welche jetzt
aber von Malern behandelt wurden, denen der wahre Ernst
jenes Glaubens abging, die jedoch infolge des besagten Wah-
nes den Francesco Francia, Pietro Perugino, Angelico da
Fiesole und ähnliche zu Mustern nahmen, ja diese höher-
schätzten als die auf sie folgenden eigentlich großen Meister.
In bezug auf diese Verirrung, und weil in der Poesie ein
analoges Streben sich gleichzeitig geltend gemacht hatte,
schrieb Goethe die Parabel: ›Pfaffenspiel‹. Auch diese Schule
wurde sodann als auf Grillen beruhend erkannt, machte
Bankrott, und auf sie folgte die Rückkehr zur Natur, sich
kundgebend in Genrebildern und Lebensszenen jeder Art,
wenn auch bisweilen sich ins Gemeine verirrend.

Dem geschilderten Hergange der menschlichen Fortschritte entsprechend ist die *Literargeschichte* ihrem größten Teile nach der Katalog eines Kabinetts von Mißgebur-
ten. Der Spiritus, in welchem diese sich am längsten konservieren, ist Schweinsleder. Die wenigen wohlgeratenen Geburten hingegen braucht man nicht dort zu suchen: sie sind
am Leben geblieben, und man begegnet ihnen überall in der
Welt, wo sie als Unsterbliche in ewig frischer Jugend einher-

1. [Vgl. dagegen Karl Musäus im Vorbericht seiner 1782 erschie-
nenen Volksmärchen.]

gehn. Sie allein machen die im vorigen Paragraphen bezeichnete *wirkliche* Literatur aus, deren personenarme Geschichte wir von Jugend auf aus dem Munde aller Gebildeten und nicht erst aus Kompendien erlernen. – Gegen die
heutzutage herrschende Monomanie, Literargeschichte zu
lesen, um von allem schwätzen zu können, ohne irgend
etwas eigentlich zu kennen, empfehle ich eine höchst lesens-
werte Stelle von Lichtenberg [›Vermischte Schriften‹] (Bd.
2, S. 302, alte Ausgabe).

Wohl aber wünschte ich, daß einmal einer eine *tragische
Literargeschichte* versuchte, worin er darstellte, wie die verschiedenen Nationen, deren ja jede ihren allerhöchsten Stolz
in die großen Schriftsteller und Künstler, welche sie aufzuweisen hat, setzt, diese während ihres Lebens behandelt
haben; worin er also uns jenen endlosen Kampf vor die
Augen brächte, den das Gute und Echte aller Zeiten und
Länder gegen das jedesmal herrschende Verkehrte und
Schlechte zu bestehn hat, das Märtyrertum fast aller wahren Erleuchter der Menschheit, fast aller großen Meister in
jeder Art und Kunst abschilderte, uns vorführte, wie sie,
wenige Ausnahmen abgerechnet, ohne Anerkennung, ohne
Anteil, ohne Schüler, in Armut und Elend sich dahingequält
haben, während Ruhm, Ehre und Reichtum den Unwürdigen ihres Faches zuteil wurden, es ihnen also ergangen ist
wie dem *Esau*, dem, während er für den Vater jagte und Wild
erlegte, *Jakob*, in seinem Gewande verkleidet, zu Hause den
Segen des Vaters stahl; wie jedoch bei dem allen die Liebe
zu ihrer Sache sie aufrechterhielt, bis denn endlich der
schwere Kampf eines solchen Erziehers des Menschengeschlechts vollbracht war, der unsterbliche Lorbeer ihm
winkte und die Stunde schlug, wo es auch für ihn hieß:

Der schwere Panzer wird zum Flügelkleide,
Kurz ist der Schmerz, und ewig ist die Freude.
                [Schiller, ›Die Jungfrau von Orleans‹ 5, 14]

KAPITEL 25

ÜBER SPRACHE UND WORTE

§ 298

Die tierische Stimme dient allein dem Ausdrucke des *Willens* in seinen Erregungen und Bewegungen, die menschliche aber auch dem der *Erkenntnis*. Damit hängt zusammen, daß jene fast immer einen unangenehmen Eindruck auf uns macht, bloß einige Vogelstimmen nicht.

Beim Entstehn der menschlichen Sprache sind ganz gewiß das erste die *Interjektionen* gewesen, als welche nicht Begriffe, sondern gleich den Lauten der Tiere Gefühle – Willensbewegungen – ausdrücken. Ihre verschiedenen Arten fanden sich alsbald ein: und aus deren Verschiedenheit geschah der Übergang zu den Substantiven, Verben, Pronomina personalia usw.

Das Wort des Menschen ist das dauerhafteste Material. Hat ein Dichter seine flüchtigste Empfindung in ihr richtig angepaßten Worten verkörpert, so lebt sie in diesen Jahrtausende hindurch und wird in jedem empfänglichen Leser aufs neue rege.

§ 298 a

Bekanntlich sind die Sprachen, namentlich in grammatischer Hinsicht, desto vollkommener, je älter sie sind, und werden stufenweise immer schlechter – vom hohen Sanskrit an bis zum englischen Jargon herab, diesem aus Lappen heterogener Stoffe zusammengeflickten Gedankenkleide. Diese allmälige Degradation ist ein bedenkliches Argument gegen die beliebten Theorien unserer so nüchtern lächelnden Optimisten vom ›stetigen Fortschritt der Menschheit zum Bes-

sern‹, wozu sie die deplorable[1] Geschichte des bipedischen
Geschlechts verdrehn möchten; überdies aber ist sie ein
schwer zu lösendes Problem. Wir können doch nicht umhin,
das erste aus dem Schoße der Natur irgendwie hervorge-
gangene Menschengeschlecht uns im Zustande gänzlicher
und kindischer Unkunde, folglich roh und unbeholfen zu
denken: wie soll nun ein solches Geschlecht diese höchst
kunstvollen Sprachgebäude, diese komplizierten und mannigfaltigen grammatischen Formen erdacht haben – selbst
angenommen, daß der lexikalische Sprachschatz sich erst
allmälig angesammelt habe? Dabei sehn wir andererseits
überall die Nachkommen bei der Sprache ihrer Eltern bleiben und nur allmälig kleine Änderungen daran vornehmen.
Die Erfahrung lehrt aber nicht, daß in der Sukzession der
Geschlechter die Sprachen sich grammatikalisch vervoll-
kommnen, sondern, wie gesagt, gerade das Gegenteil: sie
werden nämlich immer einfacher und schlechter. – Sollen
wir trotzdem annehmen, daß das Leben der Sprache dem
einer Pflanze gleiche, die, aus einem einfachen Keim hervorgegangen, ein unscheinbarer Schößling, sich allmälig entwickelt, ihre Akme erreicht und von da an allgemach wieder
sinkt, indem sie altert, wir aber hätten bloß von diesem
Verfall, nicht aber vom frühern Wachstum Kunde? Eine
bloß bildliche und noch dazu ganz arbiträre[2] Hypothese –
ein Gleichnis, keine Erklärung! Um nun eine solche zu erlangen, scheint mir das Plausibelste die Annahme, daß der
Mensch die Sprache *instinktiv* erfunden hat, indem ursprünglich in ihm ein Instinkt liegt, vermöge dessen er das zum
Gebrauch seiner Vernunft unentbehrliche Werkzeug und
Organ derselben ohne Reflexion und bewußte Absicht hervorbringt, welcher Instinkt sich nachher, wann die Sprache
einmal daist und er nicht mehr zur Anwendung kommt,
allmälig im Lauf der Generationen verliert. Wie nun alle aus
bloßem Instinkt hervorgebrachten Werke, z. B. der Bau der
Bienen, der Wespen, der Biber, die Vogelnester in so mannigfaltigen und stets zweckmäßigen Formen usw., eine

1. [beklagenswerte]
2. [willkürliche]

ihnen eigentümliche Vollkommenheit haben, indem sie gerade und genau das sind und leisten, was ihr Zweck erfordert, so daß wir die tiefe Weisheit, die darin liegt, bewundern – ebenso ist es mit der ersten und ursprünglichen Sprache: sie hatte die hohe Vollkommenheit aller Werke des Instinkts; dieser nachzuspüren, um sie in die Beleuchtung der Reflexion und des deutlichen Bewußtseins zu bringen, ist das Werk der erst Jahrtausende später auftretenden Grammatik.

§ 299

Die Erlernung mehrerer Sprachen ist nicht allein ein mittelbares, sondern auch ein unmittelbares, tief eingreifendes geistiges Bildungsmittel. Daher der Ausspruch Karls V.: ›So viele Sprachen einer kann, so viele Mal ist er ein Mensch.‹[1] (Quot linguas quis callet, tot homines valet.) – Die Sache selbst beruht auf folgendem.

Nicht für jedes Wort einer Sprache findet sich in jeder andern das genaue Äquivalent. Also sind nicht sämtliche Begriffe, welche durch die Worte der einen Sprache bezeichnet werden, genau dieselben, welche die der andern ausdrücken; wenngleich dieses meistens, bisweilen sogar auffallend genau, wie z.B. bei σύλληψις und conceptio [Er-, Abfassung], Schneider und tailleur der Fall ist; sondern oft sind es bloß ähnliche und verwandte, jedoch durch irgendeine Modifikation verschiedene Begriffe. Deutlich zu machen, was ich meine, mögen einstweilen folgende Beispiele dienen:

> ἀπαίδευτος, rudis, roh
> ὁρμή, impetus, Andrang
> μηχανή, Mittel, medium
> seccatore, Quälgeist, importun [ungelegen]
> ingénieux, sinnreich, clever
> Geist, esprit, wit
> witzig, facetus, plaisant
> malice, Bosheit, wickedness,

---

1. [Vgl. Brantôme:›Grands capitaines étrangers, Charles V‹ in: Œuvres, 1740, Bd. 4, p. 22]

zu welchen sich unzählige andere und gewiß noch treffendere werden fügen lassen. Bei der in der Logik üblichen Versinnlichung der Begriffe durch Kreise könnte man diese Pänidentität[1] durch sich ungefähr deckende, jedoch nicht ganz konzentrische Kreise ausdrücken, wie:

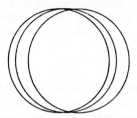

Bisweilen fehlt in einer Sprache das Wort für einen Begriff, während es sich in den meisten, wohl gar in allen andern findet: ein höchst skandalöses Beispiel hievon liefert im Französischen der Mangel des Verbi ›stehn‹. Für einige Begriffe wiederum findet sich bloß in *einer* Sprache ein Wort, welches alsdann in die andern übergeht: so das lateinische ›Affekt‹, das französische ›naiv‹, das englische ›comfortable‹, ›disappointment‹, ›gentleman‹ und viele andere. Bisweilen auch drückt eine fremde Sprache einen Begriff mit einer Nuance aus, welche unsere eigene ihm nicht gibt und mit der wir ihn jetzt gerade denken: dann wird jeder, dem es um einen genauen Ausdruck seiner Gedanken zu tun ist, das Fremdwort gebrauchen, ohne sich an das Gebelle pedantischer Puristen zu kehren. In allen Fällen, wo in einer Sprache nicht genau derselbe Begriff durch ein bestimmtes Wort bezeichnet wird wie in der andern, gibt das Lexikon dieses durch mehrere einander verwandte Ausdrücke wieder, welche alle die Bedeutung desselben, jedoch nicht konzentrisch, sondern in verschiedenen Richtungen daneben wie in der obigen Figur treffen, wodurch die Grenzen abgesteckt werden, zwischen denen er liegt: so wird man z. B. das lateinische ›honestum‹ durch wohlanständig, ehrenwert, ehrenvoll, ansehnlich, tugendhaft usw. umschreiben,

1. [Fastgleichheit]

auch das griechische σώφρων [verständig, besonnen, sittsam] auf analoge Weise[F]. Hierauf beruht das notwendig Mangelhafte aller Übersetzungen. Fast nie kann man irgendeine charakteristische, prägnante, bedeutsame Periode aus einer Sprache in die andere so übertragen, daß sie genau und vollkommen dieselbe Wirkung täte. – *Gedichte* kann man nicht *übersetzen*, sondern bloß umdichten; welches allezeit mißlich ist. Sogar in bloßer Prosa wird die allerbeste Übersetzung sich zum Original höchstens so verhalten wie zu einem gegebenen Musikstück dessen Transposition in eine andere Tonart. Musikverständige wissen, was es damit auf sich hat. – Daher bleibt jede Übersetzung tot und ihr Stil gezwungen, steif, unnatürlich, oder aber sie wird frei, d. h. begnügt sich mit einem à peu près, ist also falsch. Eine Bibliothek von Übersetzungen gleicht einer Gemäldegalerie von Kopien. Und nun gar die Übersetzungen der Schriftsteller des Altertums sind für dieselben ein Surrogat, wie der Zichorienkaffee es für den wirklichen ist. –

Demgemäß liegt bei Erlernung einer Sprache die Schwierigkeit vorzüglich darin, jeden Begriff, für den sie ein Wort hat, auch dann kennenzulernen, wann die eigene Sprache kein diesem genau entsprechendes Wort besitzt; welches oft der Fall ist. Daher also muß man bei Erlernung einer fremden Sprache mehrere ganz neue Sphären von Begriffen in seinem Geiste abstecken: mithin entstehn Begriffssphären, wo noch keine waren. Man erlernt also nicht bloß Worte, sondern erwirbt Begriffe. Dies ist vorzüglich bei Erlernung der alten Sprachen der Fall; weil die Ausdrucksweise der Alten von der unserigen viel verschiedener ist als die der modernen Sprachen von einander; welches sich daran zeigt, daß man beim Übersetzen ins Lateinische zu ganz andern Wendungen, als die das Original hat, greifen muß. Ja man muß meistens den lateinisch wiederzugebenden Gedanken umschmelzen und umgießen; wobei er in seine letzten Bestandteile zerlegt und wieder rekomponiert wird.

F. Das griechische σωφροσύνη [Klugheit, Selbstbeherrschung, Besonnenheit, Sittlichkeit] hat in keiner Sprache ein adäquates Äquivalent.

Gerade hierauf beruht die große Förderung, die der Geist von der Erlernung der alten Sprachen erhält. – Erst nachdem man alle Begriffe, welche die zu erlernende Sprache durch einzelne Worte bezeichnet, richtig gefaßt hat und bei jedem Worte derselben genau den ihm entsprechenden Begriff unmittelbar denkt, nicht aber erst das Wort in eines der Muttersprache übersetzt und dann den durch dieses bezeichneten Begriff denkt, als welcher nicht immer dem ersteren genau entspricht, und ebenso hinsichtlich ganzer Phrasen – erst dann hat man *den Geist* der zu erlernenden Sprache gefaßt und damit einen großen Schritt zur Kenntnis der sie sprechenden Nation getan: denn wie der Stil zum Geiste des Individuums, so verhält sich die Sprache zu dem der Nation[F]. Vollkommen inne aber hat man eine Sprache erst, wenn man fähig ist, nicht etwan Bücher, sondern *sich selbst* in sie zu übersetzen; so daß man, ohne einen Verlust an seiner Individualität zu erleiden, sich unmittelbar in ihr mitzuteilen vermag, also Ausländern jetzt ebenso genießbar ist wie Landsleuten.

Menschen von geringen Fähigkeiten werden auch nicht leicht eine fremde Sprache sich eigentlich aneignen: sie erlernen wohl die Worte derselben, gebrauchen sie jedoch stets nur in der Bedeutung des ungefähren Äquivalents derselben in ihrer Muttersprache und behalten auch immer die dieser eigentümlichen Wendungen und Phrasen bei. Sie vermögen eben nicht *den Geist* der fremden Sprache sich anzueignen; welches eigentlich daran liegt, daß ihr Denken selbst nicht aus eigenen Mitteln vor sich geht, sondern zum größten Teil von ihrer Muttersprache erborgt ist, deren gangbare Phrasen und Wendungen ihnen die Stelle der eigenen Gedanken vertreten; daher eben sie auch in der eigenen Sprache sich stets nur abgenutzter Redensarten (hackneyed phrases, phrases banales) bedienen, welche selbst sogar sie so ungeschickt zusammenstellen, daß man merkt, wie unvollkommen sie sich des Sinnes derselben be-

F. Mehrere neuere Sprachen wirklich innehaben und in ihnen mit Leichtigkeit lesen ist ein Mittel, sich von der Nationalbeschränktheit zu befreien, die sonst jedem anklebt.

wußt sind und wie wenig ihr ganzes Denken über die Worte hinausgeht, so daß es nicht gar viel mehr als Papageiengeplapper ist. Aus dem entgegengesetzten Grunde ist Originalität der Wendungen und individuelle Angemessenheit jedes Ausdrucks, den einer gebraucht, ein unfehlbares Symptom überwiegenden Geistes.

Aus diesem allen nun also erhellet, daß bei der Erlernung jeder fremden Sprache sich neue Begriffe bilden, um neuen Zeichen Bedeutung zu geben; daß Begriffe auseinandertreten, die sonst nur gemeinschaftlich einen weiteren, also unbestimmteren ausmachten, weil eben nur *ein* Wort für sie dawar; daß Beziehungen, die man bis dahin nicht gekannt hatte, entdeckt werden, weil die fremde Sprache den Begriff durch einen ihr eigentümlichen Tropus oder [eine] Metapher bezeichnet; daß demnach unendlich viele Nuancen, Ähnlichkeiten, Verschiedenheiten, Beziehungen der Dinge mittelst der neu erlernten Sprache ins Bewußtsein treten; daß man also eine vielseitigere Ansicht von allen Dingen erhält. Hieraus nun folgt, daß man in jeder Sprache anders denkt, mithin unser Denken durch die Erlernung einer jeden eine neue Modifikation und Färbung erhält, daß folglich der Polyglottismus[1] neben seinem vielen *mittelbaren* Nutzen auch ein *direktes Bildungsmittel* des Geistes ist, indem er unsere Ansichten durch hervortretende Vielseitigkeit und Nuancierung der Begriffe berichtigt und vervollkommnet, wie auch die Gewandtheit des Denkens vermehrt, indem durch die Erlernung vieler Sprachen sich immer mehr der Begriff vom Worte ablöst. Ungleich mehr leisten dies die alten als die neuen Sprachen, vermöge ihrer großen Verschiedenheit von den unserigen, die nicht zuläßt, daß wir Wort durch Wort wiedergeben, sondern verlangt, daß wir unsern ganzen Gedanken umschmelzen und ihn in eine andre Form gießen. (Dies ist einer der vielen Gründe der Wichtigkeit der Erlernung alter Sprachen.) Oder (mir ein chemisches Gleichnis zu erlauben) während das Übersetzen aus einer neuen Sprache in die andre höchstens erfordert, daß die zu übersetzende Periode in ihre *nächsten* Bestandteile zersetzt

1. [die Vielsprachigkeit]

und aus diesen rekomponiert werde, erfordert das Übersetzen ins Lateinische sehr oft eine Zersetzung in ihre fernsten und *letzten* Bestandteile (den reinen Gedankeninhalt),
aus welchen sie sodann in ganz andern Formen regeneriert
wird; so daß z. B., was dort durch Substantiva, hier durch
Verba ausgedrückt wird oder umgekehrt, u. dgl. mehr. Derselbe Prozeß findet statt beim Übersetzen aus den alten
Sprachen in die neuen; woraus schon abzusehn ist, wie entfernt die Bekanntschaft mit den alten Autoren ist, welche
mittelst solcher Übersetzungen sich machen läßt.

Den Vorteil des Sprachstudiums entbehrten die Griechen;
wodurch sie zwar viel Zeit ersparten, mit der sie dann aber
auch weniger ökonomisch umgingen, wie das tägliche lange
Herumschlendern der Freien auf der ἀγορά [dem Markt]
bezeugt, welches sogar an die Lazzaroni[1] und das ganze
italienische Treiben in piazza [auf dem Platz] erinnert.

Endlich ist aus dem Gesagten leicht abzusehn, daß die
Nachbildung des Stiles der Alten in ihren eigenen an grammatischer Vollkommenheit die unserigen weit übertreffen-
den Sprachen das allerbeste Mittel ist, um sich zum ge-
wandten und vollkommenen Ausdrucke seiner Gedanken
in der Muttersprache vorzubereiten. Um ein großer Schriftsteller zu werden, ist es sogar unerläßlich – eben wie es für
den angehenden Bildhauer und Maler notwendig ist, sich
durch Nachahmung der Muster des Altertums heranzubil-
den, ehe er zu eigener Komposition schreitet. Durch das
Lateinschreiben allein lernt man die Diktion als ein Kunstwerk behandeln, dessen Stoff die Sprache ist, welche daher
mit größter Sorgfalt und Behutsamkeit behandelt werden
muß. Demnach richtet sich jetzt eine geschärfte Aufmerksamkeit auf die Bedeutung und den Wert der Worte, ihrer
Zusammenstellung und der grammatikalischen Formen;
man lernt diese genau abwägen und so das kostbare Material handhaben, welches geeignet ist, dem Ausdruck und der
Erhaltung wertvoller Gedanken zu dienen; man lernt Respekt haben vor der Sprache, in der man schreibt, so daß man
nicht nach Willkür und Laune mir ihr umspringt, um sie

1. [Neapolitanische Bettler]

umzumodeln. Ohne diese Vorschule artet die Schreiberei leicht in bloßes Gewäsche aus.

Der Mensch, welcher *kein Latein* versteht, gleicht einem, der sich in einer schönen Gegend bei nebligem Wetter befindet: sein Horizont ist äußerst beschränkt; nur das Nächste sieht er deutlich, wenige Schritte darüber hinaus verliert es sich ins Unbestimmte. Der Horizont des Lateiners hingegen geht sehr weit, durch die neueren Jahrhunderte, das Mittelalter, das Altertum. – Griechisch oder gar noch Sanskrit erweitern freilich den Horizont noch um ein Beträchtliches. – Wer kein Latein versteht, gehört zum *Volke*, auch wenn er ein großer Virtuose auf der Elektrisiermaschine wäre und das Radikal der Flußspatsäure im Tiegel hätte.

An euern Schriftstellern, die kein Latein verstehn, werdet ihr bald nichts anderes als schwadronierende Barbiergesellen haben. Sie sind schon auf gutem Wege mit ihren Gallizismen und leicht sein wollenden Wendungen. Zur Gemeinheit, edele Germanen, habt ihr euch gewendet, und Gemeinheit werdet ihr finden! – Ein rechtes Aushängeschild der Faulheit und eine Pflanzschule der Unwissenheit sind die heutzutage sich an das Licht wagenden Editionen griechischer, ja sogar (horribile dictu! [schrecklich zu sagen!]) *lateinischer* Autoren mit *deutschen* Noten! Welche Infamie! Wie soll doch der Schüler Latein lernen, wenn ihm immer in der Frau-Mutter-Sprache dazwischengeredet wird? Daher war ›In schola nil nisi latine‹ [In der Schule spricht man nur Latein] eine gute alte Regel. Daß der Herr Professor nicht mit Leichtigkeit Latein schreiben kann und der Schüler es nicht mit Leichtigkeit lesen kann, das ist der ›Humor der Sache‹[1], stellt euch – wie ihr wollt. Also Faulheit und deren Tochter Unwissenheit stecken dahinter, sonst nichts. Und es ist eine Schande! Der eine *hat* nichts gelernt, und der andere *will* nichts lernen. Zigarrenrauchen und Kannegießern[2] hat in unsern Tagen die Gelehrsamkeit vertrieben, wie Bil-

1. [Nach Shakespeare: ›Henry V.‹ 2, 1]
2. [Nach Ludwig Frhrn. von Holbergs Lustspiel ›Der politische Kannegießer‹; *vgl. Bd. 2, S. 227*]

derbücher für große Kinder die Literaturzeitungen ersetzt
haben.

§ 299 a

Die Franzosen, inklusive der Akademien, gehn mit der griechischen Sprache schändlich um; sie nehmen die Worte derselben herüber, um sie zu verunstalten: sie schreiben z. B.
›etiologie‹, ›esthétique‹ usw.; während gerade nur im Französischen das ›ai‹ so ausgesprochen wird wie im Griechischen; ferner bradype [Bradypus, Faultier] Oedipe, Andro-
maque u. dgl. mehr, d. h. sie schreiben die griechischen
Wörter, wie ein französischer Bauernjunge, der sie aus fremdem Munde aufgeschnappt hätte, sie schreiben würde. Es
würde doch recht artig lassen, wenn die französischen Gelehrten sich wenigstens so stellen wollten, als verstünden
sie Griechisch. Nun aber zugunsten eines so ekelhaften Jargons, wie der französische (dieses auf die widrigste Weise
verdorbene Italienisch mit den langen, scheußlichen Endsilben und dem Nasal) an sich selbst genommen ist, die
edle griechische Sprache frech verhunzen zu sehn ist ein
Anblick, wie wenn die große westindische Spinne einen Kolibri oder eine Kröte einen Schmetterling frißt. Da nun die
Herrn von der Akademie sich stets gegenseitig ›mon
illustre confrère‹ titulieren, welches durch den gegenseitigen Reflex besonders von weitem einen imposanten Effekt
macht; so ersuche ich die ›illustres confrères‹ die Sache einmal in Überlegung zu nehmen – also entweder die griechische Sprache in Ruhe zu lassen und sich mit ihrem eigenen
Jargon zu behelfen oder die griechischen Worte zu gebrauchen, ohne sie zu verhunzen; um so mehr, als man bei ihrer
Verzerrung derselben oft viel Mühe hat, das dadurch ausgedrückte griechische Wort zu erraten und so den Sinn des
Ausdrucks zu enträtseln. Hieher gehört auch das bei den
französischen Gelehrten übliche höchst barbarische Zusammenschmelzen eines griechischen mit einem lateinischen
Wort: Pomologie [Obstkunde]. Dergleichen, meine ›illustres
confrères‹, riecht nach Barbiergesellen. Berechtigt zu dieser
Rüge bin ich vollkommen: denn die politischen Grenzen

gelten in der Gelehrten-Republik sowenig wie in der physischen Geographie, und die der Sprachen sind nur für Unwissende vorhanden; ›Knoten‹ aber sollen in derselben nicht geduldet werden. – –

§ 300

Daß gleichen Schrittes mit der Vermehrung der Begriffe der Wortvorrat einer Sprache vermehrt werde, ist recht und sogar notwendig. Wenn hingegen letzteres ohne ersteres geschieht, so ist es bloß ein Zeichen der Geistesarmut, die doch etwas zu Markte bringen möchte und, da sie keine neue[n] Gedanken hat, mit neuen Worten kommt. Diese Art der Sprachbereicherung ist jetzt sehr an der Tagesordnung und ein Zeichen der Zeit. Aber neue Worte für alte Begriffe sind wie eine neue Farbe, auf ein altes Kleid gebracht. –

Beiläufig und bloß, weil das Beispiel gerade vorliegt, sei hier bemerkt, daß man ›ersteres‹ und ›letzteres‹ nur dann anwenden soll, wann, wie oben, jeder dieser Ausdrücke *mehrere* Worte vertritt, nicht aber, wann nur *eines*, als wo es besser ist, dieses eine zu wiederholen; welches überhaupt zu tun die Griechen keinen Anstand nehmen, während die Franzosen am ängstlichsten sind, es zu vermeiden. Die Deutschen verrennen sich in ihr ›ersteres‹ und ›letzteres‹ bisweilen dermaßen, daß man nicht mehr weiß, was hinten und was vorne ist.

§ 301

Wir verachten die *Wortschrift der Chinesen*. Aber da die Aufgabe aller Schrift ist, in der Vernunft des andern durch *sichtbare* Zeichen Begriffe zu erwecken; so ist es offenbar ein großer Umweg, dem Auge zunächst nur ein Zeichen des *hörbaren* Zeichens derselben vorzulegen und allererst dieses zum Träger des Begriffes selbst zu machen: wodurch unsere Buchstabenschrift nur ein Zeichen des Zeichens ist. Es frägt sich demnach, welchen Vorzug denn das hörbare Zeichen vor dem sichtbaren habe, um uns zu vermögen, den geraden Weg vom Auge zur Vernunft liegenzulassen und einen so

großen Umweg einzuschlagen, wie der ist, das sichtbare
Zeichen erst durch Vermittelung des hörbaren zum fremden
Geiste reden zu lassen; während es offenbar einfacher wäre,
nach Weise der Chinesen das sichtbare Zeichen unmittelbar
zum Träger des Begriffes zu machen und nicht zum bloßen
Zeichen des Lautes; um so mehr, als der Sinn des Gesichtes
für noch mehrere und feinere Modifikationen empfänglich
ist als der des Gehörs und auch ein Nebeneinander der Eindrücke gestattet, dessen hingegen die Affektionen des Gehörs, als ausschließlich in der Zeit gegeben, nicht fähig sind.
– Die hier nachgefragten Gründe würden nun wohl diese
sein: 1. Wir greifen, von Natur, zuerst zum hörbaren Zeichen, und zwar zunächst um unsere Affekte, danach aber
auch, um unsere Gedanken auszudrücken: hiedurch nun gelangen wir zu einer Sprache für das Ohr, ehe wir nur daran
gedacht haben, eine für das Gesicht zu erfinden. Nachmals
aber ist es kürzer, diese letztere, wo sie nötig wird, auf jene
andere zurückzuführen, als eine ganz neue, ja ganz anderartige Sprache für das Auge zu erfinden oder respektive zu
erlernen, zumal da man bald entdeckte, daß die Unzahl der
Wörter sich auf sehr wenige Laute zurückführen und daher
mittelst dieser leicht ausdrücken läßt. 2. Das Gesicht kann
zwar mannigfaltigere Modifikationen fassen als das Ohr:
aber solche für das Auge *hervorzubringen* vermögen wir nicht
wohl ohne Werkzeug wie doch für das Ohr. Auch würden
wir die sichtbaren Zeichen nimmer mit der Schnelligkeit
hervorbringen und wechseln lassen können wie vermöge
der Volubilität[1] der Zunge die hörbaren; wie dies auch die
Unvollkommenheit der Fingersprache der Taubstummen
bezeugt. Dieses also macht von Hause aus das *Gehör* zum
wesentlichen Sinne der Sprache und dadurch der Vernunft.
Demnach nun aber sind es im Grunde doch nur äußerliche
und zufällige, nicht aber aus dem Wesen der Aufgabe an sich
selbst entsprungene Gründe, aus welchen hier ausnahmsweise der gerade Weg nicht der beste ist. Folglich bliebe,
wenn wir die Sache abstrakt, rein theoretisch und a priori
betrachten, das Verfahren der Chinesen das eigentlich rich-

1. [Beweglichkeit]

tige; so daß man ihnen nur einige Pedanterei vorwerfen könnte, sofern sie von den empirischen, einen andern Weg anratenden Umständen dabei abgesehn haben. Inzwischen hat auch die Erfahrung einen überaus großen Vorzug der chinesischen Schrift zutage gebracht. Man braucht nämlich nicht Chinesisch zu können, um sich darin auszudrücken; sondern jeder liest sie in seiner eigenen Sprache ab geradeso wie unsere Zahlzeichen, welche überhaupt für die Zahlenbegriffe das sind, was die chinesischen Schriftzeichen für alle Begriffe; und die algebraischen Zeichen sind es sogar für abstrakte Größenbegriffe. Daher ist, wie mich ein englischer Teehändler, der fünfmal in China gewesen war, versichert hat, in allen indischen Meeren die chinesische Schrift das gemeinsame Medium der Verständigung zwischen Kaufleuten der verschiedensten Nationen, die keine Sprache gemeinschaftlich verstehn. Der Mann war sogar der festen Meinung, sie würde einst in dieser Eigenschaft sich über die Welt verbreiten. Einen hiemit ganz übereinstimmenden Bericht gibt John Francis Davis in seinem Werke ›The Chinese‹ (cap. 15).

§ 302

Die *Deponentia*[1] sind das einzige Unvernünftige, ja Unsinnige der römischen Sprache, und nicht viel besser steht es um die *Media*[2] der griechischen.

Ein spezieller Fehler aber im Lateinischen ist, daß ›fieri‹ das Passivum des ›facere‹ vorstellt: dies impliziert und impft der die Sprache erlernenden Vernunft den heillosen Irrtum ein, daß alles, was ist, wenigstens alles Gewordene, ein *Gemachtes* sei. Im Griechischen und Deutschen hingegen gelten γίγνεσθαι und ›werden‹ nicht unmittelbar als Passiva des ποιεῖν und ›machen‹. Ich kann griechisch sagen: οὐκ ἔστι πᾶν γενόμενον ποιούμενον; aber dies ließe sich nicht wörtlich ins Lateinische übersetzen, wie doch ins Deutsche: ›nicht jedes Gewordene ist ein Gemachtes.‹

1. [Verben in passiver Form, die aktive Bedeutung haben.]
2. [Verbale Form, die eine Beteiligung des Subjekts in der Verbalhandlung zum Ausdruck bringt.]

§ 303

Die Konsonanten sind das Skelett und die Vokale das Fleisch
der Wörter. Jenes ist (im Individuo) unwandelbar, dieses
sehr veränderlich an Farbe, Beschaffenheit und Quantität.
Darum konservieren die Wörter, indem sie durch die Jahrhunderte oder gar aus einer Sprache in die andere wandern,
im ganzen sehr wohl ihre Konsonanten, aber verändern
leicht ihre Vokale, weshalb in der Etymologie viel mehr jene
als diese zu berücksichtigen sind.

Von dem Worte ›superstitio‹ [Aberglaube] findet man
allerlei Etymologien zusammengestellt in Delrii ›Disquisi-
tionibus magicis‹ (lib. 1, cap. 1) und ebenfalls in *Wegscheiders*
›Institutiones theologiae [christianae] dogmaticae‹ (Prolego-
mena cap. 1, § 5 d). Ich vermute jedoch den Ursprung des
Wortes darin, daß es von Hause aus bloß den Gespenster-
glauben bezeichnet habe, nämlich: ›defunctorum manes
circumvagari, ergo mortuos adhuc *superstites* esse‹ [daß die
Geister der Abgeschiedenen umherstreifen, also die Toten
noch überlebend sind].

Ich will hoffen, daß ich nichts Neues sage, wenn ich bemerke, daß μορφά[1] und ›forma‹ dasselbe Wort ist und sich
ebenso verhält wie ›renes‹ und ›Nieren‹, ›horse‹ und ›Roß‹;
imgleichen, daß unter den Ähnlichkeiten des Griechischen
mit dem Deutschen eine der bedeutendsten diese ist, daß
in beiden der Superlativ durch ›-st‹ (— ιστος) gebildet wird,
während dies im Lateinischen nicht der Fall ist. – Eher
könnte ich bezweifeln, daß man die Etymologie des Wortes
›arm‹ schon kenne, daß es nämlich von ἔρημος, ›eremus‹,
italienisch ›ermo‹ kommt; denn ›arm‹ bedeutet: ›wo nichts
ist‹, also ›öde, leer‹ (Jesus Sirach 12,4: ἐρημώσουσι ›für arm
machen‹). – Hingegen daß ›Untertan‹ vom altenglischen
›Thane‹ (›Vasall‹) kommt, welches im ›Makbeth‹ häufig gebraucht wird, ist hoffentlich schon bekannt. – Das deutsche
Wort ›*Luft*‹ kommt von dem anglosächsischen Worte, welches erhalten ist im englischen ›lofty‹, (›hoch‹) ›the loft‹
›der Boden‹, ›le grenier‹), indem man anfangs durch ›Luft‹

1. [Attisch: μορφή]

bloß das Obere, die Atmosphäre bezeichnete, wie noch ›in der Luft‹ für ›oben‹; wie auch das anglosächsische ›first‹ (›der Erste‹) seine allgemeinere Bedeutung im Englischen behalten hat, im Deutschen aber bloß in ›Fürst‹ (›princeps‹) übriggeblieben ist.

Ferner die Worte ›Aberglauben‹ und ›Aberwitz‹ halte ich für entsprungen aus ›Überglauben‹ und ›Überwitz‹, unter Vermittelung von ›Oberglauben‹ und ›Oberwitz‹ (wie ›Überrock‹ ›Oberrock‹, ›Überhand‹ ›Oberhand‹) und sodann durch Korruption des ›O‹ in ›A‹, wie umgekehrt in ›Argwohn‹ statt ›Argwahn‹. Ebenso glaube ich, daß ›Hahnrei‹ eine Korruption von ›Hohnrei‹ ist, welches letztere uns im Englischen erhalten ist als ein Ruf der Verhöhnung – ›o hone-a-rie!‹ (kommt vor im 142. Briefe Byrons in Thomas Moores ›Letters and journals of Lord Byron‹ vol. 2, p. 272). – Überhaupt ist das Englische die Vorratskammer, in welcher wir unsre veralteten Wörter und auch den ursprünglichen Sinn der noch gebräuchlichen aufbewahrt wiederfinden. In der neuen Auflage des ursprünglichen Textes der ›Deutschen Theologie‹ sind mir manche Worte bloß aus dem Englischen bekannt und dadurch verständlich. – Daß ›Efeu‹ von ›Evoe‹ [εὐοῖ[1]] kommt, wird doch wohl kein neuer Einfall sein?

›Es kostet *mich*‹ ist nichts als ein solenner und preziöser, durch Verjährung akkreditierter Sprachfehler. ›Kosten‹ kommt eben wie das italienische ›costare‹ von ›constare‹. ›Es kostet mich‹ ist also ›me constat‹ statt ›mihi constat‹: ›Dieser Löwe kostet mich‹ darf nicht der Menageriebesitzer, sondern nur der sagen, welcher vom Löwen gefressen wird.

Die Ähnlichkeit zwischen ›coluber‹ [Schlange] und ›Kolibri‹ muß durchaus zufällig sein, oder aber wir hätten, da die Kolibri nur in Amerika vorkommen, ihre Quellen in der Urgeschichte des Menschengeschlechts zu suchen. So verschieden, ja entgegengesetzt auch beide Tiere sind, indem wohl oft der Kolibri praeda colubri [die Beute der Schlange] wird; so ließe sich dabei doch an eine Verwechselung denken, derjenigen analog, infolge welcher im Spanischen

1. [Ruf der Bacchantinnen]

›aceite‹ nicht ›Essig‹, sondern ›Öl‹ bedeutet. – Überdies finden wir noch auffallendere Übereinstimmungen mancher ursprünglich amerikanischer Namen mit denen des europäischen Altertums, wie zwischen der Atlantis des Platon und Aztlan, dem alten einheimischen Namen Mexikos, der noch jetzt im Namen der mexikanischen Städte Mazatlan und Tomatlan vorhanden ist, und zwischen dem hohen Berge Sorata in Peru und dem Soractes (ital. Sorate) im Apennin.

§ 303a

Unsere heutigen Germanisten (nach einem Aufsatze in der ›Deutschen Vierteljahrs-Schrift‹ 1855, Oktober/Dezember) teilen die *deutsche* (diuske) *Sprache* in Zweige, wie: 1. der *gotische* Zweig; 2. der *nordische,* d.i. *isländische,* daraus das Schwedische und Dänische; 3. der *niederdeutsche,* daraus das *Plattdeutsche* und *Holländische;* 4. der *friesische;* 5. der *angelsächsische;* 6. der *hochdeutsche,* welcher im Anfang des siebenten Jahrhunderts aufgetreten sein soll und in Alt-, Mittel- und Neuhochdeutsch zerfällt. Dies ganze System ist keineswegs neu, sondern ebenfalls mit Ableugnung der gotischen Abstammung schon aufgestellt worden von *Wachter*, ›Specimen glossarii Germanici‹ (Lipsiae 1727; siehe Lessings ›Collectanea‹ Bd. 2, p. 384). Ich glaube aber, daß in jenem System mehr Patriotismus als Wahrheit liegt, und bekenne mich zum System des redlichen und einsichtsvollen *Rask*. Das *Gotische*, aus dem Sanskrit stammend, ist in drei Dialekte zerfallen: Schwedisch, Dänisch und Deutsch. – Von der Sprache der alten Germanen ist uns nichts bekannt, und ich erlaube mir, zu mutmaßen, daß solche eine von der gotischen, also auch der unserigen, ganz verschiedene gewesen sein mag: wir sind *wenigstens* der Sprache nach *Goten*. Nichts aber empört mich mehr als der Ausdruck: *indogermanische* Sprachen – d.h. die Sprache der Veden unter *einen* Hut gebracht mit dem etwanigen Jargon besagter Bärenhäuter. ›Ut nos poma natamus!‹[1] [Wie wir Äpfel schwimmen!] – ist doch auch die sogenannte germanische, richtiger:

1. [Lateinisches Sprichwort; *vgl. Bd. 4, S. 219*]

gotische Mythologie, nebst der Nibelungensage usw. sehr viel ausgebildeter und echter in Island und Skandinavien zu finden gewesen als bei unsern deutschen Bärenhäutern und zeugen doch die nordischen Altertümer, Gräberfunde, Runen usw., verglichen mit den deutschen, von höherer Ausbildung jeder Art in Skandinavien.

Auffallend ist es, daß sich im Französischen keine deutsche[n] Wörter finden wie im Englischen, da im 5. Jahrhundert Frankreich von Westgoten, Burgundern und Franken besetzt worden ist und fränkische Könige es beherrschten.

›Niedlich‹ vom altdeutschen ›neidlich‹ = beneidenswert. – ›Teller‹ von ›patella‹. – ›Viande‹ vom Italienischen ›vivanda‹. – ›Spada‹, ›espada‹, ›épé‹ von σπάϑη (Schwert), in diesem Sinne gebraucht z.B. von Theophrast in den ›Charakteren‹ (cap. 25, περὶ δειλίας). – ›Affe‹ von ›Afer‹ [Afrikaner], weil die ersten von Römern den Deutschen zugeführten Affen ihnen durch dieses Wort erklärt wurden. – ›Kram‹ von κρᾶμα, κεράννυμι [Mischung, mischen]. – ›Taumeln‹ von ›temulentus‹ [berauscht]. – ›Vulpes‹ [Fuchs] und ›Wolf‹ sind wahrscheinlich irgendwie verwandt, beruhend auf der Verwechselung zweier Spezies des Genus canis [Hund]. – ›Welsch‹ ist höchst wahrscheinlich bloß eine andere Aussprache von ›Gälisch‹ (gaelic), d. i. Keltisch, und bedeutete bei den alten Deutschen die nichtgermanische, oder besser: nichtgotische Sprache, daher es jetzt insbesondere italienisch, also die romanische Sprache bedeutet. – ›Brot‹ kommt von βρῶμα [Speise]. – ›Volo‹ [ich will] und βούλομαι oder vielmehr βούλω [ich will] sind in der Wurzel dasselbe Wort. – ›Heute‹ und ›oggi‹ kommen beide von ›hodie‹ und haben doch keine Ähnlichkeit unter einander. – Das deutsche ›Gift‹ ist dasselbe Wort mit dem englischen ›gift‹: es kommt nämlich von ›geben‹ und besagt, was eingegeben wird: daher auch ›vergeben‹ statt ›vergiften‹. – ›Parlare‹ kommt wahrscheinlich von ›perlator‹ (Überbringer, Botschafter); daher das englische: ›a parley‹ [eine Unterredung]. – Offenbar hängt ›to dye‹ [färben] mit δεύω, δεύειν [benetzen] zusammen wie tree [Baum] mit δρῦς [Eiche]. – Von ›garhuda‹, dem Adler des

Wischnu: ›*Geier*‹. – Von ›*mala*‹ [Kinnbacke]: ›*Maul*‹. – ›*Katze*‹ ist das zusammengezogene ›*catus*‹ [Kater]. – ›*Schande*‹ von ›*scandalum*‹ [Ärgernis] welches vielleicht mit dem Sanskrit: ›*tschandala*‹ verwandt ist. – ›*Ferkel*‹ von ›*ferculum*‹ [ein Gang Speisen], weil es *ganz* auf den Tisch kommt. – ›*Plärren*‹ von ›*pleurer*‹ und ›*plorare*‹. – ›*Füllen*‹ (Fohlen) von ›*pullus*‹ [junges Tier]. – ›*Poison*‹ und ›*ponzonna*‹ von ›*potio*‹ [Trank]. – ›*Baby*‹ ist ›*bambino*‹. – ›*Brand*‹ (altenglisch), ›*brando*‹ [Degen] (italienisch). – ›*Knife*‹ [Messer] und ›*canif*‹ sind dasselbe Wort: keltischen Ursprungs? – ›*Ziffer*‹, ›*cifra*‹, ›*chiffre*‹, ›*ciphre*‹ kommt wahrscheinlich vom wallisischen, also keltischen ›cyfrinach‹ (Mysterium) (Pictet, ›Mystère des Bardes‹ p. 14). – Das italienische ›*tuffare*‹(mergere) [eintauchen] und das deutsche ›*taufen*‹ ist dasselbe Wort. – ›*Ambrosia*‹ scheint mit ›*Amriti*‹ verwandt; die ›*Asen*‹ vielleicht mit αἶσα [Schicksal]. – Λαβρεύομαι [dreist schwatzen] ist dem Sinne wie dem Worte nach identisch mit ›*labern*‹. – ᾽Αολλεῖς ist ›*alle*‹. – ›*Seve*‹ ist ›*Saft*‹. – Es ist doch seltsam, daß ›*Geiß*‹ das umgekehrte ›*Ziege*‹ ist. – Das englische ›*bower*‹ (Laube) [ist gleich] *Bauer* (unser Vogelbauer).

　　Ich weiß, daß sanskritgelehrte Sprachforscher ganz anders angetan sind als ich, die Etymologie aus ihren Quellen abzuleiten, behalte aber dennoch die Hoffnung, daß meinem Dilettantismus in der Sache manches Früchtchen aufzulesen übriggeblieben ist.

KAPITEL 26

PSYCHOLOGISCHE BEMERKUNGEN

§ 304

Jedes animalische Wesen, zumal der Mensch, bedarf, um in der Welt bestehn und fortkommen zu können, einer gewissen Angemessenheit und Proportion zwischen seinem Willen und seinem Intellekt. Je genauer und richtiger nun die Natur diese getroffen hat, desto leichter, sicherer und angenehmer wird er durch die Welt kommen. Inzwischen reicht eine bloße Annäherung zu dem eigentlich richtigen Punkte schon hin, ihn vor Verderben zu schützen. Es gibt demnach eine gewisse Breite innerhalb der Grenzen der Richtigkeit und Angemessenheit des besagten Verhältnisses. Die dabei geltende Norm ist nun folgende. Da die Bestimmung des Intellekts ist, die Leuchte und der Lenker der Schritte des Willens zu sein; so muß, je heftiger, ungestümer und leidenschaftlicher der innere Drang eines Willens ist, desto vollkommener und heller der ihm beigegebene Intellekt sein, damit die Heftigkeit des Wollens und Strebens, die Glut der Leidenschaften, das Ungestüm der Affekte den Menschen nicht irreführe oder ihn fortreiße zum Unüberlegten, zum Falschen, zum Verderblichen; welches alles bei sehr heftigem Willen und sehr schwachem Intellekt unausbleiblich der Fall sein wird. Hingegen kann ein phlegmatischer Charakter, also ein schwacher, matter Wille schon mit einem geringen Intellekt auskommen und bestehn: ein gemäßigter bedarf eines mäßigen. Überhaupt tendiert jedes Mißverhältnis zwischen einem Willen und seinem Intellekt, d. h. jede Abweichung von der aus obiger Norm folgenden Proportion dahin, den Menschen unglücklich zu machen, folg-

lich auch, wenn das Mißverhältnis das umgekehrte ist. Nämlich auch die abnorm starke und übermächtige Entwickelung des Intellekts und das daraus entstehende ganz unver-
hältnismäßige Überwiegen desselben über den Willen, wie
es das Wesentliche des eigentlichen Genies ausmacht, ist für
die Bedürfnisse und Zwecke des Lebens nicht bloß überflüssig, sondern denselben geradezu hinderlich. Alsdann nämlich wird in der Jugend die übermäßige Energie der Auffassung der objektiven Welt, von lebhafter Phantasie begleitet
und aller Erfahrung ermangelnd, den Kopf für überspannte
Begriffe und sogar für Chimären empfänglich machen und
leicht damit anfüllen; woraus dann ein exzentrischer und
sogar phantastischer Charakter hervorgeht. Wenn nun auch
späterhin, nachdem die Belehrung der Erfahrung eingetreten, sich dieses verloren und gegeben hat; so wird dennoch
das Genie in der gemeinen Außenwelt und dem bürgerlichen
Leben nie sich so zu Hause fühlen, so richtig eingreifen und
so bequem sich bewegen wie der Normalkopf, vielmehr
noch oft seltsame Mißgriffe tun. Denn der Alltagskopf ist
in dem engen Kreise seiner Begriffe und seiner Auffassung so
vollkommen zu Hause, daß keiner ihm darin etwas anhaben
kann, und sein Erkennen bleibt stets seinem ursprünglichen
Zwecke getreu, den Dienst des Willens zu besorgen, liegt
also diesem beständig ob, ohne je zu extravagieren[1]. Das
Genie hingegen ist, wie ich auch bei der Erörterung desselben angegeben habe, im Grunde ein monstrum per ex-
cessum [eine Mißbildung aus Übermaß], wie umgekehrt
der leidenschaftliche, heftige Mensch ohne Verstand, der
hirnlose Wüterich, ein monstrum per defectum [eine Mißbildung aus Mangel] ist[2].

§ 305

Der *Wille* zum Leben, wie er den innersten Kern alles Lebenden ausmacht, stellt sich am unverschleiertesten dar
und läßt daher sich seinem Wesen nach am deutlichsten
beobachten und betrachten an den obersten, also klügsten

1. [überspannt zu handeln]
2. [*Vgl. Bd. 2, S. 486*]

Tieren. Denn *unter* dieser Stufe tritt er noch nicht so deutlich hervor, hat einen mindern Grad der Objektivation; *darüber* aber, also im Menschen, ist mit der Vernunft die Besonnenheit und mit dieser die Fähigkeit zur Verstellung eingetreten, die alsbald einen Schleier über ihn wirft. Hier tritt er daher nur noch in den Ausbrüchen der Affekte und Leidenschaften unverhüllt hervor. Ebendeshalb aber findet allemal die Leidenschaft, wann sie spricht, Glauben, gleichviel, welche es sei, und mit Recht. Aus demselben Grunde sind die Leidenschaften das Hauptthema der Dichter und das Paradepferd der Schauspieler. – Auf dem zuerst Gesagten aber beruht unsere Freude an Hunden, Affen, Katzen usw.: die vollkommene Naivetät aller ihrer Äußerungen ist es, die uns so sehr ergötzt.

Welchen eigentümlichen Genuß gewährt doch der Anblick jedes freien Tieres, wenn es ungehindert für sich allein sein Wesen treibt, seiner Nahrung nachgeht oder seine Jungen pflegt oder zu andern seinesgleichen sich gesellt usw. – dabei so ganz, was es sein soll und kann. Und sei es nur ein Vögelein, ich kann ihm lange mit Vergnügen zusehn – ja einer Wasserratte, einem Frosch, doch lieber einem Igel, einem Wiesel, einem Reh oder Hirsch! – Daß uns der Anblick der Tiere so sehr ergötzt, beruht hauptsächlich darauf, daß es uns freut, unser eigenes Wesen so sehr *vereinfacht* vor uns zu sehn.

Es gibt auf der Welt nur *ein* lügenhaftes Wesen: es ist der *Mensch*. Jedes andere ist wahr und aufrichtig, indem es sich unverhohlen gibt als das, was es ist, und sich äußert, wie es sich fühlt. Ein emblematischer oder allegorischer Ausdruck dieses Fundamentalunterschiedes ist, daß alle Tiere in ihrer natürlichen Gestalt umhergehn, was viel beiträgt zu dem so erfreulichen Eindruck ihres Anblicks, bei dem mir, zumal wenn es freie Tiere sind, stets das Herz aufgeht – während der Mensch durch die Kleidung zu einem Fratz, einem Monstrum geworden ist, dessen Anblick schon dadurch widerwärtig ist und nun gar unterstützt wird durch die ihm nicht natürliche weiße Farbe und durch alle die ekelhaften Folgen widernatürlicher Fleischnahrung, spirituoser Getränke, [des] Tabaks, [der] Ausschweifungen und Krankheiten. Er steht da als ein Schandfleck in der Natur! – Die Griechen beschränkten die Kleidung möglichst, weil sie es fühlten.

§ 306

Geistige Beängstigung verursacht Herzklopfen, und Herzklopfen geistige Beängstigung. Gram, Sorge, Unruhe des Gemüts wirken hemmend und erschwerend auf den Lebensprozeß und die Getriebe des Organismus, sei es auf den Blutumlauf oder auf die Sekretionen oder auf die Verdauung: sind nun umgekehrt diese Getriebe, sei es im Herzen oder in den Gedärmen oder in der vena portarum [Pfortader] oder in den Samenbläschen oder wo noch sonst, durch physische Ursachen gehemmt, obstruiert oder anderweitig gestört; so entsteht Gemütsunruhe, Besorgnis, Grillenfängerei und Gram ohne Gegenstand, also der Zustand, den man Hypochondrie nennt. Ebenso, noch ferner, macht Zorn schreien, stark auftreten und heftig gestikulieren: eben diese körperlichen Äußerungen aber vermehren ihrerseits den Zorn oder fachen ihn beim geringsten Anlaß an. Ich brauche nicht zu sagen, wie sehr alles dieses meine Lehre von der Einheit und Identität des Willens mit dem Leibe bestätigt, nach welcher der Leib sogar nichts anderes ist, als eben der in der räumlichen Anschauung des Gehirns sich darstellende Wille selbst.

§ 307

Gar manches, was der *Macht der Gewohnheit* zugeschrieben wird, beruht vielmehr auf der Konstanz und Unveränderlichkeit des ursprünglichen und angeborenen Charakters, infolge welcher wir unter gleichen Umständen stets *dasselbe* tun, welches daher mit gleicher Notwendigkeit das erste wie das hundertste Mal geschah. – Die wirkliche *Macht der Gewohnheit* hingegen beruht eigentlich auf der *Trägheit*, welche dem Intellekt und dem Willen die Arbeit, Schwierigkeit, auch die Gefahr einer frischen Wahl ersparen will und daher uns heute tun läßt, was wir schon gestern und hundertmal getan haben und wovon wir wissen, daß es zu seinem Zwecke führt.

Die Wahrheit dieser Sache liegt aber tiefer: denn sie ist in einem eigentlicheren Sinne zu verstehn, als es auf den ersten Blick scheint. Was nämlich für die Körper, sofern sie bloß durch mechanische Ursachen bewegt werden, die *Kraft der Trägheit* ist; eben das ist für die Körper, welche durch Motive bewegt werden, die *Macht der Gewohnheit*. Die Handlungen, welche wir aus bloßer Gewohnheit vollziehn, geschehn eigentlich ohne individuelles, einzelnes, eigens für diesen Fall wirkendes Motiv, daher wir dabei auch nicht eigentlich an sie denken. Bloß die ersten Exemplare jeder zur Gewohnheit gewordenen Handlung haben ein Motiv gehabt, dessen sekundäre Nachwirkung die jetzige Gewohnheit ist, welche hinreicht, damit jene auch ferner vor sich gehe; geradeso, wie ein durch Stoß bewegter Körper keines neuen Stoßes mehr bedarf, um seine Bewegung fortzusetzen, sondern, sobald sie nur durch nichts gehemmt wird, in alle Ewigkeit sich fortbewegt. Dasselbe gilt von Tieren, indem ihre Dressur eine erzwungene Gewohnheit ist. Das Pferd zieht gelassen seinen Karren immer weiter, ohne getrieben zu werden: diese Bewegung ist immer noch die Wirkung der Peitschenhiebe, durch die es anfangs getrieben wurde, welche sich als Gewohnheit perpetuiert, nach dem Gesetze der Trägheit. – Dies alles ist wirklich mehr als bloßes Gleichnis: es ist schon Identität der Sache, nämlich des Willens auf sehr weit verschiedenen Stufen seiner Objektivation, welchen gemäß nun dasselbe Bewegungsgesetz sich eben so verschieden gestaltet.

§ 308

›Viva muchos años!‹ [Mögest du viele Jahre leben!] ist im Spanischen ein gewöhnlicher Gruß, und auf der ganzen Erde ist die Anwünschung langen Lebens sehr gebräuchlich. Dies läßt sich nicht wohl aus der Kenntnis, was das Leben, hingegen aus der, was der Mensch seinem Wesen nach sei, erklären: nämlich Wille zum Leben. —

Der Wunsch, den jeder hat, daß man nach seinem Tode seiner *gedenken* möge, und der sich bei den Hochstrebenden zu dem *Wunsche des Nachruhms* steigert, scheint mir aus der Anhänglichkeit am Leben zu entspringen, die, wenn sie sich von jeder Möglichkeit des realen Daseins abgeschnitten sieht, jetzt nach dem allein noch vorhandenen, wenngleich nur idealen, also nach einem Schatten greift.

§ 309

Mehr oder weniger wünschen wir bei allem, was wir treiben und tun, das Ende heran, sind ungeduldig, fertig zu werden, und froh, fertig zu sein. Bloß das General-Ende, das Ende aller Enden, wünschen wir in der Regel so fern als möglich.

§ 310

Jede Trennung gibt einen Vorgeschmack des Todes – und jedes Wiedersehn einen Vorgeschmack der Auferstehung. – Darum jubeln selbst Leute, die einander gleichgültig waren, so sehr, wann sie nach zwanzig oder gar dreißig Jahren wieder zusammentreffen.

§ 311

Der tiefe Schmerz beim Tode jedes befreundeten Wesens entsteht aus dem Gefühle, daß in jedem Individuo etwas Unaussprechliches, ihm allein Eigenes und daher durchaus *Unwiederbringliches* liegt. Omne individuum ineffabile. [Jedes Einzelwesen ist unergründlich.] Dies gilt selbst vom tierischen Individuo, wo es am lebhaftesten der empfinden wird, welcher zufällig ein geliebtes Tier tödlich verletzt hat und nun seinen Scheideblick empfängt, welches einen herzzerreißenden Schmerz verursacht.

§ 311 a

Es kann kommen, daß wir sogar nach kurzer Zeit den Tod unserer Feinde und Widersacher fast so sehr betrauern als den unserer Freunde – wann wir nämlich sie als Zeugen unserer glänzenden Erfolge vermissen.

§ 312

Daß plötzlich kundgemachte große Glücksfälle leicht tödlich wirken, beruht darauf, daß unsere Glückseligkeit und Unglückseligkeit bloß eine Proportionalzahl ist zwischen unsern Ansprüchen und dem, was uns zuteil wird, und wir demgemäß die Güter, welche wir besitzen oder deren wir zum voraus ganz gewiß sind, nicht als solche empfinden; weil aller Genuß eigentlich nur *negativ* ist, nur schmerzaufhebend wirkt, während hingegen der Schmerz oder das Übel das eigentlich Positive ist und unmittelbar empfunden wird. Mit dem Besitze oder der sicheren Aussicht darauf steigt sogleich der Anspruch und vermehrt unsere Kapazität für ferneren Besitz und weitere Aussicht. Ist hingegen durch anhaltendes Unglück das Gemüt zusammengepreßt und der Anspruch auf ein Minimum herabgeschroben, so finden plötzliche Glücksfälle keine Kapazität zu ihrer Aufnahme darin. Nämlich durch keine vorgefundene[n] Ansprüche neutralisiert, wirken sie jetzt scheinbar positiv und sonach mit ihrer ganzen Macht: dadurch können sie das Gemüt sprengen, d.h. tödlich werden. Daher die bekannte Vorsicht, daß man das zu verkündende Glück erstlich hoffen läßt, in Aussicht stellt und es dann nur teilweise und allmälig bekanntmacht: denn so verliert jeder Teil, indem er durch einen Anspruch antizipiert wurde, die Stärke seiner Wirksamkeit und läßt noch Raum für mehr. Diesem allen zufolge könnte man sagen: unser Magen für Glücksfälle ist zwar bodenlos, aber er hat eine enge Mündung. – Auf plötzliche Unglücksfälle ist das Gesagte nicht geradezu anwendbar; daher, und weil hier die Hoffnung immer noch sich dagegenstemmt, sie bei weitem seltener tödlich wirken. Daß nicht einen analogen Dienst bei Glücksfällen die Furcht leistet, kommt daher, daß wir instinktmäßig mehr zur Hoffnung als zur Besorgnis geneigt sind; wie unsere Augen von selbst sich dem Lichte, nicht der Finsternis zukehren.

§ 313

Hoffnung ist die Verwechselung des Wunsches einer Begebenheit mit ihrer Wahrscheinlichkeit. Aber vielleicht ist
kein Mensch frei von der Narrheit des Herzens, welche dem
Intellekt die richtige Schätzung der Probabilität[1] so sehr
verrückt, daß er eins gegen tausend für einen leicht möglichen Fall hält. Und doch gleicht ein hoffnungsloser Un-
glücksfall einem raschen Todesstreich, hingegen die stets
vereitelte und immer wieder auflebende Hoffnung der
langsam marternden Todesart[F].

Wen die Hoffnung, den hat auch die Furcht verlassen:
dies ist der Sinn des Ausdrucks ›desperat‹. Es ist nämlich
dem Menschen natürlich, zu glauben, was er wünscht, und
es zu glauben, weil er es wünscht. Wenn nun diese wohltätige, lindernde Eigentümlichkeit seiner Natur durch wiederholte sehr harte Schläge des Schicksals ausgerottet und
er sogar umgekehrt dahin gebracht worden ist, zu glauben,
es müsse geschehn, was er nicht wünscht, und könne nimmer geschehn, was er wünscht, eben weil er es wünscht;
so ist dies eigentlich der Zustand, den man Verzweiflung
genannt hat.

§ 314

Daß wir uns so oft in andern irren, ist nicht immer geradezu
Schuld unserer Urteilskraft, sondern entspringt meistens
aus Bacos ›Intellectus luminis sicci non est, sed recipit in-
fusionem a voluntate et affectibus‹ [Der Verstand ist kein
Licht, das trocken (ohne Öl) brennte, sondern er empfängt
Zufluß vom Willen und von den Leidenschaften; ›Novum
organum‹ 1, 49]; indem wir nämlich, ohne es zu wissen,
gleich anfangs durch Kleinigkeiten für oder gegen sie ein-

1. [Wahrscheinlichkeit]
F. Die *Hoffnung* ist ein Zustand, zu welchem unser ganzes Wesen,
nämlich Wille und Intellekt, konkurriert: jener, indem er den Gegenstand derselben wünscht, dieser, indem er ihn als wahrscheinlich berechnet. Je größer der Anteil des letztern Faktors und je kleiner der
des erstern ist, desto besser steht es um die Hoffnung; im umgekehrten Fall desto schlimmer.

genommen sind. Sehr oft liegt es auch daran, daß wir nicht bei den wirklich an ihnen entdeckten Eigenschaften stehnbleiben, sondern von diesen noch auf andere schließen, die wir für unzertrennlich von jenen oder aber für mit ihnen unvereinbar halten: z.B. von wahrgenommener Freigebigkeit schließen wir auf Gerechtigkeit; von Frömmigkeit auf Ehrlichkeit; von lügen auf betrügen; von betrügen auf stehlen u. dgl. mehr, welches vielen Irrtümern die Türe öffnet, infolge teils der Seltsamkeit der menschlichen Charaktere, teils der Einseitigkeit unsers Standpunkts. Zwar ist der Charakter durchweg konsequent und zusammenhängend, aber die Wurzel seiner sämtlichen Eigenschaften liegt zu tief, als daß man aus vereinzelten Datis bestimmen könnte, welche im gegebenen Fall zusammen bestehn können und welche nicht.

§ 315

Unbewußt treffend ist der in allen europäischen Sprachen übliche Gebrauch des Wortes ›*Person*‹ zur Bezeichnung des menschlichen Individuums: denn ›persona‹ bedeutet eigentlich eine Schauspielermaske, und allerdings zeigt keiner sich, wie er ist, sondern jeder trägt eine Maske und spielt eine Rolle. – Überhaupt ist das ganze gesellschaftliche Leben ein fortwährendes Komödienspielen. Dies macht es gehaltvollen Leuten insipid[1], während Plattköpfe sich so recht darin gefallen.

§ 316

Es widerfährt uns wohl, daß wir ausplaudern, was uns auf irgendeine Weise gefährlich werden könnte; nicht aber verläßt unsere Verschwiegenheit uns bei dem, was uns lächerlich machen könnte, weil hier der Ursache die Wirkung auf dem Fuße folgt.

§ 317

Durch erlittenes Unrecht entbrennt im natürlichen Menschen ein heißer Durst nach *Rache*, und oft ist gesagt wor-

1. [abgeschmackt]

den, daß Rache süß sei. Es wird bestätigt durch die vielen
Opfer, welche gebracht werden, bloß um sie zu genießen
und ohne dadurch irgendeinen Schadenersatz zu beabsichtigen. Dem Kentauren Nessos versüßt den bittern Tod das
sichere Vorhersehn einer unter Benutzung seines letzten
Augenblicks überaus klug vorbereiteten Rache, und denselben Gedanken in moderner und plausibler Darstellung
enthält die in drei Sprachen übersetzte Novelle von *Bertolotti* ›Le due sorelle‹. So richtig wie stark drückt die in Rede
stehende menschliche Neigung *Walter Scott* aus: ›Revenge
is the sweetest morsel to the mouth, that ever was cooked
in hell.‹ (Rache ist dem Munde der süßeste Bissen, der je in
der Hölle gekocht worden.) Ich will nun die psychologische
Erklärung der Rachsucht versuchen.

Alles von der Natur oder dem Zufall oder Schicksal auf
uns geworfene Leiden ist ceteris paribus [unter sonst gleichen Umständen] nicht so schmerzlich wie das, welches
fremde Willkür über uns verhängt. Dies rührt daher, daß
wir Natur und Zufall als ursprüngliche Beherrscher der
Welt anerkennen und einsehn, daß, was durch sie uns traf,
ebenso jeden andern getroffen haben würde; weshalb wir
im Leiden aus dieser Quelle mehr das gemeinsame Los der
Menschheit als unser eigenes bejammern. Hingegen hat das
Leiden durch fremde Willkür eine ganz eigentümliche bittere Zugabe zu dem Schmerz oder Schaden selbst, nämlich
das Bewußtsein fremder Überlegenheit, sei es durch Gewalt oder List, bei eigener Ohnmacht dagegen. Den erlittenen Schaden heilt Ersatz, wenn er möglich ist; aber jene
bittere Zugabe, jenes: ›Und das muß ich mir von dir gefallen lassen!‹, welches oft mehr schmerzt als der Schaden selbst,
ist bloß durch Rache zu neutralisieren. Indem wir nämlich
durch Gewalt oder List dem Beeinträchtiger wieder Schaden zufügen, zeigen wir unsere Überlegenheit über ihn und
annullieren dadurch den Beweis der seinigen. Dies gibt dem
Gemüte die Befriedigung, nach der es dürstete. Demgemäß
wird, wo viel Stolz oder Eitelkeit ist, auch viel Rachsucht
sein. Wie aber jeder erfüllte Wunsch sich mehr oder weniger
als Täuschung entschleiert, so auch der nach Rache. Mei-

stens wird der von derselben gehoffte Genuß uns vergällt durch das Mitleid; ja oft wird die genommene Rache nachher das Herz zerreißen und das Gewissen quälen: das Motiv zu derselben wirkt nicht mehr, und der Beweis unserer Bosheit bleibt vor uns stehn.

§ 318

Die Pein des unerfüllten Wunsches ist klein gegen die der *Reue*: denn jene steht vor der stets offenen, unabsehbaren Zukunft, diese vor der unwiderruflich abgeschlossenen Vergangenheit.

§ 319

Geduld (patientia), besonders aber das spanische ›sufrimiento‹ heißt so von *leiden*, ist mithin Passivität, das Gegenteil der Aktivität des Geistes, mit der sie, wo diese groß ist, sich schwer vereinigen läßt. Sie ist die angeborene Tugend der Phlegmatizi, wie auch der Geistesträgen und Geistesarmen und der Weiber. Daß sie dennoch so sehr nützlich und nötig ist, deutet auf eine traurige Beschaffenheit dieser Welt.

§ 320

Das *Geld* ist die menschliche Glückseligkeit in abstracto; daher, wer nicht mehr fähig ist, sie in concreto zu genießen, sein ganzes Herz an dasselbe hängt.

§ 321

Aller *Eigensinn* beruht darauf, daß der Wille sich an die Stelle der Erkenntnis gedrängt hat.

§ 322

Verdrießlichkeit und Melancholie liegen weit auseinander: von der Lustigkeit zur Melancholie ist der Weg viel näher als von der Verdrießlichkeit.

Melancholie zieht an; Verdrießlichkeit stößt ab.

Hypochondrie quält nicht nur mit Verdruß und Ärger ohne Anlaß über gegenwärtige Dinge, nicht nur mit grundloser Angst vor künstlich ausstudierten Unglücksfällen der Zukunft, sondern auch noch mit unverdienten Vorwürfen über unsere eigenen Handlungen in der Vergangenheit.

Die unmittelbarste Wirkung der Hypochondrie ist ein beständiges Suchen und Grübeln, worüber wohl man sich zu ärgern oder zu ängstigen hätte. Die *Ursache* ist ein innerer krankhafter Unmut, dazu oft eine aus dem Temperament hervorgehende innere Unruhe: wenn beide den höchsten Grad erreichen, führen sie zum Selbstmord.

§ 323

Zur näheren Erläuterung des oben § 114 [S. 253] angeführten Juvenalischen Verses:

> Quantulacunque adeo est occasio, sufficit irae

möge folgendes dienen.

Der *Zorn* schafft sogleich ein Blendwerk, welches in einer monstrosen Vergrößerung und Verzerrung seines Anlasses besteht. Dieses Blendwerk erhöht nun selbst wieder den Zorn und wird darauf durch diesen erhöhten Zorn selbst abermals vergrößert. So steigert sich fortwährend die gegenseitige Wirkung, bis der furor brevis [kurze Wutanfall; Horaz, ›Epistulae‹ 1, 2, 62] daist.

Diesem vorzubeugen, sollten lebhafte Personen, sobald sie anfangen, sich zu ärgern, es über sich zu gewinnen suchen, daß sie die Sache für jetzt sich aus dem Sinne schlügen: denn dieselbe wird, wenn sie nach einer Stunde darauf zurückkommen, ihnen schon lange nicht so arg und bald vielleicht unbedeutend erscheinen.

§ 324

Haß ist Sache des Herzens, *Verachtung* des Kopfs. Das Ich hat keines von beiden in seiner Gewalt: denn sein Herz ist unveränderlich und wird durch Motive bewegt, und sein

Kopf urteilt nach unwandelbaren Regeln und objektiven Datis. Das Ich ist bloß die Verknüpfung dieses Herzens mit diesem Kopfe, das ζεῦγμα [Joch].

Haß und Verachtung stehn in entschiedenem Antagonismus und schließen einander aus. Sogar hat mancher Haß keine andere Quelle als die Hochachtung, welche fremde Vorzüge erzwingen. Und andererseits, wenn man alle erbärmlichen Wichte hassen wollte, da hätte man viel zu tun: verachten kann man sie mit größter Bequemlichkeit samt und sonders. Die wahre, echte Verachtung, welche die Kehrseite des wahren, echten Stolzes ist, bleibt ganz heimlich und läßt nichts von sich merken. Denn wer die Verachtung merken läßt, gibt schon dadurch ein Zeichen einiger Achtung, sofern er dem andern wissen lassen will, wie wenig er ihn schätze, wodurch er Haß verrät, der die Verachtung ausschließt und nur affektiert. Die echte Verachtung hingegen ist reine Überzeugung vom Unwert des andern und mit Nachsicht und Schonung vereinbar, mittelst welcher man eigener Ruhe und Sicherheit halber den Verachteten zu reizen vermeidet; da jeder schaden kann. Kommt dennoch einmal diese reine, kalte, aufrichtige Verachtung zum Vorschein, so wird sie durch den blutigsten Haß erwidert; weil sie mit Gleichem zu erwidern nicht in der Macht des Verachteten steht.

§ 324 a

Jeder uns in irgendeinen unangenehmen Affekt versetzende Vorfall wird, auch wenn er sehr unbedeutend ist, eine Nachwirkung in unserm Geist zurücklassen, die, solange sie dauert, der klaren objektiven Auffassung der Dinge und Umstände hinderlich ist, ja alle unsre Gedanken tingiert[1], wie ein sehr kleines Objekt, nahe vor das Auge gebracht, unser Gesichtsfeld beschränkt und verzerrt.

---

1. [einfärbt]

§ 325

Was die Menschen *hartherzig* macht, ist dieses, daß jeder an seinen eigenen Plagen genug zu tragen hat oder doch es meint. Daher macht ein ungewohnter glücklicher Zustand die meisten teilnehmend und wohltätig. Aber ein anhaltender, stets dagewesener wirkt oft umgekehrt, indem er sie dem Leiden so sehr entfremdet, daß sie nicht mehr daran teilnehmen können: daher kommt es, daß bisweilen die Armen sich hülfreicher erweisen als die Reichen.

Was hingegen die Menschen so sehr *neugierig* macht, wie wir an ihrem Gucken und Spionieren nach dem Treiben andrer sehn, ist der dem Leiden entgegengesetzte Pol des Lebens, die Langeweile – wiewohl auch oft der Neid dabei mitwirkt.

§ 326

Wer seine eigene aufrichtige Gesinnung gegen eine Person belauschen will, gebe acht auf den Eindruck, den ein unerwarteter Brief, durch die Post, von ihr bei seinem ersten Anblicke macht.

§ 327

Bisweilen scheint es, daß wir etwas zugleich wollen und nicht wollen und demgemäß über dieselbe Begebenheit uns zugleich freuen und betrüben. Wenn wir z.B. in irgendeiner Art oder Angelegenheit eine entscheidende Probe zu bestehn haben, worin obgesiegt zu haben uns sehr viel wert sein wird; so wünschen und fürchten wir zugleich den Zeitpunkt dieser Prüfung. Erfahren wir, indem wir ihn jetzt erwarten, er sei für diesmal hinausgeschoben; so wird uns dies zugleich erfreuen und betrüben: denn es ist gegen unsre Absicht, gibt uns jedoch augenblickliche Erleichterung – ebenso, wann wir einen wichtigen, entscheidenden Brief erwarten und er ausbleibt.

In solchen Fällen wirken eigentlich zwei verschiedene Motive auf uns: ein stärkeres, aber ferner liegendes – der Wunsch, die Probe zu bestehn, die Entscheidung zu erhalten; und ein schwächeres, aber näher liegendes – der Wunsch, für jetzt in Ruhe und ungehudelt und dabei im ferneren Genusse des Vorzugs, welchen der Zustand hoffender Ungewißheit wenigstens vor dem doch möglichen unglücklichen Ausgang hat, vorderhand zu bleiben. Sonach geschieht hier im Moralischen das, was im Physischen, wann in unserm Gesichtskreis ein kleinerer, aber näherer Gegenstand den größeren, aber entfernteren bedeckt.

§ 328

Die *Vernunft* verdient auch ein *Prophet* zu heißen – hält sie uns doch das Zukünftige vor, nämlich als dereinstige Folge und Wirkung unsers gegenwärtigen Tuns. Dadurch eben ist sie geeignet, uns im Zaum zu halten, wann Begierden der Wollust oder Aufwallungen des Zorns oder Gelüste der Habsucht uns verleiten wollen zu dem, was künftig bereut werden müßte.

§ 329

Der Verlauf und die Begebenheiten unsers individuellen Lebens sind hinsichtlich ihres wahren Sinnes und Zusammenhanges den gröbern Werken in Musaik zu vergleichen. Solange man dicht vor diesen steht, erkennt man nicht recht die dargestellten Gegenstände und wird weder ihre Bedeutsamkeit noch Schönheit gewahr: erst in einiger Entfernung treten beide hervor. Ebenso nun versteht man den wahren Zusammenhang wichtiger Vorgänge im eigenen Leben oft nicht während ihres Verlaufs noch bald darauf, sondern erst geraume Zeit nachher[F].

Ist es so, weil wir der vergrößernden Brille der Phantasie bedürfen – oder weil erst aus der Ferne das Ganze sich übersehn läßt – oder weil die Leidenschaften abgekühlt sein müssen – oder weil erst die Schule der Erfahrung uns zum

---

F. Wir erkennen nicht leicht *das Bedeutsame* der Vorgänge und Personen in der Gegenwart: erst wenn sie in der Vergangenheit liegen, treten sie, von der Erinnerung, Erzählung, Darstellung gehoben, hervor in ihrer Bedeutsamkeit.

Urteilen reif macht? – Vielleicht alles dieses zusammen; gewiß aber ist, daß oft über die Handlungen der andern, bisweilen sogar über unsere eigenen erst nach vielen Jahren das rechte Licht uns aufgeht. – Und wie im eigenen Leben, so ist es auch in der Geschichte.

§ 330

Mit den menschlichen Glückszuständen verhält es sich meistens wie mit gewissen Baumgruppen, welche, von ferne gesehn, sich wunderschön ausnehmen: geht man aber hinan und hinein, so verschwindet diese Schönheit – man weiß nicht, wo sie geblieben ist, und steht eben zwischen Bäumen. Darauf beruht es, daß wir so oft die Lage des andern beneiden.

§ 331

Warum trotz allen Spiegeln weiß man eigentlich nicht, wie man aussieht, und kann daher nicht die eigene Person wie die jedes Bekannten der Phantasie vergegenwärtigen? Eine Schwierigkeit, welche dem Γνῶθι σαυτόν[1] [Erkenne dich selbst] schon beim ersten Schritte entgegensteht.

Ohne Zweifel liegt es zum Teil daran, daß man im Spiegel sich nie anders als mit gerade zugewendetem und unbeweglichem Blicke sieht, wodurch das so bedeutsame Spiel der Augen, mit ihm aber das eigentlich Charakteristische des Blickes großenteils verlorengeht. Neben dieser physischen Unmöglichkeit scheint aber noch eine ihr analoge ethische mitzuwirken. Man vermag nicht auf sein eigenes Bild im Spiegel den *Blick der Entfremdung* zu werfen, welcher die Bedingung der *Objektivität* der Auffassung desselben ist; weil nämlich dieser Blick zuletzt auf dem moralischen Egoismus mit seinem tiefgefühlten *Nicht-Ich*, beruht (vgl. ›Grundprobleme der Ethik‹ S. 275 [Bd. 3, S. 808 f.]), als welche erfordert sind, um alle Mängel rein objektiv und ohne Abzug wahrzunehmen, wodurch allererst das Bild sich treu und

1. [Inschrift des Apollontempels zu Delphi, dem Chilon von Lakedaimon zugeschrieben.]

wahr darstellt. Statt dessen nämlich flüstert beim Anblicke der eigenen Person im Spiegel eben jener Egoismus uns allezeit ein vorkehrendes ›Es ist kein Nicht-Ich, sondern Ich‹ zu, welches als ein ›Noli me tangere‹ wirkt und die rein objektive Auffassung verhindert, welche nämlich ohne das Ferment eines Grans Malice[1] nicht zustande kommen zu können scheint.

§ 332

Welche Kräfte zum Leiden und Tun jeder in sich trägt, weiß er nicht, bis ein Anlaß sie in Tätigkeit setzt – wie man dem im Teiche ruhenden Wasser mit glattem Spiegel nicht ansieht, mit welchem Toben und Brausen es vom Felsen unversehrt herabzustürzen oder wie hoch es als Springbrunnen sich zu erheben fähig ist – oder auch, wie man die im eiskalten Wasser latente Wärme nicht ahndet.

§ 333

Das bewußtlose Dasein hat nur für andre Wesen, in deren Bewußtsein es sich darstellt, Realität: die *unmittelbare* Realität ist durch eigenes Bewußtsein bedingt. Also liegt auch das individuelle reale Dasein des Menschen zunächst in seinem *Bewußtsein*. Dieses nun aber ist als solches notwendig ein vorstellendes, also bedingt durch den Intellekt und durch die Sphäre und den Stoff der Tätigkeit desselben. Demnach können die Grade der Deutlichkeit des Bewußtseins, mithin der Besonnenheit angesehn werden als die Grade der *Realität des Daseins*. Nun aber sind im Menschengeschlechte selbst diese Grade der Besonnenheit oder des deutlichen Bewußtseins eigener und fremder Existenz gar vielfach abgestuft, nach Maßgabe der natürlichen Geisteskräfte, der Ausbildung derselben und der Muße zum Nachdenken.

Was nun die eigentliche und ursprüngliche Verschiedenheit der Geisteskräfte betrifft, so läßt eine Vergleichung derselben sich nicht wohl anstellen, solange man nicht die einzelnen betrachtet, sondern bei dem Allgemeinen bleibt; weil

1. [Bosheit]

diese Verschiedenheit nicht von weitem übersehbar und
nicht so leicht auch äußerlich kenntlich ist wie die Unterschiede der Bildung, Muße und Beschäftigung. Aber auch
nur nach diesen gehend, muß man eingestehn, daß mancher
Mensch einen wenigstens zehnfach höhern *Grad des Daseins*
hat als der andere – zehnmal so sehr *daist*.

Ich will hier nicht von Wilden reden, deren Leben oft nur
eine Stufe über dem der Affen auf ihren Bäumen steht; sondern man betrachte etwan einen Lastträger zu Neapel oder
zu Venedig (im Norden macht die Sorge für den Winter den
Menschen schon überlegter und dadurch besonnener) und
überblicke seinen Lebenslauf vom Anbeginn bis zum Ende.
Getrieben von der Not, getragen durch die eigene Kraft,
dem Bedürfnis des Tages, ja der Stunde abhelfend durch die
Arbeit, viel Anstrengung, steter Tumult, manche Not, keine
Sorge auf morgen, erquickliche Ruhe nach der Erschöpfung,
viel Zank mit andern, keinen Augenblick Zeit zum Bedenken, sinnliches Behagen im milden Klima und bei erträglicher Speise, dazu endlich als metaphysisches Element etwas
krassen Aberglauben aus der Kirche – im ganzen also ein
ziemlich dumpf bewußtes Treiben oder vielmehr Getrie-
bensein. Dieser unruhige und konfuse Traum macht das Leben vieler Millionen Menschen aus. Sie *erkennen* durchaus
nur zum Behuf ihres gegenwärtigen *Wollens*: sie besinnen
sich nicht über den Zusammenhang *in* ihrem Dasein, geschweige über den des Daseins selbst: gewissermaßen sind
sie da, ohne es recht gewahr zu werden. Demnach steht das
Dasein des besinnungslos dahinlebenden Proletariers oder
Sklaven dem des Tieres, welches ganz auf die Gegenwart
beschränkt ist, schon bedeutend näher als das unserige, ist
aber eben darum auch weniger qualvoll. Ja weil aller Genuß
seiner Natur nach *negativ* ist, d.h. in Befreiung von einer
Not oder Pein besteht; so ist die unablässige und schnelle
Abwechselung gegenwärtiger Beschwerde mit ihrer Erledi-
gung, welche die Arbeit des Proletariers beständig begleitet
und dann verstärkt eintritt beim endlichen Umtausch der
Arbeit gegen die Ruhe und die Befriedigung seiner Bedürfnisse, eine stete Quelle des Genusses, von deren Ergiebigkeit

die so sehr viel häufigere Heiterkeit auf den Gesichtern der Armen als der Reichen sicheres Zeugnis ablegt.

Nunmehr aber betrachte man darauf den vernünftigen, besonnenen Kaufmann, der sein Leben spekulierend zubringt, sehr überlegte Pläne behutsam ausführt, sein Haus gründet, Weib, Kind und Nachkommen versorgt, auch am gemeinen Wesen tätig teilnimmt. Offenbar ist dieser mit sehr viel mehr Bewußtsein da als jener erstere, d. h. sein Dasein hat einen höhern Grad von Realität.

Sodann sehe man den Gelehrten, der etwan die Geschichte der Vergangenheit erforscht. Dieser wird sich schon des Daseins im Ganzen bewußt über die Zeit seiner Existenz hinaus, über seine Person hinaus: er überdenkt den Weltlauf.

Nun endlich den Poeten oder gar den Philosophen, bei dem die Besonnenheit den Grad erreicht hat, daß er – nicht gereizt, irgendein besonderes Phänomen im Dasein zu erforschen – vor dem *Dasein selbst*, vor dieser großen Sphinx verwundert stehn bleibt und es zu seinem Probleme macht. Das Bewußtsein hat sich in ihm zu dem Grade der Deutlichkeit gesteigert, daß es zum Weltbewußtsein geworden ist, wodurch die Vorstellung in ihm außer aller Beziehung zum Dienste seines Willens getreten ist und jetzt ihm eine Welt vorhält, welche ihn viel mehr zur Untersuchung und Betrachtung als zur Teilnahme an ihrem Treiben auffordert. – Sind nun die Grade des Bewußtseins die Grade der Realität – so wird, wenn wir einen solchen Mann das ›allerrealste Wesen‹ nennen, die Phrase Sinn und Bedeutung haben.

Zwischen den hier skizzierten Extremen, nebst Zwischenpunkten, wird jedem seine Stelle sich nachweisen lassen.

§ 334

Der Ovidische Vers:

Pronaque cum spectent animalia cetera terram
[Während die Tiere gebeugt das Angesicht wenden zur Erde;
›Metamorphoses‹, 1, 84]

gilt zwar im eigentlichen und physischen Sinne nur von den
Tieren, allein im figürlichen und geistigen Sinne leider auch
von den allermeisten Menschen. Ihr Sinnen, Denken und
Trachten geht gänzlich auf im Streben nach physischem Genuß und Wohlsein oder doch im persönlichen Interesse, dessen Sphäre zwar oft vielerlei begreift, welches alles jedoch
zuletzt nur durch die Beziehung auf jenes erstere seine
Wichtigkeit erhält: darüber aber hinaus geht es nicht. Hievon zeugt nicht allein ihre Lebensweise und ihr Gespräch,
sondern sogar schon ihr bloßer Anblick, ihre Physiognomien
und deren Ausdruck, ihr Gang, ihre Gestikulation: alles an
ihnen ruft: ›In terram prona!‹ [Zur Erde gebeugt; vgl. Sallust, ›Catilina‹ cap. 1.] – Nicht von ihnen demnach, sondern
allein von den edleren und höherbegabten Naturen, den
denkenden und wirklich um sich schauenden Menschen, die
nur als Ausnahmen unter dem Geschlechte vorkommen,
gelten die darauffolgenden Verse:

Os homini sublime dedit, caelumque tueri
Iussit, et erectos ad sidera tollere vultus.
[Gab er dem Menschen allein ein erhabenes Antlitz und
                                                    hieß ihn
Aufzuschaun mit erhobenem Blick zu den Sternen des
                                                    Himmels.
                        Ovid, ›Metamorphoses‹ 1, 85 f.]

§ 335

Warum ist ›gemein‹ ein Ausdruck der Verachtung – ›ungemein, außerordentlich, ausgezeichnet‹ des Beifalls? Warum
ist alles Gemeine verächtlich?

›Gemein‹ bedeutet ursprünglich, was allen, d. h. der ganzen
Spezies eigen und gemeinsam, also mit der Spezies schon gesetzt ist. Demnach ist, wer weiter keine Eigenschaften als die
der Menschenspezies überhaupt hat, ein *gemeiner Mensch*.
›Gewöhnlicher Mensch‹ ist ein viel gelinderer und mehr auf
das Intellektuelle gerichteter Ausdruck, während jener erstere mehr auf das Moralische geht.

Welchen Wert kann denn auch wohl ein Wesen haben, welches nichts ist als eben Millionen seinesgleichen? Millionen? Vielmehr eine Unendlichkeit, eine endlose Zahl von Wesen, welche die Natur aus unerschöpflicher Quelle unaufhörlich hervorsprudelt, ›in saecula saeculorum‹ [für die kommenden Jahrhunderte], so freigebig damit wie der Schmied mit den umhersprühenden Eisenschlacken.

Sogar wird es fühlbar, daß gerechterweise ein Wesen, welches keine andern Eigenschaften als eben nur die der Spezies hat, auch auf kein anderes Dasein Anspruch machen darf als auf das in der Spezies und durch dieselbe.

Ich habe mehrmals (z.B. ›Grundprobleme der Ethik‹ S. 50 [Bd. 3, S. 568], ›Welt als Wille und Vorstellung‹ Bd. 1, S. 338 [Bd. 1, S. 411]) erörtert, daß, während die Tiere nur Gattungscharakter haben, dem Menschen allein der eigentliche Individualcharakter zukommt. Jedoch ist in den meisten nur wenig wirklich Individuelles: sie lassen sich fast gänzlich nach Klassen sortieren. Ce sont des espèces. [Es sind Stückproben.] Ihr Wollen und Denken, wie ihre Physiognomien, ist das der ganzen Spezies, allenfalls der Klasse von Menschen, der sie angehören, und ist eben darum trivial, alltäglich, gemein, tausendmal vorhanden. Auch läßt meistens ihr Reden und Tun sich ziemlich genau vorhersagen. Sie haben kein eigentümliches Gepräge: sie sind Fabrikware.

Sollte denn nicht, wie ihr Wesen, so auch ihr Dasein in dem der Spezies aufgehn? Der Fluch der Gemeinheit stellt den Menschen dem Tiere darin nahe, daß er ihm Wesen und Dasein nur in der Spezies zugesteht.

Von selbst aber versteht sich, daß jedes Hohe, Große, Edele seiner Natur zufolge isoliert dastehn wird in einer Welt, wo man das Niedrige und Verwerfliche zu bezeichnen keinen bessern Ausdruck finden konnte als den, der das in der Regel Vorhandene besagt: ›gemein‹.

§ 336

Der *Wille*, als das Ding an sich, ist der gemeinsame Stoff aller Wesen, das durchgängige Element der Dinge: wir haben ihn sonach mit allen und jedem Menschen, ja mit den Tieren und sogar noch weiter abwärts gemein. In ihm als solchem sind wir sonach jedem gleich, sofern alles und jedes vom Willen erfüllt ist und davon strotzt. Dagegen ist das, was Wesen über Wesen, Mensch über Mensch erhebt, die Erkenntnis. Deshalb sollten unsere Äußerungen soviel als möglich sich auf sie beschränken, und nur sie sollte hervortreten. Denn der *Wille* als das durchaus Gemeinsame ist eben auch *das Gemeine*. Demgemäß ist jedes heftige Hervortreten desselben *gemein*, d.h. es setzt uns herab zu einem bloßen Beispiele und Exemplare der Gattung: denn wir zeigen alsdann eben nur den Charakter derselben. Gemein daher ist aller Zorn, unbändige Freude, aller Haß, alle Furcht, kurz: jeder Affekt, d.h. jede Bewegung des Willens, wann sie so stark wird, daß sie im Bewußtsein das Erkennen entschieden überwiegt und den Menschen mehr als ein wollendes denn als ein erkennendes Wesen erscheinen läßt. Einem solchen Affekte hingegeben, wird das größte Genie dem gemeinsten Erdensohne gleich. Wer hingegen schlechthin ungemein, also groß sein will, darf nie die überwiegenden Bewegungen des Willens sein Bewußtsein ganz einnehmen lassen, wie sehr auch er dazu sollizitiert[1] werde. Er muß z.B. die gehässige Gesinnung der andern wahrnehmen können, ohne die seinige dadurch erregt zu fühlen: ja es gibt kein sichereres Merkmal der Größe, als kränkende oder beleidigende Äußerungen unbeachtet hingehn zu lassen, indem man sie eben wie unzählige andere Irrtümer der schwachen Erkenntnis des Redenden ohne weiteres zuschreibt und daher sie bloß wahrnimmt, ohne sie zu empfinden. Hieraus ist auch zu verstehn, was *Gracian* [›Oráculo manual‹ 289] sagt: ›Nichts steht einem Manne übler an, als merken zu lassen, daß er ein Mensch sei.‹ (El mayor desdoro de un hombre es dar muestras de que es hombre.)

Dem Gesagten gemäß hat man seinen Willen zu verbergen, eben wie seine Genitalien, obgleich beide die Wurzel unsers Wesens sind; und soll man bloß die Erkenntnis sehn lassen, wie sein Antlitz: bei Strafe gemein zu werden.

1. [gereizt]

Selbst im Drama, dessen Thema die Leidenschaften und Affekte ganz eigentlich sind, erscheinen diese dennoch leicht gemein; wie dies besonders an den französischen Tragikern bemerklich wird, als welche sich kein höheres Ziel als eben Darstellung der Leidenschaften gesteckt haben und nun bald hinter ein sich blähendes, lächerliches Pathos, bald hinter epigrammatische Spitzreden die Gemeinheit der Sache zu verstecken suchen. Die berühmte Demoiselle Rachel als Maria Stuart erinnerte mich in ihrem Losbrechen gegen die Elisabeth, so vortrefflich sie es auch machte, doch an ein Fischweib. Auch verlor in ihrer Darstellung die letzte Abschiedsszene alles Erhebende, d.i. alles wahrhaft Tragische, als wovon die Franzosen gar keinen Begriff haben. Ohne allen Vergleich besser spielte dieselbe Rolle die Italienerin Ristori, wie denn Italiener und Deutsche trotz großer Verschiedenheit in vielen Stücken doch übereinstimmen im Gefühl für das *Innige*, Ernste und Wahre in der Kunst und dadurch in Gegensatz treten zu den Franzosen, welchen jenes Gefühl ganz abgeht, was sich überall verrät. Das Edle, d.i. das Ungemeine, ja das Erhabene wird auch in das Drama allererst durch das Erkennen im Gegensatz des Wollens hineingebracht, indem dasselbe über allen jenen Bewegungen des Willens frei schwebt und sie sogar zum Stoffe seiner Betrachtungen macht, wie dies besonders Shakespeare durchgängig sehn läßt, zumal aber im ›Hamlet‹. Steigert nun gar die Erkenntnis sich zu dem Punkte, wo ihr die Nichtigkeit alles Wollens und Strebens aufgeht und infolge davon der Wille sich selbst aufhebt; dann erst wird das Drama eigentlich tragisch, mithin wahrhaft erhaben und erreicht seinen höchsten Zweck.

§ 337

Je nachdem die Energie des Intellekts angespannt oder erschlafft ist, erscheint ihm das Leben so kurz, so klein, so flüchtig, daß nichts darin Vorkommendes wert sein könne, uns zu bewegen, sondern alles unerheblich bleibt – auch der Genuß, der Reichtum und sogar der Ruhm; so sehr, daß, was immer einer auch verfehlt haben möge, es nicht möglich ist, daß er daran viel verloren habe – oder aber umgekehrt, dem Intellekt erscheint das Leben so lang, so wichtig, so alles in allem, so inhaltsschwer und so schwierig, daß wir danach mit ganzer Seele uns auf dasselbe werfen, um seiner Güter teilhaft zu werden, seiner Kampfpreise uns zu versichern und unsere Pläne durchzusetzen. Diese letztere Lebensansicht ist die immanente: sie ist es, welche *Gracian* meint mit dem Ausdruck: ›tomar muy de veras el vivir‹ (es gar ernstlich mit dem Leben nehmen); für die erstere hingegen, die transzendente, ist das Ovidische ›Non est tanti‹ [Es ist nicht so wichtig; ›Metamorphoses‹ 6, 386] ein guter Ausdruck und ein noch besserer der des Platon: Οὔτε τι τῶν ἀνθρωπίνων ἄξιόν ἐστι μεγάλης σπουδῆς. (Nihil in rebus humanis magno studio dignum est.) [Auch ist keine menschliche Angelegenheit wert, daß man sich sehr darum bemüht; ›Res publica‹ 10, 6, p. 604 B/C.]

Die erstere Stimmung geht eigentlich daraus hervor, daß im Bewußtsein das *Erkennen* das Übergewicht erhalten hat, wo es alsdann, vom bloßen Dienste des *Willens* sich losmachend, das Phänomen des Lebens objektiv auffaßt und nunmehr nicht verfehlen kann, die Nichtigkeit und Futilität[1] desselben deutlich einzusehn. In der andern Stimmung hingegen herrscht das *Wollen* vor, und das Erkennen ist bloß da, die Objekte des Wollens zu beleuchten und die Wege zu denselben aufzuhellen. – Der Mensch ist groß oder klein, je nach dem Vorherrschen der einen oder der andern Lebensansicht.

§ 338

Jeder hält das Ende seines Gesichtskreises für das der Welt: dies ist im Intellektuellen so unvermeidlich wie im physischen Sehn der Schein, daß am Horizont der Himmel die Erde berühre. Darauf aber beruht unter anderm auch dies, daß jeder uns mit seinem Maßstabe mißt, der meistens eine bloße Schneiderelle ist, und wir uns solches gefallen lassen müssen; wie auch, daß jeder seine Kleinheit uns andichtet, welche Fiktion ein für allemal zugestanden ist.

1. [Seichtigkeit]

§ 339

Es gibt einige Begriffe, die sehr selten mit Klarheit und Bestimmtheit in irgendeinem Kopfe vorhanden sind, sondern ihr Dasein bloß durch ihren Namen fristen, der dann eigentlich nur die Stelle so eines Begriffs bezeichnet, ohne den sie jedoch ganz verlorengehn würden. Der Art ist z. B. der Begriff der *Weisheit*. Wie vage ist er in fast allen Köpfen! Man sehe die Erklärungen der Philosophen.

›*Weisheit*‹ scheint mir nicht bloß theoretische, sondern auch praktische Vollkommenheit zu bezeichnen. Ich würde sie definieren als die vollendete, richtige Erkenntnis der Dinge im Ganzen und Allgemeinen, die den Menschen so völlig durchdrungen hat, daß sie nun auch in seinem Handeln hervortritt, indem sie sein Tun überall leitet.

§ 340

Alles Ursprüngliche und daher alles Echte im Menschen wirkt als solches wie die Naturkräfte *unbewußt*. Was durch das Bewußtsein hindurchgegangen ist, wurde eben damit zu einer Vorstellung: folglich ist die Äußerung desselben gewissermaßen Mitteilung einer Vorstellung. Demnach nun sind alle echten und probehaltigen Eigenschaften des Charakters und des Geistes ursprünglich unbewußte, und nur als solche machen sie tiefen Eindruck. Alles Bewußte der Art ist schon nachgebessert und ist absichtlich, geht daher schon über in Affektation, d. i. Trug. Was der Mensch unbewußt leistet, kostet ihm keine Mühe, läßt aber auch durch keine Mühe sich ersetzen: dieser Art ist das Entstehn ursprünglicher Konzeptionen, wie sie allen echten Leistungen zum Grunde liegen und den Kern derselben ausmachen. Darum ist nur das Angeborene echt und stichhaltig, und jeder, der etwas leisten will, muß in jeder Sache, im Handeln, im Schreiben, im Bilden, *die Regeln befolgen, ohne sie zu kennen*.

§ 341

Zuverlässig verdankt mancher das Glück seines Lebens bloß
dem Umstande, daß er ein angenehmes Lächeln besitzt, womit er die Herzen gewinnt. – Jedoch täten die Herzen besser, sich in acht zu nehmen und aus Hamlets Gedächtnis-
tafel [1, 5] zu wissen, ›that one may smile, and smile, and
be a villain‹ (daß einer lächeln und lächeln kann und ein
Schurke sein).

§ 342

Leute von großen und glänzenden Eigenschaften machen
sich wenig daraus, ihre Fehler und Schwächen einzugestehn oder sehn zu lassen. Sie betrachten solche als etwas,
dafür sie bezahlt haben, oder denken wohl gar, daß eher
noch, als diese Schwächen ihnen Schande, sie den Schwächen
Ehre machen werden. Besonders aber wird dies der Fall
sein, wenn es Fehler sind, die gerade mit ihren großen
Eigenschaften zusammenhängen als conditiones sine quibus non [als unerläßliche Bedingungen], gemäß dem schon
oben [S. 214] angeführten Ausdruck der *George Sand*: ›Chacun a les défauts de ses vertus.‹

Dagegen gibt es Leute von gutem Charakter und untadel-
haftem Kopfe, die ihre wenigen und geringen Schwächen nie
eingestehn, vielmehr sie sorgfältig verbergen, auch sehr empfindlich gegen jede Andeutung derselben sind: eben weil ihr
ganzes Verdienst in der Abwesenheit von Fehlern und Gebrechen besteht, daher es durch jeden zutage kommenden
Fehler geradezu geschmälert wird.

§ 343

Bescheidenheit bei mittelmäßigen Fähigkeiten ist bloße Ehrlichkeit, bei großen Talenten ist sie Heuchelei. Darum ist
diesen offen ausgesprochenes Selbstgefühl und unverhohle-
nes Bewußtsein ungewöhnlicher Kräfte geradeso wohlanständig als jenen ihre Bescheidenheit: hievon liefert sehr
artige Beispiele Valerius Maximus [›Factorum et dictorum
memorabilium libri‹] im Kapitel ›De fiducia sui‹.

§ 344

Sogar an *Abrichtungsfähigkeit* übertrifft der Mensch alle Tiere. Die Moslem sind abgerichtet, fünfmal des Tages, das Gesicht gegen Mekka gerichtet, zu beten: tun es unverbrüchlich. Christen sind abgerichtet, bei gewissen Gelegenheiten ein Kreuz zu schlagen, sich zu verneigen u. dgl.; wie denn überhaupt die Religion das rechte Meisterstück der Abrichtung ist, nämlich die Abrichtung der Denkfähigkeit; daher man bekanntlich nicht früh genug damit anfangen kann. Es gibt keine Absurdität, die so handgreiflich wäre, daß man sie nicht allen Menschen fest in den Kopf setzen könnte, wenn man nur schon vor ihrem sechsten Jahre anfinge, sie ihnen einzuprägen, indem man unablässig und mit feierlichstem Ernst sie ihnen vorsagte. Denn wie die Abrichtung der Tiere, so gelingt auch die des Menschen nur in früher Jugend vollkommen.

Edelleute sind abgerichtet, kein anderes als ihr Ehrenwort heilig zu halten, an den fratzenhaften Kodex der ritterlichen Ehre ganz ernsthaft, steif und fest zu glauben, ihn erforderlichenfalls mit ihrem Tode zu besiegeln und den König wirklich als ein Wesen höherer Art anzusehn. – Unsere Höflichkeitsbezeugungen und Komplimente, besonders die respektvollen Attentions[1] gegen die Damen beruhen auf Abrichtung: unsere Achtung vor Geburt, Stand und Titel desgleichen, ebenso unser abgemessen stufenweises Übelnehmen gegen uns gerichteter Äußerungen: Engländer sind abgerichtet, den Vorwurf, daß sie keine Gentlemen seien, noch mehr aber den der Lüge, Franzosen den der Feigheit (lâche), Deutsche den der Dummheit für ein todeswürdiges Verbrechen zu halten, usw. – Viele Leute sind zu einer unverbrüchlichen Ehrlichkeit in *einer* Art abgerichtet, während sie in allen übrigen wenig davon aufzuweisen haben. So stiehlt mancher kein Geld, aber alles unmittelbar Genießbare. Mancher Kaufmann betrügt ohne Skrupel, aber stehlen würde er schlechterdings nicht.

1. [Aufmerksamkeiten]

§ 344 a

Der Arzt sieht den Menschen in seiner ganzen Schwäche,
der Jurist in seiner ganzen Schlechtigkeit, der Theolog in
seiner ganzen Dummheit.

§ 345

In meinem Kopfe gibt es eine stehende Oppositionspartei,
die gegen alles, was ich, wenn auch mit reiflicher Überlegung, getan oder beschlossen habe, nachträglich polemisiert, ohne jedoch darum jedesmal recht zu haben. Sie ist
wohl nur eine Form des berichtigenden Prüfungsgeistes,
macht mir aber oft unverdiente Vorwürfe. Ich vermute, daß
es manchem andern auch so geht: denn wer muß nicht zu
sich sagen:
    ... quid tam dextro pede concipis, ut te
Conatus non paeniteat, votique peracti?
    [... was hast du mit solchem Geschicke begonnen,
Daß dich nicht sollte gereuen der Versuch und des Wun-
                                        sches Gelingen?
                            Juvenal, ›Saturae‹ 10, 5]

§ 346

Viel *Einbildungskraft* hat der, dessen *anschauende Gehirntätigkeit* stark genug ist, nicht jedesmal der Erregung der Sinne
zu bedürfen, um in Aktivität zu geraten.

Dementsprechend ist die Einbildungskraft um so tätiger,
je weniger äußere Anschauung uns durch die Sinne zugeführt wird. Lange Einsamkeit im Gefängnis oder in der
Krankenstube, Stille, Dämmerung, Dunkelheit sind ihrer
Tätigkeit förderlich; unter dem Einfluß derselben beginnt
sie unaufgefordert ihr Spiel. Umgekehrt, wann der Anschauung viel realer Stoff von außen gegeben wird wie auf Reisen,
im Weltgetümmel, am hellen Mittage; dann feiert die Einbildungskraft und gerät, selbst aufgefordert, nicht in Tätigkeit: sie sieht, daß es nicht ihre Zeit ist.

Dennoch muß die Einbildungskraft, um sich fruchtbar zu
erweisen, vielen Stoff von der Außenwelt empfangen haben;

denn diese allein füllt ihre Vorratskammer. Aber es ist mit der Nahrung der Phantasie wie mit der des Leibes: wann diesem soeben von außen viel Nahrung zugeführt worden, die er zu verdauen hat, dann ist er gerade am untüchtigsten zu jeder Leistung und feiert gern – und doch ist es eben diese Nahrung, der er alle Kräfte verdankt, welche er nachher zur rechten Zeit äußert.

§ 347

Die *Meinung* befolgt das Gesetz der Pendelschwingung: ist sie auf einer Seite über den Schwerpunkt hinausgewichen, so muß sie es danach ebensoweit auf der andern. Erst mit der Zeit findet sie den rechten Ruhepunkt und steht fest.

§ 348

Wie im Raum die Entfernung alles verkleinert, indem sie es zusammenzieht, wodurch dessen Fehler und Übelstände verschwinden, weshalb auch in einem Verkleinerungsspiegel oder in der Camera obscura sich alles viel schöner als in der Wirklichkeit darstellt – ebenso wirkt in der Zeit die Vergangenheit: die weit zurückliegenden Szenen und Vorgänge, nebst agierenden Personen, nehmen sich in der Erinnerung, als welche alles Unwesentliche und Störende fallenläßt, allerliebst aus. Die Gegenwart, solchen Vorteils entbehrend, steht stets mangelhaft da.

Und wie im Raume kleine Gegenstände sich in der Nähe groß darstellen, wenn sehr nahe, sogar unser ganzes Gesichtsfeld einnehmen, aber, sobald wir uns etwas entfernt haben, klein und unscheinbar werden; ebenso, in der Zeit, erscheinen die in unserm täglichen Leben und Wandel sich ereignenden kleinen Vorfälle, Unfälle und Begebenheiten, solange sie, als gegenwärtig, dicht vor uns liegen, uns groß, bedeutend, wichtig und erregen demgemäß unsere Affekte, Sorge, Verdruß, Leidenschaft: aber sobald der unermüdliche Strom der Zeit sie nur etwas entfernt hat, sind sie unbedeutend, keiner Beachtung wert und bald vergessen, indem ihre Größe bloß auf ihrer Nähe beruhte.

§ 349

Weil *Freude und Leid* nicht Vorstellungen, sondern Willens-
affektionen sind, liegen sie auch nicht im Bereich des Gedächtnisses, und wir vermögen nicht, *sie selbst* zurückzu-
rufen, als welches hieße, sie erneuern; sondern bloß die
Vorstellungen, von denen sie begleitet waren, können wir
uns wieder vergegenwärtigen, zumal aber unserer durch
sie damals hervorgerufenen Äußerungen uns erinnern, um
daran, was sie gewesen, zu ermessen. Daher ist unsere Erinnerung der Freuden und Leiden immer unvollkommen,
und sie sind, wann vorüber, uns gleichgültig. Vergeblich
bleibt es darum, wenn wir bisweilen uns bemühen, die Genüsse oder die Schmerzen der Vergangenheit wieder aufzu-
frischen; denn das eigentliche Wesen beider liegt im Willen:
dieser aber an sich und als solcher hat kein Gedächtnis, als
welches eine Funktion des Intellekts ist, der seiner Natur
nach nichts liefert und enthält als bloße Vorstellungen: und
die sind hier nicht die Sache. – Seltsam ist es, daß wir in
schlimmen Tagen uns die vergangenen glücklichen sehr
lebhaft vergegenwärtigen können, hingegen in guten Tagen die schlimmen nur sehr unvollkommen und kalt.

§ 350

Für das *Gedächtnis* ist wohl die Verwirrung und Konfusion
des Gelernten zu besorgen, aber doch nicht eigentliche
Überfüllung. Seine Fähigkeit wird durch das Gelernte nicht
vermindert, sowenig, wie die Formen, in welche man sukzessiv den Sand gemodelt hat, dessen Fähigkeit zu neuen
Formen vermindern. In diesem Sinne ist das Gedächtnis
bodenlos. Jedoch wird, je mehr und vielseitigere Kenntnisse einer hat, er desto mehr Zeit gebrauchen, um das herauszufinden, was jetzt plötzlich erfordert ist; weil er ist wie
ein Kaufmann, der aus einem großen und mannigfachen
Magazin die eben verlangte Ware hervorsuchen soll; oder,
eigentlich zu reden, weil er aus so vielen ihm möglichen
gerade *den* Gedankengang hervorzurufen hat, der ihn in-

folge früherer Einübung auf das Verlangte leitet. Denn das Gedächtnis ist kein Behältnis zum Aufbewahren, sondern bloß eine Übungsfähigkeit der Geisteskräfte; daher der Kopf alle seine Kenntnisse stets nur potentia, nicht actu besitzt – worüber ich verweise auf § 45 der zweiten Auflage meiner Abhandlung ›Über den Satz vom Grunde‹ *[Bd. 3, S. 175 f.].*

§ 350a

Bisweilen will mein Gedächtnis[1] ein Wort einer fremden Sprache oder einen Namen oder einen Kunstausdruck nicht reproduzieren, obwohl ich ihn sehr gut weiß. Nachdem ich alsdann kürzere oder längere Zeit mich vergeblich damit gequält habe, entschlage ich mich der Sache gänzlich. Alsdann pflegt binnen einer oder zwei Stunden, selten noch später, bisweilen aber erst nach vier bis sechs Wochen das gesuchte Wort mir zwischen ganz anderartigen Gedanken so plötzlich einzufallen, als würde es mir von außen zugeflüstert. (Dann ist es gut, es durch ein mnemonisches Merkmal einstweilen zu befestigen, bis es sich dem eigentlichen Gedächtnis wieder eingeprägt hat.) Nachdem ich dies Phänomen seit sehr vielen Jahren oft beobachtet und bewundert habe, ist mir jetzt folgende Erklärung desselben wahrscheinlich geworden. Nach dem peinlichen, vergeblichen Suchen behält mein Wille die Begier nach dem Wort und bestellt daher demselben einen Aufpasser im Intellekt. Sobald nun später im Lauf und Spiel meiner Gedanken irgendein dieselben Anfangsbuchstaben habendes oder sonst jenem ähnliches Wort zufällig vorkommt, springt der Aufpasser zu und ergänzt es zum gesuchten, welches er nun packt und plötzlich triumphierend herangeschleppt bringt, ohne daß ich weiß, wo und wie er es gefangen, daher es kommt wie eingeflüstert. Es geht damit so, wie wenn einem Kinde, das eine Vokabel nicht aufzusagen weiß, der Lehrer endlich den ersten, auch wohl zweiten Buchstaben derselben leise angibt: dann kommt ihm das Wort. – Wo dieser Hergang ausgeblieben, wird am Ende methodisch

1. *[Vgl. S. 64]*

durch alle Buchstaben des Alphabets nach dem Wort gesucht.

Anschauliche Bilder haften fester im Gedächtnis als bloße Begriffe. Daher lernen phantasiebegabte Köpfe die Sprachen leichter als andre: denn sie verknüpfen mit dem neuen Wort sogleich das anschauliche Bild der Sache, während die andern bloß das äquivalente Wort der eigenen Sprache damit verknüpfen. –

Man suche das, was man dem Gedächtnis einverleiben will, soviel als möglich auf ein anschauliches Bild zurückzuführen, sei es nun unmittelbar oder als Beispiel der Sache oder als bloßes Gleichnis, Analogon oder wie noch sonst; weil alles Anschauliche viel fester haftet als das bloß in abstracto Gedachte oder gar nur Worte. Darum behalten wir so sehr viel besser, was wir erlebt, als was wir gelesen haben.

Der Name *Mnemonik* gebührt nicht sowohl der Kunst, das unmittelbare Behalten durch Witz in ein mittelbares zu verwandeln, als vielmehr einer systematischen Theorie des Gedächtnisses, die alle seine Eigenheiten darlegte und sie aus seiner wesentlichen Beschaffenheit und sodann aus einander ableitete.

§ 351

Man lernt nur dann und wann etwas; aber man vergißt den ganzen Tag.

Dabei gleicht unser Gedächtnis einem Siebe, das mit der Zeit und durch den Gebrauch immer weniger dicht hält; sofern nämlich, je älter wir werden, desto schneller aus dem Gedächtnis, was wir ihm jetzt noch anvertrauen, verschwindet, hingegen bleibt, was in den ersten Zeiten sich festgesetzt hat. Die Erinnerungen eines Alten sind daher um so deutlicher, je weiter sie zurückliegen, und werden es immer weniger, je näher sie der Gegenwart kommen; so daß, wie seine Augen, auch sein Gedächtnis fernsichtig (πρέσβυς [alt]) geworden ist.

§ 352

Es gibt Augenblicke im Leben, da ohne besondern äußern Anlaß, vielmehr durch eine von innen ausgehende und wohl nur physiologisch erklärbare Erhöhung der Empfänglichkeit die sinnliche Auffassung der Umgebung und Gegenwart einen höhern und seltenen Grad von Klarheit annimmt, wodurch solche Augenblicke nachher dem Gedächtnis unauslöschlich eingeprägt bleiben und sich in ihrer ganzen Individualität konservieren, ohne daß wir wüßten, weswegen noch warum aus so vielen tausenden ihnen ähnlicher gerade nur sie; vielmehr ganz so zufällig wie die in den Steinschichten aufbehaltenen einzelnen Exemplare ganzer untergegangener Tiergeschlechter oder wie die beim Zuschlagen eines Buches einst zufällig erdrückten Insekten. Die Erinnerungen dieser Art sind jedoch stets hold und angenehm.

Wie schön und bedeutsam manche Szenen und Vorgänge unsers vergangenen Lebens sich in der Erinnerung darstellen, obwohl wir sie damals ohne besondere Wertschätzung haben vorübergehn lassen! Aber vorübergehn mußten sie, geschätzt oder nicht: es sind eben die *Mosaiksteine*, aus denen das Erinnerungsbild unsers Lebenslaufes zusammengesetzt ist.

§ 353

Daß bisweilen, scheinbar ohne allen Anlaß, längstvergangene Szenen uns plötzlich und lebhaft in die Erinnerung treten, mag in vielen Fällen daher kommen, daß ein leichter nicht zum deutlichen Bewußtsein gelangender Geruch jetzt gerade wie damals von uns gespürt wurde. Denn bekanntlich erwecken Gerüche besonders leicht die Erinnerung und überall bedarf der nexus idearum [die Ideenverbindung] nur eines äußerst geringen Anstoßes. Beiläufig gesagt: das Auge ist der Sinn des Verstandes (›Vierfache Wurzel‹ § 21 [Bd. 3, S. 71–89]), das Ohr der Sinn der Vernunft (oben § 301 [S. 674]) und der Geruch der Sinn des Gedächtnisses, wie wir hier sehn. Getast und Geschmack sind an den Kontakt gebundene Realisten ohne ideale Seite.

§ 354

Zu den Eigentümlichkeiten des Gedächtnisses gehört auch, daß ein leichter Rausch die Erinnerung vergangener Zeiten und Szenen oft sehr erhöht, so daß man alle Umstände derselben sich vollkommener zurückruft, als man es im nüchternen Zustande gekonnt hätte: hingegen ist die Erinnerung dessen, was man während des Rausches selbst gesagt oder getan hat, unvollkommener als sonst, ja, nach einem starken Rausche, gar nicht vorhanden. Der Rausch erhöht also die Erinnerung, liefert ihr hingegen wenig Stoff.

§ 355

Das Delirium verfälscht die Anschauung, der Wahnsinn die Gedanken.

§ 356

Daß die niedrigste aller Geistestätigkeiten die arithmetische sei, wird dadurch belegt, daß sie die einzige ist, welche auch durch eine Maschine ausgeführt werden kann; wie denn jetzt in England dergleichen Rechenmaschinen bequemlichkeitshalber schon in häufigem Gebrauche sind. – Nun läuft aber alle analysis finitorum et infinitorum [Untersuchung des Begrenzten und des Unbegrenzten] im Grunde doch auf Rechnerei zurück. Danach bemesse man den ›mathematischen Tiefsinn‹, über welchen schon Lichtenberg sich lustig macht, indem er sagt: ›Die sogenannten Mathematiker von Profession haben sich, auf die Unmündigkeit der übrigen Menschen gestützt, einen Kredit von Tiefsinn erworben, der viel Ähnlichkeit mit dem von Heiligkeit hat, den die Theologen für sich haben‹ [›Vermischte Schriften‹ 1, S. 198].

§ 357

In der Regel werden Leute von sehr großen Fähigkeiten sich mit den äußerst beschränkten Köpfen besser vertragen als mit den gewöhnlichen, aus demselben Grunde, weshalb der Despot und der Plebs, die Großeltern und die Enkel natürliche Alliierte sind.

§ 358

Die Menschen bedürfen der Tätigkeit nach außen, weil sie keine nach innen haben. Wo hingegen diese stattfindet, ist jene vielmehr eine sehr ungelegene, ja oft verwünschte Störung und Abhaltung, und ist hingegen der Wunsch nach Stille und Ruhe von außen und nach Muße der vorherrschende. – Aus dem ersteren ist auch die Rastlosigkeit und zwecklose Reisesucht der Unbeschäftigten zu erklären. Was sie so durch die Länder jagt, ist dieselbe Langeweile, welche zu Hause sie haufenweise zusammentreibt und zusammendrängt, daß es ein Spaß ist, es anzusehn[H]. Eine auserlesene Bestätigung dieser Wahrheit gab mir einst ein mir unbekannter fünfzigjähriger Mann, der mir von seiner zweijährigen Vergnügungsreise in die fernsten Länder und fremden Weltteile erzählte: auf meine Bemerkung nämlich, daß er dabei doch große Beschwerden, Entbehrungen und Gefahren ausgestanden haben müsse, gab er mir wirklich sogleich und ohne Vorrede, sondern unter Voraussetzung der Enthymemata[1] die höchst naive Antwort: ›Ich habe mich keinen Augenblick gelangweilt.‹

§ 359

Es wundert mich nicht, daß sie Langeweile haben, wann sie allein sind: sie können nicht allein lachen; sogar erscheint solches ihnen närrisch. – Ist denn das Lachen etwan nur ein Signal für andere und ein bloßes Zeichen wie das Wort? – Mangel an Phantasie und an Lebhaftigkeit des Geistes überhaupt (dullness, ἀναισθησία καὶ βραδύτης ψυχῆς [Stumpfsinn, Unempfindlichkeit und Langsamkeit des Geistes]; Theophrast, ›Characteres‹ [cap. 14], p. 60), das ist es, was

H. Zudem ist die Langeweile die Quelle der ernstlichsten Übel: Spielen, Saufen, Verschwenden, Intrigen u. a. mehr haben, wenn man der Sache auf den Grund geht, ihre Quelle in der Langenweile.
1. [zu ergänzende Gedanken, eig. verkürzte logische Schlüsse]

ihnen, wenn allein, das Lachen verwehrt. Die Tiere lachen
weder allein noch in Gesellschaft.

Myson, der Misanthrop, war, allein lachend, von so einem
überrascht worden, der ihn jetzt fragte, warum er denn
lache, da er doch allein wäre? – ›Gerade darum lache ich‹,
war die Antwort.

§ 360

Jedoch wäre, wer bei phlegmatischem Temperament bloß
ein Dummkopf ist, bei sanguinischem ein Narr.

§ 361

Wer das Schauspiel nicht besucht, gleicht dem, der seine
Toilette ohne Spiegel macht – noch schlechter aber macht es
der, welcher seine Beschlüsse faßt, ohne einen Freund zu
Rate zu ziehn. Denn einer kann in allen Dingen das richtigste, treffendeste Urteil haben, nur nicht in seinen eigenen
Angelegenheiten, weil hier der Wille dem Intellekt sogleich
das Konzept verrückt. Darum soll man sich beraten, aus
demselben Grunde, aus welchem ein Arzt jeden kuriert,
nur sich selbst nicht, sondern dann einen Kollegen ruft.

§ 361 a

Die alltägliche natürliche *Gestikulation*, wie sie jedes irgend
lebhafte Gespräch begleitet, ist eine eigene Sprache, und
zwar eine viel allgemeinere als die der Worte; sofern sie,
von dieser unabhängig, bei allen Nationen dieselbe ist, wiewohl eine jede nach Maßgabe ihrer Lebhaftigkeit von ihr
Gebrauch macht und sie bei einzelnen, z. B. den Italienern,
noch die Zugabe einiger weniger bloß konventioneller Ge-
stikulationen erhalten hat, die daher nur lokale Gültigkeit
haben. Ihre Allgemeinheit ist der der Logik und Grammatik
analog, indem sie darauf beruht, daß die Gestikulation bloß
das Formelle und nicht das Materielle der jedesmaligen
Rede ausdrückt: sie unterscheidet sich jedoch von jenen
anderen dadurch, daß sie nicht bloß auf das Intellektuelle,

sondern auch auf das Moralische, d.h. die Regungen des Willens sich bezieht. Sie begleitet demnach die Rede wie ein richtig fortschreitender Grundbaß die Melodie und dient wie dieser, den Effekt derselben zu erhöhen. Das Interessanteste nun aber dabei ist die gänzliche Identität der jedesmaligen Gesten, sobald das *Formelle* der Rede dasselbe ist; wie heterogen auch das *Materielle*, also der Stoff derselben, die jedesmalige Angelegenheit sein mag. Daher kann ich einem lebhaften Gespräche, etwan vom Fenster aus zusehend, ohne irgendein Wort zu vernehmen, doch den allgemeinen, d.i. den bloß formellen und typischen Sinn desselben sehr wohl verstehn, indem ich untrüglich wahrnehme, daß der Redende jetzt argumentiert, seine Gründe vorlegt, dann sie limitiert, dann urgiert und siegreich die Konklusion zieht; oder aber, daß er referiert, etwan das ihm angetane Unrecht palpabel darlegt, die Verstocktheit, Dummheit, Unlenksamkeit der Gegner lebhaft und anklagend schildert; oder aber erzählt, wie er einen feinen Plan ersonnen und ausgeführt hat, sodann siegreich den Erfolg darlegt; oder aber beklagt, wie er durch Ungunst des Schicksals dennoch eine Niederlage erlitten habe; wiederum auch, daß er seine Ratlosigkeit im vorliegenden Fall bekennt; oder aber, daß er erzählt, wie er die Machinationen andrer zeitig gemerkt, durchschaut und durch Behaupten seines Rechts oder Anwendung seiner Gewalt sie vereitelt und die Urheber gestraft habe – und hundert ähnliche Dinge mehr. Eigentlich aber ist, was mir so die bloße Gestikulation abwirft, der moralisch oder intellektuell wesentliche Gehalt der ganzen Rede in abstracto, also die Quintessenz, die wahre Substanz derselben, welche unter den verschiedensten Anlässen und folglich auch beim verschiedensten Stoff identisch ist und zu diesem sich verhält wie der Begriff zu den ihm subsumierten Individuen. Das Interessanteste und Belustigende bei der Sache ist, wie gesagt, die völlige Identität und Stabilität der Gesten zur Bezeichnung derselben Verhältnisse, auch wenn sie von den verschiedenartigsten Personen angewandt werden, ganz so, wie die Worte einer Sprache im Munde eines jeden dieselben sind und nur mit solchen Modifika-

tionen, wie sie auch diese durch kleine Unterschiede der
Aussprache oder auch der Erziehung erleiden. Und doch
liegt diesen stehenden und allgemein befolgten Formen der
Gestikulation gewiß keine Verabredung zum Grunde, sondern sie sind natürlich und ursprünglich, eine wahre Natur-
sprache, wiewohl sie durch Nachahmung und Gewohnheit
befestigt sein mögen. Ein genaueres Studium derselben
liegt bekanntlich dem Schauspieler und in beschränkterer
Ausdehnung dem öffentlichen Redner ob; doch muß es
hauptsächlich in Beobachtung und Nachahmung bestehn:
denn auf abstrakte Regeln läßt sich die Sache nicht wohl
zurückführen, mit Ausnahme einiger ganz allgemeiner lei-
tender Grundsätze, wie z. B., daß der Gestus nicht dem Worte
nachfolgen, vielmehr demselben dicht vorhergehn müsse, es
ankündigend und dadurch Aufmerksamkeit erregend.

Die Engländer haben eine eigentümliche Verachtung der
Gestikulation und halten sie für etwas Unwürdiges und Gemeines – mir scheint dies eben nur eines der einfältigen Vorurteile englischer Prüderie zu sein. Denn es handelt sich um
die Sprache, welche die Natur jedem eingibt und die jeder
versteht, welche demnach so ohne weiteres, also bloß der
belobten gentlemanry zuliebe abzuschaffen und zu verpönen sein Bedenkliches haben möchte.

KAPITEL 27

ÜBER DIE WEIBER

§ 362

Besser als *Schillers* wohlüberlegtes, mittelst der Antithese und des Kontrastes wirkendes Gedicht, ›Würde der Frauen‹, sprechen meiner Meinung nach diese wenigen Worte *Jouys* das wahre Lob der Weiber aus: ›Sans les femmes, le commencement de notre vie serait privé de secours, le milieu de plaisirs, et la fin de consolation.‹ [Ohne die Frauen würde der Anfang unseres Lebens der Hilfe, die Mitte der Freuden und das Ende des Trostes entbehren.] Pathetischer drückt dasselbe *Byron* aus im ›Sardanapal‹ Akt 1, Szene 2:

> The very first
> Of human life must spring from woman's breast,
> Your first small words are taught you from her lips,
> Your first tears quench'd by her, and your last sighs
> Too often breathed out in a woman's hearing,
> When men have shrunk from the ignoble care
> Of watching the last hour of him who led them.

> [Der erste Anfang
> Des Lebens sprießt aus eines Weibes Schoß,
> Dein erstes Lallen lehrt dich ihre Lippe;
> Sie trocknete die ersten Tränen dir,
> Und nur zu oft wird unser letzter Seufzer
> Vor eines Weibes Ohre ausgehaucht,
> Wenn Männer der gemeinen Sorge sich
> Entziehn, bei einem in der letzten Stunde
> Zu wachen, der zuvor ihr Führer war.]

Beides bezeichnet den richtigen Gesichtspunkt für den Wert
der Weiber.

§ 363

Schon der Anblick der weiblichen Gestalt lehrt, daß das
Weib weder zu großen geistigen noch körperlichen Arbeiten
bestimmt ist. Es trägt die Schuld des Lebens nicht durch
Tun, sondern durch Leiden ab, durch die Wehen der Geburt, die Sorgfalt für das Kind, die Unterwürfigkeit unter
den Mann, dem es eine geduldige und aufheiternde Gefährtin sein soll. Die heftigsten Leiden, Freuden und Kraft-
äußerungen sind ihm nicht beschieden, sondern sein Leben
soll stiller, unbedeutsamer und gelinder dahinfließen als das
des Mannes, ohne wesentlich glücklicher oder unglücklicher zu sein.

§ 364

Zu Pflegerinnen und Erzieherinnen unserer ersten Kindheit
eignen die Weiber sich gerade dadurch, daß sie selbst kindisch, läppisch und kurzsichtig, mit *einem* Worte: zeitlebens
große Kinder sind – eine Art Mittelstufe zwischen dem
Kinde und dem Manne, als welcher der eigentliche Mensch
ist. Man betrachte nur ein Mädchen, wie sie tagelang mit
einem Kinde tändelt, herumtanzt und singt, und denke
sich, was ein Mann beim besten Willen an ihrer Stelle leisten könnte.

§ 365

Mit den Mädchen hat es die Natur auf das, was man im
dramaturgischen Sinne einen Knalleffekt nennt, abgesehn,
indem sie dieselben auf wenige Jahre mit überreichlicher
Schönheit, [mit] Reiz und Fülle ausstattete auf Kosten ihrer
ganzen übrigen Lebenszeit, damit sie nämlich während jener Jahre der Phantasie eines Mannes sich in dem Maße bemächtigen könnten, daß er hingerissen wird, die Sorge für
sie auf zeitlebens in irgendeiner Form ehrlich zu übernehmen;
zu welchem Schritte ihn zu vermögen die bloße vernünftige
Überlegung keine hinlänglich sichere Bürgschaft zu geben

schien. Sonach hat die Natur das Weib eben wie jedes andere ihrer Geschöpfe mit den Waffen und Werkzeugen ausgerüstet, deren es zur Sicherung seines Daseins bedarf, und auf die Zeit, da es ihrer bedarf; wobei sie denn auch mit ihrer gewöhnlichen Sparsamkeit verfahren ist. Wie nämlich die weibliche Ameise nach der Begattung die fortan überflüssigen, ja für das Brutverhältnis gefährlichen Flügel verliert, so meistens nach einem oder zwei Kindbetten das Weib seine Schönheit – wahrscheinlich sogar aus demselben Grunde.

Dementsprechend halten die jungen Mädchen ihre häuslichen oder gewerblichen Geschäfte in ihrem Herzen für Nebensache, wohl gar für bloßen Spaß: als ihren allein ernstlichen Beruf betrachten sie die Liebe, die Eroberungen und was damit in Verbindung steht, wie Toilette, Tanz usw.

§ 366

Je edeler und vollkommener eine Sache ist, desto später und langsamer gelangt sie zur Reife. Der Mann erlangt die Reife seiner Vernunft und Geisteskräfte kaum vor dem achtundzwanzigsten Jahre, das Weib mit dem achtzehnten. Aber es ist auch eine Vernunft danach: eine gar knapp gemessene. Daher bleiben die Weiber ihr Leben lang Kinder, sehn immer nur das Nächste, kleben an der Gegenwart, nehmen den Schein der Dinge für die Sache und ziehn Kleinigkeiten den wichtigsten Angelegenheiten vor. Die Vernunft nämlich ist es, vermöge deren der Mensch nicht wie das Tier bloß in der Gegenwart lebt, sondern Vergangenheit und Zukunft übersieht und bedenkt; woraus dann seine Vorsicht, seine Sorge und häufige Beklommenheit entspringt. Der Vorteile wie der Nachteile, die dies bringt, ist das Weib infolge seiner schwächern Vernunft weniger teilhaft: vielmehr ist dasselbe ein geistiger Myops[1], indem sein intuitiver Verstand in der Nähe scharf sieht, hingegen einen engen Gesichtskreis hat, in welchen das Entfernte nicht fällt; daher eben alles Abwesende, Vergangene, Künftige viel schwächer auf die Weiber wirkt als auf uns, woraus denn auch der

1. [Kurzsichtiger]

bei ihnen viel häufigere und bisweilen an Verrücktheit grenzende Hang zur Verschwendung entspringt: Δαπανηρὰ φύσει γυνή. [Verschwenderisch ist von Natur das Weib; vgl. Menander, ›Monostichi‹ 97.] Die Weiber denken in ihrem Herzen, die Bestimmung der Männer sei, Geld zu verdienen, die ihrige hingegen, es durchzubringen; wo möglich schon bei Lebzeiten des Mannes, wenigstens aber nach seinem Tode. Schon daß der Mann das Erworbene ihnen zur Haushaltung übergibt, bestärkt sie in dem Glauben. – So viele Nachteile dies alles zwar mit sich führt, so hat es doch das Gute, daß das Weib mehr in der Gegenwart aufgeht als wir und daher diese, wenn sie nur erträglich ist, besser genießt, woraus die dem Weibe eigentümliche Heiterkeit hervorgeht, welche sie zur Erholung, erforderlichenfalls zum Troste des sorgenbelasteten Mannes eignet.

In schwierigen Angelegenheiten nach Weise der alten Germanen auch die Weiber zu Rate zu ziehn ist keineswegs verwerflich: denn ihre Auffassungsweise der Dinge ist von der unserigen ganz verschieden, und zwar besonders dadurch, daß sie gern den kürzesten Weg zum Ziele und überhaupt das Zunächstliegende ins Auge faßt, über welches wir, eben weil es vor unsrer Nase liegt, meistens weit hinwegsehn; wo es uns dann not tut, darauf zurückgeführt zu werden, um die nahe und einfache Ansicht wiederzugewinnen. Hiezu kommt, daß die Weiber entschieden nüchterner sind als wir, wodurch sie in den Dingen nicht mehr sehn, als wirklich daist, während wir, wenn unsere Leidenschaften erregt sind, leicht das Vorhandene vergrößern oder Imaginäres hinzufügen.

Aus derselben Quelle ist es abzuleiten, daß die Weiber mehr Mitleid und daher mehr Menschenliebe und Teilnahme an Unglücklichen zeigen als die Männer, hingegen im Punkte der Gerechtigkeit, Redlichkeit und Gewissenhaftigkeit diesen nachstehn. Denn infolge ihrer schwachen Vernunft übt das Gegenwärtige, Anschauliche, unmittelbar Reale eine Gewalt über sie aus, gegen welche die abstrakten Gedanken, die stehenden Maximen, die festgefaßten Entschlüsse, überhaupt die Rücksicht auf Vergangenheit und

Zukunft, auf Abwesendes und Entferntes selten viel vermögen. Demnach haben sie zur Tugend wohl das Erste und Hauptsächliche, hingegen gebricht es bei ihnen am Sekundären, am oft notwendigen Werkzeug zu derselben. Man könnte sie in dieser Hinsicht einem Organismus vergleichen, der zwar die Leber, aber nicht die Gallenblase hätte. Ich verweise hierüber auf § 17 meiner Abhandlung ›Über das Fundament der Moral‹ *[Bd. 3, S. 744–759]*. – Demgemäß wird man als den Grundfehler des weiblichen Charakters *Ungerechtigkeit* finden. Er entsteht zunächst aus dem dargelegten Mangel an Vernünftigkeit und Überlegung, wird zudem aber noch dadurch unterstützt, daß sie als die schwächeren von der Natur nicht auf die Kraft, sondern auf die List angewiesen sind: daher ihre instinktartige Verschlagenheit und ihr unvertilgbarer Hang zum Lügen. Denn wie den Löwen mit Klauen und Gebiß, den Elefanten mit Stoßzähnen, den Eber mit Hauern, den Stier mit Hörnern und die Sepia mit der wassertrübenden Tinte, so hat die Natur das Weib mit Verstellungskunst ausgerüstet zu seinem Schutz und Wehr und hat alle die Kraft, die sie dem Manne als körperliche Stärke und Vernunft verlieh, dem Weibe in Gestalt jener Gabe zugewendet. Die Verstellung ist ihm daher angeboren, deshalb auch fast so sehr dem dummen wie dem klugen Weibe eigen. Von derselben bei jeder Gelegenheit Gebrauch zu machen ist ihm daher so natürlich wie jenen Tieren, beim Angriff sogleich ihre Waffen anzuwenden, und empfindet es sich dabei gewissermaßen als seine Rechte gebrauchend. Darum ist ein ganz wahrhaftes, unverstelltes Weib vielleicht unmöglich. Ebendeshalb durchschauen sie fremde Verstellung so leicht, daß es nicht ratsam ist, ihnen gegenüber es damit zu versuchen. – Aus dem aufgestellten Grundfehler und seinen Beigaben entspringt aber Falschheit, Treulosigkeit, Verrat, Undank usw. Des gerichtlichen Meineides machen Weiber sich viel öfter schuldig als Männer. Es ließe sich überhaupt in Frage stellen, ob sie zum Eide zuzulassen sind. – Von Zeit zu Zeit wiederholt sich überall der Fall, daß Damen, denen nichts abgeht, in Kaufmannsläden etwas heimlich einstecken und entwenden.

§ 367

Für die Propagation[1] des Menschengeschlechts zu sorgen
sind von Natur die jungen, starken und schönen Männer
berufen; damit das Geschlecht nicht ausarte. Dies ist hierin
der feste Wille der Natur, und dessen Ausdruck sind die
Leidenschaften der Weiber. Jenes Gesetz geht an Alter und
Kraft jedem andern vor. Daher wehe dem, der seine Rechte
und Interessen so stellt, daß sie demselben im Wege stehn:
sie werden, was er auch sage und tue, beim ersten bedeutenden Anlaß unbarmherzig zermalmt werden. Denn die geheime, unausgesprochene, ja unbewußte, aber angeborene
Moral der Weiber ist: ›Wir sind berechtigt, die zu hinter-
gehn, welche dadurch, daß sie für uns, das Individuum,
spärlich sorgen, ein Recht über die Spezies erlangt zu haben
vermeinen. Die Beschaffenheit und folglich das Wohl der
Spezies ist mittelst der nächsten von uns ausgehenden Generation in unsere Hände gelegt und unserer Sorgfalt anver-
traut: wir wollen es gewissenhaft verwalten.‹ Aber keineswegs sind die Weiber sich dieses obersten Grundsatzes in
abstracto, sondern bloß in concreto bewußt und haben für
denselben keinen andern Ausdruck als, wenn die Gelegenheit kommt, ihre Handlungsweise, bei welcher das Gewissen ihnen meistens mehr Ruhe läßt, als wir vermuten, indem sie im dunkelsten Grunde ihres Herzens sich bewußt
sind, in der Verletzung ihrer Pflicht gegen das Individuum
die gegen die Spezies um so besser erfüllt zu haben, deren
Recht unendlich größer ist. – Die nähere Erläuterung dieses
Sachverhältnisses liefert das 44. Kapitel des zweiten Bandes
meines Hauptwerks *[Bd. 2, S. 678–718].*

Weil im Grunde die Weiber ganz allein zur Propagation
des Geschlechts dasind und ihre Bestimmung hierin auf-
geht; so leben sie durchweg mehr in der Gattung als in den
Individuen, nehmen es in ihrem Herzen ernstlicher mit den
Angelegenheiten der Gattung als mit den individuellen.
Dies gibt ihrem ganzen Wesen und Treiben einen gewissen
Leichtsinn und überhaupt eine von der des Mannes von

1. [Fortpflanzung]

Grund aus verschiedene Richtung, aus welcher die so häufige und fast normale Uneinigkeit in der Ehe erwächst.

§ 368

Zwischen Männern ist von Natur bloß Gleichgültigkeit; aber zwischen Weibern ist schon von Natur Feindschaft. Es kommt wohl daher, daß das ›odium figulinum‹[1] [der Brotneid], welches bei Männern sich auf ihre jedesmalige Gilde beschränkt, bei Weibern das ganze Geschlecht umfaßt, da sie alle nur *ein* Gewerbe haben. Schon beim Begegnen auf der Straße sehn sie einander an wie Guelfen und Ghibellinen. Auch treten zwei Weiber bei erster Bekanntschaft einander sichtbarlich mit mehr Gezwungenheit und Verstellung entgegen als zwei Männer in gleichem Fall. Daher kommt auch das Komplimentieren zwischen zwei Weibern viel lächerlicher heraus als zwischen Männern. Ferner, während der Mann selbst zu dem tief unter ihm Stehenden doch in der Regel immer noch mit einer gewissen Rücksicht und Humanität redet, ist es unleidlich anzusehn, wie stolz und schnöde meistenteils ein vornehmes Weib sich gegen ein niederes (nicht in seinem Dienste stehendes) gebärdet, wann es mit ihm spricht. Es mag daher kommen, daß bei Weibern aller Unterschied des Ranges viel prekärer ist als bei uns und viel schneller sich ändern und aufheben kann; weil, während bei uns hundert Dinge auf die Waagschale kommen, bei ihnen nur eines entscheidet, nämlich: welchem Manne sie gefallen haben, wie auch daher, daß sie wegen der Einseitigkeit ihres Berufs einander viel näher stehn als die Männer, weshalb sie die Standesunterschiede hervorzuheben suchen.

§ 369

Das niedrig gewachsene, schmalschultrige, breithüftige und kurzbeinige Geschlecht das schöne nennen konnte nur der vom Geschlechtstrieb umnebelte männliche Intellekt: in

1. [Wörtlich: Der Haß eines Töpfers gegen den andern, vgl. Hesiod: ›Opera et dies‹ 25]

diesem Triebe nämlich steckt seine ganze Schönheit. Mit
mehr Fug könnte man das weibliche Geschlecht das *un-
ästhetische* nennen. Weder für Musik noch Poesie noch bildende Künste haben sie wirklich und wahrhaftig Sinn und
Empfänglichkeit; sondern bloße Äfferei zum Behuf ihrer
Gefallsucht ist es, wenn sie solche affektieren und vorgeben.
Das macht, sie sind keines *rein objektiven Anteils* an irgend
etwas fähig, und der Grund hievon ist, denke ich, folgender.
Der Mann strebt in allem eine *direkte* Herrschaft über die
Dinge an, entweder durch Verstehn oder durch Bezwingen
derselben. Aber das Weib ist immer und überall auf eine
bloß *indirekte* Herrschaft verwiesen, nämlich mittelst des
Mannes, als welchen allein es direkt zu beherrschen hat.
Darum liegt es in der Weiber Natur, alles nur als Mittel, den
Mann zu gewinnen, anzusehn, und ihr Anteil an irgend etwas anderm ist immer nur ein simulierter, ein bloßer Umweg, d. h. läuft auf Koketterie und Äfferei hinaus. Daher hat
schon *Rousseau* gesagt: ›Les femmes, en général, n'aiment
aucun art, ne se connaissent à aucun, et n'ont aucun génie.‹
[Die Frauen lieben im allgemeinen keine Kunst, verstehen
sich auf keine und haben kein Genie.] (Lettre à d'Alembert,
note 20). Auch wird jeder, der über den Schein hinaus ist,
es schon bemerkt haben. Man darf nur die Richtung und
Art ihrer Aufmerksamkeit im Konzert, [in der] Oper und
[im] Schauspiel beobachten, z. B. die kindliche Unbefangenheit sehn, mit der sie unter den schönsten Stellen der größten Meisterwerke ihr Geplapper fortsetzen. Wenn wirklich
die Griechen die Weiber nicht ins Schauspiel gelassen haben, so taten sie demnach recht daran; wenigstens wird
man in ihren Theatern doch etwas haben hören können.
Für unsere Zeit würde es passend sein, dem ›Taceat mulier
in ecclesia‹ [das Weib soll in der Gemeinde schweigen;
1. Kor. 14, 34] ein ›Taceat mulier in theatro‹ hinzuzufügen
oder zu substituieren und solches mit großen Lettern etwan
auf den Theatervorhang zu setzen. – Man kann von den
Weibern auch nichts anderes erwarten, wenn man erwägt,
daß die eminentesten Köpfe des ganzen Geschlechts es nie
zu einer einzigen wirklich großen, echten und originellen

Leistung in den schönen Künsten haben bringen, überhaupt
nie irgendein Werk von bleibendem Wert haben in die Welt
setzen können: dies ist am auffallendesten in Betracht der
Malerei, da deren Technisches ihnen wenigstens ebenso
angemessen ist wie uns, daher sie solche auch fleißig betreiben, jedoch keine einzige große Malerei aufzuweisen haben; weil eben es ihnen an aller Objektivität des Geistes
fehlt, welche gerade von der Malerei am unmittelbarsten
gefordert wird: sie stecken überall im Subjektiven. Diesem
entspricht es eben, daß die gewöhnlichen nicht einmal
eigentliche Empfänglichkeit dafür haben: denn ›natura non
facit saltus‹[1] [die Natur macht keine Sprünge]. Auch *Huarte*,
in seinem seit dreihundert Jahren berühmten Buche ›Examen de ingenios para las sciencias‹ (Amberes 1603), spricht
den Weibern alle höhere Befähigung ab; schon in der Vorrede (p. 6) sagt er: ›La compostura natural, que la mujer
tiene en el celebro, no es capaz de mucho ingenio ni de
mucha sabiduria‹ [Die natürliche Zusammensetzung, die das
Weib in seinem Gehirn hat, ist nicht geeignet für vielen
Geist noch auch für viele Wissenschaft] – sodann cap. 15
(p. 382): ›Quedando la mujer en su disposicion natural,
todo genero de letras y sabiduria, es repugnante a su ingenio‹ [Sofern das Weib in seiner natürlichen Veranlagung
bleibt, ist jede Art von Literatur und Wissenschaft seinem
Geiste zuwider] – (p. 397, 398): ›Las hembras (por razon
de la frialdad y humedad de su sexo) no pueden alcançar
ingenio profundo: solo veemos que hablan con alguna apa-
rencia de habilidad, en materias livianas y faciles‹ etc. [Die
Weiber können (wegen der ihrem Geschlechte eigenen
Kälte und Feuchtigkeit) nicht zu tiefem Geist gelangen,
und wir sehen nur, daß sie mit einem gewissen Schein von
Gewandtheit über geringfügige und leichte Dinge reden,
usw.] Einzelne und teilweise Ausnahmen ändern die Sache
nicht, sondern die Weiber sind und bleiben im ganzen genommen die gründlichsten und unheilbarsten Philister: deshalb sind sie bei der höchst absurden Einrichtung, daß sie

1. [Das Gesetz der Kontinuität, zuerst aufgestellt von Aristoteles:
›De incessu animalium‹ cap. 2, p. 704 b 15]

Stand und Titel des Mannes teilen, die beständigen An-
sporner seines *unedlen* Ehrgeizes; und ferner ist wegen derselben Eigenschaft ihr Vorherrschen und Tonangeben der
Verderb der modernen Gesellschaft. In Rücksicht auf ersteres sollte man den Ausspruch Napoleons I. zur Richtschnur nehmen: ›Les femmes n'ont pas de rang‹ [Die Frauen
haben keinen Rang], und im übrigen sagt *Chamfort* sehr
richtig: ›Elles sont faites pour commercer avec nos faiblesses,
avec notre folie, mais non avec notre raison. Il existe entre
elles et les hommes des sympathies d'épiderme, et très-peu
de sympathies d'esprit, d'âme et de caractère.‹ [Sie sind dazu
gemacht, sich mit unseren Schwächen, mit unserer Torheit,
nicht aber mit unserer Vernunft abzugeben. Zwischen ihnen
und den Männern gibt es nur oberflächliche Sympathien
aber sehr wenig Sympathien des Geistes, der Seele und
des Charakters; ›Maximes et pensées‹ chap. 2.] Sie sind
›sexus sequior‹ [das geringere Geschlecht; Apuleius, ›Metamorphoses‹ 7, cap. 8], das in *jedem* Betracht zurück-
stehende zweite Geschlecht, dessen Schwäche man demnach schonen soll, aber welchem Ehrfurcht zu bezeugen
über die Maßen lächerlich ist und uns in ihren eigenen
Augen herabsetzt. Als die Natur das Menschengeschlecht
in zwei Hälften spaltete, hat sie den Schnitt nicht gerade
durch die Mitte geführt. Bei aller Polarität ist der Unterschied des positiven vom negativen Pol kein bloß qualitativer, sondern zugleich ein quantitativer. – So haben eben
auch die Alten und die orientalischen Völker die Weiber
angesehn und danach die ihnen angemessene Stellung viel
richtiger erkannt als wir mit unserer altfranzösischen Galanterie und abgeschmackten Weiberveneration[1], dieser
höchsten Blüte christlich-germanischer Dummheit, welche
nur gedient hat, sie so arrogant und rücksichtslos zu machen, daß man bisweilen an die heiligen Affen in Benares erinnert wird, welche im Bewußtsein ihrer Heiligkeit und
Unverletzlichkeit sich alles und jedes erlaubt halten.

Das Weib im Okzident, namentlich was man die ›Dame‹
nennt, befindet sich in einer fausse position [schiefen Lage]:

1. [Weiberverehrung]

denn das Weib, von den Alten mit Recht ›sexus sequior‹ genannt, ist keineswegs geeignet, der Gegenstand unserer
Ehrfurcht und Veneration zu sein, den Kopf höher zu tragen als der Mann und mit ihm gleiche Rechte zu haben.
Die Folgen dieser fausse position sehn wir genugsam. Es
wäre sonach sehr wünschenswert, daß auch in Europa dieser Nr. 2 des menschlichen Geschlechts ihre naturgemäße
Stelle wieder angewiesen und dem Damen-Unwesen, über
welches nicht nur ganz Asien lacht, sondern Griechenland
und Rom ebenso gelacht hätte, ein Ziel gesetzt würde, wovon die Folgen in gesellschaftlicher, bürgerlicher und politischer Hinsicht unberechenbar wohltätig sein würden. –
Das salische Gesetz müßte, als ein überflüssiger truism [Ge-
meinplatz], gar nicht nötig sein. Die eigentliche europäische
Dame ist ein Wesen, welches gar nicht existieren sollte; sondern Hausfrauen sollte es geben und Mädchen, die es zu
werden hoffen, und daher nicht zur Arroganz, sondern zur
Häuslichkeit und Unterwürfigkeit erzogen werden. Gerade
weil es *Damen* gibt in Europa, sind die Weiber niedern Standes, also die große Mehrzahl des Geschlechts, viel unglücklicher als im Orient. Sogar Lord *Byron* sagt (›Letters and
journals‹ by Thomas Moore; journal, Ravenna 1821 [vol.
2, p. 399]: ›Thought of the state of women under the ancient Greeks – convenient enough. Present state, a remnant
of the barbarism of the chivalry and feudal ages – artificial
and unnatural. They ought to mind home – and be well fed
and clothed – but not mixed in society. Well educated, too
in religion – but to read neither poetry nor politics – no-
thing but books of piety and cookery. Music – drawing –
dancing – also a little gardening and ploughing now and
then. I have seen them mending the roads in Epirus with
good success. Why not, as well as hay-making and milking?‹
[(Ich habe) nachgedacht über die Stellung der Weiber bei den
alten Griechen – ganz angemessen. Gegenwärtige Stellung,
ein Überbleibsel der Barbarei, des Rittertums und der Feu-
dalzeit – künstlich und unnatürlich. Sie sollten sich um das
Haus kümmern – und gut ernährt und gekleidet sein –
aber nicht in die Gesellschaft gezogen werden. Gut erzo-

gen, auch in der Religion – aber weder Poetisches noch Politisches zu lesen bekommen – nur Andachtsbücher und Kochbücher. Musizieren – Zeichnen – Tanzen – auch ein wenig Garten- und Feldarbeit dann und wann. Ich habe gesehen, wie sie in Epirus die Landstraßen mit gutem Erfolg ausbesserten. Warum nicht, ebensogut wie Heumachen und Melken?]

§ 370

In unserm monogamischen Weltteile heißt heiraten seine Rechte halbieren und seine Pflichten verdoppeln. Jedoch, als die Gesetze den Weibern gleiche Rechte mit den Männern einräumten, hätten sie ihnen auch eine männliche Vernunft verleihen sollen. Je mehr hingegen die Rechte und Ehren, welche die Gesetze dem Weibe zuerkennen, das natürliche Verhältnis desselben übersteigen, desto mehr verringern sie die Zahl der Weiber, die wirklich dieser Vergünstigungen teilhaft werden, und nehmen allen übrigen so viel von den naturgemäßen Rechten, als sie jenen darüber gegeben haben. Denn bei der widernatürlich vorteilhaften Stellung, welche die monogamische Einrichtung und die ihr beigegebenen Ehegesetze dem Weibe erteilen, indem sie durchweg das Weib als das volle Äquivalent des Mannes betrachten, was es in keiner Hinsicht ist, tragen kluge und vorsichtige Männer sehr oft Bedenken, ein so großes Opfer zu bringen und auf ein so ungleiches Paktum einzugehn[H]. Während daher bei den polygamischen Völkern jedes Weib Versorgung findet, ist bei den monogamischen die Zahl der

H. Viel größer aber ist die Zahl derer, die nicht in der Lage sind, heiraten zu können. Jeder von solchen macht eine alte Jungfer: diese ist meistens unversorgt und jedenfalls dadurch, daß sie die eigentliche Bestimmung ihres Geschlechts verfehlt hat, mehr oder weniger unglücklich. Andererseits hat mancher Mann eine Frau, die bald nach der Ehe in eine chronische Krankheit verfällt, welche dreißig Jahre dauert: was soll er tun? Einem andern ist seine Frau zu alt geworden, einem dritten nun seine mit Recht verhaßt geworden. Sie alle dürfen in Europa keine zweite Frau zur ersten nehmen wie doch in ganz Asien und Afrika. Wenn bei der monogamischen Einrichtung ein gesunder starker Mann seinen Geschlechtstrieb stets ... Haec nimis vulgaria et omnibus nota sunt. [Aber dergleichen ist zu trivial und allbekannt.]

verehelichten Frauen beschränkt und bleibt eine Unzahl
stützeloser Weiber übrig, die in den höhern Klassen als unnütze alte Jungfern vegetieren, in den untern aber unangemessen schwerer Arbeit obliegen oder auch Freudenmäd-
chen werden, die ein so freuden- wie ehrloses Leben führen,
unter solchen Umständen aber zur Befriedigung des männlichen Geschlechtes notwendig werden, daher als ein öffentlich anerkannter Stand auftreten, mit dem speziellen Zweck,
jene vom Schicksal begünstigten Weiber, welche Männer
gefunden haben oder solche hoffen dürfen, vor Verführung
zu bewahren. In London allein gibt es deren achtzigtausend.
Was sind denn diese anderes als bei der monogamischen Einrichtung auf das fürchterlichste zu kurz gekommene Weiber, wirkliche Menschenopfer auf dem Altare der Monogamie? Alle hier erwähnten in so schlechte Lage gesetzten
Weiber sind die unausbleibliche Gegenrechnung zur europäischen Dame mit ihrer Prätention und Arroganz. Für das
weibliche Geschlecht, als *ein Ganzes* betrachtet, ist demnach
die Polygamie eine wirkliche Wohltat. Andererseits ist vernünftigerweise nicht abzusehn, warum ein Mann, dessen
Frau an einer chronischen Krankheit leidet oder unfruchtbar
bleibt oder allmälig zu alt für ihn geworden ist, nicht eine
zweite dazu nehmen sollte. Was den Mormonen so viele
Konvertiten wirbt, scheint eben die Beseitigung der widernatürlichen Monogamie zu sein[H]. Zudem aber hat die Ertei-
lung unnatürlicher Rechte dem Weibe auch unnatürliche
Pflichten aufgelegt, deren Verletzung sie jedoch unglücklich macht. Manchem Manne nämlich machen Standes- oder
Vermögensrücksichten die Ehe, wenn nicht etwan glänzende
Bedingungen sich daran knüpfen, unrätlich. Er wird alsdann
wünschen, sich ein Weib nach seiner Wahl unter andern ihr
und der Kinder Los sicherstellenden Bedingungen zu erwerben. Seien nun diese auch noch so billig, vernünftig und der
Sache angemessen und sie gibt nach, indem sie nicht auf
den unverhältnismäßigen Rechten, welche allein die Ehe gewährt, besteht; so wird sie, weil die Ehe die Basis der bür-

H. In Hinsicht auf das Geschlechtsverhältnis ist kein Weltteil so un-
moralisch wie Europa, infolge der widernatürlichen Monogamie.

gerlichen Gesellschaft ist, dadurch in gewissem Grade ehrlos
und hat ein trauriges Leben zu führen, weil einmal die
menschliche Natur es mit sich bringt, daß wir auf die Meinung anderer einen ihr völlig unangemessenen Wert legen.
Gibt sie hingegen nicht nach, so läuft sie Gefahr, entweder
einem ihr widerwärtigen Manne ehelich angehören zu müssen oder als alte Jungfer zu vertrocknen: denn die Frist ihrer
Unterbringbarkeit ist sehr kurz. In Hinsicht auf diese Seite
unserer monogamischen Einrichtung ist des *Thomasius*
grundgelehrte Abhandlung ›De concubinatu‹ höchst lesenswert, indem man daraus ersieht, daß unter allen gebildeten
Völkern und zu allen Zeiten bis auf die Lutherische Reformation herab das Konkubinat eine erlaubte, ja in gewissem
Grade sogar gesetzlich anerkannte und von keiner Unehre
begleitete Einrichtung gewesen ist, welche von dieser Stufe
bloß durch die Lutherische Reformation herabgestoßen
wurde, als welche hierin ein Mittel mehr zur Rechtfertigung
der Ehe der Geistlichen erkannte; worauf denn die katholische Seite auch darin nicht hat zurückbleiben dürfen.

Über *Polygamie* ist gar nicht *zu streiten*, sondern sie ist als
eine überall vorhandene Tatsache zu nehmen, deren bloße
Regulierung die Aufgabe ist. Wo gibt es denn wirkliche Mono-
gamisten? Wir alle leben *wenigstens* eine Zeitlang, meistens
aber immer in Polygamie. Da folglich jeder Mann viele Weiber braucht, ist nichts gerechter, als daß ihm freistehe, ja
obliege, für viele Weiber zu sorgen. Dadurch wird auch das
Weib auf ihren richtigen und natürlichen Standpunkt, als
subordiniertes Wesen, zurückgeführt, und die *Dame*, dies
Monstrum europäischer Zivilisation und christlich-germanischer Dummheit, mit ihren lächerlichen Ansprüchen auf
Respekt und Verehrung kommt aus der Welt, und es gibt
nur noch *Weiber*, aber auch keine *unglückliche[n] Weiber* mehr,
von welchen jetzt Europa voll ist. – Die Mormonen haben
recht.

§ 371

In Hindostan ist kein Weib jemals unabhängig, sondern
jedes steht unter der Aufsicht des Vaters oder des Gatten

oder des Bruders oder des Sohnes, gemäß dem Gesetze Menus (Kap. 5, Vers 148). Daß Witwen sich mit der Leiche
des Gatten verbrennen, ist freilich empörend; aber daß sie
das Vermögen, welches der Gatte, sich getröstend, daß er für
seine Kinder arbeite, durch den anhaltenden Fleiß seines
ganzen Lebens erworben hat, nachher mit ihren Buhlen
durchbringen, ist auch empörend. ›Mediam tenuere beati.‹[1]
[Die Glücklichen halten die Mitte.] – Die ursprüngliche
Mutterliebe ist, wie bei den Tieren, so auch im Menschen,
rein *instinktiv*, hört daher mit der physischen Hülflosigkeit
der Kinder auf. Von da an soll an ihre Stelle eine auf Gewohnheit und Vernunft gegründete treten, die aber oft ausbleibt,
zumal wenn die Mutter den Vater nicht geliebt hat. Die
Liebe des Vaters zu seinen Kindern ist andrer Art und stich-
haltiger: sie beruht auf einem Wiedererkennen seines eigenen innersten Selbst in ihnen, ist also metaphysischen Ursprungs.

Bei fast allen alten und neuen Völkern der Erde, sogar bei
den Hottentotten[F], vererbt Eigentum sich bloß auf die
männliche Deszendenz: nur in Europa ist man davon abge-
gangen, der Adel jedoch nicht. – Daß das von Männern
durch große und lange fortgesetzte Arbeit und Mühe schwer
erworbene Eigentum nachher in die Hände der Weiber gerät, welche in ihrer Unvernunft es binnen kurzer Zeit durchbringen oder sonst vergeuden, ist ein ebenso großes wie
häufiges Unbild, dem man durch Beschränkung des weiblichen Erbrechts vorbeugen sollte. Mir scheint, die beste
Einrichtung wäre, daß Weiber, sei es als Witwen oder als

1. [Wahlspruch des 1613 gestorbenen Professors Taubmann zu Witten-
berg]
F. ›Chez les Hottentots, tous les biens d'un père descendent à l'aîné
des fils, ou passent dans la même famille au plus proche des mâles.
Jamais ils ne sont divisés, jamais les femmes ne sont appelées à la succession.‹ [Bei den Hottentotten wird der ganze Besitz eines Vaters auf
den ältesten Sohn vererbt oder geht in derselben Familie auf den
nächsten männlichen Angehörigen über. Nie wird der Besitz geteilt,
niemals geht er auf die Frauen über.] (Charles George Leroy, ›Lettres
philosophiques sur l'intelligence et la perfectibilité des animaux, avec
quelques lettres sur l'homme‹, nouvelle édition, Paris, an X (1802),
pag. 298).

Töchter, stets nur eine ihnen auf Lebenszeit hypothekarisch gesicherte Rente erbten, nicht aber den Grundbesitz oder das Kapital – es wäre denn in Ermangelung aller männlichen Deszendenz. Die Erwerber des Vermögens sind die Männer, nicht die Weiber: diese sind daher auch nicht zum unbedingten Besitze desselben berechtigt, wie auch zur Verwaltung desselben nicht befähigt. Wenigstens sollten Weiber niemals über ererbtes eigentliches Vermögen, also Kapitalien, Häuser und Landgüter, freie Disposition haben. Sie bedürfen stets eines Vormundes; daher sie in keinem möglichen Fall die Vormundschaft ihrer Kinder erhalten sollten. Die Eitelkeit der Weiber, selbst wenn sie nicht größer als die der Männer sein sollte, hat das Schlimme, daß sie sich ganz auf materielle Dinge wirft, nämlich auf ihre persönliche Schönheit und nächstdem auf Flitter, Staat, Pracht, daher auch die Sozietät so recht ihr Element ist. Dies macht sie, zumal bei ihrer geringen Vernunft, zur *Verschwendung* geneigt; weshalb schon ein Alter sagt: Δαπανηρὸν φύσει γυνή[1]. Die Eitelkeit der Männer hingegen wirft sich oft auf nicht materielle Vorzüge wie Verstand, Gelehrsamkeit, Mut und dgl. – *Aristoteles* setzt in der ›Politik‹ (lib. 2, cap. 9) auseinander, welche große Nachteile den Spartanern daraus erwachsen sind, daß bei ihnen den Weibern zuviel eingeräumt war, indem sie Erbschaft, Mitgift und große Ungebundenheit hatten, und wie dieses zum Verfall Spartas viel beigetragen hat. – Sollte nicht in Frankreich der seit Ludwig XIII. immer wachsende Einfluß der Weiber schuld sein an der allmäligen Verderbnis des Hofes und der Regierung, welche die erste Revolution herbeiführte, deren Folge alle nachherigen Umwälzungen gewesen sind? Jedenfalls ist eine falsche Stellung des weiblichen Geschlechts, wie eine solche an unserm Damenwesen ihr grellstes Symptom hat, ein Grundgebrechen des geselligen Zustandes, welches vom Herzen desselben aus auf alle Teile seinen nachteiligen Einfluß erstrecken muß.

Daß das Weib seiner Natur nach zum Gehorchen bestimmt sei, gibt sich daran zu erkennen, daß eine jede, welche in die

1. [Etwas Verschwenderisches ist von Natur das Weib; *vgl. S. 722*]

ihr naturwidrige Lage gänzlicher Unabhängigkeit versetzt
wird, alsbald sich irgendeinem Manne anschließt, von dem
sie sich lenken und beherrschen läßt, weil sie eines Herrn
bedarf. Ist sie jung, so ist es ein Liebhaber; ist sie alt, ein
Beichtvater.

KAPITEL 28
ÜBER ERZIEHUNG

§ 372

Der Natur unsers Intellekts zufolge sollen die *Begriffe* durch
Abstraktion aus den *Anschauungen* entstehn, mithin diese
früher dasein als jene. Wenn es nun wirklich diesen Gang
nimmt, wie es der Fall ist bei dem, der bloß die eigene Erfahrung zum Lehrer und zum Buche hat; so weiß der
Mensch ganz gut, welche Anschauungen es sind, die unter
jeden seiner Begriffe gehören und von demselben vertreten
werden: er kennt beide genau und behandelt demnach alles
ihm Vorkommende richtig. Wir können diesen Weg die natürliche Erziehung nennen.

Hingegen bei der künstlichen Erziehung wird durch Vorsagen, Lehren und Lesen der Kopf voll Begriffe gepfropft,
bevor noch eine irgend ausgebreitete Bekanntschaft mit der
anschaulichen Welt daist. Die Anschauungen zu allen jenen
Begriffen soll nun die Erfahrung nachbringen: bis dahin aber
werden dieselben falsch angewendet und demnach die Dinge
und Menschen falsch beurteilt, falsch gesehn, falsch behandelt. So geschieht es, daß die Erziehung schiefe Köpfe macht,
und daher kommt es, daß wir in der Jugend nach langem
Lernen und Lesen oft teils einfältig, teils verschroben in die
Welt treten und nun bald ängstlich, bald vermessen uns darin benehmen; weil wir den Kopf voll Begriffe haben, die wir
jetzt anzuwenden bemüht sind, aber fast immer sie verkehrt
anbringen. Dies ist die Folge jenes ὕστερον πρότερον [das
Nachfolgende anstelle des Vorhergehenden; Verwechslung
von Grund und Folge], durch welches wir, dem natürlichen
Entwickelungsgange unsers Geistes gerade entgegen, zuerst

die Begriffe und zuletzt die Anschauungen erhalten, indem die Erzieher, statt die Fähigkeit, selbst zu erkennen, zu urteilen und zu denken, im Knaben zu entwickeln, bloß bemüht sind, ihm den Kopf voll fremder fertiger Gedanken zu stopfen. Nachmals hat dann eine lange Erfahrung alle jene durch falsche Anwendung der Begriffe entstandenen Urteile zu berichtigen. Dies gelingt selten ganz. Daher haben so wenige Gelehrte den gesunden Menschenverstand, wie er bei ganz Ungelehrten häufig ist.

§ 373

Dem Gesagten zufolge wäre der Hauptpunkt in der Erziehung, daß die *Bekanntschaft mit der Welt*, deren Erlangung wir als den Zweck aller Erziehung bezeichnen können, *vom rechten Ende angefangen* werde. Dies aber beruht, wie gezeigt, hauptsächlich darauf, daß in jeder Sache die *Anschauung* dem *Begriffe* vorhergehe, ferner der engere Begriff dem weiteren, und so die ganze Belehrung in der Ordnung geschehe, wie die Begriffe der Dinge einander *voraussetzen*. Sobald aber in dieser Reihe etwas übersprungen ist, entstehn mangelhafte und aus diesen falsche Begriffe und endlich eine auf individuelle Art verschrobene Weltansicht, wie fast jeder sie lange Zeit, die meisten auf immer, im Kopfe herumträgt. Wer sich selbst prüft, wird entdecken, daß über manche, ziemlich einfache Dinge und Verhältnisse das rechte oder das deutliche Verständnis ihm erst in sehr reifem Alter und bisweilen plötzlich aufgegangen ist. Dann lag hier so ein dunkler Punkt seiner Bekanntschaft mit der Welt, der entstanden war durch Überspringen des Gegenstandes in jener seiner ersten Erziehung, sei sie nun eine künstliche durch Menschen oder bloß eine natürliche durch eigene Erfahrung gewesen.

Demnach sollte man die eigentlich natürliche Reihenfolge der Erkenntnisse zu erforschen suchen, um dann methodisch, nach derselben, die Kinder mit den Dingen und Verhältnissen der Welt bekanntzumachen, ohne daß sie Flausen in den Kopf bekämen, als welche oft nicht wieder auszutreiben sind. Dabei hätte man zunächst zu verhüten, daß die Kinder Worte gebrauchten, mit denen sie keinen deutlichen Begriff verbänden[F]. Die Hauptsache bliebe aber immer, daß die Anschauungen den Begriffen vorhergingen, und nicht umgekehrt, wie dies der gewöhnliche, aber ebenso ungünstige Fall ist, als wenn ein Kind zuerst mit den Beinen oder ein Vers zuerst mit dem Reim auf die Welt kommt. Während nämlich der Geist des Kindes noch ganz arm an Anschauungen ist, prägt man ihm schon Begriffe und Urteile ein, recht eigentliche Vorurteile: diesen fertigen Apparat bringt es nun nachher zur Anschauung und Erfahrung mit, statt daß erst aus diesen jene sich hätten absetzen sollen. Die Anschauung ist vielseitig und reich, kann es daher an Kürze und Schnelle dem abstrakten Begriffe, der mit allem bald fertig ist, nicht gleichtun: daher wird sie die Berichtigung solcher vorgefaßten Begriffe erst spät oder gar nie zu Ende bringen. Denn welche ihrer Seiten sie auch als mit denselben im Widerspruch vorweise, so wird ihre Aussage vorläufig als eine einseitige verworfen, ja wird verleugnet und werden gegen sie die Augen geschlossen, damit nur nicht der vorgefaßte Begriff dabei zu Schaden komme. So geschieht es denn, daß mancher Mensch sich sein Leben hindurch herumträgt mit Flausen, Grillen, Nücken, Einbildungen und Vorurteilen, die bis zur fixen Idee gehn. Hat er doch nie versucht, für sich selber gründliche Begriffe aus Anschauungen und Erfahrungen abzuziehn; weil er alles fertig überkommen hat: dies eben macht ihn, macht unzählige so flach und seicht. Statt dessen also sollte in der Kindheit der naturgemäße Gang der Erkenntnisbildung beibehalten werden. Kein Begriff müßte anders als mittelst der Anschauung eingeführt, wenigstens nicht ohne sie beglaubigt werden. Das Kind würde dann wenige, aber gründliche und richtige Begriffe erhalten. Es würde lernen, die Dinge mit seinem eige-

F. Schon die Kinder haben meistens den unseligen Hang, statt die Sache verstehn zu wollen, sich mit den Worten zu begnügen und diese auswendig zu lernen, um sich vorkommendenfalls damit herauszuhelfen. Dieser Hang bleibt nachher und macht, daß das Wissen vieler Gelehrten ein bloßer Wortkram ist.

nen Maßstabe zu messen statt mit einem fremden. Dann
würde es tausend Grillen und Vorurteile nie fassen, auf deren
Austreibung der beste Teil der nachfolgenden Erfahrung
und Lebensschule verwendet werden muß; und sein Geist
würde auf immer an Gründlichkeit, Deutlichkeit, eigenes
Urteil und Unbefangenheit gewöhnt sein.

Überhaupt sollten Kinder das Leben in jeder Hinsicht
nicht früher aus der Kopie kennenlernen als aus dem Original. Statt daher zu eilen, ihnen nur Bücher in die Hände zu
geben, mache man sie stufenweise mit den Dingen und den
menschlichen Verhältnissen bekannt. Vor allem sei man
darauf bedacht, sie zu einer reinen Auffassung der Wirklichkeit anzuleiten und sie dahin zu bringen, daß sie ihre Begriffe
stets unmittelbar aus der wirklichen Welt schöpfen und sie
nach der Wirklichkeit bilden, nicht aber sie anderswo her-
holen, aus Büchern, Märchen oder Reden anderer, und solche Begriffe nachher schon fertig zur Wirklichkeit hinzu-
bringen, welche letztere sie alsdann, den Kopf voll Chimären, teils falsch auffassen, teils nach jenen Chimären umzumodeln fruchtlos sich bemühen und so auf theoretische oder
gar praktische Irrwege geraten. Denn es ist unglaublich, wie
viel Nachteil früh eingepflanzte Chimären und daraus entstandene Vorurteile bringen: die spätere Erziehung, welche
die Welt und das wirkliche Leben uns geben, muß alsdann
hauptsächlich auf Ausmerzung jener verwendet werden.
Hierauf beruht auch die Antwort des *Antisthenes*, welche
Diogenes Laertios ([›De vitis, dogmatibus et apophtheg-
matibus philosophorum‹] 6, [cap. 1] 7) berichtet: Ἐρωτη-
θείς, τί τῶν μαθημάτων ἀναγκαιότατον, ἔφη· τὸ κακὰ
ἀπομαθεῖν. (Interrogatus quaenam esset disciplina maxime
necessaria, mala, inquit, dediscere.) [Auf die Frage, was zu
erlernen am notwendigsten sei, antwortete er: ‚Das Schlechte zu verlernen.‘]

§ 374

Eben weil früh eingesogene Irrtümer meistens unauslöschlich sind und die Urteilskraft am spätesten zur Reife kommt,
soll man die Kinder bis zum sechzehnten Jahre von allen

Lehren, worin große Irrtümer sein können, frei erhalten, also von aller Philosophie, Religion und [allen] allgemeinen Ansichten jeder Art, und sie bloß solche Dinge treiben lassen, worin entweder keine Irrtümer möglich sind, wie Mathematik, oder keiner sehr gefährlich ist, wie Sprachen, Naturkunde, Geschichte usw., überhaupt aber in jedem Alter nur solche Wissenschaften, die demselben zugänglich und ganz und gar verständlich sind. Die Kindheit und Jugend ist die Zeit, Data zu sammeln und das Einzelne speziell und von Grund aus kennenzulernen; hingegen muß das Urteil im Allgemeinen noch suspendiert bleiben und [müssen] die letzten Erklärungen hinausgeschoben werden. Man lasse die Urteilskraft, da sie Reife und Erfahrung voraussetzt, noch ruhen und hüte sich, ihr durch Einprägung von Vorurteilen zuvorzukommen, als wodurch man sie auf immer lähmt.

Hingegen ist das Gedächtnis, da es in der Jugend seine größte Stärke und Tenazität[1] hat, vorzüglich in Anspruch zu nehmen, jedoch mit sorgfältigster, aus skrupulöser Überlegung hervorgegangener Auswahl. Denn da das in der Jugend Wohlerlernte auf immer haftet, so sollte diese köstliche Anlage zu möglichstem Gewinne benutzt werden. Wenn wir uns vergegenwärtigen, wie tief eingegraben in unserm Gedächtnis die Personen stehn, die wir in den zwölf ersten Jahren unsers Lebens gekannt haben, und wie auch die Begebenheiten jener Zeit und überhaupt das meiste, was wir damals erfahren, gehört, gelernt haben, unauslöschlich eingeprägt ist; so ist es ein sehr natürlicher Gedanke, auf diese Empfänglichkeit und Tenazität des jugendlichen Geistes die Erziehung zu gründen, indem man alle Eindrücke auf dieselben streng methodisch und systematisch nach Vorschrift und Regel leitet. Weil nun aber dem Menschen nur wenige Jugendjahre beschieden sind und auch die Kapazität des Gedächtnisses überhaupt, und noch mehr die des individuellen, doch immer eine limitierte ist; so käme alles darauf an, dasselbe mit dem Wesentlichsten und Wichtigsten in jeder Art unter Ausschließung alles übrigen anzufüllen. Diese Auswahl sollte einmal von den tüchtigsten Köpfen und den

1. [Zähigkeit]

Meistern in jedem Fache mit der reiflichsten Überlegung gemacht und ihr Resultat festgestellt werden. Zum Grunde liegen müßte ihr eine Sichtung des dem Menschen überhaupt und des für jedes besondere Gewerbe oder Fach zu wissen Nötigen und Wichtigen. Die Kenntnisse der ersteren Art müßten dann wieder in stufenweise erweiterte cursus oder Enzyklopädien je nach dem Grade allgemeiner Bildung, die jedem nach Maßgabe seiner äußern Verhältnisse zugedacht ist, abgeteilt werden: von der Beschränkung auf notdürftigen Primärunterricht an bis auf den Inbegriff sämtlicher Lehrgegenstände der philosophischen Fakultät hinauf. Die Kenntnisse der zweiten Art nun aber blieben der Auswahl der wahren Meister in jedem Fache überlassen. Das Ganze gäbe einen speziell ausgeführten Kanon der intellektuellen Erziehung, welcher freilich alle zehn Jahre einer Revision bedürfen würde. Durch solche Veranstaltungen also würde man die Jugendkraft des Gedächtnisses zu möglichstem Vorteile benutzen und der später auftretenden Urteilskraft vortrefflichen Stoff überliefern.

§ 375

Die *Reife* der Erkenntnis, d. h. die Vollkommenheit, zu der diese in jedem einzelnen gelangen kann, besteht darin, daß eine genaue Verbindung zwischen seinen sämtlichen abstrakten Begriffen und seiner anschauenden Auffassung zustande gekommen sei; so daß jeder seiner Begriffe unmittelbar oder mittelbar auf einer anschaulichen Basis ruhe, als wodurch allein derselbe realen Wert hat; und ebenfalls, daß er jede ihm vorkommende Anschauung dem richtigen ihr angemessenen Begriff zu subsumieren vermöge. Diese *Reife* ist allein das Werk der Erfahrung und mithin der Zeit. Denn da wir unsere anschaulichen und unsere abstrakten Erkenntnisse meistens separat erwerben, erstere auf dem natürlichen Wege, letztere durch gute und schlechte Belehrung und Mitteilung anderer; so ist in der Jugend meistens wenig Übereinstimmung und Verbindung zwischen unsern durch bloße Worte fixierten Begriffen und unserer durch die

Anschauung erlangten realen Erkenntnis. Beide kommen
erst allmälig einander näher und berichtigen sich gegenseitig: aber erst, wann sie miteinander ganz verwachsen sind,
ist die Reife der Erkenntnis da. Diese Reife ist ganz unabhängig von der sonstigen größern oder geringern Vollkommenheit der Fähigkeiten eines jeden, als welche nicht auf
dem Zusammenhange der abstrakten und intuitiven Erkenntnis, sondern auf dem intensiven Grade beider beruht.

§ 376

Für den praktischen Menschen ist das nötigste Studium die
Erlangung einer genauen und gründlichen Kenntnis davon,
wie es eigentlich in der Welt hergeht: aber es ist auch das lang-
wierigste, indem es bis ins späte Alter fortdauert, ohne daß
man ausgelernt hätte; während man in den Wissenschaften
doch schon in der Jugend das Wichtigste bemeistert. Der
Knabe und Jüngling hat in jener Erkenntnis als Neuling die
ersten und schwersten Lektionen zu lernen; aber oft hat
selbst der reife Mann noch viel darin nachzuholen. Diese
schon an sich bedeutende Schwierigkeit der Sache wird nun
noch verdoppelt durch die *Romane*, als welche einen Hergang der Dinge und des Verhaltens der Menschen darstellen, wie er in der Wirklichkeit eigentlich nicht stattfindet.
Dieser nun aber wird mit der Leichtgläubigkeit der Jugend
aufgenommen und dem Geiste einverleibt; wodurch jetzt an
die Stelle bloß negativer Unkunde ein ganzes Gewebe falscher Voraussetzungen, als positiver Irrtum, tritt, welcher
nachher sogar die Schule der Erfahrung selbst verwirrt und
ihre Lehren in falschem Lichte erscheinen läßt. Ging der
Jüngling vorher im dunkeln, so wird er jetzt noch von Irr-
lichtern irregeführt, das Mädchen oft noch mehr. Ihnen ist
durch die Romane eine ganz falsche Lebensansicht unter-
geschoben und sind Erwartungen erregt worden, die nie erfüllt werden können. Dies hat meistens den nachteiligsten
Einfluß auf das ganze Leben. Entschieden im Vorteil stehn
hier die Menschen, welche in ihrer Jugend zum Romane-
lesen keine Zeit oder Gelegenheit gehabt haben, wie Hand-

werker u. dgl. Wenige Romane sind von obigem Vorwurf auszunehmen, ja wirken eher im entgegengesetzten Sinne: z.B. und vor allen ›Gil Blas‹ und sonstige Werke des *Lesage* (oder vielmehr ihre spanischen Originale), ferner auch der ›Vicar of Wakefield‹ und zum Teil die Romane Walter Scotts. Der ›Don Quijote‹ kann als eine satirische Darstellung jenes Irrweges selbst angesehn werden.

KAPITEL 29

ZUR PHYSIOGNOMIK

§ 377

Daß das Äußere das Innere darstellend wiedergebe und das Antlitz das ganze Wesen des Menschen ausspreche und offenbare, ist eine Voraussetzung, deren Apriorität und mithin Sicherheit sich kundgibt in der bei jeder Gelegenheit hervortretenden allgemeinen Begier, einen Menschen, der sich durch irgend etwas im guten oder schlimmen hervorgetan oder auch ein außerordentliches Werk geliefert hat, zu *sehn* oder, falls dieses versagt bleibt, wenigstens von andern zu erfahren, *wie er aussieht*; daher dann einerseits der Zudrang zu den Orten, wo man seine Anwesenheit vermutet, und andererseits die Bemühungen der Tageblätter, zumal der englischen, ihn minutiös und treffend zu beschreiben, bis bald darauf Maler und Kupferstecher ihn uns anschaulich darstellen und endlich *Daguerres* Erfindung, eben deswegen so hoch geschätzt, diesem Bedürfnis auf das vollkommenste entspricht. Ebenfalls prüft im gemeinen Leben jeder jeden, der ihm vorkommt, physiognomisch und sucht im stillen sein moralisches und intellektuelles Wesen aus seinen Gesichtszügen im voraus zu erkennen. Dem allen nun könnte nicht so sein, wenn, wie einige Toren wähnen, das Aussehn des Menschen nichts zu bedeuten hätte, indem ja die Seele eines und der Leib das andere wäre, zu jener sich verhaltend wie zu ihm selbst sein Rock.

Vielmehr ist jedes Menschengesicht eine Hieroglyphe, die sich allerdings entziffern läßt, ja deren Alphabet wir fertig in uns tragen. Sogar sagt das Gesicht eines Menschen in der Regel mehr und Interessanteres als sein Mund: denn es ist das Kompendium alles dessen, was dieser je sagen wird; indem es das Monogramm alles Denkens und Trachtens dieses Menschen ist. Auch spricht der Mund nur Gedanken eines Menschen, das Gesicht einen Gedanken der Natur aus. Daher ist jeder wert, daß man ihn aufmerksam betrachte; wenn auch nicht jeder, daß man mit ihm rede. – Ist nun schon jedes Individuum, als ein einzelner Gedanke der Natur, betrachtungswürdig, so ist es im höchsten Grade die Schönheit: denn sie ist ein höherer, allgemeinerer Begriff der Natur; sie ist ihr Gedanke der Spezies. Darum fesselt sie so mächtig unsern Blick. Sie ist ein Grund-und-Haupt-Gedanke der Natur, während das Individuum nur ein Nebengedanke, ein Korollarium, ist.

Alle gehn stillschweigend von dem Grundsatz aus, daß jeder *ist*, wie er *aussieht*: dieser ist auch richtig; aber die Schwierigkeit liegt in der Anwendung, die Fähigkeit zu welcher teils angeboren, teils aus der Erfahrung zu gewinnen ist: aber keiner lernt aus; selbst der Geübteste ertappt sich noch auf Irrtümern. Dennoch lügt das Gesicht nicht (was auch der Figaro sagen mag), sondern wir sind es, die ablesen, was nicht dasteht. Allerdings ist die Entzifferung des Gesichts eine große und schwere Kunst. Ihre Prinzipien sind nie in abstracto zu erlernen. Die erste Bedingung dazu ist, daß man seinen Mann mit *rein objektivem Blick* auffasse, welches so leicht nicht ist. Sobald nämlich die leiseste Spur von Abneigung oder Zuneigung oder Furcht oder Hoffnung oder auch der Gedanke, welchen Eindruck wir selbst jetzt auf *ihn* machen, kurz: irgend etwas Subjektives sich einmischt, verwirrt und verfälscht sich die Hieroglyphe. Wie den Klang einer Sprache nur der hört, welcher sie nicht versteht, weil sonst das Bezeichnete das Zeichen sogleich aus dem Bewußtsein verdrängt; so sieht die Physiognomie eines Menschen nur der, welcher ihm noch fremd ist, d. h. nicht durch öfteres Sehn oder gar durch Sprechen mit ihm sich an sein Gesicht gewöhnt hat. Demgemäß hat man den rein objektiven Eindruck eines Gesichts und dadurch die Möglichkeit seiner Entzifferung, streng genommen, nur beim ersten Anblick. Wie Gerüche uns nur bei ihrem Eintritt affizieren und der Geschmack eines Weins eigentlich nur beim ersten Glase; so machen auch Gesichter ihren vollen Eindruck nur das erste Mal. Auf diesen soll man daher sorgfältig achten: man soll ihn sich merken, ja bei persönlich uns wichtigen Menschen ihn aufschreiben; wenn man nämlich seinem eigenen physiognomischen Gefühle trauen darf. Die nachherige Bekanntschaft, der Umgang, wird jenen Eindruck verwischen, aber die Folge wird ihn einst bestätigen.

Inzwischen wollen wir hier uns nicht verhehlen, daß jener erste Anblick meistens höchst unerfreulich ist – allein wie wenig taugen auch die meisten! – Mit Ausnahme der schönen, der gutmütigen und der geistreichen Gesichter – also höchst weniger und seltener – wird, glaube ich, feinfühlenden Personen jedes neue Gesicht meistens eine dem Schreck verwandte Empfindung erregen, indem es in neuer und überraschender Kombination das Unerfreuliche darbietet. Wirklich ist es in der Regel ein trübseliger Anblick (a sorry sight). Einzelne gibt es sogar, auf deren Gesicht eine so naive Gemeinheit und Niedrigkeit der Sinnesart, dazu so tierische Beschränktheit des Verstandes ausgeprägt ist, daß man sich wundert, wie sie nur mit einem solchen Gesichte noch ausgehn mögen und nicht lieber eine Maske tragen. Ja es gibt Gesichter, durch deren bloßen Anblick man sich verunreinigt fühlt. Man kann es daher solchen, denen ihre bevorzugte Lage es gestattet, nicht verdenken, wenn sie sich so zurückziehn und umgeben, daß sie der peinlichen Empfindung, ›neue Gesichter zu sehn‹, gänzlich entzogen bleiben. – Bei der *metaphysischen* Erklärung dieser Sache kommt zur Erwägung, daß die Individualität eines jeden gerade das ist, wovon er, durch seine Existenz selbst zurückgebracht, korrigiert werden soll. Will man hingegen mit der *psychologischen* Erklärung sich begnügen, so frage man sich, was für Physiognomien denn wohl zu erwarten stehn bei denen, in deren Innerem ein langes Leben hindurch höchst selten etwas anderes aufgestiegen ist als kleinliche, niedrige, miserable Gedanken und gemeine, eigennützige, neidische, schlechte und boshafte Wünsche. Jedes von diesen hat auf die Dauer seiner Gegenwart dem Gesichte seinen Ausdruck aufgesetzt; alle diese Spuren haben sich durch die viele Wiederholung mit der Zeit tief eingefurcht und sind, wie man sagt, recht ausgefahren. Daher also sehn die meisten Menschen so aus, daß man beim ersten Anblick erschrickt und nur allmälig ihr Gesicht gewohnt wird, d. h. gegen dessen Eindruck sich so abstumpft, daß er nicht mehr wirkt.

Aber eben jener langsame Bildungsprozeß des bleibenden Gesichtsausdrucks durch unzählige vorübergehende charakteristische Anspannungen der Züge ist auch der Grund, warum die geistreichen Gesichter es erst allmälig werden und sogar erst im Alter ihren hohen Ausdruck erlangen, während die Porträts aus ihrer Jugendzeit nur die ersten Spuren davon zeigen. Hingegen stimmt das soeben über den ersten Schreck Gesagte zu der obigen Bemerkung, daß ein Gesicht nur das erste Mal seinen richtigen und vollen Eindruck macht. Um nämlich diesen rein objektiv und unverfälscht zu empfangen, müssen wir noch in keinerlei Beziehung zur Person stehn, ja wo möglich mit derselben noch nicht geredet haben. Schon jedes Gespräch nämlich befreundet einigermaßen und führt einen gewissen Rapport, eine wechselseitige, *subjektive* Beziehung ein, bei der die Objektivität der Auffassung sogleich leidet. Da zudem jeder bemüht ist, sich Hochachtung oder Freundschaft zu erwerben, so wird auch der zu Beobachtende sogleich allerlei ihm schon geläufige Verstellungskünste anwenden, wird, mit seinen Mienen, heucheln, schmeicheln und dadurch uns so bestechen, daß wir bald nicht mehr sehn, was doch der erste Blick uns deutlich gezeigt hatte. Danach heißt es dann, daß ›die meisten Menschen bei näherer Bekanntschaft gewinnen‹, sollte jedoch heißen: ›uns betören‹. Wenn nun aber späterhin die schlimmen Gelegenheiten sich einfinden, da erhält meistens das Urteil des ersten Blicks seine Rechtfertigung und macht sie oft höhnend geltend. Ist hingegen die ›nähere Bekanntschaft‹ sogleich eine feindselige, so wird man ebenfalls nicht finden, daß durch sie die Leute gewönnen. Eine andere Ursache des angeblichen Gewinnens bei näherer Bekanntschaft ist, daß der Mensch, dessen erster Anblick uns vor ihm warnte, sobald wir mit ihm konversie-

ren, nicht mehr bloß sein eigenes Wesen und [seinen] Charakter zeigt, sondern auch seine Bildung, d. h. nicht bloß, was er
wirklich und von Natur ist, sondern auch, was er sich vom
Gemeingut der ganzen Menschheit angeeignet hat: drei
Viertel von dem, was er sagt, gehört nicht ihm, sondern ist
von außen hineingekommen; dann wundern wir uns oft,
einen solchen Minotaur so menschlich reden zu hören. Aber
man komme nur von der ›näheren Bekanntschaft‹ zur noch
näheren: da wird bald ›die Bestialität‹, welche sein Gesicht
verhieß, ›sich gar herrlich offenbaren‹[1]. – Wer also mit
physiognomischem Scharfblick begabt ist, hat die aller näheren Bekanntschaft vorhergegangenen und daher unver-
fälschten Aussprüche desselben wohl zu beachten. Denn das
Gesicht eines Menschen sagt gerade aus, *was er ist*; und
täuscht es uns, so ist dies nicht seine, sondern unsere Schuld.
Die Worte eines Menschen hingegen sagen bloß, was er
denkt, öfter nur, was er gelernt hat, oder gar, was er zu denken bloß vorgibt. Dazu kommt noch, daß, wenn wir mit
ihm reden, ja ihn nur zu andern reden hören, wir von seiner
eigentlichen Physiognomie abstrahieren, indem wir sie als
das Substrat, das schlechthin Gegebene beiseite setzen und
bloß auf das Pathognomische derselben, sein Mienenspiel
beim Reden achten: dieses aber richtet er so ein, daß er die
gute Seite nach außen kehrt.

Wenn nun aber *Sokrates* zu einem Jünglinge, der ihm, damit er dessen Fähigkeiten prüfe, vorgestellt wurde, gesagt
hat: ›Sprich, damit ich dich sehe‹; so hatte er (angenommen,
daß er unter dem Sehn nicht das bloße Hören verstand) zwar
insofern recht, als erst beim Reden die Züge, besonders die
Augen des Menschen sich beleben und seine geistigen Mittel und Fähigkeiten dem Mienenspiel ihren Stempel auf-
drücken, wodurch wir alsdann den Grad und die Kapazität
seiner Intelligenz vorläufig abzuschätzen imstande sind;
welches eben hier der Zweck des Sokrates war. Sonst aber
ist dagegen geltend zu machen, erstlich, daß dieses sich
nicht auf die *moralischen* Eigenschaften des Menschen erstreckt, als welche tiefer liegen, und zweitens, daß, was wir

1. [Goethe: ›Faust‹ 1, Vers 2297 f.]

beim Reden des Menschen an der deutlicheren Entwickelung seiner Gesichtszüge durch sein Mienenspiel obiective gewinnen, wir wieder subiective verlieren durch die persönliche Beziehung, in welche er zu uns sogleich tritt und welche eine leise Faszination herbeiführt, die uns nicht unbefangen läßt; wie oben ausgeführt worden. Daher möchte von diesem letzteren Gesichtspunkte aus es richtiger sein, zu sagen: ›Sprich nicht, damit ich dich sehe.‹

Denn um die wahre Physiognomie eines Menschen rein und tief zu erfassen, muß man ihn beobachten, wann er allein und sich selbst überlassen dasitzt. Schon jede Gesellschaft und sein Gespräch mit einem andern wirft einen fremden Reflex auf ihn, meistens zu seinem Vorteil, indem er durch die Aktion und Reaktion in Tätigkeit gesetzt und dadurch gehoben wird. Hingegen allein und sich selber überlassen, in der Brühe seiner eigenen Gedanken und Empfindungen schwimmend – nur da ist er ganz und gar *er selbst*. Da kann ein tief eindringender physiognomischer Blick sein ganzes Wesen im allgemeinen auf *einmal* erfassen. Denn auf seinem Gesichte, an und für sich, ist der Grundton aller seiner Gedanken und Bestrebungen ausgeprägt, der ›arrêt irrévocable‹ [unwiderrufliche Beschluß] dessen, was er zu sein hat und als was er sich nur dann ganz empfindet, wann er allein ist.

Schon deshalb nun ist Physiognomik ein Hauptmittel zur Kenntnis der Menschen, weil die Physiognomie im engern Sinne das einzige ist, wohin ihre Verstellungskünste nicht reichen, da im Bereiche dieser bloß das Pathognomische, das Mimische liegt. Daher eben empfehle ich, jeden dann aufzufassen, wann er allein, sich selber hingegeben ist und ehe man mit ihm geredet hat; teils weil man nur dann das Physiognomische rein und unvermischt vor sich hat, indem im Gespräche sogleich das Pathognomische einfließt und er dann seine eingelernten Verstellungskünste anwendet; teils weil jedes, auch das flüchtigste persönliche Verhältnis uns befangen macht und dadurch unser Urteil subjektiv verunreinigt.

Noch habe ich zu bemerken, daß auf dem physiognomi-

schen Wege überhaupt es viel leichter ist, die intellektuellen
Fähigkeiten eines Menschen als seinen moralischen Charakter zu entdecken. Jene nämlich schlagen viel mehr nach
außen. Sie haben ihren Ausdruck nicht nur am Gesicht und
Mienenspiel, sondern auch am Gange, ja an jeder Bewegung,
so klein sie auch sei. Man könnte vielleicht einen Dummkopf, einen Narren und einen Mann von Geist schon von
hinten unterscheiden. Den Dummkopf bezeichnet die blei-
erne Schwerfälligkeit aller Bewegungen; die Narrheit drückt
ihren Stempel jedem Gestus auf; das Gleiche tut Geist und
Nachdenken. Darauf beruht die Bemerkung des *Labruyère*:
›Il n'y a rien de si délié, de si simple, et de si imperceptible,
où il n'y entrent des manières, qui nous décèlent: un sot ni
n'entre, ni ne sort, ni ne s'assied, ni ne se lève, ni ne se tait,
ni n'est sur ses jambes, comme un homme d'esprit.‹ [Es gibt
nichts, was so fein, so einfach und so unmerklich wäre, daß
nicht ein Benehmen darin läge, das uns verrät. Ein
Dummkopf kann weder hereintreten noch hinausgehen,
sich setzen oder aufstehen, schweigen oder sich auf seinen
Beinen halten wie ein Mann von Geist; ›Caractères‹ 1,
chap. 2: ›Du mérite personnel‹.] Hieraus erklärt sich, beiläufig gesagt, jener ›instinct sûr et prompt‹ [sichere und schnelle
Instinkt], den, nach *Helvétius* [›De l'esprit‹ disc. 2, chap. 3, 5],
die Alltagsköpfe haben, um die Leute von Geist zu erkennen
und zu fliehen. Die Sache selbst aber beruht zunächst darauf, daß je größer und entwickelter das Gehirn und je dün-
ner im Verhältnis zu ihm das Rückenmark und die Nerven
sind, desto größer nicht nur die Intelligenz, sondern zugleich auch die Mobilität und Folgsamkeit aller Glieder ist;
weil diese dann unmittelbarer und entschiedener vom Gehirn beherrscht werden, folglich alles mehr an *einem* Faden
gezogen wird, wodurch in jeder Bewegung sich ihre Absicht
genau ausprägt. Die ganze Sache ist aber dem analog, ja
hängt damit zusammen, daß, je höher ein Tier auf der Stu-
fenleiter der Wesen steht, desto leichter es durch Verletzung
einer einzigen Stelle getötet werden kann. Man nehme z.B.
die Batrachier [Froschlurche]: wie sie in ihren Bewegungen
schwerfällig, träge und langsam sind, so sind sie auch un-

intelligent und dabei von äußerst zähem Leben; welches alles sich daraus erklärt, daß sie bei gar wenigem Gehirn sehr dickes Rückenmark und Nerven haben. Überhaupt aber ist der Gang, und die Armbewegung hauptsächlich, eine Gehirnfunktion; weil die äußern Glieder mittelst der Rückenmarksnerven vom Gehirn aus ihre Bewegung und jede, auch die kleinste Modifikation derselben erhalten; wie denn auch eben dieserhalb die willkürlichen Bewegungen uns ermüden, welche Ermüdung, eben wie der Schmerz, ihren Sitz im Gehirn, nicht, wie wir wähnen, in den Gliedern hat, daher sie den Schlaf befördert; hingegen die nicht vom Gehirn aus erregten, also unwillkürlichen Bewegungen des organischen Lebens, des Herzens, der Lunge usw. unermüdlich fortgehn. Da nun demselben Gehirn sowohl das Denken als die Lenkung der Glieder obliegt, so prägt der Charakter seiner Tätigkeit sich im einen wie im andern aus, je nach Beschaffenheit des Individuums: dumme Menschen bewegen sich wie Gliedermänner, an geistreichen spricht jedes Gelenk. – Viel besser jedoch als aus den Gesten und Bewegungen sind die geistigen Eigenschaften aus dem Gesichte zu erkennen, aus der Gestalt und Größe der Stirn, der Anspannung und Beweglichkeit der Gesichtszüge und vor allem aus dem Auge – vom kleinen, trüben, mattblickenden Schweinsauge an durch alle Zwischenstufen bis zum strahlenden und blitzenden Auge des Genies hinauf. – *Der Blick der Klugheit*, selbst der feinsten, ist von dem der *Genialität* dadurch verschieden, daß er das Gepräge des Willensdienstes trägt, der andere hingegen davon frei ist. – Demnach ist die Anekdote durchaus glaublich, welche *Squarzafichi* in seinem ›Leben *Petrarcas*‹ dem diesem gleichzeitigen Joseph Brivius [Giuseppe Brivio] nacherzählt, daß nämlich einst am Hofe der Visconti, als unter vielen Herren und Edelen auch Petrarca dastand, Galeazzo Visconti seinem damals noch im Knabenalter stehenden Sohne, nachmaligem ersten Herzoge von Mailand, aufgab, unter den Anwesenden *den weisesten* herauszusuchen; der Knabe sah sie alle eine Weile an; dann aber ergriff er die Hand des Petrarca und führte ihn dem Vater zu, unter großer Bewunderung aller Anwe-

senden. Denn so deutlich drückt die Natur den Bevorzugten der Menschheit den Stempel ihrer Würde auf, daß ein
Kind es erkennt. Daher möchte ich meinen scharfsinnigen
Landsleuten raten, daß, wenn sie einmal wieder Belieben tragen, einen Alltagskopf dreißig Jahre lang als großen Geist
auszuposaunen, sie doch nicht eine solche Bierwirtsphysio-
gnomie dazu wählen mögen, wie *Hegel* hatte, auf dessen Gesicht die Natur mit ihrer leserlichsten Handschrift das ihr
so geläufige ›Alltagsmensch‹ geschrieben hatte.

Anders nun aber als mit dem Intellektuellen verhält es sich
mit dem Moralischen, dem Charakter des Menschen: dieser
ist viel schwerer physiognomisch zu erkennen, weil er, als
ein Metaphysisches, ungleich tiefer liegt und mit der Korporisation, dem Organismus, zwar auch zusammenhängt,
jedoch nicht so unmittelbar und nicht an einen bestimmten
Teil und System desselben geknüpft ist wie der Intellekt.
Dazu kommt, daß, während jeder seinen Verstand, als mit
welchem er durchgängig sehr zufrieden ist, offen zur Schau
trägt und bei jeder Gelegenheit ihn zu zeigen sich bemüht,
das Moralische selten ganz frei an den Tag gelegt, ja meistens absichtlich versteckt wird, worin dann die lange
Übung große Meisterschaft verleiht. Inzwischen drücken,
wie oben ausgeführt, die schlechten Gedanken und nichtswürdigen Bestrebungen allmälig dem Gesichte ihre Spuren
ein, zumal dem Auge. Dennoch steht es so, daß wir, physiognomisch urteilend, uns leicht für einen Menschen dahin
verbürgen können, daß er nie ein unsterbliches Werk hervorbringen, aber nicht wohl, daß er nie ein großes Verbrechen begehn werde.

KAPITEL 30

ÜBER LÄRM UND GERÄUSCH

§ 378

Kant hat eine Abhandlung ›Über die *lebendigen Kräfte*‹ geschrieben: ich aber möchte eine Nänie und Threnodie[1] über dieselben schreiben; weil ihr so überaus häufiger Gebrauch im Klopfen, Hämmern und Rammeln mir mein Leben hindurch zur täglichen Pein gereicht hat. Allerdings gibt es Leute, ja recht viele, die hierüber lächeln, weil sie unempfindlich gegen Geräusch sind: es sind jedoch eben die, welche auch unempfindlich gegen Gründe, gegen Gedanken, gegen Dichtungen und Kunstwerke, kurz: gegen geistige Eindrükke jeder Art sind; denn es liegt an der zähen Beschaffenheit und handfesten Textur ihrer Gehirnmasse. Hingegen finde ich Klagen über die Pein, welche denkenden Menschen der Lärm verursacht, in den Biographien oder sonstigen Berichten persönlicher Äußerungen fast aller großen Schriftsteller, z.B. Kants, Goethes, Lichtenbergs, Jean Pauls; ja wenn solche bei *irgendeinem* fehlen sollten, so ist es bloß, weil der Kontext nicht darauf geführt hat. Ich lege mir die Sache so aus: wie ein großer Diamant, in Stücke zerschnitten, an Wert nur noch ebenso vielen kleinen gleichkommt, oder wie ein Heer, wenn es zersprengt, d.h. in kleine Haufen aufgelöst ist, nichts mehr vermag; so vermag auch ein großer Geist nicht mehr als ein gewöhnlicher, sobald er unterbrochen, gestört, zerstreut, abgelenkt wird; weil seine Überlegenheit dadurch bedingt ist, daß er alle seine Kräfte wie ein Hohlspiegel alle seine Strahlen auf *einen* Punkt und Gegenstand konzentriert; und hieran eben verhindert ihn die

1. [Totenklage und Trauergesang]

lärmende Unterbrechung. Darum also sind die eminenten Geister stets jeder Störung, Unterbrechung und Ablenkung, vor allem aber der gewaltsamen durch Lärm so höchst abhold gewesen, während die übrigen dergleichen nicht sonderlich anficht. Die verständigste und geistreichste aller europäischen Nationen hat sogar die Regel ›Never interrupt‹ – ›Du sollst niemals unterbrechen‹ – das elfte Gebot genannt. Der Lärm aber ist die impertinenteste aller Unterbrechungen, da er sogar unsere eigenen Gedanken unterbricht, ja zerbricht. Wo jedoch nichts zu unterbrechen ist, da wird er freilich nicht sonderlich empfunden werden. – Bisweilen quält und stört ein mäßiges und stetiges Geräusch mich eine Weile, ehe ich seiner mir deutlich bewußt werde, indem ich es bloß als eine konstante Erschwerung meines Denkens, wie einen Block am Fuße, empfinde, bis ich innewerde, was es sei.

Nunmehr aber, vom Genus auf die Spezies übergehend, habe ich als den unverantwortlichsten und schändlichsten Lärm das wahrhaft infernale Peitschenklatschen in den hallenden Gassen der Städte zu denunzieren, welches dem Leben alle Ruhe und alle Sinnigkeit benimmt. Nichts gibt mir vom Stumpfsinn und der Gedankenlosigkeit der Menschen einen so deutlichen Begriff wie das Erlaubtsein des Peitschenklatschens. Dieser plötzliche, scharfe, hirnlähmende, alle Besinnung zerschneidende und gedankenmörderische Knall muß von jedem, der nur irgend etwas einem Gedanken Ähnliches im Kopfe herumträgt, schmerzlich empfunden werden; jeder solcher Knall muß daher Hunderte in ihrer geistigen Tätigkeit, so niedriger Gattung sie auch immer sein mag, stören: dem Denker aber fährt er durch seine Meditationen so schmerzlich und verderblich wie das Richtschwert zwischen Kopf und Rumpf. Kein Ton durchschneidet so scharf das Gehirn wie dieses vermaledeite Peitschenklatschen: man fühlt geradezu die Spitze der Peitschenschnur im Gehirn, und es wirkt auf dieses wie die Berührung auf die Mimosa pudica [schamhafte Mimose], auch eben so nachhaltig. Bei allem Respekt vor der hochheiligen Nützlichkeit sehe ich doch nicht ein, daß ein Kerl, der eine Fuhr Sand oder Mist von der Stelle schafft, dadurch das Privilegium erlangen soll, jeden etwan aufsteigenden Gedanken in sukzessive zehntausend Köpfen (eine halbe Stunde Stadtweg) im Keime zu ersticken. Hammerschläge, Hundegebell und Kindergeschrei sind entsetzlich; aber der rechte Gedankenmörder ist allein der Peitschenknall. Jeden guten, sinnigen Augenblick, den etwan hier und da *irgendeiner* hat, zu zermalmen ist seine Bestimmung. Nur wenn, um Zugtiere anzutreiben, kein andres Mittel vorhanden wäre als dieser abscheulichste aller Klänge, würde er zu entschuldigen sein. Aber ganz im Gegenteil: dieses vermaledeite Peitschenklatschen ist nicht nur unnötig, sondern sogar unnütz. Die durch dasselbe beabsichtigte psychische Wirkung auf die Pferde nämlich ist durch die Gewohnheit, welche der unablässige Mißbrauch der Sache herbeigeführt hat, ganz abgestumpft und bleibt aus: sie beschleunigen ihren Schritt nicht danach, wie besonders an leeren und Kunden suchenden Fiakern, die, im langsamsten Schritte fahrend, unaufhörlich klatschen, zu ersehn ist: die leiseste Berührung mit der Peitsche wirkt mehr. Angenommen aber, daß es unumgänglich nötig wäre, die Pferde durch den Schall beständig an die Gegenwart der Peitsche zu erinnern, so würde dazu ein hundertmal schwächerer Schall ausreichen; da bekanntlich die Tiere sogar auf die leisesten, ja auf kaum merkliche Zeichen, hörbare wie sichtbare, achten, wovon abgerichtete Hunde und Kanarienvögel staunenerregende Beispiele liefern. Die Sache stellt demnach sich eben dar als reiner Mutwille, ja als ein frecher Hohn des mit den Armen arbeitenden Teiles der Gesellschaft gegen den mit dem Kopfe arbeitenden. Daß eine solche Infamie in Städten geduldet wird, ist eine grobe Barbarei und eine Ungerechtigkeit, um so mehr, als es gar leicht zu beseitigen wäre durch polizeiliche Verordnung eines Knotens am Ende jeder Peitschenschnur. Es kann nicht schaden, daß man die Proletarier auf die Kopfarbeit der über ihnen stehenden Klassen aufmerksam mache: denn sie haben vor aller Kopfarbeit eine unbändige Angst. Daß nun aber ein Kerl, der mit ledigen Postpferden oder auf einem

losen Karrengaul die engen Gassen einer volkreichen Stadt
durchreitend oder gar neben den Tieren hergehend, mit
einer klafterlangen Peitsche aus Leibeskräften unaufhörlich
klatscht, nicht verdiene, sogleich abzusitzen, um fünf aufrichtig gemeinte Stockprügel zu empfangen, das werden
mir alle Philanthropen der Welt, nebst den legislativen,
sämtliche Leibesstrafen aus guten Gründen abschaffenden
Versammlungen nicht einreden. Aber etwas noch Stärkeres
als jenes kann man oft genug sehn, nämlich so einen Fuhr-
knecht, der, allein und ohne Pferde durch die Straßen gehend, unaufhörlich klatscht: so sehr ist diesem Menschen der
Peitschenklatsch zur Gewohnheit geworden infolge unver-
antwortlicher Nachsicht. Soll denn bei der so allgemeinen
Zärtlichkeit für den Leib und alle seine Befriedigungen der
denkende Geist das einzige sein, was nie die geringste Berücksichtigung noch Schutz, geschweige Respekt erfährt?
Fuhrknechte, Sackträger, Eckensteher u. dgl. sind die Lasttiere der menschlichen Gesellschaft; sie sollen durchaus
human, mit Gerechtigkeit, Billigkeit, Nachsicht und Vorsorge behandelt werden: aber ihnen darf nicht gestattet
sein, durch mutwilligen Lärm dem höhern Bestreben des
Menschengeschlechts hinderlich zu werden. Ich möchte
wissen, wie viele große und schöne Gedanken diese Peitschen schon aus der Welt geknallt haben. Hätte ich zu be-
fehlen, so sollte in den Köpfen der Fuhrknechte ein unzer-
reißbarer nexus idearum zwischen Peitschenklatschen und
Prügelkriegen erzeugt werden. – Wir wollen hoffen, daß
die intelligenteren und feiner fühlenden Nationen auch hierin
den Anfang machen und dann auf dem Wege des Beispiels
die Deutschen ebenfalls dahin werden gebracht werden[F].
Von diesen sagt inzwischen *Thomas Hood* (›Up the Rhine‹):
›For a musical people, they are the most noisy I ever met
with.‹ (Für eine musikalische Nation sind sie die lärmen-
deste, welche mir je vorgekommen.) Daß sie dies sind, liegt
aber nicht daran, daß sie mehr als andere zum Lärmen ge-

F. Nach einer ›Bekanntmachung des Münchener Tierschutzvereins‹
vom Dezember 1858 ist in Nürnberg das überflüssige Peitschen und
Knallen strengstens verboten.

neigt wären, sondern an der aus Stumpfheit entspringenden
Unempfindlichkeit derer, die es anzuhören haben, als welche
dadurch in keinem Denken oder Lesen gestört werden,
weil sie eben nicht denken, sondern bloß rauchen, als welches
ihr Surrogat für Gedanken ist. Die allgemeine Toleranz
gegen unnötigen Lärm, z.B. gegen das so höchst ungezogene
und gemeine Türenwerfen, ist geradezu ein Zeichen
der allgemeinen Stumpfheit und Gedankenleere der Köpfe.
In Deutschland ist es, als ob es ordentlich darauf angelegt
wäre, daß vor Lärm niemand zur Besinnung kommen solle:
z.B. das zwecklose Trommeln.

Was nun endlich die Literatur des in diesem Kapitel abgehandelten
Gegenstandes betrifft, so habe ich nur *ein*
Werk, aber ein schönes, zu empfehlen, nämlich eine poetische
Epistel in Terzerimen von dem berühmten Maler
Bronzino, betitelt: ›De' romori, a Messer Luca Martini‹; hier
wird nämlich die Pein, die man von dem mannigfaltigen
Lärm einer italienischen Stadt auszustehn hat, in tragikomischer
Weise ausführlich und sehr launig geschildert. Man
findet diese Epistel S. 258 des zweiten Bandes der ›Opere
burlesche del Berni, Aretino ed altri‹ (angeblich erschienen
in Utrecht, 1771).

KAPITEL 31

GLEICHNISSE, PARABELN UND FABELN

§ 379

Den Hohlspiegel kann man zu mannigfaltigen Gleichnissen benutzen, z. B., wie oben beiläufig geschehn, ihn mit dem Genie vergleichen, sofern auch dieses seine Kraft auf *eine* Stelle konzentriert, um wie er ein täuschendes, aber verschönertes Bild der Dinge nach außen zu werfen oder überhaupt Licht und Wärme zu erstaunlichen Wirkungen anzuhäufen. Der elegante Polyhistor hingegen gleicht dem konvexen Zerstreuungsspiegel, als welcher nur wenig unter seiner Oberfläche alle Gegenstände zugleich und ein verkleinertes Bild der Sonne dazu sehn läßt und solche nach allen Richtungen jedem entgegenwirft, während der Hohlspiegel nur nach *einer* wirkt und eine bestimmte Stellung des Beschauers fordert.

Zweitens läßt auch jedes echte Kunstwerk sich dem Hohlspiegel vergleichen, sofern, was es eigentlich mitteilt, nicht sein eigenes tastbares Selbst, sein empirischer Inhalt ist, sondern außer ihm liegt, nicht mit Händen zu greifen, vielmehr nur von der Phantasie verfolgt wird als der eigentliche schwer zu haschende Geist der Sache. Man sehe hierüber in meinem Hauptwerke Kap. 34, S. 407 *[Bd. 2, S. 521–527]* des zweiten Bandes.

Endlich kann auch noch ein hoffnungslos Liebender seine grausame Schöne dem Hohlspiegel epigrammatisch vergleichen, als welcher wie diese glänzt, entzündet und verzehrt, dabei aber selbst kalt bleibt.

§ 380

Die Schweiz gleicht einem Genie: schön und erhaben, jedoch wenig geeignet, nahrhafte Frucht zu tragen. Dagegen ist Pommern und das holsteinische Marschland überaus fruchtbar und nahrhaft, aber platt und langweilig wie der nützliche Philister.

§ 380 a

Ich stand vor einer von rücksichtslosem Fuß getretenen Lücke im reifenden Kornfeld. Da sah ich zwischen den zahllosen einander ganz gleichen schnurgeraden, die volle schwere Ähre tragenden Halmen eine Mannigfaltigkeit blauer, roter und violetter Blumen, die in ihrer Natürlichkeit mit ihrem Blätterwerk gar schön anzusehn waren. Aber, dachte ich, sie sind unnütz, unfruchtbar und eigentlich bloßes Unkraut, das hier nur geduldet wird, weil man es nicht loswerden kann. Dennoch sind sie es allein, die diesem Anblick Schönheit und Reiz verleihen. So ist denn in jeder Hinsicht ihre Rolle dieselbe, welche die Poesie und die schönen Künste im ernsten, nützlichen und fruchtbringenden bürgerlichen Leben spielen; daher sie als Sinnbild dieser betrachtet werden können.

§ 381

Es gibt auf der Erde wirklich sehr schöne Landschaften; aber mit der Staffage ist es überall schlecht bestellt, daher man bei dieser sich nicht aufhalten muß.

§ 381 a

Eine Stadt mit architektonischen Verzierungen, Monumenten, Obelisken, Zierbrunnen u. dgl. und dazu mit dem *elenden Straßenpflaster*, wie in Deutschland gewöhnlich, gleicht einer Frau, die mit Gold und Juwelen geschmückt ist, aber ein schmutziges, zerlumptes Kleid dazu trägt. Wollt ihr eure Städte verzieren wie die italienischen, so pflastert sie erst wie die italienischen! Und beiläufig: setzt nicht Statuen auf häuserhohe Grundgestelle, sondern wie die Italiener!

§ 382

Zum Symbol der Unverschämtheit und Dummdreistigkeit sollte man die Fliege nehmen. Denn während alle Tiere den Menschen über alles scheuen und schon von ferne vor ihm fliehen, setzt sie sich ihm auf die Nase.

§ 383

Zwei Chinesen in Europa waren zum erstenmal im Theater. Der eine beschäftigte sich damit, den Mechanismus der Maschinerien zu begreifen; welches ihm auch gelang. Der andere suchte trotz seiner Unkunde der Sprache den Sinn des Stückes zu enträtseln. – Jenem gleicht der Astronom, diesem der Philosoph.

§ 384

Ich stand an der Quecksilberwanne des pneumatischen Apparats[1], und mit einem eisernen Löffel schöpfte ich einige Tropfen, warf sie in die Höhe und fing sie wieder mit dem Löffel: mißlang es, so fielen sie in die Wanne zurück, und nichts ging verloren als nur ihre augenblickliche Form; daher Gelingen und Mißlingen mich ziemlich gleichgültig ließ. – So verhält sich die ›natura naturans‹[2] [schaffende Natur] oder das innere Wesen aller Dinge zum Leben und Sterben der Individuen.

§ 385

Die Weisheit, welche in einem Menschen bloß theoretisch daist, ohne praktisch zu werden, gleicht der gefüllten Rose,

1. [Der pneumatische Apparat dient zur Darstellung und Untersuchung luftförmiger Stoffe, bei dem man bei Luftarten, die vom Wasser absorbiert werden, sich des Quecksilbers bedient, um die atmosphärische Luft abzuhalten.]
2. [Terminus Spinozas]

welche durch Farbe und Geruch andere ergötzt, aber ab-
fällt, ohne Frucht angesetzt zu haben.

Keine Rose ohne Dornen – aber manche Dornen ohne
Rose.

§ 386

Der Hund ist mit Recht das Symbol der Treue: unter den
Pflanzen aber sollte es die Tanne sein. Denn sie allein harrt
mit uns aus, zur schlimmen wie zur guten Zeit, und verläßt uns nicht mit der Gunst der Sonne wie alle andern
Bäume, Pflanzen, Insekten und Vögel – um wiederzukeh-
ren, wann der Himmel uns wieder lacht.

§ 386a

Hinter einem in seiner vollen Blütenpracht ausgebreiteten
Apfelbaum erhob eine gerade Tanne ihren spitzen dunkeln
Gipfel. Zu dieser sprach jener: ›Siehe die Tausende meiner
schönen muntern Blüten, die mich ganz bedecken! Was hast
du dagegen aufzuweisen? Schwarzgrüne Nadeln.‹ – ›Wohl
wahr‹, erwiderte die Tanne: ›aber wann der Winter kommt,
wirst du entlaubt dastehn; ich aber werde sein, was ich
jetzt bin.‹

§ 387

Als ich einst unter einer Eiche botanisierte, fand ich zwischen den übrigen Kräutern und von gleicher Größe mit
ihnen eine Pflanze von dunkler Farbe mit zusammengezo-
genen Blättern und geradem straffen Stiel. Als ich sie berührte, sagte sie mit fester Stimme: ›Mich laß stehn! Ich
bin kein Kraut für dein Herbarium wie jene andern, denen
die Natur ein einjähriges Leben bestimmt hat. Mein Leben
wird nach Jahrhunderten gemessen: ich bin eine kleine
Eiche.‹ – So steht der, dessen Wirkung sich auf Jahrhunderte
erstrecken soll, als Kind, als Jüngling, oft noch als Mann, ja
überhaupt als Lebender scheinbar den übrigen gleich und
wie sie unbedeutend. Aber laßt nur die Zeit kommen und
mit ihr die Kenner! Er stirbt nicht wie die übrigen.

§ 388

Ich fand eine Feldblume, bewunderte ihre Schönheit, ihre Vollendung in allen Teilen und rief aus: ›Aber alles dieses in ihr und Tausenden ihresgleichen prangt und verblüht, von niemandem betrachtet, ja oft von keinem Auge auch nur gesehn.‹ – Sie aber antwortete: ›Du Tor! Meinst du, ich blühe, um gesehn zu werden? Meiner und nicht der andern wegen blühe ich, blühe, weil's mir gefällt: darin, daß ich blühe und bin, besteht meine Freude und meine Lust.‹

§ 389

Zu der Zeit, als die Erdoberfläche noch aus einer gleichförmigen, ebenen Granitrinde bestand und zur Entstehung irgendeines Lebendigen noch keine Anlage dawar, ging eines Morgens die Sonne auf. Die Götterbotin Iris, welche eben im Auftrage der Juno dahergeflogen kam, rief im Vorübereilen der Sonne zu: ›Was gibst du dir die Mühe, aufzugehn? Ist doch kein Auge da, dich wahrzunehmen, und keine Memnonssäule, zu erklingen!‹ Die Antwort war: ›Ich aber bin die Sonne und gehe auf, weil ich es bin: sehe mich, wer kann.‹[L]

§ 390

Eine schöne grünende und blühende *Oasis* sah um sich und erblickte nichts als die Wüste rings umher: vergebens suchte sie, ihresgleichen gewahrzuwerden. Da brach sie in Klagen aus: ›Ich unglückliche, vereinsamte Oasis! Allein muß ich bleiben! Nirgends meinesgleichen, ja nirgends auch nur ein Auge, das mich sähe und Freude hätte an meinen Wiesen, Quellen, Palmbäumen und Gesträuchen! Nichts als die traurige sandige, felsige, leblose Wüste umgibt mich. Was helfen mir alle meine Vorzüge, Schönheiten und Reichtümer in dieser Verlassenheit!‹

Da sprach die alte graue Mutter Wüste: ›Mein Kind, wenn dem anders wäre, wenn ich nicht die traurige dürre

L. Etwas ganz Ähnliches in der ›Deutschen Theologie‹ p. 52

Wüste wäre, sondern blühend, grün und belebt, dann wärst du keine Oase, kein begünstigter Fleck, von dem noch in der Ferne der Wanderer rühmend erzählt; sondern wärst eben ein kleiner Teil von mir und als solcher verschwindend und unbemerkt. Darum also ertrage in Geduld, was die Bedingung deiner Auszeichnung und deines Ruhmes ist.‹

§ 391

Wer im Luftballon aufsteigt, sieht nicht sich sich erheben, sondern die Erde herabsinken, tiefer und immer tiefer. – Was soll das? Ein Mysterium, welches nur die Beipflichtenden verstehn.

§ 392

In Hinsicht auf die Schätzung der Größe eines Menschen gilt für die geistige das umgekehrte Gesetz der physischen: diese wird durch die Ferne verkleinert, jene vergrößert.

§ 393

Wie den zarten angehauchten Tau über blaue Pflaumen hat die Natur über alle Dinge den Firnis der *Schönheit* gezogen. Diesen abzustreifen, um ihn dann aufgehäuft zum bequemen Genuß uns darzubringen, sind Maler und Dichter eifrig bemüht. Dann schlürfen wir schon vor unserm Eintritt ins wirkliche Leben ihn gierig ein. Wann wir aber nachher in dieses treten, dann ist es natürlich, daß wir nunmehr die Dinge von jenem Firnis der Schönheit, den die Natur darübergezogen hatte, entblößt erblicken: denn die Künstler haben ihn gänzlich verbraucht und wir ihn vorgenossen. Demzufolge erscheinen uns jetzt die Dinge meistens unfreundlich und reizlos, ja widern oft uns an. Demnach würde es wohl besser sein, jenen Firnis darauf zu lassen, damit wir ihn selbst fänden: zwar würden wir dann ihn nicht in so großen Dosen, aufgehäuft und auf einmal in Form ganzer Gemälde oder Gedichte genießen; dafür aber alle Dinge in jenem heitern und erfreulichen Lichte erblicken, in welchem jetzt nur noch dann und wann ein Naturmensch sie sieht, der nicht mittelst der schönen Künste seine ästhetischen Freuden und den Reiz des Lebens vorweg genossen hat.

§ 394

Der Dom in Mainz, von um und an ihn gebauten Häusern so verdeckt, daß man nirgends ihn ganz sehn kann, ist mir ein Sinnbild alles Großen und Schönen auf der Welt, als welches nur seiner selbst wegen dasein sollte, aber bald mißbraucht wird vom Bedürfnis, welches von allen Seiten herankommt, um daran sich zu lehnen, sich zu stützen und damit es verdeckt und verdirbt. Das ist freilich kein befremdender Hergang in dieser Welt der Not und des Bedürfnisses, welchen ja überall alles frönen muß und die alles an sich reißen, um ihre Werkzeuge daraus zu machen; selbst das nicht ausgenommen, was nur bei ihrer augenblicklichen Abwesenheit hatte erzeugt werden können: das Schöne und das seiner selbst wegen gesuchte Wahre.

Wir finden dies besonders erläutert und bestätigt, wenn wir die Anstalten, große und kleine, reiche und dürftige, betrachten, die in irgendeinem Zeitalter und Lande zur Erhaltung und Förderung des menschlichen Wissens und überhaupt der intellektuellen Bestrebungen, welche unser Geschlecht adeln, gegründet sind. Überall dauert es nicht lange, so kommt das rohe, tierische Bedürfnis herangeschlichen, um sich, unter dem Schein, jenen Zwecken dienen zu wollen, der dazu ausgesetzten Emolumente zu bemächtigen. Dies ist der Ursprung der Scharlatanerie, wie sie in allen Fächern häufig zu finden ist und, so verschieden auch ihre Gestalten sind, ihr Wesen darin hat, daß man, unbekümmert um die Sache selbst, bloß nach dem Schein derselben trachtet, zum Behuf seiner eigenen persönlichen, egoistischen, materiellen Zwecke.

§ 395

Eine Mutter hatte ihren Kindern zu ihrer Bildung und Besserung Äsops Fabeln zu lesen gegeben. Aber sehr bald brachten sie ihr das Buch zurück, wobei der älteste sich gar altklug also vernehmen ließ: ›Das ist kein Buch für uns, ist viel zu kindisch und zu dumm! Daß Füchse, Wölfe und Raben reden könnten, lassen wir uns nicht mehr aufbinden: über solche Possen sind wir längst hinaus!‹ – Wer erkennt nicht in diesen hoffnungsvollen Knaben die künftigen erleuchteten Rationalisten?

§ 396

Eine Gesellschaft Stachelschweine drängte sich an einem kalten Wintertage recht nahe zusammen, um durch die gegenseitige Wärme sich vor dem Erfrieren zu schützen. Jedoch bald empfanden sie die gegenseitigen Stacheln; welches sie dann wieder von einander entfernte. Wann nun das Bedürfnis der Erwärmung sie wieder näher zusammenbrachte, wiederholte sich jenes zweite Übel; so daß sie zwischen beiden Leiden hin- und hergeworfen wurden, bis sie eine mäßige Entfernung von einander herausgefunden hatten, in der sie es am besten aushalten konnten. – So treibt das Bedürfnis der Gesellschaft, aus der Leere und Monotonie des eigenen Innern entsprungen, die Menschen zueinander; aber ihre vielen widerwärtigen Eigenschaften und unerträglichen Fehler stoßen sie wieder von einander ab. Die mittlere Entfernung, die sie endlich herausfinden und bei welcher ein Beisammensein bestehn kann, ist die Höflichkeit und feine Sitte. Dem, der sich nicht in dieser Entfernung hält, ruft man in England zu: ›Keep your distance!‹ [Wahre deinen Abstand!] – Vermöge derselben wird zwar das Bedürfnis gegenseitiger Erwärmung nur unvollkommen befriedigt, dafür aber der Stich der Stacheln nicht empfunden. – Wer jedoch viel eigene innere Wärme hat, bleibt lieber aus der Gesellschaft weg, um keine Beschwerde zu geben noch zu empfangen.

EINIGE VERSE

Ich bin mir eines Aktes der Selbstverleugnung bewußt, indem ich dem Publiko Verse vorlege, die auf poetischen Wert keinen Anspruch zu machen haben; schon weil man nicht Dichter und Philosoph zugleich sein kann. Auch geschieht es einzig und allein zugunsten derer, die dereinst im Laufe der Zeit an meiner Philosophie einen so lebhaften Anteil nehmen werden, daß sie sogar irgendeine Art von persönlicher Bekanntschaft mit dem Urheber derselben wünschen werden, die dann aber nicht mehr zu machen sein wird. Da nun in Gedichten unter der Hülle des Metrums und Reims der Mensch sein subjektives Inneres freier zu zeigen wagt als in der Prosa und sich überhaupt auf eine mehr rein menschliche, mehr persönliche, jedenfalls ganz anderartige Weise mitteilt als in Philosophemen und eben dadurch einigermaßen näher an den Leser herantritt; so bringe ich jenen Teilnehmenden späterer Zeit das Opfer, einige meistens aus der Jugendzeit stammende poetische Versuche hieher zu setzen, in der Erwartung, daß sie mir es Dank wissen werden; wobei ich denn die übrigen bitte, dies als eine Privatsache zwischen uns zu betrachten, die hier zufällig öffentlich vorgeht. Verse drucken lassen ist in der Literatur, was in der Gesellschaft das Singen eines einzelnen ist, nämlich ein Akt persönlicher Hingebung – zu welchem ganz allein die besagte Rücksicht mich hat vermögen können.

Weimar 1808

Sonett

Die lange Winternacht will nimmer enden;
Als käm' sie nimmermehr, die Sonne weilet;
Der Sturm mit Eulen um die Wette heulet;
Die Waffen klirren an den morschen Wänden.

Und off'ne Gräber ihre Geister senden:
Sie wollen, um mich her im Kreis verteilet,
Die Seele schrecken, daß sie nimmer heilet –
Doch will ich nicht auf sie die Blicke wenden.

Den Tag, den Tag, ich will ihn laut verkünden!
Nacht und Gespenster werden vor ihm fliehen:
Gemeldet ist er schon vom Morgensterne.

Bald wird es licht auch in den tiefsten Gründen:
Die Welt wird Glanz und Farbe überziehen,
Ein tiefes Blau die unbegrenzte Ferne.

Rudolstadt 1813

Die Felsen im Tale bei Schwarzburg

Als ich, am sonnigen Tage, im Tale der waldigen Berge
Einsam ging, hatt' ich acht auf die zackigen Glieder der
Felsen,
Die sich so grau dem Gewühle der Kinder des Waldes
entwinden.
Siehe, da hab' ich's gehört durchs Rauschen des schäumen-
den Waldbachs,
Wie ein gar mächtiger Fels die andern also begrüßte:
›Freut euch, Brüder, mit mir, ihr ältesten Söhne der
Schöpfung,
Daß auch heute das Licht der erquickenden Sonn' uns
umspielet
Ebenso warm und so hold, als da sie zum erstenmal
aufging

Und, an dem Kindestage der Welt, auf uns, ja auf uns schien.
Gab seitdem gleich mancher der langsam ziehenden Winter
Mütze von Schnee userm Haupt und Bart aus Zapfen
des Eises,
Sind seitdem gleich viele von unsern mächtigen Brüdern
Von dem gemeinsamen Feinde, dem wuchernden Volke
der Pflanzen
– Flüchtigen Söhnen der Zeit, doch ach! stets neu sich
gebärend –
Tief überdeckt und begraben und leider auf immer entzogen
Diesem erfreulichen Lichte, das *mit* uns sie ja gesehen
Tausend und tausend Jahr', eh' aus Fäulnis einst jene
Brut ward,
Die schon uns, o ihr Brüder, auch uns ja den Untergang
drohet,
An uns heran so fest von allen Seiten sich drängend –
O stehet fest, meine Brüder, und haltet kräftig zusammen,
Hebet vereinet die Häupter zur Sonne, daß lang sie euch
scheine!‹

Sonnenstrahl durch Wolken, im Sturme

O wie ruhst du im Sturme, der alles beugt und zerstreuet,
Fest, unerschüttert und still, du Strahl der erheiternden
Sonne!
Lächelnd wie du, wie du mild, wie du fest und in ewiger
Klarheit,
Ruhet der Weise im Sturm des jammer- und angstvollen
Lebens.

Morgen im Harz

Von Dünsten schwer, von Wolken schwarz,
Sah düster drein der ganze Harz:
Und die Welt, die war trübe. –
Da kam hervor der Sonnenschein,
Der lachte drein,
Ward alles Freudigkeit und Liebe.

Er legt sich an des Berges Hang,
Da ruht er still, da ruht er lang
In tiefer, sel'ger Wonne.
Zu Berges Gipfel er dann ging,
Den ganzen Gipfel er umfing:
Wie liebt der Berg die Sonne!

Dresden 1815

Auf die Sixtinische Madonna

Sie trägt zur Welt ihn: und er schaut entsetzt
In ihrer Greu'l chaotische Verwirrung,
In ihres Tobens wilde Raserei,
In ihres Treibens nie geheilte Torheit,
In ihrer Qualen nie gestillten Schmerz –
Entsetzt: doch strahlet Ruh und Zuversicht
Und Siegesglanz sein Aug', verkündigend
Schon der Erlösung ewige Gewißheit.

1819

Unverschämte Verse

(gedichtet auf der Reise von Neapel nach Rom im April 1819.
Mein Hauptwerk war im November 1818 erschienen.)

Aus langgehegten, tiefgefühlten Schmerzen
Wand sich's empor aus meinem innern Herzen.
Es festzuhalten, hab' ich lang' gerungen:
Doch weiß ich, daß zuletzt es mir gelungen.
Mögt euch drum immer, wie ihr wollt, gebärden:
Des Werkes Leben könnt ihr nicht gefährden.
Aufhalten könnt ihr's, nimmermehr vernichten:
Ein Denkmal wird die Nachwelt mir errichten.

1820

An Kant[F]

Ich sah Dir nach in Deinen blauen Himmel,
Im blauen Himmel dort verschwand Dein Flug.
Ich blieb allein zurück in dem Gewimmel,
Zum Troste mir Dein Wort, zum Trost Dein Buch. –
Da such' ich mir die Öde zu beleben
Durch Deiner Worte geisterfüllten Klang:
Sie sind mir alle fremd, die mich umgeben,
Die Welt ist öde und das Leben lang.

(Unvollendet.)

Berlin 1829

Rätsel der Turandot

Ein Kobold ist's, zu unserm Dienst geworben,
Uns beizustehn in unsrer vielen Not.
Im Elend wären alle wir gestorben,
Ständ' *er* uns nicht tagtäglich zu Gebot.

Doch strenger Zucht bedarf's, ihn zu regieren,
Daß stets gefesselt bleibe seine Macht;
Man darf ihn aus den Augen nicht verlieren,
Ihn keine Stunde lassen außer acht.

Denn seine Art ist Teufelslist und Tücke,
Er brütet Unheil, sinnet auf Verrat;
Er stellet unserm Leben nach und Glücke,
Bereitet langsam grausenvolle Tat.

Gelingt es ihm, die Fesseln zu zerbrechen,
Und wird des lang beseufzten Zwangs er los,

F. ›Der Tag, an welchem Kant verschieden, war so klar und wolken-
los, wie es bei uns nur wenige gibt: nur ein kleines leichtes Wölkchen
im Zenit schwebte am azurblauen Himmel. Man erzählte, ein Soldat
habe auf der Schmiedebrücke die Umstehenden darauf aufmerksam
gemacht mit den Worten: Sehet, das ist die Seele Kants, die gen Himmel fliegt‹ (Carl Friedrich Reusch: ›Kant und seine Tischgenossen‹
S. 11).

So eilt er, für die Knechtschaft sich zu rächen,
Und seine Wut ist, wie sein Jubel, groß.

Er ist nun Herr, und wir sind seine Knechte:
Umsonst ist jeglicher Versuch fortan,
Zurückzubringen unsere alten Rechte.
Der Zwang ist aus, gebrochen ist der Bann.

Des Sklaven wilde Wut ist losgebunden,
Sie füllet alles jetzt mit Tod und Graus:
In kurzer Frist, in wenig Schreckensstunden,
Verschlinget sie den Herren und sein Haus.

1830

Der lydische Stein

Eine Fabel

Auf einen schwarzen Stein war Gold gerieben,
Ein gelber Strich jedoch war nicht geblieben:
›Dies ist nicht echtes Gold!‹, so riefen alle.
Man warf es hin zu schlechterem Metalle.

Es fand sich spät, daß jener Stein, obzwar
Von Farbe schwarz, doch kein Probierstein war.
Hervorgesucht kam jetzt das Gold zu Ehren:
Nur echter Stein kann echtes Gold bewähren.

1831

Die Blumenvase

›Sieh, wie nur wenige Tage, nur wenige Stunden wir blühen‹,
Rief eine prangende Schar farbiger Blumen mir zu,
›Dennoch schreckt sie uns nicht, diese Nähe des
                                    finsteren Orkus:
Allezeit sind wir ja da, leben ja ewig – wie du.‹

Frankfurt am Main 1837

In ein Exemplar des Trauerspiels ›Numancia‹ von Cervantes, welches mir in einer Auktion zugefallen war, hatte der frühere Besitzer nachstehendes Sonett von August Wilhelm von Schlegel eingeschrieben. Nachdem ich das Trauerspiel gelesen hatte, schrieb ich die Stanze daneben, welche ich mit ›Bruststimme‹, wie ersteres mit ›Kopfstimme‹, bezeichnet habe.

Kopfstimme

Roms Heeren, die von langem Kampf erschlaffen,
Numancia frei und kühn entgegenstunde.
Da naht des unabwendbarn Schicksals Stunde,
Als Scipio neu der Krieger Zucht erschaffen.

Umbollwerkt nun, verschmachtend, helfen Waffen
Den Tapfern nicht; sie weihn im Todesbunde
Sich, Weiber, Kinder, *einer* Flamme Schlunde,
Um dem Triumph die Beute zu entraffen.

So triumphiert erliegend noch Hispania:
Stolz wandeln ihre Heldenblutverströmer
Zur Unterwelt auf würdigem Kothurne.

Wen Libyen nicht erzeugte noch Hyrcania,
Der weint: es weinten wohl die letzten Römer
Hier an des letzten Numantiners Urne.

August Wilhelm von Schlegel

Bruststimme

Den Selbstmord einer ganzen Stadt
Cervantes hier geschildert hat.
Wenn alles bricht, so bleibt uns nur
Rückkehr zum Urquell der Natur.

1845

Antistrophe zum 73. Venezianischen Epigramme[1]

Wundern darf es mich nicht, daß manche die Hunde
verleumden:
Denn es beschämet zu oft leider den Menschen der Hund.

1857

Anziehungskraft

Gedanken und Witze willst du verschwenden,
Den Anhang der Menschen dir zuzuwenden?!
Gib ihnen was Gutes zu fressen, zu saufen:
Sie kommen in Scharen dir zugelaufen.

1856

Finale

Ermüdet steh' ich jetzt am Ziel der Bahn,
Das matte Haupt kann kaum den Lorbeer tragen:
Doch blick' ich froh auf das, was ich getan,
Stets unbeirrt durch das, was andre sagen.

---

1. [Von Goethe; in den späteren Ausgaben ist es das 74.]

TEXTKRITISCHES NACHWORT

Vom Manuskript (M) des zweiten Bandes der ›Parerga und Paralipomena‹, der in dieser Ausgabe entsprechend dem in Bd. 4, S.
595 abgedruckten Entwurf eines Vorwortes ›Paralipomena‹ betitelt ist, befinden sich folgende Bruchstücke als Leihgabe der
Dr.-Thieme-Stiftung in der Stadtbibliothek zu Dresden:
159,8–189,14 Im allgemeinen ist *bis* die *und* 189,25–19ʹ,1 Wie die
dunkle *bis* ekelhafte · 235,17–237,36 In das Frankfu ter *bis* est.
danach eine Reinschrift im Besitz des Freien Deutschen Hochstifts Frank-
furt am Main mit der Unterschrift Frankfurt a. M. d. 30. Oktober
1849 Arthur Schopenhauer · 440, 21–458,28 Aber wirklich empörend *bis* Optimismus · 561,35–578,16 Da soll man *bis* seiner ·
685,30–691,24 § 308 ›Viva muchos *bis* hängt. · 708,5–713,4 § 345
In meinem *bis* Empfänglichkeit · 719,1–721,17 Kapitel 27 Über
bis Der · 723,19–736,26 ausgerüstet zu seinem *bis* anzuwenden ·
771,22–773,5 1831 Die Blumenvase *bis* Hund.

Im Handexemplar (Ah) nahm Schopenhauer folgende Änderungen
des Textes vor:
KAPITEL 1: 10,35 gelenkt] gelockt *A (Druckfehler)* · 25,19–20 Der
stärkste Ausdruck *bis* Upanischads:] ich meine jenes Gefühl, dessen bester Ausdruck die Worte des Upanischads sind: *A* · 28,15–16
Mikrokosmos und Makrokosmos *bis* gegenseitig,] indem Mikrokosmos und Makrokosmos sich gegenseitig erläutern. *A (vgl.*
S. 784 zu 28,7)
KAPITEL 2: 32,16 zu] von *A* · 34,19 danach] darauf *A*
KAPITEL 3: 51,32–52,12 Spinoza sagt geradezu: *bis* χρόνος.] Nicht
weniger liegt sie schon in dem Begriffe der Ewigkeit, sofern diese
genommen wurde als Gegensatz der Zeit mit ausdrücklicher Ver-
werfung ihrer Auffassung als bloß endloser Zeit: ›Aeternitas non
est temporis sine fine successio, sed Nunc stans‹, lehrten die
Scholastiker, αιωνος εικων κινητη ο χρονος, sagt Platon im

›Timaeus‹, und Plotinos wiederholt es. *A* · 68,28 ausfallen] sein
A · 79,16 welche] die *A* · 102,12 artet *in A nach* 13 zollt, (*vgl. S. 785
zu* 102,9)· 18–19 Dalada (heiligen Zahns) *bis* sie] Dahtu (heiligen
Zahns), ja der ihn *A* · 104,32–33 Näher betrachtet ist *bis* Indivi-
duum] Es ist, als ob in ihm *A*

KAPITEL 4: 116,33 jedoch] nun aber *A*

KAPITEL 5: 120,28 Denn] Hingegen *A* · 30 Es müßte ja offenbar]
Denn offenbar müßte es *A* · 121,6 ganz anders] besser *A*

KAPITEL 6: 125,19 den Inhalt der Perücken] uns selbst *A* · 126,29–30
auch sofort] sofort auch *A* · 127,26 mit dieser] damit *A* · 129,35
sogar] selbst *A* · 151,17–18 letztere, sosehr es *bis* doch] jedoch,
beim Lichte betrachtet, A · 154,28 (nach Humboldt) 1/368]
1/300; (*vgl. S. 813 zu* 154,28) · 155,26 ehe der Planet bewohnt
gewesen.] ehe sie bewohnt waren. *A* · 171,23–25 Die Erreichung
der *bis* sein,] welche meines Erachtens die letzte sein muß; *A*
(*vgl. S. 786 zu* 171,8 *und S.* 000,0 *zu* 171,23) · 173,12 ein] ist ein
A · 175,26 nicht] nicht wohl *A* · 180,4–9 und Lebensdauer stets
bis setzt.] den entschiedensten Einfluß auf die Zeugungen hat
und beide stets im richtigen Verhältnis zu einander stehn, so daß,
im ganzen genommen, die Zahl der Sterbefälle *A* · 182,4 nach]
bei *A* · 183,18–19 ungebührlich] zu weit *A* · 187,14–15 dreihun-
dert] 200 *A* · 188,2–3 da ferner] und da *A* · 193,14–20 Die Lebenskraft ist *bis* sind;] Jetzt erinnere ich daran, daß diese Lebenskraft,
an sich selbst oder metaphysisch genommen, identisch ist mit
dem Willen in uns, ja daß im Grunde auch die übrigen Naturkräfte dies sind; *A* · 195,29–31 Wie alle Funktionen *bis* Verdauung]
Auch die Verdauung geht *A* · 33 eine halbe Stunde] gleich *A*
· 200,25 überdies] jedoch *A* · 203,36 zuzuschreiben ist.] zugeschrieben werden könnte. *A* · 204,14–16 da die, welche *bis* annehmen.] da wir die, welche sich auf etwas zu besinnen bemüht
sind, oft eine solche Stellung annehmen sehn. *A* · 206,11–12 Aber
bei weitem die meisten Genesungen sind] Überhaupt sind bei
weitem die meisten Genesungen

KAPITEL 7 müßte nach den Äußerungen in der Vorrede zur
Schrift ›Über das Sehn und die Farben‹ (vgl. Bd. 3, S. 194f.) ein-
schneidend geändert und gekürzt werden, da Schopenhauer die
Abschnitte, die in der zweiten Auflage der genannten Schrift
aufgenommen worden waren, in einer künftigen Auflage der
›Paralipomena‹ getilgt wissen wollte. Frauenstädt konnte sich zu
dieser Änderung nicht entschließen, Grisebach nahm sie, nicht
einmal folgerecht, vor. In dieser Ausgabe wurde nach dem Ver-

fahren in *Hb* der Text wie in *A* belassen, so daß folgende Abschnitte – wenn auch für die zweite Auflage der Schrift ›Über das Sehn und die Farben‹ in den überleitenden Sätzen abgeändert – auch in Band 3 zu finden sind:

211,15–213,6 Wer zu einer *bis* spricht. *entspricht* 3/219,11–26 Denn um regelrecht *bis* spricht. · 213,11–38 Ist die Farbe *bis* Schwarz. *entspricht* 3/274,24–275,16 Nämlich bloß von *bis* Schwarz. · 215,16–31 Demgemäß verdient sein *bis* erkennen. *entspricht* 3/275,16–31 Infolge dieser Ableitung *bis* erkennen. · 215,32–216,10 Zudem hat meine *bis* anheimgebend. *entspricht* 3/240,25–241,2 Ein wesentlicher Unterschied *bis* anheim. · 216,15–36 Nämlich bei allen *bis* S. 308). *entspricht* 3/285,5–12 Bei fast allen *bis* gehabt. *und* 286,14–25 meine Farbentheorie eine *bis* S. 308. · 217,3–21 Man verschaffe sich *bis* geben. *entspricht* 3/282,14–32 · 217,22–218,7 Unsere Prüfung der *bis* zieht. *entspricht* 3/232,30–33 *und* 233,1–23 Demgemäß bezieht unsere *bis* zieht. · 218,9–35 Das Phänomen der *bis* nichts. *entspricht, allerdings mit Zusätzen,* 3/248,27–250,1 Ersterse nämlich soll *bis* Gelb. · 35–219,10 Zudem ist ja *bis* Gelb. *entspricht* 3/250,2–13 · 219,19–26 Ferner ist es *bis* werden. *entspricht* 3/251, 29–37 Gegen die Scherffersche *bis* werden. · 219,26–31 Vollends aber ein *bis* Farbe! *entspricht der abweichenden Formulierung* 3/250,19–25 Das Unstatthafte der *bis* Augen., *die der ersten Auflage der Schrift entstammt* · 31–220,3 Dies hatte bereits *bis* beruhen. *entspricht* 3/250,25–36 · 220,9–31 Wenn nämlich auf *bis* nachexerzieren. *entspricht* 3/263,34–264,20 · 32–221,7 Wollte man endlich *bis* habe. *entspricht* 3/263,16–29 Wollte man etwa *bis* habe. · 221, 9–13 Der wesentlich subjektiven *bis* ist. *entspricht* 3/278,11–15 Dies alles bestätigt *bis* disputer. · 18–28 Wenn wir nicht *bis* ist. *entspricht* 3/233,23–32 · 29–223,6 Auf dieser wesentlich *bis* Körpers. *entspricht* 3/277,19–279,7 Diese leichte Veränderlichkeit *bis* Körpers. · 223,31–231,18 Wäre sie im *bis* entfernen. *entspricht* 3/254, 30–262,36 · 231,19–233,5 Sollte man nicht *bis* Newton-Superstition. *entspricht* 3/288,11–290,4 Um das Schicksal *bis* Newton-Superstition. (*vgl. S. 780 zu* 231,19) · 233,21–234,10 Am Schlusse dieser *bis* Glases. *entspricht* 3/283,4–28 Zuvörderst will ich *bis* Glases. · 234,11–24 Die gefärbten Ringe *bis* verschwinden. *entspricht* 3/284,19–32

Demnach ständen in diesem Kapitel nur die Textsplitter:

211,4–14 Da an der *bis* niederlegen. · 213,7–11 Um hier für *bis* geht. · 213,38–215,16 Die Ausführung dieser *bis* sind. · 216,11–15 Nur bei mir *bis* vindizieren. · 216,37–217,3 Allerdings aber kommt *bis* bewerkstelligen. · 219,11–18 Außerdem gibt es *bis* wendet. ·

220,4–9 Noch will ich *bis* werden. · 221,14–18 Dabei aber gilt *bis* erhalten. · 223,8–27 Ich habe in *bis* nicht. *als Zusammenfassung* · 233,6–19 Was aber die *bis* Nemesis. · 234,24–235,2 Newton legte eine *bis* Fensterscheiben usw. *womit* 3/284,32–285,4 Etwas Spiritus über *bis* verursachen. *und* 3/248,14 *zu vergleichen ist* (*vgl. S. 787 zu* 234,24) · 235,3–237,37 Goethe hatte den *bis* est.

Weitere Änderungen im Kapitel 7 in *Ab*:

219,1 das einfache Faktum] die einfache Tatsache *A*, 3/250,4 · 231,19–21 Sollte man nicht *bis* weiß, *A*] Zur Erklärung dieses Schicksals muß man aber nicht außer Rechnung lassen *Ab*; Um dieses Schicksal der Goetheschen Farbenlehre zu begreifen, darf man nicht außer acht lassen, 3/288,11–12 · 232,9 wäre *wie* 3/289,1] ist *A* · 33–34 Stück aus dem Newtonischen Credo *wie* 3/289,33] Lied *A* · 233,13 desipere] ineptire *A* · 234,18 entsteht.] entsteht, derjenigen, welche matt geschliffenes Glas zeigt, der Art nach verwandt. *A*, 3/284,26–27, *wo der Art nach fehlt* · 237, 23–24 naiv und unbefangen] gelassen *A*

Demnach sind nach der Aufnahme der oben angeführten Abschnitte in die zweite Auflage der Schrift ›Über das Sehn und die Farben‹ noch Änderungen in *Ab* vorgenommen worden, so daß Schopenhauer das Kapitel 7 bei der Überarbeitung zu einer neuen Auflage der ›Paralipomena‹ kaum in seiner bruchstückhaften Form belassen hätte.

KAPITEL 8: 244,22–23 weitern Umfang des Begriffs Tugend bei den] Punkt hinsichtlich der *A* · 249,18 unabsehbar] unermeßlich *A* · 252,15 auf] für *A* · 253,29 Now *Byron*] For *A* · longest *Byron*] longer *A* · 257,19 verzehren] zerfleischen *A* · 258,4 Hohn, Spott und Verleumdung] Hohn und Spott *A* · 21 Für unser Selbstgefühl freilich] Jedoch für unser Selbstgefühl *A* · 27 Deshalb eben] zudem *A* (*vgl. S. 787 zu* 258,25) · 262,11 und sich] und dadurch sich *A* · 266,7 um] für *A* · 279,15 ganz dasselbe wie jetzt wieder tuend.)] um dasselbe wie jetzt wieder zu tun). *A* · 282, 26–27 des Beispiels aber *bis* jeden] aber wird durch seinen Charakter *A*

KAPITEL 9: 292,6 verrichten] tun *A* · 294,5 Allerdings sind ursprünglich] Ursprünglich sind *A* · 7 geherrscht] regiert *A* · 23–24 Eben weil dies durchgeführt worden, hat] Allein *A und* hat *nach* 25 Fortschritten *gestrichen* (*vgl. S. 787 zu* 294,10) · 295,27–29 Das Recht an *bis* herrsche,] Von Natur herrscht die Gewalt: statt dieser dem Rechte zur Herrschaft zu verhelfen, *A* · 299,7 alles dieses] das alles *A* · 303,4 sind eben] aber sind *A* ·

304,34–35 Alfreds des Großen] Königs Johann *A* · 307,32–33
Eben darum bin ich] Ich bin *A* · 308,34 Ferner] Auch *A*

KAPITEL 10: 320,3 aus Nichts geschaffenes Wesen] belebtes
Nichts *A*

KAPITEL 12: 349,3–7 Die Tiere sind *bis* zunächst] § 100 Daß das
Leben des Tieres weniger Leiden, aber auch weniger Freuden
enthält als das menschliche, beruht großenteils *A* · 355,9 immer
noch] noch immer *A*

KAPITEL 13: 362,25 Auch waren die Alten] Die Alten hingegen
waren *A* · 26 jenem] diesem *A* · 364,6–7 Nun gar von *bis* Selbst-
mord] andererseits aber wieder finden wir denselben von den
Stoikern *A* (*vgl. S. 788 zu* 363,20) · 365,36 Steigen wir aber *bis*
herab,] Verlassen wir aber jenen Standpunkt *A* · 366,26 schwer]
stark *A*

KAPITEL 14: 375,6 Dieselbe ist jedoch] Das ist *A* · 22 willfahren]
willfahrt *A*

KAPITEL 15: 382,23 Fiant] tornentur *A* · 383,25 Daher ist sie]
Sie ist *A* · 29 wie] als *A* · 385,16 beinahe] fast *A* · 387,2 nach den
›Times‹, April 1852, 150] 115 *A* · 398,1–2 Dann würde die *bis*
Gestalt] Diese wird dann *A* (*vgl. S. 789 zu* 397,30) · 30 auf] für
A · 399,27–28 wird wahr sein können] wahr sein kann *A* · 407,31
Überdies] Inzwischen *A* · 33–34 jenes Regierungsmittel] dieses
Mittel *A* · 411,35 14.] 13ten *A* · 418,7 aufgehoben] für aufgehoben
A · 23 kommt] nämlich kommt *A* · 35 wodurch] so daß *A* · 419,
11–15 zu übertragen auf *bis* England] auf den Sonntag der Chri-
sten, diesen Tag der Andacht und Freude, zu übertragen und wo
demnach *A* · 20 beigezählt] beigezählt wird *A* · 422,1–5 es als
›Land *bis* 11),] auf desselben Jehovas Befehl unter Rauben und
Morden es *A, statt* 3 unter *in Ah* sondern unter *und* 5 den *in Ah*
solches Land den, *bereits in F verbessert* · 431,30 Sogar aber erscheint,
so betrachtet,] Denn so betrachtet erscheint *A* · 37 zu unterlas-
sen] sein zu lassen *A* · 435,29 Purgatorium, sie ist Hölle] Hölle, sie
ist Purgatorium *A* · 438,26 dies] das *A* · 457,12 des näheren] das
Nähere *A* · 460,9 Wie weit hingegen diese Rationalisten] Wie
weit diese Leute *A* (*vgl. S. 790 zu* 460,2) · 462,19 das] den *A* ·
466,15 Denn] Aber *A* (*vgl. S. 790 zu* 466,13)

KAPITEL 16: 468,20 nicht] nicht sehr viel *A* · 33–34 Sultan
Mohammed Daraschakoh] Sultan Darascheku *A* · 470,13 nur zu
oft] mitunter *A* (*vgl. S. 791 zu* 470,8) · 19–20 Daraschakoh]
Darascheku *A* · 471,17 demgemäß] hingegen *A* (*vgl. S. 791 zu*
471,12)

KAPITEL 17: 478,13 Wenn daher] wenn auch *A* (*vgl. S. 791 zu*

478,8)· 27 diese Dinge eben] eben diese Dinge *A* · 479,37 zu dem
im selben Buche mitgeteilten] zum *A*

KAPITEL 19: 495,23 *und* 24 er] sie *A* (*vgl. S. 819 zu* 495,17)· 24
den Willen] ihn *A* · 516,13 Shakespeare:] Shakespeare, wenn er
sagt: *A* · 519,7–8 zumal im verrufenen vierten Akt, und zuletzt]
und *A* · 521,26 end-] endlosen *A* · 528,38 wie] als *A* · 529,14–18
Den Grundbaß zu *bis* stutzen.] Diese besteht in der Bauart, in der
Kleidung, nebst der Art, Haar und Bart zu stutzen, und in der
Form der Möbeln und Geräte *A* · 20 den] das *A* (*vgl. S. 791 zu*
529,20)· 27 charakteristisch] charakterisch *A* (*Druckfehler*)

KAPITEL 20: 533,11 fünfhundert] hundert *A* · 537,8 daß] wie *A* ·
555,23 werde] wird *A* · 559,7–8 zu vieles unterwegs] unterwegs
zu vieles *A*

KAPITEL 21: 570,7–8 in den Büchern *bis* Menschheit.] als auf
welchem dasselbe niedergelegt ist. *A* · 31 Demgemäß] Sogar aber
A · 573,25 Kommt es also dahin, dann] Dann aber *A* (*vgl. S. 792
zu* 572,26)

KAPITEL 22: 578,21 Diese Praxis] Dies *A* (*vgl. S. 792 zu* 578,19)
· 580,20 Die bloß erlernte Wahrheit klebt] Hingegen klebt die
bloß erlernte Wahrheit *A* (*vgl. S. 792 zu* 580,9) · 23 erworbene]
erworbene Wahrheit *A* · 582,32 solches] das *A* · 583,24 und]
Indessen *A* (*vgl. S. 792 zu* 583,5)

KAPITEL 23: 592,14 Daher, wer] Wer *A* (*vgl. S. 792 zu* 592,5) ·
36–593,7 Jenen Neuerern ist *bis* retrograder.] Zudem will er es
noch gar besser verstehn als sie und setzt seine Irrtümer an die
Stelle ihrer Wahrheiten. *A* · 601,12 Schurkerei] Unredlichkeit *A* ·
22 Unbedeutsamkeit und Inkompetenz] und Unbedeutsamkeit
A · 606,32 wodurch] so daß *A* · 613,20 nämlich] nämlich, umgekehrt, *A* (*vgl. S. 793 zu* 613,18) · 33–34 unter dem Namen *bis*
Phänomene,] sogenannten Blähungen, *A* · 37 genetischen] kausalen *A* · 617,19–20 *vor* schwächen, verdunkeln *und* verkümmern
ist zu *gestrichen* · 37–38 ihre Einfalt ... denkt] sie ... denken *A* · 619,
21 sinkt] sinkt nun aber *A* · 620,7 und ›der Tod *bis* Leben‹,] statt
Leibnizens Leben und ›der Tod von Andreas Hofer‹ statt *A* · 12
Partikeln alle beide] beiden Partikeln *A* · 622,2–3 entschieden
beschränkend] limitierend *A* · 14 mancher Adjektive, ›ähnlich‹
und ›einfach‹,] des Adjektivs ›ähnlich‹, *A* (*vgl. S. 809 zu* 622,15)
· 625,34 Gerichtsbehörden] hohe Behörden *A* · 632,21 Die] Aber
die *A* · 36 hält] hält sich *A* · 633,1 sich befugt] befugt *A* · 643,4
zugemutet werden darf,] zuzumuten ist, *A*

KAPITEL 24: 651,23–24 Daher kommt es,] Eben daher kommt es
auch, *A* (*vgl. S. 794 zu* 651,21) · 652,11–16 Denn je mehr *bis*

ernähren.] Denn selbst das Gelesene eignet man sich erst durch
späteres Nachdenken darüber an, durch Rumination. *A (vgl.
S. 821 zu 652,16)*

KAPITEL 25: 670,11 des Sprachstudiums] dieses Studiums *A (vgl.
S. 794 zu 669,26)* · 676,8–9 weshalb in der *bis* sind.] Daher
sind in der Etymologie viel mehr jene als diese zu berücksichtigen.
A · 24 eine der bedeutendsten] auch *A* · 33 ist hoffentlich schon
bekannt.] werden hoffentlich schon andere vermutet haben. *A*

KAPITEL 26: 690,14 der Rachsucht] derselben *A* · 691,2 ja oft
wird] Daher kann *A (vgl. S. 795 zu 690,38)* · 704,34–35 solches
gefallen lassen müssen;] das müssen gefallen lassen; *A* · 714,15
die arithmetische] das Rechnen *A* · 716,12 noch schlechter aber
macht es] eben so auch *A*

KAPITEL 27: 722,10 dies alles zwar] nun auch dies *A* · 725,20
seinem] ihrem *A* · 21 ihm] ihr *A* · 726,2 Fug] Fug, als das schöne,
A · 17–18 Daher hat schon Rousseau gesagt:] Schon Rousseau
hat es gesagt: *A (vgl. S. 796 zu 726,7)* · 728,7 und im übrigen
sagt Chamfort] Chamfort sagt A *(vgl. S. 796 zu 728,4)* · 734,
31–32 an der allmäligen Verderbnis] am allmäligen Verderben *A*

KAPITEL 28: 739,20–21 auf theoretische oder gar praktische]
durch beides auf *A*

KAPITEL 29: 745,21 Allerdings] Allerdings aber *A* · 23 sind] sind
uns halb angeboren, halb aus der Erfahrung geschöpft und *A* ·
746,37 auf] für *A* · 747,13–14 Hingegen stimmt das *bis* Bemerkung,] Dies stimmt zu dem, was oben gesagt worden, *A (vgl.
S. 796 zu 747,7)* · 748,31 *und* 750,10 ihren] ihr *A* · 750,25 zu-
nächst] wenigstens zum Teil *A* · 752,7–9 Gesicht die Natur *bis*
hatte.] Gesichte mit leserlichster Handschrift der Natur ›Alltagsmensch‹ stand. *A*

KAPITEL 30: 754,24–25 hirnlähmende, alle Besinnung zerschnei-
dende] hirnzerschneidende *A* · 755,11–13 Aber ganz im *bis* unnütz.]
Hierzu aber nehme man, daß dieses vermaladeite Peitschenknal-
len nicht nur unnötig, sondern sogar unnütz ist. *A*

KAPITEL 31: 762,25 vereinsamte] verlassene *A*

Die Nachträge und Zusätze in den ›Paralipomina‹ entnahm
Schopenhauer seinen Manuskriptbüchern oder er schrieb sie auf
die leeren Sciten des zu diesem Zweck, wie auch bei den anderen
Bänden, durchschossenen Handexemplars, das gegenwärtig als
verschollen gelten muß. Die Manuskriptbücher befanden sich bis
in die Kriegszeit in der Deutschen Staatsbibliothek zu Berlin
(jetzt Stiftung Preußischer Kulturbesitz, Depot der Staats-

bibliothek in Tübingen). Es handelt sich um zehn Bände: 1. Reise-
buch, mit Eintragungen seit dem September 1818; 2. Foliant, seit
Januar 1821; 3. Brieftasche, seit Mai 1822; 4. Quartant, seit
November 1824; 5. Adversaria, seit März 1828; 6. Cogitata, seit
Februar 1830; 7. Cholerabuch, seit September 1831; 8. Pandectae,
seit September 1832; 9. Specilegia, seit April 1837; 10. Senilia,
seit April 1852; dazu eine Mappe ›Philosophari‹ mit Exzerpten
und Zeitungsausschnitten. Aus diesem Material gewann Schopenhauer folgende Zusätze:

7,7–8 Seneca ›Quaestiones naturales‹ 7,31

KAPITEL 1: 10,13–27 Für den Intellekt *bis* Frondienst · 16,2–3
Vielmehr hat Vauvenarges *bis* cœur.‹ · 19,18–22 Das, was man *bis*
vorgibt. · 21,19–28 Die Religionen haben *bis* liegt. · 23,29–30 dem
Willen entsprossenen · 25,14–19 Ja mehr als *bis* lügen? · 25,25–29
welches denn freilich *bis* läßt. · 28,7–12 Daher läßt schon *bis*
existimas?)

KAPITEL 2: 29,12–16 oder: nulla animalia *bis* Zwerchfell · 29,
19–25 oder auch solche *bis* werden. · 33,16–17 wie zu Tournieren
bis wurden, · 37,9–18 Z.B. wenn in einer *bis* hatte. · 39,9–10
wird über ihre *bis* also · 39,16–23 Hieraus folgt als *bis* ausgesetzt.

KAPITEL 3: 49,2–26 Eine noch dreistere *bis* Werk. · 50,30–51,8
Die Bewegung ist *bis* angehören. · 51,27 phoronomisch · 52,14–18
und darauf die *bis* stehn. [*vgl. S. 808 zu* 52,16] · 52,35 Die
Uhr mißt die Zeit, aber sie macht sie nicht. · 53,14–32 *und* 54,1–3
Die Zeit scheint *bis* wegfällt. *fehlt F* · 54,10–15 Ohne Betrachtungen dieser *bis* wert. *in Ah nach* 3 wegfällt, *fehlt F* · 16–27 Die Zeit
ist *bis* Erscheinung. · 56,34–37 Auch die so *bis* ist. · 60,28–31 Dies
bezeugen schon *bis* Denn · 62,15–24 Wie sollte doch *bis* erschöpfen. · 30–63,2 Man muß sie *bis* Intellekts] Hieraus *A* · 64,18–23
Denn je länger *bis* hätte. · 65,1–27 Diese Mnemonik verhält *bis*
fassen. · 30–31 einstweilen · 34–66,6 Wie man jedoch *bis* hervorzutreten. · 66,7–16 Darum aber ist *bis* studieren. · 68,28–69,2 Denn
wahrhaftig: eine *bis* sie. [*vgl. S. 808 zu* 68,34] · 69,23–29 Ebenso,
wann ich *bis* zugeflüstert. · 29–30 und oft sogleich in Form einer
gewichtigen Sentenz. · 33–34 und zahlloser, oft *bis* Aperçus. ·
71,8–73,1 Ein schönes Beispiel *bis* Empirie. [*vgl. S. 811 zu* 72,37] ·
75,8–24 7. Das dem Baco *bis* Ausspruch [*vgl. S. 808 zu* 75,10] ·
76,29–31 Die dem weiblichen *bis* an. · 78,28–29 Daher also: Πολλάκι
bis dixit.) *danach in Ah* e Gellio II, 6; laudatur p. XXX praefat. in
Stobaei Florilegium. – In Stob. Floril. vol. I, p. 107 steht es, unter
dem Namen des Aischylos, welches der Herausgeber bezweifelt,
so: πολλακι τοι και μωρος ανηρ κατακαιριον ειπεν. (Saepe etiam

stupidi non intempesta loquuntur.) Hesiodus, sagt Hugo Grotius. *daraus die Anmerkung in F* · 31 *und* 79,1–10 Auch geschieht es *bis* hätte? · 81,23–25 und nächstdem aus *bis* Data · 86,16–24 Der Ausdruck von *bis* S. 380). · 24 denn auch · 26–30 Ihre Aufmerksamkeit, geschweige · 31 auch nur · 88,19–21 Hier bewährt sich *bis* sapit.‹ · 91,36–92,15 Jenem rein intellektuellen *bis* Künste. · 93,4–9 Man kann demnach *bis* Wesen. · 95,28–29 (vgl. Byron, ›Prophecy of Dante‹, Eingang des canto 4). · 99,35–100,7 und dasselbe sagt *bis* gesehn.‹ · 101,1–7 und wie dies *bis* erkannte; · 11 wie meistens · 12–14 wie der Zusammenklang *bis* ausfällt. · 102,9–12 Die Menschen verehren *bis* ist, [*vgl.* S. 778 *zu* 102,12] · 30–36 *und* 103,1–2 Bei den Intelligenteren *bis* sind, · 104,28–32 Im ganzen genommen *bis* kann. [*vgl.* S. 778 *zu* 104,32] · 106,2–108,22 A. Das bisherige Mißlingen *bis* steht.

KAPITEL 4: 110,9–18 Eine auffallend deutliche *bis* ἔχειν κ.τ.λ. · 111,2–7 Jede transzendente dogmatische *bis* hervorragt. · 29 (vgl. § 102) *fehlt F* · 112,35–113,30 Der Unterschied zwischen *bis* trennt. *in F als Anmerkung zu* 28 Hauptwerks. · 115,9–13 In jedem lebenden *bis* S. 496f. *fehlt F*

KAPITEL 5: 120,5–7 Die Welt ›Gott‹ *bis* bereichern. · 23–28 Man ist nämlich *bis* Pantheismus. [*vgl.* S. 778 *zu* 120,28] · 121,20–21 Pantheismus ist notwendig Optimismus und daher falsch. *fehlt F* · 36 *und* 122,1–7 Viel richtiger wäre *bis* überwunden.‹ · 122,8–18 Offenbar geben diese *bis* faciles.‹ [*vgl.* S. 808 *zu* 122,14]

KAPITEL 6: 124,16–20 In dem leuchtenden *bis* aber · 125,16–17 im Garten zu Herrenhausen (Leibnizii, editio Erdmann p. 755), · 128,20–25 Was subjektiv Materie *bis* zu. *fehlt F* · 130,13–16 Empirisch im engern *bis* Therapie. · 23–131,4 Sie meinen, ihr *bis* worden. · 132,1–10 Daher wurde es *bis* gehabt. · 15–16 (Pouillet, I, p. 23). · 17 ausführlich · 19–134,24 Ein Atom, so *bis* wollen. · 134,29–31 Ich verweise hier *bis* habe. · 36–135,7 während der eigentümliche *bis* zusammenbefinden. *danach in Ab* Detanotationen mit Licht und Wärmeentwickelung kündigen den Übergang des Einen Zustandes in den andern an. *vgl.* 8–11 so kündigt eine *bis* an; · 136,5–23 in deren Interesse *bis* Gespenst. · 24 und ihrer Handarbeit · 27–137,2 Die Physik stößt *bis* dumm. · 139,11–16 Das Latent- und *bis* hat. · 20–23 Diese Metamorphose wird *bis* ist. · 140,16–141,27 Zu meiner Verwunderung *bis* Schnelligkeit?! [*vgl.* S. 808 *zu* 141,21] · 142,10–22 zu welchen ich *bis* Diamanten. · 23 nach Maßgabe seiner Dunkelheit · 143,25–145,21 Mich wundert, daß *bis* hat. *davon* 143,25–28 *bis* ein. *in F nach* 143,24 müsse. [*vgl.* S. 808 *zu* 144,25] · 146,7–28 Die Metamorphose des *bis* erleidet. · 147,11–14 Wäre der Äther *bis* haben. · 18–148,6 Alexander von Humboldt *bis* werden. · 148,7–150,10 § 79 *a* Jede Wolke hat *bis* bringen. *in F als § 81, davon* 148,17–150,10 Ich bin hinsichtlich *bis* bringen. *in F als Anmerkung* · 150,27–32 Im Jahr 1815 *bis* erinnert. · 151,28–29 dieselbe, und der *bis* ist · 152,3–10 Bei dieser Gelegenheit *bis* Entdeckungen. · 23–30 Ideler, ›Über den *bis* finden. · 153,15–19 und da auch *bis* sein. · 154,2–3 unter denen die *bis* sind. · 155,26–30 Jedoch kennen wir *bis* Gründe. *dazu in Ab die Variante:* Diese Hypothese hat Olbers gleich nach den ersten Entdeckungen aufgestellt. Laverrier leugnet sie – weil sie, nisi fallor, die Exzentrizität der Pallas unerklärt läßt. · 156,24–30 Daß auf dem *bis* muß. · 157,38 welche bekanntlich der schlechteste aller Wärmeleiter ist. · 164,1–7 Auch darin liegt *bis* haben. · 25–165,1 Noch eine spezielle *bis* S. 449). · 169,9–13 Platte Empiriker gibt *bis* absolute. · 171, 8–23 Die Erde ist *bis* wird. [*vgl. S. 808 zu* 171,8 *und S. 778 zu* 171,23] · 172,2–173,10 Um den Wert *bis* ist [*vgl. S. 778 zu* 173,12] · 178,9–22 Unter den dem *bis* müssen. · 180,9–21 Nur irrt er *bis* Sterbefälle. · 182,5–15 Die Batrachier führen *bis* läßt. · 22–25 aus dem eines *bis* Walroß; · 37–38 (dessen Junges Oran-Utan heißt) · 183,6–7 desgleichen in Köppens *bis* (S. 45). · 34–184,20 und daß infolge *bis* Weiber. · 185,9–10 (und dies ist der eigentliche Begriff des Genus) · 11 Rassen und · 12–26 wiewohl die Spezies *bis* alleinige. · 186,25–27 und die Menschen *bis* einzuteilen, · 30–32 und es ausgesprochen *bis* ist. · 187,5–6 und infolge dieser *bis* verbreitet · 33 *und* 188,1–2 und lächerlich ist *bis* darstellen: · 188,16–18 Imgleichen wird auch *bis* p. 66). · 26–32 Eine Note zu *bis* schienen.) · 33–34 nach Buffons Vorgang *bis* p. 160 sqq.) · 35 der roten · 189,8–11 Daß nach der *bis* sein. · 190,8–34 Eine andere Folge *bis* sind. · 191,17–24 Denn wer die *bis* quittieren. · 32–33 das Leben ein *bis* Wahrheit · 192,4–13 Allerdings wirken im *bis* Wille. · 193,22–27 Daher aus der *bis* wollte. · 195,4–29 Dieserwegen ist zur *bis* auftritt. · 196,13–16 (daß diese Theorie *bis* p. 168). · 198,9–10 Liebig hat das *bis* gezogen. · 12–18 Es ist doch *bis* Hall. · 19–21 dargelegt in seinem *bis* system‹, · 199,28–31 Ein berücksichtigungswertes Datum *bis* stattfindet. · 203,5–11 Dem Drucke der *bis* hinweg. · 14–15 durch den Druck der kleinen Teile aufeinander · 29–30 wie denn auch *bis* p. 269) · 32–34 überhaupt und insbesondere *bis* hintere · 204,7–10 wahrscheinlich weil es *bis* überwiegt. · 12–13 das Nachobensehn, · 31–205,14 und diese machen *bis* medicatrix. · 205,19–20 jedenfalls um die *bis* beschleunigen. · 25–28 *und* 206,1–11 Nur die Heilungen *bis* Medizin. *dazu in Ab die Variante:* Mir will scheinen, daß die meisten Arzneien, zumal die auf bestimmte Teile wirkenden, nicht sowohl gegen die Krankheit als gegen deren Symptome gerichtet sind: allein oft sind gerade diese Symptome das Heilmittel der Natur. [*vgl. S. 778 zu* 206,11] · 206,14–27 und es würde *bis* animi.‹ [*vgl. S. 808 zu* 206,17] · 208,34–209,1 und die verschiedenen *bis* Thema. · 210,10–34 Als Übergang dazu *bis* Gedärmen, usw.

KAPITEL 7: 234,24–235,8 Newton legte eine *bis* wollt!

KAPITEL 8: 238,16–21 ja auch die *bis* zutage. · 241,4–8 Ebenfalls im ›Prabodha-candra-udaya‹ *bis* Vernunft. · 25–28 oder, wie ein *bis* φρονήσεως. · 242,2–5 Kidd, ›China‹ (p. 197) *bis* jeder. · 244,25–245,2 Zu diesem Zweck *bis* finden. · 245,19–22 oder auch seinen *bis* weidet. · 30–246,3 sondern: ›Sui profusus *bis* S. 254). · 247,8–9 und verschuldeten · 252,21–22 Dieselbe Anklage wiederholt *bis* 1853. · 253,33 Byron, ›Don Juan‹, canto 13,6 *in F, Hb nach* 30 leisure. · 34–254,38 Gobineau (›Des races *bis* geredet. [*vgl. S. 808 zu* 254,37] · 257,22–26 Er wird mit *bis* haben. · 258,4–5 der Kröte gleich, die aus einem Loch ihr Gift hervorspritzt. · 25–27 jedoch vergesse man *bis* lassen. · 36–37 Dein Glück, dein *bis* weiden. · 259,8–12 und zu begreifen *bis* Übereinstimmung. · 19–37 und sind von *bis* kann. · 262,7–9 als eines unter *bis* erneuernd · 264,18–19 (französisch wäre es ›notre faiseur‹ wiederzugeben) · 267,11–36 Sogar die so *bis* ›Aiax‹ 767–769 *in F nach* 268,19 ausgerichtet. · 268,9–269,11 Ich denke, daß *bis* geworden. · 270,22–23 ›Phaedrus‹ cap. 28; · 33–35 Dieselbe Einsicht scheint *bis* liegen. · 271,32–272,13 Man hat die *bis* Mysterium. · 273,11–17 Zu bewundern ist *bis* ausfällt. · 274,4–7 Wer die kleinen *bis* kennenlernt. · 278,26–38 Da nun einerseits *bis* sind. · 279,15–17 Hierauf scheint ihn *bis* haben. · 282,16–26 Diesem gemäß ist *bis* Menschen. *der letzte Satz in F nach* 20 Ermessen. [*vgl. S. 780 zu* 282,26]

KAPITEL 9: 288,24–27 Im Grunde sieht *bis* kommt. · 289,13–18 Daher hat schon *bis* nomine.) · 292,20–23 sogar die Königin *bis* 1,332) · 294,1–2 Voltaire sagt: Le *bis* heureux. · 10–23 Dies beruht darauf *bis* abgefunden. · 299,10–22 Eine Staatsverfassung, in *bis* regieren. · 302,1–12 Oὐκ ἀγαθὸν πολυκοιρανίη *bis* hervorgegangen. · 26–303,4 Die Chinesen können *bis* zusammengestellt. [*vgl. S. 780 zu* 303,4] · 303,18–24 Will man utopische *bis* Platon. · 304,4–19 Ich bin der *bis* impera!‹ · 305,18–25 Auf sie ist *bis* aetatis 71). · 306,20–22 und das Ziel *bis* verkündigen. · 30 die dereinstige große σεισάχθεια · 307,29–32 Alle Weiber, mit

bis werden. [*vgl. S. 781 zu* 307,32] · 308,26–28 jenen Kredit
aber *bis* gewußt. · 30–33 Überhaupt aber wird *bis* ist. · 310,17–24
so daß dieser *bis* wollen. · 312,14–15 und das auserwählte *bis* ist.
KAPITEL 10: 318,23–27 Zu ewiger Fortdauer *bis* Untergang. *in
F im Anhang verwandter Stellen*[1] · 319,34–37 Dasjenige Dasein,
welches *bis* dar. *in F im AS* · 320,6–30 Vermöge der Erkenntnisform *bis* aufgeben. *davon* 10–11 *und* 26–30 *in F im AS, die übrigen
Abschnitte in anderer Reihenfolge* · 321,7–19 Die Gegenwart hat *bis*
herumträgt. [*vgl. S. 808 zu* 321,14] · 27–28 seines eigenen
Lebenslaufs · 322,7–10 Er wird mit *bis* p. 201). · 323,12–17 Ein
individuelles Bewußtsein *bis* darstellt. · 325,3–13 ein Zustand,
wo *bis* inteso.‹ · 326,2–7 Von diesem Gesichtspunkt *bis* Wesen.
daher 7 nun also *eingefügt* · 10–13 Das Sterbende geht *bis* ist. ·
24–25 und die Masken · 32–327,19 Sehr wohl könnte *bis* vor. ·
328,14 Dasselbe statuiert Aristoteles. · 330,18–19 Philalethes
(leise für *bis* Windbeutelei –
KAPITEL 11: 334,12–18 Die Zeit und *bis* verliert. · 335,24–25
keinen Grund und *bis* es · 336,4–11 Zuvörderst: keiner ist *bis* ist. ·
338,18–27 Versucht man, die *bis* beendigt. *in F im AS* · 339,25–33
Auch die Pracht *bis* gewesen. *davon* 32–33 *in F im AS* · 340,12–18
Die Notwendigkeit des *bis* desselben. · 34–342,26 § *147 a* Unser
Leben ist *bis* komisch. *in F im AS*
KAPITEL 12: 343,9–12 Unsere Empfindlichkeit für *bis* Regel.
[*vgl. S. 808 zu* 343,9] · 23–28 Wie wir die *bis* verdrießt. · 344,
18–27 Der wirksamste Trost *bis* Tod usw. · 345,21–33 Arbeit,
Plage, Mühe *bis* Dasein. · 349,3–350,2 Die Tiere sind *bis* verzehnfacht. *in A nach* 206,14 sind. *als* § 100 [*vgl. S. 787 zu* 206,14],
von dort nach § *153 verwiesen* [*vgl. S. 781 zu* 349,3] *mit dem Zusatz*
24 Das Tier ist die verkörperte Gegenwart: *in F nach* 17 ist; ·
350,3–31 Eben dieses den *bis* ankettet! [*vgl. S. 800 zu* 350,31] .
353,6–35 Wenn zwei Jugendfreunde *bis* Ausdruck. · 354,7–8 Die
Welt ist *bis* darin. · 27–30 Danach aber wird *bis* hat. · 355,2–7
Sehn wir also *bis* S. 119ff.). · 32–36 Nichts ist gewisser *bis* ist. ·
356,17–22 ein ἐργαστήριον, wie *bis* cap. 23) · 25–357,11 beim
Empedokles und *bis* p. 353). · 357,20–21 wohl wissend, daß *bis*
Weise. · 358,3–18 folglich jeden ansehn *bis* nennen. · 33–360,10
§ *156 a* Der Charakter der *bis* groß.
KAPITEL 13: 361,16–362,24 oder auch die *bis* bestraft. · 362,26–
363,8 Plinius sagt (›Historia *bis* poenis‹ etc. · 363,20–29 jedoch
führt Stobaios *bis* p. 312: · 364,14–31 Ebenso auf dem *bis* rub.‹

1. Im folgenden durch *AS* abgekürzt; der Anhang verwandter Stellen
ist dem jeweiligen Kapitel nachgestellt.

[*vgl. S. 808 zu* 364,22] · 33 d. i. jüdischen · 365,2–19 Die gründlichste Widerlegung *bis* hat. · 21–32 Er liegt darin *bis* ehrte.
KAPITEL 14: 368,15–16 dem Nirwana der Buddhaisten · 17–369,
21 Gegen gewisse alberne *bis* Erscheinungswelt. [*vgl. S. 808 zu*
368,27] · 370,11–17 donec voluntas fiat *bis* behält. [*vgl. S. 808
zu* 370,11] · 371,33–372,4 Ist ja doch *bis* p. 93). · 373,32 ist der
Weltknoten, indem er · 375,1–3 (ἐπὶ μόνῃ παιδοποιίᾳ) *bis* p. 456;
· 4–6 Clemens Alexandrinus ›Stromata‹ *bis* bei. [*vgl. S. 781 zu*
375,6] · 11–19 Zudem ohne alle *bis* Zorn. · 29–376,5 Ein Kloster
ist *bis* muß? · 376,15–23 und ebenso das *bis* steckt. · 377,19–31
Darum haben auch *bis* durchzog. · 379,10–380,26 § 172 *a* Wenn,
wie ich *bis* heroworship‹.) *in F im AS* · 380,33–34 (siehe ›Welt
als *bis* S. 404ff.). · 381,3–8 Das Leiden der *bis* lebt.
KAPITEL 15: 382,14–15 Nie wird auf *bis* fesselt. *fehlt F* · 383,23–25
Denn die Menschen *bis* sein. · 30–38 Nimm keinen Anstoß *bis*
verwächst. · 384,19 und Vaninis · 389,31–32 sondern seine eigenen *bis* priori. · 390,24–29 Dies trifft nahe *bis* und · 392,6–7 (Apuleius, vol. 2, p. 237). · 396,37–397,3 Sonach gleicht die *bis* sehe. ·
397,30–398,1 Ist doch simplex *bis* nicht. [*vgl. S. 808 zu* 397,33
und S. 781 zu 398,1] · 399,35–400,21 Wer über die *bis* (Vers
1071). · 401,2–10 Die Religionen erfüllen *bis* angehört. *in F im
AS* · 402,18–403,15 Du scheinst mir *bis* Denken. *davon* 403,2–15
Statt die Wahrheit *bis* Denken. *in F im AS* [*vgl. S. 808 zu*
402,34] · 406,33–34 Auch bekennt der *bis* Verein. · 407,26–31
Schon recht – inzwischen *bis* stützen. *dazu in Ab die Variante:*
Denjenigen unter meinen Lesern, welche zugleich Regenten
sind, will ich hier einen ehrlichen und wohlgemeinten Rat erteilen, also eine Sache, die ihnen nicht oft vorkommt. · 418,15–23
Im allgemeinen ließe *bis* verdienen. [*vgl. S. 781 zu* 418,23] ·
419,2–3 Lobgesänge · 7 lügenhafterweise · 11 weshalb er wesentlich der letzte Tag der Woche ist) · 31–37 Jene Teufel in *bis*
hoffen. · 420,6 zunächst · 7–8 diesen blutigen Wahnsinn *bis* dann ·
11–13 denke an die *bis* Spanien; · 423,20–424,5 Spence Hardy in
bis Doch · 425,5 denn wie es *bis* heißt: · 21–27 Demopheles:
Komm, wir an Alter! · 426,18–35 Die ephemeren Geschlechter
bis ist. *davon in F* 25–35 Unter den vielen *bis* ist. *im AS* · 36 aber ·
427,30–32 Kommt aber einmal *bis* Komödie. · 428,13–16 sogar
aber auch *bis* redet. · 431,21–24 Demnach hätte er *bis* übergeben. ·
26–30 sondern vielmehr in *bis* ist. [*vgl. S. 781 zu* 431,30] · 33–34
(man weiß nicht warum) · 432,15–17 (Bayle, vol. 1, p. 323 bestätigt es) [*vgl. S. 810 zu* 432,15] · 32–434,37 Augustinus, infolge seines *bis* Gedanken! · 435,29–35 und an Teufeln *bis* ver-

harren. · 436,3–437,12 Im tiefsten Grunde *bis* verspotten. ·
437,14–15 und seine heillosen Folgen täglich manifestierender ·
24–29 Die bedeutende Rolle *bis* mag. · 438,15–16 An der Judenansicht *bis* betrachtet. *fehlt F* · 439,6 christlicher · 12–13 Man
möchte wahrlich *bis* Seelen. · 22–440,5 Eine Bekanntmachung des
bis ist. · 441,9–27 Als ich in *bis* prosperieren. *dazu in Ah die Variante:* Als ich 1810 bei Blumenbach (der durchaus ein Mensch
war) vergleichende Anatomie hörte, sprach er von Vivisektionen
als einer erschrecklichen Sache, zu der man nur bei höchst wichtigen und nicht anders zu lösenden Problemen greifen dürfe,
dann aber sie vornehmen müsse öffentlich im großen Hörsaal,
damit die Marter des Tieres möglichst vielen Belehrung gewähre.
Jetzt aber greift jeder ruhmsüchtige Medikaster zur Lösung der
müßigsten, unfruchtbarsten Probleme oder gar solcher, die es
bloß [infolge] seiner Unwissenheit sind, zu jener entsetzlichen
Grausamkeit. · 28–442,4 Die französischen Biologen *bis* 1857).
in F nach 443,9 weiß. · 442,5–445,17 Besondere Erwähnung verdient *bis* Wahrheit. *davon* 444,24–25 *in F nach* 31 Wahrheit. [*vgl.*
S. 808 f. zu 443,14; 444,19 *und* 445,10] · 446,24–36 Überhaupt
sind diese *bis* aufheben. · 447,24–448,15 Eine schlagende Bestätigung *bis* Hilkias). *zu* 447,24–29 wird.‹ *in Ah die Variante:* Daß
Jehova Ormuzd sei, erhält eine starke Bestätigung durch Esra 1,
Kap. 6, Vers 23 in der LXX., wo offiziell berichtet wird, daß im
Tempel zu Jerusalem dem Herrn durch ein immerwährendes
Feuer geopfert werde – welches Luther weislich weggelassen hat.
Denn überhaupt scheint hier die Offenbarung etwas mehr zu
offenbaren, als ihre Absicht ist. · 448,20 *und* 449,1–2 In der Septuaginta *bis* Χερουβείμ). · 452,15–453,6 Spence Hardy, ›Eastern
bis zusammenhängen? · 454,12–14 Andrerseits aber könnte *bis*
nehmen. · 455,15–16 (zu vergleichen mit *bis* 6,15) · 456,14–15 der
unverdrossen mit *bis* kämpfte, · 21–38 wie auch ›The *bis* Noch ·
460,2–8 Sie wollen die *bis* wäre. · 463,2–7 Physik und Metaphysik
bis internecionem. · 30–464,3 Die sich täglich *bis* platzt. · 465,8–9
von den Wissenschaften fortwährend unterminiert, · 21–466,11
Eine Religion, die *bis* Kultur. *davon* 465,21–466,2 *in F im AS, dort
auch aus Ah die Variante:* Ein eigentümlicher Nachteil des Christentums, der besonders seinen Ansprüchen, Weltreligion zu
werden, entgegensteht, ist, daß es sich in der Hauptsache um
eine einzige, individuelle Begebenheit dreht und von dieser das
Schicksal der Welt abhängig macht. Dies ist um so anstößiger,
als jeder von Haus aus berechtigt ist, eine solche Begebenheit zu
ignorieren. · 466,13–15 Der Versuch, dies *bis* abgelaufen. *fehlt F*

KAPITEL 16: 467,24–28 Was überhaupt kann *bis* Übersetzers? ·
470,8–13 so z.B. auch *bis* überläßt: · 22–29 ›in maiorem Dei *bis*
Gelehrten. · 471,12–17 auch ist er *bis* sind: · 472,2–3 welche man
als Vorläufer des Buddhaismus betrachtet, · 473,26–474,30 Ihr
spottet über *bis* 1858). *in F im AS* · 474,36–476,25 Es ist wahrscheinlich *bis* researches‹. *in F nach* 474,30 1858). *als Anmerkung*
KAPITEL 17: 478,8–13 Sie sind und *bis* setzen. · 15–24 so säet sie
bis Neuen. *davon* 17–24 *in F als § 199 nach* 481,11 hinaufreicht. ·
31–479,25 Wer wissen will *bis* sollten. *davon in F* 479,3–13 Die
Griechen waren *bis* ist. *als Anmerkung zu* 478,16 Schmach. *und*
479,14–25 Auf Gymnasien sollte *bis* sollten. *nach* 672,2 haben.
[*vgl. S. 819 zu* 479,12] · 480,3–11 Ich kann nimmermehr *bis*
hätten. *davon* 480,8–11 *in F als § 194* · 30–481,11 Von den Mysterien *bis* hinaufreicht. [*vgl. zu* 478,15]
KAPITEL 18: 483,3–5 ist sie ja *bis* entstanden. · 20–22 Denn jene
Urgriechen *bis* auszudrücken. · 485,27–29 endlich auch aus *bis*
erinnern. · 487,6 (Babrios, ›Fabulae‹ 58). · 25–27 Vielleicht sind
die *bis* werden. · 488,7–26 *§203 a* Der Sturz der *bis* Räubervolkes.
in F als Anhang zu Kapitel 18
KAPITEL 19: 494,23–27 Vermöge seiner Objektivität *bis* darzustellen. · 502,26–28 Daher gewinnt eine *bis* Hingegen · 37–503,16
Außerdem ist, was *bis* herab. · 504,31 auf der Stirn · 509,20–25
Gebt mir Rossinische *bis* Sauce. [*vgl. S. 809 zu* 509,20] · 513,31
tiefen · 34–514,14 Die längste Dauer *bis* vorhersieht. · 515,1–23
Die Aufgabe eines *bis* können. · 516,6–12 so daß Byron *bis* 17 · 519,
34–520,22 Die Aufgabe des *bis* Interesses. *davon* 519,34–35 *in F nach*
520,22 Interesses. · 522,1–5 ja bis ins *bis* ποποι! · 523,20 Triumphe
· 524,27 Die Volksszenen im ›Egmont‹ sind der Chor · 525,5–20
§ 232 a Die Geschichte im *bis* entstehn. *davon* 5–7 *in F als Anmerkung zu* 20 entstehn. *und* 8–20 *als § 237* · 29–526,27 Sie ist
stets *bis* retten. · 526,35–527,27 Beim Studium derselben *bis*
machen. *davon* 8–27 Zur Philosophie der Geschichte der Menschheit *überschrieben* · 527,35–528,5 Mehr oder weniger *bis* haben. ·
528,19–22 und soll überhaupt *bis* Wand. · 27–31 (Z.B.: ein in *bis* angehört.) · 36 als ein lebendiger Anachronismus. · 529,20–24 das
Beklagenswerteste aber *bis* Ludwigs XIV. · 530,8–38 Zur durchgängigen Geschmacklosigkeit *bis* Helden.
KAPITEL 20: 535,1–13 Imgleichen ist es *bis* erleidet. · 15–20
§ 238 a Kritiker gibt es *bis* überschreiten. *in F als § 244* · 536,5–9
Keiner gilt für *bis* aufkommen. *in F als Anmerkung zu* 543,16 ersticken. [*vgl. zu* 543,17] · 23–28 Darum eben hebt *bis* Pack.) ·
538,6–9 Nicht weniger Newton: *bis* 128). · 539,13–16 Denn die

Vorschrift *bis* befolgt. · 543,17–20 Gegen Verdienste gibt *bis* vorgezogen. *in* F *als Anmerkung* [*vgl. zu* 536,5] · 545,9–10 als wo allein er von sich sprechen konnte, · 547,29 und es auch *bis* perit‹ · 554,13–17 Jeder Heros ist *bis* überwältigt. *in* F *nach* 764,33 Zwecke. *als § 411* · 562,3–6 Wenn die Wahrheit *bis* verhelfen.

KAPITEL 21: 563,13–21 Alle dreißig Jahre *bis* los. · 568,28–29 lehren und schreiben, was er nicht glaubt, · 569,11–21 In der Gelehrten-Republik *bis* abzusehn. · 570,10–29 Dies entspringt besonders *bis* und · 572,26–573,24 Schon, daß in *bis* verlassen. · 574,13–14 wobei ihm jedoch *bis* p. 22). · 27–29 daher sie auch *bis* ist. · 34–575,18 daselbst aber erst *bis* wirkt.

KAPITEL 22: 578,19–21 und ist, um *bis* nehme. · 24–32 und auch ihrer *bis* haben. · 580,9–19 Der Selbstdenker nämlich *bis* gebar. · 583,5–24 Dies findet seine *bis* sein, · 584,25–32 Die Werke aller *bis* erkennen. *in* F *als § 271* · 585,20–31 Denn, wie Seneca *bis* schreien.

KAPITEL 23: 589,17–18 und sogar in manchen Romanen Jean Pauls. · 19–22 Im Grunde aber *bis* hat. · 28–590,14 Denn es ist *bis* ›Tagelöhner‹. · 591,29–30 (Wie gelehrt wäre *bis* steht!) · 592,5–14 Kein größerer Irrtum *bis* verschlimmbessern. · 16–17 daß die Wissenschaften immer fortschreiten und · 23–36 Oft läßt er *bis* zurück. · 593,22–31 *und* 594,1–24 Was einem Briefe *bis* wegnimmt. *bis* 594,10 *in* F *als § 281 und* 594,11–24 *im AS* · 595,31–596,8 Am lächerlichsten legt *bis* untersuchen. · 596,19–35 Der hier in *bis* agena.‹ [*vgl. S.* 801 *zu* 596,23] · 599,2–8 Nicht ärgern also *bis* aufgeht. · 21–31 In der Regel *bis* lesen.) · 600,5–6 Durchgängig wird im *bis* rezensiert. *fehlt* F, *dazu in* Ah *die Variante:* Rezensionen werden meistens im Interesse des Buchhandels geschrieben, nicht im Interesse des Lesers: ei, wofür? · 29–33 Überhaupt ist in *bis* entgegengearbeitet. · 601,23–33 Es ist unglaublich *bis* est. *zu* 601,23–26 *in bezug auf Alexander Popes Vorrede* ›*Martinus Scriblerus of the Poem*‹ *in* Ah *die Variante:* unglaublich, welche Frechheit sich der Bursche bemeistert, wenn sie sich unter dem Schatten der Anonymität sicher wissen. · 36–602,1 Das heißt auf *bis* umkehren. · 602,27–603,4 Leute, die nicht *bis* wird. *davon* 602,27–28 Leute *bis* ehrlos. *in* F *nach* 603,21 ist.; 602,31–32 Und so etwas *bis* geduldet? *in* F *nach* 603,4 wird.; 602,32–34 Keine Lüge ist *bis* verantwortlich. *in* F *nach* 605,9 gibt. · 603,17–18 unermüdlich · 19–21 und auf alle *bis* ist. *danach in* Ah die gar nicht gelitten werden sollte. · 604,1–6 Daher man jeden *bis* sein. · 15–32 *und* 605,1–11 Eine besonders lächerliche *bis* Rezensentenhöhle. *zu* Rezensentenhöhle *die Variante* Lug-, Trug-

und Verleumdungsanstalt · 606,7–8 Stilfehler soll man *bis* vermeiden. *in F im AS* · 608,31–34 Das Unverständliche ist *bis* liegt. *in F im AS* · 610,10–16 Wer etwas Sagenswertes *bis* Kenntnissen. *in F im AS* · 611,36–612,5 Hieraus entspringt der *bis* Typen. · 613,18–19 Man brauche gewöhnliche *bis* umgekehrt. · 23–24 Ihre Sätze schreiten beständig auf Stelzen einher. · 35 und kausalen · 615,11–24 Schon Quintilian sagt *bis* hat. · 34–36 Aber freilich suchen *bis* verbergen. *in F eingeklammert* · 616,7–10 Hier findet das *bis* dire.‹ · 617,4–12 Alle Formen nimmt *bis* Schönheit. · 29 und zwei Fliegen mit einer Klappe zu schlagen *fehlt F* · 31 ja nach verschiedenen Richtungen hin · 618,10–18 Damit verwandt ist *bis* Futuro. · 23–30 Demnach wird jede Silbe *bis* nachzumachen! · 619,1–3 Daher ist unter *bis* Infamie. · 6–12 Meinen die Herrn *bis* hätten? *fehlt F* · 22–24 Das Imperfekt-statt- *bis* Sprachen. *fehlt F* · 620,18–26 *und* 621,1–12 Aus demselben würdigen *bis* sind. [*vgl. S. 809 zu 620,26 und zu 621,2*] · 622,8–9 bei weitem · 11–13 Z.B.: ›Ich kann *bis* strafen‹. · 16–17 *und* 623,1–32 *und* 624,1–20 Denn in keiner *bis* sein. · 625,20–26 Mit Recht heißt *bis* Nachweisens. · 626,2–4 und dekretieren, ›in *bis* Person‹ · 15–18 ›Ausfuhr‹ statt ›Ausführung‹ *bis* Hauses‹ · 18–19 ebenso konsequent wie dieser Sprachverbesserer würdig wäre und · 628,13–15 Die Alltagsköpfe sollen *bis* verbessern. *fehlt F* · 629,6–18 *und* 630,1–18 *und* 631,1–17 *und* 632,1–18 Derselbe Herr Lepsius *bis* Gesetz. *danach in Ab* (Nachlaß Bd. 17, p. 297.) [*vgl. S. 809 zu* 629,6] · 636,5–20 Hat er z.B. *bis* Erhabenes. · 637,23–25 Die nächste Folge *bis* muß. · 33–638,1 Ist der Zweck *bis* andern. · 641,8–27 Bis vor ungefähr *bis* habe. · 29–642,17 § 285 *a* Zum Sprachverderb zähle *bis* capiat‹ *fehlt F, dazu zwei Varianten:* [1] Das Wort Weiber ist ganz unschuldig und bezeichnet ohne alle Nebenbedeutung bloß das Geschlecht. Wenn ihm also eine unangenehme Bedeutung anklebte, so könnte dies nur am Bezeichneten liegen, nicht am Zeichen. Daher wird eine Änderung dieses die Sache nicht bessern. Die deutsche Sprache hat wie die lateinische den Vorzug, für genus und species, für mulier und uxor zwei entsprechende Wörter zu haben, und darf ihn einer Weibergrille halber nicht aufgeben: daher eben klingt Frauen, wenn von Mädchen gebraucht, stets wie ein Mißton, wenn auch tausend fade Teetischliteraten es zu diesem Gebrauch abzuschleifen untertänigst bemüht sind. So wollen die Juden Israeliten, die Schneider Kleidermacher heißen; und kürzlich wurde vorgeschlagen, daß, weil das Wort Literat in Mißkredit geraten sei, diese Herren sich statt dessen Schriftverfasser nennen sollten.

Aber wenn eine an sich unverfängliche Benennung diskreditabel
wird, so liegt es nicht an der Benennung, sondern am Benannten;
und da wird die neue bald das Schicksal der alten haben. Es ist mit
ganzen Klassen wie mit den Einzelnen: wenn einer seinen Namen
ändert, so kommt es daher, daß er den frühern nicht mehr mit
Ehren tragen kann; aber er bleibt derselbe und wird dem neuen Namen nicht mehr Ehre machen als dem alten. [2] Das Wort Weib hat
jedenfalls nichts verschuldet, weder durch Klang noch durch
Etymologie: sollte ihm also irgendeine schlimme Bedeutung an-
hangen, so ist sie nicht dem Wort, sondern dem Gegenstand zuzuschreiben und würde folglich ebenso jedes andere Wort in-
fizieren, welches man jenem substituieren möchte. Es ist damit wie
mit den Juden, die Israeliten heißen wollen – obgleich es seit dem
König Salmanassar glorreichen Andenkens keine Israeliten mehr
gibt. • 642,29–32 Zudem ist das *bis* Liederlichkeit. • 643,17–18 damit dieser einem *bis* könne. • 21–24 weil er sechs *bis* durcheinander! [*vgl. S. 809 zu 643,22*] • 34–644,20 Der wahre Nationalcharakter *bis* scheint. • 644,23–24 an die man *bis* sehn, • 645,7–8
Er kriegt so *bis* erhält. [*vgl. S. 801 zu 644,21*] • 35–646,11 Den
höchsten Grad *bis* sein • 647,25 longe • 30–650,11 § 289 a Wie
groß und *bis* nachzumachen. *in F im AS*
KAPITEL 24: 651,21–23 Aber während des *bis* bleibt? [*vgl. S.
782 zu 651,23*] • 653,17–23 § 292 a Die Gesundheitspolizei
sollte *bis* würden.) *in F im AS* • 654,18–655,31 Neun Zehntel
unsrer *bis* beschränkt. *davon* 655,8–11 Weil die Leute *bis* Dreck.
in F nach 654,17 schädlich. *und* 655,29–31 *in F im AS* • 655,33–
656,28 § 295 a Bücher werden geschrieben *bis* Flausen. *in F im
AS* • 657,9–10 Man kann daher *bis* bezeichnen. • 12–659,6 § 296 a
Es wäre gut *bis* wirkend. *in F im AS* [*vgl. S. 809 zu 658,23*] •
661,1–3 besonders seitdem ein *bis* nennen. • 662,4–9 Gegen die
heutzutage *bis* Ausgabe). • 24–27 es ihnen also *bis* stahl; [*vgl.
Bd. 4, S. 607*]
KAPITEL 25: 663,9–15 Beim Entstehn der *bis* personalia usw. •
22–665,9 Bekanntlich sind die *bis* Grammatik. *in F nach* 663,15
personalia usw. *als* § 307, *danach der Zusatz* 663,16–20 Das Wort
des *bis* rege. *als* § 308 • 665,15 (Quot linguas quis callet, tot homines
valet.) • 667,6–12 Gedichte kann man *bis* hat. *davon* 6–8 ist. *in F
nach* 12 hat. • 16–18 Und nun gar *bis* ist. • 33–668,2 Ja man muß *bis*
erhält. • 669,26–670,10 indem durch die *bis* läßt. *dazu die Variante:* Daher kann man sehr selten eine bedeutende Phrase aus
einer neuern Sprache wörtlich ins Lateinische übersetzen; sondern man muß den Gedanken von allen Worten, die ihn jetzt

tragen, gänzlich entblößen, daß er nackt dasteht im Bewußtsein, ohne alle Worte, wie ein Geist ohne Leib, dann aber muß man ihn wieder mit einem neuen ganz andern Leibe bekleiden in den lateinischen Worten, die ihn in ganz andrer Form wiedergeben, so daß z.B., was im Original durch Substantiva, jetzt durch Verba ausgedrückt wird usw. Die Verwaltung solcher Metempsychose befördert das wirkliche Denken. Es ist damit wie mit dem status nascens in der Chemie: indem ein einfacher Stoff aus einer Verbindung austritt, um eine andre einzugehen, hat er während dieses Übergangs eine ganz besondere Kraft und Wirksamkeit wie außerdem nie und leistet, was er sonst nicht kann. Ebenso der aller Worte entkleidete Gedanke in seinem Übergang aus einer Sprache in die andre. Darum also wirken die alten Sprachen unmittelbar bildend und den Geist stärkend. · 670,27–31 die Diktion als *bis* auf [*vgl. S. 821 zu* 670,32] · 35–671,1 man lernt Respekt *bis* umzumodeln · 671,3–672,2 der Mensch, welcher *bis* haben. [*vgl. S. 791 zu* 478,31] · 672,4–673,4 *§ 299 a* Die Franzosen, inklusive *bis* werden. *in F im AS* · 674,20–22 zumal da man *bis* läßt. · 675,18–20 Einen hiemit ganz *bis* (cap. 15). · 676, 21–22 und sich ebenso *bis* ›Roß‹; · 30–31 (Jesus Sirach 12,4 *bis* machen‹). · 33–677,5 Das deutsche Wort *bis* ist. · 677,11–21 Ebenso glaube ich *bis* verständlich. · 23 solenner und preziöser · 678,10–680,25 *§ 303 a* Unsere heutigen Germanisten *bis* ist. *in F im AS*

KAPITEL 26: 683,15–684,4 Welchen eigentümlichen Genuß *bis* fühlten. · 686,1–7 Der Wunsch, den *bis* greift. · 30–687,2 *§ 311 a* Es kann kommen *bis* vermissen. *in F als § 322* · 690,38–691,2 Meistens wird der *bis* Mitleid; *dazu in Ab die Variante:* Jedoch bleibt die von der Erfüllung aller unsrer Wünsche unzertrennliche Enttäuschung sogar bei diesem in der Regel nicht aus: ist die heißersehnte und beharrlich verfolgte Rache endlich erlangt, so vergällt meistens den ganzen Genuß uns – das Mitleid. · 692,7–12 Die unmittelbarste Wirkung *bis* Selbstmord. · 693,26–32 *§ 324 a* Jeder uns in *bis* verzerrt. *in F als § 336* · 694,10–14 Was hingegen die *bis* mitwirkt. · 703,13–19 Ohne allen Vergleich *bis* verrät. · 704,7 ist die immanente: sie ist es, · 10 die transzendente · 705, 29–32 Darum ist nur *bis* kennen. · 708,2–4 *§ 344 a* Der Arzt sieht *bis* Dummheit. *in F als § 357* · 709,24–35 Und wie im *bis* beruhte. · 710,18–21 Seltsam ist es *bis* kalt. · 28–711,1 In diesem Sinne *bis* leitet. · 711,3–5 daher der Kopf *bis* besitzt · 9–712,22 *§ 350 a* Bisweilen will mein *bis* ableitete. *davon* 711,9–712,2 *in F nach* 711,6 Grunde‹. *und* 712,3–22 *in F als § 364* · 713,16–22 Wie schön und *bis* ist. *fehlt* F · 715,7–9 und ist hingegen *bis* vorherrschende. *fehlt* F · 13–22 Eine auserlesene Bestätigung *bis* gelangweilt.‹ · 29–31 (dullness, ἀναισθησία καὶ *bis* p. 60), [*vgl. S. 822 zu* 715,31] · 716,14–19 Denn einer kann *bis* ruft. · 21–718,23 *§ 361 a* Die alltägliche natürliche *bis* möchte. *in F als § 374* [*vgl. S. 808 zu* 718,15]

KAPITEL 27: 719,11–720,2 Pathetischer drückt dasselbe *bis* Weiber. · 721,35–722,9 woraus denn auch *bis* Glauben. · 722,14–15 erforderlichenfalls zum Troste · 16–29 In schwierigen Angelegenheiten *bis* hinzufügen. · 723,27–28 und empfindet es *bis* gebrauchend. · 34–38 Des gerichtlichen Meineides *bis* entwenden. · 724,30–725,2 Weil im Grunde *bis* erwächst. · 725,31–726,1 Das niedrig gewachsene *bis* Schönheit. · 726,7–17 Das macht, sie *bis* hinaus. · 31–35 Für unsere Zeit *bis* setzen. · 727,3–9 dies ist am *bis* Subjektiven. · 12–28 Auch Huarte in *bis* faciles‹ etc. *der Titel in Ab* Examen de los ingenios; *die Zitate in F als Anmerkung* · 728,4–6 In Rücksicht auf *bis* rang‹ · 16–26 Sie sind ›sexus *bis* quantitativer. · 36–729,32 Das Weib im *bis* milking?‹ · 730,21–23 indem sie durchweg *bis* ist, *dazu die Variante:* Die europäischen Ehegesetze nehmen das Weib als Äquivalent des Mannes, gehn also von einer unrichtigen Voraussetzung aus. *in F vor* 10 In unserm monogamischen · 731,11–25 In London allein *bis* sein. · 732,20–34 Über Polygamie ist *bis* recht. [*vgl. S. 809 zu* 732,33] · 733,1–2 gemäß dem Gesetze Menus (Kap. 5, Vers 148). · 8–734,7 Die ursprüngliche Mutterliebe *bis* befähigt. · 734,9–20 Sie bedürfen stets *bis* und dgl. · 30–35 Jedenfalls ist eine *bis* muß.

KAPITEL 28: 737,1–5 indem die Erzieher *bis* stopfen. · 740,21–31 Wenn wir uns *bis* leitet. · 742,30–33 Ihnen ist durch *bis* können.

KAPITEL 29: 745,14–21 Alle gehn stillschweigend *bis* dasteht. · 747,7–13 Aber eben jener *bis* zeigen. · 748,4–6 drei Viertel von *bis* hineingekommen; · 751,3–19 Überhaupt aber ist *bis* Gelenk. · 25–28 Der Blick der *bis* ist.

KAPITEL 30: 753,18 Lichtenbergs, · 754,20–24 welches dem Leben *bis* Peitschenklatschens · 32–755,11 Kein Ton durchschneidet *bis* sein. · 755,20–27 Angenommen aber, daß *bis* liefern. · 28 reiner Mutwille, ja als · 756,1 losen · volkreichen · 756,2 oder gar neben dem Tiere hergehend, *fehlt* F · 756,8–13 Aber etwas noch *bis* Nachsicht. · 17–27 Fuhrknechte, Sackträger, Eckensteher *bis* werden. · 34–35 *und* 757,1–11 Daß sie dies *bis* Trommeln.

KAPITEL 31: 759,8–21 *§ 380 a* Ich stand vor *bis* können. *in F als § 394* · 27–760,3 *§ 381 a* Eine Stadt mit *bis* Italiener! *in F als § 396* · 761,3–4 Keine Rose ohne *bis* Rose. · 13–20 *§ 386 a* Hinter einem

in *bis* bin.‹ *in* F *als* § *402* · 764,19–33 Wir finden dies *bis* Zwecke.
VERSE: 769,17–770,11 1819 Unverschämte Verse *bis* (Unvollendet.)
und die Anmerkung · 773,6–17 1857 Anziehungskraft Gedanken *bis*
sagen.

Weitere Zusätze des Handexemplars sind als Anmerkungen unter
den Text gestellt und, weil sie in F zuerst aufgenommen worden
sind, mit einem F gezeichnet. Sie stehen in dieser Ausgabe auf
den Seiten:
25 · 48 · 53 *in F nach* 53,14 träumt. *eingeklammert im Text* · 57 · 63
64 · 83 *in F im AS* · 84 *in F im AS in anderer Absatzfolge* · 89 *in F im
AS* · 93 · 94 · 97 · 100 · 102 *aus* Eastern monachism p. 224 *nach* 19
Zahns) *in Ab* · 135 *in F im Text* · 138 *in F statt* 2–6 Das Licht halte
bis Analogon. · 142 · 146 · 149 · 151 · 159 · 167f. · 174 *in F im Text* ·
187 · 190 · 205 · 252 · 275 *in F eingeklammert im Text* · 287 *in F im
Text* [*vgl. S. 809 zu* 287,13] · 294 · 305 · 310 · 323 · 328 · 329 *in
F im AS* · 344 *in F nach* 6 ist; *im Text* · 354 *in F im Text* · 356 *in F im
AS* · 357 *in F im AS* · 363 · 421 *in F in* ›Parerga‹ Bd. 1, *in dieser Ausgabe Bd. 4, nach* 159,40 *aufzuweisen.* · 440 *in F nach* 445,17 Wahrheit. *im Text* · 442f. *in F nach* 443,5 martern. *im Text* · 443 · 445
die beiden letzten Sätze in F umgestellt · 448 · 464 *in F im AS* · 487 · 491
davon Anmerkung FF. im Text · 529 · 556 · 590 *in F im AS* · 593 *in F im
AS* · 605 *in F im AS* · 612 *davon Anmerkung F. im AS* · 626 · 628 · 636 ·
667 · 668 · 688 · 695 · 733 · 738 · 756 · 769

In *Hb* wurden noch folgende Zusätze aus den Manuskriptbüchern
Schopenhauers, auf die von *Ab* aus verwiesen wird, aufgenommen;
sie sind mit einem H bezeichnet und befinden sich auf den Seiten:
121 · 137 *zuerst in* ›Aus Schopenhauers handschriftlichem Nachlaß‹,
herausgegeben von Julius Frauenstädt · 138 · 139 · 155 · 158 · 172 · 210
· 256f. · 366 · 422 *dazu in Ab die Variante:* Wer, ohne hebräisch zu
verstehn, das Alte Testament kennenlernen will, lese die LXX,
eine höchst ergötzliche Lektüre. Freilich gewinnt man den μέγας
βασιλεὺς Ναβουχωδονόσορ am Ende herzlich lieb. – Wenn einmal im Lauf der Zeiten wieder ein Volk erstehn sollte, welches
sich einen Gott hält, der ihm die Nachbarländer schenkt, die
sodann als Länder der ›Verheißung‹ zu erobern sind; so rate ich
den Nachbarn solches Volkes, beizeiten dazuzutun und nicht abzuwarten, daß nach Jahrhunderten endlich ein edler König Nebukadnezar komme, die verspätete Gerechtigkeit auszuüben,
sondern solchem Volke zeitig die Verheißungen auszutreiben,
wie auch den Tempel des so großmütig die Nachbarländer ver-

schenkenden Gottes bis auf den letzten Stein zu zermalmen, und
das von Rechtswegen. [*vgl. Bd. 4, S. 610 zu* 159,33] · 453 · 454
davon 28–31 *und* 37–39 *in F im AS;* 32–34 *in F nach* 4 *gäbe. im Text*
[*vgl. S. 809 zu* 454,35] · 458 *zuerst in* ›*Aus Schopenhauers handschriftlichem Nachlaß*‹· 475 · 480 · 537 · 548 *zuerst in* ›*Aus Schopenhauers handschriftlichem Nachlaß*‹ · 552 · 578 · 604 · 620–622 *zur
Anmerkung HH. in Ah die Variante:* Der Unfug, der mit der Präposition ›für‹ getrieben wird, ist unglaublich und beweist, daß
unsre Schmierer kein Deutsch mehr können. Lateinisch haben
sie nie geschrieben; demnach bewundern sie das Französische
als die einzige fremde Sprache, die sie ein wenig verstehn; und
weil nun das Französische in seiner Armut sich überall mit der
Präposition ›pour‹ helfen muß, so wollen sie diesen Mangel der
deutschen Sprache inokulieren und setzen z. B. ›Urlaub für drei
Wochen‹ statt auf – ›er erachtete für zweckdienlich‹, wo es
abundiert – ›Beiträge für die Zoologie‹ statt zur – ›Achtung für
jemanden‹ statt vor – ›Rücksicht für jemanden‹ statt gegen –
›für wohltätige Zwecke‹ statt zu – ›ein Paß für die Türkei‹ statt
nach oder in – ›Dozent für Philosophie‹ statt der – ›ich muß für
euch erröten‹ statt über euch – ›sehr bemüht für Gründlichkeit‹
statt um – ›für den Fall‹ statt auf – ›Der Zeitpunkt ist nicht dafür geeignet‹ statt dazu. – Noch durch viele andre grammatische
Gallizismen verderben sie die Sprache. Diese grammatischen, nicht
die lexikalischen Gallizismen sollten Gegenstand des Eifers der
Puristen sein. Denn ein gebrauchtes Fremdwort schadet der Sprache
nicht, sondern wird assimiliert und ist eine Bereicherung. Ist doch
über ein Drittel der deutschen Wörter offenbar aus dem Lateinischen zur Römerzeit adoptiert, aber so entschieden assimiliert,
daß man höchlich überrascht wird, wenn man es als Latein erkennt – wobei ich nicht die vielen Wörter in Rechnung bringe, die
als ein Erbteil der Großmutter Sanskrit sich im Deutschen wie im
Griechischen und Lateinischen als dieselben erkennen lassen. Narren, die ihren Mutwillen an der Sprache üben, gibt es wohl auch in
andern Ländern, aber jeder Urteilsfähige setzt sich dem Verderben entgegen; bloß in Deutschland geschieht dies nicht: kein
einziger opponiert; vielmehr eilen alle, den Narren die Narrheit
nachzumachen. · 623 *zum ersten Satz in Ah die Variante:* Statt
gewiß – ›sicher‹, doppelt falsch! Erstens: dies ist ein Adjektiv,
das Adverbium heißt ›sicherlich‹; sodann ist es ein viel weiterer
Begriff als ›gewiß‹, folglich zweideutig. Aber warum schreiben
sie es? Ganz allein, weil es falsch und absurd ist, das genügt. (Bei
Grimm gefunden.) *der zweite Satz in F vor* 13 Bloß der Deutsche

· 625 *davon* ›Zurückgabe‹ statt ›Zurückgebung‹ *in F nach* 33
›Eingebung‹ *im Text* · 626 *von der Anmerkung* H. *in F* ›Vergleich‹
statt ›Vergleichung‹ *nach* 2 ›Vollziehung‹ *im Text* · 627 · 628–630 ·
631 · 634 · 638 *von der Anmerkung* HH. 31–41 dieser elendeste
romanische *bis* Sprache *in F als Anmerkung zu* 672,16 Jargons · 644
· 648 · 652 · 715 · 730 · 731

In diese Ausgabe wurden noch zwei Anmerkungen aufgenommen
und mit einen L gekennzeichnet; sie stehen auf den Seiten 475
und 762.

Die folgenden Zusätze des Handexemplars oder aus den Manuskriptbüchern, auf die in *Ab* verwiesen wird, sind zum Teil
Varianten des Textes, zum Teil schon von Schopenhauer selbst
wieder gestrichen oder aber zum Teil in neuen Auflagen der
anderen Schriften verwendet worden, so daß sie in *Hb* nicht be-
rücksichtigt wurden und auch in diese Ausgabe nicht aufgenommen worden sind.

nach 63,1 trovato‹. *:* Wie die Umrisse verschwimmen und alles
undeutlich wird, wenn man zu lange einen Gegenstand anstarrt;
so geht es auch, wenn man zu lange über eine Sache brütet: alles
verwirrt sich. · *nach* 273,25 Natur. *:* Daher eben ist Senecas Ausspruch so richtig: ›Argumenta morum ex minimis quoque licet
capere‹ (›Epistulae‹ 52). *vgl. Bd. 4, S. 541, so daß Hb es im Gegensatz zu F an dieser Stelle strich* · *nach* 288,1 Europa. *:* Da ich hier
von Napoleon I. geredet habe, wie eine solche Geißel der Menschheit, einer, der viele Millionen derselben in Elend und Tod getrieben hat, um seinem schlechten Ehrgeiz zu frönen, es meiner
Ansicht nach verdient; fühle ich mich gedrungen, die aufrichtige Verehrung, welche ich vor seinem jetzt regierenden Neffen
Napoleon III., diesem Retter der gesetzlichen Ordnung und der
Zivilisation Europas, hege, auszusprechen, damit es nicht scheine,
daß zu dem vielen Undank, den dieser Fürst hat erfahren müssen,
auch der meine, so leicht er auch wiegen mag, gekommen wäre.
durchgestrichen · *nach* 336,4 stattfindet. *:* Der der Philosophie Demokrits angehörende, auch von den Scholastikern häufig gebrauchte Kunstausdruck ›species transitivae‹ ist sehr geeignet,
einen andern Sinn annehmend, die ganze Art unsers eigenen Daseins zu bezeichnen: wir sind bloße ›species transitivae‹, vorüber-
schwebende Gestalten, Schattenbilder, ohne einen Augenblick
festen, bleibenden Daseins in unserm ganzen Leben, als welches

eine Kette von Veränderungen ist; in steter Bewegung, ohne
Rast und Ruh, eilen wir vorbei, unserm Untergang entgegen.
Unser richtig erkannter Gegensatz sind Platons Ideen, die feststehenden und ewig unveränderlichen Formen der Wesen: das
stets Seiende, nie Werdende, während wir das stets Werdende,
nie Seiende darstellen. *danach:* Ist durchgestrichen, weil der Aus-
druck ›species transitivae‹ nirgends zu finden; habe überall gesucht. · *nach* 344,9 Pein. *:* Unfälle, große und kleine, sind das
Element unsers Daseins. *vgl. Bd, 4, S. 564 (wo 23 Lebens statt
Daseins), daher in F, Hb an dieser Stelle gestrichen · vor* 344,28 Die
Geschichte *:* Alles, was wir anfassen, widersetzt sich, weil es seinen eigenen Willen hat, der überwunden werden muß. *vgl. Bd. 2,
S. 739, so daß Hb es im Gegensatz zu F an dieser Stelle strich · zu* 348,2
Menschenlebens. *die in Bd. 4, S. 393 verwendete Anmerkung · nach*
350,31 ankettet! *:* Auch Vögel im Käfig zu halten ist Tierquälerei: diese von der Natur so begünstigt Lebenden, welche in
schnellsten Flug die Himmelsräume durchstreifen, auf einen Kubikfuß Raum zu beschränken, um sich an ihrem Geschrei zu
weiden! *von Hb als Wiederholung von* 12–15 *den Vogel, der bis*
schreiet. *aufgefaßt und daher im Gegensatz zu F übergangen · nach*
367,10 Ende. *:* Um das Verhältnis der Anzahl der Selbstmorde zu
einer gegebenen Bevölkerung herauszubringen, pflegt man die
Zahl der Selbstmorde eines Jahres der Einwohnerzahl gegenüber-
zustellen und erhält dann z.B. auf 1 500 einen Selbstmord. Dies
Verfahren ist falsch: denn unter jenen 1 500 ist noch mancher
künftige Selbstmörder. Man muß das Verhältnis der Selbstmorde zur Zahl der übrigen in dem Jahre Gestorbenen zum Maßstabe nehmen, also das Verhältnis der gezwungenen zu den freiwillig Gestorbenen, wo es dann zwanzig- bis dreißigmal größer
herauskommt und dennoch aber immer noch unter der Wirklichkeit bleibt, teils weil viele Selbstmorde verhehlt werden, teils
weil von den übrigen Toten noch manche ihrem Leben ein Ende
gemacht haben würden, wenn ihnen Natur oder Zufall nicht
zuvorgekommen wäre[n]. · *nach* 443,26 Hand. *in Ab die Variante:*
Dies ist nötiger, als Missionare nach Asien zu senden, welche
heutzutage, in China, nicht sowohl riskieren enthauptet als ausgelacht zu werden. Es ist eine unmittelbare und selbst-evidente
Wahrheit, die jeder Mensch, dem nicht von Kindheit auf der
Kopf verschroben worden, augenblicklich einsieht, daß in der
Hauptsache und im wesentlichen das Tier dasselbe ist, was wir
sind, und der Unterschied bloß auf der Entwickelung des Gehirns und damit der Erkenntnis beruht. Aber dasselbe ewige und

unzerstörbare Wesen lebt in uns und in ihm. · *nach* 475,9 Gott. *die Variante zu 16–18:* Die Anna Perenna (Ovid) ist Anna Purana, Göttin der reichlichen Speise (vgl. *Peter von Bohlen, Das alte Indien, 2 Bde., 1830/31* Bd. 1, p. 201–212) · *nach* 519,12 schickt. *:* What a lame and impotente conclusion, sagt sogar Shakespeare im Epilog zu . . . *recte: Othello 2,1; wegen dieses Erinnerungsfehlers von F und Hb nicht aufgenommen (vgl. das Zitat aus dem Gedächtnis S. 812 zu* 137,1–2*)* · *nach* 596,23 geben. *:* Wenn sie im allerhöchsten Grade vorhanden sind, reichen sie freilich für sich allein aus. *durchgestrichen* · *nach* 636,7 Buchstabenersparnis. *in Ah die Variante:* Wenn ich sehe, wie in Deutschland (NB. mit Beifall und Nachahmung) jeder Lohnsudler der Buchhändler oder Knecht des Zeitungsschreibers ohne Umstände neue Worte fabriziert oder alte umgestaltet, kann ich nicht umhin, an das Urteil zu denken, welches Engländer, Franzosen, Italiener und Spanier über die Deutschen in intellektueller Hinsicht fällen – einstimmig. · *nach* 638,9 sind. *die Variante:* In Sprachen, wie die französische und gar die englische, deren zumal in der Flexionsfähigkeit der Worte höchst dürftige Grammatik eine streng logische Reihenfolge der Worte nötig macht, darf die Interpunktion ebenfalls dürftig und lax sein. Aber wo eine vollkommnere Grammatik einen künstlichen Phrasenbau mittelst der Versetzung der Worte in ihrer Reihenfolge erlaubt (welches große rhetorische und poetische Vorteile liefert), da müssen die nicht unmittelbar zusammengehörigen [Wörter und Satzteile] durch die Interpunktion geschieden werden, um den Sinn sogleich augenfällig zu machen – so im Griechischen, Lateinischen und Deutschen. *in F im Text* · *nach* 639,32 hat. *in Ah die Variante:* Es ist nicht hinreichend, daß der Schreiber wisse, was er bei seinen Worten sich zu denken habe; sondern sie müssen so gestellt sein, daß sich gar nichts anderes dabei denken läßt. · *zu* 644,21–645,7 Durch jene langen *bis* soll. *in Ah die Variante:* Der Schreiber so einer langen eingeschachtelten Periode weiß, wo das Ding hinausläuft und was am Ende kommen wird, daher ist ihm ganz wohlgemut, indem er sein Labyrinth ausbaut; der Leser aber weiß es nicht und steckt in der Pein, denn er soll nun alle jene Klauseln auswendig lernen, bis ihm in den letzten Worten ein Licht aufgesteckt werden und auch er endlich erfahren soll, wovon die Rede ist. · *zum* Kapitel 23 ›Über Schriftstellerei und Stil‹ *in Ah noch siebzehn Varianten und Ergänzungen:* [1] ›Von‹ ist der Ablativ, nicht der Genetiv: merkt's, ihr ABC-Schützen! – Immer mehr und ganz ungeniert greift der Gebrauch des Ablativs statt des Genetivs um sich; herrliche Schriftsteller, die nicht den Casum zu setzen wissen! Keine andre Nation in der Welt würde ein solches Umspringen mit der Sprache dulden. – ›In der Straße‹ statt auf; man wohnt aber in der Straße und geht auf. *vgl.* 620 *Anmerkung* H. – [2] Analoge Schnitzer und Aushängeschilder des Unverstandes und der Geschmacklosigkeit sind: Webstuhl, Längsschnitt, Felsgipfel, Lebzeit, Felswand, Gemsjagd; sind 1. falsch: z. B. es ist der Stuhl des Webers, nicht der Web (welches gar kein Wort ist) und 2. kakophonisch, weil die Liquida nötig war. – [3] Platon setzt in einer Zeile dreimal κελεύειν mit verschiedenem Praefixo und in verschiedenem Sinne: Ὑπελάμβανον αὐτό μοι παρακελεύεσθαί τε καὶ ἐπικελεύειν, ὥσπερ οἱ τοῖς θέουσι διακελευόμενοι. [Ich glaubte, daß das Traumbild mich ermuntere und aufmuntere, etwa wie die, welche den Wettrennenden Ermunterndes zurufen.] (›Phaedo‹, p. 197 editio Bipontini, cap. 4, p. 60 E). – Schade, daß er nicht auch so witzig gewesen ist wie unsre langöhrigen Sprachverbesserer und dreimal bloß κελεύειν geschrieben hat, sich nach der Bewunderung andrer Esel umsehend. Germanisten haben wir, das weiß der Himmel, und solche, welche von Patriotismus bersten, alles germanisieren und das Gotische zu einem Dialekt der Deutschen machen wollen, hingegen der ungeraten infamen Verhunzung der Sprache entgegenzutreten unterlassen. – Es kommt alles daher, daß Schriftstellerei ein Industriezweig geworden ist. Dabei kann keine Literatur gedeihen. – ›Gemessen‹ statt angemessen! – ›erübrigen‹ statt übrigbleiben, – ›billig‹ statt wohlfeil, – ›kürzen‹ statt abkürzen. – ›Ansprache‹ statt Anrede, – ›hindern‹ statt verhindern. Durch die Erweiterung des Sinnes einzelner Wörter wird die Sprache ärmer, durch die Beschränkung ihres Sinnes, mittelst Verteilung desselben, reicher; sequi, assequi, prosequi, persequi, consequi, obsequi; implorare, explorare, plorare, deplorare; z. B. ändern, verändern, abändern, umändern sind feine Modulationen, deren ein fühlender Geist sich mit Vorteil bedient, aber unsre täppischen Esel wollen dies wegwerfen und überall mit ›ändern‹ ausreichen. – Z. B.: sie schreiben ›Besserung‹ statt Verbesserung, [um] eine Silbe zu lukrieren, und nehmen der Sprache die feinen Nuancen, die unsre Vorfahren ihr verliehen: Besserung erfährt das Schlechtstehende, z. B. ein Kranker, ein Sünder; Verbesserung erfährt, was schon in gutem Zustande ist, aber noch besser wird, z. B. eine Einrichtung, eine Maschine, etc. Wenn man fortfährt in der Sprachverhunzung, werde ich dem einstimmigen Urteil des gesamten Auslands über die Deutschen beitreten. –

[4] ›Für‹ steht unter sechsmal fünfmal falsch, weil die Esel das Deutsche nach der dürftigen französischen Grammatik zuschneiden wollen und glauben, ›für‹ setzen zu dürfen, wo im Französischen ›pour‹ steht. ›Die Sitzung ist für Montag angekündigt‹ – ›Urlaub für zwei Monate‹ – ›Rücksicht für Sie‹ – ›Mittel für eine Krankheit‹ – ›Ehrerbietung für Sie‹ – ›Ehrfurcht für Sie‹ – ›Beiträge für Geologie‹ – ›Dozent für Mathematik‹ – ›für überflüssig erachten‹, ubi abundat. – In der ›Postzeitung‹, 26. April 1856: ›Das Blatt dürfe nur dann erscheinen, wenn es für eigene Gefahr und Kosten des Druckers erscheine!‹ Dies gibt Hoffnung: denn jetzt ist die Grenze der Absurdität erreicht. – ›Abneigung für eine Sache‹ statt gegen – ›für den Fall‹ statt in dem Fall; wenn ein Franzose statt ›en ce cas‹ schriebe ›pour ce cas‹!! dann ... ›Unempfindlich für Reize‹ statt gegen – ›Zeug für Kleider‹ statt zu – ›Bedingungen für eine Sache‹ statt zu – ›er benutzt es für sein Werk‹ statt zu – ›er ward für schuldig erkannt‹, ubi abundat – ›etwas für wahr annehmen‹ statt als – ›Vorbild für unsre Leistungen‹ statt unserer Leistungen – ›Üben‹ statt ausüben, während den großen Unterschied dieser Worte z.B. diese Rede bezeugt: ›Du mußt die Kunst üben, um sie einst ausüben zu können‹ – ›Hindern‹ statt verhindern, während ›er hindert mich‹ und ›er verhindert mich‹ zwei verschiedene Sätze sind – jenes das bloße Erschweren, dieses das Unmöglichmachen. – ›Kürzen‹ statt verkürzen und abkürzen. – Laßt nicht diese Esel den [*Ab:* das] Stempel ihrer Dummheit auf die Sprache drücken! – Botaniker gibt es, die statt Monokotyledonen ›Monokotylen‹ schreiben!! – Dadurch, daß jeder Schuster bei seinem Leisten bleibt (d.h. nichts lernt, als was ihm sein Futter verschafft), sind sie wahre Schuster an Bildung geworden. Wenn es mit dieser Monomanie des rücksichtslosen Strebens nach Kürze und des Silbenabknappens seinen Fortgang hat, wird die deutsche Literatur allmählig den Stil der telegraphischen Depeschen annehmen. *vgl.* 620 *die Anmerkung* HH. – [5] Ich muß mich unumwunden ausdrücken, denn ich habe hier die deutsche Sprache gegen die deutsche Dummheit zu verteidigen. Das absurde Wort ›beanspruchen‹ verdankt seine rasche Aufnahme und allgemeine Gangbarkeit der plumpen Dummheit und Geschmacklosigkeit, die darin liegt. – [6] Nicht einen seine Waren in der Zeitung empfehlenden Krämer gibt es mehr, der nicht zugleich an der Verbesserung der Sprache arbeitete, welche Verbesserung dann allemal darin besteht, daß er irgendeine Silbe, deren Wert er nicht versteht, wegknappt. Logik und Grammatik werden mit Füßen getreten,

um zwei Silben zu ersparen; darin bestehe, meinen sie, die Kürze des Ausdrucks und Gedrungenheit des Stils. – [7] Nachdem irgendein Narr, um das Augment im Partizip zu ersparen, statt angestrebt ›erstrebt‹ geschrieben hatte, stürzten eilig hundert Narren herbei, dasselbe zu tun und überall stets ›erstreben‹ statt anstreben zu setzen, so groß auch der Unterschied ist zwischen dem bloßen Anstreben (appetere) einer Sache und dem wirklichen Erstreben (adipisci) derselben und sonach durch jene Identifikation dieser zwei Verben die Sprache um ein nötiges Wort ärmer wird. ›Tut nichts, tut nichts! Dafür werden ja im Partizip Buchstaben lukriert, kostbarer Gewinn!‹ Sollte man solche Dummheit für möglich halten, wenn man sie nicht sähe? Was mich bei allen diesen Verbesserungen verdrießt, ist zunächst das Verderben der Sprache; sodann aber auch die entsetzliche und so allgemeine Dummheit, die dabei zutage kommt, so daß ich in der Bitterkeit meines Herzens mir sage, daß das Phlegma die Wurzel der Dummheit ist und leider seine Heimat in Deutschland hat. Man horche hin, wie Engländer, Franzosen, Italiener von den Deutschen in intellektueller Hinsicht urteilen: bei der heutigen gemeinsam betriebenen Sprachverbesserung kommt zutage, daß sie recht haben. – [8] Die Narrheit, ohne Umstände aus zwei, ja drei Worten eines zu machen, durch Vereinigung des Adjektivs mit dem Substantiv und sogar mit dem Verbo! – Das Empörendeste bei dieser allseitigen Sprachverbesserung ist, sehn zu müssen, wie immer einer die Narrheit des andern bewundert; denn kaum hat einer irgendeine rechte Wortverstümmelung oder Wortverkehrtheit vollbracht, so sieht man hundert sich beeilen, ihm solche huldigend nachzuschreiben. Inzwischen bin ich so rücksichtslos, zu behaupten, daß dies Treiben eine Erzdummheit und eine Infamie zugleich ist. – [9] Zu den absurden Sprachverbesserungen gehört auch das allgemein beliebt gewordene Zusammenziehn zweier, ja dreier Worte in eines. Ein solches ist im Deutschen gebräuchlich, wenn die beiden zu verknüpfenden Wörter im Verhältnis des Zweckes oder Nutzens oder [der] Abwehr stehn wie in Jagdhund, Sonnenschirm, Heugabel, Hirschfänger usw. Davon wissen die Herrn nichts; und kaum hat einer dieser Genialen statt wildes Schwein ›Wildschwein‹ geschrieben, so kommt ein anderer mit ›Wildente‹ statt wilde Ente nach. Es ist eben, wenn man solche Sprachverbesserer Dummesel nennen wollte, was doch gewiß unstatthaft ist. – Gemsjäger? demnach auch Hasjäger! Zudem geht er nicht auf *eine* Gemse aus, sondern auf *Gemsen*. – Gelesen habe ich ›landflüchtig‹ statt landesflüchtig: ersteres wäre, wer auf dem Meer schiffend das Land meidet. Dann müßt ihr auch sagen ›Landvater‹, ›Landsitte‹, ›Landmann‹ statt Landsmann. Aber diese infame, von dummen und unwissenden Menschen betriebene Sprachverhunzung verwischt alle feinern Unterschiede, Nuancen und Tinten – um Papier zu sparen. – [10] ›Hilfe‹ und ›giltig‹, welches stark grassiert, ist falsch: das Partizip wird nach dem Imperfekt gemacht, dieses aber war im alten Deutsch meistens in ›u‹, z.B.: stehen ›er stund‹, ›stünde‹, springen ›er sprung‹, sterben ›er sturb‹. Habe gefunden (1635) ›sie sturben‹, wie dies noch im Konjunktiv ›stürbe‹, auch ›hülfe‹, existiert. Daher also wird es geheißen haben ›es gult‹ und ›es hulf‹ – sie haben sich im Imperfektum des Konjunktivs erhalten: daß er mir hülfe, daß er sprünge – daß es gülte, etc. Sie zählen nicht bloß, sie messen die Buchstaben. Der tiefste Boden der Niederträchtigkeit ist also nicht das Zählen, sondern das Messen der Buchstaben! – [11] Zunächst verdrießt mich bei allen diesen Dingen die unwiederherstellbare Verhunzung der edlen alten deutschen Sprache, sodann aber auch die abscheuliche Dummheit und Urteilslosigkeit, die sich darin an den Tag legt. – Es ist falsch, bei aus fremden Sprachen herübergenommenen Wörtern ihr Genus mit herüberzunehmen, weil dies Genus nicht dem Geist der deutschen Sprache entspricht; unsre Vorfahren hatten in *einem* Finger mehr Latein als unsre modernen Sprachverbesserer im ganzen Kerl; aber mit feinem und richtigen Takt haben sie festgestellt, daß es heiße: das Triumvirat, das Zölibat, das Primat, das Katheder, das Karneval, wie Goethe schreibt, und nicht der Karneval, wie die Lumpe schreiben, auf welche der Totengräber wartet, um nicht nur ihren Leib, sondern auch ihren Geist auf ewig einzuscharren. Der Plebs (subintellege [*Ah:* subintellige] Pöbel), die Karosse, das Pult, (nicht aber) die Paragraph, der Louvre, der Koliseum (welches im Italienischen aus Mangel eines Neutrums ›il‹ hat), die Dialekt, der Möbel, die Bajonnet, das Episod, die Atom, der Krokodil, die Humus, der Bronze, der Rolle, der Kontrolle, die Orchester. Wenn ein Wort aus einer fremden Sprache adoptiert wird, braucht man nicht nach seinem Genus in dieser zu fragen; sondern gibt ihm das Genus, welches es seiner Natur nach im Deutschen haben muß. Das Genus richtet sich nach der deutschen Auffassung der Sache. *dazu noch die Notiz:* Dies ersieht man auch am Französischen, dessen Worte fast alle aus dem Lateinischen stammen, jedoch sehr oft das Genus nicht mit hinübergenommen haben, z.B. flos – la fleur; error – une erreur; sapor –

une saveur; fons – une fontaine; mons – une montagne, etc. – [12]
Auch ganz mutwillig und ohne allen Grund wird eine neue
Wortkomposition gemacht, z.B. statt Erlaubnis nachsuchen
›ansuchen‹ geschrieben. Dies gehört zu der Klasse von Sprachverbesserungen, denen nicht der Zweck der Buchstabenknickerei
zum Grunde liegt, sondern die sich durch nichts als ihre Dummheit empfehlen: sie sind sehr beliebt! ›Einmal‹ (semel) statt erstlich (primum) hat nicht den leisesten Entschuldigungsgrund,
sondern empfiehlt sich allein durch seine Verkehrtheit und
Dummheit, infolge warum es denn in allgemeinen, ja ausschließlichen Gebrauch gekommen. Ebenso ›gleichzeitig‹ statt zugleich.
Ebenso ›vorerst‹ statt zuvörderst. Statt bei weitem ›weitaus‹,
undeutsch und sinnlos. Ich rufe alle denkenden Gelehrten
Deutschlands an, die Sprache aus den Händen der Stiefelwichser
zu retten. Selbst über ihre Maxime der Buchstabenknickerei
trägt die Liebe zum Falschen und Verkehrten es davon; denn
durchweg schreiben sie ›notwendig‹ statt nötig, weil sie so wenig
Deutsch verstehn, den Unterschied der Begriffe, den beide Worte
bezeichnen, nicht zu kennen. Notwendig ist, was unausbleiblich
erfolgen muß; nötig, was unsre Zwecke erfordern. – Das ›gleiche‹
statt [das]selbe, z.B. ›am gleichen Tage‹, ›die gleiche Kugel traf
zwei‹. – Kurzum: die deutsche Sprache ist in die Hände des literarischen Pöbels geraten, und ich fordre alle denkende[n] Gelehrten auf, sie zu retten. Allgemeine Anarchie herrscht: jeder
Tintenkleckser springt mit der Sprache um, wie es ihm gefällt,
läßt Worte aus, schneidet Silben ab, setzt neue Wörter zusammen, gebraucht alte in einem falschen Sinn, und statt verdienter
Züchtigung findet er Bewunderer und Nachahmer. – [13] Das
Empörendeste an diesen Schriftstellern ist die Hast und der Eifer,
mit dem der eine die Sprachverhunzung des andern gleich adoptiert und sie sich beeilen, einander nachzuahmen; weil dies beweist, daß sie einander da bewundern, wo das richtige Gefühl
bloß Indignation über den Unverstand und die Dummdreistigkeit der jedesmaligen Verbesserung sein würde. Dadurch nun
aber ist die Sprachverhunzung in der ganzen Literatur epide-
misch geworden und hat sich wie eine Pest verbreitet. – [14] Die
Wörter ›Ansicht‹, ›Meinung‹ sind ganz verbannt; statt ihrer
allemal das ekstatische ›Anschauung‹, also Intuition, oder das die
Unmittelbarkeit erlügende ›Bewußtsein‹, und so durchgängig
das Bemühen, unter hochtrabenden Ausdrücken die Plattheit der
Gedanken oder die Niedrigkeit der Gesinnungen zu verbergen.
Hohe Ausdrücke und platte Gedanken ist überall ihre Sache. –

[15] Mit Ängstlichkeit den Gebrauch fremder Wörter verhindern wollen ist falscher Purismus; sie werden assimiliert und bereichern die Sprache, wie tausend vor ihnen getan; der wahre Purismus wacht über die Grammatik, daß sie nicht verfälscht werde durch die Formen aus unvollkommnern Sprachen: z. E. pour, pour usw. – [16] Im Nekrolog des so geistreichen wie ehrlichen Leipziger Repertoriums steht: Roger ›wendete‹ 70000 £ auf die Herausgabe usw. statt verwendete oder wendete an; wonach denn auch statt umwenden, wegwenden, abwenden, verwenden, aufwenden, zuwenden, einwenden etc. immer nur ›wenden‹ zu schreiben wäre. – Sind das Esel! – [17] Der Casus muß entweder durch die Flexion oder durch den Artikel ausgedrückt werden; ihn gar nicht zu bezeichnen, sondern dem Leser zu erraten überlassen ist der hottentottischen und karaibischen Sprache würdig, im Deutschen aber ein Zeichen nicht nur der Takt- und Geschmacklosigkeit, sondern des äußersten Unverstandes. Ich weiß, daß es jetzt ganz allgemein geworden: aber dadurch ist die Sache nicht um ein Haarbreit besser geworden, sondern es bezeugt nur die Allgemeinheit des Unverstandes. Ich sollte wohl höflich sein und mit dem Unverstande Komplimente machen. Weshalb? · *zu* 712,26–31 Dabei gleicht unser *bis* hat. *die Variante:* Unser Gedächtnis gleicht einem Siebe, dessen Löcher, anfangs klein, wenig durchfallen lassen, jedoch immer größer werden und endlich so groß, daß das Hineingeworfene fast alles durchfällt. · *nach* 756,24 haben. : (Die Spitze der Peitsche dringt ins Gehirn.) · *nach* 757,8 Köpfe. : Von der Gedankenlosigkeit des Menschengeschlechts gibt nichts mir einen so großen Begriff wie die ungehinderte Lizenz des Peitschenklatschens.

Außerdem machte Schopenhauer folgende Benerkungen im Handexemplar:
nach 12,25 verhütet. *den in Bd. 4,* 544,2–5 Wer auf die *bis* davonkommt. *aufgenommenen Satz · zu* 100,38 Roßkastanien *: εἰς ἑαυτόν in medio, eine Verweisung auf das von Wilhelm von Gwinner vernichtete Manuskript einer Selbstbiographie Schopenhauers · nach* 102,27 Hut, : und seine alten Schuhe in der Rüstkammer zu Dresden. · *zu* 133,38 ›Moleküle‹ : Die Moleküle sind verschämte Atome. *in F als Anmerkung · nach* 148,17 haben. : Nichts der Art gefunden bei Pouillet noch bei Goethe, Nachlaß Bd. 11 · 149 *zur Anmerkung* FF. : Ist falsch: Gegengrund im ›Reich der Wolken‹ *von Heinrich Birnbaum* p. 91 · *zu* 157,33 Entstehn. *eine Anmerkung, die in Bd. 3,* 279,29–32 *und* 280,1–3 (Eine über eine *bis* Grad.) *aufgenommen*

wurde, in F jedoch auch an dieser Stelle steht · zu 380,21 versteinert, *:*
On meurt les armes à la mains *Voltaire, vgl. 345,3–4* · zu 428,33–34
Überhaupt ist das *bis* Natur: *die Variante:* Das ganze Christentum ist eine große Allegorie. · *zu* 465,27 tausend Buddhas, *:*
(oder 10000?) · *zu* 475,14 vier. *:* Dict. de la fable. · *nach* 475,18
Römer. *:* Hat das niemand bemerkt? *dazu die Anmerkung* Ist längst
bemerkt und erörtert, von Bohlen [*vgl. S. 801 zu* 475,9] hat es
und Asiat. research. VIII, p. 69–73 · *zu* 692,2 Hypochondrie *:*
εἰς ἑαυτόν mittelstes Blatt, S. rechts p. 43 [*vgl. S. 807 zu*
100,38] · *zu* 714,14 § 356 *:* Gehört zu Kap. III *in dieser Ausgabe
S. 43, wo eine entsprechende Bemerkung steht, daher dieser Paragraph
in F nach 62,24 erschöpfen. als neuer § 35 eingeschoben worden ist*
[*vgl. S. 809 zu* 714,24] · *zu* 718,15 erregend. *:* Nachsehen, ob in
Engels ›Mimik‹ so etwas steht *vgl. Johann Jakob Engel, ›Ideen zu
einer Mimik‹, 2 Bde., Berlin 1785/86*

Aus den Zusätzen des Handexemplars und der Manuskriptbücher fehlen in *F*: 52,16–18 ja daß unser *bis* stehn. [*vgl. S. 784 zu*
52,14] · 53,14–32 [*vgl. S. 784*] · 54,1–3 [*vgl. S. 784*] · 54,10–15
[*vgl. S. 784*] · 68,34–69,2 Dazu kommt noch *bis* sie · 75,10–11 So?
Allez voir *bis* p. 12.) · 106,32 (et nihil largitur) · 111,29 [*vgl. S.
785*] · 115,9–13 [*vgl. S. 785*] · 121,20–21 [*vgl. S. 785*] ·
122,14–17 Wenn unter den *bis* streiten. · 18 ›Re intellecta in verbis simus faciles.‹ · 128,20–25 [*vgl. S. 785*] · 135,3–4 (Nachweis
dieses Kantischen *bis* 137) · 33 mechanische und atomistische ·
136,21–22 der alles beugt, · 141,21–27 Das Latentwerden der *bis*
Schnelligkeit?! · 144,25–33 Wenn es wirklich *bis* darstellen. ·
149,23–32 In ›Comptes rendus‹ *bis* ist. · 171,8–9 Die Erde ist *bis*
vergleichen. · 206,17–26 Die guten Kunden *bis* est *in F nur:* Dazu
kommt, daß · 234,36–37 (Man muß sie vorher anhauchen.) · 235,2
die alten getrübten Fensterscheiben · 254,37–38 Von der menschlichen Bosheit im Großen ist schon oben S. 178f. geredet. · 304,
16–17 (siehe ›Annotazione alla secchia rapita‹) · 321,14–17 Aus
meinem Anfangssatz *bis* Vernichtung. · 343,9–11 Unsere Empfindlichkeit für *bis* Grenzen. · 359,10–11 das, was unter der Erbsünde verstanden worden, · 364,22–24 Und Sophokles: . . . λύσει
bis ϑέλω. · 368,27–369,21 Die Bejahung und *bis* Erscheinungswelt. · 370,11–12 donec voluntas fiat noluntas. · 397,33 (einem
Schwall von Lügen) · 402,34–403,1 Philalethes: Glaubst du *bis*
knüpfen. · 443,1–2 die vielleicht längst bekannt sind. · 14–15
Wißt es, merkt *bis* bedeckt. · 30–32 Erst lernt was *bis* Ignoranz) ·
444,19–24 Aller Juden-Mythologie und *bis* werden: · 25–29 und

daß der *bis* Denn [*vgl. S. 790 zu* 444,24] · 445,10–17 Der gewissenlosen Behandlung *bis* Wahrheit. · 454,35–36 Die Wunder in *bis*
Sinne. · 466,13–15 [*vgl. S. 790*] · 488,13–14 (Typhon und Python
bis cap. 144.) · 509,20 Gebt mir Rossinische *bis* Worte! · 600,5–6
[*vgl. S. 792*] · 620,26 Auch das ›von‹ statt ›aus‹ ist Gallizismus. ·
621,2–3 statt: ›Diese Menschen haben keine Urteilskraft‹, · 622,15
zwar ein paar *bis* können, · 623,8–12 somigliante (statt) somiglia-
mente *bis* semplicemente? · 20–21 welche sich widersetzen sollten, · 629,6–15 Derselbe Herr Lepsius *bis* Hingegen · 641,29–
642,18 [*vgl. S. 793*] · 643,22–24 Sagt, was ihr *bis* durcheinander!
· 647,31–32 wo immer es gewesen sein mag · 649,2 meine guten
Schafsköpfe, · 4–6 Darüber nun erfahren *bis* nach. · 650,2–6 (Vielmehr vermeinen sie *bis* sind.) · 651,23 Wenn nun diese endlich
abziehn, was bleibt? · 652,15–16 wie die Speisen *bis* ernähren. ·
658,23–24 (die Barbaren sind *bis* ausbleiben), · 664,33 allmälig im
Lauf der Generationen . 669,33–34 (Dies ist einer *bis* Sprachen.)
· 715,7–9 [*vgl. S. 796*] · 722,2–3 Δαπανηρὰ φύσει γυνή. · 732,33–
34 Die Mormonen haben recht.

Gegenüber *A* finden sich in *F* folgende Abweichungen:
aus A fehlt 287,13–16 *und* 288,1 wie er denn *bis* Europa. [*vgl. S. 799
zu* 288,1] · *vor* 544,35 Goethes bekannter und *stellt F das in Bd. 2, S.
546 verwendete Zitat aus Lichtenbergs ›Vermischten Schriften‹* · 714,
11–13 § 355 Das Delirium *bis* Gedanken. *in F gestrichen, da in Bd. 1,
S. 274 aufgenommen* · *nach* 714,24 sagt: *ersetzt F das Zitat aus Lichtenbergs ›Vermischten Schriften‹ mit:* Es ist fast mit der Mathematik
wie mit der Theologie. So wie die der letztern Beflissenen, zumal
wenn sie in Ämtern stehen, Anspruch auf einen besondern Kredit von Heiligkeit und eine nähere Verwandtschaft mit Gott machen, obgleich sehr viele darunter wahre Taugenichtse sind, so
verlangt sehr oft der sogenannte Mathematiker für einen tiefen
Denker gehalten zu werden, ob es gleich darunter die größten
Plunderköpfe gibt, die man nur finden kann, untauglich zu irgendeinem Geschäft, das Nachdenken erfordert, wenn es nicht
unmittelbar durch jene leichte Verbindung von Zeichen geschehen kann, die mehr das Werk der Routine als des Denkens
sind. (Siehe Lichtenbergs ›Vermischte Schriften‹, Göttingen 1801,
Bd. 2, S. 287 fg.) *und gibt danach die in Bd. 3,* 98,37–99,23 Alles Verstehn ist *bis* aus. *aufgenommene Formulierung. F überging den wichtigen Einleitungssatz des Zitats:* Die Mathematik ist eine gar herrliche Wissenschaft, aber die Mathematiker taugen oft den Henker
nicht. *vgl. Hb Bd. 7, S. 328*

Aus F wurden in diese Ausgabe die folgenden redaktionellen und
bibliographischen Zusätze übernommen und in eckige Klammern gestellt; sie befinden sich auf den Seiten und Zeilen:
100,4 · 133,9–10 · 174,27 · 188,33 · 242,2–3 · 246,2 · 253,15 · 302,35
· 303,2 · 356,19 · 362,27 · 375,2 · 377,13 · 380,34 · 392,6–7 · 420,38
· 432,15–16 · 434,16 · 442,39 · 452,15–16 · 487,26 · 529,35 · 616,8 ·
642,15 · 684,1 · 715,31 · 729,22–23

Diese Ausgabe geht von *Hb* auf *A* unter Berücksichtigung von
Ab zurück. Über die in Band 4 und 5 dieser Ausgabe angewandten Grundsätze der Textbearbeitung vgl. Bd. 4, S. 607f., über die
allgemeinen Bd. 1, S. 726f. Gegenüber *Hb*, F und F^2, *A* und *Ab*
ergeben sich folgende Abweichungen des Lautstandes:
KAPITEL 1: 10,2 willenslose] willenlose *Hb* · 10,5 willenslos] willenlos F, *Hb* · 10,15 oder *Entwurf*] und F · 10,26 solchem *Entwurf*]
solchen F · 12,36 Menschengeschlechtes] Menschengeschlechts
F^2 · 15,6 fließt] liegt F^2 · 16,2 gesagt: *Ab*] recht, indem er sagt:
F, *Hb* · 17,19 Areopagites] Areopagita *A*, F, *Hb* · 20,13 Gesichts-
punkte] Gesichtspunkt F^2 · 21,6 des] de F^2 · 23,19 Früheren
wie 22] Frühern *A*, *Hb* · 23,22 Früheren] Frühern *Hb* · 24,13
Zwecke] Zweck F^2 · 25,2 dessen] deren F · 25,25 denn *Ab*] dann
F · 25,33 andre *Entwurf*] andere F, *Hb* · 26,29 also] als F^2
KAPITEL 2: 32,30 S. 19 *fehlt* F^2 · 33,16 soll *in F vor* 17 zuvörderst ·
33,26 in *Goethe*] zu *A*, F, *Hb* · 33,28 fallen *Goethe*] verfallen *A*, F,
Hb · 35,9 Strategemata *und so an den folgenden Stellen*] Stratagemata
A, F, *Hb* · 36,13 minutiose *wie Bd. 2, 167,13*] minutiöse *A*, F,
Hb · 38,32 hinzugenommene] hinzugekommene F^2 · 40,19 Gegen-
stande] Gegenstand F^2 · 41,20 wenige] wenig F^2 · 42,9 wenn]
wann F · 42,28 sein] seine F^2 (*Druckfehler*)
KAPITEL 3: 43,7 ansehn] ansehen *A* · 43,26 Ita *Lucretius*] sic
A, F, *Hb* · 43,27 accendent *Lucretius*] accendunt *A*, F, *Hb* · 45,3
Unsre] Unsere F, *Hb* · 46,22 hierher] hieher F^2, *Hb* · 47,10 tie-
feren] tiefern F · 47,37–48,1 unsrer] unserer F, *Hb* · 48,37 stehn]
stehen F · 49,23 andern *Ab*] anderen F · 50,6 Verlaufe] Verlauf
F · 51,18 d. i.] d. h. F · 52,11 gesagt *in F nach* 10 χρόνος. · 53,9
unseres] unsers F^2, *Hb* · 54,28 ist *wegen des Zusatzes 54,16–27*] nun
ist *A*, F · 55,34 äußeren] äußern F^2, *Hb* · 56,34 bedingt] bestimmt F^2 · 57,32 andre *Entwurf*] andere F, *Hb* · 59,10 anhängen-
dem] anhängenden *A*, F, *Hb* · 59,12 eigentliches] eigentlich F^2
· 59,35 Ursache zu beziehn] Ursachen zu beziehen F^2 · 61,5 über-
sehn] übersehen F^2 · 62,2 Einzelnheiten] Einzelheiten F^2, *Hb* · 16
daran *Ab*] darin F · 19 andre *Ab*] andere F, *Hb* · 64,28 launisches]

launiges *Ab*, *F* · 66,4 unsrer *Ab*] unserer *F*, *Hb* · 66,6 sie] es *F* · 7
seien] sei *F* · 66,20 Neuheit] Neuzeit *Hb* (*Druckfehler*) · 67,20
understanding] unterstanding *F*² · 68,1 Folge] Folgen *A* (*Druckfehler*) · 68,7 gehn] gehen *F*² · 69,9 eignen] eigenen *F*, *Hb* · 71,3 das]
da *Hb* (*Druckfehler*) · einsehn] einsehen *F*² · 4 Ursache] Ursach *A*
· 9 unsre *Ab*] unsere *F*, *Hb* · 13 befähige *Ab*] befähige. (Vergl. die
Vorrede zu der Schrift ›Über den Willen in der Natur‹, 2. Aufl.
S. IV; 3. Aufl. S. VI. *F* · 17 noch *Ab*, *fehlt F* · 19 unsre *Ab*] unsere
F, *Hb* · 20–21 fünfte Auflage S. 14] in der 5ten Aufl. p. 14 *Ab*,
3. Aufl. 1856, S. 17 *F* · 22 auch so *Ab*, *fehlt F* · 72,1 quo in loco
cunque *Gellius*] quocunque in loco *Ab*, *Hb* · 2 dicere‹] dicere.
(*Gellius* vol 2, p. 74.) *Ab* · 13 können *Ab*] könnten *F* · 15 andrer
Ab] anderer *F*, *Hb* · 24 Hamlet *Ab*] Hamlet in der Todtengräberscene (Act 5, Sc. 1) *F* · 25–28 *fehlt F*, *statt dessen die Übersetzung* ·
35 unsre *Ab*] unsere *F* · 37–73,1 tun; und dabei *bis* Empirie. *Ab*]
tun und dabei, wie oben gezeigt, solche für ein Resultat der
Empirie halten. *F*, *Hb* · 73,14 nun *fehlt F*² · 19 nicht] nichts *F* ·
74,2 stehn] stehen *F* · 20 unsrer] unserer *F*, *Hb* · 75,13 Kenntnisse *Ab*] Kenntnis *F* · 14 andrer *Ab*] anderer *F*, *Hb* · 76,20 so *fehlt*
*F*² · 77,5 feinen] feinem *F*² · 78,6 vollkommner] vollkommener *Hb* ·
79,7 wenn *Ab*] wann *F* · 9 etwan *Ab*] etwa *F* · 80,11 Lotos] Lotus
A, *F*, *Hb* · 83,32 unbedeutendsten] unbedeutendesten *F*² · 35
eher] ehr *A* · 85,19 den *F*²] das *A* · 21 erhabeneren *Entwurf*]
erhabenen *F* · 86,23 ›Welt als Wille und Vorstellung‹ Bd.] Hauptwerk *Ab* · 88,20–21 interdum plus *Lactantius*] saepe melius *Ab* ·
33 zum] dem *A*, *F*, *Hb* · 89,16 meisten *Entwurf*, *fehlt F*, *Hb* · 25
Mensch *fehlt F* · 91,19–20 Champagnekrieges] Champagnerkrieges *A* · 24 uns denn] denn uns *F*² · 34 ›Conquassatus] conquassata *F*, *Hb* · 92,14–15 Wissenschaften] Wissenschaft *F*² · 93,10 ein
solcher] er *A* · 13 Keinesfalls] Keinenfalls *A*, *F*, *Hb* · 94,10 hat
*fehlt F*² · 94,11 idioelektrischen] idioelektischen *Hb* (*Druckfehler*) ·
95,14 Manne] Mann *F* · 28 ›The *Ab*, *fehlt F*, *Hb* · 29 des *Ab*] zu
F, *Hb* · 97,5 bewundrungswürdig] bewunderungswürdig *F*, *Hb* ·
33 Legion] Legio *A*, *F*, *Hb* · 99,12 andrerseits] andererseits *F*,
Hb · 21 Überschuß] Überfluß *F*² · 32 verstehn] verstehen *F* ·
36 Bruno *Ab*] Bruno (della Causa, Dial. I) *F*, *in Hb nach* 38 quelli.‹
vgl. 100,3–4 · 100,4 letzteren *Ab*] letztere *F* · 33 andre *Ab*] andere *F*, *Hb* · 34 etwan] etwa *F* · 101,27 stampa‹ *Ariosto*] stampo
A, *F*, *Hb* · 36 mittelmäßigen] mittelmäßigern *F*² · 102,4 Eher
*F*²] Ehr *A* · 10 Türe] Tür · 35 *nach* p. 224 *in Hb* und 216; Manual
of Buddhism, London 1853, p. 351 [*vgl. S.* 797 *zu* 102] · 103,35
könnten *Ab*] können *F* · 104,25 eigner] eigener *F*, *Hb* · 31–32

gedeihn *Ab*] gedeihen *F* · 105,12 welche *F*] welches *A* · 17–18 Ein
Freund, der *bis* schätzte, *Goethe, in A, F, Hb sind die beiden Zeilen
umgestellt* · 19 Sie *Goethe*] Die *A, F, Hb* · 106,10–11 *dreimal* unsre
Entwurf] unsere *F, Hb* · 108,13 die ewigen *Entwurf*] ewige *F* · 15
quadam *Horaz*] quodam *F*

KAPITEL 4: 109,29 intellegimus] intelligimus *A, F, Hb* · 110,12–13
im dreiundvierzigsten Kapitel seines ersten Buchs (Fragment 3).
Ab] (Eclog. L. I, c. 43, Fragm. 3). *F* · 14 *nach* lautet: *in Ab* (Stob.
vol. 2, p. 716): *in Hb nach* 18 ἔχειν κ.τ.λ. · 114,4 herbergte] beher-
bergte *F* · 115,36 niemandem *F*] niemanden *A,Hb* · 117,24 Zwecke]
Zweck *F*

KAPITEL 5: 119,24 Philosophie-Professurenbrot] Philosophie-
professorenbrot *F* · 120,5 nicht, sie] sie nicht *F* · 122,8 diese *Entwurf*] die *F* · Samsara] Sansara *Entwurf, F, Hb* · 11 können *fehlt F* ·
12 eben *fehlt F*

KAPITEL 6: 123,10 verstehn] verstehen *F* · 127,15 S. 9] § 4 *F* ·
128,12 Dinge] Ding F^2 · 129,36 langer, gespannter Strick, welcher F^2] langes, gespanntes Strick, welches *A, Hb* · 130,9 wie]
Sah *Schiller* · 14 stehnbleibt *Ab*] stehen bleibt F^2 · 133,9 (Wöhler,
Entwurf] (S. Wöhler, *F* · 14 Aber an *Entwurf*] An *F* · 20 das *Ent-
wurf*] aus dem *F* · 22 wie überall *Entwurf, fehlt F* · 23 Beherzigenswertes *Entwurf*] Beherzigungswertes *F* · 134,3 Stoße *Ent-
wurf*] Stoffe *F* · 11 Stoßgesetze *Entwurf*] Stoffgesetze *F* · 30 Band
Ab] Bande *F* · 135,20 kleinstmöglichem *wie 83,23*] kleinstmög-
lichstem *Entwurf, F* · 44 sind *Entwurf, fehlt F* · 136,1–2 Bei der erwähnten *bis* Atomengemenge *F wegen des Zusatzes 134,36–135,7*]
Dabei *A* (*vgl. S. 785 zu* 134,36) · 10–11 andrer *Entwurf*] anderer *F, Hb* · 15 der F^2] das *Entwurf, Hb* · 22 steht *in F nach* 23 Gespenst · 29 unsre *Ab*] unsere *F, Hb* · 38 daher *Ab*] daß · *F* andre *Ab*]
andere *F, Hb* · 137,1–2 Kennst nicht einmal *bis* ist, *Schiller*] weißt
es nicht, daß du so dumm bist; Denn du bist, sei es geklagt, *Ab* ·
2 *nach* dumm. *in F* Sch. (S. Ed. Boas, Schiller und Goethe im
Xenienkampf, T. 1, S. 121) · 8 Kantischen] Kant'schen *Hb* · 9 ich
Handschriftlicher Nachlaß,[1] *fehlt im Entwurf* · 138,32 Sinn *Entwurf*]
Sinne *F* · 139,35 er *in Hb nach* schneller · 140,29 erfordert *Ent-
wurf*] erforderlich *F* · 141,5 daher schmilzt *F*] daher *Entwurf* · 6
Wärme] Wärme schmelzt *Entwurf* · 10 äußerer] äußere *F, Hb* ·
142,15 Milano 1811 *in Ab nach* 16 p. 30 · 21 denn *Ab*] dann *F* ·
Stein] Steine *F* · 144,1 gehn *Ab*] gehen *F* · 5 grader *Ab*] gerader
F, Hb · 21 Sporen *Ab*] Spornen *F* · 145,4 gänzlichen *fehlt F* · 19
Meßbarkeit *Ab*] Meßarbeit *F* · 146,8 Beleg *Entwurf*] Belag *F*

1. Vgl. S. 797

(*Druckfehler*) · 21 führt Babinet beiläufig an *Entwurf*] wird beiläufig angeführt *F* · 22 I. *Entwurf, fehlt F* · 147,25 aufstiegen *Ab*] aufsteigen *F* · 148,2 ist *Ab*] dies ist *F*, *Hb* · 14 eine schärfere] einen schärferen *Entwurf*, *F*, *Hb* · 148,32–34 das so entstandene *bis* diese] und nachher der elektrische Funken das so entstandene Knallgas *F* · 149,6 ein] eine *F* · 34 bloß ein *Entwurf*] ein bloß *F* · 36 (siehe *Entwurf*] H. *F²* · Wolken‹ *Entwurf*] Wolken‹, Leipzig 1858 *F²* · 151,2 abzusehn *Entwurf*] abzusehen *F²* · 35 geschehn *Entwurf*] geschehen *F* · 152,25 in ›Ägypten‹ *Ab, fehlt F, Hb* · 153,19 *und* 27–28 Erkaltung *vgl. 154,13*] Erkältung *A*, *F*, *Hb* · 154,5 Jahren *F²*] Jahre *A* · 24 Sommerwärme *A* (*Druckfehler aus Sonnenwärme?*) · 28 (nach Humboldt) *Ab, fehlt F* (*vgl. S. 778 zu* 154,28) · 155,33 kleinste] kleine *F²* · 158,2 jene] dieselbe *F²* · 160,6 d. i. *M¹*] d.h. *F²* · 10 (1763) *M, fehlt A*, *F* · 19 zweite *vgl.* 34 den beiden letzten] erste *M*, *A*, *F* · 161,29 zweiten] ersten *M*, *A*, *F* · 31 hiedurch *M*] hierdurch *A* · 162,12 zweiten] ersten *M*, *A*, *F* · 31 genau *M, fehlt A*, *F*, *Hb* · 163,24 stehnblieb] stehen blieb *F* · 164,1 daß *in F vor* 2 die · 5–6 Verschiedenheiten *Ab*] Verschiedenheit *F* · 6 Zonen *Ab*] Zone *F* · 38 (die Angaben nach *Ab*] (S. *F*, *Hb* · 165,35 alle *M, fehlt A*, *F* · 166,31 des *M*] der *A*, *F* · 167,8 vorhergehn *M*] vorhergehen *F* · 33 oder *Entwurf*] aber *Hb* · dann *Entwurf*] denn *F* · 168,33 hingegen *Entwurf, fehlt F* · 169,29 Lotos] Lotus *A*, *F*, *Hb* · 171,12 in seinem] im *F* · 23–25 Die Erreichung der *bis* sein, *Ab*] Die letzte Stufe nun aber ist die der Menschheit: sie muß, meines Erachtens, die letzte sein *Konjektur in Hb wegen des Zusatzes 171,8–23, den jedoch Ab durch die Änderung berücksichtigte* (*vgl. S. 786 zu* 171,8) · 172,33 oder *Ab*] und *F²*, *Hb* · 173,30 Jahr *M*] Jahre *F* · 174,1 von Michaud herausgegebenen *M, fehlt A*, *F*, *Hb, dafür nach* 2 universelle‹ *in Hb aus Ab* par Michaud · 27 Vgl. Byrons ›Works‹ *bis* 10,1): *Ab*] Eine Note zu Byrons Don Juan, canto X, st. 1 (S. Works of Byron, 1850, pag. 704, note 1) sagt: *F* · 178,2 Metallen und *Konjektur von A. Mittasch* (*vgl. Hb Bd. 6, S. 742*), *fehlt M*, *A*, *F* · 4–5 Aluminium *F*] Alumnium *M*, *A* (*Druckfehler?*) · 16 (Spore)] Spora *F* · 179,32 Menschengeschlechts] Menschengeschlechtes *F* · 34 Casper (›Die *Hb*] Caspar (›über die *M*, *A*, *F* · 180,23 besondre *M*, *A*] besondere *F²*, *Hb* · 27 Mariotteschen] Mariottischen *A*, *F*, *Hb* · 182,6 vollkommenere *Ab*] vollkommene *F* · 182,22 eine *Ab*] ein *F* · 25 ist aus dem Ei *F wegen des Zusatzes 182,22–25*] aus dem *A*, *Ab* (*vgl. S. 786 zu* 182,22) · 183,15 Engländer] Engländern *A*, *F*, *Hb* · 184,1 Auf *F, da schon* 183,36 Aber] Aber auf *Ab* · 11 jenem

1. M = Manuskript (vgl. S. 777)

Ab] einen *F* · 22 Casper *F*] Caspar *A* · 187,6 hat *in F nach* 5 fortgepflanzt · 23 Malpighii] Malpighi *A*, *F*, *Hb* · 187,31 schwächerm *M*] schwächerem *F* · 188,10 Christkinde] Christuskinde
*F*² · 16 Turkomanen] Turkomannen *A*, *F*, *Hb* · 18 (Davis, *Ab*]
(S. Davis *F* · 189,6–7 bestehn] bestehen *F* · 28 kältern *M*] käl-
tere *A* (*Druckfehler*), kälteren *F* · 32 sechswöchige] sechswöchent-
liche *A*, *F*, *Hb* · 190,30 dazu *Ab*] und dazu *F*² · 32 und *fehlt F*² · 38
Captain *Entwurf*] Kapitän *F*² · 192,1 bloßer] bloßes *A*, *F*, *Hb* · 4
die *fehlt F*² · 23 nicht sie] sie nicht *F*² · 195,18 gerade] grade *Ab*.
Beschränkung *Ab*] die Beschränkung *F* · 22 ὕπνος. *Ab*] ὕπνος
(Od. XV, 394.) *und als Anmerkung* Vergleiche Welt als Wille und
Vorstellung 3. Aufl., Bd. II, 274 *F* · 26 fort!‹ *Goethe*] weg‹ *A*, *F*,
Hb · aufstehn *Ab*] aufstehen *F* · 34 auch] und *F*² · 196,27 ist
*fehlt F*² · 197,2 es *fehlt F*² · 35 Ursache] Ursach *F* · 198,2 äußeren]
äußern *F* · 12 Wegs *Entwurf*] Weges *F* · 18 des Marshall Hall *F*]
Marshall Hall's *Entwurf* · 199,15 entferntere] entfernte *F* · 31
Schlafe *Entwurf*] Schlaf *F* · 201,4 wie *Hb*] als *A*, *F* · 202,5 in schar-
fem] im scharfem *F*, im scharfen *F*² · 203,10 tentorium *Ab*] ten-
toicum *F* · 204,16 hierher] hieher *F*, *Hb* · 20 und auf *F*] und *A* · 205,7
andre *Ab*] andere *F*, *Hb* · 207,6 angesehn] angesehen *F* · 208,9
Meer] Meere *F* · 210,13 dritte Auflage *fehlt Ab* · 18 Augenblicke
Ab] Augenblick *F* · 21 unsrer *Ab*] unserer *F*, *Hb*
KAPITEL 7: 212,11 in *fehlt F*² · 214,32 hinauszusehn] hinauszugehn *F*² · 216,27 jemandem] jemanden *A*, *F*, *Hb* · 218,2 Quint]
Quinte *Hb* · 14 Tatsache] Tatsachen *F* · 35 Gelb *wie Bd. 3, 250,2*]
Gelbe *A*, *F* · 222,11 hierher] hieher *Hb* · 225,32 brechbarsten] am
brechbarsten *A*, am meisten brechbaren *F*² · 231,22–23 geistigen]
geistige *Hb* · 233,27 ausströmen] einströmen *F*² · 235,12 Jahr]
Jahre *F* · 25 Fach *M Reinschrift*] Fache *A*, *F* · 33 vom *M wie 25,
vgl. 566,15*] von *A* (*Druckfehler*) · 237,26 indigofarbenen *M Rein-
schrift*] indigofarbnen *M*, *A* · 31 physischen *M*, *fehlt A*, *F*
KAPITEL 8: 238,19 diesen *Ab*, *F*²] diesem *F* · 241,25–26 ein
Schriftsteller *Ab*, *fehlt F* · 26 cap. *Ab*] tit. *F* · 244,9 aus.‹] aus.‹
Die Tochter der Luft. T. II. A. 2 *A*, *F*, *Hb* · 28 § 64, *Ab*] § 64
(Vol. 1, p. 22 Gaisf.) *F* · 245,30–31 ›Sui profusus, alieni appetens‹
Ab] Alieni appetens, sui profusus *Sallustius* · 33 cap. 5 *F*] cap. 1
Ab · 248,24 Nr. 8 *F*²] § 8 *A* · 249,15 überhaupt *in F nach* Welt · 33
unsre] unsere *F*, *Hb* · 250,11 Schamhaftigkeit] der Schamhaftig-
keit *F*² · 16 grinsende] grinzende *A*, *F*, *Hb* · 26 meliore luto
finxit *Juvenal*] meliori luto dedit *A*, *F*, *Hb* · 251,16 Britische *F*²]
Brittische *A*, *F*, *Hb* · 252,26 angeborene] angeborne *F* · 36 (1860)
Ab] (In two vol's. London 1860) *F*, *Hb* · 253,7 um] und *F*² · 254,25

gerade *F*] grade *Ab* · l'animal *Ab*] animal *F²* · 35 auch *fehlt F²* · 256,14 Glückes] Glücks *F* · 257,32–33 Beschenkt der Himmel *bis* haben? *in Hb nach* 256,35 him? · 258,9 Strategemen] Stratagemen *A*, *F*, *Hb* · 11 Flucht] die Flucht *F²* · 259,18 Samsara] Sansara *A*, *F*, *Hb* · 24 Dies ist Samsara *bis* es *Entwurf*] Jegliches kündigt dieses Sansara *F* · 33 dunklen *Entwurf*] dunkeln *F* · 35 Samsara] Sansara *Entwurf*, *F*, *Hb* · 261,1 als *fehlt F*, *Hb* · 20 hierher] hieher *F²*, *Hb* · 23 kniende] knieende *A*, *F*, *Hb* · 262,18 erstern] ersteren *F* · 264,3 Seelenwanderung *F²*] Seelenwandrung *A* · 7 Kalkutter] Kalkuttaer *F*, *Hb* · 11 *und* 36 *und* 265,36 Missionare *vgl. 268,11*] Missionarien *A*, *F*, *Hb* · 265,1 Prätentionen *vgl. 592,29, wo Ab* prätentiös] Prätensionen *A*, *F*, *Hb* · 24 hat *fehlt F²* · 30 gesehn] gesehen *F* · 266,22 unablässige] unabhängige *F²* · 26–27 Geschlechtes] Geschlechts *F²* · 267,36 767–769 *F*] 758 *Ab* · 268,10 andre *Ab*] andere *F*, *Hb* · 11 Missionare] Missionäre *Ab*, *F*, *Hb* · 12 sie . . . wären *F*] er . . . wäre *Ab* · 13 sie *F*] er *Ab* · 15 dürfen *F*] dürfe *Ab* · sie *F*] er *Ab* · 268,28 Hindu *Ab wie sonst*] Hindus *F* · 29 gerade *F*] grade *Ab* · 32 andrer *Ab*] anderer *F*, *Hb* · 269,8 japhetitischen] Japhetischen *Entwurf*, *F*, *Hb* · 18 Demnach] Dennoch *F²* · 270,23 cap. 28; *Ab*] p. 325 sq. vol. X. ed. Bip. *F* · 271,13 die *fehlt F²* · 26–27 ist schon] schon ist *F²* · 272,2 vorbeigehn *Entwurf*] vorübergehn *F*, *Hb* · 16–17 Ihm selbst fällt auf,] Ihm fällt es auf, *F²* · 22 geradezu] gerade *F²* · 29 versucht] versuchte *F²* · 275,15 vollständig] vollkommen *F²* · 29 sonstigen . . . geforderten *F²*] sonstige . . . geforderte *A* · 276,29 so auch] auch so *F²* · 34 im] in *F²* · 278,20–21 größtmögliche *Hb*] größtmöglichste *A*, *F* · 27 andrerseits *Ab*] andererseits *F*, *Hb* · 30 und *fehlt F²* · 279,9 medesimi *Machiavelli*] medisimi *A*, *F²* · 30 verstehn] verstehen *F²* · 280,23 jenen *F²*] jene *A* · 282,17 andrer *Ab*] anderer *F*, *Hb*
KAPITEL 9: 286,11 Kap. 47 *F*] Kap. 17 *A* · 287,30 lieber, als *Entwurf*] statt *F*, *Hb* · 31 Leben *F*] ihr Leben *Entwurf* · 288,30–31 Leibeigenen] Leibeignen *F* · 289,13–14(Stobaios *Ab*](S. Stob. *F*, *Hb* · 290,4–5 gemeinsame] gemeine *F²* · 291,33 von] voll *F* · 292,24 fünfzig] funfzig *A*, *F*, *Hb* · 293,21 größern] größeren *F* · 25 Volkes] Volks *F* · 294,11 Paragraphen *Entwurf*] Paragraph *A*, *F*, *Hb* · 298,26 willkürlich] wirklich *F* · 299,7 alles dieses] dieses alles *F* (*vgl. S. 780 zu* 299,7) · 12 andre *Ab*] andere *F*, *Hb* · 300,14 Guatemala] Guatimale *A*, *F*, *Hb* · 17–18 politischem] politischen *A*, *F*, *Hb* · 28 fünfzig] funfzig *Hb* · 302,33 (Jean Nieuhoff] Neuhof *Ab*, (S. Jean Nieuhoff *F* · 35 Leiden *Ab*] trad. par Jean le Charpentier, à Leyde *F*, *danach in Hb* 1665, · 304,6 entgegengehn *Ab*] entgegen gehen *F* · 18 geteilet *Ab*] geteilt *F* · 34 Alfreds *Ab*] Königs Alfred

F (vgl. S. 751 zu 304,34) · 305,16 probabilitatis] probabilium *A*,
F, Hb · 25 aetatis 71).] aet. anno 71 *Ab*, aetat. 71 Vol. IV, p. 292
der Ausg. in 5 Bänden. F, a. 1780 aetat. 71.) *Hb* · 307,17 Adligen]
Adeligen *F* · 35 stehn] stehen *F* · 309,30 *und* 34 heimatlos] hei-
matslos *F²* · 31 Volkes] Volks *F²* · 312,1 Ausnahmefällen *F²*] Aus-
nahmsfällen *A* · 314,31 zukommen] zukomme *A (Druckfehler)*
KAPITEL 10: 316,2 unseres] unsers F, *Hb* · 317,26–27 dem unserigen]
das unserige *A, F, Hb* · 318,6 so *fehlt F* · 319,18 Entstehn] Entstehen *F²* · 322,10 ›Florilegium‹] Floril. Tit. 44, 42 F, *Hb* · 14 Tei-
les] Teils *F* · 323,36 Das *Entwurf*] Es *F* · 325,9 andrer *Ab*] anderer
F, Hb · 12 medesima *Bruno*] medesimo *F* · 327,34 diesem] diesen
F² · 328,19 zum] zu *F* · 329,22 die] der *A, F, Hb* · 331,22 eingehn]
eingehen *F* · 332,20 in *Goethe*] auf *A, F, Hb* · 333,17 geschehn] geschehen *F*
KAPITEL 11: 334,11 Sterbens] Strebens *F²*, *Hb, die Lesart in A ist*
vorzuziehen, da sonst auf 10 Hemmung *nicht* 11 *durch die, sondern*
›in der‹ zu fordern wäre · 15 seines *Entwurf,* F] jenes *Hb (vgl. S. 834)*
· 338,2 prätentiösen *wie 592,29*] prätensiösen *A, F, Hb* · 18 einem
Entwurf] einen *F* · 29 eine *Entwurf*] ein *F (Druckfehler)* · 341,9
daran *Entwurf*] davon *F* · 31 denn *Entwurf*] dann *F* · 342,9 am
Entwurf] an *F*
KAPITEL 12: 343,25–26 unsre *Ab*] unsere F, *Hb* · 344,19 hinzusehn *Ab*] hinzusehen *F* · 27 Tod *fehlt F* · 346,4 Lebenslaufes] Lebenslaufs *F²* · 347,5 Glückes] Glücks *F²* · 349,9 andrerseits] andererseits F, *Hb* · 25 es . . . ist Hb *wegen des Zusatzes 24*] sie . . . sind
A, F (vgl. S. 788 zu 349,24) · 36 ganz und] und ganz *F²* · 350,15
ein *Ab, fehlt F* · 16 schreiet *Ab*] schreit *F* · 27 worauf *Ab*] darauf
F² · 353,1 erträglich] erträglicher *F²* · 28 Raum *Entwurf*] Raume *F*
· 355,14 schreiet *Entwurf*] schreit *F²* · 356,21 darüber *Ab, fehlt F* ·
34 *und* 37 Samsara] Sansara *A, F, Hb* · 357,11 Und] Aber F, *Hb*
· 12–13 Christentum wird unser Dasein aufgefaßt *F wegen des Zu-*
satzes 356,25–357,11] Christentum, als welche sämtlich unser Dasein auffassen *bezogen auf 356,25* · 358,10 und *Ab, fehlt F* · 36 Physischen *Entwurf,* F²] im Physischen F, *Hb* · 359,11 es F²] er *Entwurf,*
Hb · 32 Pardon's *Shakespeare*] Pardon is *Entwurf, Hb* · 33 last scene
Entwurf] A. 5, Sc. 5 F, *Hb*
KAPITEL 13: 361,23 des F] ihres *Ab* · 362,2 erregen F, *Hb, fehlt*
Ab · 3 gewisse *Ab, fehlt F* · 10 stehn *Ab*] stehen *F* · 12 irgendwelche *Ab*] irgend *F* · 363,5 Auch sagt derselbe *bis* p. 125), F, *Hb*
aus (Vol. I, p. 125: *Ab* · 22 vol. 3 *fehlt F* · 23 μὲν Stobaios, *fehlt Ab* ·
24 τοῖς δὲ κακοῖς *bis* εὐτυχίαις. Stobaios, *fehlt Ab* · 25 autem *Hb,*
fehlt Ab · 25–26 quidem miseriis pravis *bis* secundis.) *Stobaios*] mi-

seriis *Ab* · 29–364,2 *das Zitat aus F* · 36 (darüber *Entwurf*] – S. F ·
364,6–7 von den Stoikern finden wir den Selbstmord F *wegen des
Zusatzes 363,20–29*] finden wir denselben von den Stoikern *Ab*
(*vgl. S. 781 zu* 364,6) · 7 edele] edle F² · 10 ferner F *wegen* 6 Nun
gar] nun gar *A* · 17 edeln *Ab*] edele F · 20 unsrer *Ab*] unserer F,
Hb · 24 θεός, ὅταυ αὐτός *Ab*] δαίμον, ὅταυ ἐγω *Sophokles* · 29 angesehn *Ab*] angesehen F · 365,27 noch *Ab, fehlt* F · 32–33 Jener
Grund gegen den Selbstmord F *wegen des Zusatzes 20–21*] Derselbe
A · 367,19 angesehn] angesehen F²

KAPITEL 14: 368,15 dem *Hb*] der *Ab,* F · 373,1 Lebenslaufes] Lebenslaufs F² · 374,5 beachtenswerte] beachtungswerte F² · 375,5
p. 406 *Ab, fehlt* F, *Hb* · 376,2 und *Entwurf, fehlt* F · 377,24 der
Gründer der Bettelorden *Ab, in F nach* 25 Assisi, · 379,17 understand *Entwurf*] understand F² · 18 search *Rochester*] course *Entwurf* (*vgl. Bd. 2, S. 735*) · 380,25 dem] den *Entwurf,* F · 33 (siehe
Ab] (Vergl. F · 381,8 Ferner verweise ich F *wegen des Zusatzes
381, 3–8*] Wenn ich mich auch nicht getraue, sie (*vgl. 380,35*)
ganz zu erledigen; so verweise ich doch zunächst

KAPITEL 15: 383,26 Wahrheit und leistet *Hb wegen des Zusatzes
23–25*] Wahrheit, der Fassungskraft des Volkes angemessen, und
leistet *A,* Wahrheit, und sie leistet F · 384,15 Prätentionen] Prätensionen *A, F, Hb* · 385,30 Autodafé] auto de fè *A, F, Hb* · 386,7 von
fehlt F² · 14–15 Geistlichkeit] Geistlichen F² · 31 *und* 34 *und* 387,1
Missionare *vgl.* 9] Missionarien *A, F, Hb* · 31 beifälligem] beifäl-
ligen *A, F, Hb* · 387,9 Missionar] Missionäre *A, F, Hb* · 388,16–17
erschreckliche] schreckliche F² · 390,15 bezeichnen] bezeichnet
A, F, Hb · 396,3 aufgelegte] auferlegte F² · 398,5 Beruf] Begriff F² ·
400,33 schickt *Goethe*] paßt *A, F, Hb* · 401,4 Haufe *Ab*] Haufen
F, *Hb* · 402,12 Rechte] Recht F² · 21 Kopfe *Ab*] Kopf F · 26 so *in F
nach* ausschließlich · 403,15 die Religion F *wegen des Zusatzes 402,18–
403,15*] sie *A* · 404,1 Haufe *wie 401,4*] Haufen *A, F, Hb* · 406,19
allgemein] vollkommen F · 407,31 stützen *Ab*] zu stützen F, *Hb* ·
411,11 noch jetzt] jetzt noch F² · 413,4–5 niederknien] nieder-
knieen F · 10–11 Dschingiz-Chan] Dschengischan *A, F, Hb* ·
415,10 an *Hb*] am *A,* F · 421,7 Autodafés] Autos de Fe *A, F, Hb* ·
16 des *Hb*] der *Ab,* F · 29 vernichtet *Hb*] verhindert *Entwurf,* F · 30
großer *Entwurf*] ein großer F² · 34 des *Hb*] der *Entwurf,* F · 36 den
Hb] die *Entwurf,* F · 37 hundert *Entwurf*]zehn F · 39 beiden angeführten F] angeführten beiden *Entwurf* · 422,37 oder *Entwurf*] und
F · 38 Gotte *Entwurf*] Gott F · 423,21 lobt (S. 412) *Ab*] p. 412,
lobt F, *Hb* · 424,1 Vertilgung *Ab*] der Vertilgung F · 425,7 A
man convinc'd] He that complies *Butler* · 429,25 der F²] das *A* ·

432,35 dunkelm *Entwurf*] dunkelem *F* · 433,2 eignen *Entwurf*]
eigenen *F*, *Hb* · 5 stehn] stehen *F* · 24 unsre *Entwurf*] unsere *F*,
Hb · 434,16 (›Amphitheatrum‹] (Amphith. mundi a Vanino *Ent-*
wurf · 18 facit; si *Entwurf*] facit, scriptum est enim, omnia quae-
cunque voluit fecit. Si *F* · 21 neglegat.‹] negligat. *A*, *F*, *Hb* · 34
nachdem man ihm *bis* hatte, *in F nach* 35 vorzog. · 435,17 Samsara]
Sansara *A*, *F*, *Hb* · 435,19 Verstehn *F²*] Verstehen *A* · 26 zum
Hb] zur *A*, *F* · 436,4 Samsara] Sansara *A*, *F*, *Hb* · 24 eigentüm-
lichen *Entwurf*, *F²*] eigentümlichsten *F* · 437,11–12 Missionare]
Missionäre *A*, *F*, *Hb* · 439,16 durch] mit *F²* · 440,19–20 Schim-
pansen] Schimpansees *A*, *F*, *Hb* · 24 anbringt] aufbringt *F²* · 37
Siehe ›Ethik‹ *Ab*] (Vergl. die beiden Grundprobleme der Ethik,
F, *Hb* · 441,18 größtmöglichen *Hb*] größtmöglichsten *A*, *F* · 23
Unsre *Ab*] Unsere *F*, *Hb* · 32–35 Ich will dies *bis* könnten. *Ab*]
Zu den Beispielen, die mich besonders empört haben, gehört auch
noch dieses. *F* (*vgl. S. 790 zu* 441,28) · 442,3 (nach dem *Ab*]
(S. *F*, *Hb* · 10 (1854, *Ab*] (Mannheim 1854, *F*, *Hb* · 18–19 unter
Schloß und Riegeln *in F nach* 20 Tiere · 33 Denn er *Ab*] Er *F* · 39–
40 Blumenbach, ›Institutiones physiologicae‹ *aus* physiol. *Ab*]
Vergl. Blumenbachii institt. physiol. *F*, *Hb* · 443,4 man *F*] er
Ab · 26 die Hand *Entwurf*, *fehlt F* · 29 unsrer *Entwurf*] unserer *F*,
Hb · 37 Missionare] Missionäre *A*, *F*, *Hb* · 444,2 Zugpferden
Entwurf] Pferden *F* · 445,30 und nie *Ab*] nie *F* · 31 und er *F*, *fehlt*
Ab] er *Hb* · 34 zitterndes, *Ab*] zitterndes und *F* · 36 vom *Ab*] S.
oben vom *F*, S. vom *Hb* · 447,16 Skorpione] Skorpionen *A*, *F*, *Hb* ·
448,4 von letzterem] vom letzteren *F* · 20 Buch der Könige, *wie*
14] Kön. Buch 2, *Entwurf*, *F*, *Hb* · 32 ist *Entwurf*, *fehlt F* · 450,4 in
M, *A*, *fehlt F* · 452,23 (ibidem *Ab*] Siehe daselbst *F*, *Hb* · 24
Szene 3) *aus* Sc. 3, p. 49 *Ab*] Sc. 3) *F*, *Hb* · 26 existence.‹ *danach*
in F (S. Prabodh' Chandrodaya transl. by Taylor, Lond. 1812, p.
49) · 453,2 Empire‹ *Ab*] Empire, Rome 1833 *F*, *Hb* · 454,12
Andrerseits *Ab*] Andererseits *F*, *Hb* · 20–21 Verheißung *M*]
Verheißungen *A*, *F* · 455,23–24 Anknüpfungspunkt *M*, *A*] An-
knüpfungspunkte *F* · 28–29 Einzelnheiten *wie 62,2 und 496,21*]
Einzelheiten *A*, *F*, *Hb* · 31 eine *F²*] ein *M*, *A*, *Hb* · 456,2 Romanen-
schreiber] Romanschreiber *Hb* · 32 (Roncevaux) *Ab*, *fehlt F* · 33
Notabeln *Ab*] Natabeln *F²* (*Druckfehler*) · 459,18 dieses] dieses
ist *F* · 460,2 *und* 29 trockne *Ab*] trockene *F*, *Hb* · 8 anderm *Ab*]
anderem *F* · 464,3 Denn *in F*, *Hb gestrichen* · 6 Nachbarn] Nachbar
A, *F*, *Hb* · 33 Missionare] Missionarien *Entwurf*, *F*, *Hb*. und *fehlt*
F · 465,32 unversehens] unbesehens *Entwurf*, *F*, *Hb* · 466,12 frü-
hern] früheren *F*

KAPITEL 16: 468,11 Autoren *wie 590,16*] Auktoren *A, F, Hb* ·
469,2 Pandits] Pundits *A, F, Hb* · 13 erfreuliche] erfreulichste *F²* ·
35 ›Bhagavad-Gita‹] Bhagwat Gita *A*, Bhagawat *F²* · 470,36 Gebeten *F*] Geboten *A (Druckfehler?)* · 472,2 *und* 17 *und* 473,5
Samkhya] Sankhya *A, F, Hb* · 474,17 Samsara] Sansara *Entwurf*,
F, Hb · 18 komplexer *Entwurf*] komplizierter *F* · 20 Yogi] Yogui
Entwurf, F, Hb · 35 Stellen] Stelle *F²* · 475,3 japhetitischen] Japhetischen *Entwurf, F, Hb* · 9 Lotos] Lotus *Entwurf, F, Hb* · verehrten *Entwurf*] verehren *F* · 476,4 ›On *Entwurf, fehlt F* · 14
andrerseits *Entwurf*] andererseits *F, Hb*
KAPITEL 17: 478,9 unsre *Ab*] unsere *F, Hb* · 38 andern *Entwurf*]
anderen *F* · 479,7 Mythologie *Entwurf*] Mythologien *F, Hb* · 12
wovon bei den *bis* ist. *in F nach* 8 Philosophie · 25 sollten. *Entwurf*] sollen. *F* · 35–36 hellenischen] hellenistischen *Hb (Druckfehler)*
KAPITEL 18: 486,27 befreiet] befreit *F²* · 487,26 im vierten Buch
Ovids (v. 391 ff.) *Ab, wo* (v. 400 sqq.)] in Ovids Metamorphosen
(IV, 391 ff.) *F, Hb* · 488,22 stillstehn *Ab*] still stehen *F* · 25 Vater
Ab] Vaters *F* · 26 Räubervolkes *Ab*] Räubervolks *F*
KAPITEL 19: 491,36 aufzugehn *Ab*] aufzugehen *F* · 494,4 *und* 18
willenslose] willenlose *Hb* · 38 als *fehlt F²* · 495,17 Dienst *Entwurf*] Dienste *F* · 496,7 Entwickelung] Entwicklung *Hb* · 21 Ein-
zelnheit] Einzelheit *Hb* · 497,25–26 Vermittelung] Vermittlung
F · 498,4 wodurch] wonach *F* · 504,33 der] das *A* · 506,4 das von
seinen *Hb*] die von ihren *A, F* · 514,22 das] der *A, F, Hb* · 518,15
Prätention] Prätension *A, F, Hb* · 519,21 niemandem] niemanden
A, F, Hb · 30 *und* 34 Romanenschreiber] Romanschreiber *Hb* ·
520,20 äußerm *Ab*] äußerem *F* · 521,30 anderes] anders *A, F, Hb* ·
522,9 Ukase] Ukasen *A, F, Hb* · 522,13 erzählet] erzählt *F²* ·
523,16 anderen] andern *F², Hb* · 525,3 ›Iphigenie‹ *Goethe*] Iphi-
genia *A, F, Hb* · 33 unsrer *Ab*] unserer *F², Hb* · 526,4 andren *Ab*]
andern *F, Hb* · 10 größeren *Ab*] größern *F* · 12 gang] gäng *Hb*
(Druckfehler) · 14 andrer *Ab*] anderer *F, Hb* · 17–18 den Wissenschaften *Ab*] der Wissenschaft *F* · 19 sich *Ab, in F nach* 18 er ·
jedoch der Geschichte *F*] ihr jedoch *Ab* · 28 Andrerseits] Andererseits *F, Hb* · 527,5 im Einen *Entwurf*]in Einem *F* · 28–29 Zu
den oben *bis* noch, *F wegen des Zusatzes 526,35–527,27*] Dazu
kommt aber noch, *A* · 31 neue *A*] neuere *Hb aus Entwurf* · 529,8
seinen *F²*] sein *A* · 22 ausersehn *Ab*] ausersehen *F* · 34–35 (Eichhorn: ›Historia antiqua‹ *aus* (Eichhorn, hist. antiq.) *Ab, fehlt F*,
Hb · 36 der Bart *F*] er *Ab* · 530,16 unsrer *Ab*] unserer *F, Hb* · 24
Geschmacklosigkeit *Ab*] Abgeschmacktheit *F* · 27 sehn *Ab*] se-

hen *F* · 35 Cavallo *Ab*] caballo *F* · 531,7 die] den *A, F, Hb* · 13
Tempera] Tempra *A, F, Hb*
KAPITEL 20: 535,10 Vorzuge *Ab*] Vorzug *F²* · 538,35 seinen
fehlt F · 541,21 ihm *F*] ihn *A* · 542,13 solche] solches *A, F, Hb* ·
544,11 Neide] Neid *F²* · 26 vermaledeite *F²* wie *754,33*] vermaladeite *A* · 545,8–9 Lumpen] Lump *F²* · 546,10 vom *wie 567,8*] von
A · 24 eignen] eigenen *Hb* · 31 Kameraderie] Kamaraderie *A, F,
Hb* · 548,7 unversehns] unversehens *F²* · 550,30 Literarge-
schichte] Literaturgeschichte *F²* · 551,4 Erfolge] Erfolg *F²* ·
22–23 Unsinnschmiererei *Hb*] Unsinnsschmiererei *A, F* · 554,17
einzelne] einzelne Helden *F* · 559,18 erkannt] anerkannt *F²*
KAPITEL 21: 564,21 Zeit *M, A*] die Zeit *F²* · 24 unendlich *M,
fehlt A, F* · 565,12 aber *M, fehlt A, F, Hb* · 567,10 in] im *A, F, Hb* ·
568,22 geschehn *M*] geschehen *A, F* · 30 Kameradschaft] Kamaradschaft *A, F, Hb* · 32 eher *F²*] ehr *M, A* · 569,13 Ansehn
Entwurf] Ansehen *F* · 573,34 Salisbury] Salesbury *A, F, Hb* ·
574,13–14 ⟨›Hobbesii vita‹ *Ab*] (S. Thomae Hobbes, Carolopoi
1681 *F* · 575,19 sollte gesetzlich bestimmt *bis* Universität *F
wegen des Zusatzes 574,34–575,18*] daß er daselbst *A*
KAPITEL 22: 578,28 ›The *Pope, fehlt F, Hb* · 580,16 andre *Ab*]
andere *F, Hb* · 583,21–22 deutlich *Ab*] deutlicher *F* · 585,20 Le-
gion] Legio *A, F, Hb* · 586,22 aber hat] hat aber *F²*
KAPITEL 23: 590,28 der höhern Gattung *Entwurf*] den höhern
Gattungen *F* · 592,15 hüte sich *Ab, in F nach* 14 Daher · 17 dieser
Ab] derselben *F* · 30 Kameraden] Kamaraden *A, F, Hb* · 36 Jenen
Neueren *F*] Ihnen *Ab* · 38 geschehn *Ab*] geschehen *F* · 594,2
andres *Ab*] anderes *F, Hb* · 598,21 stampa‹ *Ariosto*] stampo *A, F,
Hb* · 601,10 näheren] Nähern *F* · 22 Unbedeutsamkeit und Inkompetenz *Ab*] Inkompetenz und Unbedeutsamkeit *F* (*vgl. S.
782 zu* 601,22) · 24 Bursche *Ab*] Burschen *F* · 25 wenn *Ab*]
wann *F* · 31 einhergehn *Ab*] einhergehen *F* · 602,29 andre *Ab*]
andere *F, Hb* · 33 sollte *Hb*] solle *A, F* · 604,22 Winkelblatts‹ *Ab*]
Winkelblattes‹ *F²* · 24 Die *Ab, fehlt F* · was *Hb*] wie *Ab, F* · 30
Hundert *Ab*] Hunderte *F* · 605,22 diese] diesen *F²* · 606,2 Hobbes
fehlt F² · 608,7 andrer] anderer *F, Hb* · 610,24 wann] wenn *F²* ·
611,23 niemandem] niemanden *A, F, Hb* · 38 der *F²*] das *Ab* ·
613,9 dieser *F*] diese *A* · 22–23 preziösesten *Hb wie* 26] preziose-
sten *A, F* · 26 preziösen *F²*] pretiösen *A* · 615,13 intellegendum]
intelligendum *A, F, Hb* · 618,26 andre *Ab*] andere *F, Hb* · 29 bewundern *Ab*] so bewundern *F* · 620,12 alle *Ab, fehlt F* · 20–21 versehn *Ab*] versehen *F* · 21 hirnlosen *Ab*] sinnlosen *F* · 622,3 nämlich
fehlt F · 14 wie *fehlt F* · 16 jedoch *Ab, fehlt F* · Denn *Ab, fehlt F* ·

623,4 oder wenn in andern Sprachen einer schriebe F, *fehlt Ab* · 14
seiner *Ab, fehlt F* · 27 Überall, soweit es angeht, soll man *F]*
Denn man soll überall, soweit es angeht *Ab* · 625,21 unsre *Ab]*
unsere *F, Hb* · 33 wann] wenn F^2 · 626,15–16 ›Ausfuhr‹ statt
›Ausführung‹ und *Ab, fehlt F* · 629,39 eignen] eigenen *Hb* · 631,7
Sprachen *Ab]* Sprache *F* · 632,3 oben *Ab]* eben *F* · 9 Brite] Britte
Ab, F, Hb · 635,6 welche] welches F^2 · 636,31 Kameraderie]
Kamaraderie *A, F, Hb* · 637,2 Abdruck] Ausdruck F^2 · 33 Ist *Ab]*
Ist aber *F* · 37 sogleich *Ab]* gleich F^2 · 638,12 solche wirklich]
wirklich solche *A, F, Hb* · 29 Egger] Eggre *F, Hb* · 639,37 hiebei]
hierbei F^2 · 641,22–23 Imperfektum . . . Perfektums . . . Plusquamperfektums *Ab]* Imperfekt . . . Perfekts . . . Plusquamper-
fekts *F* · 24 aller Partikeln *Ab]* anderer Präpositionen *F* · 26 begehn]
begehen *F* · 643,30 Hierdurch] Hiedurch *F, Hb* · 31 preziöse F^2
wie 613,26] preziose *A* · 648,30 sie *F, fehlt Ab* · 649,2 hängen
Entwurf] hängen aber *F* · 3 vom] von *A, F, Hb* · 25 einen ihnen
angemessenen *wie 658,32]* ein ihnen angemessenes *Ab, F, Hb* · 35
niedrigsten *Ab]* niedrigen *F* · 650,6 Sie *F]* Sie aber *Ab*
KAPITEL 24: 652,4 Aber wie] Wie *F* · 16 hingegen *fehlt F* · 20
fünfzigste] funfzigste *A, F, Hb* · 653,2 hierdurch] hiedurch *F, Hb* ·
22 Goldschmied] Goldschmidt *Ab, F, Hb* · 654,18 unsrer *Ab]* unserer *F, Hb* · 32 der *Entwurf]* des *F* · u. dgl. *Entwurf]* usw. *F* · 35–36
bloß des *Entwurf]* des bloßen *F* · 655,12 unsre *Ab]* unsere *F, Hb* ·
15 etwan *Ab]* etwa *F* · 16 literarische *Ab]* kirchliche *F* · 17 gerade *F]* grade *Ab* · 18 gelangen] anfangen *F* · 656,3 Geistes *F]*
Geist's *Ab* · 657,16 hätte *Entwurf]* haben sollte *F* · 17 trüge *Ent-
wurf]* trage *F* · 23 ein *Entwurf, fehlt F* · 658,2 auch *Entwurf, F^2]*
und *F* · 30 heutiger *Ab]* heuriger *F* · 37 *und* 659,2 andre *Entwurf]*
andere *F, Hb* · 659,13 fünfzig] funfzig *A, F, Hb* · 18 *und* 661,5
Epizykeln] Epizyklen *F* · 661,19 Angelico] Angelo *A, F, Hb* ·
30 Literargeschichte] Literaturgeschichte F^2 · 662,9 alte Ausgabe). *Ab]* der alten Ausgabe *F, Hb* · 33 und ewig *Schiller]* unendlich *A, F*
KAPITEL 25: 663,9 Entstehn *Entwurf]* Entstehen *F* · 29–664,1
Bessern *Ab]* Besseren *F* · 664,6 Unkunde, *Ab]* Unkunde und *F* ·
13 vornehmen *Ab]* vernehmen *F (Druckfehler)* · 28 liegt] liege
Ab, F, Hb · 667,34 umschmelzen *Ab]* ganz umschmelzen *F, Hb* ·
669,18 vielseitigere] vielseitige F^2 · 32 *und* 36 andre *Ab]* andere
F, Hb · 670,8 abzusehn *Ab]* anzusehen *F* · 32–33 Formen; man lernt
diese genau *F wegen des Zusatzes 670,27–31]* Formen genau *A* ·
671,15 verstehn *Ab]* verstehen *F* · 24 Autoren *wie 590,16]* Auktoren *Ab, F, Hb* · 672,11–12 fremdem *Ab]* fremden F^2 · 14 ver-

stünden *Ab*] verständen F · 672,17 langen, *Ab, fehlt* F · 21–26
Da nun die *bis* nehmen *Ab*] Ich wollte, daß die illustres confrères,
wie sich die Herren von der Akademie gegenseitig nennen, F ·
27–29 zu lassen . . . zu behelfen . . . zu gebrauchen *Ab*] ließen . . .
behülfen . . . gebrauchten F · 30 oft viel *Ab, fehlt* F · 35 pomologie
Ab, fehlt F · 673,11 neue] neuen F · 674,13 unsere] unsre F · 675,1
Pedanterei] Pedanterie F · 20 (cap. 15) *Ab*] London 1836, cap. 15
F · 677,1–2 wie noch ›in der Luft‹ für ›oben‹; wie auch *Ab*] eben
wie F · 3 allgemeinere *Ab*] allgemeine F · 14–15 (kommt vor im
bis p. 272). *Ab*] Es kommt vor in Letters and Journals of Lord
Byron: with notices of his life by Thomas Moore, London 1830,
vol. I, p. 441. F, *Hb* · 17 unsre *Ab*] unsere F, *Hb* · 18 wiederfinden.] z.B. das deutsche ›Fürst‹ in seiner ursprünglichen Bedeutung: ›der Erste‹, the first, princeps *Ab, als Wiederholung von*
2–5 wie auch das *bis* ist. *gestrichen*, z.B. das vorerwähnte ›Fürst‹
bis princeps. F, *Hb* · 23 preziöser *Hb wie 613,26*] preziöser *Ab*, F ·
678,11 Oktober/Dezember) *Entwurf*] Oktober bis Dezember F ·
13–16 der *Entwurf*] *in* F stets das · 16 welcher *Entwurf*] welches F · 29 ganz *Entwurf, fehlt* F · 679,38 δρῦς] δρυ F, *Hb* · 680,17
labern] labbern *umgangssprachlich: schwach werden*, A, F, *Hb*
KAPITEL 26: 692,7 unmittelbarste *Entwurf*] unmittelbare F ·
693,3 das] des *Hb* · 14 dem] den A, F, *Hb* · 30 unsre *Ab*] unsere
F, *Hb* · 31 das Auge *Ab*] die Augen F · 694,12 andrer *Ab*] anderer
F, *Hb* · 30 unsre *Ab*] unsere F, *Hb* · 697,17 andre] andere F, *Hb* ·
20 individue!!e] indiduelle *Hb (Druckfehler)* · 25 angesehn] angesehen F² · 26 Menschengeschlechte] Menschengeschlecht F² ·
700,11 ihr *fehlt* F² · 701,7 Schmied] Schmidt A, F, *Hb* · 702,11
Beispiele] Beispiel F² · 703,25 läßt] laßt F² *(Druckfehler)* · 709,35
beruhte] beruht F · 711,5 der zweiten Auflage *fehlt* F² · 6 Grunde‹
F²] Grund A · 20 dies *Ab*] diese F² · 712,5 andre *Ab*] andere F,
Hb · 7 eigenen *Ab*] eignen F · 714,20 aber *fehlt* F² · 715,15 fünf-
zigjähriger] funfzigjähriger *Entwurf*, F, *Hb* · 31 Theophrast,
›Characteres‹, p. 60) *Ab*] wie Theophr. Charact., c. 27 sagt) F,
Hb · 716,19 nur *Entwurf, fehlt* F · 23 viel *Entwurf, fehlt* F · 33 an-
deren *Entwurf*] andern *Hb* · 717,4–5 Das Interessanteste *Entwurf*]
Interessant F · 5 dabei *Entwurf, fehlt* F · 11 bloß *Entwurf, fehlt* F ·
23 andrer *Entwurf*] anderer F, *Hb* · 718,21 so *Entwurf, fehlt* F ·
also] als *Hb (Druckfehler)* · 22 gentlemanry] Gentlemanrie F, *Hb*
KAPITEL 27: 722,14 erforderlichenfalls] erforderlichen Falles *Ab*,
F, *Hb* · 22 unsrer *Ab*] unserer F, *Hb* · 723,19 Verstellungskunst]
Verstellungskraft F² · 34 Des gerichtlichen Meineides *Ab*] Der
gerichtlichen Meineide F · 726,1 seine F] ihre *Ab (vgl. S. 783 zu*

725,20)· 10 Verstehn] Verstehen F · 31 unsere Ab] unsre F · 727,9 gefordert Ab] erfordert F · 22 repugnante Ab] repugnanta F · 728,36–37 was man die ›Dame‹ nennt, Ab] die ›Dame‹ F · 729,5 sehn Ab] sehen F · 22 journals, Ravenna 1821:] 2d half p. 454) Journal: Ravenna 1821: Ab, Vol. II, p. 399 F, Hb · 28 read Ab] red F · 731,7 Geschlechtes] Geschlechts M, F, Hb · 17 Prätention vgl. 592,29] Prätensionen Entwurf, F, Hb · 26 auch M, fehlt A, F · 733,7 Mediam M, A] Medium F² · 14 andrer] anderer F, Hb · 734,7 Wenigstens sollten Weiber M, A] Weiber sollten F · 18 Δαπανηρὸν φύσει γυνή Ab] Γυνη το συνολον εστι δαπανηρον φυσει. (S. Bruncks: Gnomici poetae graeci, v. 115) F, Hb

KAPITEL 28: 738,2 Worte] nicht Worte A, F, Hb· 739,16 anderer] andrer A · 37 sechzehnten] sechszehnten A, F, Hb · 741,29 Diese] Die F² · 743,2 eher F] ehr A

KAPITEL 29: 748,3 von] von der F² · 752,2 den F] das A (vgl. S. 783 zu 748,31)· 25 Dennoch] Demnach F, Hb

KAPITEL 30: 754,22 vom Ab] von dem F · 755,9 andres] anderes F, Hb · 11–12 vermaledeite F wie 754,33] vermaladeite A (vgl. S. 783 zu 755,11) · 31 grobe] große F² · 756,9 sehn] sehen F · 21 dem höhern Bestreben Ab] den höhern Bestrebungen F · 23 viele] viel F · 757,15 Terzerimen] Terzinen F²

KAPITEL 31: 759,14 dachte Ab] dacht F · 762,5 niemandem F²] niemanden A, Hb · 765,31 das] des F² (Druckfehler)

VERSE: 767,20 hatt'] hat A · 771,9 Schreckensstunden] Schreckenstunden A, F, Hb

NACHWORT ZUR GESAMTAUSGABE

Im Jahre 1853 schrieb Schopenhauer in sein ›Senilia‹ betiteltes Manuskriptbuch: ›Sollte ich eine Gesamtausgabe meiner Werke erleben, so soll das Motto des Haupttitels sein: Non multa.‹ Auf den Vorschlag des Verlegers F. A. Brockhaus, eine dritte Auflage des Hauptwerkes zu veranstalten, antwortete Schopenhauer am 8. August 1858: ›Ich denke, es wäre an der Zeit, eine Auflage meiner sämtlichen Werke zu machen, um so mehr, als solche im engsten Zusammenhange unter einander stehn und ich längst erklärt habe, daß man, um mich recht zu fassen, jede Zeile von mir gelesen haben muß.‹ Der Plan konnte nicht verwirklicht werden, da die Rechte der anderen Verleger, die seinerzeit die kleineren Schriften veröffentlicht hatten, ihm entgegenstanden. Den ersten Entwurf zu einer Vorrede schrieb Schopenhauer Ende des Jahres 1859:
›Ich habe schon längst die Forderung aufgestellt, daß man, um ein gründliches Verständnis meiner Philosophie zu erlangen, jede Zeile meiner wenigen Werke gelesen haben muß. Dieser Forderung kommt nun gegenwärtige Gesamtausgabe auf eine erfreuliche Weise entgegen, indem der Besitzer derselben gleich alles beisammen findet und in zweckmäßiger Ordnung lesen kann. Diese aber ist die folgende: 1. Vierfache Wurzel, 2. Welt als Wille und Vorstellung, 3. Wille in der Natur, 4. Ethik, 5. Parerga. Die Farbenlehre geht für sich.‹
Ein zweiter Entwurf, überschrieben ›Prooemium in opera omnia‹, stammt aus der Mitte des Jahres 1860:
›Ich glaube, auf den Ehrentitel eines Oligographen Anspruch zu haben; da diese fünf Bände alles enthalten, was ich je geschrieben habe und der ganze Ertrag meines dreiundsiebzigjährigen Lebens sind. Die Ursache ist, daß ich der anhaltenden Aufmerksamkeit meiner Leser durchweg gewiß sein wollte und daher stets nur dann geschrieben habe, wann ich etwas zu sagen hatte. Wenn

dieser Grundsatz allgemein würde, dürften die Literaturen sehr zusammenschrumpfen.‹

Aus diesen Entwürfen geht die Leseordnung der Werke, nicht jedoch die Folge, in der sie abgedruckt werden sollten, und die Beschränkung auf fünf Bände hervor. Der Streit um die Anordnung ist daher nicht von grundsätzlicher Bedeutung. Daß die ›Welt als Wille und Vorstellung‹ 1844 bei ihrer zweiten Auflage (mit den Ergänzungen) zweibändig erscheinen sollte, war Schopenhauers ausdrücklicher Wunsch, den er in seinem Briefe an F. A. Brockhaus vom 14. Juni 1843 begründete. Die ›Parerga und Paralipomena‹ waren 1851 in zwei Bänden erschienen. So mußten sich die kleineren Schriften in einem Bande zusammenfinden, für den Schopenhauer zunächst den fünften, dann aber den dritten Band vorgesehen hatte, ›weil er lauter integrierende Teile meiner Philosophie enthält, die Parerga aber nur etwan ein Drittel in diesem Fall sind, zwei Drittel aber für sich bestehende kleine Abhandlungen, zuletzt sogar Allotria und am Schluß gar Gedichte. Daher müssen diese zwei Bände die letzten sein‹ (an F. A. Brockhaus 22. September 1858). Erst 1873 lagen alle Schriften in den von Julius Frauenstädt besorgten neuen Ausgaben vor, die 1877 zum erstenmal als Gesamtausgabe wieder abgedruckt wurden[1]. In ihr stehen die Schriften in der von Arthur Hübscher in seiner Ausgabe (Hb) wiederaufgenommenen Anordnung:

Erster Band: Einleitung – Über die vierfache Wurzel des Satzes vom zureichenden Grunde – Über das Sehn und die Farben – Commentatio exponens theoriam colorum physiologicam

Zweiter Band: Die Welt als Wille und Vorstellung (1. Band)

Dritter Band: Die Welt als Wille und Vorstellung (2. Band)

Vierter Band: Schriften zur Naturphilosophie und zur Ethik
1. Der Wille in der Natur
2. Die beiden Grundprobleme der Ethik

Fünfter Band: Parerga und Paralipomena (1. Band)

Sechster Band: Parerga und Paralipomena (2. Band)

Siebenter Band: Über die vierfache Wurzel des Satzes vom zureichenden Grunde (erste Fassung, Dissertation von 1813); nur in *Hb*

Aus den Plänen Schopenhauers und aus seinen Briefen ist nicht zu entnehmen, daß in einer Gesamtausgabe die erste Fassung der

1. Über die späteren Ausgaben berichtet ausführlich Arthur Hübscher in seiner Ausgabe Bd. 1 (1948), S. 3-27; vgl. in dieser Ausgabe Bd. 1, S. 726 und Bd. 3, S. 819f.

›Vierfachen Wurzel‹ und die lateinische Fassung der Farbenlehre aufgenommen werden sollten. Beide Schriften wurden daher auch in dieser Ausgabe weggelassen.

Den ersten Entwurf des Vorwortes zu einer Gesamtausgabe schloß Schopenhauer mit folgendem Satz:

›Erfüllt mit Indignation über die schändliche Verstümmelung der deutschen Sprache, welche durch die Hände mehrerer Tausende schlechter Schriftsteller und urteilsloser Menschen seit einer Reihe von Jahren mit ebenso viel Eifer wie Unverstand methodisch und con amore betrieben wird, sehe ich mich zu folgender Erklärung genötigt:

Meinen Fluch über jeden, der bei künftigen Drucken meiner Werke irgend etwas daran wissentlich ändert, sei es eine Periode oder auch nur ein Wort, eine Silbe, ein Buchstabe, ein Interpunktionszeichen.‹

Gegen die Wortbeknappung und Buchstabenknickerei wendet sich auch die Abhandlung ›Über Schriftstellerei und Stil‹. Der Fluch Schopenhauers und seine Ansichten über den Schreibstil seiner Zeit sind bei der textkritischen Arbeit an seinen Werken ein Hindernis. Denn zwischen beide stellt sich das Textbild, das nicht immer den Grundsätzen Schopenhauers entspricht und zudem nicht einheitlich ist.

Die Schwierigkeiten vermehrt die Meinung, daß die Ausgaben letzter Hand, namentlich die der ›Welt als Wille und Vorstellung‹, einen verderbten Text bieten und daß Schopenhauer – ›Ich korrigiere ungemein genau‹ (an F. A. Brockhaus 14. Juni 1843) – zeitlebens ein schlechter Korrekturenleser gewesen sei (*Hb* Bd. 1, S. 19), welch letzteres wiederum für die Interpunktion nicht gelten soll (*Hb* Bd. 2, S. 746). Die erste Ansicht zwingt zur Berücksichtigung der Handschriften, der Manuskriptbücher und der Handexemplare[1]; doch auch die zweite Ansicht läßt sich nicht aufrechterhalten. Ein philosophischer Schriftsteller vom Range Schopenhauers, der in seinen Manuskripten und Handexemplaren mit ihren handschriftlichen Zusätzen so oft verbessert, wird die ihm zur Korrektur übersandten Bogen, die er sich von F. A. Brockhaus für die dritte Auflage des Hauptwerks ausbedungen hat, nicht unberührt lassen – und welcher Autor täte es? Das Problem könnten die Korrekturbogen Schopenhauers lösen, die natürlich nicht erhalten sind.

Aus diesem Widerspruch der Tatsachen und Meinungen ergibt

1. Vgl. *Hb* Bd. 1, S. 21: ›Aus den Handexemplaren ist heute nichts Neues mehr zu holen.‹ Dagegen in dieser Ausgabe Bd. 3, S. 838.

sich zunäehst das Problem der Voll- und der Kurzformen: ›anderer‹ statt ›andrer‹, ›unserer‹ statt ›unsrer‹, aber ›unsers‹ statt ›unseres‹, ›gerade‹ statt ›grade‹, obgleich Schopenhauer auch dann wie 5/195,18 ›grade‹ schreibt, wenn es ›gerade‹ heißen müßte, weshalb wie 144,5 ›grader‹ beibehalten werden sollte, da es nicht ›gerader‹ (*Hb*) heißen kann. Während die letzte noch bei Lebzeiten Schopenhauers herausgekommene Schrift (die ›Ethik‹) durchweg die vollen Verbalformen bietet (›verstehen‹ statt ›verstehn‹), geben die letzten handschriftlichen Zusätze die kurzen Formen, aber die Zusätze zu den ›Paralipomina‹ statt ›schreit‹ 5/350,16 ›schreiet‹, statt ›geteilt‹ 5/304,18 ›geteilet‹. ›Anderes‹ und ›unseres‹ wird uneinheitlich behandelt. So kann man zwar ›andrer‹ zu ›anderer‹ auflösen, darf aber nicht, wenn wie 5/521,30 nur ›anderes‹ gemeint sein kann, ›anders‹ (*Hb*) beibehalten, da dies einen ganz anderen Sinn ergibt. Andererseits bietet der Text 2/103,3 und 538,21; 5/62,2; 5/496,21 und mehrfach statt ›Einzelheiten‹ (*Hb*) ›Einzelnheiten‹, welch letzteres Schopenhauer ebenso wie 5/496,7 ›Entwickelung‹ statt ›Entwicklung‹ (*Hb*) vorzieht. Zwar stehen sich 5/83,32 ›unbedeutendsten‹ und 4/279,13 ›unbedeutendesten‹ gegenüber, aber 4/247,13–14 wird das im Manuskript vorkommende ›auffallendesten‹ in ›auffallendsten‹ geändert. So müßte man bei folgerechter Behandlung dieser Frage nicht bei einer Wortgruppe die kurzen und bei der anderen die vollen Formen wählen, sondern sowohl bei ›anders‹ und ›auffallendsten‹ als bei ›vergehn‹ und ›Entwicklung‹ die vollen Formen einsetzen. Es bleibt auch dann noch das Bedenken, ob Schopenhauer es so gewünscht hat. In dieser Ausgabe wurde versucht, den Stand der letzten Ausgaben und der Handexemplare mit ihrer offenbaren Widersprüchlichkeit zu belassen, gleichwohl aber dem heutigen Sprachgebrauch anzupassen. Eine Regel kann man aus dem Text, wie er vorliegt, nicht gewinnen. Ein vorgefaßtes Prinzip führt aber auch nicht zum Ziel.

Überträgt man die Schriften Schopenhauers in die gegenwärtige Schreibweise, so ergeben sich neue Schwierigkeiten. Es müssen ältere Formen wie ›das Bewandtnis‹ oder wie 5/129,36 ›das Strick‹ angeglichen werden – ging doch Schopenhauer selbst von ›das Stempel‹ zu ›der Stempel‹ über [5/529,20; vgl. S. 803]. Er selbst schreibt, daß bei der Übernahme eines fremden Wortes in die deutsche Sprache der Artikel nicht mit übernommen werden muß (vgl. in diesem Bande S. 805). Man braucht also 3/594,8 nicht ›Vaucançonsches Automat‹ stehen zu lassen, bei dem noch das Automaton nachwirkt (vgl. 4/205,3 ›das Gedankenautoma-

ton‹). Uneinheitlich sind auch die Mehrzahlformen. Wohl steht
1/394,27 und 4/75,18 ›Dialogen‹, aber doch 2/279,23 (in *Hb* als
in der Handschrift nicht verbessert erkannt und anerkannt) und
2/475,24 ›Affekte‹ gegen 3/350,20 ›Affekten‹; so steht 2/392,14
›Atomen‹ gegen 5/132,23 ›Atome‹, 2/391,15 ›Molekülen‹ gegen
5/133,38 ›Moleküle‹, welch letzteres auch der Zusatz des Handexemplars hat (vgl. in diesem Bande S. 807 zu 133,38). Und
schließlich steht 1/247,5 ›Paradoxen‹ dem schon drei Zeilen
später folgenden ›Paradoxa‹ gegenüber. In allen derartigen Fällen
wurde die heutige Form gewählt, selbstverständlich auch aus
Kant 1/701,3 ›Imperative‹ für ›Imperativen‹ eingesetzt.

Rechtschreibung und Zeichensetzung hängen zusammen. Ändert
man die eine, so kann man die andere nicht lassen, wie sie ist.
Die Rechtschreibung ist keineswegs immer Ausdruck der gespro-
chenen Sprache, so daß auch die Zeichensetzung nicht mehr den
Sprechrhythmus wiedergibt, sondern den syntaktischen und
logischen Zusammenhang herstellt und durch ihn den Satz und
den Gedanken gliedert (vgl. Bd. 5, S. 637). Philosophische Schriften werden gelesen, sie werden nicht vorgelesen und nicht gesprochen, so daß der sicherlich vorhandene Sprachrhythmus
Schopenhauers unter der neuen Zeichensetzung nicht leidet. Die
bei langen Sätzen erforderlichen Zäsuren bleiben trotzdem erhalten. Aus grammatikalischen Gründen konnten die sogenannten
alten Dativformen ›jemanden‹ und ›niemanden‹ nicht aufrechterhalten werden, doch wurde die starke Beugung der Eigen-
schaftswörter nach ›keine‹, ›alle‹, ›solche‹ und ›manche‹ nur durch
ein eingeklammertes Endungs-[n] ergänzt.

Änderungen mußten auch noch in anderen Fällen vorgenommen
werden. Obgleich die zweite Auflage der ›Ethik‹ durchweg wie
auch 1/585,8 ›Autorität‹ als letzte Form bietet (vgl. Bd. 3, S.
861 f.), mußte die sonst übliche Schreibung ›Auktorität‹ wie in
Hb anerkannt werden. Demgegenüber wechseln in den ›Paralipomina‹ 5/468,11 die ›Auktoren‹ mit den 5/590,16 und 5/619,11
auftretenden ›Autoren‹, die in beiden Formen in *Hb* erhalten
blieben; die ›Autoren‹ wurden in dieser Ausgabe vorgezogen.
Die in 5/35,9 und mehrfach angewandte Form ›Stratagemata‹ sollte
man nicht von στρατάρχης (Feldherr), sondern von στρατήγημα
(Kriegslist) ableiten und ›Strategemata‹ einsetzen. In Erinnerung
an den französischen Ursprung des Wortes gibt Schopenhauer wie 5/568,30 ›Kamaradschaft‹ und wie 5/546,31 ›Kamaraderie‹;
sie wurden beide in der heutigen Schreibung wiedergegeben, wie
denn auch die wiederholt auftretenden ›Missionarien‹, die zudem

noch den 5/387,9 und 5/437,11–12 belegten ›Missionären‹ zur
Seite stehen, in ›Missionare‹ verwandelt wurden. Entsprechendes
gilt für Referendarien und Renteniers. Man wird überlegen
können, ob wie 3/312,24 ›Unsinnsschmierer‹ oder wie 4/219,13
und 4/224,28 ›Unsinnschmierer‹ die richtige Form ist, nicht aber
den 5/456,2 und 5/519,30 überlieferten ›Romanenschreiber‹ in
einen ›Romanschreiber‹ (Hb) ändern – dagegen heißt es aber
4/45,27–28 ›Geschichtschreiber‹ [vgl. oben S. 804].
Wichtiger waren die Entscheidungen, die in das Grundsätzliche
des Philosophierens eingreifen. In Hb wurden selbst dann die
älteren Zustände des Textes wiederhergestellt, bei denen mindestens die Hypothese einer nachträglichen Korrektur nicht von
der Hand zu weisen ist. Es läßt sich die Beobachtung machen,
daß Schopenhauer im Laufe der Zeit seine Begriffe und deren
Beziehungen unter einander strenger nimmt und bis ins einzelne
des sprachlichen Ausdrucks durchgestaltet. Es ist daher keineswegs erwiesen, daß z.B. die dritte Auflage der ›Welt als Wille
und Vorstellung‹ den verderbten Text und die früheren Ausgaben
oder die Handschrift das richtige Textbild bieten.
1/287,18; 1/349,35; 2/27,3 und 2/477,32 steht wie an vielen
Stellen ›willenslos‹, bzw. ›willenslose‹, ebenso 5/10,2 und 5 sowie
5/494,4. Es handelt sich um das willenslose Subjekt des Erkennens
oder um die willenslose Erkenntnis, nicht um das willenlose
Subjekt oder die willenlose Erkenntnis; denn das Subjekt oder
die Erkenntnis sind vom Willen gelöst und nicht etwa ohne Willen.
Dies setzt voraus, daß der Intellekt oder die Erkenntnis selbst
einen Willen besäßen, der zuweilen ruht. In Hb wird ohne Ausnahme ›willenlos‹ aus ›willenslos‹. Es ist doch auch eine Handlung,
die ohne Absicht geschieht, nicht absichtlos, sondern absichtslos,
von einer allenfalls vorhergegangenen Absicht nicht bestimmt,
kann aber nicht selbst Absicht sein. Vielmehr ist gerade die Los-
lösung des Subjekts vom Willen das Entscheidende; also kann es
nur, wie Schopenhauer schreibt, ›willenslos‹ sein. So steht auch
1/291,29 nicht mehr wie in den ersten beiden Auflagen ›Subjekt
alles Erkennens‹, sondern ›Subjekt des Erkennens‹ – eine sehr
wichtige Verbesserung, wenn sie auch nicht in allen Fällen
durchgeführt ist; denn das allgemeine ›alles‹ kann zur Folge
haben, daß es als ein zu weiter Begriff eine gewisse Abhängigkeit
des Erkennens vom Objekt durchschimmern läßt. Bei dem einfachen Artikel ›des‹ gibt es keinen Zweifel. In den älteren Auflagen stand 2/366,14–15 ›Weltanschauung‹. Schopenhauer empfand
dieses Wort, durch die philosophische Schriftstellerei seiner Tage

gereizt, als einen viel zu unbestimmten Begriff und änderte daher
– und nicht sein Setzer – in ›Weltauffassung‹, die man nicht wie in
Hb wieder in ›Weltanschauung‹ umdeuten darf (vgl. oben S. 806).
Dem Scheine nach belanglos ist 1/635,27 die Korrektur ›und‹ aus
›noch‹; aber auch 3/500,12 wird ›und‹ aus ›oder‹ korrigiert. Es
handelt sich um das ›Entstehn und Vergehn von Materie‹, von
der weder ein ›Entstehn‹ noch ein ›Vergehn‹ vorstellbar ist, sondern nur das Beharren. Daher gibt es kein Entstehen und kein
Vergehen und daher können auch beide Begriffe nicht mit einem
›noch‹ oder mit einem ›oder‹ verbunden werden, sondern nur durch
›und‹. Beide Korrekturen sind unabhängig voneinander vorgenommen worden; sie mit den älteren Auflagen wie in *Hb* wieder
rückgängig zu machen, ist mindestens bedenklich (vgl. 4/107,38).
Auch 2/613,13 hat ›Entstehn und Vergehn‹; es handelt sich um
einen von Schopenhauer nicht redigierten Zusatz zur dritten Auflage des Hauptwerks. Die Korrektur Schopenhauers in 1/635,27
und 3/500,12 war also wohlüberlegt. Man wird auch dann die
Korrektur stehen lassen, wenn es bei dem gleichen Gedanken
4/134,37–38 ›Entstehn oder Vergehn‹ heißt, denn die Korrektur
liegt zeitlich nach dem Erscheinen der ›Parerga‹ und die Anmerkung F. auf 4/134 ist ebenfalls von Schopenhauer nicht mehr
für den Druck redigiert worden.

1/457,13 ist vom freiwilligen Entsagen der Geschlechtsbefriedigung die Rede. Sie ist ›schon Verneinung‹, nicht, wie die früheren
Auflagen druckten, ›ein Grad von Verneinung‹. Das würde heißen,
daß es Stufen der Verneinung und der Bejahung gibt, aber beide
haben keinen gemeinsamen Null-Punkt, an dem sie sich in einem
juste-milieu begegnen könnten, sondern stehen unvereinbar
gegenüber. Daher darf man aus dem früheren Zustand des Textes
nicht wie *Hb* ›ein Grad von‹ wieder in den Satz aufnehmen. In *Hb*
wird auch aus den älteren Auflagen 2/305,35 ›Unredlichkeit‹
aus ›Ungerechtigkeit‹ wiederhergestellt. Eine Gestalt aus Walter
Scotts ›Nigels fortunes‹ wird geschildert: Geiz, Egoismus und
Ungerechtigkeit haben sich in ihr wie Giftpflanzen erhalten,
obgleich der Intellekt schon kindisch geworden ist. Da liegt zugleich die Entscheidung zur Korrektur; denn Unredlichkeit ist
eine Sache des Intellekts, Ungerechtigkeit eine Sache des Willens.
Der Wille ist das Primäre, der Intellekt das Sekundäre. Bei kindisch gewordenem Intellekt wäre ›Unredlichkeit‹ eine contradictio
in re. Aus dem gleichen Grunde wurde 5/601,12 ›Schurkerei‹
aus der in der ersten Auflage stehenden ›Unredlichkeit‹ geändert, um die Charakterlosigkeit der anonymen Rezensenten

von der intellektuellen Unredlichkeit sonstiger Schriftsteller zu
unterscheiden. 3/755,17 spricht Schopenhauer von der ›Unrecht-
mäßigkeit‹ der Lüge, die dem Intellekt falsche Motive vorschiebt.
Wäre sie, wie es vordem hieß, etwas, das der ›Verwerflichkeit‹
anheimfiele, so wäre damit bereits ein Urteil über sie gesprochen.
Die Lüge ist eine Sache des Willens und daher unrechtmäßig.
Außerdem ist sie nicht einmal verwerflich, wie in der ›Ethik‹
ausgeführt (Bd. 3, S. 757). Da demgemäß die Lüge 1/462,20 und
3/758,15 ›ein Unrecht‹ ist, darf auch nicht aus der Handschrift
›ein Werkzeug zum Unrecht‹ hervorgeholt werden, denn sie ist
ebenso ein Werkzeug der Selbstverteidigung, der Notwehr. Dann
ist die List erlaubt, ja geboten; 1/465,15 spricht vom ›Recht zur
Lüge‹.

An zwei weiteren wichtigen Stellen mußte zugunsten des gedruck-
ten Textes entschieden werden. 1/425,29 schildert Schopenhauer
die Stufen des Leidens von den Pflanzen aufwärts bis zu den Tieren:
›In der Pflanze ist noch keine Sensibilität, also kein Schmerz: ein
gewiß sehr geringer Grad von Leiden wohnt den untersten
Tieren . . . ein.‹ Hb ersetzt ›Leiden‹ durch ›Beiden‹ aus der Handschrift; aber ›ein geringer Grad von Beiden‹ kann es nicht heißen,
da ja die Pflanze keine Sensibilität, folglich keinen Schmerz kennt,
diese beiden daher nicht bei den Infusorien zugenommen haben
können, sondern nur eins: die Fähigkeit zum Leiden. 5/334,11
steht in der ersten Ausgabe: ›an der steten Hemmung des Sterbens, durch die das Leben besteht, bis dieselbe einmal überwunden wird.‹ Warum soll es nicht so heißen? Die Hemmung des
Sterbens wird einmal überwunden; wenn die Hemmung des
Strebens (F und Hb) überwunden werden sollte, wird der Sinn
des Satzes aufgehoben. Das wird in der anschließenden Ergänzung deutlich, in der ›dem Willen zum Leben‹ angesichts der
Zeit die ›Nichtigkeit seines Strebens‹ nachgesagt wird, nicht
aber die ›Nichtigkeit jenes Strebens‹ (Hb) überhaupt.

Daß es stehengebliebene Setzfehler gibt, wird man nicht leugnen
wollen: 3/808,1 wird von der ›Vielheit und Geschiedenheit‹ der
Individuen gesprochen. Aus der Vielheit der Individuen geht
ihre Verschiedenheit hervor; aber angesichts der Metaphysik der
Ethik ist es von entscheidender Bedeutung, daß die Individuen
streng von einander geschieden sind. Also muß auch 809,25
›Verschiedenheit‹ durch ›Geschiedenheit‹ ersetzt werden.

Wollte man in den angeführten Fällen den früheren Zustand des
Textes vorziehen, nähme man Schopenhauer das Recht, seinen
eigenen Begriffs- und Anschauungswandel zu dokumentieren.

Wollte man derartige Änderungen dem Setzer zuschreiben, so
wäre dieser ein besserer Schopenhauerianer als der Philosoph.
Zwischen der Handschrift, bzw. dem zum Druck übersandten
Manuskript und dem Druck selbst sind häufig Korrekturen festzustellen; so stand 5/708,23 für ›Aktivität‹ im Manuskript ›Tätigkeit‹; 5/720,6 ›bestimmt ist‹ zunächst ›Beruf hat‹; 5/723,27
›anzuwenden‹ vordem ›zu gebrauchen‹; und gleich darauf in Zeile
32 wurden die ›Quellen‹ des Manuskripts durch das nicht einmal
sonderlich deutliche ›Beigaben‹ ersetzt. In derartigen Fällen wird
man das Textbild der Handschrift nicht wiederherstellen wollen,
da man sonst folgerechterweise auch 2/209,5 den Koran, ›dieses
schlechte Buch‹, das ›elende Machwerk‹ nennen müßte, wovor
sich der Autor vor der Drucklegung gescheut zu haben scheint.
So wollte er anfangs 2/367,25 die Gelehrten nach dem Maßstab
ihrer Bestimmung zum ›Holzhacken‹ beurteilt wissen, aber die
Horazische Wendung von den an der Scholle Klebenden ließ ihn
die Bestimmung zum ›Ackerbau‹, weil allgemeiner, als ausreichend erscheinen. So wären an dieser Stelle selbst die Philosophie-
Professoren noch glimpflich behandelt, denen ein Satz im zweiten
Entwurf des Vorwortes zur Gesamtausgabe, der ›alicubi‹ (irgendwo) eingeschaltet werden sollte, mit bitteren Worten gedenkt:
›Die Philosophie-Professoren behandeln mich mit kalter Verachtung, hinter der jedoch der glühende Haß sich verbirgt, welchen
auch ferner zu verdienen ich stets bestrebt sein werde.‹

REGISTER

ZU DEN BÄNDEN I BIS V

Zeichenerklärung: → siehe, ↗ vgl., ∼ Artikelstichwort, ⋆ Titel der Schriften Schopenhauers (nur im Register der Sachen und Begriffe); I = Register der Personen, II = Register der Sachen und Begriffe

Vorbemerkung: Auf die Angabe der Nationalität, bzw. der Volkszugehörigkeit wurde bei allen Personennamen verzichtet, deren sprachliche Form eindeutig ist (↗ Addison, Aguesseau, Alciatus); Päpste sind unter ihrem Papstnamen, Fürsten unter ihrem Personennamen aufgeführt; Personen der Bibel →II Bibel; Götter und Gestalten der Mythen ↗ II Mythologie; Gattungsnamen der Tiere →II Tier in der systematischen Übersicht des Tierreiches; Schriften anonymer Verfasser →II; Kunstwerke der Antike, die Personen oder Götter darstellen, →I unter dem Namen der dargestellten Personen oder des dargestellten Gottes; Titel von Zeitungen und Zeitschriften →II im Artikel Zeitungen und Zeitschriften, alphabetisch nach Ländern eingeordnet.
In II ist bei philosophischen Begriffen innerhalb des Artikels ein systematischer Aufbau der Verweisungen angestrebt worden.

Herrn cand. phil. Hansgeorg Bauer dankt der Herausgeber für die Mitarbeit am Register.

stem of] moral philosophy
(1755) 2/121

Iamblichos, gest. um 330 n.
Chr., Philosoph 3/440; 4/90;
De mysteriis Aegyptiorum
4/74, 78, 258; De vita Pytha-
gorae 3/760; 4/54
Ideler, Christian Ludwig, 1766
bis 1846, Astronom und
Chronologe 5/152
Iffland, August Wilhelm, 1759
bis 1814, Schauspieler und
Theaterdichter 2/274f., 561;
5/517f.
Illgen, Christian Friedrich,
1786–1844, Prof. der Theologie in Leipzig 2/94; 3/470f.
Institoris, eigtl. Kramers, Heinrich, 1430–1505, Dominika-
ner-Inquisitor 3/457
Irenäus →Eirenaios
Irving, Washington, 1783 bis
1859, Schriftsteller; Brace-
bridge Hall (2 Bde 1822) 1/219
Isabella, Tochter Philipps II.
von Spanien 1/692
Isabella, 1290–1357, Tochter
Philipps IV. von Frankreich
2/664
Israeli, Isaac d', 1766–1848,
Literaturhistoriker; Curiosities of literature (2 Bde 1791/
1834) 5/292

Jachmann, Reinhold Bernhard;
Immanuel Kant (1804) 2/315
Jacobi, Friedrich Heinrich,
1743–1819, Philosoph 1/13,
250; 2/17, 828; 5/17, 536;

~s Erfindung: Vernunft und
›Vernehmen‹ 3/137, 148, 151,
674f. ⁊4/140; Über die
Lehre des Spinoza, in Briefen
an Moses Mendelssohn (1785)
3/36
Jäger, Margaretha, Giftmör-
derin, 1835 verurteilt 4/358
Jakob, Ludwig Heinrich von,
1759–1827, Prof. der Philosophie in Halle; Grundriß
der allgemeinen Logik (1788)
3/36f.
Jamin, Jules Célestin, 1818 bis
1886, Physiker 3/279, 292
Jean Paul, eigtl. Johann Paul
Friedrich Richter, 1763 bis
1825, Schriftsteller 2/44, 121,
490; 3/476; 5/524, 548, 753;
Briefe 3/426; Romane 5/520,
589; Selina (2 Bde 1827) 5/
316; Titan (4 Bde 1800/03)
2/134; Vorschule der Ästhetik (3 Bde 1804) 2/487, 492;
3/197; Nachschule zur ästhetischen Vorschule 1/580; 3/
478
Jesus Sirach, jüd. Schriftsteller
um 175 v. Chr. 2/695; 3/312;
4/395, 410; 5/439, 539, 676
Jimine, gest. 1104, Gattin des
→Cid 5/457
Johannes von Salisbury/Ioan-
nes Saresberiensis, um 1115
bis 1180, Scholastiker 3/132;
5/573
Johannes Secundus, eigtl. Jan
Nicolaas Everaerts, 1511 bis
1536, neulat. Dichter 2/540
Johnson/Jonson, Benjamin,
1573–1637, Dramatiker 5/
536

Melissos, Philosoph des 5. Jh. v. Chr. 2/65, 115, 613; 4/47

Mellingen, John G. 4/452

Melloni, Macedonio, 1798 bis 1854, Physiker 3/249

Memling, Hans, 1430/40 bis 1494, fläm. Maler 5/531

Menander/Menandros, 342 bis 291, Komödiendichter; Zitate 4/257, 261; 5/289; Monostichi 4/518; 5/722

Mendelssohn, Moses, 1729 bis 1786, Philosoph, Kaufmann in Berlin 1/567; nannte Kant den Alleszermalmer 4/59, 211

Menenius Agrippa, gest. 493 v. Chr., Patrizier 1/337

Meng-tse, 372–289, chines. Sittenlehrer 3/785

Merck, Johann Heinrich, 1741 bis 1791, Schriftsteller; Briefe von und an ∼ (1838) 2/544; 4/487; Lindor (1781) 2/295; Reiseerinnerungen aus London und Paris 4/347f.

Mérimée, Prosper, 1803–1870, Schriftsteller 5/154

Mesmer, Franz Anton, 1734 bis 1815, Magnetiseur 3/423, 439, 442

Metopos, Pythagoreer 5/244

Metrodoros, Philosoph des 4. Jh. v. Chr. 1/665; 4/377

Meyen, Franz Julius Ferdinand 3/384

Michaud, Joseph François, 1767–1839, Historiker 5/174

Michelet, Karl Ludwig, 1801 bis 1893, Prof. der Philosophie in Berlin 3/314

Milne, Sinologe 3/155

Miltiades, gest. 489 v. Chr., athen. Feldherr, Sieger von Marathon 2/664

Milton, John, 1608–1674, Dichter 3/732; Lycidas (1637) 4/476; Paradise lost (1667) 2/526

Mirandola, Pico della, →Pico

Mohammed, der Prophet, um 570–632, Stifter des Islam 1/406; 5/309 ∕II Islam

Mohammed Daraschakoh, 1613 bis 1659, Bruder des →Aureng-Zeb 3/806; 5/468, 470

Molière, Jean Baptiste Poquelin, gen. M., 1622–1673, Komödiendichter; Le Tartuffe (1667) 3/303; Tartüffianismus 4/176; 5/462

Molinos, Miguel de, 1640 bis 1697, Mystiker 2/787

Montaigne, Michel Eyquem de, 1533–1592, Moralphilosoph 2/163, 314; 5/28; Les essais 1/489; 2/729; 3/788

Montalembert, Charles Forbes de Tyron, Marquis de, 1810–1870, Publizist und Politiker; Vie de Sainte Elisabeth de Hongrie (1836) 2/788

Montbazon, Madame de, Geliebte des →Rancé 2/809

Monti, Vincenzo, 1754–1828, Dichter 4/457

Moore, Thomas, 1779–1852, Dichter 5/677, 729; Irish melodies (1808/34) 2/711

Moratin, Leandro Fernandez de, 1760–1828, Dichter; El café o sea la comedia nueva (1797) 4/514

derer Dinge 3/544–583; Moralgesetz keine Tatsache des ~s 3/656, 796; Mißbrauch des Begriffs ~ 1/697; ~: äußere und innere Sinnlichkeit 3/41; ~ bildet Brücke zwischen Innen- und Außenwelt 3/536; ~ des Leibes 1/52; besonnenes ~ 2/571; empirisches ~ 2/111; quasi-~ der Pflanze 2/364; pflanzenartiges ~ 1/42; Form des ~s 1/649 ↗ Selbstbewußtsein

Bhagavad-Gita (›Lied des Erhabenen‹), Episode der Mahabharata, indische Dichtung des 1. Jh. n. Chr. 1/392, 527; 2/604; 5/241, 469; Zitate 2/421; 3/812 ↗ Sanskrit

Bibel 1/526; 2/720; 5/361f., 366, 432, 451; Wunder in der ~ 5/454; ~ bei Luther 2/801f.; 5/422 – *Altes Testament*, Jehova 4/146, 229; 5/448; Sündenfall 2/805; 5/355f.; ethischer Charakter: Gerechtigkeit 3/764; Optimismus 2/827; 5/459; Verhältnis zu Tieren 5/444; Gegensatz des Alten zum Neuen Testament 1/447; 2/743, 796, 801; 5/355f., 371, 429f., 459; *Altes und Neues Testament 5/447–457; Septuaginta, griech. Übers. des Alten Testaments, 3./2. Jh. v. Chr., angeblich von 70 Schriftgelehrten in Alexandrien hergestellt 3/586; 4/158, 294; 5/422, 447 – Pentateuch, die fünf Bücher Mosis 3/430; 1. Buch Mosis (Genesis) 2/795; 3/155; 4/146; 5/177, 310, 422, 441; Schöpfungsbericht 3/404; 4/325; πάντα καλὰ λίαν 2/795, 799, 801, 827; 4/82, 236; 5/355, 366, 449f.; Adam 1/549f.; 2/774; Abel und Seth, Söhne Adams 2/648; Abraham und Hagar 5/448; Jakobs Kampf gegen Hemor 5/422; Jakob und Esau 5/662; 2. Buch Mosis (Exodus) 3/722; 4/157; 5/421; Moses 2/648; Moses und Platon 1/653f.; Dekalog, die Zehn Gebote 3/647, 650, 662; 4. Buch Mosis (Numerus) 4/157; 5/310; 5. Buch Mosis (Deuteronomium) 4/158; 5/310 – Buch Josua 4/145f.; 5/422; 1. Buch Samuelis 5/407; König Saul (11. Jh. v. Chr.) und die Hexe von Endor 3/294; 2. Buch Samuelis, David (um 1000 v. Chr.), sein ältester Sohn Ammon 1/421; 4/517; 2. Buch von den Königen 4/157; Josias, König von Juda (639/609) und der Hohepriester Hilkias 5/448; 2. Buch der Chronik 4/157; Buch Esra 2/347; 3/481, 637; 4/324; 5/447f.; Buch Nehemia 5/447 – Buch Hiob 5/439, 616; Psalter 4/510, 590; 5/439; Prediger Salomo (Koheleth) 1/426; 2/816, 827; 3/158; 4/94, 399, 586, 589f.; 5/20, 439, 506 – Jesajas 2/285; Jeremias 3/583; 4/158, 254; Ezechiel 5/449;

1/336–356; Dichten, Dichter 1/75; 2/158, 495; 5/538; ~ und Geschichte 1/344; 2/563, 570; ~ und bildende Kunst 1/314f., 321; 2/99f., 479; 4/192; ~ und Musik 2/545, 575f.; Thema der ~: Geschlechtsliebe 2/679f., 705, 711; Darstellung der Charaktere 2/385, 539f.; 3/571; 5/11f.; Begabung 2/493f.; 5/506f.; Erblichkeit der Begabung 2/667; Genie und Wahnsinn 1/273–277; Ruhm 5/556; Seltenheit großer Dichter 2/366 – *Epos* 1/348–353, 439–441; Darstellung des leidenden Menschen 2/736 – *Drama* 1/302, 351, 439–441; 5/703; Darstellung des leidenden Menschen 2/736; Abspiegelung des Daseins 5/518f.; Mutter-Sohn-Konflikt 2/669; metaphysisches Drama: Das Leben ein Traum 1/50 – *Tragödie* (Trauerspiel) 1/349, 353 bis 356; 2/556–562, 808, 815; 5/515–518; französisches Trauerspiel 1/326; griechische Tragödie 2/775 – *Komödie* 1/349; 2/128, 745; 5/517f.; Lustspiel 1/442, 456; 2/562, 709 – *Lyrik* 1/348 bis 350; 2/554, 679; Idyll 1/440; Verskunst 2/548–552 – ↗ Roman

Dictionnaire des sciences naturelles 3/384

Ding an sich und Materie 2/391, 397–400, 406; ~ an sich und Freiheit 1/672–679;

2/678; ~ an sich und Idee 1/226–230, 246–253, 297; ~ an sich und Objekt an sich 1/33, 67–70, 598–602; 2/16; ~ an sich: Objekt und Bewegung 2/409; ~ an sich und Zeit 1/390; 2/618f.; ~ an sich und Musik 1/366; ~ an sich und Vorstellung 1/182–187; *Von der Erkennbarkeit des ~es an sich 2/247–258; ~ an sich: der Wille 1/67, 170–174, 193 bis 195, 380, 386–390, 454, 484, 570; 2/26f., 259, 380, 742, 771; 4/128, 135, 142, 360, 364, 367; *Transzendente Betrachtungen über den Willen als ~ an sich 2/411–423; Wesen an sich der ~e 1/568, 688; 2/236, 635; An-sich jedes ~es 1/424f.; ~ an sich und Erscheinung 1/37, 201 bis 203, 214, 238f., 261, 379f., 397, 448–450, 542 bis 544; 2/31–34, 215, 369, 631f., 718; 3/187, 416, 805; 4/27–30; 5/109, 342; φαινόμενον καὶ ὄντως ὄν 4/47; ~ an sich: das Ursprüngliche in allen Erscheinungen 1/133; 3/416; *Einige Betrachtungen über den Gegensatz des ~es an sich und der Erscheinung 5/109–118; Kants Unterscheidung 1/564 bis 574; 2/224–231, 373 bis 375; 3/552, 594, 621; 4/104, 110f., 114–118; Kritik an Kants Unterscheidung 1/587–590; reale ~e 2/488; 3/46; materielle ~e 2/386;

Nichtsein 1/445; 2/595, 637, 738, 741; 5/340; Nichtsein-werden und Nichtgewesen-sein 2/597

nihil negativum et privati-vum 1/555

Nomadenleben: Touristen 4/393 ↗ Reisen

Nominalismus und Realismus 1/641; 2/88, 473; 3/125, 170, 189; 4/85f. ↗ Scholastik

Not, die Mutter der Künste 2/285; 5/189

notiones simplices 3/609; no-tiones universales 3/552

Notwendigkeit (notwendig), Begriff der ∼ 2/56, 233; Gott als notw. Wesen 4/133; abso-lut Notwendiges 1/624; ab-solute ∼ 1/626; ∼ das Reich der Natur 1/549; *Die ∼ 3/181–183; alles, was ge-schieht, geschieht notw. 3/581 bis 583; 4/134, 247, 262, 306; 565; 5/55; Kausalnexus 3/51; notw. und zufällig 1/624 bis 627; 4/248, 252, 271; notw. und möglich 1/628f.; 3/113f.; notw. sein und aus gegebenem Grunde folgen: Wechselbegriffe 1/71, 82, 124, 623, 630; 3/56, 182, 525–527, 546; innere und äußere ∼ 1/227, 421f.; ∼ und Freiheit 1/229, 394–402, 675; 2/224, 414f.; 3/596–602, 605–607, 621 bis 623, 645–647, 704–706; ∼ und Willkür 3/586–590; not-wendige Wirkung der Moti-ve auf Willen, Charakter und Handlung 1/174f., 191, 409f.,

554; 3/532–534, 554f., 557, 572, 577–579, 617, 661; Ne-zessitation der Handlungen und Willensakte 4/226; 5/280f.; Schicksal und Cha-rakter 4/253–259; mathema-tische ∼ 1/627; Seinsgrund 1/114; ∼ in der Astronomie 3/405 bis 414

νοούμενον καὶ φαινόμενον 1/120f., 631, 637, 641; 4/46f.

νοῦς 2/27, 308, 349; 3/340; 4/47f., 254; Erklärung des Begriffs ∼ 1/698; der Ana-xagorische ∼ 2/742; ∼ πρακτικός 1/689

Nunc stans 1/253, 386f.; 2/613, 626; 5/52, 55; Leben jeder Tierspezies ein ∼ 2/732

Nyaga-Schule 3/352

Objekt, kein ∼ ohne Subjekt 1/586, 608, 649, 670, 674, 700; 2/229, 260, 629; 4/17, 359; Welt durch ∼ und Sub-jekt bedingt 1/570; 2/14 bis 22, 26, 254, 310; 4/13, 379; 5/113, 324; *Das ∼ der Er-fahrung und Wissenschaft 1/29–147; ∼ der Erfahrung 1/589, 595–599; empir. Rea-lität der objektiven Welt 2/31; ∼ an sich 1/598–602; ob-jektive und subjektive Mög-lichkeit 3/536; ∼ und Sinne 3/216, 398, 405; Berührungs-punkt des ∼s mit dem Sub-jekt 1/385; 4/128; ∼ des Ver-standes und ∼ der Vernunft 2/90; 3/204f.; die vier Klas-

Tätigkeit, Mangel planmäßiger ~ wirkt nachteilig 4/525 ⌐Handlung, Tat, Tun; ~ der Retina →Auge, ⌐Farbe, Sehen, Sinne

Täuschung 1/434f., 443, 483; 3/562; ~ und Enttäuschung 2/734; 5/353; ~ in der Malerei 5/499

Tagebücher 4/500

Talent 2/485, 488, 497, 506; 5/104; ~e 2/285; 4/241f., 415f., 420; einseitige ~e 5/88; Seltenheit großer ~e 2/667; ~männer 2/504; 3/675; ~-Mann: Fichte 3/495; talentvolle Handwerker 1/101

Taoismus 3/154, 460 ⌐I Laotse

Tapferkeit ⌐Mut

Tastsinn →Sinne

Tat, Reich der ~en 1/444; ~ des Bösewichts 1/499; Wollen und ~ 3/535, 562f.; Charakter und ~ 3/577, 585, 623–627, 734; wir sind die Täter unserer ~en 3/618–620; Protokoll der ~en: das Gewissen 3/795; ~en und Werke 2/499; 4/467f., 476

tat tvam asi →Brahm

Taubstumme 2/42, 90; 3/123; 5/674

Technik 5/573; ~ unserer Zeit 5/98; techn. Erfindungen 3/294; 5/151, 493; Eisenbahn 4/324; 5/76, 444; Barbarei trotz Eisenbahnen 5/573; Dampfschiff 4/324; Dampfmaschinen 2/569; 5/

292; Maschinen 1/55f., 97, 101, 119, 203; 3/98f.; 5/571; Maschinenwesen 5/292 ⌐Fabrik; Rechenmaschinen 5/714; Telegraph 1/78; 2/569; Daguerreotypie →I Daguerre

Teleologie, Endursache 1/225; 2/741; Zweckursache 2/440; Zweckbegriff 1/236, 712; 2/424, 690; Zweckmäßigkeit 1/228, 231–235, 304f.; 2/435, 438; transzendente Zweckmäßigkeit 4/271; Reich der Zwecke 3/694; Zweckmäßigkeit vom Verstande in die Natur gebracht 3/380 ⌐Zweck; ~ der Natur 1/57, 687; 3/361; 4/260; ★Zur ~ 2/423–442; teleolog. Erklärbarkeit des Leibes 1/168; Teleologe 2/744; ⌐Beweis

Teleskop 3/88

terminus technicus, Verdeutschung der termini technici 2/159f.

Theismus, auf die Kapazität der Menge berechnet 2/784; drückender Alp auf allen philosophischen Bestrebungen 5/388; ~ Platons 1/653; ~ Spinozas 2/440; 3/24; Kant als Überwinder des ~ 1/684; 4/211; ~ und Atheismus 3/152–155, 464; ~ und Pantheismus 4/142f.; 5/120f.; ~ und Materialismus 1/686–688; jüd. ~ 2/774; 4/56, 72, 81f.; 5/183, 371, 432; ~ der Mohammedaner 2/209; ★Über ~ 5/445f. ⌐Beweis, kosmologischer; Kri-

ERRATA

Es muß heißen in

Band 1: 219,37 Druse *streiche entsprechend auf S. 728* · 424,20 Säure · 591,25 ψεῦδος

Band 2: 63,27 Wirksamkeit · 126,21 Engländer · 200,18 inégalité · 204,9 Epicteti · 433,8 Malphigii · 561,7 Goldoni · 595,29 Diesem allen · 646,14–15 Oxoniensis · 651,17 Transactions · 680,5 Foscolo · 824,25 Aristotelis · 834,23 Felicitas · 843,11 minutiosen · 846,32 Nauck · 33 2,385

Band 3: 5,9 Sextus Empiricus · 14,36 eruditione · 299,7 οὐδὲ · 315,38 gebe · 320,36 unvermeidlichen · 336,28 Publilius · 462,2 Kammavakya · 473,37 Institutio oratoria · 588,2 [zu] · 38 [das den Retractamen (Zusammenfassung mehrerer Werke und deren Verbesserungen) entnommen ist] · 722,16 of · 768,36 Noch

Band 4: 60,6 σιν τοῦ · 82,3 ›Andria‹ · 87,16–17 eigentlich · 93,38 Aristoteles: ›Analytica priora‹ · 226,31 Preisschrift · 257,6 γενομένῳ · 609,12 λόγος · 613,35 Ὁ ἱερευς

INHALTSVERZEICHNIS

PARERGA UND PARALIPOMENA II

*Vereinzelte, jedoch systematisch
geordnete Gedanken über vielerlei Gegenstände*

BAND I
DIE WELT ALS WILLE UND VORSTELLUNG I

Erster Band. Vier Bücher, nebst einem Anhange, der
die Kritik der Kantischen Philosophie enthält

BAND II
DIE WELT ALS WILLE UND VORSTELLUNG II

Zweiter Band, welcher die Ergänzungen zu den vier
Büchern des ersten Bandes enthält

BAND III
KLEINERE SCHRIFTEN

BAND IV

PARERGA UND PARALIPOMENA I